励学文丛

南京大学高研院学者文丛（第一辑）

重返历史传统的现场（上卷）

周 宪/陈 勇 主 编

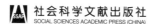

社会科学文献出版社
SOCIAL SCIENCES ACADEMIC PRESS (CHINA)

序

高研院作为一个新生事物在中国高校走过了近 20 个年头。

南京大学人文社会科学高级研究院（简称"高研院"），作为中国高校最早创建的高级研究院，成立于 2005 年。她一路走来，经历了许多体制创新和知识创新，成长为现代大学体制中一个很有活力和凝聚力的科研平台，助推一流大学建设做了不少颇有创意的工作。

在高研院的日常运作中，最为重要的乃是人力资源。南京大学高研院云集了一大批中青年才俊，作为驻院学者，他们以团队和课题形式，展开了问题导向的跨学科或多学科的研究。毫无疑问，这些学者现已成为南京大学科研教学的中坚力量。他们在高研院一至两年的驻院研究，既亲历了跨越院系专业的跨学科交流碰撞，又参与了丰富多彩的国际学术交流。驻院学者不但给高研院带来了勃勃生机，而且提升了校园文化、学生品位。这里刊出的诸多篇什，是驻院学者们一段时间的思考结晶，主题多样，方法多元，观念各异，思想新锐，它们从一个角度反映出高研院学者雅集的广泛学术兴趣和深刻问题意识。

本书是南京大学人文社会科学高级研究院学者文丛，分为上、下两卷。上卷分为两大部分，第一部分"本土文脉"涉及中国历史文化的诸多议题，从陈寅恪"以文证史"的方法论，到宋初四大书的成因，再到晚明南京的"国都记忆"；第二部分"域外人文"则多为跨文化交往或从中国看世界的思考，既有文学研究个案，又有思想史专题分析。下卷的两个部分分别为"知识方法"与"当代问题"，前者是对人文学科和社会科学的知识生产及其方法论的反思，后者是对当代社会和文化问题的直接追问与解答。

这部厚实的学术论集，仿佛是一扇敞开的"高研院之窗"，既展现出南京大学"诚朴雄伟、励学敦行"的学术传统，又彰显出各位作者拥抱现实、直击当下问题的学术担当。

编者

2021 年 5 月初于南京

目 录

上 卷

·本土文脉·

下　卷

·知识方法·

·当代问题·

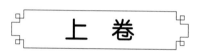

上　卷

现代学术史中的"教外别传"

——陈寅恪"以文证史"法新探

张伯伟[*]

一 引言

中国现代学术发展至今已有百年历程，阮元说："学术盛衰，当于百年前后论升降焉。"[①] 在 19 世纪、20 世纪之交，中国学术由传统向现代转型，从而形成了不同于过去的新风气、新面貌，用周法高的概括，"二十世纪以来对中国学问的研究，和清代的学术研究有着基本的不同，那就是利用新材料、新方法、新观点来研究的结果"。[②] 而所谓的"新方法"，主要就是胡适等人提倡的西洋的科学方法，提倡用历史的眼光、系统的整理和比较的研究来从事于"国学"或曰"国故"。[③] 百年来在中国人文学研究领域中，关于方法的探寻有哪些值得传承的经验，有哪些需要警惕的陷阱，有哪些尚待开拓的可能，值得我们为之总结、提升和新探。本文拟以陈寅恪为个案，对该问题作一考索。

二 何谓"不古不今"

对现代学术史作纯学术的回顾，最风光的当然是胡适一派，从北大到

---

* 张伯伟，南京大学文学院教授，南京大学高研院特聘教授。

① 《十驾斋养新录序》，陈文和编《钱大昕全集》第 7 册，江苏古籍出版社，1997，第 1 页。

② 《地下资料与书本资料的参互研究》，吴福助编《国学方法论文集》上册，台北：文史哲出版社，1990，第 126 页。

③ 参见《国立北京大学国学季刊·发刊宣言》第 1 卷第 1 号，1923 年 1 月，第 16 页。

中研院；最落寞的数固守旧学的一派，从东南到西南多有之。然而在陈寅恪看来，却是"田巴鲁仲两无成"。① 关于这句诗的解释，颇为五花八门。我从前理解为指史学研究上的新旧两派，但未遑作文。后读胡文辉《陈寅恪诗笺释》亦主此说，真有闭门造车、出门合辙之喜。上引陈诗的末句是："要待诸君洗斯耻。"看起来是对北大史学系毕业生的期待，其实更是以此自期。此诗写于 1929 年，后来他在 1932 年说："以往研究文化史有二失：旧派失之滞……新派失之诬。"② 在 1936 年又说："今日中国，旧人有学无术；新人有术无学，识见很好而论断错误，即因所根据之材料不足。"③ 所以，他所谓的"学"指材料，"术"指方法。旧派乃抱残守缺、闭门造车之辈，新派则据外国理论解释中国材料，并标榜"以科学方法整理国故"。在陈寅恪看来，旧派之闭目塞听、陶然自醉，固然难有作为；新派之高自标置、鲁莽夸诞，时或流于"画鬼"④。而他在 1931 年所强调的"今世治学以世界为范围，重在知彼，绝非闭户造车之比"，⑤ 体现的也正是立足中国文化本位而又放眼世界的学术胸怀和气魄。可惜的是，陈氏的这一思想少有接续者，以至于在 1945 年而有"论学论治，迥异时流，而迫于事势，噤不得发"⑥ 的自叹。

　　既重视"学"又追求"术"，既以中国文化为本位，又不断开掘史料、汲取新知，与国际学术作对话和竞赛，这是陈寅恪学术的基本特征。至于其背后的以中国文化为托命之所，更非常人可及。他在 1933 年为冯友兰《中国哲学史》下册写审查报告时指出：

　　　　中国自今日以后，即使能忠实输入北美或东欧之思想，其结局当亦等于玄奘唯识之学，在吾国思想史上，既不能居最高之地位，且亦

---

① 《北大学院己巳级史学系毕业生赠言》，《陈寅恪诗集》，清华大学出版社，1993，第 18 页。

② 蒋天枢：《陈寅恪先生编年事辑（增订本）》，上海古籍出版社，1997，附录二，第 222 页。

③ 卞僧慧：《陈寅恪先生欧阳修课笔记初稿》，刘东主编《中国学术》第 28 辑，商务印书馆，2011，第 2 页。

④ 王钟翰《陈寅恪先生杂忆》曾记其语云："画人画鬼，见仁见智，曰朱曰墨，言人人殊，证据不足，孰能定之？"参见《纪念陈寅恪先生国际学术讨论会文集》，中山大学出版社，1989，第 52 页。

⑤ 陈寅恪：《吾国学术之现状及清华之职责》，《金明馆丛稿二编》，上海古籍出版社，1980，第 318 页。

⑥ 陈寅恪：《读吴其昌撰梁启超传书后》，《寒柳堂集》，上海古籍出版社，1980，第 150 页。

终归于歇绝者。其真能于思想上自成系统，有所创获者，必须一方面吸收输入外来之学说，一方面不忘本来民族之地位。

并认定这种态度是"二千年吾民族与他民族思想接触史之所昭示者也"，且承此说而作自我评价曰："寅恪平生为不古不今之学。"① 对于陈寅恪的这句自述，汪荣祖先生解释为专攻"国史中古一段，也就是他研究的专业"，② 实为误解。逯耀东先生另解作"超越今古文经学，专治乙部之学"即史学，③ 更属臆测。其他议论纷纭，不烦一一列举。综观众说，以先师程千帆先生的解释最为精辟，他在1995年致门人的信件中指出：

> "不今不古"这句话是出在《太玄经》，另外有句话同它相配的是"童牛角马"，意思是自我嘲讽，觉得自己的学问既不完全符合中国的传统，也不是完全跟着现代学术走，而是斟酌古今，自成一家。表面上是自嘲，其实是自负。根据他平生的实践，确实也做到了这一点，即不古不今，亦古亦今，贯通中西，继往开来。④

把这个意思放回陈寅恪文章的语境中，也是极为恰当的。《太玄经》为汉代扬雄所著，对这两句话晋范望解曰："马童牛角，是其常也……更而颠倒，盖非其宜。既不合今，亦不合古。"⑤ 陈寅恪在1964年写完《柳如是别传》后的《稿竟说偈》中，也用到"非旧非新，童牛角马"⑥ 的表述，这一方面可以证实其喻的确出于《太玄经》，另外也可以表明，其思想是一以贯之的。如此说来，陈寅恪所自许的应是新旧之间的第三派，借用禅宗史上的名词，似可称作"教外别传"。

如果仅仅就新旧来划派，陈寅恪当然应归入新派，所以非常强调"术"，也就是方法。他讲授课程，往往开宗明义，陈述该课程在材料和方

---

① 《冯友兰中国哲学史下册审查报告》，《金明馆丛稿二编》，第252页。

② 汪荣祖：《陈寅恪评传》，百花洲文艺出版社，1992，第81页。

③ 《陈寅恪的"不古不今"之学》，《胡适与当代史学家》，台北：东大图书股份有限公司，1998，第202页。

④ 程千帆著，陶芸编《闲堂书简（增订本）》，上海古籍出版社，2013，第425页。

⑤ 《太玄经》卷三，《四部丛刊初编》本，商务印书馆。

⑥ 《陈寅恪诗集》，第133页。

法上的特点。① 他研究学问，无论明言抑或暗示，字里行间也往往透露出对方法的追求。但他与一般新派人物（比如胡适、傅斯年）的最大区别在于，他采取的路径并非"忠实输入北美或东欧之思想"，而是追求自创一路的方法。他在 1957 年致刘铭恕的信中说，其近年从事著述的特点是"用新材料，新方法"，"固不同于乾嘉考据之旧规，亦更非太史公冲虚真人之新说"。"太史公冲虚真人"在当时或别有所指，但若从广义来看，实际上也就是西洋学说。说得更具体一些，他的新材料乃"明清间诗词，及方志笔记等"，② "新方法"就是"以诗证史"，或更确切地说是"以文证史"，所著者即《柳如是别传》等。③ 在表述上可以是对新旧两者的否定，也可以换个说法，"既吸收中国乾嘉学派的考据方法，又结合 19 世纪德国历史学派等西方的语言文字考据方法"，④ 即"不古不今，亦古亦今"。陈寅恪对自己在研究方法上的探索既自信又重视，在 1968 年的垂暮之龄，他对其多年的助手黄萱说："我的研究方法，是你最熟识的。我死之后，你可为我写篇谈谈我是如何做科学研究的文章。"⑤ 所以，说陈寅恪在研究方法上具有充分的自觉和刻意的追求，当非无稽之谈。

那么，就"以文证史"这一方法来说，其学术渊源和学术特色何在？现有的研究多从中国传统揭示其渊源，比如 20 世纪 80 年代许冠三先生指出："以诗证史一法，亦非寅恪首创。"并远溯北宋时代，近举王国维、胡适、郭沫若、邓之诚等人的著述，以为皆"从以诗证史宗旨着眼"，⑥ 从之

① 例如，唐筼记录的《元白诗证史第一讲听课笔记片段》、刘隆凯整理《陈寅恪"元白诗证史"讲席侧记》第一讲都记录了该课使用的材料和方法。李坚《陈寅恪二三事》载："记得他第一次上课，专讲关于他的历史观和治学方法问题。"参见张杰、杨燕丽编《追忆陈寅恪》，社会科学文献出版社，1999，第 247 页。

② 《陈寅恪集·书信集》，生活·读书·新知三联书店，2001，第 279 页。

③ 陈寅恪先生这方面的论著，主要有《元白诗笺证稿》《韦庄秦妇吟校笺》《论再生缘》《柳如是别传》等，一般皆用"以诗证史"概括。20 世纪 50 年代他在中山大学历史系授课时，便将课名定为"元白诗证史"，现存《元白诗证史讲义》；又有刘隆凯整理《陈寅恪"元白诗证史"讲席侧记》（湖北教育出版社，2005）。周师勋初《以诗证史的范例》指出："他的研究方法，可称之为'以文证史'。这个'文'字，又当从我国古来广义的说法上去理解。他不但用诗、文、杂史证史，而且用小说证史。"（《周勋初文集》第 6 卷《当代学术研究思辨》，江苏古籍出版社，2000，第 396 页）此说可从。

④ 李坚《陈寅恪二三事》引用 1942 年陈寅恪在广西大学讲授"唐代政治史"一课的话，参见张杰、杨燕丽编《追忆陈寅恪》，第 247 页。

⑤ 蒋天枢：《陈寅恪先生编年事辑（增订本）》，第 182 页。

⑥ 许冠三：《新史学九十年》，岳麓书社，2003，第 275 页。

者颇众。但如果仅仅是这样，一则只是在传统学问的基础上作推演，二则同时代相类研究者亦多，哪里谈得上是陈氏学术的重要特色，又如何当得起"不古不今"之学术品格的自评？所以，对于这一方法的形成，有必要再作新探。

从中国传统来看，诗与史的关系本来就是密切的。自从孟子说"《诗》亡然后《春秋》作"，①《诗》与《春秋》在精神上就建立起某种联系。东汉后期郑玄治《诗经》，专用孟子之法，有《诗谱》，又有《诗笺》。"《谱》也者，所以论古人之世也；《笺》也者，所以逆古人之志也。"②将《诗经》与时代紧密结合起来，对后世影响很大。到唐代，杜甫的作品被称作"诗史"，宋人注释，务使与纪传相符，典型者如陈禹锡之注杜，"自题其书曰《史注诗史》……必欲史与诗无一事不合，至于年月时日，亦下算子，使之归吾说而后已"。③尽管有所谓的百家、千家注杜，但大多机械地理解诗与史的关系，把诗等同于史，难免胶柱鼓瑟。至钱谦益乃嘲之为如"鼷鼠之食牛角也，其啮愈专，其入愈深，其穷而无所出也滋甚"。④故其自注杜诗，乃将"诸家曲说，一切削去"，⑤取得很高成就。陈寅恪对钱谦益关注甚深，对其注杜尤为瞩目，《柳如是别传》中就有一大段篇幅讨论钱谦益、朱鹤龄杜诗注公案。他对钱注杜诗的整体评价是："牧斋之注杜，尤注意诗史一点，在此之前，能以杜诗与唐史互相参证，如牧斋所为之详尽者，尚未之见也。"⑥既然如此表彰钱氏的"诗史互证"法，则这一方法对他自己也必然会有影响。但陈寅恪的"以文证史"法，绝非仅仅来自中国学术传统的自然演变，其"学"其"术"之形成，是中国传统与西洋学术嫁接后的成果。

---

① 《孟子·离娄下》，朱熹撰《四书章句集注·孟子集注》卷八，中华书局，1983，第295页。
② 王国维：《玉溪生年谱会笺序》，张采田：《玉溪生年谱会笺》卷首，上海古籍出版社，1983，第3页。
③ 刘克庄：《再跋陈禹锡〈杜诗补注〉》，《后村先生大全集》卷一百六，《四部丛刊》本，商务印书馆。
④ 钱谦益：《草堂诗笺元本序》，《钱注杜诗》上册，上海古籍出版社，1979，第4页。
⑤ 钱谦益：《注杜诗略例》，《钱注杜诗》上册，第1页。
⑥ 陈寅恪：《柳如是别传》下册，上海古籍出版社，1980，第993页。

三 兰克史学与"以文证史"

关于陈寅恪学术与西学之关系，尤其是与德国史学的关系，一直为人重视。近年来，也有一些专门的论著问世。[①] 在谈到德国历史学对他的影响时，大多提及倪不尔（Barthold Georg Niebuhr，1776-1831）、洪堡（Wihelm von Humboldt，1767-1835）、兰克（Leopold von Ranke，1795-1886）等人，近年又有学者在上述名单中加入了白乐日（Balázs István，1905-1963）和赫尔德（Jihann Gottfried von Herder，1744-1846）。但无论如何，兰克的影响最为重要，这大概是得到公认的。[②] 可是谈到兰克史学的影响，人们似乎都集中在他对史料的重视上。但据我看来，兰克史学的影响远不止于此，陈寅恪"以文证史"方式的形成，就离不开兰克派史学的刺激。

兰克和布克哈特（Jacob Burckhardt，1818-1897）是 19 世纪后期德国文化区中声誉最高的历史学家，但学界对他们史学旨趣和特征的理解不一。稍后于兰克的法国史学家安托万·基扬（Antoine Guilland，1861-1938），在 1899 年和 1915 年分别用法语和英语出版了《近代德国及其历史学家》一书，从政治史的角度剖析了兰克史学，强调"他关于历史的观念首先是政治性的"。但其最为人熟悉的史学品格还是"考证"，尤其是在他身后，不仅有德国学者，还有法国和英国的历史学家，"他们都把兰克当作自己的导师，并且比别人更好地运用兰克的方法"，[③] 兰克也就成为近

---

① 举其代表者，如陈怀宇《在西方发现陈寅恪：中国近代人文学的东方学与西学背景》（北京师范大学出版社，2013），利用了相当的西文（主要是英文）新资料，挖掘出不少鲜为人知的史实。

② 李坚在《陈寅恪二三事》一文中，提及陈寅恪在黑板上书写过若干西方历史学家的外文名字，其中就有"德国考据学派史家兰克（Ranke）及英国剑桥学派史家阿克顿（Acton）"（张杰、杨燕丽编《追忆陈寅恪》，第 248 页）。而阿克顿实即兰克在英国的传人，曾主编《剑桥近代史》。1919 年陈寅恪在美国哈佛大学注册，其专业是世界史，就购买了这部十多册的巨著（参见余英时《陈寅恪史学三变》，《中国文化》1997 年第 15、16 合期），并修习了"歌德之《意大利之旅》"和"现代德国史"两门课程（参见林伟《陈寅恪的哈佛经历与研习印度语文学的缘起》，《世界哲学》2012 年第 1 期）。俞大维也曾转述陈寅恪的话："研究中西一般的关系，尤其于文化的交流、佛学的传播，及中亚的史地，他深受西洋学者的影响。"（《怀念陈寅恪先生》，张杰、杨燕丽编《追忆陈寅恪》，第 8 页）事实上，这些早年研修西洋史的知识背景他后来从事的中国文化研究，同样具有虽不明显但并非不重要的作用。

③ 以上引文分别见《近代德国及其历史学家》，黄艳红译，北京大学出版社，2010，第 57、70 页。

代“考证派”史学的典范。这一典范随着美国史学界对兰克的误解，即“被当作是一种本质上是实证主义路线的思想始祖”①，而得到更为广泛的传播。然而自20世纪90年代以来，对兰克的评论欧美史学界发生了很大的改变。美国史学家费利克斯·吉尔伯特（Felix Gilbert，1905-1991）生前最后一部著作《历史学：政治还是文化——对兰克和布克哈特的反思》集中讨论了两个问题：一是兰克史学究竟有何新意，二是布克哈特文化史观念与其时政治和学术思潮之间的关系。根据该书的总结，自19世纪以来人们对兰克史学的探讨导致了一个被广泛接受的结论：“兰克通过使用一种新方法，即语文—考据法，将史学提升为一门科学。”而在作者看来，这种流行观念“简化和僵化了兰克对史学研究的贡献”。那么，作者揭示了哪些被遮蔽了的兰克史学的精髓呢？那就是史学写作应成为一门“文学艺术”，用兰克自己的话说：“史学与其他学术活动的区别在于，它也是一种艺术。”② 兰克被当时及后人引用得最多的一句话，出自其处女作《拉丁与条顿民族史，1494~1535》一书的导言，即说明“事情的本来面目（wie es eigentlich gewesen）”。③ 但德语“eigentlich”一词在译成英文的时候，却颇有问题，是只想表明过去的“本质”（essentially）如何，“真正”（really）如何，还是“实际”（actually）如何？按照吉尔伯特的意见，这句话在兰克语境中的真正含义是，“历史学家应当恪守其任务的界限：去呈现事物的实际面目”。所以，这句话暗示我们“将注意力引向兰克史学成就中一个常常被（如若不是被弃之不顾的话）忽略的层面”，即“文学层面”，“按照实际面貌呈现过去，不仅意味着尽可能准确地确立事实，还意味着用一种使它们重演的方式将其置于时代语境中”。对兰克而言，“史学家不仅必须是考证家，也必须是作家。……他从不怀疑这一点：历史著作是并且应当是文学作品”。④

---

① 格奥尔格·伊格尔斯（Georg G. Iggers）：《美国与德国历史思想中的兰克形象》，氏著《二十世纪的历史学：从科学的客观性到后现代的挑战》，何兆武译，山东大学出版社，2006，附录，第155页。

② 以上引文见费利克斯·吉尔伯特《历史学：政治还是文化——对兰克和布克哈特的反思》，刘耀春译，刘君校，北京大学出版社，2012，第13~16页。

③ 兰克著，罗杰·文斯（Roger Wines）编《世界历史的秘密：关于历史艺术与历史科学的著作选》，易兰译，复旦大学出版社，2012，第79页。

④ 以上引文见费利克斯·吉尔伯特《历史学：政治还是文化——对兰克和布克哈特的反思》，第41~43页。

需要指出的是，对兰克史学在这一方面特征的揭示，并非吉尔伯特的孤明先发或一枝独秀。不仅在他著作的注脚中可以看到相关的研究成果，我们还可以借用德国史学家耶尔恩·吕森（Jörn Rüsen）和斯特凡·约尔丹（Stefan Jordan）在 2004 年对近年来兰克研究新动向的概括，了解当今西方史学界的一般看法：

> 近年来人们还深入研究了兰克在其丰富的历史著作中运用的分析方法和叙述艺术。重新评价了十九世纪欧洲现代历史学的兴起与现代小说之间的内在联系，比如将历史小说的产生与兰克的《拉丁与条顿民族史（1494~1535）》一书进行了对比。这类学术研究涉及此前没有引起足够注意的史学叙述所遵循的特定的修辞学模式，从而进一步扩展了对兰克及其同时代史学家的研究领域。①

这些意见无一不是在揭示文学在兰克史学中的作用。如果我们再回头读一下 19 世纪末 20 世纪初基扬的著作，其实也会发现，尽管这个因素没有得到特别的强调，但书中同样呈现了以下几个事实：兰克在研究 15 世纪时，因为关注路易十一，而沃尔特·司各特（Walter Scott，1771 – 1832）的历史小说《惊婚记》（Quentin Durward）描写的也正是这个时代，"于是他翻阅了这本书"；又如兰克强调对于史料的批判性研究，其方法也不是新颖的东西，"圣伯夫（Sainte-Beuve）在文学批评中就曾这样做过"；再如当兰克于 1824 年开始其著述的时候，德国还没有文学史家，当他的《拉丁与条顿民族史，1494~1535》出版的时候，"柏林文学界欢呼他们的奥古斯坦·梯叶里（Augustin Thierry）的诞生，因为他们认为在兰克的作品中发现了他们期待的东西"。在基扬看来，"历史学应具有形式上的美感，而兰克在这方面具有最出色的才能"，这是兰克史学的"另一个特质"。② 只是由于在后世相当的时间段内，兰克作为重视史料、强调考据、近代"客观的"历史学奠基人的形象日益深入人心，才使学术界长期遗忘了兰克史学的这一面。

关于兰克史学中的"文学层面"，我们可以从两方面来看。

---

① 斯特凡·约尔丹、耶尔恩·吕森编《历史上的各个时代——兰克史学文选之一》，杨培英译，北京大学出版社，2010，编者导言，第 24 页。
② 以上引文分别见《近代德国及其历史学家》，第 52、56、64、63 页。

一是就史学表述而言。对兰克来说,历史学家的工作可以分作两部分:首先是对史料的精确考订,以便探讨事实与事实之间的内在关联;其次就是要以清晰优雅的语言将其内在关联重新叙述出来。所以,"历史学家的任务首先就是既要做到博学,又要做到有文采,因为历史既是艺术也是科学"。① 兰克无疑拥有并使用了这些才能,人们称赞他的优美文风,字句交织变幻,叙述韵律和谐,美国学者罗格·文斯说:"我们可以将兰克的著作当做文学作品来赏析,只不过这一文学作品也提供了历史信息而已,兰克这位艺术家是用历史事实来从事艺术创作的。"他编选兰克的选集,就是"鉴于兰克在历史艺术方面的不朽功绩"。② 以至于安东尼·格拉夫敦(Anthony Grafton)感叹说:"怪不得现代的学者们不能确定,该将兰克视为第一位科学化的历史学家,还是最后一位浪漫主义历史学家。"③ 后人编纂历史概念词典,在"生动性"(Anschaulichkeit)一条就以兰克为例,正是他"通过使用见证者报告、旅行日记和历史小说的叙述手段,创造了生动的新境界"。④ 就史学表述而言,陈寅恪很少受其影响。他的史学论著在文字叙述上,不仅谈不上艺术讲究,还因此受到同时代学者的"腹诽"。胡适在日记中记录:"读陈寅恪先生的论文若干篇,寅恪治史学,当然是今日最渊博最有识见最能用材料的人。但他的文章实在写的不高明,标点尤懒,不足为法。"⑤ 钱穆在致余英时的信中也曾评论近人论学文字,其中谓陈寅恪"文不如王(国维),冗沓而多枝节,每一篇若能删去其十之三四始为可诵"。⑥ 对以上评论的是非今人当然可以见仁见智,但这些评论出自日记和私人信函,应该表达了他们的真实观感。陈寅恪不取兰克史学的这一特点,并非缺乏文学才华,他采用的例证性撰述方式,实乃有意

---

① 兰克著,罗格·文斯编《世界历史的秘密:关于历史艺术与历史科学的著作选》,第346页。

② 兰克著,罗格·文斯编《世界历史的秘密:关于历史艺术与历史科学的著作选》,导言,第38~39页。

③ 安东尼·格拉夫敦:《脚注趣史》,张弢、王春华译,北京大学出版社,2014,第93页。

④ 斯特凡·约尔丹(Stefan Jordan)主编《历史科学基本概念辞典》,孟钟捷译,北京大学出版社,2012,第12页。

⑤ 曹伯言整理《胡适日记全编》1937年3月22日,安徽教育出版社,2001,第6册,第657页。

⑥ 余英时:《犹记风吹水上鳞:钱穆与现代中国学术》,台北:三民书局,1991,附录,第253页。

为之，继承的是"史之为道，撰述欲其简，考证则欲其详"① 的中国史学正统，在叙述上摒弃了"忽正典而取小说"的"稗官之体"，② 即便有损于可读性也在所不惜。但哪怕是在表述上重视"文学"的修辞，也体现了某种"文史结合"，会促使人们在史学研究中重视文学，进而引发"以文证史"，尽管不是一种直接的联系。

二是就史学方法而言。对兰克来说，认识人类事务的方式有两种：一是哲学式的，一是历史学的。前者是"通过对抽象一般的研究"，后者"是通过对特殊的研究"。③ 他最终想要的结果是："从根本上使'历史'这一头衔更加尊贵。"④ 用罗格·文斯的话概括，兰克要"将历史主义构建成一种精神上令人高山仰止的事物"。⑤ 但历史学家要还原历史事实，就要有从个别事实升华把握事件之间广泛联系的能力，尤其贵在能于貌似无关的材料间发现其内在联系。在第一阶段，坚持的是史料批判原则。兰克也使用文学材料进入历史，尤其是小说，但一旦发现其中的错误，就会把自己的研究与虚构的故事相切割。至第二阶段要揭示"事情的本来面目"，这来自上帝的神圣意志，仅仅通过对文献史料的研究是无法获取的，只能通过"移情"和"直觉"才能感知。兰克晚年给儿子的信中说："一个人应当从内在的感情去理解历史。……上帝的神圣意志高悬于每一事物之上，这种上帝的神圣意志无法直接证明，但是可以依据直觉而感知到这种神圣意志。"⑥ 这在其他文献中也有表述，比如："最后的结果是以设身处地的方式（Mitgefühl），移情（Mitwissenschaft）地理解所有的一切。"⑦ 或者是："批评性的研究，加上直观的理解，这两者之间相互配合不仅会，而且

① 《四库全书总目》卷四十五"史部总叙"语，中华书局，1965 年影印本，第 397 页。
② 《晋书》提要语，《四库全书总目》卷四十五"史部总叙"语，第 405 页。
③ 《历史与哲学》，兰克著，罗格·文斯编《世界历史的秘密：关于历史艺术与历史科学的著作选》，第 139 页。
④ 《论世界历史》，兰克著，罗格·文斯编《世界历史的秘密：关于历史艺术与历史科学的著作选》，第 336 页。
⑤ 兰克著，罗格·文斯编《世界历史的秘密：关于历史艺术与历史科学的著作选》，导言，第 20~21 页。
⑥ 《历史学家的职责》，兰克著，罗格·文斯编《世界历史的秘密：关于历史艺术与历史科学的著作选》，第 349 页。
⑦ 《历史研究》，兰克著，罗格·文斯编《世界历史的秘密：关于历史艺术与历史科学的著作选》，第 328 页。

一定会使彼此更加具有说服力。"① 格拉夫敦曾借用魏德曼（T. Wiedemann）的概括，道出兰克的一种无与伦比的才能——"结合侦探般的直觉与历史学的洞察力"。② 说到底，"直觉"和"移情"是一种文学艺术的审美方法，他要通过这种方法，从大量史料中去感知、把握"事情的本来面目"。在这一层面上，陈寅恪就有较多的吸收。中国传统学术格局中，经学始终占有绝对的优势地位，陈寅恪则认为经学"材料往往残阙而又寡少，其解释尤不确定"，夸诞之人治之，往往"利用一二细微疑似之单证，以附会其广泛难征之结论"，其结果则犹如"图画鬼物，苟形态略具，则能事已毕，其真状之果肖似与否，画者与观者两皆不知也"。而当时竞言古史的学者，"间有类乎清季夸诞经学家之所为者"。③ 他又说晚清以来的学风治经颇尚《公羊春秋》，治史则重西北史地，其后"《公羊》之学，递演为改制疑古，流风所被，与近四十年间变幻之政治，浪漫之文学，殊有联系"，④ 讥讽之意亦情见乎辞。由此看来，经学之逊于史学乃明显者，以治经之法治史，亦鲜有不踬者。要能从残缺不全的材料中，窥见古代全部结构，"必须备艺术家欣赏古代绘画雕刻之眼光及精神"，"神游冥想，与立说之古人，处于同一境界，而对于其持论所以不得不如是之苦心孤诣，表一种之同情，始能批评其学说之是非得失，而无隔阂肤廓之论"。⑤ 正因为如此，陈寅恪论史论文，总能上下古今，不拘于一时间、一地域，由片段个别的材料中别具只眼，"于异中见同，同中见异，融会异同，混合古今，别造一同异俱冥，今古合流之幻觉"，⑥ 所见往往在牝牡骊黄之外。这与兰克强调的"设身处地""直觉""移情"皆能相合。但兰克所面对的是"上帝的神圣意志"，陈寅恪所面对的是古人之精神与学说，所以兰克最重视的是"直觉"，而陈寅恪重视的是"了解之同情"。这是吸纳了中国传统的"知人论世""以意逆志"说，同时又摆脱了穿凿附会之弊。根据中国文学的特点，他又大量使用"以文证史"的方法。而在"以文证史"的实际运用中，又特别注意作"了解之同情"。在和兰克史学的"似"与"不似"之

---

① 《论世界历史》，兰克著，罗格·文斯编《世界历史的秘密：关于历史艺术与历史科学的著作选》，第 336 页。
② 安东尼·格拉夫敦：《脚注趣史》，第 66 页。
③ 《陈垣元西域人华化考序》，《金明馆丛稿二编》，第 238~239 页。
④ 《朱延丰突厥通考序》，《寒柳堂集》，第 144 页。
⑤ 《冯友兰中国哲学史上册审查报告》，《金明馆丛稿二编》，第 247 页。
⑥ 《读哀江南赋》，《金明馆丛稿初编》，上海古籍出版社，1980，第 209 页。

间，陈寅恪实践了其"不古不今"的学术品格。

四　布克哈特与"以文证史"

至于布克哈特，他一方面追随兰克，另一方面又是第一个将文化史和艺术史相结合的欧洲学者。在耶尔恩·吕森和斯特凡·约尔丹开列的"积极接受兰克思想的欧洲代表人物"的名单中，就有年轻的瑞士人布克哈特，并认为他"为艺术—文化史的发展指明了方向"。[①] 这当然是有充分理由的。1843 年，布克哈特在填写其个人履历的时候，说自己有这样一位老师，"对这个人无论如何赞美都不为过——莱奥波德·冯·兰克"；40 年后，他在"撰写自己的悼词时再次认为有必要重申自己曾是兰克的学生"。在布克哈特看来，"将文学艺术与精确的学术研究相结合则是兰克最早两部伟大的史学著作独一无二的特征"，这指的就是兰克的《教皇史》和《宗教改革时期的德国史》。"对布克哈特来说，这两部历史著作构成了兰克所有著作的导言，他认为政治史和文化史似乎不可能截然分开。"而这两点，也构成了兰克和布克哈特的共同纽带，尽管他们的史学方向、趣味和认识有差异（这或许是布克哈特再三强调自己是兰克弟子的原因之一），"兰克被公认为政治史学派的领袖，布克哈特则写出了最出色的文化史著作"。[②]

和兰克一样，布克哈特也十分重视研究方法的探索。他在《世界历史沉思录》的导言中指出："在研究的过程中，每个人都走出自己的路子。每个人所走的道路体现了他的精神思路，因此他以自己独特的方式走进他的研究课题，并且根据自己的思路发展出适合自己的方法。"[③] 作为一个注重文化史写作的史学家，布克哈特在史料的运用和批判上也有其自身的准则。史料当然要全面系统，但文化史研究所使用的，"大部分是由一种无意的、超然的，甚至是偶然的方式传达的材料所组成的"。对于史学家来说，就是要善于把握其中体现出来的"持久的和典型的东

① 斯特凡·约尔丹、耶尔恩·吕森编《历史上的各个时代——兰克史学文选之一》，编者导言，第 1 页。
② 以上引文分别见费利克斯·吉尔伯特《历史学：政治还是文化——对兰克和布克哈特的反思》，第 109、112、114、116、112 页。
③ 雅各布·布克哈特：《世界历史沉思录》，金寿福译，北京大学出版社，2007，第 4 页。

西","这只有长期的和广泛的阅读才能确认这一点"。其中文学是很重要的史料来源，他说："教师应该不断地强调，每一个有名的古典作家的作品（原注：仅仅是汇编在一起也有其独特的价值）都是文化史研究的素材。"具体包括叙述性作家、诗歌和哲学。由于强调阅读的整体性，他甚至说："研究者同时应当认真地阅读很多二流和三流作家的全部作品。……最重要的东西往往是在很遥远的地方被发现的。"① 因为在一个文化史学者的眼中，"所有流传下来的东西都与它们所处时代的精神有某种联系，并以特定的形式解释和表达那个时代"。② 既然有如此丰富的文献，判定其真实性就是首要解决的问题。中国拥有漫长的文献历史，在传世文献中，由于各种政治的、经济的、宗教的、人事的原因，也存在不少伪书。前人判定伪书的态度，往往颟顸武断，一得"伪书"之"恶谥"，便似全无价值。古书流传至今，固然有全真全伪之书，但也有不少属于真伪混杂。既不能以伪乱真，也不能因伪废真。对此，陈寅恪提出了很好的意见：

> 真伪者，不过相对问题，而最要在能审定伪材料之时代及作者，而利用之。盖伪材料亦有时与真材料同一可贵。如某种伪材料，若径认为其所依托之时代及作者之真产物，固不可也。但能考出其作伪时代及作者，即据以说明此时代及作者之思想，则变为一真材料矣。……今人能知其非一人一时之所作，而不知以纵贯之眼光……斫研致辩于其横切方面。此亦缺乏史学之通识所致。③

此诚为石破天惊之论，但似非陈氏创见。布克哈特在关于希腊文化史的演讲中就已经指出："我们从希腊的往昔搜集来的任何东西都可以成为一种史料。……即使是伪造者，一旦被我们识破，了解到他这样做

---

① 以上引文分别见雅各布·布克哈特《希腊人·导言》，《希腊人和希腊文明》，王大庆译，上海人民出版社，2008，第49~50、53~54页。

② 雅各布·布克哈特：《世界历史沉思录》，导言，第17页。

③ 《冯友兰中国哲学史上册审查报告》，《金明馆丛稿二编》，第248页。陈氏另有《梁译大乘起信论伪智恺序中之真史料》一文，乃具体揭示"本论本文可以有后加伪序，而真序亦可附于伪论。……真序之中可以有伪造之部分，而伪造之序中亦可以有真实之资料"，见《金明馆丛稿二编》，第132~136页。

的目的，其伪作也能够不自觉地提供非常有价值的信息。"① 他又说："在这方面典型的例子是小说，许多人把它们当做历史来读。里面的故事虽然经过加工，但总体上是真实的。"② 这与兰克不同，兰克阅读沃尔特·司各特的小说，发现其中在具体细节上的错误，就"不能接受司各特这种带有偏见倾向的描写"。③ 但布克哈特重视的是人类生活中较为恒定的社会状态，而非个别人物的所作所为，与典型的和持久的比起来，具体人物和事件的前后顺序反而是次要的了。吉尔伯特曾作了这样的总结："文化史家不打算从材料中了解过去的'事实'；他研究材料是因为他们表达了以往时代的精神。因此，它们是不是准确的事实、是在撒谎或夸大其词或杜撰都无关紧要。即使误导性的陈述也可能告诉我们以前某个时代的精神。"④

布克哈特对于文献的开发有着无穷的积极性，他说："只要我们以正确的方式在资料上下工夫，那么资料中蕴藏着的重要的信息一定会在某个重要的时刻或者命中注定的时间作为回报向我们招手。换一种表达方式，我们从许久以来的清规戒律或者故纸堆中突然获得一个崭新的启示。"⑤ 他在《世界历史沉思录》中，就有专门一节是"从历史的角度考察诗歌"，他从认识人的本质出发，极其强调诗歌对于历史研究的作用："历史能够在诗歌中找到它最重要的源泉，而且这些素材属于最纯真的和最美好的（案：在布克哈特的手稿中，使用的词不是'最美好的'而是'最可靠的'）。首先，多亏了诗歌，历史对人的本质才有所认识，其次，诗歌在理解时间方面和民族方面的问题上为历史提供了诸多的启发。对历史地考察世界的人来说，诗歌提供了有关各个民族的永恒的画面、提供了有关这些民族的各方面的信息，而且经常是唯一保存下来的或者是保存最好的信息。"⑥ 在这一节中，他论述的范围包括史诗、抒情诗、小说、戏剧以及其他造型艺术，特别值得一提的是，他还专门论及中

① 雅各布·布克哈特：《希腊人·导言》，《希腊人和希腊文明》，第54~55页。
② 雅各布·布克哈特：《世界历史沉思录》，导言，第16页。
③ 兰克：《口述自传，兰克著，罗格·文斯编《世界历史的秘密：关于历史艺术与历史科学的著作选》，第52~53页。
④ 费利克斯·吉尔伯特：《历史学：政治还是文化——对兰克和布克哈特的反思》，第101~102页。
⑤ 雅各布·布克哈特：《世界历史沉思录》，导言，第18页。
⑥ 雅各布·布克哈特：《世界历史沉思录》第二章，第63页。

国戏剧。随着相关史料的不断发现，或许会有直接证据表明陈寅恪读过布克哈特的书。① 不过从常情推断，布克哈特曾在 1872 年被邀至柏林大学接任兰克退休后空出的教席，他拒绝了这个荣耀而留在瑞士，此举为人熟知，其博学和人格也赢得了人们的尊敬。而根据另一位研究文艺复兴的大师英国学者贡布里希（E. H. Gombrich）的概括："《意大利文艺复兴时期的文化》起初销售不畅，但约三十年后，这本书不仅在史学家中，而且也在普通读者中变得非常出名和流行。"② 好学的陈寅恪适逢其时地在德国和瑞士求学，1909~1911 年留学德国柏林大学，1911~1912 年留学瑞士苏黎世大学，1921~1925 年再度留学德国柏林大学，我们几乎可以确信他熟悉布克哈特的著作和观点。近年有学者指出，陈寅恪对于艺术史十分重视，并在自己的史学研究中身体力行"图像证史"的手段，③ 而布克哈特就是 19 世纪最负盛名的艺术史家，他的这部名著"审慎地、隐然地'图像证史'"，"创造性地突破了依据年代叙事的传统史学，建立了以论题为经纬编织有机的文化史的新范式"。④ 这一类似也从另一个侧面印证了两者之间的联系，尽管仍然是不着痕迹的。

1944 年，陈寅恪初成《元白诗笺证》，在给陈槃的信中说："前作两书，一论唐代制度，一论唐代政治，此书则言唐代社会风俗耳。"⑤ 言社会风俗，当然重在文化，但即便研究制度和政治，他的重心也还是在种族和文化，所以更重在具备文化史的眼光。其讨论隋唐制度渊源，特别阐明"魏晋以降中国西北隅即河陇区域在文化学术史上所具之特殊性质……实

---

① 目前已经发现的陈寅恪在德国留学时的 64 本读书笔记中，有藏文 13 本，蒙文 6 本，突厥回鹘文一类 14 本，吐货罗文（吐火罗文）1 本，西夏文 2 本，满文 1 本，朝鲜文 1 本，中亚、新疆 2 本，佉卢文 2 本，梵文、巴利文和耆那教 10 本，摩尼教 1 本，印地文 2 本，俄文、伊朗 1 本，西伯来文 1 本，算学 1 本，柏拉图（东土耳其文）1 本，亚里士多德（数学）1 本，《金瓶梅》1 本，《法华经》1 本，《天台梵本》1 本，《佛所行赞》1 本，这当然不是其全部。参见季羡林《从学习笔记本看陈寅恪先生的治学范围和途径》，《纪念陈寅恪先生国际学术讨论会文集》，第 74~87 页。

② 《文艺复兴：时期还是运动》，贡布里希着，李本正、范景中编选《文艺复兴：西方艺术的伟大时代》，中国美术学院出版社，2000，第 9 页。事实也正是如此，该书于 1860 年初版时，仅印了 750 本，却用了九年时间才售完。

③ 参见姜伯勤《陈寅恪先生与中国"艺术史学"》，曹意强等著《艺术史的视野——图像研究的理论、方法与意义》，中国美术学院出版社，2007，第 559~567 页。

④ 曹意强：《"图像证史"——两个文化史经典实例：布克哈特和丹纳》，曹意强等著《艺术史的视野——图像研究的理论、方法和意义》，第 60~61 页。

⑤ 《陈寅恪集·书信集》，第 231 页。

吾国文化史之一大业"；① 在陈寅恪看来，"吾国旧史多属于政治史类"，②
但他撰写唐代政治史，却着重指出："唐代安史乱后之世局，凡河朔及其
他藩镇与中央政府之问题，其核心实属种族文化之关系也。"③ 尽管其研究
面甚广，但聚焦所在是文化问题。陈寅恪重视史料，有学者甚至将他归为
"史料学派"，认为"他对新史学的贡献，首推史料扩充"。④ 这固然不错，
但仅仅是其一面（如果不说是表面的话）。对此，先师程千帆先生曾对我
说："寅老以考据家的面目出现，谈论的实际上是文化的走向问题。可惜
从这一点研究者尚少。"⑤ 将政治史与文化史相融合，明显可以看出布克哈
特的痕迹。⑥ 周师勋初曾经这样概括陈氏治史的特点："史家的眼光，文学
的意味。"⑦ 这与布克哈特史学的特征也是可以印证的。

　　就"以文证史"而言，陈寅恪绝非沿着传统路数进行，比如在洪迈到
钱谦益基础上的踵事增华，其眼光及手段也绝非同时代学者可与相比。明
显的一例是邓之诚，其《清诗纪事初编》秉承黄宗羲"以诗证史"之说，
但其学术方法完全属于中国的旧学传统，其所成就也完全属于"旧人"的
"有学无术"。陈寅恪则不然，他一方面熟稔中国"以诗证史"的传统，另
一方面又从兰克、布克哈特等人的学术中受到启示，再根据中国文献自身
的特色，开创出"以文证史"的新方法。陈寅恪在使用这一方法时，不仅
仅是扩充了史料的来源，更重要的是对史料特征作出了辨析，而在这一辨
析过程中，心中实有"外国"史料的对比在。他在 50 年代讲授"元白诗
证史"课时，第一讲开宗明义揭橥其史料与方法说：

　　　　中国诗与外国诗不同之点——与历史之关系：
　　　　中国诗虽短，却包括时间、人事、地理三点。……外国诗则不

---

① 《隋唐制度渊源略论稿》，中华书局，1963，第 19 页。
② 《唐代政治史述论稿·自序》，上海古籍出版社，1997，第 1 页。
③ 《唐代政治史述论稿》上篇，第 27 页。
④ 许冠三：《新史学九十年》，第 261 页。
⑤ 《书绅录》，参见张伯伟《读南大中文系的人》，南京大学出版社，2014，第 221 页。
⑥ 卡尔·洛维特在《布克哈特的"文化"史》中指出："布克哈特文化史严格说来不是政
　治史，尽管它显得是政治的。"又说："布克哈特却是这样的历史学家：他实际上在为当
　前服务……而他需要借助历史理解当前。"卡尔·洛维特：《雅各布·布克哈特》，楚人
　译，商务印书馆，2013，第 297 页。
⑦ 《陈寅恪的治学方法与清代朴学的关系》，周勋初：《余波集》，南京大学出版社，2008，
　第 284 页。

然，空洞不著人、地、时，为宗教或自然而作。

中国诗既有此三特点，故与历史发生关系。唐人孟棨有《本事诗》，宋人计有功亦有《唐诗纪事》，但无系统无组织。……即使是某人之年谱附诗，也不过把某一个人之事记下来而已，对于整个历史关系而言则远不够。

综合起来，用一种新方法，将各种诗结合起来，证明一件事。把所有分散的诗集合在一起，于时代人物之关系、地域之所在，按照一个观点去研究，联贯起来可以有以下作用：

说明一个时代之关系。

纠正一件事之发生及经过。

可以补充和纠正历史记载之不足。最重要是在纠正。

"元白诗证史"即是利用中国诗之特点来研究历史的方法。①

从以上陈述中可以看出，这种方法与纯传统或纯西方者都不同，所以称得上"一种新方法"。就中国传统而言，虽然在唐宋时代已经有了《本事诗》《唐诗纪事》等书，但"无系统无组织"；自宋迄清，尤其是在清代，无论是笺注前人作品，还是自己（或门人）编集，往往附入年谱或按年代次序作品，但也仅局限于一人，不能从整体上说明其与时代的关系，或证明一事之发生及经过。而陈寅恪是要综合史料，连贯地考察时间、人事、地理，这与兰克、布克哈特重视史学叙述中的完整性、连贯性具有同样的学术特征。再就西方传统而言，由于其诗多"为宗教或自然而作"，缺乏时间、空间和人物的要素，因此，很难用来充当"证史"的材料。布克哈特虽然不否定诗歌在历史研究中的作用，但他主要是为了证明"时代精神"，而非具体的人事。若想注重后者，他也不得不承认："小说能够展现一个广阔的生活场景，并且不断地联系现实。"② 故以史料的采撷和论证的步骤言，"以诗证史"也不是西方的学术传统。陈寅恪是取西方观念与中国文献相结合，开创了"利用中国诗之特点来研究历史的方法"，这才当得起"不古不今"的学术品格。

---

① 唐篔：《元白诗证史第一讲听课笔记片段》，《陈寅恪集·讲义及杂稿》，生活·读书·新知三联书店，2002，第483~484页。按：引文中的书名号和引号为引者所加。又刘隆凯《陈寅恪"元白诗证史"讲席侧记》一书的记录，亦可参看。

② 雅各布·布克哈特：《世界历史沉思录》第二章，第67页。

　　同样是"以文证史"，在西方学术传统中，更多是利用小说等叙事体文学。尤其是在 19 世纪的德国乃至欧洲，历史和小说关系的密切达到前所未有的程度。雅克·巴尔赞（Jacques Barzun）在其文化史巨著中有这样的论述，比如"司各特教欧洲学会了历史"；又比如法国历史学家说，"必须'阅读并吸收'巴尔扎克的小说之后，方能动手写史"。最后的结果是："历史读起来就像一本小说，而小说几乎就是历史。"① 在这个意义上，我们也能够重新理解已经熟知的恩格斯在 1888 年致玛·哈克奈斯信中的话，巴尔扎克的《人间喜剧》"汇集了法国社会的全部历史"，自己从其中"所学到的东西，也要比从当时所有职业的史学家、经济学家和统计学家那里学到的全部东西还要多"。② 布克哈特提倡的文化史研究，也不断强调阅读有名的古典作家，甚至是二流、三流作家的全部作品。而"对兰克，一如对兰克的许多同辈来说，沃尔特·司各特的小说曾是一个重要的刺激因素，激发了他对往昔事件的兴趣"。③ 直到 20 世纪，德裔美国文化史家彼得·盖伊（Peter Gay，1923—2015）所运用的"以文证史"的方法，仍然取材于小说，表现的还是西方史学的传统，尽管其学术背景已经发生了很大变化。他驳斥了后现代历史学有关"事实是被创造而不是被发现出来"的观点，把小说看成是一面反映现实世界的"扭曲的镜子"，并最终以一言而蔽之："在一位伟大的小说家手上，完美的虚构可能创造出真正的历史。"④ 他告诉我们，作为一个老练的读者，可以把历史知识和文学经验融为一体，使小说成为发现历史真相的辅助。此外，美国汉学家史景迁（Jonathan Spence）从事中国史研究的时候，偶试"以文证史"之笔，也是借用了《聊斋志异》这类虚构的故事来呈现清初山东郯城乡村中可能发生的情形。⑤ 当一位接受了中国史学训练的学者提出"在中国，历史学家一般不用《聊斋志异》或《红楼梦》之类的材料"时，他的回答是："因为我们知道它们是小说。但同时我们知道蒲松龄正是生活在本书所涉的时

① 雅克·巴尔赞：《从黎明到衰落：西方文化生活五百年，1500 年至今》，林华译，中信出版社，2013，第 517 页。
② 《马克思恩格斯选集》第 4 卷，人民出版社，1995，第 684 页。
③ 费利克斯·吉尔伯特：《历史学：政治还是文化——对兰克和布克哈特的反思》，第 43 页。
④ 以上引文分别见彼得·盖伊《历史学家的三堂小说课》，刘森尧译，北京大学出版社，2006，第 11、153 页。
⑤ 参见史景迁《王氏之死》，李孝恺译，李孝悌校译，广西师范大学出版社，2011；《太平天国》，朱庆葆等译，广西师范大学出版社，2011。

代。尽管是小说，它代表了一种见解。"① 不止于此，他还明确区分了所谓"文学"和"小说"与历史相结合的不同性质。② 这些都体现了一种强大而持久的西洋学术传统。熟悉德国史学的陈寅恪，对这一路数不会陌生，但是具体到中国文献中，小说本是"小家珍说"之意，在传统观念中，属于君子不为的"小道"，其在文学中的地位，远不能与西洋小说在其文学世界中的地位相比，"以文证史"如何对待此类文献？据陈氏门人石泉的回忆：

> 先师讲课及研究过程中，在掌握史料方面"以诗证史"之例颇多，前人已屡有称述；但"以小说证史"之论点，则在讲课过程中亦有所阐发，大意谓：有些小说中所叙之人与事，未必实有，但此类事，在当时历史条件下，则诚有之。……先师称之为："个性不真实，而通性真实。"③

所谓"个性不真实，而通性真实"的意见，实有类于布克哈特的立场，即关注材料所说的内容是不是"典型的和持久的"。或者用他另一番话来表述："即使一个已经被记录下来的事件并未真的发生，或者并不像人们所报道的那样发生，但认为它确实发生过的看法已经通过论述的典型性保留了其价值。"④ 这个"典型性"就是"通性真实"，它无关乎著述形式，也不在乎官修私撰。正是在这种观念的指导下，陈寅恪提出："苟能于官书及私著等量齐观，详辨而慎取之，则庶几得其真相，而无诬诬之失矣。"⑤ 例如，为了证明唐代自高宗、武后以后，朝廷与民间皆重进士而轻明经，他引用了康骈《剧谈录》中的故事，并加按语云：

① 卢汉超采访、翻译《史学的艺术——史景迁访谈录》，王希、卢汉超、姚平主编《开拓者：著名历史学家访谈录》，北京大学出版社，2015，第34页。

② 史景迁在接受卢汉超采访时，曾特别作了如下辨析："将历史和文学合而为一与将历史和小说合而为一是大不相同的。当我们用'Literature'一词时——无论是指'文'或'文学'——我们是用它来传达一种质量，一种评判，或者是如何遣词造句。当我们用'fiction'一词时，我们是意指一种方法，而这种方法除了广义上的合情合理外不必以事实为依据。"他又说："文学和小说往往不同。我想文学更是一种哲学传统。'Literature'一词也与一种艺术传统相连。所以，如果说我把文学和历史相结合，这只是意味着我对史学的写作风格有着激情。"卢汉超采访、翻译《史学的艺术——史景迁访谈录》，王希、卢汉超、姚平主编《开拓者：著名历史学家访谈录》，第29~30页。

③ 《先师寅恪先生治学思路与方法之追忆（补充二则）》，胡守为编《陈寅恪与二十世纪中国学术》，浙江人民出版社，2000，第157页。

④ 雅各布·布克哈特：《希腊人·导言》，《希腊人和希腊文明》，第50页。

⑤ 《顺宗实录与续玄怪录》，《金明馆丛稿二编》，第74页。

《剧谈录》所纪多所疏误，自不待论。但据此故事之造成，可推见当时社会重进士轻明经之情状，故以通性之真实言之，仍不失为珍贵之社会史料也。①

他是从"通性之真实"着眼于"小说证史"的。尽管"以文证史"是 19 世纪后期德国兰克史学的特征之一，陈寅恪也耳熟能详，但他还是根据中国小说的文体特征，在采撷此类材料时提出"通性之真实"，使有疏误的材料也能发挥史学上的"珍贵"作用。这就有别于兰克史学的方法，他因为司各特小说中的"错误"而最终放弃使用。至于就中国传统眼光来看，小说与史地位悬殊，若"以小说证史"无异于不经之谈。即使在与陈寅恪同时的一些优秀学者如陈垣、岑仲勉等人的眼中，小说材料也只能有限利用，终不能与正史"等量齐观"。这种观念上的差异，与彼此在学术上的背景、取向、境界之别大有关系。也正因为如此，陈寅恪的"以小说证史"同样体现了其学术上"不古不今"的特质。

五　陈寅恪的启示

处于 21 世纪的今天，陈寅恪当年所指陈问题的背景已经发生了巨大改变，但问题本身却并没有得到解决。"有学无术"和"有术无学"的倾向，在今日学界依然存在。从人文学研究缺乏自身的理论和方法来看，其更是当今学术突出的"病症"之所在。因此，陈寅恪在这一方面的探索精神和成绩，尤其值得继承、发扬、光大。

今日的人文学研究，应该把对理论和方法的探索作为一个重要课题。百年前东亚学术由传统向现代转型期间，在"术"的问题上，几乎是众口一词地向欧美学习。但是百年来东亚地区一味模仿、引进欧美理论和方法的后果如何？不妨看看以下事实。

1975 年前后，日本笔会为祝贺美国学者唐纳德·靳（Donald Keene）的《日本文学史》写作计划而举行座谈会，"其中好几次出现了这样的颂词：只有美国学者才能写出真正的日本文学史"。② 而唐纳德·靳的写作动

---

① 《唐代政治史述论稿》中篇《政治革命及党派分野》，第 82 页。
② 小西甚一：《日本文学史》，郑清茂译，台北：联经出版事业股份有限公司，2015，1993 年版《跋》，第 249 页。

机，也缘于此前读到佐佐木信纲《上代文学史》后的感想："我们毕竟还是不得不为自己写文学史。不管日本人的评价如何，佐佐木氏的著作与我们的趣味相去甚远。"① 福井文雅对西洋学者的类似批评也是记忆犹新："日本汉学家虽然拥有广博的知识，但缺乏科学的整理而使之上升为学术研究的方法"，"日本人写的论文是知识的罗列，这并非学术"。② 这些批评有时兼涉中日两国学者："中国人和日本人虽然有文献的知识，却不懂得处理、研究文献的方法。"③ 保罗·柯文（Paul A. Cohen）在 20 世纪 70 年代后期说："中国史家，不论是马克思主义者或非马克思主义者，在重建他们自己过去的历史时，在很大程度上一直依靠从西方借用来的词汇、概念和分析框架，从而使西方史家无法在采用我们这些局外人的观点之外，另有可能采用局中人创造的有力观点。"④ 而在前些年，宇文所安（Stephen Owen）也曾多次对中国学人当面直陈"中国古代文学研究者欠缺理论意识"。⑤ 至于包弼德（Peter K. Bol）则针对思想史研究的国际转向预言了如下结果："除了欧美思想架构体系以及方法论在世上不同语言国家中的扩张外，思想史在国际转向上还能有其他作为吗？其他文化（例如南亚与东亚）能有所回馈吗？儒学学者能有所回馈吗？我觉得对此问题的答案很可能是'不能'。"⑥ 这些评论应该引起我们的反思，从而调整我们的学术重心。

　　"学"和"术"，用另外一个表述，不妨称作材料和方法。在材料的挖

① 小西甚一：《日本文学史·解说·导进文学核心的书》，第 238 页。按：唐纳德·靳的语气是自负的，其著作也的确受到欧美学者的重视。比如他在 1976 年出版的讨论江户时代日本文学史著作（*World Within Walls*：*Japanese Literature of the Pre-Modern Era*，*1600-1867*）中，就有一个所谓的"著名论断"，即这一时期的日本文坛是"高墙内的世界"，"此时的文学基本上是在没有借鉴外国的基础上发展的"（参见彼得·伯克《文化杂交》，杨元、蔡玉辉译，译林出版社，2016，第 78 页）。这就完全忽略了自康熙二十三年（1684）以后，每年从中国到长崎的船上大量输入的最新汉籍，也无视日本学者的众多先行研究，如山胁悌二郎《长崎的唐人贸易》（1964）、大庭修《江户时代における唐船持渡书の研究》（1967），所以这一论断尽管是"著名"的，但也是荒谬的。

② 福井文雅：《汉字文化圈的思想与宗教——儒教、佛教、道教》，徐水生、张谷译，武汉大学出版社，2010，第 286 页。

③ 《有关道教的诸问题》，福井文雅：《汉字文化圈的思想与宗教——儒教、佛教、道教》，第 267 页。

④ 保罗·柯文：《在中国发现历史——中国中心观在美国的兴起》，林同奇译，中华书局，1989，第 1 页。

⑤ 卞东波：《宋代诗话与诗学文献研究》，中华书局，2013，第 440 页。

⑥ 《我们现在都是国际史家》，赖芸仪译，思想史编委会编《思想史》第 1 辑，台北：联经出版事业股份有限公司，2013，第 246 页。英文本见该书第 253 页。

掘方面，百年来的成绩突飞猛进。材料、观念、方法的更新，便可能导致古典学的重建。裘锡圭把第一次重建的时间定于20世纪一二十年代，把今天受赐于"出土资料"而"走出疑古时代"，看成是第二次古典学重建的开始。① 其实，现代的所谓"新材料"，是包括但不限于"出土资料"的。但仅仅有了新材料，是否必然会促成古典学的重建？是否必然会形成"时代学术之新潮流"？② 回答是否定的。就好像法国18世纪的哲学家们，虽然"砸烂了圣·奥古斯丁的《天城》，只不过是要以更行时的材料来重建它罢了"。③ 易言之，即便使用了"更行时的材料"，但重建起来的依然是一座中世纪的旧城。我们的确在材料的挖掘、整理方面取得了很好的成绩，而且还应该继续，但如果在学术理念上，把文献的网罗、考据认作学术研究的最高追求，回避、放弃学术理念的更新和研究方法的探索，那么，我们的一些看似辉煌的研究业绩，就很可能仅仅是"没有灵魂的卓越"。④

陈寅恪的"以文证史"是其文史研究的新方法。他汲取了"一方面吸收输入外来之学说，一方面不忘本来民族之地位"的历史经验，既开掘新史料，又提出新问题；既不固守中国传统，又不被西洋学说左右。在吸收中批判，在批判中改造，终于完成其"不古不今之学"。他不只在具体研究上有许多创获，还在学术方法上有所建树。今日中国学术如能沿着这条道路继续努力，其在国际学术界的贡献和影响，必将形成另外一番景象。我还是要说，进行自身理论和方法的建设和探索，应该坚持以文本阅读为基础，通过个案研究探索具体可行的方法，走出模仿或对抗的误区，在与西洋学术的对话中形成。在今天的人文学理论和方法的探求中，套用西方固不可为，无视西方更不可为。我们的观念和方法应该自立于而不自外于、独立于而不孤立于西方的学术研究。⑤

（本文原载于《文学评论》2017年第3期）

---

① 《中国古典学重建中应该注意的问题》，裘锡圭：《中国出土古文献十讲》，复旦大学出版社，2004，第4页。

② 陈寅恪：《陈垣敦煌劫余录序》，《金明馆丛稿二编》，第236页。

③ 卡尔·贝克尔（Karl L. Becker）：《18世纪哲学家的天城》，何兆武译，北京大学出版社，2013，第25页。

④ 借用美国学者哈瑞·刘易斯（Harry R. Lewis）的一本书名——*Excellence Without a Soul*。

⑤ 有关这一方面的详细讨论，参见张伯伟《中国古代文学研究的理论和方法问题》，《文学遗产》2016年第3期。

"五牛旗建"与"赤牛奋鞘"

——文本视域下南匈奴汉赵时代的预言与谶纬

童　岭[*]

一　序论：匈奴挛鞮氏与中国的"阿提拉"

从早期中古的经部典籍开始，辐射到史、子、集三部，蕴含着大量证明王朝正统性或合法性的"符瑞"文字（正面），有时则成为王朝灭亡的预言书（反面）。后者往往被当时的正统王朝视为"谣言"或"妖言"。余英时先生的岳丈、中国古代预言谣言研究的先驱陈雪屏先生曾经指出，这种谣言、预言本质上与其他一切语言文字（传说、正史）是相通的。[①]同样，至秦汉时代已蔚为大观的"谶纬"，也以口语或文字的形式，对自然或超自然的现象加以现实政治的解释。其影响力如同台湾另一位谶纬大家陈槃谓："东京之后，迄未衰竭。"[②]直到隋唐"消亡"之前夜，[③]谶纬在两晋南北朝都具有巨大的影响力。

笔者所关心的，乃是对于中古时代"非汉民族"建立的政权，"预言"与"谶纬"产生了怎样的影响力。匈奴的宗教与信仰问题，日人江上波

---

[*]　童岭，南京大学文学院教授、博士生导师，2013～2014 年任南京大学高研院第九期驻院学者。

[①]　陈雪屏：《谣言的心理》，商务印书馆，1939。又可参见吕宗力《汉代的谣言》，浙江大学出版社，2011，第 5 页。同氏：*Power of the Words：Chen Prophecy in Chinese Politics, AD265–618*（《语词的威力——谶言与两晋南北朝政治》），Oxford，Bern，New York：Peter Lang AG，2003。

[②]　《秦汉间之所谓"符应"论略》，陈槃：《古谶纬研讨及其书录解题》上册，上海古籍出版社，2010，第 2 页。

[③]　童岭：《消亡前夜的"谶纬"》，《读书》2015 年第 1 期。

夫、台湾学者谢剑都有精彩研究。① 具体来说，拥有着不同于汉族祭祀与信仰传统的北亚系游牧民族——匈奴，入塞后如何应对汉人学术中深厚、奥秘的"预言""谶纬"传统？

非常可惜的是，不少研究少数民族文学、历史的著名学者，将谶纬、灾异明确排除在外；② 而秦汉隋唐谶纬研究者，视角往往又集中于汉人著作内部。本文试图在这两者之间，寻觅出若干中古史之重要问题。

中国古代史家自司马迁以来一直存在一个传统，即将陌生的种族、陌生的国家，纳入中国已有的认知范畴内，以便揭示其具有威胁效应的神秘性。《史记·天官书》就尝试了将匈奴纳入中国的古典宇宙体系中，其云：

> 昴曰髦头，胡星也，为白衣会。③

"昴"是二十八宿"西方七宿"中的第四宿，被司马迁赋予"胡"（匈奴）的含义。此后，早期中国中古史上，类似的与胡族有关的天文、谶纬例证史不绝书。

《晋书·四夷传·北狄》条云：

> 前汉末，匈奴大乱，五单于争立，而呼韩邪单于失其国，携率部落，入臣于汉。④ 汉嘉其意，割并州北界以安之。于是匈奴五千余落入居朔方诸郡，与汉人杂处。（中略）建安中，魏武帝始分其众为五部，部立其中贵者为帅，选汉人为司马以监督之。魏末，复改帅为都尉。其左部都尉所统可万余落，居于太原故兹氏县；右部都尉可六千

---

① 〔日〕江上波夫：《匈奴之祭祀》，《欧亚大陆古代北方文化》，东京：全国书房，1984；谢剑：《匈奴宗教信仰及其流变》，《中央研究院历史语言研究所集刊》第42本第4分，1971年。

② 如林幹在编辑匈奴史料时，明确说三种史料不予收录，其一是："以天文、五行、灾异、咎徵之变比附匈奴活动。"参林幹编《匈奴史料汇编》，中华书局，1988，"编辑与说明"，第1页。

③ 司马迁著，泷川资言会注考证《史记会注考证》卷二十七《天官书第五》，北岳文艺出版社，1999，第1825页。

④ 按：中华书局标点本于此处连下。但内田吟风认为这一句后面，按照文意应该另起一段。参见〔日〕内田吟风《北亚历史研究·匈奴篇》，京都：同朋舍，1975，附录《晋书北狄匈奴传译注》，第407页。

余落,居祁县;南部都尉可三千余落,居蒲子县;北部都尉可四千余落,居新兴县;中部都尉可六千余落,居大陵县。①

这一段文字不特对于理解入塞南匈奴的勃兴非常重要,同时,对于所谓"五部匈奴"何以为"五",有着关键的记录。其中,有四部都是在太原以南,只有北部都尉所管辖的新兴县匈奴在太原以北。这种保持匈奴形态的部落组织,在后文分析刘渊的族子——前赵刘曜的"五牛旗建"时,笔者还会进一步解释,此不赘。在入塞的南匈奴中:

北狄以部落为类,其入居塞者有屠各种、鲜支种、寇头种、乌谭种、赤勒种、捍蛭种、黑狼种、赤沙种、郁鞞种、萎莎种、秃童种、勃蔑种、羌渠种、贺赖种、钟跂种、大楼种、雍屈种、真树种、力羯种,凡十九种,皆有部落,不相杂错。屠各最豪贵,故得为单于,统领诸种。②

五胡十六国中,最先建国的、有着单于挛鞮氏血统的南匈奴前三代首领——刘渊、刘聪、刘曜,都属于这一最豪贵的"屠各部"。总之,屠各种是匈奴(尤其是入塞南匈奴)的核心种族,屠各种的核心又是挛鞮氏。层级集中关系也就是:匈奴→入塞十九种南匈奴→屠各部→挛鞮氏(刘氏)。

笔者在《从"我是谁"到"我认为我是谁"——公元四世纪初五胡十六国史之发端》一文中指出:曹操扣留了南匈奴最后一位于扶罗单于,将并州的南匈奴一分为五,每部首领称"帅",分其势而统之。③ 在五部帅之上,更有汉人长官"并州刺史"监护之,往往兼任"使匈奴中郎将"。④延续几个世纪的"单于"之号,于此废止了。而刘渊,于扶罗单于之孙,

---

① 《晋书》卷九十七《四夷传》,中华书局,1974,第 2548 页。
② 《晋书》卷九十七《四夷传》,第 2549~2550 页。
③ 童岭:《从"我是谁"到"我认为我是谁"——公元四世纪初五胡十六国史之发端》,《文史知识》2012 年第 6 期。又可参片桐功《屠各胡考——刘渊举兵前史》,《名古屋大学东洋学研究报告》第 13 号,1988 年,第 1~30 页。片桐功对西晋初期并州的屠各胡有较为详尽的研究。
④ 〔日〕大庭修:《秦汉法制史研究》,林剑鸣等译,上海人民出版社,1991,第四篇第三章"汉的中郎将、校尉与魏的率善中郎将、率善校尉",第 375~400 页。

作为"任子"（类似人质）留在了洛阳。

《晋书·刘元海载记》的一开篇，就记载了一段与政治预言有关系的谶记：

> （刘）豹妻呼延氏，魏嘉平中祈子于龙门，俄而有一大鱼，顶有二角，轩鬐跃鳞而至祭所，久之乃去。巫觋皆异之，曰："此嘉祥也。"其夜梦旦所见鱼变为人，左手把一物，大如半鸡子，光景非常，授呼延氏，曰："此是日精，服之生贵子。"寤而告豹，豹曰："吉征也。吾昔从邯郸张冏母司徒氏相，云吾当有贵子孙，三世必大昌，仿像相符矣。"自是十三月而生元海，左手文有其名，遂以名焉。龊龀英慧，七岁遭母忧，擗踊号叫，哀感旁邻，宗族部落咸共叹赏。①

这里看似与早期中古帝王诞生神话并无二样的记载，其实有几点大可玩味。其一，呼延氏不仅是入塞南匈奴屠各部四贵姓之一，也是匈奴单于挛鞮氏的皇后家族，② 所以汉赵国的第一代君王——刘渊，无疑有着最高贵的血统。按照当时诸胡族的实际战斗力，漠北鲜卑族已经强于南匈奴（比如西晋遗留在晋阳的并州刺史刘琨，就时常借用拓跋鲜卑出击南匈奴、羯族，胜多败少），但为什么五胡建国第一支为匈奴，而不是其他种族？冒顿单于后裔这一身份在理论上无疑具有统摄整个游牧民族的最强号召力。

其二，所谓"日精"，正与匈奴的自然崇拜相表里。《史记·匈奴列传》所谓"拜日之始生，夕拜月"，可以说是日常生活的一部分。同时，"日"在汉族传统典籍中也代表着帝王。王朝更替、天命转移可以说在《晋书·载记》的第一篇第一段的谶记中就已经暗示了。所以，杉山正明称刘渊是"贵族中的贵族，王子中的王子"。③

南匈奴屠各部建立的汉赵国之帝王关系，如表1所示。

---

① 《晋书》卷一百一《刘元海载记》，第2645页。
② 《晋书·四夷传·北狄》云："其四姓，有呼延氏、卜氏、兰氏、乔氏，而呼延氏最贵。"第2550页。
③ 〔日〕杉山正明：《游牧民的世界史》，黄美蓉译，新北：广场出版社，2013，第183页。

表1 南匈奴屠各部建立的汉赵国之帝王关系

姓名	种族	帝王号	与刘渊之关系	朝代	备注
刘渊（字元海）	南匈奴屠各部	光文皇帝（高祖）		汉（1）	刘和在位极短，汉国实际第二任帝王为刘聪
刘和（字玄泰）	南匈奴屠各部	梁王	长子	汉（2）	
刘聪（字玄明）	南匈奴屠各部	昭武皇帝（烈宗）	第四子	汉（3）	
刘粲（字士光）	南匈奴屠各部	隐帝	孙	汉（4）	
刘曜（字永明）	南匈奴屠各部		族子	前赵（1）	《晋书·载记》未见谥号
刘熙（字义光）	南匈奴屠各部	（前赵太子）	族孙	前赵（2）	其母为西晋羊皇后
石勒（字世龙）	羯	明皇帝（高祖）	辅汉将军、平晋王	后赵	这是石勒投刘渊后所获得的最初官职

注：表格中（1）表示第一任皇帝，依此类推。

从表1可以看出，刘渊之后，汉赵的实际第二任皇帝刘聪，与前赵的第一任皇帝刘曜，应该是堂兄弟的关系（未知孰长）。他们两人在处理胡汉关系、国家方略、天下秩序等方面，有分有合。

刘渊做了四年的"汉王"、三年的"汉皇帝"之后去世，嫡长子刘和只做了不到20天的皇帝，就被时为大司马的刘聪率领屠各部近卫军攻入光极殿斩首。刘聪的母亲是汉人（张夫人），虽然《晋书》美言他"工草隶，善属文，著述怀诗百余篇、赋颂五十余篇"，[①] 但刘聪本质上是"胡性十足"的君王，残忍、极度纵欲。前后审读《刘聪载记》，配皇后玺印者一时竟有七人之多。[②] 赵翼《廿二史札记》有"一帝数后"条将之痛骂为"漫无法纪"。[③] 不过还原到匈奴族"父死娶母"的习俗，以及刘聪为了统合治下的诸多胡汉民族，他的七皇后之立，也不能完全被解读为荒淫。但在西方史学家的眼中，比如勒内·格鲁塞（René Grousset）就认为刘聪是一位只保留了中国文化外表的中国式"阿提拉"。[④]

---

① 《晋书》卷一百二《刘聪载记》，第2657页。

② 《晋书》卷一百二《刘聪载记》，第2673页。当然，这一行为绝非"荒淫"二字可以概括。

③ 赵翼著，王树民校证《廿二史札记校证》卷十五，中华书局，1984，第331~332页。

④ 〔法〕勒内·格鲁塞（René Grousset）：《草原帝国》（*L'Empire des Steppes*），蓝琪译，项英杰校，商务印书馆，1998，第88页。

刘聪"胡汉分治"的举措，在整个中古史上都非常有特色。① 但刘聪汉国实际的控制范围，只有并州的一部分以及刘曜镇守的关中地区。

二 五牛旗建：汉与赵的延续及屠各部之鼎盛期

西晋的都城洛阳、长安，均是在汉国刘聪时代被攻破。但细检史料，这两次重要战役，均与手握重兵、攻城拔寨的刘曜有关。而刘曜，就是紧随刘聪这位"阿提拉"之后建立前赵的南匈奴贵酋：

> 汉主聪使前军大将军呼延晏将兵二万七千寇洛阳，比及河南，晋兵前后十二败，死者三万余人。始安王（刘）曜、王弥、石勒皆引兵会之。（中略）壬辰，始安王曜至西明门；丁酉，王弥、呼延晏克宣阳门，入南宫，升太极前殿，纵兵大掠，悉收宫人、珍宝。帝出华林园门，欲奔长安，汉兵追执之。（中略）曜纳惠帝羊皇后，迁帝及六玺于平阳。②
>
> （刘）曜攻陷长安外城，曲允、索綝退保小城以自固。（中略）甲午，宗敞至曜营；乙未，帝乘羊车，肉袒、衔璧、舆榇出东门降。（中略）辛丑，送至平阳。③

攻陷洛阳在晋怀帝永嘉五年（311），即刘聪汉国嘉平元年。攻陷长安在晋愍帝建兴四年（316），即刘聪汉国麟嘉元年。在攻陷洛阳之后，刘聪将主要精力集中于长安，将刘曜由始安王改封为中山王、车骑大将军、雍州牧，专治长安方面之军政。其中，车骑大将军原本就是汉第一任皇帝刘渊封给刘聪本人的职位，可见刘聪对他这位堂兄弟刘曜的充分信赖与重视。而且刘聪的两次改元，言外之意都是为了庆祝刘曜为他攻陷西晋的两个都城。

伴随着刘聪汉国达到极盛，麾下胡汉的地方势力亦已形成，典型者如

---

① 〔日〕谷川道雄：《隋唐帝国形成史论》，李济沧译，上海古籍出版社，2004，第一编第一章"南匈奴的自立及其国家"，第22～50页。
② 《资治通鉴》卷八十七《晋纪九》，中华书局，1956，第2763页。
③ 《资治通鉴》卷八十九《晋纪十一》，第2834页。以上两条史料，又见于《晋书》，唯《资治通鉴》记录时间较为明晰。

后来建立后赵的开国君主石勒及王弥、曹嶷……即所谓"石勒潜有跨赵魏之志，曹嶷密有王全齐之心"。①

导致刘聪政权最后瓦解的事件是"靳准之乱"。此事件的经纬，《晋书·刘聪载记》的后半部分以及汤球《十六国春秋辑补》卷三《前赵录》②记载较详，此不赘述。靳准本身也是匈奴贵族，这次叛乱的性质，并非简单的争权夺利之举。从广义上看，也是胡汉统合过程中的一次激变。引起笔者注意的是，在长安沦陷至刘聪去世之间，发生过刘聪皇子刘约的一次假死事件，其经过如次：

> 时（刘）聪子约死，一指犹暖，遂不殡殓。及苏，言见元海于不周山，经五日，遂复从至昆仑山，三日而复返于不周，见诸王公卿将相死者悉在，宫室甚壮丽，号曰蒙珠离国。元海谓约曰："东北有遮须夷国，无主久，待汝父为之。汝父后三年当来，来后国中大乱相杀害，吾家死亡略尽，但可永明辈十数人在耳。汝且还，后年当来，见汝不久。"约拜辞而归，道遇一国曰猗尼渠余国，引约入宫，与约皮囊一枚，曰："为吾遗汉皇帝。"约辞而归，谓约曰："刘郎后年来必见过，当以小女相妻。"约归，置皮囊于机上。俄而苏，使左右机上取皮囊开之，有一方白玉，题文曰："猗尼渠余国天王敬信遮须夷国天王，岁在摄提，当相见也。"驰使呈聪，聪曰："若审如此，吾不惧死也。"及聪死，与此玉并葬焉。③

《晋书》好采小说家言，"载记"尤甚，其文风若六朝江南之《搜神记》《幽明录》。此自刘知几《史通》以来之共识，治六朝文史者多知之。但仅就这一段而言，包含的信息量颇丰。

首先，这三个冥界的国名——蒙珠离国、遮须夷国、猗尼渠余国，当都为音译汉字，疑与中古北方佛教有关。检《大正藏》，后世如《华严原人论发微录》④、《圆觉经大疏释义钞》⑤等，都抄录了这段十六国时期的

---

① 《晋书》卷一百二《刘聪载记》，第2672页。

② 汤球：《十六国春秋辑补》卷三《前赵录》，商务印书馆，1936，第15~25页。

③ 《晋书》卷一百二《刘聪载记》，第2673~2674页。

④ 净源述《华严原人论发微录》，《大正藏》第58册，东京：大正新修大藏经刊行会，1988，第725页。

⑤ 宗密：《圆觉经大疏释义钞》，《大正藏》第9册，第673页。

逸闻，并将之作为"死而苏者，说幽涂事者"的例证。而"不周山"与"昆仑山"，皆可见于《山海经·大荒西经》等典籍。其次，猗尼渠余国国王给刘约一枚皮囊，说"为吾遗汉皇帝"，非常典型地套用《史记·始皇帝本纪》秦始皇三十六年"有人持璧遮使者曰：'为吾遗滈池君。'因言曰：'今年祖龙死。'"的句式与内涵意象。

再次，文史典籍中，梦境世界与现实世界的联系，往往是通过主角将梦中一件"信物"带到现实世界来实现——这也是六朝小说乃至后世小说中屡见不鲜的手法。

至于说"岁在摄提"指的是戊寅年（318），晋元帝太兴元年，也正是汉国的最后一年。这涉及岁星纪年法，笔者在第三部分详议。

而与汉国后期历史发展最紧密的，无疑是刘渊的魂魄所云："汝父后三年当来，来后国中大乱相杀害，吾家死亡略尽，但可永明辈十数人在耳。""国中大乱相杀害"，即靳准之乱时：

> 刘氏男女无少长皆斩于东市，发元海、聪墓，焚烧其宗庙。鬼大哭，声闻百里。①

这次南匈奴内部的杀戮，对于屠各部尤其是一次重大打击。幸而"永明辈十数人在耳"，永明，即刘曜的字。刘聪之子刘粲被杀后，坐镇长安的刘曜与坐镇襄国的石勒，分别率精锐部队从东、西两个方向进军汉国首都平阳。当时平阳叛军"（靳）准使卜泰送乘舆服御请和，勒与刘曜竞有招怀之计"，② 最终是刘曜先人一步，获得了传国六玺，平定叛乱，登皇帝位。

江上波夫《匈奴之祭祀》一文"神统与神像"一节指出匈奴信仰的三个层面：（1）居住在天上界的最高之神；（2）以地下界之最大魔神为首的各等级形形色色的鬼神与亡灵；（3）地上界的山川木石水火等神灵。③

上文分析的刘约入冥界见到刘渊之魂，以及猗尼渠余国国王，都属于匈奴第二层面的信仰，同时结合了汉族的传说与佛典。

刘聪临死时，欲诏刘曜入京为相国，不过刘曜没有入京，也许是对当

① 《晋书》卷一百二《刘聪载记》，第2678~2679页。
② 《晋书》卷一百四《石勒载记上》，第2728页。
③ 〔日〕江上波夫：《匈奴之祭祀》，《欧亚大陆古代北方文化》，第19页。

时平阳中央政府混乱的局势有所顾虑。然正如冈崎文夫《魏晋南北朝通史·内编》所说，刘曜为刘聪"一族之腹心"，① 最后结束南匈奴奄奄一息之乱局，并将之重整者，正是刘曜。

族灭靳准之后，刘曜移都长安（平阳、洛阳以东属于石勒势力范围），将汉国号改为赵，史称前赵。

前赵建立之后，对内的国家祭祀层面上有两大举措：一是在"五德历运"上，以"水德"承西晋之"金德"，这样就与汉国刘渊、刘聪"反晋兴汉"② 的宗旨相区别；二是以"冒顿配天"。③ 关于第一点，美国韩大伟（David B. Honey）教授认为这是通过"汉化"使其统治合法化的一个过程；④ 而关于第二点，三崎良章以为这是"匈奴民族主义强化"的表现。⑤

对外，东方几乎半独立状态的石勒一直是刘曜的心腹大患——但也对其无可奈何——于是贯穿整个前赵时代，除了最后向东与石勒的决战外，刘曜的其余时间与精力都用在向西开拓上。两大举措分别是应对诸胡之反与陈安之反。

虽然在对待非匈奴族的氐羌部落方针上，刘曜继承了他堂兄弟刘聪的统合策略，但是反叛依旧不断，刘曜称帝后一年即有同属南匈奴种族的黄石屠各路松多反，后附于南阳王司马保。司马保以其将杨曼为雍州刺史，王连为扶风太守，陈仓等重镇被占据。秦陇羌族和氐族多有附之。其实这次诸胡反叛，首起者为南匈奴，主谋者又是原西晋的皇室，所以这次"叛乱"的性质值得深思。

---

① 〔日〕冈崎文夫：《魏晋南北朝通史·内编》，京都：弘文堂，1936，第二章第二节"北中国之匈奴兴亡始末"，第 145 页。

② "汉帝国"的继承者，这一旗号不仅被刘渊，也被后来的刘裕以及唐代的政治集团利用。参见孙英刚《神文时代：谶纬、术数与中古政治研究》，上海古籍出版社，2014，第 28 页。又可参见方诗铭《"汉祚复兴"的谶记与原始道教——晋南北朝刘根、刘渊的起义起兵及其他》，《史林》1996 年第 3 期；罗新《十六国北朝的五德历运问题》，《中国史研究》2004 年第 3 期。

③ 《晋书》卷一百三《刘曜载记》，第 2685 页。

④ David B. Honey, "Sinification as Statecraft in Conquest Dynasties of China: Two Early Medieval Case Studies"（《征服王朝的中国化政治体制：两个早期中古史的案例研究》），*Journal of Asian History*, Vol. 30, No. 2 (1996), pp. 115-151.

⑤ 〔日〕三崎良章：《五胡十六国：中国史上的民族大移动》，东京：东方书店，2012，第 60 页。

（刘）曜率中外精锐以赴之，行次雍城，太史令弁广明言于曜曰："昨夜星犯月，师不宜行。"乃止。①

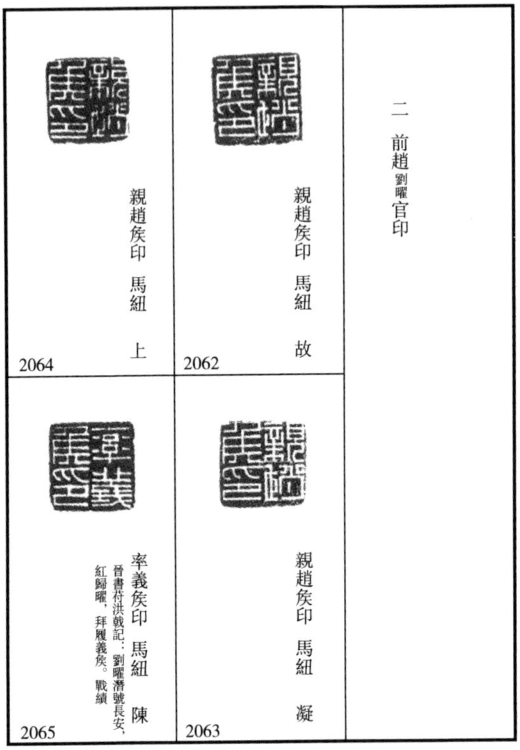

二　前赵刘曜官印

| 親趙矦印　馬紐
上
2064 | 親趙矦印　馬紐
故
2062 |
| 率義矦印　馬紐　陳
晉書苻洪載記：劉曜潛號長安，紅歸曜，拜厲義矦，戰績
2065 | 親趙矦印　馬紐　凝
2063 |

图 1　前赵官印

资料来源：故宫博物院研究室玺印组编《秦汉南北朝官印征存》，文物出版社，1987，第 362 页。

此为晋元帝太兴二年（319）事。这里的"星犯月"除了可以用周秦以来的传统天文学解释外，还有一个重要暗示是：月＝胡。这在汉国刘聪时代，其太史令康相在解释一次"三日并照"异象时所云"月为胡王"②中可以得到明证。"月"与"胡"在汉赵国的天文解释体系中，是互为指示的。

周秦以来中国本土的谶纬信仰中，"月"的意象大多是阴性的。最著

---

① 《晋书》卷一百三《刘曜载记》，第 2685 页。

② 《晋书》卷一百二《刘聪载记》，第 2674 页。

名的例子当数王政君，王政君是王莽的姑母，汉元帝皇后、汉成帝生母，可以说没有她，王莽代汉几乎无法实现。《汉书》在记载王政君出生时，其母李氏"梦月入其怀"。①"月"是王政君今后将成为国母的符瑞。笔者虽然没有检核所有的谶纬文献，但仅就安居香山、中村璋八辑《纬书集成》②等史料考察，"月"与"胡"产生联系，至少当在五胡时代。且延续时间并不长，等到了隋唐时期，李淳风就认为"主胡兵"的天象是北三星梗河。③

总之，"昨夜星犯月，师不宜行"的预言中，"星"指包括不满其统治的南匈奴在内的诸胡族，"月"则指刘曜的前赵政权。接受了太史令劝谏的刘曜暂停了出击。于后一年（320），即晋元帝太兴三年，前赵光初二年再度出兵，攻击诸胡叛乱的重要据点陈仓。陈仓守将杨曼和王连商议道：

> 谍者适还，云其五牛旗建，多言胡主自来，其锋恐不可当也。④

这里，南阳王司马保以及诸胡叛军的斥候发现了刘曜的大军，用了"五牛旗建"之语。

五牛旗在中古已降的经史典籍中，大抵指天子之车仪。《晋书·舆服志》云：

> 车，坐乘者谓之安车，倚乘者谓之立车，亦谓之高车。案《周礼》，惟王后有安车也，王亦无之。自汉以来制乘舆，乃有之，有青立车、青安车、赤立车、赤安车、黄立车、黄安车、白立车、白安车、黑立车、黑安车，合十乘，名为五时车，俗谓之五帝车。天子所御则驾六，其余并驾四。建旂十二，各如车色。立车则正竖其旂，安车则邪注。（中略）五牛旗，平吴后所造，以五牛建旗，车设五牛，青赤在左，黄在中，白黑在右。［竖旗于牛背，行则使人舆之。牛之为义，盖取其负重致远而安稳也。旗常缠不舒，所谓德车结旌也。天

---

① 《汉书》卷九十八，中华书局，1962，第4015页。
② 〔日〕安居香山、中村璋八辑《纬书集成》，河北人民出版社，1994。
③ 《晋书》卷十一《天文志上》，第294页。
④ 《晋书》卷一百三《刘曜载记》，第2685页。

子亲戎则舒，谓武车绥旌也。]①

众所周知，史界对《晋书》十志褒贬不一，如李淳风所修《天文》《律历》《五行》三志素称"最为观采"（刘知几），《舆服志》所记西晋以及西晋之前典故，也多为可信。这里对"五牛旗"做出了比较"精准"的阐释。五牛旗在西晋之前并不存在，是"平吴后所造"。另一个重要意义，是在后附小注中表明的，即五牛旗一般不舒展，一旦舒展则代表"天子亲戎"。另一部记载"五牛旗"的重要文献是《隋书·礼仪志》：

> 五牛旗，左青赤，右白黑，黄居其中，盖古之五时副车也。旧有五色立车，五色安车，合十乘，名为五时车。建旗十二，各如车色。立车则正竖其旗，安车则斜注。马亦随五时之色。（中略）行则从后。名五时副车。②
>
> 晋过江，不恒有事，则权以马车代之，建旗其上。后但以五色木牛象车，竖旗于牛背，使人舆之。旗常缠不舒，唯天子亲戎，乃舒其旆。周迁以为晋武帝平吴后造五牛之旗，非过江始为也。③

又如晋康帝建元元年，纳皇后褚氏，也有过关于"五牛旗"的奏议与诏书。④

总之，如果南匈奴的这则史料发生在中古史上东晋南朝一系，我们当然可以顺从《晋书·舆服志》《晋书·礼志》《隋书·礼仪志》"五牛是皇帝乘舆"——这一意象出发去思考。但是，南匈奴皇帝的"五牛"也是这一意象吗？笔者持怀疑态度。五胡十六国史，如果以淝水之战大致划分前后期，那么前期的胡族君王（包括称帝者），但凡自己带兵出征，大抵不乘车，均戎服骑马，身先士卒者不在少数（包括受到胡俗影响的北方汉人

---

① 《晋书》卷二十五《舆服志》，第754页。承蒙《文学遗产》匿名审读专家告知："（五牛旗）各时代变化较大。西晋时，天子之车仪为五辂（玉、金、象、革、木），另有副车（五安车、五立车，共七乘），五牛旗乃装饰于天子之副车上。"

② 中华书局点校本此处连下。为区别文意，本处将之分段。

③ 《隋书》卷十《礼仪志五》，中华书局，1973，第194页。类似的记载，在中古之后亦有，如《宋史》卷一四八《仪卫六》记载，宋人误将"木牛载旗，用人舆之，失其本制"，后被废除。

④ 《晋书》卷二十一《礼下》，第665~666页。

君王，如冉闵），即使到了五胡十六国后期，这种情况依然大量存在。仅仅就刘曜来看，他秉承了匈奴种族酋帅作战的特性，均不避矢石，冲锋在前。即便是与石勒的最后大决战，也是因为"常乘赤马无故局顿，乃乘小马"，① 加之战前豪饮被俘虏。

不妨做一大胆解读，"五牛旗建"的五面绘有牛之大纛，代表着"五部匈奴"——这一南匈奴屠各部的核心统御集团，这从其父刘渊、其堂兄弟刘聪时代以来，一直未变。《晋书·刘元海载记》开篇所云"魏武帝始分其众为五部，部立其中贵者为帅"即此也。刘元海回到南匈奴根据地准备起事前，"五部俊杰无不至者"。② 刘渊也做过西晋的五部大都督、监五部军事等。刘曜的堂兄弟，"中国阿提拉"刘聪起家时，也是"五部豪右无不归之"。③

南匈奴人的五牛旗，是一面旗上绘有五牛或五色牛，还是五面旗帜？结合五部匈奴的实况，笔者更倾向于后者。如果说每一面牛纛（青、赤、白、黑、黄）分别代表五部匈奴之一部，那么是如何对应的呢？对此，中古史籍虽然无一言之，不过笔者想在有限的南匈奴史料基础上再做一合理性推测。本文第一部分已指出《晋书·四夷传·北狄》所言五部匈奴之地域分布，同样的记载又见于《晋书·刘元海载记》：

> 太康中，改置都尉，左部居太原兹氏，右部居祁，南部居蒲子，北部居新兴，中部居大陵。刘氏虽分居五部，然皆居于晋阳汾涧之滨。④

根据这些记载，加之五行与五方、五色的对应关系，可以推演出表2。

表2　南匈奴五部与五色牛之关系

五部都尉	南匈奴部落	所在州	所在郡县	五色牛
左部	一万余落	并州	兹氏	青牛
右部	六千余落	并州	祁	白牛

---

① 《晋书》卷一百三《刘曜载记》，第2700页。
② 《晋书》卷一百一《刘元海载记》，第2647页。
③ 《晋书》卷一百二《刘聪载记》，第2657页。
④ 《晋书》卷一百一《刘元海载记》，第2645页。

续表

五部都尉	南匈奴部落	所在州	所在郡县	五色牛
中部	六千余落	并州	大陵	黄牛
北部	四千余落	并州	新兴	黑牛
南部	三千余落	司州	蒲子（平阳西北）	赤牛

李慈铭《晋书札记》对左部匈奴居"兹氏"有过怀疑，认为当为"隰城"。① 这五部匈奴中，最核心的力量是南部。因为刘渊创立汉国，初居离石左国城，后南徙至蒲子。水野清一、日比野丈夫认为："蒲子在今隰县附近，显然他（刘渊）试图下一步向东推进，一举取得平阳。"② 继承匈奴屠各部挛鞮氏血统的刘聪、刘曜，也拥有统御五部匈奴的权力。如表2所示，五部匈奴共有三万余落，一落 10 人左右，那么，彼时约有 30 万南匈奴人口。到了刘聪时代，"单于左右辅，各主六夷十万落"。③ 因为六夷中还包含鲜卑、氐、羌等，虽无法精细统计，但南匈奴人口至少增加了一倍。

五牛旗建，即是五部匈奴一次大规模的联合出兵。这次出兵，刘曜攻下重镇陈仓，打败了杨曼与王连，路松多亦逃窜。史云："曜振旅归于长安。"④

当然，上举纯粹汉式的《晋书·舆服志》所记"五帝车"（包括汉式"五牛旗"）、《隋书·礼仪志》的"五时车"，笔者推测并非在永嘉之乱后就不存在了。它可能在汉、前赵、后赵的匈奴羯胡政权中传递，这一信息可以从萧子显《南齐书·舆服志》中考出："永和中，石虎死后，旧工人奔叛归国，稍造车舆。太元中，苻坚败后，又得伪车辇，于是属车增为十二乘。"⑤ 也就是说直到淝水之战后，南方汉人政权方才得到了《隋书·礼仪志》中的"十二乘"。

在高举五牛旗西进的过程中，刘曜先后征讨了长水校尉尹车、巴氐归善王句渠知、上郡氐羌酋虚除权渠、西晋旧将陈安以及企图复国（仇池国）的氐人杨难敌。

---

① 李慈铭：《越缦堂读史札记全编》，北京图书馆出版社，2003，第 713 页。
② 〔日〕水野清一、日比野丈夫：《山西古迹志》，孙安邦等译，辛德勇校订，山西古籍出版社，1993，第 78 页。
③ 《晋书》卷一百二《刘聪载记》，第 2665 页。
④ 《晋书》卷一百三《刘曜载记》，第 2685 页。
⑤ 《南齐书》卷十七《舆服志》，中华书局，1972，第 333 页。

刘曜亲自征讨原西晋悍将陈安之后，兵锋直指前凉张茂境内：

> 曜自陇长驱至西河，戎卒二十八万五千，临河列营，百余里中，钟鼓之声沸河动地，自古军旅之盛未有斯比。茂临河诸戍皆望风奔退。扬声欲百道俱渡，直至姑臧，凉州大怖，人无固志。①

入塞之后，南匈奴独立的军事力量至此可谓达到了鼎盛。

冥界猗尼渠余国国王送给汉皇帝刘聪、预示着死亡与灭国的白玉，随着刘聪一同下葬，不知所终。然而不久之后，现实中又出现了一块带有谶记的白玉。

三　赤牛奋靭：天文异象与前赵之灾异

古代中国任何一个统一政权都对带有政治性预言的谶纬之说非常忌惮，即便是局部统一的地方政权，亦然也。何况从分封制度等方面看，②前赵是一个志在天下的南匈奴政权。挛鞮氏刘渊、刘聪、刘曜的汉文修养均十分高，因此，一旦其统治境内出现谶记之灾异或符瑞，势必会引起最高层的重视。这种情况在三位汉赵国帝王的载记中屡见不鲜（据笔者粗略的估算，南匈奴帝王载记中的预言与谶纬，应该高于其他诸胡帝王或君王）。

在征讨陈安之前，终南山崩，长安人刘终得白玉一方，献于前赵朝廷，玉上有谶记文字云：

> 皇亡，皇亡，败赵昌。井水竭，构五梁，咢酉小衰困嚣丧。呜呼！呜呼！赤牛奋靭其尽乎！③

---

① 《晋书》卷一百三《刘曜载记》，第 2694~2695 页。
② 王安泰：《汉赵封国与天下秩序》，〔日〕《中央大学亚洲史研究》第 38 号，2014 年，第 31~74 页。
③ 《晋书》卷一百三《刘曜载记》，第 2690 页。另外，栾保群将此谶记前后文做了白话文翻译及简介，参见氏著《中国古代谣言与谶语小史》，中国长安出版社，2015，第 158~160 页。

这段谶记用了谶纬文献较为常见的三字句与七字句。①《四库总目提要·经部·易类附录》云："谶者诡为隐语，预决吉凶。"谶纬的最大现实政治影响力在于它的"立言于前，有征于后"。②诸如中古史书《五行志》中，经过史家筛选留下的类似谣言谶记，大抵皆应验，因此被记录下来。

进一步说，我们也可以将这些谶记称为中古时代的"天启"。这些"天启"当然是有等级层次之差别。相对来说，（A）"丹石之符"——神谕型的瑞石与瑞文，其灵验性略差一些；（B）"时间"——特别是年号、干支为谶，由于其偶然性极强，因此谶记效果也就更强。而且，一般在事件之前或事件发生后，人们才会联想到此前（B）所蕴含的谶记。因此，从"天启"的震撼力与影响力来看，（B）远大于（A）。上举史料，虽然符合了（A）"丹石之符"，是一个具体的、物质性的终南山白玉，但由于它的文字又涉及了（B）时间性（详下），因此也引起了前赵最高层的重视。当时一般大臣的反应是：

> 群臣咸贺，以为勒灭之征。曜大悦，斋七日而后受之于太庙，大赦境内，以终为奉瑞大夫。③

这种反应不是没有理由。自秦汉以来的五德终始学说认为，有天命的人，必定会有对应的符瑞出现，而天命终结之时，也有对应的谶记或灾异现象出现。而处于上升期的南匈奴屠各部前赵国，得到这一方白玉，虽然文字上有多重阐释的可能，但刘曜自己以及大多数臣子都将之视为符瑞。而将白玉中有可能含有的不吉利意义，一概指向了当时有能力与前赵争夺天下（尤其是华北）的后赵石勒。

刘曜在平定靳准之乱称帝后，曾经封石勒为大司马、大将军，加九锡晋爵为"赵公"。刘曜光初二年（319）十一月，羽翼早已丰满的石勒在襄国称赵王，以其子石虎为单于元辅，并且"依春秋列国、汉初侯王每世称

① 关于谶纬文献句式的分析，请参王利器《谶纬五论》，张岱年等：《国学今论》，辽宁教育出版社，1991，第108页；徐兴无《谶纬文献与汉代文化构建》，中华书局，2003，第26~28页。
② 《后汉书》卷五十九《张衡传》，中华书局，1965，第1912页。
③ 《晋书》卷一百三《刘曜载记》，第2690页。

元，改称赵王元年”。① 虽然尚未称帝，但称元之后，实际上这一年的冬天，北方就同时存在两个赵国。于是，群臣简单地把白玉石上模棱两可的“败赵昌”理解为“败／赵昌”，“败”者为石勒的东方赵国——后赵；“赵昌”则是南匈奴前赵之昌盛。实际上，五牛旗建的刘曜政权正处于鼎盛期，即使对此有异议的人，也不敢公开申说。

这时，只有中书监刘均一个人在公开场合持反对意见，他进言曰：

（a）臣闻国主山川，故山崩川竭，君为之不举。（b）终南，京师之镇，国之所瞻，无故而崩，其凶焉可极言！（c）昔三代之季，其灾也如是。今朝臣皆言祥瑞，臣独言非，诚上忤圣旨，下违众议，然臣不达大理，窃所未同。何则？（d）玉之于山石也，犹君之于臣下。山崩石坏，象国倾人乱。“皇亡，皇亡，败赵昌”者，此言皇室将为赵所败，赵因之而昌。（e）今大赵都于秦雍，而勒跨全赵之地，赵昌之应，当在石勒，不在我也。（f）“井水竭，构五梁”者，井谓东井，秦之分也，五谓五车，梁谓大梁，五车、大梁，赵之分也，此言秦将竭灭，以构成赵也。（g）“咢”者，岁之次名作咢也，言岁驭作咢酉之年，当有败军杀将之事。“困”谓困敦，岁在子之年名，玄枵亦在子之次，言岁驭于子，国当丧亡。（h）“赤牛奋靷”谓赤奋若，在丑之岁名也。“牛”谓牵牛，东北维之宿，丑之分也，言岁在丑当灭亡，尽无复遗也。②

汉赵，尤其是前赵，在官职上沿袭魏晋。中书监与中书令是曹魏以来中书省的最高长官，中书监是中央发令机构的长官。时任中书监的刘均，对群臣的祝贺表示强烈反对，并根据谶记，将其预言性解释引向前赵自身的灾异。因为这段话信息量较大，毋宁说是今人，即便是宋代知识理性兴起后的古人，解读它也非常困难，所以笔者将之分成从（a）到（h）八个层次，试逐一分析如下。

（a）山川崩竭，是谶纬学说中典型的灾异，国君当高度重视。山川对于一个国家而言最为重要（国家之象征），所以如果山崩川竭，国君因此

---

① 《晋书》卷一百五《石勒载记下》，第 2735 页。
② 《晋书》卷一百三《刘曜载记》，第 2690 页。除（a）～（h）符号外，为解读方便，笔者在重要词句上还加了双引号。

不得再兴作任何事（唯反思政治失误而已）。

（b）承接第一点来看，终南山是长安的镇守之山，这样的山崩，尤其是凶兆中的凶兆。以上两点是自《洪范五行传》等典籍以来，精通谶纬者之共识。

（c）面对群臣皆言祥瑞之兆，刘均以中书监的身份出面，认为事实并不是这样。

（d）玉是群石之主，犹如人君之于臣下，山崩石坏，是国家覆亡之兆。白玉上第一句"皇亡，皇亡，败赵昌"者，指的是前赵将为羯族的后赵所败。需要补充的是：彼时后赵石勒只是称"赵王"，尚未登帝位，除去南方晋元帝不论，华北印证"皇亡"中的"皇帝"者，只有前赵的刘曜。

（e）建都于长安的大赵（前赵），统御之地主要是秦、雍二州，除了国名为"赵"外，实际上并没有对"赵"地有控制力；而势力范围在河北襄国一代的石勒，具有古代全部的"赵"地，因此"赵昌"指的是后赵，而非前赵。中国典籍自《周礼》（实际当更早）开始，就把天上的星宿对应于地上的某一州甚至某一郡，此即所谓"分野"。[①] "分野"体系的建立，源于战国以来的天人合一思想，以及其映像下的现实政治论。中古时代的谶纬文献尤其注重分野，如《春秋纬》对九州岛分野的理解等。[②] 具体到《晋书·天文志》，其"分野"体系中涉及秦、赵二地者如下：

> 自胃七度至毕十一度为大梁，于辰在酉，赵之分野，属冀州。[③]
> 自东井十六度至柳八度为鹑首，于辰在未，秦之分野，属雍州。[④]

李淳风在撰写《天文志》的《十二次度数》时，明言参考了西晋武帝时太史令陈卓的说法，那么其说基本可以代表魏晋以来的观点。汉赵，尤其是前赵的官职多承袭西晋，礼乐制度亦然。刘均因此讲"赵昌"不是"大赵"（前赵），而是后赵。

---

① 陈遵妫：《中国天文学史》上册，上海人民出版社，2006，第283～287页。
② 郑均：《谶纬考述》，台北：文史哲出版社，2000，第101～113页。
③ 《晋书》卷十一《天文志上》，第308页。
④ 《晋书》卷十一《天文志上》，第309页。

（f）从上古到中古时代，天学得到长足发展，"宇宙—政治"体系形成。[①]《汉书·地理志》云："秦地于天官，东井、舆鬼之分野也。"也就是说，秦地对应二十八宿的"东井"——这一理解从汉代以来并没有变更过。大梁，亦在（e）段分析时举出，是"赵之分野"无疑。唯独五车，在晋代需要详细解释一下。《晋书·天文志》云：

> 五车者，五帝车舍也，五帝坐也，主天子五兵，一曰主五谷丰耗。西北大星曰天库，主太白，主秦。次东北星曰狱，主辰星，主燕赵。（中略）五星有变，皆以其所主占之。[②]

根据李淳风的阐释，将五车具体来看，其中西北大星为秦地，东北星为燕赵……五星有变，不能笼统言之，当以所主之地占之。结合刘均的分析，白玉上面的"构五梁"之五车、大梁，应该精准到五车中的东北星，即对应燕赵——石勒的后赵。"井水竭，构五梁"，是形象地将东井比作井，将梁比作大梁。一旦井水枯竭，则其对应"分野"的前赵将有灾异，而构造了大梁，毋用详解，当然是指其对应"分野"的后赵将会大盛。

此外，现藏伦敦大英博物馆的敦煌斯坦因 S3326 卷子（见图2），在星象图上，直接就写到"大樑，赵之分也"。敦煌抄手在抄录时，直接用了"樑"而非标准的"梁"，可见在中古的知识、信仰体系下，这两个字的意象是互通的。

（g）以上皆言天文，此下言时间（干支）。主要解释"咢酉小衰困踟丧"这七个字。"咢"，原本在典籍中指击鼓，《尔雅·释乐》云："徒击鼓谓之咢。"但刘均提示了"咢"在天象历法上的另一个解释："咢者，岁之次名作咢也。"这里需要着重说明："咢"字，亦通"噩""鄂"。从"岁之次"的句式来考察，刘均告诉大家，白玉上面这些深奥的"神谕"，其实应该从岁（木）星纪年（太岁纪年）去考察。京都大学天文学专家新城新藏云：

---

① 李约瑟（Joseph Needham）原著，柯林·罗南改编《中华科学文明史》第二卷，上海交通大学科学史系译，上海人民出版社，2002，第90~138页；班大为（David W. Pankenier）：《中国上古史实揭秘：天文考古学研究》，徐凤先译，上海古籍出版社，2008，第211~235页。

② 《晋书》卷十一《天文志上》，第297页。

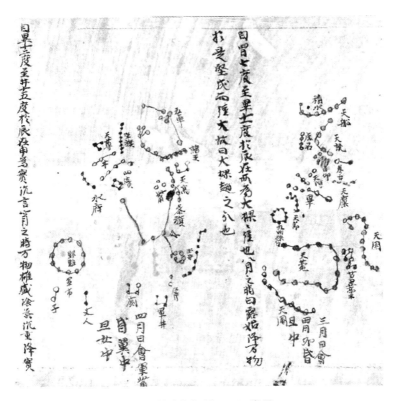

图 2　敦煌斯坦因 S3326 卷子

　　夫所谓"某年、岁在某次"者，即指其年始，岁星之位置在该次子范围内之意也。①

　　新城新藏还指出，战国中期观察岁星，知其循环一周天为 12 年（实际为 11.86 年），由指示岁星在天空的位置作为普遍的纪年法。最初的岁星纪年法，以公元前 365 年算起，称此年为阏逢（甲）摄提格（寅）之岁。② 岁星纪年是比干支纪年更深奥的一种纪年法，中古时代最有名的正统史书采纳它的，无疑是司马光的《资治通鉴》。

---

① 〔日〕新城新藏：《中国天文学史研究》，沈璇译，台北：翔大图书有限公司，1993，第六编"由岁星之记事论《左传》《国语》之著作年代及干支纪年法之发达"，第 379 页。

② 〔日〕新城新藏：《中国天文学史研究》第一编"中国天文学史大纲"，第 16 页。关于岁星纪年的研究，还可参刘坦《中国古代之星岁纪年》，科学出版社，1957，主要参考第二章"星岁纪年之校订与探讨"，第 15~25 页。

为下文阐释之方便，笔者根据《史记·天官书》和《淮南子·天文训》先列出太岁、干支对照表如下（见表3）。唯《史记》称"岁阴"，《淮南子》称"太阴"，后来《汉书》《尔雅》称"太岁"，这里恕不一一辨析名称之演变。

表3　太岁、干支对照情况

岁星（岁阴）	岁星所在（地支）	十二次名
困敦	子	玄枵
赤奋若	丑	星纪
摄提格	寅	析木
单阏	卯	大火
执徐	辰	寿星
大荒骆	巳	鹑尾
敦牂	午	鹑火
叶洽	未	鹑首
涒滩	申	实沈
作鄂（作詈）	酉	大梁
阉茂	戌	降娄
大渊献	亥	娵訾

此后到了西汉，历法家又取了阏逢、重光等十个名字，与"岁阴"对照，称"岁阳"，对此二者之关系我们暂时不论。[①]

对于岁星纪年中那些非常难以理解的名称，如"大渊献""敦牂"，陈遵妫认为这是早期占星家所创用。[②] 然而其术语的最初意义，今已不可详考。

本文第二部分所举《晋书·刘聪载记》，其子刘约从冥界猗尼渠余国带回现实世界一块白玉，猗尼渠余国国王提到的"岁在摄提"是指戊寅年（318），就是用了岁星纪年法去解读。

总之，将"咢"字点破，这是"太岁纪年"之后——从这一点来看，当时的皇帝刘曜及前赵的朝臣对于白玉上的"咢"字，也是十分费解

---

① 可参刘乃和《励耘承学录》，北京师范大学出版社，1992，第189页。

② 陈遵妫：《中国天文学史》上册，第279页。

的——刘均接着将"咢酉小衰／困豳丧"7个字，拆成了4+3结构。并首先解释了前四字"咢酉小衰"。

刘均云："咢者，岁之次名作咢也。"对照表3，"作咢"（"鄂""噩"在先秦两汉典籍中是异文）是指酉年。"言岁驭作咢酉之年，当有败军杀将之事。"在酉年里面，会有军事惨重失败以及损失大将之灾难。详考前赵立国之时间，对应酉年的，只有乙酉年（325年，应验之事下文分析）。

下面再看后三个字"困豳丧"。百衲本、南监本（包括和刻南监本①）均作"豳"，"豳"字即"嚚"。武威汉简与汉代印章中多作"豳"——也许是这方来自终南山的白玉，为了显示"天启"的神秘性而用了古字。"困谓困敦，岁在子之年名"，白玉上的单字"困"与上一个"咢"一样，其实是两个字的缩写，"困"当为岁星纪年的"困敦"，对照表3，当为子年。而古字"豳"，也一样是两个字"玄嚚"的缩写。"玄嚚"通表3中的"玄枵"，由此可知刘均所云"玄嚚亦在子之次，言岁驭于子"之意义。可以说，前两个字"困"与"豳"都从两个角度强调一个时间"子年"。三个字中最后一个"丧"字最好理解，即"国当丧亡"。详考前赵立国之时间，对应子年的，只有戊子年（328年，应验之事下文分析）。

（h）最后一段，刘均承接上述思路，悲凉、沉重地解释白玉谶记上最后七个字"赤牛奋靷其尽乎"。首先他说："赤牛奋靷谓赤奋若，在丑之岁名也。"另一个费解的术语"赤牛奋靷"，其实就是岁星纪年中的"赤奋若"，对照表3，可知岁星纪年"赤奋若"指丑年。为了强调这一点，以及解释为什么白玉谶记用了"赤牛"，刘均还说："牛谓牵牛，东北维之宿，丑之分也。"二十八宿中北方七宿的牛宿，与牵牛星本有瓜葛，亦对应丑年。"赤牛奋靷"预示着："言岁在丑当灭亡，尽无复遗也。"详考前赵立国之时间，对应丑年的，只有己丑年（329年，应验之事下文分析）。

至于说较为生僻的"靷"字，《说文解字》云："靷，引轴也。从革，引声。"原本是指穿过马背上的游环用于引车前进之皮带。亦可解作牛鼻绳，戴侗《六书故》云："按古通作引。"小注云："又作纼。"②戴侗的这一小注非常重要，引导我们把"靷"本义的马绳向牵牛绳去思考。因为

---

① 笔者曾经对和刻南监本《载记》汉赵部分做过校勘。参考童岭《汲古书院和刻〈晋书·载记〉序论及汉赵部校证——五胡十六国霸史基础文献研究之一》，刘玉才、潘建国主编《日本古钞本与五山版汉籍研究论丛》，北京大学出版社，2015，第306~327页。

② 戴侗：《六书故》卷十八《动物二》，上海社会科学院出版社，2006年影印本，第436页。

"纼"的《说文解字》本义即"牛系也",段玉裁注云:"牛系,所以系牛者也。"引《礼记·少仪》云:"牛则执纼。"①

关于"赤牛奋靷"中的"赤牛",笔者还有一个较为大胆的推测。联系本文第二部分"五牛旗建"的分析,"赤牛"对应五部匈奴之南部(据点原本在蒲子、平阳一带,后随刘曜入关中长安),也是屠各部最上层部落的居住地,如果"赤牛"灭亡殆尽,那么白玉谶记的"天启"就再明显不过了——作为独立政权的南匈奴危在旦夕矣!

以上,将中书监刘均的进言分成了从(a)到(h)的八段进行了较为详细的分析,因为白玉谶记的 31 个字(句式是 2+2+3+3+3+7+2+2+7),其实蕴含了分野、星宿、干支纪年、岁星纪年等众多"暗码"。刘均解释之后,继续说道:

> 此其诚悟蒸蒸,欲陛下勤修德化以禳之。纵为嘉祥,尚愿陛下夕惕以答之。《书》曰:"虽休勿休。"愿陛下追踪周旦盟津之美,捐鄅虢公梦庙之凶,谨归沐浴以待妖言之诛。曜怃然改容。御史劾均狂言瞽说,诬罔祥瑞,请依大不敬论。曜曰:"此之灾瑞,诚不可知,深戒朕之不德,朕收其忠惠多矣,何罪之有乎!"②

这一次君臣对话的结束颇有意思,刘均缓和了紧张的氛围,给足了皇帝与群臣面子,说白玉谶记也还有符瑞的可能,即便是灾异,也劝诫皇帝刘曜要"修德化以禳之"。当然,这样公开的灾异言论引起前赵其他朝臣的强烈不满,御史欲以"大不敬"弹劾刘均,最后是被刘曜本人阻止了。

这一谶纬,无论最初的制造者是长安人刘终,还是另有其人在背后指使其献上白玉,必须在此后的历史事件中得到印证、应验——"有征于后"——才会在社会上流传,进而被史家记录下来。在盛行谶纬的魏晋南北朝时期,当时流传的谶纬一定远远多于今天史书所见者,除了典籍亡佚之外,如果不能应验,史家则大多不会记录。

那么,这块玉石的谶记有无印证?是如群臣祝贺般的符瑞,还是刘均所言的不祥灾异?在考察其应验与否之前,我们首先要大致估算一下这块

---

① 许慎撰,段玉裁注《说文解字注》十三篇上《纟部》,上海古籍出版社,1988,第658页。

② 《晋书》卷一百三《刘曜载记》,第 2690~2691 页。

白玉的面世时间。因为司马光强烈反对谶纬之说，所以有关这次白玉谶记的记载很可惜不见于《资治通鉴》。我们根据《晋书·刘曜载记》以及《十六国春秋·前赵录》的记载可知，这段君臣廷议之后，就发生了刘曜亲征杨难敌氐羌叛乱之举。考《资治通鉴》将刘曜亲自征讨杨难敌之役，系年于晋元帝永昌元年（322）二月。① 因此，我们虽然不能推定白玉准确的"出世"时间，但可以将其时间下限划定，也就是不会晚于322年。

在确定这一推测后，我们再考察白玉归于刘曜皇室库藏之后的历史事实，是否应验了中书监刘均的灾异解释？请看此下三事。

其一，晋明帝太宁三年（325），前赵光初八年，干支为乙酉年。

石勒派遣部将石他，自雁门出上郡，袭击前赵的安国将军、北羌王盆句除，俘虏前赵三千人，并牛马百余万而归。刘曜大怒，派遣中山王刘岳追击，亲自驻兵富平为刘岳声援。刘岳在河滨斩杀石他，后赵士兵死亡六千余人。同年，石勒驻守洛阳的大将石生入侵，刘曜再次派遣中山王刘岳、镇东将军呼延谟赴孟津，小胜之后，石勒派从子石虎率步骑四万出成皋关出击，前赵军队遭遇失败，刘曜救之无果。刘岳等将佐八十余人被俘，石虎前后坑杀前赵士兵一万六千余人。败归长安的刘曜"素服郊次，哭，七日乃入城"。这一战后，"司、豫、徐、兖之地，率皆入于后赵，以淮为境矣"。② 此事印证了白玉谶记上的"咢酉小衰"，也就是刘均的解释："言岁驭作咢酉之年，当有败军杀将之事。"

其二，晋成帝咸和三年（328），前赵光初十一年，干支为戊子年。

石虎率兵四万，自轵关入，攻击前赵的河东地区，应之者五十余县，兵锋指向蒲坂——这是屠各部对抗东方羯族的重要据点。因此，闻讯后，刘曜留下部分以氐、羌为主的外族军队防备凉州的张骏与仇池的杨难敌，亲自率领前赵的南匈奴精锐士兵救援蒲坂。该年八月，与石虎战，大破之，斩后赵将石瞻。石虎奔朝歌，刘曜转攻石生于金墉，后赵都城"襄国大震"。③ 这年冬天，石勒亲自救援洛阳，石勒与谋臣徐光商议：

> 勒谓徐光曰："曜盛兵成皋关，上策也；阻洛水，其次也；坐守洛阳，此成擒耳。"十二月，乙亥，后赵诸军集于成皋，步卒六万，

---

① 《资治通鉴》卷九十二《晋纪十四》，第2898页。
② 《资治通鉴》卷九十三《晋纪十五》，第2936页。
③ 《资治通鉴》卷九十四《晋纪十六》，第2960页。

骑二万七千。勒见赵无守兵，大喜，举手指天复加额曰："天也！"卷
甲衔枚，诡道兼行，出于巩、訾之间。①

刘曜由于战略失误，与石勒主力前锋遭遇，擒获羯族士兵，后得知
"大胡自来，军盛不可当也"。② 这时，刘曜方才感到紧张，战术上又错误
地将南匈奴部队一字排开在洛西，决战当天，又饮酒数斗，"常乘赤马无
故局顿"，③ 结果受伤大败被俘。前赵部队被斩首五万余级——如果从南匈
奴的人口来考虑（参本文第二部分之分析），这样的打击虽不算是毁灭性
的，但对于精锐作战人口来说，也是最重大的一次损失。从此后的中古史
考察，南匈奴再也没有能力聚集如此多的士兵。刘曜本人被俘房至襄国，
不久被杀。此事印证了白玉谶记上的"困敦丧"，刘均的解释："困谓困
敦，岁在子之年名，玄嚣亦在子之次，言岁驭于子，国当丧亡。"虽然严
格意义上的前赵还没有消失，但皇帝被俘被杀，离"丧亡"亦不远矣。

其三，晋成帝咸和四年（329），前赵光初十二年，干支为己丑年。

刘曜太子刘熙、南阳王刘胤得知刘曜兵败被杀，放弃都城长安，退入
上邽。谷川道雄认为，当时前赵依旧"保有相当的力量"。④ 笔者推测，这
次撤退乃刘熙之意，并非性格和谋略更胜一筹的世子刘胤之意。后赵石生
随即入据长安，南阳王刘胤率众数万反攻长安，陇东、武都诸郡戎夏起兵
响应。石生只能固守长安。后石虎率骑兵两万突袭，刘胤大败，石虎乘胜
追击至上邽：

> 季龙执其伪太子熙、南阳王胤并将相诸王等及其诸卿校公侯已下
> 三千余人，皆杀之。徙其台省文武、关东流人、秦雍大族九千余人于
> 襄国，又坑其王公等及五郡屠各五千余人于洛阳。曜在位十年而败。⑤

剩余拥护前赵的势力被石虎一举击溃。"五郡屠各"，即"五部匈奴"

---

① 《资治通鉴》卷九十四《晋纪十六》，第2964页。
② 《晋书》卷一百三《刘曜载记》，第2700页。周一良认为："此大胡谓石勒，乃与石虎相
　对而言。然羯人与匈奴相对而言时，亦称小胡。"参其著《魏晋南北朝史札记》，中华书
　局，1985，第109页。
③ 《晋书》卷一百三《刘曜载记》，第2700页。
④ 〔日〕谷川道雄：《隋唐帝国形成史论》，第34页。
⑤ 《晋书》卷一百三《刘曜载记》，第2701~2702页。

五千余人被坑杀，这五千应该是屠各部的核心力量。经此前后几次大劫难，南匈奴前赵国脉寿终正寝。

为方便起见，笔者将这三次历史事件与之前出世的那块白玉以及中书监刘均的解释列出（见表4）。

表4　白玉谶记、刘均解读与应验之事情况

白玉谶记	刘均解读	应验之事
咢酉小衰	言岁驭作咢酉之年，当有败军杀将之事	晋明帝太宁三年（乙酉，325年），前赵大将中山王刘岳被俘，一万六千士兵被坑杀
困蹢丧	困谓困敦，岁在子之年名，玄器亦在子之次，言岁驭于子，国当丧亡	晋成帝咸和三年（戊子，328年），五部匈奴主力在洛阳被石勒击溃，皇帝刘曜被杀
赤牛奋鞠其尽乎	言岁在丑当灭亡，尽无复遗也	晋成帝咸和四年（己丑，329年），前赵太子、群臣、五部匈奴五千余人被坑杀

这样完全应验的谶记，以"后知之明"来看，当然令人惊讶不已。在普遍存在谶纬信仰的中古时代，这块白玉也许随着前赵都城的沦陷而不知所终，但当年引起朝臣激烈廷议的白玉上的文字，一定会被记录下来。作为一种"天启"，被人们口耳相传、津津乐道。这样的"人们"不一定是留在文学史、史学史上的经典大家，但中层或底层民众中应该存在一种作为一般信仰而广泛存在的谶纬思维。

十六国时代，类似的谶纬之说，之所以在胡汉都拥有强大的生命力，一个重要原因就是这些谶记的多重解释之可能。就如同"当涂高"的谶记一样，可以多重解释的谶记，它的解释空间与时间都是向任何阶层开放的，有时候它的巨大影响力并不在当时或当世，往往是隔了一段时间甚至一个朝代后方才体现。也就是说，同样一个谶记，它能够在不同时空中释放出不同的"天启"与预言。因此，中古时代的预言与谶纬，其蕴含的巨大能量，远远超过殷周时代那些操作权和解释权都掌握在极少数王室成员或祭祀巫族手中的龟甲占卜。

笔者讨论过后赵石虎时代，一方在华山中发现的玉版，其上有"岁在申酉，不绝如线。岁在壬子，真人乃见"十六字。结果，最成功利用这方玉版的,不是后赵的羯人,而是鲜卑前燕的第三代君王慕容儁。[①] 其间时空之转换,即使是今天处于知识理性下的现代人,也颇为惊愕。

此外,在秦汉以来传统的谶纬文献中,"牛"所反映的符瑞或灾异,自有一套解释话语。如《宋钞本洪范政鉴》的"土行下"专收"牛祸";[②]又如,京都大学人文科学研究所藏唐抄本《天地瑞祥志》卷第十九,也专门有"牛"属。[③] 但这些与本部分所分析的"赤牛奋轭"并不是一个概念范畴上的"牛祸"。《宋钞本洪范政鉴》列举出晋武帝、晋惠帝、晋成帝等时段的"牛祸",不过该书并没有收录胡族的星宿、历法、分野中有关"牛"之符瑞或灾异。

四 结语:"五部高啸"的归途

《晋书》汉赵国三位帝王刘渊、刘聪、刘曜之后,"史臣曰":

> 曜则天资虓勇,运偶时艰,用兵则王翦之伦,好杀亦董公之亚。而承基丑类,或有可称。子远纳忠,高旌暂偃;和苞献直,鄩明罢观。而师之所处,荆棘生焉,自绝强藩,祸成劲敌。天之所厌,人事以之,骇战士而宵奔,酌戎杯而不醒,有若假手,同乎拾芥。岂石氏之兴欤,何不支之甚也![④]

这里,隐含的话语就是"天命"二字。唐代史臣在崔鸿《十六国春秋》的基础上,整合成《晋书·载记》。"唐代史官,不论是与前面的汉朝,抑或后面的宋朝同行们相比,其对于胡人的世界,可谓充满了'了解之同情'。"[⑤] 唐代史官认为刘曜最后的失败是"天之所厌"为主要因素。

五胡十六国的君王,如鲜卑慕容氏追尊黄帝有熊氏,氐族苻氏追尊夏

① 童岭:《释〈晋书·慕容儁载记〉记石虎所得玉版文——读十六国北朝文史札记之一》,童岭主编,孙英刚、王安泰、小尾孝夫副主编《皇帝·单于·士人:中古中国与周边世界》,中西书局,2014,第124~132页。

② 《宋钞本洪范政鉴》卷十之上《土行下》,书目文献出版社,1992,第467~477页。

③ 高柯立选编《稀见唐代天文史料三种》下册,国家图书馆出版社,2011年影印本,第462~466页。

④ 《晋书》卷一百三《刘曜载记》,第2703页。

⑤ 童岭:《炎凤朔龙记——大唐帝国与东亚的中世》,商务印书馆,2014,第14页。

禹有扈氏，羌族姚氏追尊帝舜有虞氏，匈奴赫连氏追尊夏禹，鲜卑拓跋追尊黄帝为始祖。① 至少在国家祭祀层面，刘曜是反对其父刘渊的"汉"家思维，而以冒顿为直系祖先"配天"② 加以隆重祭祀。虽然说刘曜本人的汉文修养非常高，但在诸多习俗上，依旧有浓厚的游牧民族风格。

五部匈奴第一次遭到重大损耗是在刘聪的汉国末年，经过靳准之乱，损失惨重；第二次是在刘曜的前赵末年，经过石勒、石虎的大屠杀，可谓灭顶之灾。预示前者的，是冥界猗尼渠余国的白玉；预示后者的，是现实终南山崩后之白玉。

"五牛旗建"——无疑是南匈奴屠各部兵力最鼎盛的时期；而"赤牛奋靮"这一谶纬之"天启"，其所预示的，不仅仅是前赵这一政权的覆灭，而且是有着冒顿血统的整个南匈奴屠各部族的哀歌。统合考察整个中古史，在北魏、北朝后期甚至隋、初唐，并州依旧有与五部匈奴屠各部血统有关系的"稽胡""山胡"等③之部族力量出现，但是以屠各部挛鞮氏为核心的国家独立政权，则在前赵之后一次也没有重现过。

文末，还想提出一点设想，也许是笔者今后新的思考出发点：随着石勒后赵的兴起，他对汉赵五部匈奴的几次大屠杀，是五胡十六国史上一个标志性事件。后赵与前赵的更替，绝不是一般意义上十六国政权之纷繁交替，而是有着显著的政治史意义。换言之，后赵与汉赵的本质不同在于，羯族是一个没有尊贵血统的胡族，当他也可以屠戮"五部匈奴"而登上中华神州故地的中央舞台时，预示着在北方胡族的"共同体"意识中，也不再以血统为称王称帝之最重要因素了。此后，慕容鲜卑、拓跋鲜卑、羌、氐等秦汉时代臣服于匈奴权威下的诸胡，开始轮番觊觎帝座，石勒可谓发其端耳！

对于"汉帝国"这一几乎是亘古不变的"共同体"之认识与利用，魏晋南朝的汉人政权中，有过变化与推演。当我们把视角切换到北方，游牧民族之间，伴随着有着四百年国脉的汉帝国的瓦解，对他们来说亘古不变

---

① 〔日〕川本芳昭：《魏晋南北朝之民族问题》，东京：汲古书院，1998，第368页。

② 陈三平（Sanping Chen）：《木兰与麒麟》（*Multicultural China in the Early Middle Ages*），Chapter 6. Son of Heaven and Son of God，University of Pennsylvania Press，2012. pp. 119-156。

③ 关于这一问题的考察，除唐长孺著作外，还可参考黄永年《"羯胡""柘胡""杂种胡"考辨》，氏著《文史探微》，中华书局，2000，第312～324页；卓鸿泽《羯胡、契胡、稽胡之若干基本问题》，氏著《历史语文学论丛初编》，上海古籍出版社，2012，第98～120页。

的匈奴帝国也随之瓦解，匈奴延绵到中国本土的最重要一支——南匈奴屠各部，经历了"五牛旗建"的最后辉煌，但不久后，帝都长安的镇山崩，白玉出。一段谶记预示了"赤牛奋靷"的最后归途。

刘曜早年在管①涔山避难时，有一天夜里，有两位童子入跪曰："管涔王使小臣奉谒赵皇帝，献剑一口。"这把长约二尺，可以随四时变化成五色的宝剑，剑铭是"神剑御，除众毒"。②刘曜一直佩带在身边，直到"赤奋若"那一年身死襄国，神剑不知所终。这一点，与同收《晋书》的张华那把紫气冲天的宝剑一样，随着宝剑的拥有者去世而不知所终。笔者想，刘曜的这把神剑与本文第二部分刘渊魂魄的预言一样，都寄托了五部匈奴复兴的最后希望吧。

（本文原载于《文学遗产》2016 年第 6 期）

---

① 诸本《晋书》皆作"菅"，关于此字之校勘参考童岭《汲古书院和刻〈晋书·载记〉序论及汉赵部校证——五胡十六国霸史基础文献研究之一》，刘玉才、潘建国主编《日本古钞本与五山版汉籍研究记丛》，第 321~322 页。

② 《晋书》卷一百三《刘曜载记》，第 2683~2684 页。传统史家如吕思勉，认为这把剑是"盖特造妖言，以示其当王赵而已"。参其著《两晋南北朝史》，上海古籍出版社，1983，第 155~156 页。对此笔者持保留态度（吕思勉对于六朝谶纬并不太重视，本文所举两块白玉的谶记，均不见于该书记述）。

吴都建业的图像与史料

——以敦煌莫高窟 323 号窟《康僧会感圣得舍利》为例

吴桂兵[*]

一 前言：材料的缺乏与方法论突围

孙吴都城的研究向来缺乏材料,[①] 尤其是考古材料,尽管近些年来,城市建设的步伐不断加快,南京六朝城市考古的材料却仍然不见增加,其他一些学科乃至"民科"多有置喙。如何研究六朝都城考古,到现在多是"纸上谈兵"。那么就"纸上"而言,单就关于六朝都城的历史文献、方志材料等,又存在这样那样的史料问题。[②] 原来学界将魏晋南北朝时期视作"汉唐之间",现在看这个时间段的考古确实要成为汉唐马鞍中间的低凹处了。与六朝不同,魏晋十六国北朝无论是在都城布局结构,还是在具体的殿址、园林、寺院等城市遗迹考古上均取得了丰硕的成果。现在的问题是,就目前的材料而言,如何研究六朝都城呢?本文拟从敦煌莫高窟 323 号窟《康僧会感圣得舍利》佛教史迹画入手,就故事背景及内容谈孙吴建业城及建初寺,探讨如何利用历史文献与考古材料之外的图像资料,试着解决建业城研究材料的缺乏与方法论的突围。不当之处,敬祈方家指正。

---

[*] 吴桂兵,南京大学历史学院考古文物系副教授,2015~2016 年任南京大学高研院第十一期驻院学者。

[①] 关于六朝都城建设的综述,特别是关涉本文的孙吴建业研究,读者可以参考妹尾达彦的《帝都的风景、风景的帝都——建康·大兴·洛阳》,陈金华、孙英刚编《神圣空间:中古宗教中的空间因素》,复旦大学出版社,2014,第 23~105 页。

[②] 如六朝都城建康研究过分相信宋元以后的南京地方志及明清学者的私人撰述,而忽视了六朝以及距之不远的唐代文献。详参张学锋《六朝建康城研究中的史料学问题——以建初寺的地点考证为例》,原载《南京晓庄学院学报》2012 年第 1 期,后载其著《汉唐考古与历史研究》,生活·读书·新知三联书店,2013,第 97~104 页。

二 《康僧会感圣得舍利》图像及史料

敦煌莫高窟第 323 窟北壁上部的佛教史迹画中，壁面东侧的四组画面表现的是三国吴王与外国沙门康僧会的故事。"左上画山水，水中一舟扬帆摇橹而行，可能是表现康僧会由康居国渡海来到东吴。最下画一帝王向僧人跪拜合十，榜题为：'孙皓立□有疑神佛法乃/车马迎会□会至为说因/果孙皓乃立佛信之。'据《高僧传·康僧会传》，孙皓曾有'大集朝贤，以车马迎会'之事。中间画一大帐，帐内莲座上舍利放光芒，帐外帝王与僧人作谈论状，榜题为：'□□□□感通佛□吴王不信令/请现康僧会遂设斋行道应时/□□□感圣至道场得舍利吴王/感圣得舍利为造建初寺。'据《集古今佛道论衡》等史籍记载，吴人本不信佛，吴王孙权召康僧会问佛有何灵瑞，并依言求舍利，所获舍利光明四射，'椎砧不碎，劫火不焦'，吴王乃信，立建初寺。右上画寺院，院外僧人观看并有人运送木料，当为建初寺修造情景。"① （见图 1） 段文杰推断第 323 窟建窟的年代在唐载初前后（690 年前后），莫高窟石窟分期划分为唐代前期窟。②

图 1　敦煌莫高窟 323 号窟北壁上部康僧会史迹故事画
资料来源：《中国石窟·敦煌莫高窟》第 3 卷，图版 68。

---

① 敦煌文物研究所编《中国石窟·敦煌莫高窟》第 3 卷，文物出版社，2011，封面、图版 68、第 228 页图版说明 68。
② 段文杰：《唐代前期的莫高窟艺术》，《中国石窟·敦煌莫高窟》第 3 卷，第 161~176 页。

　　在 323 号窟关于康僧会感圣得舍利的佛教史迹故事中，我们至少可以关注两个与孙吴建业有关的情节：故事发生之地——建业及建业最早的佛寺——建初寺。

　　我们现在需要分析文献中关于康僧会感圣得舍利佛教史迹故事的记载，关注的文献主要集中在六朝隋唐时期，涉及《高僧传》《出三藏记集》《建康实录》《魏书·释老志》等。

　　梁释慧皎《高僧传》也有此事的详细记载。其为六朝文献，要早于莫高窟 323 窟佛教史迹壁画，具体如下：

　　　　康僧会，其先康居人……时吴地初染大法，风化未全，僧会欲使道振江左，兴立图寺，乃杖锡东游，以吴赤乌十年初达建邺，营立茅茨，设像行道。时吴国以初见沙门，睹形未及其道，疑为矫异。有司奏曰："有胡人入境，自称沙门，容服非恒，事应检察。"权曰："昔汉明帝梦神，号称为佛，彼之所事，岂非其遗风耶？"即召会诘问，有何灵验。会曰："如来迁迹，忽逾千载，遗骨舍利，神曜无方，昔阿育王起塔，乃八万四千。夫塔寺之兴，以表遗化也。"权以为夸诞，乃谓会曰："若能得舍利，当为造塔，如其虚妄，国有常刑。"会请期七日，乃谓其属曰："法之兴废，在此一举，今不至诚，后将何及。"乃共洁斋静室，以铜瓶加几，烧香礼请。七日期毕，寂然无应，求申二七，亦复如之。权曰："此实欺诳。"将欲加罪，会更请三七，权又特听。会谓法属曰："宣尼有言曰：'文王既没，文不在兹乎。'法灵应降，而吾等无感，何假王宪，当以誓死为期耳。"三七日暮，犹无所见，莫不震惧。既入五更，忽闻瓶中枪然有声，会自往视，果获舍利。明旦呈权，举朝集观，五色光炎，照耀瓶上。权自手执瓶，泻于铜盘，舍利所冲，盘即破碎。权大肃然惊起，而曰："希有之瑞也。"会进而言曰："舍利威神，岂直光相而已，乃劫烧之火不能焚，金刚之杵不能碎。"权命令试之。会更誓曰："法云方披，苍生仰泽，愿更垂神迹，以广示威灵。"乃置舍利于铁砧磓上，使力者击之，于是砧磓俱陷，舍利无损。权大叹服，即为建塔，以始有佛寺，故号建初寺，因名其地为佛陀里。由是江左大法遂兴。[①]

　　① （梁）释慧皎：《高僧传》卷第一《康僧会传》，汤用彤校注，汤一玄整理，中华书局，1992，第 14~16 页。

上述事件发生的地点推测是吴宫，但至少应该是在建业，其情节显然要比壁画的表现复杂得多。

《出三藏记集》卷第十三有康僧会的传，其中也记述了其感圣得舍利的故事：

> 康僧会，其先康居人……时孙权已称制江左，而未有佛教。会与运流大法，乃振锡东游。以赤乌十年至建业，营立茅茨，设像行道。有司奏曰："有胡人入境，自称沙门，容服非恒，事应验察。"权曰："吾闻汉明梦神，号称为佛，彼之所事，岂其遗风耶？"即召会诘问，有何灵验。会曰："如来迁迹，忽逾千载，遗骨舍利，神曜无方。昔阿育王起塔，乃八万四千。夫塔寺之兴，所以表遗化也。"权以为夸诞，乃谓会曰："若能得舍利，当为造塔，如其虚妄，国有常刑。"会请期七日，乃谓其属曰："法之兴废，在此一举，今不至诚，后将何及。"乃共洁斋静室，以铜瓶加几，烧香礼请。七日期毕，寂然无应，求申二七，亦复如之。权曰："此欺诳也。"将欲加罪，会更请三七，权又特听。会曰："法云应被，而吾等无感，何假王宪，当以誓死为期耳。"三七日暮，犹无所见，莫不震惧。既入五更，忽闻瓶中枪然有声，会自往视，果获舍利。明旦呈权，举朝集观，五色光焰，照耀瓶上。权自手执瓶，泻于铜盘，舍利所冲，盘即破碎。权肃然惊起曰："希有之瑞也！"会进而言曰："舍利威神，岂直光相而已，乃劫烧之火不能焚，金刚之杵不能坏矣。"权命取铁槌砧，使力士击之。砧碰并陷，而舍利无损。权大叹服，即为建塔，以始有佛寺，故曰建初寺，因名其地为佛陀里。由是江左大法遂兴。[①]

隋《长房录》卷十五载，《出三藏记集》为齐建武年间律师僧祐撰，但一般认为是齐梁间撰写。[②]

唐许嵩《建康实录》卷第二《太祖下》也记载了康僧会与建初寺事：

---

① （梁）僧祐：《出三藏记集》卷第十三，苏晋仁、萧炼子点校，中华书局，1995，第512~513页。

② （梁）僧祐：《出三藏记集》，序言，第9页。

是岁，胡人康僧会入境，置经行所，朝夕礼念，有司以闻。帝曰："昔汉明帝感梦金人，使往西方求之，得摩腾、竺法兰来中国立经行教，今无乃是其遗类乎？"因引见僧会，其言佛教灭度已久，唯有舍利可以求请。遂于大内立坛，结静三七日得之。帝崇佛教，以江左初有佛法，遂于坛所立建初寺。①

许嵩有可能是生活在唐玄、肃宗时期，即8世纪中期前后。② 根据许嵩的记述，坛所立寺，这也就指明了建初寺的所在，而坛又在大内。这些内容均与《出三藏记集》及《高僧传》有较大不同。

《魏书·释老志》中没有记载康僧会在建业感圣得舍利事，但记载了魏明帝与舍利事，其事与康僧会略有相似，抄录如下：

魏明帝欲坏宫西浮图。外国沙门乃金盘盛水，置于殿前，以佛舍利投之于水，乃有五色光起，于是帝叹曰："自非灵异，安得尔乎？"遂徙于道东，为作周阁百间。③

上述记述中以《高僧传》和《出三藏记集》较为详细，许嵩的《建康实录》特别简略，《魏书·释老志》中没有记载。《出三藏记集》与《高僧传》的内容比较接近，壁画中的内容与文献的记载相比有详有略，详在佛寺的形制布局，略在感圣得舍利的故事过程（见表1）。但从内容上看，敦煌323号窟反映的故事内容明显与《出三藏记集》及《高僧传》的内容接近，从这一点来说，敦煌323号窟《康僧会感圣得舍利》尽管为唐代前期窟，但其绘画所本或许来自六朝时期。如果真是这样，那么323号窟的图像在六朝都城及佛教研究中愈显价值了。至于南朝系统的康僧会感圣得舍利故事如何成为佛教重要史迹故事，并且绘于敦煌莫高窟323号窟，也是非常有意思的话题，本文暂不分析。

① （唐）许嵩：《建康实录》卷第二《太祖下》，张忱石点校，中华书局，1986，第54页。
② 张忱石：《建康实录点校说明》，（唐）许嵩：《建康实录》，第1~6页。
③ 《魏书》卷一百一十四《释老志》，中华书局，1974，第3029页。

表 1　《高僧传》《出三藏记集》《建康实录》等所记"感圣得舍利"比较

史料来源	佛教人物	其他人物	行教方式	感得舍利	建初寺
敦煌323号窟壁画	康僧会 乘舟场景其属1人 得舍利场景其属2人 建初寺其属1人	权 船夫摇橹 得舍利场景其他人员五	水中一舟扬帆摇橹	帐 帐构 光焰 莲座 铜盆?	佛寺附近有山 木材 僧侣2人 施工者2人 单院落佛寺 佛殿（面阔三间） 单塔位于殿右侧 塔两层 两侧廊道
《出三藏记集》	康僧会 其属 如来 阿育王	有司 孙权 汉明 举朝力士	杖锡东游 营立茅茨 设像行道	洁斋静室 铜瓶加几 烧香礼请 三七日 五色光焰 权自执瓶 泻于铜盘 金刚之杵 铁槌砧	建塔 建初寺 佛陀里
《高僧传》	康僧会 其属 法属 如来 阿育王	有司 孙权 汉明 宣尼 文王 举朝力者	杖锡东游 营立茅茨 设像行道	洁斋静室 铜瓶加几 烧香礼请 三七日 五色光炎 权自执瓶 泻于铜盘 金刚之杵 铁砧碰	建塔 建初寺 佛陀里
《建康实录》	康僧会 汉明帝 摩腾 竺法兰	有司 帝 汉明帝	置经行所 朝夕礼念	大内立坛 三七日	坛所立寺 建初寺
《魏书·释老志》	外国沙门	魏明帝		金盘盛水 舍利投水 五色光起	宫西浮图 周阁百间 道东

三　孙吴礼制与建业立都

323 号窟壁画中康僧会事发生的一个重要地点就是吴都建业，欲了解孙吴建业的情况，除墓葬外，考古发现相对较少。[①] 因此有必要从文献的角度了解孙吴立都建业的过程，而这一过程与孙吴礼制建设过程是相一致的。

南方地区自东晋立足江左，礼仪制度传承为之两分，[②] 此后至南朝为隋唐制度之一源，此论亦强调东晋立足江左之礼乐政刑典章文物制度承袭汉、魏、西晋，[③] 于孙吴的典章文物制度未置一言，宋时人就有此看法，以为"终吴之世，未遑礼文"。[④]

现代史家大多沿袭陈寅恪先生对魏晋统治者社会阶级的分析，以孙氏为当时不以文化见称的次等士族，[⑤] 故多认为其轻薄礼制，表现出鲜明的寒门色彩。[⑥] 唐杜佑《通典》述礼之沿革，提到三国时期魏、蜀、吴的情况时亦有此论。引文如下：

> 魏以王粲、卫凯集创朝仪，而鱼豢、王沈、陈寿、孙盛虽缀时礼，不足相变。吴则丁孚拾遗汉事，蜀则孟光、许慈草创时制。[⑦]

可见，《通典》认为与曹魏的创朝仪缀时礼、蜀的草创时制不同，孙吴仅仅是拾遗汉事而已。宋人张敦颐在《六朝事迹编类》中也认为："终吴之世，未暇礼文，宗庙社稷，不见于史。"[⑧] 此虽言宗庙社稷，但大致反

---

① 贺云翱、邵磊等：《南京石头城遗址 1998~1999 年勘探试掘简报》，《东南文化》2012 年第 2 期。
② （梁）沈约《宋书·礼志》（中华书局，1974，第 327 页）记载："晋始则荀顗、郑冲详定晋礼；江左则荀崧、刁协辑理乖紊。"同书多次出现"江左以来"，将两晋区分出西晋、东晋两个阶段。
③ 陈寅恪：《隋唐制度渊源略论稿》，生活·读书·新知三联书店，1954。
④ （宋）张敦颐：《六朝事迹编类》，张忱石点校，上海古籍出版社，1995，第 24 页。
⑤ 陈寅恪：《魏晋南北朝史讲演录》第一篇《魏晋统治者的社会阶级（附论吴蜀）》，万绳楠整理，黄山书社，1987，第 26~30 页。
⑥ 王永平《孙吴政治与文化史论》（上海古籍出版社，2005，第 10 页）中有"孙氏不重儒学与礼制"。
⑦ （唐）杜佑：《通典》卷四十一《礼一·沿革一》，中华书局，1988，第 1121 页。
⑧ （宋）张敦颐：《六朝事迹编类》卷一《总叙门·六朝郊社》，第 24 页。

映出对孙吴礼制的认识。其实，不仅后人对孙吴有此认识，就是孙吴时人也有此看法。孙权初为吴王时，派赵咨出使曹魏，魏文帝便以嘲讽的口吻问赵咨："吴王颇知学乎？"① 赵咨虽能机警回答，但无掩时人对孙吴礼学不兴状况的看法，后世以其"未暇礼文"并非空穴来风。如此，我们似乎可以认为孙吴在丧葬制度上恐亦无建树。但是，本文以为这不符合孙吴墓葬的真实情况，也显然忽视了历史文献的记载。兹顺着孙吴建国的道路，依据《三国志》的记载，梳理孙吴礼制建设的点点滴滴，从中寻找孙吴丧葬制度建设历程。

孙吴是由江淮地域的强宗大族因汉末的扰乱，拥戴江东地域具有战斗力的豪族，即当时不以文化见称的次等士族孙氏，借其武力，以求保全而组织起来的政权。② 孙吴建国的道路实际上也是其不断与江东大族调整合作的过程，即江东化的过程。依据田余庆先生的研究，③ 这一过程大致经历了三个阶段：第一阶段发生在江东大族武力反对孙策南下时，对孙氏而言是依靠淮泗集团，诛戮江东英豪；第二阶段在孙权统事以后的建安年间，孙权与江东大族处于互有需求的关系状态，孙权需借助江东大族支撑艰难局面，江东大族亦觉有托于孙氏之必要；第三阶段为孙氏与江东大族彻底融为一体，孙吴政权实现江东化，其时在黄武年间。

在孙吴建国的第一阶段，孙氏集团奉汉正朔，遵循汉制也应是其基本政策。建安二年（197），汉朝遣议郎诏孙策为骑都尉，袭爵乌程侯，领会稽太守。建安三年，汉朝再拜孙策为讨逆将军，并改封吴侯。在此期间，孙策亦多次派遣官员诣许都，拜献方物。④

建安五年孙策薨，按照常礼，孙权应该长时间服丧，曾被举为孝廉的孙权开始也是这样做的，但是，孙策长史张昭对孙权说了一段话，从这段话中我们可以了解此时的孙氏在丧葬礼俗方面的态度。张昭对孙权说："孝廉，此宁哭时邪？且周公立法而伯禽不师，非欲违父，时不得行也。况今奸宄竞逐，豺狼满道，乃欲哀亲戚，顾礼制，是犹开门而揖盗，未可

① 《三国志·吴书一》注引《吴书》，中华书局，1982，第1123页。
② 陈寅恪：《述东晋王导之功业》，氏著《金明馆丛稿初编》，生活·读书·新知三联书店，2001，第57页。
③ 田余庆：《孙吴建国的道路——论孙吴政权的江东化》，原载《历史研究》1992年第1期，后载其著《秦汉魏晋史探微》（重订本），中华书局，2004，第262~295页。
④ 《三国志·吴书一》注引《江表传》，第1104~1108页。

以为仁也。"① 然后，孙权听从了张昭的建议，乃改易丧服，上马巡军。可见，孙权在孙策薨时完全按照时势而定丧葬之礼，并没有严格按照凶礼规定服丧。这就是当时孙氏对丧葬礼制的态度，完全取决于当时的局势。"是时惟有会稽、吴郡、丹杨、豫章、庐陵，然深险之地犹未尽从，而天下英豪布在州郡，宾旅寄寓之士以安危去就为意，未有君臣之固。"② 对于汉制仍然树遵循之大旗，以便剪除异己。李术为庐江太守，不从孙权，孙权便拟讨伐，事前以状白曹操说："李术凶恶，轻犯汉制，残害州司，肆其无道，宜速诛灭，以征丑类。"③ 可见，孙权在初掌江东权柄时，对汉制至少表面是遵从的，在礼制建设上应该没有什么建树，也无暇顾及。

孙吴对汉的态度，于黄龙元年（229）孙权即皇帝位后，应该已经发生了变化。《三国志》所引《吴录》记载有孙权即皇帝位时的告天文，里面讲得很明白："群臣将相，州郡百城，执事之人，咸以为天意已去于汉，汉氏已绝祀于天。"④ 在这样的去汉背景下，孙权也着力进行礼学的建设。黄龙二年春正月，即诏立都讲、祭酒，以教学诸子。⑤ 可见，孙吴在建国江东后，改变了建安年间的做法，一方面去汉，一方面也开始建设自己的礼学。这与曹魏的情形大致相似，⑥ 丧葬礼制应该是他们考虑的内容之一。

嘉禾六年（237）春，孙吴政权中发生了一场关于"三年之丧"及"奔丧"等内容的讨论。其起始于该年正月孙权所下之诏，其诏全文如下：

> 夫三年之丧，天下之达制，人情之极痛也；贤者割哀以从礼，不肖者勉而致之。世治道泰，上下无事，君子不夺人情，故三年不逮孝子之门。至于有事，则杀礼以从宜，要经而处事。故圣人制法，有礼无时则不行。遭丧不奔非古也，盖随时之宜，以义断恩也。前故设科，长吏在官，当须交代，而故犯之，虽随纠坐，犹已废旷。方事之

---

① 《三国志·吴书二》，第 1115 页。
② 《三国志·吴书二》，第 1115~1116 页。
③ 《三国志·吴书二》，第 1116 页。
④ 《三国志·吴书二》，第 1135 页。
⑤ 《三国志·吴书二》，第 1136 页。
⑥ 《三国志·魏书一》，第 53 页。

殷，国家多难，凡在官司，宜各尽节，先公后私，而不恭承，甚非谓
也。中外群僚，其更平议，务令得中，详为节度。①

孙权的主要意思首先是强调遵循丧葬礼俗的重要性，其次不得不提到
当时政权的实际情况，在遵礼和杀礼之间如何做出选择，他希望大臣们议
论。诏下后，顾谭和胡综都认为要严格立法，以重罪约束奔丧，即所谓
"奔丧立科""科禁"等，如此可见孙权政权在嘉禾年间力求遵从时制，而
改变以往的旧制传统，反映出孙吴在礼仪制度方面的变化。

五凤二年（255）十二月，会稽王孙亮作太庙。②

永安元年（258），景帝孙休下诏置学官，立五经博士，以敦王化，隆
风俗。其文如下：

古者建国，教学为先，所以道世治性，为时养器也。自建兴以
来，时事多故，吏民颇以目前趋务，去本就末，不循古道。夫所尚不
惇，则伤化败俗。其案古置学官，立五经博士，核取应选，加其宠
禄；科见吏之中及将吏子弟有志好者，各令就业。一岁课试，差其品
第，加以位赏。使见之者乐其荣，闻之者美其誉。以敦王化，以隆
风俗。③

可见，孙休改变了孙吴以往的做法，加强了礼学制度建设。在礼制建
设的同时，孙吴进行了都城建设。

《三国志·吴书二》载：

冬，魏嗣王称尊号，改元为黄初。二年四月……权自公安都鄂，
改名武昌，以武昌、下雉、寻阳、阳新、柴桑、沙羡六县为武昌郡。
五月，建业言甘露降。八月，城武昌。④

同书又载赤乌十年二月，权适南宫。三月，改作太初宫，诸将及州郡

① 《三国志·吴书二》，第1141页。
② 《三国志·吴书三》，第1153页。
③ 《三国志·吴书三》，第1158页。
④ 《三国志·吴书二》，第1121页。

皆义作。注引江表传载权诏曰：

> "建业宫乃朕从京来所作将军府寺耳，材柱率细，皆以腐杇，常恐损坏。今未复西，可徙武昌宫材瓦，更缮治之。"有司奏言曰："武昌宫已二十八岁，恐不堪用，宜下所在通更伐致。"权曰："大禹以卑宫为美，今军事未已，所在多赋，若更通伐，妨损农桑。徙武昌材瓦，自可用也。"①

《三国志·吴书三》记述了昭明宫的情况：

> （宝鼎）二年春，大赦。右丞相万彧上镇巴丘。夏六月，起显明宫，太康三年地记曰：吴有太初宫，方三百丈，权所起也。昭明宫方五百丈，皓所作也。避晋讳，故曰显明。吴历云：显明在太初之东。江表传曰：皓营新宫，二千石以下皆自入山督摄伐木。又破坏诸营，大开园圃，起土山楼观，穷极伎巧，功役之费以亿万计。陆凯固谏，不从。冬十二月，皓移居之。②

那么我们是否可以在上述礼制建设和都城建设的过程中，认为孙吴都城的建设也许并不是一个一成不变的过程。换句话说，孙吴的都城，刚开始建设时也许是依据汉代城市等级，尚达不到都城的级别，随着孙吴政权的建设，与此同步的是礼制的建设，孙吴政权应该考虑将建业按照都城的模式规制来建设。这是我们观察南京所发现一切孙吴时期遗存的基础，也包括在此基础上如何理解建业的佛寺。

四　建业与汉末三国时期的城

以往的一些研究总是将建业作为一个都城来解释，如刘淑芬就将孙吴的都城建业作为六朝建康城兴盛的开始，但也提出中国都城包括宫城、皇城和外郭，而孙吴的都城没有外郭。③在莫高窟 323 号窟佛教史迹画

---

① 《三国志·吴书二》，第 1146~1147 页。
② 《三国志·吴书三》，第 1167 页。
③ 刘淑芬：《六朝的城市与社会》上篇《建康城》，台湾学生书局，1992，第 37 页。

中，吴都建业发生的四件事情及其表现的四个场景占有 323 号窟北壁上部东侧，与南壁中央上部表现的《东晋扬都金像出渚》故事，及北壁上部西侧汉武帝及甘泉宫金人事并列。图像的并列是否表示实际中建业城与之并列？因此有必要了解孙吴都城建业的规模。

《建康实录》卷第二载：

> （黄武八年）秋九月，帝迁都于建业。以陆逊为上将军，诏辅太子登，留守武昌。冬十月至自武昌，城建业太初宫居之。宫即长沙桓王故府也，因以不改。今在县东北三里，晋建康宫城西南，今运渎东曲折内池，即太初宫西门外。池吴宣明太子所创，为西苑。初，吴以建康宫地为苑，其建业都城周二十里一十九步。①

郭黎安根据晋尺一尺长 24.15 厘米，推测建业城的城周约 8667 米，明确提出其"可谓都城之小者"。②

由于目前没有建业城的考古勘探或者发掘报告，我们首先根据汉代城的规模及等级来观察建业城的规模。

徐龙国将秦汉城邑按行政、规模、内涵三个方面进行分级。秦汉时期继承了先秦时期的三级城制：第一级为帝国的都城，第二级为诸侯的国都及郡城，第三级为县邑道城。就规模而言，当然是长安城和洛阳城的规模为大，西汉齐国临淄的都城周长 17000 米，赵国都城邯郸城周长 16600 米，这些在郡国都城中规模均较大，但均小于汉长安城。其他如曲阜鲁国故城汉城周长 8410 米，东平陵城周长 7500 米，县邑城周长一般在 2500~6000 米。③ 据此，孙吴都城建业当在诸侯国都与郡城这个级别。

三国曹魏邺城的考古工作相对丰富一些，俞伟超先生调查过邺城遗址，并对曹魏邺北城进行了复原研究。其也是根据西晋一尺约为 24 厘米，推算出南北两条城垣各长 3024 米，东西两条城垣各长 2160 米，这样邺北

① （唐）许嵩：《建康实录》卷第二《太祖下》，第 38~39 页。
② 郭黎安：《六朝建康》，香港：天马图书有限公司，2002，第 12~13 页。
③ 徐龙国：《秦汉城邑考古学研究》，中国社会科学出版社，2013，第 302~308 页。

城的周长在 10000 米外。① 徐光冀先生对曹魏邺城的平面进行了复原，根据《水经注》记载的"东西七里，南北五里"，城址为东西长的长方形，正方向，东西 2400 米，西墙南端凸出，东西最宽处 2620 米，南北 1700 米，总体周长在 8000 米外（见图 2）。② 俞伟超先生的调查周长比建业城的规模要大，但总体上是在一个级别。徐光冀先生的复原周长与孙吴建业城相当。而曹魏邺城，也就是邺北城遗址，实际上是曹操的王城，其规模和建制远不能和汉代的帝都相比。

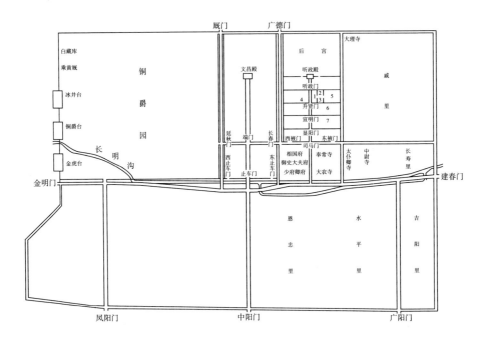

图 2　曹魏邺城平面复原示意图

资料来源：徐光冀《曹魏邺城的平面复原研究》，《邺城考古发现与研究》，第 244 页。

孙吴迁都建业之前的都城是湖北鄂州的鄂城遗址，也就是孙吴武昌城。蒋赞初先生在《六朝武昌城初探》一文中提到，六朝武昌城是沿用了

---

① 俞伟超：《邺城调查记》，原载《考古》1963 年第 1 期，后收入中国社会科学院考古研究所、河北省文物研究所、河北省临漳县文物旅游局编《邺城考古发现与研究》，文物出版社，2014，第 3~15 页。

② 徐光冀：《曹魏邺城的平面复原研究》，原载《中国考古学论丛》，后收入《邺城考古发现与研究》，第 242~248 页。

汉代鄂县县城旧址，根据地形，推测武昌城只能在一个东西长约 2000 米，南北宽约 1000 米的范围内。据此，武昌城的城周长最多在 6000 米左右，规模不及曹魏邺北城及后来的建业城（见图 3）。[1]

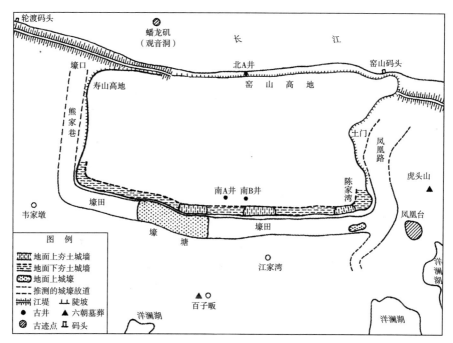

图 3　六朝武昌城平面示意图
资料来源：蒋赞初《六朝武昌城初探》，《长江中下游历史考古论文集》，第 118 页。

建业城的规模分析，实际上也是与前述关于孙吴礼制建设及立都过程相一致的，这一切都是由孙吴政权的政治地位所决定的。现在，我们再回到敦煌莫高窟 323 号窟北壁上部反映建业佛教史迹的绘画中，建业佛教史迹绘画在篇幅上与该窟北壁所绘"汉武帝获匈奴祭天金人""张骞出使西域""佛图澄神异事迹"基本相当，这说明该佛教史迹画在背景的描述上并不能反映出故事所在都城的实际情况。此类材料在反映史实，作为研究的史料方面有着需要注意的地方。从上述建业城的规模与等级分析结果看，建业在城市规模与地位上远不能和长安等都城相比。

---

① 蒋赞初：《六朝武昌城初探》，原载《中国考古学会第五次年会论文集》（1985 年），后收入其著《长江中下游历史考古论文集》，科学出版社，2000，第 118~125 页。

五　敦煌壁画中的建初寺

我们再来关注孙吴建业的佛寺问题。323 号窟康僧会感圣得舍利佛教史迹画中绘出了建初寺的图像，这个图像的存在就提出了两个问题：其一，孙吴是否有佛寺；其二，这个图像中的佛寺形象反映的是否孙吴佛寺的形象，如果不是，佛寺图像内容反映的是何时代。

真正在都城规划中布置佛寺，并将其作为都城礼制建筑一并考虑的，在文献中有比较清晰记载的是北魏洛阳城营建的永宁寺。神龟元年（518），司空公、尚书令、任城王元澄奏禁私造僧寺云："虑括终始，制洽天人，造物开符，垂之万叶。故都城制云，城内唯拟一永宁寺地，郭内唯拟尼寺一所，余悉城郭之外。欲令永遵此制，无敢逾矩。"① 在都城中营建佛寺，并且将其作为城市规制中的重要内容，这是中国中古都城营建中发生的重大变化。根据前述《高僧传》《出三藏记集》关于建初寺的记载，建初寺的建立是因为孙权的叹服，因而为其建造寺院。但建初寺的建立是否属于孙吴都城建业营建过程中的重要一环，或者说是不是都城规制的内容？从孙权前后对待康僧会的态度，以及后来孙皓想拆毁佛寺的情况来看，建初寺的建立具有偶然性，不可能是当时孙吴都城建设中的重要内容。且以前述孙吴建业城的等级而言，建业的建初寺显然在佛教发展及中古都城建设中的地位，不可能与永宁寺之类的佛寺相比拟。

323 号窟佛教史迹故事画中的建初寺是一单院落，院落的前墙有曲折，院内主体建筑为大殿，木构建筑中似乎还能见到"人"字拱，面阔三间，殿的右侧有一个两层单塔，殿周有廊道。下面我们就从佛寺布局、佛塔等角度分析莫高窟 323 号窟建初寺的时代特征。

孙吴时期的佛寺遗存目前没有考古发现，但是有两处材料值得注意。其一是长江中下游地区出土的魂瓶，魂瓶上面多有佛像，这在学术界已经没有什么异议，但是魂瓶上面的建筑是否为佛寺，却不能轻易下结论。但至少我们可以从魂瓶上建筑与佛像位置的变化分析哪些佛像是主尊，那么端坐于建筑内的魂瓶，应该就是佛教建筑。如江苏南京甘家巷六朝墓出土的魂瓶，瓶

---

① 《魏书》卷一百一十四《释老志》，第 3044 页。

顶作方形庑殿建筑，四面辟门，门内各塑一尊坐佛。① 又如江苏仪征胥浦西晋元康七年墓中的魂瓶，瓶身似三层塔，顶为一尖顶圆形屋，下为两层，上层四面各有一屋形龛，龛内各塑一坐佛及随侍（见图4）。② 其二是湖北襄樊樊城菜越三国墓中出土的陶楼，该陶楼由门楼、院墙和两层楼阁等组成，顶部正中立有宝刹（相轮）（见图5）。③ 有学者认为此陶楼为由"仙人好楼居"的汉式重楼到高层佛塔之间的过渡，也就是浮图祠。④ 依据上述两类材料，莫高窟323号壁画上的建初寺佛塔为两层，单单从层数这个角度分析，其符合三国时期的情况。当然，具体的情况远比此复杂得多。

南京甘家巷六朝墓出土魂瓶　　仪征胥浦元康七年墓出土魂瓶

图4　吴晋魂瓶

资料来源：《佛教初传南方之路文物图录》，图版66、92。

就单院落而言，目前发现的佛寺，如北魏洛阳永宁寺和大同方山北魏永固陵思远浮图，均为单院落。永宁寺的平面呈单院落布局，以塔为中心，塔后有殿，方形塔基，四面开门，门址均为柱网结构，⑤ 可推知其上为殿堂式门楼。思远佛寺也是长方形院落式布局，以塔为中心，塔后有殿（见图6）。⑥

---

① 南京博物院贺云翱等编《佛教初传南方之路文物图录》，文物出版社，1993，图版66。

② 《佛教初传南方之路文物图录》，图版92。

③ 襄樊市文物考古研究所：《湖北襄樊樊城菜越三国墓发掘简报》，《文物》2010年第9期。

④ 罗世平：《仙人好楼居：襄阳新出相轮陶楼与中国浮图祠类证》，《故宫博物院院刊》2012年第4期。

⑤ 中国社会科学院考古研究所：《北魏洛阳永宁寺》，中国大百科全书出版社，1996，第6~9页。

⑥ 大同市博物馆：《大同北魏方山思远佛寺遗址发掘报告》，《文物》2007年第4期。

图 5　襄樊樊城菜越三国墓出土陶楼（M1：128）

资料来源：襄樊市文物考古研究所《湖北襄樊樊城菜越三国墓发掘简报》，《文物》2010 年第 9 期，图一二，第 8 页。

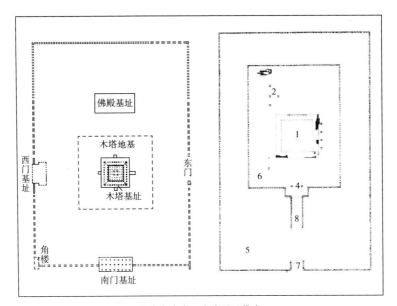

左为永宁寺，右为思远佛寺

图 6　北魏佛寺平面示意图

资料来源：《北魏洛阳永宁寺》，图 4，第 7 页；大同市博物馆《大同北魏方山思远佛寺遗址发掘报告》，《文物》2007 年第 4 期，图 5，第 7 页。

单就平面布局而言，壁画中的建初寺也是单院落，与上述永宁寺和思远佛寺还是有很大相似性的，但区别也很明显。壁画中的建初寺南墙有曲折，围墙有曲折在北朝晚期至隋唐初期的园林遗存中多有出现，甘肃天水石棺床上的园林线刻划中园林围墙即为曲折形。① 从此点观察，该壁画不会早过北朝。在 323 号窟建初寺壁画中，寺院中间大殿的两侧有回廊，廊道在上述永宁寺和思远佛寺中均没有见到，但是在稍晚的邺南城遗址赵彭城佛寺遗址中可以见到。② 另外，赵彭城佛寺开始出现多院落，一般认为其是古代佛寺从单院落向隋唐多院落佛寺过渡的考古实例。③

下面我们再来分析壁画建初寺中塔和殿的位置问题。壁画建初寺以殿为中心，塔在殿的右前侧。前述思远浮图、永宁寺，以及赵彭城佛寺，均是塔为寺院院落的中心，塔的后面有殿，这与壁画建初寺的塔殿位置关系明显不同。壁画建初寺的塔被移到殿的右前方，但是在殿的左前方没有对称的塔，这是一个偏于一侧的单塔。《大慈恩寺三藏法师传》卷七记大慈恩寺的建造：

> （永徽）三年（652）春三月，法师欲于寺端门之阳造石浮图，安置西域所将经像，其意恐人代不常，经本散失，兼防火难。浮图量高三十丈，拟显大国之崇基，为释迦之故迹。将欲营筑，附表闻奏。敕使中书舍人李义府报法师云："所营塔功大，恐难卒成，宜用砖造。亦不愿师辛苦，今以敕大内东宫、掖庭等七宫亡人衣物助师，足得成办。"于是用砖，仍改就西院。其塔基面各一百四十尺，仿西域制度，不循此旧式也。塔有五级，并相轮、霜盘凡高一百八十尺。层层中心皆有舍利，或一千、二千，凡一万余粒。上层以石为室。南面有两碑……时三藏亲负簣畚，担运砖石，首尾二周，功业斯毕。④

---

① 天水市博物馆：《天水市发现隋唐屏风石棺床墓》，《考古》1992 年第 1 期。
② 中国社会科学院考古研究所、河北省文物研究所邺城考古队：《河北临漳县邺城遗址赵彭城北朝佛寺 2010~2011 年的发掘》，《考古》2013 年第 12 期。
③ 何利群：《北朝至隋唐时期佛教寺院的考古学研究——以塔、殿、院关系的演变为中心》，中国古迹遗址保护协会石窟专业委员会、龙门石窟研究院编《石窟寺研究》第 1 辑，文物出版社，2010，第 180~196 页。
④ （唐）慧立、彦悰：《大慈恩寺三藏法师传》，孙毓棠、谢方点校，中华书局，2000，第 160~161 页。

宿白先生特别指出，这段文献"值得注意的是唐高宗即位之初，对玄奘慈恩寺设计的一项改变，对佛教寺院布局的东方化至关重要，即将自汉末以来，我国延用印度制度置浮图于佛寺主院的主要位置，即玄奘所拟的'于寺端门之阳'，高宗敕令'改就于西院'。此后中原地区修建的大型寺院，大多以佛殿为主，'塔庙'形制渐趋消失"。①

但是文献的记载表明，南方在东晋、刘宋时期均出现双塔。如长干寺出现双塔，见《高僧传》卷十三《竺慧达传》。湘宫寺出现双塔是因为宋明帝欲起十层塔，不可立，才不得不分为两刹，各为五层。② 北朝双塔的出现是在北魏孝文帝时期。③ 如单从此观察壁画建初寺殿与塔的配置关系，或可推断其反映的时代在南北朝时期。

如果要对壁画建初寺断代，《高僧传》与《出三藏记集》中关于建初寺的建立，均是将建塔作为标志，这一方面说明两个文献更接近于北魏（梁）前后的情况，因为永宁寺、思远浮图等均是以塔为中心。另一方面也说明，壁画建初寺要晚于《高僧传》和《出三藏记集》文字反映的年代。

综上，笔者认为，敦煌莫高窟 323 号窟壁画中的建初寺当是描述了南北朝晚期的寺院情况，而这也与前述壁画内容与历史文献的记载相吻合。也就是说，敦煌莫高窟 323 号窟尽管为唐代窟，但是其壁画内容所据或许来自南北朝时期。

六　余言：图像如何成为史料

本文从敦煌莫高窟 323 号窟中《康僧会感圣得舍利》的佛教史迹故事画出发，重点关注故事发生的地点建业及故事中的主要内容感圣得舍利和壁画建初寺。经过初步的分析，笔者认为作为故事背景的建业城在壁画中几乎没有表示，但是作为故事主要内容的感圣得舍利、营建建初寺等均与历史文献、僧传以及考古发现的实物遗存，有或多或少的关联。通过比

---

① 宿白：《试论唐代长安佛教寺院的等级问题》，原载《文物》2009 年第 1 期，后收入其著《魏晋南北朝唐宋考古文稿辑丛》，文物出版社，2011，第 258 页。

② 宿白：《东汉魏晋南北朝佛寺布局初探》，原载《庆祝邓广铭教授九十华诞论文集》，后收入氏著《魏晋南北朝唐宋考古文稿辑丛》，第 230~247 页。

③ 李裕群：《佛教寺院的类型、空间布局及其图像》，郎保利主编《而立集：山西大学考古专业成立 30 周年纪念文集》，科学出版社，2009，第 271~332 页。

较，笔者认为 323 号窟中和康僧会有关的佛教史迹故事画更多的与南朝的文献相关联，与北朝和石窟壁画绘制时代唐朝关联不大。壁画的内容、寺院布局、塔殿的位置等，也都说明该壁画基本上反映的是南北朝时期，或者稍晚的情况。这样，我们在利用该窟壁画时，除了要考虑该窟所处的时代分期为唐代，对于其内容等可以在某种程度上作为南北朝时期的材料来用。如此，这幅关于康僧会佛教史迹的故事画便成为我们研究六朝都城的史料了。

图像变成史料，需要面临许多复杂的问题，有时时间的演变线索和制度的实施与否，均存在比较复杂的情况。① 但无论如何，本文这样的思路或许可以算作对六朝都城研究考古实物资料缺乏的"突围"。能否突围成功，既要期待新的考古发现、考古材料的陆续公布，也期望在方法论上有更多选择。

（本文原载于《南京晓庄学院学报》2016 年第 3 期）

---

① 图像、图画研究方法可参考陈葆真《〈洛神赋图〉与中国古代故事画》，浙江大学出版社，2012。

宋初四大书编纂原因和宗旨新勘

巩本栋*

宋初文献编纂的规模很大。据宋敏求《春明退朝录》中的记载："太宗诏诸儒编故事一千卷，曰《太平总类》；文章一千卷，曰《文苑英华》；小说五百卷，曰《太平广记》；医方一千卷，曰《神医普救》。《总类》成，帝日览三卷，一年而读周，赐名曰《太平御览》。又诏翰林承旨苏公易简、道士韩德纯、僧赞宁集三教圣贤事迹，各五十卷。书成，命赞宁为首坐。其书不传。真宗诏诸儒编君臣事迹一千卷，曰《册府元龟》。不欲以后妃妇人等事厕其间，别纂《彤管懿范》七十卷。又命陈文僖公裒历代帝王文章为《宸章集》二十五卷，复集妇人文章为十五卷，亦世不传。"① 在宋初官修的这些著述中，又以《太平御览》、《太平广记》、《文苑英华》和《册府元龟》这四大书，最为后人重视，在中国文学和文化史上占有突出地位。对于这四部大书的编纂原因和宗旨，前人虽多有讨论，然修书以困老降臣之说既与事实不符，② 点缀升平，未必有何深意的说法又不免于率易，而稽古右文或文德致治之说亦失之于泛。③ 因此，其

---

* 巩本栋，南京大学文学院教授，博士生导师，2006～2007年任南京大学高研院第二期驻院学者。

① 宋敏求：《春明退朝录》，中华书局，1980，第46页。

② 如宋人王明清《挥麈后录》卷一引朱敦儒云："太平兴国中，诸降王死，其旧臣或宣怨言，太宗尽收用之，置之馆阁，使修群书。如《册府元龟》《文苑英华》《太平广记》之类，广其卷帙，厚其廪禄赡给，以役其心，多卒老于文字之间云。"（上海书店出版社，2001，第42页）南宋李心传已指出其与史实不符（见《旧闻正误》，中华书局，1981，第9页）。近人聂崇岐驳之尤力，参其《太平御览引得序》，见是书卷首，哈佛燕京学社，1935，第6～7页。

③ 如聂崇岐先生即谓："愚意以为太宗之敕修群书，不过与点缀升平欲获右文令主之名，其用南唐遗臣，亦仅以其文学优赡，初不必有何深意。"（《太平御览引得》，第7页）郭伯恭先生亦同意此说（参其《宋四大书考》，商务印书馆，1940，第3～4页）。周生杰博士认为："《御览》编纂的真正原因是与宋代'文德致治'的国策相一致的。"见其《太平御览研究》，巴蜀书社，2008，第79页。

间似仍有许多待发之覆。

一

《太平御览》是类书。类书的编纂，源于战国时期的抄撮之学，而始于三国魏文帝曹丕，时诏"诸儒撰集经传，随类相从"，① 编为《皇览》。古人读书，贵博而要。帝王政务繁多，读书撰文，无暇翻检，于是令人旁搜博览，汇集多种文献，择其精要，分类编排，以便观览。《皇览》的编纂，便是出于这种需要，由刘劭、缪袭、王象等人领衔编成。开卷有益，就中当然也有进德修业、治国理政的作用。

《皇览》分"四十余部，部有数十篇，通合八百余万字"。② 这四十余部的内容究竟如何，如何划分，因齐梁时屡经删节合并，至唐代又大半佚失，今天已难详知。然从今存《皇览》佚文如"逸礼""冢墓记"等类目来看，它的文献来源应是相当广泛的。其后流风所被，不管是奉敕所编之书，像南朝梁刘杳等编《寿光书苑》、徐勉等编《华林遍略》、北朝齐祖珽编《修文殿御览》、隋虞绰等编《长洲玉镜》、杜公瞻撰《编珠》、唐魏徵等编《群书治要》、欧阳询等编《艺文类聚》、高士廉等编《文思博要》、张昌宗等编《三教珠英》、徐坚等编《初学记》等，还是由个人所编的类书，如虞世南编《北堂书钞》、白居易编《白氏经史事类六帖》等，多是应帝王或士人读书撰文的需要而编，而且也大多是承《皇览》之例，以博为务。因为，以类事为主要特征的类书编纂，原是以为读书撰文提供丰富和便捷的材料为主要目的和功能的。③

宋太宗诏群臣编《太平御览》，也不例外。他对读书撰文的爱好，并不逊于前代的许多帝王。治政之外，凡观书有得、佳时节庆、君臣宴饮、行幸游赏、征讨凯旋等，他往往都会吟诗作赋。王应麟《玉海》载，宋真宗时整理太宗集，就有《御集》四十卷、《朱邸集》十卷、《文明政化》

---

① 《三国志》，中华书局，1982，第88页。

② 《三国志》，第664页。

③ 在古人看来，这些"捃摭方策，分别群类，列其部居，成乎伦要"的撰述，既可以"备于万乘之览，藏之秘室之府"，又足以"俾肄业之儒，开卷而获益；临文之士，沿波而达源"（王钦若等编《册府元龟》，凤凰出版社，2006，第6995页）。至于类书对诗文创作的具体影响，闻一多先生《类书与诗》、方师铎先生《传统文学与类书之关系》等著作，皆有所论述，可以参阅。

十卷、《逍遥咏》十卷、《莲花心轮回文偈颂》二十五卷、《回文诗》四卷、《君臣赓载集》三十卷、《九弦琴谱》二十卷等十九种二百一十八卷。① 其作品和撰述数量在两宋帝王中仅次于宋真宗。所以，他"阅前代类书，门目纷杂，失其伦次，遂诏修（《太平御览》）"，② 书成后，日读三卷，一年读周。其编纂首先也是出于其自身读书撰文的需要。这一点不容忽略。

然而，此书的编纂用意又不限于此，就中还有崇儒重文、以裨治道的目的。

这要从宋太祖说起。李焘《续资治通鉴长编》乾德四年五月记载，宋太祖虽起于介胄之中，然"性严重寡言，独喜观书，虽在军中，手不释卷。闻人间有奇书，不吝千金购之。显德中，从世宗平淮甸，或潜上于世宗曰：'赵某下寿州，私所载凡数车，皆重货也。'世宗遣使验之。尽发笼箧，唯书数千卷，无他物。世宗亟召上，谕曰：'卿方为朕作将帅，辟封疆，当务坚甲利兵，何用书为？'上顿首曰：'臣无奇谋上赞圣德，滥膺寄任，常恐不逮，所以聚书，欲广见闻，增智虑也。'世宗曰：'善！'"③ 从此事的记载看，太祖读书、聚书的目的很明显，那就是要"广见闻，增智虑"，其在政治上所表现出的远大志向，实已超越凡俗，不可限量。

太祖黄袍加身之后，首用判太常寺窦俨之言，重修禘享宴会之乐，继命大礼使范质讲求礼乐仪制，命刘温叟、李昉等复定《开元礼》，薛居正等修《五代史》，开始进行全面的礼乐文化建设。而太祖自己好聚书、读书的习惯也有增无减。平西蜀，征南唐，他都命专人收罗其书籍舆图，以充三馆。听政之余，他常常派人从史馆中取书，并劝赵普读书，明确提出："宰相须用读书人。"④ 又说："帝王之子，当务读经书，知治乱之大体。"而且要求"今之武臣，亦当使其读经书，欲其知为治之道也"。⑤ 从

---

① 王应麟：《玉海》卷二十八《圣文门·御集类》，"祥符太宗御书、君臣赓载集、朱邸集、文明政化"条［《景印文渊阁四库全书》（以下简称《四库全书》），台湾商务印书馆，1985，第944册，第673页］。其诗文今存者，《全宋诗》卷二十二至三十九编为十八卷，《全宋文》卷六十至七十四编为十五卷。

② 李昉等编《太平御览》，中华书局影印宋刊本，1960，第3页。

③ 李焘：《续资治通鉴长编》，中华书局，2004，第171页。又，《宋史·太祖本纪》亦谓其"好读书""重儒者"（《宋史》卷三，中华书局，1985，第50页）。

④ 李焘：《续资治通鉴长编》，第171页。

⑤ 司马光：《涑水纪闻》，中华书局，1989，第20、15页。

上述一系列修订礼乐制度、搜罗书籍舆图、倡导尊孔读经的措施中所表现出的，已不仅仅是一种个人的爱好和读书的需要了，它与当日朝廷所采取的其他措施一样，都体现出一种鲜明的崇儒重文的思想政治导向。这对于整个有宋一代文化昌盛局面的形成，对于杜绝唐末五代以来将帅擅权乃至与朝廷分庭抗礼现象的再次出现，起了十分重要的作用。

宋太宗的喜爱读书，更超过太祖。史载其"性嗜学，宣祖总兵淮南，破州县，财物悉不取，第求古书遗帝，恒饬厉之。帝由是工文业，多艺能"。① 在崇儒重文风气的提倡上，宋太宗与太祖是一致的。他曾命臣下广收图书，三馆之外复置秘阁，并谓："夫教化之本，治乱之源，苟无书籍，何以取法？"② 又明确提出："王者虽以武功克敌，终须以文德致治。朕每日退朝，不废观书，意欲酌先王成败而行之，以尽损益也。"③ 因此，他即位不久后就开始了大规模的图书修纂工作。他诏李昉等先后编《太平御览》、《太平广记》和《文苑英华》，诏陈鄂等详定《玉篇》《切韵》，命徐铉等校订《说文》，令医官集《太平圣惠方》，等等，都表现出明显的崇儒重文倾向。因而史载太宗诏群臣编《太平御览》，不过是因为其"阅前代类书，门目纷杂，失其伦次，遂诏修此书"；编《文苑英华》，是因为"诸家文集其数至繁，各擅所长，蓁芜相间"。④ 然而从宋初文献编纂和文化建设的大背景来看，《太平御览》等书的编纂，不仅是缘于他对文学的极大兴趣和爱好，就中更含有一种读书以有益治道的自觉意识，充分体现了自太祖以来朝廷崇儒重文的国策和思想政治倾向，它是宋廷崇儒重文政策的一部分。⑤ 所以，书既编成，因其"包罗万象，总括群书"，一方面可为诗文写作提供丰富的材料；另一方面又可"广见闻，增智虑"，"可资风教"，"以示劝戒"。⑥ 其作用是多方面的，影响亦极其深远。

《文苑英华》编纂的原因与《太平御览》略同。宋太宗既喜爱文学，

---

① 《宋史》卷四《太宗本纪》，第 53 页。
② 李焘：《续资治通鉴长编》，第 571 页。
③ 李攸：《宋朝事实》卷三《圣学》，《四库全书》，台湾商务印书馆，1984，第 608 册，第 30 页。
④ 王应麟：《玉海》，《四库全书》第 944 册，第 442 页。
⑤ 所谓崇儒重文，主要指的是对以儒家为中心的礼乐制度和知识、思想文化体系建设的重视，但并不意味着对佛、道思想的排斥，观宋太宗命僧人译经、编书、修建寺观，并撰写大量有关佛、道的诗文可知。
⑥ 李昉等编《太平御览》，第 3 页。

于类事之书外，又诏群臣编纂诗文总集《文苑英华》是很自然的。此书的编纂，自太平兴国七年（982）九月下诏（时《太平御览》尚未最后成书），雍熙三年（986）十二月编成，用时四年有余。全书一千卷，上继萧统《文选》，以类分之，收入自南朝梁至五代的作家近两千位，作品约两万首。其中，隋唐五代的作品占了绝大多数。从文献来源看，《太平御览》《太平广记》引书多属于经、史、子三部，《文苑英华》则取材前代文集，三者合观，构成一个较为完整的知识体系。尤为难得的是，宋初书籍罕见，有些作家的文集"印本绝少。虽韩、柳、元、白之文，尚未甚传。其他如陈子昂、张说、九龄、李翱等诸名士文集，世尤罕见。修书官于宗元、居易、权德舆、李商隐、顾云、罗隐辈，或全卷收入"。① 于是，许多作家的诗文赖此以传。《文苑英华》的文体分类，虽上承《文选》，大致分赋、诗、歌行、杂文等三十八类，然已有了新的发展和变化，且每类之中，又依题材内容分出许多细目。如"赋"类一百五十卷，分"天象、岁时、地、帝德、京都、邑居、宫室"等四十四类，每类之中往往又细分若干小类。如"天象"之下，就又分出"日、月、星、斗、天河、云、风、雨、露"等二十四小类。这种编排方式，与《太平御览》等书是一致的，即参照了类书的分类办法，虽不甚严密和合理，却反映了时人普遍的认识水平。而这种分类方式，在宋代各类文献的编纂中方兴未艾。②

二

《太平广记》一书，我们今天都视为笔记小说的渊海，这当然没有问题。然而，就其编纂的性质、体例来看，它与《太平御览》一样，仍应属于类书或专题性类书。北宋馆阁之臣编《崇文总目》时，已将二书同置于类书一类。③ 南宋郑樵、王应麟也都是把《太平广记》看作类书的。比如郑樵就说："《太平广记》者，乃《太平御览》别出《广记》一书，专记异事。"因其体例都是"博采群书，以类分门"。④ 自三国魏文帝曹丕"使

---

① 周必大：《文苑英华序》，《文苑英华》卷首，中华书局，1966，第 8~9 页。

② 关于此一问题，笔者另有《〈文苑英华〉的文体分类及意义》一文（《中山大学学报》2015 年第 6 期），此不赘述。

③ 王尧臣等编《崇文总目》卷六，《四库全书》第 674 册，第 72 页。

④ 郑樵：《通志》卷七十一《校雠略·泛释无义论》，《四库全书》第 374 册，第 489~490 页。

诸儒撰集经传，随类相从"，编为《皇览》，将不同典籍中的文献资料以类系事，分门汇纂，便成为后世类书编纂所依循的主要体例，虽然唐初欧阳询编《艺文类聚》兼取事、文，已有新创。《太平御览》全书分五十五大部类，五千四百多小类，上至天文，下至地理，人物事件、典章制度、神鬼灵异、僧道隐逸，乃至宫室器物、花鸟虫鱼，无所不包。《太平广记》亦然。全书分一百一十余大类，一百五十多小类，体例大致如《太平御览》，只是在具体材料的划分上，采取了以人系事的方法，这也是《太平广记》的一个创新。从其所分类别看，像"神仙、女仙、道术、方士、异人、异僧、报应、征应、定数、感应、幻术、妖妄、神鬼、夜叉、精怪、灵异、再生"等类别，占了全书的近三分之一，而这三分之一的类别，更占了全书五分之三以上的篇幅，我们说它是在以神道设教，似并不过分。因此，如果说《太平御览》是百科性类书的话，《太平广记》则是其书中神怪灵异类内容的扩展，是一部专题性的类书。

《太平御览》，是宋太宗于太平兴国二年三月下诏编纂的，距其即位不到半年。《太平广记》的编纂与其同时。据李焘《续资治通鉴长编》太平兴国二年三月戊寅注引《宋朝要录》："诏李昉、扈蒙等，以《御览》、《艺文类聚》、《文思博要》及前代类书，分门编为（《太平总类》）一千卷，野史、传记、故事、小说编为（《太平广记》）五百卷。"[1] 以前代类书门目纷杂，遂诏修《太平御览》，宋太宗的这一做法是可以理解的。然而，同时又以"野史、传记、故事、小说编为（《太平广记》）五百卷"，就似乎不太好理解了。因为，立国不久，即位之初，国之大事，何啻千百，太宗竟郑重其事地下诏令群臣编纂一部野史小说集，这就难怪言官要上书批评了，以至于不但此书甫一编成便被搁置起来，而且三年后"诏令镂版"，又因为"言者以为非学者所急，收墨板藏太清楼"，[2] 不得不再次束之高阁。那么，此事的动议，果真是宋太宗的偶发奇想、轻率下诏吗？显然不是。它与当日的政局有密切关系。

宋太祖与宋太宗的皇位授受，在历史上似乎永远是一个难解的谜。因为像太祖驾崩和太宗即位这样的大事，据李焘的考索，北宋《国史》《实录》竟然都不载，而王禹偁《建隆遗事》、司马光《涑水纪闻》、释文莹

---

① 李焘：《续资治通鉴长编》，第401页。
② 王应麟：《玉海》，《四库全书》第944册，第453页。

《湘山野录》、蔡惇《夔州直笔》等书所记，亦参差不明。李焘虽于诸书有取有舍，仍然不能不留下许多疑窦。① 正如邓广铭先生所指出的，"宋太祖夺后周的天下于孤儿寡妇之手，却不料他的天下也被别人在儿子、夫人的手中劫夺了去。当宋太祖开国之后，曾用尽心计，立定了许多防微杜渐的政策，却也不料'季孙之祸，不在颛臾，而在萧墙之内'。劫夺的人非他，即太祖的介弟赵光义，庙号称为太宗者是"。② 后人的这些看法是有理由的。

然太宗的劫夺，也有他相当的道理。太祖、太宗之母杜太后于太祖陈桥兵变、黄袍加身之初，就喜忧参半地说过："吾闻为君难，天子置身兆庶之上，若治得其道，则此位可尊；苟或失驭，求为匹夫不可得，是吾所以忧也。"③ 表现出对皇权能否稳固的担心。又据李焘《续资治通鉴长编》建隆二年六月甲午载，杜太后临终时曾告诫太祖，认为他之所以能做皇帝，"政由柴氏使幼儿主天下，群心不附故耳"，他日"当传位汝弟。四海至广，能立长君，社稷之福也"。④ 于是有所谓"金匮之盟"。这条材料虽然出自有疑点的《太祖实录》，然在很大程度上反映了当日的历史真实，那就是赵氏在"变家为国"、君临天下之际对皇权维持和承继的忧虑。关于皇权的稳固问题，在杜太后去世的次月，宋太祖就以杯酒释兵权的方式轻而易举地解决了；而皇位的继承问题，太祖既不曾立嗣，一旦辞世，解决皇位继承、稳定江山社稷的最好办法，在当时除了兄终弟及之外，似并无更好的方法。宋太宗的所作所为，在道义上虽难逃后人的谴责，然在客观上，却使宋初的政治局面得以稳固，赵宋王朝的统治得以延续，皇权更迭可能带来的动荡得以避免。

宋太宗之所以能兄终弟及而登大位，当然是做了许多准备和铺垫的，其中之一便是对道教的利用。李焘《续资治通鉴长编》卷十七宋太祖开宝九年（976）十月据《国史·符瑞志》等载："初，有神降于盩厔县民张守真家，自言：'我天之尊神，号黑杀将军，玉帝之辅也。'守真每斋戒祈请，神必降室中，风肃然，声若婴儿，独守真能晓之，所言祸福多验。守真遂为道士。上（指太祖）不豫，驿召守真至阙下。壬子，命内侍王继恩

① 李焘：《续资治通鉴长编》，第 377~382 页。
② 《邓广铭治史丛稿》，北京大学出版社，1997，第 475 页。
③ 《宋史》卷二百四十二《后妃传上》，第 8607 页。
④ 李焘：《续资治通鉴长编》，第 46 页。

就建隆观设黄箓醮，令守真降神。神言：'天上宫阙已成，玉锁开。晋王有仁心。'言讫不复降。上闻其言，即夜召晋王，属以后事。"① 黑杀将军云云，当然不可信，必是宦官王继恩密奉太宗之命虚构出来的，以为太宗袭位制造舆论。至太平兴国六年（981）十一月，太宗又"诏封太平宫神为翊圣将军，从道士张守真之请也"，② 仍不过是宣扬灵异，掩人耳目。

皇权授受之际，太宗不但令人召来了张守真，而且利用了另一位名声更大的隐士陈抟。雍熙元年（984）十月，太宗诏见陈抟，并告诉宰相宋琪说，抟"在华山已四十余年，度其年当百岁。自言经五代乱离，幸天下承平，故来朝觐。与之语，甚可听"。宋琪等与之交谈，抟不言修道长生之事，却正色道："主上龙颜秀异，有天人之表，博达今古，深究治乱，真有道仁圣之主也。正是君臣协心同德，兴化致治之秋。勤行修炼，无出于此。""琪等表上其言，上益喜。甲申，赐抟号希夷先生，令有司增葺所止台观。"③ 其召来道士、隐逸的用意，显而易见，是为其树立威望、稳固地位服务的。

宋太宗位登大宝后，即大赦天下，诏告臣民。宋人彭百川所编的《太平治迹统类》保存了这篇赦书的主要部分。其曰：

> 先皇帝勤劳启国，宵旰临朝，万机靡倦于躬亲，四海方成于开泰。念农民之疾苦，知战士之辛勤。氛祲尽平，生灵永逸。而寒暄或厉，寝疾弥留。方臻偃革之期，遽抱遗弓之叹。猥以大宝，付与冲人。宜覃在宥之恩，俾洽维新之泽。可大赦天下，常赦所不原者咸赦除之。令缘边禁戢戍卒，毋得侵扰外境。群臣有所论列，并许实封表疏以闻；必须面奏者，阁门使实时引对。
>
> 风化之本，孝弟为先。或不顺父兄，异居别籍者，御史台及所在纠察之。
>
> 先皇帝创业垂二十年，事为之防，曲为之制，纪律已定，物有其常。谨当遵承，不敢逾越。咨尔臣庶，宜体朕心。④

在即位诏书中特别提出"风化之本，孝弟为先"一点，潜台词无非兄

---

① 李焘：《续资治通鉴长编》，第377～378页。
② 李焘：《续资治通鉴长编》，第506页。
③ 李焘：《续资治通鉴长编》，第588页。
④ 彭百川编《太平治迹统类》卷二《太祖太宗授受之懿》，《四库全书》第408册，第45页。

终弟及，萧规曹随，他不会改变太祖以来的各项国策。对于"事为之防，曲为之制"的治国方略，宋太宗接下来只要恪守秉持即可。这种逆取顺守以稳定政局的需要，客观上使太宗在思想上与道家、道教似乎走得更近了。

比如，与大臣论为政，太宗就标举黄老无为之道，曰："清静致治，黄、老之深旨也。夫万务自有为以至于无为，无为之道，朕当力行之。至如汲黯卧治淮阳，宓子贱弹琴治单父，此皆行黄老之道也。"参知政事吕端等马上附和，说："国家若行黄老之道，以致升平，其效甚速。"① 再如谈到用兵，太宗又说："朕每议兴兵，皆不得已，古所谓王师如时雨，盖其义也。今亭障无事，但常修德以怀远，此则清静致治之道也。"② 此外，他还曾"诏史馆尽取天文、占候、谶纬、方术等书五千一十卷，（略）悉令藏于秘阁"，③ 以便观览。由此我们皆不难见出宋太宗在即位后，是怎样有意识地利用道家无为而治的观点来稳定政局和社会人心的。

所以，太宗执政之初就令人编《太平广记》，网罗前代神仙传记、野史小说，表面上说是"六籍既分，九流并起，皆得圣人之道，以尽万物之情"，既"博综群言"，又"不遗众善"，④ 实际上与其在政治上对道教的利用一样，是要通过对野史、故事、小说笔记的编纂，宣扬神怪灵异，来服务于其维护皇权的政治目的。

三

对崇儒重文的"祖宗家法"，宋真宗是恪守不移的。他曾对龙图阁直学士陈彭年说："朕每念太祖、太宗丕变衰俗，崇尚斯文，垂世教人，实有深意。朕谨遵圣训，绍继前烈，庶警学者。"⑤《册府元龟》的编纂，正是要上继太祖、太宗的既定国策，只不过他对"垂世教人"之旨的重视和强调，已远超太祖、太宗。

宋真宗即位后，曾下诏大规模刊印经史，认为"恶以戒世，善以劝

---

① 李焘：《续资治通鉴长编》，第758页。
② 李焘：《续资治通鉴长编》，第759页。
③ 李焘：《续资治通鉴长编》，第704页。
④ 李昉等编《太平广记》，中华书局，1961，第1页。
⑤ 李攸：《宋朝事实》卷三《圣学》，《四库全书》第608册，第31页。

后。善恶之事,《春秋》备载",① "君臣善恶,足为鉴戒"。② 体现出他对著书以示劝诫的重视。这种认识,在《册府元龟》的编纂中表现得更为明确和具体。宋真宗在《册府元龟序》中说道:

> 太宗皇帝始则编小说而成《广记》,纂百氏而著《御览》,集章句而制《文苑》,聚方书而撰《神医》。次复刊广疏于"九经",校阅疑于"三史",修古学于篆籀,总妙言于释老。洪猷丕显,能事毕陈。朕遹遵先志,肇振斯文,载命群儒,共司缀缉。粤自正统,至于闰位,君臣善迹,邦家美政,礼乐沿革,法令宽猛,官师论议,多士名行,靡不具载,用存典刑。凡勒成一千一百四门,门有小序,述其指归;分为三十一部,部有总序,言其经制。凡一千卷。③

宋太宗时编书,主要表现出一种崇儒重文的思想政治导向,其益治政、资风教、示劝诫或某种特别的政治意图,虽蕴含其中,然并未特别强调,而宋真宗就不同了。此前,他曾一再提醒编修官,应"以惩劝为本",而批评篇序的撰写,"援据经史,颇尽体要,而诫劝之理,有所未尽也"。④这里又明确提出,编纂《历代君臣事迹》的宗旨,就是要劝善惩恶,"用存典刑"。其用意很明显,所谓劝惩,是要通过对历代君臣事迹的搜讨、编录,从中汲取治国理政可资借鉴的经验,总结和传承前代的礼乐文物、典章制度中合理的因素,参酌圣贤名儒的鸿篇大论,表彰、仿效其嘉言善行。总之,是要有益于社会人心和宋王朝的长治久安。

宋真宗这样做,源于《群书治要》的影响,而又直接受到田锡的启发。⑤

唐太宗于贞观初年诏魏徵等人编纂《群书治要》,其宗旨就是要从前代历史的兴衰中吸取经验和教训,惩恶扬善,以为治国理政的借鉴和示人劝诫。魏徵在所撰序中,不满意前代类书"竞采浮艳之词,争驰迂诞之说,骋末学之传闻,饰雕虫之小伎,流荡忘反,殊途同致"的做法,而主

---

① 李焘:《续资治通鉴长编》,第 1248 页。
② 李焘:《续资治通鉴长编》,第 1333 页。
③ 王应麟:《玉海》,《四库全书》第 944 册,第 455 页。
④ 王应麟:《玉海》,《四库全书》第 944 册,第 455 页。
⑤ 见台湾学者方师铎先生《传统文学与类书之关系》一书,其书第六章"论类事"中已谈道:《册府元龟》"可能是从田锡所编的《咸平御览》和《咸平御屏风》上头得来的灵感"(天津古籍出版社,1986,第 213 页)。惜未深论。

张"蔚截淫放，光昭训典"，古之贤君忠臣、懿后良妃、贤士大夫"立德立言，作训垂范，为纲为纪，经天纬地，金声玉振，腾实飞英，雅论徽猷，嘉言美事，可以弘奖名教，崇太平之基者，固亦片善不遗，将以丕显皇极"，而无道之君、大奸巨猾、倾城哲妇，亦"时有所存，以备劝戒"。这一编纂思想对真宗编《册府元龟》时强调劝诫之旨，有直接的影响。可以说宋真宗区别善恶、"用存典刑"的编纂宗旨，与唐太宗所看重的"弘奖名教""作训垂范"，是一脉相承的。此外，值得注意的是，魏徵不但反对前人所编类书的博而寡要、迂诞浮艳，而且认为其体例上的割裂材料、分类系事也是不可取的。他说："《皇览》《遍略》，随方类聚，名目互显，首尾淆乱，文义断绝，寻究为难。今之所撰，异乎先作。总立新名，各全旧体。欲令见本知末，原始要终，并弃彼春华，采兹秋实。"① 这对后之类书的编纂也产生了积极的影响。

《册府元龟》的编纂又与田锡有直接关系。宋真宗咸平四年（1001），从知泰州任上回到京城的田锡，召对言事，批评《太平御览》的编纂，"但记分门事类"，于治道无益。田锡自言正在重修一部三百六十卷的《御览》，载治乱兴衰之事，可供真宗日览一卷，一年读完。同时，他还准备"采经史要切之言，为《御屏风》十卷"，② 立于真宗座右。关于这两部书的编纂宗旨，田锡在《御览序》中有进一步说明。他说："臣每读书，思以所得上补达聪。可以铭于坐隅者，书于御屏；可以用于帝道者，录为《御览》。经取帝王易晓之意，史取帝王可行之事，子或总于杂录，集或附之逐篇。悉求切当之言，用达精详之理，俾功业可与尧舜等，而生灵亦使跻仁寿之域。臣区区之忠，不胜大愿。"③ 在《御屏风序》中，他又说："（唐）宪宗采汉史、三国以来经济要事，撰书十四篇，曰《前代君臣事迹》，书之屏风。臣每览经史子集，因取其语要，总一卷，辄用进献，可

---

① 魏徵：《群书治要序》，《群书治要》卷首，阮元辑《宛委别藏》本，江苏古籍出版社，1988，第73册，第1~3页。是书中土久佚，今之所见皆清嘉庆年间自日本回流之本，然其佚失的时间当在宋以后。两《唐书》和《唐会要》皆著录此书，尤其是《册府元龟》卷六百七《学校部·撰集》全录魏徵书序，并谓："魏徵为秘书监，贞观五年，撰《群书治要》奏之。今采其序例，以明述作之意。"（王钦若等编《册府元龟》卷六百七，第6999页）南宋郑樵《通志》卷六十六亦著录是书，然至元人修《宋史》时著录此书已仅有十卷，并注云："秘阁所录。"此后便逐渐湮没不闻了。

② 李焘：《续资治通鉴长编》，第1065~1066页。

③ 王偁：《东都事略》卷三十九《田锡传》引，《四库全书》第382册，第253~254页。

书于屏，置之御坐之右焉。"① 田锡生平"鲠介寡合，严恭好礼"，"慕魏徵、李绛之为人"，② 于太宗、真宗两朝，最为诤臣。魏徵编有《群书治要》，而李绛受魏徵影响，则编过《前代君臣事迹》。田锡不满意《太平御览》的分类系事，泛无所归，要从经史子集四部书中，采其精要，编为《御览》，供真宗披览，期望甚高。这既是他一贯的忠鲠风格，也直接受到魏徵和唐宪宗时编《前代君臣事迹》的影响。虽然田锡两年后就去世了，《御览》终未完成，但田锡的做法却得到了宋真宗的赞赏和支持。观宋真宗于田锡去世后不久即下诏编《历代君臣事迹》，就是受到田锡多次奏请编书的启示，并采纳了田锡的编纂意见的缘故。

正是基于对惩劝宗旨的强调，宋真宗对《册府元龟》的编纂表现出异乎寻常的重视，甚至可以说他自始至终地主持了此书的编纂。他不但选择当时颇负声望的王钦若、杨亿等人具体负责编修此书，给予他们极为优厚的生活待遇，而且从编修原则到具体材料的去取，他都一一过问。编纂之初，他先"令（钱）惟演等各撰篇目，送钦若暨亿参详。钦若等又自撰集上进。诏用钦若等所撰为定，有未尽者奉旨增之"。③ 此后又多次察看诸臣所修书稿，"遍阅门类，询其次序。王钦若、杨亿悉以条对。有伦理未当者，立命改之。谓侍臣曰：'朕此书盖欲著历代事实，为将来典法，使开卷者动有资益也。'"④且一再强调："编修君臣事迹官，皆出遴选。朕于此书，匪独听政之暇，资于披览，亦乃区别善恶，垂之后世，俾君臣父子有所监戒。"并下令"起今后，自初修官至杨亿，各依新式，递相检视，内有脱误，门目不类，年代、帝号失次者，并署历，仍书逐人名下，随卷奏知。异时比较功程，等第酬奖，庶分勤惰"。⑤ 从中皆可见其编纂宗旨和对此书的重视。

惩恶劝善、垂世教人的宗旨，决定了在史料的选择上，必是重经史而排斥异端小说。洪迈《容斋随笔》卷十一"《册府元龟》"条，载杨亿上书言：

---

① 王偁：《东都事略》卷三十九《田锡传》引，《四库全书》第 382 册，第 254 页。此文《全宋文》失收。
② 李焘：《续资治通鉴长编》，第 1220 页。
③ 李焘：《续资治通鉴长编》，第 1367 页。
④ 李焘：《续资治通鉴长编》，第 1394 页。
⑤ 李焘：《续资治通鉴长编》，第 1509 页。

近代臣僚自述扬历之事，如李德裕《文武两朝献替记》、李石《开成承诏录》、韩偓《金銮密记》之类，又有子孙追述先德叙家世，如李繁《邺侯传》、《柳氏序训》、《魏公家传》之类，或隐己之恶，或攘人之善，并多溢美，故匪信书。并僭伪诸国，各有著撰，如伪《吴录》、《孟知祥实录》之类，自矜本国，事或近诬。其上件书，并欲不取。余有《三十国春秋》、《河洛记》、《壶关录》之类，多是正史已有；《秦记》、《燕书》之类，出自伪邦；《殷芸小说》、《谈薮》之类，俱是诙谐小事；《河南志》、《邠志》、《平剡录》之类，多是故吏宾从述本府戎帅征伐之功，伤于烦碎；《西京杂记》、《明皇杂录》，事多语怪；《奉天录》尤是虚词。尽议采收，恐成芜秽。① （此书）止以《国语》、《战国策》、《管（子）》、《孟（子）》、《韩子》、《淮南子》、《晏子春秋》、《吕氏春秋》、《韩诗外传》与经史俱编。历代类书《修文殿御览》之类，采摭铨择。②

真宗对此十分赞同，并明确指示：“所编君臣事迹，盖欲垂为典法，异端小说，咸所不取。”③ 从这些话来看，《册府元龟》的编纂，显有纠正前朝类书编纂中材料使用博杂不实倾向的意味。

在具体的编纂过程中，宋真宗还时时秉持劝善惩恶的原则，提出意见，纠谬正误。他曾举出唐刘栖楚直言切谏的例子，认为不应以史载其为奸相李逢吉党羽，便轻易地否定这一历史人物。“今所修君臣事迹，尤宜区别善恶，有前代褒贬不当如此类者，宜析理论之，以资世教。”④ 馆臣即遵照其旨意，将刘栖楚直谏事收入《册府元龟》卷五百四十八《谏诤部·强谏门》。又曾谓编修官，书稿《崇释教门》中，“有布发于地，令僧践之，及自剃僧头以徼福利，此乃失道惑溺之甚者，可并刊之”。⑤ 还以手札示编修官，曰：“（三国魏）张杨为大司马，下人谋反，辄原不问，乃属之《仁爱门》。此甚不可者。且将帅之体，与牧宰不同，宣威禁暴，以刑

---

① 洪迈：《容斋随笔》，上海古籍出版社，1978，第742～743页。此段文字，原作编修官上言，据王应麟《玉海》卷五十四《艺文门·承诏撰述·类书类》“景德《册府元龟》”条，应为杨亿。

② 王应麟：《玉海》，《四库全书》第944册，第454页。

③ 王应麟：《玉海》，《四库全书》第944册，第455页。

④ 李焘：《续资治通鉴长编》，第1452页。

⑤ 李焘：《续资治通鉴长编》，第1504页。

止杀。今凶谋发觉，对之涕泣，愈非将帅之事。春秋息侯伐郑，大败。君子以为不察有罪，宜其丧师。今张杨无威刑，反者不问，是不察有罪也。可即商度改定之。"① 今书中《仁爱门》即不载此事。

正如王钦若所说，在此书的编纂过程中，"自缵集此书，发凡起例，类事分门，皆上禀圣意，授之群官。间有凝滞，皆答陈论"，"每烦乙夜之览观，率自清衷而裁定"。② 宋真宗确为《册府元龟》的编纂花费了不少精力。所以，他很看重此书，书编成后不久就下令制版，并先后赐予辅臣和御史台。其间的用意，当然不只是为了"御览"了，就中更有要为政治服务的目的。

总之，笔者以为，宋初四大书的编纂，《太平御览》原是出于宋太宗读书撰文的需要而编，同时也是自宋太祖以来实行崇儒重文政策的组成部分。《文苑英华》的编纂略同于《太平御览》。《太平广记》的编纂，则与宋太祖、太宗授受之际的政局有很大的关系，蕴含着其利用道教以强调政权合法性、稳固政权的用意和苦心。《册府元龟》的编纂则不同于前三书，它实是受田锡的启示，师法《群书治要》，以扬善惩恶、"用存典刑"为宗旨，具有纠正太宗朝图书编纂或失于博杂的意味。

（本文原载于《文艺研究》2016 年第 4 期）

---

① 李焘：《续资治通鉴长编》，第 1670 页。
② 王应麟：《玉海》，《四库全书》第 944 册，第 455 页。

"多文之谓儒"

——以《原教》篇为中心看朱彝尊之"文章尔雅"

张宗友[*]

在中国古代文化史上，不难找到以醇雅之风见长的文人，但清初朱彝尊的"文章尔雅""宅心和厚"，特别受到同时大儒顾炎武的钦羡与推重，[①] 这无疑是非常令人瞩目的。作为学林领袖，顾炎武绝非无的放矢。那么，何以朱彝尊能透显出如此独特的儒雅气质？在朱彝尊个人乃至清初的学术转型中，他融炼了怎样的文道观？

如所周知，在文学盛名之外，朱彝尊还以学术著称。朱彝尊曾参与《通志堂经解》等经学文献之整理；所著《经义考》三百卷，系"二千年来经部群籍之总汇"，[②] 集经学目录之大成，在经学、史学两大领域，均称鸿构。朱氏应征鸿博，与修《明史》，所撰《日下旧闻》《禾录》《两淮盐策志》等史著，以及《词综》《明诗综》等文学总集，均称巨制。应当说，学界对朱彝尊的研究，已经取得了不少实绩，尤其是在文学成就及思想等方面的研究，已颇为深入；相较而言，在其经学、史学之贡献与思想等方面的研究，还稍显薄弱。同时应看到，既有研究中还存在某些缺陷或不足。譬如，研究者很少能将朱彝尊的文学或经史成就，同其生平事行结合起来予以察照，从而缺少对其"儒"与"文"贯通浃洽的范型把握，缺乏应有的思想深度。

朱彝尊身为前明显宦之后，亲历易代之变，少负抗清之志，后应鸿博之征，终老于归田园居、文献著述。从抗清志士到翰林检讨，在身份转变的背后，一定有着思想上的艰难转变与自我度越；这一思想转变也决定了

---

[*] 张宗友，南京大学文学院副教授，2017~2018 年任南京大学高研院第十三期驻院学者。

① 顾氏《亭林文集》卷六《广师》篇云："文章尔雅，宅心和厚，吾不如朱锡鬯。"顾炎武：《顾亭林诗文集》，华忱之点校，中华书局，1983，第 134 页。

② 陈鸿森：《〈经义考〉札移》，《经学研究集刊》2008 年第 5 期，第 101 页。

其后的学术抱负与文学经略。考察这一转变的发生与定型，应能有效地诠释朱彝尊将经学人生与文学人生融炼而成的时代典范。

一 圣人之道的生成与传承

如果细绎朱彝尊的生平事行与学术文章，那么，朱氏的思想转变与学术理念，实际上有其内在轨迹可供追寻。要而言之，朱彝尊思想转变的内在理路，实凝结于《原教》一篇；要全面理解朱彝尊的学术思想、人生取径，绝不能忽略对该篇理论建构的绎读与理解。

《曝书亭集》中有三篇以"原"命名的论文，《原教》篇居其首。该篇首云：

> 始为三教之说者谁与？其小人而无忌惮者与？生民之初，草衣而血食，露处而野合。圣人者出，教之田里，教之树畜。养生之本既具，然后修道以明之。其理身心性命，其治家国天下，其端礼乐刑政，其文《易》《诗》《书》《礼》《春秋》。盖自庖牺氏作，而伊耆、轩辕、尧、舜、禹、汤、文、武、周公、孔子，以数圣人损益之，而教已大备，初未尝有所不足，必待佛、老之说以济之也。①

《原教》篇旨，在正"教"之实，以儒为宗，弘扬儒教而摒弃佛、老，上述讨论即其核心。由此，朱彝尊构建了儒教生成与传承的内在逻辑与历史谱系，突出了圣人对创立儒教、传承儒家之道的重要作用，《易》《诗》《书》《礼》《春秋》等经典的文化价值即在这一理论建构中得以彰显。这一围绕儒教生成与传承而展开的理论阐发，是朱彝尊学术思想得以形成的基石，是解读其学术抱负与中岁以后人生取径的关键。

在朱彝尊构建的理论框架内，圣人对儒教的生成与传承起决定性作用。儒教（圣人之教）有两个层级。首先是养生之教，途径是"教之田里，教之树畜"，功用在于使先民（生民）能具"养生之本"，族群由是得以生存，人类由是得以繁衍。其次是文明之教，取径是"修道以明"，功用在于使先民（生民）在圣人之道的教化下，脱离蒙昧，走向文明。圣

---

① 朱彝尊：《曝书亭集》卷五十八，清康熙原刻本。

人之道即儒家之道，是教化之道、化成人文之道，乃儒教之核心，体现为身心性命之理、家国天下之治、礼乐刑政之端、儒家经典之文。如将此论置诸儒学视野内加以审视，则其意义尤为明显。盖身心性命之理，既为"道"之体现，则昔贤言心、言性之学（如宋明理学、心学），均不出圣人之道的范围。家国天下之治，亦为"道"之体现，则凡认可、接纳、践履圣人之道，按儒家教化原则与规范施行治政、教养士民者，即处于儒家可接纳之范围，而不必拘于究系何家（大夫）、何国（诸侯）、何姓（天子）之治。① 推而论之，对儒教之践履与文化认同，实高于一家一姓之朝代更替。圣人之道，并非托于空言，故家国天下之治，必措诸礼乐刑政（指具体的礼乐制度与施政措施），礼乐刑政因此也寄寓、体现了圣人之道。

　　对朱彝尊的经学人生与文学人生影响更切的，是其关于圣人之道，"其文《易》《诗》《书》《礼》《春秋》"之揭示。"文"既是"道"之文，经典（五经）为圣人之道之体现，故道在经典（五经）；经典既寓圣人之道，即为载道之具。② 如所周知，作为先民历史经验、生存智慧、思想情感之结晶与记录，《易》《诗》《书》《礼》《春秋》（及《乐》）等经典系上古王官之学的核心典籍，为春秋以降诸子百家共同的文化与学术资源。儒家表彰经典尤力，认为其中寓有圣人微言大义，乃内圣外王之道之依归。汉武帝时构建与郡县制大一统帝国相适应的新王官之学，儒学得以独尊，五经（《乐》佚）之解释权遂操于儒家之手。从儒学的发展来看，儒家经典系统由五经渐次扩展到十三经，汉唐诸儒之训诂考据备受重视；至宋儒标榜道学，表彰四书，直接五经，遂成"四书五经"系统；经过元明科举系统的强化，以宋儒为主的经学阐释，得以成为官定之标准。结合清初反思理学（尤其是王学末流）之弊的思潮，可知朱彝尊越过了以宋儒阐释为主的"四书五经"系统，重新回到十三经系统；复由十三经而上溯

---

① 《孟子·告子下》："子服尧之服，诵尧之言，行尧之行，是尧而已矣。"韩愈《原道》："孔子之作《春秋》也，诸侯用夷礼则夷之，进于中国则中国之。"

② 朱彝尊《道传录序》亦倡道在六经："宋元以来言道学者，必宗朱子。朱子之学，源于二程子。先二程子言学者，为周子。于是论者尊之，谓直接孟子，是为道统之正。毋论汉唐诸儒不得列其列也，即七十子亲受学于孔子者，亦不与焉。故凡著书言道统者，辄断自周子始。饮流或忘其源，知末而不揣其本，吾尝未慊于中也。且夫圣人之道，著在六经，是岂一师之所能囊括者与？"（《曝书亭集》卷三十五）先秦常言六经，至汉多言五经，儒者或曰《乐经》亡佚，或曰《乐》本无经，但无论言及五经或六经，朱彝尊道寓经典之意则一。

至汉代五经，以为圣人之道在焉。朱彝尊在经典系统之间的跨越与回溯，体现出其对宋学系统的省思与反拨，及其回归汉学系统、直诣经典本原的学术努力。①

二　道在经典、文在经典

朱彝尊以治学勤勉、兼有众长而著名，"顾炎武、阎若璩皆极称之"；②嗜奇爱古，博通群籍，蔚然大家气象。《原教》一文所建构的儒教生成图景与圣人之道的传承谱系，系朱彝尊长期思考、艰苦探索之凝结，形成于长期研习经典、编纂文献、反思朝代更迭之痛、探索安身立命之道的历程之中。对儒家之教、圣人之道的默识体察，对道寓经典、经典载道的深切认同，对自身处境与文化使命的清醒认知，促使朱彝尊产生了思想上的重大转变，逐渐形成其治学旨趣与方法取径，其学术思想亦因此得以成形。

《原教》一文，标志着朱彝尊以"崇儒传道"为核心的学术思想与文化使命观的形成，奠定了其后治学趋向与人生取径的思想基础。朱彝尊在经学、史学、文学等领域的学术贡献，无不体现出"崇儒传道"的核心理念。如就经学而论，朱彝尊秉持道寓经典、回归经典（五经）的经学理念，其种种学术努力与贡献，都能在此思想框架下得到合理解释。朱彝尊务求本原之经学精神与经学实践，实可以"正经"二字概括之。③ "正"者，考正、辨正，正本清源；"经"者，经文、经解，经学源流。盖欲求圣人之道，须通圣人之经；欲通圣人之经，须正经典之文；欲正经典之文，须明圣人之传承谱系及经师之授受源流，发扬圣贤传道、弘道之精神。汉代因去古未远，经文最得其真，故尤须珍视；汉儒承先秦之学，师弟传授有自，其训诂考据，因此极要。朱彝尊考辨经文、传记之伪托、附

---

① 朱彝尊对经学的反思与回溯，何以至五经（汉代）而止？盖五经为旧王官之学之遗存，又为新王官之学的核心典籍；汉人去古未远，犹能训诂文字，发挥章句，得圣人（孔子）之大体；先秦儒家对经典之阐释，实已通过经师口耳相传，寓于训诂章句之中；经刘向、歆父子领校群书，秦火之后的五经文本首次得到完备之整理，成为后世考溯五经文字之依归。

② 《清国史》（嘉业堂抄本），中华书局，1993，第 827 页。

③ 钱谦益曰："诚欲正人心，必自反经始；诚欲反经，必自正经学始。"朱彝尊著，林庆彰等点校《经义考新校》，上海古籍出版社，2010，第 5390 页。

会，梳理孔孟弟子、门人之谱系，倡议立周公之后为世袭五经博士，[①] 乃至通考历代经学著述而成其《经义考》，都是为"正经"而做出的学术努力。由于经典为载道之具，因此，朱彝尊的经学思想是其学术思想中最重要的一个层面，为其史学、文学等领域的主张与实践提供了精神内核与理论依据。

在史学领域，朱彝尊保持了务求本原、实事求是的学术精神，置历史真实于首要位置，重视史料的搜集、鉴别与编纂，用以考史、存史。朱氏"客游南北，必橐载十三经、二十一史以自随"，[②] 重视金石碑刻，着意访古问遗，旨在将地下之文字、民间之传闻与纸上之材料相互印证；居晋期间尤其乐此不疲，目的是为实现其包括订正《旧五代史》在内的学术规划而做文献上的准备。《明史》开馆，朱彝尊七次上书总裁，要求明正体例，先行聚书，并就具体修史细节据理力争。如其第五书专论《道学传》之废立，有云：

> 传儒林者，自司马氏、班氏以来，史家循而不改。逮宋王偁撰《东都事略》，更名儒学，而以周、张、二程子入之。元修《宋史》，始以儒林、道学析而为两，言经术者入之儒林，言性理者别之为道学；又以同乎洛闽者进之道学，异者置之儒林。其意若以经术为粗而性理为密，朱子为正学而杨、陆为歧途，默寓轩轾，进退予夺之权，比于《春秋》之义。然六经者，治世之大法，致君尧、舜之术，不外是焉。学者从而修明之，传心之要，会极之理，范围曲成之道，未尝不备，故儒林足以包道学，道学不可以统儒林。夫多文之谓儒，特立之谓儒，以道得民之谓儒，区别古今之谓儒，通天地人之谓儒：儒之为义大矣，非有逊让于道学也。[③]

宋儒标榜道学，欲跨越汉唐诸儒之训诂考据，直承圣人之道，故有《道学传》之立；朱彝尊则跨越宋儒，回到汉学系统，主张仅立《儒林传》。其学理依据即在于，经典（六经）寓圣人之道，乃"治世之大法，

---

① 朱彝尊：《曝书亭集》卷三十三《上山东巡抚张公书》。
② 陈廷敬：《皇清敕授征仕郎日讲官起居注翰林院检讨竹垞朱公墓志铭》，朱彝尊：《曝书亭集》，附录。
③ 朱彝尊：《曝书亭集》卷三十二《史馆上总裁第五书》。

致君尧、舜之术",而儒者足以"修明"之;"儒之为义大矣",道学即包含于儒林,自然无须别立,画蛇添足。朱彝尊上述见解,是其学术思想(尤其是经学思想)在史书修纂上的投射,堪称显例。《明史》不设《道学传》,足证学术风气之转移,朱氏实与有力焉。

值得注意的是,朱彝尊在此对"儒"的概念做了会通性的解释,其理据均有渊源可溯,充分体现其博雅精诣之学者本色。"多文"乃与"少文"相对,指文学、文化素养。例如楼钥《大理少卿许及之权礼部侍郎》中云:"具官某,才兼数器,识综九流。盖以多文之儒,务为有用之学。方弹冠之伊始,已脱颖而不凡。禁闼拾遗,得真谏官之誉;藩方作牧,有古良将之风。"① "特立",指过人之才学、风度。《汉书·元帝纪》:建昭四年,"夏四月,诏曰:……惟烝庶之失业,临遣谏大夫博士赏等二十一人循行天下,存问耆老、鳏寡、孤独、乏困、失职之人,举茂材特立之士"。"以道得民",见《周礼·天官》,太宰"以九两系邦国之民",其四曰儒,"以道得民"。"区别古今",李贤注《后汉书·杜林传》"(林)博洽多闻,时号通儒",引《风俗通》曰:"儒者,区也,言其区别古今。居则玩圣哲之词,动则行典籍之道,稽先王之制,立当时之事,此通儒也。若能纳而不能出,能言而不能行,讲诵而已,无能往来,此俗儒也。"所谓"通天地人曰儒",见《扬子法言·君子卷第十二》:"通天地人曰儒,通天地而不通人曰伎。"以上各得"儒"之一端,朱彝尊则会而通之。故其理想中的"儒",既能区别古今,会通天地人,又具文学才能,风度特立,是用圣人之道教民的文儒②、通儒。朱彝尊如此申论,不仅为儒林立传树立了高标,也是其本人以文儒、通儒自期的体现,可以视作其对以传承圣人之道、弘扬儒家教化为己任的进一步发挥。

朱彝尊"多文之谓儒"的理念也投射于文学领域,倡论经典乃文学之源:"是则六经者,文之源也,足以尽天下之情、之辞、之政、之心,不入于虚伪而归于有用。"③ 此处"文"字不限于"古文",当作"文学"来理解,从而彰显出朱彝尊宗经重道的文学思想。具体到诗、词、古文等领域,朱彝尊各有精微之发挥。

---

① 楼钥:《攻媿集》卷三十九,清武英殿聚珍版丛书本。
② "文儒"一词,出现于盛唐,意为"儒学博通及文词秀逸"者。参葛晓音《盛唐"文儒"的形成和复古思潮的滥觞》,《文学遗产》1998年第6期,第30页。
③ 朱彝尊:《曝书亭集》卷三十三《答胡司臬书》。

"诗篇虽小技，其源本经史。"① 于诗学而言，朱彝尊以《诗经》为典范，发挥"言志"之说，倡导儒家诗教将美刺功能与文学必"出于不可已"的感发力牢牢地连在一起："《书》曰：'诗言志。'《记》曰：'志之所至，诗亦至焉。'古之君子，其欢愉悲愤之思感于中，发之为诗。今所存三百五篇，有美有刺，皆诗之不可已者也。夫惟出于不可已，故好色而不淫，怨悱而不乱，言之者无罪，闻之者足以戒。后之君子诵之，世治之污隆，政事之得失，皆可考见。故不学者，比之'墙面'；学者，斯'授之以政，使于四方'。盖诗之为教如此。"② 在经学的框架下，朱彝尊对文学情感之源的强调是相当恳挚的："诗以言志者也。中有欲言，纵吾意言之。连章累牍，而不厌其多。无可言，则经年逾月，置勿作焉也可。诗三百有五，为嘉、为美、为规、为刺、为诲、为戒，皆出乎人心有不容已于言者。"③ 由此也出色地处理了文学上继承与创新、"合古"与"自得"的关系："缘情以为诗，诗之所由作，其情之不容已者乎！夫其感春而思，遇秋而悲，蕴于中者深，斯出之也善。长言之不见其多，约言之不见其不足，情之挚者，诗未有不工者也。……惟本乎自得者，其诗乃可传焉。盖古人多矣，吾辞之工者，未有不合乎古人，非先求合古人而后工也。"④

至于词，朱彝尊认为词可以表达"诗所难言者"，也能寄托作者之志，从而成为诗的有益补充。"词虽小技，昔之通儒巨公，往往为之。盖有诗所难言者，委曲倚之于声，其辞愈微而其旨益远。善言词者，假闺房儿女子之言，通之于《离骚》、变雅之义，此尤不得志于时者，所宜寄情焉耳。"⑤ 朱彝尊推尊词体，深得《诗》教"比兴"之义，与其前揭"正经"之努力，实一以贯之。

在古文方面，朱彝尊认为六经为文章之源，为作者取法之对象。"文章之本，期于载道而已。道无不同，则文亦何殊之有。……若仆之所期于足下，则不惟不以唐宋之文强足下以所不为，亦且不以秦汉之文为足下劝

---

① 朱彝尊：《曝书亭集》卷二十一《斋中读书十二首》之十一。
② 朱彝尊：《曝书亭集》卷三十一《与高念祖论诗书》。
③ 朱彝尊：《曝书亭集》卷三十八《陈叟诗集序》。
④ 朱彝尊：《曝书亭集》卷三十七《钱舍人诗序》。
⑤ 朱彝尊：《曝书亭集》卷四十《陈纬云红盐词序》。

勉。盖足下之所尚者文，而仆之所期于足下者，载道之谓也。"① "若仆之所见，秦汉、唐宋，虽代有升降，要文之流委，而非其源也。……是则六经者，文之源也，足以尽天下之情、之辞、之政、之心，不入于虚伪而归于有用。执事诚欲以古文名家，则取法者莫若经焉尔矣。经之为教不一，六艺异科。众说之郛，大道之管，得其机神而阐明之，则为秦、为汉、为六朝、为唐宋、为元明，靡所不有，亦靡所不合，此谓取之左右而逢其原也。至于体制，必极其洁；于题，必择其正。"② 从"载道"出发却能得融通之趣，朱彝尊对秦汉、唐宋两派一视同仁，并无偏颇。至于如何作文，除前述"至于体制，必极其洁；于题，必择其正"外，朱彝尊又有"正源""正事""正学"之说："以武曾之才，正不必博搜元和以前之文，但取有宋诸家，合以元之郝氏经、虞氏集、揭氏傒斯、戴氏表元、陈氏旅、吴氏师道、黄氏潜、吴氏莱，明之宁海方氏孝孺、余姚王氏守仁、晋江王氏慎中、武进唐氏顺之、昆山归氏有光诸家之文，游泳而绅绎之；而又稽之六经以正其源，考之史以正其事，本之性命之理，俾不惑于百家二氏之说以正其学：如是而文犹不工，有是理哉！"③ 他最为景仰西汉董仲舒、刘向，认为二人"经术最纯，故其文最尔雅"，推重儒学复兴以来那些"莫不原本经术，故能横绝一世"④ 的文豪。

朱彝尊的文学创作与理论思考，具有道在经典、文在经典的人文化成之追求，对经典中所蕴含的思想守则如何切入丰富的文学人生，做出了灵动而深茂的体悟。这种体悟因其能凸显清初学坛文苑的时代课题，有着不容忽略的价值。

三 《原教》之撰成与学术弘传

朱彝尊思想上的重大转变，完成于何时？《原教》一文，未载写作时间，朱氏本集中亦艰于查寻。幸而朱氏书信内，提供了可供查考的线索。朱彝尊《与盘山拙庵大师书札》（其七）中称："《原教》诸文，原系三十

① 朱彝尊：《曝书亭集》卷三十一《报李天生书》。
② 朱彝尊：《曝书亭集》卷三十三《答胡司臬书》。
③ 朱彝尊：《曝书亭集》卷三十一《与李武曾论文书》。
④ 朱彝尊：《曝书亭集》卷三十一《与李武曾论文书》。

年前少作，敝帚不弃，遂类入稿中。"①《原教》《原贞》诸篇，均收入《竹垞文类》②，大约为同时之作。朱彝尊与拙庵大师（释智朴）③之交游，主要是在京师期间。康熙三十一年（1692），朱彝尊再度被罢官，遂归田里居，后于四十八年（1709）辞世。前溯三十年，乃康熙二年至康熙十九年（1663~1680）。笔者推测，《原教》等篇之写作，当在通海案事解（1663）至康熙帝玄烨征召博学鸿儒（1678）二事之间，极有可能作于朱氏往依山西按察副使曹溶前后。朱彝尊抵达曹幕的时间为康熙三年（1664）九月十九日，而是岁十二月，朱氏即有信寄李良年，④纵论历代文章得失，追溯文章本原，倡论作文之法。⑤用意、持论均与《原教》颇近，可以视作朱氏学术思想在古文领域的进一步阐发，因而可为《原教》作年之考定提供可靠之参照。居晋期间，朱彝尊同顾炎武、李因笃、屈大均等抗清之士多有过从，而椎拓荒碑，访求文献，于此际最为密集，足证其时崇儒传道、恢宏文献之志颇坚，而谋求恢复、推翻清廷之意已减；由嗣后之书信往还，⑥以度朱、顾等人其时之过从交游，论学已成主流，抗清似非必然议题。

　　如果上述推论不误，那么，康熙三年就是非常重要的时间节点，对了解朱彝尊的思想转变及人生道路之选择，尤其是出仕清廷、编纂《词综》《日下旧闻》《经义考》《明诗综》等大型著述之作为，就极为重要。《原教》之成篇，标志着朱彝尊思想转变的完成，即从以抗清为职志的前明显宦之后，转变成为儒家之道（儒家文化）的传承者、故国文献的整理者；其志意所在，已非一家一姓之朝代更替，而是儒家文化与学术传统的承续与弘扬。明乎此，朱彝尊甘愿"降志""辱身""代人悲喜""强效歌哭"

---

① 《曝书亭集外诗文补辑》卷十，朱彝尊：《曝书亭全集》，王利民等校点，吉林文史出版社，2009，第1007页。

② 朱彝尊：《竹垞文类》卷二十三，康熙二十一年增修本。

③ 张宗友：《朱彝尊年谱》，凤凰出版社，2014，第363页。

④ 张宗友：《朱彝尊年谱》，第129~132页。

⑤ 朱彝尊：《曝书亭集》卷三十一《与李武曾论文书》。

⑥ 朱彝尊《与顾宁人书》："太原客馆，两辱赐书，赠以长律二百言，久未得报。去夏过代州，遇翁山、天生，道足下盛称仆古文辞，谓出朝宗、于一之上。"（《曝书亭集》卷三十一）该信作于康熙六年（1667），主旨在讨论"零""令"等字之读音。详张宗友《朱彝尊年谱》39.23条，第156页。

的游幕行为，① 尤其是甘冒"失节"之讥、应征鸿博的出仕之举，② 方能得到同情之理解。朱彝尊尝称"吾党处贫贱不堪之境，尤当以艰贞自励"，③ 如此宣言的背后，是其矢志崇儒传道、恢宏文献的自我定位与人生超越。

朱彝尊《原教》篇所构建的圣人传道谱系及其以"崇儒传道"（即尊崇儒家教化，传承圣人之道）为核心的学术思想，并非朱氏自出机杼，凭空产生，而是有深远的学术前承。朱彝尊后来所编《经义考》之《通说》类（见于卷二九七），对上自孔子、下迄同时诸儒（如顾炎武、胡渭）之经学理论，均有详细采录，应为其思想形成提供了丰富的理论来源。刘勰《文心雕龙》中《原道》《征圣》《宗经》诸篇之发明，尤其是"爰自风姓，暨于孔氏"之勾勒，"道沿圣以垂文，圣因文以明道"之观点，对以古文名家的朱彝尊来说，在理论上无疑极具启发性。而《原教》篇最为直接的学术前承，当推韩愈《原道》一文。该文首云："博爱之谓仁，行而宜之之谓义，由是而之焉之谓道，足乎己而无待于外之谓德。仁与义，为定名，道与德，为虚位。"朱彝尊师法其意，取用其词，不仅高度凝练，而且有所拓展，有所区别。韩愈所谓"道"，是"仁""义"之道，按"仁""义"之则施行之道；朱彝尊之"道"，是教化生民脱离蒙昧、走向文明之道，体现为身心性命之理、家国天下之治、礼乐刑政之端、儒家经典之文。《周易·说卦》云："昔者圣人之作《易》也，将以顺性命之理。是以立天之道曰阴与阳，立地之道曰柔与刚，立人之道曰仁与义。"即为韩氏、朱氏共同之思想资源。韩氏强调封建伦序、道德规范，④ 朱氏强调

① 朱彝尊《报周青士书》："仆频年以来，驰逐万里，历游贵人之幕，岂非饥渴害之哉！每一念及，志已降矣，尚得谓身不辱哉？昔之翰墨自娱，苟非其道，义不敢出；今则徇人之指，为之惟恐不疾。夫人境遇不同，情性自异，乃代人之悲喜，而强效其歌哭，其有肖焉否邪？"（《曝书亭集》卷三十一）

② 朱彝尊出仕清廷，颇遭物议，也不乏为之辩白者。以今观之，影响其出仕的因素有：甲、抗清无望之形势；乙、家中生计之艰难（此点可参朱丽霞《明清之交文人游幕与文学生态——以徐渭、方文、朱彝尊为个案》一书之第三章）；丙、清廷征召之强命；丁、清廷对儒家文化、前明政治体系之认同与接受。在上述外因之外，更为重要的则是内因，即朱氏思想之转变，其时以整理文献、传承圣人之道为己任，不再顾虑王朝之易姓、遗民之身份（朱氏为清初四大布衣之一，易代时年方十七）。

③ 朱彝尊：《曝书亭集》卷三十一《与李武曾论文书》。

④ 卞孝萱、张清华、阎琦《韩愈评传》（南京大学出版社，1998，第280页）："韩愈所讲的道就是仁义，仁的内容是博爱，而义的内容是行宜，行宜就是要使行为符合封建道德规范。""其关键在于博爱、行宜和按不同分工、不同关系建立起来的封建伦序。"

人文教化、圣贤传承。韩愈构拟的圣人系统，有尧、舜、禹、汤、文、武、周公、孔子，至孟子而止；朱氏则上推及于黄帝（轩辕氏）、炎帝（伊耆氏）、伏羲（庖牺氏），起于"生民之初"而止于孔子。① 韩愈论先王之教，"其文《诗》《书》《易》《春秋》"，所举经典止四；朱氏论圣人所修之道，"其文《易》《诗》《书》《礼》《春秋》"，而扩展至于五经。韩氏以《诗》为首，重在教化；朱氏以《易》为首，重在传承。最根本的区别在于，二氏立论的历史情境、儒学发展态势不同：韩愈辟佛、老，维护儒教，构建道统的传承体系，其尊孟亦为宋学体系提供了端倪；朱彝尊则在抗清无望的形势下，转而寻求名山事业，致力于故国文献之整理，托志于儒家文化之传承。朱彝尊实借《原道》之"旧瓶"，发挥其学术理念，驰骋其文化想象，构建儒教发生与传承之谱系。他淡化孟子的位置，并善于氤氲于中唐儒学新变之前如刘勰等人的理论。《原教》一文，虽有深远的思想资源与直接的学术前承，但并不影响朱彝尊苦心经营的理论建构与学术创新，从而为其出处进退、文化经略提供强大的思想动力。

四　从朱、顾交游看"文章尔雅"之评鉴

顾炎武在《广师》篇中，品鉴、推崇王锡阐、杨瑀、张尔岐、傅山、李颙、路泽浓、吴志伊、朱彝尊、王弘撰、张弨等十人之学行，尊为"可师之人"，其立意之高，识者以为可与韩愈《师说》"后先辉映"。② 对朱彝尊"文章尔雅，宅心和厚"之评，非契交知己，不能有此。

考朱彝尊、顾炎武二人订交，应在康熙五年（1666）三月，朱彝尊访顾氏于太原东郊之时。③ 如前所析，其时朱彝尊正经历一生中最重大的思想转折，汲汲于访碑考古，以传承儒家教化、弘扬故国文献为己任。而倡论"天下兴亡，匹夫有责"的顾炎武，对朱氏一见倾心，这在其《朱处士彝尊过余于太原东郊赠之》诗中表露无遗："词赋雕镌老，河山骋望频。末流弥宇宙，大雅接斯人。世业推王谢，儒言纂孟荀。书能搜五季，字必

---

① 起于庖牺氏，盖本于《周易·系辞》（"始作八卦，以通神明之德，以类万物之情"）；止于孔子，盖本于《孟子·万章下》（"孔子之谓集大成"）。又刘勰《文心雕龙·原道》云："爰自风姓，暨于孔氏。"

② 陈祖武、朱彤窗：《顾炎武评传》，中国社会出版社，2010，第156页。

③ 张宗友：《朱彝尊年谱》，第142~144页。

准先秦。揽辔长城下，回车晋水滨。秋风吹雁鹜，夜月卧麒麟。玉碗人间有，珠襦地上新。吞声同太息，呪笔一酸辛。与尔皆椎结，于今且钓缗。羁心萦故迹，殊域送良辰。草没青骢晚，霜浮白堕春。自来贤达士，往往在风尘。"① 此诗道出了顾炎武对朱氏经学、文学才华与风度的赞赏，对同负使命而世事无常、时势转移的感喟，可见是将朱氏引以为同志的。此诗适可作"文章尔雅"之注脚。此后，二人交往不断。如朱彝尊曾过榆次赵村，拓朔方节度使李光进碑，即以副本赠给同好顾炎武。② 顾炎武同李因笃等垦荒于雁门之北，经营书院，朱彝尊为之分书题柱云："入则孝，出则弟，守先王之道，以待后学；诵其诗，读其书，友天下之士，尚论古人。"③ 道出了顾氏守先待后、恢宏先王之道（实际上是谋求恢复）的志向，堪称解人。

二氏交往中最突出者，当推康熙七年（1668）朱彝尊援手营救顾炎武一事。是年二月，顾炎武受黄培逆诗案牵连，自投济南狱中。朱彝尊则于是年春，入山东巡抚刘芳躅幕。顾炎武一案，即由刘氏承审。同年十一月，顾氏案结，无恙出狱。此案援手者众，其中朱彝尊有鼎力之助。④ 此次援手，应是顾炎武对朱彝尊作"宅心和厚"之评的重要依据。

康熙十七年（1678）正月，清廷下令征召博学鸿儒，朱彝尊、顾炎武俱在被荐之列。不同的是，朱彝尊束装就道，顾炎武则誓死不赴。虽然从现有文献上看，朱、顾二人再无交集，但是否应征出仕，并不影响顾炎武对朱彝尊学行的评价。首先，朱、顾二人自康熙九年（1670）之后，再无交会酬唱、把臂论学之举。其原因首先在于，朱彝尊乃书生本色，不治生产，只能依人客游，栖身于刘芳躅、龚佳育等贵人之幕；顾炎武则善事经营，奔走南北，擘画大计，自然对刘、龚等疏而远之。其次，顾氏《广师》一篇，其写作时间，当不迟于康熙十七年夏。⑤ 其时清廷征召之命已下，朱彝尊正在北上京师途中。《广师》十贤，半数列名荐局，除李颙外，无不抵都候命。顾炎武对清廷高压下的友朋动向洞若观火，实能"充满理

① 顾炎武：《亭林诗集》卷四，《顾亭林诗文集》，第 373 页。
② 张宗友：《朱彝尊年谱》，第 144 页。
③ 张宗友：《朱彝尊年谱》，第 148 页。
④ 周可真：《顾炎武年谱》，苏州大学出版社，1998，第 363～382 页；陈祖武、朱彤窗：《顾炎武评传》，第 106～112 页；张宗友：《朱彝尊年谱》，第 165 页。
⑤ 陈祖武、朱彤窗：《顾炎武评传》，第 159 页。

解和信任"。① 此时顾炎武对十贤的评鉴，可谓意味深长。顾氏殁后，朱彝尊利用留在京师（应考、受官、谪官、复官）的有利条件，先后撰有《日下旧闻》《经义考》《明诗综》等大型史学、经学、文学著述，网罗弘富，焕乎为盛，正当得顾氏"文章尔雅"之定评。不仅在《广师》十贤之中，即使在应征出仕的五十名博学鸿儒之中，朱彝尊也以其经史、文学成就迥出群僚之上。

朱彝尊、顾炎武均有抗清经历，同嗜访古问遗，执着于故国文献之发掘与传承，不仅学术志意颇同，在文学主张上也有相通的一面。例如，朱彝尊发挥"诗言志"之说，强调"缘情以为诗"；顾炎武亦谓"言志"为"诗之本"，② 主张"诗本乎情"，反对"诗徇乎物"。③ 二者对儒家诗教传统的弘扬，都是对理学家"以理为宗"之说的反拨。相较而言，朱彝尊较为保守，未脱"文以载道"之旧轨；顾炎武则能与古为新，倡"立言不为一时"，④ 体现了个性解放的时代精神。⑤

"文章者，经国之大业，不朽之盛事。"（曹丕《典论·论文》）在经世大儒顾炎武的眼中，"文章尔雅"之评，当然不仅指文学创作，而且是指包括学术文字在内的所有著述；"尔雅"则是朱氏本人及其著述中体现出来的博通、雅正的风格与气象。这一评鉴，深为当时学人所认可。如叶舒崇盛赞朱氏之风度："天上谪星，人间达士。弄桓伊之笛，姿致无双；鼓安道之琴，风流第一。"⑥ 同朱彝尊并称"南朱北王"的王士禛则云："锡鬯之文，纡余澄澹，蜕出风露，于辩证尤精。诗则舍筏登岸，务寻古人不传之意于文句之外。今之作者，未能或之先也。"⑦ 而顾炎武弟子、与朱氏同举鸿博、并称"四大布衣"之一的潘耒，则推崇云："秀水朱竹垞氏，天才甚高，识趣甚远……人皆服其文之富且工，而不知其悉本之于学也。竹垞之学，邃于经，淹于史，贯穿于诸子百家。凡天下有字之书，无弗披览；坠闻逸事，无弗记忆。蕴蓄宏深，搜罗繁富，析理论事，考古证

① 陈祖武、朱彤窗：《顾炎武评传》，第 160 页。
② 顾炎武：《日知录》卷二十一《作诗之旨》，《顾炎武全集》，上海古籍出版社，2011，第 797 页。
③ 顾炎武：《日知录》卷二十一《诗题》，《顾炎武全集》，第 799 页。
④ 顾炎武：《日知录》卷十九《立言不为一时》，《顾炎武全集》，第 743 页。
⑤ 许苏民：《顾炎武评传》，南京大学出版社，2006，第 718~734 页。
⑥ 朱彝尊：《曝书亭集》卷首。
⑦ 朱彝尊：《曝书亭集》卷首。

今，元元本本，精详确当，发前人所未见之隐，剖千古不决之疑。"① 《清史稿》本传谓："当时王士禛工诗，汪琬工文，毛奇龄工考据，独彝尊兼有众长。"② 在清初巨子中，朱彝尊经学、小学或不如顾炎武之湛深，史学或不如黄宗羲之厚重，考证方面或不如阎若璩之专精，而其诸学兼综，文学尤长，则世所公认。上述评价，其核心仍不出顾炎武所定"文章尔雅"四字。

总之，朱彝尊、顾炎武均为清初学坛巨子，人生际遇、学术作为与贡献各有不同，但是以儒学救世的志向则一。通过游晋期间的过从、论学，顾炎武对正在经历一生中最重大思想转变的朱彝尊，无疑具有透达的了解。顾氏对并世巨子如傅山等人的评鉴，体现了其乐道人之善的宽广胸怀；③ 而所谓"文章尔雅""宅心和厚"之激赏，当然也是对朱彝尊个性魅力的倾心，这一评鉴所道出的，是朱氏善将儒学原理沦肌浃髓于性情文字的一种文坛风范。从儒学史与文学史交汇的意义上说，清初文儒新典范的命世风采中，朱彝尊的身影是一个深具意味的存在。

（本文原载于《苏州大学学报》2016 年第 4 期）

---

① 潘耒：《朱竹垞文集序》，《遂初堂文集》，《续修四库全书》本，上海古籍出版社，2002，第 1417 页。
② 赵尔巽等：《清史稿》，中华书局，1977，第 13339 页。
③ 许苏民：《释"萧然物外，自得天机"——顾炎武何以认为自己不如傅青主》，《文物世界》2007 年第 6 期，第 112 页。

"曾问劫灰搜坠简"

——嘉兴私人藏书的传承与民间古旧书源的断流

徐 雁[*]

公元 1195 年，岁在乙卯，正是宋宁宗赵扩当政的首年，"秀州"被朝廷升格为府，易名"嘉兴"，从此"嘉兴府"逐渐发展成为江南一处崇儒重教、慕文聚书之地，地方史志上留下了"尤慕文儒，不忧冻馁"，[①]"好读书，虽三家之村必储经籍"，[②]"户户读书"、"人人谈理"，[③] 以至于"文贤人物之盛，前后相望"[④] 等种种人文记录。

早在清代康乾年间，苏州名医、上善堂藏书主人孙庆增（1692~1767）就在《藏书记要》一书中指出："大抵收藏书籍之家，惟吴中苏郡、虞山、昆山，浙中嘉、湖、杭、宁、绍最多，金陵、新安、宁国、安庆及河南、北直（隶）、山东、闽中、江西、湖广、蜀中，亦不少藏书之家。"[⑤] 可见在孙氏的观感中，嘉兴是浙江出产"藏书之家"的首善之区，足以媲美苏州。

1929 年，杨立诚（1888~1959）、金步瀛（1898~1966）合编《中国藏书家小史》（后定名为《中国藏书家考略》），收秦、汉以迄清末有藏书事迹者 741 人，其中嘉兴有 62 位。[⑥] 随后，在北平求学的吴晗（1909~1969），借助燕京大学图书馆的馆藏文献，编撰完成了《江浙藏书家史略》

---

* 徐雁，南京大学信息管理学院教授，2005~2006 年任高研院第一期短期驻院学者。

① 单庆修、徐硕纂，嘉兴市地方志办公室编校《至元嘉禾志》，上海古籍出版社，2010，第9页。

② 朱彝尊：《曝书亭集》卷三十八，《四库全书》第 1318 册，上海古籍出版社，1987，第87页。

③ 朱彝尊：《曝书亭集》卷六十一，《四库全书》第 1318 册，第 337 页。

④ 光绪《嘉兴府志》，《中国地方志集成·浙江府县志辑》第 12 册，上海书店出版社，1993，第 812 页。

⑤ 孙庆增：《藏书记要》，古典文学出版社，1957，第 35 页。

⑥ 杨立诚、金步瀛编《中国藏书家考略》，上海古籍出版社，1987，第 3 页。

稿本三卷。他于 1932 年 4 月 22 日所写序言称，此举共搜集到浙江历代藏书家 399 人的资料。若以地域分布计，杭县得 105 家，海宁得 38 家，鄞县、绍兴各得 27 家，吴兴得 24 家，海盐得 22 家，嘉兴市本级得 21 家，等等。①

据当代学人顾志兴在《浙江藏书史》中的统计，自南北朝至近代（卒年在 1911 年前）有藏书事迹可考的历代藏书家（包括浙江籍和寓居浙江者），按现行行政区划计，则嘉兴有藏书家 315 位，杭州有藏书家 270 位，宁波有藏书家 188 位，绍兴有藏书家 121 位，湖州有藏书家 111 位，温州有藏书家 100 位，金华有藏书家 70 位。②

据郑伟章在《文献家通考（清—现代）》附录的"文献家地区分布表"中的统计，自清代以迄现代的浙江文献家有 497 人，其中杭州 126 人，湖州 49 人，海宁 51 人，鄞县 26 人，慈溪 23 人，嘉兴 23 人，海盐 18 人，萧山 14 人，秀水 14 人，桐乡 14 人，平湖 14 人，瑞安 13 人，临海 10 人，余姚 9 人，嘉善 7 人，等等。累计起来，则嘉兴及其属县的文献家依然名列前茅。③

物华天宝，人杰地灵。综合清以来学人的观感可见，嘉兴一域所出产的"人杰"——藏书家、文献家数量之多，实为浙江诸地之先。那么，嘉兴是因何得天时、地利、人和之综合机缘，成为浙江私家藏书的领跑之地的？而自北宋之有首位私人藏书家以来，千余年间的嘉兴民间古书旧籍资源，又是如何"传承为难，历久弥烈；屡聚屡散，愈传愈稀"的呢？嘉兴民间古书旧籍资源进入当代后的不幸断流，对于当下"书香嘉兴"的构建，又提供了怎样的历史教训和思想启迪？

一　自北宋至清末嘉兴私家藏书风气的绵延

在嘉兴这一片神奇的江南土地上，宋元两代对后世产生了文化楷模作用的私人藏书家主要有若干位，而明清以来的私人藏书家，则有光大而发扬的特点，使得嘉兴藏书家成了与嘉兴进士一样，为后世所关注的人文现象。

①　吴晗：《江浙藏书家史略》，中华书局，1981，第 3 页。
②　顾志兴：《浙江藏书史》，杭州出版社，2006。
③　郑伟章：《文献家通考（清—现代）》，中华书局，1999。

陈心蓉在《嘉兴藏书史》附录的"嘉兴历代藏书家人数一览表"中，统计自宋代以迄中华民国时期的嘉兴地区藏书家有 551 人（其中具有进士资格的藏书家为 114 人，女性藏书家有 7 人）。按时代分列如下：宋代 9 人，元代 7 人，明代 118 人（其中具有进士资格者为 37 人），清代 357 人（其中具有进士资格者为 68 人），中华民国 60 人（其中具有进士资格者为 6 人）。若再按地域细分，则嘉兴有藏书家 168 人（其中具有进士资格者为 39 人），海宁 145 人（其中具有进士资格者为 26 人），海盐 83 人（其中具有进士资格者为 14 人），桐乡 59 人（其中具有进士资格者为 15 人），平湖 55 人（其中具有进士资格者为 12 人），嘉善 34 人（其中具有进士资格者为 8 人）。由此可见，就出产藏书家而言，海宁又是嘉兴一地的翘楚。[1]历史学家来新夏（1923~2014）教授在《海宁藏书家浅析》一文中曾指出，海宁藏书家多系"学者型"，都是"积学之士"，他们"以数量多、藏者学术水平高、家族藏书面广而为海宁藏书文化增辉"。[2]

接下来，笔者试以"详前略后"的原则，概述北宋至清末嘉兴私家藏书的基本史实，以见嘉兴地域私家藏书发生、发展的历史梗概。

（一）开启嘉兴地域私家藏书风气的宋元藏书家

开嘉兴私人藏书风气的，是活动于北宋神宗朝熙宁、元丰年间（1068~1085）的赵衮（生卒年不详）。赵氏字希甫，自汴梁以殿中丞职衔致仕后，携藏书约万卷归隐嘉禾。其归隐地在嘉兴三塔景德寺后，时称"赵公园"。张尧同《嘉禾百咏》云："藏书几万卷，归老此林泉。不为寻莼鲙，于公亦有贤。"[3]

卫公佑（1068~1077），海盐人，藏书数千卷，并捐地办学，延请儒师教育子弟。又有卫公佐（生卒年不详），字辅之，嘉兴华亭人。家藏书甚富，邑中有上门求阅书籍者，面无难色，又捐地为学舍。

1138 年，宋高宗赵构正式定都临安（今浙江杭州）后，进一步巩固了杭州作为全国书籍刊刻中心的地位，除国子监于绍兴九年（1139）开始刊刻儒家经书、史籍外，有关府州也投入刻书之业，民间坊刻和私家刻本也大行于市。顾志兴指出，到了南宋，"杭州成为全国政治、经济、文化的

---

① 陈心蓉：《嘉兴藏书史》，国家图书馆出版社，2010。
② 来新夏：《海宁藏书家浅析》，《天一阁文丛》第 1 辑，宁波出版社，2004，第 70~77 页。
③ 张尧同：《嘉禾百咏》，中华书局，1985，第 22 页。

中心，更为浙江的出版和藏书事业提供了有利的物质和社会条件"。① 来自中原世家大族的科举考试传统和读书藏书风气，再加上在地域上增加了科举中式后任职为官的机会，使得嘉兴本地的书文化风气日渐浓厚。

闻人滋，字茂德，主要活动于南宋高宗、孝宗朝，于隆兴元年（1163）考中进士，与陆游在朝中敕局删定官任上有交集。后在进贤令任上致仕，建造草堂于嘉兴南湖，为其晚岁养老之所。陆游为之作《南湖草堂记》云："多蓄书，喜借人。自言作门客牙，充书籍行，开豆腐羹店……谈经义滚滚不倦，发明极多，尤邃于小学云。"②

卫湜，字正叔，昆山人。好古博学，于石浦建有藏书处所，称"栎斋"。开禧、嘉定间（1205~1224）集《礼记》诸家传注，为一百六十卷，名曰《礼记集说》。宝庆二年（1226）官武进令时，表上于朝，得擢直秘阁。后终于朝散大夫，直宝谟阁，知袁州。著有《文章奏议》五十卷。

刘佹，又名次皋，号雪堂，晚年自署"阆风居士"，三都礼村（今属西店镇）人。嘉定元年（1208）以特奏名中举，官授黄陂县主簿，有政绩。后弃官返里，隐居在家乡，于阆风山上筑"阆风吟室"，以"雪斋"名书房，藏书逾万卷。为文清醇，作诗潇洒，著有《阆风集》。晚年研读不辍，著有《易经百义》。后人将其遗著收编成《黄陂集》。

岳珂（1183~1243），字肃之，号亦斋、倦翁，系岳飞之孙，以既拥有一定品种和数量古书旧籍，更以刊刻好书闻名于后世。其"相台书塾"位于嘉兴南湖之滨岳氏故宅"金陀坊"（今嘉兴第一中学一带）。所著有《刊正九经三传沿革例》、《桯史》、《鄂国金陀粹编》及《棠湖诗稿》等。

许棐（？~1249），字忱夫、枕父，海盐人，主要活动于宋理宗年间。嘉熙中（1239年前后），筑小庄隐居于海盐秦溪北岸，于水南则植梅数十树，自署"梅屋"。有《梅屋书目》，自叙云："余贫，喜书，旧积千余卷，今倍之，未足也。肆有新刊，知无不市；人有奇编，见无不录。故环室皆书也。"③ 所著有《梅屋集》五卷，《融春小缀》一卷，《樵谈》一卷，等等。

马端（1252~1318），海宁盐官人，以排行称"马十一"，又曾任宣教郎，故称"马宣教"。后以煮海炼盐致富，于黄湾乡藤墙里造"看山楼"，

---

① 顾志兴：《浙江藏书史》，第20页。
② 陆游：《老学庵笔记》卷一，中华书局，1979，第7页。
③ 钱泰吉：《曝书杂记》卷中，中华书局，1985，第31页。

藏书万卷，延请元末名儒徐一夔、诗人贝琼等先生教其子弟。

张绂，主要活动于元惠宗至正年间（1341～1368），别署南村，藏书至万卷。于平湖县南百步聚土成丘，在土丘上建起亭台楼阁，作为与文人学士们读书、赏景、讲学之处，后世称为"南村书堆"。

上述诸家藏书，不仅成为嘉兴城乡士绅之家见贤思齐的人文典范，而且他们从各地搜集积累而来的书籍资源，也为本地乐于藏书的后来者提供了楚弓楚得的便利。陈心蓉在《嘉兴藏书史》一书中说："嘉兴号称文献渊薮，特别是宋、元私家藏书的遗风，直接影响明代嘉兴的发展……他们广开收书之路，集收、购、抄、刻于一体，迎来了嘉兴藏书的兴旺和发展，使嘉兴成为当时国内的藏书兴盛之地。"[①]

（二）嘉兴私家藏书活动在明清两代的兴盛

明代是嘉兴私家藏书活动十分兴盛的时期，知名藏书家辈出，有的知名于文坛、流芳于书林，有的形成家族藏书的传统，成为一时一地著名的藏书地标。顾志兴在《浙江藏书史》中概略指出："明代嘉兴藏书事业较前之宋、元有较大发展，尤其是嘉兴项元汴的天籁阁、项笃寿的万卷楼，海盐胡震亨的好古堂及明末高承埏的稽古堂，在中国藏书史上享有盛名。其时嘉兴刻书业亦甚发达，一些藏书家利用所藏书加以刻梓以增益图籍，相互交流，这些刻梓的图书中，有许多被后人视为精品。"[②] 而清代嘉兴的私家藏书，更超越前代，"著名藏书家藏书楼迭出，尤以嘉兴、海宁为盛，海盐、桐乡紧步其后"。[③] 李性忠在《海宁藏书史述略》一文中说："有清一代，嘉兴地区的私人藏书家约有二百十七人，海宁一地就有七十三人，占三分之一。"[④]

据沈红梅《明清嘉兴的藏书家和藏书楼》一文综述，明清两代嘉兴藏书家的社会身份，有官员、学者文人、商人、布衣等，分布在各个阶层。明代嘉兴藏书家人数居各代之最，在地域上尤以嘉兴市本级和海盐为多，海宁、平湖次之。著名的藏书家有嘉兴市本级的沈启原、项元汴、项笃寿、高承埏、周履靖、冯梦祯、包柽芳、李日华、陈邦俊、姚北若、沈嗣

① 陈心蓉：《嘉兴藏书史》，第23～24页。
② 顾志兴：《浙江藏书史》，第182页。
③ 顾志兴：《浙江藏书史》，第366页。
④ 李性忠：《海宁藏书史述略》，西泠印社出版社，2004，第4～5页。

选、蒋之翘、王志和、俞汝言及汪继美、汪砢玉父子；海盐的胡彭述、胡震亨父子；平湖的沈懋孝；海宁的许相卿、周明辅、祝以豳、陆钰；等等。①

在清代，尤其是乾隆、嘉庆朝之后，海宁成为嘉兴乃至江南藏书最活跃的地区之一。在嘉兴市本级的主要藏书家，有曹溶、朱彝尊、戚芸、沈嗣选、马洵、张廷济、庄仲方、计光炘、陆筠、章全、曹言纯、钱泰吉、唐翰题、张鸣珂、忻虞卿、沈曾植、金蓉镜；在平湖有陆陇其、钱天树、葛金烺；在桐乡有吕留良、金檀、汪森、陆费墀；在海盐有张氏涉园；在海宁有查慎行、吴骞、马思赞、陈鳣、许焞、陈邦彦、蒋光焴；等等。

总体来说，明清时期嘉兴地区的藏书家，在主体上多为文人或者学士。他们积书而读，丹铅治学，将所藏古旧书与各自感兴趣的学业、学问相结合，推陈出新。也有的藏书家席丰履厚，投入巨额家资，刻书传播，以嘉惠士林。然则，嘉兴民间所集聚的古书旧籍资源，又是如何在千百年来的历史过程中遭受种种家庭和社会变故，惨遭无情毁弃的呢？

二　嘉兴民间古书旧籍资源在元末至日寇侵华
五百余年间的迭遭损毁

尽管嘉兴一域的读书人彬彬济济，藏书家更是箕裘不坠，但散落在嘉兴书香人家的古旧书，一直遭受着"传承为难，历久弥烈；屡聚屡散，愈传愈稀"的困扰，其情其节，不堪回首，令人心痛。

宋代学者、藏书家叶梦得（1077~1148）曾经评说道："今天下印书，以杭州为上，蜀次之，福建最下。京师比岁印板，殆不减杭州，而纸不佳。蜀与福建，多以柔木为之，取其易成而速售，故不能工。福建本几遍天下，正以其易成故也。"② 南宋时期，杭州成为全国最大的书籍刊刻和贸易中心，嘉兴的刻书业也相应地有了发展，在王国维（1877~1927）《两浙古刊本考》所列举的古代刊本中，有18种就是在嘉兴刊印的。

宋代嘉兴私人藏书初兴之时，市面所流通的，多为纸质莹洁、墨色青纯的"蝴蝶装"式样的雕版印本，高濂《遵生八笺》所谓"宋人之书，

---

① 沈红梅：《明清嘉兴的藏书家和藏书楼》，《嘉禾文史掇英》，中国文史出版社，2015，第270~277页。

② 何忠礼：《中国古代史史料学》，上海古籍出版社，2004，第368页。

纸坚刻软，字画如写。格用单边，间多讳字。用墨稀薄，虽着水湿，燥无涴迹。开卷一种书香，自生异味"；① 孙庆增《藏书记要》所云，"墨气香淡，纸色苍润，展卷便有惊人之处。所谓墨香纸润，秀雅古劲，宋刻之妙尽之矣"，② 皆是也。

其实，后世人所谓的"宋版书"，只是一种非常笼而统之的说法。如在版本学理上加以具体分别之，则或系四川成都、眉山所刊"蜀本"，或系经杭州国子监精校的字体方整、刀法圆润的"浙本"，或系价廉物次而大行于书市的"建本"，但在经历了千百年间封建王朝的更迭，以及种种人祸与天灾之后，"今北宋刻的书，流传较少。南宋刻的，尤其是'建本'，流传较多"；"宋刻书，在明末，即以叶论价……至清嘉、道之世，价益高"；宋代书坊"大抵以建阳麻沙、崇化两坊为最盛……然在今日，'建本'亦稀矣"；"建本，在当时人不加重视，而在今天，亦以叶论价。书以旧刻为贵，毋庸置疑"。③

虽说"宋版书"至清代嘉庆、道光年间（1796～1850）"价益高"，但在此前的嘉兴乃至江南藏书界，其搜集度藏仍非"难于上青天"之事。试以康熙至嘉庆年间，海宁一地的藏书家为例说明之。

如道古楼藏书主人马思赞（？～约1724），"插架悉宋、元旧本，为东南藏书之冠"。④ 如拜经楼藏书主人吴骞（1733～1813），素喜搜藏宋元刻本，在觅得宋椠本《百家注东坡先生集》后，先以之名藏书处曰"苏阁"，又以书阁之名字其子。当他听说苏州藏书家黄丕烈以"百宋一廛"名室后，即以"千元十驾"相举，传为风流韵事。他在《桐阴日省编》下中自述道："吾家先世，颇鲜藏书。予生平酷嗜典籍，几寝馈以之。自束发迄于衰老，置得书万本。性复喜厚帙，计不下四五万卷（分归大、二两房者不在此数）。皆节衣缩食，竭平生之精力而致之者也。非特装潢端整，且多以善本校勘，丹黄精审，非世俗藏书可比。至于宋、元本，精钞，往往经名人学士赏鉴题跋，如杭堇浦、卢抱经、钱辛楣、周松霭诸先生，鲍渌饮、周耕崖、朱巢钦、张芑堂、钱箓窗、陈简庄、黄荛圃诸良友，均有题识，尤足宝贵。故予藏书之铭曰：'寒可无衣，饥可无食，至于书不可一

---

① 黄镇伟：《中国编辑出版史》，苏州大学出版社，2014，第197页。

② 孙庆增：《藏书记要》，第36页。

③ 毛春翔：《古书版本常谈》，香港：中华书局，1985，第25、28、36、39页。

④ 管庭芬：《海昌艺文志》卷十，民国十年刊本。

日失。'此昔贤诒厥之名言，允可为拜经楼藏书之雅率。呜呼！后之人或什袭珍之，或土宜视之，其贤不肖真竹垞所谓视书之幸不幸，吾不得而前知矣。"①

再如向山阁藏书主人陈鳣（1753～1817），"购藏宋雕元椠及近世罕见本甚夥"。② 又如马瀛（1750～1820）吟香仙馆藏书求精，多得故家递藏宋版之书，"有宋本《汉书》《晋书》，固以汉晋名其斋。《晋书》为天籁阁故物，有王弇州手抄补阙之卷，真书林瑰宝也"。③

但令人不解的是，为何在此后的一二百年间，那些被马思赞、吴骞、陈鳣、马瀛等海宁藏书家所珍藏的"宋版书"，竟如黄鹤之不复见于人间了？仅以如今嘉兴保存历史文献种类、数量最多的市图书馆为例，其古书库里连"在当时人不加重视"的"建本"残书，也无一册一叶之收藏。

按：嘉兴市图书馆内所珍藏的最古老的版本，是明万历七年（1579）至清康熙四十六年（1707）刊刻的《嘉兴藏》数十册。据《嘉兴市志》记载，"馆藏古籍版本除少量的明刻本外，大多是清刻本"。④ 在海宁图书馆，其善本书收藏只有120余种，不到千册。

可见，嘉兴地域的民间藏书资源，必定遭受过非同寻常的历史大损毁，才会造成如此悲凉的收藏残局。陈登原（1900～1975）在其《古今典籍聚散考》⑤ 中，论述历代书籍之聚散的原因，或厄于历代专制帝王的禁毁，或厄于玉石俱焚的兵燹匪灾，或厄于无情水火与蠹鱼蛀蚀，或厄于藏书主人秘惜过甚或子孙不肖。以此验证嘉兴私家藏书之历史，可谓符节若合。为此，笔者依所知见的不完全史料，缕述其大端者。

（一）宋、元、明、清王朝更迭所致嘉兴私家藏书损毁之厄

但经有心搜集，仍可略窥宋、元、明、清王朝更迭所致藏书损毁的沧桑史实之一斑。

如前所述及的南宋藏书家刘倓弃官返里后，曾筑"阆风吟室"于其家乡阆风山上，藏万卷书于"雪斋书房"，于此读书作诗及雅集会友。其晚

---

① 吴骞：《愚谷文存》，《清代诗文集汇编》卷十三，上海古籍出版社，2010，第380册，第309页。

② 叶昌炽著，安新华、白华总校注《藏书纪事新注》，远方出版社，2001，第379页。

③ 叶昌炽著，安新华、白华总校注《藏书纪事新注》，第412页。

④ 嘉兴市志编纂委员会编《嘉兴市志》，中国书籍出版社，1997，第1747页。

⑤ 陈登原：《古今典籍聚散考》，商务印书馆，1936。

年读《易》有得，编撰成《易经百义》书稿。又研读《诗经》、《论语》、《老子》、杜甫诗歌皆有心得。著有《阆风集》若干卷，"皆未会粹"而遭遇南宋末年兵燹，所著述多已亡逸，未能传世，更遑论其万卷藏书了。

看山楼藏书主人马端，是海宁历史上首位藏书家，其所藏万卷图书毁于元末兵燹。元代黄箓楼藏书主人张雨（1277~1348）擅长书法，多藏宋版图史，也毁于元末"红巾军"起义。

项元汴（1525~1590），字子京，号墨林，别署香严居士，是我国有史以来藏书最多的民间收藏家。其天籁阁，是被袁同礼（1895~1965）在《明代私家藏书概略》一文中，指为先于范钦（1506~1585）天一阁而为"越中藏书家"之"巨擘"者，① 诚为当日位于嘉兴的全国藏品种类最多的私人收藏中心。项氏工书画，精鉴赏，法书、名画等"三吴珍秘，归之如流"；"每遇宋刻，即邀'文氏二承'鉴别之，故藏书皆精妙绝伦"。② 所谓"文氏二承"，即苏州著名书画家文征明（1470~1559）的长子，字"寿承"的苏州书画、篆刻艺术家文彭（1498~1573），及仲子，字"休承"的苏州书画鉴别家文嘉（1501~1583）。令人痛惜的是，清顺治二年（1645）闰六月，清兵攻破嘉兴城，项氏宅院大半毁于战火，项元汴孙嘉谟率两子一妾自尽于天心湖殉难。另一孙圣谟（1597~?）后来在《三招隐图》卷题跋中回忆道："禾城既陷，劫灰熏天，余仅子身负母并妻子远窜，而家破矣。凡余兄弟所藏祖君之遗法书名画，与散落人间者，半为践踏，半为灰烬。"③ 于是阁中遗珍，多为千夫长汪大水掠取。后其遗珍辗转入藏于清宫，后又散见于北京、台北的故宫博物院及海内外有关博物馆、图书馆内，早已成为"稀世之品"和"镇馆之宝"。沈红梅指出："经明末清初的浩劫，天籁阁传世图书的数量远不及书画，但从清宫《天禄琳琅书目》及续编记载的明以前的典籍中，钤有项氏兄弟鉴藏印的图书仍多达37种，其中宋版图书22种，元版图书6种，明版图书9种……足见其宋、元精刊收藏之丰。"④

项元汴兄长项笃寿（1521~1586），字子长，号少溪、兰石主人，亦酷

---

① 袁同礼：《明代私家藏书概略》，《中国古代藏书与近代图书馆史料》，中华书局，1982，第416页。

② 钱曾：《读书敏求记》，丁瑜点校，书目文献出版社，1983，第148页。

③ 封治国：《与古同游：项元汴书画鉴藏研究》，中国美术学院出版社，2013，第450页。

④ 沈红梅：《南湖文化名人项元汴》，浙江人民出版社，2012，第143页。

爱聚书，贮之"万卷楼"，藏书量与天籁阁不相伯仲，在藏书品质上则更胜一筹。清康熙十年（1671），清代词人、学者、藏书家朱彝尊（1629～1709）在扬州为幕宾时，"遇故人项氏子，称有万卷楼残帙，畀以二十金购之。时曹侍郎洁躬、徐尚书原一，皆就予传抄"。① 而朱彝尊家所传承的曾祖朱国祚之藏书，亦毁于明清易代之间。据《曝书亭著录序》记载："先太傅赐书，乙酉（1645）兵火，罕有存者。予年十七，从妇翁避地六迁，而安度先生九迁，乃定居梅会里，家具率一艘，研北萧然，无书可读。乃游岭表，归阅豫章书肆，买得五箱，藏之满一楼。既而客永嘉时，方起《明书》之狱，凡涉明季事者，争相焚弃。比还，问囊所储书，则并楼亡之矣。"② 事在康熙二年（1663）前后，朱氏三十五岁上下。

海宁藏书家、诗人查慎行（1650～1727）说："藏书之厄，如吾乡祝侍郎耳刘之'万古楼'，武原骆侍郎骎曾，非流散则灰烬。"③

按：祝以豳（1551～1632），字耳刘，号惺存、灵苑山人，海宁袁花人。明万历十四年（1586）进士，知随州，内调为兵部郎中。家富藏书，有藏书楼名"万古楼""赐书堂"，藏书万卷，后不幸遇火。《人海记》记为"藏书之厄，如吾乡祝侍郎耳刘之'万古楼'，武原骆侍郎骎曾，非流散则灰烬"。著有《贻美堂集》等。编有《虎丘悟宗禅师传》。又，骆骎曾（生卒年未详），字象先，武康人。万历二十六年（1598）进士，官至监察御史。万历四十四年（1616），巡按应天府期间，续辑谪仙楼题咏，得文一卷、诗两卷。

因此，关于明清易代间战乱所造成的"书厄"，清顺治五年（1648），钱谦益（1582～1664）即在《黄氏千顷斋藏书记》中感慨道："古书之放失，久矣……兵火焚掠，弥亘四方，今之奇书秘册，灰飞烟灭，又不知其几何也！"④ 在 31 年后，黄宗羲（1610～1695）也在《天一阁藏书记》中痛定思痛道："尝叹读书难，藏书尤难，藏之久而不散，则难之难矣！""近来书籍之厄，不必兵火。无力者既不能聚，聚者亦以无力而散，故所

---

① 朱彝尊：《曝书亭集》，《四库全书》卷三十五，第 1318 册，第 55 页。
② 朱彝尊：《曝书亭集》，《四库全书》卷三十五，第 1318 册，第 55 页。
③ 叶昌炽著，王欣夫补正，徐鹏辑《藏书纪事诗附补正》，上海古籍出版社，1989，第 266 页。
④ 李希泌、张椒华编《中国古代藏书与近代图书馆史料：春秋至五四前后》，中华书局，1982，第 36 页。

在空虚。屈指大江以南，以'藏书'名者，不过三四家。"① 于此可见，明清易代之际发生的"书厄"，对于包括嘉兴在内的江南藏书界的遗害之深。

（二）清咸丰年间太平军入浙盘踞嘉兴地域所致私家藏书损毁之厄

杭州府属地海宁（今属嘉兴）是浙江省会杭州的门户之地，民生安康，文教郁盛。但在咸丰十年（1860）春，太平军将领李秀成（1823～1864）、李世贤（1834～1865）等率部由皖入浙后，生灵涂炭，书香毁弃。

据世居海宁路仲的画家、藏书家管庭芬（1797～1880）所记述，嘉兴府于咸丰十年四月二十六日未战而陷，"时寇氛甚恶，北望时见火光，盖焚掠近禾城之村庄也"，而"禾中难民船至吾乡者不可胜计"，太平军将士"淫杀焚掠，使繁盛之区尽化为瓦砾，且无籍之民揭竿而起，里巷骚然"。至七月二十六日，"贼陷桐乡……（路仲）合镇大惊，殷富之家俱作渡江之计"。至八月初三日，有太平军队伍"潜至硖石杀掠，烟焰萦结，半天皆黑"。次日午后，"至路仲市，焚毁十余处，烽火连天，炮声殷地，难民悲号道路，弃女抛妻，不可胜记"。初五日，"贼焚硖川东南湖大街，生沐、寅昉之居俱成灰烬。又至路仲，掠富裕室数家而去。未几官兵又至，掠贼之所遗，兼土寇纵横，莫能抵御，以至十室九空，立锥无地，痛何如之！"当年十一月初九日，他在抄录完成《藏书纪要》一书后，题跋道："……向余友蒋生沐（广文）极服膺其言，别下斋插架十万卷，悉守此八条。顷东南遍遭寇火，藏书家尽化劫灰。生沐所珍弄亦同绛云一炬。秉烛读此，为之感怀零涕。"②

蒋生沐，即管氏好友蒋光煦（1813～1860）之号，别字日甫、爱荀、号雅山、生沐、放庵居士，其别下斋位于海宁硖石镇，藏书十万卷，以太平军之乱而被焚烧，因此忧忿呕血而逝。其生前不惜千金，致力收藏，故多古书名椠、善本佳刻及金石书画。又延揽学者、文人如张廷济、费晓楼、管庭芬、许光清等集于书斋，校勘评论，问难析疑。辑刻有《别下斋丛书》《涉闻梓旧》《瓯香馆集》《群玉堂、英光堂（米芾）残帖》，以编校精审而为艺林所重。著有《东湖丛记》《斠补隅录》《花树草堂诗稿》《别下斋书画录》等。太平军进入嘉兴地界后，其家园被焚烧一尽，"仅存

---

① 李希泌、张椒华编《中国古代藏书与近代图书馆史料：春秋至五四前后》，第36页。

② 管庭芬撰，虞坤林整理《渟溪日记（外三种）》，中华书局，2013，第18、27～29、39页。

别下斋三间，而所贮秘籍、名画、法书、金石等皆归劫灰"。①

世道承平时，管庭芬尝作《典衣买书歌》，其中有句云："贫居陋巷无所求，愿与史籍同生死。天生我才必有用，供我岂乏今古书……"② 但其晚年遭遇太平军之乱，取杜甫（712~770）"花近高楼伤客心，万方多难此登临"之句，更名其藏书楼为"花近楼"。又自命其书房为"待清书屋"。咸丰十年（1860）十月初八日，他为老友沈志和旧藏本《宝仁堂鹿革囊》抄录了副本。因沈氏"所居已烬于寇火，身亦流离道死，家人星散，遗书莫可再问矣。姑存此寥寥者，实以深亡友遭际之悲"。③ 他亲见长子夭亡，好友遇难，只得怀抱薪尽火传的理念，每日借助笔墨砚台，手抄小品，以消胸中悲愤。书源不足，则向村塾及友人处告借，用年余时间抄录汇编而成《花近楼丛书》。"乱后旧业荡然，借卖画以自给。"④ 同时笔录汇编成《待清书屋杂钞》《待清书屋集钞续编》《待清书屋集钞再续》《待清书屋集钞补编》等，以救寇后书荒，供"村学究抵掌论古之一助"。⑤ 据《管庭芬日记》，他听闻太平军对于屋宇或焚或毁，对于书籍或为炊饭或为拭秽之用，咸丰十一年三月十七日记云："自寇乱以来，世皆重金帛而贱书画，东南收藏半归一炬，谁复论宋元名迹哉！良足慨矣！"⑥ 又于二十五日记曰："寇复焚长安，荡然俱尽，数百载繁盛之区，至是皆归乌有，殊可悲焉！"⑦

书画家、藏书家计光炘（1803~1860），秀水（今嘉兴）人，居闻川（今王江泾镇）。少孤，其母以"屏浮华，慎交游，购书籍，延师儒"⑧ 为训言，导其闭门力学。他节衣缩食，还向鲍廷博家借书抄为复本，其泽存楼藏书6000余种，62000余卷。去世后不久，太平军攻占嘉兴，藏书楼连楼带书及字画，被战火焚毁。

海宁藏书家唐任寿（1829~1876），家富有财，究心"六书"音韵之

① 管庭芬撰，虞坤林整理《渟溪日记（外三种）》，第 29 页。
② 范凤书：《中国著名藏书家与藏书楼》，大象出版社，2013，第 232 页。
③ 管庭芬撰，虞坤林整理《渟溪日记（外三种）》，第 36 页。
④ 民国《海宁州志稿》卷二十九，上海书店出版社，1993，第 870 页。
⑤ 管庭芬：《管庭芬日记》第 4 册，张廷银整理，中华书局，2013，第 1744~1745 页。
⑥ 管庭芬：《管庭芬日记》第 4 册，第 1683 页。
⑦ 管庭芬：《管庭芬日记》第 4 册，第 1683~1684 页。
⑧ 张鉴：《冬青馆乙集》，《丛书集成续编》卷四，上海书店出版社，1994，第 134 册，第 334 页。

学，善校雠经史文字。其讽字室所藏书数万卷，以太平军转战浙西而避乱至萧山，其田宅财物与所藏均荡然无存，仅存诗若干卷。

海盐藏书家张惟赤，清顺治十二年（1655）进士，曾官刑部给事中。后归居家乡，建造涉园，藏书其中。复得道古楼主人马思赞所遗藏书，所藏倍增。其后裔张森玉说："自更洪、杨之役，名园废圮，图籍亦散佚罄尽，而先世所刻书，更无片板存焉矣！"①

胡惠孚（一作惠墉），字邃江、荻江，平湖人。家境优裕，得其岳父、味萝轩主人、古书及金石书画收藏家钱天树（1778~1841）之助，其小重山馆藏书四十九椟，多秘籍精本，十之三四为宋元刊本及清人手抄、校本。其中以重金购得之宋本《毛诗要义》为"稀世之秘笈"，系宋人魏了翁《九经要义》之一，曾是江宁织造曹寅旧藏之书。编有《小重山馆书目》六册，见于光绪《平湖县志》，已佚。经过太平军入浙之乱后，其藏书俱散出于街市，后多为上海藏书家郁松年购得，而郁氏藏书后尽归于陆心源皕宋楼，继而陆氏藏书又为日本人购去，故钱氏味萝轩与胡氏小重山馆旧藏之书，现存于日本东京之静嘉堂。两氏藏本分别有"钱天树印""味萝轩"朱文印记及"胡惠孚邃江氏珍藏书画之印""邃江鉴赏""当湖胡邃江珍藏"等印为凭。

马玉堂，字笏斋，号秋药、扶风书隐生，海宁盐官人。道光二十五年（1845）赐同进士出身。与浙江宁海马桥藏书家马瀛同出一族，藏书数量亦相近。马瀛藏有宋椠《后汉书》《晋书》，因名藏书楼为"汉晋斋"。马玉堂收有汉唐古书，遂自名其藏书处曰"汉唐斋"，另有"红药山房""读史经舍"藏书处。闻有善本书，辗转购录，藏宋元刊本秘册颇多，如宋刻《两汉会要》《重校证活人书》、元椠《国朝名臣事略》《方是闲居士小稿》等，杜门校雠。遭太平军战乱散佚后，藏书多为陆心源、丁丙、孙诒让所得。其藏书印有"玉堂""笏斋""汉唐斋""扶风书隐生""马笏斋藏书记""古盐马氏""武原马氏藏书""红药山房""游好在六经""笏斋藏本""购此书甚不易，愿子孙勿轻弃"等。藏书后来被"皕宋楼""八千卷楼""玉海楼"等藏家购藏。与海宁蒋光煦合著《论书目唱和集》；著《论书绝句》《读书敏求续记》《十国春秋补传》等。

此外，因自家授受传承所致藏书的损毁，终因史载不足征之故，已多

---

① 顾志兴：《杭州藏书史》，第392~393页。

难详稽其故。据钱泰吉（1791~1863）、管庭芬等在道光年间纂修的《海昌备志》云："海昌百年来藏书家，若前步桥许氏之敦叙楼，今遗籍荡然，楼亦毁矣。胡陈村胡氏华鄂堂，所藏仅有存者。"①

按：敦叙楼藏书主人许勉焕（生卒年未详），字陶斋，系海宁硖石藏书家许汝霖（1638~1720）之孙，许惟楷（1667~1744）之子，承其祖、父藏书遗志，构筑一可堂及敦叙楼，藏书其中。尝取阅家藏书籍，撰成《名医类案》120卷，《平详纂要》10卷。

又，胡启龙，字羽嘉、掌纶，号云峰。伊桥人，清职贡生。家饶于资，藏书甚富。构云峰别墅于胡仁村，颇擅林泉之胜，与诸文人名士觞咏其中。著有《爱莲书屋诗文集》《华鄂堂集古诗一卷》。长子珠及孙尔荣能世其家学。胡尔荣，字豫波，号蕉窗、廉石。监生。工文辞，诗亦超妙。聚书十万卷，旁及书画钟鼎之属，筑爱莲西堂贮之。晚虽家落，遇名流墨妙，仍不惜典衣购之，至力所不能者，则笔之于册，仿《云烟过眼录》之例，名之曰《破铁网》。有《蕉窗剩稿二卷》《华鄂堂藏书目四卷》等。管庭芬少时，曾至吴氏拜经楼、胡氏华鄂堂读其藏书。

（三）1937年冬日军侵占嘉兴地域所致私家藏书损毁之厄

早在明代初期，嘉兴东南七十里处的乍浦港一带，就是倭寇侵扰的重点地域。大抵自明成祖朱棣永乐十四年（1416）至明世宗朱厚熜嘉靖三十五年（1556），先后有六次较大规模的倭寇登陆袭扰，给嘉兴一带乃至江南等地官民的生命、财产造成了极大的损失。

1937年11月，侵华日军以吴江盛泽汉奸徐朴臣为向导，在金山卫与全公亭之间海岸登陆。其中一路攻入平湖、嘉善、嘉兴，随后取道支港、新市、塘栖等地，攻陷杭州。19日，日寇一支侵入平湖城区，位于鸣珂里的葛氏宅园及稚川学堂，以及守先阁中大部分珍贵藏书被焚毁。但有部分善本书，后辗转进入大汉奸陈群（1890~1945）的泽存书库，后为中央图书馆藏。

按：平湖藏书家葛嗣浵（1867~1935）继承其父兄藏书遗志，曾多次前往北京、上海、苏州、杭州及陕西、江西等处访书，于光绪二十五年（1899），在平湖县城鸣珂里宅园内新建"守先阁"。至20世纪30年代初，

① 吴骞：《吴兔床日记》，张昊苏、杨洪升整理，凤凰出版社，2015，第266页。

传朴堂所藏古书善本多至 40 余万卷，其中宋本、孤本多达 4000 余种。此外，还有大量明刊本及名人抄、校、稿本，及 3400 余种各地方志和众多乡邦文献，数千种清朝科举历科试卷。张元济评价说："传朴堂藏书之富，骎骎乎为浙西之冠。"①

嘉善藏书家张天方（1887~1966），自幼饱读经书史籍。当 1937 年日军侵入时，以其父"奎公"之号命名的藏书楼落成不久，所藏书 36000 册被损毁。

在《嘉兴市志》中有着如此沉重的记载："清末至民国初期，各县图书馆相继建成，私家藏书事业趋于衰落，仍然保持和发展了一批有影响的藏书楼……抗战时期，各县藏书楼饱受敌、伪摧残和掠夺，大多毁于日寇炮火和劫掠。"② 当嘉兴城沦陷于侵华日军之手后，嘉兴图书馆馆舍也被日军占据。1940 年秋，馆员仲欣木秘藏于家乡濮院的馆藏珍贵书目 280 部，计 3517 册，被日、伪方全部盗劫。损失了元版书 1 部，共 29 册；明版书 177 部，共 2759 册；稿本 22 种，共 377 册；抄本 38 种，共 122 册。"馆藏精华损失殆尽，所藏雕版大部分也在此期间损失。"③ 1932 年开业于嘉兴城里的嘉华书店，主要经营文教用品和图书、课本，也因抗战兵火而遭毁灭。

在海盐，1931 年 8 月建立的海盐县立图书馆也于 1937 年毁于日军兵火。1938 年某日，位于海宁城北的县立初级中学及其图书馆藏书，也因日军投弹被焚毁。

1932 年，海宁县立图书馆藏有古书 2 万余册，另有碑帖 804 张 26 册，及新书 2000 余册。五年后，因日军侵占海宁县城，"县立图书馆藏书星散"。④ 据馆史记载，在陈氏啸园，"有散置于地者，也有落入池中者……未几，汉奸庞征（景祁）将书运往硖石通俗教育馆装点伪方门面"。⑤ 至 1947 年，县政府接受伪方图书时，仅残存《四库珍本》20 余册。

---

① 《张元济全集》第 10 卷，商务印书馆，2010，第 122 页。
② 《嘉兴市志》，第 1744~1745 页。
③ 《嘉兴市志》，第 1746 页。
④ 海宁市文化志编纂委员会编《海宁市文化志》，浙江人民出版社，2015，第 22 页。
⑤ 海宁图书馆编《海宁图书馆百年诞辰》，西泠印社出版社，2004，第 6 页。

三 "十年浩劫"终结了嘉兴古旧书业，书香难续

书铺、书肆、书店乃至书摊，都是读书人和藏书家所喜流连之地。或为增广知识见闻，或为淘宝捡漏收藏，书业的存在与否，乃是一地民间读书风气、藏书传统乃至古书旧籍资源的重要衡量标准。早在南宋嘉熙年间（1239年前后），海盐藏书家许棐（？~1249）在《梅屋书目》中就自述道："余贫喜书，旧积千余卷，今倍之，未足也。肆有新刊，知无不市……"① 可见书业市场对于读书人和藏书家具有资源性支持的特点。

（一）终止于 1966 年 8 月 "文革" 初年的嘉兴古旧书业史料

清康熙二十年（1681），朱彝尊在北京与修《明史》期间，因被分派撰写明嘉靖年间诸大臣及嘉兴先贤姚绶、戚元佐、项笃寿诸人物的传记，为搜集资料，在家书中特地嘱咐其子昆田云："倘坊间有鬻者，千万买来寄我。"②

海宁藏书家马思赞，工诗博学，有《道古楼藏书目》一册。张曾裕在《寒中诗集》序中回忆说，康熙三十二年秋，浙江乡试开考前，马思赞到了杭州就带着个小书童，"挂青蚨十数贯，往来书坊、骨董铺中，一遇异书古帖，秦、汉印章，官、哥磁器，北苑、大痴、衡山、石田诸名画，辄不论值，必得之乃已……几不知有场屋事也"。③ 因而其道古楼、红药山房，藏书多宋元精椠及金石、秘玩、绢素真迹，不减倪氏清秘阁。

吴骞，字槎客，海宁人。有拜经楼藏书。性嗜典籍，遇善本辄倾囊购之。校勘精审，其拜经楼藏书不下五万卷。尝得宋本《咸淳临安志》九十一卷、《乾道临安志》三卷、《淳祐临安志》六卷，刻一印曰"临安志百卷人家"。查揆《筼谷诗钞》卷十六感旧诗中云："少谢科举学，老却征士聘。门前卖书船，溪上看花径……"④ 乾隆六十年（1795）春，于《拜经楼书目》自序中云："每出游，过通都大道，恒遍阅于市肆，日夕忘返，

① 顾志兴：《浙江藏书史》，第 49 页。
② 朱彝尊：《曝书亭全集》，王利民等校点，吉林文史出版社，2009，第 1018 页。
③ 叶昌炽著，王欣夫补正，徐鹏辑《藏书纪事诗附补正》，第 408 页。
④ 叶昌炽著，王欣夫补正，徐鹏辑《藏书纪事诗附补正》，第 543 页。

比归，必载数簏以还，置之瓦屋东西，以借对床之乐。"①

　　陈鳣有向山阁，位于海宁硖川之紫微山麓。自少年时起，即致力于购藏宋雕元椠及清代罕见本。吴骞在《经籍跋文题词》中说："余与简庄孝廉，少日皆酷嗜书籍，购置不遗余力，凡经、史、子、集，得善本辄互相传观，或手自校勘相质，盖数十年如一日云。"② 其家有船曰"津逮舫"，曾在吴越间访书问友。黄丕烈在《士礼居藏书题跋记》中说："君好书，故所乘舟以是名之。"③ 陈氏曾记云："偶从吴市购得宋《淳祐临安志》六卷，虽非全本，然自来著录家多未见，喜而有作……"④

　　章全（约1768~?），字遂衷，号益斋，秀水人。曾官天台县训导。据《曝书杂记》载录："潜氏《临安志》'碑目'一门缺失已久，益斋于市肆见《天下碑目》抄本，亟录临安金石自周、秦迄宋，以补'潜志'之缺。"⑤

　　别下斋藏书主人蒋光煦，在《拜经楼藏书题跋记》中说："光煦少孤，先人手泽，半为蠹鱼所蚀。顾自幼即好购藏，三吴间贩书者，皆苕人，来则持书。入白太安人请市焉，辄叹曰：'昔人有言，积金未必能守，积书未必能读，若能读即为若市。'以故架上书日益积。稍长，欲得旧刻旧抄本，而苕贾射利之术，往往索时下诸刻与易而益之金，则辗转贸易，所获倍蓰。"⑥

　　金陵开有益斋藏书主人朱绪曾（？~1860）中举后，曾摄任海宁州知州，后迁官嘉兴。道光二年（1822）某日，他听说海盐汉唐斋藏书主人马玉堂将至嘉兴书肆淘书，遂往访，剧谈终日无倦意。据钱泰吉在海宁任上所著《曝书杂记》披露，管庭芬"得简庄手写《经籍跋文》一卷于西吴书舫"，⑦ 而管氏自己则有《典衣买书歌》，其中有句云："叩门喜接西吴客，一笑相逢皆秘册。"⑧

　　在历史上，许棐"肆有新刊，知无不市"；朱绪曾赴嘉兴书肆结缘心

---

① 顾志兴：《浙江藏书史》，第400页。
② 顾志兴：《浙江藏书史》，第414页。
③ 黄丕烈著，潘祖荫辑，周少川点校《士礼居藏书题跋记》，书目文献出版社，1989，第14页。
④ 黄丕烈著，潘祖荫辑，周少川点校《士礼居藏书题跋记》，第45页。
⑤ 钱泰吉：《曝书杂记》卷中，第40页。
⑥ 叶昌炽著，安新华、白华总校注《藏书纪事新注》，第440页。
⑦ 钱泰吉：《曝书杂记》卷上，第6页。
⑧ 范凤书：《中国著名藏书家与藏书楼》，第232页。

仪书人；陈鳣"输钱吴市"；管庭芬得写本于"西吴书舫"，又曾开门接估客，典衣购书册。可见自南宋以迄清代，嘉兴城乡的古旧书买卖足为当地藏书家供给有价值、可选购的多样化藏书资源。但几经劫难的嘉兴古旧书业，如同江河日下，终至黯然退出社会三百六十行业之列。

吴藕汀（1913～2005）回忆说："买书本来是读书人的事，因为读书人毕竟不多。一般所谓'读书人'，在清朝是指那些考取秀才的人。不过这些人一旦进了学，巴图上进的能有几人……嘉兴虽是府城，到了我小的时候，还只有在孩儿桥北，一个殷姓的苏州人开设的'大同书局'，出售旧书为多。直到发售文具的'同源祥'被火焚毁后，才有了三家书局出售新书。除了一家外，其余两家仍以文具为重。故而书籍的流通，可算得是微乎其微。"① 这"大同书局"位于嘉兴城内建国路南端，是嘉兴城内最早的书店。据《嘉兴文史汇编》记载，仅有一间店面，"专营石印本、木刻本图书，书源来自上海，以古旧书籍为主"。②

1961年1月，嘉兴市新华书店在建国路开设了古旧书店。1963年春，郭沫若为其题写"南湖书画社"后，随即易名，经营至1966年夏"文革"开始后停业，至1973年正式歇业。嘉兴古旧书店，连同其后身"南湖书画社"，一共不过存在了五年多点的时间。③

但就在这短短数年的业务岁月中，该店就抢救了不少散存于民间的珍贵文献和书画作品，如明刻本《萝轩变古笺谱》、唐李邕撰文并用行楷书的《麓山寺碑》旧拓本、清代学者钱仪吉稿本，及明清以来画家张复、盛茂烨、董瑛等墨宝真迹，近代名家吴昌硕、蒲作英、张大千、黄宾虹等的书画佳作，分别被嘉兴、上海等地的图书、文物部门购取或收藏。高胡琛在《被理想的时光——嘉兴古旧书店拾遗》中遗憾系之道："古旧书店用了五年的时间，在当年城中建国路养成自由买卖古籍、旧书、字画的风气，然后又用了五十年之久，渐使故人故事淡出眼前的世相。人们不再去书店买卖二手书籍，更不再会在书店看到出版与发行的业务，当然也难再遇到三五位店员，他们带着满身的书卷气，为你挑书拣画，轻描淡写收售事和收藏史。"④

---

① 吴藕汀：《药窗诗话》，中国人民大学出版社，2007，第30页。
② 转引自高胡琛《被理想的时光——嘉兴古旧书店拾遗》，《文化嘉兴》2017年第1期。
③ 郑闯辉：《民国以来的嘉兴旧书业》，《图书馆研究与工作》2012年第3期。
④ 高胡琛：《被理想的时光——嘉兴古旧书店拾遗》，《文化嘉兴》2017年第1期。

平湖新华书店的古旧书门市部建立于 1961 年，也曾从民间抢救到一批古书旧籍珍本乃至孤本，及清光绪年间编刊的《平湖县志》和《檇李诗系平湖录》、《续檇李诗系》、《乍浦九山补志》等珍贵的地方文献。

古语云："皮之不存，毛将安傅？"（《左传·僖公十四年》）正是因为饱经内忧外患、人祸天灾，嘉兴民间的古旧书资源在进入近现代以后，日渐趋于枯竭并进而断流，作为三百六十行之一的嘉兴古旧书业也风流停息，但更难复兴的，其实是"诗书继世""耕读传家"的社会读书风气和家庭书香传统。在全国各地风靡于 1966 年 8 月的所谓"红卫兵""破四旧"行动中，以及随后长达十年的"文化大革命"运动中，嘉兴民间的古书旧籍资源损毁殆尽，直接导致了当代嘉兴古旧书业的无以为继，而嘉兴民间的藏书传统和读书风气等书香观念，更是深受戕害。

（二）1966 年"破四旧"行动所致嘉兴民间藏书资源的大面积损毁

"文化大革命"时期，尤其是在初起时段的 1966 年 8 月的"红卫兵"运动时期，全国各地的"红卫兵"和随后兴起的形形色色的"造反派"组织人员，纷纷仿效"首都红卫兵"的所谓"破四旧"之举，肆无忌惮地涌上街头，大破所谓"四旧"。一时间，全国各地城乡的文物古迹、祠庵庙观、古书旧籍、家谱文书遭受了扫地以尽的"卷地毯式"的浩劫。如嘉兴等地的大部分佛寺、道观和基督教堂，哈尔滨的极乐寺，洛阳白马寺，等等，或被人为捣毁，或被点火烧毁，而洛阳龙门石窟里的无数小佛像头，都被"红卫兵"们砸毁凿坏。

在南傍京杭大运河的嘉兴古窑泾村，"文革"一开始，该村大队部就成立了"文革小组"，当地"红卫兵"敲锣打鼓地进行倒家堂、毁灶君的所谓"破旧立新"行动，使村内外丰富的历史文化遗存遭到严重破坏。继永昌寺（一担庙）、财神庙在 1959 年，韦陀庙在 1960 年被拆除后，在"文革"期间，七老爷庙、碧莲庵、百法庵又相继被拆毁。[①]

据《海宁市志》记载，1966 年 8 月 8 日，"红卫兵"在海宁县城乡"破四旧"，使得 6118 户人家被查抄，连带财物被没收，"一些古建筑、古籍、文物被毁被盗"。[②] 硖石镇中学生组成的"红卫兵"走出校园，到镇街

---

① 古窑泾村志编纂委员会编印《古窑泾村志》，2013，第 11 页。
② 海宁市志编纂委员会编《海宁市志》，汉语大词典出版社，1995，第 26 页。

民舍中,"查抄民间金银财宝,烧毁大批古籍和名贵字画"。① 当"红卫兵"进入县文化馆后,海宁图书馆"所藏部分图书、古书画和全套民国以来旧币被视为'四旧'烧毁"。② 有部分中学生欲闯图书馆古书库,在图书馆干部、职工的尽力周旋下,才使得馆藏古书化险为夷。海宁县所属的袁花镇文化站,在"文革"初被"袁花造反联合总部"占用后,图书遭受严重损失。③

海盐县中学的"红卫兵"们,也在8月8日当天进行破"四旧","肆意抄没公民家产,焚毁古籍"。④ 而《海盐县文化志》则具体披露说:"1966年8月,一些学校和单位成立红卫兵组织,冲上社会,破'四旧',恣意抄家,没收黄金500两、银元27811枚、书籍73276册,捣毁庙宇和教堂564座。"⑤ 在该县境内的沈荡镇上,"红卫兵"组织于8月18日"破四旧",烧毁了大量所谓"黄色书籍"。⑥

位于桐乡西南部的崇福镇,在桐乡二中等校"停课闹革命",建立"红卫兵"组织后,即在全镇范围内"破四旧",查抄资本家、工商地主和所谓"投机倒把分子"等162户,金银财宝、玉器古玩和字画书籍等被查抄,镇上中山公园内的"吕晚村纪念亭"被毁坏。⑦

在平湖所属的当湖镇上,一些学校、工厂、机关及居委会人员成立"红卫兵"组织后,以"破四旧"名义,"上街入户乱闯民宅,抄家、搜身,砸烂和焚烧一批有价值的文物、书画,古迹被毁,北寺双塔被拆除"。⑧

胡士莹(1901~1979)在南京高等师范学校毕业回到浙江平湖家乡教书期间,时登葛氏传朴堂观书。1931年执教嘉兴中学时开始个人藏书,致力于传统戏曲、小说及民间通俗文学作品的收藏。认为"真正做研究工作,必须首先研究目录学、版本学和校勘学"。⑨ 因而"一生嗜书如癖,每

① 海宁硖石镇志编纂委员会编《海宁硖石镇志》,浙江人民出版社,1992,第23页。
② 海宁市文化志编纂委员会编《海宁市文化志》,浙江人民出版社,2015,第32页。
③ 海宁袁花镇人民政府编《袁花镇志》,方志出版社,2010,第423页。
④ 海盐县教育志编纂委员会编《海盐县教育志》,浙江人民出版社,2013,第25页。
⑤ 海盐县文化志编纂委员会编《海盐县文化志》,第13页。
⑥ 沈荡镇志编纂组编《沈荡镇志》,上海人民出版社,1991,第18页。
⑦ 崇福镇志编纂委员会编《崇福镇志》,中华书局,2013,第42页。
⑧ 当湖镇志编纂委员会编《当湖镇志》,中华书局,2016,第32页。
⑨ 陈翔华、陆坚、肖欣桥:《胡士莹传略》,《中国现代社会科学家传略》第6辑,山西人民出版社,1985,第337~343页。

赴市必至书肆或冷摊探求，不惜重金购置，故所藏小说、戏曲、弹词、宝卷之富，国内私家藏书中是很突出的，其中有不少珍本甚至孤本。可惜在'文革'中损失巨大"，仅剩下3000余册，后由其家属遵其遗志，全部捐献给了杭州大学。①

据"衍芬草堂"主人蒋光焴（1825～1892）后裔、诗人蒋启霆（1919～2000）披露：蒋光焴之孙蒋钦项手辑《盐官蒋氏衍芬草堂藏书目》三册，后钦项从弟述彭又为补辑成帙，他少年时，"曾录副本于家，惜于'十年动乱'中散佚"。②

嘉兴市作家协会名誉主席王福基曾藏有《诗经》《康熙字典》等，结果被焚毁在自家灶膛里，还有一箱被"红卫兵"抄家时遗漏下来的书，但被他连夜泡水揉搓成了纸浆。③

（三）1966年"破四旧"行动对嘉兴读书风气和藏书传统的严重戕害

由于嘉兴的"红卫兵"组织的"破四旧"，仿效的是"首都红卫兵"的激进破坏行动，因此，各级各类学校图书馆的藏书首当其冲，馆藏文献毁损极其严重。

据《浙江省教育志》记载，浙江境内的初、中等学校所收藏的图书资料在"文革"初期，遭到了继日军侵华期间所受损失之后的再一次重大损毁。杭州十中、湖州中学、丽水中学、湘湖师范学校损失图书1万余册，衢州一中损失了4万余册，嘉兴中学损失了全部古籍图书，等等。④

又据《嘉兴市教育志》记载，1966年8月8日，有关中学的"红卫兵"以"横扫牛鬼蛇神"的名义上街"破四旧"，大肆"抄没公民家产，焚毁古旧书籍"。次年6月，嘉兴各中学的"红卫兵"分解为两派，又被"文攻武卫"的口号所蛊惑，"大搞派性武斗，各校校舍严重破坏，教学仪器、图书、课桌等损失惨重"。⑤

与此同时，嘉兴各县公共图书馆以及乡镇文化站、乡村流通书库的读

---

① 陈翔华、陆坚、肖欣桥：《胡士莹传略》，《中国现代社会科学家传略》第6辑，第337～343页。
② 顾志兴：《杭州藏书史》，第439页。
③ 马雪腾主编《我爱你嘉兴》，浙江人民出版社，2009，第99～100页。
④ 洪春生主编《鸠坑乡志》，浙江大学出版社，2003，第14页。
⑤ 嘉兴市教育志编纂委员会编《嘉兴市教育志》，浙江大学出版社，2001，第609页。

者服务活动，也在"文革"运动冲击下停止，直至 1971 年 11 月才重新恢复部分文献供读者借阅，"主要是马（克思）、列（宁）、毛泽东著作和当时出版的书报刊物"。① 在这五年间，据《嘉兴市文化志》记载，"'文革'开始，嘉兴市图书馆工作受到严重影响，大批图书被禁锢，图书馆停止对外开放。为了避免社会冲击，图书馆工作人员销毁了一批所谓'封（建主义）、资（本主义）、修（正主义）'的连环画"。② 当 1976 年桐乡县、1977 年海盐县先后建起图书馆后，嘉兴地区（市）属各县才全部拥有了县级公共图书馆。至 1978 年以后，嘉兴图书馆的业务才逐渐恢复正常，被"文革"时禁锢的中外古今图书才开放给读者借阅。1981 年，茅盾应邀题写了"嘉兴图书馆"的馆名，沿用至今。与此同时，新华书店的管理体制被冲垮，嘉兴、海宁两地的新华书店一度归属于"毛泽东思想宣传站"领导和管理。

在 20 世纪 60 年代后期，吴藕汀曾为"书匣"赋诗一绝道："往来相馈状元糕，宛似琅嬛出郑曹。此日万般皆下品，教人唯有读书高。"诗注云："'书'是科举时代最看得起的东西，'读书'是人生唯一飞黄腾达的捷径……读书的人家，人当称为'书香门第'，真是个'万般皆下品，唯有读书高'。""当年往来相送的状元糕，装在一只市肆出售的软板纸匣里，似一帙书的形状，用白色的纸头包起来，横头还印成一划一划，画成六本书样一叠，上面贴上一张红纸，印的市肆招牌，一般叫它'书匣'。纵然科举废去了已经几十年，这种'书匣'还是很通行……在经济不景气的年代里，不论城市乡村，无不崇尚俭约来弥补不易赚钱的缺陷。尤其是在俗礼方面，更有大幅度的改变。虽不至于'斯文扫地'，然而对'书'来说，已经付之无关紧要的地位。读也罢，不读也罢，升官发财，与'书'已毫无干系。"③ 此篇诗文写作于作者历年所藏文献，包括多年积累编成的《近三百年嘉兴艺林人物志》《药窗诗话》等手稿"焚毁殆尽，资料全失"的"文革"前期。

"数百年旧家无非积德，第一件好事还是读书"是海盐书香传人、著名出版家张元济（1867～1959）平生服膺的书香传家理念。凌冬梅在其《浙江女性藏书》中指出，姻亲关系作用于家族藏书文化的传承关系甚大，

① 嘉兴市志编纂委员会编《嘉兴市志》，中国书籍出版社，1997，第 1746 页。
② 嘉兴市文化志编纂委员会编《嘉兴市文化志》，杭州出版社，2000，第 147 页。
③ 吴藕汀：《药窗诗话》，第 29～30 页。

讲究门当户对，看重书香门第的联姻文化观念，"使得数个藏书家联系在一起，互通有无，共同促进。藏书家族的女性出嫁，带出母家的藏书风气，此种风气或带动了夫家的藏书氛围，或与夫家的藏书文化融合，互补或强化，使得各家藏书文化得以丰富与延绵"。① 然而，非常不幸的是，"文革"运动及"破四旧"行动，强力毁损的正是作为社会的细胞——家庭的书香传统，以及万户千家的知识读物、书籍资源和传统文化载体。

也许正是鉴于深刻的历史教训和宝贵的文化经验，在多年来国务院政府工作报告"倡导"并"大力推动全民阅读"的号召下，以嘉兴市图书馆"总—分馆体系"为公共文化服务骨架的"书香嘉兴"构建，方兴未艾，且正日益深入人心，并终将形成从"学习型家庭"到"书香校园"再到全民阅读推广的社会基础和时代合力。

（本文原载于《嘉兴学院学报》2017 年第 5 期）

---

① 凌冬梅：《浙江女性藏书》，浙江工商大学出版社，2015，第 90 页。

盛世叩阍：清前期执政理念脱节
与政治法律错位

马俊亚*

作为清代诉讼和审判的叩阍①，法制史学界已对此做了非常深入的研究。滋贺秀三认为清代的审判属行政范畴而非司法行为，② 这对宏观上把握叩阍的属性具有重要参考价值。中村茂夫认为清代法规具有一定的实效而非仅为空文。③ 寺田浩明探索了清代的权利与诉冤。④ 张晋藩、郭成康对 1644 年以前清的法律制度做了系统研究。⑤ 这些司法体系方面的成果，系笔者从法制角度认识叩阍事件的基础。高翔的系列论文对清专制政治的本质⑥、清代前

---

* 马俊亚，南京大学历史学院教授、博士生导师，2006~2007 年任南京大学高研院第二期驻院学者。

① 有的学者认为叩阍即京控（张晋藩主编《清朝法制史》，中华书局，1998，第 602 页）。在清代司法实践中，叩阍和京控确有许多模糊之处，但本文对两者做了区分。按定义："凡审级，直省以州县正印官为初审。不服，控府、控道、控司、控院，越诉者，笞。其有冤抑赴都察院、通政司或步军统领衙门呈诉者，名曰'京控'"（《清史稿》卷 144，中华书局，1986，第 4211 页）。在都察院或通政司登闻鼓厅投厅击鼓，或遇乘舆出郊，迎驾申诉者，名曰"叩阍"。另外，擅入午门、长安门、堂子跪告，及打长安门内、正阳门外石狮鸣冤者，亦视为"叩阍"（《清史稿》卷 144，第 4211~4212 页）。也就是说，凡是按规定循级到京城有关部门上诉的案件，本文视为"京控"。除少量的挝登闻鼓外，通过迎车驾、入宫门等途径试图向皇帝本人诉讼、献策的事件，则视为"叩阍"。由于康熙、乾隆多次出巡，本文所述的叩阍事件多发生在京城以外。

② 滋贺秀三：《清朝时代の刑事裁判》，法制史学会编《刑罚法と国家权力》，创文社，1960，第 227~304 页。

③ 中村茂夫：《伝统中国法＝雏型说に对する一试论》，《法政理论》第 12 卷第 1 号，1979 年。

④ 寺田浩明：《権利と冤抑—清代聴讼世界の全体像》，《法学》第 61 卷第 5 号，1997 年；对叩阍和京控的论述，见第 905~906 页。

⑤ 张晋藩、郭成康：《清入关前国家法律制度史》，辽宁人民出版社，1988。

⑥ 高翔：《略论清朝中央权力分配体制——对内阁、军机处和皇权关系的再认识》，《中国史研究》1997 年第 4 期；《从"持盈保泰"到高压统治：论乾隆中期政治转变》，《清史研究》1991 年第 3 期；《也论军机处、内阁和专制皇权——对传统说法之质疑，兼析奏折制之源起》，《清史研究》1996 年第 2 期。

期的近代化趋势①做出了全新的阐释，并提出了影响清朝执政能力的诸多重要问题。② 本文在多方面，特别是清代政治与法律的关系，受此启发极大。另外，乔纳森全面介绍了清代的京控（包括叩阍）方式，但把京控的局限归于人口压力及和珅的影响等。③ 乔安娜对清中期法律文化的研究，涉及对叩阍个案的分析。④ 黄宗智对清代判决进行了比较性的探索。⑤ 张翅的博士学位论文从程序、法规等方面论述了包括叩阍在内的清代上控制度。⑥ 铃木秀光对清最高统治者掌控的案件做了研究，分析了政治对法律的影响。⑦ 这些研究均在不同方面构成了本文的学术基础。

基于法制史的丰硕成果，本文不再着力于叩阍的法律程序等问题，而主要从清前期顺、康、雍、乾四帝执政理念的变化及政治与法律错位、君意与民情背离等方面探讨叩阍的历史影响。

一

中国传统戏曲中多有告御状的剧目或情节。如京剧、晋剧、淮剧等的《告御状》，京剧《金水桥》《潘杨讼》，琼剧《王桐香告御状》，莆仙戏《三告御状》，河南坠子《白马告御状》，潮剧《王金真告御状》，歌仔戏《王伯东告御状》，等等。一些影视剧，如1935年上映的粤语片《梁天来告御状》、1959年黄梅戏电影《女驸马》等，同样不乏此类情节。在中国，告御状应属家喻户晓。

古代告御状，主要有立于肺石之旁（或投书肺石函匣）、击登闻鼓、

① 高翔：《论清前期中国社会的近代化趋势》，《中国社会科学》2000年第4期。

② 高翔称之为"政府统治能力"，见《清帝国的盛衰之变》，《决策与信息》2005年第1~2期，第132页。

③ Jonathan K. Ocko, "I'll Take it All the Way to Beijing: Capital Appeals in the Qing," *The Journal of Asian Studies*, Vol. 47, No. 2 (May 1988), pp. 291-315.

④ Joanna Waley-Cohen, "Politics and the Supernatural in Mid-Qing Legal Culture," *Modern China*, Vol. 19, No. 3 (July 1993), pp. 330-353.

⑤ Philip C. C. Huang, "Civil Adjudication in China, Past and Present," *Modern China*, Vol. 32, No. 2 (April 2006), pp. 135-180.

⑥ 张翅：《冤抑与诉讼：清代上控制度研究》，博士学位论文，中国政法大学，2009。

⑦ 铃木秀光：《恭请王命考—清代死刑裁判における"権宜"と"定例"》，《法制史研究》第53号，2004年；《"请旨即行正法"考—清代乾隆・嘉庆期における死刑裁判制度の一考察》，《専修法学论集》第98号，2006年；《清代刑事裁判における"従重"》，《専修法学论集》第104号，2008年。

投匦和叩阍（"叩阙"）① 等方式。

从周至明代，均有肺石之制。② 然揆诸正史，竟无一例肺石鸣冤的具体案例。从仅有的几则史料来看，官民对肺石也并不谨敬。③

汉至隋，多以挝登闻鼓的形式向最高统治者直诉。④ 唐自武则天始，除肺石、登闻鼓外，还特设四匦。⑤ 投匦在唐及宋初最盛。⑥ 但击登闻鼓仍

---

① 据笔者所见，唐至明代，叩阍亦被称为"叩阙"。而在清代的官方资料中，则做严格区分。《清史稿》《大清会典》等均不用"叩阙"一语；《清实录》、"宫中档"等官方资料中的"叩阍"，无一是讼案。

② 外国学者通常把京控类制度追溯到秦代［如 Jonathan K. Ocko，"I'll Take it All the Way to Beijing：Capital Appeals in the Qing，" *The Journal of Asian Studies*，Vol. 47，No. 2（May 1988），pp. 291-315］。中国学者一般认为周代肺石制度（《周礼》卷 9，《重刊宋本十三经注疏》，台北：艺文印书馆，1965，第 517 页下~518 页上）即京控和叩阍的前身。梁武帝时，肺石讼冤办法得以简化（见《资治通鉴》卷 145，中华书局，1956，第 4520 页）。唐代规定："若茕、独、老、幼不能自申者，乃立肺石之下。"［（唐）李林甫等：《唐六典》卷 6，中华书局，1992，第 192 页］至元代，"有衔冤无告者，以肺石达之"（陈得芝等辑《元代奏议集录》上，《元代史料丛刊》，浙江古籍出版社，1998，第 368 页）。

③ 164 年，寇荣罹冤，欲"坐于肺石之上，使三槐九棘平臣之罪"，汉桓帝未理，而予诛杀（《资治通鉴》卷 47，第 1777 页）。可见，此时肺石形同虚设。明代，漕卒"故以秕入激大农。大农诘之……第群坐肺石以待命"［（明）焦竑编《国朝献征录》卷 85，《明代传记丛刊》，台北：明文书局，1991，第 190 页 b］。众人群坐肺石，而非恭谨地站立其旁，说明肺石不过一摆设。

④ 周人建路鼓"以待达穷者"（《周礼》卷 31，《重刊宋本十三经注疏》，第 476 页 a）。晋武帝时，曲路伐登闻鼓上言（《晋书》卷 3，中华书局，1985，第 59 页）。卫瓘被诛后，太保主簿刘繇等挝登闻鼓（《晋书》卷 36，第 1060 页）。永嘉年间，赈吏邵广被判弃市，其子挝登闻鼓乞恩（《晋书》卷 75，第 1989 页）。晋元帝时，廷尉张闿扰民，百姓挝登闻鼓控诉［（南朝宋）刘义庆著，余嘉锡笺疏《世说新语笺疏》卷中之下，上海古籍出版社，1993，第 562 页］。蔡撙任临海太守时枉法，杨元孙挝登闻鼓诉讼（《南史》卷 29，中华书局，1974，第 774 页）。梁天监初，孝子吉翂挝登闻鼓（《南史》卷 74，第 1839~1840 页）。梁大臣臧厥卒后，"有挝登闻鼓诉求付清直舍人"（《南史》卷 18，第 513 页）。魏世祖即位，"阙左悬登闻鼓，人有穷冤则挝鼓"（《魏书》卷 111，中华书局，1974，第 2874 页）。隋令："有枉屈县不理者，令以次经郡及州，至省仍不理，乃诣阙申诉。有所未惬，听挝登闻鼓，有司录状奏之。"（《隋书》卷 25，中华书局，1973，第 712 页）

⑤ （宋）王溥：《唐会要》卷 55，《钦定四库全书》第 606 册，台湾商务印书馆，1986，第 703 页上。

⑥ 《新唐书》录两起投匦事，一为武后末年，苏安恒为太子事投匦（卷 112，中华书局，1974，第 4167 页）；另一为宪宗时，李涉为吐突承璀事投匦（卷 163，第 5008 页）。《旧唐书》载三起投匦事，除上述两起外，另有张忠冤母投匦诉张忠被裴延龄构诬（卷 135，中华书局，1974，第 3728 页）。另外，《全唐文》中除收录有关投匦的政令外，涉具体投匦事五起［（清）董诰等编《全唐文》，中华书局，1987，第 2173 页下、2645 页上~下、3034 页下、4687 页上~下、10163 页下］。

是唐代诉冤的重要方式。① 辽、宋、金、元、明各代均设登闻鼓院。② 宋至明代，击登闻鼓是鸣冤的常规形式。

清代不设四匦③、不立肺石。清初设登闻鼓厅，"掌达冤民"。④ 尽管登闻鼓是专设的叩阍设施，但《清实录》和《清史稿》中明确记载的击登闻鼓事共三例，⑤ 台北"故宫博物院"清代宫中档中则根本未见。清前期大量的叩阍是申诉者通过迎车驾、入宫门等方法来实施的。

戏曲类的叙事中，叩阍被视为过程艰险、结局完美的终极诉讼。基本情节多是国君主持公道，位高权重的贪官奸臣受到了应有的惩罚。

检《清史稿》，叩阍案共 18 件，其中讦讼权奸类仅两起。一为 1690 年江苏沭阳周廷鉴诉降调侍郎胡简敬父子家人，另一为乾隆初年贵州瓮安罗尚珍讼原四川巡抚王士俊。⑥ 结果，"一门济恶"的胡简敬和霸占别人墓地并纵仆殴毙民命的王士俊均"论罪如律"。这与戏曲的情节和要素均颇吻合，但这类案件仅约占《清史稿》叩阍案的 11%。

令人惊讶的是，叩阍案中对清官的控诉也有两起。一为山安同知佟世禄劾河道总督张鹏翮，一为京口防御高腾龙等叩阍讼"江南民尤颂之"的江宁布政使慕天颜"奏销浮冒"。⑦

国事类两起。一为 1702 年镇箪诸生李丰等叩阍言红苗杀人，另一为康熙初年轰动朝野的新安卫官生、穆斯林杨光先叩阍指斥耶稣会士、钦天监

---

① 《旧唐书》中共有三起击登闻鼓鸣冤事。京兆尹杨虞卿弟等八人挝登闻鼓为兄鸣冤（卷 17 下，第 558 页）；裴遵庆族侄挝登闻鼓告其不顺（卷 113，第 3356 页）。和州刺史穆宁被诬，子挝登闻鼓鸣冤（卷 155，第 4114、4116 页）。有学者认为清代的京控制度最完美（Jonathan K. Ocko，"I'll Take it All the Way to Beijing：Capital Appeals in the Qing，" *The Journal of Asian Studies*，Vol. 47，No. 2，May 1988，p. 291），显然值得商榷。

② 分见《辽史》卷 8，中华书局，1974，第 91 页；《宋史》卷 4，中华书局，1977，第 72 页；《金史》卷 25，中华书局，1975，第 587 页；《元史》卷 11，中华书局，1976，第 231 页。明登闻鼓院设立时间不详，见佚名《明内廷规制考（外两种）》，中华书局，1991，第 69 页。

③ 清代官将常自行设匦（《清史稿》卷 361，第 11390 页；卷 373，第 11541 页；卷 479，第 13083 页），唯此类事不属"告御状"。

④ （清）宗室昆冈等：《钦定大清会典》卷 69，光绪二十五年刻本，第 15 页 b。

⑤ 1657 年，工部尚书星讷因陵工问题被革职，击登闻鼓自讼（《大清世祖章皇帝实录》第 3 册，中华书局，1986，第 858 页上）。康熙初即位时，旗人阿那库罪绞，其妻击登闻鼓讼冤（《清史稿》卷 238，第 9492 页）。方以智罹罪，13 岁的方中德，"挝登闻鼓，讼父冤"（《清史稿》卷 500，第 13833 页）。

⑥ 分见《清史稿》卷 275，第 10063 页；卷 294，第 10350 页。

⑦ 分见《清史稿》卷 279，第 10130 页；卷 278，第 10100~10101 页。

监正汤若望新法十谬。前案为民族冲突，后案则是彻头彻尾的政治诬陷。[1]

家事类亦两起，一为康熙初年满洲镶白旗沙木哈妻哈里克叩阍，求恕夫弟三太击杀其夫罪，另一为1714年满洲正红旗人噶礼母叩阍，讼子原两江总督噶礼与其妻子谋弑自己。[2] 结果，三太获恕；噶礼及妻被赐自尽，其弟及子被处死。

孝行类四起。有浙江嘉善郁褒兄弟、流人王德麟分别求代父戍，浙江山阴杨宾求赦其父，山东益都杨献恒两次赴都叩阍申父冤狱。[3] 前两起均得康熙帝恩准；后两起则无果。

更令人惊讶的是，数量最多的叩阍案是为官员维权，共六起（包括1起未遂）。一为康熙初年，西安百姓叩阍，称坐鳌拜党被罢官的山陕总督莫洛、陕西巡抚白清额清廉，"乞还任，诏特许之"。二是胡氏叩阍，为受鳌拜案牵连的其夫原镇海大将军刘之源鸣冤，"上命宽之"。三是康熙初年四川巡抚张德地叩阍，自辩鬻卖武举事，以事无据复官。四为乐亭民众两次叩阍，列滦州知州于成龙善政，经勘实复任。五为康熙后期，江宁诸生千余人准备叩阍，替江宁知府陈鹏年辩白。六是咸丰初年，萧县郑立本等叩阍，请求督办河南军事伊兴额还镇。[4]

上述18件叩阍案，至少15件发生在康熙朝，1件发生在乾隆朝。[5] 这当然不是康熙朝叩阍案的全部，如仅康熙四十四年正月十日至四月二十九日，就有13起叩阍事件。[6] 必须说明的是，越到清后期，叩阍案越多。但为什么《清史稿》所收录的叩阍案绝大部分发生在康熙年间呢？

应该说，康熙朝的叩阍案具有一定的样本色彩。若深入分析，这些案

---

[1] 分见《清史稿》卷8，第260～261页；卷272，第10021～10022页。杨光先案的研究，参见 John B. Henderson, "Ch'ing Scholars' Views of Western Astronomy," *Harvard Journal of Asiatic Studies*, Vol. 46, No. 1 (June 1986), pp. 138–139。

[2] 分见《清史稿》卷510，第14145页；卷278，第10107页。

[3] 分见《清史稿》卷6，第176页；卷7，第210页；卷499，第13799～13800页；卷498，第13785页。

[4] 分见《清史稿》卷6，第178页；卷243，第9589页；卷256，第9800页；卷279，第10124页；卷277，第10093页；卷417，第12105页。

[5] 只有杨献恒案不知具体时间。《清史稿·杨献恒传》有"山东初设总督，献恒讼焉"。据此可断定此案在顺末康初。据成瓘编纂《济南府志》卷29（道光二十年刻本，第1页a～b），顺治十八年设山东总督始驻济南府，康熙元年复设直隶、河南、山东三省总督，八年奉裁。

[6] 据对佚名《圣祖五幸江南全录》（宣统年间振绮堂丛书本，不分卷）全书的统计。

件则蕴含复杂的社会政治意义。

自顺治始，清即形成了异于明朝的奏折制，[①] 表明了清廷对信息搜集及社会控制的强化。与此对应的是，清初继承了明代的法律，对叩阍者先责以 40 板。但顺治认为此法太苛，而予叩阍者以更宽松的法律环境，表明清初统治者利用叩阍稳定政局的主动精神。[②]

《清史稿》中以维护官僚权益为主题的叩阍（后六起，加诉讼清官），达八起。这当然不能表明清初官比民更不聊生，而是反映了当时上层统治集团通过与最高统治者接近的机会，更多地主张自己的权益和争取自己的利益。而这一点，基本为国外学者所忽略。

因此，清代前期的叩阍者中，皇孙帝子、宗室县君、尚书督抚，应有尽有。

1653 年，户部启心郎布丹等叩阍，他在 1651 年户部给饷不均案中被革职和籍没。顺治帝亲自审查，认为"拟罪实属太过"。经刑部复议，该案原被论死的尚书巴哈纳恢复革去的觉罗；原革职并籍没的侍郎硕詹等 3 人，改各罚银 50 两并复爵；原革职、鞭一百的主事硕色恢复拖沙喇哈番。[③] 1659 年，殉难赠光禄寺卿邬象鼎妻祝氏叩阍，"上特宸之"。[④] 1668 年，太祖努尔哈赤曾孙、贝勒杜兰叩阍，被责处。1671 年，一等侍卫罗铎等叩阍，为其父白尔黑图叙功。白尔黑图原系一等阿思哈尼哈番，经议叙授为三等精奇尼哈番。1682 年，盛京刑部侍郎宗室噶尔齐等叩阍，控告内大臣宗室额奇等，获查报。同年，原任拖沙喇哈番祁塔特叩阍，乞一养赡地。康熙"心悯之"，予以满足。1684 年，原定南王孔有德属下胡同春弟胡同文等叩阍，议准同为阿思哈尼哈番的胡同春等 3 人、同为阿达哈哈番的王永年等 3 人、拜他喇布勒哈番徐文登等人世职，俱准应袭之人承袭。1698 年，原陕西巡抚布喀叩阍，呈告川陕总督吴赫侵蚀银 40 余万两，请与吴赫等质审。1709 年，阿禄科尔沁故固山额驸巴特玛之妻县君叩阍，所

① 参见高翔《也论军机处、内阁和专制皇权》，《清史研究》1996 年第 2 期，第 26～27 页；Silas H. L. Wu, *Communications and Imperial Control in China*: *Evolution of the Palace Memorial System, 1693–1735*, Cambridge: Harvard University Press, 1970。
② 《大清世祖章皇帝实录》第 3 册，第 489 页上。
③ 《大清世祖章皇帝实录》第 3 册，第 565 页下；（清）蒋良骐等：《十二朝东华录》（顺治朝），台北：文海出版社，1967，第 138 页 b。
④ 《大清世祖章皇帝实录》第 3 册，第 980 页上。

请之事未获允。① 1712 年，原江苏布政使宜思恭叩阍，控告两江总督噶礼等需索银两，以致亏空，② 后"查审是实"。③ 同年，原西安骁骑校正蓝旗巴布叩阍，言其兄萨尔布善曾抚养和硕安亲王之子塞冷额，田产、家人等，俱为塞冷额占有。康熙予以公断。1713 年，原任河道总督王新命之子因曹远芳等诬其父为开户之人叩阍。康熙谕大学士等，因王新命系"国家大吏"，对曹远芳"当行禁止"。1714 年，原两江总督噶礼之母叩阍，噶礼等被赐自尽。同年，原户部尚书希福纳叩阍，控告和硕诚亲王允祉、固山贝子允裪、敦郡王允䄉、固山贝子允䄉、皇十五子允禑、皇十六子允禄等多名属下和太监讹诈。经领侍卫内大臣侯巴浑德等查议，希福纳所控各事"并无证据，应无庸议"。1715 年，巨商马维屏等叩阍，愿领大钱收买小钱，未被允准。④

上述康熙朝权贵们的叩阍无一例"诬告"，仅有一例被定为"无证据"，即希福纳控和硕诚亲王等多名属下。此案本质上是一起极具影响的政治敏感案件，因此，原告只能被定为无据。⑤

另外，《清史稿》中两起家事类叩阍的主角均为满洲贵族。沙木哈族人在清初被授为通议大夫、户部四品郎中加二级。⑥ 噶礼母据说系孝惠章皇后"近戚"。⑦

应该说，除政治案外，大部分权贵叩阍案的处理是相对公平的。与戏曲叙事不同的是，叩阍并不都是权贵的末日，其最大受益者反而是权贵集团。在清前期，以官僚为主体的权贵们占据社会阶层的顶端，甚至占据着最优势的维权阵地。乔纳森关于叩阍案中户婚土田、自理词讼类不被受理的论点，⑧ 极为片面。清初对权贵阶层，并不存在这样的限制。

---

① 分见《大清圣祖仁皇帝实录》，中华书局，1985，第 4 册，第 348 页下、476 页上；第 5 册，第 47 页上、53 页上、181 页下、1006 页下；第 6 册，第 361 页上。

② （清）蒋良骐等：《十二朝东华录》（康熙朝二），第 662 页 b。

③ 《大清圣祖仁皇帝实录》第 6 册，第 496 页下。

④ 分见《大清圣祖仁皇帝实录》第 6 册，第 481 页下、525 页上、553 页上~下、555 页下~556 页上、575 页上。

⑤ 台湾"故宫博物院"清代宫中档与军机处折件（以下简称"折件"）：《塞尔图奏报原任户部尚书希福纳侵吞银两议处事（雍正二年十二月）》，箱号 78，文献编号 412000310。

⑥ （清）盛昱：《雪屐寻碑录》卷 8，辽沈书社，1985，第 2967 页 b。

⑦ （清）昭梿：《啸亭杂录》卷 10，中华书局，1980，第 354 页。

⑧ Jonathan K. Ocko，"I'll Take it All the Way to Beijing：Capital Appeals in the Qing，" *The Journal of Asian Studies*，Vol. 47，No. 2（May，1988），p. 292.

康熙以前其他非单纯理冤的叩阍案，也多坐实。包括登州知府李元龙控告九门提督陶和气吓诈银 12 万两，[①] 班汉杰等诉被掠，所涉叛逆事，[②] 旗人地主张六十诉赎庄头，[③] 等等。

一方面，与其说不厌其烦地解决下属的不公和家事显示了清初君主的仁慈，不如说，通过叩阍，清帝获得了更多官场和社会的准确情讯，在某种程度上减少了情报搜集成本。顺治把叩阍作为通达下情的重要手段，谆谆告诫："地方官职在安民，凡下情难达者，即与题请，毋得壅蔽，致小民自行叩阍。"[④] 1687 年，康熙借张遴叩阍案指出："大凡督抚，无不与部院堂官营求结纳，分树门户。……部院堂官，各援引亲戚，朋党营求。"[⑤] 尽管有规范的奏折制度，但官员多不愿提供不利于自己的消息。1697 年，康熙批评督抚等，"每将微员细事填注塞责。至真正贪酷官员、有害地方者，反多瞻徇庇护，不行纠参。以致吏治不清，民生莫遂"。[⑥] 正因为对叩阍比较关注，是以康熙能准确地记得叩阍者的状貌，[⑦] 甚至在三四十年后尚记得一些人的名字。[⑧]

另一方面，最高统治者运用叩阍的形式，建立了某种意义上具有清朝特色的监察体系。顺治利用吏部书吏章冕叩阍，很好地整顿了清初的官场腐败风习。[⑨] 因此，不论是诉讼权奸还是诉讼清官，清帝均能通过审理叩阍案，达到约束和监督官员的目的。早在 1660 年，内大臣伯索尼遵谕言事，认为："叩阍所以通闾阎之隐。……庶官吏皆洗心涤虑，而刁民亦不敢捏词诳讼矣。"[⑩] 可以说，对叩阍的正面利用，对稳定清初的政局起到了积极作用。

---

① 折件：《王鸿绪奏陈李元龙叩阍案》，箱号 77，文献编号 401002547。

② 折件：《赵弘燮奏陈将叩阍人班汉杰等二人解部质审（康熙五十年六月）》，箱号 76，文献编号 401000275。

③ 折件：《赵弘燮奏陈将叩阍人张六十解部质审（康熙四十六年六月）》，箱号 76，文献编号 401000729。

④ 《大清世祖章皇帝实录》第 3 册，第 192 页下。

⑤ 《大清圣祖仁皇帝实录》第 5 册，第 403 页下~404 页上。

⑥ 《大清圣祖仁皇帝实录》第 5 册，第 962 页下。

⑦ 折件：《赵弘燮奏陈围场拿获叩阍人事（康熙五十年二月）》，箱号 76，文献编号 401000274。康熙对叩阍者经常"面问"［中国第一历史档案馆藏《清代起居注（康熙朝）》第 29 册，中华书局，2009，第 b014445 页］。

⑧ （清）蒋良骐等：《十二朝东华录》（康熙朝二），第 720 页 b。

⑨ 《大清世祖章皇帝实录》第 3 册，第 745 页上。

⑩ 《大清世祖章皇帝实录》第 3 册，第 1061 页上~下。

在法治社会，官员是执行法律的工具，法律是不可扭曲的刚性原则；但在清代，官员可以曲解甚至无视法律。表面上看，上级的监督、同级的牵制和下级的举报，对官员的权力具有限制作用。但在传统政体下，这种制度时灵时不灵。甚至在清人关前，官僚之间相互遮掩曲隐之弊，大行其道。1632 年，参将宁完我疏言："大抵举国之内，唯诺成风，浮沉为俗，以狡猾为圆活，以容隐为公道，以优柔退缩为雅重。步趋成习，便为大僚。"①

叩阍可以准确地反映官员的为政情况，有助于最高统治者公正决断。1698 年，刑部尚书傅腊塔等审查陕西巡抚布喀叩阍呈告川陕总督吴赫侵蚀案，拟将吴赫等革职。由于 4 个月前，康熙已得到咸阳县民张拱等叩阍呈告布喀侵蚀银两的实情，遂推翻了傅腊塔的审断。② 处理叩阍案公正与否，也是对审案官员品行的考验，是以重要叩阍案的审理多在清帝的监察之下。③

在康、雍两朝，官僚们经常结成利益同盟。④ 清廷同样借助叩阍对此加以约束。可以说，官僚集团过于强势，社会公正就会严重缺失。在行政、司法、选仕等领域，如果官僚们垄断操纵，必然破坏社会稳定。因此清帝需借助叩阍来获取另类信息，加强对官僚的控制和震慑。1695 年，通过对山东革职县丞谭明命叩阍的鞫勘，庇护原知县朱敦厚婪赃 4 万余两的刑部尚书徐乾学、山东巡抚钱珏俱被革职，原布政使卫既齐被降三级。⑤

雍正帝对官僚集团中的各种潜规则看得很透彻，尽管他无法采取程序化的手段加以制约，但他仍继续利用叩阍渠道保持对官员的控制。1726 年，雍正为向官员施恩，把选仕潜规则公开为明规则，明确表示会优先重

---

① 《大清太宗文皇帝实录》第 2 册，中华书局，1985，第 148 页上。
② 《大清圣祖仁皇帝实录》第 5 册，第 1048 页下、997 页上、1048 页下。
③ 对密折制度的研究，见 Pei Huang, "The Confidential Memorial System of the Ch'ing Dynasty Reconsidered," *Bulletin of the School of Oriental and African Studies*, Vol. 57, No. 2 (1994), pp. 329–338. 康熙常通过密折督察叩阍案。1705 年侍读秦布等审理扎萨叩阍案时 "枉断" 等情、1706 年刑部审理郭明奇叩阍案等均被王鸿绪密报给康熙（中国第一历史档案馆《康熙朝汉文朱批奏折汇编》第 1 册，档案出版社，1984，第 274、585~589 页）。康熙从审理布喀叩阍案中，看出了张鹏翮的人品。康熙对大多数高级官员的表现均比较清楚（《康熙朝汉文朱批奏折汇编》第 1 册，第 295、300、308、310、315 页）。
④ 如在康熙朝，"门第原好"，即是官员被保荐的条件之一［台北 "故宫博物院" 藏《清代起居注（康熙朝）》第 8 册，台北：联经出版事业股份有限公司，2009，第 T04368~04369 页］。
⑤ 《大清圣祖仁皇帝实录》第 5 册，第 671 页上。

用王公大臣子弟；① 并特设养廉银制度，寄希望于高薪养廉。正是叩阍检验出了这套制度的真实效果。1728 年，山东参革知县朱成元家人叩阍，雍正得到了朱成元任知县 20 多年间向上级送礼的账本，巡抚以下各官悉数受贿。雍正指出："盖上司既受属官之馈遗，又何以禁止属官之贪墨？甚至以馈遗之多寡，分情谊之厚薄，则属员之优劣，何由辨别？"② 这次叩阍使刑部左侍郎（原山东巡抚）黄炳、布政使博尔多③、按察使余甸等多名高官受到严处，并使雍正明白缺乏监督的高薪根本无法养廉，他增加了惩处条例，谕令："倘再有私收规礼者，将该员置之重典。其该管之督抚亦从重治罪。"④ 这次整顿，使馈送贿赂恶习在相当长一段时间里得到了遏制。

康熙曾谕："国家致治，首在崇尚宽大。"⑤ 对叩阍的宽容，使统治者广纳善言，减少决策失误。苏北重要河流串场河即由叩阍者规划而成。1685年，康熙南巡，高邮士民郭天祚等叩阍请开河以泄运河六坝之水，并减黄淮及洪泽湖壅涨。河成后，"泽国变为膏腴，食利无穷矣"。⑥ 1707 年，徐州曹警旭叩阍，请浚房亭河，康熙采纳了这一建议，命张鹏翮修治。⑦

尽管中高级官员均要向最高统治者报告各地情形，仍难免有重大遗漏，叩阍常帮助统治者进行局部性的纠错。顺治中期，湖南华容县唐孟侯、贺立廷叩阍，陈述赋重，"得酌减"。⑧ 清初，广东清远朱挺元等肆行劫掠，仅温、米、胡三族就被杀 208 命。但朱得尚可喜庇护，粤省官员不敢追捕。1662 年，温任经赴京叩阍，提供了朱等人的准确情报，终使朱等被诛杀。⑨ 清初革除明末"三饷"，江苏宿迁未及时申报，"遂为永例"，并有多项不合理征收。⑩ 1685 年，陆尔谧等叩阍，康熙准予蠲除部

① 《大清世宗宪皇帝实录》第 7 册，中华书局，1985，第 686 页下。
② （清）允禄等：《世宗宪皇帝上谕·内阁》卷 71，《钦定四库全书》第 415 册，第 112页下。
③ （清）鄂尔泰等编《雍正朱批谕旨》第 1 册，北京图书馆出版社，2008，第 41 页上~下。
④ 《大清世宗宪皇帝实录》第 7 册，第 1070 页下。
⑤ 《大清圣祖仁皇帝实录》第 4 册，第 575 页上。
⑥ （清）萧奭：《永宪录》，中华书局，1959，第 398 页。
⑦ （清）吴世熊总修《徐州府志》卷 11，同治十三年刻本，第 12 页 a。
⑧ （清）曾国荃总纂《湖南通志》卷 191，光绪十一年刻本，第 71 页 a~b。
⑨ （清）陈昌济总纂《广东通志》卷 331，同治三年刻本，第 31 页 b~32 页 a。
⑩ 严型总修《宿迁县志》卷 20，1935 年刻本，第 10 页 b~11 页 a。

分钱粮。① 1704 年，浙江旗丁包谢国叩阍，请求裁减经费钱粮，亦获减。②

特别需要说明的是，在乾隆前期以前，叩阍对不法势豪具有极大的威慑作用。清初，浙江仁和郭氏在灵隐寺西有宋赐祖墓，被土豪曹氏霸占，郭氏"走京师叩阍，曹惧"。③ 钱塘县有吴越国文穆钱王墓，1731 年，孙兰台之父毁墓盗葬。墓主后人于 1738 年到县控告，"吏胥得贿"，此案遂无下文。墓主后人放言："明春车驾南巡，吾当叩阍，与孙氏权轻重耳。"孙家虽为势豪，"闻之大惧"，"而当事亦恐负废弛之咎，俾通省理事同知纳公兴安治其事……一讯而明"。此案竟很快得以公正解决。④

但由于传统政体的本质弊端，即使对叩阍的公正处置，也仅属治标而已。在清初，叩阍对官员的监督作用有着很大的局限性，而平民叩阍并非总能获得公正对待。1721 年，康熙谈朱一贵案的起因，认为"总因台湾地方官，平日但知肥己，刻剥小民，激变人心"。⑤ 这种情况应是全国的普遍现象。在康熙朝，平民理冤类叩阍的处置结果，往往不若对权贵叩阍处置得公正。前述的孝子杨献恒，其父被人殴死，杨本人被殴伤并反被下狱。杨首次叩阍，下山东巡抚会鞫，仅罚凶手埋葬银 40 两。杨再次到京师叩阍，"以狱已定罪，献恒妄诉，笞四十"。⑥ 1706 年，山西平遥郭明奇进京控噶礼贪横，被定为捏控，代其上疏的御史袁桥被革职。⑦ 事实上，噶礼"抚山西数年，山西民不能堪"。⑧

综上所述，尽管顺、康、雍三朝对叩阍相对宽容，但清帝的目的并不是建立公平公正的法治秩序，而是着眼于对官员群体的监督、局部性的纠错、政治和政策的宣示，以及作为社会实情的信息来源等。无论如何，叩阍成了这个时期具有清初特色的督察体系的组成部分。君民相通，下情上达，相对有效地约束了官僚群体，减少了腐败。

---

① 《大清圣祖仁皇帝实录》第 5 册，第 284 页上。
② （清）嵇曾筠等：《浙江通志》卷 82，乾隆元年刻本，第 16 页 a~b。
③ 龚嘉俊修《杭州府志》卷 139，1922 年铅印本，第 30 页 a。
④ （清）钱泳：《履园丛话·丛话十九》，中华书局，1979，第 513 页。
⑤ 《大清圣祖仁皇帝实录》第 6 册，第 862 页下。
⑥ 《清史稿》卷 498，第 13785 页。
⑦ 《大清圣祖仁皇帝实录》第 6 册，第 319 页下。
⑧ 《清史稿》卷 278，第 10104~10105 页。审郭明奇叩阍时，王鸿绪准确地向康熙密报："噶礼起初声名尚好，后渐渐不好，加派之重，富户受累。"（《康熙朝汉文朱批奏折汇编》第 1 册，第 589 页）。

二

乾隆前期尚能通过叩阍案了解下情，对官员进行多渠道的监督。

《清史稿》中，罗尚珍叩阍讼王士俊案即发生在乾隆初年。

1747年，陕西河州回民马应焕叩阍，控马来迟邪教惑众。讼文称，两年前河州就判决禁止该教，但仅为具文。他到州衙控告，多日没有音讯。[①]对此，乾隆清醒地认识到："州县官员自理词讼，既无忠信明决之才，更存因循避事之见。是非曲直，莫辨实情。沉搁迁延，不能结断。其审案又不过以文告了事。"[②] 1757年，河南夏邑等4县"连岁未登"，地方官匿不奏报，造成该地区"屡有叩阍之事"。乾隆派出密使核查，证实了叩阍者的控诉。[③]

应该说，对这些叩阍案的处置，与此前的政策无太大变化，叩阍为乾隆提供了丰富的底层社会的信息。

乾隆中后期，与顺、康两朝对叩阍的正面利用相比，视叩阍为犯罪，并强化了对叩阍的打击。[④] 1789年，四川马晏清在密云进行正常的叩阍，因未被当场抓获，清廷竟向全国通缉。各地文武官员，如临大敌，"查照抄单年貌，认真飞速查拿"。[⑤]

学者指出："乾隆中叶以后，清朝统治者逐渐丧失了过去长期保持的那种积极进取、奋发有为的精神，点缀盛世、装点繁华成为皇帝和官僚们的重要工作。"[⑥] 乾隆中后期的叩阍事件印证了这一论断。

乾隆常把专制体制造成的叩阍视为平民额外的欲求，而把解决叩阍问题视为单纯的向百姓施恩。1781年，乾隆借查办广西覃老贵叩阍案自夸：

---

① 折件：《舒赫德奏回民马应焕妄行喊诉等事（乾隆十二年五月）》，箱号2772，文献编号000591。
② 《大清高宗纯皇帝实录》第12册，中华书局，1985，第804页上。
③ 《大清高宗纯皇帝实录》第15册，第776页下～778页下。
④ 折件：《观音保札行行在谨将起解叩阍人犯一名钱宗周赴安徽抚院收审日期》，箱号2771，文献编号010202。乾隆的政策与寺田浩明所说的叩阍（上控）本义相违（《権利と冤抑—清代聴讼世界的全体像》，《法学》第61卷第5号，1997年，第905～906页）。
⑤ 折件：《河南巡抚梁肯堂遵旨饬缉密云叩阍民人马晏清（乾隆五十四年七月）》，箱号2727，文献编号403057951。
⑥ 高翔：《清帝国的盛衰之变》，《决策与信息》2005年第1期，第132页。

"朕办理庶事，从不稍存成见，而人命所关，即匹夫匹妇亦不使少有屈抑。"① 这不但把其执政能力夸大到完全失真的地步，更完全颠倒了施恩与施暴的关系。1790 年，乾隆称："迩日各省叩阍呈控者，不一而足。无不派钦差大臣，前往审办。皆因朕平日爱民如子，未尝加派一县，枉刑一人。"② 颇具讽刺的是，乾隆此话是针对内阁学士尹壮图奏请取消造成无数腐败的赎罪银而发。尹终被罢官，并差点被诛。③ 连尹这样的言官都获重罪，叩阍者的遭遇就可想而知了。

与康熙以前叩阍案被大量坐实相反，台北宫中档乾隆朝的 60 余起平民申冤诉屈类叩阍案，被查实的仅四五起，绝大多数被定为诬告。

1784 年，直隶吴桥监生王象明控告原镇江通判王烈等霸占地基，县官循情偏断。王象明到京控诉，被县官派人截回，反将其下狱。④ 王在狱中遣妻刘氏及幼女进京再控。乾隆谕将此案"解京交刑部确实严讯"，刑部把此案发给直隶总督刘峩，刘则让吴桥前知县汤嗣新"详报"。得出的结论也就可想而知了：王象明捏控，且有赌博劣迹。⑤

可以说，许多所谓的诬告案，仅是查案官员臆断或枉断而已。1780 年，江苏海州汤大恺叩阍，讼盐商在南北六塘河加建水坝，百姓田禾大量被淹。后经"查明"，所告不实。⑥ 汤大恺被杖一百，发近边充军。⑦ 而方志所载表明，汤大恺的控告俱系实情。⑧ 类似案件，不胜枚举。

即使最高统治者高调要求彻查每一起小民叩阍案，官僚们无须察言观色，就能准确地把握什么案该查，什么案不该查，或是用什么方法去查。如果仅是个人蒙冤，不会造成社会性后果的控告，是很难被彻查的。部分

---

① 折件：《姚成烈奏查办广西猺人覃老贵赴辕怀呈自刎案（乾隆四十六年十一月）》，箱号 2715，文献编号 403039700。

② 《大清高宗纯皇帝实录》第 26 册，第 339 页下。

③ 《清史稿》卷 319，第 10754 页。

④ 折件：《绵恩奏审理监生王象明遣妻来京控告等案（乾隆四十九年三月）》，箱号 2776，文献编号 036159。

⑤ 折件：《刘峩奏吴桥县监生王象明控告王烈等证卷宗（乾隆四十九年三月）》，箱号 2741，文献编号 403047523。

⑥ 折件：《陈辉祖奏审明海州汤大恺叩阍案由（乾隆四十五年十二月）》，箱号 2705，文献编号 029337。

⑦ 折件：《福隆安奏为审拟叩阍之汤大恺事（乾隆四十五年四月）》，箱号 2705，文献编号 026721。

⑧ 嘉庆《海州直隶州志》卷 21，嘉庆十六年刻本，第 42 页 a~b。

学者关于清代官员依法审理叩阍案的说法，① 很难令人信服。

康熙对叩阍案的处置，也是进行政治和政策宣示的平台。② 清代叩阍案中被诛杀的级别最高的官员为噶礼。其人贪名素著，多次被劾，却并未受惩。③ 但当噶礼母向康熙面陈"噶礼极奸诈无恩"时，康熙敏锐地从其"不孝"推出其"不忠"。④ 通过这起叩阍案，康熙警示官员们：君主可以容忍一定程度的贪腐，但绝不能容忍其不忠。《清史稿》记载孝行类叩阍4件之多，也就可以理解了，实际是为培育忠君意识。且孝行类叩阍的主角均为汉人，通过施恩叩阍者，表明清政权对汉人礼义的承继。⑤

尽管注重孝行政治，⑥ 但自乾隆中期始，不再利用叩阍进行宣示。1765年，近70岁的叩阍者张禄生，仅因喊冤，"尚无执持呈状冲突奏诉等情事"，被重责100板，徒3年。⑦ 1771年，直隶宣化傅先泽叩阍。因其父被定绞刑，傅先泽情愿代死，但被"杖一百，发近边充军"。⑧ 1778年，宁津少年杨夫相与其幼妹三丫头代父叩阍，结果，其父发往伊犁为奴，杨夫相被杖八十，枷号两个月。⑨ 后两起叩阍实属中国正史中孝行的标准模范，予以一定程度的宽大，是对统治者仁政的表达。对其重责，与其说是依法办事，不如说是推托、懒政。且清王朝本质上是君主专制体制，这种做法显然与顺、康的理念脱节。

为打击叩阍，乾隆甚至连清律也不顾了。1780年，浙江鳏老汪茂宗被族人霸去房产，在道旁叩阍，却被杖一百，发近边充军。福隆安等奏，按

---

① Jonathan K. Ocko, "I'll Take it All the Way to Beijing: Capital Appeals in the Qing," *The Journal of Asian Studies*, Vol.47, No.2（May 1988），pp. 305-307. 黄宗智在《民事审判与民间调解：清代的表达与实践》（中国社会科学出版社，1998）中多处提到严格的考察制度使清代官员不得不依法办事。

② 寺田浩明等看到了清帝对案件的自由裁量（《権利と冤抑—清代聴讼世界の全体像》，《法学》第61卷第5号，1997年，第899页），但没有阐明其政治寓意。

③ 《清史稿》卷278，第10104~10105页。

④ 中国第一历史档案馆藏《清代起居注（康熙朝）》第28册，第b013891页。

⑤ 对康熙推动满汉文化的融合，参见高翔《清初满汉冲突与北方区域文化之变迁》，《清史研究》1994年第2期。满汉政治思想文化融合，参见王钟翰《清军入关与满族的政治思想文化》，《社会科学辑刊》1995年第1期。

⑥ Harold L. Kahn, "The Politics of Filiality: Justification for Imperial Action in Eighteenth Century China," *The Journal of Asian Studies*, Vol.26, No.2（February 1967），pp. 197-203.

⑦ 折件：《方观承奏报审拟喊冤叩阍人张禄生一犯（乾隆三十年二月）》，箱号2753，文献编号403019640。

⑧ 折件：《于敏中等奏审理傅先泽叩阍案》，箱号2765，文献编号0178941。

⑨ 折件：《喀宁阿达尔吉善奏宁津民女杨氏叩阍案》，箱号2704，文献编号403034412。

律应查核叩阍所控之事。但乾隆谕令："其所控之事，毋庸办理。"① 这与康熙朝叩阍，只要部分坐实便可"相应免罪"的做法，② 不可同日而语。

对民事案件，官员们多不愿费精力寻根究底。把叩阍者说成患精神疾病，甚至成了流行的推托方式。1780 年，浙江临海金文维叩阍。当金陈述其妻与其叔父、兄弟等人通奸事，廷臣们认为他"语无伦次，似有疯疾"。但当金文维述及其叔与"数百人吃斋念佛，黑夜聚处"时，廷臣们立即警觉，认为"不可不彻底根究"。③ 同样一个人的叙述却被用了双重标准来判断，体现了政治案至上的原则。1790 年，江西丰城文远臣叩阍，控告其母被族兄强奸，羞忿自杀。由于此事已过 30 年，查办此案的和珅不究案，先相人："察看该犯神情呆蠢，言语尤属支离。"直接将其重责了事。④ 1778～1790 年，被当作患疯病处理的叩阍者还有滦州樊连元，⑤ 永年赵廷玺，⑥ 无籍张喜成，⑦ 丹徒杜一盛，⑧ 泾县汪经栢，⑨ 太湖刘任宽，⑩ 秀水庄永明，⑪ 安康吕凤翔，⑫ 等等。相信这些人中有人是真患病，但同样确信，许多人是被塑造成病人的。与康熙朝罕有疯人叩阍相比，乾隆朝叩阍者中疯人的比率高得离谱。

尤为重要的是，统治者已不再把叩阍作为监察官员的重要手段，从而对官僚群体减少了有效的约束。很快，官员普遍盘剥、敷衍、撒谎成性、做表面文章，大失百姓的信任。如地方官员呈报刘兴有自缢案的叩阍者刘尽忠，"其远年之案则有抢人荞麦，拉人耕牛，砖殴伯母，殴伤胞伯，辱骂妇女，唆讼不法等案。近年之案有唆怂刘璠硬夺翟柱林麦田，私捏假契

---

① 折件：《福隆安奏报审拟道旁叩阍之汪茂宗一犯缘由（乾隆四十五年三月）》，箱号 2705，文献编号 026466。

② 中国第一历史档案馆藏《清代起居注（康熙朝）》第 29 册，第 b014201 页。

③ 折件：《提督衙门奏折（乾隆四十五年二月）》，箱号 2705，文献编号 029662。

④ 折件：《和珅等奏折（乾隆五十五年四月）》，箱号 2744，文献编号 043834。

⑤ 折件：《大学士阿桂等奏折（乾隆四十三年九月）》，箱号 2764，文献编号 021081。

⑥ 折件：《直隶总督刘峩奏折（乾隆四十三年九月）》，箱号 2776，文献编号 036682。

⑦ 折件：《尚书额附公福等奏折（乾隆四十五年二月）》，箱号 2705，文献编号 026213。

⑧ 折件：《两江总督萨载等奏折（乾隆四十五年四月）》，箱号 2705，文献编号 026882。

⑨ 折件：《两江总督萨载等奏折（乾隆四十九年四月）》，箱号 2741，文献编号 403047919。

⑩ 折件：《刑部奏折（乾隆四十五年六月）》，箱号 2705，文献编号 027365。

⑪ 折件：《军机处奏折（乾隆四十九年七月）》，箱号 2776，文献编号 037437。

⑫ 折件：《陕西巡抚秦承恩奏折（乾隆五十五年九月）》，箱号 2744，文献编号 045146。

讹索杨全庄基等案”。[①] 这事实上陷地方政府于两难：如果政府所述属实，既然刘尽忠早就犯案累累，为何任其作恶？说明地方政府极不称职。如果所述不实，系捏造案情，又说明地方政府已丧失公信力。无论如何，人们很难相信这样的政府会依法行事，予民众以安全感。

减少对官员监督的直接受害者是百姓，长远的受害者是希望基业永固的专制统治者。学者指出：乾隆中后期，“随着公卿好士之风渐炽，师生、同年、朋友之间往往有意无意地形成各种门户，结成特殊利益集团”。[②] 腐败之盛，以至于乾隆不敢大规模打击，怕危及国体。[③]

在官僚利益集团逐渐坐大的情况下，乾隆每每不顾国家和百姓利益，向其妥协。1790 年，乾隆明确表示：“殊不知朕之简用督抚……以爱惜人材起见，偶有过误，往往弃瑕录用，量予从宽。”[④]

在乾隆看来，让百姓适度地赞美官员，比百姓监督官员更重要。[⑤] 乾隆多次强调要保护官员的形象：“朕向降谕旨甚明，地方遇有民变之事，其滋事之劣员，固不便同时纠劾，致长刁风。”[⑥]

因此，不论如何强调爱民如子，乾隆的目的都是让官僚管稳百姓，而不是让百姓监督政府。在乾隆看来，一旦百姓有了监督权，势必造成官员对下负责，这样会使最高统治者失去权威。这与康熙年间有较大反差：连驭下素严的户部尚书赵申乔也上奏：“司官藐视臣……臣何颜居职？”[⑦] 1767 年，浙江按察使欧阳永裿奏称：“州县官每借公务为名，进省谒见上司，以图识面，不顾旷日误公。”[⑧] 此后，各种积弊丛生，几无可救药。官员以违法事小，逆上为大。嘉庆初，贾升指出：“而今守令患在知有上司，而不知有民。定稿案，则逆计上司之准驳，不问舆情。办差务，则迎合上司之欢心，不恤民力。上司保题考语，或云才情练达，或云办事勤能。往

---

① 折件：《裘曰修奏报审讯快头刘兴有自缢案（乾隆三十七年五月）》，箱号 2765，文献编号 016952。

② 高翔：《从“持盈保泰”到高压统治：论乾隆中期政治转变》，《清史研究》1991 年第 3 期，第 10 页。

③ Nancy E. Park, “Corruption in Eighteenth-Century China,” *The Journal of Asian Studies*, Vol. 56, No. 4 (November 1997), p. 996.

④ 《大清高宗纯皇帝实录》第 26 册，第 332 页下。

⑤ 《大清高宗纯皇帝实录》第 13 册，第 422 页下~423 页上。

⑥ 《大清高宗纯皇帝实录》第 22 册，第 487 页下。

⑦ 中国第一历史档案馆藏《清代起居注（康熙朝）》第 28 册，第 b014192 页。

⑧ 《大清高宗纯皇帝实录》第 18 册，第 700 页上。

往声名平常之人，亦滥登荐牍。甚有甫经送部引见，而所属百姓已来京控告扰累者。"① 此类弊病显然源于乾隆朝。

至此，官僚利益集团已极为稳定，并成为社会不稳定之源，从而造成叩阍大量涌现。而乾隆又采用严打叩阍者的办法来维护社会稳定，实为本末倒置。

尽管清廷上下多少还能意识到官场积弊，但他们对中国社会悄然发生的重大转型则极为隔膜。清代前期，中国社会事实上已经形成了从传统向近代转型的态势。② "当人们正陶醉于盛世的文治武功时……中国和西方差距完全拉开。"③ 无疑，建立独立的司法体系是解决叩阍问题最理想的手段，但这也是清帝们最不可能的选择。

因此，叩阍的最终解决，有待于政治体制的变革；在不可能改变政体的前提下，退而求其次，善待和宽待叩阍，做到人尽其才，讼无遗冤，至少可以在一定程度上消解社会矛盾，降低行政成本。但在乾隆中后期，统治集团基本上不再从叩阍事件中吸纳有益的建议了。

1780 年，乾隆南巡中，曾遇多起叩阍言事事件。

安徽绩溪胡斯闻叩阍，建议改变县城破坏风水的建筑，并筑坝减灾。胡被杖一百后，"改发伊犁，给兵丁为奴"。④ 若以时人的心态来看，两条建议均极合理。早在康熙初年，并不甚通历法的杨光先叩阍，所控最骇人听闻之事，是汤若望选择荣亲王葬期时"不用正五行，反用洪范五行。山向年月，俱犯忌杀"。由于风水问题"事犯重大"，历科李祖白及春、秋、冬、中各官正皆被处死。连汤若望等也差点被凌迟。⑤ 对此，清廷又有何理由斥责胡的风水说呢？

安徽定远金同玺叩阍，反对捐纳，并建议"将官盐都归民卖"，被从重改发乌鲁木齐为奴。⑥ 似此社会底层的小知识分子，由于接触社会现实

① （清）贺长龄等辑《清经世文编》卷16，光绪十二年思补楼重校本，第1页 a。
② 高翔：《论清前期中国社会的近代化趋势》，《中国社会科学》2000 年第 4 期。
③ 高翔：《康乾盛世浅议》，《清史研究》1993 年第 1 期，第 14 页。
④ 折件：《福隆安奏为遵旨审拟叩阍民人胡斯闻犯（乾隆四十五年四月）》，箱号 2705，文献编号 026704。
⑤ 《大清圣祖仁皇帝实录》第 4 册，第 220 页下。西方学者仅看到历法而没有看到风水对汤若望案的影响。如 George H. C. Wong，"China's Opposition to Western Science during Late Ming and Early Ch'ing," *Isis*，Vol. 54，No. 1（March 1963），pp. 33–34。
⑥ 折件：《福隆安奏审拟叩阍民人金同玺一犯（乾隆四十五年三月）》，箱号 2705，文献编号 026629。

最多，一些建议还是很有见地的。捐纳之弊，现完全为学者证实。① 而1832 年，陶澍施行票盐制，即将盐归民自由买卖。

不少叩阍者对统治者并无所求，或所求甚低，仍遭重罚。山东聊城戴永清叩阍，因"见各处村庄的人有酗酒、打架并赌博、奸情等事甚多。……故此求万岁爷降旨立法晓谕"。结果，被"杖一百，发近边充军"。② 江苏山阳傅国璋叩阍，建议取消捐纳制度，被发往伊犁为奴。③ 湖南郴州曾大成叩阍，称其懂医，"见河南办理河工，所以要求出力"，被发往宁古塔为奴。④

在官僚利益集团越来越凝固化、同盟化、贵族化、腐败化的情况下，保持开放的社会流动，是补救万马齐喑局面的必需之选。但乾隆统治集团对民间叩阍言事者是极其憎恶的。⑤ 叩阍者自以为输肝剖胆，统治者则视其为哓哓博名。双方认识上的错位，谬以千里。对这类叩阍者，事实上惩罚更重。

乾隆中后期对叩阍的政策，与此前清帝的执政理念严重脱节。君主专制的实质就是以一人之力掌控以千百万官员为主体的庞大利益集团。无论如何，宽待叩阍，可以对官员们施加压力，并在密折等渠道外，给君主提供官员们的另类真实信息。通过对叩阍的有效查处，不仅可以震慑官僚利益集团，还可以把它作为向平民施恩的手段，营造君民同心同德的盛世景象。遗憾的是，乾隆对叩阍强力打击，终使官僚利益集团愈加稳固，百姓普遍离心离德。对平民建言者的厌恶，甚至有悖于中国传统的统治术。严

---

① 见 Robert M. Marsh，"The Venality of Provincial Office in China and in Comparative Perspective," *Comparative Studies in Society and History*，Vol. 4，No. 4（July，1962），pp. 454~455。清晚期捐纳问题参见伍跃《清代捐纳制度に关するデータベースの构筑に向けて》，《大阪经济法科大学论集》第 90 号，大阪经济法科大学经法学会，2006，第 67~94 页。

② 折件：《福隆安审拟叩阍之戴永清等（乾隆四十五年四月）》，箱号 2705，文献编号026836。

③ 折件：《福隆安奏审拟叩阍之傅国璋（乾隆四十五年四月）》，箱号 2705，文献编号026916。

④ 折件：《福隆安奏审具叩阍民人曾大成一犯（乾隆四十五年四月）》，箱号 2705，文献编号 026500。

⑤ 清代御史等虽有向皇帝密奏之制，但顺、康、雍朝，一定程度上仍容忍民间叩阍者建言献策。乾隆中后期，对民间叩阍献言打击尤力。从永瑢、纪昀评价宋代叩阍者可管窥当时统治集团的态度：陈亮"似天下无足当其意者，使其得志，未必如赵括、马谡"；对刘过更不屑："盖亦陈亮之流，而跅弛更甚者也。当其叩阍，上书请光宗过宫，颇得抗直声。然其时在廷诸臣已交章论奏，非廊庙不言，待于草野言之者。何必屋上架屋，为此哓哓？特巧于博名耳。"（分见永瑢等《四库全书总目》卷 162，台北：艺文印书馆，1964，第 3202 页下、3203 页上）应该说，这也是乾隆统治集团对本朝民间叩阍言政者的真实看法。

复在译述彼得大帝对"叩阍"的正确处置时慨叹："故帝者，谛也。不许臣民之自达，是帝而不谛，溺天职矣。"①

<h1 style="text-align:center">三</h1>

在清代，政治不但凌驾于法律之上，也主导着历史叙事。像文字狱、宫廷斗争等所涉历史大量被政治塑造。作为与国体、清帝形象密切相关的叩阍，自然深受政治的影响。而对叩阍历史的塑造，又进一步加剧了君意与舆情的冲突。

清人叩阍常使用自伤式手段，以加剧诉讼的悲情色彩；而自伤式叩阍与最高统治者塑造历史具有一定的关系。

17~18世纪剧作家朱素臣，在《未央天》中多处对叩阍滚钉板做详细的描述，②成为后来京剧《九更天》《马义救主》《滚钉板》《弗天亮》等的原始素材。通过戏曲等作品的渲染，滚钉板成了叩阍的必经程序。

事实上，流传甚广的叩阍须滚钉板的说法，就源于清朝统治者对明代的政治歪曲。考诸史籍，从古至清，叩阍滚钉板者仅1人，即浙江山阴女童诸娥。③在这起叩阍案中，明太祖因诸娥自残而赦其父兄，原本显出仁慈的一面，但清统治者通过官修《明史》叙述此事时，成功地把明太祖塑

---

① 严复译评《孟德斯鸠法意》中册，台湾商务印书馆，1977，第29页。
② （清）朱素臣：《未央天（外一种）》卷下，中华书局，1985，第40~42页。
③ 据诸万里《诸孝娥碑记》，明初，因父兄被论死，诸娥"从舅氏诣金陵上书。时国初制严，遵令掠钉板"［（清）沈志礼辑《曹江孝女庙志》卷10，慎德堂康熙二十七年刻本，第2页 b］。这段记载极易考证其妄。（1）洪武元年（1368）置登闻鼓于午门外，"以伸理抑，通达幽滞"，但严禁鸣冤者自伤自残，"其有军民人等，故自伤残，恐吓受奏者，听锦衣卫守鼓官校执奏，追究教唆主使写状之人治罪"［（明）李东阳等：《大明会典》卷178，台北：国风出版社，1963，第2451页上］。掠钉板类叩阍，恰是明代始创时就禁止的。（2）明肇基前，民人直诣朱元璋，也不闻滚钉板一说。如花云守太平被杀，侍儿孙氏抱花3岁儿，直诣朱元璋，"孙氏抱儿拜且泣，上亦泣，置儿膝上"（《大明太祖高皇帝实录》第1册，台北：中研院历史语言研究所，1968，第97页）。洪武年间，叩阍案甚多，更从未闻此类事。明太祖虽治吏极严，但对叩阍者反多予以优待。四川定远知县高斗南罹罪，耆民为之叩阍，"太祖嘉之，赐袭衣、宝钞遣还，并赐耆民道路费"。周荣为灵璧丞，"坐累逮下部，耆老群赴辇下，称其贤"，太祖"赐钞八十锭、绮罗衣各一袭。礼部宴荣及耆老而还之"［（明）徐元太等辑《全史吏鉴》卷10，嘉庆八年鉴湖亭刻本，第5页 a~6页 b］。可见，明初根本不存在叩阍须滚钉板的法令。

造成暴虐的君主。① 清代君臣竭力强调本朝异于前朝的最大特征是"仁政"。时刻妖魔化前朝，是君臣们必备的政治素质。②

　　贬抑前朝，是为了美化清朝。前朝越暴虐，清帝就相对越仁慈，清政权就越合法。张玉书赞顺治帝："爱民如子。"③ 蒋伊颂康熙："爱民如子，求贤若渴。"④ 李绂写道："我国家爱民如子。"⑤ 康熙自称："朕视宇内编氓，皆吾赤子。"⑥ 雍正帝称："朕为统一天下之主。凡四海生灵，一视同仁。"⑦ 一部符合清代主流意识形态的作品写道："却说我大清圣祖康熙佛爷在位，临御六十一年，厚泽深仁，普被寰宇。"⑧

　　乾隆更处于千古一帝的幻觉中，晚年自称："朕自缵绪以来，益隆继述。凡泽民之事，敷锡愈多，恩施愈溥。此不特胜国所无，即上溯三代，下讫宋元，亦复罕有伦比。"⑨

　　统治者如此美化自己，与社会现实严重脱节。既然清帝如此英明，那些现实中被加派、被枉刑之人就有无比的渴求和期望把冤屈上达天听。在百姓看来，爱民如子、神通广大的皇上是其天然保护者，若知其蒙冤，肯定会普施惠泽，还以公道。

　　与此同时，清廷对官员的形象也做了适度的美化。一些清臣，被宣传

---

① 首撰诸娥遵令掀钉板的诸万里乃诸娥六世侄孙，其碑记离明初近 240 年，用曲笔为其祖隐是可以理解的。但此事竟被录入清修《明史》，并被进一步篡改。据乾隆初年定稿的《明史》：洪武初，诸娥父兄罹罪，诸娥"与舅陶山长走京师诉冤。时有令，冤者非卧钉板，勿与勘问。娥辗转其上，几毙，事乃闻，勘之"（《明史》卷 301，中华书局，1974，第 7692 页）。后各级方志中的诸娥事，均取于此。叩阍滚钉板一说，因《明史》而被视为定例。其实，诸娥事最可信的记载见其同乡张岱的《石匮书》：诸娥父兄三人皆坐辟，"父友朱克和者，为娥作书，走卧钉板，钉刺骨累累。上怜之"（张岱：《石匮书》第 3 册，上海古籍出版社，2008，第 217 页下）。值得注意的是，这段私人记载比官修《明史》少了"时有令"，多了"上怜之"。清人直白地指出："山阴诸孝娥，绅士大夫咏诗作序，详哉言之矣。独是以娥之至行奇节，而比之淳于缇萦。余则谓其不然。夫高皇之英武，何若汉文之行仁？"[（清）陈美训：《余庆堂诗文集》卷 8，余庆堂刻本，无年月，第 9 页 a]"英武"一词实际是寓明太祖为秦皇式的寡仁帝王。

② 乾隆本人也常贬低明太祖，如中国第一历史档案馆编《乾隆帝起居注》第 34 册，广西师范大学出版社，2002，第 11 页上。

③ （清）贺长龄等辑《清经世文编》卷 29，第 26 页 b。

④ （清）贺长龄等辑《清经世文编》卷 10，第 1 页 b。

⑤ （清）贺长龄等辑《清经世文编》卷 30，第 8 页 a。

⑥ 《清文献通考》卷 136，台北：新兴书局，1963，第 6037 页上。

⑦ 《大清世宗宪皇帝实录》第 8 册，第 362 页下。

⑧ （清）文康：《儿女英雄传》第 40 回，台北：桂冠图书股份有限公司，1983，第 852 页。

⑨ 《大清高宗纯皇帝实录》第 26 册，第 339 页下。

成达到无人企及的道德高度。范承谟以疾请解职，人称"爱民如子"。[①] 于成龙被赞为"天下廉吏第一"，张鹏翮"天下廉吏无出其右"，[②] 张伯行为"江南第一清官"，"操守天下第一"，噶礼[③]、荆道乾[④]、程如丝[⑤]等均被称为"第一清官"。甚至大贪若王亶望者也曾被乾隆树为官员楷模。[⑥] 相信多数清官的个人品行非常可贵，但在没有开放舆论的社会里，清官的形象易被无限拔高，使其被孤立，而不会有任何示范意义。张伯行与噶礼互参，张廉噶贪，前者却一直处于下风，[⑦] 就很能说明问题。这种较大错位，与不当的政治宣传有着相当的关系。[⑧]

形象官员越是被美化，现实中拥有这样或那样劣迹的官员就越会引起百姓的强烈憎恨，使百姓心中存在对青天的幻想。

政治宣传更扭曲了历史，被扭曲的历史通常营造偏激的舆情，偏激的舆情则成为非正常诉讼的道义支柱。即如叩阍来说，清律对自伤、自杀式叩阍严予禁止。对"持刀抹颈，撒泼、喧呼，故为情急，以图幸准者，俱将所告之事，不分虚实，概不审理"。[⑨] 即使如此，自杀式叩阍仍不断出现。应该说，莫须有的叩阍滚钉板之类的正史与戏曲等从侧面告诉下层民众，要申讼较大的冤屈，须付出血的代价，进而形成一种具有强制力量的舆情民意：有冤者如不采用极端的方式诉讼，会被世人视为无情和无能，乃至不悌不孝；而只要自伤自残，爱民如子的天子一定会生怜悯之心，满足叩阍者的要求。国家机器对悲情式的叩阍又不能不打压，遂使最高统治者越来越缺乏道德认同。

雍正初，山东临朐县孙有明数次状告村民姚瀛占地盗树，屡经县、府、臬司勘审。1727 年，臬司判其诬告，孙逃出向抚台再控，未被受理。孙走

① 《清史稿》卷 252，第 9723 页。
② 《清史稿》卷 279，第 10129 页。
③ 《大清圣祖仁皇帝实录》第 6 册，第 630 页上。
④ 《清史稿》卷 359，第 11355 页。
⑤ 《大清世宗宪皇帝实录》第 7 册，第 820 页上。
⑥ 《乾隆帝起居注》第 30 册，第 42 页上。
⑦ 折件：《奏报江南科场案督抚噶礼张伯行互参情由（康熙五十一年）》，箱号 77，文献编号 401002760。
⑧ 寺田浩明认为清代官员的地位和权威源于皇帝的意愿（《権利と冤抑—清代聴讼世界的全体像》，《法学》第 61 卷第 5 号，1997 年，第 898 页），似过于简单化。张伯行、噶礼互劾案中，康熙事实上偏向张。张处于下风，说明形象官员并不受官僚利益集团欢迎。
⑨ 《钦定大清会典事例》卷 816，光绪二十五年刻本，第 4 页 b。

出后，"随从身边拿出小刀，刺伤肚腹，调治不痊，至晚殒命"。① 1772年，通县刘尽忠赴京叩阍，其间纵放刘尽忠赴京的快头刘兴有自缢。② 1781年，壮民覃老贵在南海县宪辕门前自刎，怀中呈词称其父覃必俊被差役冤为包揽词讼，受杖责毙命。③

经查明，上述自杀式控案均系要挟。而这些叩阍者，之所以敢藐法要挟，就在于自以为道德正确。1762年，蠡县刘起凤赴新城持镰叩阍，甚至公然"持刀入城骂街"。④

当百姓集体遭受不公时，动用群体性冲突的方式，被认为是冤屈上达的快捷手段，以更快地唤起最高统治者的"爱民"之情。尽管绝大多数群体性事件是百姓为了在体制内获得公正对待，但最高统治者对此类事件极为敏感，对百姓打压更甚。

当重大叩阍或群体性事件发生时，一方面，统治者会在事后查究造成这类事件的责任官员。1753年，宣化镇兵丁聚众辞粮。经调查，系"副将安泰嗜酒召衅"，安被重罚。⑤ 1765年，乌什官员素诚肆性奸淫回妇，激起民变，被乾隆查办。⑥ 1779年，井陉李馥等敛钱告官，控知县短价派买谷石等。经福隆安提审属实，直隶总督周元理被解任，司道府县等均被查办。⑦ 次年，云南保山知县李伟烈等为增加常平兵米款项，大肆盘剥，造成百姓聚集县署，要求缓征。李伟烈等被革职严审。⑧ 1792年，浙江定海署守备林凤鸣等收受贿赂，与民争夺地时开枪30次，造成百姓"聚众哄闹"。肇事者被正法示儆。⑨

另一方面，清帝将任何可能有损于稳定的事件，均作为政治大事。每

---

① 折件：《塞楞额奏报县民因不准控诉自杀折（雍正六年二月）》，箱号77，文献编号402019391。

② 折件：《裘曰修奏报审讯快头刘兴有自缢案（乾隆三十七年五月）》，箱号2765，文献编号016952。

③ 折件：《觉罗巴延三奏猺民名覃老贵在南海县宪辕门前用剃刀自刎身死一案（乾隆四十六年九月）》，箱号2715，文献编号403039305。

④ 《大清高宗纯皇帝实录》第17册，第385页下。

⑤ 《大清高宗纯皇帝实录》第14册，第713页下~714页上。

⑥ 《乾隆帝起居注》第24册，第170页上。

⑦ 《大清高宗纯皇帝实录》第22册，第486页下~488页上。

⑧ 折件：《奏查参革知县李伟烈在任时经手仓库钱粮》，箱号2705，文献编号027501；《乾隆帝起居注》第30册，第85页上。

⑨ 《大清高宗纯皇帝实录》第26册，第892页下~893页上。

位皇帝的朱批，对重大叩阍和群体性事件无一例要求从宽的。1713 年，河南宜阳县民聚集，康熙批示："当从重严察才是。"① 山西民众拒官，雍正朱批："此等必穷究其根源，不可疏忽，以长刁风。"② 1725 年，福建彰浦"奸民"聚众，雍正朱批："一点宽纵不得。……只以严为好。"③ 1727 年，四川百姓"聚众不法"，雍正朱批："着宪德尽法处分，不可宽纵。"④

乾隆对此类事件打压更甚。1747 年，山西发生群体性事件，乾隆批该省巡抚失于过宽："看汝所办尚属过纵，何以示警？"⑤ 1748 年，江苏盛泽民众遏籴，乾隆指示两江总督："重处以示警，毋稍姑息也。"⑥ 同时斥责署江苏巡抚："恐如此之宽，民益恨也。"⑦ 对浙江山阴的群体性事件，乾隆批示："严处以惩刁风可也。"⑧ 1769 年，甘肃成县民众聚集，乾隆令陕甘总督："应多处数人方示惩创。"⑨ 有学者指出："在繁荣的条件下强化恐怖统治是乾隆朝独有的政治特征。……面对政治系统内部日益严重的矛盾和内耗，乾隆除了强化控制外，别无选择。"⑩

由于清政治的许多方面以塑造的历史和美化的现实为元素，清帝对叩阍案中的政治问题尤为敏感。历史上没有哪个封建王朝像清统治者那样热衷于搞政治案。⑪

充分领会上意的官员，在现实中往往注重查处捕风捉影的政治案，有

① 折件：《鹿佑奏宜阳县民众聚众扰乱（康熙五十二年十月）》，箱号 77，文献编号 401002444。

② 折件：《蒋洞奏报山西缉拿聚众拒捕之蒲州刁氏师刑等折》，箱号 79，文献编号 402008216。

③ 折件：《毛文铨奏报在漳浦县缉获奸徒聚众商谋抢劫事（雍正三年十月）》，箱号 78，文献编号 402018398。

④ 折件：《黄廷桂奏报查办人民聚众不法折（雍正五年十一月）》，箱号 75，文献编号 402010184。

⑤ 折件：《爱必达奏为安邑县刁民聚众已调兵弹压由（乾隆十二年三月）》，箱号 2772，文献编号 000342。

⑥ 折件：《尹继善奏朱家角盛泽镇刁民聚众遏籴（乾隆十三年五月）》，箱号 2772，文献编号 002343。

⑦ 折件：《安宁奏报处理盛泽镇刁民聚众闹哄经过情形（乾隆十三年五月）》，箱号 2772，文献编号 002463。

⑧ 折件：《方观承奏会稽山阴二县刁民聚众情形（乾隆十三年五月）》，箱号 2772，文献编号 002484。

⑨ 折件：《明山奏明督拿成县刁民聚众由（乾隆三十四年八月）》，箱号 2771，文献编号 010612。

⑩ 高翔：《从"持盈保泰"到高压统治：论乾隆中期政治转变》，《清史研究》1991 年第 3 期，第 11 页。

⑪ 对清帝热衷于政治案的研究，参见高翔《从"持盈保泰"到高压统治：论乾隆中期政治转变》，《清史研究》1991 年第 3 期。

些人甚至有意制造政治案。① 即使在顺、康年间，统治者也经常要求严处多拿，既与"爱民如子"的政治宣示错位，更造成地方官员大肆枉法，最终造成政治与法制的冲突。1660 年，内大臣伯索尼上言："凡犯罪……傥一经发觉奉有严旨，承问官不察其情，辄加重罪。则虽有冤枉，百喙难明。"②

这样做的结果，使许多人把一般案件诬为政治案。1667 年，御史田六善疏言："近见奸民，捏成莫大之词，逞其诈害之术。在南方者，不曰通海，则曰逆书。在北方者，不曰于七贼党，则曰逃人。谓非此，则不足以上耸天听，下怖小民。"③ 由此造成更多的人蒙受冤屈，进而造成更多的叩阍者。

从叩阍上书案来看，雍、乾时期清廷的专制政治意识更加强化。而只要是政治案，连病人也不放过。④ 1751 年，流寓介休王肇基叩献诗联，被指"妄议时事"。经反复审问，王"似属疯癫"，⑤ 最后被杖毙。⑥ 1752 年，杨烟昭"疯癫丧心"。⑦ 乾隆下旨："岂可因其疯狂，姑容盛世，即立时杖毙。"⑧ 次年，浙江上虞人丁文彬在山东叩献"逆书"，"左右以系疯子对"。但据奏，该犯"气体瘦弱"。乾隆谕令："酌看该犯现在光景，若尚可等待部文，则候部文正法。如恐不及待，即照所拟，先行凌迟示众。勿任瘐毙狱中，致奸憝罔知惩戒也。"⑨

必须说明的是，一些有良知的官员不愿因政治，动辄干株连甚众之事。与一般性叩阍不同，把涉及政治问题的叩阍者定为疯癫，可以减少株连。疯者被杖毙，是较轻的刑罚。⑩ 1763 年，湖北恩施刘三元称梦见神人，

---

① 1990 年以前，日本主流学者均认为，清代的判决主要体现了"皇帝之意志"而非法律条文（参见寺田浩明《清代司法制度研究における"法"の位置付けについて》，《思想》第 792 号，1990 年，第 184 页）。

② 《大清世祖章皇帝实录》第 3 册，第 1061 页下。

③ 《大清圣祖仁皇帝实录》第 4 册，第 301 页上。

④ 对清精神患者的不同法律责任研究，见中村茂夫《清代における精神病者の刑事责任》，《法政理论》第 4 卷第 1 号，1971 年。

⑤ 《大清高宗纯皇帝实录》第 14 册，第 217 页上。

⑥ 折件：《阿思哈奏报匪犯王肇基杖毙（乾隆十六年九月）》，箱号 2740，文献编号 007195。

⑦ 《大清高宗纯皇帝实录》第 14 册，第 333 页下。

⑧ 折件：《范时绥奏报疑犯杨烟昭供情（乾隆十七年正月）》，箱号 2740，文献编号 007917。

⑨ 《大清高宗纯皇帝实录》第 14 册，第 733 页上~下。

⑩ 铃木秀光：《恭请王命考—清代死刑裁判における"权宜"与"定例"》，《法制史研究》第 53 号，2004 年。

"传说应有好处"。① 乾隆令"严行定拟，其家属人等，亦律应缘坐"，其兄弟子侄多人被捕，准备处死。湘抚陈宏谋奏，刘实属疯癫，亲属均为老实巴交的农民，希望加恩宽免。② 乾隆竟言："恐各省督抚等，因有此旨，将来遇此等案件，即捏造疯癫，希图开脱。"③ 他的担心正说明有良知的官员厌恶莫须有的政治案件。

1753 年丁文彬被凌迟后，因其五年前曾向时任学政的庄有恭献过此书，庄称因其俚俗而随手丢弃。但乾隆认定他"必系闻信查出，私为销毁耳"，是"徇名利，而忘大义"。按庄有恭任学政时所得俸禄和养廉银的 10 倍罚银。④ 与此形成鲜明对比的是，1781 年查处王亶望时，苏抚闵鹗元明知在甘肃任职的其弟闵鹓元等，"与王亶望上下勾通，行私作弊"，但"恐臣弟必罹重罪，是以隐忍不举"。对闵鹗元的陈述，乾隆朱批"似系实情"，表示了理解。⑤ 充分表明乾隆看重政治意识，而宽恕其他违法问题。

为了从思想源头减少各地"刁风"，雍、乾时代非常注重对民众进行思想教育。二帝曾向浙江、广东、湖南、福建等省派出观风整俗使，⑥ 并向陕西、江苏、安徽等地派出宣谕化导使，⑦ 以让民人"深知感戴国家教养之恩"。⑧ 据 1743 年派往安徽、江苏的宣谕化导使所奏，"所至之地，传齐绅衿士庶，宣讲《圣谕广训》，反复开导"。⑨

嘉庆帝对观风整俗使的效果有过评价："各省吏治民风因循废弛，岂一二使臣所能化导转移？若所差不得其人，转滋流弊。"⑩

但问题还不仅限于此。让雍、乾帝始料不及的是，经宣传化导，百姓的忠诚度和道德水准丝毫未见增加，叩阍时的政治意识却极大地提高了。

---

① 折件：《宋邦绥奏报查获书写逆词之刘三元折（乾隆二十八年三月）》，箱号 2759，文献编号 403015994。

② 折件：《吴达善奏拿获逆犯不得援刘三元折（乾隆二十八年六月）》，箱号 2759，文献编号 403015299。

③ 《大清高宗纯皇帝实录》第 17 册，第 668 页下。

④ 《大清高宗纯皇帝实录》第 14 册，第 758 页下~759 页上。

⑤ 折件：《江苏巡抚闵鹗元奏折（乾隆四十六年十二月）》，箱号 2715，文献编号 403040321。

⑥ 《清史稿》卷 9，第 318~336 页。

⑦ 《大清世宗宪皇帝实录》第 8 册，第 382 页上；《大清高宗纯皇帝实录》第 11 册，第 381 页下。

⑧ 《大清世宗宪皇帝实录》第 8 册，第 563 页下。

⑨ 《大清高宗纯皇帝实录》第 11 册，第 381 页下。

⑩ 《大清仁宗睿皇帝实录》第 31 册，中华书局，1986，第 743 页上。

雍正年间，安徽霍邱县裴荣"上京出首"，控告其亲属 36 人与 40 多名头目组织邪教聚众，准备谋反。此事惊动了雍正，特派范时绎审理。[1] 由于事涉"大题"，范时绎专调安徽署按察使徐士林会审。经 1 个多月，提审数十人，包括数名十来岁孩童，终于弄清真相。原来裴荣欲奸淫儿媳汪氏，汪氏不允，裴荣便诬告其子裴肖生。经县、府、省、院等，每告一次，裴荣就夸大一次案情。裴荣的算计是，如果儿子被枉杀，汪氏将来只能归他；如果查无实据，汪氏也得被判回家。是以在谎言被戳穿后，他竟坦然地要求两江总督"只求把儿子媳妇断给我领回，我的谎状想个法儿圆成了罢"。[2]

至乾隆中后期，由于统治者对一般民事类叩阍的拒斥，叩阍者更加强化政治意识。一方面，只有把案情夸大，才能引起官方的足够重视，对事实的辨析才会相对客观一些。这应是"王权政体下"民众的现实选择。[3]另一方面，封建司法体系长期处于政治仆从的地位，极度缺乏公信力，经常不查核真相，从而给了诬陷者以可乘之机。谋反等政治罪株连甚广，官员查处这类控告时，经常宁暴勿柔，宁滥勿缺，甚至宁冤勿纵。政治构诬的大量涌现，与其说是人心不古，不如说是封建司法制度自身难以摆脱政治的操纵，经常成为冤假错案的制造者。

1777 年，江苏赣榆韦玉振为父刊刻行述，内有"于佃户之贫者，赦不加息"之语，其叔韦昭诉其擅用"赦"字。[4] 江苏巡抚杨魁将韦玉振定为大逆重罪。1780 年，河南光山李伟在山东拦驾叩阍，控杨文焕等七人组织邪教，哄骗其妻加入。福隆安览状即觉欺诈。经审理，果如所料。[5] 连乾隆帝也担心像杨魁这样宁酷勿宽的官员会造成严重的社会后果："怨家欲图倾陷者，片纸一投，而被控之身家已破，拖累无辜，成何政体？"[6]

这不应完全归结为民风刁顽，根源在于政治凌驾于法律之上。我们看到，乾隆时期，公然蔑法之人如过江之鲫，但很少见到公然蔑视政治原则的。在刘兴有自缢案中，叩阍者刘有章，"通县人皆称为刘破靴子，既无

---

① （清）鄂尔泰等编《雍正朱批谕旨》第 1 册，第 38 页上。
② 折件：《署江南总督范时绎奏折（雍正六年七月）》，箱号 75，文献编号 402018237。
③ 参见关本照夫《东南アジア的王权の构造》，伊东亚人等编《国家と文明への过程》，东京大学出版会，1987，第 10 页。
④ 《大清高宗纯皇帝实录》第 22 册，第 325 页下。
⑤ 折件：《福隆安审拟叩阍之李伟以冲突仪仗例充军（乾隆四十五年四月）》，箱号 2705，文献编号 026797。
⑥ 《大清高宗纯皇帝实录》第 22 册，第 327 页上。

妻子，又无寸椽尺土，穷极无赖"。就是这样一个社会最底层的人，"进京告状时始改名刘尽忠"。[1] 由此可见此人的政治意识。因此，即使藐法之人也非常讲究政治原则，因为政治可能会使他免于法律的惩罚；而很少见到蔑视政治原则的人有法律意识，显然，一旦出了政治问题，法律是无能为力的。

清代前期，对叩阍事件的处理反映了统治者个人才智的非凡及传统驭民之术的成熟。但至乾隆中后期，传统政治与法律规范及现实民意的冲突和错位，极大地消解了统治者的行政效率和执政能力，造成叩阍更加频繁。而统治者已无正面利用叩阍的积极性，遂使叩阍成为政府的沉重负担，社会冲突难以释解。

结　语

清代明君均具有强烈的政治使命、非凡的统治艺术，并不乏对百姓的关怀。但叩阍者的困境，本质上是体制造成的。先天的制度缺陷，极大地侵消了明君们的执政能力。乾隆前期以前，特别是顺、康时代对叩阍的相对宽容和主动利用，建立了具有清初特色的督察体系，有助于约束官僚群体的腐败，并经常对制度进行局部纠错，在一定程度上弥补了统治者的过失。

乾隆中后期的执政理念与此前明显脱节，加强了对叩阍的打击，弱化了对官僚群体的监督，制造了完全凌驾于社会其他群体之上的强大的官僚利益集团。统治者没有致力于建立一个比前代更尊重法律、更公正的社会，使官僚利益集团和平民受法律的同等约束和保护，[2] 减少社会冲突。统治者多着力于宣传清朝的优越性。人们沉浸于对君主的感激或恐惧中，而不是对法律的谨敬和对制度的信赖；靠说教来维持官员奉公，靠高压来保持百姓安分，靠塑造来维护天子的威权。

叩阍耗费了许多行政成本和行政资源，但真实地暴露了社会矛盾。在没有建立民主法治的传统体制下，对叩阍的公正处置，是次优选择，是以

---

① 折件：《裘曰修奏报审讯快头刘兴有自缢案（乾隆三十七年五月）》，箱号 2765，文献编号 016952。

② 日本主流学者认为，清代没有从制度上确立统治者与人民共同遵守的社会规范。参见寺田浩明《清代司法制度研究における"法"の位置付けについて》，《思想》第 792 号，1990 年，第 185 页。

相对较低的成本消除动乱隐患。冯桂芬指出："民有冤，亦许叩阍京控。……然此特一人一家之冤也。浸假而一乡冤，浸假而一境冤。于是乎，骜民倡，奸民从，愿民为所胁，而大乱以作，亦上下不通之弊。"① 冯的话绝非危言耸听，在杜文秀身上得到了印证。1847 年，24 岁的杜文秀赴京，呈控云南永昌府官将滥杀回民。② 杜一家 23 口，被杀 22 人，"赴总督前控告，未为查办"，赴京叩阍，仍无结果。③ 11 年后，杜宣布"革命满清"，纵横云南达七年之久，给清朝造成的损失，绝非处理叩阍的成本所能比拟。

　　叩阍的另一功能是让最高统治者不费成本即可获得大量社会资讯和合理化建议。容纳官僚利益集团以外的异议或建议，对政策进行经常性的纠错，是一个王朝之活力所在。统治者拒绝异议，定是世道转衰之相。公车上书的领袖梁启超认为："若夫九重之尊，除督抚卿贰台谏数十人外，无能递折上言者，即叩阍亦不能递。……故入于上之耳者，皆守旧愚陋之谈。中国之亡在于此。"④ 梁启超准确地预言了清朝的灭亡。可见，乾隆视叩阍为不稳定因素，对此大加打压的做法是极其短视的。在传统政体下，尽管康熙以前的叩阍不能解决所有弊端，但乾隆打击叩阍却引发了无数新的重大问题。

（本文原载于《历史研究》2012 年第 4 期）

---

① （清）冯桂芬：《校邠庐抗议》卷下，光绪十年豫章刻本，第 13 页下~14 页上。
② 这次诉讼，有的学者称为京控，有的称为"叩阍"。此处采用白寿彝的说法（白寿彝主编《回族人物志》下册，宁夏人民出版社，2000，第 1381 页）。
③ 折件：《恩桂奏报云南保山县回民杜文秀等京控案（道光二十七年七月）》，箱号 2749，文献编号 078136。
④ 梁启超：《戊戌政变记》，中华书局，1954，第 53 页。

民族主义的"发明":
孙中山与辛亥前后的会党论述

李恭忠[*]

前　言

1905 年 2 月，孙中山到达比利时布鲁塞尔，不久之后与留学此处的朱和中等人谈及对于会党的认识和策略："会党之宗旨本在反清复明，近日宗旨已晦，予等当然为之阐明，使复原状，且为改良其条教……使学生得以加入，领袖若辈，始得有济。"[①] 这番话意味深长，其中至少包含五层意思。第一，反清复明是会党的固有宗旨；第二，这一宗旨当前已经变得晦暗不明；第三，革命党阐发这一宗旨，并非无中生有，而只是重新发现，让其恢复光芒；第四，革命派还要对会党的制度进行改革，以便有知识的革命青年加入并领导会党；第五，以上认识和策略均着眼于革命事业的顺利开展。

孙中山此处所说的会党，主要是指洪门，其在近代中国历史上产生过重大的政治和社会影响。[②] 他讲这番话的时候，正如中文"会匪"、英文"secret society"这两个当时常见的外部指称所显示的那样，在中外官方及

---

[*]　李恭忠，南京大学历史学院教授，2010~2011 年任南京大学高研院第六期驻院学者。

[①]　《与旅比中国留学生的谈话》，《孙中山全集》第 1 卷，中华书局，2006，第 271 页。本文征引的《孙中山全集》各卷均为中华书局 2006 年重印版。

[②]　洪门最初仅指天地会/三合会，由于形成更晚的哥老会与天地会之间颇有"亲缘"关系，清末以后二者趋于融合，洪门一词也被用于指哥老会。目前史学界的洪门研究，有的认为洪门就是天地会/三合会，比如秦宝琦《洪门真史（修订本）》（福建人民出版社，2000）、《中国洪门史》（福建人民出版社，2012），也有的认为洪门同时包括哥老会，比如胡珠生《清代洪门史》（辽宁人民出版社，1996）。本文采纳秦宝琦先生的观点，不过行文中尊重并保留当时人对"洪门"一词内涵的不同理解和表述。

一般公众眼里，包括洪门在内的会党仍然不脱反体制、反社会的异端组织形象。① 而孙中山讲完这番话不过十年，中文语境里洪门的历史形象已经发生了逆转。洪门的历史起源被与明清之际的抗清斗争联系在一起，会内流传的反清复明说辞被等同于固有的"民族主义"，成为描述洪门的流行用语。基于民族主义视角来叙述洪门的历史起源和宗旨，一时蔚为潮流，由此形成近代中国历史上一种特殊的民族主义话语。这种话语可以被称为"洪门民族主义"。

数十年之后，"洪门民族主义"话语在史学领域产生了深远影响，也引发了巨大分歧。有学者主张，洪门内部长期流传的起源故事和反清复明口号，表明其确实起源于明清之际的抗清斗争，从一开始就有民族意识或者民族精神。② 也有学者认为，天地会的真实历史起源与民族主义无关，所谓洪门的民族斗争源起，乃是陶成章、孙中山等人为了利用会党发动革命而进行"排满"宣传的说辞。③ 甚至有学者认为，民族主义乃是孙中山等革命派"强加于"或者"硬比附于"会党的。④

那么，民族主义究竟是洪门从一开始就有，后来又被外部力量发现并阐扬开来的，还是由外部力量强加、附会于洪门，或者说从外部植入的？值得进一步探究的是，洪门的自我表述与辛亥革命前后有关洪门和会党的外部论述之间有何区别和联系？作为一种特殊的民族主义话语，"洪门民族主义"如何产生、定型并确立其地位？这一过程与当时"民族"概念、

---

① 孙江：《话语之旅：关于中国叙述中的秘密结社话语的考察》，刘东主编《中国学术》总第 18 辑，商务印书馆，2005。

② 萧一山：《清代通史》上卷，中华书局，1986，第 892~893、896、905 页；赫治清：《天地会起源研究》，社会科学文献出版社，1996，第 29、279~283、291、320 页；胡珠生：《清代洪门史》，绪论第 1 页，正文第 46~50、53、577、578 页。

③ 蔡少卿：《关于天地会的起源问题》，《北京大学学报》1964 年第 1 期；蔡少卿：《中国近代会党史研究》，中华书局，1987，第 46~47、303 页；陈守实：《关于秘密会社的一些问题——在历史进程中一种运动形态的考察》，《学术月刊》1979 年第 3 期；秦宝琦：《洪门真史（修订本）》，前言第 2 页；孙江：《辛亥革命期における"革命"と秘密结社》，东京《中国研究月报》第 55 卷第 11 期，2001 年；孙江：《话语之旅：关于中国叙述中的秘密结社话语的考察》，刘东主编《中国学术》总第 18 辑；孙江：《近代中国の革命と秘密结社—中国革命の社会史の研究（1895~1955）》，东京：汲古书院，2007；周育民：《秘密会党与民族主义——评杜赞奇对清末革命党党观的论述》，《上海师范大学学报》2005 年第 1 期。

④ 杜赞奇：《从民族国家拯救历史：民族主义话语与中国现代史研究》，王宪明等译，社会科学文献出版社，2003，第 107、128 页。

民族主义思潮的演变有何关联？本文尝试对这些问题做进一步梳理分析，从若干细微之处呈现洪门形象演变史上的一个关键环节，其也是近代中国"民族"概念和民族主义思潮发生、发展过程中的一个特殊侧面。

一 洪门的反清复明说辞

最晚从 19 世纪初开始，天地会内部一直流传着"复明""绝清"之类的说辞。后人一般将这类说辞通称为"反清复明"，并且往往将它视为民族观念的表达。不过，反清复明与民族观念之间是否能够画上等号，这个问题还可进一步探讨。

"明王"形象在中国宗教文化中由来已久。根据许理和（Erik Zürcher）关于月光王子信仰的研究，"明王"这一术语最晚在隋末即已出现。形成年代不晚于 594 年的《普贤菩萨说证明经》中提到"天出明王，地出圣主，二圣并治并在神州"；"明王、圣主俱在化城"。在同一时期的《首罗比丘经》里，救世主被称为"明王""明君""月光明王"，并提到申酉年末世灾劫来临时只有"阳州""柳城"等少数几个地方可以避难。不过与弥勒信仰不同，月光王子信仰从未发展出自己的政治企图，从未启发任何叛乱运动。[1] 马西沙等人认为，摩尼教光明神崇拜与弥勒信仰逐渐相互交汇，最晚至元末，已经形成具有反叛倾向的民间宗教，以及"弥勒降生，明王出世"的谶语，对明清时期各民间教派有很大影响。[2] 田海（Barend J. Ter Harr）进一步研究后发现，从雍正七年（1729）广东恩平的李梅事件开始，民间宗教中的"明王"形象与朱姓皇室之间的联系变得非常清晰。乾隆十五年（1750）前后，马朝柱起事（田海的研究表明，它属于民间宗教而非天地会案例）甚至采用了"兴明"的提法，不过仍旧与末劫救世模式相连。[3]

根据目前所能见到的确切资料，天地会创立于乾隆二十六年（1761），

---

[1] Erik Zürcher, "'Prince Moonlight': Messianism and Eschatology in Early Medieval Chinese Buddhism," *T'oung Pao*, Vol. 68, Livr. 1/3 (1982), pp. 36, 41, 45.

[2] 马西沙、韩秉方：《中国民间宗教史》，上海人民出版社，1992，第 89~99 页。

[3] Barend J. Ter Harr, *Ritual and Mythology of the Chinese Triads: Creating an Identity*, Leiden: Brill, 1998, pp. 226-250.

起初尚未表达明确的政治纲领。① 乾隆三十四年（1769），天地会李阿闵、蔡乌强捏造"明朝后裔"，使用"大明"字样，纠集人员准备起事，未及发动即被查获。② 乾隆五十一年（1786），林爽文利用天地会在台湾发动大规模起义，使用的盟书誓词内有"明主传宗"字样。③ 在乾隆末期、嘉庆初期，天地会中开始出现复明与反清两个意思结合在一起的表述。④ 嘉庆十三年（1808），广西来宾县查获天地会成员颜亚贵此前传授给颜超的《桃园歌》，其中提到"复明去清""夺回真主江山"。⑤ 三年以后，广西东兰州查获一份完整的天地会文书，内有"兴明绝清""清该绝""明在兴""绝清""复明""扶明绝清""去清复明""扶明灭清"等字样。⑥ 此后，这类说辞屡见于天地会文书，特别是与仪式过程有关的诗词、对联、对白当中。

　　反清复明说辞的形式化特征颇值得注意。田海研究发现，这类说辞形成之后，依然深受民间宗教和民间信仰影响，在天地会的论说当中，"清朝鞑子"被视为恶魔，其将以驱邪工具与之战斗。⑦ 尤其值得注意的是，晚清时期华南天地会的仪式及相关诗文对白呈现了明显的戏剧化特征。举行结会仪式称为"开台"⑧、"登坛演戏"⑨、"做戏"⑩，会员出席仪式称为

---

① 蔡少卿：《关于天地会的起源问题》，《北京大学学报》1964年第1期；蔡少卿：《中国近代会党史研究》，第14、54~64页；秦宝琦：《天地会起源"乾隆说"新证——伍拉纳、徐嗣曾关于天地会起源的奏折被发现》，《历史档案》1986年第1期；秦宝琦：《清前期天地会研究》，中国人民大学出版社，1988，第87~108、214页。

② 《福建巡抚温福奏李阿闵蔡乌强等起事折》，中国人民大学清史研究所、中国第一历史档案馆合编《天地会》（七），中国人民大学出版社，1988，第534~536页。

③ 林治清：《天地会起源研究》，第284~285页。

④ 秦宝琦：《清前期天地会研究》，第68、216~220页。

⑤ 《颜亚贵所藏〈桃园歌〉》，《天地会》（七），第214页。

⑥ 《广西东兰州天地会成员姚大羔所藏〈会簿〉》，中国人民大学清史研究所、中国第一历史档案馆合编《天地会》（一），中国人民大学出版社，1980，第4、5、6、8、17、21、22、31页。

⑦ Barend J. Ter Harr, *Ritual and Mythology of the Chinese Triads：Creating an Identity*, p. 281.

⑧ 《天地会文书抄本》，庾裕良、陈仁华等编《广西会党资料汇编》，广西人民出版社，1989，第498页；William Stanton, *The Triad Society, or Heaven and Earth Association*, Hong Kong：Kelly & Walsh, Ltd., 1900, p. 93；平山周：《中国秘密社会史》，商务印书馆，1912，第63页。

⑨ 光绪《广州府志》卷81，"前事略七"，转引自秦宝琦《洪门真史（修订本）》，第279页。

⑩ 《讨三合会匪檄》，佐佐木正哉编《清末的秘密结社·资料篇》，近代中国研究委员会，1970，第108页。

"看戏"①，或称"去睇戏"②。与会党发生过密切关系的孙中山留有这种印象："洪门之拜会，则以演戏为之。"③ 田仲一成将天地会的仪式与民间演剧特别是《安邦定国志》进行了比较；④ 田海进一步分析认为，三合会采用"戏"这一术语而非"法""科仪""仪""礼""会""法事""（作）事"等传统术语来指称自己的仪式，其中别有深意，表明天地会将自己的仪式当成了一种戏剧形式，甚至使用戏剧方式来举行仪式，其中不无对日常生活"程式化的夸大"。⑤ 在戏剧化的仪式场景下，类似戏剧台词的诗文包括反清复明说辞的运用，与其说是为了宣示某种具体的思想观念，还不如说是为了在形式上愉悦会众。类似的，天地会内部流传的西鲁故事，也采用了明清时期广为流传的岳飞故事、杨家将故事等大众文艺的戏剧化叙事结构，形式上体现了充分的抗争理由，即"蒙冤—怀恨—报仇—造反"；如果说其背后有什么思想观念作为支撑的话，那么主要还是两千年来主流的天命意识形态，而非华（汉）、夷（满）之辨。⑥ 咸丰年间广东天地会起事，虽然直指满人为"夷虏"，但其起事理由仍然是天道："兹尔清国……今失其道，废弛纪纲……以致天下鼎沸，民不聊生。我主禀德，自天应时御世。"⑦

　　从实践来看，天地会发动的大规模起事，其实质诉求是皇权竞逐，即会簿中反复表达的"争天下""打江山""登龙位""分豪土""封公侯"。⑧ 乾隆年间台湾林爽文起义，性质并非满汉矛盾引发的种族斗争，其

① 《天地会文书抄本》，庾裕良、陈仁华等编《广西会党资料汇编》，第 532 页；《贵县修志局发现的天地会文件》，《国立北平图书馆馆刊》第 8 卷第 4 号，1934 年；William Stanton, *The Triad Society, or Heaven and Earth Association*, p. 42。

② William Stanton, *The Triad Society, or Heaven and Earth Association*, p. 94；平山周：《中国秘密社会史》，第 63 页。

③ 《建国方略·孙文学说》，《孙中山全集》第 6 卷，第 231 页。

④ 田仲一成：《粤東天地會の組織と演劇》，《東洋文化研究所紀要》第 111 册，东京：东洋文化研究所，1990，第 75~94 页。

⑤ Barend J. Ter Harr, *Ritual and Mythology of the Chinese Triads: Creating an Identity*, pp. 142, 146.

⑥ 参见李恭忠《蒙冤叙事与下层抗争：天地会起源传说再研究》，《南京大学学报》2016 年第 5 期。

⑦ 《天地会告示》，佐佐木正哉编《清末の秘密結社·資料篇》，第 28 页。

⑧ 《广西东兰州天地会成员姚大羔所藏〈会簿〉》，《天地会》（一），第 8、18、19、21 页；《天地会文书抄本》，庾裕良、陈仁华等编《广西会党资料汇编》，第 501 页；萧一山编《近代秘密社会史料》第 4 卷，国立北平研究院，1935，第 18 页；第 5 卷，第 5 页。

文告中尚未提到"反满"内容。① 林爽文以"顺天行道"为号召，以"剿除贪（官）污（吏）"为目标，自称"顺天（大）盟主"，初以"天运"纪年，后来改为"顺天"纪年。② 太平天国运动期间，两广天地会起事风起云涌，出现了许多称王建政的事例。以陈开为例，咸丰四年（1854）在广东发动天地会起事，"称元帅，呼都督，自封自增，横行无忌"。咸丰六年，陈开等人在广西建立大成国，改元"洪德"，自称"镇南王"，后又改称"平浔王"，其余各部首领分别称"平靖王""平东王""平西王""平北王"，王以下称公、侯、元帅、司马等。各王分头前往各地扩充势力。"平靖王"李文茂势力壮大之后，又试图称帝，另行设立丞相、都督、将军等官职。③ 在这样的反抗行动中，无论反清复明还是"顺天行道"，都只是一个幌子。小规模的天地会起事，则往往意在抢劫得财，与反清复明同样没有实质关系。光绪末年，广西再度爆发天地会起事大潮，虽然总体规模大、持续时间长、影响范围广，但以游勇、游民为主体形成的众多帮、股，单支规模多为几十人至数百人不等，千人以上的大帮很少，而且以分股活动为主，缺乏有效联合，因而游走性质极强，各自"据寨扬旗，攻城略地"，"走州过府，四处就食"。④ 到了20世纪初，欧榘甲以及后文将论及的孙中山、陶成章试图从洪门中发掘种族斗争这一实质性的思想内涵，但他们不得不承认，这种实质性的思想内涵在洪门那里几乎不存在。因此，如果着眼于实质性的思想内涵，那么"反清复明"实际上是一个形式化或者"空心化"的口号。

在以往的研究中，反清复明说辞理所当然地被视为是民族观念的表达。这种处理方式实际上模糊了传统观念与近代概念之间的区别，既不利于准确理解天地会的自我表述，也不利于探讨近代民族概念和民族主义的演变。"民族"一词在古代中国虽已出现，但使用不多，大体与"族类"一词相当，但其内涵十分不确定；"民族"作为一个近代概念，直至19世纪30年代才开始萌生，此后又经历半个世纪的沉寂，戊戌维新时期受日本

① 秦宝琦：《清前期天地会研究》，第240页。
② 《顺天大盟主林爽文告示之一》《顺天大盟主林爽文告示之二》，《天地会》（一），书前图片，第5、6页。
③ 秦宝琦：《洪门真史（修订本）》，第283、298~299页。
④ 徐矞：《清末广西天地会风云录》，广西师范大学出版社，1990，第2、136、140页。

汉字新词对译西文用法的影响，作为 nation 的译词开始在汉语中流行。①
在此之前，"族类"是中文语境里的主导性概念。"族类"最初主要指依据
血缘、世系划分的宗族，最著名的表述就是"非我族类，其心必异"（《春
秋左传·成公第八》）；后来的区分标准转向语言、习俗、文化、制度、伦
理等人为因素，特别是以"礼"为核心的典章制度和治理秩序，挪用孔子
的经典说法来表述就是"有教（则）无（族）类"。② 对于洪门而言，反
清复明说辞背后的概念工具显然不是"民族"，而只能是传统的"族类"。
而且在洪门那里，"族类"观念较少通过抽象的概念或者范畴得到明确表
达，多为具象的反映，即隐隐约约的"明"与相对具体的"清"之间的相
互对立。

二　洪门"民族主义"性质的彰明

从政治层面来解读天地会的反清复明说辞，将它等同于民族观念的明
确宣示，甚至强调民族斗争是天地会固有的传统，从而在客观上将这一形
式化的口号"坐实"为民族主义，这恰恰是 20 世纪初孙中山等革命者和
激进知识人的做法。

1902 年，属于康有为一系，但彼时观点趋于激进的欧榘甲，撰写了
《新广东》一文，在横滨新民丛报社刊印单行本。这是近代中国人研究会
党的一篇早期文献，汉语中的"秘密社会"一词最早即出现于此。③ 有学
者注意到，欧榘甲从民族主义角度提出问题，"这成为后来革命党人重构
秘密社会历史的起步"。④ 从更长的时段来看，欧榘甲从种族斗争视角来解
读洪门内部的反清复明说辞，这种思路不仅影响了革命派，也引导了此后
数十年间秘密社会史研究的基本方向。

欧榘甲在《新广东》里提出"以广东之人，办广东之事，筑成广东自
立之势，以建全中国自立之起点"。谋求广东自立的途径之一，便是"联

① 黄兴涛：《"民族"一词究竟何时在中文里出现》，《浙江学刊》2002 年第 1 期；黄兴涛：
《清末现代"民族"概念形成小考》，《人文杂志》2011 年第 4 期。
② 郝时远：《先秦文献中的"族"与"族类"观》，《民族研究》2004 年第 2 期。
③ 孙江：《话语之旅：关于中国叙述中的秘密结社话语的考察》，刘东主编《中国学术》总
第 18 辑，第 51 页。
④ 周育民：《秘密会党与民族主义——评杜赞奇对清末革命党会党观的论述》，《上海师范大
学学报》2005 年第 1 期，第 122 页。

秘密社会"。所谓"秘密社会"，即与"公会"相对而言的"私会"，"其宗旨不可表白于天下，其行为不可明著于人群"，"行事秘密，誓不外泄"。中国由于君主专制，加上满洲"异种"统治，因此"公会无一，而私会遍天下"。①他重点介绍了郑成功创立的天地会：

> 郑成功以兴复明室、讨灭满洲为己任，在位二十年中，无岁不兴兵伐闽浙，迄不得意，还顾左右之人，既无雄才大略，断难以武力与满洲争衡，嗣子非材，台湾亦难久据，不得不为九世复仇之计，乃起天地会焉。……其所志在复明，故因洪武年号，自称洪家，旗帜服色，皆以红为尚。洪字三点水，故三合、三点等会，名目出焉。……潜滋暗长，蔓延各省。闽粤以南则名三合、三点，扬子江七省则名哥老会，其中有关帝会者，亦附之焉。虽规矩各有不同，而宗旨则一。②

他将天地会的创立者归结为郑成功，将哥老会归为天地会的支派，由此体现了以种族抗争线索贯串众多会党组织之意图。欧榘甲认为，"统中国私会无不以灭满扶汉为目的"。他承认秘密社会实际上有严重的弱点："一、此私会与彼私会不能相通之害；二、此私会与此私会不能相通之害；三、私会与会外绝不相通之害。……见利则争，见害则避，如乌之合，如沙之散。……其顽钝守旧，与满清之官无异，一旦得意，其骄横无礼，贻害众民，恐有甚于满清者。"但他依然相信并且强调："兴复汉人中国，乃此会之真面目、真精神、真宗旨也。""今日之秘密会党，能改革进步，以从豪杰之命，即异日中国国会、议会、各公会之起点，政党之始基也。"他主张善用"充斥于中国本部，溢于海外，抱其复汉之热心"的私会，善联其"众望所归者"，以"强本部""御外侮"。③

欧榘甲针对美洲华人义兴会党撰写的《大同日报缘起》一文，也表达了类似观点。他声称义兴起源于明朝灭亡之际，其宗旨"与国种有关"；然而"二百年来，忘祖宗之遗训，视盟誓若弁髦，借放马以图财，求口食之无缺，非有雄飞宇内之心、振兴民族之志"；"义兴先祖所传复中国汉种

---

① 太平洋客：《（大版）新广东　附康南海辩革命书》（以下简称《新广东》），光绪壬寅九月，第37、49、51、52页。
② 太平洋客：《新广东》，第55~57页。
③ 太平洋客：《新广东》，第60、65、70~72、80、82页。

之遗意，更不知置于无何有之乡矣"。因此他发出号召："我义兴会党，有一日在天地之间，势必群舍其性命，以扫无理之政府；群抛其头颅，以博立宪之光荣。……执民族政治之义论之，非我族类，其心必异，断不能容异族之加乎吾上！"① 具体的途径，一是将作为"私会"的义兴公司改良、提升为"公会"，二是联合其他有志于救中国之各会。

显然，为了联络秘密社会这一实际目标，欧榘甲宁愿忽略其实际状况，不无勉强地将"排满""复汉"说成是秘密社会的"遗意""真精神"。他使用了天地会原本的自我表述中较少使用甚至闻所未闻的一系列抽象术语，既有"族""类""种"这些相对传统的范畴，也有"民族""民族主义""民族政治"这样的新概念。由此，他在天地会旧有的反清复明说辞与20世纪初的种族革命话语之间架起一座桥梁，开启了将前者置于后者框架之内进行历史化、理论化处理的思路。

革命派代表人物孙中山、陶成章，不仅希望从洪门中发掘"民族主义"，也尝试以民族主义改造会党。早在1894年，孙中山就组织兴中会，积极联络会党发动反清暴动。1903年底、1904年初，为争取华侨支持，他在刊布于檀香山的公开文告中提到，康、梁保皇派"去同族而事异种""失身于异族"；② "革命与洪门，志同道合，声应气求，合力举义，责有应尽"，而不像保皇派那样"欲暗改洪门之宗旨，而令洪门之人以助其保救大清皇帝"。③ 孙中山在这里没有直接点明洪门宗旨，但行文中暗含如下逻辑：洪门宗旨＝种族斗争＝革命。他之所以使用这样的说辞，显然假定这种逻辑对于洪门成员来说不言而喻。为联络会党，孙中山还于1904年初在檀香山加入洪门。④ 随后他前往美国，在旧金山致公堂首领黄三德陪同下奔走各地，试图动员洪门支持革命。他观察到，"此地洪门之势力极大，但涣散不集"。⑤ 为此，他试图对洪门进行改造，为旧金山致公堂起草新的章程明确指出，洪门宗旨在于民族主义，且须力图振作：

> 原夫致公堂之设，由来已久。本爱国保种之心，立兴汉复仇之

---

① 《秘密结社之机关报纸》，《新民丛报》第38～39号合本，1903年10月4日，第154、160页。
② 《敬告同乡书》，《孙中山全集》第1卷，第232页。
③ 《驳保皇报书》，《孙中山全集》第1卷，第237页。
④ 冯自由：《孙总理癸卯游美补述》，《革命逸史》第2集，中华书局，1981，第101～102页。
⑤ 《复黄宗仰函》，《孙中山全集》第1卷，第241页。

志，联盟结义，声应气求，民族主义赖之而昌，秘密社会因之日
盛。……惟是散漫四方，未能联络一气，以成一极强极大之团体，诚
为憾事。近且有背盟负义、赴入歧途、倒戈相向者，则更为痛恨也。
若不亟图振作，发奋有为，则洪门大义必将沦骤矣！①

欧榘甲揭橥"民族""民族主义"的观察视角和解释思路，只是没有
明确将洪门与民族主义直接联系起来。孙中山则明确采用"民族主义"这
一概念，将"洪门"与"革命""民族主义"直接联系在一起，洪门的
"民族主义"性质由此得到彰明。

1910 年初，光复会重要领导人陶成章的《教会源流考》一文，由章炳
麟等人在日本东京成立的教育今语杂志社公开刊印。② 当代学者注意到，
陶成章显然研究、参考过欧榘甲的《新广东》。③ 与欧榘甲和孙中山一样，
陶成章也从种族斗争立场来解释秘密社会的兴起原因和宗旨。他甚至像欧
榘甲那样，把天地会创始者具体指认为郑成功。但在陶成章那里，门类众
多的秘密社会被归并为白莲教和天地会两大体系，且二者被置于连续的民
族抗争传统当中。他勾勒了具有全国性影响的"反对政府之二大秘密团
体"：一为白莲教，即红巾，盛于北方，又派分出闻香教、八卦教、神拳
教、在礼教、斋教、安庆道友等"教门"；另一为天地会，即洪门，盛于
南方，又派分出三点会、三合会、哥老会、庆帮、江湖团等支流。"所谓
教，要皆取法白莲，所谓会及党，要皆写影洪门，非均能有别出之心裁
也。"他清楚地宣称："白莲教初立之本意，本在驱逐蒙古，虽借宗教为惑
人之具，而其间实含有民族主义也。"④ 天地会则承白莲教余绪而起：

　　明室内乱，满洲乘之，再蹈亡国之惨。志士仁人，不忍中原之涂
炭，又结秘密团体，以求光复祖国，而洪门之会设焉。何谓洪门？因
明太祖年号洪武，故取以为名，指天为父，指地为母，故又名天地
会。始倡者为郑成功，继续而修整之者，则陈近南也。……洪门中之

---

① 《致公堂重订新章要义》，《孙中山全集》第 1 卷，第 259~260 页。
② 魏兰：《浙案纪略序》，汤志钧编《陶成章集》，中华书局，1986，第 449 页。
③ 林治清：《天地会起源研究》，第 23 页。
④ 陶成章：《教会源流考》，萧一山编《近代秘密社会史料》卷二附录，第 1、3、4~6、
　 10 页。

兄弟，写"清"必作"氵月"，是谓清无主。……凡写"满"字尽作"氵雨"，称之曰满无头。若是乎，我祖宗仇满之心，固深且切，而无以复加者矣。为子孙者，奈何其忘之乎！①

他又叙述天地会与白莲教的汇合过程：康熙年间，天地会遭到严厉镇压，余党在闽台、两广地区隐秘活动，多逃而为僧，当时少林寺名闻海内，名为传拳术，实为传布白莲教，"有洪门之海底（即章程）带入北方者，闻少林寺名，遂以海底示之，于是白莲之教，与洪门之会，合而为一，而五祖出也"。②

陶成章该文以"源流考"为题，有学者认为它是一部"全面系统研究中国秘密会社源流的专门著作"。③ 但也有学者认为，文中关于教门和会党起源的著名论断，"依据的只是载籍中的神话，而非实际的田野工作"，"显然不可靠"。④ 实际上，该文仅为一篇融调查报告和革命宣传为一体的文章，其着眼于联络会党参与革命的现实需要，对秘密结社的概况进行总体介绍，旨在总结比较教门和会党的特点及差异，以便"有志救世者"，⑤也就是革命派更有针对性地开展秘密社会工作。因此，陶成章关于秘密社会的叙述，与欧榘甲、孙中山的论述一样，值得重视之处也在于对"民族主义"的发掘。

从欧榘甲、孙中山到陶成章，他们从洪门中发掘的"民族主义"，用当时另一个大体相同的流行概念来说，也就是"种族主义"。在清末十余年间现代"民族"概念形成过程中，曾经出现一种以种族认同为主导、"种族化"的民族主义。⑥ 这种"种族/民族"概念受到了西方"人种"学

① 陶成章：《教会源流考》，萧一山编《近代秘密社会史料》卷二附录，第2页。
② 陶成章：《教会源流考》，萧一山编《近代秘密社会史料》卷二附录，第6~7页。
③ 赫治清：《天地会起源研究》，第23页。
④ Barend J. Ter Harr, "The Gathering of Brothers and Elders (ko-lao hui): A New View," in Leonard Blussé en Harriet Zurndorfer, eds., *Conflict and Accommodation in Early Modern China: Essays in Honour of Erik Zürcher*, Leiden: Brill, 1993, pp. 264-265.
⑤ 陶成章：《教会源流考》，萧一山编《近代秘密社会史料》卷二附录，第1页。
⑥ 沈松侨：《我以我血荐轩辕——黄帝神话与晚清的国族建构》，《台湾社会研究季刊》总第28期，1997年；冯客：《近代中国之种族观念》，杨立华译，江苏人民出版社，1999，第100~102页。

说的影响，同时融入了中国传统"族类"观念的内涵。① 激进知识人和革命者利用新知识、新概念去发掘、阐明会党的所谓本来宗旨，即为中、西种/类知识交汇催生种族化"民族"概念的具体例证。比如陶成章，除了前述书面工作，在联络会党的实践当中，也交相运用西方的人种知识进行"排满"宣传，他所到之地，"皆登台演说人种之分、民族之说"。② 在他们那里，"种族"与"民族"、"种族主义"与"民族主义"，这两对术语经常交替乃至互换使用。出于"排满"革命的需要，革命派当时倡导的"种族/民族"概念侧重于种族差异和对立，强调"汉"与非"汉"之别，而不是偏重于族群并存及融合，因而事实上是一种狭隘而非宽泛的民族概念。③ 不过，孙中山也意识到了这种民族概念潜在的排斥性，又特意解释说："譬如一个人，见着父母总是认得，决不会把他当做路人，也决不会把路人当做父母；民族主义也是这样，这是从种性发出来，人人都是一样的。……但是有最要紧的一层不可不知：民族主义，并非是遇着不同族的人便要排斥他，是不许那不同族的人来夺我民族的政权。……惟是兄弟曾听见人说，民族革命是要尽灭满洲民族，这话大错。"④

三　东西方洪门论说的汇合

1911 年 11 月，日本人平山周在《日本及日本人》上发表一篇长文《支那的革命党及秘密结社》，1912 年 5 月以《中国秘密社会史》为名出版中译本。该书共分五章，第 1~3 章分别叙述白莲教、天地会及三合会，第 4、5 章分别叙述哥老会和革命党，其中哥老会一章篇幅最多。这本书融汇了 19 世纪以来西方人研究天地会的成果，以及平山周自己与孙中山等革命派的接触、在长江流域的调查所得，加上章炳麟和宋教仁的序言，共同

---

① 李帆：《民族主义与国际认同之间——以刘师培的中国人种、文明西来说为例》，《史学理论研究》2005 年第 4 期；李帆：《西方近代民族观念和"华夷之辨"的交汇——再论刘师培对拉克伯里"中国人种、文明西来说"的接受与阐发》，《北京师范大学学报》2008 年第 2 期。

② 陶成章：《浙案纪略》，汤志钧编《陶成章集》，第 340 页。

③ 本文所说的狭隘和宽泛的民族概念，主要着眼于功能取向或者使用效果，即在多族群国家的框架之内，不同"民族"概念的运用，是放大、强化族群之间的差异乃至对立，还是鼓励、增进不同族群之间的沟通乃至融合。

④ 《在东京〈民报〉创刊周年庆祝大会的演说》，《孙中山全集》第 1 卷，第 324~325 页。

构成一个有机的整体，可谓东西方洪门论说的汇合。借助这部中文书，基于"民族主义"解释思路的系统的秘密结社知识，在民初以后逐渐传播开来。

平山周该书的一大资料来源，是香港警探威廉·斯丹顿（William Stanton）的英文著作《三合会》一书，后者 1894~1896 年分五次连载于传教士在香港出版的双月刊《中国评论》第 21、22 卷各期，1900 年又在香港出版单行本。斯丹顿的著作延续了 19 世纪施列格等西方人研究天地会/三合会的基本思路，内容上有两点值得注意。一是将天地会反抗专制暴政的形象加以光大，甚至不无美化。他这样评价天地会的抗争行动：

> 三合会的影响并无损于民族福祉，因为官员们害怕激起人民的行动，无疑已经减少了许多原本可能已经得到实施的压迫行为。在中国这样一个国家，这并非无关紧要。在这里，向统治者发出抱怨是非常危险的举动，这里没有任何报纸或其他途径来批评统治者的行为，没有任何途径来发泄公共情绪。[①]

二是将天地会的"复明"清楚地解释为"反对被他们所鄙视的一个外来部族（foreign tribe）统治"，"清朝应该被推翻，明朝应该恢复，这是天意"。根据天地会会簿资料，他具体指出天地会创立于康熙十三年，由曾任高官、现为道士的陈近南借助天降神异信号，启发五名劫余少林僧人创立。然后他简要介绍 1787 年台湾林爽文起事以来天地会参与的一系列反政府事件，特别是在太平天国运动前后的反政府活动。斯丹顿将天地会的历史置于元末以来白莲教反抗"异族"统治的脉络之中加以叙述，书中第一章具体交代元明清三代的白莲教起事，特别是清代嘉庆年间的林清、李文成起事。但他非常明确地指出，很多熟悉中文的外国人认为天地会是白莲教被禁之后的另一种名称，其实两者截然不同，只是天地会很可能采用了白莲教的许多仪式。[②] 据学者研究，斯丹顿这本英文著作中关于白莲教、天地会及三合会的内容，比如起源传说、国内外活动情况、入会仪式、隐

---

① William Stanton, *The Triad Society, or Heaven and Earth Association*, p. 24.

② William Stanton, *The Triad Society, or Heaven and Earth Association*, pp. 8, 9, 34, 38.

语暗号、入会凭证、茶碗阵等，均被平山周的《中国秘密社会史》一书所承袭。[①] 不过，平山周对天地会之前的秘密结社的介绍在具体细节上稍有损益，有些表述更加清晰。

在平山周那里，天地会、三合会、哥老会（具体包括红帮和青帮）都属于反清复明的政治组织："白莲会诸派，均附托于宗教，犹不免暗昧之习。及三合、哥老会之起，盖仅袭宗教仪式，其目的始纯然为政治思想，而为完全之秘密社会矣。"他依样叙述天地会的起源传说，并且跟斯丹顿一样，判断天地会创立于康熙十三年，且认为三合会的宗旨"始不过反清复明"。他提出哥老会创立于乾隆年间，太平天国运动失败之后大盛，具体包括红帮和青帮，但不包括黑、白帮；"皆以赌博盗劫为业"，"然其本旨则在复仇，其理想则为侠义"，"不害良民，惟袭劫不义之豪富与不正之官吏"，"宗旨与三合会无异，亦不过反清复明而已"。[②]

平山周该书汇集了此前中西方人士关于中国秘密社会的大量信息，这让革命派眼前一亮。章炳麟高度评价该书对于开展会党工作的参考价值："会党各为部伍，符号仪式，所在互异，其人往往不相闻知。今欲集合会党，非直因成法利导之也，又将参而伍之，去其泰甚，补其缺遗。不有是书，将何以遍照哉！"[③]宋教仁也有类似的感觉："异哉！读支那历史，自秦汉以降，上下二千年间，革命之事，殆居十（之）三四，盖未尝不与秘密结社有因果关系也。"[④]

平山周该书信息丰富，却没有讲清楚天地会、三合会的"反清复明"究竟是什么性质。章炳麟和宋教仁为该书中文版所作的序言弥补了这一欠缺，刚好与平山周的正文呼应。章炳麟拈出平山周关于天地会与白莲教性质有别的观点，并且清楚地点明天地会、哥老会的种族斗争宗旨：元末白莲教"兼为种族"，天地会、哥老会则摆脱宗教宗旨，"专务攘除胡貉，而与宗教分离……值穷饥则恒心少，起为盗贼，尤可原也。又乃诈伪接构，自相残杀，其行义又不逮白莲"。为了彰明天地会的种族斗争精神，章炳

① Barend J. Ter Harr, "The Gathering of Brothers and Elders (ko-lao hui): A New Hypothesis," in Leonard Blussé en Harriet Zurndorfer, eds., *Conflict and Accommodation in Early Modern China: Essays in Honour of Erik Zürcher*, pp. 260–262; 孙江：《话语之旅：关于中国叙述中的秘密结社话语的考察》，刘东主编《中国学术》总第18辑，第40~41页。
② 平山周：《中国秘密社会史》，商务印书馆，1912，第12、22、32~33、75~76页。
③ 章炳麟：《绪言（一）》，平山周：《中国秘密社会史》，第2页。
④ 桃源逸士：《绪言（二）》，平山周：《中国秘密社会史》，第1页。

麟还不忘提及郑成功："是时郑成功在台湾，闽海之滨，声气相应，熊开元、汝应元皆以明室遗臣祝发入道，故天地会自福建来，其后乃有哥老、三合。"① 章炳麟与陶成章熟识，又是刊印《教会源流考》的当事人，他显然读过陶成章该文。他这篇序文采择《教会源流考》的视角和观点，同时接过斯丹顿、平山周的话头，将东西方的洪门论说连接起来。宋教仁的序言同样着眼于对洪门"民族主义"性质的阐发："明遗老逸民，思攘夷大义为虏埋没，则相与结合诸党会，冀存微旨，以收功将来，是三合、哥老之名所以始。厥后初作难，发于台湾，川湖陕扬导之，太平洪氏用集大成，光复之声果不泯坠也。盖革命事重大，非预为酝酿，郁积久之，不克自发抒者。而攘夷大义，非徒外铄，尤需有所载之以为播殖也。"② 与欧榘甲、陶成章和章炳麟不同，宋教仁的表述跟孙中山更加接近，不谈郑成功，仅称天地会由明朝遗老逸民创立，着重指出秘密结社在承载和传播种族革命思想方面的贡献。

中文版《中国秘密社会史》一书在中国产生了持续影响。该书白莲教、三合会两章，以及哥老会一章的部分内容，曾经以《中国秘密会党记》为题，刊载于 1912 年 4 月 1 日出版的《东方杂志》第 8 卷第 10 号，署名为"古研氏"，正文前亦有桃源逸士（即宋教仁）撰写的序言。1917年，徐珂在商务印书馆出版《清稗类钞》，其中"会党类"的绝大部分内容，比如关于天地会、三合会、哥老会以及龙华会、兴中会、同盟会等清末革命团体的介绍，均袭自平山周《中国秘密社会史》，客观上将平山周该书的内容进一步传播开来。③ 至 1927 年 7 月，平山周该书已经在商务印书馆印行第 6 版。1934 年 8 月，商务印书馆又出版该书的"国难后第一版"，并将它纳入《史地小丛书》之列。罗尔纲为该书撰写书评，称赞它"到今天还是一部重要而新鲜的著作"，"尤其是关于洪门三章，却是一部

---

① 章炳麟：《绪言（一）》，平山周：《中国秘密社会史》，第 1 页。
② 桃源逸士：《绪言（二）》，平山周：《中国秘密社会史》，第 1 页。
③ 徐珂该书未注明资料来源，以致后人为该书影印版撰写前言时，以为"会党类"天地会、哥老会等内容乃是徐珂自己根据当时的新闻报刊搜集而来，"独具别裁"，"颇费苦心"，"颇有历史价值"。不过早在 1934 年冬，涉足会党史研究不久的罗尔纲就发现了《清稗类钞》中上述内容与平山周著作相关内容的雷同。他坦承自己一开始尚未读到平山周的书，"以为徐珂先生的《清稗类钞》中的《天地会》《三合会》两节是中国今日惟一刊行的天地会史料，现在将两书来互相对勘，才知道《清稗类钞》原是节录此书又加以窜改者"（罗尔纲：《〈中国秘密社会史〉》，《图书季刊》第 1 卷第 4 期，1934 年）。

最可宝贵的史料"。①

四　"洪门民族主义"话语的定型

　　辛亥革命以后，洪门的"民族主义"性质在孙中山那里得到集大成式的表述。他虚化具体史事层面的叙述，既撇开陶成章以来关于白莲教的拉扯，又抛开欧榘甲以来关于郑成功始创天地会的说法；他仅将天地会的创立背景设定为明末清初的抗清运动，将天地会创立者设定为明朝遗民，而将叙述重心设定为天地会的宗旨和功能——保存和传播民族主义。由此，洪门、"反清复明"与"中国的民族主义"或者"民族主义之根苗"之间被清楚地画上等号，民族抗争被视为天地会固有的政治"基因"，"民族主义"俨然成为天地会的基本诉求和悠久传统。

　　早在 1911 年底，孙中山返国途中接受巴黎日报记者采访时，即提到辛亥革命的民族主义性质以及会党与革命的关系：

　　　　此次革命主因，须于民间不平之点求之。满洲入关，屠杀残酷，其恨盖二百六十余年如一日也。加以满人皆享特权，遂至懒不事事，精神形体两不发达，至今皆成废弃。民间以种恨之深，秘密结社极多，专以灭清复明为惟一之目的。近二十年，革党始起，而与各种秘密结社连合，其力乃横决而不可当。②

1919 年，孙中山发表《有志竟成》，明确宣称：

　　　　洪门者，创设于明朝遗老，起于康熙时代。……二三遗老见大势已去，无可挽回，乃欲以民族主义之根苗流传后代，故以'反清复明'之宗旨结为团体，以待后有起者，可借为资助也。此殆洪门创设之本意也。然其事必当极为秘密，乃可防政府之察觉也。③

1924 年，孙中山在广州发表"民族主义"系列演讲，再次明确提到：

---

　　①　罗尔纲：《〈中国秘密社会史〉》，《图书季刊》第 1 卷第 4 期，1934 年。
　　②　《补记孙总统海外之政论》，《申报》1912 年 2 月 1 日。
　　③　《建国方略·孙文学说》，《孙中山全集》第 6 卷，第 231 页。

康熙末年以后,明朝遗民逐渐消灭,当中一派是富有民族思想的人,觉得大事去矣,再没有能力可以和满洲抵抗,就观察社会情形,想出方法来结合会党。……那些有思想的人,知道了不能专靠文人去维持民族主义,便对于下流社会和江湖上无家可归的人,收罗起来,结成团体,把民族主义放到那种团体内去生存。……所以满洲二百多年以来,无论是怎样专制,因为有这些会党口头的遗传,还可以保存中国的民族主义。①

至此,洪门的"民族主义"性质得到了清晰、完整的表述。

民初革命党人对洪门"民族主义"性质的反复确认,是与告别会党的意图相伴随的。在"后革命"时代,此前出于破坏目的、曾经跟秘密结社有过密切联系的新政权的掌握者(不管是革命派还是其他派别),此时出于维护秩序、巩固统治的需要,都有必要跟秘密结社"切割"。② 值得注意的是,与早前动员秘密结社一样,此时他们用来跟秘密结社"切割"的理论工具,仍然是"民族主义"。

1912 年 2 月,云南军政府都督蔡锷发布"劝禁结盟拜会"文告,从民族主义角度来解释秘密结社的历史和自己此前倡设秘密结社的动机:

哥老等会之缘起,实肇自明末之郑成功,不甘以异族蹂躏中原,故结盟拜会,倡义集合,冀图恢复。……其联合同党,剪灭胡人之心,固未可湮没也。本总统抚今追昔,惩后惩前,故于归自东瀛,参预军事,即倡设同志会,以期同心勠力,克迪前光。

不过,这番话不是为了表彰秘密结社的历史贡献,而是为了说明秘密结社纯为"排满"这一特定目标而设,现在目标既已实现,秘密结社也就失去继续存在的理由:

拜会之手续,实为排满之机关,在昔日为有病之呻吟,在今日则为无病之狂易。……兹国仇已复,民贼已除,更无构难时期,渐享自

① 《三民主义·民族主义》,《孙中山全集》第 9 卷,第 211 页。
② 蔡少卿:《中国近代会党史研究》,第 313~329 页。

由幸福。此后宜抱持国民主义，各思同仇敌忾，以与异己者周旋。切勿自相猜嫌，仍沿拜会之旧习。自出示之日起，凡以前所有各会名目一概取消。①

1912 年 5 月，孙中山在广州公开发表演讲，敦促洪门主动顺应时势变化：

> 洪门所以设会之故，系复国仇，倡于二百年前，实革命之导线。惟现下汉族已复，则当改其立会之方针，将仇视鞑虏政府之心，化而为助我民国政府之力。我既爱国，国亦爱之，便可以上感下孚，永享幸福，此求自立之真谛也。……人贵自重。须知国无法则不立，如其犯法，则政府不得不以法惩之。②

1914 年 11 月，出于反袁斗争的需要，孙中山尝试过再度动员洪门，但他的立场很清楚：秘密结社时代的斗争乃是"种族革命"，现在是"政治革命"时代，应该堂堂正正，因此洪门也应破除门户，改组为中华革命党的支部。③ 1919 年 1 月，孙中山对于会党与辛亥革命的关系这个问题给出明确答案：

> 清世秘密诸会党，皆缘起于明末遗民，其主旨在覆清扶明。故民族主义虽甚普及，而内部组织仍为专制，阶级甚严，于共和原理、民权主义，皆概乎未有所闻。其于共和革命关系实践，似宜另编为秘密会党史，而不以杂厕民国史中，庶界划井然不紊。④

1924 年孙中山的民族主义演讲，除了阐发洪门的"民族主义"性质，也发表了对于会党的平衡性的看法。他指出，洪门人士其实大多并不理解，更没有去贯彻"反清复明"宗旨：

> 华侨在海外的会党极多，有洪门三合会，即致公堂，他们原来的

---

① 《滇军政府文告录要》，《申报》1912 年 2 月 8 日。
② 《在广东中国同志竞业社欢迎会的演讲》，《孙中山全集》第 2 卷，第 358~359 页。
③ 《各埠洪门改组为中华革命党支部通告》，《孙中山全集》第 3 卷，第 140~141 页。
④ 《复蔡元培张相文函》，《孙中山全集》第 5 卷，第 8 页。

宗旨，本是反清复明，抱有种族主义的；因为保皇主义流行到海外以后，他们就归化保皇党，专想保护大清皇室的安全，故由有种族主义的会党，反变成了去保护满清皇帝。把这一件事看来，便可证明中国的民族主义完全亡了。①

至此，革命派与会党"切割"的立场清楚无疑。他们之所以仍然（甚至比以前更加）强调秘密结社的"民族主义"，显然是为了更好地解释这一"切割"之举。将会党的宗旨界定为民族斗争，则自己此前联络会党，即有时代合理性；而现在取缔会党，亦有现实合理性。

在某种意义上，曾经的革命派此时也试图跟自己早先的"种族/民族"概念告别。当年出于"排满"革命的需要，他们事实上倡导了一种狭隘的民族概念。而清廷瓦解之后，在国家重建的过程中，多族群并存的事实、族群关系急待整合的现实形势，要求他们告别狭隘的"种族/民族"概念，转向一种侧重于族群并存及融合的宽泛的民族概念。这样一种宽泛的民族概念的可能性此前早已呈现出来。戊戌时期及 20 世纪初，"民族"一词开始在汉语中流行之时，即已不同程度地包含以"国民"作为民族之政治基础这一内涵，由此逐渐发展出一种强调国民、政治等建构性要素的"民族"概念，以及一套以"国家"为认同对象的民族主义论述。② 进入民国以后，孙中山努力"提倡民族主义，结合四万万人成一个坚固的民族"，也就是"中国民族"。这种结合而成的民族/民族主义，显然是一种基于国民、国家、政治等建构性因素的宽泛的民族概念和民族主义，孙中山偶尔将其表述为"国族""国族主义"。③ 不过"国族""国族主义"在孙中山那里使用得并不多，其内涵仍然多用"民族""民族主义"来表达。

但是，跟狭隘"种族/民族"概念的告别又是不彻底的，民族主义话语当中宽、狭两种民族概念仍然彼此纠缠，这在孙中山自己身上即有明显的体现。1924 年他在广州讲演民族主义时，仍然延续了辛亥革命期间的狭隘民族概念，坚持将民族与国家区别开来。他认为，"民族"是"由于王

① 《三民主义·民族主义》，《孙中山全集》第 9 卷，第 210~211 页。
② 沈松侨：《我以我血荐轩辕——黄帝神话与晚清的国族建构》，《台湾社会研究季刊》总第 28 期，1997 年；黄兴涛：《清末现代"民族"概念形成小考》，《人文杂志》2011 年第 4 期。
③ 《三民主义·民族主义》，《孙中山全集》第 9 卷，第 185、188、189、197、198、238、239、240、242、243 页。

道自然力结合而成的"团体，所谓自然力包括"血统""生活""语言""宗教""风俗习惯"五种力量，它们是"天然进化而成的，不是用武力征服得来的"；"由于霸道人为力结合而成的便是国家"。① 这种狭隘的民族概念，显然跟他所说的"国族"意义上的宽泛民族概念不是一回事。这样，"民族"一词在孙中山那里有时指狭隘的民族概念，有时又指宽泛的民族概念，而且经常没有明确交代，很容易让人产生概念混淆之惑。

革命派对洪门"民族主义"性质的反复确认、采用"民族主义"这一概念工具与会党进行"切割"，都在客观上促成了"洪门民族主义"话语的定型。这一话语的社会影响，由清末著名小说《孽海花》的后续增补情况可见一斑。1928 年，《孽海花》新增第 29 回《龙吟虎啸跳出人豪 燕语莺啼惊逢逋客》公开刊出，文中糅合了欧榘甲、孙中山的论述："其时（郑）成功年老，晓得后世子孙，也不能保住这一寸山河，不如下了一粒民族的种子，使他数百年后，慢慢膨胀起来。列位想这种子，是什么东西？原来就是秘密会社。成功立的秘密会社，起先叫做天地会，后来分做两派。一派叫做三合会，起点于福建，盛行于广东，而膨胀于暹罗、新嘉坡、新旧金山、檀岛；一派叫做哥老会，起点于湖南，而蔓延于长江上下游。两派总叫做洪帮，取太祖洪武的意思。……他们（三合会）甘心做叛徒逆党，情愿去破家毁产，名在那里？利在那里？奔波往来，为着何事？不过老祖传下这一点民族主义，各处运动，不肯叫他埋没、永不发现罢了。"② 借助这部名著，"洪门民族主义"话语获得了进一步扩张。

20 世纪三四十年代，随着中日关系日益紧张、中华民族危机日益加深，"洪门民族主义"又迎来一波热潮。一方面，经由温雄飞、罗尔纲、萧一山等历史学者的努力，会党史作为一个学术研究课题开始受到中国学术界关注，出版、发表了一些原始资料和专业著述。③ 这一时期恰逢孙中山崇拜逐步展开、"总理遗教"被神圣化的重要阶段，④ 在此背景下，经过孙中山集中阐发的辛亥前后革命派关于洪门起源和宗旨的论述，也逐渐被专业史家援引，确立了在史学研究领域的支配地位。⑤ 另一方面，一些帮

---

① 《三民主义·民族主义》，《孙中山全集》第 9 卷，第 186~188 页。

② 《真美善》第 1 卷第 12 号，1928 年，第 4~6 页。

③ 赫治清：《天地会起源研究》，第 24~32 页。

④ 参见陈蕴茜《崇拜与记忆——孙中山符号的建构与传播》，南京大学出版社，2009；李恭忠《中山陵：一个现代政治符号的诞生》，社会科学文献出版社，2009。

⑤ 蔡少卿：《关于天地会的起源问题》，《北京大学学报》1964 年第 1 期。

会人士或者与帮会联系密切者，纷纷出版关于帮会史的通俗作品，大力强调和标榜洪门乃至青帮的"反清复明""民族主义"。[①] 由此，从民族主义角度来论述洪门的历史成为一种惯常套路，以至一谈起洪门，似乎就离不开"反清复明""民族主义"。尤有甚者，一些帮会中人与日、汪伪当局合作时曲意逢迎，鼓吹"我们洪门中人所抱负的民族主义范围，也应当扩大，把从前汉族的民族主义，扩大为东亚民族主义"。[②] "洪门民族主义"话语被滥用至此，已经明显背离了孙中山等人的初衷。

结　语

回头审视孙中山 1905 年的那番话，可以有更加准确的理解。民族主义既非洪门固有的精神或者传统，亦非纯由外部植入，而是清末孙中山等革命者出于"排满"这一目标进行发掘和重新解释的结果。"洪门民族主义"作为一种特殊话语的产生和定型，洪门只是贡献了经验层面的素材，概念、理论层面的加工提升主要由清末激进知识人和革命者完成，其中又汇入了 19 世纪以来西方人研究天地会的知识成果。

洪门原有的反清复明说辞确实在某种程度上反映了传统的族类意识，不过往往流于形式化。而且，洪门很少使用"种""族""类"这类抽象的术语。到了清末激进知识人和革命者那里，它被发掘出来，并且受到重视。欧榘甲、陶成章使用"种族""民族""民族主义"，章炳麟使用"攘夷大义"，孙中山明确使用"种族主义/民族主义""民族主义之根苗"等概念术语，将洪门的反清复明说辞放在特定历史语境下进行理论化处理。从形式化的反清复明口号，到抽象的"种""族""类""种族""民族"概念，再到理论化的"种族主义/民族主义"，"洪门民族主义"由此逐渐浮出水面。

"洪门民族主义"作为一种特殊话语的形成，适逢汉语中"民族"一词逐步定型为一个现代概念之时。革命过程当中，革命派对于"种族/民族"概念的阐发偏重于族群差异和对立，强调"汉"与非"汉"之别，事实上倡导了一种狭隘的民族概念，从洪门中发掘"民族主义"的努力即

---

① 邵雍：《民国时期帮会史研究的发展及其特点》，《上海师范大学学报》1993 年第 3 期；秦宝琦：《洪门真史（修订本）》，前言第 3 页。

② 参见周育民、邵雍《中国帮会史》，武汉大学出版社，2012，第 642 页。

为具体例证。而在"后革命"时代，曾经的革命派欲跟此前的狭隘"种族/民族"概念告别，转向一种基于"国民"和"国家"认同、侧重于族群并存和融合的宽泛的民族概念。但他们仍然沿用"洪门民族主义"与会党切割，结果反而促进其进一步传播和巩固。由此，狭隘的"种族/民族"概念一直"告而不别"，民族主义话语当中宽、狭两种民族概念仍然彼此纠缠，甚至相互混淆。

洪门的"民族主义"精神经由清末激进知识人和革命派被阐发出来，但这种民族主义的载体却略显含混。各家论说当中，"洪门"的所指颇不相同。在斯丹顿那里，洪门仅指华南及海外华侨中的天地会/三合会；孙中山的论说也主要围绕天地会/三合会展开。欧榘甲所说的洪门既包括天地会/三合会，也包括哥老会，但他认为其余秘密社会也具有民族抗争宗旨。陶成章所说的"洪门"覆盖范围最广，既包括天地会/三合会，也包括哥老会，还包括庆帮、江湖团，并且与白莲教在宗旨上一脉相承、在组织上相互交融。而据平山周所言，天地会、三合会、哥老会、青帮均为反清复明组织，但江湖团却不属于这一系列。民国以后，孙中山的说法渐成主流，但陶成章和平山周的说法也产生了相当的影响力，以至于不仅天地会/三合会，还有哥老会/袍哥，乃至青帮，其历史形象都被打上了"民族主义"烙印。

毋庸讳言，"洪门民族主义"话语在提升会党形象的同时，也遮蔽了会党的某些真实面貌。欧榘甲、孙中山、陶成章、平山周和章炳麟，无一不提及会党的缺点和不足，但出于现实政治的需要，他们宁愿忽略会党的实际弊病，极力强调其"反清复明"传统和"民族主义"精神。孙中山后来有清醒的反思，对会党的性质做出更加客观的判断。然而仅仅十余年后，随着民族危机日益加深，民族主义话语再度迎来巨大市场，"洪门民族主义"不免仍以实用主义方式被取用，乃至被歪曲利用，而这一效果实非辛亥前后孙中山等人的本意。

（本文原以《辛亥前后的"洪门民族主义"论说》为题，刊载于《近代史研究》2016年第6期，此为删改版）

国家权力与近代中国城市空间重构

陈蕴茜*

城市是一个集政治、经济、文化、心理功能于一体的空间聚合体，也是人类密集型的居住区。中国城市自诞生之日起就与国家权力密切关联。南京国民政府建立后，国家权力对社会的控制日益增强，其渗透性已几乎无处不在。与传统时代相比，国家权力对城市控制的日益加强，导致城市空间重构，并透过空间操控对城市空间中的人产生深远影响。

一　国家意志与近代城市空间重构

清末民初，政府已经开始引进西方规划理念对城市进行改造，出现了负责规划和建设的市政公所，传统城市空间结构开始发生变化。如袁世凯在天津对河北新区进行规划建设；民初北京市政府对旧城进行改造，拆除城墙、城门和瓮城，并在外国规划师的设计下进行城市改造；广州市大规模进行市政规划与建设。南京国民政府建立后，国家对城市的控制进一步加强，中国城市逐步走上以西方城市为模版的发展道路，各地以旧路拓宽、旧城改造和发展新区带动城市空间重构，城市面貌大为改观。

由于中国民间资本力量薄弱，城市改造资金大都由政府承担，南京国民政府实行党国一体的集权政制，因此，城市空间重构中体现出很强的国家意志。1927 年以后，各地政府设立了专门的规划与建设机构，聘请专家参与编制或公开招标规划，中央政府还直接参与大城市的规划。《首都计划》就是中央政府主导的规划政治的产物，全方位重构了南京城市空间，而《大上海计划》则由上海市政府和中央政府共同制定，蒋介石曾亲自过

* 陈蕴茜，南京大学历史学院暨学衡研究院教授、博士生导师，2009~2010 年任南京大学高研院第五期驻院学者，曾任高研院"象征与记忆"跨学科团队召集人和高研院院长助理；2020 年 7 月因病逝世。

问该计划。各级政府主导下的城市空间改造还带上了深刻的党化意识形态色彩，这是中国城市空间结构发生变化且完全异于西方城市的最大特点。

1925年孙中山逝世后被奉为国民党的精神领袖，总理遗教被赋予宪法地位，孙中山的《实业计划》对中国许多城市的定位和规划自然产生了深远影响。如《大上海计划》就是为了将上海建成孙中山定位的"东方大港"而制定的，蒋介石甚至直接称该计划为"总理大上海计划"。"大武汉"发展规划也是受孙中山的影响，事实上各地政府都尽可能地吸收孙中山的规划思想并付诸实践，桂林甚至将城市规划直接命名为《大桂林三民主义实验市计划》。

孙中山的影响远不止此，因为国民党发动了全国性的孙中山崇拜运动，各个城市为了纪念他而重构空间结构，以南京最为典型。1929年孙中山奉安南京，南京市政府建造了现代民族国家政治领袖最大的陵墓——中山陵，并将灵榇经过的道路拓宽，建设为中山大道，这条道路贯穿大半个南京城，打破了南京自明代以来近600年未改变的城市格局。全国各地也大规模修建中山路、中山纪念堂、中山公园、中山门、中山桥等。有的城市限于财力无法重新规划修建，则通过更名、改建的方式来实现空间系统的转换。当时各级政府的城市规划普遍奉行"马路主义"，以新建或改建道路带动城市更新，由此，中山路在城市中最为普及。据笔者初步统计，民国时期有中山路的城镇达到534座，中山路一般都是主干道。有的城市还建立起由数条中山路构成的道路系统，有的则建立以三民主义关键词命名的道路系统，甚至个别城市道路名称全部中山化和三民主义化。全国建有332座中山纪念堂，其中不少位于城市的中心，有的是官署办公地，有的是城中最主要的象征性和标志性建筑。孙中山铜像，一般位于城市的中心广场，形成城市新的核心。现代公共娱乐空间的出现是中国城市由传统向现代转型的重要标志，民国时期全国出现了314座中山公园。中山符号在城市空间的普及以及在城市中心的优先地位，是对城市空间的颠覆性重组。中山纪念空间的建设，将新的市政建设理念传至民间，各地城镇交通得到明显改善，公共空间也得到拓展，促进了传统城市向现代城市转型。

城市与国家政治、民族兴盛密切关联。由于近代中国长期遭受西方列强的欺侮，南京国民政府特别希望中国能够以崭新的形象屹立于世界之林，城市空间遂成为实现民族复兴梦的载体。《大上海计划》特别选择远离租界的江湾地区建造一个新上海，目的是"与两租界相抗"，最终取代租界。① 该计划实施期间，历任上海市长都称计划的成败并不只关系到上海，而且还关系到民族的存亡。因此，《大上海计划》必须规模宏大，以彰显国威，大空间、大尺度成为设计原则，庞大的行政中心、宽阔的景观大道、恢宏的中式建筑，以及大广场、大公园、大运动场等，共同打造出象征国家意志的新上海空间，虽然当时政府的财力根本无法支持如此庞大规划的运行。

民族主义思潮的高涨，还引发了城市建筑民族风的盛行，而政府在其中起到了重要的助推作用。《首都计划》规定公共建筑要"采用中国固有之形式"，"使置身于中国城市者，不致与置身外国城市无殊也"。② 其实不仅首都如此，民族主义建筑风格还一度成为20世纪二三十年代城市发展中的主流。如上海市政府明确提出，政府建筑"应代表中国文化，苟采用他国建筑，何以崇国家之体制，而兴侨旅之观感"。③ 因此，即使建筑造价相对高昂，也要采用民族风格，中式风格的市政府大楼、博物馆、图书馆以及牌楼、园林等，构成了气势恢宏的大上海市政中心，展现出国民政府极力强调的民族性。同一时期，青岛、广州、北平等许多城市新建的建筑都具有民族风格，④ 各地中山公园也主要采取中式建筑形式。

国家意志还体现在政府在城市规划和实施过程中的行政中心意识和权力无限性、随意性。《大上海计划》实施过程中，政府最关心的是行政中心的建设，而与经济发展关系密切的新商港区、码头和铁路建设，几乎没有提上过日程，导致建设大上海市中心最后几乎变成了建设大上海行政中心。⑤《首都计划》也体现出鲜明的官本位色彩，因规划宏大，资金困难，政府遂优先建设行政类、政治纪念类公共建筑，民生工程则被延宕。由于集权体制，制定规划是以政治为导向的，忽略了财力和历史因素，缺乏可行性，加之领导人的个人喜好，规划经常被随意更改。南京中央政治区规划就是因为孙科个人为了强调纪念孙中山，由墨菲仿照华盛顿模式而制定的，但忽略了交通、造价成本等因素。而蒋介石等另有打算，加之与孙科

---

① 《上海市政府新厦落成纪念碑原文》，上海市杨浦区志编纂委员会编《杨浦区志》，上海社会科学院出版社，1995，第1046页。
② 国都设计技术专员办事处编《首都计划》，南京出版社，2006，第60、63页。
③ 《市政府新屋设计概要》，《申报》1933年10月10日，第7版。
④ 杨秉德、蔡萌：《中国近代建筑史话》，机械工业出版社，2004，第185~199页。
⑤ 参见魏枢《〈大上海计划〉启示录——近代上海华界都市中心空间形态的流变》，博士学位论文，同济大学，2007，第75页。

之间有矛盾，最终该计划未能实施。《大上海计划》也是如此，虽然相关系列计划通过市政会议的批准，但该计划屡遭变更和随意改动，如第一公园最后变成了江湾体育场。① 这些都体现了威权政治下城市规划的随意性以及官员的专断性。这种随意性和专断性还表现在中央对地方城市规划的钳制上，如天津在抗战前因为中央政府三度改变其隶属关系，从特别市变成省辖市，后又回归特别市，由梁思成等编制的《大天津物质建设方案》实施受到影响，制约了城市的发展。抗战后，天津市政府又制定了完整的《扩大天津市区计划》，结合多种规划理论建造新型城市，但该计划又遭到行政院的冷遇而未能实施。②

由于是集权政府，体制内官员个人权威也影响到城市空间发展。如蒋介石除直接干预中央政治区的建设，还曾手谕，指示中央设计局和内政部制定县市建筑标准式样，并通令全国遵照办理。③ 又如南京市长刘纪文的强势，使中山大道在民众的反抗声中能够顺利建成；而福州市建设厅长被绑架，则使市政建设停顿近一年。④ 正如时人所评论的，"城市的市政，也是以人定优劣"⑤，汉口、上海市长能力强，任期内城市发展迅速。但总体而言，民国时期市长任期较短，城市规划和管理均缺乏长远性和延续性，而且一些市长为在任期内尽快出政绩，对前任的计划置之不理，导致城市发展严重受挫。因主政者个人的因素而影响城市的发展，是中国现代化进程中集权和人治体制导致的特有现象。

集权体制造成政府在城市空间重构中主要突出行政中心，竭力打造政府形象，而忽略公众利益。宁波就因城市空间改造工程过大，经费短缺，商民负担加重，最后废市。南京、上海的征地常常引发政府与市民的冲突。由于《土地征收法》规定"于国计民生有妨碍时"⑥，政府可以强行制止土地移转，但对于是否妨碍"国计民生"，则由政府定义。征地的地价也是按所谓的官价，而非市场实价，甚至有的城市每平方米拆迁价都不

---

① 魏枢：《〈大上海计划〉启示录——近代上海华界都市中心空间形态的流变》，博士学位论文，同济大学，2007，第75页。
② 吕婧：《天津近代城市规划历史研究》，硕士学位论文，武汉理工大学，2005，第66页。
③ 李海清：《中国建筑现代转型》，东南大学出版社，2004，第326页。
④ 吴巍：《福州近代城市规划历史研究（1844—1949）》，硕士学位论文，武汉理工大学，2008，第54页。
⑤ 尚其照：《南京市政谈片（续完）》，《时事月报》第8卷第3期，1933，第211页。
⑥ 《土地征收法》，《土地行政汇刊》，南京特别市政府土地局，1929，第99页。

如房租高，百姓深受其苦。上海工务局局长曾批评道，"建设固然重要，人民财产权益同样应受到尊重，何况这并不是不能兼顾的事"。[①] 然而，不仅地价低，政府因政治工程需要，限期拆迁，而补偿金却拖延数年才支付，有的拆迁户迫于生活压力而自杀。从市政府到中央政府，对于征地均以国家利益为名强制推行，采取限期登记，超限不登记的则视同自行放弃地权。[②] 政府的权力不受限制，为所欲为，不惜违法，有时不等内政部公告就强行测量和拆除围篱，甚至不呈请内政部核准就擅自处置地权。市民斥责政府允许官员在同一区域建造三层洋楼为私宅，却逼迫平民拆迁，官商勾结，照顾私人关系，同一块土地给出不同的地价；市民抨击国民政府鱼肉人民，"人民畏政府之威迫，谈虎色变，痛地权之被夺，呼吁无门"。市民在商会的带领下到市府请愿，甚至发生武力冲突。[③] 即使有法律规定，但在集权体制下个人财产也不能完全受到保护。也正因为政府权力的无限性，民国城市空间在国家意志主导下才得以迅速实现重构，城市面貌日新月异。

当然必须看到，南京国民政府已经开始关注公共利益，在传统城市中由士绅、宗族、同乡组织等承担的公益工程，逐步由国家规划建设，大量公共建筑、公共空间的出现，在改变城市面貌的同时也为市民带来了益处。政府还从西方引进公营住宅模式，改善居民生活条件，体现了国家与个人关系的变化，是现代民族国家发展过程中，国家解决城市社会问题的结果，这在一定程度上也改变了城市空间结构。

二 功能分区、空间分异与社会分层

近代中国城市建设基本上是对西方城市空间模式的移植，政府及专家接受了功能分区、道路系统和公共设施配套等现代城市建设理念。随着功能分区的精细化，城市在国家主导下被分割为一个个相对独立的空间系统，传统城市空间中以权力及社会尊卑等级为中心的结构分区，逐渐转换

---

① 沈怡：《上海工务局十年》，秦孝仪主编《革命人物志》第22集，台北："中央"文物供应社，1982，第124页。

② 总理陵园管理委员会：《总理陵园管理委员会报告·纪事》，首都京华印书馆，1931，第12页。

③ 参见董佳《民国首都南京的营造政治与现代想象（1927—1937）》，江苏人民出版社，2014，第169~190页。

为以商业经济为中心的功能分区，相对模糊的空间界限被清晰的空间规划所替换。

南京国民政府在制定《首都计划》时，就已经充分认识到"分区之作用……关系于城市者至大"，将南京分为六大区：中央政治区、市行政区、工业区、商业区、文教区、住宅区。而在商业区中又进行了大小区分，对住宅区则进行了等级划分。[①] 南京城市空间打破了原来的格局，进入新的发展阶段。《大上海计划》则将新上海市中心区域划分为政治区、商业区、住宅区，市中心除北部商业区以及城市核心区域的行政区外，其余地块都划为住宅区。少数城市的功能区则根据地情而有所变化，如北平、西安增加了古迹文化区和风景区；杭州则划分出公园区、风景区；汉口制定了专门的《汉口市分区计划》，而且因地制宜划分了"小工商业区并建简易住宅"，[②] 延续了传统"前店后宅"的居住模式，突破了商住分离的功能分区；个别工商业发达的城市如无锡，政府邀请工商界人士参与讨论，最终形成分区计划；还有的地方政府，对旧城部分不予分区，只在新城区进行功能分区。抗战后，受"卫星城市"、疏散理论等西方新规划理念影响，城市的功能分区出现了新的变化，呈现出多样化特征，且与自然、历史等资源逐步结合。如桂林城的功能分区更注重将山水纳入城中，而"大柳州"计划分区细化，有 14 个功能区，兼备战时需要，建设有机疏散式的工业型田园城市，以实现孙中山实业计划中的理想社会。[③] 尽管有的计划因战争等原因最后没有完全实现，但总体而言，功能分区促进了城市的发展，对空间结构的定型产生了重要影响。

功能分区不仅影响城市结构，同时也影响社会分层，因为住宅分区与生活在城市中的人的关系极为密切。民国时期城市化发展迅速，加之灾害、战乱等多重因素，城市人口增长过快，导致住房供应奇缺，房地产价格节节攀升，而国民政府又没有足够的财力应对，由此，城市出现了明显的贫富两极分化。本来政府的城市规划应该能起到缓和矛盾、防止两极分化的作用，但国民政府却未能做到。虽然针对这一城市普遍存在的世界性

---

① 《首都分区条例草案》，《首都计划》，第 235 页。

② 《汉口分区计划》，《新汉口市政公报》第 1 卷第 12 期，1930，第 167 页。

③ 李玲：《桂林近代城市规划历史研究（1901—1949）》，硕士学位论文，武汉理工大学，2008；李季：《广西近代城市规划历史研究——以南宁、柳州、梧州、北海为中心》，硕士学位论文，武汉理工大学，2009，第 40 页。

难题，南京、北平、上海、杭州、广州、郑州、汕头、厦门、宁波、苏州等地政府也曾筹集资金，修建平民住宅，改善了部分贫民的居住条件，但是，政府财政投入不多，建成的平民住宅数量有限，对于数量庞大的贫民窟和棚户区而言是杯水车薪，即使首都南京，到 1935 年时也仍有 15 万人住在棚户区，[①] 占到全市人口的 1/5。其他城市也普遍存在棚户区。

各地政府不仅未能消灭棚户区，而且还对住宅区进行了等级划分，这导致了居住空间分异更加明显，一定程度上强化了社会分层。南京、上海、广州、青岛、贵阳、南昌等地的住宅区均有着明确的分级，政府划分不同等级的地块以供不同社会群体使用，区域之间的地理界限尤为清晰，高级住宅条件优渥，配套设施齐全，而平民住宅区、贫民生活区则与高级居住区相距甚远，处于城市的边缘地带甚至城外，交通不便，公共设施配套与高级住宅区有着天壤之别。一边是带有显著的西方文明特征的现代空间，一边是污秽不堪、疾病流行的异质空间；界限分明的"富人区"和"穷人区"进一步导致居住空间分异。空间分异会带来居住隔离，异质人群彼此隔膜，社会阶层间交往减少，进而引发贫困固化，进一步加重社会分层。富裕阶层或权力阶层，可以凭借经济资本和社会资本占用更多更优的城市公共资源，进而拥有更多更好的发展机会，这种空间资源的不公平分配，导致"城市空间剥夺"现象，贫困阶层和弱势群体的公共利益遭到漠视，这不仅强化了社会分层，甚至会导致阶层对立。

城市贫困群体及弱势群体，缺乏空间竞争的能力和参与空间决策及监督的能力，只有通过国家和社会组织的力量，才能确保其在市场的马太效应下维持生存和发展所必需的空间资源和空间利益。[②] 但由于民国时期社会经济不发达，是一个强政府、弱民间的社会，加之战乱等原因，除少数大企业能为职工修建住宅之外，其他企业则无此能力，只有政府才能为贫民建住宅区承担职责。然而，各城市中的达官贵人住宅所处的空间位置、享用的空间规模都明确地反映出，政府更多地以权贵阶层利益为中心来进行城市规划，没有重视下层民众的利益，未能调节社会分层的有序性与合理性，使阶层之间的贫富差异维系在一个合理的度内，这违背了孙中山

---

① 吴文晖：《南京棚户家庭调查》，中央大学，1935，第 1 页。

② 林顺利、张岭泉：《以城市贫困的空间剥夺为例浅析社会政策的空间之维》，《河北大学学报》（哲学社会科学版）2010 年第 4 期。

"建设之首要在民生""建筑大计划之各式屋舍，以乐民居"的遗训，① 民国社会的最后崩解在一定程度上也与此相关。

三　权力、空间与现代性

近代中国城市空间的重构，折射出中国作为后发型现代民族国家在发展中所具有的独特性，但事实上，它也有与西方城市发展相似的特性，即蕴含着深刻的现代性：国家权力通过规划设计、管理控制城市空间来实现对人的"园艺化"形塑。正如鲍曼所说，"现代思想将人类习性看作一个花园，它的理想形态是通过精心构思、细致补充设计的计划来预定的。它还通过促进计划所设想的灌木、花丛的生长——并毒死或根除其余不需要的及计划外的杂草来实行"②。在国家权力的规划下，城市应该是文明、整洁、秩序、统一的空间，它必须按照理性设计来实现对社会个体的鉴定、分类、排序。现代民族国家建立后，国家透过相对完备的现代科层制，逐步在城市中建立起全方位的管理系统。由此，国家权力在城市中可以长驱直入，直接控制和影响着空间结构的变化，更进一步透过城市空间的操弄，对城市及生活于其中的个人实施全方位的监控。

城市空间不能"有碍观瞻"，为此政府制定了详细的空间规划、建筑规则以及管理细则，而且这种管理是随着国家权力的强大而日益细密化的。自清末民初开始，政府就出台城市管理法规，到南京国民政府时期已经形成完备的城市管理法规体系，并付诸实施。政府对城市空间的管理极为细致，不仅颁布《建筑法》规范建筑物的建设和使用，而且还对建筑上的附属物进行管控，如规定"妨害善良风俗之广告禁止张贴，违反党义及妨害公安之标语禁止张贴"③，并不定期开展所谓"清壁"运动，将"有碍观瞻"的广告清除。④ 对于有碍观瞻的棚户区，政府将它视为肮脏的地方，是吸毒、盗匪等犯罪易于滋生的区域，政府遂制定棚户区管理规则，

---

① 《国民政府建国大纲》（1924年4月12日），《孙中山全集》第1卷，人民出版社，2015，第326页。

② 〔英〕齐格蒙·鲍曼：《生活在碎片之中——论后现代道德》，郁建兴等译，学林出版社，2002，第227页。

③ 《国民政府内政部训令第三三八号　规定张贴广告标语处所式样仰饬遵照由（附表）》，《内政公报》第1卷第3期，1928，第34页。

④ 《工业概况：清除残破广告》，《南昌市政半月刊》第5、6期合刊，1934年，第5页。

实施监控。各地政府都曾努力甚至以武力拆除棚户区，即使抗战时期无家可归的难民在重庆所居住的棚户，也因"有碍观瞻"被警察逼迫迁移。政府为此开辟平民住宅、平民新村、工人新村，制定严格的管理规则。而对于城市空间中出现的小商贩、算命先生、娼妓、乞丐，政府则采取严厉的取缔政策，以保持城市空间的洁净。与此同时，政府还对此类地区进行改造，增设救济院、图书馆、教育馆、小公园、女子习艺所等新型空间，其目的是将原有区域改造成文明、洁净的空间。

不仅如此，现代民族国家是要将过去的臣民改造为国民，城市空间也就成为改造和形塑国民的装置。除了原有的学校之外，国民政府开始修建公共图书馆、博物馆、古物陈列所、国货陈列所、民众教育馆等，这些场所普遍出现于中国的城镇。即使提供娱乐的公园，也成为权力规训的空间，因为国民政府将公园定位为社会教育机构，用以传播知识，提升民众文化素质。为了丢掉"东亚病夫"的帽子，培养体格健壮的国民，政府又在城市普及公共体育场，全面抗战前已建成2230所。[1] 修建体育场既是为了培养国民健壮的体格，也是为了形塑他们的思想，因为《三民主义教育实施原则》规定，公共体育场中的"一切设备于可能范围内须寓有党义意义"。[2] 显然，国家权力已经将政治规训渗透于城市空间的各个角落。

国家权力渗透于整个社会肌体，权力场域呈毛细血管状的扩散和渗透，人们在享受娱乐空间与公共空间、城市交通带来的便利的同时，也不得不"习得"党化意识形态语汇，还不得不对孙中山符号产生记忆。国家意识形态通过隐秘的形式在城市空间中得到充分展示，对人们形成了隐性的思想控制，这是国家权力运作深入微观层面的典型表现。由于国家权力过于强大，民国城市建设中的统一化、标准化，让城市空间呈现出单一化的特征，尤其是中山符号强势对城市空间的重组，改造了当地城市记忆系统、历史文化资源。如广东连州城内有一条中山路，它原来叫"天街"，取自唐诗"天街小雨润如酥"，特别有诗意，改名后，诗意和地方历史记忆荡然无存。国家意识形态消解了个性，也让地方性文化逐步退隐，这体现出国民党在进行现代民族国家建设中对空间政治技术的充分利用，也折

---

[1]　教育部资料研究室：《一九三七年来之中国教育》，1946，中国第二历史档案馆藏，卷宗号：5-1695。

[2]　《三民主义教育实施原则》（1931年9月8日），《教育部公报》第3卷第38期，1931，第60页。

射出各个国家在近现代发展过程中普遍存在的现代性特征。正如德勒兹等人所指出的，"现代性是一种史无前例的统治阶段，这种统治以弥散于社会存在和日常生活的所有层面的规范化话语和制度的增殖为基础"。①

结　语

近代中国城市在国家权力主导和规划下，实现了从传统向现代的转型和空间重构，以礼制、宗法和王权为导向的传统空间布局，被现代行政中心、商业中心及以公共建筑为主体的现代空间布局所取代。城市空间结构本来应该是在自然资源条件的制约下，由政府、经济组织和居民三个利益主体，推动城市经济、技术过程、政治权利和社会组织四种力量相互作用而构成的。② 但是，由于近代中国特殊的历史条件，城市空间结构的变化动力更主要来源于政府，且因集权体制，城市空间在一定程度上是展现国家意志和党化意识形态的载体，中山化空间系统，成为最具中国特色的城市景观。国民政府的空间策略促进了城市发展，并在改变城市空间格局的同时，影响着城市住宅的分异，强化了社会分层，使下层平民无法享受到公平的空间权利，政府未能完全承担起建立"空间正义"的责任。

城市应该是人类理想的诗意栖居的家园，但工业化以来，西方崇尚理性与秩序，城市不再是自然形成而是按规划和功能分区标准化地"再生产"出来的空间，近代中国城市在政府和留学西洋归来的技术官僚的规划下，不可避免地受到一定程度的影响。城市现代性在近代中国的实践中，往往体现在政府权力主导下的自上而下的单一现代性上，而忽略了城市市民为主体的社区或共同体的现代性，忽略了城市居民对于地方的意义构建和参与。许多城市的城墙、古迹遭到拆毁，即使国民政府竭力想保持民族特色的首都，实际上也已经欧化了。时人感叹："街道改筑，房屋改建，地名改命，今日之南京，实已尽失其本来之面目，而全然趋于欧化矣……古迹之沦亡，文物之丧失，乃不知凡几矣！"③ 地方性文化在统一化、标准

---

① 〔美〕道格拉斯·凯尔纳、斯蒂文·贝斯特：《后现代理论：批判性的质疑》，张志斌译，中央编译出版社，2011，第 86 页。

② 参见王春兰《大城市人口空间演变的政治社会学研究——以上海为例》，博士学位论文，华东师范大学，2008，第 30 页。

③ 朱偰：《金陵古迹图考》，商务印书馆，1936，第 308 页。

化的规划和建设中逐步消失，呈现出单一化的特征。城市空间作为"权力运作的基础"，逐步衍化为塑造国民的装置，城市中的人未能摆脱被权力监控和治理的命运。

如何在政府规划中体现城市市民的主体性和城市社区的共同体性，尊重城市居民自身对城市空间的意义构建，从而让城市成为一个生机勃勃的有机体，而非一个仅仅强调秩序和安全的理性产物，正是自雅各布斯《美国大城市的死与生》一书出版以来，西方学界对城市规划持续反思的主题。如何弱化国家在城市空间中的权力，以人为本，而不是以治理为本，建设属于全体市民的自由、公平的城市，是集权体制时代的民国无法做到的，也是今日城市规划和空间重构所面临的重要课题。

[本文原载于《武汉大学学报》（人文社会科学版）2016 年第 3 期]

"场所精神"的回归

——《南都繁会图卷》与"老城南保卫战"

胡 恒*

2005 年，南京中华门外、东长干巷旁、秦淮河边，防洪墙上竖立起一道 2.4 米高、80 多米长的青白大理石影壁，壁上刻有一幅浮雕画，画的原型为著名的明代风俗画《南都繁会图卷》①。长卷的画面被拆成 40 多个场景，连续排开，蔚为壮观。石雕的位置很合适，因为手卷所画的正是明后期南京城的城南②风光，长干巷是其交界（城内外）。也即，画中空间与石雕所处的现实空间正相吻合。石雕对古画的分解与重组，使五百年前的南京城变成一套快照，顺次展现于市民眼前。它有个正式的名字——"南都繁会石刻"，"新秦淮八景"之一。

2013 年 9 月 28 日，秦淮区"老门东"③箍桶巷示范街区"开街"。该街区位于南京旧城的最南端（与"南都繁会石刻"只隔一道城墙），是旧城最有代表性的历史街区。经过四年的改造，街区从一片残破的旧宅区变身为一个古意盎然的传统商业风貌区。当然，它不是一次单纯的空间营造

---

* 胡恒，南京大学建筑与城市规划学院教授，2009~2010 年任高研院第五期短期驻院学者。

① 该画卷签署《明人画南都繁会景物图卷》，高 44 厘米，长 350 厘米，绢本设色，现藏于中国历史博物馆。虽然托名仇英，但笔法粗糙，显然不实（参见吕树芝《明人绘〈南都繁会图卷〉（部分）》，《历史教学》1985 年第 8 期）。该画卷是现存最早关于明代南京城的风俗画，被视作"南京的《清明上河图》"。3 米多长的画幅中绘有群山一组，河流两支，道路五条（一条主干道，四条支路），大小船舶十九只，人物一千有余，建筑三十余座。街市作为主体被置于前景，山水为衬托置于中部后侧。画中依"野—市—朝"的空间顺序，由城西南外郊起始，经过城南市区，最终到达东北方的皇城。

② 明代朱元璋定都南京，把 45 平方千米的老城分为三部分：西北军营，东部皇宫，南部居住。因此老城的南部以夫子庙为核心，东西至城墙，南至中华门，北至白下路，是南京居民最密集的地区，延续至今，称为"老城南"，包括南捕厅、牛市、老门东、老门西等著名地区。老城南是南京城市历史的发源地，被称为南京本地文化的"活化石"。

③ 老门东，南京老城南地区的一个古地名。它位于老城最南端，北起长乐路，南抵明城墙，西临内秦淮河，东连江宁路，占地面积 2 万多平方米。

活动——类似的仿古商业街区在当下城市建设中比比皆是。这是一个标志性的社会事件。它意味着，喧嚣十年之久、举国关注的南京旧城改造运动（也称"老城南保卫战"）终于尘埃落定。在盛大的"开街"仪式上，各路媒体云集，全城为之动容。《南都繁会图卷》再度现身。

这一次，《南都繁会图卷》不是被凝固为城市雕塑，它升级为另一种图像——符号。首先，它被高精度放大，绘制在街区入口牌楼的大门上，成为象征性的"门户"：开街仪式的第一步，就是有关领导和市民代表在锣鼓喧天中合力推开这扇"南都大门"。其次，除大尺度的标志之外，街区里的小纪念物（丝绸手帕、纸伞伞面）上也纷纷印上《南都繁会图卷》的局部图案。它们化整为零，经由市民（更多的是外来游客）之手，散布到四方。最后，在周边尚未完工的工地围墙上，"复兴南都繁会，再现老门东熙攘胜景"字样的房产广告招牌与画中图像连片铺开。空间的精神象征、可售的小装饰品、地产开发的宣传主题，图卷的多重符号化无处不在。现在，整个老门东已为《南都繁会图卷》所覆盖。

七年之间，这幅手卷两度出现（近在咫尺）。它从一个普通的景观雕塑的设计原型，一跃成为某片历史街区的主导符号，且为整个南京"旧城改造"定下调子——"复兴十朝南都繁会"。①

一

那么，是什么原因使得该图卷如此受现实世界的青睐？毕竟关于南京城市风物的古代手卷（统称"风俗画"）现留存下来的，除其之外，还有《上元灯彩图》、《康熙南巡图》（卷十、卷十一）、《乾隆南巡图》（卷十）、《仿宋院本金陵图》等。它们基本都与城南相关，其中不乏名家巨构。在各个方面，《南都繁会图卷》都无特别的过人之处。

就艺术性来说，《康熙南巡图》由清代著名画家"清初四王"之一的王翚领衔主绘——已是名副其实的国宝。《上元灯彩图》《乾隆南巡图》或细腻雅致，或格局工整。相比之下，《南都繁会图卷》的笔法最为粗糙，并不足观，其绢质也属低劣。按照一些研究者的推断，它的购买者只是坊

---

① 参见 2013 年 10 月 11 日《现代快报》的《评南京老门东：复兴十朝南都繁会》一文。其间关于老门东示范街区的新闻报道，多以此句为大标题。

间"小有余钱人士"，"售价恐怕不及一两，或许几钱即可"。① 就所绘的对象来说，《康熙南巡图》等宫廷图对城市结构的准确描摹，对建筑、街道、景观、人物的形貌还原，达到照片般的写实程度。其画幅规模更是《南都繁会图卷》所无法相比（是其十倍）。《上元灯彩图》描绘的与《南都繁会图卷》同是明代中期南京上元灯节盛况，且细节饱满，一笔不苟。《南都繁会图卷》虽然建构宏大，但绘制过于潦草——无论建筑或人物马犬，都只粗有轮廓，近看类似小儿涂鸦。就历史价值来说，《上元灯彩图》在灯节道具上的精雕细琢，《乾隆南巡图》（江宁卷）对清帝大阅兵的全景描绘，《康熙南巡图》对清代南京城市的多重再现（社会、政治、经济），更使它们远远超出绘画的范畴。

就"当代性"来说，这些手卷也各有表现。《上元灯彩图》自 2007 年面世以来，多受关注。某艺术家以之为主题制作大型装置作品，参加 2010 年第八届上海双年展。《康熙南巡图》（卷十）在 2013 年作为南京江宁织造府博物馆开馆的重头戏，被隆重"复活"。它被转制成 4D 动画电影，在环形巨幕上放映。"寻访千年南京，走康熙南巡路"，是南京旅游路线的新设定。唯独《南都繁会图卷》，在这些文化投射之外，② 还能直接介入进现实的空间建构。并且，介入力度在增强：2005 年，它只是环境的一个小小点缀（石雕），数年后，它升级为大规模城市空间转型的目标（老门东）。

可见，该画卷与"老门东"之间存在某种特殊联系。它的两次现身（2005 年、2013 年），并非仅只标识着两个独立的空间活动。它们划出的是"老门东"（也可说是城南）五百年空间史上的某一特殊段落。七年时间虽然短暂，但这是该空间的第一次彻底的结构转型。本文要考察的，就是该画卷在这一轮城市结构转型中的角色与作用，也即，它与"老城南保卫战"之间的关系——它是这一大型空间事件的见证者、参与者，还是肇始者、推动者？

---

① 参见王正华《过眼繁华：晚明城市图、城市观与文化消费的研究》，李孝悌编著《中国的城市生活》，北京大学出版社，2013，第 73~74 页。

② 近几年，在各种文化活动中，多有对《南都繁会图卷》的利用。比如 2006 年在上海大剧院上演的《1699·桃花扇》昆曲中，该图卷被作为主要背景。

二

门东，南京老城的最南端，明城墙与内秦淮河的相交处。自明代中期以来，这里就是南京商业及居住最发达的地区之一。直到清末，门东都维持着典型江南民居的风格。数百年来（到 20 世纪 80 年代），街巷与建筑的格局都没有什么变化。

1990 年代以来，城南就像无数老城区一样，慢慢融入现实的新需求——"市场化"之中。① 2000~2001 年，门东曾经历了两轮"旧城改造规划设计方案"招标。中标方案中，门东 43 公顷的历史街区将全部推平，建造一个由三种类型组成的商业住宅楼盘（包括几幢小高层）。②

2002 年开始启动的"十运会"③，使该计划搁浅。"十运会"所推行的旧城整治，是一项打着"文化牌"的庞大的符号系统建构计划（塑造南京对外的形象）。门东的空间定位突然转向：由普通的房产开发对象变为历史文化名城风貌区。这意味着，它暂时从"市场化"的"灭顶之灾"中幸存下来，成为城南最后几块较为完整的历史片区之一。并且，它与之前单线的符号建构模式——以秦淮河为主轴，以名人逸事与历史典故为内容——有所不同。在前期准备（历史资料的整理）的过程中，《南都繁会图卷》被"意外发现"，④"南都繁会石刻"由此诞生。

2005 年，"十运会"结束。另一波更大规模的城市建设浪潮"十一五

---

① 1990 年代开始，门东开始出现在各类"保护规划"或"开发计划"中。1992 年编制的《南京历史文化名城保护规划》里，门东确定为五片传统民居保护区之一。1993 年，"老城区改造"大规模推行。1998 年编制完成的《门东门西地区保护与更新综合规划研究》中，开始探讨"开发"门东的可能性。实际上，十年来，门东的历史街区已被"缝里插针"的改造模式"蚕食"过半。

② 2000 年，受秦淮区委托，南京规划建设委员会组织"门东地区旧城改造规划设计方案"招标。2001 年，"门东地区改造工程"被当作年度"南京旧城改造一号工程"，继续方案投标。在全票通过的方案中，整个门东 43 公顷的历史街区将被彻底推平，换成一个商业住宅楼盘。如无意外，三至四年时间，"全地区的旧城改造任务全部完成"。

③ 2005 年召开的"第十届全国城市运动会"，引发了南京自新中国成立以来最大的一波城市建设热潮。以此为节点，从 2002 年至 2004 年，南京城市开始全面的结构调整：旧城改造与新城建设同步进行，数以千计的大小项目接续动工。

④ 实际上，在 2004 年前，《南都繁会图卷》一直寡为人知。除去极少几篇社会学、历史方面的简短研究论文之外（几张粗陋的局部插图），几乎无人关注。在 2007 年《中国国家博物馆馆藏文物研究丛书·绘画卷（风俗画）》出版后，图卷的全貌才得以第一次清晰地呈现。

规划"紧随而至。门东发生天翻地覆的变化，迅速成为"老城南保卫战"最炙热的"战场"。

七年间，门东吸引着无数人的目光。一方面，各类"调查研究"［2005年的"南京城南老城区历史街区调查研究"（门东地块）］、"保护规划"（2006年的"南京门东'南门老街'复兴规划"）、"改造计划"（2009年的"危旧房改造"）纷至沓来，各种公示、全民讨论、听证会此起彼伏。另一方面，其间有两次大规模的拆迁活动成为"老城南保卫战"白热化的导火索。2007年，某地产公司拍下南门老街靠内秦淮河的5.9公顷地块，拟建高档别墅群。开发商要求"净地出让"，致使2006年有选择的规划式"拆除"变成"地毯式摧毁"。随后两年，由于中央对城南保护的干预，拆迁趋缓。2009年，"危旧房改造"计划再起波澜。它把老城南剩余的几个历史街区全部列入拆迁计划。并且速度在加快，由原计划两年压缩到一年完成。这一次"市场化运作"再次"惊动"中央。2009年8月，"危旧房改造"中止。

这两次"地毯式摧毁"是"老城南保卫战"发生转折的契机。2010年12月，新一轮保护规划出台，老城保护与更新终于走上法制轨道。①"老城南保卫战"艰难取胜。不过，代价很是巨大。此时，门东地面上的旧建筑只剩下一个蒋百万故居。

2013年9月，"老门东"箍桶巷示范街区"开街"。门东遭拆除的民宅肌理被大部分恢复。"开街"仪式上，《南都繁会图卷》隆重登场。

三

此时画卷的出现，并非偶然。它是对该空间事件的性质认定——"复兴十朝南都繁会"。更重要的，它还是对这份扭转局势的最终方案的诠释——若干消失的事物在此回归。它们有些是在七年中被驱逐的"失败者"，几乎就此离开舞台；有些则是早已湮灭的历史故物，在这场风波中被意外地召唤回来。这些"回归者"都刻写在画卷上。

第一种回归者是空间的形态。一直到2005年，门东尚存大体的历史肌

---

① 2010年8月，江苏省人大批准《南京市历史文化名城保护条例》，南京古城必须以"整体保护"为准绳。2010年12月，《南京老城南历史城区保护规划与城市设计》出台，为"老城南保卫战"画上句号。

理与江南民居的空间形态。在七年中的数度拆迁下，无论是街巷，还是建筑，都被清除干净。几处明清文保建筑曾连遭人为纵火。

新的规划中，街巷尺度恢复到百年前的模样。尤其是箍桶巷主街，1990 年代因交通需要拓宽至 30 米，现在按照古地图改回到 13 米。主街两边伸出的"非"字形的次级街巷，更换上以前的街名，铲掉水泥路面，铺上青石板。重建的那些房子，也恢复单双层、小尺度的旧有模式，且在形制上（屋顶、檐口、山墙、窗棂）比原状更有"艺术性"。重建中用到很多老的墙砖、木构件，有的是从城南拆建中保留下来的，有的是从民间、外地收集来的古建筑材料。它们被用心地融合进古街之中。蒋百万故居等几座较重要的历史建筑都原样修复。①

第二种回归者是空间的使用方式。明代中期开始，门东就是"文人集聚，商贾云集之地"。② 清初之后，南京城一分为二。城东北为清兵驻军，西南为市民居住。城南的密度被进一步压缩。但是商业、居住混杂的传统没有变化。清末之后，城南的商业功能逐渐减弱，基本全为居住。到了 2005 年，门东的老街区还保存有一半左右，都为普通民宅。2006 年的"'南门老街'复兴规划"曾拟将门东打造为一个全开放的"民俗博物馆"——综合性的"商业旅游休闲区"。这是对场地的历史回溯。2007 年，这一规划被弃置，又进入本被禁止的房产开发模式。2010 年的最后一轮规划，使门东重新回到 2006 年的"'南门老街'复兴规划"的公共路线，且民俗色彩更为强烈。不光是南京本地的民俗品牌大量进驻，外地的品牌（德云社）、国外的品牌（星巴克）等也一拥而至（"商贾云集"）。另外，几间旧厂房现在改建成金陵书画社、美术馆，也很应和"文人集聚"的古意。

《南都繁会图卷》中，门东就在赛龙舟的外秦淮河的北侧。虽然笔触模糊，但也大致看得出来，沿街店铺林立、游人如织。并且其中有几个如

---

① 虽然改造后的老门东街区将比例、界面、细节都尽可能恢复到历史的层面，但回归的并非古代的真实模样，而是某种古代想象。它是一次关于历史信息的专业重构，徽式民宅、苏式花园、本地风格相杂处，类似于若干种传统建筑的小规模"会展"。其中还有一幢完整的二层徽派木构民宅。它从某处整体搬迁过来，放置在东南处的巷子里，作为一个空间节点发挥作用。现在的街区确实古意盎然，但是符号化的"古意"——每一个房子，每一个细部，都指向某种特定的风格、工法。但是，老门东的旧日味道，其平凡本质，以及独特且唯一的空间组合模式都已不存在。

② 南京市地方志编纂委员会编《南京城市规划志》（下），江苏人民出版社，2008，第442页。

"东西两洋货物俱全""京式靴鞋店"的大幅招牌很是显眼，颇有现在的德云社与星巴克比邻的味道。

第三个，也是最重要的回归者，是空间的角色。明初永乐迁都之后，城南所代表的市井生活，就与国家权力机制之间形成了一种微妙的消解关系。在《南都繁会图卷》中，这一"消解"关系是其核心——它既作为内在结构来组织图像，还表明城市的主角是谁。"南都大门"昭示的正是这一"角色"的回归。前两个回归者，只是其物质外壳与形式载体。

《南都繁会图卷》中，那些权力元素都被有意无意地淡化。象征着权力中心的皇城置于卷末。它并无什么威严气势。宫阙楼宇为云雾所缭绕，似真似幻，颇似一个尘世之外的仙境。重要的"地标"外城墙消失了（在城市风俗画中，城墙一般都会强有力地出现在画幅两端）。宫城城墙只余几个模糊片段——尺度被缩小，与附近的民宅差不多。府衙被挪到山脚下，仿佛一座香火冷清的庙宇。这与招牌满眼、人头攒动的"街市"形成强烈对比。很明显，城市的政治性（权力结构）在画中已被日常性（世俗生活）吞没。这很写实。明代中期之后的南京既为"留都"，政治地位逐步下降。皇城并不具有权力职能。它在城市中心，但如同虚设。城中虽设有六部等机构，但官员都不掌握实权，大多"不复事事，既贤者亦多无可述"。[1] 所以，画中诸多政务机构都不见踪迹，唯一的一座府衙，也是门前寥落、差役懒散、毫无官家风范。

此消彼长，市井生活变得活跃起来。明初的大移民，使得城南这一空间区域迅速为世俗生活所填充。数百年来，它自然繁衍，形成了某种"场所精神"。正是它，产生着对权力机制的"消解"作用。在《南都繁会图卷》中，该作用清晰可见。这一点也延续到清代的两张官方定制的宫廷图中。

《康熙南巡图》（卷十）描绘的也是南京城。它以康熙南巡的路线为主轴。城南仍是主要部分，占据了全画的四分之一。前朝的皇家印记（皇城）遭清除，旧王府被挤到画幅边缘，像一片废墟。即便是新朝的权力机构如布政司署、江宁织造署等，它们虽然都在巡游路线附近，也没有出现在画中。[2] 唯一的权力元素在卷末。"校场演武"一节替代了皇城，以浩大场面的武力震慑着作为画卷主体的市民生活。这是一种新的"平衡"模

---

① 范金民等编著《南京通史·明代卷》，南京出版社，2012，第258页。

② 在《康熙南巡图》的其他卷中，但凡城市内容，都有若干"政府机构"在其中占据大幅空间。

式，颇有时代特点。清初的南京是一个政治敏感之地（前朝的"留都"）。但在城北全部划给驻军、皇城被拆解殆尽之后，城南还保持着隐秘的活力。这里不仅有市井生活、产业贸易，它还是反抗者的据点——反清复明势力的大本营。以政治安抚为目的的《康熙南巡图》，能够轻易地删除新旧两朝的权力表征（官用建筑）以示亲和，但仍对看似平静的日常生活背后的"隐秘活力"大有忌惮。城南的"场所精神"依然如故。

数十年后的《乾隆南巡图》中，南京卷只剩下"江宁阅兵"的场景。画中，校场演武一节被细致地重绘一遍，城区部分则全部砍掉。这更显出缺席之物的强烈存在感。①

1949年之后，这一"存在感"逐渐减弱。经过几番城市结构调整，城南不再具有"平衡"权力的作用。现在，它的空间角色回到最初时那样，只是城市里的一片普通居民区。

所以，《南都繁会图卷》在2004年被"意外发现"、"南都繁会石刻"应运而生是一个信号，它标志着开始于1990年代末的那个以秦淮河为主线，以名人逸事、历史典故为内容的（"大文化"）符号系统发生巨大变化，一直遭忽视的"日常性"正式进入其中，成为新元素。②

但是，"日常性"如同双刃剑。一方面，它的丰富细节为符号系统的扩充、重构提供大量原材料，并以世俗的快乐提高了大众对该系统的共鸣程度。另一方面，"日常性"对原有的符号系统却有着潜在的破坏作用。③而其最大的破坏性在于，它的出现（《南都繁会图卷》的"石刻"化），将地表之下沉睡已久的"历史角色"唤醒。也即，随着"石刻"回归现实的不只是历史图像，还有蕴含在画中的"场所精神"。它对权力的本能反

---

① 这使南京的"江宁校场"卷在整套《乾隆南巡图》中显得非常怪异。其他卷中都是按照《康熙南巡图》的常规模式来布局描绘——山水、城市、事件。这或许是因为在乾隆第二次南巡后一年，即在南京成立专事禁书的"江南书局"，大兴文字狱。江浙一带的知识分子以及普通民众受荼毒甚深。文字狱祸事牵连极大，两江总督等高级官员多有连坐获罪。此时的南京城，气氛相当紧张。

② 新的"秦淮八景"大多出于历史典故，如"牧童遥指""赏心亭"之类。"南都繁会石刻"是一个异类，唯有它以平凡的市井生活为主题。

③ "日常性"的符号转向（传奇化、神秘化、文艺化）总是不可能完全实现。实际上，日常生活与文化图景一直相互平行。某些无法符号化的东西，比如日常生活中的低俗之物、直接体验方式、非幻想品质，虽然被一并吸纳进符号系统，但是，它们与之前的符号成分（"乌衣巷""秦淮八艳"之类的怀古情调）并不那么协调，甚至还有冲突。对于符号系统所需达成的最终目的（即营造一个完美的想象空间）来说，这些异质之物无疑是一种隐患，它们使得符号系统不够纯粹，甚至还消解了符号系统与主体之间的距离，而这正是"想象空间"存在的基础。

感，以及对符号化的抗拒，都一并激起。其强有力的平衡、消解、对抗能力随之进入城南风波。实际上，这场"风波"原本只是"大他者"（借用一个精神分析的概念，即现实的符号秩序）的一次内部纠纷——"文化牌"与"市场化"之间的冲突而已。正如我们所见，如果不是"十运会"的突然介入，2001年的"南京旧城改造一号工程"早已使"老"门东无声无息地消失。

"老城南保卫战"就缘于此。一幅古画的发现，带来一位不速之客（空间的历史角色）。它偶然间闯入"大他者"的领地，扰乱了各方力量的关系。它将一场权力之间的"内部纠纷"推向公众与媒体，使之成为一个公共事件。在资本强大的运作能力之下（它若干次试图将纷争拉回到"大他者"内部纠纷的轨道，且近乎成功），它还不断扩大事件的边界，升级其性质："城南保卫战"不仅是"文化保卫战""历史保卫战""空间保卫战"，更是"人性保卫战"。① 七年间，画中"场所精神"逐步显现出作用力，微妙地推动着事态的发展，转换其方向。正是它，挽救了一场"注定失败的战争"。

四

三种回归者（空间的形态、使用方式、历史角色）已然落地。《南都繁会图卷》的"当代性"也得到证明。正如我们所见的，在2013年"箍桶巷"开街仪式上，《南都繁会图卷》以凯旋的姿态全方位地展示出来。但是，"回归"其实并不彻底。

这片本属全体市民共享的空间里存在一处异样之地——内外秦淮河之间的一块黄金地带，面积是整个门东的四分之一。2007年，"雅居乐"地产集团将之拍下，开发高档别墅区，拟建200多套别墅。一同划归私人所有的还有内秦淮河沿河一带，它本是"秦淮风光带"史上最著名的公共空间"河房区"。虽然2010年的保护规划明确规定停止此类行为，但是"雅

---

① 城南的被拆迁者本来一直都处于沉默状态，并无多少人关注。2006年以来，他们的状况被各个媒体大量报道，成为城南风波的主要焦点之一，亦是事件诸般转折的决定性因素。2010年12月发布的具有法律意义的保护规划（《南京老城南历史城区保护规划与城市设计》），明确把保护世居人民，鼓励其回迁居住，并停止任何方式的"外迁安置""动迁"行为等条目列入其中。

居乐"项目令人意外地未受影响。它在 2013 年与箍桶巷开街仪式一同"开盘"。从空间的公共性角度来说,这无疑是一个"刺点"。

不彻底的回归,意味着城南之事尚未终结。虽然"保卫战"暂告落幕,但是空间的新旅程才刚开始。到目前为止,最重要的回归者(《图卷》中的场所精神)只能说崭露头角——使"老城南保卫战"局部成功。在"老门东"历史街区的后续使用过程中(它在很多方面都还需我们密切关注),它还会带来什么新的觉醒之物?它们将以什么方式进一步"回归"现实?将会对这一空间以及更大范围的区域产生什么新作用?这些都还是未知之数。回归,还在继续。①

---

① 2014 年 10 月,"雅居乐"地产(香港上市公司)卷入某贪腐案,董事会主席"被控制"。2014 年初,南京市溧水区拟将在某度假区内划出 18.6 公顷耗资 13 亿元"再现明代画作《南都繁会图卷》的景致,打造以明文化为主体的'大明城'",使之"成为外地游客及南京人寻找记忆、触摸南京历史脉络的怀旧之地"。可见,图像还在以多种方式回归,《南都繁会图卷》的"当代性"表现远未结束。

棉仓城市客厅：一个内部性的宣言

鲁安东*

　　"棉仓"是江苏常州的一家服装企业，也是最早在淘宝网和天猫开设网店的商家之一。2014年企业搬迁至常州新北区，随后开始寻找建筑师将既有的工业厂房改造为品牌实体店。2017年初阿科米星建筑设计事务所接受委托开始了方案设计，2018年初项目竣工。从线上回归线下的移动，既源于新的消费模式的出现，同时也是由于第三方网络平台的高额收费——高达30%的平台费使得建造实体空间成为更为合算的做法。在新的线上线下融合的商业模式中，虚拟空间中的网店成为展示性的"橱窗"，而实体空间中的"新零售体验店"则是事实上进行体验和消费的场所。这种新的"外"与"内"的关系正在成为当下建筑的普遍存在状况。它隐含着一种新的非物质化的空间关系：在虚拟空间中发生的展示以及它诱发的公众参与（例如点评）和互动，反过来成为对物质空间的导览和索引。人们以一种映射而不是连续的方式开展对空间的探索，例如使用百度地图或者大众点评这类手机应用（见图1）；对空间的体验既不是完全原发的，甚至也不独

**图1　"棉仓"在大众点评
App 上的界面**

＊　鲁安东，南京大学建筑与城市规划学院，从2018年9月至今任高研院第十四至第十七期驻院学者。

立存在，它是网络拟像的对偶之物。网络空间一定程度上取代了传统意义上的公共空间，消解着现代建筑学所预设的"外"与"内"的连续性。从城市（外部空间）到建筑（内部空间）的"建成环境连续体"正在解体。与之相应，我们不得不反思传统建筑学中基于内部和外部之间整体性和连续性的诸多假设，或者说开始思考一种没有"外"的内部建筑学。

一　纯粹的内部性

阿科米星建筑设计事务所为"棉仓"提供了一个微缩城市般的解决方案（方案被恰如其分地命名为"城市客厅"）：建筑中央是轻钢结构的成衣仓体，东侧是木结构的餐厅仓体，二者均有入口直接通向长条形门厅"大天井"（见图2），这些入口构成了体验区的主立面。在"大天井"另一侧是企业的办公区。在成衣仓体和餐厅仓体之间的间质空间则类似于一个异形的"庭院"，它相对于两个仓体而言是一种"外部"，而相对于"大天井"则是一种更为私密的内部，尽管对整个建筑物来说"大天井"已位于室内（见图3）。在这个方案中，极度简单的外壳只是作为一种边界条件，它与层级丰富的内部空间无关，"建筑"成了一种内向分化的"内部空间"。这种多层级的内部空间更类似于有着"内"的梯度差异的传统居住

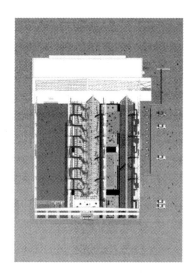

图2　"棉仓"方案轴测图

资料来源：阿科米星建筑设计事务所。

空间，例如在留园五峰仙馆（原状）中，大尺度的厅堂空间被划分为适宜不同日常生活情境的房间群（见图4）。①

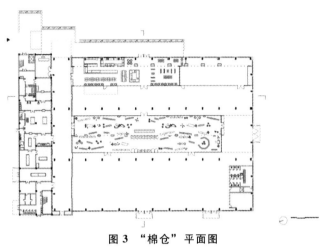

图3 "棉仓"平面图

资料来源：阿科米星建筑设计事务所。

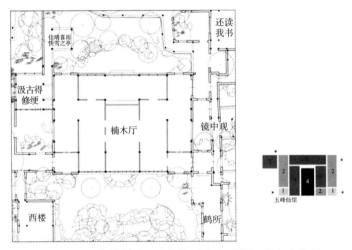

图4 苏州留园五峰仙馆（童寯时期）私密度分析

注：图中数字表示私密度等级。

资料来源：https://www.xiaohongshu.com/，访问时间：2018年6月30日。

另一方面，这种"内部空间"又在网络空间里呈现为网红式的图像（见图5），或者说，对内部空间的体验本身作为被展示的对象呈现在外部

① 鲁安东：《隐匿的转变：对20世纪留园变迁的空间分析》，《建筑学报》2016年第1期。

的网络空间里。此时的内部空间发生了奇异的反转，仿佛被翻转了的腔体直接成为一种展示。在这种线上线下融合的空间语境里，作为"城市客厅"的棉仓与它所处的科技园里的其他建筑（其他"内部空间"）彼此无关。"棉仓"的公共性发生在虚拟空间，它确实属于整个城市而不是科技园区。这个项目无法被简单地视作在现有"外部"中植入的"内部"。它只有数字化意义的"外部"，而没有物质意义的"外部"。对它来说，内与外之间不存在身体体验的连续关系，而是更依赖于远程的再现。科技园只是一种"任意场所"，而"棉仓城市客厅"的场所营造行动（place-making）更多发生在网络空间里，而无须对科技园这一物质意义的"外部"做出回应。在设计中，阿科米星将入口大天井向外悬挑突出，成为建筑在外部唯一的显现（见图6）。

图5　作为网红店的"棉仓"　　　图6　从室外看入口大天井（摄影：苏圣亮）

　　这一情形并不限于郊区的科技园，而是普遍存在于当代都市中。这类纯粹的"内部建筑"与具体的地点无关，它不再是对地方（place）的呈现与升华。它的特征只能来自"内部"的可识别性。它如同芯片插接在园区的母板上，无须从外部被识别，更不需要对外的"美观"（见图7），它是一种纯粹的腔体（从这一点来说，悬挑突出的主入口似乎在将外部空间"内部化"）。它与当代城市之间构成了一种新的空间关系——一种索引式的空间关系把我们导向一个个具体的内部空间，它们彼此无关，但它们共享一个虚拟的"外部"公共领域。这种索引式的关系无疑否定着传统建筑学对内部与外部之间对应关系的迷思（如内部空间应反映在建筑外观）。而问题在于，从外部的束缚中释放出来的内部空间如何构成一种新的建筑学？它真的是一种新的建筑学吗？它对应的设计问题何在？

图7　位于常州新北区某科技园内的"棉仓"

资料来源："What is the Difference between Augmented Reality and Virtual Reality?" http：//opticsgamer. com/，访问时间：2018 年 6 月 30 日。

二　两种空间：索引性空间 VS. 内部性空间

现代主义建筑提出的"自由平面"（plan libre）和"流动空间"（free-flowing space）的概念消除了内与外的差别；而"时空连续体"（space-time continuum）的概念则将空间视作体验者个体通过运动进行感知的对象。现代主义者们相信，空间与人之间经由感知可以直接抵达经验，而无须通过任何中介。而在"棉仓"项目中，我们不得不质疑"时空连续体"假设的体验模式在当代语境下的有效性。我们的空间体验在多大程度上是直接发生、未经中介的呢？对"内部空间"的体验可以被简化为运动感知（kinesthetics）吗？我们对"内部空间"的现场体验是否更大、更为复杂的体验契约的一部分呢？

在当代城市建筑中，我们常常同时经历两种空间。一种可以称为索引性的空间（indexical space）。它是层级化的，在不同层级之间是映射关系。而位于同一层级的不同元素之间的位置相关性则被内容或者意义的相关性代替。例如，"棉仓"与常州其他购物场所更为相关，而不是它在科技园的邻居。体验者（空间的消费者或使用者）根据索引关系（包括 GPS 定位）找到具体的空间。在这一探索过程中，体验者，或者更准确地说是空间内容的"漫游者"是进行着强烈的互动的。他们是主动的探索者而不是被动的感知者。与之相对的另一种则是内部性的空间（interior space）。它在为主体（不只是感知者，而是带有情感和意义的主体）提供一个舒适和愉悦的场所的同时，也需要一种对"内部空间"的可识别性。

值得注意的是，这两种空间具有某种互补性。索引性的空间是智性的（intellectual），而内部性的空间是感官的（visceral）。索引性的空间是互动的，内部性的空间是沉浸的。我们经由互动的系统抵达沉浸的世界。我们在互动与沉浸的体验模式之间进行切换，有时两种体验甚至同时发生（见图8）。这是当代空间体验的基本模型，也是一种新的日常体验。我们的日常活动不仅被各种手机应用影响，同时也被追踪、记录和分析。在大多数时候，我们体验到的是一种经过中介增强的空间，而传统意义上的感知体验则转变为一种情境的语义学，一段可识别、可再现的经验碎片。

图 8　增强现实手机游戏 Pokémon Go 将城市空间转化为游戏现场

三　内部性：情境的语义学

现代主义建筑学虚构了一个空间的乌托邦。结构支撑系统与空间围合系统的分离使得对内和对外的表皮能够自由地限定空间。这一"自由空间"的形式指向的实在意义是指引精神提升的"空间体验"，后者通过身体的空间漫游最终完成。柯布西耶式的"空间漫步"或许仍然可以在内部性的空间中发生，然而"内部性"的重点不在于漫游路径和沿着路径展开的感知序列（一种运动美学），它的重点从句法学转向了语义学。

脱离了外部束缚的内部空间，急需被划分为不同的"情境"（situation）进而被识别。"情境"是新的标识系统和空间单元。它是一种身临其境的语义学，它无法用图像简单地加以概括，它召唤着现场体验。它更类似于传统园林对经验的组织方式。园林被组织为一个个彼此独立的体验单元，例如"梧竹幽居"（见图9）或者"荷风四面"，我们体验的对象是经过文字中介的情境，它既是身临其境的现场，又是被文字导览的增强场所（augmented place）。

图 9　拙政园梧竹幽居亭

资料来源：http://wikipedia.org/，访问时间：2018 年 6 月 30 日。

内部性的空间与现代建筑空间有着本质区别。现代建筑空间消除了内部性的梯度差异和特征差异，从而制造了一种供假象身体漫游的平滑空间（见图10）。而内部性的空间则在建构差异，正如在棉仓的设计中，两个主要仓体的结构尽管相似却可以区分开来。差异而不是统一才是"情境"的核心。它需要与众不同、独一无二。它的差异构成了它的价值（见图11）。

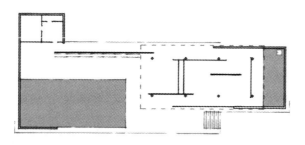

图 10 密斯·凡德罗设计的巴塞罗那德国馆平面图
资料来源：Sir John Soane's Museum。

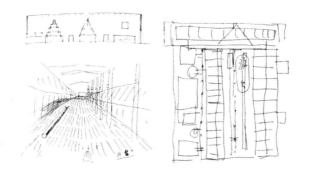

图 11 棉仓构思手稿
资料来源：阿科米星建筑设计事务所。

四 内部性的形式：从空间配置到空间层叠

内部性的空间当然并非当代才出现的空间类型。从某种意义上来说，它是一种对前现代空间的回归。大量的优秀历史案例展现了内部性的魅力。英国新古典主义建筑师约翰·索恩爵士（Sir John Soane）在伦敦的自宅（现为约翰·索恩爵士博物馆）充分演绎了在外轮廓不变的建筑中对内部空间的精密划分和对各个空间的视觉特征和环境因素（特别是顶部采光）的巧妙经营（见图12、图13）。而阿道夫·路斯（Adolf Loos）设计的穆勒住宅（Villa Müller）则运用了一种更为系统的"空间体量设计"（Raumplan）的方法。

与外部近乎空白的简洁体型相比，在建筑内部，路斯对形状、高度不同的空间进行了精确的配置，不仅在垂直方向上逐渐从公共走向私密，同时在高度不同的房间之间设计了微妙的视线关系（见图14）。① 在这些案例中，复杂的内部空间与简单的建筑外壳形成了鲜明的对比，内向的空间配置产生了剧场一般的效果，它回应着差异化的日常生活和空间经验。

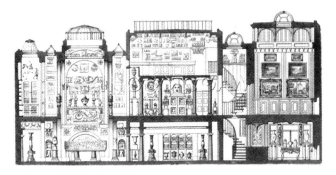

图 12　约翰·索恩爵士博物馆（1794~1824）剖面图

资料来源：Yehuda Safran，curated，exhibition，"Adolf Loos：Our Contemporary，"GSAPP Columbia University，11 Nov.–10 Dec. 2013。

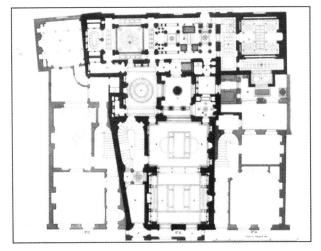

图 13　约翰·索恩爵士博物馆（1794~1824）平面图

资料来源：https：//www.hist.cam.ac.uk/，访问时间：2018 年 6 月 30 日。

---

① Beatriz Colomina，"The Split Wall：Domestic Voyeurism，"*Sexuality & Space*，New York：Princeton Architectural Press，1992，pp. 73–130.

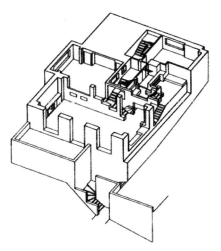

图14　阿道夫·路斯设计的穆勒住宅（1930）剖轴测图
资料来源：A. Frampton，J. Solomon，C. Wong，*Cities without Ground*，ORO Editions，2012。

　　然而在"棉仓"项目中，我们看到另一种更为当代的内部性的原型。在约翰·索恩爵士博物馆和穆勒住宅中，内部空间是有待配置的整体。尽管这种配置不一定需要平面和剖面，它的组成元素依然在一个层级被连接和组合。正如路斯所说："对我来说，只有邻接、连续的空间、房间、前室、露台等。楼层互相融合，空间彼此关联。"房间群与外部之间的灰色部分是不可见的体积（结构或者设备空间）。而在棉仓，这部分间质空间被极度放大，成为一种"庭院"（见图15）。巨大的裸露通风管道提醒着我们，这部分空间并非传统意义上的"内部空间"，而是一个间质空间（或者路易·康所说的"服务空间"）。此时内部空间不再只是相对于室外的"室内"，它出现了多个层级。

图15　棉仓室内（摄影：吴清山）

内向的空间层叠给设计提供了新的可能性。它的空间之间不再限于对可达性的组织（例如上升、下降，或者进入、离开）。它有可能对环境、私密性或者社会群体这样的要素进行空间设计。例如在棉仓项目中，成衣仓体和餐厅仓体是需要空调的部分，而"庭院"则不需要空调，并且反过来成为两个仓体的环境缓冲区。其他要素同样可以得到这种分层形式的支持。例如在詹姆斯·斯特林（James Stirling）设计的剑桥大学历史系馆中，阅览室是一个带有双层表皮的巨大腔体，而上部主体建筑内的公共空间则更像是双层表皮之间的间质空间的延伸，它在一侧隔离于阅览室，在另一侧隔离于教师的办公室，从而避免了声音干扰（见图 16）。从空间配置到空间层叠，在内部性空间中创造差异的方式发生了变化。如果说前者的主要手段是"组合"的话，那么后者的主要逻辑则是"拓扑"——它支持多种要素在空间中以互不干扰的方式同时发生。

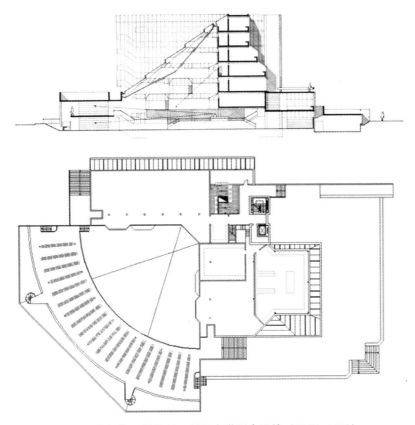

图 16　詹姆斯·斯特林，剑桥大学历史系馆（1965~1968）

五 内部性：回归人文主义的未来

尽管"棉仓"看起来像是一个反常的建筑，它却更真实地贴近日常的都市状态。它对建筑学预设的"内—外整体性"的摒弃和对内部空间分化的实验，使它更像是一个建成的宣言，一个关于"内部性"的宣言。从一个历史的视角来看，现代主义建筑是对内部性的去除。它通过消除内部性的差异切断了生活与文化意义之间的关联；空间中发生的活动与活动发生的情境之间不再得到空间的表征；空间被还原为一个感知者的外化和容器，从而消除了主体人的可能差异，使得建筑空间成为一个带有普遍性的乌托邦，与此同时建筑本身则被异化为生产的直接对象。从这个意义上说，"内部性的空间"是一种对人文主义的回归和复兴。而在当下，随着新技术支持的新的体验模型日益成为城市建筑和日常生活的前置条件，"内部性空间"成为一个不可避免的趋势（见图 17）。摆脱对现代主义"空间感知"的迷思，直面技术中介下的互动与沉浸的日常真实体验，进而对这种新的空间经验与它的诗学进行探索，是当代建筑学亟待解决的问题。对内部性的设计不只是一个形式问题，它也是对建筑学新的本体和方法的探索。"棉仓"开启了一个可能的路径——通过对"内部性空间"的分化和层叠，从而更好地实现舒适、愉悦和对意义的回归。

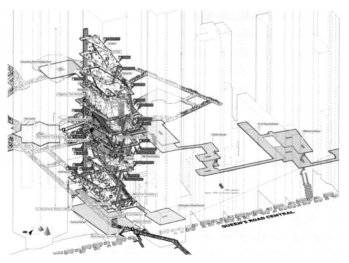

图 17 香港：内部性的城市（Cities without Ground，ORO，2012）

"国都记忆"与晚明南京的地方叙事

——兼论明清时期的国家与城市关系

罗晓翔[*]

晚明南京城市繁荣，人文鼎盛。以往研究多认为，这既是 16 世纪江南社会经济变迁的结果，也与永乐迁都后南京政治地位的衰落相关。随着城市政治氛围淡化、消费主义抬头，一种弱化政治性、强调地方性，并指向商业、逸乐与世俗趣味的城市观与都市意象日趋彰显。[①] 这种观点反映了明清城市研究领域长期以来的主流范式，即从工商业发展、地方主义中寻找城市"反封建性"或"早期现代性"（early modernity）的历史意义。该范式虽然意在摆脱韦伯对"东方型城市"的定义，[②] 展现明清城市的多元面相，但在理论上则未摆脱韦伯学说的影响，隐含的逻辑仍是国家/地方，以及政治属性/经济属性的对立。正如夏明方指出，以反西方中心论为目的的研究，却导致了西方中心论的延续。[③] 在此框架内，被视为城市发展动力的工商业、市民运动、地方自治长期占据研究热点，而国家权力、行政控制则被视为城市化的阻力而较少引发学界兴趣。

然而，中国传统城市的主体是行政中心，只有了解国家行政与城市发展之关系，才能更为全面地认识中国城市化进程的规律与历史意义。更重

* 罗晓翔，南京大学历史系教授，2017~2018 年任高研院第十三期短期驻院学者。本文为国家社会科学基金项目"明清江南城市记忆与都市心态研究"（16BZS028）的阶段性成果。

① 参见王正华《过眼繁华——晚明城市图、城市观与文化消费的研究》，李孝悌主编《中国的城市生活》，新星出版社，2006；Si-yen Fei（费丝言），*Negotiating Urban Space：Urbanization and Late Ming Nanjing*，Cambridge and London：Harvard University Press，2009。

② Max Weber，*The City*，translated and edited by Don Martindale and Gertrud Neuwirth，Glencoe，Illinois：The Free Press，1968；马克斯·韦伯：《城市：非正当性支配》，阎克文译，江苏凤凰教育出版社，2014；韦伯：《中国的宗教》，康乐、简慧美译，广西师范大学出版社，2004，第 43~51 页。

③ 夏明方：《十八世纪中国的"现代性建构"——"中国中心观"主导下的清史研究反思》，《史林》2006 年第 6 期。

要的是，绝大多数传统行政中心城市并未被近现代化的浪潮淘汰，而是保持了在地方乃至国家城市体系中的地位。这就需要我们认真思考此类城市与都市化、现代性之关系。笔者以为，只有摆脱韦伯学说的影响，重新审视国家与地方、政治与经济对城市的影响，不做二元对立的简单预设，才能建立具有本土特色的城市理论。

明代南京是个典型的行政城市，永乐北迁后该城仍为东南政治军事中心。[①] 正是这一城市属性吸引跨区域的人力、物力及其他资源不断涌入，弥补了南京腹地自然地理条件的不足，为明中后期的城市繁荣提供动力。与此同时，城市政治地位也是地方自豪感与认同感的基础。晚明南京的地方叙事非但没有"去政治化"的趋势，反而刻意强调"国都史"对"地方"的意义。[②] 通过对相关文学与图像文本的再解读，本文试揭示晚明南京"地方叙事"的内在逻辑，并以此为基础，探讨国家与城市之共生关系。

一 国都记忆与城市叙事

16 世纪是明代社会经济与思想文化发展的黄金时期，也见证了"地方转向"（localist turn）的浪潮：地方人士热衷于书写地方，建构/重构地方人文传统与认同感。[③] 同样，嘉隆万时期的南京文人也留下了大量歌咏、记录城市之过去与现在的文献。如果将这些文本视为"地方叙事"，我们该如何解读时人对于城市传统的建构/重构呢？

昆廷·斯金纳（Quentin Skinner）曾指出，文本是作者有意识的交流行为，解读文本的关键是把握作者的意图，即其与当时的思想现实与目标读者之间的互动。[④] 或者说，只有将文本回归到历史语境中，才能更为准

---

① 关于留都南京政治军事功能的最新研究，参见 Jun Fang, *China's Second Capital*：*Nanjing under the Ming*，*1468-1644*，London and New York：Routledge，2014。

② 人文地理学将"地方"定义为"一个有意义的地点"（a meaningful location），即强调除地理方位与客观环境之外，人赋予地方的意义、价值及情感依附，也是"地方"的构成要素。克雷斯韦尔（Tim Cresswell）：《地方：记忆、想像与认同》，徐苔苓、王志弘译，群学出版有限公司，2006，第 15 页。

③ Peter K. Bol, "The 'Localist Turn' and 'Local Identity' in Late Imperial China," *Late Imperial China*，Vol. 24，No. 2（December 2003），pp. 1-50，p. 41.

④ Quentin Skinner, "Meaning and Understanding in the History of Ideas," *History and Theory*，Vol. 8，No. 1（1969），p. 48.

确地理解作者介入讨论的目的、立场与策略。笔者以为，南京地方叙事的基本脉络是"金陵王气"说；而明初的国都史以及之后的迁都，造就了关于"金陵王气"的新历史语境。建构城市意象、地方认同，以及赋予"地方"以"意义"的文本，都应置于这一语境下进行解读。

"金陵王气"说始于六朝，但六朝历史却为"金陵王气"蒙上一层阴影。至唐宋时期，借由"金陵怀古"诗建立起文学中的"六朝意象"，"金陵王气"亦成为典故之一。作为诗歌母题的"金陵"既靡丽动人，又交织着战争、偏安与悲剧宿命，正所谓"金陵王气黯然收""一片降幡出石头"。宇文所安（Stephen Owen）指出，"一旦诗歌中的金陵获得了完整意象，就成为一种静止的、稳定的且无法回避的文学遗产。后世的作者注定要以固有的金陵意象来刻画金陵"。①

然而明人并未完全受制于这一"文学遗产"而"以固有的金陵意象来刻画金陵"。朱元璋建都南京，"独壮京华之外观，用昭天下之共主"，② 为重塑金陵意象提供了可能。作为天下一统时代的都城，应天"非古之金陵，亦非六朝之建业"。③ 洪武初，高启（1336~1374）即在雨花台上咏叹："从今四海永为家，不用长江限南北。"④ 可南京的国都史毕竟过于短暂。永乐迁都后，金陵意象逐渐具有了双面特征。一方面，"新金陵"意象依然有其拥趸。景泰元年（1450）丘濬（1421~1495）过南京时作《金陵即事》，结尾有"此日江南非昔比，吴山辞赋莫兴衰"之句；次年得见高启之诗，"不意暗与之合，有如剽窃"，甚为尴尬。⑤ 正嘉时期，杨循吉（1458~1546）《金陵篇》中盛赞："浑浑国初风，根本重南畿。仰思受命主，功德天地垂。"⑥ 直至崇祯年间，范景文（1587~1644）仍在《金陵》

---

① Stephen Owen, "Place: Meditation on the Past at Chin-ling," *Harvard Journal of Asiatic Studies*, Vol. 50, No. 2 (Dec., 1990), p. 421.

② 黄佐：《南京赋》，屈大均辑《广东文选》卷二十四《赋》，《四库禁毁书丛刊》（集部）第137册，北京出版社，1998，第75页下栏。

③ 《御制阅江楼记》，《金陵玄观志》卷三《中观·狮子山卢龙观·敕赐》，《续修四库全书》第719册，上海古籍出版社，1995，第160页下栏。

④ 高启：《登金陵雨花台望大江》，《高太史大全集》卷十一《长短句体》，《四库提要著录丛书》（集部）第114册，北京出版社，2010年影印本，第293页下栏。

⑤ 丘濬：《金陵即事》《岁庚午来自金台寓新河有〈金陵即事〉之作明年复至因观高槎轩诗不意暗与之合有如剽窃然初实不知也用广其意为杂咏二首云》，《重编琼台稿》卷五《七言律诗》，景印《文渊阁四库全书》第1248册，台湾商务印书馆，1986，第81页上栏、82页上栏。

⑥ 《顾鼎臣集　杨循吉集》，蔡斌点校，上海古籍出版社，2013，第441页。

诗中写道："莫比风流六代时，周官礼乐汉威仪。前朝离黍今丰芑，不作金陵吊古诗。"① 另一方面，迁都也导致对"金陵王气"的再度质疑，"六朝意象"有回头之势。如郑晓（1499~1566）言："南京城大抵视江流为曲折，以故广袤不相称，似非体国经野、辨方正位之意。大内又迫东城，且偏坡卑洼，太子、太孙宜皆不禄。江流去而不返，山形散而不聚，恐非帝王都也。"②

而南京本地文人则更为积极地介入这场论战。其作品中常充斥着敏感、焦虑与急于自辩的复杂情绪。如周晖《金陵琐事》中称："郑淡泉谓金陵形势，山形散而不聚，江流去而不留，非帝王都也。亦无状元、宰相者，因世禄之官太多，亦被他夺去风水。余极喜其论。及万历己丑、乙未，连中状元，乃知书生之言不足深信。"③ 然而更多人则从明初国都史中汲取历史与文化资源。于是在地方意识上升、离"圣祖开国"时代愈来愈远的晚明，"国都记忆"与"新金陵"意象却成为地方叙事的核心内容。

如盛时泰（1529~1578）在《南京赋》中使用大段篇幅证明，金陵临江通海，为京师大利，足符"体国经野，辨方正位"之意：

> 唯我圣祖，在淮之阴，据河之阳。曲淮泗而奠金陵，亦以此为足王也。是故九州之内，四渎环绕，今之畿土，得其三焉。河入于淮，汉入于江，皆东入海，以为势雄。……时或经营四方，此为重地。赤山长淮为东南之成皋伊洛，大江钟山为西北之黄河曲阜。三吴为门，荆蜀为户，闽广蜀海又为之府。江汉二水之朝宗，金焦两山之雄峙。高辛云阳，世代邈漠，不可得而称矣。④

继盛时泰之后，顾起元（1565~1628）又进一步阐发此观点。顾氏引用王宗沐（1523~1591）之言："唐都长安，有险可依，而无水通利。有

---

① 范景文：《文忠集》卷九《诗·石城游草》，景印《文渊阁四库全书》第1295册，第591页下栏。
② 郑晓：《今言》卷三《二百二十一》，《四库全书存目丛书》（史部）第48册，齐鲁书社，1997，第709页下栏至第710页上栏。
③ 周晖：《金陵琐事》卷一《形势》，《中国方志丛书》（华中地方）第440号，台北：成文出版社有限公司，1983，第36~37页。
④ 盛时泰：《南京赋》，康熙《江宁府志》卷三十八《艺文五·赋》，《金陵全书》（甲编·方志类·府志）第18册，南京出版社，2011，第679页。

险则天宝、贞元乘其便，无水则会昌、大中受其贫。宋都汴梁，有水通利而无险可依。有水，则景德、元祐享其全，无险，故宣和、靖康当其害。"由此，顾起元总结道：

> 要而论之，唐不如宋，宋不如今之京师，而京师又不若南都。何也？京师惟有潞河与海可以挽漕耳，且河势逆而海势险。南都则长江上下，皆可以方舟而至。且北有鉴江、瓜洲，东有京口，而五堰之利，或由东坝以通苏、常，或由西坝以通宣、歙，所谓取之左右逢其源者也。自古都会之得水利者，宜亡如金陵，惟思所以固守其险，则可与京师并巩固于万年，而唐、宋真不及万万矣。①

而在南京人余光所作《金陵赋》中则极力渲染"金陵当南北之均"的地理区位特征：

> 以今观古，度其广庆，形偏北而不中，民恒劳而不息。相惟兹今，际运丕恢，疆域极于八表，幅员遍于九垓。金陵当南北之均，气运钟伭黄之胎。西南东北各疆七千有余，西北东南各疆五千以上。北陆车骑，平达江壤。万艘云趋，千廪积穰。贡琛浮舫，既富斯强。万邦丕享，洞视俯仰，狨欼都哉！②

为了树立"新金陵"意象，地方文人不仅要论证"金陵王气"的合法性，还要处理另一历史遗留问题，即业已深入人心的六朝意象。对六朝历史的复杂心态，是晚明南京文人特有的情结。如果说"在影像时代之前，一个地方主要是通过文本及特殊意象而为人所认知、记忆，并获得声名的"，③那么六朝历史无疑是构成国人对南京认知的重要部分，六朝遗迹、掌故也是地方文化中不可割弃的宝贵遗产。然而"新金陵"是建立在对六朝意象的批判之上，二者不能并存。正如施纯琳（Catherine Stuer）所指出的，对于晚明南京地方文人而言，"六朝"既非定格于过去的历史，亦非

---

① 顾起元：《客座赘语》卷二《水利》，中华书局，1997，第 57 页。
② 余光：《金陵赋》，康熙《江宁府志》卷三十八《艺文五·赋》，第 673 页。
③ Stephen Owen, "Place：Meditation on the Past at Chin-ling," *Harvard Journal of Asiatic Studies*, Vol. 50, No. 2（Dec., 1990），p. 420.

仅靠时间累积起来的记忆,而是用以建构并表述当代认同的符号,正可衬托南都的辉煌。①

盛时泰《南京赋》中即直白地表述了对六朝历史的批判:

> 虽有航名朱雀,桥号乌衣,渡称桃叶,台纪凤仪,繁华靡丽,为世所悲。惟夫茅君以弃官而入道,葛玄以白日而上仙。稚亭留子文之续,宝志著灵异之玹。紫岩勒天玺之谶,左思著吴赋之编。东山胜谢安之筑,西塞传翠微之牵。史女以投金名濑,习母以树桔为贤。何姬以养孤为义,王妇以贞敬成妍。虽淑婉之可述,亦空取于垂怜。况夫方伎草木,尤不足表。风角以偶中为占,覆射以一命为巧。夸天水之为碧,惊鬼目之作草。纵人才之众多,亦无取于扬表。②

顾起元在为王野《金陵篇》所作序文中,亦毫不掩饰其对六朝遗产的鄙视。王野字太古,歙县布衣诗人,万历时寓居南京。③ 其《金陵篇》"举六朝二百五十余年山川城郭之美、宫掖府寺之盛,以至名人韵事之风流,妖姬明童之纤丽,靡不总而载之",④ 可谓皇皇巨制。然而顾起元对时人迷恋六朝的心态则不以为然:

> (六朝)遗文轶事,往往令人心慕形追,色飞肉奋,虽乐令申其名教之论,李生格以亡国之音,吊古者犹艳称之不置,良有已也。国家开天于此,隆平之祚,险胜丰镐,固已一洗六朝淫靡之陋。而学士大夫沐浴膏泽,歌咏勤苦,乃多有访其旧事而形诸诗篇者,岂非以侈曼相高,倾轴接踵,闻之者足以戒,不徒惟是,风华之代扇已哉。

---

① Catherine Stuer, Dimensions of Place: Map, Itinerary, and Trace in Images of Nanjing, Ph. D. dissertation, Chicago University, 2012, p.115.

② 盛时泰:《南京赋》,康熙《江宁府志》卷三十八《艺文五·赋》,《金陵全书》(甲编·方志类·府志)第 18 册,第 680 页。

③ "太古儿时习为诗,稍长弃博士业,从其兄贾江淮间,兄死不能归,入吴。……诗益有名,游于金陵,不轻谒人,贵人慕其名访之,累数刺始以报谒,蹇驴造门,称布衣王野,投刺径去。"钱谦益:《列朝诗集·丁集》卷十四《王山人野》,《续修四库全书》第 1624 册,第 157 页下栏。

④ 顾起元:《王太古金陵篇序》,《遁园漫稿·戊午》,《四库禁毁书丛刊》(集部)第 104 册,第 130 页上栏。

序文结尾写道："有不愿其但以遒文丽藻，被诸蔓草寒烟者，夫太古之紫电青霜具矣，尚其摩历以须之。"① "蔓草寒烟"出自唐代诗人吴融《秋色》诗中"曾从建业城边路，蔓草寒烟锁六朝"句，是金陵六朝意象的经典之一。对于顾起元而言，六朝历史已无法赋予当代金陵以意义。

或许是为了回应王野之《金陵篇》，顾起元亦作有一首拟古《金陵篇》。②开篇写道："缓唱采莲曲，停讴折柳辞。听我歌金陵，何如京洛时。" "采莲"与"折柳"都是六朝时期的重要文学母题。"缓唱采莲曲，停讴折柳辞"明确表达了作者弱化六朝意象的目的。在将南京比为"京洛"之后，顾起元描写了帝都时代的金陵：

> 金陵此日称京洛，虎踞龙蟠势参错。
> 江水建瓴西抱城，淮流如带东萦郭。
> 云中双阙双芙蓉，天上五楼五鸂鶒。
> 西园公子旧应徐，东第将军新卫霍。

此段描写除以"虎踞龙蟠"暗示"金陵王气"之外，全部使用了当代典故。"江水建瓴西抱城，淮流如带东萦郭"，为明初国都建设后的新城郭范围。"西园公子"即徐达，而朱元璋的"东第将军"常遇春等则被比作卫青、霍去病，不仅烘托了太祖功业，也强调了南京为大明王朝"根本重地"的地位。在全诗结尾处，诗人以对"神都"宏伟气势的渲染，结束其"京洛"之歌：

> 一自神都莫丽雄，水光山色日冲融。
> 五城禁烟白浩浩，二陵佳气青濛濛。
> 秦城楼阁那足拟，汉主河山讵可同。
> 试向朝阳门上望，彤云长捧大明宫。

值得注意的是，"秦城楼阁""汉主河山"出自杜甫《清明》诗句"秦城楼阁烟花里，汉主山河锦绣中"。顾起元抛弃了唐宋诗歌中的六朝金

---

① 顾起元：《王太古金陵篇序》，《遁园漫稿·戊午》，《四库禁毁书丛刊》（集部）第104册，第129页下栏至第130页上栏。
② 顾起元：《金陵篇》，康熙《江宁府志》卷三十七《艺文四·诗》，第531~532页。

陵典故，而创造性地将长安城形象融入金陵意象中，这或许正是其不愿"以遒文丽藻，被诸蔓草寒烟"的心态使然。

概言之，晚明南京的城市意象与地方认同，主要建立在城市与国家关系这一话题之上。地方文人努力维护"金陵王气"的合法性，通过国都记忆创造属于当代的"新金陵"意象，并以此建构地方认同。而被当代学者认为更具"都市性"的城市商业、娱乐消费，却是从属于政治的存在：正如六朝偏安，繁华靡丽也沦为"淫靡之陋"，"为世所悲"；大明一统，金陵仙都乐土的形象才更值得称颂。这一政治隐喻，在城市图中表现得更为明显。

二 图像中的城市观

在明清城市研究领域，图像资料早已受到学界关注。就南京而言，反映明代城市风貌的《南都繁会图卷》最为人熟知。该图核心部分描绘了南市街到北市街一段的市井百态："商肆、酒楼、茶社、当铺、书铺、钱庄、古玩店、手工作坊等鳞次栉比，官衙、庙宇、民房、卜卦命馆、戏台等也杂处其间，街巷纵横，车水马龙，喧嚣熙攘，可谓热闹非凡，蔚为大观。"画卷中有不同身份的人物逾千名，各种肆铺店招、招幌达 109 个，堪与《清明上河图》媲美。① 尽管学界对《南都繁会图卷》的作者与绘制年代尚无定论，但该画对明代南京城市社会研究的史料价值毋庸置疑。此外，王正华还从图像与城市观的关系入手，指出明《南都繁会图卷》中的城市是一个"杂乱喧闹、无阶级秩序的地方，也是一个男女群集、娱乐消费的地方"，"呈现了一种非官方观点的城市感"。②

然而以上两种解读，却无法回答这样一个疑问：如果此类城市图的主旨只是表现都市繁华及更具地方色彩的城市感，为何苏州、杭州等江南大都会未能成为主角？值得注意的是，除《南都繁会图卷》外，现存另一幅

---

① 周安庆、张宏：《堪与〈清明上河图〉媲美的明代〈南都繁会景物图〉》，《东方收藏》2011 年第 5 期。另参见王宏钧、刘如仲《明代后期南京城市经济的繁荣和社会生活的变化——明人绘南都繁会图卷的初步研究》，《中国历史博物馆馆刊》1979 年第 1 期。

② 王正华：《过眼繁华——晚明城市图、城市观与文化消费的研究》，李孝悌主编《中国的城市生活》，第 26 页。

明代城市图为《皇都积胜图》。① 二者一画皇都，一画南都，主题上的呼应十分明确。从构图上看，两幅画作皆以张择端《清明上河图》为蓝本，而作为中国城市图像原型的《清明上河图》，"在明代是被理解为首都的城市图"。② 故对明人而言，《南都繁会图卷》与《皇都积胜图》并不仅仅是描摹市井百态的"风俗画"。视其为艺术语言创作的"京都赋"，或许更为贴切。董应举（？～1643）正是在欣赏《皇都积胜图》之后创作了《皇都赋》。③ 其对画作的解读以及观画时的心态，在序文中交代得十分清楚：

> 昔宋人有作《汴京清明图》者，寓思颇远，穆乎有丰豫之警。国家定鼎金陵，成祖改卜，取象北极，盖示星拱之义，兼以压迫异类，显扬灵威。有警则烽火易传，地近则虩雷易震。赫哉圣谟！奠于世世矣。侍御某公深得此意，绘之缥素，名曰"积盛"。予反复流览，仰圣神之无竞，见皇图之有奕，抚卷吮毫，不觉娓娓。④

正是城市图被赋予的政治隐喻，使得苏州、杭州无法嵌入这一构图模式。直至清代宫廷画师徐扬于乾隆二十四年（1759）完成《盛世滋生图》，非首都城市图像"只能专注于当地名胜，而不是该城的繁荣商业景况"。⑤王正华亦认为，明《海内奇观》中对于江南名城的描绘，多选择城内外名山胜景，唯一以全城形象出现的是南京。这表明"当时苏、杭等地的意象以城内或城外著名景点为主，作为一个城市的城市感不及南京"。⑥ 城市图制作中的"都城"霸权，以及时人对规则的恪守，实超出我们的想象。

---

① 皆藏于中国国家博物馆。《中国国家博物馆馆藏文物研究丛书·绘画卷（风俗画）》，上海古籍出版社，2007。

② 马雅贞：《中介于地方与中央之间：〈盛世滋生图〉的双重性格》，《美术史研究集刊》第24期，台北：台湾大学艺术史研究所印行，2008，第287页。

③ 翁燕珍：《董应举〈皇都赋〉与〈皇都积胜图〉图文关系研究兼〈皇都积胜图题跋〉考》，《书画艺术学刊》第9期，2010年，第277页。

④ 董应举：《皇都赋》，陈元龙辑《历代赋汇（三）》卷三十五《都邑》，北京图书馆出版社，1999，第601～602页。另参见《皇都积胜图》，《中国国家博物馆馆藏文物研究丛书·绘画卷（风俗画）》，第77页。

⑤ 马雅贞：《中介于地方与中央之间：〈盛世滋生图〉的双重性格》，《美术史研究集刊》第24期，第290页。

⑥ 王正华：《过眼繁华——晚明城市图、城市观与文化消费的研究》，李孝悌主编《中国的城市生活》，第10、14页。

理解《南都繁会图卷》的政治隐喻，有助于我们更为全面、客观地解读图像。该图以上南下北的视角，将位于城东的"旧内"置于图卷的末端。这不仅契合了《清明上河图》的构图模式，也似乎暗示了观画者坐北朝南的方位，体现出画家"献赋"于朝廷的心态。因此，今人感受到的"非官方观点的城市感"，在明人眼中或许只是传统的"皇城城市观"。① 通过帝京景物，《南都繁会图卷》确立了城市在帝国政治版图中的地位。

除长卷城市图外，明中后期日渐增多的地景图、导览图也越来越为城市史研究者关注。从社会经济与文化史视角观之，此类作品折射出晚明商业出版与旅游文化的兴盛；② 而以"景观政治"为切入点，则可分析地方景观如何被不同权力主体所塑造、改写并赋予意义，以此展现地方史与时代大背景之互动。③ 有明一代，结合雕版印刷、商业出版，且最成熟的南京地景总汇为朱之蕃（1558～1624）天启三年（1623）刊印的《金陵图咏》，又名《朱状元金陵四十景图像诗咏》。该书以图、记、咏相配建构金陵地景，具有多纬度的解读空间。④ 而与本文主旨相关的，则是如何理解地景中反映的城市与国家之关系。

费丝言（Si-yen Fei）认为，与洪武时期礼部绘制的《京城图志》相比，《金陵图咏》对城市空间的表述从帝王视角转向地方文人视角，将士人品位乃至家族历史融入了地方意象，"完成了南京从一个想象的帝都空间向南都（southern metropolis）转变的过程"。⑤ 这一解读强调了"帝王都城"与"南方都会"在空间意象上的差别，并暗示了迁都对城市特性的影响。然而仔细分析四十景承载的历史文化含义，则不难发现作者对金陵"帝都"意象的精心维护。多位学者都注意到，"金陵王气"是四十景试图建构的地方叙事主线，朱之蕃"著书的目的不仅是为了搜寻胜景，更重要

---

① 翁燕珍：《董应举〈皇都赋〉与〈皇都积胜图〉图文关系研究兼〈皇都积胜图题跋〉考》，《书画艺术学刊》第 9 期，第 263～265 页。

② 马孟晶：《名胜志或旅游书——明〈西湖游览志〉的出版历程与杭州旅游文化》，《新史学》（台北）第 24 卷第 4 期，2013 年。

③ 胡箫白：《文人、和尚与皇帝——明清南京栖霞山的文化形塑与景观政治》，《新史学》（台北）第 16 卷第 2 期，2016 年。

④ 历史、文学、艺术史领域的相关研究，参见胡箫白《胜景品赏与地方记忆——明代南京的游冶活动及其所见城市文化生态》，《南京大学学报》2014 年第 6 期。

⑤ Si-yen Fei, *Negotiating Urban Space: Urbanization and Late Ming Nanjing*, p. 187.

的是要追溯金陵作为帝王之都的尊崇地位"。① 如朱之蕃在自序中写道：

> 宇内郡邑有志，必标景物以彰形胜、存名迹。金陵自秦汉、六朝，凤称佳丽，至圣祖开基定鼎，始符千古王气，而龙蟠虎踞之区，遂朝万邦、制六合，镐洛、殽函不足言雄，孟门、湘汉未能争钜矣。相沿以八景、十六景著称，题咏者至有去取，观览者每叹遗珠。②

尽管"江南佳丽地，金陵帝王州"的说法始自六朝，而朱之蕃却以秦汉作为金陵历史叙事的起点。这显然联系着秦始皇"泄金陵王气"的传说。而"圣祖开基定鼎"，则是叙事的高潮。为避免破坏"朝万邦、制六合"的形象及"金陵王气"的合法性，朱之蕃甚至回避了"銮舆北指"的尴尬话题。③ 这一叙事模式几乎与洪武《京城图志》中的表述一般无二。

相比之下，朱之蕃并未着意体现城市的"都会感"。或许在其看来，帝京景物繁华是不证自明的，亦或许士人的文化自觉要求他与城市世俗、奢靡、功利的一面保持距离。无论如何，《金陵图咏》没有像《南都繁会图卷》那样尽情展现"男女群集、娱乐消费"的都市场景，甚至试图淡化都市意味。如"青溪游舫"一景的诗咏写道："烟水五湖徒浩渺，香风十里自氤氲。百壶送酒油囊载，鸥鹭无惊泛作群。"④ "鸥鹭无惊"典出白居易《立春日酬钱员外曲江同行见赠》中"机尽笑相顾，不惊鸥鹭飞"，强调了野趣与归隐的意境，与世人眼中"青溪游舫"的狎游意趣大相径庭。更为奇特的是，"秦淮渔唱""桃渡临流""青溪游舫""长桥艳赏"四景皆在内秦淮河自通济门至金陵闸一段，为十里秦淮最繁华的区域。然而空间上首尾相连的四景在书中却被分列为第四、十三、三十一、四十景。可

---

① 吕晓：《明末清初金陵画坛研究》，广西美术出版社，2012，第151页。另参见胡箫白《胜景品赏与地方记忆——明代南京的游冶活动及其所见城市文化生态》，《新史学》（台北）第16卷第2期，2016年；Catherine Stuer, *Dimensions of Place*: *Map, Itinerary, and Trace in Images of Nanjing*; Lee Lin Chiang, *Local Identity in a Capital*: *Negotiating the Local and the National in Late Ming Nanjing*, MA thesis, National University of Singapore, 2010.

② 朱之蕃：《金陵图咏·序》，天启三年刊本，南京图书馆藏。

③ 叶向高《雅游编叙》则体现了更为常见的叙事模式，即金陵名胜"自六朝以来甲于天下"，"入国朝而神圣宅中，缀旒九有。其后銮舆北指，钟簴不移。衣冠文物，声光奕赫，风水镐京，方之犹逊，此开辟以来之一时也"。叶向高：《雅游编叙》，《苍霞草》卷七，《四库禁毁书丛刊》（集部）第124册，第192页下栏。

④ 朱之蕃：《金陵图咏》，天启三年刊本，第31页b。

见《金陵图咏》试图让读者了解的，是城市的历史与人文积淀，或曰"大历史中的地方"，而非当下的都市风貌。

尽管《南都繁会图卷》与《金陵图咏》只是明代南京图像资料中的两例，但分别代表了明清之际图写城市的两种模式：城市图与胜景图。城市图具有强烈的写实风格与都会感，但是都城的专利，以帝京景物呈现太平盛世的主题，非首都城市无法僭越。直至18世纪中叶，才出现以苏州为主角的《盛世滋生图》。为了将苏州嵌入城市图，宫廷画师徐扬改变了图像最后山塘至虎丘一带风光的表现形式：苏州传统地景中的标志元素，如千人石，被有意略去，代之以御碑亭、南巡行宫等建筑，使之符合首都城市图卷末必须出现的宫殿、阅兵场景。帝王的"在场"使《盛世滋生图》得以淋漓尽致地描绘苏州城的繁华，也是"首次一个非首都城市的商业繁荣得以在图像与题跋文字上同时得到认可"。① 从景观政治的角度而言，"苏州作为一个地方，被大清政权重新解释，而苏州的形象自此改观，不再是太湖流域的山光水色或人文色彩，而是商业繁荣与建设完善，这也是帝国眼中太平盛世的象征"。② 该图被命名为《盛世滋生图》，或许是为了模糊处理苏州的非首都身份。而收藏单位辽宁省博物馆将其更名为《姑苏繁华图》，实际上忽略了画作原有的政治寓意。

胜景图以自然、文人景观为载体，书写地方传统，建立地方认同。而地方叙事往往以政治史为主线。如田汝成《西湖游览志》24卷、《志余》26卷，实乃围绕杭州的"都城记忆"编纂而成。《西湖游览志》"虽以游览为名，多记湖山之胜，实有关于宋史者为多，故于高宗而后偏安逸豫，每一篇之中三致意焉"。《志余》26卷，"则撷拾南宋逸闻，分门胪载，大都杭州之事居多，不尽有关于西湖，故别为一编，例同附录"。③ 地方叙事又易受政治影响。如乾隆南巡对苏州地景的改造，即由宫廷画家、地方官员、地方佚名画家及图书、版画出版商合作完成。在苏州人郭衮恒于乾隆二十四年（1759）首次刊印的《苏州名胜图咏》中，"所谓的名胜不再是明代地志图中的景点，而是乾隆皇帝所曾巡幸的地方"，这种改造甚至比

---

① 马雅贞：《中介于地方与中央之间：〈盛世滋生图〉的双重性格》，《美术史研究集刊》第24期，第291~292页。

② 王正华：《乾隆朝苏州城市图像：政治权利、文化消费与地景塑造》，《中央研究院近代史研究所集刊》（台北）第50期，2015年，第151页。

③ 《钦定四库全书总目（整理本）》，中华书局，1997，第956~957页。

宫廷画家更为彻底。事实上，在整个江南地区的"名胜图咏"系列中——无论经由宫廷监制还是地方商业出版——只要是与皇帝南巡有关的景点，不论新旧，都是"名胜"；未被皇帝临幸的旧地景，则不再被视为"名胜"。① 王正华指出，这一现象体现了"中央政治权力与地方文化消费的纠结转借"，在此过程中，地方景点"转换成代表帝国普世成就的政治符码，更汇入以南巡为中心的图像中，形成中央与地方共同的历史记忆"。②

由此可见，地方对其当下或过往政治地位的珍视，以及极力融入国家政治版图、与帝国视角保持一致的心态，并非南京所独有。③ 造成这种文化心理特征的物质基础是什么？国家权力与地方利益的"纠结转借"，究竟折射出怎样的城市发展机制？这需要我们进一步思考国家与城市之关系。

三　明清时期的国家与城市

长期以来，明清城市研究的主流范式是从工商业发展、地方主义中寻找城市的"资本主义萌芽"或"早期现代性"。尽管大多数城镇实际上都兼有行政与商业功能，但研究者仍倾向于对"行政城市"与"工商业城市"做类型区分，强调二者在城市特质上的差别。而施坚雅（William Skinner）使用"经济层级"和"官僚行政层级"两种指标界定城市在地方体系中的地位，④ 更激发学者对行政层级较低的商业市镇之研究兴趣。城镇社会经济活力与国家行政控制之间似乎具有此消彼长的关系，工商业城市、新型市镇的兴起是对传统行政城市的反动，并指向一种可以预见的"内生现代化"。

城市研究的这一范式，显然是为了修正韦伯对中国城市之"东方型城市"属性及其与现代化转型失败之关系的论述。研究路径则是在"工商业

---

① 马雅贞：《中介于地方与中央之间：〈盛世滋生图〉的双重性格》，《美术史研究集刊》第24期，第283、285页。

② 王正华：《乾隆朝苏州城市图像：政治权利、文化消费与地景塑造》，《中央研究院近代史研究所集刊》（台北）第50期，第123~124页。

③ 李林江认为这是南京区别于其他城市之处。参见 Lee Lin Chiang, *Local Identity in a Capital: Negotiating the Local and the National in Late Ming Nanjing*。

④ 施坚雅：《城市与地方体系层级》，施坚雅主编《中华帝国晚期的城市》，叶光庭等译，中华书局，2000，第327~417页。

城市"中寻找与"西方型城市"的相似特征,以打破明清中国社会的停滞论。然而这一范式并未建构起具有本土特征的现代性理论。正如赵轶峰所指出的,"关于明清时代中国社会基本形态与变迁趋势的研究一直是参照'现代'社会如何生成这样一个话题被提出的,而'现代'社会又一直被预设为以西方现代社会情态为标准模式——这意味着现代社会是单一模式的"。① 时至今日,学界越来越意识到建构新理论与话语体系的重要性。

事实上,已有学者对明清工商业城市的发展机制进行更为理性的分析。在"工商业城市"这一大类中,苏州无疑独占鳌头。然而迈克尔·马默(Michael Marmé)的研究表明,苏州并没有超越帝国秩序;它仍是"保守的、农业的、官僚政治的国家"之组成部分,而非孕育"自治的、商业资本的传统"的温床。苏州的发展既不能完全归结于地方努力,也不完全得益于国家政策,而是一种"共生关系"的成功。② 这类似于王家范对明清江南商品生产发展的解释:"某种程度上由'黄宗羲定律'压迫所造成,算是'坏事可以变好事'的一个意外收获。"③ 可见工商业、市场化并不必然是反封建的。吴滔在讨论陆家浜、安亭这两个棉布专业市镇兴起机制时亦指出,"在一定意义上,所谓'专业市镇'或许是贡赋系统下'改折财政'的一种延伸","'专业市镇'兴起的机制,显然要比'劳动分工'和专业化等经济理性的'逻辑'促发起来的市场复杂的多"。④

另一方面,行政功能与城市发展之间也没有必然冲突。工商业不是城市化的全部内涵。城市化还体现在与城市生活相关的基础建设、公共设施,以及相关制度、法律,乃至行为方式、文化心理的完善与成熟,这就需要政府的介入与引导。在前近代西欧城市中,市政机构承担管理职责;而在帝制时代的中国,城市管理则融入了国家行政。在受到国家强控制的同时,行政中心城市也获得更多资源,这也是一种国家与城市发展的"共生关系"。各历史时期的都城都体现出城市建筑、规划、管理方面的最高成就。1598年初到南京的利玛窦(Metteo Ricci)认为,论秀丽和雄伟,很

① 赵轶峰:《明清帝制农商社会论纲》,《古代文明》2011年第3期。
② 迈克尔·马默:《人间天堂:苏州的崛起(1127~1550)》,林达·约翰逊主编《帝国晚期的江南城市》,上海人民出版社,2005,第25页。
③ 王家范:《复杂的历史,需要复杂的头脑——从"黄宗羲定律"说开去》,《探索与争鸣》2010年第1期。
④ 吴滔:《清代江南市镇与农村关系的空间透视——以苏州地区为中心》,上海古籍出版社,2010,第74页。

少有城市可与南京匹敌，"它真正到处都是殿、庙、塔、桥，欧洲简直没有能超过它们的类似建筑。在某些方面，它超过我们的欧洲城市"。① 1868年访问北京的德国地理学家李希霍芬（Ferdinand von Richthofen）对这个首都的破败和贫困感到震惊，但不得不承认"从残留的一些宏伟的建筑，特别是一些桥梁、城墙和庙宇，可以看出这座城市昔日的辉煌。城市的设施十分发达，令人惊叹。宽阔的街道、沟渠和排水无不显示出伟大的建筑灵魂"。② 事实上，被归为"工商业城市"的苏州也具有重要的行政功能。"明代时，作为朝廷差官的巡抚都御史、巡按御史经常性地驻在苏州，从而使苏州实际上具有了超越府级城市的行政职能。"③ 清代的苏州则正式成为省会城市。只是这一属性常常被有意忽略，因为现有的理论框架无法解释这种分裂特征。

可见，将"行政中心城市"与"工商业城市"视为两种城市类型的分析方式，无法全面合理地总结明清城市的发展机制。笔者以为，明清城市研究应回归到"帝制"，而非"自治"，框架之下，并重新审视国家政权与城市发展之关系，尤其是上文提到的"共生关系"。马敏认为："过去的现代化研究，对代表市场和自由经济的'市民社会'的作用强调比较多，而对国家政权本身的作用和国家治理能力现代化的研究则相对薄弱，这是以西方现代化模式为范本研究世界近代化历史进程的无可避免的弊病之一。"④ 这也是城市史研究需要再思考的问题。对于国家与城市"共生关系"的系统研究，或许有助于建构一个统一的分析模式，帮助我们理解中国城市发展的历史规律以及城市与现代化之关系。

国家与城市的共生，首先体现在利益上。程念祺指出，研究中国古代经济必须注意"大国效应"。城市工商业发展需要的市场机会、水路交通设施，都不是凭"城市"一己之力可以创建的。当然，国家基础建设，如大运河、驿路、驿站的修建，绝不以发展地方经济为目的，但地方可从国家的政策与投资倾斜中获利。明清时期的"运河城市"就是典型例证。晚

---

① 利玛窦、金尼阁：《利玛窦中国札记》，何高济、王遵仲、李申译，何兆武校，中华书局，2005，第286~287页。
② 费迪南德·冯·李希霍芬：《李希霍芬中国游记》，李岩、王彦会译，商务印书馆，2016，第18页。
③ 王卫平：《明清时期江南城市史研究：以苏州为中心》，人民出版社，1999，第59页。
④ 马敏：《现代化的"中国道路"——中国现代化历史进程的若干思考》，《中国社会科学》2016年第9期。

明议修泇河，欲使运河绕开问题最多的宿迁、徐州一段，而转向山东藤县、峄县。然而"徐、邳人恐徒河无业，每阻之"。[①] 时人论道："惟泇一成，漕向滕、峄、郯、沭，而背徐、邳、桃、宿。向者日渐纷华则辗然喜，背者日渐寥落则穆然嗟。"[②] 晚清至民国，随着国家战略转移与漕运废除，新的格局出现了。运河城市普遍衰落甚至被边缘化，国家着意发展的沿海城市成为新的核心。彭慕兰（Kenneth Pomeranz）对华北的研究表明，在新核心区，国家与市场共同发展，体现了"国家建构合理成功的模式"；而在国家放任自流的区域，则"不仅承受着内卷化，而且还承受着退化"。[③]

国家政策对地方经济的刺激，还体现在官营、采办与专营制度上。这是一种更具悖论性的共生机制。一方面，官营工场、采办带有封建劳役、掠夺性质，专营制度也体现了中央集权对市场的垄断。另一方面，由于官营制造在质量与技术上不惜工本、精益求精，最终带动地方专业生产水平不断提高，促进城镇经济繁荣。景德镇的制瓷业，南京、杭州、苏州的丝织业，皆受益于官营制造。清代宫廷对苏州经济发展的推动尤其显著。乾隆皇帝不仅利用税收支持苏州丝织生产，皇帝的个人喜好还影响士大夫、官员在苏州办贡、投资生产、行销，甚至推动会馆、行会组织的发展。"宫廷样，苏州匠"的谚语正折射出北京与苏州的关系。"苏州织造局每年承办的各项活计达数百件以上，连藏于清宫 10 万余件的戏服都来自苏州，不难想像皇帝好货，而影响苏州经济发展。"[④] 而明清时期扬州的发展，除其作为运河城市的身份外，更重要的刺激因素则是食盐专卖制度。这一制度也让"四大镇"之一的汉口收益良多。"四大镇"的另一成员佛山，以冶铁业闻名。明清朝廷虽然未实行铁器专营，但佛山冶铁业存在"官准专利"，即官府以行政手段保证佛山原料的供应，满足朝廷对贡品和武器的需求，廉价取办各种官营器物，并获得赋税。"'官准专利'是佛山冶铁业得以存在发展的一个因素，同时又是佛山冶铁业的一大特点。"[⑤] 在一定程度上，佛山兴起的机制与景德镇有相似之处。

---

① 顾炎武：《天下郡国利病书》第 15 册《山东上》，《续修四库全书》第 596 册，第 381 页。

② 周之龙：《漕河说》，陈子龙等撰《明经世文编》卷 478，中华书局，1962，第 5264 页。

③ 彭慕兰：《腹地的建构：华北内地的国家、社会和经济（1853~1937）》，马俊亚译，社会科学文献出版社，2005，第 232 页。

④ 赖惠敏：《寡人好货：乾隆帝与姑苏繁华》，《中央研究院近代史研究所集刊》（台北）第 50 期，2005 年，第 187 页。

⑤ 参见罗红星《明至清前期佛山冶铁业初探》，《中国社会经济史研究》1983 年第 4 期。

　　国家与城市利益的另一契合点，即对地方秩序的维护。传统时期，地方社会由官员、民众、地方精英构成。广义上说，地方精英包括宗族、士绅、商人与豪强势力，有时则兼具几种身份。地方精英不仅掌握财富、特权，还在一定程度上控制地方社会。在城市研究中，精英阶层常与地方能动主义、市民社会、事实自治等概念联系起来。然而精英本身具有两面性，借用杜赞奇（Prasenjit Duara）的概念，即存在"保护型经纪"与"赢利型经纪"两种可能。① 因此，国家对地方精英的制约显得格外重要。在这一点上，民众与国家可能站在同一阵营。夫马进在对万历十年（1582）杭州民变的研究中指出，在暴动者看来，由于地方精英垄断了地方事务，普通民众与地方官员的利益都受到了损害，"故而丁仕卿和他的支持者消除地方精英的同时，意味着官方的统治还是受欢迎的"。② 明清鼎革后，江南士绅受到朝廷整肃，晚明权焰熏天的情形一去不返。这对于江南社会的稳定不无正面作用。

　　在行政级别较低的市镇中，居民对官方统治的渴望似乎更为强烈。以浙西第一大镇乌青为例，由于杂隶浙直两省三郡六县间，"别驾常檄，委无宁居，以故盐盗魁桀，此追彼遁，日以滋蔓。捕卒以玩愒，相与为奸。……豪右因之肆其虚诞。有以睚眦而呈巨寇者矣，有以逋负而告劫掠者矣。庭无两造，而柔懦之肉削矣。故弄兵之赤子易知也，朘民之狸虎难办也"。嘉靖年间，镇民施儒请立县治，以辑盗安民，未获朝廷批准。万历三年（1575），终创建浙直分属，以湖州府同知常驻乌镇，"乡父老子弟咸颂之"。③ 顺治四年（1647）浙直分属被裁撤；康熙元年（1662）以湖州府督捕同知驻镇；康熙中，督捕同知回驻府城；雍正四年（1726），在地方士绅的努力下，准循旧例，以同知驻镇。④ 胡恒认为，乡镇居民对于佐杂移驻积极踊跃，与各地居民对设县之踊跃与撤县之反抗相似，"与其说是反映了区域意识的觉醒，毋宁说是对援借国家权力，以实现地方安宁

①　杜赞奇：《文化、权力与国家：1900～1942 的华北农村》，王福明译，江苏人民出版社，2003。

②　夫马进：《晚明杭州的城市改革和民变》，林达·约翰逊主编《帝国晚期的江南城市》，第 91 页。

③　吴秀：《〈浙直分署纪事本末〉后序》，《乌青镇志·旧序》，乾隆《乌青镇志》，1918 年铅印本，第 9 页 a。

④　乾隆《乌青镇志》卷三《建置》，第 1a~b 页。

的渴望，其至可能还包括对于未设立佐杂地域的某种'优越心理'"。① 国家控制缺失带来的不是自由的空气，而是"朘民之狸虎"与秩序之沦陷。

不仅"赢利型经纪"需要国家权力制约，"保护型经纪"也需要来自国家的支持才能真正有所作为。在远离国家视线的地方，他们的雄心往往化为乌有。位于嘉兴府海盐县的澉浦镇，"宋元时因通番舶，地方庶富"；入明后"禁革海道，自是居民惟赖田产。缘因四周皆山，状如天井，不接下河。常遭旱患，商货不通，名为绝地"。② 有明一代，镇绅为疏浚永安湖多方奔走，最终一事无成。嘉靖时期的镇民董沄感叹道，"以百六十年大患，屡经勘准，而抑不行"，首要原因即"地方偏处海角，府县隔远，上司不到，危苦之状不能上闻"，次则"吏胥之弊，非钱不行，而地方公务，钱何从出"。③ 澉浦镇距县城陆路 36 里，水路 50 里，"土民上纳税粮，里甲到县卯酉，常苦路遥，风寒暑雨，最为不便"。而由镇至县原另有水路，长仅 25 里，只因一段约 7 里长河道淤塞而废弃。董沄之子董毂认为，"有能奏请动支官银七八百两，专委廉能民职丈量估计，雇请萧山土工，不过一月，连接雪水港"，便可减少一半路程，所费不多而有无穷之益，"顾地方僻处，下情无由上达耳"。④

由此可见，国家与城市的"共生关系"超越了利益冲突。迈克尔·马默认为，苏州"资助了政府而不是相反"，这过于片面。事实上，城市与国家相互需要；但国家是"政策"决定者，城市只能因地制宜给出"对策"。城市是否有"谈判"的资格，取决于其在国家政治经济版图中的地位，以及地方精英在国家范围内的影响力。因此，正如鲍弼德（Peter Bol）所指出的，"地方转向"本身不一定是"反国家"的。"地方认同话语要在其与国家之关系中进行解读，建构/重构地方认同的目的既是为了地方社会转型，也是为了增加地方参与国家政治生活的机会。"⑤ 这不仅可以让我们把"行政中心城市"与"工商业城市"的发展整合到同一分析框架之

---

① 胡恒：《皇权不下县？——清代县辖政区与基层社会治理》，北京师范大学出版社，2015，第 213 页。

② 从吾道人：《澉川钟楼图跋》，董毂：《续澉水志》卷九《艺文·文》，西泠印社，2012 年影印本，第 60 页 a。

③ 从吾道人：《与吴南溪先生论水利书》，董毂：《续澉水志》卷九《艺文·文》，第 62 页 a。

④ 董毂：《续澉水志》卷一《地理》，第 4a~5a 页。

⑤ Peter K. Bol, "The 'Localist Turn' and 'Local Identity' in Late Imperial China," *Late Imperial China*, Vol. 24, No. 2 (December 2003), p. 41.

下，也有助于我们理解城市在现代化转型中的不同命运。

结　语

对于南京而言，明初国都史在其城市发展史中的意义是深刻而长久的。朱元璋时代的城市规划，直到民国"首都建设"时期才被真正修订、改写。而统一王朝首都的短暂经历，也足以使南京成为排在西安、北京、洛阳之后的中国第四大古都。直至今日，学者们仍在华夏历史的脉络中讨论南京城的历史特质。[①] 南京也仍以六朝古都、十朝都会为城市符号。我们无法想象晚明南京文人能够抛开城市的政治属性，赋予"地方"以新的意义。相反，融入帝国"宏大叙事"中的金陵城及其形胜、历史，是明代政治文化中的一个特殊母题，不断出现在关于帝国政治、两都、地理、堪舆的论题中，深刻地影响了时人对南京城市的认知与想象。

南京的城市发展也实实在在地受益于其政治地位。就自身条件而言，明清时期的南京与江南"核心区"的城市相差很大，其腹地农业经济落后、商品生产不发达，甚至没有真正意义上的专业市镇。由明至清，再至太平天国后的城市复兴、民国时期的"黄金十年"，这个城市的发展一直倚靠政策与资源的倾斜。南京不仅从正面诠释了国家与城市的共生关系，也为我们建构本土化的城市理论提供了范例。

---

① 胡阿祥：《华夏正统与城市兴衰：古都南京的历史特质》，《南京社会科学》2013 年第 12 期。

《中国现代诗选》：最早翻译到西方的中国现代诗集

卞东波[*]

一　引言

翻译并不是简单的文字转换，历来是文化交流的重要途径，也是一国文学走向世界的必要步骤。西方人翻译中国诗歌的历史非常悠久，可以追溯到传教士时代，当然最早翻译到西方世界的中国诗歌肯定是中国古诗。产生于20世纪初的中国现代诗歌比较幸运，从1917年新文学运动开始不到二十年就被介绍到西方，最早比较全面地将中国现代诗歌译介到西方世界的是哈罗德·艾克顿（Harold Acton，1904–1994）与陈世骧（1912~1971）共同翻译的《中国现代诗选》（*Modern Chinese Poetry*）一书。此书最早于1936年在伦敦由Duckworth出版社出版，后于1975年由纽约Gordon出版社重印。当代学者较少注意这部最早译介到西方的现代诗选，[①] 但此书出版后不久便在当时中国学界引起了比较热烈的反响。[②] 著名学者吴兴华（1921~1966）的意见在当时具有代表性：

> 因了认识不足的原故，我们的新诗选几乎可以说没有一本能代表

* 卞东波，南京大学文学院教授，2012~2013年任南京大学高研院第八期驻院学者。

① 据笔者管见，尚未见到专门研究此书的论文，对此书关注比较多的是陈国球先生。参见其《“抒情传统论”以前——陈世骧早期文学论初探》，《淡江中文学报》（台北）第18期，2008年；又《“抒情传统论”以前——陈世骧与中国现代文学及政治》，《现代中文学刊》2009年第3期；又见其《通往“抒情传统论”之路——陈世骧论中国文学》，《汉学研究》（台北）第29卷第2期，2011年。

② 1936年这本书出版后不久，就有三位学者撰写了书评：杜衡书评，《新诗》第1卷第1期，1936年；又刘恩荣书评，《大公报》1936年7月19日；又常风于1936年8月所撰书评，收入其《逝水集》，辽宁教育出版社，1995。

时代的。然而真能称得上是一本标准的第一种的诗选，也是没有……说来也惭愧，外国对于中国诗认识本少，对于中国的新诗认识更少，我们还有一本极其卓越的《现代中国诗选》。实在说起来这本诗选比我们现在所有的诗选，全都高出多多。[①]

这部英译的中国新诗选甫一出版，几乎立刻就得到中国学者的认可与称扬。我们必须意识到，这一译本之出版距 1917 年由胡适、陈独秀等人倡导并开展的"新文化运动"和"文学革命"只有不到二十年的时间。据笔者管见所及，此书应该是第一部翻译为英文，且在西方国家出版和传播的中国现代诗歌选集。[②]

《中国现代诗选》（以下简称《诗选》）是对中国现代诗史上 15 位诗人 96 首诗的翻译与注释，前有艾克顿撰写的《导言》，其次是废名所撰《论现代诗对话录》的英译，最后附有 15 位诗人的传记资料，包括林庚与戴望舒两位诗人论诗资料的翻译。这部书的主体部分是翻译，但艾克顿所撰的《导言》亦非常重要，此文可能是西方世界较早研究中国现代诗的论文。[③] 这篇《导言》从中国的白话文运动开始讨论中国的新诗，接着自然要说到中国新诗的创始人胡适，艾克顿显然对胡适评价不是太高，故而《诗选》中也没有选他的任何一篇作品。他评论胡适的新诗说："作为白话诗史上第一篇作品，它保留着一种奇怪的面目：不但形式，而且胡适押韵的声调，今天看来都非常老旧——从最好的方面来说，是幼稚的古典律诗的'现代化'；从最坏的方面来说，就是对他自己喜欢的欧洲诗句的改写。"其后他又评论了冰心的诗，虽然没有苛评，但在《诗选》中并没有

---

① 吴兴华：《谈诗选》，《新诗》第 2 卷第 1 期，1937 年。此文《吴兴华诗文集》（上海人民出版社，2005）未收，见解志熙《考文叙事录：中国现代文学文献校读论丛》，中华书局，2009，第 165~166 页。

② 夏志清教授言："世骧和艾克顿合编的《中国现代诗选》（*Modern Chinese Poetry*），一九三六年伦敦出版，是第一本把中国新诗介绍给西洋读者的书。"见其为《陈世骧文存》所作的序言，辽宁教育出版社，1998。相同的说法，见王靖献（即诗人杨牧，陈世骧先生的学生）所写的回忆录《柏克莱：怀念陈世骧先生》（《杨牧自选集》，台北：黎明文化事业公司印行，1975）。

③ 艾克顿后来发表研究中国新诗的论文 *"The Creative Spirit in Modern Chinese Literatrue"*（《现代中国文学的创新精神》，《天下月刊》第 1 卷第 4 期，1935 年 11 月，第 374~387 页）。此文与《中国现代诗选·导言》多有重叠之处。参见陈国球先生《"抒情传统论"以前——陈世骧与中国现代文学及政治》，《现代中文学刊》2009 年第 3 期。此文可能为《导言》之蓝本。

选冰心的诗。他将郭沫若与徐志摩的诗视为"从实验的废墟上走出的两位新诗人"，他虽然也翻译了郭沫若的诗，但对他的评价没有徐志摩高。接着他评论了新月派的诗人，但他最欣赏的还是更年轻的诗人，如林庚等人。这篇《导言》虽然是一位外国学者对中国早期新诗的品读，但也代表了当时国际学界对中国新诗的评价，值得今天学者重读。

二　哈罗德·艾克顿、陈世骧 与《中国现代诗选》的翻译

《诗选》是哈罗德·艾克顿与陈世骧合作的成果。艾克顿是现代历史上的传奇人物，可谓集意大利、英国与中国三种文化于一身。他 1904 年 7 月 5 日出生于意大利的佛罗伦萨附近。据说他的父亲是一个信奉天主教的英国贵族家庭的后裔，这一家族从 18 世纪开始在意大利定居，他的母亲则来自一个富裕的美国家庭。艾克顿从小生活在极其优渥的家庭环境中，在建造于文艺复兴时期的拉芘特腊别墅（Villa la Pietra）中度过了一生中的大部分时光，同时接受了当时最好的教育。艾克顿长大后，父母将他和哥哥送到英国的名校就读。1918 年进入伊顿公学，1923 年进入牛津大学最著名的基督教堂学院（Christ Church College，成立于 1546 年）学习。1926 年，艾克顿获得学士学位后，回到了意大利。

彼时，法西斯主义在意大利甚嚣尘上，艾克顿对当时的局势颇感沮丧与失望，遂于 1932 年来到中国。直到 1939 年离开，他在北京生活了七年。他在北京大学教授英国文学，但很快就迷上了中国文化。艾克顿过世后，当年的《纽约时报》报道说，他在"1932～1939 年……住在中国，从事翻译和讲学，并沉湎于中国戏剧和诗歌的研究中"（1994 年 2 月 28 日）。这段文字对他当时在北京的生活的概括还是比较准确的。他在北京遇见了陈世骧。陈世骧毕业于北大，是艾克顿的学生，曾经听过他至少两年的课，甚至陈世骧从 1933 年 7 月起就一直住在艾克顿家中。二人合作翻译《诗选》当在此时。第二次世界大战爆发后，艾克顿回到英国，参加了皇家空军。1945 年，艾克顿返回意大利定居，开始潜心研究那不勒斯的波旁王朝历史。[①] 1994 年 2 月 27

---

①　之后，艾克顿出版了两本研究专著：*The Bourbons of Naples*（1734-1825），London，Methuen，1956；*The Last Bourbons of Naples*（1825-1861），London，Methuen，1961。

日，艾克顿在拉芘特腊别墅去世，身后留下 5 亿美元的遗产，全部赠予了纽约大学。

艾克顿在中国生活了将近七年，成为不折不扣的中国文化的热爱者和仰慕者。虽然离开了北京，他仍怀着很快就能回来的希望，并未停止支付在北京寓所的房租。① 尽管此后再也没有机会回到北京，但艾克顿始终保持着对中国的热爱，他继续将中国文学作品翻译为英文，包括明代小说家冯梦龙写的短篇白话小说、明代戏曲家汤显祖《牡丹亭》的部分内容以及清代戏曲家孔尚任全本的《桃花扇》。② 他还写作了一些以中国为背景的小说，如《牡丹与马驹》。他甚至认为中国文化可以拯救西方的精神危机。③

关于艾克顿在北京七年的生活，其自传《一个唯美者的回忆录》④ 中有详细的记载。这部自传中有不少中国现代文学研究的史料，特别是艾克顿在北大任教时，他与当时的中国青年诗人交往的记录，其中就有很多人入选他所翻译的《诗选》。

艾克顿来到中国的那年，他的合作者陈世骧刚刚从北京大学毕业，获得英国文学学士学位。陈世骧毕业后在北京大学与湖南大学教过几年书，之后远赴美国哥伦比亚大学深造。此后他一直在加州大学伯克莱分校教授中国古典文学与比较文学。除了《诗选》，陈世骧和艾克顿还合作翻译了《桃花扇》。陈世骧 1971 年去世之后，艾克顿还撰文深切悼念他的这位合作者。关于《诗选》编选的过程，无论是艾克顿的自传，还是陈世骧的遗文中，直接的史料并不多。不过，可以想见，陈世骧在他们的合作中扮演

① 艾克顿之友萧乾（1910～1999）说，在艾克顿离开中国一年后，他在伦敦邂逅艾克顿，后者告诉他，他仍在支付北京房子的房租。参见萧乾《游乐街》，见氏著《北京城杂忆》，人民日报出版社，1987，第 44 页。

② *Four Cautionary Tales*（from a collection, ed. and pub. in 1627 by Feng Menglong）, translated by Harold Acton and Lee Yi-hsieh, London, J. Lehmann, 1947. *Famous Chinese Plays*, translated and edited by L. C. Arlington and Harold Acton, Peiping, H. Vetch, 1937, reprinted in New York, Russell & Russell, 1963. *The Peach Blossom Fan*, by K'ung Shang-jen, translated by Chen Shih-hsiang and Harold Acton, with the Collaboration of Cyril Birch, Berkeley, University of California Press, 1976.

③ *Peonies and Ponies*, London, Penguin Books, 1941, 参见葛桂录《论哈罗德·阿克顿小说里的中国题材》，《外国文学研究》2006 年第 2 期。

④ London, Methuen, 1948.

了非常重要的角色，① 他的工作可能包括遴选诗人与诗作，承担主要的翻译工作，并为入选的诗人撰写小传。许多入选的诗人都是陈世骧的朋友，因而他对这些诗人和诗作有直观生动的感受。当然，艾克顿的作用也很关键，他的诗学观奠定了此书的总体基调。

另一个还要提到的人物是北京大学和清华大学两校的英国文学教授温源宁（1899～1984）。他是艾克顿的朋友，同时也是陈世骧的老师。1935 年，温教授与数位学者在上海创办了著名的英文杂志《天下月刊》（*T'ien Hsia Monthly*）。在 1935 年 8 月出版的《天下月刊》第 1 卷第 1 期中，我们可以看到艾克顿与陈世骧共同翻译的中国现代诗的最初样态。据此可知，他们的翻译工作至迟于 1935 年就已有雏形，而且这项工作得到了温源宁的大力支持，并为艾克顿与陈世骧提供了发表成果的园地。

他们的翻译同样出现在美国的期刊上。在《诗选》的题词中，艾克顿提到有些译诗已经发表在芝加哥的刊物《诗：一本关于诗的杂志》（*Poetry：A Magazine of Verse*）上，并对编者哈丽特·蒙罗（Harriet Monroe，1860－1936）表达了深深谢意。他说：“她的鼓励在我们译稿打磨的过程中起到了很大的作用。”蒙罗与中国也有千丝万缕的联系，她于 1911～1912 年首次访问中国。蒙罗本身也是一位诗人，同时她还是一位著名的诗歌评论家，出版过不少诗歌评论方面的著作。蒙罗从中国返回美国后立即创办了《诗》，开始向美国读者介绍西方的意象派诗人与包括中国现代诗在内的世界范围的“新诗”。

促使艾克顿着手翻译中国现代诗歌最根本的原因还是他本人对诗歌的热爱。艾克顿还未从牛津大学毕业时，就已经出版了两本诗集《水族馆》（*Aquarium*，1923）和《印度之驴》（*An Indian Ass*，1925），同时负责了《牛津诗刊》（*Oxford Poetry*）一年（1924）的编辑工作。一则关于他的著名逸事，称他在牛津的伍斯特学院（Worcester College）的聚会上，对着麦克风背诵了 T. S. 艾略特的名诗《荒原》。艾克顿受到艾略特文学思想的影响，也在《诗选》编纂中留下印痕。

---

① 夏志清教授在《陈世骧文存》序中说：“艾克顿当年到了北平，结识了世骧，就有了编译这本书的计划。选译工作当然艾克顿无未能胜任，他至多把世骧的译稿加以润饰而已。”

三　现代诗与现代诗人

让我们重温一下《四库全书总目》对选集功能的定义："一则网罗放佚，使零章残什，并有所归；一则删汰繁芜，使莠稗咸除，菁华毕出。是固文章之衡鉴，著作之渊薮矣。"① 由此可见，选集在中国文学史上不但有文献保存之功，更重要的是具有文学批评的功能，即所谓"文章之衡鉴"。从入选诗人及诗作的名目与数量多寡，到选家的体例与编排方式，无不体现出所谓"操选政"的美学趣味与文学观念。《诗选》无疑是一部极有特色与眼光的诗选，正因为选择的诗人与众不同，甚至有点偏离当时中国读者的"期待视野"，所以甫一出版，立即让人印象深刻，这由当时中国学者撰写的书评可见一斑。《诗选》并未选入胡适、刘半农这些当时已经声名显赫的"白话"诗人的作品，上海的"现代派诗人"，如李金发、施蛰存等人的作品亦概莫入选，这就透露出强烈的信息。艾克顿在《导言》中评论林庚之诗时说："与其说他有丰富的想象力，不如说他有丰沛的灵感，而且这些灵感比那些《新青年》杂志诗人在欧洲及上海急速孕育出来的灵感有一个更有力的资源。"从此语可见他对上述两类诗人的意见。下面将入选诗人情况列一简表以做进一步说明（见表1）。

表1　《中国现代诗选》入选诗人情况一览

诗人	生卒年	入选诗数	高校经历	《诗选》编成前出版诗集
陈梦家	1911～1966	7	就读于中央大学（1927）、燕京大学	《梦家诗集》（1931）《铁马集》（1933）
周作人	1885～1967	4	任教于北京大学（1918）	《过去的生命》（1929）
废名	1901～1967	4	就读、任教于北京大学（1924、1929）	
何其芳	1912～1977	10	就读于北京大学（1931）	
徐志摩	1897～1931	10	就读于北京大学（1917）	
郭沫若	1892～1978	3		《女神》
李广田	1906～1968	4	就读于北京大学（1931）	

---

① 《四库全书总目》卷186总集类序，中华书局，1965年影印本，第1685页。

续表

诗人	生卒年	入选诗数	高校经历	《诗选》编成前出版诗集
林庚	1910~2006	19	就读于清华大学（1928）	《夜》（1933） 《春野与窗》（1935）
卞之琳	1910~2000	14	就读于北京大学（1929）	《三秋草》（1933）
邵洵美	1906~1968	2		
沈从文	1902~1988	1	北京大学旁听	
孙大雨	1905~1997	1	就读于清华大学（1922）	《自己的写照》（1931）
戴望舒	1905~1950	10	就读于上海大学（1923）	《我的记忆》（1929） 《望舒草》（1933）
闻一多	1899~1946	5	就读于清华大学（1912）	《红烛》（1923） 《死水》（1928）
俞平伯	1900~1990	2	就读于北京大学（1915）	《冬夜》（1922） 《西还》（1924）

　　《诗选》共选入15位诗人：陈梦家、周作人、废名、何其芳、徐志摩、郭沫若、李广田、林庚、卞之琳、邵洵美、沈从文、孙大雨、戴望舒、闻一多、俞平伯。有些诗人在后世是以学者、教授的身份著称的，如陈梦家、林庚；另一些则因散文与短篇小说创作而广为人知，如周作人、废名与沈从文。但在20世纪30年代，与白话诗人先驱相比，他们中的大多数属于较年轻的一辈。大部分人出生于20世纪的前二十年，在五四运动后进入大学。年龄最大的是郭沫若，最小的是何其芳。表1还列了《诗选》出版前一些诗人出版的诗集，《诗选》之选编很可能参考了这些诗集。陈世骧曾言："凡是现代出过诗集对新诗有影响的诗人都分开讨论一下，以他们的作品为主，范围不怕狭，甚至只选一两首他的代表作来批判，从小地方推敲，把他们所用的工具检讨一下，用具体的例证判断他的情调、风格，成功与失败，总比空泛地讲些'内容''形式''艺术与人生'好些罢。"[①] 此语正道出了他编译《诗选》的动机与方式。

　　《诗选》翻译了郭沫若的三首诗，但似乎对他评价不高。在《导言》中，艾克顿指出"与同代人相比，他（郭沫若）的热情与力量令人难忘，

---

　　① 《对于诗刊的意见》，《大公报·文艺》第55期，1935年12月6日。

对他的同胞来说惊人地新奇，但给西方读者留下的印象却没有那么深刻"，又说"很多人高度赞扬《凤凰涅槃》，特别是一些激进人士，认为此诗是对力量、激情、速度、二十世纪及立体主义引入的表达。一位中国批评家已把郭先生比作'像彤云中发狂的旋涡在天空中自由地来去，他高呼、狂奔，好像他完全陶醉于其中'。但大多数他的诗只是凭爆发力，给读者并没有留下多少深刻的印象"。换句话说，郭沫若的思想与技巧对西方读者来说显得陈旧了。与之相对，他对徐志摩评价比较高，《导言》称："他的音乐性和他的意象一样是自然天成的。像古人一样，他能以最必要的方法，取得神奇的效果；但由于依靠的是选择出来的单音节词的精致谐韵，所以正是这种自然天成使翻译者感到绝望。"又说："英语世界中只有很少的意象派诗人才能产生近似于此的总体效果。"但他对徐志摩也有不满之处："徐志摩正在有意识地引入'西方狂想曲'之时，他冲到了与中国古典诗歌恰恰相反的一面，沉迷于夸张与重复之中，华而不实的意象阻碍了他的句子，这些意象到处显得并不切实，到处显得很精致。至于精致，我们是指，它们有纯粹的汉语美文的完美性，但这只能通过视觉手段与外国人沟通，就像切过的精美玉石。徐志摩拥有的韵律上的活力，可叹的是，他缺乏训练。"他认为徐志摩的诗太西方化，缺乏艾克顿欣赏的中国韵味。从表1可见，林庚与卞之琳是两位译者的最爱，他们各有超过十首诗入选。两位译者显然更喜爱年轻的中国诗人，并认为他们代表了中国现代诗歌的未来。艾克顿在《导言》中说："完全写作自由体诗的戴望舒，他的强大影响更预示了未来的潮流。"

上述大多数入选诗人是所谓的"京派文人"，北大、清华两校的师生占了很大的比重。这当然与两位译者生活的环境有关，有些诗人还是艾克顿与陈世骧的好友。在艾克顿的自传《一个唯美者的回忆录》中，艾克顿回忆了他与废名、林庚、李广田、何其芳、陈梦家等人的交往，而他印象最深的是卞之琳，其自传中还有他与卞之琳等人的合影。这些年轻诗人很多具有留学的经验，同时对西方文学作品与文学理论十分熟悉，又了解传统中国诗歌。艾克顿在《导言》中说："更年轻一辈的诗人比他们的前辈更加复杂和学院化，并且他们对语言有更好的感觉。卞之琳先生翻译过波德莱尔（Baudelaire）、马拉美（Mallarme）、纪德（Gide）及弗吉妮亚·伍尔芙（Virginia Woolf）的诗。"正是这两种传统的结合，开创了被艾克顿与陈世骧准确捕捉到的中国现代诗歌的新趋势。

　　早在文学革命前的 1915 年，胡适就提出了"要须作诗如作文"。① 这意味着要全盘推翻旧诗的写作规则（尤其是格律）。1917 年，在被朱自清称为"文学革命的金科玉律"② 的《谈新诗——八年来一件大事》一文中，胡适说："新文学的语言是白话的，新文学的文体是自由，是不拘格律的。"③ "不拘格律"不但摧毁了传统旧诗的形式，也使早期白话诗完全失去了诗歌独有的魅力与韵味。这种文学实验进行不到十年，新一辈年轻而有天分的诗人纷纷开始反思并挑战胡适的理论。1926 年，闻一多发表了名文《诗的格律》，发展出诗歌融合"音乐美、绘画美、建筑美"的三美理论，并就此提出了写诗像是"戴着镣铐跳舞"的著名观点。"镣铐"指的就是格律。闻一多称这样的诗为"新格律诗"，代表作就是收入《诗选》中的《死水》一诗。1930 年以后，林庚也开始试验他自己的"新韵律诗"，并认为这种诗是新诗的未来。④ 尽管《诗选》对他的"新韵律诗"收录不多，我们仍可以看到该书收录了林庚其他一些用新形式写成的诗，如四行诗。

　　《诗选》更关注诗歌的形式，但这并不意味着编者不重视诗歌的内容。相反，艾克顿与陈世骧很强调诗歌的意象。以林庚为例，尽管他生活在都市中，但他笔下还是流淌着众多的自然意象，如冬日的早晨、黎明、红日、春日的乡村、晨雾、风雨交加的夜晚、红色的阴影、夏雨、夜、秋等，这些意象更接近传统中国诗歌的意象。20 世纪早期，许多中国古诗被翻译成英文，引发了美国所谓的"中国风"。1914 年，著名意象派诗人埃兹拉·庞德（Ezra Pund）根据欧内斯特·费诺罗萨（Ernest Fenollosa）的笔记，将 27 首中国古诗翻译成英文，结集为《中国》（Cathay）一书出版。这一选本在 20 世纪初十分流行，展示了传统中国诗歌的意象与技巧，对美国乃至欧洲现代诗歌都产生了深远的影响。⑤ 艾克顿无疑听说过《中国》，有可能也读过，因为哈丽特·蒙罗是庞德的朋友和资助人。1919

---

① 胡适：《尝试集·自序》，《胡适文集》第 9 卷，北京大学出版社，1998，第 72 页。

② 朱自清：《中国新文学大系·诗集导言（1917~1935）》，上海良友图书印刷公司，1935，第 2 页。

③ 胡适：《中国新文学大系·建设理论集导言（1917~1935）》，上海良友图书印刷公司，1935，第 295 页。

④ 参见林庚《新诗格律与语言的诗化》，经济日报出版社，2000。在某次采访中，林庚称新韵律诗会是 21 世纪新诗的主流，见龙协涛《林庚先生访谈录》，《诗探索》1995 年第 1 期。

⑤ 参见 Donald Davie，*Ezra Pound：Poets as Sculptor*，1964，p. 39；Micheal Alexander，*The Poetic Achievement of Ezra Pound*，London and Boston，Faber and Faber，1979，p. 65。

年，阿瑟·魏理（Authur Wally）著名的《一百七十首中国古诗选译》（*A Hundred and Seventy Chinese Poems*）出版，艾克顿立刻通读了此书，在《诗选》的《导言》中他还提到此书。魏理说，1917 年几乎每个周一清晨，他都与 T. S. 艾略特以及庞德会面，在伦敦的一家旅馆里讨论这些诗歌。[①] 在读过他们翻译的中国古诗之后，艾克顿便倾向于挑选那些在风貌上更接近中国古诗的现代中国诗。

四　抒情传统与现代诗的新形式

1971 年，陈世骧发表了题为《中国的抒情传统》的著名演讲。在演讲中，他强调："中国文学与西方文学传统（我以史诗和戏剧表示它）并列，中国的抒情传统马上显露出来"，"中国文学的荣耀并不在史诗，它的光荣在别处，在抒情的传统里"。[②] 这里"中国的抒情传统"其实更多地指中国的诗歌传统。换句话说，诗歌是中国文学的代表性文体。这一观点不只是陈世骧一人所独有的，而是中国学者对中国文学的一种典型看法。闻一多就曾指出印度与希腊的文学传统主要是小说和戏剧，而"中国、以色列则都唱着以人生与宗教为主题的较短的抒情诗"。[③] 中国的诗歌在整个文学领域中占有优势，并影响了书法与绘画这样的造型艺术。林庚一生不断强调中国是一个诗的国度，诗是中国文化的中心：

> 中国是一个诗的国度，诗歌历史很长，而且从不间断过……诗歌在中国古典文学中因此成熟得最早，深入到生活的每个角落……诗简直成了生活中的见证，语言中的根据，它无处不在，它的特征渗透到整个文化之中去。[④]

---

① 参见 "Arthur Wally in Conversation," ed. by Ivan Morris, *Madly Singing in the Moutains*, Creative Arts Book Company，1970，pp. 140−141。

② "On Chinese Lyrical Tradition"（Opening address to Panel on Comparative Literature，Meeting of the Association for Asian Studies，1971）. In Proceedings from the International Comparative Literature Conference Held on 18−24 July at Tamkang College of Arts and Sciences，《淡江评论》（台北）特刊 2. 2~3. 1，1971 年 10 月~1972 年 4 月，第 17~24 页。

③ 闻一多：《文学的历史动向》，《闻一多全集》，湖北人民出版社，1993，第 16~21 页。

④ 林庚：《漫谈中国古典文学的艺术借鉴》，《新诗格律与语言的诗化》，第 17 页。

中国的文学传统不是戏剧性，而是诗意的。……中国还是诗的国度。①

陈世骧在北京大学学的是西方文学，在加州大学伯克利分校任教时却转向了传统中国文学。"作为一个热切地卷入当代世界的文学命运的人，他强调中国传统的连续性。"②笔者认为这不是突变的结果，而是发端于他选译《诗选》之时。具有传统形式与韵味的中国现代诗歌被选入这一选本，艾克顿与陈世骧选诗明显更重视植根于中国传统文学的新诗。艾克顿在《导言》中说："大多数用白话写作的作家忘记了他们的骨子仍深深浸润在传统之中。"《诗选》最欣赏的诗人是林庚，其原因在于："尽管这些诗用自由体及白话写成，但因为拥有中国古典诗歌的许多典型的特质，它们显得内涵更丰富：林庚先生非常崇拜王维（699～759）及苏东坡（1037～1101）。"这一点可能受到T. S. 艾略特的影响，艾略特曾经说过："从来没有任何诗人，或从事任何一门艺术的艺术家，他本人就已具备完整的意义。他的重要性，人们对他的评价，也就是对他和已故诗人和艺术家之间关系的评价。"③也就是说，传统不是死去的存在，一个作家的成就必须放在与过去作家的比较中才能显现出来。

《诗选》入选的诗歌很多具有中国古典文学的特质，正如艾克顿在《导言》中所言："魏理先生在他的《一百七十首中国古诗选译》序言中注意到的特质相当多地仍存在于大多数当代写白话诗的诗人中。"譬如，《诗经》中的诗歌在句式上有一个重要的特点，即保存了原始歌谣的复沓。这是一种很传统、很有中国特色的创作手法，在胡适等比较激进的白话诗人看来，似乎应该弃之如敝履。不过，我们发现入选《诗选》的许多年轻诗人又重拾了这一技巧，在写作现代诗歌时仍然使用它，如闻一多的《死水》与《洗衣歌》。前一首诗将"这是一沟绝望的死水"这行诗在不同位置重复了三次，与《诗经》的句式如出一辙。卞之琳在《古镇的梦》中，重复着"敲不破别人的梦／做着梦似的"，"他知道哪一块石头低／哪一块石

---

① 张鸣：《林庚先生谈文学史研究》，《文史知识》2002年第2期。

② Cyril Birch, "A Short Biography of Shih-hsiang Ch'en," *Journal of the American Oriental Society*, p. 570.

③ T. S. 艾略特：《传统与个人才能》，《艾略特文学论文集》，百花洲文艺出版社，1994，第3页。

头高"。《几个人》中，卞之琳也将"当一个年轻人在荒街上沉思"这句诗回响了三次。这显然受到《诗经》的影响。

同时，一些古典诗歌的意象和诗句也进入《诗选》中的诗歌。如李广田的《流星》中，"作永好的投赠"让人想起《诗经》中的《木瓜》。林庚《冬晨》中的"很想御风而行，念无人之乡"无疑是用了《庄子》的典故。林庚的另一首诗《春天的心》，"美丽的东西随处可以捡起来，少女的心情是不能说的"这一对句则是《诗经·邶风·柏舟》中"我心匪鉴，不可茹也"，"我心匪石，不可转也。我心匪席，不可卷也"的现代版。戴望舒的《秋蝇》"无边落叶萧萧下"更是立刻让读者想到杜甫《登高》中的名句"无边落木萧萧下"。综上所述，《诗选》中所选的中国新诗，明显与胡适等人提倡的"作诗如作文"的路向不同，也没有用西方现代派诗歌中比较晦涩的隐喻、象征等手法，而是努力向中国诗学的抒情传统靠拢，努力创造出一种体现中国传统情韵的现代诗体。这不但是 20 世纪 30 年代一批青年诗人的追求，也是艾克顿与陈世骧诗学观最直接的体现。

《诗选》入选的某些诗歌（尤其是废名的作品），读者需要对中国传统文化有丰富的知识，才能理解诗人想要表达的意蕴。以废名的《海》为例：

> 我立在池岸，
> 望那一朵好花，
> 亭亭玉立
> 出水妙善，——
> "我将永不爱海了。"
> 荷花微笑道：
> "善男子，
> 花将长在你的海里。"

此诗的诗句从字面上来看十分好懂，但其中的隐含意味却很难说明白，尤其是最后一句。要理解这句话，读者必须对废名非常熟悉的禅学有所了解。①

---

① 参见孙玉石《中国现代诗导读（1917~1937）》，北京大学出版社，2007，第 349~350 页。

当然，《诗选》中的诗歌也同样展现出与中国古典诗歌不同的现代的一面。奚密教授研究中国现代诗歌时发现，现代诗中存在一种所谓的"环形结构"。① 换句话说，诗歌中某些句子在诗歌的开头出现，在结尾时再次出现，形成了一种环形的结构。如《诗选》中的周作人《荆棘》一诗：

> 我们间壁有一个小孩，
> 他天天只是啼哭。
> 他要在果园的周围，
> 添种许多有刺的荆棘。
> 间壁的老头子发了恼，
> 折下一捆荆棘的枝条，
> 小孩的衣服掉在地上，
> 荆条落在他的背上。
> 他的背上着了荆条，
> 他嘴里还只是啼哭，
> 他要在果园的周围，
> 添种许多有刺的荆棘。

周作人此诗写于文学革命早期、新生的白话文学面临强大的阻力之时。"添种许多有刺的荆棘"正暗示着他们推进白话文学的努力，而开头和结尾处两行诗句的重复，则象征着他们继续推动白话文学的决心。再看林庚的《风雨之夕》：

> 蒙蒙的路灯下
> 看见雨丝的线条
> 今夜的海岸边
> 一只无名的小船漂去了

---

① Michelle Yeh, *Modern Chinese Poetry：Theory and Practice Since 1917*, New Haven：Yale University Press, 1991.

　　　　高楼的窗子里有人拿起帽子

　　　　独自

　　　　轻轻的脚步

　　　　纸伞上的声音……

　　　　雾中的水珠被风打散

　　　　拂上清寒的马鬃

　　　　今夜的海岸边

　　　　一只无名的小船漂去了

　　这首诗由五个场景切换而成，虽然这几个场景看似没有联系，但其实都贯穿着诗题中的"风雨"二字。这首诗的准确含义，似乎并不是很清楚，但在读完重复的诗句后，给读者留下了丰富的想象空间与审美空间，让我们不禁想起唐代诗人韦应物《滁州西涧》中的名句，"春潮带雨晚来急，野渡无人舟自横"。韦诗中的舟是静止的，而林庚诗中的小船越漂越远，仿佛去了一个令人向往的未知世界。《诗经》中复沓也是一种重复，但这种重复一般在诗句的开始，而现代诗中的环形结构则是在开头和结尾，这是中国古典诗歌中没有的新形式。这种环形的结构不仅强调重复的诗行，而且首尾相同的诗句遥相呼应，仿佛音乐中的一唱三叹，给人以余音袅袅的感觉，让读者感到这首诗似乎还未结束，激发了读者对诗中未明言的暗示的想象。

五　翻译与变形

　　正如博尔赫斯（1899~1986）所言，诗歌不能被翻译成其他语言。难以传达给异国读者的不只是中国古典诗歌的意蕴，中国现代诗歌在翻译成其他语言之后，也会失去其韵味与魅力。艾克顿和陈世骧的合作确实是非常成功的，陈世骧对中国传统文化非常了解，艾、陈二氏又精通西方文学，他们的搭配可谓天作之合。他们成功地将中国现代诗歌介绍给西方，这一点无疑要归功于他们对中国诗歌的出色理解以及在英文上的造诣。《诗选》中的一些长诗（如郭沫若的《凤凰涅槃》）的翻译尤其精确，另一些短章同样翻得十分精美。有些诗句由于奇特的表达和句法，在翻译时十分困难，如废名的《掐花》（*The Plucking of a Petal*）（见表2）：

表 2　废名诗《掐花》（部分）

Like those who pluck the flowers on high And vie to show whose body is the lightest, I went to the Peach-blossom Fount and plucked a petal, And lapped it down in a draught. Fearing I might become immortal, Maybe I jumped into the wave and was drowned. The moon came out to mourn my death While I rejected to think I still was mortal The wave exposed no corpse, Full moonlight pierced the glooms upon the river	我学一个摘花高处赌身轻， 跑到桃花源岸攀手掐一瓣花儿， 于是我把他一口饮了。 我害怕我将是一个仙人， 大概就跳在水里淹死了。 明月出来吊我， 我欣喜我还是一个凡人 此水不见尸首， 一天好月照彻一溪哀意。

　　这首诗的意象、句法和想象，对中国读者来说也有些奇特和难以理解。第一行的"摘花高处赌身轻"，出于清代诗人吴伟业的词。① 这是诗化的语言，并不符合现代汉语的语法，所以艾克顿和陈世骧用了整整两行来翻译这一短语。"桃花源"指的是陶渊明的经典作品，是传统中国诗歌中著名的意象和典故，但西方读者可能对它的含义并不熟悉，故而二人按照字面意思做了直译，并在注释中解释了其言外之意。

　　林庚是这一选集最受欢迎的诗人。他在 20 世纪 30 年代就已成名。废名对他评价很高，对他的《沪之雨夜》大加褒扬："这首诗真是写得太好……它真是写得太自然，太真切。"② 且看艾克顿与陈世骧如何翻译此诗的（见表 3）：

表 3　林庚诗《沪之雨夜》（部分）

Into the rainy street I came And heard the motors swiftly splash away. Cascades from the caves like "water from a high mountain" With my Hangcbow umbrella perhaps I'll saunter forth…	来在沪上的雨夜里 听街上汽车逝过 檐间的雨漏乃如高山流水 打着柄杭州的油伞出去吧
Water has drenched the endless pavement. Aloft in a lane there is somebody playing the nan-hu, A tune of abstract long-forgotten sorrow: "Měng Chiang Nǔ, to seek her husband, Has gone to the Great Wall."	雨水湿了一片柏油路 巷中楼上有人拉南胡 是一曲似不关心的幽怨 孟姜女寻夫到长城

① 吴伟业：《浣溪沙·闺情》，见吴伟业著，陈继龙笺注《吴梅村词笺注》，上海古籍出版社，2008，第 31 页。

② 废名：《林庚和朱英诞的诗》，见废名著，陈均编《新诗讲稿》，北京大学出版社，2008，第 347 页。

原诗写得非常好，译诗也同样美妙（尤其是译者做的几处改动）。他们并未将"雨夜"直译为"rainy night"，而是稍作改动，译成了"rainy street"。这就与下一行的"the motors swiftly splash away"相呼应。译诗第一行采用了倒装句法，突出了"雨夜"，同时也与原诗句法结构保持一致，可见译者的匠心。第二行的翻译也十分精彩。"逝过"原应译作"run away"或"pass away"，此处改用"splash away"，十分生动形象。读者仿佛可以听到摩托驶过后，溅起的水珠落在街道上的声音。用"the endless pavement"取代平淡的"柏油路"，也很好地展现了诗人的孤寂和乡愁。

完全一一对应的翻译是不可能的，笔者细读译文，发现译者对原诗做了不少改动与变形，这正反映了文化交流中的一些有意味之处。他们有时会改变诗行的顺序，并不照诗直译（见表4）。

表4　《中国现代诗选》部分诗句翻译

徐志摩《为谁》	没了，全没了：生命、颜色、美丽！	Perish, all perish: beauty, color, life
李广田《流星》	象星陨，坠入林荫/古潭底	Like the star falling into wrinkledwater/ Deep in the wood
卞之琳《秋窗》	对暮色苍茫的古镜，梦想少年的红晕	Who images the rosy cheeks of youth/In the faint twilight of an ancient mirror
戴望舒《对于天的怀乡病》	而且老是缄默着，还抽着一枝烟斗的	Who smoke a pipe/Silent in all occasions

要找到他们改变诗行顺序的原因是困难的，但这样的改变非常重要。对徐志摩来说，美可能是最重要的，所以他在诗句的末尾强调了"美"；但对西方读者来说，也许生命价更高。又如卞之琳和戴望舒的诗句，译诗所做的改变适应了英语表达中将状语放在句末的习惯。还有一些词语的变化，如郭沫若的《笔立山头》中，短语"近代文明的严母"中的"严母"被译为"父亲"而非"母亲"，与西方人将创立者称为"父亲"的习惯相关。

当然，翻译中存在一些欠妥之处。如徐志摩的《两个月亮》中，"故宫"被简单地译为"palace"，但如果注意到下一个词是只能被用于皇宫的"琉璃"（colored glaze）的话，译作"Forbidden City"可能更为确切。邵洵美《神光》中的"菩萨"译作"Buddha"似乎不准确，译为"Bodhisattva"可能更好。戴望舒《我的记忆》中"密切的拜访"被译作了"secret visits"，正确的译法应当是"intimate visits"。

如果说以上翻译反映了译者对词语的误读的话，下面的例子则与文化的陌生有关。何其芳的《岁暮怀人》中，"西风"被直译为"west wind"，而"autumnal wind"或"cool wind"或许更好。相似的例子是林庚《冬晨》里的"北风"被直译为"north wind"，更好的译法可能是"winter wind"或"chilly wind"。翻译为"west wind""north wind"仅有方位的意义，而不能传达出诗题中"岁暮""冬"的意蕴；更重要的是，这两个短语与中国古老的阴阳五行观念有关，因而翻译时应避免照字面直译。另一个例子与中国语言和文化的微妙有关。徐志摩《深夜》里的"冤家"一词被译作"cruel enemy"，从语文学角度来说可能并无错误，但失去了其在汉语中暗示爱恨交加感情的独特含义。"冤家"在某些语境中更主要的意义是喜爱，笔者认为若是译作"honey"或"my love"的话，更容易为西方读者所接受。

许多词语蕴含着中国文化特质，难以翻译。周作人《小河》里的短语"紫红的桑葚"被译为"purple fruit"，"fruit"显然不等同于"桑葚"，译为"mulberry"的话可能更为精确（更专业的译法是"fructus mori"）。"纸鹞"也是古代诗歌中的常见意象，在徐志摩《阔的海》中，其被平淡地译成了"kite"，译为"bird-like kite"或许更好。还有一些翻译，并未完全传达出诗歌的独特性。例如，徐志摩《五老峰》中的"隔绝了鄱阳的水色袅渺"就被译为"And screen the ruffled waters of the lake"。"鄱阳"似应译成"Poyang Lake"。另外，"水色袅渺"是诗化的语言，描写了雾气笼罩水面和湖上涟漪浮动的景色，似乎一句"ruffled waters"很难表达出来。

结　语

中国诗歌西译的历史可谓悠久，但大部分被翻译成西语的是中国古诗。1936年《诗选》出版，西方读者开始接触到近百首中国现代诗，从而向世界传达了中国新文学的声音。十一年后，罗伯特·白英（Robet Payne）编了另一部中国现代诗歌选集《中国当代诗歌》（*Contemporary Chinese Poetry*），延续了艾克顿与陈世骧的努力。白英在序言的第一行就提到了这两位先驱者的工作，并给予了高度评价。几十年过去了，西方世界涌现大量中国现代诗的译本，中国现代诗也越来越为外国读者所接受，后出转精之作如奚密教授的《现代汉诗选》以及她杰出的研究成果《现代汉诗：1917 年以来的理论与实践》①。但我们不应忘记艾克顿和陈世骧的开拓之功。

　　20 世纪初，世界范围内兴起了以 T. S. 艾略特、庞德为代表的新诗运动。艾克顿与哈丽特·蒙罗是朋友，而蒙罗是 1910 年代美国新诗运动的开创者和发起者。蒙罗还是 T. S. 艾略特的资助人，艾略特的许多诗歌经蒙罗编辑后发表在《诗》上。艾克顿受到艾略特很深的影响，艾克顿还是牛津大学的学生时，就痴迷于 T. S. 艾略特的诗歌。在北京大学任教时，他在课堂上向学生们介绍了 T. S. 艾略特和 D. H. 劳伦斯的作品，并鼓励学生们撰写关于 T. S. 艾略特的论文。② 因此我们可以认为艾克顿与蒙罗对世界范围内的新诗运动持同样的观点，对艾略特也怀有同样的兴趣。艾克顿在北京大学英语系任教时，温源宁是系主任，而陈世骧是英文系毕业生。艾克顿与陈世骧的译稿最初发表在温源宁主编的《天下月刊》上，而温源宁也同样将艾略特介绍到中国学界。③ 总之，艾克顿与陈世骧对中国现代诗歌翻译并不是简单的个体行为，而是与 20 世纪初以来世界范围内的新诗运动以及持续不断的中外文化交流息息相关。

[本文原载于《中山大学学报》（社会科学版）2014 年第 3 期]

---

① *Anthology of Modern Chinese Poetry*, edited and translated by Michelle Yeh, New Haven, Yale University Press, 1992. Michelle Yeh, *Modern Chinese Poetry：Theory and Practice Since 1917*, New Haven, Yale University Press, 1991.

② 赵毅衡：《对岸的诱惑：中西文化交流人物》，知识出版社，2003，第 135 页。

③ 温源宁讲座《英美四大现代诗人》，《青年界》1932 年 9 月。原文为英文，后由顾受昌译为中文。

中医科学化的困境

——以风行一时的"柳枝接骨术"为例

陈 勇[*]

近代以来，中国传统医学——中医不断寻找合理化的发展路径，"中医科学化"即为其中一个尝试。这种以"西化"为特征的"科学化"进程一方面预示着众多中国传统技艺的宿命，另一方面却大都以陷入困境而告终。关于"中医学科化"，目前学界的研究主要集中于两个方面：一是将其置于"中西医之争"或"改良中医运动"中来把握，[①] 关注 20 世纪上半叶中医的抗争与成效，对 1949 年以后的中医科学化历程较少涉及；二是将其视为"中医现代化"过程中的一个阶段，而与"中西医汇通""中西医结合"等主张并列，[②] 对于"中医科学化"的内在困境没有给予足够

---

[*] 陈勇，历史学博士，2006 年起任南京大学高研院秘书，2017 年起任高研院院长助理。

[①] 比如，邓文初、左玉河、皮国立等人对近代"中西医之争"的研究中，中医的"科学性"问题一直是争论的焦点之一［邓文初：《"失语"的中医——民国时期中西医论争的话语分析》，《开放时代》2003 年第 6 期；左玉河：《学理讨论，还是生存抗争——1929年中医存废之争评析》，《南京大学学报》2004 年第 5 期；皮国立：《所谓"国医"的内涵——略论中国医学之近代转型与再造》，《中山大学学报》（社会科学版）2009 年第 1期］；郝先中则专门谈到了其中的"科学化"问题（郝先中：《近代中医存废之争研究》，华东师范大学，博士学位论文，2005）。还有一些专题研究，如顾植山、李荣《近代医学史上的"中医科学化"运动》，《南京中医学院学报》1989 年第 2 期；李洪河《新中国成立初期的"中医科学化"的历史考察》，《当代中国史研究》2011 年第 4 期。此外，一些关于近代中医史的论著中，对"中医科学化"的问题也有论及（如赵洪钧《近代中西医论争史》，学苑出版社，2012；海天、易肖炜《中医劫——百年中医存废之争》，中国友谊出版公司，2008）。

[②] 相关博士学位论文，如王振瑞探讨了中西医结合政策与"统一的新医学"、"中西医汇通"、"中医科学化"之间的关系（王振瑞：《中国中西医结合史论》，博士学位论文，河北医科大学，2002）；弓箭分析了中西医汇通、中医科学化与中西医结合之间存在的紧密逻辑联系（弓箭：《中西医汇通、中医科学化、中西医结合的历史研究》，博士学位论文，黑龙江中医药大学，2013）；宫正也认为在 1949 年以后中国中医政策的变迁中，"中医科学化""中西医结合""中西医并存"都是重要阶段的标识（宫正：《新中国 （转下页注）

的关注。事实上，"中医科学化"命题本身就隐含着内在的矛盾，这在 20 世纪前半期并不明显，但从 50 年代开始显露出阶段性特征，其内在紧张也在特定的情形下逐渐彰显。本文试以"柳枝接骨术"为例加以讨论。

一　老中医挖掘的祖国医学遗产

柳枝接骨相传是古代中医骨伤科医生用来治疗开放性骨折的一种技术，其做法类似于今天西医外科学上的"骨折内固定法"，因此，有人说它"可能是医学史上人类关于骨折内固定的最早尝试"。[①] 但在很长时间里，它只流传于民间。比如，清代闽台地区所信仰的"保生大帝"的事迹中就有"柳枝接骨，起死回生"。[②] 到民国以前，在江苏、广西、四川、湖南等地都有中医使用柳枝接骨的故事流传。

柳枝接骨术的重现得益于武汉市医疗单位于 1958 年开展的群众性医药卫生技术革新运动。1958 年 7 月，卫生部向全国各级卫生部门发出通知，要求"广泛开展群众性技术革新运动"，以实现"赶上和超过国际水平"的目标。[③] 而"开展技术革命"的号召是则来自稍早前召开的中共八大二次会议，会上提出"技术革命以及同技术革命相辅而行的文化革命，是当前全党和全国人民新的革命任务"。卫生部长李德全称之为"在经济战线、政治战线和思想战线上的社会主义革命基本上取得了胜利之后，我们不断发展的革命现在又需要前进到一个新的阶段"。[④] 正是在这场运动中，柳枝

（接上页注②）中医方针政策的历史考察》，博士学位论文，中共中央党校，2011）。此外，马伯英、高晞等学者也对中医科学化与中西医汇通、中西医结合等问题有过论述（马伯英、高晞、洪中立：《中外医学文化交流史——中外医学跨文化传通》，文汇出版社，1993，第 555~556 页）。

①　王起印、齐秋长、韩长华：《现代骨科学：教科书概念的扩展与延伸》，河南科学技术出版社，1998，第 82 页。

②　黄丽芬：《保生大帝信仰文化意涵的研究——以台南县为例》，硕士学位论文，台南：台南师范学院乡土文化研究所，2002，第 17~20 页。

③　《开展群众性的技术革新运动》，《健康报》1958 年 7 月 23 日，第 3 版。该通知明确要求"对当前蓬勃发展的技术革新，各级领导必须给予极大的重视与注意，特别是对这些发明的推广使用必须及时和有力地加以组织领导，使每一创造发明都能得到及时地在应有的范围内推广应用，同时也就会使这一技术革新运动的浪潮更进一步地向前推进，并使医药卫生与科学方面的技术革命运动不断地胜利前进，使我们医学科学技术还薄弱的环节能很快地赶上和超过国际水平"。

④　李德全：《医药卫生工作进入了一个新的历史时期——全国医药卫生技术革命经验交流大会开幕词》，《全国医药卫生技术革命经验交流大会汇刊》，人民卫生出版社，1958，第 1 页。

接骨的发掘从一例个体事件演变成一场社会行动。

柳枝接骨的挖掘人是武汉市中医院的老中医刘达夫。他出生于湖北黄陂，自幼师承中医张祥栋学习正骨，后参加新四军担任骨伤科医生。1955年回到武汉市中医门诊部工作，成为该院骨伤科的创立者。从军期间，伤员因为骨折得不到救治而截肢的情景让他印象深刻，他"下决心攻克这一难题"。在医药卫生技术革新运动的鼓舞下，刘达夫"发挥了高度的革命人道主义精神，一心一意想为受伤的战士和劳动人民解除截肢残废的痛苦，从祖国医学的宝库中，发掘出柳枝接骨术"。[1] 他的"灵感"来自其授业老师留下的"以后对手术不能整复的粉碎骨折，可用柳枝接骨"的遗言，[2] 而在清代医书《伤科补要》一书里"看到'杨木接骨，破腹建肠、解胪理脑'的字样，增强了他对这种疗法的信任"。[3] 由于没有任何前人经验可供参考，这一挖掘工作实际上完全是一种创造。刘达夫决定先从动物实验入手，在西医同事的协助下，从1957年10月至1958年6月，他们先后在9只狗的身上做了柳枝接骨实验，其中8只为右侧胫骨，1只为左侧胫骨。手术过程包括切断骨干、嵌入柳枝、滴入公鸡冠血、施用中药、缝合包扎、X光拍片等，而手术的方式则是中西医合作，"在手术方式方法及消毒、麻醉、缝合等均用西医常规，在接骨手法、应用药物、柳枝处理及术后换药等均按中医医嘱"。[4] 1958年4月，武汉医学院出具的一份鉴定报告认为："局部切开外观肉眼完全正常，X光拍片柳枝嵌入部份密度较高，局部切片已完全骨化，未发现柳枝残迹。"[5] 两个月后的另一份鉴定报告进一步认定："经脱钙切片检查，镜下见全部为成熟的骨组织，生长良好，骨质致密，未见柳枝残迹，亦未见任何异物性组织反应情况，骨折处愈合良好。"[6] 柳枝接骨的挖掘取得了初步的"成功"。

这里需要指出，柳枝接骨的材料是柳枝。50年代人们就已知道"柳枝

① 《柳枝接骨》，全国医药卫生技术革命展览会编《矫形外科》，1959，第49页。
② 邹应运：《使柳枝变成骨头——访研究柳枝接骨的老中医刘达夫》，《中医杂志》1958年第10期。
③ 孙玉昌：《柳枝接骨术发掘记》，《人民日报》1958年12月12日，第6版。
④ 武汉市中医院研究室柳枝接骨研究小组：《柳枝接骨初步总结报告》，武汉市档案馆藏，案卷号：71-1-1235，第31页。
⑤ 武汉卫生干部进修学院附属医院：《柳枝接骨研究的初步小结》，武汉市档案馆藏，案卷号：71-1-1235，第69页。
⑥ 《武汉医学院病理解剖学教研组病理检验报告书》，武汉市档案馆藏，案卷号：71-1-1236，第16页。

按照中国树木分类学属于杨柳群之杨柳科。此属世界凡 300 种，我国境内约为 50 种"。柳树不但是常见植物，其自身多个部位还有药用价值。据明代中药学著作《本草纲目》记载："柳絮、柳叶、柳枝、柳根白皮乃至柳胶、柳寄生、柳耳、柳蠹均可入药，治疗诸如吐血咯血、金疮出血、面上恶疮、黄疸初起、齿龈肿痛、风虫牙痛、耳痛有脓等多种常见疾病，且多为单方，使用起来非常简便。"① 正是由于传统中医对柳枝药用功效的认可，它逐渐被赋予了一定的神异功能，成为民俗中驱邪避祸的重要物品。在传统中医骨折治疗中使用柳枝的记载，最早可以追溯到宋代官修医书《太平圣惠方》，其中记载道："用米沙木篦子，绵绳夹缚，夏月柳枝为条夹缚。"② 使用柳枝作为外部固定的夹板材料，这是骨伤科医生的常用做法，一直到 20 世纪 60 年代仍在被沿袭和改进。③

其实，刘达夫的挖掘工作从一开始就埋下了"不科学"的伏笔。首先，他的灵感来自老师的遗言，对于这项技术他只是听说，"本人未亲眼看见过"。④ 而《伤科补要》一书所提到的"杨木接骨"只在"序言"而未见于正文，且作序者也称之为"古医之奇者"，表明其未必可信。因此，柳枝接骨的灵感来源与信任依据都是不可靠的。其次，这种从民间传说或者遗言中提取技术的做法本身从科学角度来看就有一定的"危险性"。从常识来看，任何技术长期流传于口耳之间却未见于临床，其中必然有关键的困难没有得到克服。刘达夫在尚未找到并打通这一关节点的情况下，就贸然将其"复原"并应用于动物实验，其中的科学性必然值得怀疑，至少需要大量可靠的动物实验结果加以验证。最后，动物实验本身的"科学性"也是要打折扣的，比如手术方法上的中西医混用，手术过程中对柳枝、鸡冠血、中药的使用等，都增加了"科学性"验证过程中的不可测因素；而在关于手术结果的两份"科学鉴定"中，仅凭肉眼观察、X 光下物质密度的变化和"未发现柳枝残迹"就断定"完全骨化"，这样的鉴定方

---

① 李时珍编纂，刘衡如、刘山永校注《本草纲目新校注本》，华夏出版社，2002，第 1363～1366 页。

② 章建华：《中医骨伤科外固定的起源、发展及应用》，《浙江中医学院学报》1992 年第 6 期。

③ 见方先之于 1963 年 9 月参加第 20 届"国际外科年会"时宣读的论文《中西医结合治疗前臂骨折》。Fang Hsien-Chih, et al., "The Intergration of Modern and Traditional Chinese Medicine in the Treatment of Fractures: A Simple Method of Treatment for Fractures of Shafts of Both Forearm Bones," *Chinese Medical Journal*, Vol. 82, No. 8, August 1963, pp. 493-504.

④ 刘达夫：《柳枝接骨初步总结》，《中医杂志》1958 年第 10 期。

法也是缺乏科学严谨性的。

更重要的是，意外到来的第一位病人极大地加快了柳枝接骨从动物实验到临床应用的进程。这是一位 38 岁的染布工人刘理修，几天前在午休时被石碾压伤左腿下肢导致粉碎性骨折，在乡县卫生院初步治疗后，因不愿截肢，而来该院求治。1958 年 6 月 19 日，凭着仅有的动物实验经验，武汉市中医院的中西医们共同为病人实施了柳枝接骨手术。① 患者"术后情况良好，体温及白血球未有波动，术后 7 日即停止青霉素注入，精神食欲睡眠皆好"。根据媒体报道，经过四个月的恢复，刘理修"已完全愈合，能够下床行走了"。② 柳枝接骨的第一例临床应用被认为"完全获得成功"。③ 到 1959 年 2 月，病人已经痊愈出院，并参加劳动。事实上，这些报道可能大大超前于患者实际病情的发展。④ 1958 年 9 月上旬，刘达夫在北京参加"全国医药卫生技术革命经验交流大会"时，首次向外界公布了柳枝接骨的手术流程，并随后在《中医杂志》和《人民军医》两个学术期刊上发表了同主题的柳枝接骨论文。具体如下：

　　（一）手术用物及手术器械准备：1. 新采柳枝一根，粗细与（骨）相等。2. 雄鸡一只。3. 普通骨科截肢所需用器械一套，另加柳枝钻空器及削（修）柳枝刀各一具即可。

　　（二）手术方法及步骤：1. 腰麻后平卧手术台上。2. 患肢皮肤常规消毒。3. 手术野区铺好消毒巾。4. 在原伤口处行扩创修理，暴露骨折断端。5. 将断端锐利之处用骨锉磨平。6. 柳枝量成骨质缺损形状，做成短棒。7. 将柳枝嵌入两骨折之折（断）端。8. 将雄鸡冠血滴入柳枝接骨处之两端。9. 将雄鸡大腿内侧取下皮肤一块植于患者伤

① 相关报告中提到的参与人员有：手术者（西医）——刘伦善、熊光宗、沈冶、朱金枝；指导（中医）——刘达夫、韩仁道。
② 《柳枝接骨开花结果，被接骨的病人走路了》，《健康报》1958 年 11 月 15 日，第 1 版。
③ 《科教片剧本：中医之花（柳枝接骨）》，武汉市档案馆藏，案卷号：71-1-1236，第 55 页。
④ 根据武汉市中医院 1960 年的追踪复查，病人刘理修"柳枝植入后一年虽能劳动行走，但 X 光片仍有部分柳枝尚未吸收。柳枝接骨两年后局部柳枝已完全显影"。同样的情况不止这一例。在武汉市中医随后半年内开展的 11 例临床手术中，伤口一期愈合的有 4 人，感染的有 7 人；到 1960 年，正常参加生产劳动的有 3 人，一般情况良好的有 2 人，已失败柳枝取出的有 6 人。见武汉卫生干部进修学院附属医院《柳枝接骨研究初步小结》，武汉市档案馆藏，案卷号：71-1-1235，第 72~73 页。

口上（有皮肤缺损者用），周围用丝线缝合。10. 伤口周围撒生半夏粉及银翠散适量，再敷半松膏，全小腿以绷带包扎，夹板固定，送回病房。（注：此例是有伤口及骨质缺损之操作法，若是骨瘤或骨质缺损无伤口者，不宜采用。）①

此外，刘达夫还公布了一份辅助的中药清单，其中包括具有接骨、补气、补血作用的内服药"接骨丹"和"接骨膏"，以及具有杀菌生肌、消炎止痛功效的外用药物"石青散""银翠散""截血膏"等，对于这些药物的配置方法和用量，也都有详细的说明。手术方案的西医部分主要围绕柳枝消毒、控制感染、保持电解质平衡的讨论展开，对于扩创与缝合、术后护理及适用症等问题也有涉及。最后，他还为自己的方案找到了两个理论来源，即中医《内经》的"肾为先天之本，脾为后天之源，肾主骨、脾主肉，通则不痛、痛则不通"理论以及苏联科学家巴甫洛夫对有机体的整体治疗观。

如果说柳枝接骨的动物实验只是刘达夫个人行为的话，那么在病人刘理修身上的临床应用则将其提升为引起广泛关注的社会事件。雷祥麟指出，西医研究的程序一般是"化学分析—动物试验—临床应用"，而中医的研究程序则是一种"临床试用—动物试验—化学分析"的颠倒逻辑。②在柳枝接骨的挖掘中，刘达夫似乎正是遵循了"民间传说—动物实验—临床应用"的科学逻辑，并且在实验和临床的过程中，不但参照了西医的流程和规范，还有西医的直接参与。但如果仔细观察，我们就会发现，在这场"科学化"的挖掘中，科学和西医只是一个表象。

首先，刘达夫虽然整体上遵循了先"动物实验"再"临床应用"的过程，但对具体手术方案的合理性和可行性是缺乏科学论证的。他所做的就是结合自己的经验和想象而对流传的中医技术进行"还原"，而对其开展合理性论证则不在他的工作范围之列。其次，柳枝接骨的临床应用是一次偶然事件，而不是在动物实验进展到了一定阶段之后自然过渡的结果，所以它不是科学研究的自发进程。在刘达夫发表的论文中，他亦希望这一临床案例能够成为中西医讨论和研究的问题，因此这次临床应用在本质上仍是实验的一部分。由此来看，刘达夫实际上在中医、西医的两种思维方式

---

① 刘达夫：《柳枝接骨初步总结》，《全国医药卫生技术革命经验交流大会汇刊》，第 120 页。
② 雷祥麟：《常山——一个"新"抗疟药的诞生》，李建民主编《从医疗看中国史》，中华书局，2012，第 364~366 页。

中，仍然选择了中医的"从临床到实验"的逻辑，而抛弃了西医的科学逻辑。最后，西医的参与、中西混杂的手术方案和理论来源并不能遮蔽刘达夫"中医为本，西医为用"的思想观念。比如，刘达夫列举的中医理论都可以追溯到中医经典《黄帝内经·素问》和明代医书《医宗必读》，但彼此之间的逻辑联系并不清晰，[①] 与苏联理论的关系就更远。而在实际操作层面，在外科手术流程之外，对于像滴洒鸡冠血这样的做法，也没有给出任何解释。[②] 因此，无论在理论上还是在操作上，西医力量的介入无不是在将整个治疗方案分割之后对于细枝末节的具体操作上的介入，其作为中医治疗方案的补充手段的位置显而易见。这样的中西医结合，不是在医学学理层面上的结合，只是在手段和方法上的结合，其"科学性"程度于此可见一斑。

因此，对于老中医刘达夫挖掘出的整个柳枝接骨的治疗方案来说，"科学化"只是一个表象，根本仍然是源自传统的中医技术本身。也正因为如此，柳枝接骨的"有效性"才是不证自明的，因为它早已被历史悠久的传统文化验证。

二 特殊环境下的中医成就典型

柳枝接骨的挖掘源自 20 世纪 50 年代中国特定的社会现实，反映出"中医科学化"在这个阶段的特殊使命。早在 1950 年 5 月，卫生部副部长贺诚就指出卫生工作的巨大压力："中国人民每年死亡五百多万人，其中有四百多万人未得到合理的医药帮助，患者中有八千万人未得到合理的治疗。"要想解决这些问题，"只依靠现有的二万个正式西医是不够的"，必须和"几十万中医团结起来共同合作"。[③] 到了 1950 年 8 月召开的第一届

---

① 参见李中梓编《医宗必读》卷一《身为先天本脾为后天本论》，王卫等点校，天津科学技术出版社，1999，第 6 页；何文彬、谭一松主编《素问》，卷七《宣明五气篇第二十三》，卷十一《举痛论第三十九》，中国医药科技出版社，1998，第 147、222 页；张其成《通则不痛，痛则不通》，《光明日报》2017 年 1 月 23 日，第 2 版。

② 运用鸡冠血入药的做法，可见于明代《本草纲目》、清初《医灯续焰》等医书。在民国时期的一些接骨方法中也有类似运用，如丁济华《中国式整骨科及余实验接骨二则追述》，《医药学》第 1 卷第 3 期，1924 年，第 24 页；章越民《跌打损伤接骨方》，《针灸杂志》第 4 卷第 2 期，1936 年，第 51 页；杨钦仁《接骨方》，《复兴中医》第 2 卷第 1 期，1941 年，第 32 页。

③ 贺诚：《中西医团结与中医进修问题》，《中医工作文献汇编（1949~1983）》，中华人民共和国卫生部中医司，1985，第 1~2 页。

全国卫生会议上，针对中西医问题，郭沫若提出："应该从两方面来加以改造，使中医科学化，西医中国化……中医要学习西医的科学知识，而西医要学习中医的大众化，和群众打成一片的作风。"① 卫生部副部长李德全认为："中医必须提高，学习政治知识和现代科学知识，将中医的经验与科学结合起来，使中医科学化……西医对民族传统缺乏研究，对中国具体条件缺乏考虑，对中医缺乏正确估计，往往脱离群众，脱离实际，也要提高和改造。"② 贺诚则进一步指出，中医的问题在于理论缺陷，需要科学化的提高；西医的问题在于不够大众化和中国化，二者都需要改进，从而服务于群众。③ 因此，50 年代初确定的是一条"中医科学化"和"西医中国化"并举的发展策略，需要中西医的团结合作，共同进步。这既是在现实的医疗卫生需求面前，对中西医在人数、分布、优劣势等方面进行权衡的结果，也是新政权为了同时争取传统文化和现代科学这两种合法性资源而在中西医之间进行的微妙平衡。

柳枝接骨从刘达夫与武汉市中医院的个体挖掘到武汉市众多单位参与的群体发掘过程正体现了这种中西医的参与和合作。随着第一例临床案例在媒体的公布，刘达夫作为"柳枝接骨发明人"地位也由此奠定。他不但在 1958 年 9 月的"全国医药卫生技术革命经验交流大会"时受到周恩来等国家领导人的接见，随后还受聘成为中国医学科学院的特约研究员。在此期间，刘达夫除了"面向中国医学科学院四个直属医院以及北京市积水潭等医院的 60 多位骨科、外科大夫"做了柳枝接骨的技术表演，④ 还被请到协和医院外科教授"柳枝接骨"技术。⑤ 与此同时，在柳枝接骨的发源地武汉市，由卫生局主办的柳枝接骨技术学习班也在紧锣密鼓的筹备中。1958 年 10 月，该班拟定了明确的招生办法和管理规定，并制定了详细的教学计划。⑥ 事实上，从 1958 年 7 月起，武汉市就在逐步组织力量加强对柳枝接骨的研究。7 月 27 日，武汉市成立了由中西医共同组成的"柳枝接

---

① 郭沫若：《在第一届全国卫生会议上的讲话》，《东北卫生》1950 年第 6 期。
② 李德全：《在第一届全国卫生会议上的报告》，《东北卫生》1950 年第 6 期。
③ 贺诚：《在第一届全国卫生会议上的总结报告》，《人民周报》1950 年第 4 期。
④ 《柳枝接骨光彩四射，许多医院试验成功并有新的发展》，《健康报》1958 年 12 月 3 日，第 1 版。
⑤ 《医学科学院组织西医学习中医双管齐下》，《光明日报》1958 年 12 月 12 日，第 3 版。
⑥ 《武汉市卫生局举办柳枝接骨技术学习班办法》《柳枝接骨技术学习班教学计划表》，武汉市档案馆藏，案卷号：71-1-1235，第 110 页。

骨协作委员会"，① 包括武汉市中医院、硚口中西医联合诊所、市药检所、江汉区正骨联合诊所、市第二医院、武汉医学院、武汉医学院附二院、附一院及红会医院的10多位代表。在9月30日正式确定的一份27人的委员名单中，不但有两位市卫生局主管领导，而且还有10位中医师和15位西医师，包括高有炳、朱通伯这样的西医骨科专家。② 在工作中，"所有人员都积极负责，表现了中西医的互相支持和合作精神。"③ 在此期间，全国各地的中西医不仅对这一技术表现出极大的兴趣，而且主动加入学习研究的实践中，反映出他们对"中医科学化"和"西医中国化"的基本认识和觉悟已经贯彻到日常工作之中。而武汉市"协作委员会"的中西医力量对比则反映出一种相对均衡的态势。

但在50年代以后的中西医关系中，"中医科学化"和"西医中国化"两个方面的发展并不均衡，大部分时候，对"中医科学化"的重视要远远超过"西医中国化"。贺诚在1950年就提出"中西医合作有两个重要问题，第一是中医进修，学习解剖、生理、细菌、病理等自然科学的理论，并与自己的经验融会贯通；第二是西医研究中医的经验，研究中药的药理"。④ 到1952年，他进一步指出："中医有不科学的地方，西医同样有不科学的地方，目前中国的西医同样有不科学的地方。"⑤ 强调"科学化"问题而淡化"中国化"，并不意味着放弃了后者的努力，而是让西医以研究中医、学习中医的方式来进行"中国化"。1954年《人民日报》撰文指出："西医只有通过对祖国医学遗产的学习和研究，才能发挥现代医学科学知识对整理和发扬这份遗产的作用。"⑥ 换言之，在50年代中期，"西医中国化"在实施中成了"中医科学化"的一种补益，也就是在帮助中医实现科学化的过程中实现对西医的中国化。这种以"科学化"带动"中国化"的做法首先要求遵循的是"西医为体，中医为用"的科学理念，依靠的基本力量也主

---

① 武汉市卫生局：《关于报送我市中医院柳枝接骨的初步总结及有关资料的报告》，武汉市档案馆藏，案卷号：71-1-1235，第122页。

② 武汉市卫生局：《关于召开柳枝接骨协作委员汇报会》，武汉市档案馆藏，案卷号：71-1-1235，第111页。

③ 《武汉市中西医师大合作，系统研究柳枝接骨理论》，《健康报》1959年1月17日，第4版。

④ 贺诚：《第一届全国卫生大会总结报告中的中医部分》，《中医工作文献汇编（1949~1983）》，第4页。

⑤ 贺诚：《第二届全国卫生行政会议上的总结报告中的中医部分》，《中医工作文献汇编（1949~1983）》，第29页。

⑥ 《贯彻对待中医的正确政策》，《人民日报》1954年10月20日，第1版。

要是西医，但是中医的传统文化内涵依然是"科学化"所无法撼动的，同时"中国化"的焦虑又让西医不得不时刻保持警惕以便做好随时转换身份的准备。因此这个二元结构本身就是不稳定的，也为后者的反弹提供了可能。

1958年11月以后出现的对柳枝接骨技术的媒体宣传，就可以视为是这样一种"中国化"对"科学化"的反弹。随着刘达夫手术方案的公布和病人刘理修恢复情况的披露，加上1958年11月毛主席"发掘祖国医学遗产"的最高指示的发布，① 柳枝接骨这一"成功"案例被迅速塑造成中医成就的典型。《人民日报》称它是"已经失传二十多年的祖国医学遗产"，《健康报》称其为"祖国医学宝库里挖出来的珍宝"，有中医师称其为"祖国医学的一项宝贵遗产"，有公立医院说它是"从祖国医学宝库中发掘出来的一项新的治疗方法"，还有高校说"柳枝接骨为祖国优秀医学遗产之一"。柳枝接骨的影响力还超出了国界。卫生部副部长徐运北说它"不仅给病人带来极大的幸福，而且打破了资产阶级学者们认为骨体不能移植的定律。这是目前世界上任何一个国家的骨科医学所不能比拟的"。② 物理学家周培源称赞它是"医学上的创举，丰富了我国和世界科学技术的宝库"。③ 甚至有罗马尼亚和苏联的外国友人来函询问相关情况。柳枝接骨的挖掘工作不但成为对中医成就的称颂，而且具有了世界意义。

建设一种现代化的"新医学"的设想是20世纪50年代以来新中国卫生工作的宏伟目标。早在1951年，中医王克锦就提出"一方面要学习苏联先进的医学，一方面要批判地接受中国现有中西医学的合理部分，建立起中国的新医学"。④ 1952年贺诚也说："今后的问题，是如何使我们对世界进步的医学宝库，多贡献力量。"更明确提出要建设"新医学"的声音来自毛泽东。他在1953年11月指出："中医宝贵的经验必须加以继承和发扬。对其不合理部分要去掉。西医也有不正确的地方，也有机械唯物论。将来发展只有一个医，应该是唯物辩证法做指导的一个医。"⑤ 此后的《人

---

① 《大力开展西医学中医运动》，《人民日报》1958年11月28日，第1版。
② 徐运北：《新中国的医药卫生技术革命在跃进再跃进》，《科学通报》1958年第20期。
③ 周培源：《解决实践向科学提出的新课题》，《人民日报》1959年1月1日，第7版。
④ 王克锦：《新医学的发展道路：学医的辩证观》，文通书局，1951，第3页。具体任务则是："成立医学研究团体，团结中西医，学习苏联进步的医学，将西医中国化大众化，发掘中药宝藏，研究改进中医，将中医提高到科学的水平，建立中国新医学。"见第50页。
⑤ 《对卫生工作的指示——在中央政治局讨论中央卫生部党组报告时所作》，《毛泽东思想万岁（1949.10～1957.12）》，出版年份未详，第50页。

民日报》社论强调："我们应该逐渐创立这样的现代化医学，它应该反映出中国的地理、气候的特点，反映出中国特产的药材的应用特点，反映出中国各族人民的生活和劳动的特点。这便是我们发扬祖国医学遗产的远大目标。"① 1958 年，这一要求变得更加现实和紧迫。在柳枝接骨的宣传中出现了"世界医学"这样的参照系，一方面表明当时存在的一种希望"以柳枝接骨为标志的中医能够迅速压倒西医"的社会心态，这无形中极大地提高了在科学化进程中处于弱势的中医的政治地位，并进而使"西医中国化"——西医对以中医为代表的中国传统文化应有更深刻的认识——的要求被暂时提升到超过"中医科学化"的地步；另一方面，这也反映出这种以"现代化"为目标的、具有世界意义的"新医学"，其传统性和民族性的特征要靠中医来承载和体现，西医无法承担这一任务。

马伯英认为，1949 年以后"中医科学化"的道路是"既阐发出中医自身的科学性和应用性技术、药物的原理，又努力吸收或互证于西医的既知原理，使中西医两者尽可能靠拢，相互为用"。② 这在 50 年代还远未实现，因为中医自身的科学性和原理是无法依靠自身来阐发的，只有依靠西医来代言；而其"吸收或与西医互证"的过程也难以获得西医的认同。在柳枝接骨事件中，为了加快研究进程，"作为 1959 年国庆时向党献礼"，武汉市于 1958 年 11 月又成立了专门的全市性柳枝接骨研究小组，"有 32 个医药院校 500 多人参加此一规模巨大的研究工作"。③ 这个新组织"由武汉市卫生局负责领导，以武汉市中医学院附属医院为基础，并吸收武汉市第二医院、武汉医学院附属一院外科及其他有关单位人员，具体负责这一研究工作的进行"。④ 与此前成立的"柳枝接骨协作委员会"不同的是，参加这个研究小组的 30 家单位中，只有 4 家是中医单位，剩下的 26 家单位都是西医机构或者与中医无关。西医力量的加强直接推动了柳枝接骨动物实验和临床应用的进程。从 1958 年 10 月到 1960 年 4 月，武汉市中医院在刘达夫的率领下又做了 20 例动物实验，同时开展了数十例临床应用。而自从 1958 年 7 月武汉市开展"柳枝接骨研究大协作"之后，仅在当年 10 月

① 《贯彻对待中医的正确政策》，《人民日报》1954 年 10 月 20 日，第 1 版。
② 马伯英、高晞、洪中立：《中外医学文化交流史——中外医学跨文化传通》，第 555 页。
③ 武汉卫生干部进修学院附属医院：《柳枝接骨研究初步小结》，武汉市档案馆藏，案卷号：71-1-1235，第 69 页。
④ 武汉市柳枝接骨研究小组：《柳枝接骨研究的初步总结·前言》，武汉市档案馆藏，案卷号：71-1-1235，第 5 页。

到次年 2 月的四个月时间里，全市"共做了 118 例骨与关节不同类型的柳枝接骨实验手术"。这个数字接近武汉市中医院一家单位两年里动物实验总数的 4 倍。与前者的动物实验相比，武汉市其他中西医院开展的动物实验不但部位更加复杂，手术形式也更多样。不过这些结论过分强调手术后的"一期愈合率"，缺乏较长时间的观察和后续疗效的对比，相较于现代医学对于骨折临床疗效的评估标准仍有一定距离。

西医力量的加强是一个必然结果，无论是对柳枝接骨进行科学研究的"科学化"工作，还是借助柳枝接骨对西医进行传统文化教育的"中国化"工作都要求西医力量的投入。这是在"西医中国化"进程选择了借力于"中医科学化"这一路径之初就决定了的。在这样的关系模式下，要想推进"西医中国化"的进程，就要通过进一步加强对传统中医的学习、研究来实现，而这无疑又将推进"中医科学化"的进程。但是这种投入和推进同时也会使在"科学"的严格与苛刻的目光下，中医技术的任何缺陷与不足都无所遁形，这又会反过来进一步挤压传统中医的"科学性"空间。因此，"中医科学化"可以促进"西医中国化"，但在特定情况下，"西医中国化"也会以"科学化"的方式阻碍"中医科学化"，进而导致自身也无法发展，这是一个悖论。这正是柳枝接骨事件中所反映出的"中医科学化"的困境所在，这种"中医科学化"的困境同时也是"西医中国化"的困境。

三　西医验证下的错误外科技术

在柳枝接骨从武汉走向全国以后，西医逐渐接管了随后的"科学化"验证过程。从 1958 年 9 月起，全国各地也纷纷开展柳枝接骨的动物实验，有的已经迅速推进到临床应用阶段。媒体报道说，在短短三个月的时间里，"北京医学院第一附属医院在动物实验成功之后，已应用于临床。……安徽省立医院也给八位骨折患者进行了柳枝接骨手术。……西安医学院在兔子身上做了五例试验，效果都很好。远在新疆的哈密农场医院，在医疗机械缺乏、经验不足的情况下，大胆地运用柳枝接骨的方法，胜利地完成了手术"。[①] 在不到半年的时间里，"各地医院有的开

---

① 《柳枝接骨光彩四射，许多医院试验成功并有新的发展》，《健康报》1958 年 12 月 3 日，第 1 版。

始用这方法在动物身上进行试验，有的已在人身上直接使用这方法，都见了奇效"。[1] 动物实验的确切数量难以统计，有超过 20 个省份的几十家医疗单位参与，总数应该超过千例。而在临床方面，从 1958 年 8 月起的 21 个月里，有遍布于 12 个省份 17 个市的 28 家单位先后开展了超过 480 例的柳枝接骨临床手术。

各地试验者在条件不同、环境各异的动物实验中，在实验流程、操作规范、动物选择、效果观察等问题上取得了一定共识，但也存在一些争论。比如对于柳枝消毒的问题，各地基本赞同消毒是必要的，"柳枝上细菌很多，大部分为土壤及空气中之非致病性细菌，但亦分得部分致病菌"，如果不对柳枝进行彻底消毒，很有可能造成感染。在比较之后，武汉医学院认为："碘酒、碘液等对常见的化脓性细菌及柳枝上分得之致病菌有较强的杀菌作用，效果尚佳，甘草黄连浸泡柳枝，进行消毒，证明不是一个良好的消毒方法。"[2] 尽管化学药物的消毒效果比较好，但是又会带来污染细胞组织的新问题。武汉医学院的王庆堂指出："化学药液浸泡柳枝，药液对新生组织的生长将有影响。"[3] 浙江医学院的李彦生也认为，柳枝接骨会产生感染化脓并发症的主要原因之一就是"在新鲜柳枝消毒时，由于消毒技术不严，两断端毛细管渗透作用而使材料污染，或由于术时未能严格注意无菌操作所致"。[4] 因此，问题的关键在于如何在杀死细菌的同时又能避免化学药液的污染。武汉医学院发现，直接剥皮的柳枝无菌次数反而更多，倒是用药物浸泡的柳枝受到污染的概率最大。他们提出："柳枝木质部分，本身无菌，因此严格进行无菌剥皮手续，是一个很重要的关键。"表面上看起来问题似乎绕了一个圈，最后又回到刘达夫的起点那里，即新鲜的、未经消毒的柳枝是不是最合适的接骨材料？浙江医学院的杨国栋就认为："树木的新鲜程度及其含水量亦对柳枝接骨的骨修复过程有一定影响。"[5] 但是，只要我们认定了消毒是现代医学手术过程中的必备环节，就必然会对柳枝的消毒问题有着肯定的答案，即经过消毒的柳枝或许是受到污染的，但是未经任何消毒措施的天然柳枝可能是更加危险的；前者的危

---

[1] 孙玉昌：《柳枝接骨术发掘记》，《人民日报》1958 年 12 月 12 日，第 6 版。

[2] 俞珮君：《柳枝消毒的研究》，《武汉医学院学报》1960 年第 1 期。

[3] 王庆堂：《柳枝接骨形态学的初步观察》，《武汉医学院学报》1958 年第 8 期。

[4] 李彦生：《树枝接骨的实验研究》，《浙医学报》1959 年第 3 期。

[5] 杨国栋：《柳枝接骨的探讨》，《浙医学报》1959 年第 3 期。

害是相对确定的，而后者的危险却是未知的。现代医学带给我们的正是一种控制前者的能力，而不是盲目侥幸的冒险。随着研究的深入，到 1961 年北京中医学院基本确定，"用于接骨的柳枝以保有生活能力者效果较高"的说法没有根据。[①]

仅在柳枝消毒这样一个小问题上，各地的试验者之间就存在如此多的意见分歧，却没有人公开对柳枝接骨的整体治疗方案提出过任何怀疑，这反映出"西医中国化"对于"科学化"的反作用，即没有人敢于去质疑在"学习和研究祖国医学"的大前提，科学研究工作的价值只是在于技术和手段方面的修修补补。这对于"中医科学化"的贡献或许不大，却使西医在"中国化"的道路上大踏步前进了。

另一个争论较多的问题是柳枝能否消失和骨化。有不少研究者在实验中发现，柳枝在植入动物体内后，在几十天到十几个月不等的时间里会消失。在刘达夫看来，这就表明柳枝已经转化成骨质了。对此，江西医学院的杨立民认为："柳枝可成为良好的内固定物质，可起到骨生长之支架和通路的作用。"[②] 李彦生也认为："柳枝大部分变成骨组织，可直接由结缔组织化骨。"天津的刘润田则持更加谨慎的态度，他在 1959 年开始的实验中发现"行程过于缓慢，新骨生成量太小"。[③] 同年，第四军医大学的刘皑也发现，柳枝的骨化不但非常缓慢，而且动物差异性很大，进而他建议"显然尚不适于临床应用"。[④] 其实针对"柳枝消失即骨化"的观点，王庆堂早在 1958 年就指出，柳枝接入后会有被结缔组织和骨髓纤维包裹覆盖，即使通过 X 光的照射也未必能看见，这一点为复旦大学的实验结论所证实。[⑤] 因此，他认为"柳枝是否真正消失，不能肯定"。1959 年上海第一医学院的研究也支持这一观点，认为"柳枝本身没有转化为骨的迹象"。[⑥] 李桂航也持怀疑态度，"柳枝是否可以直接骨化为骨，尚需要更丰

---

① 北京中医学院：《柳枝接骨的组织学研究》，《全国中西医结合研究工作经验交流会议资料选编》，人民卫生出版社，1961，第 290 页。

② 杨立民：《柳枝接骨动物实验观察与初步临床应用》，《赣医学报》1959 年第 1 期。

③ 刘润田：《柳枝接骨动物实验研究》，河北省医学科学院编《河北省医药科学研究献礼论文选集·第 2 辑·庆祝建国十周年》，1959，第 14 页。

④ 刘皑：《柳枝接骨实验观察到柳枝骨化的初步报告》，中国人民解放军第四军医大学编《科学文集·祖国医学专集》（4），1959，第 51 页。

⑤ 《柳枝接骨的初步研究》，《复旦》（自然科学版）1959 年第 2 期。

⑥ 《家兔柳枝接骨中组织变化的初步观察》，《上海市第一医学院 1959 年学术讨论会论文摘要集》，上海市第一医学院，1959，第 45 页。

富的资料来证实"。① 赵轶千在 1960 年进一步批评说："柳枝完全被吸收，没有直接证明。"② 随着各地实验的深入，1960 年以后，认为柳枝不能骨化的意见越来越多，并逐渐成为主导意见。

对柳枝不能骨化的质疑，是柳枝接骨不能获得现代科学认同的关键。它反映出柳枝接骨技术本身存在的固有缺陷，即植物组织难以与人体结合的问题。这场在人力、物力、时间上耗费巨大的中西外科拉锯战表明，在现代医学严格的分科体系之下，一些传统中医里"行之有效"的民间疗法难以在科学体系中找到容身之地。因此，"科学化"最终在这里扭转了局面。尽管柳枝接骨获得了"中国化"的暂时庇护，但是中医在选择了"科学化"这一"中医现代化"的路径时就决定了其最终还是不可避免地要接受科学标准的检验，因此，这个结果的出现是必然的。当西医把关键性的局部信息和细节拼成一个证据链时，尤其是当柳枝接骨的临床应用效果被不断反馈回来时，这项外科技术被学院医学证伪和被正规医院逐出，是其必然的命运。

在临床方面，就武汉地区而言，西医力量的加强使柳枝接骨迅速地从动物实验过渡到大规模临床。在 1958 年 6 月到 1959 年 2 月的 8 个月时间里，全市共做手术"124 例，其中男性 106 人，女性 18 人，年龄最幼者 5 岁，最高者 60 岁。在这 125 次手术中，共采用柳枝 118 次，桑枝 5 次，梧桐枝 2 次。手术中在手术局部应用公鸡血及中药者 8 次，未用者计 117 次"。③ 在临床中发现，柳枝接骨手术最大的威胁是感染，而感染率最高的手术均与柳枝移植有关，这反映出最大的问题还是柳枝难以与人体组织融合，即柳枝骨化的问题——这与动物实验的结论完全一致。临床应用的结果也印证了研究者们的一项基本结论，即"柳枝接骨最好的适应症应为长管骨骨折开放复位作的内固定用"。换言之，在严重的骨不连接、骨肿瘤、肘关节变形、慢性脊髓炎等病症的治疗上，柳枝接骨的适用性并不理想。

到 1959 年 3 月以后，有关柳枝接骨临床中不断出现的问题开始变得越来越无法回避。4 月 17 日，武汉市卫生局发出通知，要求"为慎重起见，

① 李桂舫：《柳枝接骨的实验研究》，《山东大学学报》1960 年第 2 期。
② 赵轶千：《柳枝接骨动物实验初步报告》，《武汉医学院学报》1960 年第 1 期。
③ 武汉市柳枝接骨研究小组：《柳枝接骨研究的初步总结·临床应用分析》，武汉市档案馆藏，案卷号：71-1-1235，第 49 页。

除了继续动物试验外，自即日起暂缓在临床上治疗"。① 6 月，武汉市委也指示："在未证实柳枝于人体内确能骨化以前，暂时停止柳枝接骨临床应用。"1959 年 7 月，武汉市柳枝接骨研究小组提交的一份较为全面的研究报告指出，在武汉地区施行过的 191 例临床手术中，存在相当数量的"失败案例"，其中柳枝脱落 49 例，柳枝未能骨化 58 例，还有一些其他的不良反应；在 69 例所谓的"成功案例"中，有些已经愈合的病患也曾出现过断端错位、不连接等问题。因此，该报告认为："把柳枝作为内固定（材料）来治疗各种骨折应为原则性错误。"② 至此，柳枝接骨的发掘以"错误技术"的结论而落幕。

结　论

风靡一时的柳枝接骨术原本是长期流传于民间的中医骨科方技，在 20 世纪 50 年代特殊的历史背景下被发掘出来，并加以推广、应用和研究。从老中医刘达夫的个人创造，到武汉市开展的中西医协作，再到全国范围内的动物实验与临床应用，最终它被证明并不是一项符合科学规范的外科技术。柳枝接骨术的发掘是 20 世纪 50 年代"中医科学化"进程中的一个具有代表性的特殊事件，它不但反映了中西医关系的特殊面相，而且折射出"中医科学化"的内在困境。

柳枝接骨的发掘过程，反映出中西医之间难以弥合的巨大差异。中西医是在截然不同的文化传统中各自产生和成型的，属于完全不同的知识体系。二者不是代际差别，而是种属差异。只是在近代以来，"科学"成为主流、"现代化"成为社会发展的唯一目标的时代氛围下，西医才具有了相对于中医的优势。在传统文化中具有鲜活生命力的柳枝接骨术却无法在西医那里找到科学性依据，这一方面归咎于这项技术本身的欠缺，另一方面反映出在"科学"这种强势话语面前，以中医为代表的传统文化很多时候只能处于被"科学"审视、观察和研究的地位。

更重要的是，柳枝接骨术的发掘事件也反映出 20 世纪下半期"中医

---

① 《武汉市卫生局关于柳枝接骨法暂缓在临床上应用的通知》，武汉市档案馆藏，案卷号：71-1-1235，第 126 页。

② 武汉市柳枝接骨研究小组：《柳枝接骨阶段总结》，武汉市档案馆藏，案卷号：71-1-1236，第 27~28 页。

科学化"进程的特殊性。虽然"科学化"的进程贯穿了整个20世纪的中医发展史，但1949年以后在"中医科学化"的同时，也强调对"西医中国化"的要求，这是此前所没有得到凸显的重要阶段性特征。因为"科学"所具有的普遍性，西医进行"中国化"的过程异常困难，且无路径可循，以至于这一过程经常被"中医科学化"的进程压制而显得隐而不发。"中医科学化"和"西医中国化"共同构成了中西医关系的整体架构，柳枝接骨发掘事件揭示了在何种特殊的情形之下，以中医为内容的"中国化"进程会以怎样的方式反弹以西医为手段的"科学化"进程。而这些内在的张力正是"中医科学化"在20世纪50年代的困境的写照。

[本文原载于《南京大学学报》（哲学·人文科学·
社会科学）2017年第5期]

1949年前商务印书馆的英文出版探析

张志强　黄　芳[*]

2017年是商务印书馆成立120周年。在近现代中西文化交流史上，商务印书馆不仅通过出版汉译西方名著广泛引入西学，推动中国文化现代性建构与转型；同时还以英文出版的形式全方位引入外国新知、传播中国文化，促进中西文化双向交流，对当今中国出版"走出去"具有一定的借鉴意义。

一　选题缘起与学术史回顾

商务印书馆以英文出版开拓中国近现代出版新空间，并以积极姿态沟通中西文化，尤其是自主传播中国文化，体现出作为中国出版重镇的商务印书馆更为开阔的文化视域与更为鲜明的文化主体意识。本文以1949年前商务印书馆的英文出版为例，探讨商务印书馆在这一领域的贡献。

20世纪80年代以来，学界探讨商务印书馆的文化贡献大多建立在中文书刊出版的基础之上，有关英文图书出版的研究成果较为有限，且多属于历史回顾类论著。汪家熔的《商务印书馆与英文书籍》梳理了商务印书馆创办初期出版英语学习类图书的历史，指出"我国各类英语学习用书的出版，以它为最早"，[①] 并简要介绍了《华英音韵字典集成》《实验高级英文法》等数种深受读者欢迎的英文图书。在其另一篇文章《商务印书馆英语辞书出版简史》[②] 中，汪家熔简要回顾了商务印书馆英语辞书的出版历

[*] 张志强，博士生导师，南京大学信息管理学院/出版研究院教授，2005~2006年任高研院第一期短期驻院学者；黄芳，博士，南京大学信息管理学院/出版研究院博士后，南通大学文学院副教授。

① 汪家熔：《商务印书馆与英文书籍》，《英语世界》1982年第1期。

② 汪家熔：《商务印书馆英语辞书出版简史》，高翰卿等：《商务印书馆九十五年——我和商务印书馆（1897~1992）》，商务印书馆，1992，第661~671页。

史及其代表性图书。邹振环在《创办初期的商务印书馆与〈华英初阶〉及〈华英进阶〉》一文中，探讨了商务印书馆创办初期出版的《华英初阶》和《华英进阶》的编辑特色及文化意义，指出它们"不仅是近代中国人自编的近代英语教科书的发轫"，而且"参与了中国近代思想文化演变的过程"。① 此外，陈应年、徐式谷的《商务印书馆百年前印行的英语读物、词典和翻译出版物》②，张英的《启迪民智的钥匙——商务印书馆前期中学英语教科书》③，汪瑞的《近代商务印书馆出版的英语教育图书初探》④ 等论著，简要梳理了各种英语学习类读物、教科书、字典及词典等英文图书的出版历史。上述论著大多关注商务印书馆出版的英语学习及教育类图书，未能更全面分析其出版的其他类型的英文著作，如中国传统文化英文译著、现代时政论著等，因而无法更有效地探讨商务印书馆在中国近现代中西文化交流史上的独特意义与价值。本文通过梳理商务印书馆 1949 年以前出版的英文图书书目及广告，力图勾勒商务印书馆英文出版的整体概貌，并通过对英文图书的主体内容、出版形式及宣传广告的探析，进一步揭示商务印书馆英文出版的主要特征及文化内涵。

二　商务印书馆英文出版概貌

商务印书馆非常注重通过《出版周报》《图书汇报》等各类型出版物及时整理并发布图书出版及销售信息。为了推广英文书刊，商务印书馆在上海本地出版的《申报》、*The China Critic*（《中国评论周报》）、*T'ien Hsia Monthly*（《天下月刊》）等知名的中英文报刊上刊登大量图书广告。比如，1928 年 12 月 15 日至 1938 年 10 月 21 日，商务印书馆在英文周刊 *The China Critic*（《中国评论周报》）刊登长达近十年英文广告宣传英文图书，其中标示"IMPORTED BOOKS"（进口图书）的广告大多是商务印书馆原版或改版出版的各类英语学习读物及各个学科的英语教材，而标示"NEW

---

① 邹振环：《创办初期的商务印书馆与〈华英初阶〉及〈华英进阶〉》，《东方翻译》2011年第 1 期。

② 陈应年、徐式谷：《商务印书馆百年前印行的英语读物、词典和翻译出版物》，《中国翻译》1997 年第 2 期。

③ 张英：《启迪民智的钥匙——商务印书馆前期中学英语教科书》，中国福利会出版社，2004。

④ 汪瑞：《近代商务印书馆出版的英语教育图书初探》，《现代企业教育》2012 年第 14 期。

ENGLISH PUBLICATIONS"（最新出版的英文图书）的广告则主要是由商务印书馆自主出版的英语教材及文学读物、英语字典、年鉴及学术论著等各种英文图书。① 商务印书馆也在北方的《大公报》上刊登广告推介其出版的英文书。经初步统计，《大公报》1917 年有 63 天的报纸上有商务印书馆的英文书籍广告，1919 年约 71 天，1924 年约 6 天。这些广告标题中往往加入"English Reader""English Text Book"等英文词语，用以突出显示是英文图书。② 这些宣传广告不仅促进了商务印书馆英文书刊的推广与营销，也为学界研究其英文出版活动提供了真实史料。

　　商务印书馆 1939 年 2 月出版的新第 8 期《图书汇报》上，收集整理了自创立以来出版的各类图书目录，其中包含大量英文图书，以"［英文本］"或"［中英文对照本］"作为标识置于中文书名前，以吸引读者的注意。1981 年，商务印书馆出版了《商务印书馆图书目录（1897~1949）》，将英文书按照中外图书统一分类法，分别归入哲学、宗教、社会科学、语文学、自然科学等十个类别中。该目录将"［英文本］"置于中文书名之后予以标示，同时附录作者英文名及英文书名，如"《国际法上不平等条约之废止》［英文本］……曾友豪著，Y. H. Tseng：*The Termination of Unequal Treaties in International Law*"。③ 根据该书目，我们进行了统计，商务印书馆出版的各类英文图书种数④见表 1。

表 1　1949 年以前商务印书馆出版的英文图书

分类	种数（种）	占比（%）	备注
总类	4	0.56	图书馆学及总论类图书，如 C. W. Taam，*The Development of Chinese Libraries Under the Ching Dynasty, 1644-1911*（谭卓垣《清代图书馆发展史》）；K. H. Kiang，*On Chinese Studies*（江亢虎《中国学术研究》）等

---

① 参见黄芳、张志强《〈中国评论周报〉上的商务印书馆英文广告初探》，《出版科学》2016 年第 6 期。
② 李家驹：《商务印书馆与近代知识文化的传播》，商务印书馆，2005，第 290~291 页。
③ 《商务印书馆图书目录（1897~1949）》，商务印书馆，1981，第 55 页。
④ 商务印书馆出版的各类英语读物及教材，每种图书不止一册，有的包含 2~8 册，如周越然编的《英语模范读本》有 3 册，王云五、李泽珍编的《综合英语课本》（初级中学用）含 6 册。表 1 只统计英文图书种数。

续表

分类	种数（种）	占比（%）	备注
哲学	6	0.84	哲学类图书，如 Sverre Holth, *Micius*（霍砍《墨子》）；Fung Yu-Lan, *A Comparative Study of Life Ideals*（冯友兰《人生理想之比较研究》）等
宗教	6	0.84	宗教类图书，如 S. C. Lee, *Popular Buddhism in China*（李绍昌《中国民间佛教》）；K. L. Reichelt, *Truth and Tradition in Chinese Buddhism*（艾香德《中国佛教源流考》）等
社会科学	86	12.04	各类外国社会科学著作及中国政治、外交等研究著作，如 K. C. Wu, *Ancient Chinese Political Theories*（吴国桢《中国古代之政治思想》）等
语文学	252	35.29	各种英语字典辞典、英语教科书、英语文法、会话、作文、造句书等，如 T. H. Sze, *How to Use the Prepositions Correctly*（施督辉《前置词用法大全》）等
自然科学	26	3.64	中学及大学物理、化学、生物学教科书等，如 G. R. Twiss, *Science and Education in China*（推士《中国之科学与教育》）等
应用技术	34	4.76	如军事工程、英语速记、财会等，如 H. F. Chou, *Laboratory Exercises Chemical Welfare*（周厚复《军用化学实验教程》）等
艺术	11	1.54	中外艺术类图书，如 John C. Ferguson, *Survey of Chinese Art*（福开森《中国艺术综览》）；Shevtzoff, *Method for Violoncello*（舍甫磋夫《大提琴教科书》）等
文学	246	34.45	英美、中国文学作品等，如 Tseu Yih Zan, *Some Books and Some Writers*（周越然《文学片面观》）；Lu Shun, *The True Story of Ah Q*（鲁迅著，梁社乾英译《阿 Q 正传》）等
史地	43	6.02	历史、地理、人物传记、游记类著作，如 C. P. Barkman, *A History of the World War Period*（巴尔曼《欧战时代世界史》）；K. K. Lee, *My Trip to the States*（李克坤《美国旅行记》）等
总计	714[①]	100	

①孙轶旻在《近代上海英文出版与中国古典文学的跨文化传播（1867~1941）》一书第一章第二节的"（三）商务印书馆西文书籍出版情况"中统计到的西文书籍出版总数为 768 种。该统计数字涉及英文、日文、德文及法文等西文书籍种类；本文统计到的英文书籍约 714 种，说明英文出版在商务印书馆的外文出版中占据绝对主导地位。参见孙轶旻《近代上海英文出版与中国古典文学的跨文化传播（1867~1941）》，上海古籍出版社，2014，第 35 页。

　　由表 1 可知，商务印书馆出版的英文图书种类非常丰富，涵盖每一个图书类别。相较而言，"语文学"与"文学"两类占比达到七成，其中英国及美国语言文学图书又是重中之重，显示出英语语言学习类及文学作品类图书是商务印书馆英文出版的主要领域。"社会科学"图书数量也较多，商务印书馆通过出版"社会科学名著选读丛书"，全面引入外国各类社会科学经典著作，对建构中国现代社会科学学科体系起到了借鉴作用。该类别中还包含大量研究阐发中国历史和探讨现代时局进展的学术论著。在"自然科学"及"应用技术"两个类别中，商务印书馆顺应现实的需要，出版了大量英文科学教材和商业技术图书，为培养现代科技及商务人才提供了智力支持。在"哲学"、"艺术"及"史地"等类别中，商务印书馆出版了大量展示中国文化精粹、介绍中国地理概貌的英文图书，力图自主向外传播中国文化。

　　从历史发展阶段来看，商务印书馆英文出版大致历经三个阶段：从创办早期至 1914 年前后，主要出版英语学习读物及教科书；自 1915 年以后，在创办《英语周刊》杂志的同时进一步扩展英文出版形态，出版教育部审定的各类英文教材，夯实商务印书馆教材出版基石；进入 1930 年代前后，商务印书馆突破英语学习读物及教材的原有格局，出版各学科的英文著作。

　　从出版形式上看，商务印书馆出版的英文图书可分为两种：一是引进及改版出版的形式，主要是各科教材及外国经典名著，如商务印书馆在 1930 年代通过换用封面、使用原版相同规格的纸张与版式出版美国麦克米伦公司 80 余种教材；[1] 二是自主出版的英文图书，主要是商务印书馆编译所、政府部门及中外学者编撰的英语读物及教材、词典、年鉴、文学作品、学术专著等。这些英文图书的作者不只是外国学者，还包括一大批具有较高英语水平的中国知识分子，如王云五、周越然、邝富灼、冯友兰、林语堂等。相比而言，外国知识与文化的英文图书若属于外国经典名著则大多原版引进或编选出版，而中国知识与文化的英文图书则由中外知识分子撰写或翻译。

　　有研究者认为，"解放前，商务几乎开创了英语书籍的所有类型……像对照读物、注释读物，都是出版史上开先河者"。[2] 英文书刊的出版是商

①　"Standard MacMillan（N. Y）Educational Publications," *The China Critic*，Vol. 2，No. 26，26 June 1930.

②　汪家熔：《商务印书馆与英文书籍》，《英语世界》1982 年第 1 期。

务印书馆出版事业的重要组成部分。借助英文出版，商务印书馆推动现代英语学习热潮，提升了国人的外语水平；同时全面吸纳引入外国知识与文化思想，积极向外传播中国文化，有力促进中西文化双向交流。

三 推动英语学习热潮：英语学习读物、教材及字典的出版

近代中国人的英语学习发端于外国传教士在香港、上海、福州等地开设的各类学校，这些学校使用英语作为交流用语，促进了英语在中国的接受与普及。与此同时，在清政府的授意与推动下，京师同文馆、上海广方言馆、广州同文馆等外语学习机构相继成立，专门培养精通外语的人才，用以处理与各国的商政往来。尤其是 19 世纪中期以后，上海、广州、南京等口岸城市，中外商贸往来增加，外国企业及公司也急需各种具备英语能力的人才。到 19 世纪末期，英语学习已形成一种强大的文化需求。商务印书馆积极顺应时代潮流，将原版英文 *Primer*[①] 加入汉语译文进行英汉对照排版，先后出版了 *English and Chinese Primer*（《华英初阶》）、*English and Chinese Reader*（《华英进阶》），"打破了外国传教士编印英语教科书的垄断"，[②] "这两种读本经过几次改译，流行了十几年之久。这是商务印书馆经营出版事业的开端"。[③] 此后，商务印书馆陆续出版了大量英文学习读物、教材及工具书。在《商务印书馆图书目录（1897~1949）》的"语文学"大类下的"英国语文学"中，包含字音学、英汉字典辞典、英语文法、英语字帖、英语会话、翻译、英语初级教科书、英语文选等多种英语学习类图书，可谓种类丰富、门类齐全。

在各种英语学习类图书中，英语教科书及相关配套书占据主体地位，涉及小学、中学及大学各个阶段。小学教科书包含周越然所编的 *New System Series：English Readers for Higher Primary Schools*（《英语教科书（新学制高

---

① "Primer——印度读本（*Indian Readers*）是一套英国人为印度小学生编的教材，原本为全英文，也是谢洪赉译释的《华英初阶》和《华英进阶》的原本。"参见邹振环《创办初期的商务印书馆与〈华英初阶〉及〈华英进阶〉》，《东方翻译》2011 年第 1 期。

② 张英：《〈启迪民智的钥匙——商务印书馆前期中学英语教科书〉绪语及结语》，《出版史料》2007 年第 4 期。

③ 章锡琛：《漫谈商务印书馆》，蔡元培等：《商务印书馆九十年——我和商务印书馆（1897~1987）》，商务印书馆，1987，第 105 页。

小)》），大学教科书包含陈福田所编的 *Freshman Readings in English*（《大学一年级英文教本》）及林天兰、林巽青编的 *College English Readings*（《高等英文选》）等。其中中学英语教科书数量最为丰富，包括以下几种类型："第一类是读本类，课文为主，很少或者根本就不涉及语法等。第二类以语法为主，全书基本按照语法体系排列。第三类是合编类，将课文与语法合编在一起，边学习课文，边学习语法。同时商务印书馆还注意了编辑有不同侧重点英语教科书，如有的侧重作文，有点侧重练习，有的侧重文法。"① 为配合英语教科书，商务印书馆还出版了英语练习簿、字帖、留声机片（包含《英文留声机片课本》②）及字典辞典等英语学习用书，内容涵盖从听力、会话、阅读到翻译、写作等英语学习的各个阶段。英语词典是英语学习必不可少的工具书，据汪家熔《商务印书馆英语辞书出版简史》统计，自 1899 年出版第一部英汉词典《商务书馆华英字典》至 1949 年，商务印书馆先后出版了英汉、汉英、英语成语等各种类型字典词典达 30 余种。③ 其中张世鎏、平海澜等编撰的《求解作文两用英汉模范字典》，"1929 年初版后，极受读者欢迎，不断重印，至 1935 年初，5 年中共印 34 次，后来出版了增订本。至 1948 年 7 月共印 93 次，创造了前所未有的记录"。④

商务印书馆在创办早期开始出版英语学习类图书，不仅拓展了出版业态，也顺应了文化发展的潮流。"商务印书馆创办人的高明之处在于认识到以上海为主体的近代通商口岸已经形成了一大批学堂英语学习者的读者群体，以及事实上已经构建起学习英语的知识场域。"⑤ 到 20 世纪初，"外语和西方学科被正式纳入学校课程，改变了教育大纲的结构"。⑥ 进入 20

---

① 张英：《〈启迪民智的钥匙——商务印书馆前期中学英语教科书〉绪语及结语》，《出版史料》2007 年第 4 期。

② 商务印书馆曾于 1930 年 4 月 10 日、4 月 27 日、6 月 1 日、8 月 12 日在《申报》刊登"英语留声机片"的广告，从中可知商务印书馆曾发售由世界著名唱片厂 Victor 制作的英语唱片，全组六张分为二十课，"专收母音与子音并详示其读法"；课本由胡宪生与发音人合编，包含"汉译与注释及练习问题"。

③ 汪家熔：《商务印书馆英语辞书出版简史》，高翰卿等：《商务印书馆九十五年——我和商务印书馆（1897~1992）》，第 661~671 页。

④ 汪家熔：《商务印书馆英语辞书出版简史》，高翰卿等：《商务印书馆九十五年——我和商务印书馆（1897~1992）》，第 668 页。

⑤ 邹振环：《创办初期的商务印书馆与〈华英初阶〉及〈华英进阶〉》，《东方翻译》2011 年第 1 期。

⑥ 叶文心：《民国时期大学校园文化（1919~1937）》，中国人民大学出版社，2012，第 10 页。

世纪 30 年代，英语已经变成必不可少的一种能力，成为大学乃至高中阶段理工科学习的语言基础；当时大学理学院一年级理科教学书中英文教本所占比例达到 90% 以上，高中普通理科教科书中英文教本所占比例也达到了50% 以上。[①] 商务印书馆通过出版英语学习读物及工具书，既满足了社会上英语学习的需求，促进了中国现代青年英语水平的提升，又有助于他们广泛学习外国知识及文化，推动中国现代文化的发展。

四 多方面引入西学：英语文学、经典名著及科学教材的出版

1920 年代，商务印书馆出版了《世界文学名著》（丛书），通过译介引入世界文学名家名作。在出版译本的同时，还以英文本的形式扩展对外国文学及文化思想的全面吸纳。《商务印书馆图书目录（1897~1949）》"文学"大类中，包含大量的英文图书，除小部分属于文学史及理论书籍，如 *Some Books and Some Writers*（《文学片面观》）、*Books and Ideals*（《书与观念》）、*A Short History of European Literature*（《欧洲文学简史》）等外，其余大部分都是外国作家作品的英文本，分属于"英国文学""美国文学"等小类中。如英汉对照本 *Representative One-Act Plays*（《近代英文独幕名剧选》，罗家伦选译），以及大量英文丛书，如 *Selected English Plays*（《欧美名剧选》）、*English Classics Series*（《英文文学名著》）、*The Stories Reader*（英文故事读本）、*World Folk Stories*（《世界民间故事集》）等。这些英文本图书，既可作为英语学习类图书的有益补充，丰富中国现代青年英语学习的资源，同时又与《世界文学名著》（丛书）的中译本共同建构起全方位、立体化的世界文学宝库，促进了外国文学及艺术思想在中国的传播，推动了中国现代文学的生长与发展。在对名家名作进行传播引入时，商务印书馆力图通过汉译本、英文本以及英汉对照本的形式进行全面译介。如在引入莎士比亚的文学作品时，商务印书馆先后出版了由梁实秋翻译的《马克白》《威尼斯商人》《丹麦王子哈姆雷特之悲剧》等中译本，同时还以英文本的形式出版了郎巴特（F. A. Lombard）教授注释的《莎氏乐府原

---

① 任鸿隽：《一个关于理科教科书的调查（1933 年 7 月 23 日）》，《中国近代思想家文库·任鸿隽卷》，中国人民大学出版社，2014，第 347~349 页。

本》（*The Student's Shakespeare*，该丛书包含《李尔王》《麦克白》《罕姆莱脱》等八种剧作）、邝富灼编选的 *Stories from Shakespeare*（《莎士比亚乐府纪略》），以及甘永龙注释的 *Tales from Shakespeare with Chinese Notes*（《莎氏乐府本事》）、周由廑注释的 *Stories from Shakespeare's Plays*（《莎氏乐曲故事·英文故事读本》）等。这些中英文图书全方面促进了莎士比亚的文学与艺术思想在中国读者中的传播与接受。相较于中译本，英文本图书更具有独特的文化价值与意义。读者在潜移默化的语言感知中能够有效吸纳文化"原汁"，摒弃译者的"误读"与"改写"，更深刻领悟外国文学艺术及思想内涵。

商务印书馆还出版了由中国现代知识分子编选的西方人文社科经典名著英文本。如由王云五、何炳松、刘秉麟主编的 *Selected Standard Books of Social Science Series*（《社会科学名著选读丛书》），收录了钱端升选注的 Aristotle：*The Politics*（亚里士多德《政治学》）与 Montesquieu：*The Spirit of Law*（孟德斯鸠《法意》），张慰慈选注 Rousseau：*The Social Contract*（罗素《民约论》），唐庆增选注的 Mill：*Principles of Political Economy*（穆勒《经济学原理》）等。这些均是有定评的西方人文社科名著，大大拓宽了中国知识分子的视野。

此外，为了满足中国读者对外国社会科学和自然科学不断增长的学习需求，商务印书馆出版了大量该方面的英文版教材。如 1928 年，商务印书馆邀请留学生编选了 *School of Business Series*（《商业科讲义》丛书），首批包含 D. S. Chen：*Commercial Law*（陈霆锐《商法》），Y. C、Chang & F. C. Fang：*Commercial History and Organization*（张原絜、杨逢春等编《商业历史及组织》），S. L. Pan，*Corporation Finance*（潘序伦《公司财政》），C. T. Tung，*Financial Organization*（董承道《财政组织》）等 10 本书，涉及商务经济原理、财务组织、商业法、商务英语等多个领域，涵盖现代商务活动各个环节。商务印书馆曾在《中国评论》上为该套书做广告："商务是一种社会科学，商务课本必须包含当地的社会内容，为了让有抱负的青年人学习现代商务的原理和实践，免去到国外学习的不必要的麻烦，商务印书馆组织出版了该套丛书。"[①] 后来，这套丛书又不断增补扩大，后又增加了 C. L. Chiu，*The Principles of Transportation*（邱

---

① "School of Business Series," *The China Critic*, Vol. 2, No. 3, 10 January 1929.

正伦编《运输学原理》），S. L. Pan, *Bookkeeping and Accounting*（潘序伦编《簿记及会计学》）等。其他学科的如 R. T. Bryan, *An Outline of Chinese Civil Law*（《中国民法纲要》），Shevtzoff, *Method for Violoncello*（舍甫磋夫《大提琴教科书》），A. M. Boring & J. C. Li, *Laboratory Outlines for General Biology*（李汝祺等编《生物学实验大纲》），以及 *Botany*（*Science Primers*）（《科学入门植物学》）、*Geology*（*Science Primers*）（《科学入门地质学》）、*Physics*（*Science Primers*）（《科学入门格致学》）等。

叶圣陶晚年高度赞扬商务印书馆对现代青年的文化启蒙意义，"我的情况决非个别的，本世纪初的青年学生大抵如此。可以说，凡是在解放前进过学校的人没有不曾受到商务的影响，没有不曾读过商务的书刊的"。[①]商务印书馆出版的各种英语文学及科学名著、各学科教材，同样起到了这一作用。它全面推动外国知识文化在中国的传播，有效开拓了中国现代青年的知识视野，推动中国现代知识及文化体系的建构。

五　自主传播中国文化：中国文化译作与中国问题论著的出版

商务印书馆不仅通过英文出版全面引入西学，同时通过英文出版自主传播中国文化。商务印书馆历来重视对中国传统文化典籍的保护与出版，同时也注重传统文化的对外传播。1949 年前，商务印书馆出版了大量中国文化译作与中国问题论著。

中国文化译作主要是中国文化著作的英译本及选译本，如 *Chuang Tzu*（冯友兰《英译庄子》），*Micius*（何沙维《墨子》），*The Li Sao, An Elegy on Encountering Sorrow*（林文庆译《离骚》），*Select Chinese Verses*（翟理斯、韦勒译《英译中国歌诗选》）等。这些著作是将已有的中文著作翻译成英文，供对中国文化感兴趣的读者阅读。其中的一些英文译作，是这一领域的首创之作。如 1926 年商务印书馆出版的 George Kin Leung（梁社乾）翻译的 *The True Story of Ah Q*（《阿 Q 正传》），是鲁迅先生这一著作的最早英文本，扩大了鲁迅著作的域外影响。再如 1939 年出版的 Lin I-chin（林疑今）和 Ko Te-shun（葛德顺）翻译的 *Tramp Doctor's Travelogue*（《老残游记》），

---

① 叶圣陶：《我和商务印书馆》，《出版史料》1983 年第 2 期。

是该小说最早的英文全译本。商务印书馆中国文化译作的出版，展现了当时的文化自信，体现出商务印书馆强烈的文化责任感与使命意识。

中国问题的论著可分为三类。

第一类是阐述历史上中国问题的英文著作。如 H. S. Colt：*The Development of Chjnese Educational Theory*（高尔德著《中国古代教育思想史》）、Theodore E. Hsiao：*The History of Modern Education in China*（萧恩承著《中国近代教育史》）、L. D. Djung：*A History of Democratic Education in Modern China*（钟鲁斋著《中国近代民治教育发展史》）、K. C. Wu：*Ancient Chinese Political Theories*（吴国桢著《中国古代的政治思想》）、C. L. Hsia：*Studies in Chinese Diplomatic History*（夏晋麟著《中国外交史研究》）、John C. Ferguson：*Survey of Chinese Art*（福开森著《中国艺术综览》）、Jamen Moh：*Principles and Stitchings of Chinese Embroidery*（马则民著《中国刺绣术》）、C. W. Taam：*The Development of Chinese Libraries Under the Ching Dynasty，1644－1911*（谭卓垣著《清代图书馆发展史（1644～1911)》）等。这些著作涉及政治、哲学、教育、文学、艺术、历史、图书馆学等多个学科领域，展示了中国文化的悠久历史，扩大了海外对中国文化的了解。

第二类是反映和探讨中国时政的英文图书。如 *Memoranda Submitted by the Chinese Assessor to the Commission of Enquiry of the League of Nations*（参与国际联合会调查委员会编《中国代表处说帖》）、*Ministry of Industry：Silver and Prices in China*（实业部银价物价讨论委员会编《中国银价物价问题》）、Y. H. Tseng：The Termination of Unequal Treaties in International Law（曾友豪《国际法上不平等条约之废止》）、P. C. Kuo：*A Critical Study of the First Anglo-Chinese War with Documents*（郭斌佳《中英初次交战之研究及其文献》）、C. E. Wu：*Chinese Government and Politics*（吴芷芳《中国政府与政治》）、William A. Wong：*Mineral Wealth of China*（王光雄编《中国矿业概论》）、Y. T. Chang：*The Economic Development and Prospects of Inner Mongolia*（张印堂《西北经济地理》）等涉及政治、经济、法律、文化、地理、矿业等领域的英文论著。如 The Termination of Unequal Treaties in International Law 的作者曾友豪在美国霍普金斯大学与哥伦比亚大学获得两个博士学位，时任安徽高等法院院长，该书"首次系统且透彻地研究了不平等条约的本质与历史"，"结尾部分探讨废除不平等条约在中国的理论和现实意义，这

也是这本书写作的主要目的"。① 鸦片战争以后，中国被迫与西方各国签订了各种不平等条约，废止这些不平等条约是中国的迫切需要。曾友豪的论著回应了中国现实呼声，为解决历史上遗留的政治问题提供了学理支撑。吴芷芳的 *Chinese Government and Politics* 一书介绍了中华民国建立前后中国法律和政治的发展，并阐明中国政府建立的基本原则，并揭示中国不平等条约设立的时代情境以及废止不平等条约运动的现实迫切性。上述论著表明，中国现代知识分子力图以英文写作自主探讨及解决中国时政问题，向西方社会传递了中国的声音，表达了中国的态度。尤其是在出版西方学者的中国问题英文论著时，商务印书馆着力强调其东方视角及服务于中国读者的需要，试图摆脱西方文化话语的掌控，建立自主文化话语权。如 1934 年商务印书馆在出版兰彼得（Herbert Day Larnson）的 *Social Pathology in China*（《中国社会病理》）一书时，特别强调了中国立场及视角的重要性，该书主要是"给中国大学生提供一本用来研究中国当今的生活、健康和家庭等各种基本社会问题的选编读本"，其材料来源于"宣传册、报告、论文、专著以及作者进行的个人调查与相关研究数据"，并强调"西方数据只是作为参照背景"。②

　　第三类是从中国角度出发编辑整理各种文献数据的工具书，如 *The Chinese Year Book*（《英文中国年鉴》）等。1935 年由桂中枢主编，蔡元培、王云五、郭秉文等 50 余位各个领域专家联合撰著的 *The Chinese Year Book, 1935-1936*③（英文《中国年鉴》创刊号）由中国年鉴公司资助，商务印书馆出版发行。英文《中国年鉴》的编辑和作者都是中国学者，"不像其他国家处理中国事务表面化的做法"，"该先锋之作努力从中国视角解决中国问题，用中国思维进行阐发，系统化对中国基本层面进行研究。各个作者不仅熟悉相关主题，多年从事专业所属领域，不仅具有独到的品质，同时也占有第一手信息，该书合理保存有关中国和中国人的完整资料"。④ 作为中国人自主编辑出版的第一部内容丰富的英文年鉴，*The Chinese Year Book* 系统、全面地收集和整理了 1935 年至 1936 年中国各个领域的文献资料，

---

① "The Termination of Unequal Treaties in International Law," *The China Critic*, Vol. 5, No. 2, 14 January 1932.

② "New English Publications: Social Pathology in China," *The China Press*, 22 July 1934, p. 14.

③ 该书总共 45 章 1966 页，包含前言、导言、中国地图、历史概览、气候、健康和医药、天文学、出版及中国基督教运动和抗议援助等内容。

④ "The Chinese Year Book, 1935-1936," *The China Critic*, Vol. 12, No. 12, 19 March 1936.

有效保存了各项统计数据。该书强调中国视角与思维，客观展现中国社会各个层面的进展，显示中国政府及学界对中国现代社会发展的自信力。正如《图书展望》在"出版琐闻"介绍该书时所言："聘请国内专家分门撰述，故所采材料力求真确，统计务求详实，较之西人吴德海所编者，其真实性当非同日而语，亦我国出版界之光也。"①

结　语

本文对商务印书馆英文出版活动进行了研究。这一研究不仅可以揭开一段不该被遗忘的出版历史，同时也丰富和拓展了对商务印书馆文化功能及价值的研究。如果仅从"西学东渐"的角度探讨商务印书馆的贡献，似乎遮蔽了其在"沟通中西"过程中的多样化文化功能：如早期英语学习读物及教材的出版对提升现代国人英语能力的文化意义，原版英文教材及外国学术论著的引入助推中国现代文化生成与建构的作用，20 世纪 30 年代以后中国文化及时政论著的出版彰显出的鲜明文化主体意识等。曾任商务印书馆编译所所长的王云五在三十周年馆庆时指出："本馆现处地位，实已超越普通营业机关之上，而对于全国文化负有重大责任。"② 曾在商务印书馆工作过的何炳松先生也认为："本馆深知出版事业关系我国文化前途甚巨，故确定方针，一方发扬固有文化，一方介绍西洋文化，谋沟通中西以促进整个中国文化之广大。"③ 作为近现代出版巨擘，商务印书馆通过出版各类中英文图书，广泛吸纳外国知识与文化，助力中国文化现代性转型，并通过自主出版中国文化典籍英译本与探讨中国时政的英文论著，向外推广中国知识与文化，推动中西文化双向沟通与交流，对 20 世纪中国文化的发展与传播具有非常重要的作用与贡献。在纪念商务印书馆建立 120 周年之际，在中国出版"走出去"的时代背景之下，在中国倡导建立"文化软实力"推动中国文化向外传播的发展潮流中，研究商务印书馆英文出版的文化贡献，亦可为现实呼求提供可资借鉴的历史经验。

---

① 《图书展望》1936 年第 6 期，第 67 页。

② 王云五：《本馆与近三十年中国文化之关系》，高翰卿等：《商务印书馆九十五年——我和商务印书馆（1897~1992）》，第 288 页。

③ 何炳松：《商务印书馆被毁纪略》，高翰卿等：《商务印书馆九十五年——我和商务印书馆（1897~1992）》，第 238 页。

重读《抄写员巴特尔比》：一个"后9·11"的视角

但汉松[*]

巴特尔比或许是梅尔维尔（Herman Melville）带给美国文学最为奇特而经典的异端形象。这个19世纪华尔街的法律抄写员，凭着那句执拗的"我宁愿不"（I would prefer not to），不仅成了文学评论界经久不衰的谜题，也成为当代美国公共生活中的一个反抗符号。"9·11"事件之后，"巴特尔比"这个名字如鬼魂般重返美国大众文化空间，并被左右阵营分别赋予了截然不同的符号意义。前者以亚当·科恩（Adam Cohen）2003年发表于《纽约时报》的那篇社论为代表，当时美军在阿富汗和伊拉克的反恐战场越陷越深，伤亡不断，科恩提醒惧战、反战的美国民众，巴特尔比极端消极的人生方式"尽管纯粹，但站不住脚"，他饿毙的悲剧下场说明"哪怕我们面对的选择都很糟糕，仍有责任尽可能去选最好的那个"。[①] 换言之，在科恩看来，布什政府所推行的全球反恐战略固然有政治道义上的瑕疵，但和巴特尔比的逃避主义相比，却算不上是最坏的那个选项。

另一种截然相反的解读体现在2011年声势浩大的"占领华尔街"（Occupy Wall Street）运动。该运动的灵感之源，正是160年前梅尔维尔笔下的巴特尔比——"这个国家公民不服从的庇护圣徒"。[②] 对那些占领祖科

---

* 但汉松，南京大学外国语学院英语系教授，2015～2016年任南京大学高研院第十一期驻院学者。本文受2013年国家社科基金青年项目"当代美国小说中的9·11叙事"（项目编号：13CWW021）资助。

① Adam Cohen, "When Life Offers a Choice Between the White Wall and the Brick Wall," in *The New York Times*, August 29, 2003。文章刊出后引发了较大反响，Gus Franza在9月3日致信编辑部，说"亚当·科恩的巴特尔比不是我的巴特尔比"。

② Nina Martyris, "A Patron Saint for Occupy," in *New Republic*, October 15, 2011, http://www.newrepublic.com/article/politics/96276/nina-martyris-ows-and-bartleby-the-scrivener.

蒂公园数月之久的街头抗议者而言，巴特尔比与他们同属一个时代，其以看似荒诞、消极的姿态，只身对抗那些透过华尔街去操纵这个国家经济命脉的资本家；而跟巴特尔比相比，他们的对抗不只是抗议某些银行家的贪婪和腐败，也不仅是敦促政府对国家金融系统做出具体改良，他们更重要的目的，是试图激活美国在"后9·11"时代因为反恐战争和《爱国者法案》而日益萎靡的公共政治空间，并如齐泽克（Slavoj Žižek）所言，敢于对整个资本主义体系本身说"不"。① 这种巴特尔比式的公民抗争看似和平温良，却蕴藏了资本主义制度最惧怕的颠覆性，以至于美国的情报机关甚至暗自动用反恐调查机制，将那些街头静坐者视为这个国家潜在的恐怖分子。②

　　短篇小说《抄写员巴特尔比》（*Bartleby*，*the Scrivener*）为什么被赋予如此矛盾而鲜明的当代意义？小说里的这个人物究竟暗藏了怎样的恐怖主义威胁？他又如何触动了纽约恐怖袭击之后美国最迫切而麻烦的议题——"他者"对西方霸权的反抗以及"我们"在全球化时代的伦理选择？对这些问题的回答，首先需要重新回到梅尔维尔的文本，在巴特尔比的文学和历史语境中，窥察作家对美国19世纪中期政治文化中某些元话语的批判。正是在这样的重读中，我们会发现，这篇短篇小说早在19世纪中叶就以惊人的先见之明和深刻的现代性批判，"加入"了当代西方思想界对"9·11"这个重大历史事件的争鸣。

一 "恐怖分子"巴特尔比

　　巴特尔比是一个彻底的谜：他可以是英雄的、弥赛亚般的反体制殉道者，也可以是过于纯洁简单甚至有精神障碍的社会畸人。这个谜之所以难解，不仅是因为故事受限于律师的第一人称视角，而且因为随着故事的发展，这个叙述者对巴特尔比几近隔绝的内心世界仍旧一无所知。换句话说，梅尔维尔故意阻断读者从个体历史及心理现实的维度去认识巴特尔比。既然如此，我们不妨先跳出叙述者所沉湎的认知框架，不再纠结于对他的身份或

---

① 详见齐泽克2011年10月11日在祖科蒂公园对"占领华尔街"运动参与者的演讲，http://criticallegalthinking.com/2011/10/11/zizek-in-wall-street-transcript。

② 关于FBI对"占领华尔街"秘密启动的反恐调查，是在运动结束后才逐渐被媒体披露出来的。参见《纽约时报》2012年12月25日的报道，http://www.nytimes.com/2012/12/25/nyregion/occupy-movement-was-investigated-by-fbi-counterterrorism-agents-records-show.html。

行为做出理性解释，而是从巴特尔比体现的消极反抗出发，将他视为当代恐怖分子的某种原型（prototype）。不过，必须明确的是，此处的"恐怖分子"（terrorist）一词并非"9·11"之后大众媒体约定俗成的用法，而是一个在历史空间中处于意义混沌地带的能指，剥除了对"恐怖分子""恐怖主义"这些概念的媒体偏见和观念预设。德里达在"9·11"之后不久的一次采访中就曾指出，"恐怖分子"并非不证自明的概念，它在语义学上具有不确定性——譬如那些在某些文化政治空间里被视为不可饶恕的暴徒，在世界上其他地方或其他时代却被当作"自由战士和民族独立的英雄"。①

那么，这个瘦弱苍白、手无寸铁的华尔街文员究竟在何种意义上构成了当代恐怖分子的原型呢？首先，我们需要在历史层面考察巴特尔比对华尔街及其背后象征的美国造成了何种冲击。作为律师事务所的雇员，他开始时是拒绝承担抄写之外的工作，包括校对、送信等看似分内的文员职责，后来则干脆拒绝一切抄写任务。遭到解雇后，他仍拒绝离开办公室。在西方左翼思想家哈特（Michael Hardt）和奈格里（Antonio Negri）看来，对劳动的拒绝虽然在劳工史上有着悠久的传统，但巴特尔比做得更为极端而激进，因为他不只是简单违背雇佣者权威，而是在无理由的前提下拒绝一切工作任务。②联系19世纪中期美国的历史现实，不难发现巴特尔比的罢工之举既非毫无征兆的突发奇想，也不是怪僻罕见的个体行为。随着资本主义制度在19世纪美国北方的迅速崛起，华尔街在19世纪50年代已初显金融中心的雏形，不断增长的商业市场急需越来越多的法律服务。在尚未进入机械复制时代的华尔街律师事务所里，雇佣抄写员来复写合同文本就成了繁重的办公室劳动。在那个年代，法律抄写员与现代意义上的律所白领工作迥然不同，它不仅位于律师行业劳动的最低端，而且也不像传统的行业学徒体系那样，存在阶级流动或职业进阶的空间。巴特尔比只是曼哈顿巨大劳动市场的廉价供给品，从事着卑贱繁重、极度乏味的体力劳动；这些被异化的抄写员"充其量就是人肉复印机——而且，为了提高效率，他们越是非人化越好"。③巴特尔比平日里以姜饼为食，寄住在办公室，这种状态恐怕也不单单隐喻了卡夫卡的《绝食艺人》（*A Hunger Artist*,

①　Giovanna Borradori, *Philosophy in a Time of Terror: Dialogues with Jürgen Habermas and Jacques Derrida*, Chicago: University of Chicago Press, 2003, p.104.

②　Michael Hardt and Antonio Negri, *Empire*, Cambridge: Harvard UP, 2000, p.203.

③　Andrew Delbanco, *Melville: His World and Work*, New York: Vintage, 2005, p.214.

1922）中艺术家的精神危机，[①] 更体现了在极其贪婪的华尔街新兴资本主义倾轧下，一个无依无靠的城市无产者的赤贫现实。

　　巴特尔比的行为和言辞或许是独特的，但他以绝对的消极姿态来抗拒商业社会的主宰，却毫无疑问带有鲜明的时代性，因为"停止为律师工作是他摆脱资本主义生产模式下自身异化的第一步"。[②] 值得注意的是，巴特尔比的这种抗争固然不是流血的革命暴力，却和当代"9·11"恐怖分子一样，具有高度的象征性和自毁性——两者都选择了纽约曼哈顿的资本主义金融地标，而且都如鲍德里亚（Jean Baudrillard）在《恐怖主义的精神》中所说的，选择以自身的死亡为终极武器。[③] 在被投入纽约监狱后，巴特尔比拒绝了律师的帮助，毅然选择停止进食直至饿死。他的自杀虽然不如人弹袭击那般暴烈，但仍然对旁观者（如目睹其死亡的叙述者和故事阅读者）具有骇人的精神杀伤力。当然，从马克思的历史唯物主义角度来看，巴特尔比的这种"独狼式"自杀袭击效果有限，因为它既未引发法律抄写行业的集体罢工，也并未暴露在大众媒体的视野之下，对华尔街及背后的资本主义制度并无实质影响。尽管哈特和奈格里认同这种工人日常生活层面以怠工（slacker）为特色的反抗模式，并认为它开启了一种"解放的政治"，但同时认为巴特尔比的逃离式抗争仅仅是一个开端，因为"这种拒绝本身是空洞的"，它孤独地悬停在自杀的深渊边缘，未能"创造一种超越拒绝的新的社会肌体"。[④] 无独有偶，当"占领华尔街"运动的参与者们将巴特尔比奉为圭臬时，他们也受到了类似的批评，即"抗议者们沉浸于某种消极的反对中，却无法提供任何连贯或一致的替代方案"。[⑤]

　　如果对当代西方马克思主义来说，巴特尔比作为历史空间的"革命者/恐怖分子"尚缺乏建构性的主体叙述，还不足以实现社会变革的冲击力，那么德勒兹（Gilles Deleuze）和阿甘本（Giorgio Agamben）等人则从语言

---

① 钱满素认为，卡夫卡和梅尔维尔的这两个短篇小说都隐喻了艺术家自身的精神困境，并从艺术创作与社会的关系方面对二者做了平行阐释（参见钱满素《含混：形式兼主题——〈文书巴特尔比〉与〈绝食艺人〉的联想》，《外国文学评论》1991年第3期）。

② Kevin Attell, "Language and Labor, Silence and Stasis: Bartleby among the Philosophers," in *A Political Companion to Herman Melville*, Ed. Jason Frank, Lexington, Kentucky: University Press of Kentucky, p. 210.

③ Jean Baudrillard, *The Spirit of Terrorism and Other Essays*, New York: Verso, 2003, p. 20.

④ Michael Hardt and Antonio Negri, *Empire*, p. 204.

⑤ Russ Castronovo, "Occupy Bartleby," *The Journal of Nineteenth-Century Americanists*, 2.2 (Fall 2014), p. 260.

哲学的视角，深入观察到了巴特尔比"语言-句法层面的暴力"对华尔街、美国乃至整个西方人文话语霸权的破坏。① 那句"I would prefer not to"实际上是不可译的，它在英语内部的存在方式也极为紧张。德勒兹对此有一个经典的分析，他发现，巴特尔比不断重复的这句话其实暗藏着语言学上的恐怖暴力，这种"暴力"体现在一种只属于巴特尔比的句法程式（formula）中，它是"破坏性的，毁灭性的，所到之处一切都荡然无存"。② 进一步说，德勒兹认为这句表达的程式是"无语法的"（agrammatical），它对语言-话语规范的僭越存在于三个方面：第一，它是一种不合乎当时美式口语习惯的句式，prefer 的这种用法殊为怪异（这种情况下更常用的是 rather）；第二，它的措辞也不符合当时办公室语言交流的语域（register），是刻意为之的个人风格；第三，从奥斯汀"言语行为"理论的角度来看，它发生在律师对下属指派工作的语用情境下，巴特尔比的这种回答既非直截了当的拒绝，也不是对命令式语言的服从，而是消解了雇主语言中携带的施为性，让言语行为无所适从，或用德勒兹的话说，这个句式"在语言内部创造了一种真空"，③ 它既非述事性的（constative），也非施为性的（performative），无法被归类。所以，巴特尔比语言上的可怕之处在于，他"完全对言语行为的一切必要条件熟视无睹，从而不仅严重削弱了言语行为本身的逻辑，也悖逆了社会契约中的一切常规"。④ 阿甘本同样从"我宁愿不"的语言程式入手，但结论殊为不同。德勒兹认为梅尔维尔以巴特尔比的奇特语言建立了一种属于自己的"小文学"（minor literature），而阿甘本则认为该句式最深刻地体现了这个抄写员所蕴藏的"潜能"（potentiality），"在西方文化史上，只有这个句式如此决定性地悬停在肯定与否认、接受与拒斥、给予与拿走之间"。⑤ 巴特尔比停止抄写或

① Kevin Attell, "Language and Labor, Silence and Stasis: Bartleby among the Philosophers," p. 196.

② Gilles Deleuze, "Bartleby; or, the Formula," in *Essays Critical and Clinical*, trans. Daniel W. Smith and Michael A. Greco, Minneapolis: University of Minnesota Press, 1997, p. 70.

③ Gilles Deleuze, "Bartleby; or, the Formula," in *Essays Critical and Clinical*, trans. Daniel W. Smith and Michael A. Greco, Minneapolis: University of Minnesota Press, 1997, p. 73.

④ Kevin Attell, "Language and Labor, Silence and Stasis: Bartleby among the Philosophers," p. 200.

⑤ Giorgio Agamben, "Bartbleby, or on Contingency," in *Potentialities: Collected Essays in Philosophy*, edited and translated by Daniel Heller-Roazen, Stanford, CA: Stanford University Press, 1999, p. 256.

拒绝离开，是因为他"引而不发"的能力无须靠意欲来实现，"我宁愿不"让可能性同时指向存在和不存在。概言之，在哈特和奈格里认为巴特尔比对制度的拒绝体现为"无能"的地方，德勒兹和阿甘本却发现了一种强大而可怕的力量，这种力量分别指向另类文学的语言建构和一种超越个体意志的上帝潜能。

　　与巴特尔比共处文本内的其他人物也许无法如现世哲学家这般洞悉"我宁愿不"的力量，但梅尔维尔依然展现了他们对巴特尔比的这种语言感到震惊进而感到恐怖的过程。律师-叙述者第一次听到这句话，是他请巴特尔比帮助校对一份文件，对方的那句"我宁愿不"让他大感诧异，于是他重复了一遍命令，得到的却仍旧是同样的回答。律师本可以将巴特尔比当场开除，但是他从这个抄写员的脸上看不到"哪怕一丁点不安、愤怒、不耐烦或粗鲁"。[①] 这种与正常人截然不同的言语方式让律师悬置了愤怒，并在之后不断尝试与其沟通和解，失效后才渐渐由愤怒转成了惧怕。律师意识到，巴特尔比有一种"如死尸般的绅士式漠然"（cadaverously gentlemanly nonchalance），这对叙述者"产生了一种奇怪的影响"，以至于"不仅使他消除怒气，还陷入了颓丧"（p.16）。他也"开始不由自主地在任何不恰当的时候使用'prefer'这个词"，并且"战栗地想到，我和这个抄写员的接触已经严重影响了我的思维方式。它还会带来更多、更深的异变吗？"（p.20）巴特尔比的句式还如同传染病一样影响了办公室其他雇员，绰号为"钳子"和"火鸡"的同事也不自觉地学着用"宁愿"来回应老板（p.21）。律师最终无计可施，只好决定搬离原来的办公室，留下巴特尔比一人在那里盘桓不去。这些文本细节说明，巴特尔比对华尔街的抵抗虽然是个体的、消极的、非暴力的，但其影响绝非普通的怠工、旷工可比拟。哈特和奈格里的解读仅仅关注了巴特尔比对工作和权力的拒绝，没有看到故事中真正产生震慑性力量的并非来自劳动者的说"不"，而是抄写员将这种拒绝诉诸语言时所选择的罕见方式。正是这种古怪的表达方式和死亡般的沉默，构成了巴特尔比这个"恐怖分子"投向华尔街的"炸弹"，从而将恐怖与不安植入大众的语言和思维层面。巴特尔比势单力薄地说"不"，自然无法真正威胁资本家们的生产力；他的恐怖力量是以更

---

　　① Herman Melville, "Bartleby, The Scrivener," in Dan McCall, ed., *Melville's Short Novels*：*A Norton Critical Edition*, New York：W. W. Norton & Company, 2002, p.11. 后文凡引自本著作的引文，只在括号内注明页码。

为隐性的方式，指向了华尔街及背后那个美国所信仰的话语体系和认知范式。

这种从语言到精神层面的破袭之所以能实现，表面上看是这位华尔街异类在语言程式上的怪诞或出格，但究其根本是因为巴特尔比"不依假设行事，而从偏好出发"（p.23）。这里，假设（assumption）与偏好（preference）区别了律师所代表的普通人和巴特尔比的思维方式。前者是一个资本主义制度下的理性人行为的先设，它假定了某些常识性的原则和逻辑，譬如"被雇佣者应该按契约提供劳动服务""拒绝工作应该提供合理的解释""被解雇的员工在获得合理补偿后应该离开雇主拥有合法产权的空间"等。在以如此"假设"为理念的资本主义制度下，不工作或消极生产都曾被视为一种犯罪行为（如"流浪罪"和"游手好闲罪"）。这些被律师视为不证自明的"假设"，源自19世纪美国的理性公民所笃信的"新教主义契约精神"、"放任主义"（laissez-faire）、"仁爱"（charity）、"谨慎"（prudence）等一系列的元话语，它们是《五月花号公约》（*The Mayflower Compact*）和欧陆启蒙运动共同滋养下的美利坚共同体的思想基石。然而问题是，巴特尔比并不接受这些假设，他是在这些元话语之外追求和实践个体的消极自由，其"偏好"的出发点不是任何常识或传统，而是属于个体独有的意志，并且这种意志不接受任何外在条件和规则的束缚。换言之，巴特尔比是理性人的反面，他站在整个西方启蒙传统的门外，属于德里达所谓的无法被同化、被理解的"彻底他者"（completely other）。[1]

二　另一种"双子塔"的倒塌

梅尔维尔这个故事绝不仅仅涉及巴特尔比。正如副标题点明的那样，它同时还是一个关于"华尔街"的故事。文本表层的线索是这个抄写员对华尔街所代表的政治经济制度和意识形态的反抗，深层的情节则是"律师-叙事者"对待巴特尔比的转变。对于孤僻、安静的巴特尔比，律师起初感到"纯粹的哀伤和真诚的怜悯"，但随着巴特尔比这种孤独与隔绝不

---

[1]　J. 希里斯·米勒区分了列维纳斯和德里达所分别讨论的两种"他者"概念，前者是另一种意义上的相同性，这种他者具有被理解、被同化的可能；后者是极端的、真正的差异性，无法被理解、主宰或控制，是不具有任何通约性的他者（参见 J. Hillis Miller, *Others*, Princeton New Jersey: Princeton University Press, 2001, pp.1-2）。

断超出了他的想象，"那种哀伤融合成了恐惧，而那种怜悯则变成了厌恶"（pp. 18-19）。如果说作为"恐怖分子"的巴特尔比所体现的彻底他者性是拒绝阐释的，那么律师所经受的思想性"袭击"却有着清晰可辨的轨迹。所以，本节将论述的重点从巴特尔比转移到律师身上，从"被袭者"视角分析律师所产生的"恐惧"（fear）和"厌恶"（repulsion）以及背后的效应。在与巴特尔比遭遇的过程中，他心中被撞击的"高塔"与世贸中心一样，有着高度象征性的双生结构。莉安·诺曼（Liane Norman）很早就认为，律师所代表的人群被两种东西庇护，分别是"放任主义的民主制度，与基督教的价值准则"。① 如果结合布鲁克斯（Van Wyck Brooks）和丹尼尔·贝尔（Daniel Bell）的著名说法，② 进一步将前者视为指向实用（utility）的美国资本主义制度及新教伦理，那么，它代表了更为世俗性的"南塔"；对于后者，则可理解为指向天命（providence）的清教主义，它代表了更为超验性的"北塔"。面对巴特尔比对华尔街的入侵与反抗，律师正是辗转于这两套思想话语中，以寻求解释和应对之策，但最终发现这座"双子大厦"已陷入岌岌可危之中。

实用主义（pragmatism）是贯穿于整个美国文化传统的"深层文化模式"，但诚如盛宁所言，这个实用主义并不是一种思辨哲学，而是"一种看待世界的方式，一种思想方法和处世的原则"。③ 这种实用主义的代表人物是本杰明·富兰克林，他通过《自传》书写了一个新教徒的实用主义典范。对富兰克林而言，行为判断的首要标准就是是否"有用"（usefulness）。律师对于"有用"和"有利"的极端追求，从故事一开始就通过自述昭告于读者了。叙述者承认，他从少年时代开始就坚守这样的信念，即"最容

---

① Liane Norman, "Bartleby and the Reader," in *The New England Quarterly*, 44. 1（1971），p. 23.

② 在《美国的成年》中，布鲁克斯提出将美国文化的源流分为"高眉"和"低眉"两种，分别由乔纳森·爱德华兹和本杰明·富兰克林所代表（参见 Van Wyck Brooks, *America's Coming of Age*, New York：B. W. Huebsch, 1915, pp. 6-14）。丹尼尔·贝尔在《资本主义的文化矛盾》中进一步发展了此说，认为两人分别代表了维系美国资本主义社会传统价值体系的两轴，即"新教伦理"（the Protestant ethic）和"清教秉性"（the Puritan temper），前者是清教的、直觉的、超验的，而后者讲究实用，追求世俗成功（参见 Daniel Bell, *The Cultural Contradictions of Capitalism*, New York：Basic Books, 1978, pp. 55-60）。

③ 盛宁：《传统与现状：对美国实用主义的再审视》，《美国研究》1995 年第 4 期。值得注意的是，美国的实用主义很大程度上脱胎自英国的功用主义（utilitarianism），两者在伦理学上意义差别不大。

易的生活就是最好的"（p.4）。于是，在这个原本麻烦、纷争不断的律师行业，他从不接手需要出庭面对陪审团的案子，而只是安于"为富人处理债券、抵押和产权证明"（p.4）。而对于"钳子"和"火鸡"这两个职员的使用，更深刻地体现了律师的实用主义精神。人到中年的"火鸡"虽然在上午工作勤勉，但喜欢在午饭时喝酒，所以午后一身酒气，效率大打折扣；二十多岁的"钳子"野心勃勃，消化不良和暴躁脾气使他上午表现很差，但过了中午就会大有收敛。律师在分配工作时就利用两人的这些特点，让他们实现互补，从而顺应环境，达成"良好的自然安排"（p.8）。在招聘巴特尔比时，律师同样依据了实用性这条原则，因为他发现巴特尔比性格极其沉静，这种"不好动"的特点能大大提高抄写效率，而且也能遏制"钳子"和"火鸡"的不稳定因素。事实上，最初的几个星期，巴特尔比从早到晚如饥似渴、任劳任怨地抄写，他这种"沉默、苍白、机械地抄写"使其成了律师事务所最具实用性的肉体机器。所以，当巴特尔比开始以"我宁愿不"来拒绝参与校对时，律师一直保持隐忍，很重要的考虑就是他这台"抄写机"曾展现惊人的实用价值。律师自我安慰说，"他对我有用，我能和他相处"（p.13）。他甚至认为自己的特长就在于能协调"钳子"、"火鸡"和巴特尔比身上的怪癖，并将这些雇员的实用性最大化。当巴特尔比发展到拒绝一切抄写工作时，律师思考判断的出发点依然是"成本-效益分析"（cost-benefit analysis）。[①] 他不断提醒自己这一切也许是巴特尔比暂时的、不自主的喜怒无常，一旦恢复，此人仍对自己有相当的商业价值（p.15）。

　　由此可见，巴特尔比的"我宁愿不"之所以让律师感到不可理喻，不是因为前者拒绝工作这么简单，而是因为他从根本上排斥让实用性成为自身行为的逻辑。譬如在律师看来，拒绝参与互校就极不明智，因为它不仅是本职工作，而且是一种互助互利，可以减少本人抄写时的劳动负荷（p.12）。同样，在巴特尔比的视力似乎已无大碍时，他却拒绝恢复抄写，这种做法不仅是在对抗劳役，更是粗暴地扼杀了自己身上蕴藏的价值潜能。在巴特尔比入狱前与律师的最后一次对话中，律师还是竭力帮助他恢复自身的有用性，以实用主义的角度建议他去当文员、酒保或催款员，

---

① Andrew Knighton, "The Bartleby Industry and Bartleby's Idleness," in *ESQ: A Journal of the American Renaissance*, 53.2 (2007), p.190.

因为这些工作符合巴特尔比的性格特点，或有益于他的身体。律师甚至用一句话概括了资本主义社会中"有用性"的二元法则："要么你就必须做事情，要么你就必须面临惩罚。"（p. 29）这个惩罚的具体体现，就是 19 世纪 50 年代纽约市殊为严苛的《流浪法案》（The Vagrancy Act）。在当时游民众多的曼哈顿，流浪被视为一种严重危害城市道德的犯罪行为，一旦被认定是无家可归的流浪者，就将被投入收容所或监狱；而对巴特尔比这种习惯以"我宁愿不"来面对一切的人，他在监狱中的刑期很可能是长期的。① 停止抄写的巴特尔比不啻将自己塑造为彻底的"无用之人"，而最终触犯资本主义"天条"的并非他的各种禁欲式怪癖，恰恰是他自我选择的这种无用性。韦伯（Max Weber）在《新教伦理和资本主义精神》中阐明了 18 世纪和 19 世纪的美国资本主义如何将道德完善同经济追求融为一体，巴特尔比却用"非生产的空闲"（unproductive idleness）暴露了"这种工作伦理以及启蒙运动中追求确定性的局限"。② 于是，巴特尔比以自己的存在方式，打碎了律师心中一直秉承的实用主义前设，也让后者恐怖地意识到，资本主义的内在矛盾恰恰是以"生产力"为普适价值标准去衡量人类活动。③

与富兰克林式实用主义相对的，是一种爱德华兹（Jonathan Edwards）式的清教主义精神。当律师发现已无法以实用主义的行为哲学将巴特尔比带入资本主义社会的理性轨道，甚至连自己的华尔街价值体系都开始摇摇欲坠时，这个法律人开始转向美国文化中的另一种精神传统以寻找出路——不是去拯救巴特尔比，而是将自己从可怕的怀疑中打捞出来。这个关键的转变，发生在被辞退的巴特尔比拒绝离开办公室之后。极为沮丧的律师开始阅读爱德华兹的《论意志的自由》（Inquiry into the Freedom of the Will）和普利斯特里（Joseph Priestley）的《必要性的哲学原则》（The Philosophical Doctrine of Necessity）。这两部美国 18 世纪的经典思想文献让律师以不同的认知范式来看待"意志"和"必要性"。用清教术语来说，巴特尔比带给律师的麻烦是"前世命定的"（predestinated），是一个源自上帝的"天命"，不是律师这样的"凡人可以参透的"（p. 26）。同时，巴特

---

① Robin Miskolcze, "The Lawyer's Trouble with Cicero in Herman Melville's 'Bartleby, the Scrivener," in *Leviathan*, 15. 2（June 2013），pp. 47-48.

② Andrew Knighton, "The Bartleby Industry and Bartleby's Idleness," p. 186.

③ Andrew Knighton, "The Bartleby Industry and Bartleby's Idleness," p. 199.

尔比的怪诞并非出于这个抄写员的个人意志，因为在爱德华兹和普利斯特里看来，根本不存在独立自由的个人意志。[1] 既然如此，律师就能从清教的神学目的论中获得自我慰藉。于是，他将巴特尔比视为一个天启，甚至是耶稣般的弥赛亚，[2] 告诫自己要通过与巴特尔比的交往，完成一次神授的"使命"（mission），并借此窥察"自己生活中前世命定的意义"（p. 26）。在这样的思想框架下，律师不再强迫自己去理解巴特尔比，也不再寻求用理性、实用的规则来处理自己和巴特尔比的关系。然而，这种从清教主义那里寻获的精神平衡只是暂时的。律师很快发现，就算自己能一直宽容并接纳巴特尔比，来律师事务所办事的其他人也会无法容忍这个幽灵般的存在（他们同样在差遣此人跑腿时遭到了莫名拒绝）。律师担心华尔街法律圈对巴特尔比的议论将威胁到自己律所的名誉，于是，他决定搬离原办公地点，将巴特尔比留给那个用《流浪法案》规训流民的社会，任其自生自灭。

显然，美国文明双生结构的另一端也未能帮律师摆脱精神危机，但值得注意的是，虽然梅尔维尔提到律师周末会去教堂听布道，也提到他苦闷中翻看爱德华兹，但律师其实并不具备真正的"清教秉性"。对律师而言，以"天命"论来注解自己与巴特尔比的关系，不仅是一种权宜之计，也是他实用主义精神的再度体现。正如富兰克林对于宗教的态度那样，信仰上帝是"有用的"，因为他会惩恶扬善，律师在自述对清教主义思想的依托时，提到的一句话就是"我满意了"（p. 26）。无独有偶，在后现代实用主义哲学家罗蒂（Richard Rorty）那里，人类要追求的不是终极真实，"真理"只是"一个表示满意的形容词的名词化"，它等同于"满意"。[3] 既然是否相信巴特尔比背后的神性只是律师特殊心境下的趋利避害，那么律师对于"选民"背后清教价值观的信仰也注定是选择性的、暂时性的。然而，这绝不是说另一座"大厦"没有倾覆之虞；相反，巴特尔比的恐怖之处在于，他不仅动摇了律师长年浸淫的实用主义主导的资本主义意识形态，也暴露了另一种美国深层价值观的不牢靠。在19世纪50年代的美国，

---

[1]　Walton R. Patrick, "Melville's 'Bartleby' and the Doctrine of Necessity," in *American Literature*, 44.1（Mar. 1969），p. 41.

[2]　一个细节是，巴特尔比对律师说出"我宁愿不"发生在他进入律师事务所工作的第三天。一些评论家认为，这也许暗示了巴特尔比和《圣经》中的耶稣一样，在死后第三天复活。对于前者而言，这种复活意味着一种针对华尔街的反抗意识的觉醒。

[3]　盛宁：《传统与现状：对美国实用主义的再审视》，《美国研究》1995年第4期。

爱德华兹式的宗教精神虽然经爱默生和梭罗的超验主义续上了香火，但是传统清教主义中直觉的、禁欲的秉性早已不再是这个国家的思想共识，它更像是雷蒙德·威廉姆斯（Raymond Williams）所定义的"残余文化"（the residual），在相对边缘和遥远的位置与"主导文化"（the dominant）抗衡，但也不断被后者收编和同化。或借用丹尼尔·贝尔对意识形态的功能主义看法，作为思想体系的清教教义，最后通过超验思想"融入内战后的'斯文传统'"，而作为一套社会实践理论，"它终于演变为社会达尔文主义为猖獗的个人主义和赚钱行为辩护的依据"。① 巴特尔比这个奇特的自杀式袭击者，让律师在世俗社会中秉承的实用主义经济理性发生了内爆坍塌，而在律师逃遁去往清教主义思想大厦的途中，却发现那条超验的纽带其实早就脆弱不堪，两座"大厦"都已陷入深重的危机之中。

三　他者伦理与"后9·11"

当然，无论是作为"恐怖分子"的巴特尔比，还是价值体系遭到重创的律师，他们都只能与"9·11"恐怖袭击构成有限的类比关系。必须承认，巴特尔比用沉默和绝食所践行的公民不服从，与当代极端分子的自杀式暴力恐怖有着重大区别。后者是具有政治目的的杀戮式复仇，以凶残地制造恐怖"景观"为特色；而前者是语言和象征层面的隐性"暴力"，动摇的是帝国表征体系中的话语和精神。然而，这种类比的局限性却并不妨碍《抄写员巴特尔比》成为"9·11文学"的一员，因为它在19世纪50年代所激活的题域，已映射到了作为全球性思想事件的"9·11"以及对该事件的文学再现中。以"后9·11"视角重读这个短篇，我们可以更清楚地窥见双子塔的倒塌并非历史的巨大断裂，而是美国政治文化中深层矛盾的一种延续。这种深层矛盾不仅源自现代性与反现代性的摩擦对抗，也如桑塔格所言，关乎美国作为一个"自封的世界强权"在全球化时代的霸权式存在。② 按德勒兹的结论，身患神经性厌食症的"巴特尔比其实不是病人，而是一个病态美国的医生"，③ 他以自己的死亡为这个国家过去和未来的精神沉疴开出了一份诊断。

---

① Daniel Bell, *The Cultural Contradictions of Capitalism*, p. 61.

② Susan Sontag, "Tuesday and After," in *The New Yorker*, September 24, 2001, http://www.newyorker.com/magazine/2001/09/24/tuesday-and-after-talk-of-the-town.

③ Gilles Deleuze, "Bartleby; or, the Formula," p. 90.

这份诊断关乎"后9·11"时代美国文学最迫切的伦理问题："我们"如何去对待巴特尔比那样的"极端他者"。① 或者更具体地说，"我们"在日常生活中对于这样的"他者"应该承担何种责任，以及宽容的限度是什么。

首先，让我们从"责任"（duty）这个概念入手。律师和巴特尔比构成了一种典型的主体和他者的关系，巴特尔比的他者性（otherness）是一种与律师所代表的"我们"无法通约的他异性（alterity）。如前所述，巴特尔比的价值观和认知方式从根本上迥异于美国的理性主义和实用主义模式，正是这种差异的极端性让律师感受到了思想上的巨大危机。但有趣的是，律师几乎自始至终感到自己对巴特尔比负有某种"责任"，对这种责任的认定、辨析、怀疑直至舍弃，构成了他叙事中的一个重要轨迹。古罗马思想家西塞罗（Cicero）在《论责任》中认为，法律虽然保护个人所拥有的私有财产不被侵犯，但私产拥有者"即使对于陌生人，也应当慷慨地施以那种只是举手之劳且又利人不损己的恩惠"。② 这里，西塞罗一方面强调仁慈和慷慨是人性中最重要的美德，另一方面强调施惠时"必须与受惠者本身值得施惠的程度相称，因为这是公正的基础，而公正这是衡量一切善行的标准"。③ 律师在处理与巴特尔比的关系时，处处体现了西塞罗伦理思想的影响。文中不仅两次提到律师在办公室高处摆放着西塞罗半身像以示崇拜（p. 11，p. 19），而且律师在叙述自己心理活动时也"不断地权衡他对巴特尔比的责任是否值得"。④ 在律师看来，"同为亚当的后代"（p. 17），巴特尔比这个陌生人应该享有被仁慈对待的权利，但按照西塞罗的原则，这种施惠的程度必须与陌生人自身的美德多少相称。起初，巴特尔比的怪异背后展现了禁欲主义的沉静和刻苦，这让律师意识到他必须更谨慎对待自身对于这个陌生人的责任；如果只是粗暴地将他驱逐出办公室，将意味着"将我的西塞罗熟石膏半身像扫地出门"（p. 11）。然而，这种以天平称

---

① Aaron Derosa, "Alterity and the Radical Other in Post-9/11 Fiction," in *Arizona Quarterly* 60. 3 (Autumn 2013), pp. 157-158, p. 160。近年来，西方涌现的研究"9·11"文学的专著大多将"我们"与他者的伦理关系视为"9·11小说"的重要题旨和评价标准，代表性的研究是 Georgiana Banita, *Plotting Justice: Narrative Ethics and Literary Culture after 9/11*；Richard Gray, *After the Fall: American Literature Since 9/11*；Tim Gauthier, *9/11 Fiction, Empathy and Otherness*。

② 西塞罗：《论老年 论友谊 论责任》，徐奕春译，商务印书馆，2003，第113~114页。

③ 西塞罗：《论老年 论友谊 论责任》，第110页。

④ Robin Miskolcze, "The Lawyer's Trouble with Cicero in Herman Melville's 'Bartleby, the Scrivener'," p. 45.

量的方式进行施惠的慷慨，仍然只是一个实用主义的陷阱，因为律师发现，如果将巴特尔比视为无家可归的游民，那么这个抄写员就将面对《流浪法案》的处置，而他本人也就可以被免除西塞罗所论述的那种责任。

通过律师如何看待自己对陌生人的"责任"，巴特尔比对病态的美国所做的"诊断"其实已呼之欲出。表面上看，梅尔维尔笔下的美国中产阶级承认权利自身包含着责任，但是他们对社会中陌生他者的仁慈和慷慨绝不是无条件的。在内战前后的美国，资本主义的发展与南北方的分裂让美国的传统价值体系日益多极化，基督之爱（christian agape）并非如托克维尔所言是当时社会的广泛共识。在马特森（John Matteson）看来，填补当时价值观真空的，其实是一套以"谨慎"（prudence）为关键词的政治和哲学话语：在社会意义上，它表现为温和、有教养、不走极端；在经济意义上，它的内涵就是"密切关注个人利益的最大化"。① 律师最引以为傲的，是来自美国当时的大富翁阿斯托（John Jacob Astor）的称赞，后者认为律师"最突出的一大优点"就是"谨慎"（p. 4）。这样的谨慎表面上看是公正与仁慈的并重，体现了西塞罗有关责任的论述对当时美国社会的广泛影响，但究其根本，是因为它"完美契合了一个新兴的工业化经济的需求"。② 这种充满了实用主义的谨慎，在巴特尔比这样毫不妥协的另类面前，被揭开了虚伪的面纱，也充分暴露了律师在公共空间所追求的仁慈、慷慨和责任有着怎样的可怕局限。巴特尔比代表了一种更为纯粹的人，并作为试金石，检验了律师所代表的资本主义理性人的"文明的野蛮"。

梅尔维尔对贪婪的 19 世纪资本主义社会中"仁慈""谨慎"话语的批判，与"9·11"之后西方思想家对全球恐怖主义及反恐战争的伦理反思遥相呼应。在美国官方意识形态中，"9·11"叙事是一种非此即彼的二元逻辑，即这是"他们"（them）和"我们"（us）的战争，"他们"代表了一种绝对的邪恶，而"我们"则是上帝庇护的自由国度。在某种意义上，这种"我们 VS. 他们"的伦理范式不仅是对亨廷顿所谓"文明的冲突"理论的一种极端化，也是美国政府对源自清教传统的"例外主义"（exceptionalism）神话的一种挪用。因此，正如巴尼塔（Georgiana Banita）警告的那样，曾

---

① John Matteson, "Prudence, Social Consensus and the Law in 'Bartleby, the Scrivener'," in *Leviathan*, 10. 1 (March 2008), p. 26, p. 39.

② John Matteson, "Prudence, Social Consensus and the Law in 'Bartleby, the Scrivener'," in *Leviathan*, 10. 1 (March 2008), p. 36.

经孕育于90年代的多元文化主义（multiculturalism）在"9·11"之后的美国走向了式微，而全世界则在层出不穷的恐怖主义袭扰中渐渐滑向了更深的宗派主义（sectarianism）。① 巴特尔比所代表的"极端他者"在21世纪找到了更多沉默的分身，这些处于文化、经济和政治边缘的"他者"以自毁式的恐怖说出"我宁愿不"的宣言，反抗全球资本主义的同一性压迫。齐泽克更是尖锐地指出，"9·11"事件背后昭示的并不是"自由民主制度"对抗"极端主义"，而是"资本主义和它大写的他者"之间的对抗。②

从伦理的角度来说，"宽容"（tolerance）似乎是"9·11"之后解决宗派主义、极端主义的一剂良药。事实上，宽容一直是启蒙传统中最受推崇的概念，它意味着一种基督教式的仁慈，是对多元化社会中的差异和矛盾的一种主动接受。然而，德里达认为，"宽容"不过是一种父权制的施惠，因为宽容的施予者总是属于"最强者"，他们以居高临下的姿态决定这个国家里的"他者"能否得到宽容，并告知对方"我允许你在我的家中有一席之地，但别忘记这是我的家"。③ 在这样一种宽容传统中，"我们"对于"他者"的接纳是有条件约束的，施予或取消这种宽容有着严格的边界。反观律师对于巴特尔比的仁慈，正是这样一种宽容。它虽然也试图实践对陌生人的爱和责任，却时刻陷入功利主义的算计和父权意识的施恩中。譬如，当律师初次撞见巴特尔比在办公室留宿时，决定偷偷打开他上锁的抽屉探个究竟。为了让这种不道德的偷窥看似合理、合法，律师首先认定自己只是为了满足"一种并非恶毒的好奇心"，然后进一步向读者强调，"这个桌子是属于我的，里面的东西也是"（p.18）。这个细节仿佛是对《爱国者法案》、"棱镜计划"的寓言式反讽：民主制度下我们本应该尊重公民的自由和隐私，但政府为了"反恐"可以对可疑公民或外国人实施非法监听、监控。宽容的这种局限性再次印证了德里达的判断，即宽容其实不过是展现了"主权（sovereignty）美好的一面"，④ 骨子里仍然属于国

---

① Georgiana Banita, *Plotting Justice: Narrative Ethics and Literary Culture after 9/11*, Lincoln, Nebraska: University of Nebraska Press, 2012, p.13.

② Slavoj Zizek, *Welcome to the Desert of the Real: Five Essays on September 11 and Realated Dates*, New York: Verso, 2002, p.54.

③ Giovanna Borradori, *Philosophy in a Time of Terror: Dialogues with Jürgen Habermas and Jacques Derrida*, p.127.

④ Giovanna Borradori, *Philosophy in a Time of Terror: Dialogues with Jürgen Habermas and Jacques Derrida*, p.127.

家对他者的规训。所以，在德里达看来，宽容固然比专制和迫害要好，但并不是解决目前全球恐怖主义危机的文化解药；甚至从某种意义上说，它本身就是西方社会"我们"与"他们"不断加剧的隔阂和敌意的一个历史根源。

那么，比宽容更符合伦理的他者关系模式是什么？德里达认为应该是"好客"（hospitality）。与宽容不同，这是一种不加设限的待客之道。它不是基于主人对客人的邀请，也不预设前提条件（譬如客人必须服从主人家的法律、规范）；相反，它要求主人无条件地向未来任何可能的到访者敞开大门，并与之维持友好、平等的相互关系。① 作为一种更高的道德律令，它赋予了陌生人绝对的权利，确保其不受有敌意的对待，同时主人也将承担因接待来路不明的陌生人、异国人可能招致的危险。德里达承认，"好客"在法律和政治制度上并没有实践的可能性（甚至也可能违背伦理，因为它无法保证主人不受伤害，这与西塞罗有关责任的论述恰好是背道而驰的），但即使如此，我们仍需要从哲学上去思考"好客"的理念，因为"如果没有这种无限的、纯粹的'好客'，就无法明白他者意味着什么，也将无法知道那些不请自来的他者的他异性"。② 概括来讲，德里达认为好客与宽容是异质的，但又不可分割，因为只有通过好客才能对宽容的历史语境和伦理局限进行对位批判。如果说律师对于巴特尔比态度的变化，戏剧性地展现了宽容在美国民主制度中的边界与限度，那么巴特尔比对华尔街固执的占领则是一种对更具纯粹性的好客的吁求。巴特尔比式的极端消极固然在现实生活中不可能有生存空间，但梅尔维尔需要通过这样的文学虚构，让律师所依存的话语系统的弊端得以显形。或者说，巴特尔比用自己的不可能，为叙述者（以及读者）提供了一种反思自身局限的可能。

除了激发"后9·11"时代这些重大的伦理思考之外，《抄写员巴特尔比》本身还构成了一次事件（event），指向了与他者密切相关的伦理行动。从律师的视角看，与巴特尔比遭遇并不断思考这个他者的存在，本身就属于一种经验。在巴特尔比挑战和摧毁律师旧的思维习惯和意识形态的同时，也帮助后者朝着一种新的认识范式迈进，并令后者试图超越自我与

---

① Giovanna Borradori, *Philosophy in a Time of Terror: Dialogues with Jürgen Habermas and Jacques Derrida*, p. 129.

② Giovanna Borradori, *Philosophy in a Time of Terror: Dialogues with Jürgen Habermas and Jacques Derrida*, p. 129.

"他者"的对立。这种"破"和"立"的共生关系最初表现在律师对巴特尔比的同情中。律师看到极度贫困的巴特尔比在周末寄宿于死寂、空荡的华尔街，他"人生中第一次被巨大的悲伤刺痛了"，这种悲伤不仅是同情，更源自"共同人性的联结"（p. 17）。透过律师闪烁其词的叙述，我们不难发现他同样是一个孤独者。他给巴特尔比提供的最后一个建议，就是邀请对方去他家暂住，从而避免因流浪罪被拘。梅尔维尔在故事中从未提及律师的婚姻及家庭状况，但从上述情景中可以猜测他是鳏居或独身，可能与巴特尔比同病相怜。在故事最后，律师提及了一个关于巴特尔比的传言：他曾经在联邦政府的"死信办公室"（Dead Letter Office）做职员，专门处理那些无法投递送达的邮件。在律师看来，这个经历可以为巴特尔比的绝望人生提供一笔注释，正是这些邮件所象征的交流失败和对这些邮件的焚烧，让巴特尔比走向了悲剧宿命论。律师最后嗟叹道："啊，巴特尔比！啊，人性！"（p. 34）这句短篇小说史上伟大的结语，以平行的排比暗示了巴特尔比这个他者对人性的代表。律师的伦理行动也在这句话里得到了展现：他不再将巴特尔比视为人性的反面，而是人性本身；巴特尔比亦不再是"非我"的他者，而是"我"的一部分。律师最后获得的不仅是关于人性如何复杂斑驳的伦理知识，其同样意味着叙述者自我的一次行动。这个行动既是认知意义上的，也是政治意义上的。

梅尔维尔在 19 世纪 50 年代的这种写作，其实呼应了多萝西·黑尔（Dorothy J. Hale）对"后 9·11"时代新的文学叙事伦理的定义，即文学作为"一种自我约束的手段，它不仅为自我设限，而且通过这种限制，制造出了他者"。[①] 这种对他者意识的激发，源于阅读中施加于读者的一种不适感，甚至是负罪感。读者通过这种体验，意识到所谓"宽容"其实是以自我为中心，从而开始反思对他者的责任不应仅是一种超然的友好姿态，更应该是充满自省的关切。对文学和艺术而言，"9·11"事件的一个重要教训，就是发现"我们"对于他者的责任不能局限于列维纳斯意义上抽象的"看见"（seeing），而应该将对他者的再现转化为读者的伦理行动，以应对全球化资本主义时代的文化政治危机。巴尼塔认为，"9·11 文学"的独特性就在于它们对于读者伦理行动的现实要求。这种要求"不是去停止

---

① Dorothy J. Hale，"Fiction as Restriction：Self-Binding in New Ethical Theories of the Novel，" in *Narrative*，15. 2（May 2007），p. 190.

对他者下裁断，而是去表现我们如何在不自知的情况下判断了他人"；同时也必须明白，"仅仅停止裁断他者是无法解决政治危机的"，这种伦理还需要在日常生活中被实践，其中包括去反省和补救"我们"对他者认知的偏见。① 或许正是在这个意义上，《抄写员巴特尔比》以其先见之明，成为当下"9·11文学"中不可或缺的一个篇章。

（本文原载于《外国文学评论》2016年第1期）

---

① Georgiana Banita, *Plotting Justice*：*Narrative Ethics and Literary Culture after 9/11*, p. 26.

以画笺史：从杜米埃的漫画透视法国十九世纪中叶的政治与市民文化

韩伟华*

1865 年尚弗勒里在准备出版《现代漫画史》时致信波德莱尔，希望他为书中所附的杜米埃肖像题诗一首。[①] 诗人欣然应允，三年后这首《题奥诺雷·杜米埃的肖像画》的诗歌被收入《恶之花》中，它可谓是杜米埃这位法国 19 世纪最重要的漫画家的最佳肖像："你手里的画中人，艺术造诣，精妙绝伦，他教我们自嘲，读者，他是智慧巨匠。他善讽刺，而且诙谐；力度入木三分，讽刺邪恶。"[②] 在 19 世纪 30~80 年代的半个世纪里，经历了三场革命的法国人密切地关注过杜米埃的每一幅漫画及其泼辣的题词。不过和绝大多数的漫画艺术一样，杜米埃这位每天早晨使巴黎居民开心，并给他们提供精神食粮的漫画界的拉伯雷，其作品在时过境迁、轰动一时的瞬间效应过后，就被大多数的人遗忘而存入档案之中。在杜米埃生前，只有波德莱尔、雨果、德拉克洛瓦、米什莱等少数有识之士认识到了他那非同小可的分量。好在杜米埃去世后，他在《漫画》（La Caricature）、《喧哗》（Le Charivari）等报刊上所发表的 4000 多幅漫画，已成为 19 世纪法国社会众生相的最佳见证。[③]

---

* 韩伟华，南京大学政府管理学院副教授，2015~2016 年任高研院第十一期驻院学者。

① 参阅 Jules Husson Champfleury, *Histoire de la caricature moderne*, Paris：Dentu，1865。

② 波德莱尔：《恶之花》，爱文艺译，吉林出版集团，2009，第 142 页。

③ 杜米埃的绝大部分漫画是在由夏尔·菲力朋（Charles Philipon）创办的《喧哗》报上刊发的，1833~1872 年他在该日报上发表了近 3400 幅漫画，详见 N. A. Hazard & Loÿs Delteil, *Catalogue raisonné de l'oeuvre lithographié de Honoré Daumier*, Orrouy（Oise）：N. A. Hazard，1904。如今，杜米埃所有的作品都已被编目，并可在专业网站上检索到，详见 http：//www. daumier-register. org。

一　现实政治的哈哈镜

恰如波德莱尔在《论几位法国漫画家》中所言："象所有的革命一样，1830 年革命引起了漫画热。对漫画家来说，那的确是个美好的时代。那是一出恶魔的奇妙喜剧，时而诙谐，时而血腥，所有的政界名流都在其中亮相，穿着五颜六色的、怪诞的服装。"① 波旁王朝被推翻后，在 1830 年七月、八月革命高潮的日子里，歌颂革命的漫画，在巴黎可谓盛极一时。不过，1830 年革命毕竟只是一场对 1814 年的旧《宪章》予以有限修订的温和革命。对此，雨果在《悲惨世界》中有精辟的点评："1830 是一次在半山腰里停下来的革命。半吊子进步，表面的人权……这是 1830 和 1848 的中间站。"② 作为七月王朝首脑的路易·菲力浦，更如海涅所言是"多亏了人民和七月革命时的大街上的鹅卵石才取得王位。但他是一个忘恩负义的人……人民也是一样，重新遭到践踏"。③ 这样七月王朝刚成立不久，就出现了大量讽刺路易·菲力浦政权的漫画也就不足为奇了。

使年轻的杜米埃一举成名并引起轩然大波的，是他于 1831 年 12 月 16 日在《漫画》上发表的名为《高康大》（见图 1）的著名漫画。他在漫画中以著名的"梨形头"来呈现的，正是路易·菲力浦的贪婪嘴脸。国王端坐在巴黎市中心的协和广场，张大嘴不断吞噬人民纳税的血汗钱，犹如拉伯雷《巨人传》中食量惊人的巨人（"高康大"之名即源于此）。④ 一群官吏帮忙搜刮钱财后爬着梯子将钱送往高康大的嘴巴，或如共犯般地躲在椅子下捡便宜；与之形成鲜明对比的，则是一群疲惫饥饿、被剥夺得分文不剩的民众。据考证，杜米埃的这幅名作是受了 18 世纪 90 年代法国革命时期的一幅名为《新高康大的旧筵席》的漫画之启发。在那幅画中，路易十六被画成高康大的模样，和他的家人及近臣坐在一张大桌旁，狂饮狂食从贫穷人民身上剥夺来、全国四面八方送上来的美食。在杜米埃的画中，"资产阶级国王"路易·菲力浦代替了旧制度的末代君主，两幅漫画的讽

① 《波德莱尔美学论文选》，郭宏安译，人民文学出版社，1987，第 330 页。
② 雨果：《悲惨世界》，李丹、方于译，人民文学出版社，1992，第 832 页。
③ 《海涅全集》第 9 卷，赵登荣译，河北教育出版社，2003，第 91 页。
④ 参阅《巴赫金全集》第 6 卷《拉伯雷研究》，李兆林、夏忠宪等译，河北教育出版社，1998，第 321~351 页。

刺效应则有异曲同工之妙。不过也正是这张"七月王朝的新高康大"的讽刺画，使杜米埃以"激发对政府的仇恨及蔑视、侮辱国家元首"的罪名被判处六个月监禁及 500 法郎罚款。①

图 1 《高康大》(1831 年 12 月 16 日《漫画》)

经过申诉，《高康大》的印刷工及《漫画》的出版商被免除了刑罚，唯有杜米埃于 1832 年 8 月底被逮捕。但杜米埃并不为此而后悔，他在监狱中仍坚持创作，并在 1832 年 10 月给友人的书信中宣称："我不但自娱而且娱人，这是为了反对而反对。监狱并不会让我留下痛苦的回忆。"② 狱中严酷的情景，甚至转化成了他创作的题材，《从圣贝拉治看到的……七月的游戏》和《回忆圣贝拉治》就是其中的杰作。虽然政府很快就扣押并销毁了已印刷的《高康大》，大多数民众因此无法看到原作，但法院的判决书却将此画的内容详尽地描述出来，从而间接地将其用意传达给了大众。1833 年初杜米埃出狱后，其接连发表了多幅以讥讽路易·菲力浦为主题的漫画，8 月 31 日刊登在《喧哗》上的《欧洲最伟大的走钢丝演员》就是其中的杰作，画中梨形的路易·菲力浦手握雨伞正试图从塞纳河右岸的市政厅走钢丝跨到左岸去。③ 1834 年 1 月 9 日，杜米埃受提香的名作《关于

---

① Elizabeth C. Childs, "Big Trouble, Daumier, Gargantua, and the Censorship of Political Caricature," *Art Journal*, Vol. 51, No. 1, 1992, pp. 26-37.

② 转引自廖琼芳《杜米埃》，河北教育出版社，2001，第 11 页。

③ 详见 http://www.daumier-register.org/werkview.php? key=161。

谨慎的寓言》（提香在画上题有箴言："过去之经验，教人现在谨慎行事，免得损害未来的活动"）启发，[1] 在《漫画》上发表了名为《过去·现在·未来》（见图2）的路易·菲力浦三面"梨形头"漫画，讥讽国王在七月革命后迅速蜕变。[2] 说杜米埃所画的那个引起诉讼的金字塔形的"梨子"达到了漫画史诗神奇的顶峰，那是一点也不夸张的。"梨子"漫画的传播，使法国出现了大量"梨子大老爷""梨子生理学"之类的打油诗，梨还成了众多小饰品、扣子的制作对象。饭馆招待员在送上梨子时就嗤笑，小孩子则在屋墙上到处画梨子。[3]

图 2　《过去·现在·未来》（1834 年 1 月 9 日《漫画》）

　　杜米埃竭尽所能讥讽国王，"从来没有一个君主像路易·菲力浦那样在自己的首都遭到如此程度的嘲弄"。结果如海涅所言："将来，历史学家

---

① 详见潘诺夫斯基《视觉艺术的含义》，傅志强译，辽宁人民出版社，1987，第 170~195 页。

② 参阅 Constance C. McPhee & Nadine M. Orenstein, *Infinite Jest: Caricature and Satire from Leonardo to Levine*, Yale University Press, 2011, p. 180。

③ 卡利季娜：《十九世纪三十年代的法国政治漫画》，龙新叔译，人民美术出版社，1959，第 47 页。

会给他出具证书，证明他出色地完成了这个角色……他想，谁笑到最后，谁就笑得最美；你们吃不了梨，相反梨会吃掉你们。"① 1835 年 3 月 29 日杜米埃在《喧哗》上发表的《一出情节复杂的悲喜剧之主角》（见图 3），将路易·菲力浦掩藏的本质面目生动地反映了出来。画中国王的民主面具已然脱落，显露专制君主的本来面目，资产阶级市民国王的伪装已被公开抛弃，礼帽被王冠取代，雨伞让位给了国王的权杖，他的脚下则踩着原该保障自由权利的《宪章》。如此看来，路易·菲力浦确实是"一出情节复杂的政治悲喜剧之主角"。②

图 3　《一出情节复杂的悲喜剧之主角》（1835 年 3 月 29 日《喧哗》）

其实，杜米埃创作的讥讽路易·菲力浦的漫画不仅是在对国王本人进行攻击，也是对整个七月王朝政权批判中最关键的环节。当然，杜米埃的讽刺对象并不只是国王一人，1832 年 3 月 8 日发表于《漫画》上的《1831 年的面具》（见图 4），画中围绕在正中间梨子脸路易·菲力浦四周的就是

---

① 《海涅全集》第 9 卷，第 63 页。

② David S. Kerr, *Caricature and French Political Culture，1830 - 1848：Charles Philipon and the Illustrated Press*，Oxford：Clarendon Press，2000，pp. 151-152.

基佐、梯也尔等 14 位七月王朝各派政客的面具。① 从 1834 年初起，《喧哗》还刊登了杜米埃等创作的嘲讽法国当权政客的系列漫画《中庸政府知名人士肖像画廊》。在短短的一个多月内，该报在头版共登载了 100 多幅作品。这些漫画以夸张变形的手法，揭露了当权者的丑恶嘴脸，在民众中引起了强烈的反响。② 1834 年 1 月刊登在《每月石版画集》上的《立法院之腹》，可谓是 19 世纪 30 年代杜米埃在讽刺性肖像画创作上的一次出色小结。此画通过对所谓的人民代表在议院开会场景的描写，把金融贵族代表的讽刺性群像浓缩在一个画面上。恰如波德莱尔精辟地概括的那样："一切思想的贫乏，一切可笑之处，一切智力的怪癖，一切心灵的罪恶，都从这些兽性化的脸上清楚地流露出来，历历如在目前。"③ 此画还不禁让人联想起巴尔扎克 1831 年 4 月 14 日在《漫画》上发表的题为《议会一周》的讽刺文章："会议开始前，好几位议员忙着干自己的事或进行个别交谈。萨尔旺迪先生浏览《巴黎杂志》。雅尔先生哈哈大笑。拉麦特先生在给同事看他的新衣服……梯也尔先生是位特别的财政官，得出的结论是，廉价政府即征税尽量多、开支尽量少的政府。"④

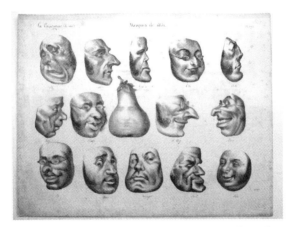

图 4　《1831 年的面具》（1832 年 3 月 8 日《漫画》）

---

① 详见 http：//www.daumier-register.org/werkview.php？key＝42。
② 详见 *Daumier et les parlementaires de 1830 à 1875*，Paris：Assemblee nalionale，1996。
③ 《波德莱尔美学论文选》，第 333~334 页。
④ 《巴尔扎克全集》第 28 卷，王文融译，人民文学出版社，1998，第 516~517 页。

在七月王朝初期，杜米埃的漫画像一支支利箭射向腐朽荒淫的统治者，真实地表达了隐藏在人民心底的情感。1834 年 4 月里昂和巴黎的工人起义失败后，同年 10 月杜米埃发表《唐斯诺南街，1834 年 4 月 15 日》，对统治者的暴行公开抗议。此画以白描的手法刻画了 1834 年 4 月军警射杀一户民宅全家老小的血腥场景。菲力朋在谈到此画时感叹道："这不是漫画，这是用鲜血染红的现代史的一页，是由高贵的愤怒所激发，由一只强有力的手所写的一页。"① 波德莱尔同样赞誉道："那不完全是漫画，而是历史，是平凡的可怕的现实。"② 对于杜米埃在七月王朝初期创作的以《高康大》《立法院之腹》《唐斯诺南街，1934 年 4 月 15 日》等为代表的政治漫画的意义，文杜里做了极好的概括："由政治热情所产生的杜米埃的艺术，是继米开朗琪罗之后，第一个可以上升到民族乃至人类的道德面貌这个高度的艺术……1830 年之后，如果依然象大卫那样继续歌颂古代英雄，是不光彩的；如果象德拉克罗瓦那样埋头于对中世纪或者东方的幻想，就意味着对人类的沉重灾难袖手旁观。而在杜米埃身上则活着人民的精神。"③

二　风俗漫画中的布尔乔亚众生相

马克思在《1848 年至 1850 年的法兰西阶级斗争》开篇犀利地指出："七月革命之后，自由派的银行家拉菲特陪同他的教父奥尔良公爵向市政厅胜利行进时，脱口说出了一句话：'从今以后，银行家要掌握统治权了。'拉菲特道出了这次革命的秘密。"④ 1835 年 4 月 1 日杜米埃在《喧哗》上发表的《接着人民，接着，好人民，这就是你要的》（见图 5），就是对七月王朝将金钱作为统治基础的最佳嘲讽：画中的路易·菲力浦和梯也尔正站在阳台上向底下的民众大把地撒钱，反讽的是人们好像完全无动于衷。颇有意味的是，这幅漫画恰好是在愚人节发表的。⑤

①　转引自卡利季娜《十九世纪三十年代的法国政治漫画》，第 61 页。
②　《波德莱尔美学论文选》，第 333 页。
③　利奥奈洛·文杜里：《西欧近代画家》（上），钱景长等译，人民美术出版社，1979，第 142、146 页。
④　《马克思恩格斯全集》第 10 卷，人民出版社，1998，第 132 页。
⑤　详见 http：//www.daumier-register.org/werkview.php？key=236。

图 5 《接着人民，接着，好人民，这就是你要的》
（1835 年 4 月 1 日《喧哗》）

19 世纪 30 年代前期政治漫画在民间广泛流行，早就使政府惶恐不安。1835 年 7 月底，一批激进分子行刺路易·菲力浦，造成 19 人死亡，国王却幸免于难。这一事件促使当权者认为，出自共和主义活动家之笔的漫画，在舆论上武装了罪恶之手。为了加强统治、钳制舆论，政府在 1835 年 9 月 9 日通过了一项极其严厉的新闻出版管制法令。① 在这之前，1835 年 8 月 27 日《漫画》在登出杜米埃一张寓意深远的《的确，牺牲自己是值得的》漫画后，就被迫停刊了。在这幅画中，七月革命的牺牲者复活了，他们爬出坟墓惊异地注视着国家发生的巨变。这些被安葬在公墓中的无名英雄，愤怒地看着人民遭受迫害。②

1835 年 9 月新闻法令通过后，报刊迫于形势不能再公开发表政治讽刺画。此后的法国漫画主要是社会风俗画，却比以往的风俗漫画更具鲜明的政治色彩。以梨子呈现路易·菲力浦的形象已被当局禁止，艺术家们就创造了一个新的人物罗贝尔·马凯尔（Robert Macaire，又译为罗贝尔·马凯

---

① Claude Bellanger, ed., *Histoire générale de la presse française*, Tome Ⅲ： *De 1815 à 1871*, Paris：PUF, 1969, pp. 111-114.

② 自 1830 年 11 月 4 日创刊至 1835 年 8 月 27 日停刊，《漫画》共刊登了 524 幅漫画，其中 91 幅漫画是由杜米埃创作的。详见 N. -A. Hazard & Loÿs Delteil, *Catalogue raisonné de l'oeuvre lithographié de Honoré Daumier*, pp. 66-78。

勒、罗伯尔·马凯尔）来影射七月王朝的金融寡头们。马克思就曾直言不讳地指出："七月王朝不过是剥削法国国民财富的股份公司，这个公司的红利是在内阁大臣、银行家、24 万选民和他们的走卒之间分配的。路易·菲力浦是这个公司的经理——坐在王位上的罗伯尔·马凯尔。"[①] 1836 年 8 月 20 日，由杜米埃作画、菲力朋撰写说明词的首幅马凯尔系列漫画在《喧哗》上发表。画中马凯尔对其同伙说："让我们成立一家银行，骗全世界的钱！"投机商贝特朗回答道："好是好，不过如果让警察抓住了如何是好？"马凯尔的回答真是对资产阶级社会拜金主义的最佳嘲讽："你真是一头驴，哪位百万富翁被警察抓过？"[②]

之后的两年多里陆续发表的这套连环画似的百幅系列漫画中，马凯尔的形象可以说钻入了资产阶级社会的各个角落。[③] 其中第 78 幅《罗贝尔·马凯尔在杜米埃画室》（1838 年 4 月 8 日刊于《喧哗》）可以说是对整组画的最佳概括，画中马凯尔钻到了杜米埃的工作室，向着他的书桌惊奇地摊开双手道："杜米埃先生，你那套罗贝尔·马凯尔组画是对我们时代中一切欺诈舞弊行为最确切的描写……这是坏蛋们的真实肖像，他们充塞在各个角落，在商界、政界、司法界、金融界到处都是！骗子们一定对您深恶痛绝，而您受到一切正直的人的尊敬。您还没有获得荣誉勋章吗？真是岂有此理！"[④] 显然，诚实、责任、正义这些都没有列入马凯尔这类大人、先生的道德信条中，取而代之的是欺骗、掠夺、卖身求荣和资产阶级市侩所有的其他"美德"。但资产阶级社会中的任何一个马凯尔，只要他在嘲笑旁人就是在嘲笑自己，因为每一个资产者即使在口头上对马凯尔表示愤慨，他还是在步其后尘。[⑤] 在 1835 年后新闻自由被禁锢的时代里，马凯尔系列漫画仿佛是黑暗中的一缕阳光，为此波德莱尔赞誉"《罗贝尔·马凯勒》是风俗画的决定性的开端"。[⑥]

---

① 《马克思恩格斯全集》第 10 卷，第 134 页。

② 详见 http：//www.daumier-register.org/werkview.php? key＝35。

③ 详见 *Les Cent et un Robert-Macaire*，*composés et dessinés par M. H. Daumier sur les idées et les légendes de M. Ch. Philipon*，2 vols，Paris：Aubert，1839。

④ Valérie Sueur-Hermel，ed.，*Daumier*：*L'écriture du lithographe*，Paris：Bibliothèque Nationale de France，2008，p. 72。

⑤ 卡里季娜：《杜米埃评传》，杨成寅、姚岳山译，人民美术出版社，1958，第 41~47 页。

⑥ 波德莱尔：《波德莱尔美学论文选》，第 337 页。

　　1835～1848 年，从表面上看法国社会似乎秩序井然，但这是一种徒有其表的秩序。小市民目光短浅、心胸狭隘的市侩哲学上升为社会生活的主导原则。① 在此期间对市侩道德极端厌恶的杜米埃以《喧哗》为主要阵地，通过上千幅寓庄于谐的风俗画，将七月王朝的内在精神以最传神的方式呈现了出来。他的漫画可谓兼具"阿里斯托芬式的幽默、莎士比亚式的尖锐和米开朗琪罗式的高妙技法"。② 整个路易·菲力浦时代可以说就活在他的作品里，为此"人们公正地把杜米埃的作品称为《人间喜剧》的补充"。波德莱尔确信巴尔扎克本人也会接受这种看法，因为杜米埃不仅是观察家和漫游者，"他常常更接近于小说家或哲学家，他是时势以及时势所暗示的永恒之物的画家"。③ 巴尔扎克这位同样为《漫画》《喧哗》撰文的大师，更是将杜米埃誉为"漫画界的米开朗琪罗"。④

　　如果说巴尔扎克以《人间喜剧》来展现法国社会的众生相，那么杜米埃则是通过数以千计的讽刺漫画给七月王朝描绘了一幅类似的画卷。就反映和把握现实的广度和深度来说，也只有杜米埃的画作能和法国最伟大的现实主义作家的鸿篇巨制相提并论。⑤ 两者内在的精神联系颇为紧密，在对社会现象加以概括和典型化的基础上来深刻反映生活的真实方面也颇为接近。杜米埃不但与巴尔扎克在《漫画》和《喧哗》一起共事过，⑥ 为作家画过一幅肖像漫画，他还在 1843 年和 1853 年创作了 7 幅名为"人间喜剧"的系列漫画;⑦ 而且，杜米埃还为巴尔扎克的《高老头》《食利者的生理图》等十几部小说创作了多幅插画。⑧ 恰如俄国作家别林斯基所言，在一些著作里"文字与插图形成两种天才的联盟，互为辅助，相得益彰……在它们之间，文章可以解释画，画也可以解释文章，不论是文章或

---

① 爱德华·福克斯:《欧洲漫画史（古代—1848 年）》，上海人民出版社，2008，第 367 页。

② 爱德华·福克斯:《欧洲漫画史（古代—1848 年）》，第 340 页。

③ 《波德莱尔美学论文选》，第 476～477 页。

④ Ségolène Le Men，" Le ' Michel-Ange de la caricature '，" in Valérie Sueur-Hermel，ed.，*Daumier：L'écriture du lithographe*，pp. 21～29.

⑤ 详见 Caroline Strobbe，*Lumiere sur L'Arriere-Plan：Caricature et Realisme Chez Balzac et Daumier*，Ann Arbor：UMI，2011。

⑥ 巴尔扎克为《漫画》《喧哗》等报刊所撰写的文章，详见《巴尔扎克全集》第 28 卷，王文融译，人民文学出版社，1998;《巴尔扎克全集》第 29 卷，陆秉慧、刘方译，人民文学出版社，1998。

⑦ 详见 http：//www. daumier-register. org/werklist. php? x_SerieID = 71&z_SerieID = %3D%2C%2C#。

⑧ 详见 Lorraine M. Leblanc，*Les deux Honore，Balzac et Daumier*，Ann Arbor：UMI，2003。

者是画，都是忠实地反映现实的"。①

恩格斯称他"从巴尔扎克的著作里学到的东西要比从所有当时的历史学家、经济学家、专业统计学家的著作里学到的总合还多"。② 这段赞誉巴尔扎克的作品的文字，同样适用于杜米埃的漫画。将杜米埃这些年创作的风俗画汇集起来，就是19世纪三四十年代法国资产阶级生活一部完整的编年史。在《巴黎人》《侧影和轮廓》《单身汉的一天》《夫妇风俗》《善良的资产者》《时下的慈善家》《所有的愿望》《被代表的代表》等系列漫画中，不论是政客的狡诈嘴脸，还是律师、法官的傲慢，或是市井小民的日常生活，都在他的笔下一一生动地呈现了出来。③ 1839年7~9月，杜米埃在《漫画》上发表的"五官"系列漫画就是一个较典型的例证。在组画中，他从嗅觉、味觉、听觉、视觉和触觉五种独特的视角，将市民阶层日常生活的趣味与烦恼栩栩如生地表现了出来。④ 1840年9月至1842年4月，他在《喧嚣》上发表的28幅系列组画《巴黎的波希米亚人》，可以说包含了"所有职业、地位与阶级的碎片：文人与捉狗者同行，退休律师与政治难民同列，皇家官员与服装商混杂。它是所有冒险活动的总和，是巴黎所有等待横财的胃口的历史。它是一只充满生机活力的手所揭示的社会底层"。⑤ 由于杜米埃年轻时做过执法官的听差，之后还不时地与一些迫害《漫画》和《喧哗》的司法人员接触，他对法国司法界的弊端真是了然于胸。在杜米埃19世纪40年代创作的众多风俗画作中，法官题材的漫画无疑是最具政治讽刺意味的作品，他力图揭露那些表面上公正无私的法庭之伪善，点出在这种伪装的后面充斥的其实是贪财、欺骗和不分青红皂白（见图6）。⑥

鉴于1835年的新闻管制法不允许以政治漫画的形式直接讽刺时政，杜米埃不得不采取曲线式的迂回策略。19世纪40年代，他发表了数量众多的以欧洲古代历史和外邦风土人情为主题的漫画，可谓是借古讽今，以异

---

① 卡利季娜：《十九世纪三十年代的法国政治漫画》，第142~143页。
② 转引自帕特里斯·伊戈内《巴黎神话：从启蒙运动到超现实主义》，喇卫国译，商务印书馆，2013，第258页。
③ 参阅 Valérie Sueur-Hermel, ed., *Daumier: L'écriture du lithographe*, pp.73–99。
④ 详见 http://www.daumier-register.org/werklist.php? x_SerieID=69&z_SerieID=%3D%2C%2C。
⑤ 《喧嚣》1848年6月28日，转引自玛丽·格拉克《流行的波希米亚：十九世纪巴黎的现代主义与都市文化》，罗靓译，安徽教育出版社，2009，第16页。
⑥ 详见 *Daumier et les gens de justice*, Paris: Association des Amis d'Honore Daumier, 1996。

图 6　《在如此高高在上的法官面前，需要我的雄辩吗?》
（1843 年 2 月 3 日《喧哗》）

国风情来讽喻法国的内政之弊。在作于 1841 年 12 月至 1843 年 1 月的 50
幅系列组画《古代史》里，漫画中人物的表现同古典理想真是相距千里。①
杜米埃刻意将古典时代的著名人物置于非英雄化的角色和社会情境中，众
神和英雄都被描绘为熟悉的资产阶级典型，按与古典文化不合时宜的私人
生活礼仪行事。人们可以在《古代史》组画中那些古代服装的下面认出资
产阶级庸人的鄙俗面貌。他似乎有意把古代英雄的气概和高雅的感情同当
代资产者狭隘的利欲和庸俗自满相对比。② 除了借古喻今外，杜米埃还于
19 世纪 40 年代中期在《喧哗》上发表了《中国之旅：1843～1845》系列
漫画。在某种程度上，杜米埃可谓深得孟德斯鸠《波斯人札记》之精髓，
力图通过鸦片战争后入侵中国的法国人的丑陋形象，抨击法国政府的对外

① 详见 Nicole Jordan，*A very Amusing Bit of Blasphemy：Honore Daumier's "Histoire ancienne"*，
　　Ann Arbor：UMI，2012。
② 卡里季娜：《杜米埃评传》，第 58～59 页。

战争与殖民扩张政策，同时讽喻法国的内政与社会弊病（见图7）。①

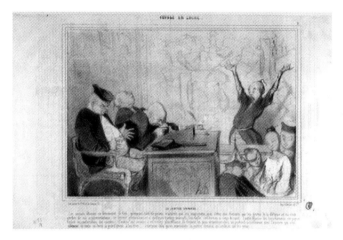

图 7 《中国的法庭》（《喧哗》1844 年 1 月 24 日）

三 漫画：一个革命时代的见证

雨果在《悲惨世界》中对路易·菲力浦做过极为精辟的刻画，称他"知道实况、细节、日期、具体的名字；不知趋势、热情、群众的天才、内心的呼吁、灵魂的隐秘动乱。为上层所接受，但和法兰西的下层不甚融洽"。② 这样到了 19 世纪 40 年代末期，查理十世倒台前表演过的戏剧又在法国重演了一遍也就不足为奇了。反对派的改革倡议不断遭到国王和首相基佐的拒绝，路易·菲力浦只是在无可救药之际才认真起来。他在 1848 年 2 月 23 日罢免了基佐内阁，试图以此来平息民众的不满。但此时革命浪潮已太高，"1848 年 2 月 24 日，巴黎人早上还在君主制下起床，晚上就已在共和制下上床睡觉了"。③

与七月王朝相比，二月革命后成立的临时政府实施的各项政策无疑是

---

① Elizabeth C. Childs, *Daumier and Exoticism: Satirizing the French and the Foreign*, New York: Peter Lang, 2004, pp. 59-80, 127-157.

② 详见雨果《悲惨世界》，第 833~839 页。

③ 爱德华·福克斯：《欧洲漫画史（1848~1900 年）》，王泰智、沈惠珠译，上海人民出版社，2006，第 32 页。

较为民主的。1835 年的新闻管制法于 1848 年 3 月 6 日被废除，几天内巴黎便涌现了几百家新办的报刊，政治漫画又可以大显身手了。1848 年 3 月 7 日，杜米埃在《喧哗》上发表了讽刺被革命赶下王位的路易·菲力浦的漫画《除了现金以外，一切都丢光了》。画中呈现在我们面前的是一个被人民赶走的国王，他艰难地移动着那肥胖的身子踏上了英国的海岸。虽然他在逃离法国时未来得及携带巨款，杜米埃在漫画中还是嘲笑了这位"资产阶级国王"在流亡时仍未忘记携带巨额现金。① 同年 3 月 19 日，杜米埃又在一块戏仿纪念路易·菲力浦逊位这一重大事件而雕刻的纪念章上作了一幅漫画，并以《法国人的最后一个国王路易·菲力浦》为题发表在《喧哗》上，公开表达了在法国永远结束王朝统治的信心。②

可惜好景不长，1848 年 6 月底工人起义失败后，第二共和国取得的果实逐渐被路易·波拿巴窃取了。在 1848 年 12 月 2 日刊于《喧哗》上的《拿破仑之舟》（见图 8）一画中，杜米埃令人信服地揭露了拿破仑之侄在第二共和国复杂的政局中胜出的深层原因。画中有一只脱毛的拿破仑之鹰，路易·波拿巴站在一顶三角帽里，那只鹰正在把他连同帽子拖往岸上。漫画清晰明白地表明，路易·波拿巴之所以异军突起，多半是由于普通民众对拿破仑的幻想和先入之见。③ 1851 年 12 月 2 日路易·波拿巴发动政变后，立即恢复了其叔父的做法，对革命报纸进行讨伐。从 1851 年底起，新闻犯罪被视为刑事罪不再由轻罪法庭审理。④ 在这种情形下，漫画仿佛被套上了口嚼，只得放弃对波拿巴的讽刺。

正如福克斯精辟地总结的那样，1830~1835 年是资产阶级民主思想的青年狂飙时期，1848~1851 年的第二共和国是法国新闻自由和漫画创作的第二个发展时期，但毕竟只是光辉有趣的退却性战斗。⑤ 1852 年 2 月 17 日，路易·波拿巴仿效 1835 年 9 月法令，恢复了新闻检查制度。此后直至 1868 年，尽管法国报刊上的漫画内容颇为丰富，却鲜有为拿破仑三世的统治打上时代烙印的杰作。对于波拿巴的反动，漫画本应进行无情的鞭挞，

---

① Honoré Daumier, *Daumier, Le Peintre graveur*, Paris: Editions des Bibliothèque nationale de France, 1958, p. XXXVI.

② http://www.daumier-register.org/werkview.php?key=1745.

③ 卡里季娜：《杜米埃评传》，第 90 页。

④ Claude Bellanger, ed., *Histoire générale de la presse française*, Tome III: *De 1815 à 1871*, pp. 221-248.

⑤ 爱德华·福克斯：《欧洲漫画史（1848~1900 年）》，第 109~111 页。

图8 《拿破仑之舟》（1848年12月2日《喧哗》）

就像1830~1835年曾对路易·菲力浦所做的那样，可慑于当时严苛的新闻检查体制，大多数漫画家无法担当起公诉人和法官的角色。① 不过杜米埃在某种程度上是一个例外，他创造了几个新的象征性人物来针砭时政、讽喻社会。为了捍卫民主自由的权利，他通过对一个波拿巴主义破坏分子拉塔波尔（Ratapoil）角色的塑造，抨击了蒙昧主义和反动派。② 他用洋洋自得的资产者普留陀姆（Prudhomme，意为假装正经之人）的形象，嘲弄了时人的愚蠢与鼠目寸光。③ 长期流亡在巴黎的俄国作家赫尔岑曾言："罗伯尔·马凯尔、普留陀姆都是一些伟大的讽刺性形象，往往是极其真实的，这种真实达到了狄更斯悲剧的程度……"④ 马凯尔、普留陀姆、拉塔波尔等名字出现后不久就被编入了法语词典之中，并常被人们当作真实的历史人物来谈论。

在第二帝国时期，杜米埃继续创作了一系列日常生活题材的漫画。他在《你们什么都要》《房东和房客》《这些好心的巴黎人》《铁路的面貌》《世界博览会》《展览会速写》《剧院速写》等组画里，创作了19世纪50~

① 参阅 Anne McCauley, "Caricature and Photography in Second Empire Paris," *Art Journal*, Vol. 43, No. 4, 1983, pp. 355-360。

② 参阅 Philippe Kaenel, "Daumier, Ratapoil et l'art de la condensation," *Revue de l'Art*, n°137, 2002-3, pp. 41-48。

③ http：//www. daumier-register. org/werkview. php? key=2919。

④ 卡里季娜：《杜米埃评传》，第45页。

60 年代法国社会宽广而多样的生活图景。① 杜米埃的这些漫画集，可以说构成了现代城市居民自我评判的第一套组画。第二帝国时代的巴黎证券交易所在某种意义上是整个国家的中心，他在《交易所速写》《生意人》《交易所里的女信徒》等系列漫画中对疯狂的全民股票投机行为做了极其生动的嘲讽。② 自 1853 年起，塞纳省长豪斯曼对巴黎展开大规模的改造，为扩建林荫道，许多旧民居被拆除，可大部分的拆迁户并未得到有效安置。③ 在 1856 年创作的《地下室》（见图 9）一画中，杜米埃对巴黎平民阶层的居住条件做了极其辛辣的嘲讽。画中一位衣着体面的资产阶级上层人士正俯身询问一位住在地下室的平民："啊！先生，您在您的新居里感觉如何啊？"对方回答道："还不算太坏……除了有风湿病和蘑菇之外。"④ 对于杜米埃这些漫画的特殊意义，"发达资本主义时代的抒情诗人"波德莱尔做了极其精辟的概括："翻翻他的作品吧，您将会看到一个大城市所包含的一切活生生的丑恶带着幻想的、动人的真实性——呈现在您的眼前。活着的、饥饿的行尸，肥胖的、吃饱的走肉，家庭的可笑的苦难，各种愚蠢的东西，各种骄傲，各种热情，资产者的各种绝望，一应俱全。没有人象他那样（以艺术家的方式）了解和喜欢资产者。"⑤

　　由于杜米埃是个始终不渝的民主主义者，第二帝国几乎所有官方艺术的代表都将他视为"野蛮人"。因不愿屈就自己的理念去迎合资产阶级的庸俗趣味，19 世纪 50～60 年代他在物质生活上常处于极端困窘的状态。⑥ 不过这样一种安平乐道的艺术人生，使杜米埃的作品中出现了一些完全不带讽刺的正面形象，这就是与他出身一样的劳动者和底层民众。在《洗衣妇》《洗澡》《三等车厢》等作品中不但没有丝毫的挖苦，杜米埃甚至"还赋予了他们某种程度的理想化色彩。但这不是伤感和屈辱的理想化，而是健壮体魄的理想化"。⑦ 也恰恰是在困窘的第二帝国时期，

① 参阅 Valérie Sueur-Hermel，ed.，*Daumier：L'écriture du lithographe*，pp. 109-134。
② 详见 http：//www.daumier-register.org/werklist.php? x_SerieID = 84&z_SerieID = ％3D％2C％2C。
③ 详见史蒂芬·柯克兰《巴黎的重生》，郑娜译，社会科学文献出版社，2014。
④ Valérie Sueur-Hermel，ed.，*Daumier：L'écriture du lithographe*，p. 123.
⑤ 《波德莱尔美学论文选》，第 336 页。
⑥ 卡里季娜：《杜米埃评传》，第 101～102 页。
⑦ 阿尔巴托夫、罗斯托夫采夫编《美术史文选》，佟景韩译，人民美术出版社，1982，第 377 页。

图 9　《地下室》（1856 年 12 月 2 日《喧哗》）

杜米埃根据塞万提斯的小说创作了一批有关堂吉诃德的素描和油画。① 杜米埃和塞万提斯有许多共同之处：两人都接近平民，都使用喜剧的武器热烈地追求英雄的理想。他在堂吉诃德这个看似与时代脱节的骑士身上发现了某种积极性的姿态，而在那个谨小慎微的仆人商丘身上看出了他终生与之斗争的那种"善良的资产者"的原型。② 1870 年，当拿破仑三世试图拉拢他向其颁发荣誉团勋章时，他勇敢而高贵地谢绝了这项"达那俄斯人的礼物"。他机智地自辩道："但愿以此花甲之年，对镜自顾而无滑稽之虑也。"③

　　第二帝国毕竟是个"建筑在自相矛盾政策上的政权，它时而表现自由，时而表现正统，今天联合金融大亨，明天又献媚无产阶级"。这样的政策，逐渐使拿破仑三世变成了所有人的敌人。④ 1866 年后迫于政治形势的恶化，拿破仑三世不得不使带有浓郁威权色彩的第二帝国向有限度的自

---

① 参阅 Philippe Kaenel，"Don Quichotte, Daumier et la légende de l'artiste," in *Artibus et Historiae*，Vol. 23，No. 46（2002），pp. 163‑177。

② 阿尔巴托夫、罗斯托夫采夫编《美术史文选》，第 376 页。

③ 阿尔巴托夫、罗斯托夫采夫采夫编《美术史文选》，第 373 页。

④ 爱德华·福克斯：《欧洲漫画史（1848～1900 年）》，第 147 页。

由帝国转变。从 1866 年起，杜米埃再次把注意力转移到政治讽刺作品上。① 在《欧洲的均势》（1866 年 12 月 1 日刊于《喧哗》）、《伽利略为地球表面的新面貌所震惊》（1867 年 2 月 21 日刊于《喧哗》，见图 10）、《1868 年的圣诞礼物》（1868 年 12 月 25 日刊于《喧哗》）等作品中，他对法国、普鲁士等列强的扩军备战导致国际关系紧张予以抨击。《走动而不前进的方法》（1868 年 6 月）、《蜗牛》（1869 年 9 月 25 日《喧哗》）等漫画，则嘲讽了法国所谓的进步派其实丝毫也没有前进。与 19 世纪 60 年代法国经济飞速增长形成鲜明对比的是政治民主方面的停滞不前，为此杜米埃将第二帝国末期的政局比作蒙着眼睛慢慢兜圈子的马和蜗行的蜗牛。②

图 10　《伽利略为地球表面的新面貌所震惊》
（1867 年 2 月 21 日《喧哗》）

---

① Judith Wechsler, "Daumier and Censorship, 1866-1872," in *Yale French Studies 122*, *Out of Sight*：*Political Censorship of the Visual Arts in Nineteenth-Century France*, Yale University Press, 2012, pp. 53-78.

② 详见 Valérie Sueur-Hermel, ed., *Daumier*：*L'écriture du lithographe*, pp. 136-139。

1870 年 9 月拿破仑三世在普法战争失败后倒台，由此打开了多年来暗地里形成的对"马戏皇帝"控告之词的闸门，针对 12 月 2 日的漫画法庭开庭了。[①] 从普法宣战到 1871 年巴黎公社覆灭，单巴黎就产生了 5000 幅漫画。[②] 第二帝国崩溃后流亡多年的雨果重返巴黎，并首次在法国出版了他在 1853 年写就的抨击路易·波拿巴政权的诗集《惩罚集》。[③] 1870 年 10 月底，杜米埃为《惩罚集》配了一幅插图《历史的一页》。画中《惩罚集》压住了脱毛的拿破仑飞鹰，他将雨果的诗集比作闪电，闪电击中了躺在地上象征第二帝国的秃鹰。[④] 1871 年 2 月 1 日，杜米埃在《喧哗》上发表的《可怜的法国，树干已折断，但根还牢固》更是寓意深远。他采用象征的手法将法兰西画成一株树，它的上半部已被闪电劈断，但树根仍然非常牢固，经受住了暴风雨的洗礼，并且长出了新的幼芽。[⑤] 这幅作品可视为杜米埃对经历了普法战争洗礼的法兰西现状的最佳图解。杜米埃在 1870 年底至 1871 年初发表在《喧哗》上的漫画，后来都收在《围攻画集》中。这些作品就政治的尖锐性和艺术技巧来说，可与戈雅的组画《战争的灾难》和雨果的组诗《凶年集》（1872 年）媲美，都是战争和革命时代的最佳见证。[⑥]《围攻画集》中那些反波拿巴主义、反普鲁士侵略军、反对法国临时政府怯懦反应的画作，必将成为重要的历史见证。[⑦]

1873 年之后，杜米埃几乎处于失明状态，不再能够创作漫画。1878 年 4 月至 6 月，雨果、商弗勒里等友人在巴黎为杜米埃举办了他生前唯一的一次个人展，可惜展览并未取得大的反响。[⑧] 同年，鉴于其拮据的经济状况，第三共和国政府给予杜米埃 1200 法郎的年金养老。可 1879 年 2 月杜米埃便在贫病交加中去世了。[⑨] 他未来得及目睹两年半后通过《新闻自由法》（1881 年 7 月 29 日），该法标志着以杜米埃为代表的漫画家在近五十

[①] 爱德华·福克斯：《欧洲漫画史（1848~1900 年）》，第 228、230 页。

[②] 参阅 E. 杰彼尔等编《巴黎公社的革命漫画》，李家璧译，人民美术出版社，1963。

[③] 《惩罚集》中文节译本，参见《雨果文集》第 13 卷，程曾厚译，译林出版社，2013。

[④] 详见 http://www.daumier-register.org/werkview.php? key = 382。

[⑤] 卡里季娜：《杜米埃评传》，第 149~150 页。

[⑥] 《凶年集》中文节译本，参见《雨果文集》第 13 卷，第 607~730 页。

[⑦] 爱德华·福克斯：《欧洲漫画史（1848~1900 年）》，第 252 页。

[⑧] *Exposition des peintures et dessins de H. Daumier*, *Galerie Durand-Ruel*, Notice biographique par Champfleury, Paris: Gautier-Villars, 1878.

[⑨] 杜米埃的首部传记出版于他去世后的第十年，参见 Arsène Alexandre, *Honoré Daumier, l'homme et l'oeuvre*, Paris: H. Laurens, 1888。

年中所进行的争取表达自由的斗争终于取得了最后的胜利。杜米埃过世之后，他的漫画保持了在过去半个世纪中所赢得的地位，至今已在全世界范围内举办了近 2000 次特展。[①] 正如贡布里希在《漫画》一文中精辟地总结的那样，只要文明继续存在，杜米埃等人的漫画就仍然是活的艺术，"因为它符合与文明的现实本身密切相关的迫切要求……我们会心甘情愿地受到漫画家对我们的诱惑……与他一起观看世界，歪曲的世界。有时我们会和他一起反抗一位政治领袖，一种制度或者一种社会类型，有时反抗我们所赞美的对象本身"。[②]

（本文原载于《学海》2015 年第 3 期）

---

① 详见 http：//www. daumier. org/index. php？ id＝21。
② 贡布里希：《偶发与设计》，汤宇星译，中国美术学院出版社，2013，第 50~51 页。

重现的普鲁斯特

黄　荭*

一

　　20世纪初，加斯东·伽利玛和马塞尔·普鲁斯特在巴黎街头偶遇，前者立刻被后者"极其温柔的目光和无动于衷、漫不经心的神情打动"，两人一见如故，当时普鲁斯特尚未在文坛出道，而伽利玛已是鼎鼎有名的文学杂志社 nrf（《新法兰西评论》，伽利玛出版社的前身）的掌门人。1913年秋，文艺男普鲁斯特找了几回伽利玛，希望把《追忆似水年华》（以下简称《追忆》，也译作《寻找失去的时间》《追寻逝去的时光》等）交由他出版，但纪德和 nrf 编辑部的审稿人很快就被两叠550页厚的稿子和公爵夫人家没完没了的饭局弄得不胜其烦，于是斩钉截铁地把稿子拒了。普鲁斯特辗转了几家出版社后找到了格拉塞，后者看都没看书稿就爽快签约，因为普鲁斯特说自己埋单。第1卷《在斯万家那边》于当年11月14日出版，反响热烈，纪德重读之后追悔莫及，主动写信给普鲁斯特道歉："拒绝这本书将是 nrf 所犯的最大错误，也是我这一生做过最后悔、最内疚的事。"只有伽利玛可以打友情牌来挽回败局，普鲁斯特领他的情，格拉塞也买他的账。1918年《追忆》第2卷《在少女花影下》由伽利玛出版，虽然当时75岁高龄的阿纳托尔·法朗士哀叹："生命太短暂，而普鲁斯特太长……"这本晦涩的大部头还是引起了评论界的关注，1919年获奖，裹上印着"龚古尔奖"字样的"腰带"走进了普通读者的视野。这是 nrf 有史以来第一次使用腰封。

＊　黄荭，南京大学外国语学院法语系教授，博士生导师，2009~2010年任南京大学高研院第五期驻院学者。

二

《追忆》花去了普鲁斯特人生最后的 13 年（1909～1922），这部未竟巨著的出版历时 14 年（1913～1927），它在中国的译介更是一场漫长的时间之旅。从作家之名的引入到全译本的推出，从围绕书名的讨论延伸到普鲁斯特对中国作家的影响，时光荏苒，在个人主义大行其道的消费社会，重现的普鲁斯特带着病态的苍白面容，像一朵卡特里兰花一样缱绻暧昧，引人发梦。

普鲁斯特在中国的译介最早可以追溯到 1923 年在《小说月报》第 14 卷第 2 号上刊登的一篇小文——《新死的两个法国小说家》，小文的作者是沈雁冰。

去年十月与十一月间，法国失去了两个大文豪，一是陆蒂（Pierre Loti），一是普洛孚司忒（Marcel Proust）。

……

普洛孚司忒于 1862 年生于巴黎，他曾为烟草制造家；1892 年《妇女通信》出版，始显名。1909 年被举为法兰西学会会员。

他和波尔吉（Bourget）作风相同，而观察之深入，描写之精致，则胜于波尔吉。他也是属于所谓"心里的自然主义"一派；他想把心理派的心理分析的描写法和自然派的客观描写法并和为一，而使之调和。他的最好的作品是那些研究"妇人心理"的长篇。1889 年出版的《茹佛姑娘》和 1894 年出版的《半贞女》都极有名。

……

欧战以后，他的著作更受人欢迎，前昨两年法国最广销的小说就是他的 *Du côté de chez Swann*，及连续者。这是一部半自传体的巨著——现代文坛上希有的大企图，——1913 年第一卷 *Du côté de chez Swann* 出版后，1918 年又出续卷 *A l'ombre des jeunes filles en fleurs*（此卷即得 1919 年之大奖者），直到去年 11 月 18 日死，又接着出了四卷，然而全部还没有完。

关于普鲁斯特前后不搭调的介绍让人看得一头雾水，究其因其实简单，两位"马塞尔"被张冠李戴了，前半段介绍的是马塞尔·普雷沃

（Marcel Prévost，1862-1941）的生平，"欧战以后"才拨乱反正切回马塞尔·普鲁斯特的正题。在小文的最后，年轻的茅盾为普鲁斯特英年早逝深感痛惜："陆蒂和普洛孚司忒的死，法国文坛上失去了两个重要的人物。陆蒂的创造时代，似乎已经过去，他对于文学界的贡献已多，倒还不甚可惜；若普洛孚司忒则正在创作的时代，忽然去世，真是世界文学界重大的损失了！"

这段半页纸的简略介绍并没有撩拨起中国读者对普鲁斯特的兴趣。1932年《现代》杂志第1卷第4、5、6期上都曾提到普鲁斯特，只寥寥数笔带过。在第4期中，戴望舒翻译了倍尔拿·法意（Bernard Fail）的《世界大战以后的法国文学——从凯旋门到达达（1918～1923）》，法意把《追忆》第2卷《在少女花影下》和纪德、瓦莱里的作品并举，认为他们创作的共通点就是"不入调的音调一样奇异地"爆发。在第5期中，施蛰存翻译了赫克斯莱（Aldous Huxley）的《新的浪漫主义》，英国评论家同情被"巴黎的真正进步的年轻人"猛烈抨击的普鲁斯特。因为普鲁斯特的作品完全不符合这些所谓的进步青年的审美和理想："他们嘲笑任何形式的形而上学；他们蔑视理智和秩序，而且很不合论理地，他们虽然继续着著作和绘画，但他们却认一切艺术为浪漫时间的事情。在他们的眼中，他们底理想生活是一种充满了运动，喧阗，机械，和社会性的动乱的生活。"说实话，在20世纪30年代的中国，普鲁斯特也不符合中国读者的审美诉求。在第6期周起应（周扬）一篇名为《到底是谁不要真理，不要文艺？——读〈关于文新与胡秋原的文艺论辩〉》的文章中，作为资产阶级文学的代表，普鲁斯特成了洋靶子："至于资产阶级的文学呢，它是已经没有未来了；它所有的唯一的东西就是它自身的过去的历史。它再也产生不出'托尔斯泰'，产生不出'弗罗培尔'了。它顶多只能产生出分析一个妇人的微笑竟费了六页篇幅的那样的资产阶级文学的'手淫大家'马塞尔·普鲁斯德（Marcel Proust）！所以，如果不断然地和资产阶级诀别，把自己和革命联系在一起，而只'死抱住文学'，'斤斤于艺术的价值'，甚至还想'一举成名天下知'，那你不但创造不出好的文学，而且简直是使文学堕落！"

1933年7月10日和17日，在《大公报》的文艺副刊上连续刊载了曾觉之（1901～1982）为纪念普鲁斯特辞世十周年写的两万字长文《普鲁斯特评卷》，分绪论、普鲁斯特之生活、普鲁斯特之著作、结论四部分，还配了六帧作家不同时期的写真照（"儿童时代之普鲁斯特""漂亮交际家普鲁斯特""恋爱中之普鲁斯特""壮岁徘徊之普鲁斯特""中年厌倦游乐之普鲁斯特""老去幽居恍如隔世之普鲁斯特"）和两帧小说手稿照。这是中国学者第一次系统介绍、分析、评论这位对于法国读者而言都嫌生活过于迤逦细致、行文过于晦涩冗长的作家。在曾觉之看来，这部"一个神经质、一个感觉很是敏感的小孩的长成史"所呈现的"新鲜感"既是内容的，也是形式的，甚至是精神层面的。"普鲁斯特在他的作品中，想以精微的分析力显示真正的人心，想以巧妙的艺术方法与科学合一；我们不敢说他是完全成功，但他的这种努力，他使这种努力所得的结果，我们可以说，后来的人是不能遗忘的。他实在有一种心理学，一种从前的文学没有的心理学；他将动的观念，将相对的观念，应用在人心的知识上，他发现一个内在崭新而为从前所不认识的人。这是近代的人，近代动的文明社会中的人。"触摸到心灵幽微隐秘的深处，将私底下的自我连同岁月经年的沉淀都铺陈开来，普鲁斯特寻找的是湮灭在时间长河里等待被再次激活、再次唤醒的生命体验。"我思故我在"在普鲁斯特这里成了"我回忆故我在"。曾觉之说普鲁斯特"开辟出许多法门方便后人可以再进"，也的确，一百年来，《追忆》中泛滥的内心独白和意识流就是身处物质文明被无限放大的消费社会中现代人用来安抚"存在焦虑感"最常见且行之有效的创作手法。或许是受了曾觉之这篇评传的影响，1934 年 2 月 22 日《大公报》文艺副刊上刊登了卞之琳译的《追忆》第 1 卷开篇的几段文字，题为《睡眠与记忆》，译文随后收入 1936 年卞之琳在上海商务印书馆出版的《西窗集》中。

三

此后虽然偶尔有零星的介绍和译文，但普鲁斯特似乎被尘封在某个记忆的盲点。

文学的复苏和改革开放步调一致，新的政治空气让中西方关系再度逆转，西方一改被妖魔化的阶级敌人的形象，再次以输出新文化的启蒙者的姿态步入中国。从 70 年代末开始，中国再次掀起大规模译介热潮，从古到今各种思潮和流派纷至沓来。"现代派"更是让中国文坛两眼放光，贴着"现代派"和"意识流"代表作家显著标签的普鲁斯特再度浮出水面：

1981 年，桂裕芳译的《小马德兰点心》和《斯万的爱情》出现在袁可嘉、董衡巽、郑克鲁选编的《外国现代派作品选》卷 2（上海文艺出版社）的开篇；1982 年，《大百科全书·外国文学卷》里出现了袁树仁编撰的词条"马塞尔·普鲁斯特"，《外国文学报道》第 2 期和第 5 期分别刊登了徐和瑾的《马塞尔·普鲁斯特》和冯汉津的《法国意识流作家普鲁斯特及其〈追忆往昔〉》；1985 年，《世界文学》第 4 期刊登了廖星桥译的《西尔瓦尼子爵之死》和华青译的《梦（外四篇①）》；1986 年《外国文学欣赏》第 3 期、第 4 期和 1987 年第 2 期上连载了刘自强译的《追忆流水年华》选段约两万字；1986 年，《外国文艺》第 4 期刊登了郑克鲁译的普鲁斯特早期文集《欢乐和时日》中的两个短篇——《维奥朗特，或迷恋社交生活》和《少女的忏悔》；1988 年，《国外文学》第 2 期刊登了王泰来的《西方现代主义文学的先驱——普鲁斯特》，《世界文学》第 2 期刊登了徐知免译的《追忆逝水年华》选章《孔布莱》……

也就在 20 世纪 80 年代中期，法国掀起了出版普鲁斯特新热潮。1987 年伽利玛出版社推出让-伊夫·塔蒂埃（Jean-Yves Tadié）主持的七星文库版《追忆》，同年弗拉马里翁出版了让·米伊（Jean Milly）的校勘版。国内译林出版社也摩拳擦掌、跃跃欲试，"正是出于对普鲁斯特重大文学成就的崇敬，并且为了进一步发展中法文化交流，尽快填补我国外国文学翻译出版领域中一个巨大的空白，我们决定组织翻译出版《追忆似水年华》这部巨著"。在译林首任社长李景端和编辑韩沪麟的大力推动下，一支由 15 名国内法语译界精英组成的队伍拉起来了。"为了尽可能保持全书译文风格和体例的统一"，出版社在开译前"制定了'校译工作的几点要求'，印发了各卷的内容提要、人名地名译名表及各卷的注释；开译后又多次组织译者经验交流，相互传阅和点评部分译文。这些措施，对提高译文质量显然是有益的"。1989 年 6 月，李恒基、徐继曾译的第 1 卷《在斯万家那边》出版，收录了施康强译的安德烈·莫洛亚的序，罗大冈的代序《试论〈追忆似水年华〉》和徐继曾编译的《普鲁斯特年谱》。1990 年 6 月译林出版社又推出桂裕芳和袁树仁译的第 2 卷《在少女的身旁》、潘丽珍和许渊冲译的第 3 卷《盖尔芒特家那边》，同年 11 月推出许钧和杨松河译的第 4 卷《索多姆和戈摩尔》，1991 年 7 月出版刘方、陆秉慧译的第 6 卷《女

---

① 外四篇分别为《湖边邂逅》《散步》《宛如月光》《栗树》。

逃亡者》，1991年10月出版周克希、张小鲁、张寅德译的第5卷《女囚》和徐和瑾、周国强译的第7卷《重现的时光》。全译本一出，就全票通过荣膺当年11月由国家新闻出版署主办的首届全国优秀外国文学图书奖一等奖，之后一版再版，台湾买了繁体版权，网络上很快也出现了免费电子版。

在全译本的推动下，普鲁斯特的译介和研究呈现一派新气象。各种出版物都少不了普鲁斯特的身影，研究的路径也多种多样：语言学、符号学、文体学、心理分析、社会学、女性主义。从某种意义上说，在构建大教堂般的作品的过程中，普鲁斯特成功地把《追忆》变成了一个文学记忆的空间。1987年漓江出版社推出袁树仁译的安德烈·莫洛亚的《从普鲁斯特到萨特》，1989年中国社会科学出版社推出许崇山、钟燕萍译的克洛德·莫里亚克的《普鲁斯特》，1990年中国社会科学出版社推出王文融译的热奈特的《叙事话语　新叙事话语》，1992年上海译文出版社推出桂裕芳和王森译的让-伊夫·塔迪埃的《普鲁斯特和小说》、王道乾译的《驳圣伯夫》，1993年海天出版社推出张小鲁译的《普鲁斯特随笔集》，1999年山东文艺出版社推出沈志明编的《普鲁斯特》精选集，同年社会科学文献出版社推出了李睿等译的《普鲁斯特论》，收录了纪德的《重读〈欢乐与时日〉》、贝克特的《普鲁斯特论》、让-弗·雷维尔的《普鲁斯特与生活》、帕塔波娃的《普鲁斯特的文体特色》等西方作家和评论家对普鲁斯特的解读。此外，两部中国学者的研究专著也颇值得关注，一部是1992年张寅德在三联书店（香港）有限公司和台湾远流出版社出版的《意识流小说的先驱——普鲁斯特及其小说》，另一部是1999年涂卫群在浙江文艺出版社出版的《普鲁斯特评传》。

2000年以来，普鲁斯特译介最受关注的就是周克希和徐和瑾的《追忆》新译本，两人凭一己之力，努力为中国读者还原一个更忠实原著、风格更统一的译文。周克希已在译文出了两卷，徐和瑾在译林出了三卷。此外，2004年上海译文出版社推出余斌译的德波顿的《普鲁斯特如何改变你的人生》；2008年人民文学出版社推出郭晓蕾译的热内·培德的《普鲁斯特之夏》，上海译文出版社出版姜宇辉译的德勒兹的《普鲁斯特与符号》；2011年重庆大学出版社推出蒋一民译的皮埃尔-甘的《普鲁斯特传》；2012年江苏文艺出版社推出李欣译的安娜·博凯尔和艾蒂安·克恩的《法国文人相轻史——从夏多布里昂到普鲁斯特》，中国人民大学出版社推出王惟芬、杨仕音译的玛丽安娜·沃尔夫的《普鲁斯特与乌贼：阅读如何改变我们的思维》。另有两部"中国制造"的学术论著出炉：钟丽茜的《诗性回忆与现代生存——普鲁斯特小说的审美意义研究》（光明日报出版社，2010）和涂卫群的《从普鲁斯特出发》（社会科学文献出版社，2001）。

四

毋庸置疑，很多先锋派作家如王蒙、格非、马原、王小波、莫言、余华、孙甘露都曾有过饕餮外国文学经典的学习阶段。普鲁斯特对他们的影响往往是和其他现代派的作家如乔伊斯、伍尔夫、卡夫卡、博尔赫斯、福克纳等糅合在一起的，但如果我们用心分辨，还是可以从很多个文本中找出《追忆》的基因。在王小波的小说集《黄金时代》中，有一篇就叫《似水流年》，他解释说："普鲁斯特写了一本书，谈到自己身上发生过的事。这些事看起来就如一个人中了邪躺在河底，眼看潺潺流水，粼粼流光，落叶，浮木，空玻璃瓶，一样一样从身上流过去。这个书名怎么译，翻译家大费周章。最近的译法是追忆似水年华。听上去普鲁斯特写书时已经死了多时，又诈了尸。而且这也不好念。照我看普鲁斯特的书，译作似水流年就对了。这是个好名字。现在这名字没主，我先要了，将来普鲁斯特来要，我再还给他，我尊敬死掉的老前辈。"而莫言感兴趣的是《小说的气味》（春风文艺出版社，2003）："让我们把记忆中的所有的气味调动起来，然后循着气味去寻找我们过去的生活，去寻找我们的爱情、我们的痛苦、我们的欢乐、我们的寂寞、我们的少年、我们的母亲……我们的一切，就像普鲁斯特借助了一块玛德莱娜小甜饼回到了过去。"周国平亦有同样的体验，感官让记忆之门洞开，于是昔日重现："逝去的年华，我们最珍贵的童年和青春岁月，我们必定以某种方式把它们保存在一个安全的地方了。我们遗忘了藏宝的地点，但必定有这么一个地方，否则我们不会这样苦苦地追寻。或者说，有一间心灵的密室，其中藏着我们过去的全部珍宝，只是我们竭尽全力也回想不起开锁的密码了。然而，可能会有一次纯属偶然，我们漫不经心地碰对了这密码，于是密室开启，我们重新置身于从前的岁月。当普鲁斯特的主人公口含一块泡过茶水的玛德莱娜小点心，突然感觉到一种奇特的快感和震颤的时候，便是碰对了密码。一种当下的感觉，也许是一种滋味，一阵气息，一个旋律，石板上的一片阳光，与早已遗忘的那个感觉巧合，因而混合进了和这感觉联结在一起的昔日的心境，于是昔日的生活情景便从这心境中涌现出来。"赵丽宏揭示出普鲁斯特写作的核心："时间。记忆。普鲁斯特小说中的两个主题是发人深省的。时间在毁灭一切，而回忆可以拯救已经消失的往昔。其实人世间任何一刻只要发生了的就不会消失，只要你记得它，只要你愿意回忆它，只要你珍惜它。如果你是一个珍惜光阴、热爱生命、喜爱艺术的人，那么你曾经经历过的生活——那些美妙的、哀伤的、刻骨铭心的瞬间，就可能在你意想不到的时候，当一个特定的情景在你的周围发生时，它们就会不期而至，把你重新找回到已经消逝的时光中，激情的生命过程重现了，重演了。这是一种奇妙的境界。我们相信每个人都可以达到这种境界，普鲁斯特用他的小说为我们作了示范。"①

1991 年 9 月 17 日，余华完成了他的第一部长篇力作《在细雨中呼喊》，"小说描述了一位江南少年的成长经历与心灵历程。作品的结构来自于对时间的感受，确切地说是对记忆中的时间的感受，叙事者天马行空地在过去、现在和将来这三个时间维度里自由穿行，将记忆的碎片穿插、结集、拼嵌完整"。这段作品简介让我们立刻联想到《追忆》，余华是否把普鲁斯特作为榜样来打磨自己的作品？在 1998 年意大利版和 2003 年韩文版的前言里余华给出了肯定的答案。在《契诃夫的等待》中，余华对常年受哮喘病折磨却感觉异常敏锐的普鲁斯特钦佩不已："作家有一次下榻在旅途的客栈里，他躺在床上，看着涂成海洋颜色的墙壁，然后他感到空气里带有盐味。普鲁斯特在远离海洋的时候，依然真实地感受着海洋的气息，欣赏它和享受它。这确实是生活的乐趣，同时也是文学的乐趣。"在他看来，"马塞尔·普鲁斯特在其绵延不绝的《追忆逝水年华》里，让等待变成了品味自己生命时的自我诉说"。

不过从生活和作品的契合度来看，中国模仿普鲁斯特模仿得最到家的当属孙甘露。在他的散文集《比缓慢更缓慢》中，有一篇极富隐喻意味的文章《一堵墙向另一堵墙说什么？》，作者承认："我一直想写一部书，来结束对过去岁月的回忆。但是，这一事情本身就是一次最严格、最丰富的回忆。我不愿做的正是我必须做的事情。这有点像亨利·詹姆斯的小说布满了循环描写和反复思想，它费力但是准确地指向我的意识深处。那时候，我，是一个普鲁斯特的模仿者——不是模仿他的哮喘和艺术，而是像

---

① 赵丽宏：《心灵的花园——读〈追忆似水年华〉随想》，《小说界》2004 年第 4 期。

他那样半躺着写作。我出没于内心的丛林和纯粹个人的经验世界，以艺术家的作品作为我的食粮，滋养我的怀疑和偏见。我试着接近我心目中的艺术真理，而不是像今天这样为竭力想直接说出它的名字的幻觉所控制。我以为我在思考生活，但是我的生活并没有因为我的思考而被深刻地体会到。"用毛尖在《孙甘露问卷》里调侃的话说："如果普鲁斯特身体健康，他就是《忆秦娥》和《呼吸》的作者，当然，我这个想法首先来自孙甘露小说本身。'在那里，一枚针用净水缝着时间……'这是《信使之函》的开头，虽然是一句引诗，却也交代了年轻的孙甘露开始写作时准备的地点和材料，而即便是只知道《追寻逝去的时光》的书名和分卷名的人，也看得出来，'那里'、'时间'、'水'构成了普鲁斯特的核心概念。当然，这并非孙甘露的一次文学致敬，它更像是普鲁斯特转世投胎，自然，这回，马塞尔意识到了健康的重要，意识到了英俊的重要。所以，虽然我们明确知道孙甘露的小说绝对不是他的自传，但是从他的语言和风格中浮现出来的作者，真是令人难以抗拒。从《仿佛》到《呼吸》，尽管写作时间隔了八年十年，但孙甘露一直没有老去，天荒地老般的青春不朽，而这种不朽，在我看来，也构成了《追寻》的永恒魅力，到最后一卷，马塞尔的心灵还是蝴蝶一样天真完美。"

　　似水流年。中国在追赶光阴的脚步，可以说，普鲁斯特在中国的接受渐入佳境，不论是翻译、研究还是再创作。《追忆》百年的历程见证了一个文学神话的诞生和延续，普鲁斯特掀起了一场"逆向哥白尼式"的革命，他暴露了自己的灵魂，而我们，在阅读的某一个瞬间被他灵魂附体。

（本文原载于《读书》2013年第8期）

喻指理论:《诺顿非裔美国文学选集》的文学史观

方　红[*]

亨利·盖茨(Henry Louis Gates)与奈莉·麦凯(Nelle McKay)主编的《诺顿非裔美国文学选集》(*Norton Anthology of African American Literature*,1977)(以下简称《诺顿文选》)的出版,在美国非裔文学史上意义重大。它收录或节选了123位美国黑人作家的作品,确立黑人土语传统是非裔文学源泉,表明以喻指为核心的话语黑人性是非裔文学的特质,突出黑人文本间重复与修正的喻指关系贯穿非裔文学发展各个阶段。这部文选不仅具有美国黑人文学通史的价值,构建了以喻指理论为文学史观的美国非裔文学史;它以经典品牌诺顿面世,预示非裔文学经典确立;标志非裔文学被认可为美国文学的一部分;非裔文学历史成为美国文学历史不可分割的一部分。如文选前言所写,"诺顿是经典塑造的同义词",编辑选集是"形成经典传统"。

《诺顿文选》并非第一部黑人文选形式的美国黑人文学史。早在1929年,美国白人学者加尔华顿(V. F. Calverton)就主编出版了《美国黑人文学选集》(*Anthology of American Negro Literature*)。之后,黑人文学史上负有盛名的选集类文学史有斯特林·布朗(Sterling Brown)等主编《黑人旅队》(*The Negro Caravan*,1941),阿瑟·戴维斯、桑德斯·瑞丁(Saunders Redding)主编的《典礼纵队:1760年至今的美国黑人文学》(*Cavalcade*:*Negro American Writing from 1760 to the Present*,1971),帕特丽夏·希尔(Patricia Hill)主编的《应答:河畔非裔文学选读》(*Call and*

---

*　方红,南京大学外国语学院英语系教授,博士生导师,2013~2014年任南京大学高研院第九期驻院学者。本文是作者主持的教育部人文社科项目"盖茨对美国非裔文学建构的影响"(项目批准号:09YJA752011)的研究成果。

Response：*The Riverside Anthology of the African American Literary Tradition*, 1998)。

　　类似文学史，文学选集并非客观中性，而是受到编写者文学史观影响的"话语体系"。[①] 这种话语体系具有"叙述主题"，[②] 受到"文学叙事权力"的全面渗透与控制，[③] 受到文学、文艺理论演变的影响。[④] 在美国黑人文学选集中，加尔华顿的《美国黑人文学选集》体现了"马克思主义文学批评"立场；[⑤] 戴维斯与瑞丁版本的《典礼纵队》具有文化融入的立场，而瑞丁与乔伊斯（Joyce A. Joyce）主编的《新典礼纵队》以后者"民族主义审美观"为主导。[⑥]

　　《诺顿文选》清晰体现盖茨喻指理论的文学史观，即美国非裔文学史是黑人说话书本的历史，是黑人口语与文本彼此交融的文学传统，是黑人文本彼此重复与修正的历史，体现了黑人喻指修辞与文本喻指传统。作为文学史研究者，我们关注盖茨何以需要从说话书本的视角建构美国非裔文学传统？以喻指理论为史观的非裔文选何以解决非裔文学的文化身份与文化传统问题？何以解决非裔文选在美国文学史中的经典化问题？本文将从"土语传统与说话书本""重复与修正的喻指关系""黑人批评家的喻指言说"三个方面探讨美国非裔文学之源，其话语"黑人性"及非裔文选经典化的问题，阐明喻指理论是《诺顿文选》的文学史观。

一　土语传统与说话书本：美国非裔文学之源

　　《诺顿文选》以"说话书本"（talk books）为前言的副标题，以"土语传统"（vernacular tradition）为美国非裔文学源头与文学史七个部分的第

[①] 见邓伟《从"史中之史"到文学"话语体系"——宇文所安文学史观论》，《江汉论坛》2011 年第 2 期；温儒敏《文学史观的建构与对话——围绕初期新文学的评价》，《北京大学学报》2000 年第 4 期。

[②] 乔国强：《论文学史的叙事性》，《上海交通大学学报》（哲学社会科学版）2016 年第 4 期。

[③] 程光炜：《知识、权力、文学史——关于中国现代文学史观的再思考》，《南京大学学报》2005 年第 1 期。

[④] 陈顺馨：《当代西方文艺理论走向与文学史观念的变迁》，《北京大学学报》1994 年第 1 期。

[⑤] Keneth Kinnamon, "Anthologies of African American Literature from 1845 to 1994," *Callaloo*, Vol. 20, No. 2, 1997, p. 461.

[⑥] Keneth Kinnamon, "Anthologies of African American Literature from 1845 to 1994," *Callaloo*, Vol. 20, No. 2, 1997, p. 464.

一部分，旗帜鲜明地表明：非裔文学源泉是口语、民俗传统；非裔文学的历史是说话书本的历史，是吸收、修改口语修辞的历史；体现了主编盖茨创立的喻指理论的文学史观。

在盖茨喻指理论创立之前，关于非裔文学起源与黑人文学所受文化影响，非裔学界与文学圈并无清晰认识。黑人歌谣、布鲁斯与民俗故事多被认为不登大雅之堂，与文学经典毫无瓜葛。从邓巴到约翰逊，从赖特到埃利森，黑人作家声称自己的文学所受影响来自欧洲与美国本土白人作家，而非黑人前辈。这些在一定程度上导致后辈黑人作家、文学批评家在文学创作与批评中的文化身份困惑。盖茨在近十年改造后结构主义种种批评工具阐释黑人文本的尝试之后，才意识到只有从黑人土语修辞传统寻找黑人文学的阐释机制，才能避免被白人文学批评理论左右，明确了黑人文学批评理论的发展方向，为喻指理论创立铺平了道路。

1988 年出版的《喻指的猴子：美国非裔文学批评理论》（*The Signifying Monkey：A Theory of African American Literary Criticism*）系统阐述了喻指理论与非裔文学阐释原则。喻指理论以黑人土语传统为源泉，以非洲、非裔民俗传统中伊苏与喻指猴子的双声话语为言说范式，阐释了黑人土语中的双声修辞，关注黑人口语与文本间的交融关系，聚焦非裔文学作品间的重复与修正关系。它是从黑人文化传统内部建立的文学批评理论，"从黑人传统自身本质与种种功能为自己发言"。[1] 如非裔文选研究者梅森（Theodore Mason）所言：《诺顿文选》深受《喻指的猴子：美国非裔文学批评理论》、《黑色的象征》（1987）的影响，突出"正式文学对土语修辞的修改"。朱小琳将喻指理论概括为语言喻指和"意象、文本喻指"两大部分。[2] 王晓路则将喻指理论与"黑人文学考古学"（black literary archeology）归为盖茨"黑人文本阐释和黑人文学理论体系"。[3]

对盖茨理论，学界有意指理论、喻指理论、表意理论不同翻译。从这一理论立足恶作剧者与黑人土语修辞角度看，或许喻指理论要比意指理论等更为贴切。喻指理论吸收黑人土语、民俗研究精华，明确黑人土语，即

---

[1] 小亨利·路易斯·盖茨：《意指的猴子：一个非裔美国文学批评理论》，王元陆译，北京大学出版社，2011，第 1 页。正文中的书名为本文作者所译，与王元陆所译书名不同。

[2] 朱小琳：《视角的重构：论盖茨的喻指理论》，《外国文学研究》2004 年第 5 期。

[3] 王晓路：《盖茨的文学考古学与批评理论的建构》，《外国文学》1995 年第 1 期。

黑人俗称的"喻指",指始于奴隶时期,至今仍具"活力"的黑人社群中广泛使用的"比喻性语言"。① 它体现了黑人的"根本性差异,"标志着语言的"黑人性"(blackness)。② 喻指理论对黑人土语传统的研究有三个重要结论:(1)黑人土语的喻指修辞可追溯到非洲民俗与非裔民俗中恶作剧者——伊苏与喻指的猴子双声话语;意指的猴子在有意修正中如鱼得水,它利用狮子的自负以及狮子只懂得从字面理解象征性语言,运用修辞"纠正权力的不平等","重写了既定秩序"。③(2)恶作剧者的双关修辞是黑人土语喻指修辞的原型;喻指在黑人群体中广泛使用,成为"比喻表达法的同义词",而非局限于以骂娘为代表的"下层男人污辱性语言"与"仪式性语言事件"。盖茨引用米切尔-克南对黑人喻指的解释,表明喻指是在说话人"间接传达"信息与听话人将言说理解为"喻指行为"兼备之时,说话人才能达到"传递特定信息"目标,突出喻指是黑人群体中习惯传统的语言交流方式。(3)喻指不仅限于语言游戏,也含有"表演"成分的"肢体语言游戏"。④ 喻指行为类似黑人之间训练象征性语言运用的"街头培训"。⑤ 这些研究结论明确黑人土语传统具有鲜明的民族性,对于从黑人文化传统内部确立黑人文学身份具有重要意义。

《诺顿文选》承接喻指理论,肯定黑人土语传统是非裔文学源泉。不过,或许为有利阐释不同时期黑人文学与戏剧作品中运用的非洲、非裔民间艺术元素,《诺顿文选》中的土语传统不只是恶作剧者的双关修辞,黑人群体中广泛使用的英语的比喻、象征性用法,还包括具有喻指双声结构的灵歌、布道词、世俗歌谣、布鲁斯、爵士乐、嘻哈(Hip Pop)、黑人舞蹈等非裔民间艺术。《诺顿文选》将"土语传统"列为非裔文学七个不同时期之首,在这部分的介绍中,提出土语传统不只是非裔文学的源头,它还持续滋养了六个不同时期的非裔美国文学;不同时期非裔文学对土语传统的吸收侧重相同。如"奴隶与自由文学"时期,以道格拉斯自传为代表的奴隶叙事侧重吸纳奴隶歌谣,阐释奴隶歌声表达其"深层、困扰的哀嚎",而非对生活的满意。"黑人文艺复兴时期"文学,以休斯、赫斯顿与

---

① 小亨利·路易斯·盖茨:《意指的猴子:一个非裔美国文学批评理论》,第1页。
② 小亨利·路易斯·盖茨:《意指的猴子:一个非裔美国文学批评理论》,第1页。
③ 小亨利·路易斯·盖茨:《意指的猴子:一个非裔美国文学批评理论》,第142页。
④ 小亨利·路易斯·盖茨:《意指的猴子:一个非裔美国文学批评理论》,第81页。
⑤ 小亨利·路易斯·盖茨:《意指的猴子:一个非裔美国文学批评理论》,第82页。

司特林·布朗的作品为代表，侧重"捕捉"布鲁斯与布道词的结构。"现实主义、自然主义、现代主义"文学，以赖特与艾利森的作品为代表，他们擅长运用土语之外的艺术源泉与传统对捕捉到的黑人"土语风格与技巧"进行"转换更新"。值得一提的是，"土语传统"还简要阐明了盖茨的喻指理论作为黑人美学理论受到黑人土语民俗审美情趣的影响，表明黑人文本用叙事"节奏""即兴""幽默"方式体现黑人以"诚实、尖刻、富有幽默"方法对"严峻的世界"进行"人性化处理"；关注黑人作家、艺术家相互竞比对故事话语、言谈与音乐的"比喻性、颠覆性戏仿"而形成的喻指联系。

《诺顿文选》配备录音光盘，以便读者切身感受黑人土语传统的魅力，也使这部文选成为名副其实的说话书本。说话书本对于非裔美国文学具有三重象征作用：其一，表明土语传统是非裔文学起源；其二，记载了黑人文本"说话"功能，肯定了黑人口语与文本之间的交互影响；其三，突出说话书本转义是非裔文本喻指关系的开端。在喻指理论与《诺顿文选》的前言中，盖茨都提到：詹姆斯·格罗涅索的奴隶叙事以文字形式记载了沉默的"黑人声音"的说话书本。[①] 叙述者格罗涅索看到主人朗读《圣经》上的祷告词时，希望书也对他说话。在没人注意的时候，他翻看了《圣经》，却发现它不说话。格罗涅索疑惑书也"瞧不起"黑人，"不承认面前的黑人在场"。[②] 盖茨提出说话书本的情节、结构转义也出现在其他四本奴隶叙事中，重复表现奴隶意识到的"沉默的黑色性"；[③] 黑人文学传统中"第一个"被修正转义的是"说话书本转义"。[④] 配带录音光盘的《诺顿文选》直接喻指格罗涅索的说话书本，以"最具体、最真实"的方式回应说话书本原型转义，体现美国非裔文学的"话语黑人性"（discursive blackness）。[⑤]

《诺顿文选》以土语传统为非裔文学源泉，肯定黑人喻指修辞渗透到黑人文学中，突出黑人文本间的喻指关系。这一从黑人文化内部界定黑人文学的立场，得到《应答：河畔非裔文学选读》的呼应。两部文选彼此呼

---

① 小亨利·路易斯·盖茨：《意指的猴子：一个非裔美国文学批评理论》，第142页。

② 小亨利·路易斯·盖茨：《意指的猴子：一个非裔美国文学批评理论》，第155页。

③ 小亨利·路易斯·盖茨：《意指的猴子：一个非裔美国文学批评理论》，第155页。

④ 小亨利·路易斯·盖茨：《意指的猴子：一个非裔美国文学批评理论》，第142页。

⑤ Theodore Mason，"The African American Anthology：Mapping the Territory，Taking the National Census，Building the Museum，"*American Literary History*，Vol. 10，No. 1，1998，p. 192.

应,有力地挑战了杜波伊斯、乔伊斯从"外部关系"界定黑人性与黑人文学的方式。[①]

二 重复与修正的喻指关系:美国
非裔文学的话语黑色性

在美国非裔文学本源之外,《诺顿文选》承接喻指理论文学史观另一重要体现在于突出黑人文本间重复与修订的喻指关系,表明非裔文学的黑人性体现在话语黑色性。概括而言,喻指理论的话语黑色性表现在两个方面:(1)黑人文学吸收、再现黑人口语修辞与表达特点。如赫斯顿《他们眼望上苍》以"自由间接引语"创造"偷听或重复"黑人谈话的"幻觉",[②] 力图以书面语言表达黑人口语效果。(2)黑人文本间具有重复与修正的喻指关系,表现为"转义修正(tropological revision)""代言文本(speakerly texts)""说话书本(talking texts)""重写代言(rewriting the speakerly)"四种喻指关系。[③] 相比喻指理论以点概面展示了非裔作品间的喻指关系,《诺顿文选》则从多方位展现了非裔文学喻指传统的全景。文选不仅收录了研究者发现具有喻指关系的作品,也收录了作家认可具有喻指联系的作品;收录了不同时期具有类似喻指关系的作品,亦收录了同一时期具有不同喻指关系的作品;收录了相同文类与不同文类间具有喻指关系的作品。突出以喻指关系为特征的美国非裔文学话语体系。

话语黑色性与"社会黑人性"相并列,[④] 代表学界对黑人性与非裔文学两种不同的界定方式。杜波伊斯提出的社会黑人性认为:黑人身份认同受制于白人种族社会中的双重意识;黑人从白人种族主义视角对自我的反观与厌恶导致黑人的自我分裂。受杜波伊斯影响,乔伊斯表明,反对种族歧视,要求人性得到尊重,争取权利、机会与自由,也是种族歧视的白人社会中黑人真实性的重要组成部分。社会黑人性学派倾向以黑人在白人文

---

① Seongho Yoon, "The Debate Revisited:(Dis)Placing the Ground of African American Literary Theory," *Foreign Literature Studies*, 2014, p. 110.

② 小亨利·路易斯·盖茨:《意指的猴子:一个非裔美国文学批评理论》,第 228 页。

③ 小亨利·路易斯·盖茨:《意指的猴子:一个非裔美国文学批评理论》,第 7~8 页。王晓路:《盖茨的文学考古学与批评理论的建构》,《外国文学》1995 年第 1 期。

④ Seongho Yoon, "The Debate Revisited:(Dis)Placing the Ground of African American Literary Theory," *Foreign Literature Studies*, 2014, p. 110.

化主导社会中的体验为核心界定非裔文学。

盖茨的喻指理论以话语黑色性著称。一方面通过对艾利森、里德对柏拉图黑色、杜波伊斯双重意识转义的研究，明确否认超验黑色性、黑人性的存在；另一方面阐述了黑人文本间意象、形式间重复与修正的喻指关系，表明黑色与黑人性"只能通过重复的喻指过程在文本之中生产出来"。[①] 盖茨提出黑色转义在西方话语中一直意味着缺席，如《裴德罗篇》中，柏拉图让苏格拉底以黑色象征"灵魂三个部分之中的顽劣部分"，而艾利森、里德对柏拉图黑色定义的转义，批判"黑色是否定的实质"的观念，批判"黑色是天然的超验所指"的观念。盖茨亦通过艾利森对杜波伊斯双重意识的转义，明确反对"黑人作为局外人的象征"，反对黑人作为"分裂自我的象征"。在话语黑色性提出之后，乔伊斯批评喻指理论"重语言甚于重历史"，"重种族的符合性而非种族的本质"，并因此与盖茨、贝克形成论战。这场论争不只是关于黑人文学本质与本源的争论，也是关于非裔文学史观的争论。相比乔伊斯的黑人民族主义与戴维斯、瑞丁文化融入两种黑人文学史观，或许以话语黑人性为核心的喻指理论更具包容性。

在喻指理论中，黑人文本间重复与修正的喻指关系是话语黑色性最突出的表现。盖茨汲取巴赫金双声话语研究，将黑人土语修辞中的重复与修订喻指关系发展引申为黑人文本间继承与修订的谱系关系，这是盖茨成功将黑人文本间喻指关系阐释为话语黑色性的关键。巴赫金提出双声话语因两种不同话语之间的冲突与论战，形成了"戏仿性叙述"与"隐性或内部论战"。[②] 巴赫金的戏仿包括通常所说的"戏仿与拼贴"。一方面，可针对作品中"言说、观察、思考方式与风格"等不同元素；另一方面，戏仿可依据"对另一文本言词的运用"，亦可戏仿另一言语行为"最深层的原则"。从巴赫金戏仿中的双声话语角度，盖茨将黑人双关修辞及文本间的重复与修订关系联系起来，并将之命名为喻指。更进一步提出黑人文本间的有意喻指与无意喻指（也称批评性喻指与非批评性喻指）是黑人文学史的"隐喻"（metaphor）。他写道："戏仿与拼贴都是有意之为，在文学传统中用以表达严厉批评或表示敬意与定位……所有这些原因都可成为黑人作家喻指其他作品的理由，黑人文本之间的喻指联系成为非裔传统中形式

---

① 小亨利·路易斯·盖茨：《意指的猴子：一个非裔美国文学批评理论》，第259页。
② 小亨利·路易斯·盖茨：《意指的猴子：一个非裔美国文学批评理论》，第127页。

修订的理论基础。"

喻指理论尽管不否认黑人文本对白人文本形式上的重复与修正，却重在探讨黑人文本间的喻指关系，"重在表现黑人文学内部喻指而非外部喻指"。[1] 这是喻指理论能从黑人文本间的双声话语中"勾勒出非裔美国文学史中具体形式关系"的重要原因。如盖茨提出《看不见的人》，一方面以回应、拼贴爱默森、艾略特、乔伊斯、麦尔维尔作品中标志性修辞，对其予喻指；另一方面，对赖特《土生子》代表的现实主义传统予以"隐性修辞性批评"，[2] 以主人公的无形性喻指赖特主人公的自称在场，以主人公的声音喻指赖特主人公的沉默无声，以现代主义喻指赖特的自然主义。后者以形式重复与修正的方式创造"新的叙述空间"，表现黑人文学中反复出现的"黑人经历"，成为更重要的"形式喻指"。喻指理论明确提出：文本之间的修正，即"喻指行为模式"，是非裔美国文学史中"最引人注目的侧面"；喻指关系在非裔美国文学作品之间"比比皆是、广泛存在"，成为"非裔美国文学史的象征"。[3] 非裔美国文学传统是"形式修正"的过程，"文学史的表面内容就是互文关系自身被置换的内容"。

喻指关系作为话语黑色性的标志与非裔文学传统的象征，成为《诺顿文选》收录黑人作品的重要标准，这在前言得到明确说明：选集要让读者看到界定非裔文学传统的"重复、转义与喻指"的踪迹。原因在于："非裔文本话语黑人性与黑人的社会性建构具有类似之处。正因为'黑人性'是社会建构类型，它必须在模仿中学习；黑人性的文学反映也必须以同样方式学习，如爵士乐，在重复与修改中学习。因历史上的这种操作，美国非裔文学传统以形式实体而存在……非裔创作的文学作品在主题与结构上延伸、喻指黑人传统中的其他作品。寻觅这些形式上的踪迹是教师的任务，也是这部选集最核心的功能。"《诺顿文选》收录了具有说话书本转义的多部黑人奴隶叙事；收录了以安吉拉《被囚鸟为何而歌唱》、劳德的《赞比》、沃克的《紫色》为代表的女性说话书本节选；收录了与赖特《土生子》形成喻指关系的黑人抗议小说，如佩特里《大街》的节选；收录了与图默的《甘蔗》形成喻指关系的黑人布鲁斯文学，如艾利森《看不

① Theodore Mason, "The African American Anthology: Mapping the Territory, Taking the National Census, Building the Museum," *American Literary History*, Vol. 10, No. 1, 1998, p. 194.

② 小亨利·路易斯·盖茨：《意指的猴子：一个非裔美国文学批评理论》，第 128 页。

③ 小亨利·路易斯·盖茨：《意指的猴子：一个非裔美国文学批评理论》，第 140 页。

见的人》节选；进一步研究黑人经典中的喻指关系提供了丰富文本素材。

相比《喻指的猴子：美国非裔文学批评理论》中黑人经典之间的喻指关系多出于盖茨的研究，《诺顿文选》收录了积极接受前辈影响的黑人作家作品。"1975年之后"的非裔文学介绍中提出：女性群体意识的觉醒使女性意识到前辈的积极影响，有益形成作品间的喻指关系。如在《寻找母亲的花园》中，沃克以母亲的花园为例，说明黑人女性艺术实践传统，从理论上提炼黑人女性创造力。在《厨房诗人》中，马歇尔充分肯定母亲一辈独特西印度群岛黑人诗性语言对自己文学创作的影响。两篇论述因肯定母亲积极影响而形成喻指关系。选集还以黑人女作家内勒（Naylor）创作为例，说明大学学习有益新一代作家积极借鉴前辈创作经验。内勒坦言，莫里森《最蓝的眼睛》让她有"信心"开始写作小说；她的《林顿山与妈妈日》（*Linden Hills and Mama Day*）受到但丁《神曲》与莎翁《暴风雨》的影响，也受到莫里森、赫斯顿、沃克作品的影响。

《诺顿文选》还别出心裁收录了斯特普（Robert Stepto）、贝克（Houston Baker）、麦可杜维尔（Deborah McDowell）黑人文学批评论著的节选，并在"1975年之后"的文学介绍中，阐述这些当代黑人文学批评经典与喻指理论之间的喻指关系。斯特普的《面纱之后》（*Behind the Veil*）以"应答"（call and response）为喻说明非裔文学作品间的互文关系；贝克的《布鲁斯、意识形态与美国非裔文学》（*Blues, Ideology and Afro-American Literature*）则从布鲁斯中提炼出黑人土语理论（vernacular theory），阐明非裔作品间的重复与差异关系；麦可杜维尔借用巴拉卡（Baraka）在研究黑人音乐中提出的"变化的同体"概念（the changing same），解释黑人女性作品之间的互文性关系。斯特普、贝克、麦可杜维尔皆从黑人口语与民间音乐中发现阐释黑人文学的机制，与喻指理论有异曲同工之处，体现了非裔批评话语间的喻指关系。

《诺顿文选》通过收录具有喻指关系的黑人作品表达了非裔文学话语的黑色性；它收录不同性别立场、不同风格理念的黑人作品，如道格拉斯与雅各布、杜波伊斯与华盛顿、赫斯顿与赖特的作品。收录作品之间从意象、题材、体裁、流派等多方面展示了错综复杂的宗谱、喻指关系，使黑人文学作品能"跨越时间、空间与文类彼此说话"。文选的前言与阶段介绍也利用编辑策略突出喻指关系是话语黑色性的标识。从乔国强文学史"三重述体"视角看，《诺顿文选》的三重述体具有一致文学史观，即口语传统是非裔文学的源泉，具有喻指关系的黑人文学作品相互承接，构成了非裔文学的历史与话语黑色体系。这种文学史观的高度吻合与喻指理论的创立者盖茨同时是《诺顿文选》策划者与主编无不相关。

三 《诺顿文选》的经典化与喻指言说的批评姿态

《诺顿文选》的编辑、出版为美国非裔文学经典化做出了贡献。《诺顿文选》在建构以喻指为特征的黑人话语体系中，也构建了美国非裔文学史，将其写进美国文学史，解构了欧洲/白人中心主义的美国文学历史，体现了喻指学说"既依赖又抗拒"的批评姿态。①

喻指理论对西方批评话语采用"既依赖又抗拒"的批评姿态。它使用西方批评话语并做出重新命名。"喻指"是盖茨借用索绪尔的表意（signification，signifying）关系，对其进行了带有差异的重复这一德里达式的处理，统指恶作剧者所用的双关与黑人土语修辞中的隐喻、比拟、转喻、提喻、反讽、夸张和反语，说明黑人土语以英语"言此及彼"，② 增强表达的丰富性、模糊性与不确定性。盖茨以重复、修订当代白人理论家的术语符号"表意"，"殖民"了白人的符号，③ 完成从索绪尔、德里达所说的"符号学"的表意到发现、命名黑人"修辞学"意义上喻指这一重大学术创新。盖茨这一研究创举得益于"既依赖又抗拒"的批评姿态，他将其命名为喻指。他坦承自己从埃利森与里德创作的"双色双调"小说中学到这种"既依赖又抗拒"喻指批评姿态。埃利森与里德的文本"以标准的罗曼或日耳曼语言和文学结构"说话，但几乎总是"带有一种独特洪亮的口音"，"这个口音喻指种种正在被书写下来的黑人土语文学传统"。

《诺顿文选》既依赖又抗拒的喻指批评姿态表现在其文学时期的划分中。一方面，它保留了文集/文学史的时期划分，如第五部分"现实主义、自然主义、现代主义（1940~1960）"阶段，貌似遵循"以文学流派与思潮再现文学史进程"的常规，④ 却意在突出《土生子》出版引发的美国非

---

① 小亨利·路易斯·盖茨：《意指的猴子：一个非裔美国文学批评理论》，第 5 页。
② 朱小琳：《视角的重构：论盖茨的喻指理论》，《外国文学研究》2004 年第 5 期。
③ 小亨利·路易斯·盖茨：《意指的猴子：一个非裔美国文学批评理论》，第 59 页。
④ 吴雨平、方汉文：《"新文学进化论"与世界文学史观——评美国"重构派"莫莱蒂教授的学说》，《文艺理论研究》2013 年第 5 期。

裔抗议文学的热潮，以及针对抗议小说形成的非裔文学内自然主义与现代主义、黑人民族主义与融合主义的对话。另一方面，文选从微观与宏观两个层面记录了黑人文学史上的文学成就、文学事件与重要的文学流派，成为美国文学史上黑人个体与群体"在场"的证明。它将美国非裔文学史分为七个历史阶段，即土语传统，奴隶制与自由文学（1746~1865），重建到新黑人复兴文学（1865~1919），哈莱姆文艺复兴（1919~1940），现实主义、自然主义、现代主义（1940~1960），黑色艺术时期（1960~1975），1975年之后的文学。《诺顿文选》将1975年后的非裔文学单独分段，以莫理森获得诺贝尔奖、维尔逊与安吉拉获普利策奖作品为代表，表明非裔文学登上美国文学顶峰。文选选取哈莱姆文艺复兴、黑人艺术时期命名相应的文学时期，突出黑人文学、艺术发展史上的重要事件及其对黑人文学内容与形式的影响。文选较好地表现了黑人文学萌发、发展、走向成熟与成熟的不同阶段，体现了不同时期非裔文学主导主题与艺术特色。

　　类似喻指理论，《诺顿文选》以既依赖又抗拒的姿态回应了后殖民理论对沉默他者的关注。在《东方主义》（1979）与《属下能说话吗?》（1985）中，萨伊德、斯皮瓦克相继用后结构主义方法解构了"殖民文学与文化文本中隐含的文化霸权"与"殖民过程中隐藏的话语暴力"，① 提出东方他者与属下女性被客体化、被西方/男性书写，成为被剥夺话语权的他者。盖茨凭借其文学理论家的敏锐与洞察力，意识到萨伊德、斯皮瓦克的沉默他者是在白人/男性注视、影响下的产物，他们因陷入自我与他者、主体与客体的二元对立而失去发声的能力。盖茨独辟蹊径，从黑人土语传统内部找到阐释黑人文学的机制，提出以喻指的猴子为黑人言说范式，肯定了黑人言说能力、言说方式、言说修辞。《诺顿文选》以收录不同时期、不同性别、不同阶级、不同群体的黑人作品，肯定了黑人的言说能力、言说修辞。它以喻指猴子的言说方式，兼顾对内言说、对外言说，兼顾非裔文学的过去、现在与将来，充分展示了喻指猴子的双声性与从内部颠覆的能力，以"黑人方式""驳斥"（talk back and talk black）了后殖民理论关于沉默他者的论述。十年之后，霍米·巴巴赋予了自我与他者、主体与客体、同一与差异之间第三空间维度，才用后殖民理论话语在学理上肯定了黑人他者的言说能力与言说方式。从这一角度看，喻指理论不仅回应、驳

---

① 陶家俊：《后殖民》，《外国文学》2005年第2期。

斥了萨伊德、斯皮瓦克的沉默他者，也预见了霍米·巴巴的第三纬度他者。

综上所述，《诺顿文选》以喻指理论为文学史观，诚然与盖茨策划主编这一文选有关，但更为重要的原因是，喻指理论从学理上解决了美国非裔文学源泉与话语黑人性的表征等重要问题，用恶作剧者的喻指言说表达了非裔文学的民族性与美国性的双声性。《诺顿文选》历经二十载，一版再版，成为美国最权威、最通用的非裔文选。它的经典化得益于喻指理论确立的非裔文学史观；反过来，它又以其自身经典化使这一文学史观成为非裔文学的权威史观。

（本文原载于《外国文学研究》2017 年第 4 期）

论基莲·克拉克和格温妮丝·路易斯诗歌中的民族性书写

何　宁[*]

在当代英国诗歌中，民族性一直是诗人关注的重要主题之一，无论是北爱尔兰诗人，还是苏格兰诗人，都在诗歌创作中追寻各自民族的历史和文化源流，建构民族文化身份，从而为体制上脱离大不列颠帝国做出文化层面的思考和准备。以希尼为代表的北爱尔兰诗人通过对"北方问题"的书写与反思，梳理爱尔兰文化传统，确立当代爱尔兰文化身份，实现与大不列颠帝国的切割。当代苏格兰诗人则在承继前辈诗人如休·麦克迪米尔德、丽兹·洛克哈德等人的传统上，以语言多样性、文化多元性的面貌来建构当代苏格兰的民族性，通过 W. N. 赫伯特、凯瑟琳·杰米、唐·派特森、杰基·凯等人的诗歌创作，形成了当代苏格兰诗歌与文化的复兴，更随着权利下放法案的实施，成为苏格兰民族逐渐走向与大不列颠分离的文化力量。

作为不列颠帝国的重要组成部分，威尔士的英语诗歌创作却一直没有得到主流评论界太多的关注。与爱尔兰、苏格兰的情况相似，20 世纪 60 年代以来，威尔士也出现了民族独立情绪。激进的威尔士独立人群成立了自由威尔士军，颇有效仿爱尔兰共和军的势头，威尔士独立党（Plaid Cymru）也进入了国会。威尔士语言协会努力推动双语教育，威尔士艺术协会则通过《威尔士诗歌》杂志培育和推出了大量的威尔士本土诗人，成为当代威尔士民族文化的先锋。虽然当代威尔士并没有出现像苏格兰和北爱尔兰那样强大的诗人群体，但基莲·克拉克和格温妮丝·路易斯这两位先后当选"威尔士民族诗人"的女诗人足以代表当代威尔士诗歌的出色成

　＊　何宁，南京大学外国语学院教授，博士生导师、院长，2007～2008 年任南京大学高研院第三期驻院学者。

就。同为当代威尔士诗歌的代表人物，两位诗人在诗歌创作中对威尔士民族性的书写却大相径庭，值得深究。

基莲·克拉克是 R.S. 托马斯之后最具影响力的威尔士诗人，"自从她（克拉克）在 20 世纪 60 年代中期开始在《威尔士诗歌》上发表诗歌，她作为诗人和教师的榜样力量就一直影响着新一代的威尔士女性诗人"。① 她的诗歌作品属于英国高中会考的范围，从某种意义上来说，她代表着当代英国主流社会意识形态所认可的威尔士文学与文化。克拉克的作品已经作为英国文学的一部分被英格兰的评论界接受。但近年来，另一位威尔士女诗人格温妮丝·路易斯在威尔士声名鹊起，赢得了评论界的关注。由诗人唐·派特森和查尔斯·西米克编选，在大西洋两岸较有影响的《新英国诗选》（2004）中，唯一入选的当代威尔士诗人便是路易斯。路易斯的作品在威尔士之外的影响不及克拉克，但在当代威尔士文学中的地位却很高。她是威尔士第一位民族诗人，位于卡迪夫的威尔士国会大厦外墙上镌刻的文字即出自她的手笔。

作为路易斯的前辈诗人，克拉克的诗歌创作突出对威尔士前辈诗人 R.S. 托马斯衣钵的继承，并在此基础上对威尔士民族意识做进一步的探索和书写。身为神职人员的 R.S. 托马斯从事诗歌创作具有明确的目标——为威尔士的民族独立而作。他一直致力于在诗歌中通过对威尔士生活和风景的描写，来唤醒威尔士人的民族意识。托马斯坚持威尔士应该独立，但除了对威尔士风景的描写和对威尔士历史的追寻之外，要明确提出一个独立的威尔士文学传统似乎并不容易，要为威尔士民族建构一个纯粹的民族性意象则更加困难。克拉克没能用自己的创作来确立一个明确的威尔士文学传统，但她在威尔士民族构建民族性意象方面取得了突破。

延续托马斯对威尔士北部山地乡村的书写，克拉克将威尔士民族性的核心置于威尔士山地的乡村中，通过长诗《偏远乡村的来信》来书写威尔士的历史与传统。《偏远乡村的来信》是"一封虚构的女性写给所有男性的信。'偏远乡村'代表的是童年、女性、威尔士，是没有战士、国王和总统的美丽乡村，是我们一起成长的私密地方"。② 克拉克在诗中勾画的是威尔士乡村女性世世代代的生活，展示了作为家庭妇女、妻子和母亲的辛

---

① Meic Stephens, ed., *Poetry 1900-2000*, Cardigan: Parthian, 2007, p. 476.

② Gillian Clarke, "The Poet's Introduction," *Six Women Poets*, in Judith Kinsman, ed., Oxford: Oxford University Press, 1992, p. 1.

苦与操劳。与一般的女性主义诗人不同的是，克拉克在诗中对女性的社会和家庭角色并没有予以颠覆和抨击，而是表现出一种克制而隐忍的态度。她一方面直言不讳对传统父权社会中对女性的压抑提出明确的批评：

> 总是有一堆事情。
> 我们一直都在计数，
> 叠衣、测量、做事，
> 轻柔地洗衣服，
> 因为我们身为女人。①

但另一方面也体现出对这种生活的留恋：

> 我们是被驯服的雄鹰，
> 会抵制远方的诱惑，
> 回到故乡。②

在诗歌的结尾，这封写给所有男性的信并没有寄出，体现出诗人的犹疑与矛盾。在 20 世纪 60 年代的女性主义激浪中，克拉克没有表现出更激进的观点也许正体现出她所孜孜以求的威尔士民族性对她的限制。在这首诗歌中，克拉克书写的"我们一起成长"的地方从社会结构和传统上将女性与家庭、男性与权利的结合予以肯定，诗歌中的男性占据着社会中的特权地位，而女性则只能接受并安于从属和压抑的地位。克拉克将威尔士乡村的传统与女性的从属地位连接起来，从而使她对威尔士民族传统和女性地位的思考都更为复杂深邃。威尔士传统的农业社会结构在一定意义上使男尊女卑的社会秩序对其中的社会成员具有一定的合理性，然而现代化的社会中女性的独立意识必然要得到肯定。如何在确立女性独立意识的同时承继威尔士社会传统，对于身为女性威尔士诗人的克拉克显然是个复杂的难题。纯粹地肯定威尔士传统而否定女性独立，或是简单地肯定女性独立而

---

① Gillian Clarke, "Letter from a Far Country," *Letter from a Far Country*, Manchester：Carcanet Press, 2006, p. 11.
② Gillian Clarke, "Letter from a Far Country," *Letter from a Far Country*, Manchester：Carcanet Press, 2006, p. 18.

放弃威尔士传统都不是解决问题之道，克拉克的诗歌创作正体现出在民族性书写中的这一复杂性。

克拉克对威尔士文学传统探讨最深入并确立威尔士民族性代表意象的作品是系列组诗"传记"。从某种意义上来说，这系列组诗所蕴含的民族象征意味与希尼的"沼泽"系列诗歌具有异曲同工的意味。克拉克选择威尔士语的 cofiant 为标题，表明了对 R. S. 托马斯确立的以威尔士语为正统的威尔士民族性的坚守。克拉克这样解释这组诗的题目："威尔士的'传记'写作传统始于 19 世纪，当时有成百上千的作品出现，大多数都是关于牧师的。这类作品一般包括传记人物的生平，他的布道、书信和其他文字选段，最后以致辞和挽歌做结尾。"① 这种诗歌形式本身就具有威尔士本土特色，是独立于英格兰和不列颠诗歌传统之外的一种诗歌样式，克拉克试图通过这一诗歌形式来构建和强调威尔士的独立诗歌传统。

从形式上来看，克拉克基本遵循了传统的样式，在诗歌中插入了自己祖先的一些文字，包括祖父所写的关于曾祖父的文字。组诗以追溯的时间顺序，从现代一直回顾到诗人远在 10 世纪的祖先。克拉克在这组诗中侧重对威尔士历史和民族身份的探索，但她作为女性诗人的关注点——女性人物在历史和民族性构建中的地位与作用，使这系列组诗具有独特的视角，体现出与男性主导的文学传统的不同。与形式上的变化相对应的，是克拉克在题材和内容上对威尔士民族身份的强调与探索。正如克拉克所解释的那样，一般威尔士"传记"类诗歌的中心人物多为牧师等在当地具有一定影响力的人物，重在突出人物在历史中的厚重和影响。克拉克的"传记"组诗并没有因循这样的传统，而是以"传记"诗歌的形式来回顾自己的家族历史，将自己的家族历史与威尔士的民族历史联结起来，从而突出了威尔士民族传统的普遍性。

与一般"传记"诗歌关注宏大的历史叙事不同，克拉克在诗歌中运用的核心意象是家人居住的房屋（house）。她通过对一代代人建造和居住的家园的描写，回顾了家族与威尔士的历史沿革，然而她也不无遗憾地指出，最后这些属于"遥远的逝者"的房屋，都"久已颓败为残垣断壁"。② 正如迈克尔·瑟斯顿所指出的，由此可见，克拉克的家族身份业已失落，

① Gillian Clarke, *Collected Poems*, Manchester：Carcanet, 1997, p. 121.
② Gillian Clarke, *Collected Poems*, Manchester：Carcanet, 1997, p. 123.

无从言说的，而建立在这样的历史背景上的民族身份，从某种意义上来说，也是虚无的。① 但是，以家园这一传统上的家庭空间为线索，放弃历史和社会的宏大背景，正可以让克拉克对威尔士传统中那些生活在"偏远乡村"的、局限在家庭中的女性地位加以深入地探察和思考。在回到自己祖父母的房子时，面对房屋的颓败，她虽然没有成长于斯的伤感，却激起了她对历史发展与女性生存的思考：

> 顺着地道，沿着直线，
> 他们离我们而去，
> 这些房间，这些照料它们的妇人，
> 满是闪闪发光的瓶子的梳妆台，
> 和树丛间挂着洗得芬芳的衣物的绳线。②

在组诗的结尾，克拉克没有依照传统的威尔士传记诗歌形式来用挽歌或致辞做结，而是以对海洋的抒情描写来收束。克拉克笔下的海洋具有消解过去、拥抱未来的意味，通过对带有"母性色彩"③ 的海洋的肯定，克拉克破解了在《偏远乡村的来信》中遭遇的难题，将女性从威尔士传统的附属地位中解放出来，强调威尔士民族性的确立并不在于回顾历史，而在于对未来的追寻。威尔士民族需要像独立的女性一样，既承认家庭/历史的重要性，也要敢于探索，因为独立/未来代表着威尔士民族的发展方向。

克拉克在继承前辈威尔士诗人对威尔士民族性探索的传统时，为当代威尔士的民族性书写加入了女性视角，从而拓展了对威尔士民族性探索的空间。她在"传记"组诗中的家园意象成功地为威尔士民族构建了属于自己的独特民族意象，从而成为威尔士民族话语中重要的一部分。正是从这个意义上来说，克拉克在威尔士诗歌中的地位与希尼在爱尔兰诗歌中的地位几乎同样重要。克拉克的诗歌创作得到英格兰主流评论家的认可和赞誉，约翰·克里根在探讨当代英格兰国家意识时就将克拉克作为重要一环

---

① Michael Thurston, "Writing at the Edge: Gillian Clarke's 'Cofiant'," in *Contemporary Literature*, Vol. 44, No. 2 (Summer 2003), pp. 275–300, p. 290.

② Gillian Clarke, *Collected Poems*, Manchester: Carcanet, 1997, p. 127.

③ Michael Thurston, "Writing at the Edge: Gillian Clarke's 'Cofiant'," in *Contemporary Literature*, Vol. 44, No. 2 (Summer 2003), pp. 275–300, p. 297.

来分析，将她的创作与拉金、休斯和希尔等英格兰当代最重要诗人的创作来比较。[①] 然而，威尔士的评论家却对克拉克诗歌中对威尔士民族单一性的书写提出了批评。伊安·格雷戈森就认为，克拉克在诗歌创作中致力推广的意识形态过于狭隘，只突出强调威尔士民族性中"自然"的一面，是一种"对纯粹威尔士性的'盎格鲁-威尔士'式的幻想"。格雷戈森认为，克拉克的诗歌体系与威尔士的现状并不相容，克拉克的诗歌所表现的"在威尔士江山风景的表面之下，掩藏着一种原始的、地道的威尔士性在等待人们去发掘，这种暗示对（威尔士）这个多种族的双语国家没有丝毫的帮助"。[②]

从某种意义上来说，格雷戈森批评得有一定道理。无论是克拉克，还是她所崇拜的前辈诗人 R. S. 托马斯，在探索和建构威尔士民族性的时候，都或多或少地将威尔士民族性限制在北部受工业文明和英格兰影响较小的山地地区，将威尔士传统和民族性单一化为与大不列颠帝国相对立的威尔士农业文明传统和纯粹威尔士人的民族性。其实，托马斯和克拉克都没有意识到，威尔士这一称呼正是来自英语，到 12 世纪为威尔士的拉丁学者所接受，放弃了自中世纪以来的不列颠尼亚（Britannia）之名。威尔士名称的由来正体现出威尔士民族性一直蕴含的对外来文化的包容和吸收。[③] 克拉克的创作中缺乏的正是这一重要的元素。

克拉克在建构当代威尔士民族意识的时候，有意或无意地忽视了在六百多年与英格兰的联合过程中，威尔士的民族性已经无法保持原本的纯粹和单一。将威尔士的山地作为民族的图腾，唤醒当代威尔士人的民族意识是可行的，但如果全然不顾南部沿海地区文化、语言和民族的多样性、复杂性，那这样的威尔士民族性书写必然是片面的。同时，在创作中的这种局限也使她的诗歌虽然获得了部分公众的认可，但这种认可是基于这些作品表现出了英格兰与大不列颠的文化和民族多样性。因此，克拉克对威尔士民族性单一化的书写，尽管一定程度上有利于威尔士民族意识的凝聚，却一方面成全了她所力图摆脱的英格兰主流文化的多样性，赋予了英格兰主流文化更多的包容与活力，另一方面将这些书写主动归于边缘的位置。

---

① John Kerrigan, "Divided Kingdoms and the Local Epic: Mercian hymns to the King of Britain's Daughter," in *The Yale Journal of Criticism*, Vol. 13, No. 1 (Spring 2000), pp. 3–21.

② Ian Gregson, *The New Poetry in Wales*, Cardiff: University of Wales Press, 2007, p. 13.

③ 具体请参见 Gwyn A. Williams, *When Was Wales*? Harmondsworth: Penguin, 1991; Huw Pryce, "British or Welsh? National Identity in Twelfth-Century Wales," in *The English Historical Review*, Vol. 116, No. 468 (Sep., 2001), pp. 775–801。

克拉克的诗才过人，因此她的作品在思想性和艺术性上还能够做到比较好的融合，而对于她那众多的追随者而言，则正如约翰·戴维斯在"如何写作盎格鲁-威尔士诗歌"中嘲讽批评的那样：

> 现在你可以继续抒写
> 过去如何比现在更真实——
> 你肯定读过 R. S. 托马斯的早期作品，
> 你知道威尔士人的威尔士是怎么回事。①

戴维斯指出，这些诗歌不过是将威尔士的历史和地名混杂在一起，重复一些老生常谈，毫无意义。诗歌的风格更是无从谈起：

> 下一步是风格。很简单：
> 用散文把你想写的都写出来
> 然后砍成几段——重要的是他们流的血
> 是深深的红色和绿色。好了，结束。②

　　这样创作出的诗歌自然是千篇一律，无论对诗歌艺术还是威尔士的民族文学，都很难产生影响。应该承认，在整个 20 世纪 60 年代至 90 年代，由于以克拉克为代表的威尔士主流诗人对威尔士民族性书写的单一性倾向，在一定程度上限制了威尔士民族诗歌的发展，他们的作品在成就上比较有限，也很难得到主流评论界的认同。

　　之所以出现戴维斯批评的这种情况，其实并非克拉克个人所能够解决的。尽管她努力为威尔士构建了"山地家园"这样一个民族意象，但没有办法通过自己的创作融合与建立一个具有包容性和复杂性的现代威尔士文学传统。历史上的威尔士文化传统几乎是一分为二的：英语诗歌文化传统和威尔士语诗歌文化传统。威尔士在历史上一直以农业为主，诗歌创作与苏格兰传统类似，多以行吟诗人为主。行吟诗人基本都以威尔士语写作，

---

① John Davies, "How to Write Anglo-Welsh Poetry," in Dannie Abse, ed., *Twentieth Century Anglo-Welsh Poetry*, Bridgend: Seren, 1997, p.193.

② John Davies, "How to Write Anglo-Welsh Poetry," in Dannie Abse, ed., *Twentieth Century Anglo-Welsh Poetry*, Bridgend: Seren, 1997, p.193. 威尔士国旗的颜色是红色和绿色。

流传下来的作品并不是太多，质量也并不是太高。威尔士的英语诗歌创作目前保留下来的最早作品在14世纪，之后的威尔士英语文学创作就作为联合王国文学传统的一部分存在，并没有特别凸显威尔士文学风格的作品流派。威尔士语诗歌文化作为行吟诗人文化主要在民间和中下阶层流传，局限在中北部的山地，而在沿海和平原地区，一直都是唯伦敦的英格兰文化马首是瞻的英语诗歌文化。这种双语、双文化分层的诗歌传统一直到20世纪才开始逐渐发生改变。随着爱尔兰的复国和独立，威尔士的民族情绪逐渐开始增长。不过，此时在威尔士，威尔士语已经沦为小语种，不少威尔士人并不会说威尔士语，更不用说用威尔士语进行诗歌创作。尽管今天在编辑20世纪威尔士诗歌选集时，威尔士的学者诗人会收录很多20世纪的威尔士诗人，但在英国主流评论界看来，这些诗人几乎都是地方性诗人，影响局限在威尔士的英语阶层，对帝国中心的主流文化几乎毫无影响。对于不少诗歌研究者而言，威尔士唯一具有影响力的诗人依然是20世纪40年代名噪一时的迪伦·托马斯。

在联合王国和英语文学从传统走向现代的过程中，苏格兰诗人和爱尔兰诗人纷纷创作出带有鲜明民族色彩的作品，从叶芝到麦克迪米尔德和卡瓦纳，无论是诗歌创作的水平和影响，还是对各自民族性的探索和挖掘，都不逊色于同时期的英格兰诗人。威尔士诗人在这一时期并没有同样出色的表现，虽然在威尔士民族文化独立运动中涌现众多的诗人，但不仅没有希尼这样具有国际影响的大师级诗人，甚至也缺少像苏格兰诗人那样出色的中青年诗人群体。

究其原因，威尔士缺乏北爱尔兰那样剧烈的社会冲突和苏格兰那样丰富的传统固然是一个方面，但更深层次的原因还在于威尔士英语诗歌创作中对民族性的书写一直受到威尔士民族运动和独立意识的限制。与苏格兰不同，语言在20世纪威尔士文化中具有至关重要的地位。苏格兰的语言多样，大多数诗人是双语创作，双语人口众多；而威尔士的语言状况则是英语为主要语言，威尔士语为次要语言，双语人口很少。随着威尔士语言协会和威尔士文化协会推广威尔士语的努力，威尔士语的使用在逐步增加，但真正用威尔士语创作有影响力的诗歌的诗人依然不多。作为克拉克的榜样，诗人R.S.托马斯在威尔士民族意识渐渐强烈后开始学习威尔士语，但由于起步晚，无法用威尔士语创作诗歌，这也使他无法完全符合激进威尔士民族运动人士的理想。克拉克本人虽然能说威尔士语，但并没能用威尔士语创作出有影响力的作品。在整个 20 世纪后半叶，语言所带来的矛盾一直存在于威尔士的诗歌发展中。一方面，威尔士语诗歌影响有局限，而且很少被威尔士之外的评论界接受；另一方面，原本用英语创作威尔士诗歌的合理性受到民族意识的质疑，也在一定程度上影响了威尔士英语诗歌的发展。这种尴尬局面直到 20 世纪后期，随着双语诗人格温妮丝·路易斯的出现才有所突破，威尔士的两种文学传统才逐步走向融合。

路易斯是英国当代少数同时用两种语言创作并取得评论界认可的诗人。她用英语创作的诗歌得到主流评论界的肯定，入选多种诗歌选集，是英国诗歌协会选择的"新一代诗人"（Next Generation poets）中唯一的威尔士诗人。她用威尔士语创作的诗歌也得到威尔士评论界的赞赏，以至于诗人罗伯特·明希尼克在他编选的《威尔士诗歌译集》中称赞路易斯，认为"英国没有其他诗人像她这样在两种语言的诗歌创作都达到这样的高度"。[①]

与她的前辈诗人克拉克不同，路易斯的诗歌创作直面威尔士民族性的关键所在——语言。正如雷蒙德·威廉姆斯提出的，在威尔士，威尔士语一直是被歧视甚至压制的，英国政府通过权力运作，将威尔士人盎格鲁化，各种英语学校正是实现这种盎格鲁化的工具，而这正是政治和文化的殖民过程。[②] 因此，是否用威尔士语创作，对威尔士诗人来说似乎是一个关乎威尔士民族未来的重要课题。克拉克通过系列诗歌中的"家园"成功地在创作中建构了威尔士民族传统的意象，但她还是选择了英语来传达这一信息。路易斯则是将自己对威尔士民族性的思考同时用威尔士语和英语来表达，"语言杀手"系列诗歌同时有威尔士语和英语的版本。在语言这一威尔士民族性的核心问题上，她既不像 R.S. 托马斯那样因为无法用威尔士语书写诗歌而惆怅，也不像克拉克那样坚持语言与民族的纯粹性和单一性，而是完全将由于历史发展造成的威尔士的双语性以及由此而来的民族复杂性融入诗歌创作中，自由地在两种语言中游走。路易斯对英语和威尔士语诗歌创作运用自如、游刃有余，这并不意味着

---

① Robert Minhinnick, ed., *The Adulterer's Tongue: An Anthology of Welsh Poetry in Translation*, Manchester: Carcanet, 2003, p. 77.

② Raymond Williams, "Wales and England," (1983) in Daniel Williams, ed., *Who Speaks for Wales: Nation, Culture, Identity*, Cardiff: University of Wales Press, 2003, p. 22.

她对这两种语言的态度完全一样。她在诗歌创作中清楚地表达了自己对威尔士民族性的观点，批判了英语在威尔士地区的强势和对威尔士语言的扼杀，其中最为突出的是"威尔士间谍"系列诗歌和"语言杀手"系列诗歌。

"威尔士间谍"系列诗歌是路易斯在第一部英语诗集《比喻和传真》中发表的系列诗歌。诗歌中的主人公在两种语言和文化之间成长，不断要面对选择、忠诚和背叛的问题。在作为母亲的威尔士人和作为父亲的英格兰人之间，主人公不知如何选择。这不仅是她的困境，也是不少现代威尔士人的困境。在梦中，主人公甚至被抓捕、讯问，在系列诗歌的第十一节中，主人公这样描写自己所背叛的老人：

> 他的眼神灰暗，
> 满是泪水。
> 如果你和他说话，
> 他会提些你从没听说过的人，
> 都是些入土的人。
> 他根本不知道
> 你是谁，或者你每次去塔利班特①
> 究竟是想要什么。②

这样的老人形象似乎面目模糊，但在诗歌的结尾，诗人揭晓了这位老人的真实身份：

> 语言就是这样消亡的——
> 舌头不再记得心灵的知识，
> 年轻人不理解他们有权也应该了解的一切。
> 而重要的情报就这样消失了。③

---

① Talybont，威尔士地名，此处指威尔士大学的宿舍。
② Gwyneth Lewis, *Chaotic Angels*：*Poems in English*，Tarset, Northumberland：Bloodaxe, 2005, p. 46.
③ Gwyneth Lewis, *Chaotic Angels*：*Poems in English*，Tarset, Northumberland：Bloodaxe, 2005, p. 47.

诗中的老人正是威尔士语言的象征，而诗人用英语创作诗歌，貌似对威尔士语的背叛，但诗歌中的老人根本无法与青年一代沟通，因此她的背叛似乎又合情合理。然而，无论如何，选择英语而不是威尔士语，从威尔士民族单一性和纯粹性来看，的确是对民族性的背叛。诗人在诗歌结尾的感叹，并不是要放弃威尔士语，而是认为当代的威尔士语言，包括以威尔士语创作的文学与文化艺术作品，特别是诗歌，应该摒弃约翰·戴维斯批判的那种以威尔士历史、风景和人物为永恒主题的创作思路，而更应该关切现实，反映当代威尔士青年人的所思所想，只有这样，威尔士语才能焕发出它应有的活力，保证其作为威尔士民族语言的权威地位。如果威尔士语依然沉湎于历史，那么背叛它的人，尤其是青年人，必然会越来越多。

虽然路易斯对威尔士语寄予厚望，但在现实中，威尔士语并没有能击败英语，获得在威尔士的统治地位。虽然威尔士当局一直致力于推广双语教育，威尔士语的官方地位也获得首肯，然而统计数字却一再让人失望。说威尔士语的人口在 1901 年为总人口的 51%，1973 年为 28%，而到 2003 年则为 21%。[①] 经过威尔士政府三十年几乎不遗余力的推广，说威尔士语的人口比例不升反降，毫无疑问令所有威尔士语拥护者和威尔士民族主义者失望。路易斯显然也感受到这一点，因此在 2000 年发表威尔士语作品《语言杀手》，并在 2003 年的英语诗集《留住妈妈》中用英语重述了同样的主题。

在"语言杀手"系列诗歌中，路易斯以颇为戏剧化的谋杀案为题材，谋杀案中的被害人是位老妇人，与"威尔士间谍"中的老人相像。在诗歌《她的末日》中，路易斯将威尔士语的末日描绘得既让人感受到犹如命案现场般惊悚，又有充满隐喻气息的思考：

> 结局很可怕。犹如水库决堤
> 鲜血无处不在。她的嘴里
> 吐出一连串词语，舌头好

① 据 Samuel Rees, "The Welsh and the Anglo-Welsh: Politics and Poetry," in *Albion: A Quarterly Journal Concerned with British Studies*, Vol. 5, No. 2 (Summer 1973), pp. 97–106; Robert Minhinnick, ed., *The Adulterer's Tongue: An Anthology of Welsh Poetry in Translation*, Manchester: Carcanet, 2003, p. Ⅳ。

才能防止蛀牙，父亲的辉煌

猩红的花朵——在阿贝齐格

布谷鸟在歌唱——血是黑色的，

满是污秽，像一口井

里面是令人称奇的生动成语。[①]

　　诗歌中的斜体部分，路易斯直接采用威尔士语，这也正是苏格兰诗人常用的创作手法。阿贝齐格（Abercuawg）来自威尔士中世纪诗歌，是布谷鸟歌唱的地方。R.S. 托马斯在他 1976 年的讲演《阿贝齐格》中，将这个想象中的地方作为威尔士民族传统的核心意象，认为它代表着威尔士传统的农业文化所推崇的田园生活，"作为一个威尔士人，我觉得只有像阿贝齐格这样的地方存在，我的生命才有意义"。[②] 路易斯认为，托马斯急于建构威尔士的民族传统，但对传统缺乏真正的了解，因为"在威尔士传统中，布谷鸟的歌唱唤起的不是欢乐而是忧伤"。[③] 在《她的末日》这首诗中，路易斯通过老妇人最后吐露的话语，既回顾了威尔士诗歌和民族的重要传统，同时也引发人们对威尔士语衰落的反思：从某种意义上来说，也许正是对历史和传统似是而非的过分强调，才使得威尔士语和威尔士民族文化走进了死胡同。只有面向未来，才能为威尔士民族和文化的复兴探索可行之路。从这一点上来看，路易斯与克拉克对威尔士民族性的思考又体现出殊途同归的一面。路易斯在批判英语对威尔士语的"谋杀"的同时，更多的是延续了自第一部诗集，特别是"威尔士间谍"系列诗歌中对威尔士语言发展的思考。她在这首诗歌中对英语和威尔士语的纯熟运用和转换，与她的苏格兰同辈诗人 W. N. 赫伯特等颇为相似。伊安·格雷戈森认为，路易斯在这首诗中成功地探讨了英语与威尔士语各自的局限，取得了以往威尔士诗歌所没有的突破，[④] 是不无道理的。

　　路易斯不仅以英语和威尔士语进行诗歌创作，探讨威尔士语言的衰落

① Gwyneth Lewis, *Chaotic Angels*：*Poems in English*, Tarset, Northumberland：Bloodaxe, 2005, p. 154.

② R. S. Thomas, *Abercuawg*, Gomer：The Arts Council of Wales, 1976, p. 5.

③ Gwyneth Lewis, "Criss-Crossings：Literary Adventures on Irish and Welsh Shores," in *Poetry Review*, Autumn 2008, pp. 54-72, p. 60.

④ Ian Gregson, *The New Poetry in Wales*, Cardiff：University of Wales Press, 2007, pp. 71-73.

与威尔士民族的复兴之路，而且还在诗歌中运用威尔士半协韵（辅音相同而元音不同的韵脚），以凸显威尔士诗歌的特色和成功之处。使用双语创作的她，具有克拉克"不断渴望"而不可得的"统一性和完整性"。① 从这个意义上来说，路易斯的确是当代威尔士诗歌和民族文化的最佳代表，是当之无愧的威尔士民族诗人。不过，与克拉克获得英格兰文化圈的全面接受，作品进入中学课堂，成为当代英国文学经典的一部分不同，路易斯虽然入选"新一代诗人"，但迄今对她作品的关注和研究主要来自威尔士评论界，② 还没有英格兰的重要评论家就她的作品进行深入的分析和探讨，而这似乎正体现出这种威尔士民族性并不符合英格兰主流评论界的需求。对于英格兰主流评论界而言，他们需要的可能只是作为当代英格兰文化和民族多样性代表的威尔士民族性，并非独立的、具有"统一性和完整性"的威尔士民族性。

综观当代威尔士诗歌最具影响的两位诗人对威尔士民族性的书写，基莲·克拉克在延续前辈诗人的传统的同时予以创新，努力探索构建威尔士民族文化的核心意象，在威尔士山地风景的描写中，以农舍的意象具体化地呈现威尔士的民族性。但她对待威尔士民族性的认识缺乏历史观念，仅仅强调和突出了威尔士民族性中威尔士传统的独立和纯粹，而忽视了民族和文化都是在不断发展和变化的，③ 对随着历史发展而来的复杂性认识不足，因此对威尔士民族性的书写缺乏一定的包容性。格温妮丝·路易斯从双语视角重新阐释了威尔士的民族性，一定程度上解决了一直困扰威尔士诗人的语言问题，以及由于执着描写威尔士山地风景而来的创作单一性问题。路易斯对威尔士语和英语的举重若轻，避免了由于过分强调威尔士民族性中的语言因素而将大多数威尔士人排斥在外的局面，④ 从而赋予了当

---

① Ian Gregson, *The New Poetry in Wales*, Cardiff: University of Wales Press, 2007, p. 60.

② 目前研究路易斯作品的重要学术论文主要有 Angharad Price, "Travelling on the Word-Bus: Gwyneth Lewis's Welsh Poetry," in *PN Review*, Vol. 25, No. 5（May 1999）, pp. 49 - 51; Alice Entwistle, "'A Kind of Authentic Lie': Authenticity and the Lyric Sequence in Gwyneth Lewis's English-language Poetry," in *Life Writing*, Vol. 6, No. 1（April 2009）, pp. 25 - 41。这些论文的作者都为威尔士本土评论家，与约翰·克利根等人在英美学界的影响力还相差甚远。

③ 戴维·米勒认为民族认同首先是"想象的"认同，想象的内容随时间而改变。参见戴维·米勒《论民族性》，刘曙辉译，译林出版社，2010，第 17~48、119~130 页。

④ Graham Day, *Making Sense of Wales: A Sociological Perspective*, Cardiff: University of Wales Press, 2002, p. 23.

代威尔士诗歌中的民族性书写更完整、更具批判性的呈现。克拉克和路易斯的作品正如威尔士民族的两个方面，北部纯粹的山地和南部复杂的海岸，而她们的作品中体现出的对未来的期盼，正可以作为雷蒙德·威廉姆斯那个著名的问题"谁来为威尔士说话"的答案。

（本文原载于《外国文学评论》2013 年第 1 期）

互助的政治意义

——英国现代社会福利制度建构过程中的友谊会

闵凡祥[*]

  尽管学者的已有研究认为，福利国家是现代工业社会发展的必然产物，[①] 但我们发现作为世界上第一个工业化社会的英国，却并不是最早在社会福利领域进行国家立法，建立起国家主导型现代社会福利制度的国家。[②] 从第一项现代社会福利立法的通过与实施时间来看，它明显落后于德国、法国、奥地利、意大利、挪威、芬兰、荷兰等欧洲后发工业化国家。在时间上，英国第一部现代意义上的社会福利立法——1908 年养老金法案的通过比德国晚了 19 年，第一部国民健康保险立法比德国晚了 28 年，第一部工伤立法比德国晚了 62 年。[③] 究其原因，笔者认为，英国前福利国家时代发达社会保障网络的存在，[④] 在减缓国家全面卷入社会福利事业紧迫性的同时，也为国家通过全国性社会福利立法、建立国家主导型社会福利制度造成了诸多"障碍"。其中，又尤以友谊会（friendly societies）为代表的互助组织的影响为大。

---

[*] 闵凡祥，历史学博士，南京大学历史学院副教授，英国伯明翰大学医疗史研究中心与现代英国研究中心访问研究员，2011~2012 年任南京大学高研院第七期驻院学者。本文为国家社科基金青年项目"群体互助与社会秩序构建——英国'友谊会运动'研究（1687~1948）"（项目编号：09CSS003）、南京大学文科青年创新团队培育项目"医疗社会史：理论与实践"（项目编号：2062014329）的研究成果。

① 陈晓律：《英国福利制度的由来与发展》，南京大学出版社，1996，第 7 页。

② Derek Fraser, *The Evolution of the British Welfare State：A History of Social Policy Since the Industrial Revolution*, 1st ed., London：Macmillan, 1973, pp. 1-9.

③ Peter Flora, et al., *Sate, Economy and Society in Western Europe, 1815-1975：Volume I：The Growth of Mass Democracies and Welfare States*, Frankfurt：Campus Verlag；London：Macmillan Press；Chicago：St. James Press, 1983, p. 454.

④ 有关详尽论述，请进一步阅读闵凡祥《国家与社会——英国社会福利观念的变迁与撒切尔政府社会福利改革研究》，重庆出版社，2009，第一章第一节"英国传统的社会福利服务供给体系"。

自 17 世纪末兴起以来，^① 绝大多数友谊会都刻意地与现实政治保持着较远的距离，很少积极参与和组织与现实政治有关的活动。^② 它们的日常活动主要围绕群体的自我教育与自治、成员间互相帮助、共同娱乐展开，帮助其成员获得有效的社会保障与救助，在遭遇危难时顺利渡过难关。实现所谓的"自助"（self-help）与"独立"（independent），赢得社会的认可与尊重，是其活动的根本目的。因此，同当时同样为工人群体组织的工会相比，友谊会组织本身及其活动具有明显的去政治化色彩。但是，作为当时英国社会中受人尊重的主体劳工的代表及其对数百万之众成员的控制约束力和现实生活影响，它又无时无刻不是让议会和政府对之予以认真考虑与对待的一支重要潜在政治力量。同时，其所组织与实施的一系列地方性和全国性"去政治化"日常活动，也极为重要地维持了英国的社会与政治稳定，构建了良好的社会秩序，极大地减轻了政府的济贫支出与维稳负担，从而使其能够专注于世界霸主事业。但是，对任何威胁或潜在威胁其生存与利益的政府行为，友谊会都保持着高度的政治敏感性，并迅速做出反应，随时由一支消极的政治力量转变成一支具有巨大影响力的积极政治力量，反对或要求修改议会的政策与立法提案，影响政府的制度设置计划，不仅使英国政府的社会改革带有明显的阶级妥协性与渐进性，而且也使英国现代社会福利制度在构建过程中较好地照顾到了劳工群体的诉求，带有明显的全社会共同参与构建、国家与社会紧密合作的特点，而不只是一种为政治精英主导的自上而下的独断设计和社会被动接受的政治强力安排。

友谊会组织的广泛存在及其对成员提供的广泛价廉质高的社会救助与福利服务，在帮助其成员克服人生中困难时期，维持基本生活所需，避免陷入贫困，防止他们因贫困和无所求助而趋于激进，缓解社会矛盾，稳定社会发展，减轻政府济贫负担的同时，也降低了劳工群体对国家福利服务的诉求程度和政府全面卷入社会福利事业的紧迫性，在一定程度上延滞了国家主导型现代社会福利制度在英国的建立。

对友谊会运动这一课题的研究，英国本土及其前殖民地地区的国家

---

① P. H. J. H. Gosden, *The Friendly Societies in England, 1815-1875*, Manchester: University of Manchester Press, 1961, p. 2.

② Simon Cordery, *British Friendly Societies, 1750-1914*, Basingstoke: Palsgrave Macmillan, 2003, p. 3.

如美国和澳大利亚等国（这些地区在其殖民化时期和独立后，受英国的影响，友谊会组织的活动也特别活跃，对其社会的影响极大）的学者多有著述，所选择的论述内容与视角也各有侧重与不同。① 对研究该课题的中国学者来说，它们都是非常重要的参考文献。国内学界对该课题的关注较晚，成果也相对较少，目前只有丁建定教授和笔者曾做过一些初步研究。②

本文拟在国内外学者已有研究成果基础之上，通过进一步发掘和解读一些较为早期的相关文献，对友谊会运动对 18 世纪、19 世纪和 20 世纪早期英国社会所产生的"隐性"与"显性"政治影响进行系统梳理与研究，以期能深化国内学界对该课题的研究，展示英国经验中互助福利与国家政治的关系，为我国当前社会保障制度的构建提供一些经验启示：科学认识社会中以群体互助为根本目的的社会团体，客观定位其在社会福利领域与国家之间的关系，予以合理的政策与立法规范和引导，构建一种和谐的国家与社会关系。

一　友谊会福利及其影响

友谊会成员间的互惠互助，一直是前福利国家时代英国社会保障服务的重要组成部分。正如给予其合法性认可的 1793 年友谊会法案（*the Act for the Encouragement and Relief of Friendly Societies*，1793；又称 *Rose's Act*，1793）所描述的那样，友谊会是一种"组织良好的社团，会员通过连续不断地缴纳会费，构成一笔存款或基金，用以救济其成员中那些因年迈、疾病和身体虚弱而需要帮助的人，以及那些死亡成员的妻子和孩子，维持他

---

① 其中较具代表性的著作有 William Harral Johnson，*The Past*，*Present*，*and Future of Friendly Societies*，London：F. Farrah，1867；REV. John Frome Wilkinson，*The Friendly Society Movement：Its Origin*，*Rise*，*and Growth*；*Its Social*，*Moral and Education Influences*，London：Longmans，Green and Co.，1886；P. H. J. H. Gosden，*The Friendly Societies in England*，*1815 - 1875*，Manchester：University of Manchester Press，1961；Simon Cordery，*British Friendly Societies*，*1750-1914*，Basingstoke：Palsgrave Macmillan，2003；等等。此外还有数量较大的期刊论文。

② 丁建定：《从济贫到社会保险：英国现代社会保障制度的建立（1870~1914）》，中国社会科学出版社，2000；闵凡祥：《国家与社会——英国社会福利观念的变迁与撒切尔政府社会福利改革研究》；闵凡祥：《18、19 世纪英国"友谊会"运动述论》，《史学月刊》2006 年第 8 期；等等。

们的基本生活所需"。① 友谊会在 18 世纪、19 世纪和 20 世纪早期的英国，一直是劳工群体中大多数人获得社会福利服务的最重要来源，是他们在病、老、弱、死以及遭遇其他事故等困难时赖以依靠的一张较为坚实的社会安全网。以成员持续向社团缴纳会费取得的成员身份为前提，友谊会在成员生病、遭遇事故或年迈虚弱之时，会自共同基金中为其发放疾病津贴；当成员本人及其家人生病时，友谊会的签约医生会为其提供价廉质高的医疗服务和药品；发放死亡抚恤金，为死亡成员举办体面的葬礼；为死亡成员的遗孀和未成年子女提供金钱资助和生活帮助，保证其基本生活所需；为失业者提供就业帮助，发放就业旅行津贴；为年老会员提供养老金；为成员提供孕期补贴；等等。② 那些"体质不健康的人，或者不幸失去视力、中风或其他原因而永远不能自行谋生的人，都特别地成为救济对象"。③

在医疗保健领域，当时的英国至少有 1/3 的成年男子和超过 45% 的男工都在借助友谊会获得健康服务与医疗护理。④ 友谊会不仅会在会员生病时派专人前往慰问（同时也是一种监督确认），发放疾病津贴，而且还会通过雇佣的签约医生来为本会会员及其家人提供价廉质优的医疗服务。医生同友谊会及其他一些俱乐部签订服务协议，接受雇主提出的服务收费标准和雇佣期限，向这些雇主的成员提供"契约医疗服务"（contract practice）——为其生病成员出诊和提供治疗药物。就当时来看，友谊会成员为自己的健康保险支付的费用是非常低的，只占其收入很小的一部分，大约每周只需支付 2 便士，即可获得一年的医疗健康保障服务。同时，由于友谊会在"契约医疗服务"中具有绝对主导权，有权随时解雇他们不满意的医生，签约医生不得不尽力工作，努力提供让雇主满意的医疗服务。尽管医生们也曾试图团结起来对抗友谊会的强势，要求增加收入，但友谊

① David G. Green, *Reinventing Civil Society: The Rediscovering of Welfare without Politics*, London: Civitas, 1993, p. 26.

② Samuel Brown, "On the Present Position of Friendly Societies in England and Wales," *The Assurance Magazine, and Journal of the Institute of Actuaries*, Vol. 11, No. 6 (July, 1864), pp. 333-356.

③ 约翰·巴顿：《论影响社会上劳动阶级状况的环境》，薛潘康译，商务印书馆，1990，第 63 页。

④ Anne Hardy, *Health and Medicine in Britain*, Houndmills, Basingstoke; New York: Palgrave, 2001, pp. 17-18.

会的这种优势和主导权直到1911年国民健康保险法实施后才遭到实质性的削弱。在"签约医疗服务"中，友谊会对雇用权和服务定价权的掌控，使其成员只需付出很少的费用，即可获得高质量的医疗服务。这种服务不只惠及其本人，而且覆盖其家庭成员。

这些服务的直接结果，就是友谊会成员的身体健康状况明显好于其他社会群体。在19世纪的大部分时间中，[1] 英国友谊会会员的平均预期寿命比英国人口的平均预期寿命高出3~4岁。[2] 友谊会与其他互助组织为其成员所提供的这种高效且适当的健康保险服务，即使在1911年国民健康保险制度建立之后，仍在很长一段时间内在英国国民健康服务领域发挥着重要作用。[3] 对友谊会在过去及未来国民健康服务领域的地位与作用，贝弗里奇爵士在其1942年的报告中给予了充分的肯定与高度的信任，他说："在任何情况下，国家都没有理由直接或间接干涉志愿性疾病保险领域……其他一些保险领域，或许需要直接的政府行动来对之进行控制或推动发展，但志愿性疾病保险这一特殊领域，却完全是具有悠久公正服务和兄弟般合作传统的友谊会的天下，得到友谊会的恰当运营与管理。因此，我们大可放心地将这一领域交由友谊会负责。"[4]

在前福利国家时代的英国，友谊会以其为成员所提供的养老金、丧葬和医疗、失业救助等社会救助与保障服务，"使很多卑微的生命得到了鼓舞，在社会保险方面做了脚踏实地的工作，为它们的会员减轻了对于疾病、分娩、丧失工作能力和年老的担心，也为他们的子女减轻了一笔像样的丧葬的开支"。[5] 凭借友谊会所提供的组织化制度性福利，友谊会成员能够在生活陷入困境或面临陷入困境威胁时，走出暂时的困顿，或减轻永久

---

[1]　Joseph Chamberlain, "Old Age Pensions," *National Review*, XⅧ (Feb., 1892), pp. 734－744.

[2]　F. G. P. Neison, F. L. S &c, Contributions to Vital Statistics：Being, a Development of the Rate of Mortality and the Laws of Sickness, from Original and Extensive Data; with an Inquiry into the Influence of Locality, Occupations, and Habits of Life on Health; an Analytical View of Railway Accidents; and an Investigation into the Progress of Crime in England and Wales, 3rd ed., London：Simpkin, Marshall & Co., 1857, pp. 40－41.

[3]　Sir William Beveridge, *Social Insurance and Allied Services*, London：His Majesty's Stationary Office, 1942, p. 25.

[4]　Sir William Beveridge, *Social Insurance and Allied Services*, London：His Majesty's Stationary Office, 1942, p. 33.

[5]　克拉潘：《现代英国经济史》上卷，姚曾廙译，商务印书馆，1974，第374页。

性困顿所带给他们的消极影响。

而且，相较于济贫法体系与慈善组织的救助，友谊会福利对其成员是一种维护其尊严的帮助。作为一种互惠互助型自治社会福利社团，友谊会所提供给其成员的任何帮助与慷慨施舍无关，只与权利相关。成员通过持续定期地缴纳会费和为公共基金做出贡献，获得在需要时接受社团及社团中其他个人帮助的权利。成员间风险共担、个人缴纳会费是危困时获得社团及其他成员帮助的前提，危困时便捷地获得社团及其他成员的有效帮助，是对成员持续定期缴纳会费的一种公正回报。正如森林工人联合共济会成员在入会之时即被告知的那样："为患病者提供疾病津贴……所有兄弟共同捐资建立起一个基金。该基金就是我们的银行，从中取资是每一位成员不受约束和理直气壮地享有的权利。当意外出现，需要从基金中支取资金时，我们都可自由获取，就好像这个基金由自己的银行家掌握一样，他们所要做的，只是签发一张所需金额的支票而已。这些行为不是善举（BENEVOLENCES）——而是权利。"[1]

更为重要的是，友谊会是一种完全的自治机构，由一群时刻准备着互相帮助的同类个体相互自愿联合而成，成员间是一种平等互惠互助关系，不存在来自统治阶级的"呼来喝去"，包括"受助成员"在内的所有成员都参与友谊会的管理。在社团内部，正如森林工人联合共济会总章程中所说的那样："每一位成员的权利都得到无微不至的尊重和保护；每一位成员都拥有平等的权利和权益；你的贡献就是衡量你荣誉坐标的方法，不允许存在人为的障碍来妨碍美德和才能获得与之相匹配的地位。"[2] 而慈善活动则是富裕群体在怜悯、同情、"博爱"（philanthropy）思想指导下对受助群体的恩赐施舍，在具体实践过程中还常伴以对受助个体的道德考核，施助者与受助者之间是一种不对等的关系。在当时崇尚自助自立的英国社会中，友谊会福利显然为其成员带来并维护了他们的尊严，[3] 使他们避免了在收入减少或中断时，去求助于别人的施舍或带惩罚性质的济贫院救济。而且，同济贫法体系向其受助者所提供的只是一种最基本的生存需求服务

① David G. Green, *Reinventing Civil Society: The Rediscovering of Welfare without Politics*, London: Civitas, 1993, p. 41.

② David G. Green, *Reinventing Civil Society: The Rediscovering of Welfare without Politics*, London: Civitas, 1993, p. 43, p. 29.

③ David G. Green, *Reinventing Civil Society: The Rediscovering of Welfare without Politics*, London: Civitas, 1993, p. 26.

相比，友谊会提供的则是一些层次略高的生活需求保障，① 不仅满足了人们的基本生存所需，还在一定程度上为个人发展提供了物质与经济帮助。

友谊会对其成员提供的各项社会福利服务，大大减轻了英国政府的济贫负担。据有关权威调查，"在 1797 年还没有一例表明，友谊社（即友谊会——引者注）的某一成员成为他的教区的负担；甚至在今天，从济贫法委员会所得到的证据来看，这种例子似乎也是很少的。比较一下每个郡贫民的人数和各友谊社的人数，就能明显证实这一点——从大多数情况中可以发现，两个数字是成反比的"。② 即凡是友谊会活跃的地区，其贫民人数就相对较少，反之则较多。1874 年的一份官方报告说，友谊会为其成员提供的各项社会福利可使济贫法体系每年节省约 200 万英镑的救济费。③ 鉴于友谊会在当时社会救助方面所起的积极作用及其活动的非政治色彩，早在 1793 年，英国议会即通过法令——《罗斯法》，给予其合法社团地位，允许它们制定有约束力的章程和保有法律上所承认的基金，鼓励它们的发展。

为其成员提供的良好社会保障与福利服务，国家法律对其存在的合法认可，完全的自治对其成员自由的充分保障，使友谊会吸引了大批劳动人口的参加。1877 年，注册友谊会的会员数是 275 万人，十年后是 360 万人，1897 年达 480 万人。至 1911 年英国通过《国民保险法》（*National Insurance Act*, 1911）为 1200 万国民引入强制性社会保险（compulsory social insurance）时，他们中至少已有 900 万人参加了以友谊会为主的各类已登记注册或尚未登记注册的志愿性保险组织。其中，26877 个登记注册友谊会的会员达 6623000 人。④ 其财力也有较大的增长，"在 1910 年 12 月 31 日，共济会及其分支机构共有价值二千八百万镑；一般发给福利金的友谊社计一千三百万镑；储蓄会、丧葬会和少数其他'无分支机构'型的社团约六百万镑"。⑤

持续大幅增长的会员人数和较好的财政状况，足以说明友谊会在当时

---

① 郑秉文、和春雷：《社会保障分析导论》，法律出版社，2002，第 68 页。
② 约翰·巴顿：《论影响社会上劳动阶级状况的环境》，第 63 页。
③ 刘燕生：《社会保障的起源、发展与道路选择》，法律出版社，2002，第 57 页。
④ David G. Green, *Reinventing Civil Society*: *The Rediscovering of Welfare without Politics*, London: Civitas, 1993, p. 26, p. 34.
⑤ 克拉潘：《现代英国经济史》下卷，姚曾廙译，商务印书馆，1977，第 615~618 页。

的成功和对工人阶级社会福利方面的重要性。友谊会在整个英国甚至包括其殖民地在内的广大范围内为英国的劳工大众建立起了一张甚为有效的社会保障网络，使英国社会中很大一部分人可自友谊会及其他类互助组织（如工会）那里获得有效的社会保障。例如，朗特里（B. Seebohm Rowntree）即在其调研报告中指出，1899 年时，在总人口为 75800 人的约克，即有10662 人（成年男性 9475 人，成年女性 624 人，年龄在 18 岁以下的青少年 563 人）是友谊会成员，还有大约 1700 人通过其所属工会获得疾病与丧葬津贴。通过对其中 400 个成年男性会员的抽样调查，他认为当时有 636个不同的友谊会组织活跃于这一中型城市之中。[①] 此外，加上影响几乎同样强大的慈善组织、商业人寿保险公司等组织机构为人们提供的各种社会福利与保险服务，故每个英国人都可处在某种保障之中。

在这种情况下，英国社会自然对来自国家的帮助特别是强制性交费福利项目不是那么急切。

二 国家福利制度建构过程中的友谊会

当社会贫困问题日益突出，需要国家干预，建立国家主导型社会保障制度时，友谊会也适时顺势地调整自己的态度与立场，通过积极参与有关社会改革的讨论和表达自己的主张与意愿，努力使政府决策者在制订改革计划与政策时充分考虑它们及其所代表的广大社会中下层劳动者的诉求与意志，保证自己继续存在和利益不受损害。这使英国的社会改革自一开始就具有较好的社会基础和较高的政治合法性。

在英国近代社会改革和新型社会保障制度的建构过程中，友谊会不像当时的慈善组织那样，盲目地坚持传统的社会救助理念，反对国家干预和由国家建立一套有效的社会保障制度从根本上对社会贫困问题加以解决，它因时顺势地积极参与和推动新型社会福利制度在英国的建构。例如，1894 年 6 月森林工人联合共济会发表其对社会改革的主张，主张由国家进行社会改革，认为在大多数人处于贫困状态的情况下，只有国家才有这样的能力而且也有责任帮助他们。他们质问道，人们不明白为什么资产阶级

---

① B. Seebohm Rowntree, *Poverty*, *A Study of Town Life*, London: Macmillan and Co., Limited; New York: The Macmillan Company, 1901, pp. 357-358.

免于承担对贫困人口的救助费用，这些贫困者的贫困是劳动成果的大部分被资产阶级占有造成的，这些劳动成果本身是由那些不得不寻求养老金的贫民的劳动所创造的。如果一个工人像他的雇主那样勤劳，那么为什么在这块土地上他不能像他的雇主依靠自己的利润那样依靠自己的工资来维持生活所需？工人阶级的目标应该是争取不再需要国家施舍的一种积极条件，建立养老金制度将是我们这个极端贫困时代的重要要求和措施，最优秀的改革者的愿望是清除导致贫困的根源，以便每一个公民都能得到一个公平的机会，这个机会不仅能为现在挣得相当多的工资，而且，这种工资还能为其将来的生活提供必要的保障。①

　　它们和工会等其他互助类社团一起，② 组成强大的游说与压力集团，集会和举办各种讨论会，对政府施压。1899 年，友谊会和工会、合作社等互助组织联合组成一个"有组织的劳工争取养老金全国委员会"（the National Committee of Organised Labour for Promoting Old Age Pensions），旨在采取一致行动，争取实现为 60 岁及以上老年人提供普遍的、由税收支持的国家养老金。在 1906 年大选中，进入议会的 29 名独立工党议员中有 11 名是该委员会的成员。友谊会成员还经常以集体或个人的名义，活跃在各类有关养老金讨论的会议与辩论会上，他们积极参加对当时现实问题的讨论，提出他们的观点和意愿。例如，1899 年 3 月 25 日在伯明翰召开的一次大会中，630 名代表中有 347 名代表为友谊会成员。其中，175 人来自曼彻斯特联合共济会，132 人来自森林工人联合共济会，40 人来自三个较小的友谊会。③

---

① J. R. Hay, *The Development of the British Welfare State*, *1880-1975*, London: Edward Arnold, 1978, pp. 16-17.

② 有关英国工会对其成员的社会保障功能及其对现代社会福利制度建立的反应，可进一步阅读 Royal Commission on Labour, "Rules of Associations of Employers and of Employed," *Parliamentary Papers*, 1892, Vol. 36, pp. 31-32, 66-67, 153-154; George R. Boyer, "What Did Unions Do in Nineteenth-Century Britain?" *The Journal of Economic History*, Vol. 48, No. 2 (Jun., 1988), pp. 319-332; 闵凡祥《互助与前福利国家时代的英国社会保障与福利服务》，《英国研究》2009 年；R. V. Sires, "The Beginning of British Legislation for Old Age Pensions," *The Journal of Economic History*, Vol. 14, No. 3 (Summer, 1954), pp. 229-253; Pat Thane, *The Origins of British Social Policy*, London: Croom Helm, 1978, p. 91; Jill S. Quadagno, *Aging in Early Industrial Society*: *Work*, *Family*, *and Social Policy in Nineteenth-century England*, New York: Academic Press, 1982, p. 181; 丁建定《从济贫到社会保险：英国现代社会保障制度的建立（1870~1914）》，第 179~180 页；等等。

③ John Macnicol, *The Politics of Retirement in Britain*, *1878－1948*, Cambridge: Cambridge University Press, 1998, p. 134.

1909 年，针对劳合·乔治（David Lloyd George）① 引入德国模式国民保险计划的提议，曼彻斯特联合共济会主席在该会年会上警告说：在友谊会内部，尽管有一小部分人设想各种不幸可通过"抑制自愿的个人努力，完全依靠国家"获得纠正，但"我敢断言，我会的绝大多数成员和其他友谊会成千上万的成员，对由政府来为我国工人阶级提供任何形式的伤残或疾病保险服务的做法，都是完全反对的"，因为这种想法无视国家干预对人的品性的影响。国家虽能强迫一个人缴纳国家保险费，但不能使他变得小心谨慎、勤俭节约，成为一名好公民。而且，国家计划还可能减少人们获得和运用自我组织的技能的机会。② 已拥有 75 万会员的全国第一大友谊会主席的这一表态，对当时的政府及改革派来说，都是一个不容忽视的声音。

在 19 世纪，还没有哪一个国家的友谊会像英国的友谊会那样具有鼓动性并且很强大，③ 它们的声音具有重大影响力。当上台执政的自由党试图对日益严重的社会贫困问题采取一些积极的政策措施时，也不得不在制定政策与设计制度时倾听友谊会组织的声音，尊重并迎合友谊会的诉求。例如，首相劳合·乔治在致其兄弟的信中即承认，"现在是我们做些事情来直接满足民众要求的时候了，我认为这将帮助我们阻止这种选举的威胁，这是十分必要的"。④ 财政大臣阿斯奎斯则认为，必须实行免费养老金制度，这是唯一可以给最贫困的人提供帮助的办法。⑤ 当时养老金计划的重要设计者之一、自由党重要领袖人物约瑟夫·张伯伦也非常明确地指出了友谊会对未来社会改革的重要影响，他认为，在国家养老金制度的建设方面，友谊会的合作至为重要，没有友谊会的支持，任何社会改革计划都将难以成功，因为"友谊会与工人中那部分具有节俭意识的人联系紧密……

---

① 他曾于 1908 年访问德国，并接受了德国在健康领域的强制保险思想（E. P. Hennock, *British Social Reform and German Precedents：The Case of Social Insurance, 1880 - 1914*, Oxford：Clarendon Press, 1987, p. 168）。

② David G. Green, *Reinventing Civil Society：The Rediscovering of Welfare without Politics*, London：Civitas, 1993, p. 43.

③ 约翰·B. 威廉姆森、弗雷德·C. 帕姆佩尔：《养老保险比较分析》，马胜杰等译，法律出版社，2002，第 69 页。

④ Derek Fraser, *The Evolution of the British Welfare State：A History of Social Policy Since the Industrial Revolution*, 1st ed., London：Macmillan, 1973, p. 142.

⑤ 丁建定：《从济贫到社会保险：英国现代社会保障制度的建立（1870~1914）》，第 183~184 页。

它们的批评具有破坏性……如若它们对一项提议中的改革计划普遍反对，这种反对将是致命性的……面对如此重要而又颇为危险的反对，我在准备我的计划时，总会考虑再三"。① 为讨好友谊会，赢得支持或最大限度地降低友谊会反对的风险，他提出了一项志愿性的、交费的国家养老金计划，并再三声明该计划不会对友谊会构成威胁。在他的发言备忘录中，有关友谊会与养老金改革的提示有："*它们合作的重要性*；它们的政治影响；有组织的反对可能是致命的；迄今为止，大多数（友谊会）领导人的批评都是不利的；……意见有改变的迹象；（友谊会）官员与会员来信；反对的主要原因：*对增加任何（国家）控制或干预的担心*。"② 其中，对"合作"和"对增加任何（国家）控制或干预的担心"部分，他用斜体做了重点标注。为此，政府也在 1896 年要求专门就该问题提供咨询的罗斯柴尔德委员会（the Lord Rothschild's Committee）"讨论任何可能提交给他们的意在鼓励那些勤劳的人通过国家帮助或其他途径对老年人提供福利的计划，并报告……对**友谊会**（黑体为引者所加）的繁荣可能带来的影响，以及这一方案在实际运作过程中是否可能得到各种社会组织的合作"问题。③

友谊会等同类组织的大量存在及其在社会保障方面所发挥的影响，使英国在社会保障制度的模式选择上具有明显的自身特征。例如，尽管英国国民健康保险计划的设计者与倡导者都对德国的制度进行过详细研究，但在真正实施阶段并没有照搬德国的做法，推行强制性原则并使社会保险全民化，原因是当时的社会立法者清楚地知道"德国的立法是加之于一个几近空白的领域，我们的立法则建立于各种现存组织之上"。④ 为消除友谊会对国民健康保险计划的顾虑与担忧，消弭像以往那样多次遭遇其抵制的潜在危险，赢得它们的支持，劳合·乔治在有关国民健康保险体系的"整体性说明备忘录"（General Explanatory Memorandum）中，不仅承诺将会运用已为友谊会使用了几十年并为时间证明有效的方法与原则来消除德国模式

---

① John Macnicol, *The Politics of Retirement in Britain*, *1878－1948*, Cambridge：Cambridge University Press, 1998, p. 132.

② John Macnicol, *The Politics of Retirement in Britain*, *1878－1948*, Cambridge：Cambridge University Press, 1998, p. 132.

③ Doreen Collins, "The Introduction of the Old Pension in Great Britain," *The Historical Journal*, Vol. 8, Issue. 2（January 1965）, pp. 246-259.

④ William J. Braithwaite, Lloyd George's Ambulance Wagon, *Being the Memories of W. J. Braithwaite*, *1911-1912*, 2nd ed., London：Methuen, 1957, p. 82.

的所有缺陷（如官僚化和装病现象等），而且承诺将会使友谊会在新计划的实施与运行中承担重要责任，并保证其经济利益。结果，友谊会对新的改革计划与政府采取了合作态度，不仅同意其成员资格向所有人开放，而且取消了"诸如宣誓和画押等诸多障碍"。① 1911 年《国民保险法》在国民健康方面的目标是"凡就业于联合王国的年龄在 16~70 岁的人都应获得健康保险，保证他们在生病时能获得医治"。② 根据这个目标，法令规定：所有 16 岁以上被雇用以及那些未被雇用却具有被保险人资格者，可以依照该法规定的方式投保，所有被保险人有权依照该法所规定的方式与条件获得健康保险津贴及医疗服务。

由此可见，1911 年《国民保险法》所提供的健康保险在范围上并不覆盖全民，而仅限于所有 16 岁以上被雇用以及那些未被雇用但具有被保险资格群体，并且不向参保者的亲属提供补贴。大量的非劳动人员特别是老人被排斥在国民健康保险计划之外，得不到应有的初级医疗服务。但友谊会向其成员提供的医疗服务与健康保险可以覆盖其成员的妻子与子女，同时会员在年老时仍可自所属友谊会获得疾病补贴。1911 年国民健康保险法的这种设计，或许就是友谊会力量影响的结果。这样，在国家制度性福利面前，友谊会福利仍有较大的吸引力，从而为其继续存在留下了合法性空间。

此外，在国家权力不断向社会福利领域扩张的同时，英国政府也不得不慎重考虑友谊会等互助组织的未来问题。为避免引起强烈的反对，引发不必要的对抗，1911 年《国民保险法》特地规定，包括友谊会在内的那些依据议会法令建立或登记，或没有依据议会法令建立和登记，但其章程符合该法关于"被核准社团"（the approved societies）条件的任何团体，在国民保险体系下都可以"被核准社团"的身份参与社会保险的管理工作，负责其会员社会保险费的征收和社会保险津贴的发放工作，并继续为会员提供志愿性福利服务项目。"被核准社团"身份使友谊会从原来影响力巨大的自治社团变身为国家主导型社会福利制度的政策执行和管理机构之一，成为福利国家的一部分。但友谊会仍然保持了财务上的独

---

① Simon Cordery, *British Friendly Societies, 1750-1914*, Basingstoke: Palsgrave Macmillan, 2003, p. 171.

② Millton & Rose Friedman, *Free to Choose: A Personal Statement*, New York: Harcourt Brace Jovanovich, 1979, p. 98.

立和行政上的自治，它所从事的一切业务均在其成员的绝对控制之下。[①]
如此的安排，消弭了此类社团组织对国家权力在社会福利领域扩张的潜在
抵制。

尽管在英国国家主导型社会福利制度建构过程中，乃至国家福利不断
挤压其存在空间，减弱其存在合法性，致其式微的情况下，友谊会也对国
家行动表示过公然反对，但最终，它连同维多利亚时代所沿袭下来的其他
民间互助组织，逐渐退出历史舞台。1912 年友谊会组织有 15500 个分支机
构，1918 年减少至 8500 个，1938 年约只有 5700 个了。[②] 1911 年国民保险
计划的实施和 1948 年福利国家的建立，使绝大多数友谊会失去了继续存在
的合法性基础和意义，最终退出了历史舞台。时至今日，英国大约仅存
200 个友谊会，[③] 会员人数也非常有限。

三　友谊会与 1908 年国家养老金制度

友谊会在原则上不反对国家为改善工人生活状况而采取的政策措施，
但反对那些可能与其所提供的福利服务产生明显竞争，威胁其既有利益和
本身存在安全的国家福利措施。它们将政府视为其在公共福利服务领域的
竞争者，特别是在 19 世纪末很多友谊会处于一种不稳定的财政状况，甚至
濒临破产时，更是对任何可能将其成员或潜在成员的储蓄自它们那儿转移
到政府计划的行动表现出高度的警惕性。[④]

因此，当 19 世纪末 20 世纪初英国开始讨论建立国家养老金制度时，有
感于自身既得利益与生存安全可能会受到根本性威胁，以及对维多利亚时代
个人主义观念的固守，友谊会便和工会等互助组织结成强大的反对者联盟，
坚决反对强制性交费型国家养老金计划。例如，鉴于当时许多工会十分明确
地认为"一项非交费的国家养老金制度不仅对保证最低工资率，而且对于工

---

① Sir William Beveridge, *Social Insurance and Allied Services*, London: His Majesty's Stationary Office, 1942, p. 23.

② Sir William Beveridge, *Social Insurance and Allied Services*, London: His Majesty's Stationary Office, 1942, p. 24.

③ http://www.friendlysocieties.co.uk/history.htm, 访问时间: 2013 年 11 月 18 日。

④ Bentley B. Gilbert, "The Decay of Nineteenth-century Provident Institutions and the Coming of Old Age Pensions in Great Britain," *The Economic History Review*, New Series, Vol. 17, Issue. 3 (April 1963), pp. 551-563.

会的财政命运都是十分必要的",① 工会联合会 1892 年的一份决议明确宣称"任何有关养老金问题的法案都将是不能令人满意的,除非议会向工会拨付一定比例的会费基金作为对工会会费的资助"。② 面对英国劳动者群体中的主体部分——几百万令人尊敬的友谊会成员的财政需求和强大政治影响,议会在进行养老金立法时不敢无视他们的声音与诉求。结果,1908 年养老金法案(*the Old Age Pensions Act of 1908*)在设计上最大限度地照顾到了友谊会的利益,③ 明确规定了未来国家养老金制度的普遍性与免费原则。

在 18 世纪、19 世纪的英国,友谊会的成员大都是收入较高、拥有稳定职业的中上层工人,丰厚、稳定的收入使他们能够按周或按月向友谊会支付将来用于消费及医疗保险的费用,在生活与发展上具有一定的保障。因此,出于自身利益的考虑,他们对任何需要个人交纳费用的国家主导型社会保障措施都持坚决反对的态度,这在英国国家养老金计划和国民健康保险计划的讨论中都有充分而明确的反映。例如,1845 年,格拉斯顿鉴于友谊会对老年会员养老提供的补助带有很大的不稳定性,并出于培养工人通过平时节俭以备养老的意识的目的,曾提出一项政府年金法案,允许工人通过邮政储蓄银行存款的方式取得老年养老金。银行将这笔基金用于投资,所得利息用于储蓄者将来养老,并强调这种方法不存在任何风险。但这种被格拉斯顿认为是对付老年贫困问题最安全的办法,却由于友谊会的坚决反对而未能实施。④ 在 19 世纪的绝大部分时间里,友谊会都反对政府卷入养老金领域。何以如此,有关研究认为,友谊会是一种遍及全国的社会保障组织,已向其会员提供了包括治病、丧葬及老年救济在内的多种福利补贴,政府如若卷入医疗保险或养老金领域,将会对其今后提高财政偿付能力是一个威胁。⑤ 友谊会对国家卷入社会福利问题的反对,实质上是一种出于保护自身利益的考虑。

但面对日趋严重的社会贫困问题及自身社会救助能力的有限性,尽管在对待建立国家主导型现代社会福利制度问题上,不同的友谊会持有不同

---

① Jill S. Quadagno, *Aging in Early Industrial Society*, New York: Academic Press Inc., 1982, p. 181.

② R. V. Sires, "The Beginning of British Legislation for Old Age Pensions," *Journal of Economic History*, Vol. 14, Issue. 3 (June 1954), pp. 229-253.

③ Jill S. Quadagno, *Aging in Early Industrial Society*, New York: Academic Press Inc., 1982, p. 551.

④ Doreen Collins, "The Introduction of the Old Pension in Great Britain," *The Historical Journal*, Vol. 8, Issue. 2 (January 1965), p. 172.

⑤ 约翰·B. 威廉姆森、弗雷德·C. 帕姆佩尔:《养老保险比较分析》,第 70 页。

（有时还会表现出非常大的差异）的观点与态度，但多数友谊会希望建立一种既能有效缓解社会贫困，又不损害友谊会利益的社会救助与保障制度。例如，英国当时最大的两个友谊会——曼彻斯特联合共济会和森林工人联合共济会都倾向于建立一种与友谊会并行的，同时又能给最贫穷的人提供一些津贴的国家福利制度。一些友谊会鉴于社会上那些最贫困者及长年患病者的贫困是不可避免的，且友谊会因财力问题不能为其提供救助的事实，甚至主张由国家出面来为他们建立一种强制性交费型疾病津贴和养老金制度，以有效地保障他们的生活。[1] 例如，1902 年在伦敦召开的一次养老金讨论会上，尽管有许多代表认为非交费型国家养老金（noncontributory state pensions）会导致社会资源的浪费，忽视合作与共济是对自己行为的完全不负责任，工人们应通过参加友谊会来获得生活保障，但他们也不得不承认，友谊会福利无法覆盖妇女和低收入群体。因此，建立一种普遍的、非交费型的养老金制度仍是必要的。[2]

因此，当公共养老金问题在 19 世纪 80 年代初得到认真讨论时，[3] 尽管友谊会的反对仍然存在，但在友谊会成员老龄化日趋严重（至 19 世纪中期，英国社会的人口结构发生前所未有的转变，老年人口不断增加。1842 年，年龄在 65 岁及以上者仅为 70 万人，占总人口的 4%；至 1901年，该数字增长了 1 倍多，达到 150 万人，约占总人口的 5%），[4] 养老金支出日渐成为其一项几至入不敷出的沉重负担的现实压力下，反对的性质已发生根本性变化，由原来的反对国家卷入，变为反对强制性交费原则。友谊会认为，政府将要实施的任何交费性福利措施都会给其存在带来极大的潜在性竞争与威胁，特别是将会对友谊会的会费收入（按时足额的会费收入是友谊会组织得以存在的重要基础与前提）造成极大影响，因为对当时收入有限的友谊会成员来说，同时交纳两份保险费用，是一项沉重的经济负担，他们中的许多人可能无法负担。友谊会提出了两条冠冕堂皇的理由对之加以反对：第一，友谊会是一种遍及全国的社会组织，它已向其会

---

① Pat Thane, *The Origins of British Social Policy*, London: Croom Helm, 1978, p. 93.

② John Macnicol, *The Politics of Retirement in Britain, 1878 - 1948*, Cambridge: Cambridge University Press, 1998, p. 134.

③ 有关这场讨论的详情，可进一步阅读丁建定《从济贫到社会保险：英国现代社会保障制度的建立（1870—1914）》，第 171~178 页。

④ John Macnicol, *The Politics of Retirement in Britain, 1878 - 1948*, Cambridge: Cambridge University Press, 1998, p. 7.

员提供了包括治病、丧葬及老年救济在内的福利补贴；第二，国家实施的
养老金制度有可能带来类似济贫法那样的后果。[1]

友谊会对交费制养老金计划的反对是卓有成效的，因为它的影响太具
关键性。正如韦伯夫妇对劳合·乔治等自由党改革派（他们试图建立以强
制交费为基础的国家养老保险制度）所发出的警告，"在我们看来，任何
试图把一种直接由个人按周交费的保险制度——不管是补充性养老金、疾
病或残疾保险，还是其他保险项目[2]——强加于这个国家人民身上的企图，
都必将遇到友谊会、工会以及商业保险公司为保护其自身利益而进行的联
合一致的强有力反对，招致政治上的灾难"。[3] 最终，友谊会对交费型养老
金计划的反对取得了成功。查理·布斯的免费型养老金计划则因其免费性
特点，有助于解决成员日趋老龄化所带来的日益增加的财政压力等问题，
符合它们的利益，而得到友谊会的欢迎和支持。

1908 年 8 月 1 日，英国第一部现代意义上的社会福利立法——1908 年
养老金法案获议会通过，这标志着英国国家主导型现代社会福利制度建构
大幕的正式开启。法案第一条第一款明确规定，任何人只要符合该法所规
定的条件，即可领取养老金，支付养老金所需的一切费用均来自议会批准
的拨款，同时，为使该法正常有效地运行，各养老金管理机构的一切开支
经财政部批准也都由议会拨款负担。[4] 从某种意义上说，1908 年英国国家
养老金方案是一种友谊会版的养老制度，因为它是一种符合友谊会诉求的
普遍性和免费型国家养老金制度安排。在这一点上，友谊会福利的存在和
友谊会对强制性交费型养老金计划的反对，起到了关键性作用。

就英国国家主导型现代社会福利制度的建构过程来看，在友谊会等
互助组织谅解与合作下通过的 1908 年养老金法案，是社会改革和福利国
家政策发展史上的一个"决定性的转折点"。[5] 自 1908 年开始，英国政

---

[1] Doreen Collins, "The Introduction of the Old Pension in Great Britain," *The Historical Journal*, Vol. 8, Issue. 2 (January 1965), p. 178.

[2] Poor Law Commission, *Minority Report*, Cd. 4499 (HMSO, 1909), p. 921.

[3] Derek Fraser, *The Evolution of the British Welfare State: A History of Social Policy Since the Industrial Revolution*, 1st ed., London: Macmillan, 1973, pp. 152–153.

[4] Joel H. Wienner, *Great Britain, the Lion at Home, a Documentary History of Domestic Policy, 1689-1973*, Vol. Ⅲ, New York: Chelsea House Publishers, 1974, pp. 2790–2795.

[5] E. P. Hennock, *British Social Reform and German Precedents: The Case of Social Insurance, 1880-1914*, Oxford: Clarendon Press, p. 1987, p. 112.

府用于社会福利服务方面的开支占 GDP 的比重即急剧增加，国家政治对社会经济生活和社会贫困、社会福利领域的干预程度不断加深，范围不断扩展。同时，1908 年养老金法案的通过，也逐渐理顺了国家与互助组织的关系，英国社会开始由原来对政府干预社会生活的批判逐渐转向乐意接受它所提供的帮助；不仅如此，英国政府还借此使国家干预在社会生活领域中站稳脚跟，在国家与社会二者关系中日渐占据主动，掌握了社会事务中的政策主导权。可以说，没有 1908 年免费型养老金法案的通过作为铺垫，即不可能有 1925 年的缴费型养老金法案的通过，也不可能有 1911 年《国民保险法》的通过。概而言之，在英国福利国家的构建进程中，1908 年养老金法案的重要性是绝不可低估的。①

四 互助的政治意义

同慈善组织所提供的注重对受助者进行道德考核的"层级救助"（hierarchical relief）相比，友谊会向其成员提供的社会保障服务是一种建立在权利与义务相匹配基础之上的"互惠性救助"（reciprocal relief），② 很好地照顾到了受助者的个人尊严；同济贫法体系下的济贫措施相比，友谊会福利并不会使其受益人"污名化"和失去某些基本的政治权利，相反，它在指导思想上所强调的"自助"和"独立"观念，使其成员逐渐学会如何"勤俭、深谋远虑和为未来打算"，在社会上被认为是一个勤俭、值得尊重和自信的群体。③ 或者如有的现代学者所言，友谊会成员身份，对其成员在维护好的声誉方面至关重要；④ 同商业性人寿保险所提供的服务相比，友谊会对其成员所提供的社会保障服务并不以追求商业利益、实现资本的利润最大化为目的，它是一种强调群体内成员自治、以维护成员利益

① Nicholas Broten, "From Sickness to Death: The Financial Viability of the English Friendly Societies and Coming of the Old Age Pensions Act, 1875–1908," Working Papers No. 135/10 of Department of Economic History, London School of Economics, March 2010, p. 2.

② 对于"层级救助"和"互惠性救助"两者的区别，可进一步阅读 David Beito, *From Mutual Aid to Welfare State: Fraternal Societies and Social Services, 1890–1967*, Chapel Hill: University of North Carolina Press, 2000, p. 18。

③ J. M. Baernreither, *English Associations of Working Men*, London: Swan Sonnenschein, 1889, p. 20.

④ Simon Cordery, *British Friendly Societies, 1750–1914*, Basingstoke: Palsgrave Macmillan, 2003, p. 102.

为中心的福利服务；再同在性质和服务项目上与之更为接近的工会相比，友谊会更具去政治化特征。它只为其成员提供相关社会保障与福利服务，而不具工会那种明显的政治斗争精神和政治诉求。正因上述诸多比较特征，友谊会在 18 世纪、19 世纪和 20 世纪早期的英国得到了较高的社会认同，吸引了大量会员，成为当时英国社会生活中极为重要的一支社会自治力量。

友谊会除向其成员提供所需社会救助与保障服务之外，还对成员进行必要的行为与道德约束（例如，在疾病津贴的获得方面，有的友谊会章程中即明确规定："任何感染性病，或因任何非法体育活动——如摔跤、搏斗、拳击、跳高等，或饮酒过量，致病致残者，将会失去获得津贴的资格。"），[①] 督促他们过一种符合当时主流社会价值所希望与倡导的家庭生活与社会生活。在这一过程中，英国社会的中上层通过成为友谊会的荣誉会员，甚至直接是某一友谊会的发起建立者（这种情况在女性友谊会中表现得更为明显）、资助者等，使得在分裂成"两大对立阶级"的近代英国社会中，社会各阶层间也始终保持着较好的交流与沟通。通过友谊会这一平台，英国社会中的"统治阶级"较好地对"被统治阶级"表达了他们的友善与关怀，使其乐于亲近他们，接受他们的价值观念与爱恨秩序，使工业革命后的英国社会尽管在经济领域有着巨大差异，但在社会价值与道德伦理等意识形态领域达致和保持了较高的统一与同质性。社会中上层所看重的社会生活原则与方式，正是广大劳工阶层的主体部分所愿意追求与模仿的；友谊会组织之下的广大劳工对"自助"、"独立"乃至"自治"的追求，也正是社会中上层对他们所希望的。例如，"维多利亚价值观"（Victorial Values）的重要代言人斯迈尔斯（Smiles）即曾在其 1859 年出版、销量达25 万册的《自助论》中如此强调："对个人来说，自助精神是其所有真正进步的根源"；"无论是从道德层面还是经济层面来说，依靠自己都优于依赖于别人"。[②] 作为回应，"即使那些处在社会中下阶层的劳动者也都渴望通过改变自身来拥抱这些维多利亚价值观念，并以之作为凭借提升自己的社会地位，使自己同那些身处更低地位的非技术劳动者，特别是农业工人（他们的工资很少有高出维生水平者）区别开来"，自视为受人尊重的"城

---

① P. H. J. H. Gosden, *Self-help*: *Voluntary Associations in the 19th Century*, London: Batsford Press, 1973, p. 20.

② S. Smiles, *Self Help*, London: Murray Press, 1859, p. 86.

市工匠"。① 在当时的社会中，"友谊会的会员资格，通常被看作是'工匠'的标识"。②

同时，广大劳工阶层对互助结社的沉迷和专注于在社团自治政治中通过自己的良好行为或为社团提供好的服务来获得同伴认同和自我价值的实现，也减缓和弱化了他们对在更大范围的政治——国家政治中扮演角色的渴望。这一点，既可以被看作友谊会组织不怎么热心参与国家政治的一个重要原因，同时也可以很好地解释这样一个怪现象，即在法国几乎要为大革命之火完全熔化与摧毁之时，作为其近邻的英国社会却异常地相对平静，英国的"劳苦大众"似乎并未受到法国大革命的影响，表现出多大的革命同情与热情。在友谊会的驯化下，英国中下层社会变得越来越有秩序。如在19世纪早期的乡村市镇中，聚会宴饮后因酒精刺激情绪失控还时常会发生一些骚乱，但"至该世纪后半叶，城镇中的骚乱已明显减少，乡村中要求改革的企图变得越来越趋向和平……劳动者逐渐转向通过加入友谊会和其他一些津贴俱乐部以建设性的方式来改变他们的命运"。③

友谊会虽然对政治非常冷淡，并"都严格遵循远离政治"④ 的立会原则，但这并不意味着它不关心政治，不会对现实政治特别是现代民族国家政治体系下的国内政治走向产生影响。它们只是不像工会那样积极地参与政治和从事相关挑战现实秩序与利益格局的政治活动，但当国家政治威胁到其传统利益时，它们也会对政府的政策动议与具体措施实行消极应对，进行政治影响力展示和院外游说等压力活动，以此实现影响政治、改变政治的目的。但总的来说，它们的抗议性政治活动始终仅限于一种院外压力政治形式，在既有的民主政治范围内寻求对国家政策与立法产生影响。友谊会在20世纪初期英国自由党社会改革中的表现即充分说明了这一点。虽然这很难对国家政治产生什么实质性影响与结构性改变，但它可以使整个社会对当前所面临的某一紧迫问题的解决方案达致最大限度的理解与共识，减少社会分歧与对立，实现社会的最大团结。以国家福利制度的建构

---

① J. Bannerman, *Societies*, London：Penguin, 1996, p. 41.

② David Neave, *Mutual Aid in the Victorian England：Friendly Societies in the Rural East Riding, 1830-1914*, Hull：Hull University Press, 1991, p. 74.

③ G. Mingay, *Rural Life in Victorian England*, Stroud：Alan Sutton, 1976, p. 95.

④ J. M. Baernreither, *English Associations of Working Men*, London：Swan Sonnenschein, 1889, p. 137.

为例来说，伴随国家福利制度建设而来的政府对社会经济生活的干预与控制，实质上是一场空前的社会政治革命。它彻底改变了英国的国家形态，改变了国家与社会之间的关系与职能分工，大规模地挤占了各种社会力量在社会事务（尤其是社会保障与福利领域）中的生存空间，致使友谊会等这些曾一度在过去两百多年社会生活中保有重要影响的社会组织最终因失去继续存在的现实必要性而几乎完全退出历史舞台。这一切都是自围绕1908 年养老金法所进行的广泛讨论与达成的政治共识与妥协开始的。①

在国家职能不断扩展的现代社会中，如何处理国家与社会之间的关系，是一种巧妙的政治艺术。在现代社会福利制度的构建过程中，英国政府对友谊会组织的态度与对待方式，以及当国家政治意图的实现明显受到其限制甚至阻碍时，英国政府所采取的务实性应对措施，或许值得所有正在进行现代国家和现代社会福利制度构建的国家认真学习与借鉴。

（本文原载于《求是学刊》2016 年第 1 期）

---

① Nicholas Broten, "From Sickness to Death: The Financial Viability of the English Friendly Societies and Coming of the Old Age Pensions Act, 1875-1908," *Working Papers* No. 135/10 of Department of Economic History, London School of Economics, March 2010, p. 1.

18 世纪德语历史文献的数据挖掘：
以主题模型为例

王　涛[*]

　　数字史学（digital history）在西方学界方兴未艾，国内学者近年来也开始涉足。除了必要的理论探讨外，[①] 史料型数据库建设是主要的成果呈现形态，而有历史特质的个案研究基本上以量化历史的面目出现，用数据库方法梳理观念史的研究以对关键词频的统计为依据。[②] 数字史学当然不能止步于数据库的建设，量化历史或者词频统计的方法也不是数字史学的全貌。从某种意义上说，历史研究的史料除了容易量化的数据外，更多的是无法量化的文本，因此对数据库进行有效的信息提取与可视化呈现，才

* 王涛，南京大学历史学院教授，博士生导师，2016~2017 年任南京大学高研院第十二期驻院学者。本文为国家社科基金青年项目"18 世纪德意志的民众启蒙"（批准号：11CSS011）的阶段性成果。本文写作得到了哈佛大学 CBDB 中心王宏甦、徐力恒两位学友的帮助；南京大学历史学院舒小昀对本文提出了建设性的修改意见。

① 早年间已经有国内学者注意到了"数字史学"这个概念，从史学史的角度发布了一些介绍性文章，参见王旭东《数字世界史：有关前提、范式及适用性的思考》，《安徽大学学报》2006 年第 6 期；周兵《历史学与新媒体：数字史学刍议》，《甘肃社会科学》2013 年第 5 期；牟振宇《数字历史的兴起：西方史学中的书写新趋势》，《史学理论研究》2015 年第 3 期；王涛《挑战与机遇：数字史学与历史研究》，《全球史评论》2015 年第 8 辑。《史学月刊》2015 年第 1 期组织了"计算机技术与史学研究形态笔谈"，2015 年 12 月 4~7 日上海大学主办了"传承与开启：大数据时代下的历史研究"主题研讨会，呈现了中文语境中"数字人文"研究的最新进展。

② 具有代表性的数据库包括"中国基本古籍库""晚清民国期刊全文数据库"等。量化历史的研究成果参见王跃生《民国时期婚姻行为研究》，《近代史研究》2006 年第 2 期；梁晨、李中清《无声的革命：北京大学与苏州大学学生社会来源研究》，《中国社会科学》2012 年第 1 期；梁晨、李中清《大数据、新史实与理论演进》，《清华大学学报》（哲学社会科学版）2014 年第 5 期；梁晨、董浩、李中清《量化数据库与历史研究》，《历史研究》2015 年第 2 期。此外还包括陈志武主导的北京大学经济学院量化历史研究所。观念史的研究参见金观涛、刘青峰《中国近现代观念起源研究和数据库方法》，《史学月刊》2005 年第 5 期；金观涛、刘青峰《历史的真实性：试论数据库新方法在历史研究的应用》，《清史研究》2008 年第 1 期。

是数字史学的核心价值。先行一步的西方学者已经在使用主题模型（Topic Modeling）的方法对大规模文献进行数据挖掘，[①] 拓展了数字人文（Digital Humanities）的研究路径，在史学研究领域，也有值得期待的可能性。本文将在关于德意志启蒙运动的研究实践中使用这种工具，并结合具体案例对其有效性进行评判。

一　主题模型的基本概念

手头有近 700 份文献，字符数在 3000 万左右，我们用什么方法才能在最短的时间内了解文献的整体面貌，并对文献内容进行整理？传统的方法是让不同的人同时阅读，做读书笔记，然后分享阅读成果，最终整合成一份读书报告。这种合作阅读（collaborative reading）的方式，通常被学者们用来处理庞杂的文献资料。它能够提升搜集信息的效率，[②] 但也具有明显的劣势：它基于多人协作，处理信息的标准因人而异，让内容整合的客观性大打折扣。

更重要的是，这种传统的方式是一种直接的、近距离的的阅读（direct reading，close reading），处理信息的容量非常有限。正如克雷恩（Gregory Crane）在 2006 年提出的："你怎么处理 100 万册的图书？"[③] 在信息爆炸的网络时代，更有大量有效信息淹没在无关文献的海洋之中，人力的局限性在这里暴露无遗。为此，文艺理论家莫莱蒂（Franco Moretti）提出 "远

---

① 人文学科领域的研究成果包括 David Newman, Sharon Block, "Probabilistic Topic Decomposition of an Eighteenth Century American Newspaper," *Journal of the American Society for Information Science and Technology*, Vol. 57, No. 6, 2006, pp. 753–767; Sharon Block, David Newman, "What, Where, When, and Sometimes Why: Data Mining Two Decades of Women's History Abstracts," *Journal of Women's History*, Vol. 23, No. 1, 2011, pp. 81–109; David Mimno, "Computational Historiography: Data Mining in a Century of Classics Journals," *Journal on Computing and Cultural Heritage*, Vol. 5, No. 1, 2012, pp. 1–19. 另有里士满大学（University of Richmond）的尼尔森（Robert K. Nelson）对 1860～1865 年出版的《每日快讯》（*Daily Dispatch*）的数据挖掘，见 http://dsl.richmond.edu/dispatch/pages/home。

② 合作阅读的方法在文学研究领域使用较多，相关研究包括 Larry Isaac, "Movements, Aesthetics, and Markets in Literary Change: Making the American Labor Problem Novel," *American Sociological Review*, Vol. 74, No. 6, 2009, pp. 938–965。

③ Gregory Crane, "What Do you Do with a Million Books?" *D-Lib Magazine*, Vol. 12, No. 3, 2006. 克雷恩是古典学教授，"珀耳修斯数码图书馆"（Perseus Digital Library）项目主持人。

距离阅读"（distant reading）的概念，① 其初衷实则沿袭了合作阅读的方式。专注机器学习与自然语言处理的专家，设计出"主题模型"的算法，能够在无须人工参与的前提下发现和归纳文本的主题内容。这种统计模型工具用机器阅读的形式兑现了远距离阅读的理念，为解决文献增量超出人类理解极限的状况找到了出路。

主题模型的工作原理立足于人类的写作习惯。写作者在创作文本时，都会预设若干主题。为了凸显某个主题，作者会在遣词造句时调用具有相关联的词语，在主题模型的术语中，这些具有相关性的词语被称为"词群"（bag of words）。举个例子，歌德在构思《少年维特之烦恼》（*Die Leiden des jungen Werthers*）时，② 会设计不同主题，并用不同的文字展现出来。作为一部爱情小说，"爱情"（Liebe）一定是绝对的主题，但歌德也不会排斥对其他主题的描述，否则小说的可读性降低，对社会的描述也会非常扁平化。因此"自然"（Natur）、"艺术"（Kunst）以及"社会"（Gesellschaft）等，也是可能的主题内容。为了描绘这些主题，歌德在写作中会调动相应的词群，如在描绘维特令人心碎的爱情时，一定会高频率地出现"Liebe"（爱情）、"Herz"（心）等，也会有"umarmen"（拥抱）、"küssen"（吻）等，或者频率较低的"ewig"（永恒）、"morgen"（明天）等词语。其他主题也有类似的词群以及频率（见图1）。基于这样的创作习惯，如果我们能够统计词群，就能够把握与之对应的主题，进而了解整部文献的内容。

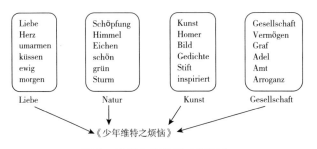

图 1　歌德之维特的主题创作

---

① 莫莱蒂最初在 2000 年的一篇论文中提到了"远距离阅读"的概念，参见 Franco Moretti, "Conjectures on World Literature," *New Left Review*, No. 1, 2000, pp. 54–68。

② 本例参见 Matt Erlin, ed., *Distant Readings: Topologies of German Culture in the Long Nineteenth Century*, New York: Camden House, 2014, p. 59。

在上述思路的指引下，布雷（David Blei）、吴恩达和乔丹（Michael Jordan）于 2003 年提出了"隐含狄利克雷分布"（Latent Dirichlet Allocation，简称 LDA），① 成为主题模型最常用的算法。LDA 通过特定公式计算词语出现的频率，并将相互关联的词语作为结果输出。这种模型是一种无监督学习的算法，具有刚性的客观性，即事先不需要研究者对文献内容有任何了解，也不需要进行人工标注、设置关键词等主观处理，而完全由电脑程序自动完成对文献主题的归纳。主题模型试图用数学框架来解释文档内容，这种做法看似同人文学科的习惯并不兼容，但是，LDA 输出的结果是一组有意义的词群，而非纯粹的统计数据，人文学者能够使用这些词语进行定性分析，证实或者证伪一些猜测，② 将定量统计的客观与定性描述的开放充分结合起来，所以这个方法在人文学科领域极具应用前景，特别是对动辄数以万计的文献来说，主题模型的计算能力非常诱人。③

基于 LDA 的理念，计算机专家迈克卡伦（Andrew McCallum）写出软件 MALLET，让归纳整理文献主题变成简单的命令录入，开始被人文学者广泛使用；④ 特别是在纽曼（David Newman）和同事用 JAVA 开发出图像界面的主题模型工具套件（Topic Modeling Tools，TMT）之后，使用者甚至不需要了解烦琐的命令符，进一步降低了应用门槛，让主题模型成为人人能够上手的工具。

二 "德语文献档案"简介

主题模型的优势是能够对海量文献进行高效率的分析。这里涉及两个问题。

---

① David Blei, Andrew Ng, Michael Jordan, "Latent Dirichlet Allocation," *Journal of Machine Learning Research*, Vol. 3, No. 4-5, 2003, pp. 993-1022.

② David Blei, "Topic Modeling and Digital Humanities," *Journal of Digital Humanities*, Vol. 2, No. 1, 2012, pp. 10-11.

③ David Blei, "Probabilistic Topic Models," *Communications of the ACM*, Vol. 55, No. 4, 2012, p. 77. 关于"主题模型"从概念、应用到工具的梳理，请参见《数字人文杂志》2012 年的专刊，Daniel Cohen, ed., *Journal of Digital Humanities*, Vol. 2, No. 1, 2012。

④ 适合历史学家了解 MALLET 的使用指南，参见 Shawn Graham, Scott Weingart and Ian Milligan, "Getting Started with Topic Modeling and MALLET," *Programming Historian* (02 September 2012), http://programminghistorian.org/lessons/topic-modeling-and-mallet.html。另外有 Ted Underwood, Scott Weingart, Miriam Posner 等学者关于主题模型的博文，亦可参考。

首先，"海量"是多少？Paper Machines 是另一款可以进行主题模型分析的工具，其使用手册上注明，成功进行主题模型的下限是 50 份文献。[①]毫无疑问，过少的文献，我们完全可以直接阅读，获取有效信息的准确率一定高于机器识别。50 份文献也是一个略指，并没有对每份文献的具体字数进行说明：实际上，将文献段落划分为不同文档，会影响主题模型输出的结果（虽然可能仅是某些词语的改变）。

其次，什么样的文献能够进行主题模型分析？由于主题模型需要计算机对文字进行识别，因此需要把纸质文献转化为数字文档，即要对文字资料的图像文件进行识别处理（即光学符号识别，Optical Character Recognition，简称 OCR）。但我们知道，OCR 的错误率是无法回避的问题，特别是对历史文献而言，OCR 的输出结果总是不尽如人意。我们在本文使用的文献集中在 18 世纪，都是用花体字（Fraktur）印刷，转换出来的纯文本更是错误频出。对 OCR 文档进行清理，必要时用正则表达式（regular expression）提高工作效率，也是我们进行主题模型分析的准备步骤。

实际上，这两个问题都指向了文献数字化的状况。可以毫不夸张地说，文献的数字化是开展数字人文研究的前提。作为史学研究者，我们或许更能体会何谓巧妇难为无米之炊，史料就是我们研究的依据；没有经过数码化处理的史料，等同于史学研究无米下锅。在这个意义上，建立史料的电子数据库是一项基础设施建设。虽然它在客观上加剧了文献爆炸的事实，导致信息量太多以至于无法消化（too much to know），[②]但是"数字史学"研究展开的第一步。

西方学界很早就意识到了这点。本文研究使用的数字文献，就受益于数字化基础设施建设的先期成果。我们的主体文献来自"德语文献档案"（Deutsche Textarchiv，简称 DTA），是一个涵盖了从 15 世纪到 20 世纪初跨度达 500 年的德语文献数据库，当前收录了近 1800 件文献，文献类型包括书籍、报纸等，并在不断扩充。[③]"德语文献档案"其实是欧盟范围内 CLARIN 的一个子项目。CLARIN 的全称是"通用语言库与技术基础设施"

---

① http://www.papermachines.org/wiki/page/Basic_Troubleshooting.

② 这里借用了哈佛大学历史系安·布莱尔（Ann Blair）教授近著的标题，Ann Blair, *Too Much to Know: Managing Scholarly Information before the Modern Age*, New Haven: Yale University Press, 2010。

③ 数据库的网址为 http://www.deutschestextarchiv.de。

（Common Language Resources and Technology Infrastructure），其宗旨是对人文社会科学领域的语言材料进行归档与数码处理，实现资料共享，推进学术研究；各个欧盟成员国都有相应机构负责搭建各自语种的数据库，德国建立德语文献资料库的成果之一就是 DTA。①

本文集中分析"德语文献档案"收录的 1700～1800 年共计 644 份文献，字符数总量近 3000 万。这个时间段的划分，是由"德语文献档案"数据库的特性决定的。"德语文献档案"收录的德语文献有多个来源，② 其原则不是穷尽某个年份的文献，而是要兼顾学科的全面与版本的首创。虽然数据库收录的文献跨度达 500 年之久，但从图 2 可以看出，文献数量的年代差异非常明显，1700 年之前的文献相对较少，1800 年之后的文献明显增多。根据主题模型的原理，过少或者过多的文献都会左右结果的输出，影响我们的分析；纵观整个 18 世纪的文献，既有康德、席勒、洪堡等重要历史人物的作品，也有被历史湮没的小人物的文字，甚至匿名者，虽然收录的文献仅是这个时代所有文献的很小一部分，但它们极具代表性，能够让我们比较全面地探寻时代面貌。另外，选择相对较小的文本容量，主要是考虑到能够与人工阅读对照分析，方便我们对主题模型的有效性进行评判。

600 多份文献达到了运用主题模型工具的标准。这些文献的长短参差不齐，既有阿诺德（Gottfried Arnold）涉及教会史的大部头，③ 单篇就有 10 万字之巨，也有只言片语的宣传单。④ 需要指出的是，文献的统计单位以其原始形态为依据，即一部书记为一份，多卷本的书每卷单独计数，至于下文提到的报纸，以合订的一期为一份。在我们的分析中，每份文档被视

---

① CLARIN 的网址为 https：//www.clarin.eu/。关于 CLARIN 的整体状况，可以参见 Martin Wynne，"The Role of CLARIN in Digital Transformations in the Humanities，" *International Journal of Humanities and Arts Computing*，Vol. 7，2013，pp. 89–104。涉及德国项目的技术指标、工作流程，请参见 Christian Thomas，"Making Great Work even Better：Appraisal and Digital Curation of Widely Dispersed Electronic Textual Resources in CLARIN-D，" in Jost Gippert，ed.，*Historical Corpora. Challenges and Perspectives*，Tübingen：Narr Verlag，2015，pp. 181–196。

② http：//www.deutschestextarchiv.de/doku/textquellen.

③ Arnold，Gottfried：*Unpartheyische Kirchen-und Ketzer-Historie*. Bd. 2（T. 3/4）. Frankfurt（Main），1700，in：Deutsches Textarchiv，http：//www.deutschestextarchiv.de/arnold_ketzerhistorie02_1700.

④ Wahrhaffter Abriß，Deß Wunder-Geschicht，so sich Anno 1702. den 29. Aprill in［...］Wienn ［...］zugetragen.［s. l.］，1702，in：Deutsches Textarchiv，http：//www.deutschestextarchiv.de/nn_abriss_1702.

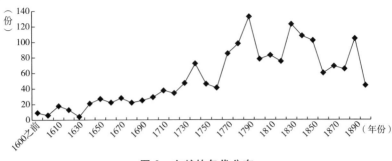

图 2　文献的年代分布

为最小的研究单位。对于内容庞杂的单个文献之所以没有按照章节继续划分，是因为进一步的切割会破坏专著的语义完整，在返回原文进行细读分析时发生错位。

三　主题模型的运用与分析

LDA 主题模型是十多年前提出的概念，其间不断有新的工具被开发出来。我们在本文主要采用具有图像界面的 MALLET。实际上，现在被人文学者用来进行主题模型分析的 Paper Machines 以及 Tethne 等工具，都设置了 MALLET 的内核，它们在后台的算法基本相同。

主题模型的工作原理虽然不要求使用者事先对文献内容进行了解，但为了让输出的结果为人们所理解，并被用作进行定性分析的材料，需要设置一些参数。其中一个重要参数是想让机器演算出多少主题，并用多少关键词进行表达。[①] 考虑到"德语文献档案"文献类型的多样性，以及文献大小的巨大差异，我们将主题的数量确定为 40 个，每个主题用 20 个词进行表达。将全部 644 份文档导入程序之后，我们得到了一个完整列表。本质上说，拟合出来的主题复原了 18 世纪德意志的历史画面与精神世界，涉及广泛的内容。它是没有任何人为因素参与的场景重建，呈现的形态令人瞩目。[②]

---

① https：//code.google.com/p/topic-modeling-tool/wiki/TopicModelingTool.
② 由于篇幅原因，我们无法展现全部 40 个主题的词群结果。在后文的分析中，我们会重点介绍一些主题词群。感兴趣的读者可以与作者联系索要原始数据。

A. "德语文献档案" 的整体状况

从某种意义上说，主题模型就是将总量达几千万字符的文献浓缩到用
800 个主题词去理解。仔细观察全部 40 个主题词群，我们发现有一些词语
在不同主题频繁存在。这或许是一个从整体上理解 "德语文献档案" 的指
标。我们可以用文字云的工具，统计主题词的频率，得到可视化的结果
（见图 3）。

图 3　主题词的文字云

文字云透露了一些信息。在全部主题中，诸如 Menschen（人）、Wasser
（水）、Art（艺术）、Lieb（爱）等词高频率出现。我们可能会认为，这些
关键词大概反映了 18 世纪的某种时代风貌，即对自然与人文的关注。这个
判断也与既有的研究成果不谋而合。许多传统研究者提出，德意志文化存
在 "自然崇拜" 的主题，自然景观被赋予了崇高的意味，而其中流露的宗
教虔敬的特质则为早期浪漫主义的出现提供了养分。① 当然，仅凭几个关
键词就引申出整个 18 世纪的时代精神，这种推断在逻辑上可以存疑；另
外，这些词本来就是德语中的常用词，如果没有上下文的语境，它们并不
能提供更多的所指。对于文本分析而言，关键词的文字云功能有限，正如

---

① 康德对 "优美感和崇高感" 的论述，无疑是 "自然崇拜" 的写照。活跃于 18 世纪晚期的瓦
肯罗德（Wilhelm Heinrich Wackenroder）是早期浪漫主义的奠基人之一，他的代表作《一个
热爱艺术的修士的内心倾诉》亦收录于 "德语文献档案"，见 Wackenroder, Wilhelm Heinrich；
Tieck, Ludwig：Herzensergießungen eines kunstliebenden Klosterbruders. Berlin, 1797, in: Deutsches
Textarchiv, http://www.deutschestextarchiv.de/wackenroder_herzensergiessungen_1797。

有学者强调的那样，在人文学科的研究中，文字云只不过提供了漂亮的装饰而已，[1] 对于研究者开展有营养的文本分析远远不够。为此，我们需要对各种主题进行更加精细的解读。

我们可以对这40个主题再进行分类。通过梳理不同主题，我们发现有些主题虽然由不同的词群构成，但在讲述具有相关性的故事。照着这个思路，我们将40个主题划分成了十二个大类（见表1）。

表1　主题的内容标签

类型	主题	类型	主题
经济类	1，8，14，19，25	哲学类	7，30，39
历史类	2，9，12，15，17，24	政治类	11，28
家庭	3，27	宗教类	20，23，26，29，33，34
自然科学	4，13，16，18，21，22，40	法律类	38
情感	5，10，37	旅行	31，36
医学类	6，35	技术	32

这个主题标签要比文字云更能说明问题，至少有两个非常明显的特征。

第一，自然科学与宗教类两个看似对立的领域都表现得异常活跃。这让我们意识到，启蒙时代是一个科学与宗教并存的时代。我们会在后面继续讨论这个话题。

第二，在十二大标签中，除了"家庭"与"情感"类有较强的感性色彩之外，其他十大标签都偏重理性的知识体系。实际上，如果我们深入挖掘的话，与"家庭"相关的主题，有相当一部分文献涉及与园艺、烹饪、卫生等生活常识相关的内容，那么整个"德语文献档案"所具有的"百科全书式"的气质就更加明显了。换句话说，这份文献是一部格调极高的书单，它从另一个维度证实了启蒙学者建构"知识树"的努力，[2] 在整个18世纪，不仅有知识的提供者，也有知识的消费者，"启蒙运动的生意"因

---

[1]　参见加州大学马杰维斯基（Majewski）对运用数字史学研究美国铁路的书评，John Majewski，"Review of the Iron Way," *The Journal of Southern History*，Vol. LXXIX，No. 3，2013，p. 714。

[2]　罗伯特·达恩顿：《屠猫记》，吕建忠译，新星出版社，2006，第202~203页。

此得以如火如荼地进行。表1让我们直观地看到，法国的狄德罗"百科全书"式的生意经，只是整个18世纪知识经济的冰山一角，我们在这里所分析的近700份文献，也仅仅展示了"图书产业"（book industry）的一个侧面。

根据 LDA 的逻辑，一个文档可以包含若干主题；反过来，同一个主题可以在不同文档中呈现。因此，我们通过统计某个主题对应文献的数量，就能够了解不同主题在整个"德语文献档案"中的强度。

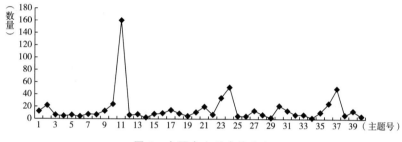

图 4　主题在文献中的分布

结果出人意料。主题11一枝独秀，它包含的词群为：koenig stadt herr general herzog koenigl armee kaiser schweden sten majestaet fuersten grafen graf reichs kam koenigs erhalten hof neue（国王、城市、统治者、将军、大公、军队、皇帝、瑞典、选侯、伯爵、朝廷等）。

虽然存在一些干扰词，比如 Koenig, Koenigl, Koenigs 应该被视为同一个词（它们应该是 OCR 不完善带来的问题），同理还有 Grafen 与 Graf；neue 作为形容词，不应该有太多所指；sten 或为德语序数词后缀的误判，但是我们仍然能够确定主题11跟政治与战争相关。当然，我们无法确定它同历史相关还是更多与时事相关，这需要我们返回对主题11的形成做出贡献的文本。LDA 使用百分比来描述文档与某个主题的关联度，我们调查发现，有将近130个文档与主题11的相关度超过40%。这批文献的内容或许很能说明一些问题。为此，我们需要对它们进行细读，大致梳理其内容。

这部分文献中，有涉及时政的报纸，也有历史体裁的书籍。贡献度最高（50%以上）的几个文档，全部来自报纸。"德语文献档案"所收录报纸的来源比较单一，主要是《汉堡通讯》（*Staats-und Gelehrte Zeitung des*

Hamburgischen unpartheyischen Correspondenten），它是 1712～1851 年在汉堡出版的第一份跨区域的报纸，具有广泛的读者群。[①] 从这个角度看，主题11 涉及更多时政性内容。尽管目前"德语文献档案"收录《汉堡通讯》的年份有限，1771 年、1789 年以及 1790 年这三个年份还是在主题 11 的表述中凸显出来。1789 年的特殊性不言而喻，7 月 13 日的报道就涉及了巴黎风起云涌的局势。[②] 从《汉堡通讯》的跟进报道可以看出，德意志的读者对正在法国上演的重大事件高度关注，并持续到了 1790 年，这些材料可以成为我们分析法国大革命对德意志时局影响的切入点。[③] 1771 年的报纸只有 7 月 2 日到 8 月 7 日一个多月的时间。这个时间段最重要的事件是仍在进行的第五次俄土战争，《汉堡通讯》也有跟踪报道。[④] 从《汉堡通讯》追踪热点问题的各种尝试可以看出，德意志人有强烈的全局观念，视野早已超越本土。这并不令人意外，因为在报纸的作者名录中，有包括莱辛、赫尔德、利希滕贝格（Lichtenberg）等在内的重要启蒙学者。[⑤] 从这个意义上说，德意志启蒙学者宣布做"世界公民"的理念，并没有停留在泛泛而谈的层面，还试图在普通民众的日常阅读中进行推广。

　　唯一与主题 11 高度关联（关联度 46%）的非报纸文献是席勒的《三十年战争》，[⑥] 它为我们提供了该主题的历史维度。这是一个并不令我们感到意外的文献，三十年战争本来就是政治史上的大事件，大量出现 Armee（军队）、Koenig（国王）、Hof（朝廷）等词是必然的事情。Schweden（瑞典）的出现也并不意外，因为瑞典是三十年战争的重要参与者；然而，当

---

① Susanne Haaf and Matthias Schulz, "Historical Newspapers & Journals for the DTA," in *LRT4HDA*, 26-30 May 2014, Reykjawik, Iceland.

② *Staats-und Gelehrte Zeitung des Hamburgischen unpartheyischen Correspondenten.* Nr. 115, Hamburg, 21. Juli 1789, in: Deutsches Textarchiv, http：//www. deutschestextarchiv. de/hc＿1152107＿1789/1.

③ Rolf Reichardt, "Deutsche Volksbewegungen im Zeichen des Pariser Bastillesturms. Ein Beitrag zum sozio-kulturellen Transfer der Französischen Revolution," *Geschichte und Gesellschaft*, Sonderheft, Vol. 12, 1988, S. 10-27; 另外可以参见王涛《入侵与解放背景下的革命：美因茨共和国的历史解读》，《世界历史》2015 年第 4 期。

④ *Staats-und Gelehrte Zeitung Des Hamburgischen unpartheyischen Correspondenten.* Nr. 105, Hamburg, 2. Julii 1771, in: Deutsches Textarchiv, http：//www. deutschestextarchiv. de/hc＿1050207＿1771.

⑤ Holger Böning, "Hamburgischer Correspondent：Journal der Epoche," *Zeit Online*, 6. Juni 2012.

⑥ Schiller, *Friedrich：Geschichte des dreyßigjährigen Kriegs.* Frankfurt u. a., 1792, in: Deutsches Textarchiv, http：//www. deutschestextarchiv. de/schiller_krieg_1792.

我们注意到《汉堡通讯》中也有涉及瑞典的报道时，[①] 就无法区分被 MALLET 挑选出来的这个"瑞典"是历史的指向，还是时政的指向。这或许是主题模型作为一种算法的缺陷。

我们通过对主题 11 的深度分析，得到如下几个结论。

第一，主题模型对文献有较好的归纳能力，它能够将报纸这种文献类型划归到一个主题之下，说明 LDA 的算法对报纸内容的挖掘具备合理性。这也提醒我们有必要对文献类型进行划分，分别开展主题模型的梳理，或许能够得到更加精细的结果。我们将在第三部分继续这个话题。

第二，组成主题 11 的词以描述社会等级地位的术语为主，直观地描绘出一个历史画面：在启蒙时代，等级观念仍然是社会生活的主流。这是一个非常合理的判断。在《汉堡通讯》的大量时政报道中，有许多与皇亲国戚活动相关的报道，折射出社会上层的活跃度。如何解释这种现象？我们认为，这恰恰是启蒙运动在神圣罗马帝国展开的一种方式。德意志的启蒙作为后起之秀，其迅猛的发展得益于君王与贵族的支持；换句话说，"自上而下"的传统是德意志文化的特质，在推广启蒙理念的事务上同样如此。开明专制被用来描述这个时代德意志的政治结构，而其中的代表者正是普鲁士国王腓特烈（Frederick the Great，1712–1786），他对启蒙思想家的资助有目共睹，以至于自视启蒙运动的领军人物。他曾经大言不惭地对伏尔泰说："我的主要职责是同傲慢与偏见斗争……启蒙心智，扶植道义，让民众追随天性获得幸福。"[②] 其他统治者，比如政治生涯长达 73 年的巴登大公弗里德里希（Karl Friedrich），也是启蒙运动的重要资助者。主题 11 将表达社会等级的词凸显出来，佐证腓特烈的自夸并非空穴来风，说明主题模型的结果投射了 18 世纪德意志的社会现实。

另外几个被大量谈及的主题包括主题 24 与主题 37。我们先来看看它们各自的词群。

① 如 1790 年的报道，Staats-und Gelehrte Zeitung des Hamburgischen unpartheyischen Correspondenten. Nr. 67，Hamburg，27. April 1790，in：Deutsches Textarchiv，http：//www. deutschestextarchiv. de/hc_672704_1790.

② Giles MacDonogh，*Frederick the Great：A Life in Deed and Letters*，New York：St. Martin's Press，2000，p. 341.

24：immer ganz zeit ganzen unsre nie nichts wenigstens vielleicht recht geschichte einmal macht lange gesellschaft endlich genug buch lassen wenig（总是、全部、时间、从不、至少、右的、历史、社会、终于、书籍、至少等）。

37：herr vater liebe mutter nichts frau hand kam einmal immer recht herz ganz gut tage fort lieber machte kind liess（统治者、父亲、爱、母亲、虚无、妻子、手、永恒、心、善、日子、小孩、阅读等）。

从类型上看，主题 37 涉及的内容非常明确，它与人类复杂的感情相关，而主题 24 的情况要复杂一些，我们先行讨论主题 37，稍后对主题 24 再做解析。

主题 37 的词群让我们联想到了家庭、感情。我们返回查看文献，证实了这个假设。对该主题做出贡献的 48 份文献中，绝大部分可以归在"小说"的文献门类之下，其中就包括歌德的名著《少年维特之烦恼》，以及据称第一位德意志女性作家拉洛施（Sophie von La Roche）的伤感文学代表作《施特恩海姆小姐的故事》（*Geschichte des Fräuleins von Sternheim*）。①

小说贡献出这个极具感性的主题，可以从几个层面解读。首先，它与学者们已经观察到的"阅读社会"（Lesegeschelschaft）的兴起直接相关。德意志民众的阅读习惯在 18 世纪开始出现重大转变，恩格辛（Rolf Engelsing）用"阅读革命"（Leserevolution）进行概括，经历了从"精读"向"泛读"的转换。② 虽然恩格辛的结论有失偏颇，但它确实说明关乎人性体验的文学体裁大受欢迎。实际上，许多图书馆的馆藏记录就是明证：德语写作的书籍远远超过拉丁语书籍，小说是书单上的绝对主力。③ 在真实的阅读实践中，精读与泛读往往结合在一起，许多读者会对打动内心的小说反复研读，"维特热"所带来的社会问题，或许是一个极端案例，但

① La Roche，Sophie von：Geschichte des Fräuleins von Sternheim. Hrsg. v. Christoph Martin Wieland. Leipzig，1771，in：Deutsches Textarchiv，http：//www.deutschestextarchiv.de/laroche_geschichte 01_1771.

② 恩格辛将节点设置在 1750 年，精读是对少量图书的反复阅读，而泛读是对大量图书的快速阅读，参见 Rolf Engelsing，"Die Perioden der Lesergeschichte in der Neuzeit. Das statische Ausmass und die soziokulturelle Bedeutung der Lektüre，" *Archiv für Geschichte des Buchwesens*，Vol. 10，1969，S. 977-983。

③ Dorinda Outram，*Panorama of the Enlightenment*，London：Thames & Hudson，2006，p. 69.

它充分显示了文学读物受民众追捧的程度。

其次，这也跟整个启蒙时代的策略相关。1791 年，一位弗莱堡的观察者总结道："一般而言，存在学院的启蒙以及民众的启蒙两种类型。前者是后者的引路人，它高举火炬。一种理念可能首先在大学的讲堂经过二十年甚至三十多年的阐释，才能够被大众接纳，并得到推广。"[①] 18 世纪的德意志世界存在"阅读热"（Lesewut）的社会现象，当时的人们形成了一种共识，试图通过阅读来培养自己的启蒙气质，获得提升自身素质的力量；许多小说作者也会在曲折的故事情节中夹带私货，从而让文学读物具备了传播科学知识的功能，[②] 成为推广启蒙价值理念的工具：在小说的创作与消费之间，18 世纪的"公共领域"以一种媒介传播的方式得到建构。

主题 11 与主题 37 存在的这种状况让我们意识到，有必要对"德语文献档案"进行类型划分。我们将全部 644 份文献归纳为四类：报纸、文学类、科技类以及参考书。这是非常粗线条的划分，实则在一个类型下，还可以有更多细类，比如科技类文献其实涵盖了人文与自然科学，历史、政治学与物理学、生物都被囊括到同一类型下。但这种大类的划分也具有合理性。我们通过检视不同文献类型在各种主题上的表现，发现文献类型与主题的对应度非常明显（见图 5）。最极端的例子是全部报纸只同主题 11 挂钩，而上文分析过的主题 37 基本由文学类文献构成，此类型还贡献了主题 5、10、15、20、23、27。参考书由于总体数量较少，主题呈现度偏低，但仍然同主题 2、3、26 有强烈的依存度。科技类文献相对最多，贡献了更多独立的主题，包括 1、6、7、9、14、19、21、22、29、32、35、38、40。

上文提到主题 24 的词群比较模糊，其中包含诸如 Geschichte（历史）、Gesellschaft（社会）等术语，更多的则是与时间相关的形容词与副词。从直觉上判断，它或许贴近历史和社会问题。经过梳理发现，为该主题做出贡献的文献总计 52 件，我们浏览了它们的内容，确实存在历史体裁的文献，比如席勒的《什么是普世历史及其学习的意义》（*Was heißt und zu welchem Ende studiert man Universalgeschichte?*），以及莫泽尔（Justus Möser）

① Notker Hammerstein, *Aufklärung und katholisches Reich*, Berlin：Duncker & Humblot, 1977, s. 12.

② Alan Kors, ed., *Anticipations of the Enlightenment in England, France, and Germany*, Philadelphia：University of Pennsylvania Press, 1987, pp. 171-177.

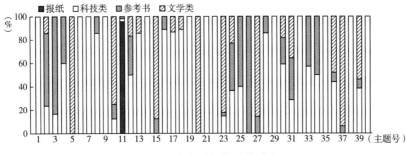

图 5　文献类型与主题的对应

的《奥斯纳布吕克的历史》（*Osnabrückische Geschichte*），但也有历史社会题材的小说。[①] 这意味着主题 24 所呈现的跨界倾向非常明显，即两种以上的文献类型都有出现，类似的主题还包括 30、31、36、39。仔细考察这些主题的内容，大多数跟哲学、地理等相关，而这些方向本来就具有跨学科的特质。

对于主题 24 这种情况，我们还可以将它与其他几个主题结合起来考察。从表 1 的归纳可以看到，主题 2、9、12、15、17 与主题 24 同属一种类型，这一个大类都与历史问题相关。换句话说，启蒙时代对历史问题的关注度极高，不论在专业研究领域，还是在文学创作中，写作者都具有强烈的历史意识，民众也对历史怀有极大兴趣，这是 18 世纪德意志的一大特色，以至于"历史主义的兴起"也需要从启蒙运动那里找源头。[②]

B. 主题的演变趋势

在进行主题模型分析之初，我们将 644 份文献按照年代排列，并且在 MALLET 的算法中，加入了保持排序的参数，从而让主题模型能够反映时间的变迁状态。这对于我们分析趋势演变十分有利。

---

① 例如，Hippel, *Theodor Gottlieb von*：*Lebensläufe nach Aufsteigender Linie*. Berlin, 1778, in：Deutsches Textarchiv（http：//www. deutschestextarchiv. de/hippel_lebenslaeufe01_1778）。

② Rudolf Vierhaus, " Geschichtsschreibung als Literatur im 18. Jahrhundert," in Karl Hammer, Hrsg., *Historische Forschung im 18. Jahrhundert*：*Organisation*，*Zielsetzung und Ergebnisse*，Bonn：Röhrscheid, 1976, S. 416–431. 德国历史学家梅尼克的代表作《历史主义的兴起》是对这个问题最好的总结，参见弗里德里希·梅尼克《历史主义的兴起》，陆月宏译，译林出版社，2010。

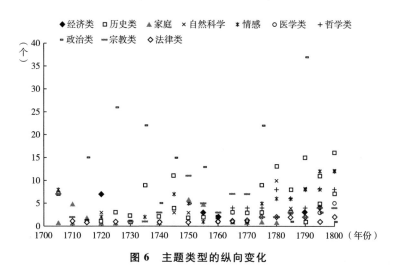

图 6 主题类型的纵向变化

我们发现，大部分主题类型都保持着年度稳定性，但有几点值得注意。首先，政治类题材由于时政性，它在增量上的节点，往往能够与重大历史事件的节点找到对应关系。对法国的关注最为明显。其次，情感类、历史类与宗教类在整个 18 世纪都是非常重要的主题类型，但历史类主题在80 年代后期有一个明显的增加趋势。最后，科学类主题似乎在 18 世纪末才有增长过程，可能的解释在于，"德语文献档案"所收录的科学类文章以合集为主，往往在 18 世纪下半叶出版。

C. 类型细分下的主题模型

如前所述，"德语文献档案"的文献存在四种类型，如果我们对每个类型进行主题模型的分析，会有特别的发现吗？由于文献类型划分后文本容量减少，我们将主题数量设置为 25 个，构成主题的词群仍为 20 个。一些隐匿的信息在导出的结果中确实被揭示出来。

报纸的主题词再次印证了这种媒介的特殊性。在它的词群中，大量出现与时间相关的词，并有许多地名，包括伦敦（London）、法国（Frankreich）、斯德哥尔摩（Stockholm）、君士坦丁堡（Constantinople）等。这些信息透露，《汉堡通讯》的时政意味浓厚，而且胸怀天下，没有把眼光局限在汉堡或者德意志一隅。

参考书类的文献体现的主题也极具特色，有一些与生活相关的知识，涉及烹饪（主题3、21）、园艺（主题12）、狩猎（主题15）、艺术（主题5、19）以及旅行（主题18），基督教也是一个重要内容（主题4、7、17）。参考书类型的文献本来就是实用常识的汇编，在德意志的语境中，类似现在的生活指南，这个背景跟18世纪兴起的"民众启蒙"（Volksaufklärung）紧密相关。尤其是"德语文献档案"收录了一些可以被标识为"家政文学"（Hausväterliteratur）的文献，[①] 是民众启蒙的重要读物。民众启蒙被视为德意志启蒙的独特面，从主题模型挖掘出来的词群可以看到，这个运动很好地契合了它所追求的方向。

在文学类文献中，毫无意外地我们发现了大量与人、爱情、生活、美相关的词。最为突出的是，这个文献类型下出现了与死亡相关的主题（主题3、14、25），这在其他类型中并不存在，甚至 Tod（死亡）这个词都没有出现在词群中。生存还是死亡，这是一个问题。莎士比亚让这个难题成了文学创作的永恒主题，在18世纪德意志的文学作品中也不例外。当然，我们如果考察与 Tod 成对出现的词群，也能够将主题赋予基督教的含义。

科技类文献汇集了人文与自然学科，主题模型的算法在某些主题上对它们进行了区分。例如，主题11是纯粹的语言艺术类，主题24讲述了政治问题，主题3是生物学内容，而主题23与医学相关。

比较令人意外的是，在科技类文献中，基督教仍然具有存在感。这是由于我们将人文与自然科学文献混为一谈的结果吗？为此，我们将历史、神学、经济学、政治学等学科类型剔除，把纯理科的文献单列出来，再次进行了主题模型的分析。我们仍然得到了如下词群：

8. himmel leben welt liebe menschen geister mensch erde engel hoelle geist dinge guten wissen gott kommt wort sehen glauben geistlichen （天堂、生活、俗世、爱、人类、修士、世界、天使、地狱、精神、善、智慧、上帝等）。

---

① Holger Böning, Reinhart Siegert, Hrsg., *Volksaufklärung: eine praktische Reformbewegung des 18. und 19. Jahrhunderts*, Bremen: Edition Lumière, 2007, S. 92—93.

显然，它仍然可以被归类于基督教主题。从文献来源上追溯，这个主题指向了斯威登堡（Emanuel Swedenborg）的选集。斯威登堡是瑞典科学家，主要从事自然科学与工程学研究。他在年轻时游学欧洲，还曾就教于牛顿，但中年以后突然开始对神秘主义产生兴趣，最终在神学方面取得极大成就，其代表作是关于来世、天堂以及地狱的研究。斯威登堡习惯用拉丁语写作，"德语文献档案"收录的是翻译成德语的选集。[①] 由于斯威登堡的科学家身份，把他的选集纳入神学或者自然科学分类，似乎都说得过去，当然这会影响主题模型的结果输出。当我们把斯威登堡的作品删除之后，像主题 8 那样明显具有宗教意味的主题确实消失了，但诸如上帝（Gott）、火（Feuer）等能让人联想到基督教的词仍然存在。

斯威登堡的跨界身份给我们的分析带来了一点麻烦，但这段小插曲恰恰体现了 18 世纪的独特性。斯威登堡在 1741 年出现的精神危机虽然极具个人色彩，但严肃学者对宗教信仰的热衷在 18 世纪德意志并非个例。结合前面各种文献类型中都能够与宗教主题挂钩的事实，我们可以判断，所谓 18 世纪的理性时代，其实也是一个无法回避基督教的时代。一个可能的解释是，启蒙时代是多维度的存在，各种文体都在谈论基督教，恰好说明宗教问题的普遍性。批判启示与信仰，批评基督教的文献当然存在，但它们往往是遵循思维逻辑的讨论，而不是非理性的斥责；实际上，存在批判基督教言论的同时，也有大量教导人们如何做一名更合格的基督徒的读物。[②] 从这个意义上说，启蒙时代对基督教的态度要比我们的想象复杂得多。严格地讲，启蒙运动具备多重面相，宗教的启蒙也是时代主题之一，[③] 这种概括应该会拓宽我们对 18 世纪的认知。

通过对纯理科文献的分析，我们发现了一个有趣的内容。在主题 10 中，多次出现"日本"（Japan）这个关键词。这个主题的词群揭示了同政治和地理的相关性。通过查阅文献，我们找到对这个主题做出贡献的文档恰好是两

① Swedenborg, Emanuel: Auserlesene Schriften. Bd. 2. Frankfurt（Main），1776, in：Deutsches Textarchiv, http：//www.deutschestextarchiv.de/swedenborg_schriften02_1776.

② 这是参考书类文献的一个独特类型，比如，Modestinus, *Theophilus*：*Freymüthige Doch Bescheidene Unterredungen Von Kirchen-Religions-Politischen-und Natur-Sachen. Frankfurt*（Main）u. a., 1737, in：Deutsches Textarchiv, http：//www.deutschestextarchiv.de/modestinus_unterredungen_1737。

③ David Sorkin, *The Religious Enlightenment*, New Jersey：Princeton University Press, 2008, pp. 3–5.

部关于日本地理的科技作品。① 换句话说，主题模型的算法精准地从近 100 份文献中找到了一个特别的内容，体现出这种分析工具的高效率与准确度。

四　对主题模型的反思

我们在研究中验证了主题模型的有效性，并从"德语文献档案"中发现了一些不被学者重视的历史现象。虽然这些内容算不上颠覆性的成果，但是与传统研究相比，主题模型在效率上有传统路径无法比拟的优势。不要忘记，我们对 18 世纪德意志的认知经历了好几代学者的研究积累，而主题阅读的工具在没有任何人工干预和先入为主的前提下，在短期内完成了对启蒙时代的画像，这本身就是一个成就。当然，我们在本文仅对几个具有代表性的主题模型结果进行了分析，还有很多内容值得深入挖掘；另外，我们处理的德语文献并非新史料，想要获得全新的发现比较有难度。可以肯定的是，如果我们的研究对象足够合理，主题模型不失为一款有效的历史研究工具。

不过，谨慎的学者会倾向于认为主题模型"产生的问题和带来的启示或许一样多"。② 毫无疑问，主题模型输出的结果如果不经过学者的解释，就是一堆词组而已；而要想让分析符合历史学科的规律，仍然需要研究者对文献形成的历史背景、所处的社会环境等有一定的把握。所以，在数字史学研究的名义下展开的合作，历史学家永远在场：精于机器学习的计算专家提供智能化的工具，历史学家贡献专业化的分析。从上文的论述可以看出，LDA 的算法胜在对大数据的归纳能力，以及挖掘隐含信息的效率。如果在数字人文研究中将远距离阅读与细读有机结合起来，而不是相互对立，③ 应该能够得到更具说服力的研究成果。

---

① 两部书对日本的历史地理状况、政治结构、宗教体系进行了细致描述，见 Kaempfer, *Engelbert*: *Geschichte und Beschreibung von Japan*. Hrsg. v. Christian Wilhelm von Dohm. Bd. 1. Lemgo, 1777. in: Deutsches Textarchiv, http://www.deutschestextarchiv.de/kaempfer_japan01_1777; Thunberg, *Carl Peter*: *Reisen durch einen Theil von Europa, Afrika und Asien* [...] in den Jahren 1770 bis 1779. Bd. 1. Übers. v. Christian Heinrich Groskurd. Berlin, 1792. in: Deutsches Textarchiv, http://www.deutschestextarchiv.de/thunberg_reisen01_1792。

② Benjamin Schmidt, "Words Alone: Dismantling Topic Models in the Humanities," *Journal of Digital Humanities*, Vol. 2, No. 1, 2012, p. 50.

③ David Mimno, "Computational historiography: Data Mining in a Century of Classics Journals," p. 18.

　　另外，主题模型仅是一种研究工具，我们对"主题模型"的应用前景审慎乐观。LDA 对大数据的解析能力令人鼓舞，研究者会倾向于研究宏大主题，使用动辄上万的文献，这在方法论上固然没有什么问题，但无法结合细读的结果输出，其合理性是值得怀疑的，甚至是危险的。① 换句话说，用主题模型的算法获取词群仅仅是研究开始的第一步，要想透过有限的主题词挖掘合理解释，历史学家的定性分析功力不可埋没。同时，LDA 的算法还会抛弃那些由于样本过少而被程序视为无法构成主题，但对历史研究可能仍然具有意义的内容。这种省略是否合理，在不同的结果输出中如何取舍，类似的问题都需要结合具体文献、具体研究项目进行讨论。

　　有一点可以肯定，史学研究中更多数字工具的应用，将是不可避免的趋势。毫不意外地，2015 年 8 月在中国济南召开的第 22 届国际历史科学大会专门设置了数字史学的讨论单元，"历史学的数字化转向"乃大势所趋。② 它将在宏观层面影响历史学的整体面貌，在微观层面改变个体史学研究者的工作方式。当然，主题模型作为一种文本挖掘的方法，仍然存在改进的空间，而这种进步需要人文学者与计算专家更紧密的通力合作。这也是数字人文继续发展的必由之路。

（本文原载于《学海》2017 年第 1 期）

---

① Maurizio Ascari, "The Dangers of Distant Reading: Reassessing Moretti's Approach to Literary Genres," *Genre*, Vol. 47, No. 1, 2014, pp. 1-19.

② 王育济编《中国历史评论》第 11 辑，上海文化出版社，2016，第 152~176 页。另见玛丽亚塔·希耶塔拉《历史学的数字化转向》，《世界历史》2016 年第 1 期。

论文化相对主义之下的当代
分析美学策略

殷曼楟[*]

在当今的艺术领域和美学领域，"艺术"或"美学"似乎越来越成为一个问题。这里所做出的判断似乎与当下日益兴旺的艺术创作及相关展示、评论乃至艺术市场的各种现状并不一致，该判断似乎也与理论资源及视角愈加丰富且话题愈加开放而多元的美学讨论现状并不一致。我们这个时代可以说是艺术评论欣欣向荣的好时代，在传统的有效判定及评价标准纷纷失去其合法性的情况下，种种的合法化方案亟待提出，当然相应的各种反驳见解也不会落于人后。同时，在美学领域有关美学复兴及思考美学的学科危机的话题也时有出现。仅就我国的理论状况来看，自 20 世纪 90 年代有关文艺学学科合法性的讨论开始至今，这种学科关切及其背后所折射的人文关切便一直萦绕在美学思考之中。而在当下，这一"作为一个问题"的意识则深切地与艺术及美学领域的"文化转向"联系在一起。

一 当下美学危机的"文化转向"语境

"文化转向"作为后现代文化及理论景观中的关键词之一，是与语境主义、多元主义、解构主义、"否定的传统"等这一系列概念紧密联系在一起的。切实地说，这一新"传统"既是艺术与美学愈加开放的思想动因，也是构成其自身合法性危机的关键因素。因此，在此境况之下，正在发生"文化转向"以及早已实现"文化转向"的美学诸领域是如何看待这一变化的，便是一个很重要的话题。因为"文化转向"意味着美学研究正

* 殷曼楟，文学博士，南京大学哲学系教授，南京大学艺术学院博士生导师，2015～2016 年任南京大学高研院第十一期驻院学者。

在正视一个事实——它的研究对象及方法乃至学科自身合法性都面临着严峻的挑战。首先，随着先锋派艺术实践与文化研究的兴起，美学所必须讨论的对象扩展至更为宽泛的文化现象。文化转向把艺术视为一种文化实践加以考察，该立场对美学产生了极大的冲击。其次，在后现代反本质主义的语境下，人类学、社会学、文化研究、心理学等方面的成果让传统美学对艺术及美的本质、美感、审美价值等命题失去了信心，譬如社会学家布尔迪厄将审美趣味视为文化区分的标准，这便质疑了19世纪以来美学所确立的审美鉴赏的有效性。这些情况都将导致美学家对自身研究方法的反思。再次，批判理论把"美学"本身视作一种意识形态，或是深植于社会结构之中的文化实践，这种立场深刻地提升了美学理论的问题意识与现实关怀，但同时也质疑了美学自身的合法性。从这一角度来说，"文化转向"也是美学自身发展所必须加以回应的情境。

然而，"文化转向"以及在此视域下所承认的一种"文化相对主义"与"文化宽容"并非完全是一个能得到有效实施并应对一切问题的良方。随着这一思维范式的优势尽显，其问题也日渐显露。"美"或"审美"在当代美学中的逐渐退隐不只是一种学理上的转向，也意味着文化价值观与文化认同方式的急剧转变。在某种程度上说，文化相对主义鼓励了一种怀疑论、不确定性及不断深化的差异性。在此视角之下，艺术品身份、艺术评价标准被理解为必须纳入特定文化来理解的文化产品，从而其种种衡量标准都受到了质疑。在一种跨文化视野下，所谓的有效性便是流动而不稳定的存在。并且，这种"文化相对主义"是否必然能带来"文化宽容"的后果也已引起了一些学者的质疑。就如齐格蒙特·鲍曼等人所指出的那样，后现代宽容时常会导致漠视。社会学家奥兰多·帕特森（Orlando Patterson）尽管是以相对主义来讨论种族问题，但他的告诫依然对我们有警示价值：（绝对意义上的）相对主义确实"总是与一种慷慨而宽容的态度联系在一起。但这一联系是否在任何情境下都具有因果联系，却是可疑的。……实际上，相对主义可以很容易地与一种世界的反动观点联系在一起，也可以很容易地被用于令无作为及自我满足合理化，甚至令压抑最疯狂的形式合法化"。① 美学家埃伦·迪萨那亚克（Ellen Dissanayake）也同

---

① Patterson, Orlando (1973 – 1974), "Guilt, Relativism and Black and White Relations," *American Scholar*, Vol. 43, Issue 1, p. 123.

样看到了后现代主义最激进的声称"大写的艺术"只是一种虚无主义修辞术背后的危机，他将之称为"后现代主义让人把婴儿和洗澡水一起倒掉的治疗"① 的做法。与帕特森相近，迪萨那亚克所看到并为之忧虑的正是后现代文化相对主义及解构主义背后，处于无序状况的美学与艺术危机：

> 很多后现代主义者宣称存在着个体现实的多样性，这些现实可以被无限地加以解释而且同样值得审美的表现和关注，他们背弃了高雅艺术的昂贵而丰盛的大餐，转而提供了乱七八糟、无味也没有营养的小汤。而且很奇怪，尽管后现代主义的目标是挑战旧的精英秩序，但其蛮横无理、难以让人理解的理论即使对心地善良的普通读者来说也远比高雅艺术的辩护者所创作的任何东西更加晦涩和难以接近。

> 尽管一些后现代主义者声称要清扫艺术的圣殿，金钱交易者仍然和从前一样显而易见，而且很多围绕着里面破碎了的裸体神像跳舞的高级祭司，似乎正在庆祝她被亵渎和冒犯。对艺术依赖于文化的认识，非但没有排除反而加重了商品化、浅薄、犬儒主义和虚无主义。②

鉴于这种现象，笔者以为考察 20 世纪下半叶分析美学如何回应"文化转向"为当代美学所带来的挑战，以及其中所彰显的问题，不失为一种切入问题的路径。

分析美学的理论转型发端于 20 世纪 60 年代末 70 年代初，大盛于八九十年代。自 80 年代以来，分析美学对社会学视角与文化问题的关注明显提高，同时对多元文化下多元艺术门类，如日常生活美学以及非西方文化中的艺术等也有了更广泛关注。而在 90 年代后，针对后现代艺术及文化思潮的美学反思，分析美学对自身本质及其学科发展可能性的审视，对于大众文化及非西方文化的美学研究也相当活跃。同时，分析美学对艺术定义、审美经验与情感等一系列基本美学问题一直保持着浓厚的兴趣，但在态度上则表现得更具开放性、灵活性及多元化特征。这些论争让分析美学近三十年的发展显得极具张力和时代意识。因此，与其他理论形态相比，分析美学在 20 世纪下半叶发展的特殊性在于，它既紧密地回应了当代"文化转向"的要求，比如

---

① 埃伦·迪萨那亚克：《审美的人——艺术来自何处及原因何在》，户晓辉译，商务印书馆，2004，第 11~12 页。

② 埃伦·迪萨那亚克：《审美的人——艺术来自何处及原因何在》，第 12 页。

乔治·迪基的艺术体制理论，或是约瑟夫·马戈利斯所提出的文化实在论及其"稳健的相对主义"① 主张；但同时，在有些分析美学家的理论中，也出现了对后现代文化相对主义的反思，并尝试在特定视角上提供某种更为建构性的方案。更明确地说，这些方案体现为分析美学对一个核心问题——"普遍性与文化相对主义"之关系的深入思考：在现有的理论成果下，美学如何反思文化相对主义？思考某种意义上的普遍性在当下是否可能？对普遍性主张如何进行自我限定？对于此问题，分析美学中的三个主要论题其实颇值得关注，即"视觉再现"、"艺术本体论"与"艺术定义"。

二　视觉再现

相较于"艺术本体论"与"艺术定义"，"视觉再现"问题显得比较具体而可感。在有关视觉再现问题的讨论中，我们可以最直观地触及围绕视觉再现话题而出现的一个核心论争——视觉性研究中的自然主义与文化主义之争。在笔者看来，恰恰是对"视觉"再现而非语言再现问题的关注，令研究者重新思考构成视觉性的这两个方面之间的复杂关系。当代分析美学的视觉性研究之特色在于对视觉文化相对主义的反思方式，即试图在一种综合自然性与文化性立场下看待视知觉的性质。在我看来，这派的讨论为我们理解作为"第二自然"的视知觉何以建构的问题提供了一种新思路。

在分析美学家有关此话题的讨论中，理查德·沃尔海姆（Richard Wollheim）是重要的开拓者之一。正是他较早地批判了传统的相似观，并对 20 世纪六七十年代盛行的以尼尔森·古德曼（Nelson Goodman）为代表的符号惯例论做了反思。② 通过提出"看进"（seeing-in）这一视觉经验的双重性（twofoldness）特征，沃尔海姆初步建立了一种以综合性的眼光来看待这一特殊视知觉能力的方案。③ 所谓的"综合性"，这里指把视知觉能力看作一种复合性能力，其中既包括视觉经验被文化语境所建构的那一

① 马戈利斯所说的"稳健的相对主义"并不完全同意普遍看法中的文化相对主义主张，除了强调流动性的激进的历史主义观，马戈利斯的历史观也主张在主客体共生语境下第二序列上的合法化质询的有效性。第二序列的合法化质询是一个局部有效性的追问，它受流动的历史性的限制。

② 参见古德曼《艺术语言》，褚朔维译，光明日报出版社，1990。

③ 参见沃尔海姆《艺术及其对象》，刘悦笛译，北京大学出版社，2012；Richard Wollheim, *Painting as an Art*, Princeton University Press, 1987。

面，但又肯定视知觉包含一种更为基础的直接知觉能力的那一面。当然，关于沃尔海姆对视知觉"综合性"有两点需要强调：其一，他是在承认其文化建构性的前提下，侧重对视知觉自身所具备的先天知觉能力的强调。其二，"看进"作为一种视知觉方案，它是在最低限度上，具有其先天具有的，因而也是为艺术家及观看者共享的基本视觉能力，这一视知觉能力先于文化而发生作用，并在"看进"现象中得到超越。

　　沃尔海姆这种在自我限定的前提下对视知觉中先天知觉能力的肯定，对于其后的分析美学家影响颇深，无论是持惯例论的肯德尔·沃尔顿（Kendall L. Walton），还是更倾向于视知觉中自然性一面的弗林特·希尔（Flint Schier）与多米尼克·洛佩斯（Dominic Lopes），都在不同程度上接受了沃尔海姆的这一综合性方案。沃尔顿再现理论的核心是关注再现性作品的功能，即它作为假装相信游戏之中的支撑物的功能。因而，观看一幅画就是加入这一假装相信的游戏之中，并遵循一种社会性想象的规则。① 有关社会性想象的这一看法令沃尔顿的理论非常类似于古德曼的符号惯例论。不过沃尔顿观点在很大程度上体现出对沃尔海姆观点的一种致意。他有关"想象"的观点还有另一面，他充分注意到了"想象"与"观看"图像再现性作品的关系。在此层面上，他指出了想象与观看的一体性，在看一幅画时，想象渗透于那一观看经验之中，也就是说，不是看到画面中画了什么，然后再想象它再现了什么主题，而是说，这两个过程是同时发生的，它们共同构成了一个整体性的视觉现象。通过对想象的上述理解，沃尔顿试图以"想象"之规则的多元性来弥合惯例论与视知觉理论之间的矛盾，并建立对视觉经验的复合性理解。不过这并不同于沃尔海姆所开辟的有关视知觉自身综合性的视角，在沃尔顿这里，人们观看一幅画时的复杂性其实是由想象之原则的多样必然性提供的，而视知觉本身在他看来则是单一性的，想象外在于视知觉。

　　希尔的方案所主张的是一种"自然再生"的视觉识别能力，该方案更偏向对视知觉的自然主义的那一面。② 通过指出这一视觉识别能力，希尔

---

① 参见 Kendall L. Walton, *Mimesis as Make-Believe*, Harvard University Press, 1990。此书中译本，沃尔顿：《扮假作真的模仿——再现艺术基础》，赵新宇、陆扬、费小平译，商务印书馆，2013。

② Flint Schier, *Deeper into Pictures: An Essay on Pictorial Representation*, Cambridge University Press, 1986.

理论的贡献之处在于集中解释了艺术家与观看者之间的视觉交流得以实现的最低限度的条件是什么，用希尔的话来说，人们通常所具备的天生的识别能力为图像阐释提供了根本的基础，一旦观看者能够识别一个图像系统中的任一图像，他就能自发地运用自身识别能力去阐释其他图像，而无须任何惯例的帮助。不过，希尔同样对视觉自然识别能力的适用范围做了自我限定，也就是说，考虑到可以为图像阐释实现所提供的多方面资源，自发的视觉识别能力只是在最低限度及最基础的层面——"纯图像性阐释"的层面发挥其功能的。因此，特定的识别能力可能只适用识别出事物的某些方面的属性。因此，我们可以将希尔的策略理解为试图建立一种特定约束条件之下的视觉自然能力的合理性和有效性，并借助于曲折地调用一种最低限度的图像惯例来实现约束。

继沃尔海姆之后，在笔者看来，洛佩斯的"面识别"方案[1]在研究视知觉综合性方面是很精彩的，从中我们可以把握所谓的"第二自然"意义上的视知觉是如何形成的。因为一旦我们开始追问视知觉为何能潜移默化地、无意识地被改造和得到惯例化的运用时，显然不能通过文化建构论及惯例论得到充分的解答。"第二自然"的视觉因而是个人自然的识别能力与文化语境合力的结果。并且，视觉识别能力自身固有的"方面"适应性为视知觉在不同识别模式之间的自我调整奠定了基础。尽管洛佩斯本人并没有直接论及视知觉的"第二自然"问题，但他所提出的"面识别"理论为此提供了相当好的资源。所谓"面识别"，即指艺术家在用图像再现世界时，总是选择对象的某个方面的视像而不可能再现全部的外观，因此这就涉及了图像的描绘方式之选择问题。而观看者在看一幅画时也就因此涉及了对特定再现模式下图像所建立的特定视觉识别模式。在其中，视知觉能力不是单一的观看模式，而是随图像系统的不同再现方式而自我调整的灵活的识别能力。如果我们从视知觉的这一灵活性来思考艺术家与观看者之间的视觉交流何时可能，它就允许了一种兼容视觉的文化性与自然性的方案。艺术家与观看者之间的视觉交流不仅是可能的，在最基础的层面上，这种交流可以在不依赖惯例的前理解情况下，就达成对图像系统在某个方面或某些方面约束之下的一致性。

从沃尔海姆到洛佩斯，我们可以看到当代分析美学研究中对视知觉问

---

[1]　Dominic Lopes, *Understanding Pictures*, Clarendon Press, 2004.

题所提供的一条综合式路径，这些新兴的视知觉研究显然并未否定视觉问题的文化性，而是在此前提下展开讨论，甚至试图解决片面强调文化相对论所带来的一些问题。在笔者看来，只有在正视了这些问题之后，我们才能真正深入地看待所谓有视知觉革命的问题。

三　艺术本体论的现代形式：类型/殊例

在很大程度上，艺术本体论所关注的类型/殊例理论与视觉再现中对自然性与文化性的讨论立场是一致的，因为它们在根本上都涉及在当下如何看待艺术实践中普遍性之可能与反思文化相对性的问题。对于艺术本体论来说，介入这一问题的讨论似乎有一种天然优势，因为对于关心艺术作品之存在境况的艺术本体论来说，在当前的文化语境下，它首先需要应对的便是在艺术作品作为总体的普遍存在早已遭受质疑的情况下，我们如何考察作为总体存在的"艺术"与各个具体呈现的"艺术"的问题。在当代的分析美学中，有关这一问题的思考以一类具体理论呈现，这便是艺术本体论的类型/殊例理论。沃尔海姆、古德曼、列文森、柯里等人都试图通过回应"类型"问题来对"类的普遍性"与文化中的特殊实例之间的关系做一解答。

在诸位艺术本体论研究者中，约瑟夫·马戈利斯的观点颇值得关注。如果我们追问，在如今的后现代文化语境下，为何我们还需要关注艺术本体论？对此，我们在马戈利斯这里能发现最直接的理论回应。在马戈利斯的理论之中，对艺术本体论的分析是作为他文化实体论的一个具体讨论情境出现的。在他看来，艺术实体就如人类自我及其他文化产品一样，都是文化实体的一种形式。他的核心观点在于，艺术实体及人类自我作为文化建构之实体，需要对其自然性与文化性做不可分割的整体考察。在我看来，他的这一立场可谓是既接近视知觉综合性的思考，但又跳出了后者执着于在自然性与文化性之间寻找某种平衡点的解决之道的视野，而是主张，就实际存在的艺术作品状况而言，这种执着只是个伪命题。

这一立场直接反映为他对于人类、物质世界与文化世界之共生性关系的理解——可以说，这种共生性是与艺术作品、其他文化产品乃至人类自我的存在现实性与真实性相呼应的。主客体共生关系的语境既构成了人类、物质世界、文化世界持续彼此影响及发生变迁的语境，也构成了这一语境内部能达到相对稳态，实现特定范围下一致理解的语境。在此情况下，我们对艺术实体的某种客观性观察、某种有效性质询是可能的。就此而言，马戈利斯的艺术本体论可以视为他就后现代主义解构式狂欢所可能引发的不稳定性及彻底怀疑论而提出的一种建构性方案。在他看来，传统哲学的二元论框架即使在后现代解构主义中亦有其变体，后现代主义"怎么都行"的文化相对主义主张否定了共同体实践所需的任何假定性基础存在的可能。因此，我们可以将马戈利斯对艺术实体的讨论视为对一个问题的回应，即某种有所限定层面上普遍性诉求是否可能、如何可能，以及这种更具限定性的普遍性诉求如何充分考虑到不同文化语境下的多样可变性。①

马戈利斯有关艺术本体论的核心观点，是将艺术作品视作"以物理形式呈现而从文化中出现的实体"。基于一种对世界及艺术实体的"主客体共生关系"的理解，马戈利斯将艺术作品视为一种物质性与文化性在其中不可分割的共存的实体。艺术作品的物理呈现形式意味着作品存在的现实物质基础，这一现实性至少在最低限度上保证了艺术实体数目上可识别性，即其存在的稳定性与确定性；但艺术实体又不等同于那一物理对象，它与世界分享着共同的"意图结构"，因而艺术实体是"类型之殊例"，即作品殊例是具有特定文化属性的文化实体，它分享了文化上的特定类属性，处于一种可理解并可达成共识的语境之中。同时，艺术实体作为一种文化实体，又因"意图结构"所包含的可随阐释实践而可变的因素向多元可能开放。有关艺术实体的理解浓缩了马戈利斯有关人类自我与世界之间关系的特定理解，即既反对思想结构的永恒不变，但同时又坚持在特定语境下话语质询的局部有效性的立场。也就是说，在一种受历史性约束的话语实践之上，对某种普遍性的诉求，对可能获得的理解一致性及相对稳定性的诉求是可能的。用他的话说，文化实体"是可决定的，而非决定了的"。②

列文森的音乐本体论同样体现出对处理艺术实体之不变性及其多样性问题的关注。在他的本体论中，有两点值得注意。一是他将每首音乐作品都视为一个新实体的观点，他将这一新实体理解为是不同于纯粹声音结构的"一个在特定历史语境被一个艺术家所指示的结构"，即"在音乐家-历史语境中所指示的声音/演奏方式结构"，可以看出，列文森充分重视音乐

---

① See Joseph Margolis, *What, After All, Is a Work of Art? Lectures in the Philosophy of Art*, Pennsylvania State University Press, 1999. And Joseph Margolis, *Selves and Other Texts: The Case for Cultural Realism*, Penn State Press, 2003.

② Margolis, *What, After All, Is a Work of Art?* p. 58.

作品的"个别性"要求，主张将对音乐作品之存在与其特定的历史语境甚至作曲家的个人语境紧密联系在一起。二是在将一首音乐作品视为一个新实体的同时，列文森也坚持作品本身的相对稳定及持久性，反对认为作品内容无限可变的观点。他因而将对作品的理解划分为两个层面，以便解决作品之不变性与可变性的矛盾：从本体论上说，历史中被创造出的那一作品本身拥有艺术属性及审美属性等的因素的不变性；从心理学角度讲，因人类变化着的理解与阐释而发生的有关作品理解的可变性。① 列文森对音乐实体的这两种理解在很大程度上其实是彼此矛盾的，但列文森的历史主义观，即其"过去导向的追溯论"在一定程度上弥合了这种理解上的矛盾。根据其历史主义，新出现的艺术作品总是依据前代艺术作品（为标准）而获得合法性。② 这一历史主义试图兼容一种已经被承认的传统的、过去的确定性与未来的可变性，体现了列文森对当下盛行的未来导向的追溯论——依据当代主导趣味及观念重构历史中的艺术作品的做法——的反思。

有关艺术本体论更为激进的一种看法出现在柯里与 D. 戴维斯那里，他们将"作品"视为艺术家到达其结构（如某个声音结构）的那一行动本身。这两人的共同之处在于，他们都转换了我们有关"作品"的习惯观念，把本体论的讨论从艺术品转向艺术欣赏及生产的那一过程，从而更明确地将本体论思考与一种认识论前提及实用主义限制联系在一起。这种对本体论讨论的话语实践有效性范围的自我限定与马戈利斯等人所采取的策略有着异曲同工之处。但柯里与 D. 戴维斯的观点在理论旨趣上有着极大不同，这直接使他们对有关类的普遍性与个别化之间的判断导向了几乎相反的方向。这主要体现在他们对"行动"作为"作品"的不同理解，柯里将这一行动抽象化为一个"行动-类型"，就如同发现五重奏这一声音结构的行动过程是一个行动-类型，而贝多芬在某个时间以特定方式发现了五重奏这一声音结构则是那一行动-类型的事件殊例。③ 而 D. 戴维斯则不做这种抽象化，认为"作品"就是一个个具体的"行动-殊例"。④ 柯里将作品视为抽象的

---

① See Jerrold Levinson, *Music, Art, and Metaphysics*, Ithaca: Cornell UP, 1990; 2nd edition, Oxford: Oxford UP, 2011. *The Pleasures of Aesthetics*, Ithaca: Cornell UP, 1996.

② See Jerrold Levinson, "Artworks and the Future," in *Music, Art, and Metaphysics*.

③ See Gregory Currie, *An Ontology of Art*, Scots Philosophical Club, 1989.

④ Davies, Dave, *Art as Performance*, John Wiley & Sons, 2008. 此书中译本，D. 戴维斯：《作为施行的艺术：重构艺术本体论》，方军译，江苏美术出版社，2008。

行动-类型，以及他认为艺术家行动的结果只是发现某个结构的做法，都令他在理解类型之不变性时倾向于一种更为传统的路径。而 D. 戴维斯的做法则几乎放弃了对某种"类型"的兴趣。尽管他们二人仍试图兼容类的普遍性与殊例个别性及多元性这两个方面，但他们对艺术实体作为"行动"截然相反的理解似乎恰恰是马戈利斯所批评的二元论模式的一种表现，而他们的理论所遇到的困难似乎也最典型地体现了艺术本体论研究在此思维模式下的困难。

四 艺术定义作为一种共识

笔者选择将艺术定义论题放在最后一部分来介绍，是考虑到艺术定义问题在分析美学诸话题之中的特殊性。相较于其他话题，"艺术定义"无疑是在某种普遍性诉求与文化相对主义之争执发生得最为激烈的场所——既然"艺术定义"以规定艺术品的充分必要条件为要旨，那么这一争论便是不能回避的。当然，在笔者看来，我们或许不必把严格地按照传统哲学的思路，将对艺术定义的充分必要条件方面的要求理解为一种对不变之本质的追求，而是视之为一种艺术定义自我限定方面的要求。也就是说，为艺术品寻找一个定义，这一理论规划自然会提出一种普遍性要求，但这种普遍性可以从特定范围内的言说有效性来理解。因而，正如笔者在视觉再现与艺术本体论部分发现的那样，艺术定义方案的讨论可以在一种相对普遍性的自我要求下展开，这也就是将所谓的"充分必要条件"理解为一种在特定问题域下对普遍性的自我限定。同时，也正是由于艺术定义对于寻找充分必要条件的执着，从而可以将文化相对主义路径所可能遮蔽的一些更为基本性的问题凸显出来。

就我们现在已经相当熟悉的迪基艺术定义观来说，他的艺术体制的界定方案在很大程度上支持了一种有关文化相对主义的观点，但他的定义方案在美学领域所引发的激烈论争，以及他在其理论的论述与发展中所呈现的犹豫之处，却更凸显了关注"艺术定义"所必然面对的困难，而此困难甚至是迪基的"艺术的体制理论"所难以应对的。具体而言，由于他的艺术定义令艺术品资格的获得完全依据其所处的艺术体制语境，迪基因而既无法解释第一批艺术是如何被识别为艺术的，也无法解释第一批艺术体制是如何被视为是"艺术体制"的。迪基显然原本试图提供一个能解释所有艺术品为何会获得艺术品资格的方案，但这一理论上的空窗区令这一目标不仅无法实现，而且还建立在了一个不稳定的基础之上。

斯蒂芬·戴维斯是艺术体制理论的坚定支持者，但饶有趣味的是，他对艺术定义最重要的两个讨论却是在反思艺术体制理论之问题的视野下展开的。这就是他对分析美学中有关"第一批艺术"与"非西方艺术"问题所持的见解。① 对这两个话题的分析体现了 S. 戴维斯的一个见解，即通过将艺术定义问题本身做历史化的限定，来解决艺术体制理论与历史主义定义无法解决的问题，从而，他为如何在将文化多样性与创造性纳入视野的前提下思考艺术的本质这一问题提供了一个解释方案。S. 戴维斯既反对将"本质"全然惯例化的思路，也不赞成认为"本质"便是一成不变的看法，而主张人对艺术本质的理解其实与人类诉求有关，因而有其历史性。这样，一方面，人类生物学上的共同基础及人类环境的相似性为审美属性的普遍接受提供了艺术起源上的基础；而另一方面，艺术体制理论的存在则可以解释在第一批艺术之后所出现的艺术品资格之获得的问题。通过这一思路，S. 戴维斯实现了对艺术本质及其普遍性的自我限定——这是一种历史有效性的限定。

从迪基向 S. 戴维斯的发展中，我们可以通过艺术定义问题域下所展开的争论来思考一种普遍有效共识何以必须及何以可能的问题。实际上，按照斯蒂芬·戴维斯等人的梳理，分析美学中的艺术定义方案一般分为艺术不可界定说、功能性的审美定义、程序性的艺术体制论定义、历史主义定义等。这些不同的定义方案的差异实际上都体现了他们对普遍性诉求与文化相对主义之争的不同立场。自韦茨之后，各种艺术定义范式其实可以说都或多或少地希望在保留艺术"本质"的前提下，建构一种艺术定义方案。其中以列文森为代表的历史–意图性定义，也可以说是在认可作品本身不变性以及传统之连续性的基础上，为不断出现的新艺术范例之艺术资格寻求一种合法化的依据。因此，就像第一批艺术与非西方艺术所揭示的那样，它们凸显了跨文化语境下的艺术交流在不依赖于惯例的情况下是否可能的问题，并提醒我们去思考这种最低限度的一致性基础可以由什么来提供。

---

① See Stephen Davies, *Definitions of Art*, Cornell University Press, 1991. And Stephen Davies, *Philosophical Perspectives on Art*, Oxford University Press, 2007. 前者有中译本，戴维斯：《艺术诸定义》，韩振华、赵娟译，南京大学出版社，2014。

分析美学对上述问题的思考对中国当代美学所具有的借鉴意义恰恰在于：它可以视为在大众文化及全球化语境之下，与文化主义的一次深入对话。它集中体现了文化转向冲击下当代美学转型的一些特征以及其必然触及的一些问题。恰恰是由于对艺术定义、艺术本体论等这些美学基本命题的长久关注，由于分析美学对其特有的理论目标的坚持，"文化转向"中被隐蔽的一些问题才得以呈现并获得讨论。在此，笔者赞成马戈利斯的文化实体论的思路：尽管第一哲学意义上的普遍性早已不足为信，但第二序列上的有关相对普遍性之诉求的合法化质询却是可以允许的。只是，对于这种普遍性，我们需要在一种更为限定性的条件下来假定并探讨它们，我想，无论是视觉再现，还是艺术本体论及艺术定义问题，都对此提供了颇有借鉴意义的答案。

（本文原载于《中国文艺评论》2016 年第 6 期）

格奥尔格·伊格尔斯的
德国-犹太遗产

宋立宏*

　　格奥尔格·伊格尔斯（1926~2017）的不少著作和论文在我国读者迫切需要了解国际史学发展动态和趋势的时刻被翻译成中文，正好"与中国史学本身的反思和发展需要密切结合"，而他的学术让我国学者感到"丝毫没有沾染到西方思想中的西方中心主义传统的影响"。此外，他热心推动中外学界的交流，乐于提携后学。这些都成就了其人其作在改革开放以后传入我国的西方史学著作和史学家中享有"一个特殊的位置"。①

　　我对伊格尔斯的平易近人深有体会。2009 年我为美国纳粹屠犹纪念馆组织翻译了他一篇题为《纳粹德国的流亡历史学家：对民主制的诸种政治态度》的文章，此文最初是他应邀在那个国家纪念馆发表的演讲，② 通过纪念馆的工作人员我得以与他有了直接联系，此后时有电邮往来。我们就中国犹太人交换过看法，我还和他讲述中国犹太研究的情况。后来我去美国访学，他安排我于 2013 年 4 月在他所在的布法罗大学做中国犹太研究的讲座，③ 我们得以

　　* 宋立宏，南京大学宗教学系、犹太和以色列研究所教授，博士生导师，2016~2017 年任南京大学高研院第十二期驻院学者。本文之撰写受益于与 David Gerber 和 Michael Brenner 的讨论与交流，刘津瑜曾对初稿提出建议，王晴佳、包安若、杨梦和 Andreas Daum 提供了部分资料，特此致谢。

① 陈启能、姜芃：《格奥尔格·伊格尔斯与中国》，《山东社会科学》2007 年第 1 期。

② 中译文在国内发表在《犹太研究》（山东大学出版社，2011，第 117~130 页）上，此文原标题 "Refugee Historians from Nazi Germany：Political Attitudes toward Democracy"，不知为何在这本辑刊的英文目录中被改成 "Nazi German Historians：Political Attitudes to Democracy"。伊格尔斯见到样刊后于 2012 年 4 月 24 日致笔者电邮，表示这个改动"完全不知所云。他们不是纳粹历史学家，而是逃离纳粹德国的历史学家（This makes absolutely no sense. They are not Nazi historians but historians who fled from Nazi Germany）"。

③ 受他重视比较研究的启发，我后来改写讲座稿时加强了比较视野：Song Lihong，"Reflections on Chinese Jewish Studies：A Comparative Perspective," in James Ross and Song Lihong, eds., *The Image of Jews in Contemporary China*, Boston：Academic Studies Press, 2016, pp. 206-233.

初次且是唯一的一次见面,他当时年届耄耋,行动已略显不便。自始至终,我们的交流似乎没有涉及他所专长的史学理论研究,而是与犹太问题相关:他的犹太背景,他写过的犹太主题的文章,他访问古巴时对当地犹太社区活动的参与,他对以色列的看法,他对我开设犹太学课程的建议等。他在这些交往中体现的温良敦厚和公正高洁,让我对犹太传统所谓的"好人"(mensch)有了具体的理解。

伊格尔斯是深具国际影响力的学者,光是同行、同事和学生为他编的纪念文集(Festschrift)就已出了四本,对他的学术成就已多有探讨。[①] 他还属于一代特殊社会类型的犹太学者:他们出生在中欧,在那里接受了部分教育,纳粹上台后被迫逃离德国,大多前往英美,继而在那里完成教育,并凭借自身的欧洲文化遗产在英美学界当时相对薄弱的一些研究领域建立职业生涯,声名鹊起。汉语学界颇多译介的彼得·盖伊(Peter Gay,1923-2015)、弗里茨·斯特恩(Fritz Stern,1926-2016)等人也是这种背景。[②] 就伊格尔斯而言,他生于德国汉堡,1938 年 12 岁那年,在纳粹对德国犹太社团敲响丧钟的"碎玻璃之夜"(Kristallnacht)前不到五个星期,他随家人移居美国,后来在芝加哥大学取得博士学位。在美国,他是 20 世纪 50 年代投身于黑人民权运动的白人急先锋,并起了重要作用,这点常常

---

① Konrad H. Jarausch, Jörn Rüsen and Hans Schleier (Hrsg.) *Geschichtswissenschaft vor 2000. Perspektiven der Historiographiegeschichte, Geschichtstheorie, Sozial-und Kulturgeschichte. Festschrift für Georg G. Iggers zum 65. Geburtstag*, Hagen: Margit Rottmann, 1991; Gerald Diesener (Hrsg.) *Historiographischer Rückspiegel: Georg G. Iggers zum 70. Geburtstag*, Leipzig: Leipziger Universitätsverlag, 1997; Larry Eugene Jones, ed., *Crossing Boundaries: The Exclusion and Inclusion of Minorities in Germany and America*, New York: Berghahn, 2001; Q. Edward Wang and Franz L. Fillafer, eds., *The Many Faces of Clio: Cross Cultural Approaches to Historiography*, New York: Berghahn, 2006.

② 弗里茨·斯特恩说,在 20 世纪 50 年代他的学术生涯刚起步时,德国史著作在英语学界寥寥无几,"对我们这一代人来说,这是个多么难得的机会!"见 Fritz Stern, *Five Germanys I Have Known*, New York: Farrar, Straus and Giroux, 2006, p. 203。另参孟钟捷《一位"入戏的观察者":德裔美国史学家弗里茨·斯特恩》,《史学理论研究》2014 年第 3 期。需要强调的是,这类学者在逃离德国时尚未成长为学者,故与那些在纳粹时期完成高等教育并已经在德语学界崭露头角或站稳脚跟的学者虽然有精神亲缘关系,但在学术取向和对非德语环境的适应方面仍有差别,后者是所谓的"流亡学者"或"知识难民"(关于这个群体,参见 Lewis A. Coser, *Refugee Scholars in America: Their Impact and Their Experiences*, New Haven: Yale University Press, 1984;李工真《文化的流亡:纳粹时代欧洲知识难民研究》,人民出版社,2010),而前者近来被称作"第二代",其群像参见 Andreas W. Daum, Hartmut Lehmann and James J. Sheehan, eds., *The Second Generation: Émigrés from Nazi Germany as Historians*, New York: Berghahn, 2016。

为人津津乐道，① 我在费城的美国犹太史国家博物馆还见过他在南方黑人大学任教时使用的犹太教礼器。然而，他身上的德国-犹太遗产迄今为止很少为中外论者所提及，遑论将其学术观点、思想取向和社会活动与这种遗产结合起来审视了，但要理解伊格尔斯这样一位对"历史写作与思想观念和社会政治之间的交互影响"② 高度自觉的思想史家，忽视了这份遗产，恐怕无法全然把握其著述（text）背后的潜文本（subtext），也就难以"读其书且知其人"。③ 他与夫人合写的自传及相关文字④为开展这方面的探讨留下了不少线索。

一　"自我教化"：离散中的德国-犹太精神

伊格尔斯这代犹太学者，可以看作是持续了近两个世纪的德国犹太社团⑤在遭到纳粹致命一击而进入离散后的花果飘零，他们与那个无法挽回的社团依然维持着千丝万缕的精神联系。

什么是这个社团的精神？乔治·莫斯（1918～1999）是一位与伊格尔斯有相同背景的犹太学者，他借用黄昏时起飞的猫头鹰之眼，对此做过一

① 尤其参见 David A. Gerber，"From Hamburg to Little Rock and Beyond：The Origins of Georg Iggers's Civil Rights Activism，" in Konrad H. Jarausch，Jörn Rüsen and Hans Schleier（Hrsg.）*Geschichtswissenschaft vor 2000. Perspektiven der Historiographiegeschichte，Geschichtstheorie，Sozial-und Kulturgeschichte. Festschrift für Georg G. Iggers zum 65. Geburtstag*，pp. 509 – 522。此文建立在作者对伊格尔斯全面而详细的访谈之上。

② 格奥尔格·伊格尔斯、王晴佳：《文明之间的交流与现代史学的走向——一个跨文化的全球史观的设想》，《山东社会科学》2004 年第 1 期。

③ 陈垣语，见刘家和《治史要读其书且知其人》，《人民日报》2018 年 3 月 26 日，第 16 版。

④ 威尔玛·伊格尔斯、格奥尔格·伊格尔斯：《历史的两面：动荡岁月的生活记录》，孙立新、蒋锐等译，山东大学出版社，2014。这个中译本是根据 2002 年德文本翻译的。伊格尔斯夫妇在 2006 年又出版了自传的英文本：Wilma and Georg Iggers，*Two Lives in Uncertain Times：Facing the Challenges of the 20th Century as Scholars and Citizens*，New York：Berghahn，2006。英文本是在德文本基础上改写的，无论章节编排还是内容详略都颇多出入，引用时需要比对。自传性文章：Georg Iggers，"An Autobiographical Approach to the German-Jewish Legacy，" *American Jewish Archives*，Vol. 40，No. 2（1988），pp. 221 – 226；Georg G. Iggers，"Eine Kindheit in Deutschland：Erinnerungen 1926–1938，" *Sozialwissenschaftliche Informationen 18*（1989），S. 170 – 174，176；Georg G. Iggers，"History and Social Action Beyond National and Continental Borders，" in Andreas W. Daum，Hartmut Lehmann and James J. Sheehan，eds.，*The Second Generation*，pp. 82–96。

⑤ 对这个社团的勾勒，参见 Amos Elon，*The Pity of It All：A Portrait of Jews in Germany 1743-1933*，London：Penguin Books，2004。

个至今被奉为范式的解读。在莫斯看来，德意志犹太人从 19 世纪初开始争取政治平等权，正赶上德意志启蒙运动的金秋时节。赫尔德、莱辛、歌德、席勒、威廉·冯·洪堡等人的努力，已使 Bildung 这个观念成为当时的核心文化理想。这个词很难用德语以外的语言翻译，因为它不是抽象的，而是承载着德意志启蒙运动的特定构建。它代表了一种道德体系，首先意味着个体的自我提升，按照自己的禀赋逐渐发挥自身潜能，通过持续、开明地对知识的追求，成长为自由、有创造力、自主的个体。就此而论，它可以差强人意地译作"自我教化"。除了文化内涵，"自我教化"当然还意味着，这样自我提升的人必将跨越阶级障碍，突破贵族对雅文化的垄断，从而克服人与人之间的不平等。追求雅文化成了 19 世纪资产阶级生活不可或缺的一部分，这生动地反映在 Bildungsbürgertum（"有文化的资产阶级"，又译作"受过教育的市民阶层"）这个德语中。

因此，莫斯指出，德意志犹太人的政治解放与他们的文化解放是同步进行的，争取政治平等与拥抱"自我教化"的理想如影随形。他们的文化同化是如此彻底，以至于"自我教化"所强调的理性、共同、和谐、共通人性和个体自主的世界观几乎取代传统犹太教，而成了他们信奉的新"宗教"。1871 年，他们终于获得政治平等，[①] 但此时民族主义和反犹主义在德国社会兴起，种族观念开始流行，"自我教化"的经典内涵在德国主流社会已经变了味，德国犹太人却依旧紧紧抱着它不放，他们与"有文化的资产阶级"德国人的共同点越来越少。进入魏玛共和国时期后，"自我教化"与犹太性之间的关联得到了最璀璨的表现，不少学者将由此形成的"魏玛文化"作为犹太人充分融入德国社会的明证，莫斯却认为其本质是"几乎没有非犹太人聆听的犹太人的内部对话"，因为德国右翼势力的壮大已孤立了德国犹太社团，一些德国犹太人以更加追求自由主义和民主对此做出反应，形成了左翼政治认同，但即使对这些占少数的犹太左翼人士而言，"自我教化"仍是一股拯救力量。思想左倾的本雅明自称是通过研究歌德发现了自己身上的犹太性；德国犹太妇女组织的前领导人在等候纳粹将她驱逐出境的火车时仍在阅读歌德。德国犹太人在黑夜降临时分展现了

---

① 相关法律文件，见 Paul Mendes-Flohr and Jehuda Reinharz, eds., *The Jew in the Modern World*: *A Documentary History*, 3rd ed., New York: Oxford University Press, 2011, p. 176。

德国精神中那个光明的自我。①

这个社团进入离散后，以"自我教化"为代表的德国-犹太精神就成了德国-犹太遗产，让莫斯、彼得·盖伊和伊格尔斯这代从小离开德国的犹太学者频频引颈回望，并构成一种智识氛围，渗透进他们的思想脉络。②

二 对犹太历史编纂的沉默

伊格尔斯曾说自己的学术有过一个转变："从最初对德意志民族历史编纂学传统的关注转变到对西方历史思想的比较研究。"③ 不过，翻检他这两个时期的代表作《德国的历史观》（1968）和《全球史学史》（2008），会发现他与莫斯、盖伊等人有一个明显的不同：他基本没有在自己的主要著作中关注犹太维度。哪怕他在晚期著述中大量呈现了伊斯兰世界和东亚的历史书写，意在揭示"各个文明的历史意识在近现代所经历的变化"，④却偏偏对近现代犹太文明中的历史编纂缄口不语，虽说他对欧洲历史编纂

---

① George L. Mosse, *German Jews Beyond Judaism*, Bloomington: Indiana University Press, 1985；另参见 George L. Mosse, "The End Is Not Yet: A Personal Memoir of the German-Jewish Legacy in America," *American Jewish Archives*, Vol. 40, No. 2 (1988), pp. 197–201。对 Mosse 的范式的一些修正，见 Shulamit Volkov, "The Ambivalence of *Bildung*," in Klaus L. Berghahn, ed., *The German-Jewish Dialogue Reconsidered: A Symposium in Honor of George L. Mosse*, New York: Peter Lang, 1996, pp. 81–97。

② 参见 *American Jewish Archives*, Vol. 40, No. 2 (1988)，这期是题为"*The German-Jewish Legacy in America, 1938–1988: A Symposium*"的特辑，其中有这三个学者的自传性反思。在莫斯死后出版的其自传中，把对德国犹太资产阶级精神的这种理解称作"我的信仰声明"，见 George L. Mosse, *Confronting History: A Memoir*, Madison, Wisconsin: University of Wisconsin Press, 2000, p. 184。彼得·盖伊的自传题为《我的德国问题》（*My Germen Question: Growing Up in Nazi Berlin*, New Haven: Yale University Press, 1999）。伊格尔斯曾引 Fritz Ringer 对 Bildung 的定义来自道："通过与经典文本的解释性的交互作用而获得自我实现的那种学习上的洞见。"见格奥尔格·伊格尔斯《二十世纪的历史学：从科学的客观性到后现代的挑战》，何兆武译，山东大学出版社，2006，第31页。

③ 威尔玛·伊格尔斯、格奥尔格·伊格尔斯：《历史的两面：动荡岁月的生活记录》，第234页。

④ 格奥尔格·伊格尔斯、王晴佳：《文明之间的交流与现代史学的走向——一个跨文化的全球史观的设想》，《山东社会科学》2004年第1期。

中的反犹主义因素一直不无关注。① 考虑到近代犹太史学就是从德国开始和壮大的，② 以他的学术兴趣和犹太背景，他必然会去关注。2000 年，他参加了一个研讨犹太史学的国际会议，并作为评论人发言，其中说道："我一直对犹太历史书写的发展——尤其是 20 世纪的——非常感兴趣，但我自己的工作只略微涉及了犹太主题。"③ 结合伊格尔斯的著述来看，这里的"犹太历史书写"显然是宽泛意义上的，应当更多是指一些犹太历史学家所写的非犹太主题的著述。此外，《全球史学史》的推荐阅读书目中包含三本讨论犹太史学的重要著作，但正文未见任何讨论。④ 因此，这种对涉及犹太主题的历史编纂的沉默不能不说是他学术生涯中的一大悖论，非常耐人寻味。

在整个犹太史学传统，又尤其在德国犹太人中间，研究历史和犹太宗教的关系错综复杂。希伯来圣经中有些书卷被当作历史书，但圣经作者视历史进程为宗教真理（神意）不断展现的过程，故历史在犹太传统中并非希腊意义上的探询，而是对神意的演绎。除了约瑟夫斯等个别例外，近代以前称得上是历史的犹太书写就这样被笼罩在宗教框架中。犹太历史书写

---

① 格奥尔格·G. 伊格尔斯：《德国的历史观》，彭刚、顾杭译，译林出版社，2006；格奥尔格·伊格尔斯、王晴佳著，苏普里娅·穆赫吉参著《全球史学史：从 18 世纪至当代》，杨豫译，北京大学出版社，2011。这个特点也体现在他被译成中文的其他著作中，参见格奥尔格·伊格尔斯《欧洲史学新方向》，赵世玲、赵世瑜译，华夏出版社，1989；伊格尔斯《历史研究国际手册——当代史学研究和理论》，陈海宏等译，华夏出版社，1989（此书实为编著）；格奥尔格·伊格尔斯《二十世纪的历史学：从科学的客观性到后现代的挑战》。伊格尔斯对反犹主义的集中关注，除了上文提到的已译成中文的《纳粹德国的流亡历史学家：对民主制的诸种政治态度》一文，另参 Georg G. Iggers, "Academic Anti-Semitism in Germany 1870 - 1933.—A Comparative International Perspective," *Tel Aviver Jahrbuch für deutsche Geschichte* XXVII (1998), pp. 473–489。

② Michael A. Meyer, "The Emergence of Modern Jewish Historiography: Motives and Motifs," *History and Theory* 27: 4 (1989), pp. 160–175.

③ Georg G. Iggers, "Ohne jüdische Identität keine jüdische Geschichte," in Michael Brenner, David N. Myers (Hrsg.) *Jüdische Geschichtsschreibung heute: Themen, Positionen, Kontroversen*, München: C. H. Beck Verlag, 2002, S. 44–53. Michael Brenner 教授告诉笔者，论文集是根据英文发言翻译成德语出版的，并给笔者提供了伊格尔斯的发言底稿。底稿显示，伊格尔斯的发言题目是《世纪之交的犹太历史编纂：成就和视角》(*Jewish Historiography at the Turn of the Century: Achievements and Perspectives*)，编者在出版时改动了标题。此文是对所评论文中涉及的史学发展近期大趋势做的评论，并不像底稿标题暗示的那样实质性涉及犹太历史编纂，这显然也是编者改动题目的一个原因。

④ 格奥尔格·伊格尔斯、王晴佳著，苏普里娅·穆赫吉参著《全球史学史：从 18 世纪至当代》，第 446 页。

本身也屈指可数，因为较之历史，传统犹太人对如何诠释和评注神圣文本以感知自己时代的神意的兴趣要大得多。到了 19 世纪，上述政治解放和文化解放的要求，才让不少德意志犹太人开始转向历史，通过把神圣传统历史化，他们希望能够摆脱传统的桎梏，或者为改革犹太教的主张找到先例。但由此也产生了近代犹太历史编纂中的一个根本问题：犹太人近两千年来散居在世界各地，既然没有国家和土地，犹太史的连续性靠什么来体现？或者说，是什么让犹太人幸存至今？对于这个问题，到伊格尔斯思想成熟时，先后出现了三种主要答案。

最先在德意志犹太人中出现的标准答案是宗教观念：犹太教将不同时空中的犹太人连接在一起，犹太人的历史独特性最能够体现在他们的一神观念之中，因此犹太史的本质是犹太信仰的历史。把犹太史设想为宗教观念史，除了能攀附上当时流行的黑格尔思想，对德国犹太人还有一个吸引力——在启蒙运动和"自我教化"理想的鼓动下，这些犹太人致力于融入德国主流社会，将犹太人的连续性用宗教而非民族来界定，有利于避免主流社会猜忌他们是否在忠于德国的同时又忠于其他国家的犹太人，而宗教信仰的不同在现代国家中是可以接受的。民族主义在欧洲兴起后，又出现了两种用民族来界定犹太连续性的答案。一种认为，犹太人在上千年的散居中已成为精神上的民族，而不需常规民族发展所依赖的国家和土地。研究犹太史，就是要研究承载民族精神的民族机构，历史上形形色色自治的犹太社团（kehilah）便取代一神观念构成了体现犹太史连续性的主线。这个答案由东欧犹太人给出，与东欧那种迥异于德国的多民族、多语言共存的现实密不可分，它承认犹太人可以在异族统治的政治框架下通过文化自治的民族共同体而幸存。但后一点恰恰是持犹太复国主义立场的历史学家竭力反对的，他们认为犹太人生活在异族统治中根本没有希望，唯有时刻不忘神的"应许之地"，才能确保犹太人幸存，故犹太史的主旋律应当是揭示历代犹太人对以色列地的渴望和回归。[①] 活跃在 19 世纪、20 世纪前半期和 20 世纪中后期的三位犹太历史学巨擘就分别与这三种立场密切相连，他们是格雷茨（Heinrich Graetz, 1817–1891）、杜布诺夫（Simon Dubnow,

---

① 关于犹太历史编纂，除了《全球史学史》的推荐阅读书目，另参这个出色的选本，Michael A. Meyer, ed., *Ideas of Jewish History*, New York：Behrman House, 1974。中文研究参见张倩红、艾仁贵《犹太史研究入门》，北京大学出版社，2017，第 84~146 页，此书把"犹太史研究"放在近代"犹太研究"兴起的背景下论述。

1860-1941）和索罗姆（Gershom Scholem，1897-1982）。

他们无疑都在伊格尔斯的视域中，但伊格尔斯的自传里只提到了杜布诺夫。杜布诺夫是东欧犹太人，其十卷本《世界犹太人史》虽以俄文写就，却是他在流亡柏林期间（1923~1933）创作的，最早出的也是德文版。这部大作是伊格尔斯青少年时期如饥似渴的读物之一，杜布诺夫关于犹太传统在历史上具有双重特征的见解给他留下了极深印象：一种可溯源到部分摩西五经和塔木德中，它将犹太教以仪式和人种（ethnicity）来定义；另一种则将犹太教看作普世主义的伦理体系，它贯穿于从圣经中的先知以赛亚、阿摩司到近世世俗化的社会改革家中。虽然意识到后一种特征并非犹太传统的主流，但伊格尔斯还是更认同它。① 需要看到，伊格尔斯虽然把他对犹太教普世维度的认知归咎于杜布诺夫的影响，但对希伯来先知所代表的普世性伦理的强调在伊格尔斯童年时就已是近代德国犹太教的显著特征，② 这种倾向与"自我教化"所追求的融入主流社会的世界公民观也是一致的。

尽管推崇杜布诺夫，但伊格尔斯在两个方面与他大相径庭。在方法上，杜布诺夫致力于研究历史上自治的犹太社团，关注的是制度史（他自称"社会史"），而伊格尔斯是众所周知的思想史名家，其智识兴趣仍根植于德国语境而非东欧语境。两人更深刻的对立则体现在对犹太教与现代社会的关系的认识上。杜布诺夫以提出自治的犹太社团闻名，笃信犹太人的未来在于通过自治而屹立于世界民族之林。仿佛是不点名地批判这个观点似的，伊格尔斯说："我不以人种来看待犹太教，而觉得它更像是在后启蒙时代的德国那样作为一种文化遗产存在于现代文化之中而不是之外。"③ 他并没有把犹太教完全当作一个可以独立于现代世界之外的私人领域看待。

伊格尔斯对格雷茨和索罗姆这两个德国犹太人的沉默，也彰显了他的思想取向。格雷茨代表了历史主义在19世纪德国犹太人中的最高结晶。到他写作时，犹太史是犹太教史的观念已在德语犹太历史编纂中根深蒂固，但他更愿意用"民族魂"（Volksseele）这个比宗教宽泛的观念来统摄犹太

---

① Wilma and Georg Iggers, *Two Lives in Uncertain Times*, p. 52；威尔玛·伊格尔斯、格奥尔格·伊格尔斯：《历史的两面：动荡岁月的生活记录》，第55、169页。

② Guy Stern, "German Culture, Jewish Ethics," *American Jewish Archives*, Vol. 40, No. 2 (1988), pp. 211-219.

③ Georg Iggers, "An Autobiographical Approach to the German-Jewish Legacy," p. 223. 这段话是紧接着他更认可犹太教的普世性（即他从杜布诺夫那里继承来的观点）说的。

史，他既没有脱离犹太民族抽象地去谈论一神观念，也没有去关注犹太过去那些纯粹物质的方面。他的十一卷《犹太史》（1853～1876）写的是犹太集体灵魂的历史，影响深远。不过，在格雷茨的时代，同化之风在德国犹太社团中越刮越烈，反犹主义也已在德国社会兴起。他要在这两条战线上同时作战，因此，他写的历史"旨在为被现代性重创和削弱的犹太认同聚气和寻根"。他"诉诸犹太过去，不是为了打破常规、拓展启蒙，也不是为了寻求政治或智性上的接受，而是要通过揭示犹太人走过的不同历史道路，来恢复犹太人的分离感"。[①] 说到底，格雷茨写的是向内看的民族历史，这显然与"自我教化"的经典内涵、与伊格尔斯热情拥抱的世界公民理想南辕北辙，更不用说两人在其他方面的隔阂了。比如，格雷茨主张精英决定历史，而伊格尔斯终身秉持民主原则；格雷茨的犹太史终究没能摆脱上帝之手的牵引，而伊格尔斯坚信人的自主和理性。

　　格雷茨反对同化，但他不是犹太复国主义者，而索罗姆是。索罗姆26岁离开德国，移居耶路撒冷，他一手把犹太神秘主义引入严谨的学术研究殿堂，最终成为20世纪无可争议的最重要的犹太学学者。这一学术成就建立在对近代德国犹太学术的反叛之上，因为19世纪的德国犹太学者为了迎合德国主流社会，将犹太神秘主义视为民族糟粕，唯恐避之不及。[②] 在受犹太复国主义影响方面，伊格尔斯其实与索罗姆很像，他在德国时也曾加入犹太青年运动而一度成为热诚的犹太复国主义者，他想移民巴勒斯坦，觉得"犹太教对我而言就意味着犹太复国主义，而犹太复国主义意味着回归到简朴的生活方式，从城市到农村，从书桌到务农和做工，从资产阶级生活方式到同志般的基布兹社区"。[③] 他以过来人的经验回忆道："如果没有犹太青年运动的浪漫主义，没有作为替代现代资产阶级社会的基布兹社团，犹太复国主义是不可想象的。"[④] 然而，在伊格尔斯自绘的思想谱系中

---

① Michael A. Meyer, "The Emergence of Modern Jewish Historiography," p. 175.

② 格舒姆·索罗姆：《从柏林到耶路撒冷》，吴勇立译，漓江出版社，2016；Michael Brenner, *Prophets of the Past: Interpreters of Jewish History*, trans. Steven Rendall, Princeton: Princeton University Press, 2010, pp. 163–171。

③ Georg G. Iggers, "Eine Kindheit in Deutschland: Erinnerungen 1926–1938," s. 173.

④ Wilma and Georg Iggers, *Two Lives in Uncertain Times*, p. 27；另参见威尔玛·伊格尔斯、格奥尔格·伊格尔斯《历史的两面：动荡岁月的生活记录》，第38～39页，与英文版表述不同，可对参。犹太青年运动是当时德国青年运动的一部分，后者兴起于19世纪晚期，是中产阶级年轻人对父母资产阶级生活方式的反叛，参见曹卫东主编《德国青年运动》，上海人民出版社，2013。

找不到索罗姆的名字，其著述似乎也从未透露丝毫对犹太神秘主义的智识兴趣。他倒是提到了与索罗姆过从甚密的马丁·布伯（1878～1965）。他在德文版自传中说："马丁·布伯的作品对我产生了特别重大的影响。"[1] 有趣的是，这句话不见于英文版自传。伊格尔斯对同一人物在德语和英语世界的不同接受情况非常敏感，[2] 因此这一改动应该不是随意的。

马丁·布伯主要以对话哲学和他对犹太神秘主义的近代变种哈西德派的现代阐释而闻名，他还积极倡导犹太人和阿拉伯人和平共处。伊格尔斯并没有说他阅读了布伯的哪类著作，但看上下文，有可能是布伯的宗教哲学，而不是哈西德诠释之作，索罗姆恰恰在后一方面对布伯做过影响最大的严厉批评。[3] 布伯没有像索罗姆那样 1923 年就早早离开德国，而是直到 1938 年（同年伊格尔斯离开德国）才移居耶路撒冷。布伯终身致力于促进犹太教与基督教的对话，与新教神学家尼布尔（Reinhold Niebuhr）和蒂利希（Paul Tillich）保持通信，而这两人的作品伊格尔斯也研读过，蒂利希的宗教社会主义跟他的观点非常接近，故对他尤其有吸引力。[4] 布伯晚年不顾众多以色列人的反对接受了联邦德国颁发的歌德奖，他在德语世界被广泛视为文化沟通的架桥者；相形之下，美国的犹太宗教思想家更愿意用布伯对哈西德派的诠释"重新占有犹太教的内在真理"。[5] 这种差异应该就是伊格尔斯没有在英文版中提到布伯的原因：他更认同作为架桥者的布伯，而不想让英语读者误以为他对哈西德派有兴趣。

较之布伯，索罗姆对德国没有温情与敬意。1962 年他在耶路撒冷回首前尘往事时，苦涩而心酸地指出："可以肯定的是，犹太人从所有可能的

---

[1] 威尔玛·伊格尔斯、格奥尔格·伊格尔斯：《历史的两面：动荡岁月的生活记录》，第 55 页。

[2] 他最早被译成中文的论文与兰克有关，写作缘起就是注意到兰克在德国和美国历史思想中有不同的形象。此文由何兆武和黄巨兴译出，于 1962 年发表，作为附录收入格奥尔格·伊格尔斯《二十世纪的历史学：从科学的客观性到后现代的挑战》，第 154～181 页。

[3] Gershom Scholem, "Martin Buber's Conception of Judaism," in *On Jews and Judaism in Crisis: Selected Essays*. Ed. Werner Dannhauser. New York: Schocken, 1976, pp. 126-171；另参见何伙旺《宗教传统的现代理解：哈西德解释之争》，宋立宏主编《从西奈到中国》，三联书店，2012，第 135～145 页。

[4] Wilma and Georg Iggers, *Two Lives in Uncertain Times*, p. 54；威尔玛·伊格尔斯、格奥尔格·伊格尔斯：《历史的两面：动荡岁月的生活记录》，第 55 页。

[5] Paul Mendes-Flohr, "Martin Buber's Reception among Jews," *Modern Judaism*, Vol. 6, No. 2 (1986), pp. 111-126, 引文见第 125 页。

观点和情境出发，试图与德国人对话，他们要求、恳求和哀求这样做，他们卑躬屈膝，他们目空一切，他们用各种语气表现出尊严，也表现出被上帝遗弃的缺乏尊严。"因此，学者们喜闻乐道的德国人和犹太人之间的对话或共生根本就不存在，历史上只有德国犹太中产阶级一厢情愿的幻觉，如今已像肥皂泡一般破灭了。[①] 索罗姆的这个观点多年来左右着犹太复国主义历史编纂对德国犹太教的看法：德国犹太人的同化倾向无异于自取灭亡，他们参与了为自己掘墓。这无疑是伊格尔斯难以接受的，他"千方百计要消除［美国］的大学生（不仅仅是犹太大学生）对德国的强烈仇恨"，[②] 致力于加强与德国学术界的对话，后来还在保留美国国籍的同时恢复了德国国籍。[③]

三　犹太身份 VS. 世界主义

如此看来，伊格尔斯的思想中有一对根本性的内在张力：一方面，他作为犹太人有特殊性的民族和宗教认同；另一方面，启蒙和"自我教化"的遗产又将对普世性的追求化作他的信念。这种张力所带来的问题——犹太性还是共通人性？犹太认同还是批判性的学术？——其实也是近现代犹太历史学家一旦试图跳出神学框架面对犹太史时所共有的，且难以平衡。

格雷茨把如日中天的德意志民族主义史学内在化，写出了犹太民族主义史学的代表作。对于非犹太文化，他很少掩饰自己从道德和审美立场做出的负面评价；但对于犹太文化中与德国文化不合拍的因素，比如塔木德中细致的犹太律法、中欧犹太人中流行的意第绪语和哈西德派，他又毫不留情地冷嘲热讽。对杜布诺夫来说，研究犹太史是唤醒犹太民族意识的最佳方式。他虽然承认犹太人可以生活在异族统治中，但他对犹太民族的情

---

① Gershom Scholem, "Against the Myth of the German-Jewish Dialogue," in *On Jews and Judaism in Crisis*: *Selected Essays*, pp. 61-64, 引文在第 62 页；另参见 Gershom Scholem, "On the Social Psychology of the Jews in Germany: 1900-1933," in David Bronsen, ed., *Jews and Germans from 1860 to 1933*: *The Problematic Symbiosis*, Heidelberg: Carl Winter, 1979, pp. 9-32。

② 威尔玛·伊格尔斯、格奥尔格·伊格尔斯：《历史的两面：动荡岁月的生活记录》，第 112 页。

③ 在与伊格尔斯相同背景的学者中，弗里茨·斯特恩是"德国人-犹太人共生论"（German-Jewish Symbiosis）的积极倡导者，在他看来爱因斯坦就是这种共生论的杰出代表。

感依恋使他不可能将犹太人所受的苦难归咎于他们自己，他们只是无辜的受害者，而外部因素对犹太精神生活的影响在他那里也被最小化了；[1] 他彻底摆脱了神意左右历史的神学框架，但也成了一个完全世俗的犹太人。德国的反犹主义将索罗姆转变成犹太复国主义者，让他反叛了德国犹太学术，他之所以能开辟出犹太神秘主义学术研究的新天地，靠的是德国学术严谨的语文学和历史考证方法。已有学者指出，这种貌似客观的学术背后却是索罗姆乌托邦式的见解：用犹太神秘主义学术研究为犹太教的未来发展提供材料；换言之，为犹太教在现代以色列国一种新的、世俗化的强化提供资源和启发。[2] 需要看到，历史主义在德国的胜利引发了近现代犹太教中一个深刻的转变，随着越来越多的犹太学者开始用历史的方法研究犹太传统，一种反思性的历史观从此进入犹太人自我意识的中心，构成犹太认同不可或缺的要素。[3] 但由此也使上述内在张力的种种表现普遍存在。伊格尔斯批判了使德国民族主义的反民主特征得以合法化的历史观，质疑了德国历史职业所自诩的客观性，可他如果去书写近现代犹太历史意识的流变，那他自身的犹太民族和宗教认同定然会让他意识到，在近现代犹太历史学家那里体现出的难以化解的重重矛盾，也羁绊了他自己，必令他感到无从遁逸。而后现代思潮的兴起又增加了新的困难。后现代思潮合理质疑了一种稳定本质的存在，这使得今天不存在单数意义上的犹太认同，而只有形形色色复数意义上的无甚关联的犹太认同，因而也就无法再像格雷茨、杜布诺夫或犹太复国主义者那样去构建犹太史的种种宏大的主导叙事（master narratives）。强调犹太史的连贯性虽然已失去昔日的合理依据，但现代化、同化和反犹主义给近现代犹太人普遍带来的压力却又是不可忽视的现实力量。伊格尔斯对近现代犹太历史编纂所保持的沉默，不能不说正是这重重困难的表征。

尽管如此，犹太身份与世界主义之间的内在张力还是在伊格尔斯选定的学术和社会领域起了作用。伊格尔斯对学术上欧洲中心论的反对，对来自弱势群体——东亚、印度、非洲、女性——学生的提携和帮助，对反抗

---

[1] Michael A. Meyer, ed., *Ideas of Jewish History*, pp. 34-35.

[2] Michael Brenner, *Prophets of the Past*, p. 170.

[3] 关于这个转变，除了上引研究犹太历史编纂之作，另参见 Ismar Schorsch, *From Text to Context: The Turn to History in Modern Judaism*, Hanover, NH: Brandeis University Press, 1994.

美国种族隔离制度的积极参与，赢得众口称赞。这一方面固然是因为他秉承了启蒙运动对普遍人权的伦理预设。他曾告诉一位中国访谈者，他对种族问题的关心跟他参与美国南方的民权运动没有关系，"是因为在生活的早期我就参与了人权斗争"。[1] 这里他没有进一步明说的是，这种关心与他童年时在纳粹德国受到的歧视，比如不能去游泳和看电影、遭殴打[2]有关。他曾坦言，抵达美国后，"我几乎立刻就痛苦地意识到，维吉尼亚州的民主声明和它的种族政策与实践之间形成了鲜明对比，让只有 12 岁的我想起反犹主义"。[3] 正是反犹主义让他日后对一切形式的歧视和不平等异常敏感。

这份敏感也是他时时警觉和反思学术研究中主观性与客观性辩证关系的一个动力。伊格尔斯直言，他研究德国历史意识"决不是从价值中立立场写作的"，而是将矛头直指德国历史主义对他所服膺的启蒙运动人权和理性价值观的拒斥。引发他思考的是这个问题："德国人文学者，尤其是历史学家，应当对 20 世纪上半叶德国命运乖舛的历史承担哪些责任？"[4] 这是一个德国近代以来的历史发展错在哪里的问题，对伊格尔斯那代学者具有核心意义。弗里茨·斯特恩也说过："对于我们这一代以及比我们还年长的一代人而言，第三帝国是我们生命中核心的集体经历。"[5] 伊格尔斯指出，二战后与他同时成长起来的德国本土学者重拾启蒙理想，开始批判地看待德国过去，但他们在回应这个问题时，没有采取老一辈学者以国家为导向的分析方法，而是致力于分析国家赖以运行其中的社会结构。[6] 他自己的方法则与那些在童年或青少年时期从德国流亡到美国，并在美国接受大部分教育的同辈犹太历史学家是一样的：较少关注社会经济因素，而更多关注 18 世纪以来对德国政治经济造成影响的思想观念。乔治·莫斯追溯了德国的种族（völkisch）思想，并在其晚期著作中把它与性别观念联系起来；弗里茨·斯特恩分析了为纳粹胜利奠定道路的三位理论家的政治思想和文化思想；彼得·盖伊没有局限于极右派，而是分析了极为广泛的德

---

① 贺五一：《伊格尔斯访谈录》，《史学理论研究》2013 年第 4 期。

② Georg G. Iggers, "Eine Kindheit in Deutschland: Erinnerungen 1926–1938," s. 172.

③ Georg Iggers, "An Autobiographical Approach to the German-Jewish Legacy," pp. 222–223.

④ 威尔玛·伊格尔斯、格奥尔格·伊格尔斯：《历史的两面：动荡岁月的生活记录》，第171 页。

⑤ 弗里茨·斯特恩：《非自由主义的失败：论现代德国政治文化》，孟钟捷译，商务印书馆，2015，第 14 页。

⑥ Wilma and Georg Iggers, *Two Lives in Uncertain Times*, pp. 135–136.

国文化领域。① 伊格尔斯则研究了德国历史主义的非自由主义特征，它虽然没有直接导向纳粹主义，但"在很重要的方面为1933年（德国）彻底抛弃民主制和确立权威主义恐怖统治扫清了道路"。② 显然，要理解德国，思想文化史取向比社会经济史取向更受在离散语境中成长起来的德裔犹太学者的青睐。正是这代犹太学者及其学生的努力，反犹主义和纳粹大屠杀才在美国的德国史研究中从边缘走到了如今的中心地位。③ 但这两类学者都无法不去注意奥斯威辛焚尸炉中升起的黑烟投射在他们各自历史书写上的阴影。伊格尔斯虽然承认一切历史研究都摆脱不了主观因素的牵制，不可能完全客观地重建过去，但他还没有像海登·怀特等后现代主义者那样认为历史仅仅是一种修辞或充满想象力的文学，本质上完全是虚构的。他不遗余力地捍卫历史学的学科边界，坚信如果不去阻止对历史真相的歪曲，历史就会蜕化为宣传；他还主张不能认为所有历史解说都具有同样的真理价值，否则就无法反驳纳粹大屠杀的否认者了。在他看来，海登·怀特的自相矛盾之处就在于："他承认存在大屠杀，然而，他的历史观念却不允许他作这样的设想。"④ 伊格尔斯的学术兴趣和立场难以与他对自身犹太人过去的关注割裂开来分别看待。我以为，这种关注非但不会有损于客观性，反倒为他的著述平添了一份在那些自诩客观或只承认主观性的学者当中找不到的诚恳与真实。

关于自己的犹太出身，他曾说："我们常常把19世纪和20世纪的德国

① 格奥尔格·伊格尔斯：《纳粹德国的流亡历史学家：对民主制的诸种政治态度》，第127~128页。

② 格奥尔格·G.伊格尔斯：《德国的历史观》，"中文版前言"（2005年），第1页。

③ Jeffrey Herf, "From the Margins to the Mainstream: Refugees and the Successors on the Jewish Questions, Antisemitism, and the Holocaust in German History," in Andreas W. Daum, Hartmut Lehmann and James J. Sheehan, eds., *The Second Generation*, pp. 197-209.

④ 贺五一：《伊格尔斯访谈录》，第91页。另参见格奥尔格·G.伊格尔斯《学术与诗歌之间的历史编撰：对海登·怀特历史编撰方法的反思》，陈恒译，陈启能、倪为国主编《书写历史》第1辑，上海三联书店，2004。怀特的观点见海登·怀特《历史的情节化与历史表现中关于真的问题》，陈栋译，彭刚主编《后现代史学理论读本》，北京大学出版社，2016，第60~77页。对相关学术观点的梳理，见王霞《如何再现纳粹屠杀——海登·怀特的历史相对主义思想辨析》，《清华大学学报》（哲学社会科学版）2012年第2期。Herf曾就这个争论的美国语境评论道："在美国的历史职业中，几乎没有什么问题比对否认纳粹大屠杀的恐惧更能终结后现代主义潮流了。如果历史学家们同意，对过去的各种解释只是反映权力的叙事而没有确凿事实为依据的话，那么这种否认在逻辑上就会接踵而至。"见 Jeffrey Herf, "From the Margins to the Mainstream: Refugees and the Successors on the Jewish Questions, Antisemitism, and the Holocaust in German History," p. 201。

犹太人过于泛泛地等同于 Bildungsbürgertum。我的家庭也像许多德国犹太家庭一样，号称是有文化的资产阶级，却无法用教育或收入来证明这点。"① 他后来又说："关于犹太上流社会阶层，即 Bildungsbürgertum，已有不少著述，这个术语难以翻译，指的是沉浸在德国经典雅文化之中的资产阶级，这类人大多脱离了犹太宗教社团并有不少皈依了（基督教新教）。而我的祖上不属于这个类别。"② 合而观之，这是不点名地参照莫斯对德国犹太社团的解读来自我界定，所谓的"有文化的资产阶级"只适用于犹太社会的上层，相当于德国的中产阶级（Bürger），而他的父母不属于这个阶级，没有醉心于雅文化，也没有放弃犹太教信仰。但这种自我界定有两个方面值得商榷。

伊格尔斯的家庭哪怕不属于犹太社会上层，起码也属于中层，因为他们最终移民了美国。在 20 世纪 30 年代，美国经济萧条，不接受难民，要移民只能走正常程序，这意味着移民申请者必须提供已经生活在美国的亲戚出具的书面经济担保，这有效挡住了很多急于离开德国的犹太人。汉堡的美国总领事在 1936 年注意到，美国给德国的移民配额是每年 2.5 万人，但只有 5000 名德国犹太人符合要求。③ 伊格尔斯的父亲为此专门去纽约寻找能够出具担保的亲戚，找到后变卖家产，支付了全家移民的费用后，尚能将约 2000 美元私运到美国，④ 考虑到德国法律强迫犹太人将资产留在境内，带到美国的财富肯定已经大大缩水。虽然他父亲日后在美国一直经济条件窘迫，但他在德国是体面的生意人，无疑属于德国中产阶级。他母亲生在英国，家境更好。他们在 30 年代早期经历了经济危机，接着又要面对是背井离乡还是坐以待毙的生死抉择，精神创伤难以避免。但童年时的伊格尔斯对此显然不能理解，他通过一大早就离家、上街闲逛、逃学等方式来反叛家里压抑的气氛。而父母对他的惩罚是把他送进斯图加特附近一所犹太孤儿院和管教所（Erziehungsanstalt）。⑤ 在美国，他与父母关系依然紧

①　Georg Iggers，"An Autobiographical Approach to the German-Jewish Legacy，" p. 221.

②　Wilma and Georg Iggers, *Two Lives in Uncertain Times*，p. 23.

③　Debórah Dwork and Robert Jan van Pelt，*Flight from the Reich：Refugee Jews，1933 - 1946*，New York：W. W. Norton，2009，pp. 144-145.

④　Wilma and Georg Iggers, *Two Lives in Uncertain Times*，p. 31.

⑤　Georg G. Iggers，"History and Social Action Beyond National and Continental Borders，" p. 83. 另对参 Wilma and Georg Iggers，*Two Lives in Uncertain Times*，p. 32；威尔玛·伊格尔斯、格奥尔格·伊格尔斯《历史的两面：动荡岁月的生活记录》，第 40 页。

张。他成长为世界主义者，四海之内皆有朋友，但始终未能化解与父母之间的冲突。[1] 这不能不说是他个人生活中的一大悖论。

与父母的冲突主要来自他们不主张伊格尔斯参与政治。弗里茨·斯特恩把不问政治当作德国中产阶级的基本精神风貌，认为这对德国政治最终产生了有害影响。[2] 莫斯则把追求雅文化当作德国中产阶级文化生活的标志性特征。美育是"自我教化"的重要内涵，席勒、洪堡等人提倡通过学习希腊、罗马艺术等高雅文化来塑造性格，因为懂得欣赏希腊雕像的匀称与和谐就有助于控制情绪，获得资产阶级所珍视的自控和体面。这样，审美趣味的培养就导向了道德自律。[3] 这种内涵到伊格尔斯的时代恐怕已难以捕捉到，虽说残骸仍在。他说他家书架上摆列着德语经典著作，那是他父亲1907年在成年礼上获得的礼物，但家里除了伊格尔斯无人去读。[4] 雅文化在他眼中是奢侈品或日常生活中的小摆设。他更醉心于基布兹所代表的社会主义，到了美国后则与那里不加节制的消费主义格格不入。参与黑人民权运动让他接触到美国的共产主义者，由此开始了解马克思主义。[5] 伊格尔斯是美国校园中为数不多的坚持讲授马克思主义思想传统的教授，不过他并不接受经济决定论，而认为文化、宗教、族性乃至关于性别和地位的传统观念都是塑造社会的重要因素，同样不可忽视。他认为，新自由资本主义没有解决当下如贫困这样紧迫的社会问题，反而使问题更严重，故马克思主义理论依然能够对我们"在民主的框架内达到更大的社会正义"有启发。[6] 而"马克思思想的核心是这种伦理概念，它有关人类的尊严，有关将人类从现存社会强加给他们的'异化'中解脱出来"。[7] 换言之，在莫斯那里不少德国犹太人通过希腊雕塑、巴赫、莫扎特或歌德去寻求和谐与获得道德自律，而这在伊格尔斯那里则是通过他所理解的马克思对碎片化的现代社会的人道主

---

[1] 威尔玛·伊格尔斯、格奥尔格·伊格尔斯：《历史的两面：动荡岁月的生活记录》，第35、39页；David A. Gerber, "From Hamburg to Little Rock and Beyond: The Origins of Georg Iggers's Civil Rights Activism," pp. 513-514。

[2] 弗里茨·斯特恩：《不问政治的德意志人的政治结局》，见氏著《非自由主义的失败：论现代德国政治文化》，第53~75页。

[3] George L. Mosse, *German Jews Beyond Judaism*, pp. 6-7.

[4] Georg Iggers, "An Autobiographical Approach to the German-Jewish Legacy," p. 221.

[5] David A. Gerber, "From Hamburg to Little Rock and Beyond: The Origins of Georg Iggers's Civil Rights Activism," pp. 518-519.

[6] 贺五一：《伊格尔斯访谈录》，第90页。

[7] Wilma and Georg Iggers, *Two Lives in Uncertain Times*, pp. 124-125.

义批判实现的。两者貌似玄远，实则殊途同归，所追求的都是人生和社会
和谐而均衡的发展。就此而论，重视马克思主义思想传统，可视为彼得·
盖伊所总结的魏玛文化中"对完整性的渴望"留在伊格尔斯身上的余响，
但他从未像魏玛时期的一些人那样放弃理性。[①] 事实上，莫斯也指出，在
德国犹太人中，对自由主义以及后来对社会主义的信仰是根深蒂固的。[②]
伊格尔斯虽然质疑了莫斯观点的阶级基础，但启蒙和"自我教化"的遗产
依然在激励他追寻一种超越了阶级、种族和宗教壁垒的个人认同。

四　被孤立的启蒙遗产

然而，如果说启蒙和"自我教化"在德国旨在帮助犹太人融入有教养
的中产阶级，那么这份遗产出了德国更容易招致孤立。

17 岁的伊格尔斯于 1944 年来到美国芝加哥大学开始研究生学习，当
时罗伯特·哈钦斯（Robert Hutchins）正在推行的通识教育改革让这所大
学名声大振。伊格尔斯选择这里，是因为他觉得这是与德国大学模式最接
近的美国大学，他在这里找到了自己的妻子，但对这所学校的学术氛围大
失所望。这有可能和二战后期学校的人心涣散有关。他后来辍学一年，前
往纽约社会研究新学院旁听。这所学院的研究院当时汇聚了流亡美国的德
国和奥地利的知识精英，号称"流亡大学"。其学术风格自然迥异于美国
本土学界："当时许多美国研究部门强调方法论、统计学和收集事实性信
息的技术，而新学院绝大多数成员维护着理论探讨的至高尊严。"[③] 这里训
练出的学生绝大多数日后也延续了这种传统，更侧重跨学科和理论而非纯
粹经验的研究，对所从事研究的哲学基础更敏感。正是在这里，伊格尔斯
才感到了智识上的契合，他觉得这里"体现了欧洲学术的精华"，马克
斯·韦伯的弟子阿尔伯特·萨洛蒙（Albert Salomon）点燃了他对圣西门学
说的热情，他后来的博士学位论文就写的这个。在纽约的一年学习被他当
作学生时代最有价值的经历。[④] 不过，芝加哥几年对他恐怕也并非全无影
响。哈钦斯主政期间高举社会大同理想，力倡理性会消融社会歧视的自由

---

① 彼得·盖伊：《魏玛文化》，刘森尧译，安徽教育出版社，2005，第 97~138 页。
② George L. Mosse, *German Jews Beyond Judaism*, pp. 55~71.
③ Lewis A. Coser, *Refugee Scholars in America*, p. 107.
④ Wilma and Georg Iggers, *Two Lives in Uncertain Times*, pp. 53-54.

主义理念，有意识地拒绝对宗教差异予以关注，只是到他离职后，芝加哥大学校园里才出现一种尊重民族关系与个人身份的新舆论氛围。[1] 这或许是造成伊格尔斯对近现代犹太历史编纂缄默不语并在其早期著述中很少关注犹太维度的一个外部因素。

他在哥廷根访学期间撰写了成名作《德国的历史观》，通过审视德国历史职业的哲学和政治的预设（assumptions），拷问了知识分子在德国近现代史中起的作用。此书出版后在德国被认真对待，影响很大。但它在美国就缺乏引起共鸣的社会基础，很容易被误解为是一部关于德国近现代历史书写的综述。[2] 布法罗大学后来又将欧洲史教席一减再减，以至他感叹这里的"知识分子生活丧失了丰富的多样性和面向世界的开放性"，并自叹"越来越感到孤单"。[3] 对于他这样一个信教的犹太人，这种学术上的孤单在他面对当地犹太社团时也无法得到缓解。美国犹太社团主要由来自东欧和俄国的犹太移民构成，德国裔犹太人只是其中很小一个群体，与前者在母语（前者主要是意第绪语）、文化、习俗上差异颇大，[4] 更不用说有多少智性上的投合了，像诺贝尔文学奖获得者艾萨克·辛格那些带有犹太神秘主义气息的反映东欧犹太小镇（shtetl）生活的小说在德裔美国犹太人中就远远不像在前者中那样流行。所以，他夫人才会这样说他："自我们相识以来，他总是希望找到一个自己感到满意并且愿意为之效劳的犹太人社团。但无论在德国还是在美国，他都没有成功。"[5] 他夫人来自波希米亚说德语的犹太家庭，连她也不认可他身上的德国-犹太遗产："对于他来说，追求建立人道世界所必需的公正和价值尤为重要……我根本不相信这样的世界会出现。"[6]

伊格尔斯一直关注以色列这个犹太国。他早在德国时就渴望移居巴勒斯

① 威廉·H.麦克尼尔：《哈钦斯的大学：芝加哥大学回忆录（1929~1950）》，肖明波、杨光松译，浙江大学出版社，2013，第262页。

② 2012年笔者曾告诉加州大学洛杉矶分校历史系的一位教授，伊格尔斯的不少著作有中译本，在中国学界影响广泛。对方的反应是：《德国的历史观》是一部优秀的关于德国史学的教科书（textbook），海登·怀特在美国才最有影响。

③ 威尔玛·伊格尔斯、格奥尔格·伊格尔斯：《历史的两面：动荡岁月的生活记录》，第158、196页。

④ Gerhard Falk, *The German Jews in America: A Minority within a Minority*, Lanham, Maryland: University Press of America, 2014.

⑤ 威尔玛·伊格尔斯、格奥尔格·伊格尔斯：《历史的两面：动荡岁月的生活记录》，第212页。

⑥ 威尔玛·伊格尔斯、格奥尔格·伊格尔斯：《历史的两面：动荡岁月的生活记录》，第213页。

坦，但他也清楚地看到，那里除了犹太人，还生活着许多阿拉伯人，所以他始终赞同德裔同胞爱因斯坦的观点：要想和睦共处，犹太人和阿拉伯人应当建立两个国家。这个观点在美国犹太社团中足以将他孤立。1969 年，伊格尔斯首次游历以色列，对那里巨大的贫富分化大为震惊，完全不是他想象的那个有着基布兹的国家；后来的访问又让他察觉到当地不少人对阿拉伯人的偏见，不禁为和平的实现忧心忡忡。在晚年电邮给朋友们的岁末反思中，他对以色列的失望之情与日俱增："我作为犹太人仍然对以色列有着感情上的依恋，但那里正在发生的事情让我深感不安。我每晚都读以色列报纸《国土报》（Haaretz）的英文版，也经常读较为保守的《耶路撒冷邮报》，因此我的消息相当灵通。我们对今年夏天在南特拉维夫发生的得到政府成员支持的反黑人骚乱感到震惊。我们对几天前宣布的计划深感不安，以色列将在东耶路撒冷和西岸之间的巴勒斯坦地区建造 3000 个住房单位，这将把西岸一分为二，从而阻止任何和平解决办法。我们对支持内塔尼亚胡及其极端仇外的外交部长阿维格多·利伯曼（Avigdor Lieberman）的广大民众的侵略性民族主义感到恐惧，但我们也知道，许多以色列人——我们认识其中一些人——不同意这些观点，但不幸的是，他们是少数人。"[1] 让他尤感失望的是，美国的犹太机构组织犹太舆论，盲目声援内塔尼亚胡政府，根本容不下异见。[2] 到了 2015 年，他说："我们对仇外情绪的浪潮感到非常担忧，这使得极右政党在世界各地都获得了力量。作为一个犹太人，我不再是犹太复国主义者，虽然仍与以色列有着深厚的感情纽带，我对那里的种族主义深感不安。"[3] 他自然也对体现犹太复国主义观点的历史编纂难以认同。

　　在他心中，哥廷根比布法罗更有家的感觉。他从 90 年代起每年基本有一半时间住在哥廷根，这是"一座能给人以大城市般文化享受的可爱的小城市"，在学术研究方面可以为他创造的便利当然也是布法罗无法比拟的，甚至连当地的犹太社团都比布法罗的犹太社团更让他喜欢，因为他可以在这个主要从苏联移民过来的犹太人小群体中积极活跃地开展犹太人、穆斯林、新教徒和天主教徒之间的对话。[4] 他终于可以在这个小犹太社团中实

---

[1]　2012 年 12 月 5 日。
[2]　2014 年 12 月 16 日。
[3]　2015 年 12 月 15 日。
[4]　威尔玛·伊格尔斯、格奥尔格·伊格尔斯：《历史的两面：动荡岁月的生活记录》，第218、236 页。

践他那乌托邦式的世界主义理念了。不过，他在自传中没有提到的是，随着这些苏联犹太移民的到来，极右翼政党和新纳粹的暴力也卷土重来。他不可能注意不到，二战以后稀稀落落的德国犹太社团和1933年以前的德国犹太社团已没有血缘和精神联系了，战后多数德国犹太人的母语甚至不是德语。他还不可能感受不到，在已没什么犹太读者且被集体歉疚感困扰着的德国书写犹太主题会遇到怎样的困境，这用一位当代德国犹太女作家的话说就是："我明白，当着德国的德语读者的面进行犹太式书写有一种衣冠不整的淫荡气息——就像女人在男人眼皮下脱光衣服似的。"① 伊格尔斯是用德语和英语双语写作的，他的心里装着德语读者，其分量恐怕比英语读者更加重，这也许是他在自己主要著作中没有特别关注犹太维度的另一个外部因素。

他最终还是因为家庭卖掉了哥廷根的寓所，搬回布法罗安度余生，但在给友人的信件中禁不住常常表达对哥廷根的思念。这种情愫或许只有德国犹太诗人海涅的解释才能引起他的共鸣。曾经流亡巴黎的海涅是他最喜欢的诗人，也是他硕士论文的研究对象：

> 爱国心，对祖国的忠实的爱是一件奇怪的事。你能够爱你的祖国直到耄耋之年而没有意识到它，不过你必须总是呆在家里。我们首先在冬天认识到春天的内涵，而最好的关于5月的诗则写于火炉之畔。对自由的热爱是一朵地牢之花：只有深陷囹圄，人们才能感受自由的价值。因此，只有到了德国的边境，才会涌起对德意志祖国的爱，尤其是在身处异国并且目睹德国的不幸时。

这段话曾由弗里茨·斯特恩引用，② 他与伊格尔斯同年出生，两人拥有相同的德国-犹太背景，同样致力于以学术与德国沟通及和解，并像不少同辈德裔犹太学者那样对欧美学界反启蒙传统的复兴持批判态度。③ 多

---

① 关于战后德国犹太社团，参见 Michael Brenner, *After the Holocaust*: *Rebuilding Jewish Lives in Postwar Germany*, trans. Barbara Harshav, Princeton: Princeton University Press, 1997, pp. 135-157, 引文在第154页。

② 弗里茨·斯特恩：《爱因斯坦恩怨史：德国科学的兴衰》，方在庆等译，上海科技教育出版社，2013，第300~301页。此书原名为《爱因斯坦的德国世界》(*Einstein's German World*)。

③ 关于这种复兴，参见理查德·沃林《非理性的诱惑：从尼采到后现代知识分子》，阎纪宇译，上海社会科学院出版社，2017。

少可以让他俩欣慰的是，如今在德国，犹太人对纳粹上台前的德国文化的贡献已化为欧洲思想传统的一部分，他们遭摧毁的丰富遗产也已获得广泛关注。而伊格尔斯始终未曾动摇过这个信念："我从来不相信进步必然会出现，但我确知理性必将得到贯彻，它是这样一种理性，其核心是人的尊严和自我决定。"[①] 至少在他身上，启蒙和"自我教化"的德国-犹太遗产所孕育的灵根尚未付诸东流。

---

① 威尔玛·伊格尔斯、格奥尔格·伊格尔斯：《历史的两面：动荡岁月的生活记录》，第216页。

励学文丛

南京大学高研院
学者文丛（第一辑）

多学科视野中的当代问题意识
（下卷）

周 宪／陈 勇 主编

社会科学文献出版社
SOCIAL SCIENCES ACADEMIC PRESS (CHINA)

目 录

上 卷

下　卷

·知识方法·

·当代问题·

下　卷

艺术史的二元叙事

周　宪[*]

作为艺术史知识建构的叙事

艺术史研究虽古已有之，但它的成熟和兴盛却是近代的事。温克尔曼和黑格尔被誉为"艺术史之父"，继两位奠基人之后，出现了很多伟大的艺术史家，以至于艺术史在今天的人文学科中成为一门令人惊叹的"显学"。在林林总总的艺术史研究中，各种范式相互竞争，随着社会文化的演进，不断涌现新的艺术史论和艺术史观，不断重写着艺术史的版图。

"艺术史"这个概念在汉语中有两个基本含义：一是指艺术过往的历史；二是指对这种过往历史研究的学科。根据《牛津艺术术语简明词典》，"艺术史"（art history）英文定义是："如其所指，艺术史是一个涉及贯穿各时期到当下的各种表现形式之艺术的历史研究的学科。"[①] 虽然艺术史所面对的各种视觉对象，从雕塑到绘画到建筑等，但艺术史又不得不通过语言媒介来表述。因此，叙事乃艺术史知识构成的基本形态。那么，何为叙事？简单地说，叙事就是讲故事，就是讲"艺术的故事"，这恰好是贡布里希一部著名的艺术史论著的标题。从史学角度说，历史学家就像是个小

---

* 周宪，教育部长江学者特聘教授，南京大学艺术学院教授，南京大学人文社会科学高级研究院院长。

① Michael Clarke and Deborah Clarke, *The Concise Oxford Dictionary of Art Terms*, Oxford: Oxford University Press, 2010, http://www.oxfordreference.com/view/10.1093/acref/9780199569922.001.0001/acref-9780199569922-e-115? rskey=qD8b7I&result=4, 访问时间：2018 年 8 月 2 日。

说家，他们从纷繁复杂的历史材料中爬罗剔抉，选取有用的材料，编织"情节"，进而讲述生动活泼的艺术史故事。正如史学家怀特所言，历史研究如同小说家虚构故事一般，"通过对事件中的某些材料的删除或不予重视，进而强调另一些材料，通过人物的个性和动机的再现，叙事基调和叙事观点的变化，以及改变描述策略等，历史事件便构成为一个故事。简而言之，所有这些技巧我们通常会在一部长篇小说或一出戏剧的情节设计中发现"。①

其实，叙事不仅是历史的主要方式，也是一切科学知识建构的主要方式。利奥塔尔指出，叙事总是与科学知识联系在一起，知识是通过叙事来传递的，所以，"确定一下叙述知识的性质，这种考察至少能通过比较，让人更清楚地辨别当代社会中科学知识具有的某种形式特征"。② 据此我们不妨说，艺术史就是关于艺术过去的历史叙事。

基于这些观念，本文将采取一个独特的视角来讨论艺术史的叙事问题，透过艺术史叙事的二元性结构，探究作为一种知识生产的艺术史复杂的叙事张力，进而触及艺术史研究中重要的方法论问题。

当我们把艺术史视为一种历史叙事时，就为引入叙事学理论来讨论艺术史问题提供了新的角度，说艺术史家很像"说书人"，他或她的艺术史研究乃是讲述艺术的历史故事，这就涉及两个基本问题：说什么和怎么说。说什么涉及艺术史的讲述内容，而怎么说则关乎艺术史的讲述方式，两者密切相关。这里，我更加关注怎么说，因为怎么说往往决定了说出什么，即是说，当你采用特定的观察角度和特定立场来审视驳杂的艺术史实时，不同的角度和立场会制约着艺术史家对艺术史实和史料的选择。

伟大的艺术史家贡布里希在解释画家的看与画之间的关系时，曾经深刻地指出："艺术家的倾向是看他要画的东西，而不是画他所看到的东西。"③ 贡布里希认为，艺术家在观看和表现风景是受制于内心的某种"图式"（schemata），而这个图式来源于他的文化传统。只有与这一图式相匹配的风景，才会跃然而出，成为画家注意力的中心。如果我们进一步追问，这一图式在叙事过程中又是如何运作的呢？这就引出了艺术史叙事的视角问题。

---

① Hayden White, *Tropics of Discourse*, Hopkins University Press, 1978, p. 84.

② 让-弗朗索瓦·利奥塔尔：《后现代状况：关于知识的报告》，车槿山译，三联书店，1997，第 40 页。

③ 贡布里希：《艺术与错觉》，林夕等译，浙江摄影出版社，1987，第 101 页。

一　作品与观者的二元叙事

艺术史发展的关键期是 19 世纪下半叶，其中一个关键人物是德国艺术理论家费德勒。费德勒的主要贡献是为艺术史研究设定了基本议题，那就是艺术史的研究对象乃是造型艺术特有的视觉形式，他写道："造型艺术表现的并非事物本身，而只是看待事物的方式。"在艺术世界里，"事物的可见性可以在对纯粹的外在形象的塑造中实现。……这些形象是为了可见而被创作出来的，那么规则也只能在其展现视觉意象的特性中才能揭示"。① 费德勒的这一表述可以说预先埋下了艺术史的两种叙事方式张力的种子。外在形象的可见性形式显然是指艺术品的呈现方式，但这些可见形式从发生学角度说源于艺术家，可以说是艺术家看待事物的方式造就了艺术品；另外，这些可见性形式又不是独立存在的，而是为各种各样的观者而存在。在费德勒那里，实际上包含几种不同的怎么说艺术史的叙事方式：一是以艺术家看待事物方式的变化来叙说艺术的历史变化；二是从艺术品本身的可见性形式来讲述；三是以观者及其观看方式的演变来叙述艺术史。尽管费德勒并没有清晰地区分三种不同叙述方式，但他的理论中已经包含这些可能性。

此后，深受费德勒影响的维也纳学派的领袖李格尔，在其艺术史研究中，开始显露不同艺术史叙事的差异性及其方法论的自觉。他的两部代表性著作《风格问题》和《罗马晚期的工艺美术》，就隐含了两种不同的艺术史叙事。前者讨论了装饰纹样的起源与发展问题，建构了一个典型的聚焦作品可见性形式的视角，从装饰纹样复杂的类型及其演变的内在逻辑入手，去探究更为重要的艺术史难题，即艺术风格在历史上是如何发生变化的。李格尔要努力证明的是，在各种看似无关的装饰纹样之间，存在某种看不见的内在动因。所以装饰纹样的嬗变既不是艺术材料变化的结果，也不是艺术所采用的技术变革的影响，甚至也不是人们模仿自然物的冲动所指，而是人借助艺术纹样来装饰自己这一根本性的动因。更重要的是，他坚信有某种"装饰背后的纯粹心理的、艺术的动机"在影响艺术的历史发展，这就是他著名的艺术史概念——"艺术意志"。《风格问题》围绕装饰

① 费德勒：《论艺术的本质》，丰卫平译，译林出版社，2017，第 93、69~70 页。

纹样的历史演变来叙述，将纹样类型学及其演变的考察作为艺术史的对象，这就确立了一个以艺术品可见性形式来讲述艺术历史发展的方法。这种方法可以在温克尔曼以来的艺术史著述中经常见到，也是艺术史叙事最常见和最传统的方法。

继《风格问题》出版八年后，他又出版了第二本著作《罗马晚期的工艺美术》。不同于前者讨论具体的纹样变化，后者着力于研究罗马晚期的建筑、雕塑和绘画的总体时代风格。李格尔似乎意识到纹样风格类型研究的作品中心叙事的局限，开始尝试新的叙述视角——观者视角。在这一研究中，艺术的可见性形式与观众看待事物的方式结合起来了。以观者视角来审视罗马晚期艺术，并拓展到此前和此后的艺术史变化，李格尔获得了一系列新的发现。尤其是过去罗马晚期艺术被普遍认为是一个西方艺术史的衰落期，李格尔通过观者看待事物方式的特定视角来审视，得出了一个全新的结论，那就是罗马晚期的艺术非但没有衰落，而且具有开启现代艺术的进步作用。他从历史角度来解释艺术史上建筑、雕塑、绘画和工艺美术的形式变化，提出了著名的三种观看方式理论。这三种观看方式就呈现为古代艺术史中的三种风格的连续演变：第一种称为以触觉为主的近距离观看，其可见性形式是古埃及艺术；第二种叫作触觉-视觉的正常距离观看方式，其可见性形式是希腊古典艺术；第三种名为远距离的视觉观看方式，其可见性形式显著体现在罗马晚期的艺术中。[①] 在我看来，观者及其观看方式在李格尔那里并没有细致的界定和分析，所以包含了丰富的可进一步阐释的理论内涵。从另一个方面来说，观者当然包含艺术家本身，特别是在他分析的君士坦丁拱门的个案中，深浮雕形式显然包含艺术家的观看方式。不过更重要的是，在李格尔的观者概念中，实际上还隐含了一个更大的艺术史观者，正是这个观者的存在，艺术史几千年观看方式的历史演变才得以确立为艺术史叙述的对象。我想，李格尔作为一个艺术史家，他所以自觉地站在20世纪初的时间点上重新审视罗马晚期艺术，并将这一时段的艺术风格置于前后关联的历史长时段中加以考察，正是这个艺术史的"超级观者"功能的体现。正是由于这个艺术史观者的确立，才有可能跨越几千年去探究从埃及到希腊再到罗马晚期的艺术形式风格的历史演变规律，以及形式风格的演变与观看方式变迁的内在关系。

---

① 李格尔：《罗马晚期的工艺美术》，陈平译，湖南科学技术出版社，2001，第60~62页。

为了说明李格尔的两种艺术史叙事，我们可以借用文学研究的相关理论来阐释。文学研究有所谓作者意图论、文本意义论和读者反应论。围绕艺术品和艺术家的艺术史叙事就是前两种理论的合体。从瓦萨里到温克尔曼到费德勒，其间有一个从艺术家到艺术品叙事方式的转变。文学批评中也有一个从作者到文本的转变，古典传记批评和浪漫主义批评，都彰显了诗人的立法者地位，到了 20 世纪，关注作品自身的文本批评成为主流。值得注意的是，从费德勒再到李格尔，从艺术品到观众的转变已经带有一定程度的接受美学观念，艺术的历史既是艺术家的历史，也是艺术品的历史，应该包括艺术的观者这一维度，这才是完整的艺术史结构。从比较的意义上说，艺术史观者视角的建构显然早于接受美学半个多世纪。其实，从伽达默尔的观念来看，历史应该是一种"效果史"，所以历史的阐释是在特定的效果史中存在的，接受美学正式接受了这一理念。所以接受美学的奠基人姚斯指出："现在必须把作品与作品的关系放进作品与人的相互作用之中，把作品自身中含有的历史连续性放在生产与接受的相互关系中来看。换言之，只有当作品的连续性不仅通过生产主体，而且通过消费主体，即通过作者与读者的相互作用来调节时，文学艺术才能获得具有过程特征的历史。"[1] 也许我们有理由认为，李格尔的罗马晚期艺术风格研究，已经在某种程度上包含了这样的理念，虽然他并没有像姚斯那样明确地建构一个艺术品接受主体的观者角色。

较之曾经传统的以艺术家为视角的艺术史叙事（如瓦萨里的叙事），以艺术品为视角的叙事更具有现代性（如费德勒的叙事），同理，相较于以艺术品为中心的叙事，观者视角的引入拓展了艺术史叙事的现代性。这就开启了艺术史叙事的一个重要的现代性观念——视觉性。今天，随着视觉文化研究的兴起，视觉性越来越成为一个艺术史研究的核心概念，从沃尔夫林到帕诺夫斯基，从贡布里希到弗斯特或米歇尔，我们可以清楚地看到作为观看方式的视觉性是如何嵌入艺术史亦即视觉文化研究的。假如说李格尔的观者观看方式还是一个比较中性或含混的概念的话，那么，弗斯特关于视觉性的解释显然带有更为复杂的文化政治意义，如他所言，视觉性被掩盖在视觉现象看似自然的秩序之中，通过对这些秩序的解构，我们就

---

① H.R. 姚斯、R.C. 霍拉勃：《接受美学与接受理论》，周宁、金元浦译，辽宁人民出版社，1987，第 19 页。

能瞥见支配观者去看的视觉性，"我们如何看，我们如何能看，如何被允许看，如何去看，即我们如何看见这一看，或是如何看见其中未现之物"。①

二 "物学"与"阐学"的二元叙事

20 世纪 20 年代，艺术史家帕诺夫斯基在其著名的《论艺术史和艺术理论的关系：向艺术科学基础概念体系迈进》一文中，提出了两种不同形态的艺术史：一种名为"物之学问"（以下简称"物学"，Dingwissenschaft, or science of things）；另一种称为"阐释之学"（以下简称"阐学"，discipline of interpretation）。在他看来，艺术史所面对的是历史上不同时期艺术家各种艺术的样式或设计（design），相当于费德勒所说的可见性形式，这既是每个艺术家所面临的实际问题，也是艺术作品最终呈现的实际形态。因此，这些样式或设计所依循的原则或原理，便成为艺术史研究的核心问题。在他看来，艺术研究主要有三种形态：艺术理论、物学艺术史与阐学艺术史。那么，后两种艺术史的差别何在？

帕诺夫斯基提出，物学艺术史是一种运用表层概念（暗示性和演示性概念）来描述艺术史上的经验性事实，比如特定艺术品的艺术风格，以及它在艺术史序列中的时空位置等。不同于物学艺术史，阐学艺术史旨在揭示个别的经验现象背后的风格的整体特征，是艺术理论与物学艺术史的有机融合。他写道：

> 作为物的纯粹学问，艺术史研究可以以诸种艺术问题为指引，却不对这些问题本身加以思考；此时，它可以理解风格标准及其汇总，却无力去理解种种样式原则，以及由它们所形成的合力。后者属于更深层次的知识，研究者须对那些已知的和既定的问题（相对于狭义的艺术史研究）有着更为全面的理解和掌握，借助于艺术理论所构筑的基础和专门问题体系，对那些已知和既定的问题作出更深入的思考。②

帕诺夫斯基所说的两种艺术史，其实也是两种不同的历史叙事方法。物

---

① Hal Foster, ed., *Vision and Visuality*, Seattle：The Bay Press, 1988, Ⅸ.
② 帕诺夫斯基：《论艺术史和艺术理论的关系：向艺术科学基础概念体系迈进》，周宪主编《艺术理论基本文献：西方当代卷》，三联书店，2014，第 20 页。

学是一种经验研究型的艺术史，它关注的是个别艺术作品的表层风格现象，以描述的方法为主，重在说明它"是什么"（what）以及在艺术历史演变的序列中所处的时空位置。中西传统艺术史论的许多研究大多属于这一类型。从方法论的角度看，这类艺术史研究更偏重于经验性、描述性和批评性。阐学艺术史则偏重于知识的理论建构，着重对各种纷然杂陈的艺术现象背后深邃的历史或文化乃至形而上的终极原因加以探究。所以，阐学艺术史不只说明"是什么"，更重要的是褐橥"为什么"（why）。帕诺夫斯基特别指出，这种艺术史的研究追求因果律的逻辑一致的阐释，关注各种看似不同的表象之间背后内在的统一性和关系性，建构出一个复杂的问题结构，并为物学艺术史提供基本概念。在这个意义上说，它更像是艺术史的深度解释模式。帕诺夫斯基深受德国哲学和美学的影响，极力主张这种深度阐释的艺术史。李格尔"艺术意志"理论对他亦有启发，所以他主张阐学艺术史的最终指向是艺术史风格嬗变的内在动因——艺术意志。如他所言："阐释性方法还要证明，所有问题的解决方案贯然一体，无抵触之处。……由此可以看出艺术家面对艺术根本问题时的立场，也唯有如此方能理解种种样式原则背后的根本风格原则。如此，也惟其如此，科学的研究方法能从内部、从'艺术意志'的意义上把握住风格，不再视其为感性特质的累加，亦非风格标准的集合，而只能是既寓于具体样式原则之中，又超然其上的整体原则。"① 显而易见，帕诺夫斯基最终是要在不同的艺术样式后面追寻某种统一的艺术原则，而这一原则的真正动因则是李格尔所猜想的"艺术意志"。

帕诺夫斯基所以指出两种艺术史叙事的差异，其要旨在于说明艺术理论对艺术史的知识建构的重要性。以艺术理论为基础的阐学艺术史，对艺术发展演变的内在逻辑进行探究，最终揭示出艺术中纷繁复杂的样式后面的原则，而缺乏理论的物学艺术史则只停留于艺术的现象描述层面。其实文学艺术的研究中一直存在这样两种不同的研究方法，正像杰姆逊在讨论理论阐释时所指出的，各种关于现代和后现代社会和文化的阐释，可以区分为两大类型：一类是表层阐释；另一类是深度阐释。他特别列举了四种主要的深度阐释理论模式：辩证法、精神分析、存在主义和符号学。② 虽

---

① 帕诺夫斯基：《论艺术史和艺术理论的关系：向艺术科学基础概念体系迈进》，周宪主编《艺术理论基本文献：西方当代卷》，第20～21页。

② 《后现代主义与文化理论——弗·杰姆逊教授讲演录》，唐小兵译，陕西师范大学出版社，1987，第160～162页。

然这四种深度解释模式不足以囊括所有的深度阐释理论，但从艺术史研究来看，这些理论的确影响了艺术史研究，加强了艺术史研究的理论深度，并为有理论支撑的深度阐释的艺术史叙事提供了可能。如果我们对晚近艺术史研究的发展趋势稍加注意，就会发现艺术史研究中有一个明显的"理论化转向"，艺术史研究不再拘泥于史实认定和现象描述，而是越来越深地探究隐含在这些现象后面的历史动因和可见性形式的原则。换言之，我们有理由说，阐学艺术史已经成为晚近艺术史研究的主流。当然，我们也必须注意到帕诺夫斯基艺术史研究的问题，那就是某种单因论或单一原则的倾向，他虔信李格尔的艺术意志说，并将这个观念置于自己的艺术史阐释之中。今天，更重要的发展是，艺术史研究早已摆脱单因论或一元论的说明，越来越倾向于复杂系统多因交互关系的解释。

在我看来，艺术史叙事的这一二元结构还隐含了某种递进转换关系。物学艺术史是任何艺术史家进入艺术史研究的第一阶段，关键在于研究不能止步于物学"是什么"的探究，还必须深入第二阶段，即对艺术样式原则所以如此的"为什么"的说明。这就需要更多的理论武器和方法，这样才能深入复杂的艺术史现象内部，去挖掘隐含其后的深层历史动因。

三　形式论与语境论的二元叙事

艺术史在 20 世纪经历了深刻的变化与转型，其中一个重要的转型就是从风格史向社会史的转变。大致说来，20 世纪的前半叶，发源于德国的风格史占据了艺术史研究的主导地位；而下半叶，尤其是 1968 年"五月风暴"之后，社会史开始占据主导地位。风格史偏重于形式分析，而社会史强调艺术的社会动因及其影响。

80 年代中期，美国艺术史家普罗恩用两个英文概念描述了这一二元概念，他写道：

> 我发现以如下方式来界定这一变化颇为有用，那就是从 the history of art 的传统研究向 art history 研究的转变。在前一种艺术史中，其主题是艺术，研究的乃是构成艺术发展的因果模式，诸如风格的、图像学的或传统的因果模式。其基础性的工作一直是分类学的，对各种我们称之为艺术的物品加以分类，进而得出有关创作者、年代学、民族

的或个体的风格以及真伪的结论。在我们这个相对年轻的研究领域，一个多世纪以来它一直是最重要的工作并取得了辉煌的成就。然而现在，艺术却越来越被看作既是手段也是目的，在历史研究中，其主题是历史，尤其是社会史和文化史。这里学术研究的目标是要达致对个体和社会更深刻的理解，而艺术作品则提供了具体的证据。不同于词语和行为，艺术作品是一些留存下来的历史事件。在其中过去就存在于现在，在重新考察它们的本真证据时，历史也就可以被再次体验。art history 的研究焦点不再是 the history of art 的焦点，但它无须降低作为艺术的艺术之价值，而只是扩大其潜力而已。①

如果我们用更为简洁的术语来概括，the history of art 和 art history 的差异，一如风格史与社会史的二元叙事。其实，早在文学理论中就有人提出了"内部研究"和"外部研究"的方法论二分，② 艺术史的这两种叙事的根本差异也就是这一二分之差别。

风格史的基本理路就是上一节所讨论的帕诺夫斯基的思路，就是对样式或设计及其原则的阐释与分析。普罗恩认为在过往的一个多世纪里，这种艺术史研究取得了骄人的成绩。历史地看，社会史其实也是一种很古老的艺术史叙事方法，尤其是自马克思主义诞生后，以历史唯物主义方法来考察艺术的历史演变，成为一种很有影响力的方法论。从经典作家的理论，到机械的唯物论，再到批判理论和新左派理论，社会史始终是艺术史叙事的重要范式。卢卡奇、豪塞尔、安塔尔等早期社会史研究，法兰克福学派的批判理论，一直到 20 世纪后半叶勃兴的各式各样的社会史，形成了蔚为大观的局面。除了德语国家的这些理论学派，在英法等语区也发展出文化社会学、文化研究和相关的社会史研究理论，比如布尔迪厄关于艺术场和趣味的艺术社会史研究，威廉斯关于艺术的文化社会学研究等，都是这一宏大的历史叙事的典范之作。③

---

① Jules David Prown, "Art History vs. the History of Art," *Art Journal*, Vol. 44, No. 4, 1984, pp. 313-314.

② 韦勒克、沃伦:《文学理论》,刘象愚等译,三联书店,1985,第 65~67、145~147 页。

③ 参见 Pierre Bourdieu, *Distinction: A Social Critique of the Judgement of Taste*, Cambridge: Harvard University Press, 1987; Pierre Bourdieu, *The Field of Cultural Production*, New York: Columbia University Press, 1993; Raymond Williams, *The Sociology of Culture*, Chicago: University of Chicago Press, 1995。

不同于风格史基于艺术自主性的历史叙事，社会史着重于考量艺术和社会的复杂关系。艺术社会史的奠基人之一豪塞尔早在 20 世纪 50 年代就提出，艺术社会史研究的任务有三：首先是通过发现创作时间、地点、艺术家的同一性、所属流派或运动、买主的社会地位和影响、支配艺术品实现的各种条件等，来给艺术品定位；其次是确定艺术家所依靠的传统、流行的技巧标准、题材范围、占优势的趣味；最后是查明艺术品的理解和作用，以及作品与时代精神的关系。[①] 到了 20 世纪末，关于艺术社会史的研究方法和对象有了更为复杂的表述，比如克拉克就明确指出，艺术社会史并不探究艺术品如何反映意识形态和社会关系，也不考虑艺术家属于哪个流派团体，更不能把艺术形式和社会观念简单对应，他要研究的是如下问题："艺术形式与现存的视觉表征体系、现行的艺术理论与意识形态、社会的不同阶层、阶级与更普遍的历史结构和过程之间的种种必然联系。"[②] 更为重要的是，克拉克强调每一个艺术家都会对他的社会背景做出不同的反应，因此必须考虑到艺术家、艺术品与社会背景变化的、差异的和复杂的关联。他通过库尔贝、马奈等艺术家的个案，具体阐明了这一关系的复杂性。

晚近的说法是将社会史研究视为更为广阔的"艺术语境"研究，这种说法其实来自文学理论和文学史研究。语境研究一般区分为几个相关不同的路向，诸如马克思主义唯物论、女性主义、性别研究、文化研究与后殖民理论等。[③] 这些俨然成为晚近艺术史研究的主潮，特别是进入 21 世纪后，艺术史研究越来越带有文化政治色彩，许多原本只在艺术范畴内讨论的艺术史问题变得极具争议性，从经典的文化战争到表征的政治学，从性别、阶级、族裔的讨论，到流散、身份认同、艺术全球化的争议，艺术史研究成为一个充满了差异性和认同合法性论争的知识战场。

形式论和语境论是这一二元叙事的方法论差异所在，一些关于艺术史的基本概念的差异，导致了两种艺术史叙事的不同取向。风格史的核心概念是艺术在自主性，比如李格尔的"艺术意志"就是一个典型的艺术史观

---

① 豪塞尔：《艺术史的哲学》，陈超南、刘天华译，中国社会科学出版社，1992，第 247~248 页。

② 克拉克：《论艺术的社会史》，周宪主编《艺术理论基本文献：西方当代卷》，第 311 页。

③ 参见 Anne D'Alleva, *Methods & Theories of Art History*, London: Laurence King, 2005, pp. 46-86。

念。在他看来，每个时代都会有某种作为艺术本质的艺术意志，它制约着特定时期的艺术风格：

> 创造性的艺术意志将人与客体的关系调整为以我们的感官去感知它们的样子；这就是为何我们已经赋予了事物以形状和色彩（恰如我们以诗歌中的艺术意志使事物视觉化一样）。……倾向于通过视觉艺术将事物做悦人的视觉化。①

尽管李格尔也说艺术意志带有内驱力的性质，且受制于民族、地域和时代而有所变化，但实际上他要努力证明的是，艺术意志是导致艺术史演变的内源性和根源性的动力。比如他区分的古代埃及、希腊古典和中世纪晚期三个阶段，艺术风格及观看方式的递变，完全受制于内在的艺术意志的支配。

社会史则采取截然不同的思路，如果说形式主义范式强调的是内在演化规律的话，那么语境主义则聚焦于作为背景的社会文化对艺术风格嬗变的影响。各种各样的社会史范式旨在证明艺术风格的变化乃是社会变化的产物。更激进的理论强调，艺术史本身就是一种资产阶级的知识体系，深受 16 世纪以来资产阶级意识形态的影响，那些表面上追求所谓的科学方法的艺术史，实际情况完全不是这样，资产阶级的意识形态制约着艺术史的叙事。因此，有必要引入一些全新的概念来研究艺术史，诸如"阶级斗争""视觉意识形态""批判的视觉意识形态"等，由此揭櫫艺术史与社会阶级结构之间隐而不现的关系。② 更进一步，激进的艺术社会史家哈金尼古拉（Nicos Hadjinicolaou）直接提出，应该用"视觉意识形态"概念来取代传统的风格概念。他说："艺术史不过是种种视觉意识形态的历史。在此意义上说，我们可以替换一下 1920 年代的中产阶级口号，用'图像生产史就是视觉意识形态史'来代替'艺术史即风格史'。进而可以说，艺术史这门学科的主题就是种种视觉意识形态，它们就出现在时间过程之中。"③ 由此出发，艺术史的研究就成为视觉意识形态的分析，而传统的风格概念便被聚焦到艺术的社会集团利益及其

---

① 李格尔：《罗马晚期的工艺美术》，第 213～214 页。

② Nicos Hadjinicolaou, *Art History and Class Struggle*, London：Pluto, 1978, pp.4-6.

③ Nicos Hadjinicolaou, *Art History and Class Struggle*, London：Pluto, 1978, p.98.

艺术风格的分析上来。于是，艺术史研究成为文化的阶级分析的领地，风格史所专注的那些可见性形式问题通通转化为阶级的视觉意识形态问题。

假如我们跳出形式论与语境论的两种艺术史叙事的对立格局，可以发现两者其实并不存在根本的对立逻辑，虽然在艺术史研究的具体实践中两者针锋相对。站在语境论的立场上看，形式论说到底不过是"垂死的欧洲中产阶级白人男性异性恋"价值观的产物；从形式论的观点来看，语境论完全不顾艺术史叙事对象是艺术而非政治，将艺术史变成政治问题的偏颇是显而易见的。值得注意的是，即使主张语境分析的艺术史研究，也分为两种类型：一是在形式论止步的地方起步，进一步挖掘风格后面社会成因；二是把焦点直接对准艺术家及其制品的社会意义和影响，不再关心风格的形式层面。所以，这就存在第三条道路的可能性，那就是艺术史叙事的形式社会史，或者说是形式语境论。在第三条道路上，形式与语境并不是截然对立、互相排斥的，而是可以找到一些结合点，使得艺术史叙事既有风格形式的具体分析，又有涵盖了相关语境问题的研究。当然，这第三条道路又可以区分为两种不同取向：一种是以形式分析为重心的艺术史研究，语境及其相关问题蕴含其中；另一种是以语境分析为重心的艺术史叙事，形式分析最终用来说明语境的制约性甚至支配性。克拉克的艺术社会史还提出了另外一个问题，那就是以往艺术史无论风格史还是社会史，倾向于某种类型学的研究，亦即将艺术家归类为特定的群体或运动风格，进而对其做总体的说明。而克拉克更加倾向于个体性的研究，因为他提出了一个艺术史研究的关键问题，每个艺术家对语境的反应都是独一无二的，因而群体的风格类型学研究不足以说明特定艺术家的独一性艺术表征。所以，克拉克主张并践履一种艺术家的个案性研究，以期揭示出每个艺术家对特定社会文化语境的独特反应。这一研究方法是有启发性的，但也存在一些问题，因为艺术史从来就有一个信条："艺术史是匿名的。"这就是说艺术史关注的不是具体个别现象，而是更为普遍的时代的、民族的、地域的或群体的艺术风格。如何在个案性研究中保持一定的社会文化普遍性问题框架，个体如何与一定的群体关联，是需要进一步考虑的问题。因为不管怎样，艺术史都不会是个别艺术家的历史，所以艺术家之间社会的、历史的和艺术的关联始终是艺术史叙事必须关注的。

四　展览与学术的二元叙事

以上我们讨论了一些艺术史叙事的方法论，有一点是共同的，这些知识的生产者往往来自一个领域——学术界或知识界，尤其是随着晚近社会文化的科层化和体制化的进一步发展，艺术史知识的载体主要是大学和研究机构，其生产者主要是教授、专家等专业学者。但是，如果我们超越学术界的艺术史知识系统，便会发现除此之外，在现代社会还有一种类型的艺术史知识，它们不在书本、课堂、研讨会和专业杂志上，而是以一种活生生的形态与大众亲密接触，那就是艺术博物馆的艺术史及其呈现方式。特别是随着艺术博物馆的迅猛发展，从官办博物馆到民营博物馆，从国家收藏到大公司收藏到个人收藏，艺术史的叙事呈现为另一种方式。这就引发了学术的艺术史叙事与展览的艺术史叙事的二元对峙，这是两种全然不同的艺术史知识生产体制，艺术博物馆是以策展、作品展陈的方式展开的艺术史叙事，是具体的艺术品的实物形态编排所展示的对艺术史的叙事，它有赖于策展人和艺术博物馆的专业人士直接的通力合作。学界的艺术史叙事主体却来自各大学和研究机构，是一些专业艺术史家或研究者在书斋、课堂、出版物和专业会议等机制中形成的艺术史叙事，更带有文本性。

1999 年在美国的克拉克艺术史研究所召开了一个年度会议，主题是"两种艺术史：博物馆与大学"，三年后出版了这次会议的同名论文集。会议的发起人和论文集主编哈克索森（Charles W. Haxthausen）在导言中写道，当他提议召开一次该主题的会议时，得到了欧洲和北美艺术史学者和博物馆策展人出乎意料的热烈响应。从此次会议及其讨论来看，以下一些问题与两种艺术史的紧张有关。[①]

首先，总体上看，学院派的艺术史往往比博物馆的艺术史更激进，更偏重于理论和社会史，而博物馆的艺术史叙事则更关注艺术品的审美价值，因而显得比较保守。一些在学院派艺术史中的议题或方案，常常很难在博物馆展出中呈现，比如激进的女性主义或后殖民批判等。这就造成了两种艺术史之间的对抗性叙事。

---

① 参见 Charles W. Haxthausen, ed., *The Two Art Histories: The Museum and the University*, Williamstown: Clark Art Institute, 2002。

其次，学院派艺术史叙事往往是学者自己的兴趣和关注的反映，可以天马行空不受约束，比如在学者的艺术史著述或课堂或会议上，学者可以自由地发挥自己的理论想象和论证，但博物馆的艺术史展陈却要受到诸多现实问题的限制，从资金筹措到观众兴趣、社会反响等，这些都会影响到博物馆艺术史的故事讲述内容和方式。比较起来，学院派的艺术史叙事更具个性化自由，体现了研究者兴趣导向；而博物馆的艺术史叙事则更受制于诸多社会因素的限制，带有社会效益和观众导向的倾向。有个别展览由于采取了激进的艺术史叙事，导致了公共舆论和收藏家、画商、批评家乃至普通观众的抵触和怨怒，进而使展出归于失败。这样的事例清楚地表明博物馆叙事是一个公共事件的特性。这就带来一系列复杂的问题：体制性因素（资金和观众）在多大程度上影响到展览中讲什么和怎么讲艺术的历史故事？观众的偏好在多大程度上会影响到展览的内容和形式？

再次，博物馆与学院派的艺术史叙事所关注的媒介亦有所不同。博物馆关注的是艺术品实物形态，是需要通过具体可感的艺术品的编排或组织，在特定的历史线索或主题中加以呈现，进而彰显艺术品及其艺术家的艺术史意义。所以，博物馆展出的形式、结构，展品的顺序和关系，对于艺术品及其艺术家的理解具有导向性。正如哈佛大学艺术博物馆策展人加斯科尔在《维米尔的赌注：对艺术史的思考》一书中所强调的那样，艺术品只是一个手段，它并不存在任何孤立的意义，只有在特定的展馆展览空间里，展览的特定安排必然会对一幅画产生特定的影响，所以一幅画的艺术史意义并不是抽象的，而是在具体空间里被生产出来的。[①] 相比之下，学院派的艺术史叙事，尽管仍以艺术品为中心，但不是实物形态的作品，而更多的是依赖于原作的照片复制品。更重要的是，学院派的艺术史叙事要通过文字，而图像不过是说明文字的例证而已，这与博物馆现场感的观看活动有很大的不同。由此便延伸出一个复杂的问题：艺术史叙事的文字与画作直接的复杂关系。有人发现许多展览所出版销售画册或专辑，常常是邀约一些专家写的文章，与具体的展品及其展览之间并无直接的相关性。这就导致两种对立的艺术史叙事：博物馆艺术史叙事依赖展品实物，隐含其后的是一种重要的信念——艺术品原作远比阐释性的文字重要；而

---

① 参见 Ivan Gaskell，"Vermeer's Wager：Speculations on Art History," *Theory and Art Museums*，2000。

学院派艺术史家们则认为，艺术史叙事必须通过文字的阐释，由此呈现艺术品的价值和意义。更有趣的是，博物馆人士很少会涉猎学院派的艺术史知识生产，而学院派的艺术史家们却往往参与到博物馆的展陈实践中去。

在这些不同的声音中，最值得注意的是如下说法，问题的关键所在其实并不是博物馆和大学这些艺术史建制或学科内部的紧张关系，而是艺术史与公众的紧张关系。① 如果我们用社会学的术语来说，这个问题指出了两个群体的相关性，一个是"内集团"，另一个是"外集团"。艺术史与公众的关系就是内集团与外集团的关系，是艺术界各种专业人士及其职业和各种与艺术受众的关系。正如这个问题的提出者道伊奇的文章标题所标示的那样："谁的艺术史？不列颠 80 和 90 年代的策展人、学者和博物馆访客。"道伊奇至少给出了三种人选：策展人、学者和公众。然而进一步的问题接踵而至，公众是谁呢？一般意义上的博物馆访客是一个模糊的抽象的概念，但很多艺术社会学的研究指出，博物馆的访客永远是一群人，就是中产阶级。诚如布尔迪厄在研究西方社会中的艺术趣味时指出的那样，趣味是一个区分性的概念，"趣味使被纳入人身体的物质范畴内的区别进入有意的区分的象征范畴内"。② 换言之，通常所说的审美趣味实际上是特定社会阶级的产物，去卢浮宫观画，听勋伯格音乐，读《尤利西斯》，往往始终是一群人，即社会中的中产阶级。因为"'眼光'是由教育再生产出来的一种历史产物"。③ 而教育则与阶级的经济地位密切相关。以此观点来看，所谓的博物馆访客也就是社会中的中产阶级，并不存在一个抽象的普泛的公众概念。按照奥尔特加 20 世纪初的研究，现代社会将人们分为两个阵营：一是大众，他们对各种新艺术或先锋派不感兴趣也无法理解；二是"少数选民"，他们经过较好的教育，有较高的经济地位，所以具备了某种感官来欣赏高雅的或先锋的艺术。④ 这个情况在今天仍然存在。

回到内集团，两种艺术史叙事实际上是艺术史知识生产的两种不同形态。学院派的艺术史主要是学术导向，面向学术共同体，所以往往体现出

① Stephen Deuchar, "Whose Art History? Curators, Academics, and the Museum Visitor in Britain in the 1980s and 1990s," in Charles W. Haxthausen, ed., *The Two Art Histories: The Museum and the University*, Williamstown: Clark Art Institute, 2002.

② 皮埃尔·布尔迪厄：《区分：判断力的社会批判》，刘晖译，商务印书馆，2015，第 274 页。

③ 皮埃尔·布尔迪厄：《区分：判断力的社会批判》，第 4 页。

④ 奥尔特加：《艺术的非人化》，福柯等：《激进的美学锋芒》，周宪译，中国人民大学出版社，2003，第 136 页。

比较激进和创新的观念与方法。一种新理论和新观念的出现，往往带来新的艺术史故事素材的重新编排，导致新的贯穿主题，建构新的故事讲述方式。但学院派的艺术史叙事多以语言文本为载体，以同行专家讨论评议为目标，并不涉及一般公众或中产阶级受众。而博物馆叙事则直接面对社会公众，每一次展览所构成的艺术史叙述，既要考虑到博物馆（尤其是公共馆）的社会反应和舆论评价，又必须顾及资金筹措和大多数受众的观感和反应。从这个意义上说，博物馆的艺术史叙事面向更大的社会文化层面，因而所受的传统和当下的限制更为明显。

当然，介于两者之间的一个特殊机制值得进一步研究，那就是大学博物馆。较之于社会上的公共或民间博物馆，大学博物馆与学术体制关系更为密切，展览的实验性和学术性也更强，其受众比社会博物馆范围更小也更为专业。这就带来融合学院派艺术史叙事与博物馆艺术史叙事的可能性。[1]

学院派与博物馆两种艺术史叙事的差异和冲突，实际上是丹托所说的"艺术界"的内在张力所致。按照丹托的界定，"将某物视作艺术需要某种眼睛看不见的东西——一种艺术理论的氛围，一种艺术史的知识，亦即艺术界"。[2] 他后来补充道，艺术品是符号性表达，在这种符号表达中它们体现了其意义。批评的意义是辨识意义并解释意义的呈现方式。照此说法，批评就是某种有关理由的话语，它参与了对艺术体制理论的艺术界的界定：把某物看成艺术也就是准备好按照它表达什么及它如何表达来解释它。[3] 如果我们引申一下丹托的说法，可以做如下表述：何为艺术史需要某种艺术史的氛围，而艺术界内不同的群体依附于不同的体制，他们会生产出不同的艺术史知识。学院派与博物馆的艺术史叙事差异会永远存在。

（本文原载于《美术研究》2018 年第 5 期）

---

① 参见维特克威尔《20 世纪后期的美术馆的重要性》，周宪主编《艺术理论基本文献：西方当代卷》，第 153~159 页。

② Arthur Danto, "The Art World," in Carolyn Kormeyer, ed., *Aaesthetics: The Big Question*, Oxford: Blackwell, 1998, p.40.

③ 丹托：《再论艺术界：相似性的喜剧》，周宪主编《艺术理论基本文献：西方当代卷》，第 247~267 页。

马克思主义如何研究城市问题：
一种三元空间辩证法视角

刘怀玉[*]

一 问题的提出：马克思主义为何对城市问题研究有些迟钝或失语

本文首先要讨论的问题并不是马克思主义为何与如何关心城市问题，而是中国语境下的马克思主义为何对城市问题的关注有些迟钝。这里主要有两个原因：一个是传统马克思主义对城市问题的意识既不自觉也不集中，另外一个就是研究方法论的短板。从 1984 年开始，中国城市化改革已经进行三十多年了，但是中国马克思主义学术界对此问题的反应是被动的，立场是失语的。失语的一种表现就在于主流的研究基本上是照搬西方主流城市社会研究学科的范式；另一种表现就是马克思主义研究城市基本上是按照工业化理论的路径来进行的，即把城市作为工业化发展的一个模式或者是更高级发展的一种表现，而没有把城市作为一个人类普遍进步的单独历史阶段和崭新形态来看待。这让我们想到可以"戏仿"马克思《关于费尔巴哈的提纲》第一条的措辞："从前的马克思主义者（甚至包括马克思、恩格斯在内）的主要缺点是，只是把都市/城市作为工业资本主义社会高度发展的产物，而没有从人的生存总体性或者未来可能的视野来理解城市文化；也就是说只是把都市社会作为工业社会的问题之一来理解与解决，而没有将其作为一个全新的总问题结构来反观以往的社会与现代世界的各种问题（包括全球化）。结果，城市文化研究居然被文化决定论的

---

* 刘怀玉，哲学博士，南京大学哲学系教授，博士生导师，中国人民大学马克思主义学院兼职教授，2012~2013 年任南京大学高研院第八期驻院学者。

唯心主义抽象地发展了。"①

应当说，目前马克思主义研究城市问题最成熟的经典理论模式是资本的积累与循环理论。这就是以大卫·哈维为代表的马克思主义都市地理学理论，它把城市化看成资本积累和扩张以及剩余价值转移或实现的一种形式，即一种地理景观。这是很多用马克思主义观点从事城市问题研究的学者比较擅长的，但困难在于，怎么把这种理论方法与中国的城市化发展实际相结合？对于此类问题的讨论，很多人感到力不从心，或者有一种"口将言而嗫嚅，足将行而趑趄"那样的"如芒在背、如鲠在喉"的为难感觉。但笔者觉得问题的麻烦与其说是由于某种外在原因理论不敢结合现实，倒不如说是由于方法论短板或者缺少方法论中介，而不能或无法与现实相结合。这就是中国马克思主义研究城市问题比较滞后或迟钝的第二个原因。

二　空间的生产：对列斐伏尔的三元空间辩证法的运用及其启示

我们该从何处入手来发现与运用马克思主义真正擅长的方法呢？马克思主义通常习惯于从生产关系、生产过程、分配关系、消费关系、阶级关系等这样一些角度来理解城市问题，原则上肯定是正确的，但有没有更好的结合点与切入点呢？我想，不是贸然介入现实问题批判，而是从对主流的城市研究学科的方法论反思入手，也许是一个更恰当的视角吧！对此，福柯早已经言明，哲学家们的问题首先并不在于以何种方式改变现实，而在于如何改变有关现实知识生产的话语结构与学科制度、研究方法。知识分子要批判的不是现实，而是学科。② 这才是"批判"之真正意义所在。

我们提到了一个关键问题就是城市的规划设计，从这里出发马克思主义就可以找到自己研究问题的方法论抓手。城市的规划设计这个问题可能在马克思主义专业看来，是一个非常具体的技术问题，但是按照一种真正的马克思主义观点来讲，这就是一个占统治地位的经济基础和上层建筑的知识思想表现。③ 也就是说，城市设计是在执行一种占支配地位的经济基

① 参见《马克思恩格斯文集》第 1 卷，人民出版社，2009，第 499 页。
② 杜小真编选《福柯集》，上海远东出版社，2003，第 477 页。
③ 参见李万军《当代设计批判》，人民出版社，2010。

础和上层建筑的城市空间生产与布局意志的某种实践形式。一个城市发展的前途命运，在某种意义上也就是由城市的规划设计这个过程与主体最直接决定的，但它背后的东西是深不可测的。比如土地所有权，这是最基本的东西，然后就是土地的分配、购买、流通、生产、消费、使用。再往下讲，就是一块块土地具体的购买和使用方式，这些问题的最终"表现"形式恰恰就是城市的规划设计。在一般人的心目中，城市就是规划设计人的事，就是建筑研究院、规划设计院或者政府主管部门决定的事情，这种非反思的、非批判的日常生活直观意识或"自然现象"的集体无意识存在，恰恰就是占统治地位的经济基础的一种政治文化或意识形态的表现。对此，列斐伏尔讽刺说："至于说建筑师的眼睛，并不比给予建筑师用来进行建造的地皮或者他画第一张草稿的白纸更加清白。他的'主观'空间装载着所有太过客观的意义。"[①]

是不是说城市除了是一种建筑师的作品之外就没有别的视角可以观察与透视了呢？当然不是。除了这样一种城市空间视野以外，实际上至少还有两种空间视野可以描述与还原。一种空间就是日常生活中的用于步行的、享受的、使用的消费的城市景观，是一般人能接触的那个空间。这个空间是一种日常生活的、实践的空间或者空间的一种实践生活形态。在很大程度上，日常生活空间实践的主体或人们，往往属于被统治的或者说被主宰的社会的即底层社会的民众，他们所能够参与的空间主要是这种空间，也就是街道。"街道是什么？它是人们相遇的场所，如果没有街道人们就不能在其他指定的场所（咖啡厅、剧院以及各式各样的场所）相聚。这些特殊的地方使街道充满活力并为这种活力服务，否则它们将不复存在。街道就像一个自发的剧院，我成为景观群众，有时候也是演员。这里充满了运动和交融，没有这些就没有都市生活，而只有分散和凝固不动的隔离。"[②]

而对设计人员来讲，他会站在一种鸟瞰的角度，或者是从所乘坐的一辆疾驶而过的汽车的位置或角度，来考虑城市美观不美观、街道宽不宽。

①　Henri Lefebvre, *The Production of Space*, translated by Donald Nicholson-Smith, Blackwell Ltd, 1991, p. 361.

②　Henri Lefebvre, *The Urban Revolution*, translated by Robert Bononno, foreword by Neil Smith, Minneapolis：University of Minnesota Press, 2003, p. 18；中译本参见〔法〕列斐伏尔《都市革命》，刘怀玉等译，首都师范大学出版社，2008，第20页。

"在这种语境中的空间是按照抽象主体的感知来定义的，例如摩托车手，他们拥有共同的常识，即识读高速公路交通符号的能力，以及唯一的器官——眼睛——用于在其视线范围内的活动。因此空间仅仅以它的简化形式出现。立体让位于平面，整个风景臣服于'规划'设置的沿路恍然而过的视觉信号。"① 规划设计师还会考虑这块地皮、这条线路、这片开发的楼盘等使用与销售的最大化效益，但他们很少考虑到步行者、上班的人，他们每天步行与交通方便不方便，开车拥堵不拥堵，上班远不远。这些问题就是日常生活实践化了的一种空间表现，这种空间是被统治的、卑微的、平常老百姓的"在世结构"与"被抛的"在世状态。这种日常生活步行者具体的身体节奏空间和规划设计院设计的那种高大上的抽象化、符号化、立体化、透明化的城市几何学空间之间是有很大的区别的，甚至存在一种明显的阶层和阶级利益的分野。把二者结合起来，这个设想非常好。对于一个比较人性化的或者有责任心的善治的社会、善治的政府来说，它们能够采取一个方案来解决普通民众衣食住行的空间实践方便之问题。但在很多城市、很多情况下并不是这样的，这两种空间之间是有冲突的。有些社区，交通非常拥堵，因为其人口密度特别大，单位面积内出卖房子所产生的市场价值是比较大的，但不考虑老百姓生活的便利度，只要能卖出好价钱就可以。借用当代法国著名社会理论家布尔迪厄的话来讲，建筑设计空间与日常生活空间之间往往存在明显的利益与情趣的"区隔"。② 这里我不妨再"戏仿"马克思《关于费尔巴哈的提纲》第三条③的字眼说上两句："关于生产或交换流通、分配、消费等环节与过程起决定作用的传统马克思主义忘记了，以及所有那些把现代社会现实研究高度专业化、碎片化的实证科学也忘记了，都市社会现实并不是由外部环境决定的，也不是由专业技术知识设计出来的。这种技术与政治精英主义总是把都市社会分为两部分，管理者总是凌驾于社会之上。而实际上，城市的改变与人的活动的自我改变的一致，只能被合理地理解为都市化人类的新文明实践。"

　　但在这个问题的研究上，我觉得做得比较经典的还是 20 世纪七八十年

① Henri Lefebvre, *The Production of Space*, translated by Donald Nicholson-Smith, Blackwell Ltd, 1991, p. 313.

② 参见〔法〕皮埃尔·布尔迪厄《区分：判断力的社会批判》（上、下卷），导言，刘晖译，商务印书馆，2015。

③ 参见《马克思恩格斯文集》第 1 卷，第 500 页。

代法国情境主义国际后期著名代表人物米歇尔·德·塞托。他的《日常生活实践　1. 实践的艺术》第七章"行走于城市"有一个非常著名的隐喻，就是某位世界顶级富豪，站在那座在许多年之后被恐怖袭击的飞机冲撞而倒塌了的纽约世贸中心双子塔的 111 层上看纽约曼哈顿行人。上层人和街道的人之间从空间角度上的差别，这个案例非常经典，即站在纽约摩天大楼办公室里的那些人和密密麻麻走在大街上的那些人，开车与走在大街上的人，在空间视觉和城市理解上是有明显差别的。"上升到世贸大厦的顶楼，等于挣脱城市的控制……他所处高度的提升将他变成了观察者，将他放到远处。将施加巫法使人'着魔'的世界变成了呈现在观察者面前与眼皮底下的奇观。它使得观察者可以饱览这幕奇观，成为太阳之眼，上帝之眼。这是一种想要像 X 光一样透视一切的神秘冲动所带来的激昂。"[①] 而那些城市平凡生活的实践者则生活在被各种机构压迫着的街头，"这种生活的基本形式在于，他们是步行者，他们的身体依循着城市'文章'的粗细笔画而行走，他们写下了这篇文章，自己却不能阅读……"[②] 德·塞托如是说！

德·塞托这段极富想象力的空间视角隐喻与想象的描述启发我们，除了这两种空间之外，应该还有第三种空间。这种空间所采取的是一种想象的、文学的、游戏的、文化的、符号的这样一些形式，它更多的是一种表征性的或者符号化的空间，一种意义升华了的、可能的、无限的想象空间。这种空间既体现了一个社会、一种制度的一种凝聚力或者记忆力（如纪念碑性建筑空间），有时候也会体现很多人生活中所实现不了的一种文学艺术化的或者心理学化的解放的梦想。比如说我们看的电影，我们看的电视娱乐频道，我们闭目随身听的音乐，我们沉迷其中不能自制的体育比赛、电子网络游戏，甚至包括我们用极限速度去玩命的飙车运动……这些流动不居的，或者冲破现有的社区、体制的种种空间局限的、富有想象力的、富有重新创造性的空间……它们更多的是一种文化性质的城市或者是文化性质的空间诉求。

实际上，任何一个社会都有其内在冲突与分裂的一面，但也有其相互协调与功能互补的一面。居住实践空间、设计管控空间与文化想象空间之间既有冲突也有互补的关系。有时对于一个城市来说，交通与居住的拥挤

---

① 〔法〕米歇尔·德·塞托：《日常生活实践　1. 实践的艺术》，方琳琳、黄春柳译，南京大学出版社，2009，第 168 页。

② 〔法〕米歇尔·德·塞托：《日常生活实践　1. 实践的艺术》，第 169 页。

暂时是没办法解决的，因为这个地方寸土如金，但是它可以在街头巷尾建设一些文化设施、休闲场所，用这种办法来解决人们在狭隘的居住空间与拥挤的交通空间、公共交往空间所造成的苦恼与冲突，这是可行的且是必要的。通过电影院、酒吧、公园、游戏场所等空间形式，来提高人们相聚的机会，打破隔阂与冷漠孤独等病态现象，让人们从封闭的、狭小的住宅走向街区社群中间，能够在社会空间直接面对面地接触，这也是构建公民社会与现代文明社会的一个空间的物质基础，或者说一个物质载体。这就是说城市必须有一个交往上的、文化交流上的物质空间的载体（比如说可供人步行的街道），有实在东西作为依托（20世纪60年代北美最著名的城市社会学家雅格布斯早已经有言：一个大城市之生命表现不是让汽车飞奔的大街，而是让人们缓步于其中的生活街道①）。另外一种城市空间载体则是带有诗意的，隐喻或者带有想象性的，就像文学文本性质的，特别是对于年轻人来讲，如游戏、音乐这些载体，它们也是医治我们城市拥堵的抑郁症或者单调乏味等心理不适症的良药。它们会起到某种缓解交通或转移矛盾的作用。比如有些小孩与成年人喜欢玩游戏，游戏不完全是一个坏的东西，它有一种满足青春解放的冲动和探险反叛之类的心理功能的需要。用弗洛伊德《梦的解析》一书的观点来说，梦是被压抑的现实矛盾与欲望的一种凝缩、伪装性升华或转换性的实现。而马克思说得更明白，这是人们借以意识到现实社会经济结构与阶级关系冲突并力求把它克服的那些意识形态形式。② 我这里所说的第三种空间就是对城市社会现实生活空间中各种矛盾、冲突、压抑的一种升华与解放，是对各种在现实中得不到实现的欲望与想象的一种特殊转移方式或实现方式。

　　以上所说的城市社会三种空间形式或空间视野及其辩证关系的观点，是我对自己近年所主译的西方马克思主义城市批判理论之父亨利·列斐伏尔《空间的生产》一书核心观点③的理解性运用。我把这本书里讲的三元空间辩证法（trilectic of space）变成自己的一个体会说出来。此三元空间之第一元就是空间实践，第二元就是空间表象，第三元就是再现性的或者

---

① 参见〔美〕简·雅格布斯《美国大城市的生与死》，金衡山译，译林出版社，2005，第一章。

② 参见《马克思恩格斯文集》第2卷，第592页。

③ Cf. Henri Lefebvre, *The Production of Space*, translated by Donald Nicholson-Smith, Blackwell Ltd, 1991, p.33, 38.

说表征性空间。

在空间的三分法问题上阐述得最有名也最复杂难解的，当然是列斐伏尔的三元空间辩证法。但按照哈维的说法，列斐伏尔的三元空间辩证法并非其独创，而是变相抄袭或者改造了卡西尔的思想。① 卡西尔在《人论》一书中指出了三种空间形式，即有机的物质的空间、感知的空间以及象征的空间。

列斐伏尔关于空间三分法有好多种说法，最有名的有以下几种。一种是改造黑格尔的普遍性、特殊性与个别性三种判断形式的辩证法而提出的三元空间辩证法，这就是与普遍性相对应的精神空间，与个别性相对应的自然的空间，与特殊性相对应的社会的辩证法，这里的合题或者核心是社会空间的辩证法。②

列斐伏尔另一种说法依据黑格尔的正反合三段论叙述模式，也依据马克思关于社会结构的再生产性辩证法，即生产方式-经济结构-上层建筑三元组合的再现性结构而提出的最为著名的三元空间辩证法。

列斐伏尔的第三种三分法空间概念是现象学的或者身体化的，这就是知觉的空间或感性实践意义上的空间，构想的空间或空间的表象以及生命体验式的空间或再现性空间。

当然，列斐伏尔的空间三分法还有其他说法，主要是语言学意义上的三分法，即作为空间实践的隐喻式空间，作为空间的表象的换喻式空间，作为再现性空间的修辞性空间。③ 列斐伏尔还说过三元空间辩证法分别是马克思的物质生产空间论、黑格尔的精神生产的空间表象论以及尼采的文化批判式的表征性空间论。④

德语学者施米德所写的《城市、空间与社会：列斐伏尔与空间生产理

---

① 参见〔美〕大卫·哈维《新自由主义化的空间：迈向不均地理发展理论》，王志弘译，台北：群学出版有限公司，2008，第124页。

② Cf. Henri Lefebvre, *The Production of Space*, translated by Donald Nicholson-Smith, Blackwell Ltd, 1991, pp. 15–16, 226–227.

③ Cf. Henri Lefebvre, *The Production of Space*, translated by Donald Nicholson-Smith, Blackwell Ltd, 1991, pp. 39–40.

④ Cf. Henri Lefebvre, *The Production of Space*, translated by Donald Nicholson-Smith, Blackwell Ltd, 1991, p. 24, pp. 134 – 140. Cf. Christian Schmid, "Henri Lefebvre's Thero of the Production of Space, Towards a Three-dimensional Dialectic," in *Space, Difference, Everyday Life: Reading Henri Lefebvre*, edited by Kanishka Goonewardena, Stefan Kipfer, Richard Milgrom, Christian Schmid Routledge, New York and London, 2008, pp. 27–45.

论》一书对列斐伏尔复杂的三元空间辩证法做了较好的梳理。他将列斐伏尔所区别的三要素识别为这样三个领域：一是自然与物质性的物理领域，以一种实践与感觉的方式描绘出来；二是逻辑的与形式化的抽象物的精神领域，通过数学与哲学的方式来规定；三是社会领域，这是一个规划设计与展望的领域，一个象征物的与乌托邦的领域，一个想象的与欲望的领域。它们交融于空间生产过程中，其中物质生产或者空间的实践生产出空间的可知觉的方面；而知识的生产从而是空间表象与构想或虚构的空间。意义的生产则是与表征性空间紧密相连并生产出某种体验性的或者活生生的直观的空间。从广义上说，社会空间包括知觉性、虚构性与体验性的空间；而在狭义上则是与那些被批判性理解的精神空间与自然物质空间相对立的空间。①

按照列斐伏尔的三元空间辩证法观点，一个城市首先一定是一个物理的空间所在，但是这种空间不是单一的，它是多重的、并存的、交叉的、共在的、互动的。我们无法用单一空间来想象城市，我们必须有很多种的，即复数的空间来想象、理解一个城市，这就是一个差异性的空间，或者说辩证法意义上的空间，而不是抽象的、同质化的知性空间。我们没有办法一览无余地从某一个方面把一个城市就想象成一个空间，这是绝对不可能的，也是极其专制的或武断的表现，正如福柯所说"全景式的透明的监狱"。这是非常可怕的想象，也是不可能的前景。

确实，我们只能从一个又一个单独角度来理解、认识、设计空间，但是我们可以从这个空间切换到另一个空间，以至于无穷。这就是哲学上所说的本体论或存在论意义上那样一种冲决一切障碍限制的"解放感"或者"超越感"。这种理论研究的诉求就是近来不少学者所强调的建立一种城市马克思主义研究模式。这种模式不是用某种马克思主义观点来研究城市理论与现实问题，而是用城市总问题来统领与改造马克思主义。"城市马克思主义"如果这个说法成立的话，那它就必须"戏仿"同时"突破"传统马克思主义过于僵硬的几个组成部分，而重新铸成自己的问题结构。此一新问题结构简单来说就是城市的政治经济学的批判研究、城市的政治哲学研究和城市的文化研究三个重要的组成部分。当然，目前我比较感兴趣

① Cf. Christian Schmid, *Stadt, Raum und Gesellschaft：Henri Lefebvre und die Theorie der Produktion des Raumes*, Franz Steiner Verlag 2005, pp. 205, 208, 209-210. 此书译文得到了我指导的硕士范雪麒同学的帮助，特别致谢。

的还是城市的文化研究方面，这个说法可能是一个可行的做法，而且是一个有探索意义的做法。城市文化研究，也就是把原来城市社会学的研究和英语国家的那个复数的 cultural studies 或者 studies of cultures① 这两个学科的边界打乱，变成一种跨学科、多角度的现实研究。在西方语境中文化研究本来就是属于激进左派的，与马克思主义具有天然的盟友关系。在中国，文化研究虽然已经展开多年，但前面的路还很艰难，因为这涉及很多专业具体的知识与方法。任何一个专业包括马克思主义在内，都不可能对城市这本"大书"做出一个透彻的说明，它一定是复合的、多位的、交叉的与视野转换的研究过程。我们还可以模仿马克思批判费尔巴哈的方式②说："经典马克思主义把都市视为工业资本主义总体生产剩余价值过程的一种具体的实现与部门经济的再生产形式，即地理学、人口学、文化人类学等表现；而都市马克思主义则认为当代世界作为统一的、彻底的城市化世界，就其总体性而言，是一个文化符号资本所支配的内部空间分化与矛盾着的权力生产过程。"

三 回到马克思：大卫·哈维的三元空间辩证法及其启示

行文至此，似乎该停笔了，但本文还想提出第二个问题。第一个问题的答案是我们需要一种三元空间辩证法来理解城市问题，这是马克思主义立场观点方法的优势特色或者区别于其他学科的应有之义。但问题是，在经典马克思主义那里是否真的存在这样一种"三元空间辩证法"的文本依据呢？答案是肯定的。大卫·哈维这位当代《资本论》最好的解释者曾经在多部著作中向我们提供了这种"出自"马克思著作原文中的三元空间辩证法原型，即来源于《资本论》第一卷第一章马克思所说的三种形式价值理论，这就是使用价值、交换价值与价值概念的三位一体。③

---

① Cf. Benjamin Fraser, *Toward an Urban Cultural Studies*, *Henri Lefebvre and the Humanities*, Palgrave Macmillan, 2015; Lewis Mumford, *The Culture of Cities*, New York, Harcourt, Brace Jovanovich, 1938; Sharon Zukin, *The Cultures of Cities*, Malden: Oxford, 1995.

② 参见《马克思恩格斯文集》第 1 卷，第 502、528~530 页等处。

③ 参见〔美〕大卫·哈维《跟大卫·哈维读〈资本论〉》第 1 卷，刘英译，上海译文出版社，2014，第 41 页；〔美〕大卫·哈维《新自由主义化的空间：迈向不均地理发展理论》，第 138 页。

最早把空间一分为三的，并非大卫·哈维，但他彻底说清楚了空间有三种，即牛顿与伽利略意义上的绝对空间、爱因斯坦与高斯意义上的相对空间以及莱布尼兹意义上的关系性空间。他受益最多的是莱布尼兹意义上的关系性空间，可以说在他心目中最早提出第三种空间概念的是莱布尼兹。

在哈维的成名作《社会正义与城市》（1973）以及《地理学中的解释》（1969）等早期著作中，他就提出了后来作为基本观点方法一直坚持的空间三分法或者三种空间理论，[①] 这就是绝对空间、相对空间与关系性空间。他在《地理学中的解释》一书中初次界定了自己的三种空间概念。所谓绝对空间就是一种物自体，是独立于物质之外的存在，它拥有一种结构，可用来替现象分类归位或赋予个性。所谓相对空间应该理解为物体之间的关系，其存在只是因为物体存在且彼此相关。所谓关系性空间是相对性空间的一种变种，这种空间包含在物体之中，亦就是说一个物体只有在它自身之中包含且呈现了与其他物体的关系时，这个物体才存在。后来哈维在更加著名的《资本的界限》一书中则把资本主义的危机趋势既直线性地又同时性地理解为"普遍性"（利润率下降）危机、时间性（金融危机）危机与空间性（不平衡的地理发展与地缘政治）危机三大块或三个同时存在的过程。但该书最深刻且具体的结论则是把马克思的商品使用价值、交换价值与价值内在矛盾运动辩证法一步步地推演到一种地理空间辩证法的高度上。他把马克思的三种价值理论与他的三种空间概念结合起来、对应起来加以系统阐述：与绝对空间相关的是创造商品使用价值的具体劳动，与相对空间相联系的是进行交换价值的商品流通过程，而价值是一种非物质的、关系性的时空中的社会关系。"这三种时空间框架——绝对的、相对的与关系性的时空——必须在相互之间保持辩证的张力，而使用价值、交换价值与价值在马克思主义理论中也恰好是以相同的方式辩证地交织在一起的。"他甚至以中国改革开放为例证加以说明：如果没有中国这个绝对空间或地方工厂里具体劳动生产过程，那么资本主义全球化这个关系性空间中就不会有价值。但中国具体劳动只有通过相对空间中的交换过程的中介，才会在世界市场中实现其抽象的价值。[②]

---

① 参见〔美〕大卫·哈维《新自由主义化的空间：迈向不均地理发展理论》，第115页。
② 〔英〕大卫·哈维：《资本的限度》，张寅译，中信出版集团，2017，第20~21页。

哈维是这样理解的：一是作为绝对时空意义上的使用价值。每件属于使用价值的事物均位于绝对空间与时间的范畴内，一个个工人、一台台机器、一件件商品、一座座工厂、一条条道路、一间间房屋以及一个个实际的劳动过程、能源的消耗，皆可以在牛顿的绝对空间与时间的架构里加以个别化描述与理解。二是作为相对时空意义上的交换价值。每件属于交换价值的事物，都位于相对时空中。因为交换导致了商品、货币、资本、劳动力与人员跨越时间与空间的移动。资本的循环与积累均发生于相对时空之中。这里不再有固定的边界与时刻或东西存在，而是一个连续的移动与互动的场域。三是作为关系性空间意义上的价值本身。价值是个关系性的概念，因此，它指涉的对象是关系性的时空。价值是"非物质的"但又是"客观的"，这就是历史唯物主义所说的"（关系）物"本身。没有任何物质原子会进入商品价值的客观性之中，因此价值并不会贴个说明标签，然后威仪四方或君临天下，而是将其关系性"卑微地"、狡猾地掩蔽在商品拜物教里。这正是马克思所揭示的让我们惊叹的主客体、人与物、自然与社会关系相互易位与颠倒的眩晕现象："人与人之间建立的是物质性的关系（我们是通过我们生产与交易的东西来相互关联的），而社会关系则是在物与物之间构造的（我们为自己生产与交易的东西设定了货币价格）。"① 我们能够接触它的唯一途径，就是通过那个人与人之间建立的物质关系。简而言之，价值是个社会关系。这种价值的关系性定义，如果以某种直接的与本质论的方式来加以衡量，就会变得毫无意义。

行文至此，可能会有人要问，哈维的三种价值形式与三种时空理论与我们今天讨论的城市问题，与列斐伏尔所谓的三元空间辩证法有何相干或者说有什么对应关系呢？对此，哈维在《新自由主义化的空间：迈向不均地理发展理论》一书中做了进一步解释：绝对空间通常被视为一个预先存在且不会移动的空间。就几何学而论，它是欧几里得几何学意义上的空间；就社会而言，是私有财产及其他有固定边界的疆域称号（比如国家、行政单位以及城市规划与都市网格式的空间）。相对空间观念与非欧几何学有关，在地理与社会语境中，这种相对性空间不再是私有财产意义上的那种有边界性的空间，而是多重性意义的空间，例如把城市区域区分为按成本、时间、运输模式等多种角度来微量与把握的相对功能区位。而在关

---

① 〔英〕大卫·哈维：《资本的限度》，第20页。

系性空间中除了关系与过程的界定之外，没有空间或时间本身这样的东西存在。过程并非发生于空间之中，而是界定了自身的空间框架。空间的概念镶嵌于或内在于过程。外部的影响内化于特殊的过程或穿越时间的事物里，就像人的心灵吸收到各种各样的外部信息与刺激，产生了奇特的思考模式，诸如政治与集体记忆、梦与幻想以及心理状态，比如广场恐惧症、眩晕与幽闭恐惧症。[①]

对此，哈维为我们列了一个矩阵表格（见表1）。

表1 空间性的通用矩阵

	物质空间 （经验的空间）	空间的再现 （概念化的空间）	再现的空间 （生活的空间）
绝对空间	墙、桥、门、楼梯、楼板、天花板、街道、建筑物、城市、山岭、大陆、水域、领域标志、实质边界与障碍、门禁社区	行政地图，欧式几何学，地景描述，禁闭、开放空间，区位、定置与位置性的隐喻，指挥与控制相对容易——笛卡尔与牛顿	围绕着壁炉的满足感，封闭所致的安全感或监禁感，拥有、指挥与支配空间的权力感，对于范界以外他者的恐惧
相对空间 （时间）	能量、水、空气、商品、人员、信息、领域标志，加速与距离摩擦的缩小	主题与地形图；非欧式几何与拓扑学；透视画；情境知识、运动、移动能力、移置、加速、时空驱动、时空压缩与延展的隐喻；指挥与控制的困难需要更复杂的技巧——爱因斯坦与黎曼	上课迟到的焦虑；进入未知之境的惊骇；交通堵塞的挫折；时空压缩、速度、运动的聚集或欢快
关系空间 （时间）	电磁能量流动与场域，社会关系，地租与经济潜势表面，污染集中区，能源潜能，随风飘送的声音、气味与感觉	超现实主义；存在主义；心理地势学；网际空间；力量与权力内化的隐喻；指挥与控制极度困难——莱布尼兹与怀海德、德勒兹、本雅明	视域，幻想，欲望，挫败，记忆，梦想，幻象，心理状态（例如广场恐惧症、眩晕与幽闭恐惧症）

资料来源：参见〔美〕大卫·哈维《新自由主义化的空间：迈向不均地理发展理论》，第130页。

[①] 参见〔美〕大卫·哈维《新自由主义化的空间：迈向不均地理发展理论》，第115~120、130页等处。

另一个表格更值得我们神往。马克思政治经济学化版本（见表2）。

表 2　马克思理论的空间性矩阵

	物质空间 （经验的空间）	空间的再现 （概念化的空间）	再现的空间 （生活的空间）
绝对空间	有用的商品，具体劳动过程，纸币与硬币（地方货币），私有财产/国家边疆，固定资本，工厂，营造环境，消费空间，警戒线，占领空间（静坐），猛攻巴士底狱	使用价值与具体劳动劳动过程的剥削（马克思）VS. 工作是创造性的游戏（傅立叶语）；私有制与阶级排斥；不均地发展的拼贴	异化 VS. 创造性的满足；孤立的个人 VS. 社会团结；忠于地方、阶级、认同等；相对剥夺；不公不义；缺乏尊严；愤怒 VS. 满足
相对空间 （时间）	市场交换；贸易；商品、能量、劳动力、货币、信用或资本的循环与流动；运动与迁移；贬值与降级；资讯流动与来自外界的扰动	交通价值（运动中的价值）积累的框架；商品链；迁移与流离的模型；时空修补的理论，经由时间消灭空间，资本穿越营造环境的循环；世界市场的形成、网络；地缘政治关系与革命策略	货币与拜物教（永远无法满足的欲望）；时空压缩的焦虑、欢快；不确定性、不安全、行动与运动的强度 VS. 静止（一切固定的都烟消云散了）
关系空间 （时间）	抽象劳动过程；虚拟资本；抵抗运动；政治运动的突发性展现与表现性爆发，如反战、西雅图；革命的精神扰乱	货币价值价值之为社会必要劳动时间；相对于世界市场的凝结人类劳动；运动中的价值法则，以及货币的社会力量（全球化）；革命性的希望与恐惧；变革策略	价值资本主义霸权（没有其他出路）；无产阶级意识；国际团结；普遍人权；乌托邦梦想；诸众；对他者的移情作用；另一个世界是可能的

资料来源：参见〔美〕大卫·哈维《新自由主义化的空间：迈向不均地理发展理论》，第138页。

哈维给我们举了一些例子加以说明：

　　我在一个房间里演讲。我的话语所能达到的范围，受限于这些特殊墙壁内的绝对空间，也受限于这场演讲的绝对时间。要听到我的演讲，人就必须在这段绝对时间里，位于这个绝对空间中。没办法进来的人，就被排除在外，迟到的人也听不到我讲话。在这段时间里，这里的人都可以被指认为个体——被个别化——其依据是绝对空间，像是座位。但是，我也位居相对于听众的相对空间中。我在这里，他们在那里。我尝试跨越空间来沟通，使用的媒介——空气——会以有所差别的方式折射我的话语。我轻声细语，我的话语清晰度会随着空间而模糊：后排根本听不到。如果有录影连接到亚伯丁（Aberdeen），那边就能听到我讲话，但是后排却听不见。……听众里的个体将各式各样从他们的生活轨迹中采集而来的观念和经验，带到了这场演讲的绝对空间和时间里，而且这一切都同时出现在这个房间中：他无法不继续思考早餐的争论，她无法从脑海里抹除昨晚新闻中死亡与破坏的可怕景象。我谈话的方式令某人回忆起某个遥远过去的创伤事件，而且我的话语唤起另一个人在1970年代曾经参加的政治集会的记忆。我的话语表达了对于当前世界所发生事情的一定愤怒。我发觉自己在谈话的时候，想着我们在这个房间里所做的每件事情，都既愚蠢又琐碎。①

不难看出，哈维的三元空间辩证法与列斐伏尔的版本只具有家族相似性，且是对马克思关于商品使用价值、交换价值与价值概念方法论的过度的，然而是创造性的理解与扩展。但对于我们来说，重要的并不在于谁的或哪种观点、视野"最好"或是定论，而是要从中看到他们方法论上的互文性及其相互启示。② 哈维承认，他在《后现代状况》、《正义、自然与差异地理学》以及《迈向不均地理发展理论》中，"把绝对的、相对的和关系性的时空概念同列斐伏尔所区分的物质性的社会实践（经验中的空间）、空间的表象（构想出来的空间）和表象的空间（活的空间）进行了对照"。③ 我们大致上可以这样假设与推定，哈维的绝对时空（即马克思的"使用价值"）意义上的城市可与列斐伏尔的日常栖居空间实践意义上的城市相对应，哈维的相对时空（即马克思所说的"交换价值"）意义上的城市可与列斐伏尔的那种在当代社会中占统治地位的空间表象（设计规划）意义上的城市相对应，而哈维最为神秘费解的关系性时空（马克思所说的"价值"自在之物本身）意义上的城市则可与列斐伏尔同样诗情画意、亦真亦幻的表征性空间意义上的城市交相辉映或者相得益彰了。

可能还会有人要问，这种三元空间辩证法是不是就两种版本，是不是还

---

① 参见〔美〕大卫·哈维《新自由主义化的空间：迈向不均地理发展理论》，第121~122页。
② 参见〔美〕大卫·哈维《新自由主义化的空间：迈向不均地理发展理论》，第130页。
③ 〔英〕大卫·哈维：《资本的限度》，第21~22页。

有更多的版本？答案当然是肯定的。至少我们还可以从列斐伏尔的粉丝洛杉矶后现代地理学理论领袖爱德华·苏贾（第三空间）、美国左派文论泰斗詹明信（认知图绘）以及哈维的学生尼尔史·史密斯（尺度的生产理论）那里寻找到更多启示。当然，这只能是另外篇幅更长的论著的任务了。

［本文原载于《华中科技大学学报》
（社会科学版）2017 年第 4 期］

超越"机器论片断":《资本论》哲学意义的再审视

孙乐强[*]

20 世纪 60~70 年代以来,沉寂百年的《政治经济学批判大纲》(即《1857~1858 年经济学手稿》,以下简称《大纲》)开始在西方学界引起广泛关注,甚至成为意大利自治主义者重构马克思哲学的主导依据。在这一过程中,"固定资本和社会生产力的发展"[①]一节(也就是他们津津乐道的"机器论片断")更是发挥了不可替代的历史作用,被他们誉为是一段"圣经式的文本"[②]。由此出发,他们建构了一种既不同于正统马克思主义又不同于经典西方马克思主义的自治主义流派,在世界范围内产生了重大影响。在他们这里,《大纲》,特别是其中的"机器论片断",被看作马克思思想发展的顶点,而《资本论》则被视为这一手稿的历史倒退,进而将《大纲》与《资本论》完全对立起来。针对这种解读,国内外学界也积极地做出了批判性回应,但始终有一个核心问题未能得到澄清,即"机器论片断"能否作为马克思思想发展的最终标杆?或者说,该如何理解"机器论片断"与《资本论》之间的内在关系?笔者认为,这一片断固然重要,但它只不过是马克思思想发展中的一个过渡环节,在许多问题上还存在明显的历史局限性,绝不能将其夸大为马克思思想发展的最高点,更不能以此为依据来建构马克思的革命理论。在《资本论》中,他全面超越了这一片断的历史局限性,建立了科学的资本主义生产方式批判理论,为无产阶

---

[*] 孙乐强,南京大学哲学系暨马克思主义社会理论研究中心教授,2017~2018 年任南京大学高研院第十三期驻院学者。

[①] 《马克思恩格斯全集》第 31 卷,人民出版社,1998,第 88~110 页。

[②] Franco Piperno, "Technological Innovation and Sentimental Education," *Radical Thought in Italy: A Potential Politics*, ed. Paolo Virno, Michael Hardt, Minneapolis: University of Minnesota Press, 1996, p. 123.

级革命提供了内在依据。就此而言,完整地把握从"机器论片断"到《资本论》的发展,不仅有助于我们准确定位《大纲》和《资本论》在马克思哲学发展史上的历史地位,为我们全面理解历史唯物主义的方法论实质,特别是历史辩证法的"客观公式"(即生产力与生产关系的矛盾运动)与"主观公式"(即阶级斗争)之间的内在关系提供重要启示,而且也能为当前国内学界进一步深化对《资本论》哲学思想的研究提供有益借鉴。

一 作为"圣经"的"机器论片断":意大利自治主义学派对马克思形象的政治重构

相较于《1844 年经济学哲学手稿》和《德意志意识形态》,《大纲》在世界范围内的传播和接受过程则相对滞后,直到 1939~1941 年才首次在莫斯科公开出版,并于 1953 年由东柏林狄茨出版社再版。然而,令人遗憾的是,当时这一著作并没有引起西方学界的重视。直到 1968 年罗斯多尔斯基的《马克思〈资本论〉的形成》一书出版,西方学者才认识到《大纲》的重要性,积极推动了这一著作在西欧的传播与研究。① 但就当时的反响来看,它在意大利产生的轰动效应尤为突出。

20 世纪 60 年代,意大利爆发了大规模的学生和工人运动,在此背景下,出现了一股极左思潮,即工人主义或自治主义,它的主要代表人物有莱尼奥洛·潘兹尔瑞、马里奥·特隆蒂、安东尼奥·奈格里、保罗·维尔诺、拉扎拉托等。与其他左翼思潮不同,这一流派的直接指向并不是为了反抗右翼势力,相反,是为了对抗意大利共产党及其所支配的工会传统。哈里·克里弗指出:"在美国,'回到马克思'是在反抗新马克思主义的主导影响下出现的;与此不同,在意大利和法国,它是在对抗共产党及其所支配的工会传统中生长起来的。"② 在他们看来,意大利共产党和工会已经完全站在了工人的对立面,成为资本的帮凶。也是在此背景下,自治主义者认为,要想真正实现工人的解放,就必须摆脱一切幻想,既不能依靠意大利共产党,也不能依靠工会组织,更不能寄希望于资本家,相反,唯有依靠工人自身,才能将自己的命运牢牢地掌控在自己手上。这一点决定了

---

① 〔意〕马塞罗·默斯托主编《马克思的〈大纲〉——150 年后看政治经济学批判的创立》,闫月梅等译,中国人民大学出版社,2010,第 226 页。

② Harry Cleaver, *Reading Capital Politically*, Leeds:Antitheses, 2000, pp. 64-65.

他们必然反对那种强调客观规律的正统马克思主义，也必然会反对西方马克思主义的那种脱离工人运动的纯学术研究，主张建构一种以工人自治为核心的激进政治哲学。这种工人中心主义构成了这一左翼思潮的核心特征。如特隆蒂所言："我们的工人主义和意大利共产党官方工人运动的真正区别在于，工人这一概念在政治上的核心地位。"①

而《大纲》的出现恰恰满足了他们的理论和实践需要。就像奈格里指出的那样："一方面，《1857~1858年经济学手稿》突出了60年代以来我们在'工人自治'运动中发展起来的马克思主义话语的方法论（因此也是主观的、认识论上的）特征；另一方面，在从大众工人向社会工人转型的过程中，《1857~1858年经济学手稿》对理论话语的相应转型也是非常重要的，它有助于重估生产性社会的本质。"② 也是在此基础上，他们主张抛弃正统马克思主义和西方马克思主义的理论幻想，从《大纲》出发，重构马克思的政治形象。在这一过程中，被他们称为"机器论片断"的这一手稿恰恰发挥了至关重要的作用，甚至被誉为是一段"圣经式的文本"。维尔诺指出："在西方，当英雄遇到巨大困境时，他们经常会从《旧约》中引出一段经文，或者来自《诗篇》，或者来自《以西结书》，并把它们从各自的语境中抽离出来，顺其自然地将其融入当下的偶然处境中，成为解释当下困境的有力预言……20世纪60年代早期以来，马克思的'机器论片断'就是以这种方式不断被阅读和引用的。"③ 可以说，这一片断在整个自治主义运动过程中始终发挥了举足轻重的作用。然而，在不同发展阶段，他们对这一片断的解读重心又有所不同。

20世纪60~70年代，工人主义运动的目标是为了反抗意大利共产党和工会传统，从而建构一种以工人自治为轴心的激进政治哲学，以此来证明，共产主义绝不是正统马克思主义所强调的生产力与生产关系矛盾运动的结果，也不是政党领导下的革命行动的产物，而是现实主体对抗和工人自治的必然结果。这一点决定了他们对《大纲》和"机器论片断"的解读一开始就不是纯学术性的，而是具有明确的政治导向，即为真正革命主体

---

① Mario Tronti, "Our Operaismo," *New Left Review*, January-February, 2012.

② 〔意〕内格里、亨宁格：《马克思主义的发展与社会转型——内格里访谈》，肖辉译，《国外理论动态》2008年第12期。内格里即奈格里，音译不同。

③ Paolo Virno, "Notes on General Intellect," *Marxism beyond Marxism*, ed. Saree Makdisi, Cesare Casarino and Rebecca E. Karl, New York: Routledge, 1996, p. 265.

的生成提供合法性论证。这一点在奈格里的著作《〈大纲〉:超越马克思的马克思》(1979)中得到了充分体现。① 他指出,与充斥着客体主义的《资本论》不同,《大纲》完全"是一个确立革命主体性的文本",② 其中到处充满了对抗。如果说在价值和货币阶段,这种对抗还是潜在的,那么经过剩余价值阶段,这一逻辑最终在"机器论片断"中彻底成熟。因此,如果说《大纲》是马克思思想发展的顶点,那么"机器论片断"则是《大纲》的顶点。"《大纲》是以'机器论片断'……结束,因此马克思论证的逻辑性达到完满",③ 这一片断"可能是在马克思所有著作中所能找到的运用矛盾而且建构辩证法的最高级例子"。④ 在这里,奈格里重点抓住了马克思关于劳动与生产过程的分离所导致的资本主义崩溃理论,并由此引出了他的自治主义哲学。

在这一片断中,马克思指出,随着自动化机器体系的引入,不论是从价值增殖形式还是从物质形式来看,劳动都不再像前期那样是支配整个生产过程的主导因素,而是沦为生产过程的一个次要环节。这就意味着,在机器大生产阶段,直接劳动在财富生产中的作用将越来越小,"现实财富的创造较少地取决于劳动时间和已耗费的劳动量,较多地取决于在劳动时间内所运用的作用物的力量,而这种作用物自身——它们的巨大效率——又和生产它们所花费的直接劳动时间不成比例,而是取决于科学的一般水平和技术进步,或者说取决于这种科学在生产上的应用"。⑤ 于是,资本主义生产遇到了不可克服的矛盾:一方面,资本主义生产的"前提现在是而且始终是:直接劳动时间的量,作为财富生产决定因素的已耗费的劳动量",⑥ 只要生产还是资本主义性质的生产,劳动时间就永远是财富的唯一尺度和源泉;但另一方面,机器体系的资本主义运用又竭力把劳动时间压缩到最低限度,以便使财富的创造不取决于直接劳动时间。随着这一矛盾

---

① 1978年,美国学者古尔德出版了她对《大纲》的系统研究著作《马克思的社会本体论》。正是基于对这一手稿的解读,她建构了一种与历史辩证法相对的、强调偶然性和个人主体能动性的自治哲学,与奈格里的研究具有异曲同工之处。参见〔美〕古尔德《马克思的社会本体论》,王虎学译,北京师范大学出版社,2009。

② 〔意〕奈格里:《〈大纲〉:超越马克思的马克思》,北京师范大学出版社,2011,第25页。

③ 〔意〕奈格里:《〈大纲〉:超越马克思的马克思》,第165页。

④ 〔意〕奈格里:《〈大纲〉:超越马克思的马克思》,第178页。

⑤ 《马克思恩格斯全集》第31卷,第100页。

⑥ 《马克思恩格斯全集》第31卷,第100页。

的不断发展，资本主义将会遭遇自身不可克服的界限，最终趋于崩溃。

在这里，马克思实际上是想通过资本的矛盾运动，来论证交换价值生产制度崩溃的可能性（这一论证还存在重要缺陷，下文将着重分析）。然而，奈格里却完全忽视了这一点，径直将其转化为主体对抗的生成逻辑。他指出：第一，劳动与生产过程的分离，意味着劳动彻底摆脱了资本的统治，成为一个与资本对立的自治主体；第二，既然资本主义财富生产是以劳动为基础的，这就意味着，要推翻资本主义，无须发动革命，只要每个自治工人有意识地拒绝劳动，就可以达到了，"不劳动，拒绝劳动就成为工人们的主张，成为价值规律被颠覆的基础"。① 于是，资本主义的崩溃和共产主义的到来不再是客观矛盾运动的结果，也不再是政党领导下的无产阶级革命的产物，而是工人自主选择、自我建构的结果，"主体性的道路正是将唯物主义带向共产主义。劳动阶级是主体，分离的主体，是他们催生了发展、危机、过渡，乃至共产主义"。② 正是基于"机器论片断"，奈格里颠覆了马克思的传统形象，重构了一个"超越马克思的马克思"，建立了一种以工人自治为核心的革命主体政治学，打开了一条通往共产主义的自主之路，完成了对"机器论片断"作为一种"圣经式的文本"的全面论证。

也是在此基础上，奈格里提出了一个重要问题，即如何看待《大纲》与《资本论》之间的关系？在这里，他重点批判了两种倾向：一是以法国结构主义马克思主义为代表，他们把《大纲》视为马克思完成"认识论断裂"之前的"最后一本著作"，是一部不成熟的幼稚著作，"这个文本只不过是在重复马克思早年的人道主义已经提出的观点。《大纲》只是一个散发着唯心主义和个体式伦理臭味的草稿；我们在'机器论片断'中找到的对共产主义定义的描绘只是 18 世纪客观唯心主义和个体主义与自由主义的姿态的综合"。③ 二是以罗斯多尔斯基为代表，奈格里指出，他仅仅把《大纲》看作《资本论》的准备材料，一味地强调它们之间的线性连续性，完全忽视了二者之间的断裂和异质性，把《大纲》所散发出来的、具有天才性质的主体政治学消融于《资本论》的客体逻辑之中。这种解读实际上是以一种目的论预设为前提的，即"《资本论》构成了马克思思想中最成

---

① 〔意〕奈格里：《〈大纲〉：超越马克思的马克思》，第 189 页。
② 〔意〕奈格里：《〈大纲〉：超越马克思的马克思》，第 195～196 页。
③ 〔意〕奈格里：《〈大纲〉：超越马克思的马克思》，第 34 页。

熟的要点”。^① 这是一种“非马克思主义的历史编纂学方法”。^② 这两种观点共同构成了一枚硬币的两面,完全贬低了《大纲》的历史地位。与此不同,奈格里认为,《大纲》既不是早期逻辑的延续,也不是《资本论》的准备草稿,而是马克思思想发展过程中一部具有独立地位的革命性著作,其中彰显的对抗逻辑完全体现了马克思哲学的本质和精髓。也正是基于此,他将《大纲》视为“是马克思理论发展过程中的中心”,“是马克思革命思想的顶点”。^③ 于是,一个新的问题出现了,即如何理解《资本论》的历史地位。他指出,绝不能像正统马克思主义或罗斯多尔斯基那样,把《资本论》预设为马克思最成熟的著作,以此来解读《大纲》,这样不仅会阉割后者的革命意义,而且会进一步加剧《资本论》的客体主义倾向,相反,必须抛弃这种目的论预设,以《大纲》为轴心来重新解读《资本论》,“如果我们根据《大纲》的批判来理解《资本论》,如果我们通过《大纲》的概念体系重新阅读《资本论》……我们就能恢复对《资本论》的正确理解(不是为了知识分子的勤勉治学,而是为了群众的革命意识)”。^④ 而克里弗的《政治性地阅读〈资本论〉》(1979)就是这一理论努力的积极尝试。

到了 20 世纪八九十年代,随着计算机和人工智能的迅速发展,当代资本主义生产方式发生了重大转变,即从福特制转向了后福特制。如何理解这一转型的本质,并为这一时期的工人自治运动提供理论指南,是摆在意大利自治主义者面前的一项重大任务。在此背景下,他们再次回到了“机器论片断”来寻找灵感。如果说在 20 世纪 60~70 年代,他们更多地集中于马克思关于劳动与生产过程的分离所导致的资本主义崩溃理论,那么,此时他们更多地强调了马克思关于“一般智力”(也翻译为“普遍智能”)的论述。

在这一片断中,马克思指出,随着科学知识在财富生产中的作用越来越突出,资本必然会最大限度地追求科学技术的发展,将固定资本的生产和科学技术的发明提升到更加突出的位置,从而导致“一般智力”的形成,“固定资本的发展表明,一般社会知识,已经在多么大的程度上变成

---

① 〔意〕奈格里:《〈大纲〉:超越马克思的马克思》,第 23 页。
② 〔意〕奈格里:《〈大纲〉:超越马克思的马克思》,第 33 页。
③ 〔意〕奈格里:《〈大纲〉:超越马克思的马克思》,第 37~38 页。
④ 〔意〕奈格里:《〈大纲〉:超越马克思的马克思》,第 38 页。

了直接的生产力，从而社会生活过程的条件本身在多么大的程度上受到一般智力的控制并按照这种智力得到改造。它表明，社会生产力已经在多么大的程度上，不仅以知识的形式，而且作为社会实践的直接器官，作为实际生活过程的直接器官被生产出来"。① 实际上，此时马克思清楚地认识到，一般智力绝不是自然产生的，而是劳动的产物。然而，在资本主义条件下，资本必然会把这种一般智力转化为剩余价值生产的工具，"知识和技能的积累，社会智力的一般生产力的积累，就同劳动相对立而被吸收在资本当中，从而表现为资本的属性，更明确些说，表现为固定资本的属性"。② 结果，就引发了一个新的问题：资本对一般智力的追求，直接危及以直接劳动为基础的财富生产本身。随着这一矛盾的发展，"资本也就促使自身这一统治生产的形式发生解体"。③ 于是，一般智力也就摆脱了资本的限制，成为未来社会财富生产的基础，"在这个转变中，表现为生产和财富的宏大基石的，既不是人本身完成的直接劳动，也不是人从事劳动的时间，而是对人本身的一般生产力的占有，是人对自然界的了解和通过人作为社会体的存在来对自然界的统治，总之，是社会个人的发展"。④ 届时，每个个体都将成为一般智力的主人，实现了一般智力的社会化与个体化的内在统一。

在所有著作中，这是马克思唯一一次提到"一般智力"概念。而自治主义者就紧紧抓住了这一概念，将其建构为透视当代资本主义的核心范畴。不过，与20世纪60~70年代相比，这一时期的理论建构不再是基于对这一片断的毫无保留的肯定式阅读，而是在批判反思的基础上进行的理论重构。具体表现在以下方面。

首先，是对一般智力范畴的重构。维尔诺指出："马克思完全把一般智力（即作为主导生产力的知识）等同于固定资本，等同于内化为机器体系的'客观科学力量'。结果，他完全忽视了今天绝对居于主导的另一维度，即一般智力表现为活劳动本身。"⑤ 在后福特制时代，一般智力已经越出了固定资本的限定，不再表现为对象化的知识力量，而是表现为主体自身所具有的思考能力和潜能，"包括正式和非正式的知识、想象力、伦理

---

① 《马克思恩格斯全集》第31卷，第102页。
② 《马克思恩格斯全集》第31卷，第92~93页。
③ 《马克思恩格斯全集》第31卷，第95页。
④ 《马克思恩格斯全集》第31卷，第100~101页。
⑤ Paolo Virno, *The Grammar of Multitude*, Los Angeles/New York：Semiotext［e］，2004，p. 106.

倾向、思维习惯和'语言游戏'"。① 也是基于此,维尔诺认为,在后福特制时代,一般智力已经远远超越了马克思的理解,变成了主体自身所具有的内在潜能,即"智力一般"。

其次,是对劳动范畴的重构。他们指出,在"机器论片断"中,马克思曾预测道,随着一般智力的发展,劳动在财富生产中的作用将逐渐下降,最终导致交换价值生产制度的崩溃。然而,当代资本主义的发展已证明马克思预言的虚假性:在后福特制时代,普遍智能已经实现,但资本主义并没有灭亡,而是产生了一种更加稳定的统治形式。② 马克思为什么会得出这种错误的结论呢? 他们认为,根本原因在于他对劳动的理解过于简单了。他所理解的劳动完全是一种物质劳动或体力劳动,随着一般智力的发展,这种劳动在财富生产中的作用自然会逐渐趋于下降,但这并不意味着交换价值生产制度的崩溃,因为一般智力的发展孕育了一种全新的劳动形式,即非物质劳动。与前者不同,它不再生产有形的物质产品,而是生产非物质化的思想、智力或信息等内容。拉扎拉托指出:"非物质劳动概念有两个不同的方面:一方面是商品的'信息内容',它直接指向在工业和第三产业中大公司里工人劳动过程所发生的变化,在那里,直接劳动所需的技能逐渐变成神经机械学和计算机管控的技能(以及水平与垂直的信息沟通技能)。另一方面,关于生产商品'文化内容'的行为,非物质劳动包括一系列活动,这些活动不再是一般意义上的'工作',换句话说,这类活动包括界定和确定文化与艺术标准、时尚、品味、消费指南以及更具有策略性的公众舆论等不同信息项目的活动。"③ 不过,哈特、奈格里指出,拉扎拉托完全忽视了情感劳动,因此认为他对非物质劳动的理解是不准确的。在此基础上,他们重新定义了这一范畴,将它区分为两种类型,即语言或智力劳动以及情感劳动,④ 彻底实现了从物质劳动到非物质劳动

① Paolo Virno, *The Grammar of Multitude*, Los Angeles/New York:Semiotext [e], 2004, p. 106.

② Paolo Virno, *The Grammar of Multitude*, Los Angeles/New York:Semiotext [e], 2004, pp. 100–101.

③ 〔意〕拉扎拉托:《非物质劳动》,霍炬译,许纪霖主编《帝国、都市与现代性》,江苏人民出版社,2006,第139页。

④ Michael Hardt, Antonio Negri, *Multitude*, New York:The Penguin Press, 2004, p. 108. 实际上,哈特、奈格里关于非物质劳动的理解也存在一个不断完善的过程,在《帝国》中,他们把非物质劳动分为三种类型:一是信息化大生产,二是创造性和象征性劳动,三是情感劳动。《大众》中则删掉了第一种,保留了后两种,并主张用生命政治劳动来称谓它们。

的转型。

再次，是对新型统治形式的思考。他们指出，随着非物质劳动的形成，资本的统治形式也发生了重大变化。由于马克思仅仅强调物质劳动，因此，在他那里，资本的统治形式主要表现为资本在生产场所对工人身体的规训，而非物质劳动的出现，意味着资本的统治已经超越了单纯的身体控制，将整个生命置于自己的支配之下，"在生命权力所指向的生存状态中，生命本身的生产和再生产已成为权力追逐的猎物"。①

最后，是对革命主体和解放道路的再思考。他们指出，马克思的工人阶级概念完全是以从事物质劳动的产业工人为基础的。在后福特制中，非物质劳动已经取代了物质劳动，成为当代社会劳动的主导形式，因此，马克思的工人阶级概念也就丧失了存在的合法性，必须从非物质劳动出发，重新建构革命的主体政治学，这也就是他们所推崇的大众概念。从内涵上讲，他们所理解的大众实际上就是那些从事非物质劳动或生命政治劳动的人，它不再像工人阶级那样拥有相同的身份认同和阶级意识，或者说具有同样的本质属性，相反，大众在各个方面都存在巨大差异性，因而是一种多样性的集合。那么，大众如何实现自身的解放呢？前期的那条自治对抗逻辑再次登场了。维尔诺指出，既然一般智力已经转化为每个个体自身具有的潜能，这就意味着，一般智力的社会化与个体化过程最终达到了同一，个人已经转化为马克思当年所说的"社会个人"，即一般智力的主人；于是，他们就实现了"对人本身的一般生产力"的全部占有，从而也就摆脱了资本的统治，成为一种完全独立的自治主体。这恰恰也是奈格里"大众智能的苏维埃"②的逻辑基础。

这一时期，他们正是通过对"机器论片断"的批判性重构，实现了自身理论逻辑的当代转向。不过，从最终导向来看，他们批判的目的并不是要彻底否定这一片断，而是力图在当代语境中重塑这一片断的理论生命力。如一些学者所言，意大利自治主义者之所以批判这一片断，"其目的并不在于对马克思的简单超越或否定。相反，透过对马克思的超越和否定，他们希望最终在转变了的社会现实条件之上，重新召回马克思有关资

---

① 〔美〕哈特、〔意〕奈格里：《帝国——全球化的政治秩序》，江苏人民出版社，2003，第25页。引文所有改动。

② Antonio Negri, "Constituent Republic," *Radical Thought in Italy: A Potential Politics*, ed., Paolo Virno, Michael Hardt, Minneapolis: University of Minnesota Press, 1996, p. 219.

本主义价值体系崩溃的预测或愿景"。① 就此而言，"机器论片断" 依然是给予他们灵感和启示的一部 "圣经"。

二 "机器论片断" 的历史局限性
与《资本论》的超越

2000 年，随着《帝国》一书的出版，自治主义已经越出了地域局限，成为世界范围内最炙手可热的一股左翼思潮。针对这一流派，国内外学界都进行了较为深入的研究，客观评估了它的理论贡献和不足之处。然而，始终有一个问题没有得到有效澄清，即究竟如何理解 "机器论片断" 的历史地位？或者说，能否把这一片断视为马克思思想发展的最终标准？这种 "圣经式" 的比喻固然突出了它的重要性，但也过分夸大了它的历史地位。实际上，这一片断只是马克思用历史唯物主义来分析资本主义生产方式及其发展趋势的一种积极尝试，它的重要性自不待言，但也必须看到，他这里的分析还存在明显的历史局限性。因此，要想从根本上回应意大利自治主义者对马克思形象的重构，首先必须实现对 "机器论片断" 的祛魅，准确定位它在马克思思想发展中的历史地位。

在《德意志意识形态》中，马克思已经明确区分了工场手工业和机器大工业。但如何理解机器大工业的运行机制和内在本质，此时他尚未给出科学的分析，而是像舒尔茨、拜比吉等人一样，用斯密的分工逻辑来理解机器大生产，这决定了他必然无法科学解剖机器大生产时代资本主义的内在矛盾，而只能从分工入手引出生产力与交往形式之间的矛盾。这一思路显然是有问题的。在尤尔的影响下，马克思在《哲学的贫困》中做了重要推进，但此时他并没有实现对机器大生产或自动工厂的科学认知，仍将分工视为后者的核心构件，显然是不准确的。②

经过《伦敦笔记》的洗礼，到了《大纲》，特别是其中的 "机器论片断"，马克思对机器大生产的认识取得了新的突破。在这一片断的开头，马克思就引用了拜比吉和尤尔关于机器和自动工厂的论述。③ 这使他充分

---

① 张历君：《普遍智能与生命政治——重读马克思的〈机器论片断〉》，许纪霖主编《帝国、都市与现代性》，第 187 页。
② 参见拙文《马克思机器大生产理论的形成过程及其哲学效应》，《哲学研究》2014 年第 3 期。
③ 《马克思恩格斯全集》第 31 卷，第 88 页。

意识到，与工场手工业不同，在现代工厂中居于主导地位的不再是劳动分工，而是资本与科学力量的联合，是机器体系之间的协作。在这里，分工已经丧失了存在的合法性，而工人也随之丧失了自己的主体地位，沦为机器体系的附属物。然而，在资本主义条件下，这些机器体系绝不只是以物质形式存在的，同时也表现为价值增殖的手段，表现为由资本所决定的特殊存在形式，即固定资本。因此，后者的出现，标志着资本主义发展到一个全新的阶段，即机器大生产阶段。"只有当劳动资料不仅在形式上被规定为固定资本，而且扬弃了自己的直接形式，从而，固定资本在生产过程内部作为机器来同劳动相对立的时候，而整个生产过程不是从属于工人的直接技巧，而是表现为科学在工艺上的应用的时候，只有到这个时候，资本才获得了充分的发展，或者说，资本才造成了与自己相适合的生产方式。"① 此时马克思已清楚地意识到，机器大生产已经消除了工场手工业的劳动分工，因此，要想为无产阶级革命提供科学依据，就不能再像前期那样从分工入手来引出资本主义的矛盾，相反，必须站在机器大工业这一制高点上来科学解剖资本主义的内在矛盾。也是在此背景下，马克思做了一些积极尝试，试图从资本对科学知识和一般智力的追求，进而导致直接劳动在财富生产中的作用不断下降这一矛盾，来论证交换价值生产制度的崩溃。这也就是上文中被意大利自治主义者奉为"圣经"的那些段落。

不得不承认，与前期相比，"机器论片断"的确做出了重要推进：它超越了前期的分工逻辑，从资本与科学的联合入手，客观分析了现代工厂的运作机制，并试图站在机器大生产之上来揭示资本主义的内在矛盾，这些都是值得肯定的。但是，能否把这一片断视为马克思最成熟的思想表达呢？答案是否定的。实际上，它只不过是马克思在解剖资本主义矛盾过程中的一种理论尝试，其中还包含明显的历史局限性。

在这里，必须澄清一点，笔者所强调的历史局限性与哈贝马斯和自治主义者关于这一片断的认知存在本质区别。在《认识与兴趣》中，哈贝马斯指出："在《政治经济学批判》的准备材料中，马克思提出了这样一种看法：类的历史是同自然科学和技术自动转化为社会主体（一般智力）控制物质生活过程的自我意识相联系的。按照这种设想，在先验意识的历史中似乎只有技术史。"②

① 《马克思恩格斯全集》第 31 卷，第 93~94 页。
② 〔德〕哈贝马斯：《认识与兴趣》，郭官义等译，学林出版社，1999，第 42 页。

换言之,在他看来,马克思的整个分析完全是建立在技术决定论之上的,因而是不足为信的。同样,自治主义者始终将这一小节命名为"机器论片断",这本身就忽视了机器体系作为固定资本的关系维度,潜在地将其扭曲为一种技术史观,而他们对这一片断的批判和重构都是以此为基础的。实际上,这些指责根本站不住脚。在这里,马克思从未想过要建立一种技术史观,更没有单纯地从技术维度或工艺学出发来论证交换价值制度的崩溃,而是始终从生产力与生产关系的矛盾运动入手,来揭示资本主义灭亡的可能性。他指出:"一方面,资本唤起科学和自然界的一切力量,同样也唤起社会结合和社会交往的一切力量,以便使财富的创造不取决于(相对地)耗费在这种创造上的劳动时间。另一方面,资本想用劳动时间去衡量这样造出来的巨大的社会力量,并把这些力量限制在为了把已经创造的价值作为价值来保存所需要的限度之内。生产力和社会关系——这二者是社会个人的发展的不同方面——对于资本来说仅仅表现为手段,仅仅是资本用来从它的有限的基础出发进行生产的手段。但是,实际上它们是炸毁这个基础的物质条件。"① 这清楚地表明,马克思一直力图从历史唯物主义的角度来分析资本主义的内在矛盾及其发展趋势。同样,他也始终坚持从物质形式和社会形式双重维度来分析机器体系,明确区分了作为物质资料的机器体系和作为固定资本的机器体系,并坚决反对单纯地根据前者来认识资本主义;更为重要的是,他不仅分析了科学知识和一般智力在使用价值或物质财富生产中的历史作用,而且也从生产关系入手分析了资本对一般智力的吸纳过程,揭示了后者在价值增殖过程中倒置为统治工人权力的根本原因。以此来看,所谓技术决定论的指控完全是一个"莫须有"的罪名,马克思无须负责。②

那么,这一片断的局限性表现在什么地方呢?在《大纲》中,这一节出现在第二篇"资本的流通过程"中,而在《资本论》中则被放在了"相对剩余价值的生产"的标题下。这种位置上的调整,反映了马克思在一些问题上已经做出了新的思考。在此,笔者就通过《资本论》与"机器论片断"的比较分析,来细致挖掘这种理论上的推进和发展,为我们清晰定位这一片断的历史局限性提供有力支撑。

---

① 《马克思恩格斯全集》第 31 卷,第 101 页。
② 就此而言,中文版《马克思恩格斯全集》用"固定资本和社会生产力的发展"来命名这一片断,是非常准确的,它完全克服了"机器论片断"这一称谓的内在缺陷。

　　第一，财富尺度和劳动二重性学说。在这一片断中，马克思指出，资本主义生产的"前提现在是而且始终是：直接劳动时间的量，作为财富生产决定因素的已耗费的劳动量"。① 但随着机器体系的采用，财富的创造将越来越少地取决于直接劳动，更多地取决于科学技术和一般智力的发展，"劳动时间——单纯的劳动量——在怎样的程度上被资本确立为唯一的决定要素，直接劳动及其数量作为生产即创造使用价值的决定要素就在怎样的程度上失去作用；而且，如果说直接劳动在量的方面降到微不足道的比例，那么它在质的方面，虽然也是不可缺少的，但一方面同一般科学劳动相比，同自然科学在工艺上的应用相比，另一方面同产生于总生产中的社会组织的、并表现为社会劳动的自然赐予（虽然是历史的产物）的一般生产力相比，却变成一种从属的要素"。② 也是在此基础上，马克思做了一个重要推论："一旦直接形式的劳动不再是财富的巨大源泉，劳动时间就不再是，而且必然不再是财富的尺度，因而交换价值也不再是使用价值的尺度。……于是，以交换价值为基础的生产便会崩溃，直接的物质生产过程本身也就摆脱了贫困和对立的形式。"③ 一个全新的社会即将到来了。

　　这些论述正是 20 世纪 60~70 年代被意大利自治主义学派奉为"圣经式"的段落，也是国内外学界经常反复引用的段落。然而，令人遗憾的是，很少有人去反思这些段落的缺陷。在这方面，德国学者海因里希的工作是值得肯定的。他认为，马克思之所以会得出这一结论，根本原因在于，他还没有建立起科学的劳动二重性理论。④ 笔者以为，这一判断是非常准确的。在《资本论》中，马克思说："古典政治经济学在任何地方也没有明确地和十分有意识地把表现为价值的劳动同表现为产品使用价值的劳动区分开。"⑤ 而这种区分首先是"由我批判地证明的。这一点是理解政治经济学的枢纽"。⑥ 其中，生产使用价值的劳动是有用的具体劳动，而形

---

① 《马克思恩格斯全集》第 31 卷，第 100 页。
② 《马克思恩格斯全集》第 31 卷，第 94~95 页。
③ 《马克思恩格斯全集》第 31 卷，第 101 页。
④ Michael Heinrich, "The 'Fragment on Machines': A Marxian Misconception in the *Grundrisse* and its Overcoming in *Capital*," in *Marx's Laboratory*: *Critical Interpretations of the Grundrisse*, ed., Riccardo Bellofiore, GuidoStarosta and Peter D. Thomas, Leiden/Boston: Brill, 2013, pp. 207-209.
⑤ 《马克思恩格斯全集》第 44 卷，人民出版社，2001，第 98 页。
⑥ 《马克思恩格斯全集》第 44 卷，第 55 页。

成价值的劳动则是无差别的抽象劳动。就前者而言,任何使用价值都是自然物质和劳动的结合,"因此,劳动并不是它所生产的使用价值即物质财富的惟一源泉",① "自然界和劳动一样也是使用价值(而物质财富本来就是由使用价值构成的!)的源泉"。② 就后者而言,价值并不取决于直接劳动量,而是由抽象劳动即社会必要劳动时间决定的。根据这一理论,可以看出,此时马克思的分析还存在明显的历史缺陷,即他把直接劳动视为资本主义财富生产的决定性因素,将直接劳动时间理解为财富的唯一尺度和源泉,这一判断显然是有问题的。如果这里的财富是指物质财富,那么直接劳动从来都不是它的唯一源泉,这里面还应包括自然界;如果是指社会财富(价值),那么抽象劳动才是它的价值实体,而直接劳动也从来都不是它的尺度和源泉。因此,马克思据此所做的推论,即一旦直接劳动不再是财富的巨大源泉,交换价值生产就要崩溃了,资本主义制度就要解体了,恰恰是站不住脚的,因为他推论的前提本身就是错误的。由此可见,此时马克思的分析更多的是基于直接劳动做出的,虽然他力图基于质和量的辩证法来区分物质财富和价值财富,但实际上二者的参照系是一样的,即都是直接劳动,或者说,是后者的两个不同方面,这与后来的劳动二重性理论所体现的质(具体劳动)和量(抽象劳动)的辩证法完全不同。这表明,此时他尚未建立起科学的劳动价值论和劳动二重性理论。③

第二,"魁奈之谜"和相对剩余价值理论。此时马克思从生产力与生产关系的矛盾入手,分析了机器大生产阶段资本主义的内在矛盾,即资本

① 《马克思恩格斯全集》第 44 卷,第 56 页。
② 《马克思恩格斯全集》第 19 卷,人民出版社,1963,第 15 页。
③ 一些学者可能会引用《大纲》的如下一段话来反驳这一观点。在"资本章"中,马克思说:"劳动作为同表现为资本的货币相对立的使用价值,不是这种或那种劳动,而是劳动本身,抽象劳动;同自己的特殊规定性决不相干……随着劳动越来越丧失一切技艺的性质,也就发展得越来越纯粹,越来越符合概念;劳动的特殊技巧越来越成为某种抽象的、无差别的东西,而劳动越来越成为纯粹抽象的活动……单纯形式的活动,或者同样可以说单纯物质的活动,同形式无关的一般意义的活动。"(《马克思恩格斯全集》第 30 卷,人民出版社,1995,第 254~255 页)这段话似乎表明,马克思已经建立了科学的抽象劳动理论,实际上,这是不准确的。这里的抽象劳动只是就劳动逐渐丧失特殊技巧而言的,它在本质上仍被界定为一种与"作为资本的货币相对立的使用价值",被理解为一种"单纯物质的活动",这显然与后来作为价值实体的抽象劳动存在本质差异。在 1859 年的《政治经济学批判。第一分册》中,马克思才真正建立起科学的劳动二重性理论(参见《马克思恩格斯全集》第 31 卷,第 421~424 页)。

一方面广泛唤起自然科学和一般智力，使财富创造不取决于劳动时间，另一方面用劳动时间来衡量这些力量创造出来的财富。于是，马克思指出："资本本身是处于过程中的矛盾，因为它竭力把劳动时间缩减到最低限度，另一方面又使劳动时间成为财富的唯一尺度和源泉。"① 那么，这一矛盾真的就是资本主义的内在矛盾吗？答案是否定的。在政治经济学说史上，法国重农学派的代表人物魁奈最先提出了这一问题。他在《关于商业和手工业者劳动的问答》中指出："你们认为，在工业产品的生产中，只要不损害生产，越能节省费用或昂贵的劳动，这种节省就越有利，因为这会降低产品的价格。尽管如此，你们又认为，由工人劳动创造的财富的生产，在于增大他们产品的交换价值。"② 马克思后来在《资本论》中明确指认了这一点，并将其称为"魁奈之谜"。在这一片断中，马克思不仅没有解决这一问题，反而将其指认为资本主义不可克服的内在矛盾，并认为随着它的不断发展，资本主义将最终趋于崩溃。而到了《1861～1863 年经济学手稿》和《资本论》中，他已经认识到，这一"矛盾"实际上并不是资本主义的内在矛盾，而是相对剩余价值生产的客观机制。他指出，在资本主义社会中，生产力的提高具有双重效果：一方面，缩短了"生产某种商品的社会必需的劳动时间，从而使较小量的劳动获得生产较大量使用价值的能力"，使商品的价值降低；另一方面，降低了"劳动力的价值，从而缩短再生产劳动力价值所必要的工作日部分"，③ 使剩余价值得以提高。"也就是说，因为同一过程使商品便宜，并使商品中包含的剩余价值提高，所以这就解开了一个谜：为什么只是关心生产交换价值的资本家，总是力求降低商品的交换价值；这也就是政治经济学奠基人之一魁奈用来为难他的论敌、而后者至今还没有回答的那个矛盾。"④ 在这里，马克思把这种通过提高劳动生产力所实现的剩余价值生产形式称为相对剩余价值，并根据提高方式的不同，划分了三种形式，即协作、分工（工场手工业）和机器大工业，完成了对相对剩余价值理论的全面建构。那么，反过来，在《大纲》中，他为什么没有解决这一问题呢？笔者认为，这恰恰是与他对相对剩余价值的理解联系在一起的。譬如，他指出："工场手工业所以取得这

---

① 《马克思恩格斯全集》第 31 卷，第 101 页。
② 转引自《马克思恩格斯全集》第 44 卷，第 372 页。
③ 《马克思恩格斯全集》第 44 卷，第 366 页。
④ 《马克思恩格斯全集》第 44 卷，第 372 页。

样较高的利润率,只是因为同时使用许多工人……在工场手工业中,占优势的是绝对剩余时间,而不是相对剩余时间。"① 换言之,此时马克思还是从绝对剩余价值入手来理解工场手工业的,那么,什么才是相对剩余价值的生产呢?答案是机器大工业,它是相对剩余价值生产的唯一形式。由此可见,在《大纲》中,马克思实际上是根据固定资本或机械化的发展程度来区分二者的,② 这一思路显然是有问题的。这表明,此时他还没有建立起成熟的相对剩余价值理论,这一缺陷也妨碍了他对魁奈之谜的解决。在此,我们不妨再追问一下,为什么此时他会这样理解相对剩余价值呢?笔者认为,主要原因在于他尚未完全克服尤尔的影响。后者从生产力维度出发,明确地将机器大生产(机器推动的生产力形式)与工场手工业(分工推动的生产形式)严格地区分开来,超越了舒尔茨、拜比吉等人用分工来理解机器大生产的缺陷,这是尤尔的重大贡献。也是基于此,马克思后来评价道,尤尔是"第一个正确地理解了工厂制度的精神"③ 的人。但尤尔的缺陷也是非常明显的,由于忽视了生产关系维度,因此,他看不到机器大生产与工场手工业的内在统一性,即都是相对剩余价值生产的有效形式,而是一味地站在生产力维度,将二者对立起来,进而认为只是到了机器大生产阶段,资本主义才建立起与自己相适应的生产方式,而工场手工业只不过是它的前史。④ 显然,此时马克思还无法甄别这一判断的错误之处,这也是他站在机器大生产的角度来理解相对剩余价值的重要原因。

第三,一般智力与剩余价值生产问题。此时马克思指出,一般智力与直接劳动的分离,最终将危及资本主义制度,而大工业就是它崩溃的临界点,"正如随着大工业的发展,大工业所依据的基础——占有他人的劳动时间——不再构成或创造财富一样,随着大工业的这种发展,直接劳动本身不再是生产的基础……在大工业的生产过程中,一方面,发展为自动化过程的劳动资料的生产力要以自然力服从于社会智力为前提,另一方面,单个人的劳动在它的直接存在中已成为被扬弃的个别劳动,即成为社会劳动。于是,这种生产方式的另一个基础也消失了"。⑤ 这些观点也存在明显

---

① 《马克思恩格斯全集》第 30 卷,人民出版社,1995,第 591 页。

② 〔日〕内田弘:《新版〈政治经济学批判大纲〉的研究》,王青等译,北京师范大学出版社,2011,第 248 页。

③ 《马克思恩格斯全集》第 47 卷,人民出版社,1979,第 526 页。

④ Andrew Ure, *Philosophy of Manufactures*, London: Charles Knight, 1835, pp. 19-20.

⑤ 《马克思恩格斯全集》第 31 卷,第 104~105 页。

的历史局限性：首先，直接劳动被扬弃为社会劳动，意味着资本主义生产的基础消失了吗？恰恰相反，这种转化，即具体劳动向抽象劳动（社会必要劳动）的转变，正是资本主义生产得以存在的基础，而不是它崩溃的依据。其次，在生产过程中，一般智力与直接劳动的分离，能够危及交换价值生产制度吗？答案也是否定的。在《资本论》中，马克思指出："生产力当然始终是有用的、具体的劳动的生产力，它事实上只决定有目的的生产活动在一定时间内的效率。因此，有用劳动成为较富或较贫的产品源泉与有用劳动的生产力的提高或降低成正比。相反地，生产力的变化本身丝毫也不会影响表现为价值的劳动。既然生产力属于劳动的具体有用形式，它自然不再能同抽去了具体有用形式的劳动有关。"① 因此，在资本主义条件下，生产力的提高并不能改变抽象劳动作为价值实体的事实，后者更不会因为科学知识和一般智力的发展就自动消失。这表明，单纯从一般智力与直接劳动的分离来论证资本主义崩溃的逻辑是站不住脚的。在《资本论》中，马克思详细考察了这种分离的产生过程，并基于相对剩余价值理论，准确定位了这一分离的历史地位。他指出，"这个分离过程在简单协作中开始，在工场手工业中得到发展，在大工业中完成"，② "生产过程的智力同体力劳动相分离，智力转化为资本支配劳动的权力，是在以机器为基础的大工业中完成的。变得空虚了的单个机器工人的局部技巧，在科学面前，在巨大的自然力面前，在社会的群众性劳动面前，作为微不足道的附属品而消失了；科学、巨大的自然力、社会的群众性劳动都体现在机器体系中，并同机器体系一道构成'主人'的权力"。③ 此时马克思已清楚地意识到，一般智力与劳动的分离，不仅不会导致交换价值生产制度的崩溃，而且还会进一步强化这种生产机制；同样，机器大工业也绝不是资本主义崩溃的临界点，而是相对剩余价值生产的进一步完善。

第四，自由时间问题。马克思认为，资本主义财富的源泉是直接劳动，而一般智力和机器体系的发展会把这个源泉缩减到最低点，从而为每个成员的全面发展创造出大量可以自由支配的时间，"节约劳动时间等于增加自由时间，即增加使个人得到充分发展的时间……直接的劳动时间本身不可能像从资产阶级经济学的观点出发所看到的那样永远同自由时间处

---

① 《马克思恩格斯全集》第 44 卷，第 59~60 页。
② 《马克思恩格斯全集》第 44 卷，第 418 页。
③ 《马克思恩格斯全集》第 44 卷，第 487 页。

于抽象对立中,这是不言而喻的"。① 但马克思又指出,机器的资本主义运用必然会"把这些可以自由支配的时间变为剩余劳动",② 变成剩余价值的生产时间。这一矛盾实际上也是经济学史上著名的机器悖论问题。不过,在这里,马克思还是从直接劳动出发来确认这一悖论的,他的主要参照系仍是直接劳动或具体劳动。这就忽视了一个重要问题,即自由时间与作为价值实体的抽象劳动之间的内在关系。在《资本论》中,马克思指出,"自由王国只是在必要性和外在目的规定要做的劳动终止的地方才开始",而"工作日的缩短是根本条件"。③ 这里的"工作日"概念不单单是指生产使用价值的直接劳动时间,而且也包括生产劳动力价值和剩余价值的抽象劳动时间。④ 因此,真正的自由时间绝不是指直接劳动时间的缩减,而是对抽象劳动的扬弃。如果只有前者,没有后者,那么这种自由时间还称不上是真正的自由时间。比如,那些被机器体系排斥的产业工人(马克思称他们为"产业后备军"),他们的直接劳动时间已经降低为零,他们获得自由了吗?或者说,他们的时间是自由时间吗?答案显然是否定的。他们的这种时间本身就是由相对剩余价值生产制造出来的,并没有真正摆脱资本的强制,"由此产生了现代工业史上一种值得注意的现象,即机器消灭了工作日的一切道德界限和自然界限。由此产生了经济学上的悖论,即缩短劳动时间的最有力的手段,竟变为把工人及其家属的全部生活时间转化为受资本支配的增殖资本价值的劳动时间的最可靠的手段"。⑤ 这表明,抛开抽象劳动或生产关系限制,单纯从具体劳动维度来理解自由时间还是不够的。

基于上述分析,可以看出,"机器论片断"本身还存在明显的历史局限性,因此,当自治主义者把这一片断誉为"圣经式的文本",并以此为据,将《大纲》视为马克思思想发展的顶峰时,无疑夸大了这一片断和《大纲》的历史地位,完全抹杀了《资本论》的理论贡献。这表明,完全秉持目的论思维,线性地解读从《大纲》到《资本论》的发展,固然有错,但完全以断裂性思维为原则,彻底否定《大纲》与《资本论》之间的

---

① 《马克思恩格斯全集》第31卷,第107~108页。
② 《马克思恩格斯全集》第31卷,第103~104页。
③ 《马克思恩格斯全集》第46卷,人民出版社,2003,第928~929页。
④ 《马克思恩格斯全集》第44卷,第266页。
⑤ 《马克思恩格斯全集》第44卷,第469页。

连续性，甚至将它们对立起来的做法，也是错误的。因此，当他们把"机器论片断"视为马克思思想发展的最终标杆，并以此为据来重构马克思哲学时，必然会导致一系列的缺陷。

一方面，他们的种种建构本身就是建立在对这一片断的误读之上的。在这里，马克思实际上是想通过资本主义的内在矛盾，来论证交换价值制度崩溃的可能性，虽然这里的论述还存在局限性，但它至少反映了此时马克思的思路，即从生产力和生产关系的矛盾运动入手来解剖资本主义的发展趋势。而自治主义者们恰恰忽视了这一点，径直将它翻转为一种主体对抗的生成逻辑，实现了从历史辩证法到真正对立的转变，从而建构了一条劳动与资本、大众与帝国的自治对抗逻辑。就此而言，他们对这一片断的解读本身就不是从马克思主义的方法出发的，而是基于后结构主义和后现代。① 通过这种嫁接建构出来的哲学，绝不可能是马克思主义的，而只能是一种充满伦理色彩的后现代主义的主体政治学。

另一方面，他们的整个建构并没有真正克服这一片断的内在局限性。此时马克思把一般智力与直接劳动的分离视为大工业的主要特征，并试图从中引出资本主义崩溃的可能性。这一逻辑包含两个不同层面的局限性：一是内在局限性，这点上文已经分析过了；一是外在局限性。当年马克思所强调的一般智力与劳动的分离过程，主要是针对机器大生产阶段而言的，自然不可能涵盖一切资本主义发展阶段。随着后福特主义的到来，当代资本主义劳动过程的确出现了重大变化，一般智力与劳动的融合已经取代了二者的分离，成为这一时期劳动过程的主要特征。这一点恰恰构成了20 世纪80~90 年代意大利自治主义者批判和重构这一片断的现实基础，也是他们建构大众智能和非物质劳动理论的客观依据。他们的理论贡献自然不能小觑，但他们的缺陷也不容忽视。由于抹杀了《资本论》对这一片断的超越和发展，他们自然也看不到这一片断的内在局限性。因此，当他们立足于后福特制时代，通过一般智力与劳动的融合来重塑这一片断的当代生命力，并从中引出当代资本主义崩溃的可能性时，恰恰犯了与"机器论片断"同样的错误。

他们认为，非物质劳动是对马克思物质劳动理论的超越和发展。这一语境表明，他们所理解的非物质劳动仍然停留于直接劳动或具体劳动层

---

① 〔意〕奈格里：《帝国与大众》（上），黄晓武编译，《国外理论动态》2003 年第 12 期。

面,是不包含任何生产关系的一般主体性劳动。当他们从这种具体劳动("多")来界定新的革命主体时,必然会得出一种没有内在同一性的、多样化的大众群体;而当大众联合起来时,他们自然也就认为,前者实现了对一般智力的全部占有,成为与帝国和资本相对立的自治主体,届时,后者的末日也就到来了。实际上,这整个逻辑与"机器论片断"一样,都是建立在对直接劳动的分析之上的,完全忽视了抽象劳动。马克思后来指出,抽象劳动才是整个资本主义价值生产的内在基础,这种劳动"既同劳动独有的特殊性毫无关系,也同劳动的这种特殊性借以体现的特殊使用价值毫无关系"。① 不论直接劳动采取什么形式,物质劳动还是非物质劳动,只要它生产剩余价值,那都是一种雇佣劳动。针对这一点,马克思在《剩余价值学说史》第 1 卷的 "非物质生产领域中的资本主义表现" 中做出了深刻分析。他举例道:"例如,在学校中,教师对于学校老板,可以是纯粹的雇佣劳动者,这种教育工厂在英国多得很。这些教师对学生来说虽然不是生产工人,但是对雇佣他们的老板来说却是生产工人。老板用他的资本交换教师的劳动能力,通过这个过程使自己发财。戏院、娱乐场所等等的老板也是用这种办法发财致富。在这里,演员对观众说来,是艺术家,但是对自己的企业主说来,是生产工人。"② 这清楚地表明,所谓非物质劳动只不过是资本追逐剩余价值所建构出来的一种新形式,它在本质上并没有摆脱抽象劳动的控制。就此而言,要想真正终结帝国和资本的统治,就不能单纯停留在直接劳动(非物质劳动)领域的变革和联合,也不能简单诉诸一般智力的大众化(大众智能的苏维埃),更不能寄希望于主体(大众)的自治,相反,必须回到马克思的历史辩证法,通过对资本主义内在矛盾的分析来寻求无产阶级革命的现实可能性,从而彻底变革资本主义的生产关系。从这个角度而言,意大利自治主义学派所开出的药方无疑是一种乌托邦,而他们在实践中的全面失败,正是这种乌托邦的最好证明。对此,齐泽克评价道,"他们没有能够在当前的条件下去重复马克思的分析,即无产阶级革命的前途就蕴含在资本主义生产方式的内在矛盾之中",③ 而是单纯地诉诸主体权利,企图建立一种 "没有革命的革命",这在本质上

---

① 《马克思恩格斯全集》第 26 卷第 1 册,人民出版社,1972,第 151 页。

② 《马克思恩格斯全集》第 26 卷第 1 册,第 443 页。

③ 〔斯洛文尼亚〕齐泽克:《哈特和奈格里为 21 世纪重写了〈共产党宣言〉吗?》,何吉贤译,许纪霖主编《帝国、都市与现代性》,第 85 页。

又重新退回到"前马克思主义"的立场之中了。这真是一针见血地戳中了他们的要害。

三 "主观公式"与"客观公式"的辩证法：《资本论》哲学意义的再思考

意大利自治主义者之所以抬高《大纲》和"机器论片断"，过分贬低《资本论》，根本原因在于，他们认为《资本论》完全是客体化的逻辑，无法为主体政治学的建构提供有力支撑，唯有回到"机器论片断"，才能为这种主体逻辑找到合法基础。① 相较于早期的《1844年经济学哲学手稿》与《资本论》的对立，以及后来的《共产党宣言》与《资本论》的对立，意大利自治主义学派无疑提出了一个全新的对立，即《大纲》与《资本论》的对立，这也就是"超越马克思的马克思""超越马克思主义的马克思主义"② 等标题流露出来的真实内涵。综观这些对立论，虽然文本不停地在变，但核心观点却一直没变：《资本论》完全是一部客体主义的著作，到处充斥着客观规律，没有为主体和阶级斗争留下丝毫空间。在这些指责的背后始终存在一个核心问题，即如何理解马克思的革命理论，或者说，如何理解生产力和生产关系的矛盾运动与阶级斗争之间的辩证关系。这也就是马克思主义哲学史上著名的"客观公式"与"主观公式"的关系问题。唯有科学解答这一问题之后，我们才能有效回应自治主义者对《资本论》的批评，才能准确定位《资本论》的哲学意义及其政治意蕴。

在《社会主义的前提和社会民主党的任务》中，伯恩施坦指出，在革命理论上，马克思没有发明权，他完全承袭了布朗基，因而是一个彻头彻尾的布朗基主义者。"在过高估计革命暴力对于现代社会的社会主义改造

---

① 阿根廷学者吉多·斯塔罗斯塔也认为只有回到"机器论片断"，才能为工人阶级斗争提供最终依据，但他的论证逻辑与自治主义完全相反：奈格里是因为《资本论》缺乏主体逻辑，进而主张回到"机器论片断"；而斯塔罗斯塔则是因为《资本论》关于资本辩证法的分析存在重大缺陷，不足以支撑整个阶级斗争理论，进而主张回到这一片断。虽然他们的认知逻辑存在严重对立，但殊途同归。参见 Guido Starosta, "The System of Machinery and Determinations of Revolutionary Subjectivity in the *Grundrisse* and *Capital*," in *Marx's Laboratory: Critical Interpretations of the Grundrisse*, ed., Riccardo Bellofiore, GuidoStarosta and Peter D. Thomas, Leiden/Boston: Brill, 2013, pp. 236-237。

② Saree Makdisi, Cesare Casarino and Rebecca E. Karl, ed., *Marxism beyond Marxism*, New York: Routledge, 1996.

的创造力这一点上，它从来没有完全摆脱布朗基主义的见解。"① 可以说，这是对马克思革命理论的最大歪曲。针对这种革命恐怖主义，马克思、恩格斯生前就曾做过尖锐批判："这些密谋家并不满足于一般地组织革命的无产阶级。他们要做的事情恰恰是要超越革命发展的进程，人为地制造革命危机，使革命成为毫不具备革命条件的即兴诗。在他们看来，革命的唯一条件就是他们很好地组织密谋活动。他们是革命的炼金术士，完全继承了昔日炼金术士的邪说歪念和狭隘的固定观念。"② 与这种革命密谋不同，成熟时期的马克思既反对从抽象人性的角度对革命事业进行思辨论证，也反对任何超越历史进程而人为地制造革命的做法，相反，他始终立足于历史发展的内在矛盾，来探求无产阶级革命的现实可能性。可以说，这一思想贯穿了从《德意志意识形态》到《资本论》的整个发展过程，并在后面的文本中得到了进一步的深化和发展。

在《德意志意识形态》中，马克思、恩格斯指出，生产力和交往形式之间的矛盾构成了一切历史冲突的根源，随着这一矛盾的爆发，"每一次都不免要爆发为革命"。③ 到了《哲学的贫困》和《雇佣劳动与资本》，马克思开始从生产关系入手，来揭示"构成现代阶级斗争和民族斗争的物质基础的经济关系"。④ 这些思想在《共产党宣言》中得到了集中展现。在这一文本中，马克思似乎更突出了阶级斗争的重要性，这也是一些学者（比如莱尔因）将其视为"主观公式"的经典之作，进而将其与"客观公式"对立起来的重要原因。⑤ 实际上，这恰恰是错误的。在 1888 年英文版序言中，恩格斯强调，这一著作的核心思想就是："每一历史时代主要的经济生产方式和交换方式以及必然由此产生的社会结构，是该时代政治的和精神的历史所赖以确立的基础，并且只有从这一基础出发，这一历史才能得到说明；因此人类的全部历史（从土地公有的原始氏族社会解体以来）都是阶级斗争的历史，即剥削阶级和被剥削阶级之间、统治阶级和被压迫阶级之间斗争的历史。"⑥ 以此来看，阶级斗争绝不是外在于客观公式的一条

---

① 〔德〕伯恩施坦：《社会主义的前提和社会民主党的任务》，殷叙彝译，三联书店，1965，第 81 页。
② 《马克思恩格斯全集》第 7 卷，人民出版社，1959，第 321 页。
③ 《马克思恩格斯选集》第 1 卷，人民出版社，2012，第 196 页。
④ 《马克思恩格斯选集》第 1 卷，第 327 页。
⑤ 〔英〕莱尔因：《重构历史唯物主义》，姜兴宏等译，中国社会科学出版社，1991，第 24 页。
⑥ 《马克思恩格斯选集》第 1 卷，第 385 页。

独立逻辑，而是始终奠基在后者之上的。柯尔施正确地指出了这一点，所谓主观公式只是对客观公式的补充和说明，是"同一事物的如实表达"。①因此，将《共产党宣言》中的阶级斗争逻辑界定为一条与客观公式相对立的独立逻辑，恰恰是站不住脚的。经过 1848 年欧洲大革命的历史反思，马克思更加明确地得出了如下结论："在这种普遍繁荣的情况下，即在资产阶级社会的生产力正以在整个资产阶级关系范围内所能达到的速度蓬勃发展的时候，也就谈不到什么真正的革命。只有在现代生产力和资产阶级生产方式这两个要素互相矛盾的时候，这种革命才有可能。……新的革命，只有在新的危机之后才有可能发生。但新的革命正如新的危机一样肯定会来临。"②换言之，只有将革命奠基于资本主义的内在矛盾之上，这种革命才具有现实可能性。

但是，我们能否说这里的阶级斗争理论已经彻底成熟了？笔者持保留态度。在这里，我们必须严格区分两个不同的层次：一是一般历史观层面，一是具体社会形态层面。在这些文本中，马克思、恩格斯从生产力与生产关系的矛盾运动入手，揭示了人类历史发展的客观规律，并力图从中引出阶级斗争的客观基础，这对于批判历史唯心主义和革命唯意志论而言已经足够。因此，从第一个层面来看，马克思、恩格斯的确已经建立了科学的历史观。但一旦立足于第二个层面，我们就会发现，这里的分析显然还不够。生产力与生产关系的矛盾运动毕竟只是一个科学抽象，用这一抽象"不可能理解任何一个现实的历史的生产阶段"。③因此，要想完成这一任务，就必须超越一般层面，从抽象上升到具体，系统研究资本主义的运行机制及其发展规律，唯有如此，才能真正为无产阶级革命提供科学依据。那么，此时马克思对资本主义内在矛盾的分析是否已经成熟了？显然还不能这样认为。比如，在《德意志意识形态》中，此时他还是从分工入手来分析资产阶级社会的内在矛盾，从而把无产阶级革命建立在由分工所导致的工人的片面化发展之上，虽然这与思辨主体逻辑存在本质区别，但这一思路还是不够的，因为单纯从分工入手是不可能科学解剖所有制形式演变和资本主义运行机制的。这反映了他当时掌握的经济史知识还完全不

---

①　〔德〕柯尔施：《卡尔·马克思——马克思主义的理论和阶级运动》，熊子云等译，重庆出版社，1993，第 149 页。

②　《马克思恩格斯选集》第 1 卷，第 541 页。

③　《马克思恩格斯全集》第 30 卷，第 29 页。

够,就像后来恩格斯反思的那样:"在这篇稿子(指《费尔巴哈论》——引者注)送去付印以前,我又把 1845—1846 年的旧稿(指《德意志意识形态》——引者注)找出来看了一遍。其中关于费尔巴哈的一章没有写完。已写好的部分是阐述唯物主义历史观的;这种阐述只是表明当时我们在经济史方面的知识还多么不够。"① 再比如,在《共产党宣言》和《1848年至 1850 年的法兰西阶级斗争》中,虽然此时他明确提出了只有当生产力与资本主义生产关系发生矛盾的时候,无产阶级革命才有可能,但这种矛盾的标志是什么呢?答曰:工商业危机。② 此时他显然把危机当成了资本主义灭亡的"病理性"标志,从而在革命与危机之间建立了直接依赖关系。

1857 年,资本主义社会爆发了第一次世界性经济危机,这促使马克思夜以继日地工作,"为的是在洪水之前至少把一些基本问题搞清楚"。③ 而这次研究的结晶,就是后来的《大纲》。在这一文本中,马克思的确在"一些基本问题"上取得了重要突破:货币理论、劳动力理论、剩余价值理论、商品二重性理论等。但就"机器论片断"而言,如上所述,马克思关于资本主义内在矛盾的认识显然还存在重要缺陷,虽然它已经超越了前期的分工逻辑,力图站在机器大生产的高度来分析资本主义矛盾,但他并没有真正揭示资本主义的内在矛盾,而是把资本对一般智力的追求,进而导致直接劳动在财富生产中的作用不断下降这一矛盾,视为资本主义崩溃的客观依据,这显然是错误的。那么,此时他为什么会得出这样的结论呢?除了劳动二重性和相对剩余价值理论不足之外,一个重要原因在于,他还没有真正克服革命与危机的依赖模式。在这一片断中,他指出,资本对科学技术和一般智力的普遍追求,必然会提高生产率水平。就使用价值生产而言,这就意味着人们只需要"用一部分生产时间就足以满足直接生产的需要"。④ 随着这一趋势的发展,必然会出现生产过剩(危机),届时,必要劳动就会中断,剩余劳动也就失去了存在条件。⑤ 关于这一点,他在《大纲》的另一处说得更为明确:"危机。以交换价值为基础的生产方式和社会形式的解体。"⑥ 以此来看,此时他不仅把危机视为交换价值崩

① 《马克思恩格斯选集》第 4 卷,人民出版社,2012,第 218 页。
② 《马克思恩格斯选集》第 1 卷,第 406 页。
③ 《马克思恩格斯全集》第 29 卷,人民出版社,1972,第 219 页。
④ 《马克思恩格斯全集》第 31 卷,第 102 页。
⑤ 《马克思恩格斯全集》第 31 卷,第 103~104 页。
⑥ 《马克思恩格斯全集》第 30 卷,第 221 页。

溃的基础，而且也把它看作资本主义制度解体的重要依据，因此，他自然会把危机视为无产阶级革命的最佳时机。所以，在危机爆发之后，他就热切地期盼新一轮革命高潮的到来。但遗憾的是，这场危机并没有引发一场"汹涌澎湃的革命高潮"，更没有导致交换价值和资本主义制度的崩溃。这促使马克思不得不重新反思自己的判断。而这种反思的结果就是1859年"序言"中的"两个决不会"，即"无论哪一个社会形态，在它所能容纳的全部生产力发挥出来以前，是决不会灭亡的；而新的更高的生产关系，在它的物质存在条件在旧社会的胎胞里成熟以前，是决不会出现的"。① 在此之后，他再一次系统地研究了经济学，写下了数量庞大的《1861～1863年经济学手稿》，超越了《大纲》和"机器论片断"的内在局限性，完善了他对资本主义运行机制和内在矛盾的分析，最终在《资本论》中得到了公开阐述。

基于上述分析，可以看出，马克思的革命逻辑既不是基于人性做出的推论，也不是单纯依靠主体能动性制造出来的密谋运动，而是始终基于生产力和生产关系的矛盾运动，来寻求无产阶级革命的现实可能性。离开客观逻辑，抽象地谈论阶级斗争，或者说，单纯从主体能动性的角度引出阶级斗争，都是非法的。这是马克思对主观公式与客观公式辩证关系的科学认知，也是历史辩证法的精髓所在，离开了这一点，就无法真正把握马克思革命理论的精神实质，更无法将其与革命的庸俗派和唯意志论者区别开来。就此而言，从《德意志意识形态》、《共产党宣言》到《大纲》再到《资本论》的发展历程，绝不是莱尔因断言的那样，是主观公式与客观公式的断裂过程，更不是奈格里所说的从纯主体逻辑向纯客体逻辑的倒退过程，而是历史唯物主义从抽象上升到具体的发展过程，是他对资本主义运行机制解剖不断深化的过程，同时也是他不断丰富、发展和完善革命条件学说的过程。从这个角度而言，《资本论》的出场绝不是偶然的，而是马克思"为我们的党取得科学上的胜利"② 所进行的长期探索的理论结晶。

那么，《资本论》在何种意义上为阶级斗争提供了客观基础呢？笔者认为，主要表现在以下几个方面。

第一，机器大生产与阶级斗争的普遍化。大卫·洛威尔指出，马克思

---

① 《马克思恩格斯全集》第31卷，第413页。
② 《马克思恩格斯全集》第29卷，第554页。

的无产阶级理论完全是基于黑格尔的形而上学建构出来的一种抽象神话，根本不具有任何现实性。① 实际上，这一指责是站不住脚的。在《资本论》中，马克思指出，整个资本主义生产是建立在劳动力成为商品之上的，这就为他的无产阶级概念提供了一个科学基础：所谓无产阶级不再是法权意义上的那些没有财产的人的总称，而是那些没有生产和生活资料，只能靠出卖自己劳动力来维持生活的现代雇佣工人。而剩余价值理论则从根本上揭示了资本家与工人在阶级利益上的对立，为阶级斗争提供了合法的理论依据。但这并不是说，只要单纯基于剩余价值生产，工人就能自觉地形成普遍化的无产阶级，起来反抗资本的统治，恰恰相反，这种生成并不是一蹴而就的，而是取决于资本主义剩余价值生产的客观水平。马克思指出，在工场手工业阶段，分工的特殊性决定了此时工人必然无法超越劳动等级的限制，达到普遍性高度，"工场手工业发展了一种劳动力的等级制度，与此相适应的是一种工资的等级制度。一方面，单个工人适应于一种片面的职能，终生从事这种职能；另一方面，各种劳动操作，也要适应这种由先天的和后天的技能构成的等级制度"。② 而此时工人联合起来同资本家斗争，"最初目的只是为了维护工资"，③ 这种斗争还局限于单纯的经济行为。而机器大工业的发展，则彻底消除了工场手工业分工的技术基础，"在自动工厂里，代替工场手工业所特有的专业化工人的等级制度的，是机器的助手所要完成的各种劳动的平等化或均等化的趋势，代替局部工人之间的人为差别的，主要是年龄和性别的自然差别"。④ 一方面，它用大量妇女和儿童取代了成年工人，造成了庞大的过剩人口和产业后备军，也就为超越等级的普遍化无产阶级的生成提供了客观条件；另一方面，机器大工业消灭了一切手工生产和家庭劳动的存在基础，把他们统统变成了一无所有的无产阶级，这也就"消灭了'过剩人口'的最后避难所，从而消灭了整个社会机制的迄今为止的安全阀"，⑤ 为工人超越单纯的经济行为，上升到普遍化的政治斗争提供了客观条件。

第二，资本的运作机制与拜物教意识的解构。马克思认识到，作为资

---

① David W. Lovell, *Marx's Proletariat: The Making of a Myth*, London: Routledge, 1988, pp. 214-215.

② 《马克思恩格斯全集》第44卷，第405页。

③ 《马克思恩格斯选集》第1卷，第273页。

④ 《马克思恩格斯全集》第44卷，第483页。

⑤ 《马克思恩格斯全集》第44卷，第576页。

本主义的生产当事人，工人也必然会像资本家一样受到拜物教观念的束缚，"在作为关系的资本中……实质上具有特征的是，这种关系被神秘化了，被歪曲了，在其中主客体是颠倒过来的，就象在货币上所表现出来的那样。由于这种被歪曲的关系，必然在生产过程中产生出相应的被歪曲的观念，颠倒了的意识"。① 那么，工人如何才能超越这种歪曲观念，形成革命的阶级意识呢？在《资本论》中，马克思从两个维度对这一问题做出了解答。从本质层面而言，他指出，整个资本主义生产完全是建立在对工人的奴役之上的，"在资本主义制度内部，一切提高社会劳动生产力的方法都是靠牺牲工人个人来实现的；一切发展生产的手段都转变为统治和剥削生产者的手段……这些手段使工人的劳动条件变得恶劣，使工人在劳动过程中屈服于最卑鄙的可恶的专制，把工人的生活时间转化为劳动时间，并且把工人的妻子儿女都抛到资本的札格纳特车轮下"。② 这是资本主义积累的一般规律。这种奴役化的生产实践必然会使工人认识到资本主义生产过程的本质，破除对资本的一切美好幻想，进而"迫使他反对所有这种关系，从而反对与这种关系相适应的观念、概念和思维方式"。③ 另外，马克思在《资本论》第3卷中详细分析了资本本质的社会化过程，揭示了工人在日常生活中看到的种种现象是如何生长出来并最终以"三位一体"公式固定下来的。通过这种探讨，马克思实现了对资本主义生产总过程的历史分析，为工人认识各种颠倒观念的生成机制提供了有力武器。以此来看，工人要想摆脱资本主义拜物教观念的束缚，单纯依靠主体自觉是行不通的，必须以资本的运动和发展为客观前提。

　　第三，资本的内在界限与革命时机的诊断。在《资本论》中，马克思已经不再把经济危机视为资本主义灭亡的病理性标志，而是将其视为资本主义工业发展的生理周期，"工业的生命按照中常活跃、繁荣、生产过剩、危机、停滞这几个时期的顺序而不断地转换"。④ 经济危机并不意味着资本主义的内在矛盾已经达到了彻底成熟的程度，更不意味着资本主义制度就要灭亡了，相反，它只是资本主义发展的一个生理阶段，因此，绝不能把经济危机视为无产阶级革命的最佳时机。在《资本论》中，马克思指出，

① 《马克思恩格斯全集》第48卷，人民出版社，1985，第257~258页。
② 《马克思恩格斯全集》第44卷，第743页。
③ 《马克思恩格斯全集》第48卷，第258页。
④ 《马克思恩格斯全集》第44卷，第522页。

实际上，存在两种不同的危机：一是由剩余价值实现所导致的外在危机，一是由剩余价值生产所引发的内在危机。前者的原因具体包括有支付能力的消费不足、生产部门的比例失调以及流通中的货币量的限制等，虽然它们在本质上也根源于资本主义的内在矛盾，但这种危机并不意味着资本主义已经丧失了发展活力。第二种危机则表现为由资本积累和一般利润率趋于下降规律①引发的内在危机。马克思指出："利润率的下降和积累的加速，就二者都表现生产力的发展来说，只是同一个过程的不同表现。"② 它们共同表明，资本生产永远无法克服生产力的绝对限制。资本主义积累的历史趋势必然是生产资料日益集中于少数人手中，这与生产力的社会化发展产生了不可避免的冲突；而一般利润率下降规律则表明，"资本主义生产方式在生产力的发展中遇到一种同财富生产本身无关的限制；而这种特有的限制证明了资本主义生产方式的局限性和它的仅仅历史的、过渡的性质；证明了它不是财富生产的绝对的生产方式，反而在一定阶段上同财富的进一步发展发生冲突"。③ 一旦达到一定程度，必然导致资本主义内在矛盾的爆发，引发无产阶级革命。届时，"资本的垄断成了与这种垄断一起并在这种垄断之下繁盛起来的生产方式的桎梏。生产资料的集中和劳动的社会化，达到了同它们的资本主义外壳不能相容的地步。这个外壳就要炸毁了。资本主义私有制的丧钟就要响了。剥夺者就要被剥夺了"。④

　　基于上述分析，可以看出，《资本论》本身包含着非常明确的政治导向，是全面服务于无产阶级革命的。恩格斯充分肯定了这一点："《资本论》在大陆上常常被称为'工人阶级的圣经'。任何一个熟悉工人运动的人都不会否认：本书所作的结论日益成为伟大的工人阶级运动的基本原则……各地的工人阶级都越来越把这些结论看成是对自己的状况和自己的

---

① 在《大纲》中，马克思从固定资本的发展引出了两条崩溃逻辑：一是"机器论片断"中的"魁奈之谜"；二是在第三篇"资本作为结果实的东西"中提出来的"利润率趋于下降规律"。在后来的发展中，马克思放弃了第一条逻辑，坚持了第二条逻辑。不过，必须注意一点，《大纲》中的"利润率趋于下降规律"与《资本论》第3卷中的"一般利润率趋于下降规律"还存在一定差异，因为在《大纲》中，马克思还没有科学解决剩余价值向平均利润的转化问题，没有澄清价值和生产价格的差异问题（《马克思恩格斯全集》第31卷，第630页注19）。

② 《马克思恩格斯全集》第46卷，第269页。

③ 《马克思恩格斯全集》第46卷，第270页。

④ 《马克思恩格斯全集》第44卷，第874页。

期望所作的最真切的表述。"① 因此，当詹姆逊将《资本论》解读为一部没有政治结论的、纯粹关于失业的书时，② 恰恰从根本上解构了《资本论》的政治意蕴和实践旨趣。另外，这些分析也表明，《资本论》绝没有抛弃阶级斗争，而是始终从资本的客观运动中引出阶级斗争。对此，柯尔施正确地指出，《资本论》表明，马克思的革命逻辑既不是忽视阶级斗争的机械决定论，也不是单纯强调主体能动性的革命唯意志论，而是始终强调"无产阶级革命的客观前提……这种前提不可能通过纯粹的良好领导、正确的理论或者富有战斗力的革命组织去取代"。③ 因此，当第二国际正统以此为依据，将马克思哲学诠释为经济决定论时，恰恰忽视这一著作包含的阶级斗争意蕴；而当意大利自治主义者和莱博维奇④批判《资本论》没有为阶级斗争留下任何空间时，恰恰又走向了另一种极端，彻底否定了革命逻辑的客观基础，将阶级斗争完全界定为一种纯主体性活动。而当克里弗仅仅依据这种主体性来重构《资本论》时，恰恰把马克思革命理论的整个客观基础彻底刨掉了。不过，对自治主义者而言，这没有什么好奇怪的，因为他们所理解的革命本来就是一种人为制造的恐怖袭击活动，完全是布朗基主义和雅各宾主义在当代意大利的延续，而奈格里本人就是"红色恐怖主义"的鼓吹者。有了这一点，他们的一切理论建构自然就一目了然了。

（本文原载于《学术月刊》2017 年第 5 期）

---

① 《马克思恩格斯全集》第 44 卷，第 34 页。
② 〔美〕詹姆逊：《重读〈资本论〉》，胡志国等译，中国人民大学出版社，2013，第 2、111 页。
③ 〔德〕柯尔施：《卡尔·马克思——马克思主义的理论和阶级运动》，第 161 页。
④ 〔加〕莱博维奇：《超越〈资本论〉——马克思的工人阶级政治经济学（第二版）》，崔秀红译，经济科学出版社，2007，序言第 4 页。

哲学：追求真理还是丰富对话？

陈亚军*

一 西方哲学的当代分裂

在西方哲学自古希腊以降的两千多年历史中，哲学从来没有遇到过今天这样的危机。在过去的岁月中，虽然有过中世纪对神学的依附，但西方哲学家们仍然可以在经院内运用理性围绕着神学的话题交流各自的观点，讨论实在论、唯名论的孰是孰非。哲学家之间起码的协同感（the sense of solidarity）并没有丧失。然而这种状况在 20 世纪发生了根本的改变，哲学家阵营产生分裂，英美分析哲学家和欧洲大陆哲学家①形同路人，彼此不了解对方，也不明白对方在做些什么。分析哲学家们既不懂尼采、海德格尔、福柯、德里达在说些什么，也没有兴趣读他们的著作；同样，大陆哲学家们并不觉得有什么必要去研读罗素、卡尔纳普、奎因或戴维森，对那种把哲学符号化的做法更是感到从未有过的陌生。就像罗蒂所说的，能同时在两个阵营之间游刃有余的哲学家并不多见。②

应该说，同一学科下的不同分支之间，彼此不了解、不明白对方的工作性质和意义，这种情形十分常见。天体物理学家未必懂得物理化学家在说些什么，经典物理学家未必懂得量子力学家在说些什么，大脑神经学家未必懂得细胞蛋白质学家在说些什么。但科学家们似乎没有为此感到焦

---

* 陈亚军，浙江大学人文学院教授，博士生导师，2006～2007 年任南京大学高研院第二期驻院学者。

① "大陆哲学"是一个很不精确的概念，本文在"不以科学为楷模，而以文学为榜样的哲学"意义上使用这个概念，显然，它指的是以尼采、海德格尔、福柯、德里达为英雄的欧洲哲学，并不包括胡塞尔。

② Richard Rorty, "Analytic Philosophy and Conversational Philosophy," in *Philosophy as Cultural Politics*, Cambridge: Cambridge University Press, 2007, p. 120.

虑，因为对他们来说，这些彼此之间的隔膜，并不影响他们对科学自我形象的共同理解。当代哲学则与此大不相同。在英美哲学家眼里，海德格尔、德里达无异于江湖骗子，说着一些似是而非的语言，满足人们对神秘感的迷信；而在大陆哲学家看来，英美的分析哲学家们已经将哲学引入歧途，使其堕落为一种小打小闹的技艺，一种烦琐不堪、不值一提的小玩意儿。[1] 他们彼此对对方的工作嗤之以鼻。何以至此？答案是：在他们各自的心目中，有着一幅互不相容的关于哲学应该是什么的图画。换句话说，他们在元哲学层面上，在哲学观上具有重大的分歧。我们不应该对哲学家们的真诚有任何怀疑，他们献身哲学的激情毫不逊色于他们的前辈，也毫不逊色于和他们同在一个学校的物理学系或化学系的同事，他们之间的战争涉及一个严肃的话题：什么是哲学？

英美分析哲学家眼中的"哲学"始终和科学形象连在一起。自然科学的进步和成就给他们留下了深刻印象，追求精确、重视论证，是他们所崇尚的风格。在他们看来，哲学应该效仿科学，澄清知识结构，展示知识要素之间的关系，一劳永逸地在知识和谬误之间划出牢靠的界限。而大陆哲学家则对哲学的科学形象毫无兴趣，他们更愿意从文学那里汲取哲学养料。"真理"不是他们所热衷的话题，他们的"目的是维持谈话的继续进行，而不是发现客观真理"。[2] 他们并不对如何准确地映现世界感兴趣，而是对如何为我们的旧语汇增加新词，使我们的生活更加丰富感兴趣。

因此，罗蒂更愿意用"对话哲学"而不是"大陆哲学"来概括这一哲学倾向。应该说，"对话哲学"比"大陆哲学"更准确地揭示了与分析哲学相对立、当下在欧洲大陆流行的哲学特征。

当代西方哲学的分裂折射出斯诺所说的"两种文化"之间的冲突，这种冲突由来已久，今日西方哲学的分裂，其实早在 18 世纪和 19 世纪的理性主义和浪漫主义的战争中埋下了伏笔。

---

[1] 齐泽克就此说过："在当今的美国，哲学系里认知主义和大脑研究占据了统治地位，而大多数的'大陆哲学'却属于比较文学系、文化研究、英语、法语和德语系（就如他们所说，如果你研究小白鼠的脊椎，那么你就在研究哲学；如果你研究黑格尔，你就归属于比较文学）。"（斯拉沃热·齐泽克、格林·戴里：《与齐泽克对话》，孙晓坤译，江苏人民出版社，2005，第 55 页）

[2] 罗蒂：《哲学和自然之镜》，李幼蒸译，三联书店，1987，第 328 页。

二 理性主义及其困境

西方哲学长期以来，理性主义一统天下。它的基本特征在古希腊哲学家那里已经被规定得很清楚。（谈什么是理性主义）

以赛亚·伯林把这种理性主义传统看作是西方文化的特征，认为它主要由三个支柱支撑：第一，所有真正的问题都能得到解答，无法得到解答的问题，必定不是真正的问题；第二，所有的解答一定是可知的，是可以学习、传授的，并且存在一种可被学习和传授的技巧，人们借此寻求答案；第三，所有的解答一定是彼此互容的，它们融会在一个大写的真理之下。[1]

这种理性主义是西方文化传统的一般预设。它不仅是哲学的骄傲，也是西方文化的所需。理性化程度的高低，逼近大写实在的距离的远近，成了文化各部门有序排列的根据。目标坚定而又明确，"真理"作为耀眼的灯塔，指明了人们前进的方向。

伯林认为，西方哲学自柏拉图以来的这种理性主义模式主要来自希腊人对数学、几何学的推崇："相信世上存在一种完美的前景，相信只需借助某种严格的原则，或某种方法就可达到真理，至少这是与冷静超然的数学真理相似的真理——这种信念影响了后柏拉图时代的许多思想家，……他们认为有可能——如果不是绝对的话——达到某种近乎绝对的真理来整饬世界，创造某种理性秩序，由此，悲剧、罪恶、愚蠢，这些在过去造成巨大破坏的事物，最终可以通过应用谨慎获得的知识和普遍理性得以避免。"[2] 然而，伯林提醒人们，必须警惕这种理性主义幻象，因为它容易背离自己的初衷，导致对人的奴役："毫无例外，这些模式的初衷是要将人类从错误中解放出来，从困惑中解放出来，从不可认知但又被人们试图借助某种模式认知的世界中解放出来；但是，毫无例外，这些模式的结果就是重新奴役了解放过的人类。这些模式不能解释人类全部经验。于是，最初的解放者最终成为另一种意义的独裁者。"[3] 怎么理解伯林所说的理性对

---

[1] 以赛亚·伯林著，亨利·哈代编《浪漫主义的根源》，吕梁等译，译林出版社，2008，第 28~29 页。

[2] 以赛亚·伯林著，亨利·哈代编《浪漫主义的根源》，第 10~11 页。

[3] 以赛亚·伯林著，亨利·哈代编《浪漫主义的根源》，第 11 页。

真理的追求会导致新的独裁呢？我想，可以有这样几个解释：第一，就像伯林上面所说的，"这些模式不能解释人类全部经验"。在不同的文化传统中，是否要运用希腊人所推崇的那种理性模式来解释世界、安排人的生活，是不确定的。有些文化，比如犹太文化，其信念主要来自家庭生活，来自父与子的关系，人们据此来解释自然和人生，这在希腊人看来是匪夷所思的。再比如中国传统的非线性的阴阳辩证思维方式，由人伦推及宇宙的天人合一的思维方式等，也不同于希腊理性的思维方式。如果只有理性的方式才能把握真理，则所有这些思维方式都应该被放弃。第二，从存在主义的视角看，当我们在人那里找到作为其本质的理性，并把人的使命定为运用这一理性达到大写真理的时候，我们无异于把人降到了物的水平，使人变成了一种受奴役的存在者。物和人的不同在于，它在存在之初已经被规定了本质，它受这种本质的制约，并无自己的存在。桌子的本质是什么，早在桌子存在之前已经被确定了。而人不是这样的，人存在着，不断地选择着、创造着，直到死亡，才能"盖棺论定"。当我们说人有一种本质，叫理性，其天命是认识真理以后，我们实际上是在逃避选择，逃避自由，好像有一种强制力，促使着我们朝向一个目标，抗拒它就是抗拒真理、抗拒过人的生活。第三，如果说真理是信仰的结果，那么我们还可能有别的信仰的余地。但如果说真理是每一个有理性的人，运用其理性必然要承认的东西时，它就获得了一种无比强大的威力。不接受它，就是故意闭起眼来敌视真理，这样的人，要么是精神有问题，要么是出于不可告人的目的。所以，阿奎那要用理性来证明上帝，也就不足为奇了。理性以及作为理性之目标的真理，具有一种强制力，一种一体化的强制力。个人在它的面前是软弱无力的，笛卡儿、康德都崇尚理性，要我们运用自己的理性来思考，"敢于运用你的理性"成了启蒙运动最响亮的口号，然而，如果这种理性只是我们共同拥有却又只能服从而无法改变的宿命的话，个人就只能是理性实现它自己的奴隶。人从上帝那里解放了出来，但又重新被自己的理性奴役。

正是出于对理性主义这种负面效应的反抗，我们看到，在启蒙运动倡导理性主义之后不久，西方的思想舞台上，一个新的角色登场了。如果说，在启蒙运动那里是上帝和巨人之间决斗的话，那么这个新角色的使命，就是要在巨人打倒上帝之后，对巨人进行挑战。这个新角色的名字就是："浪漫主义"。

三 浪漫主义的兴起①

什么是浪漫主义？伯林承认，这是一个难以回答的问题，不同的人在不同的意义上使用着这一概念。司汤达、歌德、尼采、西斯蒙迪、海涅、马克思、施莱格尔等，都在"浪漫主义"画板上涂上了自己的素描。所以，伯林放弃了为"浪漫主义"下定义的途径，转而从思想史的追溯中寻找浪漫主义的精神。在伯林看来，给启蒙运动以最沉重打击，启动浪漫主义进程，可被称作"浪漫主义之父"的，不是那些大名鼎鼎的法国人，而是一位早先名不见经传的德国人，他就是约翰·乔治·哈曼（J. G. Hamann）。哈曼和康德同住一城，生活潦倒，康德曾资助过他。但从思想上来说，他一生与康德为敌。

哈曼很早就欣赏休谟的观点，对理性提出质疑。我们知道，休谟是第一个对理性加以挑战的哲学家。他认为，仅凭理性，我们甚至无法论证面前这张桌子的存在。注意，这里说的是仅凭理性我们无法论证它存在，当然我们都知道，如果你用脑袋撞它，你会吃苦头，但这并不是理性的论证。所以，在这里，我们是相信有一个桌子存在，它就是我们的信念，一种心理的信念，不是理性告诉我们这一点的。生活不是凭借理性的，如果理性至上，我们甚至不能喝下一杯水去。

和伯格森相似，哈曼告诉我们，生活是一道流水，想用理性固定它、截断它，其结果必定是毁灭它。用理性、概念、一般性来整饬世界，实际上是扼杀了生活；理性不能涵盖非常之物，不能欣赏特殊，而唯有特殊才真正有意味。读一本书不是对它和其他书的共同之处感兴趣，看一幅画也不是要看画家与画家千篇一律的手法，在这里，打动我们心灵的是那些特殊信息，那些具体的差异。而正是这些具体的差异才真正表白了一个事物的真实所在。要认识一个人，了解一个人，不能仅仅通过理性的、概念化的分类，因为这种分类是把一种活生生的、跃动的、独特的、非对称的、不可归类的个体经验强行地放置于概念和范畴的一个个抽屉里，结果是毁灭了这个真实的生命。要想真正了解一个人，就必须关注他/她的一举一

---

① 以赛亚·伯林在他的《浪漫主义的根源》一书中，对浪漫主义的产生和性质有极为漂亮的论述。本文对浪漫主义和理性主义的阐释主要以他的论述为根据。

动、一颦一笑、一皱眉、一叹息，关注他/她的姿态、他/她说话的音调、他/她书写的笔迹等属于他/她的独特性特征。

理性、科学可以满足我们的实践需要，解决我们的衣食住行，但是，这不是生命最深刻的追求。用伯林对哈曼的诠释来说，"如果你问自己人们追求的是什么，人们真正想要的是什么，你会发现他们想要的并非如伏尔泰想象的那样。伏尔泰以为他们要的是幸福、满足、安宁，但事实并非如此。人们想要的是自己的才能能够得到淋漓尽致的发挥。人们想要的是创新，人们想要的是创造，……一个曾被安置在伏尔泰花园中的人，经过雕凿和修饰，由一些博闻多识的贤哲抚养成人——这些贤哲通晓物理、数学，以及百科全书所推崇的所有科学学科，这个人可能就是某种形式的活死人"。① 理性或许能帮助人们获得成功，但人类灵魂的极乐，不是某个生活目的的实现，而是充分发挥自己的能量。

浪漫主义最重要的特征或许就是后来赫尔德（J. G. Herder）所说的表白主义。用哲学的语言说，就是自己通过自己的作品把自己表白出来，自己就在这种表白中存在，这是人的基本的存在方式，"一个人无论做什么事情，都是在充分地表白自己的本性"。② 用这种方式来看待事物，会获得一种和理性主义很不相同的视域。就以如何看待艺术品为例吧。伯林告诉我们，18 世纪人们对什么是艺术品有一种共识，艺术品具有成为艺术品的本质，它具有一些理性的特征，如美丽、对称、匀称等。一件物品，只要具有了这些特征，无论置于何处，都是艺术品。它和谁创造了它，为什么创造它，毫无关系。但从哈曼和赫尔德的视角看，"艺术是一种表白，是一种表达出来的声音。一件艺术品就是一个人向其他人表达他自己的声音。一只银碗，一曲音乐，一首诗，甚至一条法律条文，管它是什么，只要是人手打造出来的成品，它就是创造者的生活态度的一种表白，有意识也好，无意识也好。当我们欣赏一件艺术品时，我们就是在与创造者发生某种接触，它对我们表白"。③ 凡·高的《向日葵》，并不符合理性主义的艺术要求，它是一种生活的表白，是画家个人的生命感受的表白。这种表白非同寻常，这使它成为它自己，独一无二。

---

① 以赛亚·伯林著，亨利·哈代编《浪漫主义的根源》，第 47~48 页。
② 以赛亚·伯林著，亨利·哈代编《浪漫主义的根源》，第 62 页。
③ 以赛亚·伯林著，亨利·哈代编《浪漫主义的根源》，第 63 页。

罗蒂极为赞赏伯林对于浪漫主义的诠释，给予伯林高度的评价，认为正是伯林，将原本是文学中作为古典主义对立面的浪漫主义转化为一个哲学概念，以与传统哲学的普遍主义、理性主义抗衡，使浪漫主义的伟大意义得以彰显。"浪漫主义最大限度地打破了柏拉图认为他已经配置起来的东西。它嘲弄了柏拉图想把数学的确定性和性爱的狂喜融合在一起的企图。它拒斥这样的想法：一个人用全部的内心、灵魂和头脑去热爱的那个特殊的人、城市或书籍，不过是某种永恒无限的东西、某种本身不屈从于偶然或挫折的东西所采纳的一种暂时的伪装。它抛弃了最终会将自己展示给所有那些努力客观思考的人们的无所不包的体系这种观念。"①

四　黑格尔的矛盾

浪漫主义精神深刻影响了西方哲学的后来者。德国古典哲学的奠基人康德，其理性主义是启蒙运动最大的骄傲；而作为德国古典哲学之集大成的黑格尔，则深深地显示了 19 世纪浪漫主义的印记。哈贝马斯曾经指出："耶拿出现了早期浪漫派的诗歌，而这就发生在黑格尔的眼皮下面。黑格尔立刻意识到，浪漫艺术与当时的时代精神是契合的：浪漫派的主观主义体现了现代性精神。但作为分裂的诗歌，浪漫艺术没有成为'人类的教师'，……哲学不能臣服于这种艺术。反之，哲学必须把自己看作是理性作为一体化的力量发挥作用的场所。"②

黑格尔处于矛盾之中，当他指出哲学是思想对时代精神的把握时，他要强调的是一种历史意识，只有通过时间中的具体，才能把握精神的要义。黑格尔放弃了康德式的形式理性，"辩证法"在罗蒂的解读下，就是"以再描述局部地取代推论"。③ 黑格尔的方法与其说是西方传统哲学的方法，不如说更接近浪漫主义的文学手法。"它不建构哲学理论，并提出论证来加以支持；相反的，他藉着不断转换语汇（从而改变主题），来避免论证。……他对前人的批评，不是他们的命题是错误的，而是他们的语言

---

① Richard Rorty, *Philosophy as Cultural Politics*, Cambridge：Cambridge University Press, 2007, p. 82.
② 哈贝马斯：《现代性的哲学话语》，曹卫东等译，译林出版社，2004，第 38 页。
③ 罗蒂：《偶然、反讽与团结》，徐文瑞译，商务印书馆，2003，第 112 页。

已经落伍过时了。由于发明了这种批评方法，年轻的黑格尔脱离了柏拉图/康德一脉相承的传统，而为尼采、海德格尔、德里达等人开启了一个反讽主义哲学的传统。"① 罗蒂这里所说的"反讽主义"的内涵和"浪漫主义"完全一致。罗蒂眼里的黑格尔，已经接近于放弃理性主义哲学而归依浪漫主义文学的立场。"他促使哲学变成一个文学类型。"② 黑格尔的哲学趣味，已经不再是追求与真理的逼近，而是注重与前人的关系，注重概念的转换。

除此之外，在黑格尔的精神哲学与赫尔德的表白主义之间，我们也能看到一种内在关联。表白主义把人的存在和意义合为一体，不是说人的存在只是一种事实，而他存在的意义却要由一个大写的理性来说明。不是的，人的存在，人把自己实现出来的存在，同时就是人的意义，希腊人所推崇的理念不是一种外在于人的本质，而就在人的存在过程中实现了自己。黑格尔以一种晦涩的方式继承了这一观点，精神的整个发展过程就是外化自己的表白过程，这个过程也就是精神的全部意义所在，是精神的整个自我解释。

用罗蒂的话说，黑格尔本来完全有可能是"承认一个不同于哲学的更好的文化产品已经来到市场上的第一位哲学家"。③ 或者就像克尔凯郭尔说的那样，如果黑格尔在他的《逻辑学》中开宗明义地宣称"这一切不过是一个思想实验"，那么他或许就是历史上最伟大的思想家。④ 然而令人遗憾的是，黑格尔没能最后捅破理性主义的天窗，他的浪漫主义伴随着他的青春骚动，最终窒息于他那威严的、永恒的、唯一的绝对精神之中。所有的变化最终只能按照逻辑朝向一个目标，所有的具体，最终只能是精神完成自己的手段。哈贝马斯在谈到黑格尔的时候这样说道："黑格尔根本就没有想要去打破哲学传统。直到黑格尔的后一代人，才意识到这样做的必要性。"⑤ 黑格尔的体系是一个自我分裂的体系，但是，也正由于这种分裂，黑格尔成为一位伟大的承前启后的人物。黑格尔是在完成一个无法完成的任务，他想"将人类的未来会变得不可想象地不同

① 罗蒂：《偶然、反讽与团结》，第 113 页。
② 罗蒂：《偶然、反讽与团结》，第 113 页。
③ Richard Rorty, *Philosophy as Cultural Politics*, Cambridge: Cambridge University Press, 2007, p. 97.
④ 参见罗蒂《偶然、反讽与团结》，第 148 页。
⑤ 哈贝马斯：《现代性的哲学话语》，第 59 页。

于——不可想象地丰富于——过去的浪漫主义观念与时间、历史以及差异都是来自永恒的一的混乱之物的希腊观念统一起来。……黑格尔的伟大在于他对时间和永恒之间、古典和浪漫之间那种张力的强调，而不在于他对它们的成功的综合。仿佛理性的狡诈在用黑格尔加强这种张力，以警告我们不要尝试任何这类的综合。"① 黑格尔之后，再没有人怀抱此类野心了。

黑格尔之后，西方哲学发生分裂。尼采、海德格尔拒绝了黑格尔哲学中的希腊理性主义要素，将他重视时间、历史，重视自我创造的浪漫主义一面发扬光大。而罗素和早期的维特根斯坦则整个将黑格尔扔在一边，重返康德的话题，探讨知识的本质、结构，想一劳永逸地划清知识与谬误的界限。如果说英美分析哲学继承了柏拉图-康德理性主义哲学传统对知识确定性的追求的话，那么大陆对话哲学所继承的就是黑格尔、尼采的浪漫主义哲学对不确定性的向往。正是由于对确定性的追求，科学在文化中占据霸主地位；也正是由于对不确定性的向往，文学成为文化中的宠儿。

五　罗蒂的中间道路

分析哲学和大陆哲学之间的分歧，是以科学为文化的楷模还是以文学为文化的楷模之间的分歧。这背后隐藏的是另外一个争论，那就是：哲学的鹄的是发现真理，还是使人类生活更加丰富。罗蒂的立场显然偏向于后者，这也是他被人们称作"后现代主义者"的原因所在。

然而和其他一些后现代主义者不同的是，罗蒂受过很好的分析哲学训练，熟悉分析哲学话语，同时又有很好的哲学史素养，这使得他能够在英美分析哲学和欧洲大陆哲学之间游刃有余。罗蒂认为，在维特根斯坦、奎因、塞拉斯、戴维森、库恩、普特南、布兰顿等众多分析哲学家的犀利批判之后，传统分析哲学乃至传统理性主义哲学的根基已经彻底动摇，逼近大写真理的渴望被彻底粉碎；基础主义、本质主义、表象主义，都是一些虚妄不实的神话，传统哲学的唯一价值是作为话语之一种，扩大我们想象

---

① Richard Rorty, *Philosophy as Cultural Politics*, Cambridge：Cambridge University Press, 2007, p. 79.

的范围，给人类生活带来某种希望。① 和尼采一样，罗蒂主张，真理不过是某种隐喻，哲学应该被当作文学加以解读，哲学家的形象不应该是发现真理或手握真理的牧师，而应该是刺激人们反讽，不断为人类生活增加新的有趣话语的对话者。浪漫主义"想象力（而不是理性）才是人类主要的能力"。② 对此，罗蒂说道：

> 我认为，从来就不应该把哲学放置在科学的确定无疑的道路上，试图把哲学放置在文学那里也不是一个好主意。我愿意把哲学教授们看作在实践着文化政治学。他们的方式之一就是提出语词使用的变化，并把新语词置于交流之中，由此希望打破僵局，使交谈更加富有成果。我很愿意放弃正确把握事物的目标，用扩大我们关于个体和文化的全套剧目来取而代之。根据这一观点，哲学的意义不是去找出事物真正像什么，而是去帮助我们成长——使我们更幸福，更自由，更灵活。我们的概念的成熟以及我们概念的全套剧目的不断丰富，构成了文化的进步。③

这样一来，哲学家不应该像数学家那样，热衷于所谓不变的永恒之物，他/她应该向诗人学习，因为诗人最善于运用隐喻不断丰富人们的语汇，最能体现浪漫主义的精神。被柏拉图驱逐的诗人，又被罗蒂请了回来，供奉在哲学殿堂的上上座。当卡尔纳普抛弃了"像一个艺术家一样"④的哲学家时，罗蒂则欢呼他们的复活。罗蒂颇为感慨地说道："浪漫、天才、超凡的魅力、个人色彩、先知和占卜者在英语国家的哲学领域已经过

---

① 罗蒂在他最著名的《哲学和自然之镜》一书中详细考察了分析哲学瓦解"哲学之镜"的过程，阐释了他关于哲学应该是一种"解释学"的主张。他把传统哲学家称作"系统哲学家"，把富有浪漫主义气质的哲学家称作"教化哲学家"。他说："伟大的系统哲学家是建设性的，并提供着论证。伟大的教化哲学家是反动性的，并提供着讽语、谐语与警句。他们知道，一旦他们对其施以反作用的时代成为过去，他们的著作就失去了意义。"罗蒂认为，在这一方面维特根斯坦和海德格尔做得相当漂亮，"他们成功运用这一立场的理由之一是，他们不认为，当我们说什么时，我们必定在表达关于某一主题的观点。我们可以只是说着什么，即参与一次谈话，而非致力于一项研究"（罗蒂：《哲学和自然之镜》，第 322、323 页）。
② 罗蒂：《偶然、反讽与团结》，第 17 页。
③ Richard Rorty, *Philosophy as Cultural Politics*, Cambridge：Cambridge University Press, 2007, p. 124.
④ 卡尔纳普：《通过语言的逻辑分析清除形而上学》，洪谦主编《逻辑经验主义》上卷，商务印书馆, 1982, 第 35 页。

时好几代了。这一切恐怕很难回潮了。"他批评"哲学丧失了浪漫和灵感，只剩下专业能力和复杂的思维"。①

然而，罗蒂并不是毫无保留地赞美浪漫主义。他的实用主义固然有着浓厚的浪漫主义底色，但在一个关键点上，罗蒂还是拉开了与浪漫主义的距离。浪漫主义从根本上说，是一种非理性主义，它所追求的是一种不顾一切的创新。就像伯林所描绘的那样："人们想要的是创新，人们想要的是创造，如果这些行为带来冲突，如果引起战争，如果招致争斗，那也是人类的命数。"② 应该说，这和实用主义倡导的面向未来、勇于创新的精神不无相同之处。威廉·詹姆斯就曾经说过："人生奋斗的冲动是人类不可磨灭的力量。"③ "我知道我在暴露我心里的粗野。但是还必须说，Ich kann nicht anders（我不能不如此）！"④ 罗蒂对此是极为欣赏的，但是他不愿意像浪漫主义走得那么远，他不赞成这种唯新是举的主张，他还要保留实用主义建设性的一面，他希望在理性主义和浪漫主义之间走出一条中间道路，尽管这条路更加贴近浪漫主义一边。当浪漫主义不惜招致人类的战争和毁灭而倡导创新的时候，罗蒂停住了脚步，他的实用主义立场不允许他继续追随浪漫主义前行。因为实用主义的核心主张是：只有当一种观念有利于人类繁荣幸福时，人们才应该欣然接受它，给予它"好的"或"真的"赞美，而当一种观念危害到人类的繁荣幸福时，无论它是多么的新，也不配享有"好的"或"真的"头衔。浪漫主义者常犯有哈贝马斯指责他们的错误："他们忽视了自己有责任提出有道理的富有想象力的建议，来解释何以新的制度或新的理论解决了老的制度或理论所不能解决的问题。"⑤

六 浪漫的个人与理性的社会

罗蒂寻找的是一条中间道路。它包含两个基本要点：第一，改造传统的理性概念。传统的以追求真理为使命的大写理性概念遭到批判，取而代

① 罗蒂：《筑就我们的国家》，黄宗英译，三联书店，2006，第97页。
② 以赛亚·伯林著，亨利·哈代编《浪漫主义的根源》，第47~48页。
③ 威廉·詹姆斯：《理性的情感色彩》，万俊人、陈亚军编译《詹姆斯文选》，社会科学文献出版社，2007，第203页。
④ 威廉·詹姆斯：《绝对主义和经验主义》，万俊人、陈亚军编译《詹姆斯文选》，第182页。
⑤ Richard Rorty, *Philosophy as Cultural Politics*, Cambridge：Cambridge University Press, 2007, p. 86.

之的是一种不受外在准则制约的"合情理性"，reason 被 reasonableness 取代，它只意味着具体实践语境下的所谓"合情理的""有教养的""清醒的"等美德。它意味着"逃避教条主义、固执和义愤"，代之以"容忍、尊重他人意见、乐于倾听、依赖说服而不是强力"。① 它追求的不是与大写实在的符合，而是一个文化语言共同体成员的"意见一致"。当一种意见能在这种说服而不是压服的基础上，通过耐心的对话被人们接受时，它就是合理的；而以如此方式达成结果的就是理性的。我们应该倡导的是这种对话所形成的意见一致，并以此为客观性的唯一含义。

针对罗蒂的立场，人们或许会提出这样的疑问："意见一致"所导致的是"正常话语"，是"常识"，而浪漫、反讽、批判所瞄准的正在于粉碎这"正常话语"的硬壳，为文化带来新的气息，两者相互龃龉，罗蒂所希望的综合何以可能？这里就涉及我要说的第二点，也是容易引起争议的一点，那就是，罗蒂主张把私人领域和公共领域分开。浪漫或反讽是私人领域的事情，而理性或"意见一致"是公共领域的事情，两者性质不同，不要混为一谈。因为这是两种性质完全不同的事情，一个是追求新颖的再描述，追求自我的不甘平庸，追求我之为我的形象，追求自我的不同于他人，追求自我的创造性；另一个关注的是社会公正与正义，追求减少人类的苦难，追求人类所应该具有的责任感。两者各有其价值，应该各司其守，而不是相互龃龉。当哈贝马斯指责尼采以及后现代主义者们对社会可能造成的危害时，他没有看到，这类思想家的意义不在于为社会正义贡献力量，而在于不断超越自我形象，为自我的发展贡献新的视角；而当尼采对社会平等和民主嗤之以鼻时，他也犯下了一个把原本是私人领域眼光放大到了社会，从而取消了民主、平等的价值，把自己变成了脱离社会、脱离人民的精神贵族的错误。

罗蒂既要理性主义，也要浪漫主义，和黑格尔综合两者的方式不同，他对两者进行了切割：在私人领域尽可能地浪漫，在公共领域则毫不妥协地捍卫理性。两者必须保持必要的平衡。

但问题在于，私人领域和公共领域的界限如何划出？平衡点在什么地方？罗蒂想说的是，这个问题不是哲学家所能回答的；没有人能事先划定两者的界限，它应该由社会学家、经济学家、心理学家、人类学家、历史

---

① Richard Rorty, *Objectivity*, *Relativity and Truth*, Cambridge University Press, 1991, p. 37.

学家、法学家等，共同参与来划出两者之间的界限。哲学家在这个话题上并没有更多的发言权。

七　问题与反思

第一，私人/公共能否分开？这个问题其实有两个含义。一是本体论的含义，在此意义上，我的回答是：不能！另一个是社会操作层面的含义，在此意义上，我的回答是：能，而且也应该！

但这里存在一个问题：私人领域诚然不受社会操作的制约，但在这个领域人们是否就应该为所欲为？在不涉及侵害他人利益的情况下，一个人是否就完全不应该受到限制？也就是说，在一个没有他人的孤岛上，一个人是否就可以变成魔鬼？他可以在不侵害他人的情况下任意地对现状进行再描述，从而使事情变得不一样？如果这样的话，文化的基础将变得非常薄弱。在一场大屠杀面前，在一场大地震面前，我们能在私人领域对它加以再描述，从而获得一种不同的理解吗？如果说不能，那么至少有些事情是不可以进行再描述的，这是我们的文化和我们的传统对我们形成的制约；没有这种制约，我们也就不成其为个人，从而也就失去了所谓私人领域的前提。我们接受了教化，一方面使我们成为社会的一员，另一方面使我们成为我们自己。没有它，我们将和动物无异，作为人类的一员而已，没有真正的自己。所以，我不认为私人领域应该为所欲为。

第二，社会的"意见一致"也同样需要浪漫主义、反讽主义的刺激，否则，就会形成新的所谓常识的教条主义，从而导致新的暴政。不断地进行再描述、批判、反讽，这不光是私人领域的事情，也同样应该是公共领域的事情。而哪些需要批判甚至否定，批判否定到什么程度，这同样是自然的"意见一致"所决定的，没有人能事先规定下来。仍然需要人们的对话、倾听、妥协。

所以，我的结论就是，私人领域不能没有理性，而公共领域也不能没有浪漫。哲学，应该既是理性的，也是浪漫的。

从社会科学拯救历史

——关于历史学学科特质的再思考

李里峰*

20 世纪见证了历史学不断面临挑战和危机，又不断自我调适以应对挑战、摆脱危机的过程。除了社会政治变迁的时代大背景之外，近百年来历史学所遭遇的挑战主要来自社会学、经济学、心理学、政治学、人类学等社会科学（后来又加上了文学理论及文化研究、后殖民研究、性别研究等跨学科研究领域），吊诡的是，它借以应对挑战的学理资源也大多来自这些学科。杜赞奇（Presanjit Duara）教授曾撰写《从民族国家拯救历史》（*Rescuing History from the Nation*）一书，在美国汉学界影响甚大，其所谓"拯救历史"，是要从殖民地、半殖民地的边缘立场出发，冀望在民族国家（nation-state）的宏大叙述中发现多元、复线的历史脉络。[①] 笔者不敏，也想借用"拯救历史"这一说法，简要辨析历史学的学科特质及其与社会科学的异同和交融，进而对历史学重新找回自我的可能性及其未来的发展走向略做反思。

一 历史学与社会科学

无论中国还是西方，传统历史学皆以重大政治、军事、外交事件及重要历史人物为主要研究对象，注重描述事件的起因、过程、后果，刻画历史人物的成长背景、言行举止和性格特征，并对特定民族、国家兴亡成败的经验教训进行总结，以资后人借鉴。19 世纪，以实证主义为旨趣的兰克（Leopold von Ranke）学派兴起，强调史学家的任务在于对史料进行甄别批

---

* 李里峰，南京大学政府管理学院教授、博士生导师，2009~2010 年任南京大学高研院第五期驻院学者。

① 〔美〕杜赞奇：《从民族国家拯救历史》，王宪明译，社会科学文献出版社，2003。

判、去伪存真，在此基础上据事直书、不偏不倚，从而让历史学摆脱哲学和神学的桎梏，开始向科学的行列迈进。和传统史学相比，兰克学派重政治、外交而轻经济、社会，重事件描述而轻理论分析的取向愈演愈烈，在他们看来，研读原始资料是最根本的史学研究方法，而只有政府文件和军事、外交档案等才算得上真正可靠的第一手资料。

到 19 世纪末 20 世纪初，西方史学界对传统史学和实证主义史学的不满日益强烈。德国历史学家兰普雷希特（Karl Lamprecht）站在批判历史哲学的立场上，斥责德国正统史学过于偏重政治史和伟人，认为史学应从社会心理学、人文地理学等学科汲取概念和理论资源，甚而宣称"历史学首先是一门社会心理学"。法国历史学家贝尔（Henri Berr）倡导打破过分专门化造成的狭隘局面，拓宽历史研究的领域，运用历史学、哲学、社会学、心理学等多学科的方法解释历史，并创办《历史综合评论》杂志来实践这些主张。美国历史学家鲁宾逊（James H. Robinson）则明确祭起"新史学"的大旗，主张把历史研究的范围扩大到人类既往的全部活动，强调历史学家应该吸收人类学家、经济学家、心理学家、社会学家的成果，用综合的观点、进化的眼光来解释和分析历史事实。

1929 年，法国斯特拉斯堡大学的两位教授布洛赫（Marc Bloch）和费弗尔（Lucien Febvre）创办《经济与社会史年鉴》杂志，揭开了 20 世纪影响最深远的史学流派——年鉴派——的序幕。顾名思义，这份刊物是要以经济史、社会史去挑战和取代传统的政治史、军事史、外交史。进而言之，年鉴派主张一种"更全面、更贴近人的历史"，一种涵盖全部人类活动、重结构分析甚于事件叙述的历史学，在理论和方法上极力倡导历史学与社会科学的相互借鉴。该刊编辑部成员除了历史学家外，还包括政治地理学家西格弗里德（Andre Siegfried）、社会学家哈布瓦赫（Maurice Halbwachs）等人，即是明证。第二代年鉴派的代表人物布罗代尔（Fernand Braudel）在其史学理论文集中明确声称，贯穿全书的"一个固执的想法"，就是要看其他学科能给历史学提供些什么启示，以及历史学家反过来能给邻居们提供些什么。[①] 他承认"历史学家和社会科学家永远会在死的文献和太活泼的证据之间、在遥远的过去和太贴近的现实之间各执一端"，但仍坚信"过去和现在是互惠地照亮着对方"。他对历史时段所做的著名区分则似

---

① 〔法〕布罗代尔：《论历史》，刘北成等译，北京大学出版社，2008，"前言"。

乎表明，至少在他所处的时代，向社会科学借鉴"长时段"的"结构"分析乃是历史学家的当务之急，其重要性超过了历史学能够给社会科学带来的启示。[①]

自此以降，历史学与社会科学之间的相互借鉴和交叉融合不绝如缕，历史学家越来越多地借用社会科学的概念、理论、方法，社会科学家也越来越注重在自己的研究中加入历史的向度（限于主旨和篇幅，本文对此暂不置评），并逐渐形成了历史社会学、历史人类学、历史地理学等交叉学科。发展到今天，社会科学对历史学的影响和渗透已经如此之深，以至于如果把来自社会科学的概念一律弃置不用，历史学家将不仅无法很好地表达自己对历史的看法，甚至也难以对历史进行认真的思考。对此，英国历史学家伯克（Peter Burke）在《历史学与社会理论》一书中做了至为透彻的阐述。在他看来，如今历史学家频繁使用的许多概念，包括社会角色、性和性别、家庭和亲缘关系、社区和认同、阶级、身份、社会流动、炫耀性消费、象征资本、互惠、庇护和腐败、权力、中心和边缘、霸权和反抗、社会运动、心态、意识形态、交流与接受、口述和书写、神话等，其实都是从社会科学借用来的，离开了这些概念，历史学家将会面临失语的危险。[②]

需要强调的是，概念借鉴绝不是词语挪用那么简单，而是把概念中所蕴藏的丰富意涵和理论前提融入史学研究，甚至内化为历史学家观察、分析、解释历史现象的一种"前知识"（pre-knowledge）或"支援背景"（subsidiary awareness）。举例言之，如果历史学家要分析一位历史人物的"角色"，难免会想到戈夫曼（Erving Goffman）的拟剧理论，甚至下意识地把这位人物想象成历史舞台上的演员，看他（她）是如何进行自我呈现（presentation of self）和印象管理（impression management）、如何在前台（front region）和后台（back region）之间进行转换的。如果要研究某一时期普通民众的"认同"问题，这位史家的脑海里也很可能立刻涌现出安德森（Benedict Anderson）关于"想象的共同体"（imagined community）的论述，借以考察这些民众是如何把自己与素不相识的其他人想象成同一个国家、民族或阶级之一员的。

社会科学在研究方法上对历史学的影响，伯克书中提到了比较研究、

---

① 〔法〕布罗代尔：《历史学和社会科学：长时段》，收入氏著《论历史》。
② 参见〔英〕伯克《历史学与社会理论》，姚朋等译，上海人民出版社，2001，第三章。

计量研究、类型分析、微观分析（所谓"社会显微镜"）等。以比较研究为例，由于历史学家关注的是特殊、唯一和不可重复的事物，所以往往倾向于拒绝比较方法；而以探寻社会现象本质和规律为己任的社会科学，则始终把比较方法作为研究的利器。① 韦伯（Max Weber）对世界各主要宗教及其与现代资本主义之关系的研究，桑巴特（Werner Sombart）对"为什么美国没有社会主义"这一问题的回答，直至斯考切波（Theda Skocpol）对法国、俄国、中国革命之背景和后果的分析，都是堪称经典的比较研究范例。如今历史比较方法（包括求同的比较、求异的比较、影响的比较等）越来越有市场，在很大程度上正是拜社会科学所赐。

今天的历史学家还会自觉不自觉地采用社会科学的一些基本假设和分析模式（model）。例如"共识"（consensual）模式和"冲突"（conflictual）模式，前者是涂尔干所倡导的，强调社会关联、社会一致和社会内聚力的重要性；后者是马克思所倡导的，强调社会矛盾和社会冲突的无处不在。② 在分析一个国家的社会和政治结构时，我们还会用到精英主义（elitism）模式和多元主义（pluralism）模式，在米歇尔斯（Robert Michels）等精英主义者看来，少数精英（统治者）对多数非精英（被统治者）的控制和支配是不可更改的"铁律"（iron law）；而在达尔（Robert A. Dahl）等多元主义者看来，竞争性选举和多元精英之间的制衡仍足以奠定现代民主的基石。

如果把上述概念、方法、模式全部抛开，像传统史学或实证主义史学所主张的那样完全让史料和史实本身来说话，历史学的洞察力和解释力无疑会大打折扣。更重要的是，这些概念和模式早已潜移默化地融会在绝大多数历史学者的脑海中，成了他们随时取用而习焉不察的"工具箱"的一部分，事实上已经无法从他们的心智中被移除了。

二　历史学是一门什么样的学问

经过一个世纪的借鉴和融合，配备了社会科学工具的历史学和引入了历时性维度的社会科学都有长足进展，"合则两利，分则两伤"越来越成为学界的共识。然而，每个学科都有特定的研究范围和研究旨趣，学科间

---

① 〔英〕伯克：《历史学与社会理论》，第 27~33 页。
② 〔英〕伯克：《历史学与社会理论》，第 34 页。

的交叉融合并不意味着取消各个学科的独立存在。不幸的是，如今历史学对社会科学的摄取（或者说社会科学对历史学的"殖民"）似乎有些走过头了，以至于历史学还是不是一门独立的学科已经不再是一个不言自明的问题。本文斗胆提出"从社会科学拯救历史"，正是想对历史学的学科特质略做反思，在笔者看来，与社会学、政治学、经济学等社会科学相比，历史学至少在以下三个方面具有实质性的差异。

首先，历史学是一门时间之学。法国新史学的代表人物勒高夫（Jacques Le Goff）曾言，"历史学是时间的科学"，一语道出了历史学的真谛。有论者对这一经典命题做了如下阐释：社会中的任何存在都是历史的存在，这为历史研究规定了时间界限；历史时间（年代和时期）因与具体的历史事件相关而承载了特殊的意义；历史演变的轨迹体现了历史学家的时间观（如循环时间和线性时间）；时间是理解历史和进行历史评判的重要因素；人类的历史是一部争取时间的历史。① 不过，在许多受"后"学影响的学者看来，将历史学当作一门科学本身就是很值得怀疑的，所以称之为"时间之学"似乎更妥当些。笔者宁愿从一种更质朴的角度来理解勒高夫的命题，即历史学和其他学科门类相比，本质特征在于其研究对象是已经逝去了的事物，历史学家无法亲身观察和感受它们，而只能依靠留存下来的文献和实物来进行研究。换言之，历史学家需要穿越时间进入另一个时代，可他们不能真的穿越，只能以一种"不在场的在场"的方式去接近自己的研究对象。

有一本简短的历史学导论，提到两位英国作家对于历史的有趣看法——过去是一个异邦（foreign country）。就是说，历史学研究的并非自己的国度，而是异国他乡，只不过它是时间意义而不是空间意义上的异邦。但是如何看待这个异邦，两位作家的看法正好相反。哈特利（L. P. Hartley）说，过去是一个异邦，在那里人们的行为方式全然不同；亚当斯（Douglas Adams）则说，过去的确是一个异邦，那里人们的行为方式就像我们一样。② 人们去往另一个国度，可能会看到和本国大不相同的社会景象和风俗民情，也可能感觉到他们有着和自己相似的日常生活和七情六欲。历史学家要去研究、再现过去这个异邦，同样会有类似的体验。20 世纪 80 年

① 参见俞金尧《历史学：时间的科学》，《江海学刊》2013 年第 1 期。
② 〔英〕阿诺德：《历史之源》，李里峰译，译林出版社，2008，第 7 页。

代一部很有影响的西方社会史论文选编，即以"再现过去"为标题，是很有道理的。① 尽管深受社会科学影响的社会史在理论和方法上与传统史学差别甚大，但作为一门时间之学，历史学无论新旧，都要把再现过去当作自己的基本任务，只不过，在不同时期、不同流派的历史学家看来，"再现"一词的具体内涵是不一样的。

将研究对象设定为时间维度上的异邦，就可以很自然地推导出历史研究的一个基本原则——"设身处地"，也就是要借助历史资料以及史学家的合理推测甚至想象，回到过去的场景中去。陈寅恪先生在《冯友兰〈中国哲学史〉上册审查报告》中，对此做了至为精辟的论述："凡著中国古代哲学史者，其对于古人之学说，应具了解之同情，方可下笔。盖古人著书立说，皆有所为而发。故其所处之环境，所受之背景，非完全明了，则其学说不易评论。……所谓真了解者，必神游冥想，与立说之古人，处于同一境界，而对于其持论所以不得不如是之苦心孤诣，表一种之同情，始能批评其学说之是非得失，而无隔阂肤廓之论。"② 或者如狄尔泰所说，真正的历史知识乃是对过去的一种内在体验，历史学家就活在他的对象之中，或者是使他的对象活在他的心中。③ 历史学者往往会有一种冲动，以所谓"后见之明"对历史上的人物、事件、制度、观念等加以评骘，仿佛上帝注视芸芸众生一般居高临下地看待过去。但是，如果没有设身处地的"移情"（empathy）能力，没有对历史研究之限度的自我反省，这种后见之明的有效性就会大打折扣，上焉者不过是毫无意义的"马后炮"，下焉者则成为阻碍我们探寻历史真相的"后见之蔽"。

其次，历史学是一门叙事之学。传统历史学始终把政治、军事、外交等作为研究重点，相应的，叙事也就成了最重要的研究方法和表述手段。中国古代的编年体、纪传体、纪事本末体史书，西方从希罗多德、修昔底德直到兰克的诸多史家，都把讲故事作为第一要务。及至20世纪初"新史学"兴起，特别是年鉴学派创立之后，传统史学的"事件主义"（布罗代尔语）或"事件偶像"（西米昂语）遭到严厉批判。在布罗代尔构筑的历史时段等级体系中，事件虽能用"迷人烟雾"占据当代人的心灵，却不可能持久，人们只能短暂地瞥见它的光亮。相对于结构变动的"长时段"

---

① 蔡少卿主编《再现过去：社会史的理论视野》，浙江人民出版社，1988。
② 《陈寅恪文集之三·金明馆丛稿二编》，上海古籍出版社，1980，第247页。
③ 参见〔英〕柯林伍德《历史的观念》，何兆武、张文杰译，商务印书馆，1997，第247页。

和局势演变的"中时段"，以事件为中心的短时段不过是历史河流中泛起来的小小泡沫，几乎可以忽略不计。[①]

　　尽管如此，事件和叙事并没有也不可能从历史学家的视线中消失。这不仅是因为历史本就是由大大小小、形形色色的事件所构成的，还在于事件具有一种无可替代的方法论意义。当我们（无论从历史学还是社会科学的角度）去考察特定历史时期的政治制度和社会结构时，应该从何处入手呢？毕竟，所谓制度、所谓结构，都不是直观可见的事物。当然可以依据制度文本（法规、文件、档案之类）来研究，但规则是一回事，实践又是一回事，二者之间时常是相互背离的。要想克服制度和结构的"不可见性"，揭示其实际运行状态，就需要借助特定的事件为中介。如果把政治制度和社会结构比作大海里的冰山，事件就是露出水面的冰山一角，虽然不能从中看到冰山的全貌，但若无视它们，就更难猜测水面以下的部分是什么模样。因此，历史研究绝不能放弃对事件的关注，而应把短时段的事件作为研究中时段、长时段的有效窗口。当然，这里对事件的理解应该是广义的，而不能像传统史学那样将其等同于重大历史事件，美国独立战争、法国大革命很重要，五四运动、抗日战争也很重要，但并非只有它们才算事件，才值得研究。许多看来很琐碎的小事件，如果能借以探讨它所折射出来的制度、结构、关系和行动逻辑，其同样应该成为历史学家的研究对象。

　　说历史学是叙事之学还有另一层含义。如今写作历史有很多不同的方式可供选择，可以用传统的讲故事的方法去写，可以用分析的方法去写，还有的历史著作充斥着数据、图表甚至回归分析。每一种写作方式都有其独特的价值，都能给读者带来不同的启示，但笔者所期待于历史学的，是让它回归到最古典、最本真的形态——讲故事。像孔飞力（Philip Kuhn）的《叫魂》、萧邦齐（Keith Schoppa）的《血路》、黄仁宇的《万历十五年》，以及史景迁（Jonathan Spence）的一系列著作，带给读者的愉悦是其他许多史著难以企及的。西方史学界从 20 世纪 70 年代出现了斯通（Lawrence Stone）所谓"叙事的复兴"，许多现代叙事史经典，如达恩顿（Robert Darnton）的《屠猫记》、戴维斯（Natalie Zemon Davis）的《马丁·盖尔归来》、勒华拉杜里（LeRoy Ladurie）的《蒙塔尤》，近年来也都有了中译本。

---

　　① 〔法〕布罗代尔：《论历史》，第 30 页。

不过，在全球化和后现代的语境下，讲故事其实并不容易，要讲男人的故事（his story）、女人的故事（her story），还要讲无名者的故事（their story）；要讲大写的、单数的故事（History），还要讲小写的、复数的故事（histories）。要把这些故事都讲好，洵非易事。

最后，历史学是一门人文之学（humanity）。首先体现在，历史学的研究对象是具体的、个别的，而不是抽象的、普遍的。历史哲学家李凯尔特（Heinrich Rickert）指出，形成科学概念有两种截然相反的方法，一种是把现实的异质的间断性改造为同质的连续性，这是自然科学的方法；一种是把现实的连续性改造为异质的间断性，这是历史学的方法。自然科学的兴趣在于发现对事物和现象普遍有效的联系和规律，所以要采用普遍化的方法；历史科学的目的则不是提出自然规律，甚至也不是要形成普遍概念，它"不想缝制一套对保罗和彼得都同样适合的标准服装"，而是要"从现实的个别性方面去说明现实，这种现实决不是普遍的，而始终是个别的"。① 伯克则对历史学与社会科学之差异提出了如下看法：社会科学是对单数的人类社会（human society）的研究，侧重对其结构和发展的归纳；历史学是对复数的人类社会（human societies in the plural）的研究，侧重于研究它们之间的差别和各个社会内部基于时间的变化。社会科学家被训练成着重留意并概括一般规则，因而时常删除例外的东西；历史学家则学习如何以牺牲一般模式为代价去关注具体细节。② 研究对象的个殊性特征，不仅使历史学与自然科学、社会科学划清了界限，也在很大程度上把它与其他人文学科（如哲学）区别开来。

波普尔（Karl Popper）曾经提出，科学是由种种猜想和假说构成的，科学的增长也是通过不断的猜想和反驳来实现的，由经验研究而来的主张不能被证实，只能被证伪，可证伪性（falsifiability，即是否容许逻辑上的反例存在）是判断科学与否的基本依据。③ 可同样是波普尔，在另一本书中却明确宣称："我愿意维护被历史决定论攻击为陈旧的这个观点，即认为历史的特点在于它关注实际的独特的或特定的事件，而不关注规律或概括。"④ 许

① 〔德〕李凯尔特：《文化科学和自然科学》，涂纪亮译，商务印书馆，1986，第50页。
② 〔英〕伯克：《历史学与社会理论》，第2~3页。
③ 参见〔英〕波普尔《猜想与反驳——科学知识的增长》，傅季重等译，上海译文出版社，1986。
④ 〔英〕波普尔：《历史决定论的贫困》，杜汝楫、邱仁宗译，华夏出版社，1987，第114页。

多历史学家不甘止步于简单"再现过去"，而以探寻历史规律为己任，这样的学术追求当然值得称道，可不同的历史学家总能概括出各不相同甚至相互抵牾的历史规律，很难说清孰对孰错、孰优孰劣。换言之，作为一门研究过去的（而非当下的）、具体的（而非抽象的）、个别的（而非普遍的）事物的学问，历史学难以归入科学之列，其研究结论往往是既不能被证实，也不能被证伪。

说历史学是人文之学，还意味着它对自己的研究对象具有独特的价值关怀和价值判断，而无法做到"价值无涉"（value free）。自韦伯（Max Weber）在《社会科学方法论》中详加阐述之后，价值无涉（或价值中立）逐渐成为社会学、经济学乃至所有社会科学研究的第一要义。按照这一原则，"实然"（to be）与"应然"（ought to be）之间存在不可逾越的鸿沟，研究者应该无条件地坚持把经验事实的确定同他自己的判断和评价区别开来，否则其研究的合法性和可信性就会遭到质疑。[1] 价值无涉原则的确立，无疑对 20 世纪社会科学的迅猛发展起到了积极推动作用，但对于人文学科来说，价值无涉可能只是一种难以实现的空想。正如李凯尔特所说，自然科学是对规律或普遍概念的联系进行研究，它不必关心文化价值或自己的对象与文化价值的关系；历史学则只有借助价值的观点，才能把文化事件和自然区别开，历史的方法只能是与价值相联系的方法，"没有价值，也就没有任何历史科学"。[2] 或者说，人文学科要像社会科学乃至自然科学那样去追求价值无涉，在很大程度上正是现代科学话语之霸权地位过度膨胀的一种表征。

三　三部影片中的历史哲学

为了更好地理解历史学的学科特质，不妨以几部流传甚广的影片为例，对其中蕴含的历史观念略做分析。从这些影片中，我们或许可以更生动地理解历史学究竟在什么意义上是和科学不一样的东西。

第一部是日本导演黑泽明于 1950 年拍摄的《罗生门》（*Rashōmon*）。影片改编自芥川龙之介的小说《罗生门》和《竹林中》，从不同视角讲述

---

① 参见〔德〕韦伯《社会科学方法论》，杨富斌译，华夏出版社，1999。
② 〔德〕李凯尔特：《文化科学和自然科学》，第 76 页。

了日本平安朝的一起强奸杀人案。武士金泽武弘的妻子真砂被强盗多襄丸强暴，武士也死在丛林中，但关于武士的死因却出现了四个不同的版本。强盗说，他和武士进行决斗，在激战数十个回合后杀死了武士；武士的妻子说，她被强盗蹂躏后又遭到丈夫的鄙薄，在绝望之下用随身匕首刺死了丈夫；武士的鬼魂说，妻子受辱后竟让强盗杀死自己，他心灰意冷，捡起妻子丢下的匕首自杀身亡；目击者樵夫的版本则是，女人让丈夫和强盗决斗，不料两人都武艺平平、胆小怕死，决斗变成了毫无章法的扭打，最后强盗碰巧拔出地上的长刀，刺死了武士。樵夫作为旁观者，他的描述似乎最接近真相，可武士和妻子都说他是死于匕首，樵夫却说强盗是用长刀刺死了武士。在旁人的追问下，他终于承认自己从尚未断气的武士身上拔走了那把值钱的匕首。

　　从这部影片中，我们可以得到关于历史的若干启示。首先，历史真实总是相对的、暧昧不明的，总是跟权力和利益纠缠在一起的，绝对的历史真实其实很难找寻。影片中关于武士死因的不同版本，都是既揭示又掩盖了部分真相，致使完整的事实难以大白。如今，"罗生门"已经成为一个代名词，指那些当事人按照各自的利益和立场各执一词、争论不休，事实真相始终无法水落石出的事件或状态。这正是历史学作为一门关于过去的学问的典型形象。其次，历史学要研究人、研究人类社会，但人与人之间存在诸多差异，在很多情况下是不可信赖也不可预知的，所以很难根据抽象、普遍的人性去猜测人们的心理和行为。许多影评从抽象人性的角度去分析这部影片，有人说它表达了人性之恶和对人类的悲观，有人却说它宣扬了永恒的人道主义理念，恐怕都过于简单了。再次，生活在不同时代的人会有不同的心态和思维方式，需要设身处地方能相互理解。观众在欣赏电影之余，也许会对强盗、武士、武士妻子都争相承认自己是凶手感到有些奇怪，如果发生在今天，这些人可能都会想方设法地为自己开脱，以免受到法律的制裁；只有对平安时代的日本社会略有所知，才能更好地理解他们为掩盖耻辱而篡改事实的心理动机。

　　第二部是德国电影《罗拉快跑》（*Lola rennt*，或译为《疾走罗拉》），由汤姆·蒂克（Tom Tykwer）导演，1998年出品。这部电影的剧情很有趣。德国姑娘罗拉接到男友曼尼的电话，说他弄丢了黑帮老大的10万马克，如果不能在20分钟内把钱还回去，老大就会杀了他。为了弄到钱营救男友，罗拉开始拼命地奔跑，曼尼则在电话亭不停地打电话借钱。接下来影片分成了三段，每段展现一种可能的过程和结果。过程一：罗拉向在银行任经理的父亲借钱，但没有借到，她在协助曼尼抢劫商店时被警察开枪打死。过程二：罗拉从父亲的银行抢到了钱，想去阻止曼尼抢劫商店，这时曼尼横遭车祸。过程三：罗拉在赌场赢了 10 万马克，曼尼也找回了丢失的钱，还掉黑帮老大的钱后，他们自己也成了有钱人。

我们知道，这三个过程当然不会同时发生，最终的结果也只会有一种。导演将三个过程、三种结果同时呈现给我们，是时下颇为盛行的电影叙事手法。这部影片告诉我们，在时间长河中沉淀下来的历史无法更改，但在历史演进的过程中随时都会面临不同的选择、不同的走向。历史不是一个封闭的王国，在过去真实发生的事情往往并非必然发生或者必然如此发生，而是由众多因素共同形塑而成的。当历史学者被探寻因果关系和历史规律的冲动主宰时，很容易陷入历史目的论或历史决定论的幻象，认为历史发展的每一个阶段都有固定的目标，相应历史阶段的所有历史现象都是为了实现这个目标而发生的，而这些现象的发生又必定会将历史发展的道路引向这一目标。《罗拉快跑》的片头有这样一段字幕："我们不放弃探索，探索的终点将是它的起点，让我们重新认识探索吧。"对于历史学家来说，或许不仅要探索历史的因果规律，也应该探索历史的多种可能性。这部影片似乎也为波普尔的前述看法提供了一个有趣的注脚。

第三部是中国电影《阳光灿烂的日子》，姜文导演，1995 年出品，改编自王朔的小说《动物凶猛》。影片以"文化大革命"中的北京为背景，讲述某部队大院里一群十多岁孩子的故事。男主角马小军热衷于用自制的万能钥匙偷开别人家的锁，一天他在一户人家看到一张女孩子的泳装照片，从此迷恋上了她。后来这个叫米兰的女孩真的走进了这群孩子的生活，可她喜欢的是成熟帅气的刘忆苦，马小军既享受和她在一起的时光，又因嫉妒而心烦意乱。马小军找碴和刘忆苦打了一架，又想对米兰做出不轨之事，却未能得逞。后来大家各奔前程，多年后再次相聚，儿时的经历已恍如隔世。

对于历史学者来说，这部电影的独特之处在于，故事分明发生在备受世人瞩目的"文化大革命"期间，可男女主角们似乎和这场政治运动没有什么关系。继续革命、斗私批修、走资派、红卫兵、大串联、破四旧……都只是作为背景隐约约地出现在影片中，观众们看到的是嘲弄老师、抽烟喝酒、打架闹事、追逐异性，感受到的是青春的朦胧和躁动、暗恋的甜蜜和忧伤、成长的喜悦和烦恼。正如电影海报上所写："那年夏天，对千千万万个中国人来说，是生命当中最黑暗的时期，但是对这群孩子来说，却是一段阳光灿烂的日子。"对于特定的历史事件、历史时期，人们往往习惯于接受一个单数的、大写的历史（History），可一旦回到历史场景，我们会发现很多个复数的、小写的历史（histories），普通人的小历史与宏大历史叙述可能是一致的，可能是冲突的，也可能是不相关的。

这三部影片内容迥异、风格有别，却以各自的方式向观众们栩栩如生地展现了历史学的前述学科特质：它是一门时间之学，引领我们前往过去这个异邦，体察时人的言行举止、思想心态和喜怒哀乐；它是一门叙事之学，用一支生花妙笔，把过去那些形形色色的大事件和小故事一一呈现在我们眼前；它是一门人文之学，既注重因果关系和历史规律，又尊重每一个时代、国家、群体乃至个人的独特价值。

结　语

反观一百多年来的西方史学历程，可以看到传统史学、新史学、后新史学的发展脉络，也可以看到一条从"离异"到"回归"的变化轨迹。传统史学从古希腊时期开始，绵延数千年之久，至19世纪的兰克学派发展到顶峰，其特征是以政治史（包括军事史和外交史）为主要内容，以实证主义为导向，以事件为中心，以叙事为表述手段，以线性的、进步的历史时间为坐标。20世纪初，传统史学遭受重创，以法国年鉴学派为代表的新史学横空出世，以囊括人类各个活动领域的"总体史"为目标，以（广义的）社会史为主要内容，以科学主义为导向（尤其注重对社会科学概念、理论和方法的借鉴），以问题为中心，重结构、重理论、重解释、重综合，以相对静止的长时段、中时段历史时间为坐标。历史学由此发生了翻天覆地的变化，取得了超乎人们想象的巨大成就，其代价则是历史学的学科特质日渐淡化，历史学与社会科学的界限日渐模糊。

最近三四十年又发生了新的变化，新史学的大旗屹立未倒，社会史的潮流仍在继续，可是一种新的史学流派——文化史（或者为了与过去的文化史划清界限而称为"新文化史"）——已经异军突起，大有取代社会史成为史学主潮之势。新文化史家从人类学家格尔茨（Clifford Geertz）和种种"后"学（后现代主义、后结构主义、后殖民主义等）那里汲取灵感，把历史材料视为承载着意义的文本（而不是客观事实的再现），注重通过"深描"（thick description）去进行意义的理解和文化的阐释，事件和叙事也从新史学的垃圾箱里重新登上了大雅之堂。① 这股潮流可以看作新史学的一种自我更新，因为新文化史的倡导者和实践者，要么是第三代、第四代年鉴派史学家，要么曾深受年鉴派的影响；也可以看作对新史学过分社会科学化的一种反动（在此意义上或许可以称之为"后新史学"），因为它处处表现出从社会科学拯救历史、让历史学回归人文之学的坚韧努力。

经过一个多世纪的洗礼，历史学已无法返回质朴无华的古典形态。但是作为最古老的一门学问，历史学能否以及如何既借鉴其他学科的优长之处，又保持自身的学科特质和独立品格，对于今天的历史学家来说无疑是一个严峻的挑战。

（本文原载于《江海学刊》2014 年第 6 期，《高等学校文科学术文摘》2015 年第 1 期转载）

---

① 参见〔英〕伯克《什么是文化史》，蔡玉辉译，北京大学出版社，2009。

政治经济学批判与辩证法的颠倒

周嘉昕[*]

一般说来，谈到辩证法，人们往往首先想到的是马克思对黑格尔的唯物主义颠倒。在此基础上，"辩证唯物主义"被界定为马克思主义哲学的本质，并在政治经济学批判中得到了验证和应用。然而，进入 21 世纪以来，一方面借由"历史辩证法"的讨论，"历史唯物主义"已经摆脱了"马克思主义社会学"的定位而日益凸显自身的方法论内涵；另一方面，政治经济学批判特别是《资本论》中的哲学正获得越来越多的关注，马克思和黑格尔的关系总是为学界以不同的方式重新提及。相应的，一个新的焦点问题被摆上了台前案头：如何理解辩证法的"合理形态"，这种"批判的和革命的"辩证法与政治经济学批判之间存在怎样的理论关联？

一 "主谓颠倒"还是"头足倒置"：问题的提出

依马克思自己的表述，"我的辩证方法，从根本上来说，不仅和黑格尔的辩证方法不同，而且和它截然相反。……观念的东西不外是移入人的头脑并在人的头脑中改造过的物质的东西而已。……在他那里，辩证法是倒立着的。必须把它倒过来，以便发现神秘外壳中的合理内核"。[①] 我们很容易得出这样的结论：在黑格尔那里，是思辨的唯心主义辩证法；在马克思这里，则是现实的唯物主义辩证法。马克思对黑格尔的批判是一种唯物主义对唯心主义的"头足倒置"，从而抛弃了黑格尔辩证法的神秘外壳，汲取了其中的合理内核。因此唯物主义辩证法的形成可以顺理成章地追溯到《黑格尔法哲学批判》（以下简称《批判》）中对思辨哲学"逻辑的、

---

[*] 周嘉昕，南京大学哲学系（宗教学系）教授，2014~2015 年任南京大学高研院第十期短期驻院学者。

[①] 马克思：《资本论》第 1 卷，人民出版社，1995，第 22 页。

泛神论的神秘主义"的"主谓颠倒"。这种理解在很大程度上构成了传统苏联马克思主义哲学史和辩证法问题研究的基本框架。然而，回到马克思的文本和思想探索历程中去，上述观点遭遇了尖锐的理论挑战。

一方面，从《批判》的"主谓颠倒"到《资本论》的"头足倒置"，有十多年时间马克思并未直接讨论辩证法。换言之，在《德意志意识形态》（以下简称《形态》）转向"真正的实证科学"之后，辩证法连同黑格尔一起被马克思选择性地遗忘了。只是到了 1858 年初，马克思才提到"黑格尔所发现、但同时又加以神秘化的方法中所存在的合理的东西"。①另一方面，正如阿尔都塞在 20 世纪 60 年代有关"青年马克思"问题的理论混战中所指出的那样，马克思对黑格尔的"'颠倒'这个问题归根到底是不能成立的。因为把一种意识形态'颠倒过来'，是得不出一种科学的"。② 更进一步，辩证法问题上的颠倒，并非仅仅是哲学立场的转换，而是马克思政治经济学批判"理论实践"的产物。简言之，围绕唯物辩证法所产生的疑问主要集中在：如果承认在青年马克思的"主谓颠倒"和成熟马克思的"头足倒置"之间存在某种理论上的不连续性，那么到底该如何理解马克思"合理形态的辩证法"？20 世纪 80 年代以降特别是进入 21 世纪以来，中国马克思主义哲学研究的理论创新已经在两个维度上为解决这一疑难奠定了坚实的基础，并指明了进一步探索的方向。

第一个维度是"实践辩证法"的探索。走出传统苏联哲学教科书体系的藩篱，自觉反思唯物和唯心、辩证法和形而上学两对"对子"，并受西方马克思主义历史辩证法的影响，以马克思《关于费尔巴哈的提纲》（以下简称《提纲》）和列宁《哲学笔记》为直接的文本基础，"实践唯物主义"和"实践辩证法"成为改革开放以来中国马克思主义哲学创新的重要环节。与"实践唯物主义"讨论的自我反思与深化相一致，"实践辩证法"的探索在很大程度上面临双重任务：一是对传统的"唯物主义辩证法"理解进行"解蔽"，恢复辩证法和人的存在之间的真实联系；二是避免滑向"人本主义"的泥淖，在彰显辩证法批判性的同时捍卫其科学性。正是在完成这一双重任务的意义上，我们可以发现"辩证法的实践转向"、"前提批判的辩证法"、"生存论的马克思主义"以及以"历史唯物主义"来定

---

①　《马克思恩格斯〈资本论〉书信集》，人民出版社，1976，第 121 页。

②　阿尔都塞：《保卫马克思》，顾良译，商务印书馆，2006，第 186 页。

义马克思主义哲学等不同研究路向之间的异曲同工之处。简单说来，就是在"实践"范畴的理解上通过对"实践"的社会历史内涵的展开，如对"劳动"和"物质生产"范畴的强调等，来实现辩证法从"思维过程"主体到物质"生产过程"主体的"颠倒"或"转向"。①

第二个维度是马克思"政治经济学批判"哲学意蕴的再考察。在传统的马克思主义理论体系中，政治经济学和哲学、科学社会主义为并立的三个组成部分，唯物辩证法在"政治经济学批判"中获得了验证和发展。改革开放以来，随着马克思经济学手稿的编译和出版，马克思主义哲学史研究的推进，政治经济学批判与马克思主义哲学的关系成为一个持续发酵的焦点话题。在此过程中，不仅"古典政治经济学"本身的哲学意蕴逐渐为学界所关注，而且德国古典哲学中包含的社会历史维度也被不断呈现。"经济学语境中的哲学话语"，"市民社会"与资本主义"物化（物象化）批判"，"资本逻辑"与现代性反思等讨论都从不同角度触及了"政治经济学批判"中的辩证法这一问题核心。也正是近年来不断升温的《资本论》哲学的阐释，进一步凸显了"主谓颠倒"还是"头足倒置"，即马克思政治经济学研究不同阶段上对辩证法的不同理解这一基本问题。

因此，站在既有学术研究的理论高地之上，走出传统苏联哲学教科书唯物与唯心、辩证法与形而上学的简单二分，从"实践唯物主义"走向"历史唯物主义"，在马克思"政治经济学批判"的探索历程中说明马克思对黑格尔的批判性改造及其"辩证法的合理形态"的建构，进而说明马克思主义在形而上学批判、意识形态批判与资本批判的统一中实现的哲学变革就成为一项切实的理论任务。② 沿着上述思路，笔者将尝试证明："主谓颠倒"和"头足倒置"标志着"青年马克思"和成熟时期的马克思批判黑格尔思辨哲学的不同方法论构架，二者的差别反映了马克思对黑格尔辩证法的认识程度不同。作为其理论支撑和真实基础的是对资本主义生产方式（"市民社会"）内在结构和运转机制理解的深化。与政治经济学批判的理论推进相关，"辩证法的合理形态"的探索可分为三个阶段：一是"青年马克思"站在费尔巴哈的立场上对黑格尔思辨体系的"主谓颠倒"；二是马克思在历史唯物主义一般原则的基础上，对"把帽子变成了观念"的黑格尔思维

---

① 孙正聿等：《当代中国马克思主义哲学专题研究》，吉林人民出版社，2010，第347页。
② 参见杨耕《形而上学批判、意识形态批判和资本批判的统一》，《光明日报》2011年11月8日。

抽象的"实证"批判；三是在《资本论》及其手稿的写作过程中，对黑格尔辩证法的重新发现及"双重颠倒"——从思维主体到生产过程主体的转向，以及对资本主义生产过程中"头足倒立"着的"现实抽象"的破析。

二 "费尔巴哈是惟一对黑格尔辩证法采取
严肃的、批判的态度的人"

众所周知，马克思与黑格尔的第一次交集发生在 1837 年下半年。在那封著名的《给父亲的信》中，马克思提到在自己"法的形而上学"体系建构失败后，开始"从理想主义（唯心主义——引者注）……转而向现实本身去寻求思想"，并且发现自己"最后的命题原来是黑格尔体系的开端"，而自己这部"从哲学上辩证地揭示神性"的著作，"象欺诈的海妖一样，把我诱入敌人的怀抱"。① 也就是说，为了解决"现实的东西和应有的东西之间的对立"，马克思从康德、费希特转向了黑格尔式的思辨唯心主义。这一认识实际上也构成了马克思"博士论文"与鲍威尔哲学的潜在区别。受"博士俱乐部"的影响，马克思尝试以原子的偏斜运动为"自我意识"做哲学史的论证。但在"自我意识"哲学出路的思考中，马克思更加强调哲学与现实的关系。"世界的哲学化同时也就是哲学的世界化，哲学的实现同时也就是它的丧失。"因为"自我意识把世界从非哲学中解放出来，同时也就是把它们自己从哲学中解放出来，即从作为一定的体系束缚它们的哲学体系中解放出来"。② 可以说，在马克思接触黑格尔之初，特别强调了"在现实中发现思想"的辩证特征。

然而从 1843 年开始，马克思对黑格尔和辩证法的态度发生了截然的变化。其一，马克思借用"主谓颠倒"的方法，用唯物主义替代唯心主义，批判了黑格尔辩证法中泛逻辑的神秘主义；其二，马克思强调真实的矛盾对抗，反对思辨中虚假的辩证统一。抽象地说，上述二者确实可以构成马克思主义辩证法理解的核心框架。前者构成了"唯物主义"理解的基本原则，而从后者出发，又可以引申出马克思后来所提到的辩证法"按其本质来看，是批判的和革命的"观点。但问题是：受费尔巴哈影响，作为《批

---

① 《马克思恩格斯全集》第 40 卷，人民出版社，1982，第 15 页。
② 《马克思恩格斯全集》第 40 卷，第 258、259 页。

判》和《1844 年经济学哲学手稿》（以下简称《手稿》）的方法论基础，这种唯物主义到底是怎样的一种唯物主义？尤其是对照《形态》中的判断，"当费尔巴哈是一个唯物主义者的时候，历史在他的视野之外；当他去探讨历史的时候，他不是一个唯物主义者"。① 这种唯物主义能否直接作为辩证法合理形态的基础？相应的，马克思在此期间"对黑格尔辩证法和整个哲学的批判"，是否完成了对思辨辩证法的批判性改造？

有研究证明：马克思在费尔巴哈人本学的基础上，所实现的从唯心主义向唯物主义的转变，只是达到了"一般唯物主义"或"哲学唯物主义"的水平，历史唯物主义的发现还需要经历"第二次"转变。在笔者看来，如果结合费尔巴哈自己对"唯物主义"的态度，以及恩格斯晚年"唯物主义并没有别的意义"的说法，这种唯物主义实质上是一种"人本主义"或"人类学"。受费尔巴哈影响，马克思强调哲学的出发点是"感性"的"对象性"的存在物，而非思辨的"理性"。但是"他（费尔巴哈）过多地强调自然而过少地强调政治"，② 马克思从《批判》开始并在《手稿》中，通过异化劳动理论实现了对费尔巴哈的发展。

谈到"主谓颠倒"，往往首先提起"不是国家制约和决定市民社会，而是市民社会制约和决定国家"。但回到《批判》文本中去，除了"观念变成了主体，而家庭和市民社会对国家的现实的关系被理解为观念的内在想像活动"，"使作为观念的主体的东西成为观念的产物，观念的谓语"外，③ 在讨论"抽象人格"或"国家人格"，以及"市民社会"和"政治国家"的二元性时，马克思也使用了这一方法。可见，人本主义唯物主义主要针对的是黑格尔把"观念"作为主体，以及在"理性推理的阐释"中所造成的"体系的全部超验性和神秘的二元论"。从"类存在"的"人"出发，马克思发现了黑格尔"国家法"中的"非批判性"和"泛逻辑的神秘主义"的关键，即"私有财产"。而黑格尔之所以将"抽象人格"的观念作为主体，是因为其"法哲学"中存在从封建"地产"这种"本来意义上的私有财产"出发的"政治的唯灵论"和"粗陋的唯物主义"的混合。这是黑格尔辩证法中"最坏的一种混合主义"，"伦理观念的现实性在这里成了私有财产的宗教"。④

---

① 马克思、恩格斯：《德意志意识形态》（节选本），人民出版社，2003，第 22 页。
② 《马克思恩格斯全集》第 27 卷，人民出版社，1972，第 443 页。
③ 《马克思恩格斯全集》第 3 卷，人民出版社，2002，第 10、18 页。
④ 《马克思恩格斯全集》第 3 卷，第 128 页。

　　这就不难理解，为什么《论犹太人问题》和《黑格尔法哲学批判导言》要专门批判以"私有财产"为基础的"市民社会"的内在分裂，并站在无产阶级立场上探索人类解放的可能了。同样，也就不难理解为什么《手稿》用异化劳动来说明私有财产，并专门批判"黑格尔的辩证法"了。在初步的经济学研究中，马克思发现"私有财产"构成了黑格尔"国家"和"国民经济学"共同的异化本质，并用人的"类本质"，即"自由自觉的活动"的异化来说明这一事实。因为，"费尔巴哈这样解释了黑格尔的辩证法（从而论证了要从肯定的东西即从感觉确定的东西出发）：黑格尔从异化出发（在逻辑上就是从无限的东西、抽象的普遍的东西出发），从实体出发，从绝对的和不变的抽象出发，就是说，说得更通俗些，他从宗教和神学出发"。① 只有"费尔巴哈是惟一对黑格尔辩证法采取严肃的、批判的态度的人；只有他在这个领域内作出了真正的发现，总之，他真正克服了旧哲学"。②

　　然而，在《手稿》中专门论述辩证法片段的后半部分（与［私有财产和需要］、［增补］和［分工］交叉写作完成），马克思却在黑格尔与国民经济学对勘的意义上肯定了辩证法的伟大之处。他说，"黑格尔的《现象学》及其最后成果——辩证法，作为推动原则和创造原则的否定性——的伟大之处首先在于，黑格尔把人的自我产生看作一个过程，把对象化看作非对象化，看作外化和这种外化的扬弃；可见，他抓住了劳动的本质，把对象性的人、现实的因而是真正的人理解为他自己的劳动的结果"。③ 而在"异化这个规定之内"，黑格尔辩证法也包含着"积极的环节"："独立于自然界和精神的特定概念、普遍的固定的思维形式，是人的本质普遍异化的必然结果，因而也是人的思维普遍异化的必然结果；因此，黑格尔把它们描绘成抽象过程的各个环节并且把它们联贯起来了。"④

　　由此可见，站在费尔巴哈或者说"异化"批判的立场上，黑格尔的辩证法和整个哲学是一种从宗教和神学出发的泛逻辑的神秘主义，需要通过"主谓颠倒"的方式确立新的理论出发点。此外，借助于对私有财产，尤其是"需要"和"分工"的分析，马克思看到了黑格尔辩证法和国民经济

---

① 马克思：《1844 年经济学哲学手稿》，人民出版社，2000，第 96 页。
② 马克思：《1844 年经济学哲学手稿》，第 96 页。
③ 马克思：《1844 年经济学哲学手稿》，第 101 页。
④ 马克思：《1844 年经济学哲学手稿》，第 114 页。

学在异化规定内的逻辑同构性，即"在抽象的范围内——把劳动理解为人的自我产生的行动，把人对自身的关系理解为对异己存在物的关系，把作为异己存在物的自身的实现理解为生成着的类意识和类生活"。① 因此，对黑格尔和国民经济学的批判就不应仅仅满足于"主谓颠倒"，更应深入"感性"的"对象性活动"内部，去分析这种"抽象"和"异化"的形成及其扬弃之路。也正是在这一点上，"感性"的"人类"概念暴露出自身"直观"和"非历史"的本质，迫使马克思去重新思考自身的方法论路径。

三 "有一个德国人就把帽子变成了观念"

可以说，马克思在《手稿》中对待黑格尔辩证法的态度既明确，又矛盾。一方面，黑格尔的哲学体系是一种从异化和抽象出发的含混的折中主义和泛逻辑的神秘主义，需要从"感性"的"对象性活动"出发加以拒斥。另一方面，在"私有财产"的运动、"市民社会"的研究特别是对现代"工业"的分析中，这一费尔巴哈式的人本主义出发点本身并不可靠。或者说，为了说明现代"市民社会"的内在分裂，以及"一种非人的力量统治一切"的秘密，需要进一步在"对象性活动"的自我展开中去寻求。问题是，对于费尔巴哈人本主义迷障的戳穿，又恰恰是借由政治经济学语境中与"所有制"互为表里的"分工"和"需要"，以及黑格尔辩证法中对自我意识的对象化和劳动的批判性分析所实现的。因此，在创立历史唯物主义的过程中，马克思自身的理论任务就是双重的。其一，在反神学、反宗教的意义上，强调唯物主义来反对思辨辩证法及其"漫画式"的完成。其二，在扬弃"异化劳动"和"私有财产"的意义上，尝试在现实的"对象性活动"的"实证"研究中，批判存在于"国民经济学"和黑格尔辩证法中的"异化"现实。

第一重任务的完成，体现在《神圣家族》中。马克思已经发现，"黑格尔方法的基本特征"，"用思辨的话来说，就是把实体了解为主体，了解为内部的过程，了解为绝对的人格"。② "只有费尔巴哈才是从黑格尔的观点出发而结束和批判了黑格尔的哲学。费尔巴哈把形而上学的绝对精神归

---

① 马克思：《1844年经济学哲学手稿》，第113页。
② 《马克思恩格斯全集》第2卷，人民出版社，1957，第75页。

结为'以自然为基础的现实的人'，从而完成了对宗教的批判。同时也巧妙地拟定了对黑格尔的思辨以及一切形而上学的批判的基本要点。"① 也正是在这一点上，马克思同"自我意识"哲学划清了界限。"如果说黑格尔的'现象学'尽管有其思辨的原罪，但还是在许多方面提供了真实地评述人类关系的因素，那末鲍威尔先生及其伙伴却相反，他们只是提供了一幅毫无内容的漫画……把现实的人变成了抽象的观点。"②

第二重任务的探索，反映在《形态》中。马克思不仅继续了对鲍威尔的批判，而且进一步清算了自己此前的理论方法，批判了包括黑格尔、费尔巴哈、施蒂纳在内的整个"德意志意识形态"。这个过程在话语方式上，表现为从哲学话语，如"自我意识"和"异化"，向经济学话语，如"分工""所有制形式""生产力""交往形式"的转变；在理论逻辑上则表现为，从"现实的个人"出发，在一定的"生产方式"的展开和内在对抗中理解社会的形态和历史的变迁。站在"实证的历史科学"基础上，黑格尔辩证法显然是一种"泛逻辑的神秘主义"，这种作为"神秘力量"的"一般性和概念"的瓦解将在物质生产中，尤其是分工和所有制形式的矛盾对抗中得到唯物主义的说明。

在这个意义上，《哲学的贫困》中那个著名的比喻就不难理解了。"如果说有一个英国人把人变成帽子，那么，有一个德国人就把帽子变成了观念。"③ 问题的关键在于："经济学家们向我们解释了生产怎样在上述（资产阶级生产——引者注）关系下进行，但是没有说明这些关系是怎样产生的，也就是说，没有说明产生这些关系的历史运动。""既然我们忽略了生产关系（范畴只是它在理论上的表现）的历史运动，既然我们只想把这些范畴看作是观念、不依赖现实关系而自生的思想，那么，我们就只能到纯理性的运动中去找寻这些思想的来历了。""既然把任何一种事物都归结为逻辑范畴，任何一个运动、任何一种生产行为都归结为方法，那么由此自然得出一个结论，产品和生产、事物和运动的任何总和都可以归结为应用的形而上学。"这正是"黑格尔为宗教、法等做过的事情"。④ 用《形态》中的话说，就是"在黑格尔看来，近代世界也已化为抽象思想的世界，黑

---

① 《马克思恩格斯全集》第 2 卷，第 176~177 页。
② 《马克思恩格斯全集》第 2 卷，第 246 页。
③ 《马克思恩格斯选集》第 1 卷，人民出版社，1995，第 146 页。
④ 《马克思恩格斯选集》第 1 卷，第 137~138、139、140 页。

格尔把与古代哲学家相对立的近代哲学家的任务确定如下：古代人必须把自己从'自然的意识'中解放出来，'把个人从直接的感性方式中清洗出来并把个人变为被思维的和思维着的实体'（变为精神），而近代哲学必须'取消僵硬的、确定的、不动的思想'。黑格尔补充道：这由'辩证法'来完成"。①

在马克思看来，政治经济学将现实的物质生产方式中所发生的关系的抽象，作为一种"神秘的力量"独立出来，而黑格尔则将这种抽象的"关系"等同于"观念"，并以"观念"的辩证运动来替代现实的人的存在方式。也就是说，在初创历史唯物主义的过程中，马克思将辩证法等同于黑格尔的形而上学（哲学）的方法，并在经济学研究的基础上，选择从物质生产出发，通过分析"以对抗为基础的生产方式"来揭示这种形而上学，以及与之同体的政治经济学的非历史本质。这也是马克思在1845年之后的很长一段时间里，暂时告别黑格尔辩证法的根本原因。

四 "必须把它倒过来，以便发现神秘外壳中的合理内核"

有趣的是，在《资本论》的直接创作过程中，马克思开始重新关注黑格尔和辩证法。他在1858年初致恩格斯的信中说道，"如果以后再有功夫做这类工作的话，我很愿意用两三个印张把黑格尔所发现、但同时又加以神秘化的方法中所存在的合理的东西阐述一番，使一般人都能够理解"。②问题是：马克思为什么会重提辩证法，马克思在黑格尔辩证法中发现了什么，这一发现又意味着什么？

就第一个问题，马克思、恩格斯已经给出了回答。在同一封信中，马克思说道："我又把黑格尔的《逻辑学》浏览了一遍，这在材料加工的方法上帮了我很大的忙。"③恩格斯在为《政治经济学批判》所作的书评中写道："应该用什么方法对待科学？一方面是黑格尔的辩证法，它具有完全抽象的'思辨的'形式……另一方面是平庸的、现在重新时兴的、实质上是沃尔弗式的形而上学的方法。……马克思过去和现在都是唯一能够担当

---

① 《马克思恩格斯全集》第3卷，第211页。
② 《马克思恩格斯〈资本论〉书信集》，第121页。
③ 《马克思恩格斯〈资本论〉书信集》，第121页。

起这样一件工作的人，这就是从黑格尔逻辑学中把包含着黑格尔在这方面的真正发现的内核剥出来，使辩证方法摆脱它的唯心主义的外壳并把辩证方法在使它成为唯一正确的思想发展形式的简单形态上建立起来。……这个方法的制定，在我们看来是一个其意义不亚于唯物主义基本观点的成果。"①

可以看到，马克思之所以重提黑格尔，并强调辩证法神秘形式中的合理内核，在直接的意义上是服务于政治经济学批判科学方法的制定和说明的。经过 1848 年革命后的反思和探索，马克思在开展政治经济学批判并不断修订《资本论》的"叙述方式"过程中，对黑格尔辩证法和政治经济学的"物化"本质有了更为深刻的理解。特别是在资本主义"生产过程"及其抽象表现"价值形式"的分析中，马克思包括恩格斯都发现：正是由于资本主义生产方式本身所产生的神秘化和颠倒性，除了坚持"唯物主义基本观点"外，还必须在政治经济学批判的方法论说明中重新回到黑格尔。这一点在 19 世纪中叶以来，庸俗的实证主义形而上学甚嚣尘上的思想语境中展现出自身的独特价值。

《1857～1858 年经济学手稿》（以下简称《大纲》）"导言"中，马克思在谈到"从抽象上升到具体"的方法时，批判了黑格尔对这一方法的滥用。"黑格尔陷入幻觉，把实在理解为自我综合、自我深化和自我运动的思维的结果，其实，从抽象上升到具体的方法，只是思维用来掌握具体、把它当作一个精神上的具体再现出来的方式。但绝不是具体本身的产生过程。"② 然而，尽管这种滥用的辩证法本身是一种唯心主义，但在形式上却同资产阶级"财富"有着深刻的结构相似性。在"资本章"中，马克思提到，"重要的是应当指出，财富本身，即资产阶级财富，当它表现为中介，表现为交换价值和使用价值这两极间的中介时，总是在最高次方上表现为交换价值。这个中项总是表现为完成的经济关系，因为它把两个对立面综合在一起，并且，归根到底，这个中项总是表现为片面的较高次方的东西而同两极本身相对立；因为最初在两极间起中介作用的运动或关系，按照辩证法必然会导致这样的结果，即这种运动或关系表现为自身的中介，表现为主体，两极只是这个主体的要素，它扬弃这两极的独立的前提，以便通过这两极的扬弃本身来把自己确立为唯一独立的东西"。③

---

① 《马克思恩格斯选集》第 2 卷，人民出版社，1995，第 41～43 页。

② 《马克思恩格斯全集》第 30 卷，第 42 页。

③ 《马克思恩格斯全集》第 30 卷，第 293 页。

正如恩格斯在致施密特的信中所描述的那样，"实际上，我们头脑中的辩证法只是自然界和人类社会中进行的、并且服从于辩证形式的现实发展的反映。即使把马克思的从商品到资本的发展同黑格尔的从存在到本质的发展作一比较，您也会看到一种绝妙的对照：一方面是具体的发展，正如现实中所发生的那样；而另一方面是抽象的结构，在其中非常天才的思想以及有些地方是极其重要的转化，如质和量的互相转化，被说成一种概念向另一种概念的表面上的自我发展。这类例子，还可以举出一打来"。①也正是在这个意义上，对于《资本论》叙述方式中的辩证特征，恩格斯斩钉截铁地鼓励马克思说，"这已经无法修改了，谁能辩证地思维，谁就能理解它"。②

可以说，正是由于现代资本主义生产方式的运动本身具有辩证的特征，马克思才会在《资本论》中重新拾起黑格尔辩证法的武器，并在这一叙述过程中暴露资本"物化"现实自身的边界。对此，恩格斯敏锐地指出："黑格尔的思维方式不同于所有其他哲学家的地方，就是他的思维方式有巨大的历史感作基础。形式尽管是那么抽象和唯心，他的思想发展却总是与世界历史的发展平行着，而后者按他的本意只是前者的验证。真正的关系因此颠倒了，头脚倒置了，可是实在的内容却到处渗透到哲学中。"③唯其如此，正如《资本论》第二版跋中写道，"辩证法，在其合理形态上，引起资产阶级及其夸夸其谈的代言人的恼怒和恐怖，因为辩证法在对现存事物的肯定的理解中同时包含对现存事物的否定的理解，即对现存事物的必然灭亡的理解；辩证法对每一种既成的形式都是从不断的运动中，因而也是从它的暂时性方面去理解；辩证法不崇拜任何东西，按其本质来说，它是批判的和革命的"。④

五 "唯物主义"与"双重颠倒"：简短的结论

现在让我们回到本文的主题，我们在马克思不同时期的文本中发现了马克思、恩格斯对自己的理论成果同黑格尔辩证法关系的不同表达。既有

---

① 《马克思恩格斯〈资本论〉书信集》，第519页。
② 《马克思恩格斯〈资本论〉书信集》，第213页。
③ 《马克思恩格斯选集》第2卷，第42页。
④ 《马克思恩格斯选集》第2卷，第112页。

唯物主义和唯心主义的不同，又有神秘体系和合理内核的差异，而在唯物主义和唯心主义的话语内部，又涉及"主谓颠倒"和"头足倒置"等不同的说法。那么，结合历史唯物主义观点的制定和政治经济学批判逻辑的推进，我们到底该如何理解"辩证法的合理形态"？如果选择并坚持"唯物主义辩证法"这一经典表述来定义这一理论，那么值得高度关注的问题可能有以下两个方面。

其一，套用流行的语言学结构主义表述，"唯物主义"这一概念的"所指"本身并不是固定不变的，而是在不同思想语境的"能指链"中确立自身的意义指向。回到马克思的原初语境中去，"唯物主义"强调的并非是一种从僵化的物质"实在"出发建构理论体系的探索，而更多是在一种批判性的、颠倒抽象的思辨唯心主义的意义上来使用的。在这个意义上，恩格斯多次强调，"除此以外，唯物主义没有什么别的含义"。

其二，如果尝试选择一种"方便说法"来给出对"合理形态的辩证法"的清晰界定，笔者愿意尝试使用"双重颠倒"的说法来界定马克思历史唯物主义和政治经济学批判中的科学方法。即一方面是坚持从物质生产出发，而非从颠倒的抽象观念（关系）或非历史的意识形态话语出发，来制定剖析"资产阶级社会（市民社会）"和"客观抽象"的研究路径；另一方面是必须在资本主义生产方式的剖析中说明客观发生的颠倒的"物化"现实的扬弃之路。在这个意义上，黑格尔的辩证法以思辨的方式颠倒地映现了"倒立着跳舞"的资本主义"物化"现实，然而却为庸俗的实证主义形而上学的瓦解准备了条件。在这个意义上，马克思的"辩证方法，从根本上来说，不仅和黑格尔的辩证方法不同，而且和它截然相反。在黑格尔看来，思维过程，即他称为观念而甚至把它转化为独立主体的思维过程，是现实事物的创造主，而现实事物只是思维过程的外部表现。我的看法则相反，观念的东西不外是移入人的头脑并在人的头脑中改造过的物质的东西而已"。①

（本文原载于《哲学研究》2016 年第 2 期）

---

① 《马克思恩格斯选集》第 2 卷，第 111~112 页。

当代情感体制的社会学探析

成伯清*

引　言

在当代社会，情感以前所未有的方式成为问题和话题，已引起人们的特别关注。而情感现象的凸显，无疑与当代社会结构和交往模式的变动有关，应从社会学的角度予以考察，因为"社会学想象力可使我们把握历史和个人生活历程以及二者在社会之中的关系"。[①] 从学术史来看，经典社会学家虽重视情感因素，但因缺乏有效的概念工具和观测手段，未能对情感的内在机理进行深入分析。20 世纪 70 年代中期以来，一场"情感研究的革命"席卷了众多学科，[②] 社会学界也出现情感研究的新局面。[③] 随着1986 年美国社会学会情感社会学分会的建立，情感社会学作为一个分支领域的地位得以确立，相关研究持续展开并逐渐深化，但在理论框架上主要依循符号互动论范式，间或亦有采用精神分析与交换理论者。[④]

耐人寻味的是，此番情感研究的兴起，跟包括女性、人权、环境等运动在内的"新社会运动"密切相关。新社会运动往往围绕单一议题展开，

---

* 成伯清，南京大学社会学院教授，社会学院院长，2006~2007 年任南京大学高研院第二期驻院学者。

① C. Wright Mills, *The Sociological Imagination*, Fortieth Anniversary Edition, New York：Oxford University Press, 2000, p. 6.

② June Price Tangney and Kurt Fischer (eds.), *Self-Conscious Emotions*, New York：The Guilford Press, 1995.

③ 标志性的成果有柯林斯（Randall Collins）的《冲突社会学》（1975）、肯普尔（Theodore Kemper）的《情感的社会互动理论》（1978）、霍克希尔（Arlie Hochschild）的《心灵的整饰》（1983）、邓津（Norman Denzin）的《情感论》（1984）等。

④ Jan E. Stets & Jonathan H. Turner, eds., *Handbook of the Sociology of Emotions*, Springer, 2006.

试图实现的也多是非物质性的价值，参与者凝聚的基础经常是一种共同身份的认同，故也被称为"认同政治"。① 在此背景下发展起来的情感社会学理论，或多或少地带上了这种倾向，即认为就像个人认同的社会建构一样，情感也是依照特定规则建构出来的，个人可对自身情感进行管理。② 而且，现行情感社会学理论，特别是美国取向的，虽名目繁多，但大都专注于解释互动情境中的情感现象，对宏大社会结构背景则漠不关心。其结果，"尽管情感社会学做出了广泛的努力，但并未能够深刻地改变一般的社会学理论，也未能重塑这门学科的多数分支领域"。③

从内在学理来看，造成这种困局的原因，首先是理论视角的局限，难以将宏大的社会结构纳入视野。即使有从结构的角度来分析情感现象的，也基本是根据处于社会结构中不同位置个体的相对权力和地位来分析情感过程，④ 而未能从总体社会结构的特性来对情感问题做出准确的时代诊断。其次是缺乏历史的维度，容易受蔽于特定的意识形态，将"属于一定的社会形式的"⑤ 情感现象视为当然和普遍的事实，鲜能反思性和批判性地探究情感与社会历史条件的关系，从而陷入特定的时代偏见。再次，社会学中的实证主义倾向导致了对情感的意义维度的忽视，经常将富有社会意义的情感化约为主要基于生理反应的情绪。最后，现有的概念框架，预设了情感的产生和传导源于和限于社会互动，从而不能将个体的情感故事与时代的宏大叙事有机地联系起来。简言之，情感社会学未能乘"情感人"崛起之势，⑥ 使情感维度真正回归对人与社会的研究之中。

当前情感问题的复杂之处还在于，许多看似个体的感受其实既跟全球化背景下日益强化的相互依赖和交互影响有关，也是以互联网技术为基础的新媒体发展所致。亦即情感的传导不再依赖于和局限于特定的社会纽

① 赵鼎新：《社会与政治运动讲义》，社会科学文献出版社，2006，第 290 页。

② J. M. Barbalet, *Emotion, Social Theory, and Social Structure: A Marcosociological Approach*, Cambridge: Cambridge University Press, 1998.

③ Craig Calhoun, "Putting Emotions in Their Place," in Jeff Goodwin, James M. Jasper & Francesca Polletta, eds., *Passionate Politics: Emotions and Social Movements*, Chicago and London: The University of Chicago Press, 2001, p. 45.

④ 乔纳森·特纳、简·斯戴兹：《情感社会学》，孙俊才、文军译，上海人民出版社，2007，第 177~213 页。

⑤ 马克思语，《马克思恩格斯文集》第 1 卷，人民出版社，2009，第 501 页。

⑥ Eva Illouz, *Cold Intimacies: The Making of Emotional Capitalism*, London: Polity Press, 2007.

带，而可能直接将个体贯通于社会整体氛围。①

有鉴于此，我们需要一种能将看似个体层面的情感体验与一般性社会趋势贯通起来分析的视角，也就是从情感得以形成和表达的一般社会条件出发，去洞悉情感问题生成的社会机制，并借由对情感现象的理解进而诊断我们的时代精神。

一　情感体制的视角

尽管情感社会学的主导性理论取向存在局限，但就宏观结构背景影响情感的形成和表达这一具体论题而言，在社会学中已有一些相关研究。其中值得一提的，是埃利亚斯（Norbert Elias）关于行为举止、交往礼仪及情感控制的长期演变趋向的探讨。在充满暴力的中世纪社会中，恐惧和惊吓堪称日常体验，相应的，情绪及其表达也非常极端化。而随着国家对暴力的垄断，一种"没有激情的自我控制"出现了，"这种或那种的监督机制，……都施加持久的、均衡的压力，以抑制情绪的表达。它们朝着削弱行为和情感表达上的极端波动的方向驱动"。② 后来埃利亚斯等人又通过分析休闲的体育化（sportization of leisure）现象，指出对情感的限制可以暂时进行受控（controlled）而愉悦的解控（decontrolling）。③ 埃利亚斯以过程的观点来审视情感控制现象，无疑是值得肯定的研究取向，但在主流社会学中并不受关注。④ 巴伯莱特（J. M. Barbalet）和特纳（Jonathan H. Turner）等人也就宏观层面的社会过程与情感之间的联系进行解析。不过，巴伯莱特只是选择性地探讨了社会结构的某些方面（如不平等）与某些情感（如怨恨）之间的关系，未能提出一个系统的解释框架。⑤ 而特纳则依照下述思路来处理情感与结构的问题，即"就面对面的日常接触而言，社会结构通过地

---

① 成伯清：《互联网时代的社会性》，《中国社会科学内部文稿》2014 年第 2 期。

② 埃利亚斯：《文明的进程：文明的社会起源和心理起源的研究》第 2 卷，袁尚志译，三联书店，1999，第 262 页。

③ Robert van Krieken, *Norbert Elias*, London & New York: Routledge, 1998, p. 130.

④ 在代表美国主流的特纳和斯戴兹所著的《情感社会学》一书中只字未提埃利亚斯的工作，也未提及现象学取向的邓津的工作，更不要说早期的舍勒在情感社会学上的成就了。倒是中国学者郭景萍在《情感社会学：理论·历史·现实》（上海三联书店，2008）中对古典理论多有关注。

⑤ J. M. Barbalet, *Emotion, Social Theory, and Social Structure: A Marcosociological Approach*, Cambridge: Cambridge University Press, 1998.

位、角色、社会生态和人口统计特征的微观动力而对个体施加影响"。① 在流动性日趋增强的时代，这种略显机械的结构论显然难以解释当代情感世界的逻辑。②

事实上，在探讨个体情感与一般社会结构之间关系上，最为接近我们的设想的，是霍克希尔提出的"感受规则"（feeling rules）概念。感受规则是个体在社会化过程中习得的规范，用以指导个体如何体验、解释和管理自己的情感，包括在特定情境中应该感受到何种情感并以恰当的方式表达出来。③ 感受规则可使个体从社会生活的复杂感受中，将特定的感受摘取出来予以确认和命名，依照社会规范来调节和管理，以适应情境的要求。感受规则不仅因不同社会而异，也因不同社会地位和身份而异，还因不同社会情境而异。不过，感受规则概念作为情感体验与社会结构之间的连接中介，在回应本文前面所提出的问题上，还是存在不足：一方面，凡事皆有规则，在特定时代背景下，通过具体的感受规则无法说明共通性情感体验受制于何种规则体系；另一方面，规则必因情境而变，仅凭感受规则不能揭示特定时代共通性情感体验源于何种结构性背景。何况，规则既是行动的指南，也是实践的结果。

为找到恰当的视角，我们转向历史，发现确有不少学者已经展开了颇为多彩的情感史探索。④ 情感史的一个焦点问题，就是特定人群有关情感及其表达的社会规范的演变。他们提出了一些富有启发性的概念，如"情感共同体"（emotional community）⑤、"情感风格"（emotional styles）、"情感文明"⑥，甚至"情感学"（emotionology⑦。其中，雷迪（William Reddy）

① Jonathan H. Turner, *Human Emotions: A Sociological Theory*, London & New York: Routledge, 2007, p. 126.

② 鲍曼：《流动的时代：生活于充满不确定性的年代》，谷蕾、武媛媛译，江苏人民出版社，2012。

③ Arlie Russell Hochschild, "Emotion Work, Feeling Rules, and Social Structure," *American Journal of Sociology*, Vol. 85, No. 3 (Nov., 1979), pp. 551–575.

④ Jan Plamper, "The History of Emotions: An Interview with William Reddy, Barbara Rosenwein, and Peter Stearns," *History and Theory*, Vol. 49, No. 2 (May 2010), pp. 237–265.

⑤ Barbara H. Rosenwein, *Emotional Communities in the Early Middle Ages*, Cornell University Press, 2007.

⑥ 郭景萍：《中国情感文明变迁 60 年——社会转型的视角》，人民出版社，2010。

⑦ Peter N. Stearns and Carol Z. Stearns, "Emotionology: Clarifying the History of Emotions and Emotional Standards," *The American Historical Review*, Vol. 90, No. 4 (Oct., 1985), pp. 813–836.

的"情感体制"（emotional regime），更适合作为我们所要考察问题的分析视角。

根据雷迪的界定，情感体制是"一套规范的情感以及表达和灌输它们的正规仪式、实践和述情话语（emotives），是任何稳定的政体必不可少的支撑"。[1] 根据这个定义，情感体制涉及一套情感，这套情感的养成和表达，必须符合一定的规则，并通过一定的仪式和实践予以强化。特别值得注意的是"述情"一词，这是雷迪仿照"述事"（constative）和"述行"（performative）而创设的一个概念，"不同于述事和述行，述情话语既可以描述（像述事话语）也可以改变（像述行话语）世界，因为情感表达对于所激活的思想情感材料具有一种探索和自我改造的效应"。[2] 所以，述情概念实际上揭示了情感证成自身的一种机制，也显示了情感的一种复杂特性。之所以采用"体制"这种更常跟政治联系在一起的概念，是因为雷迪相信，"情感作为个体生活的中心，深受社会的影响，故而具有莫大的政治意义"。[3] 在他看来，"情感控制实为权力行使之所：政治不过是一个决定的过程，即决定身处特定场合和关系中的人，对于涌上心头的感受和欲望，何者必须视之为僭越的而予以抑制，何者又该视之为珍贵的而予以彰显"。[4] 分析情感体制，可以更好地理解特定政体（political regime）维持和运行的情感机制。

雷迪的情感体制显然包含在特定政体的框架之中，而且潜在地假定一种政体下存在统一和单一的情感体制。本文将情感体制作为一般性的社会学概念来使用，认为可能存在超越特定政体的情感体制，在特定政体之下也可能存在多种情感体制。相较于感受规则，情感体制可以让我们超越互动性和情境性的情感分析，跳出局部，从相对较高的也是更为根本的层面，从整体上来理解和把握特定时代的情感实践和话语体系。采用"体制"的说法，是为了强调人际交往和互动情境之外的社会性安排，这种安排未必是明文规定的，但渗透在社会生活的核心领域。唯有将情感的体制性背景揭示开来，方能发现情感领域演化的逻辑，才能看到当前情感问题

---

① William M. Reddy, *The Navigation of Feeling: A Framework for the History of Emotions*, Cambridge University Press, 2004, p.129.

② William M. Reddy, *The Navigation of Feeling: A Framework for the History of Emotions*, p.128.

③ William M. Reddy, *The Navigation of Feeling: A Framework for the History of Emotions*, p.124.

④ William M. Reddy, "Against Constructionism: The Historical Ethnography of Emotions," *Current Anthropology*, No.38 (3), 1997, p.335.

的共同成因和趋向。

我们固然不能脱离时代的社会结构背景来抽象地谈论情感体制，但情感体制一经形成，就会形塑一个时代情感律动的基调，也影响着社会结构变化的方向与方式。表面上看，情感体制是配合主要的社会实践模式而产生的，但在社会实践的价值取向中，必然浸透着情感体制的成分。马瑟曾以《人类社会简史：情感在社会生活中的起源与作用》为题进行美国社会学会主席的就职演说，在他看来，规范和价值是社会结构和情感大脑（emotional brain）交互作用的结果，共同生活创造出内隐记忆，将行为、客体、体验、思想与主观情感状态联系起来，并最终塑造出未来的理性行动。① 其间的关系至为复杂，任何社会结构都包含情感的积淀，也诱发情感的产生，而情感的畸变和爆发也可能导致社会结构的重组。

可见，情感体制概念既能将个人的情感体验与宏大的社会结构联系起来，又比感受规则意蕴丰富、涉及面广，同时还具有一定的概括性，适合就整体性的情感现象做出时代性的诊断。

二　当代社会结构与意识背景

本文中的当代社会，指 20 世纪 70 年代以来的社会形态。就发达国家来说，这不仅意味着后工业社会的来临和服务型经济的兴起，也标志着消费社会进入了成熟阶段；就发展中国家来说，自愿或被迫地卷入全球化进程，面对发达国家几乎全方位的辐射，同时踏上了现代化和后现代化之途，尤其在生活方式上深受影响。

就情感领域而言，在当代社会中，表面上因个人权利的扩展，情感表达的自由达到了前所未有的程度，但实际上对情感的规训也日益深入而全面。福柯借助边沁的"全景敞视监狱"，揭开了现代规训技术的逻辑原型。但边沁还有一项发明，即快乐和痛苦的算法，同样影响深远。② 这种关于心灵感受的操控，自然也会遭遇"理性化的限度"，正如帕斯卡尔所言，

---

① Massey, Douglas, "A Brief History of Human Society: The Origin and Role of Emotion in Social Life," *American Sociological Review*, Vol. 67, No. 1, 2002, pp. 1–29.

② 参见边沁《道德与立法原理导论》，时殷弘译，商务印书馆，2009。

"心自有其理由，非理性所能知晓"。① 换言之，情感并非可以任由社会控制，而有其自身的演化逻辑。

情感规训和规划的策略，在当代条件下呈现分化态势。这既与当代社会关键领域的变迁有关，也跟诸领域的日趋自主密不可分。如何来把握当代社会的变化？我们可从最基本的社会活动即工作和生活出发。就工作而言，由于新技术革命的推动和经济体系的发展，越来越多的劳动者进入服务行业，② 使劳动的方式发生改变，服务业要求于劳动者的不仅是体力和技能，还有情感的投入。就生活而言，由于物质生活水平的提高和闲暇时间的增多，我们又可从消费和交往两个方面来对其进行把握。在消费上，物质财富的增加使消费不再限于满足基本的生存需要，而是转向追求独特的品味和风格，寻求更多的刺激和体验。③ 在交往上，急剧的变迁和快速的流动，使得原先牢固的人际纽带趋向松解，尤其在互联网使用的普及下，人与人的关系日趋短暂化甚至虚拟化，这种态势让越来越多的人陷入孤独，由此又衍生出强烈的交往需求。④ 当然，我们还可以从其他方面考察和概述当代社会的变迁，但工作、消费和交往，是相对主要的活动领域。而社会成员在主要活动领域的情感感受和体验，无疑是我们考察当代情感态势的关键所在。

尽管不同时代的个体，都会面临工作、消费和交往方面的类似任务乃至生存要求，但众多社会学研究表明，当代社会不仅要求个人成为能干的生产者，还要求其充任合格的消费者，⑤ 因为经济体系的运行越来越依赖于不断诱发新欲望的消费市场。也就是说，当代社会中的个体，既要恪守工作伦理，也要懂得消费风尚。事实上，公众已逐渐从崇拜"生产英雄"

---

① 参见 Keith Oatley & Jennifer M. Jenkins, *Understanding Emotions*, Blackwell Publishers Inc., 1996, p. 62。

② 丹尼尔·贝尔：《后工业社会的来临——对社会预测的一项探索》，高铦等译，商务印书馆，1986。

③ 让·波德里亚：《消费社会》，刘成富、全志钢译，南京大学出版社，2001。

④ 安东尼·吉登斯：《亲密关系的变革》，陈永国等译，社会科学文献出版社，2001；Sherry Turkle, *Alone Together: Why We Expect More from Technology and Less from Each Other*, New York: Basic Books, 2011。

⑤ Zygmunt Bauman, *Work, Consumerism and the New Poor*, 2nd Edition, Philadelphia: Open University Press, 2004。

转向追捧"消费偶像"，以往强调奋斗和成就，如今则追求快乐和自我表现。[1] 此外，当代普遍的个体化倾向，[2] 在彰显个体自我的同时，也使个体脱离了原有社会支持系统而日显孤单，迫切需要通过社会交往来获得归属和情感的满足，社交媒体的迅疾发展即是例证。上述态势，虽然在不同国家和地区的表现程度不一，但无疑构成了当代社会演变的趋向，也呈现了当代社会的基本特性及其对个体的要求。

当代情感规训与操控之所以能够全面渗透和蔓延开来，除了上述结构性因素外，还有更为深层的思想意识方面的原因。首先，社会价值取向的演变，娱乐化倾向日益明显，"娱乐至死"大有成为一种文化精神之虞。[3] 面对这种态势，个体似乎越来越听凭于时尚的摆弄，内在品格的塑造让位于情绪体验的追逐。其次，情感话语发生了转变。核心概念从 passions（激情）、affections（感情）和 sentiments（情操），演变到囊括一切情感现象的 emotions（中文通常译为"情绪"）。也就是说，情感中的道德、宗教乃至社会意涵，日渐遭到剥离，剩下的只是短暂的个体情绪。更为关键的一点是，随着急速的社会变迁，恒常的外在参照系统的消逝，个体的自我观和感受方式也在发生变化。[4] 置身于一个变动不居的世界中，不仅自我认同渐成问题，而且个体在生存体验上的感受，势必逐渐脱离自我认同的内核，依随情境而变化。由此，个体所体验到的，多是离散和脱域的情感。在这种情况下，情感也就易于沦为操控的对象。当然，不同国家和地区因政治经济乃至宗教传统的差异，这种思想意识方面的变迁在速度和程度上无疑会存在区别，但又无不遭遇和经受着类似的转变，这既是结构性条件使然，也有文化传播的影响。

---

① Pierre Bourdieu, *Distinction*: *A Social Critique of the Judgement of Taste*, Cambridge: Harvard University Press, 1984.

② 参见乌尔里希·贝克等《个体化》，李荣山等译，北京大学出版社，2011；齐格蒙特·鲍曼《个体化社会》，范祥涛译，上海三联书店，2002；阎云翔《中国社会的个体化》，陆洋等译，上海译文出版社，2012；贺美德、鲁纳《"自我"中国：现代中国社会中个体的崛起》，许烨芳等译，上海译文出版社，2011。

③ 波兹曼：《娱乐至死》，章艳译，广西师范大学出版社，2011。

④ Charles Taylor, *Sources of the Self*: *The Making of the Modern Identity*, Harvard University Press, 1989, p. 21.

三 三种情感体制

综上所述，内在的孤独和外在的诱惑，为操控和规划个体的情感提供了越来越大的空间和动力。当然，围绕情感展开的部署和运作，并非随意散乱的，而是遵循着特定的规则和逻辑，契合于特定的宏观社会结构背景的要求，体现为特定的情感体制。

根据前面有关当代社会结构变迁的解说，我们可以将情感体制的考察，聚焦于当代社会生活的三个核心领域，即工作、消费和交往。既有的情感社会学探索，在此三个领域也分别有所涉及：霍克希尔等人的研究当属工作领域，埃利亚斯早期和后期的探索分别属于社会交往和消费领域，而吉登斯和伊洛兹等人显然侧重于交往领域。在借鉴、整合和提炼现有情感社会学研究成果的基础上，我们建构出三个领域三种情感体制的理想类型：在工作领域居于支配地位的是"整饰体制"，主导性的规范情感是友好亲切；在消费领域居于支配地位的是"体验体制"，主导性的规范情感是快乐愉悦；在交往领域居于支配地位的是"表演体制"，主导性的规范情感是爱。虽然在下文的具体分析中，我们不时会以现有的研究成果为探索前行的标识，但以情感体制来统摄和分析诸社会领域中情感及其表达的逻辑和趋向，则是相对系统地理解和解释当代情感现象的一个初步尝试。

需要说明的是，我们没有考虑政治领域，也没有考虑文化差异，因为本文的主要目的是尝试建构一种分析框架，以解释当代社会共通性趋势所导致的情感问题，尤其是日益加深的产业化、市场化、个体化、信息化等带来的生存境况和主观体验的改变。[1] 而聚焦于上述三个领域和三种情感体制，大致可以厘清当代社会情感演变的基本态势。任何一种理论视角，都必定是尝试性的，在不能求得完备性的时候，我们可以侧重于启发性，即主要考察这种视角能否帮助我们以新的眼光来审视相关现象并能有所发现。另外，三个领域和三种情感体制虽然各自围绕自己的主轴和逻辑而分化，但其间也存在交叉重叠。

---

① 成伯清：《情感的社会学意义》，《山东社会科学》2013 年第 3 期。

（一） 整饰体制

整饰体制要求个体管理和调节自己的情感，以适应外在的组织和职业要求，该体制主要体现在工作领域。现代职业对于生产者的要求，起初仅仅要求付出体力和时间，后来在体力之外还要求专业技能，如今则要求体力、专业技能和情感全部投入其中，尽管可能在时间上略有弹性。相应的，对于情感在工作中的作用，也有一个从排斥到征服再到开发和利用的演变过程，即从强调理性化、试图系统清除个人情感的科层制和泰勒制，演变到当前对于"情商"的强调。但归根结底，其间的组织目标一以贯之，正如韦伯所言，"确保经过统一调教的群众的生理和心理的冲动力，达于理性计算下的最佳程度。……就社会学上而言，具决定性意义的是，凡事都要经过理性计算，特别是对那些看似不可估量和非理性的情感因素"。① 对于情感的开发和利用，也可视为理性化和机械化帝国向自然（人之自然 human nature）的最后一个堡垒（即情感）的拓展和殖民，当然，这也与文明化进程中规训网络的日趋缜密相关。②

在生产活动中，整饰或管理情感的具体策略，取决于经济发展阶段。随着服务型经济的兴起，互动式服务成为主要的生产活动，"情感性劳动"（emotional labor）得以凸显。情感性劳动，是指在生产中雇员通过公开可见的面部表情和身体姿态，对顾客或其他人表现组织所要求的情感。③ 也就是要求个体调节自身的情感，以与组织期望或职业规范相一致，而不管是否与内在感受契合。通常而言，情感性劳动要求个体在服务中表现出讨人喜欢的情感，比如亲切、友好、体贴，意在使顾客产生某种情绪状态或情绪反应，以增强购买意向或提高满意程度。一些较为特殊的职业，可能会有不同的情感要求，比如，医生要对病人表现出同情，收账人要表现出恼怒乃至凶狠等。但总体说来，在"消费者是上帝"的氛围之下，取悦服务对象是主流取向。

而员工在应对情感性劳动的要求时，通常会有两种策略，此即霍克希

① Max Weber, *Economy and Society*: *An outline of Interpretative Sociology*, Berkeley: University of California Press, 1978, p. 1150.
② 参见埃利亚斯《文明的进程：文明的社会起源和心理起源的研究》第 2 卷，袁志英译，三联书店，1999。
③ Arlie Russell Hochschild, *The Managed Heart*: *Commercialization of Human Feeling*, Berkeley: University of California Press, 1983, p. 7.

尔所提出的"表层扮演"（surface acting）和"深层扮演"（deep acting）。前者指员工仅调节情感表达，以与组织的要求相符；后者指为表达组织所期待的情感而对自身真实情感进行调整，以使一致。表层扮演颇似逢场作戏，外在表达改变了，但内在感受依旧；深层扮演则表里一致，内在感受发生改变，从而产生更为自然和真挚的情感表现。通常而言，情感性劳动对员工提出了更多的要求，增加了额外的负担，可能导致心理伤害。① 研究表明，表层扮演要比深层扮演给员工带来更多的情感问题。如果员工扮演出来的情感与真实感受到的情感相分离，就意味着员工必须扮演出其并没有产生的情感，同时压抑自己的真实所感，而这会损害员工的本真自我，因为情感毕竟属于自我的内在世界。久之，势必导致个体疏离自己的本真自我和真实感受。情感性劳动的负面效果，确也为不少经验研究所证实。② 但也有研究发现，情感性劳动并不必然导致情感枯竭或工作满意度降低，这要取决于工作的性质，尤其是工作中的自主程度。一般而言，自主程度越高，主动驾驭情境的可能越大，情感性劳动带来的满足也越大。有时，情感性劳动本身就是一个颇有成效、值得享受的过程。③

目前对情感性劳动存在两种针锋相对的观点。一种观点认为，情感性劳动是一种更为深层的劳动异化，是出卖灵魂（米尔斯早在《白领》中就提及"人格市场"），构成了劳动者（服务提供者）的沉重负担，造成了他们的自我疏离，而且"情感剩余价值"也遭到剥削——这实际上是对马克思经典论题的深化。④ 另一种观点认为，辨识情感信号是一种能力和素质，善用这种能力可以让双方共赢。甚至有营销和管理专家，已经将情感性劳动所创造的"情感价值"，视为有待进一步开发的商业宝藏。⑤ 确实，这种情感价值堪称商品化世界中的"礼物精神"，是个体化世界中难得的情感慰藉，不能一概否定。不过，情感性劳动的价值常为世人所忽略，从

① Arlie Russell Hochschild, *The Managed Heart: Commercialization of Human Feeling*, pp. 37-42.
② Amy S. Wharton, "The Psychosocial Consequences of Emotional Labor," *The Annals of the American Academy of Political and Social Science*, Vol. 561, Emotional Labor in the Service Economy (Jan., 1999), pp. 158-176.
③ Alan Bryman, *The Disneyization of Society*, London: Sage Publishers, 2004, p. 122.
④ 参见马克思《1844 年经济学哲学手稿》，人民出版社，2000。
⑤ Janelle Barlow and Diana Maul, *Emotional Value: Creating Strong Bonds with Your Customers*, San Francisco: Berrett-Koehler Publishers, 2000.

事情感性劳动者薪酬偏低，且大都由女性承担，这是我们不能无视的现实。譬如，随着老龄化的加剧，养老业在中国将越来越重要，而对于照料老人的活动中所付出的情感性劳动，则尚未得到充分的承认。在伺候老人的过程中，自古皆知"色难"，但对于同老人打交道的人，我们是否愿意和准备为他们克服"色难"而支付报酬？否则就不要指责他们"脸难看"。

借用瑞泽尔"社会的麦当劳化"的说法，[①] 整饰体制的实质，即情感的麦当劳化，即将情感纳入理性筹划的范围之内以促进生产。

（二）体验体制

体验体制要求个体追求新奇体验所带来的快乐，以彰显自身存在的价值和张扬自身的个性。体验体制主要体现在消费领域。鲍德里亚在《消费社会》中充分阐明了体验体制的实质："作为消费者的人，必须将快感体验视为一种义务，仿佛一种快感和满足的事业；一个人有责任开心、恋爱、奉承／被奉承、诱惑／被诱惑、参与、欣快和生机勃勃。这是一条原则：通过接触和关系的增多，通过符号和客体的广泛使用，通过系统开发所有可能的快感，来实现存在的最大化。"[②] 而今，已然迈入"体验社会"的人，正在将这种"快感和满足的事业"进行到底。

现代消费的基础是享乐主义，而享乐主义存在一个从传统到现代的演变过程，其中一个关键转变就是，享乐的快感兴奋点从感觉（sensations）移到了情绪（emotions）。感觉器官由于适应和刺激饱和，可能很快餍足，而相形之下，情绪则可不断强化，且任何情绪，无论是痛苦还是恐惧，都可从中开发出快感来。跟感觉相比，对于可以带来快乐的情绪，我们还具有一种自主控制的感觉。[③] 事实上，情感或情绪之被调动起来消费，也与现代劳动分工有关。齐美尔揭示了这种关联："现代人似乎想要通过将各种不同的印象攒聚一处，通过情感中急促而多彩的变化，来弥补在劳动分

---

① George Ritzer, *The McDonaldization Thesis: Exploration and Extensions*, Sage Publications Ltd, 1998.

② Jean Baudrillard, *Selected Writings*, edited with an introduction, by Mark Poster, Stanford: Stanford University Press, 1988, p. 48.

③ Colin Campbell, *The Romantic Ethic and the Spirit of Modern Consumerism*, Oxford: Basil Blackwell, 1987, p. 69.

工中所产生的片面性和单调性。"① 现代娱乐之走向极端，在很大程度上是因为竞争的压力和物化的存在，迫使人们逃往情感领域以寻求刺激，正是在情感中，可以寻求到最狂野的亢奋和最眩晕的效果。②

当代情感体验已不再单纯依靠个人的摸索或试验，而是出现了产业化趋势。在情感消费上，值得关注的产业包括：心理咨询产业（提供心理安慰、情绪舒缓）、流行文艺产业（情感的抒发、支持、共鸣）、娱乐产业（出售和制造快乐）、体育产业（宣泄、紧张、刺激、激动、自豪、认同）、旅游产业（愉悦、新奇、另类体验）以及大众传媒产业（情感沟通、满足和支持的最大来源）。③ 互联网及其相关产业，更是让电子游戏风靡起来，不少人沉溺于虚拟的游戏世界之中。网络游戏给予参与者的满足，虽是借助于虚拟的手段来实现的，但在情感效应上是真实的。这也是成瘾者难以自拔的原因。事实上，富有魅力的游戏往往通过"距离的消蚀"来实现，即借助于使自我与特定情境融为一体的情感诱发装置而迅速体验到忘我的快乐。这种方法也已成为追求片断性极乐体验的常见招式。

稍加考察，不难发现，情感产业的运作主要有两种模式。一是紧张和压力的释放。日常生活的理性化带来的诸多自我克制的约束和升华的要求，以及节奏加快、竞争加剧，使当代人承受的紧张和压力普遍加大，于是闲暇之中追求刺激和逃避，通过"一种掌控之下的情感控制的解除控制"，来克服日常生活的憋闷、单调、乏味。④ 二是提供人为制造的情感，从欢笑到怀旧，从惊悚恐怖到幸福意识，从影视作品到主题公园，一应纳入麦当劳化的计划和安排之中。只是在这个过程中所产生的情感，已然难辨真伪了。甚至有人认为，我们已经进入"后情感社会"：所有的情感体验，在发生之前都已就其性质、强度或正确与否进行了认知评估，我们不再能够体验到自发的本真情感。⑤

① 转引自 David Frisby, *Fragments of Modernity: Theories of Modernity in the Work of Simmel, Kracauer and Benjamin*, Cambridge: The MIT Press, 1988, p. 94。
② Georg Simmel, *Simmel on Culture: Selected Writings*, edited by David Frisby & Mike Featherstone, London: Sage Publishers, 1997.
③ 王宁：《情感消费与情感产业——消费社会学研究系列之一》，《中山大学学报》2000 年第 6 期。
④ Simon J. Williams, *Emotion and Social Theory: Corporeal Reflections on the (Ir) Rational*, London: Sage Publishers, 2001, p. 116.
⑤ Stjepan G. Meštrović, *Postemotional Society*, London: Sage Publishers, 1997.

情感消费存在阈限不断提升的倾向，即在每次激情澎湃、刻骨铭心之后，倘要再达到类似境界，必须借助于更为奇异或强烈的刺激。这就使得在情感消费中，存在追求新奇性乃至嗜新症（neophilia）的倾向。① 齐美尔很早就觉察到了这种倾向："很多人为一种要去体验新感受的病态渴望所驱使，他们深受悖谬的和叛逆的事物的诱惑，这些东西总是能够刺激一个神经过敏而又堕落的社会中的芸芸众生。与此相连的，往往是一种荒诞和柔弱的心理状态……"②

除此之外，还有一个特别值得关注的现象，即所罗门所揭示的"对立-过程效应"（opponent-process effect），即一种原初的快乐或痛苦体验开始或终止之后，会产生一种正好相反的痛苦或快乐体验。③ 一味追求快乐，结果转瞬逝、怅然若失，由此就不难理解情感消费中易于出现"幻灭效应"了。正因如此，情感消费中刻意追求短暂和无常，也就成为常态，而这不过是加快了下述循环往复的过程：从欲求、获取、使用，到幻灭，一直到新欲望的形成。④ 这种循环往复的结果往往是普遍的失望。赫希曼曾经假设，"失望"是促使个体在私人情怀和公共行动之间转移参与的核心因素，从而是推动社会变迁的一个关键动力。⑤ 这一假说暗示了微观的情感消费可能造成宏大的社会结构变迁效应，也就是说，沉溺于个人情感世界的个体，日久生厌，失望之余可能转而投身于激情澎湃的政治活动，或许带来意想不到的社会风潮。

（三）表演体制

表演体制要求社会交往的情感表达带有戏剧性，借助于夸张的表演，或强化特定情境的氛围，或刻意制造出一种（微）景观，以吸引公众的注

---

① Simon J. Williams, *Emotion and Social Theory: Corporeal Reflections on the (Ir) Rational*, London: Sage Publishers, 2001, p. 113.

② Georg Simmel, "Tendencies in German Life and Thought since 1870," in *Georg Simmel: Critical Assessments*, Volume 1, edited by David Frisby, London: Routledge, 1994, p. 9.

③ Richard L. Solomon, "The Opponent-Process Theory of Acquired Motivation: The Costs of Pleasure and the Benefits of Pain," *American Psychologist*, 1980, Vol. 35, issue 8, pp. 691-712.

④ Simon J. Williams, *Emotion and Social Theory: Corporeal Reflections on the (Ir) Rational*, London: Sage Publishers, 2001, p. 113.

⑤ Albert O. Hirschman, *Shifting Involvements: Private Interest and Public Action*, Princeton, New Jersey: Princeton University Press, 2002.

视。表演体制主要体现在社会交往领域。虽然广义而言，社会生活就是表演，[1] 但一般来说，表演更多地见诸各类仪式。然而，在当今社会，表演越来越成为日常交往的特征。在情感表演中最为常见的，莫过于各种"爱"（浪漫的爱情、甜美的恩爱、博爱）的泛滥。在目前的政治和其他公共生活中，公开地表露情感也成为一种风格，尤其是公众人物当众含泪或落泪，已被广泛接受乃至受到追捧，而这在以前会被认为是失态或有失风度。事实上，当今公共交往领域的崇高感和庄严感似呈萎缩之势，正如"我们的同时代人"韦伯所说："我们这个时代，因为它所独有的理性化和理智化，最主要的是因为'世界已被除魅'，它的命运便是，那些最高贵的终极价值观，已从公共生活中销声匿迹，它们或者遁入神秘生活的超验领域，或者进入了个人之间直接的私人交往的友爱之中。"[2] 当然，公共领域的情感化在一定意义上也是对科层制"非人格化"的矫正。

如果说政治本来就是表演，那么，私密的个人情感，何以越来越需要借助于表演的方式来表达，何以需要高调宣示？其中原因颇为复杂。一方面，从社会情势来看，在个人感受日益脱离结构情境和社会关系，个人感受缺乏稳定参照体系，以及个人感受变得漂浮不定和涨落无序的情况下，唯有通过依照特定叙事框架的表演，方能将自己的情感予以定型和确认。另一方面，情感本身的"演出性"日益凸显。上文已经提及，雷迪拈出"述情"一词，正是为强调情感表达具有试探和自我改变的效应。对于情感来说，"表演既表达了也创造出了其所表征的情感"。[3] 所以，表演的筹划，能使个体从自身混沌的感受中撷取出特定的片段，赋予主题，独立成章，变为鲜明而清晰的情感故事。借助于一连串的此类故事，人生因此而变得确定和丰富起来，尽管片段之间可能并无连续性，甚至可能扞格不入，但这并无大碍。

表演在个体生活中具有独特的建构意义，也是在为日常生活建构意义。相对于琐碎而无聊的日常生活，表演通过一种夸张的叙事，凸显或制造令人激动的故事，尤其是所谓的"惊喜"（surprise），使单调的世界变

---

[1] 参见戈夫曼《日常生活中的自我呈现》，冯钢译，北京大学出版社，2008。

[2] 《马克斯·韦伯社会学文选》，阎克文译，人民出版社，2010，第151页。

[3] Bruce Kapferer, "Emotion and Feeling in Sinhalese Healing Rites," *Social Analysis*, No. 1, February, 1979, p. 154.

得富有色彩，并通过戏剧化从而将日常生活结构化为众多自成一体的片段。在当代背景下，人生终极意义的阙如，越发频繁地需要通过戏剧性的情感表达来肯定人生，并不断点燃生活的激情。其实，类似的模式也盛行于不同规模的集体，它们通过举办各种重大活动，通过富有表演性的仪式来激发和形塑特定的情感认同。

从当代社会日益个体化的背景来看，表演也是一种为"承认而斗争"的策略。淹没在变动不居的事件洪流中的个体，太容易消失在茫茫人海之中。通过策划引人注目的事件，成为主角和焦点，寻求和制造"出彩"时刻，是彰显个体存在的一种常见手法。随着这种策划越来越复杂，专业化的机构应运而生。此外，在一般的营销活动中，商家经常对自己提供的商品和服务进行戏剧化包装，借助于扣人心弦的故事以增加吸引力，甚至挪用和占据美好的情感意象来自抬身价。这种营销策略的盛行，也使表演成为司空见惯的景观，渗透到日常生活之中，又进一步引起效仿。

表演还有另外的作用，即凝聚群落、创建"情感共同体"。表演的"目标是通过技巧性的、令人感动的表演，在观众与演员和文本之间创造情感联接，并借此创造将文化意义从表演投射向观众的条件"。[1] 事实上，表演经常是通过戏剧化和视觉化的方式，特别是诉诸生动的形象，给人以情感的冲击。表演通过情感联结而呼朋引类，借助于心理认同而形成"新部落"。[2] 随着自愿联合（voluntary association）可能性的增加，加之拓展"接触"和"关系"（见上文鲍德里亚语）的动机增强，基于共同情感的新部落越来越多，譬如各类粉丝团体。粉丝们出于满足共同情感的需要，甚至参与到作为情感象征和投射对象的偶像的塑造之中。"因相同的情感，我们与他者相遇、相聚，形成部落；又因情感的迁移，我们从一个部落走向另一个部落。"[3] 这种部落或情感共同体，多数具有相似性自恋的特征，

---

① 亚历山大：《社会表演理论：在仪式和策略之间建立文化语用学模型（上）》，《社会》2015 年第 3 期；参见 Jeffrey C. Alexander, "Cultural Pragmatics: Social Performance Between Ritual and Strategy," in *Social Performance*, edited by Jeffrey C. Alexander, Bernhard Giesen& Jason L. Mast, Cambridge: Cambridge University Press, 2006, pp.54-55。

② Michel Maffesoli, *The Time of The Tribes: The Decline of Individualism in Mass Society*, London: Sage Publications, 1996.

③ 许轶冰等：《对米歇尔·马费索利后现代部落理论的研究》，《西北大学学报》（哲学社会科学版）2014 年第 1 期。

即基于共同的情感需要和偏好而相互取暖和强化，并合力排斥"异己"。这在互联网时代尤为值得关注，一些极端组织往往借此觅得同道。此外，这种情感共同体也可能非常不稳定，恰如情感本身的不稳定一样。不过，这种不稳定，也正是刻意追求的效应，其中所耗尽的情感和关注会导致厌倦，而这又导致对新情感和新关注的需求，于是，又一场表演开始了。

尽管如此，一个时代或者特定社会空间中，表演的剧目（repertoire）和内隐的叙事结构，又都是有限的，甚至高度程式化或套路化。这不仅是特定的时代局限束缚了想象力，也是因为故事情节可信性的要求，客观上决定了表演的变异范围。另外，现有的情感结构形塑了特定的期待或接受心理的定势，特别是盛行的时尚逻辑，支配了表演模式的选择范围，这就是一些情感桥段会在一定时期泛滥的原因。

四　诸种体制之间的关系

不同于以往等级森严、规则分明的情感控制，当代情感体制本身已经容纳了一定的反思性，既显示出弹性体制的特点，也不无自我解构的特性。不过，当代情感体制虽然呈现一定的混杂性和模糊性，但也存在不难辨识出来的支配性趋向。这种趋向，是以快乐情感为指归。众所周知，自边沁将现代社会的合法性建立在为最大多数人谋求最大限度的幸福之上，同时又将幸福简单地界定为快乐以来，整个现代社会就朝着变为追求快乐的娱乐系统的方向迈进。倘要概述当代情感体制，可一言以蔽之：快乐体制。快乐虽然成为总号召，但追求快乐的路径，却日益变得迂回曲折——分化出多种情感体制——有时，这种迂回曲折本身也是快乐的来源。当然，鉴于当代人所追求的快乐的特性，这种迂回曲折不可能具有真正的深度，实质上只是为了掩饰太过直白和单调而已。

既然情感体制在不同领域之间出现了分化，那么，不同体制之间的关系如何？一方面，不同体制的原则之间，显然存在一定程度的张力乃至对立。这也是要将它们分开论述的原因。这种对峙尤其体现在工作领域和消费领域，即整饰体制和体验体制之间。正如贝尔所言，"一方面，商业公司希望人们努力工作，树立职业忠诚，接受延期报酬理论——说穿了就是让人成为'组织人'。另一方面，公司的产品和广告却助长快乐、狂喜、放松和纵欲的风气"。① 当然，在整饰和表演之间也存在张力：是为展示自己而表演，还是为了取悦观众而表演？在体验和表演之间，同样存在一定的紧张：是沉浸在自身的体验之中，还是将自身的体验展示给他人欣赏？有时，表演的欲望或责任可能败坏了体验的兴致，甚至表演可能成为一种负担而妨碍了真心体验。面对体制之间的脱节和矛盾，特定时期的感受模式和情感风格，也不免陷于两难和混乱之中。通常，个体通过生活领域或时间的区隔化（compartmentalization）来适应这种态势，即因时因地，既来之，则安之。

另一方面，诸种情感体制之间也存在交叉和交融。三种体制之间的重叠关系如下图所示。

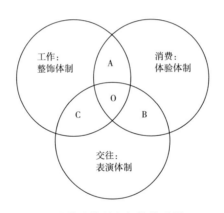

三种情感体制之间的关系图

首先是工作领域的整饰体制与消费领域的体验体制之间的交叉部分，即图1中的A区域。其中又包括两种不同侧重的倾向：或者是生产者同时也享受这个过程，或者是消费者参与到消费对象的生产之中。前者实际上就是成功的深层扮演，这是理想状态；后者就是以DIY（Do It Yourself，自己动手）为典型的相关现象。消费者的参与，不仅可以满足自己动手的乐趣，也可以在参与的前提下，强化自主感、归属感和认同感。而就纯粹情感来说，出现了形形色色的带有治疗、拓展和培训性质的活动（沙龙、夏令营、冬令营，名目繁多），参与者既是消费者（付费方能参与），同时在"导师"（或"专家"）引导下按照一定的情感整饰策略，创造出自己

---

① 贝尔：《资本主义文化矛盾》，赵一凡等译，三联书店，1989，第119页。

的新异体验，甚至在这个过程中创建出新的自我观。在各类充满深层心理学色彩的小组活动（治疗）中，参与者确实体验到了新的感受，接纳了在真实世界中遭到压抑或排斥的情感和自我。但此类活动往往是在一个相对封闭的环境中，通过仪式化和戏剧化的手段激发出所想望的情感，至于走出这个"迷你情感乌托邦"进入真实的世界，效果能否持续和持久，往往不能确定，尽管确实已有不少人沉迷于连续参加这种活动。事实上，当今所谓的"产销者"（prosumer）——参与生产活动的消费者，他们既是消费者（consumer），又是生产者（producer）——在情感消费中表现得最为彻底。

其次是消费领域的体验体制与交往领域的表演体制之间的交叉部分，即图 1 中的 B 区域。这里也分为各有侧重的两种情形：要么是消费活动本身具有展示性和公开性，要么交往活动本身是通过消费来实现的。考虑到众多消费活动越来越具有社会性，且所消费的越来越是符号价值，所以，两种侧重的界限也日趋模糊。① 在此，不妨以通过商业手段演绎浪漫之爱为例来略加探讨。浪漫之爱，本是以情感的乌托邦来抵御和反对基于交换关系的工具世界，试图以纯粹、深刻和对完整个体的包容接受来克服个体存在的孤独与无力。但渐渐地，当代人将消费品乃至奢侈品作为他们情感关系的象征性表达，爱情因此而被物化和商业化。② 不过，世人还能时不时地以一种近乎艺术的技巧，通过戏剧化表演，来重温、强化或证成建立在情感之上的纯粹关系。然而，新资本主义网络结构带来的无限制工作的压力，使长期的爱恋和亲密关系面临巨大的压力。时间资源的日益稀缺、流动的加剧以及工作中情感投入的要求的加大，使维持纯粹关系所需要的创造性艺术越发趋于式微。③ 于是，情感秀也开始"外包"，专事代理策划和导演情感秀的机构出现。这种他人代理的浪漫之爱，在体验的本真感和纯粹度上大打折扣，甚至沦为纯粹而认真的表演。

再次是交往领域的表演体制与工作领域的整饰体制之间的交叉部分，即图 1 中的 C 区域。其中也可分为大致两种不同侧重的类型：在交往中带

---

① 成伯清：《情感、叙事与修辞——社会理论的探索》，中国社会科学出版社，2012。
② Viviana A. Zelizer, *The Purchase of Intimacy*, Princeton：Princeton University Press，2007.
③ Martin Hartmann and Axel Honneth, "Paradoxes of Capitalism," *Constellations*, Vol. 13, No. 1, 2006, p. 52.

有生产性目的或效果的，以及生产时需以表演方式呈现的。考虑到职场的竞争和流动性，同时工作中又要求团队合作，因此，处理好同事关系，是当今所谓"情商"的核心要求。[①] 所以，大凡需要情感性劳动的地方，需要整饰的不仅是针对服务对象的情感，也包括针对所在"剧班"内其他成员的情感。为补充瑞泽尔的"麦当劳化"命题而提出"社会的迪斯尼化"命题的布里曼，就将"情感性劳动"改称为"表演性劳动"（performative labor）。而交往中带有生产目的，无非就是各类带有商业性的社交活动，归根结底还是表演性劳动。这特别体现在情感产业中的营销和工作人员身上。其实，越来越多的岗位变得类似于舞台上的工作。正如两位提出"体验经济"的管理专家所言，"在任何公司的任何层面，员工必须知道，任何业务都是舞台，因此工作就是演戏"。[②] 根据布里曼的观点，迪斯尼乐园的工作人员，在这个方面堪称当代表演性劳动文化的典范。他们不仅直接使用"演职人员""试镜""前台""后台"之类的隐喻，而且一个个笑容可掬，温馨亲切，仿佛他们不是在工作，而是在参与游戏——他们确实将工作（job）称为角色（role），仿佛跟游客一样，他们都在体验着一场愉悦之旅。

最后是三个领域、三种体制交叉重叠的部分，即图 1 中的 O 区域。试想，如果迪斯尼乐园的工作人员成功地同时扮演了生产者、消费者和表演者，沉浸在欢乐的童话世界之中，酷不酷？太酷了！而最能够体现 O 区域之神髓的，莫过于现今备受推崇的"酷"了。酷实际上是一种独特情感风格，兼有几分坚毅（整饰）、几分陶醉（体验）与几分做作（表演）。[③] 酷，在自我检视和从容表演中，同时与自己的感受保持距离，还要好像非常享受这个过程。作为酷的标志之一，就是墨镜。而墨镜，其实是不让人觉察出眼中流露的情感，所以，墨镜也泄露了酷的限度，至少是将这样一种据称是炉火纯青的个性化存在艺术放入了括号之中，实际上也就是自我悬置起来。

就中文语境来说，酷虽然受到外来文化的影响（"酷"本身就是英文 cool 的音译），但无疑融合了当地当时的体验。而这个外来的时髦词语之所

① 参见丹尼尔·戈尔曼《情商》，杨春晓译，中信出版社，2010。
② 转引自 Alan Bryman, *The Disneyization of Society*, London：Sage Publishers, 2004, p. 103。
③ 散文作家陈娜娟曾经试着总结过"酷"的特点，参见 http://www.qzwb.com/gb/content/2007-01/02/content_ 2341939. htm。

以能够流行起来，显然与类似的结构性处境和体验有关。美国情感史专家斯特恩斯曾在《美国之酷》中追溯了美国 20 世纪情感风格的形成，其中家庭规模的缩小、管理机构的增加、约会的增多、消费主义的盛行以及宗教的衰落，都导致了情感的历史变化。新的情感表达模式，鼓励自我控制和克制的能力，并日益借助于科学心理学的手段。[1] 从"酷"中，我们可以一窥当代情感体制的综合效应。

结　语

情感体制作为一种体制，势必具有一定的强制性和约束性，如若违反，一般会受到惩罚，尽管惩罚的方式和程度会随情感体制的严苛或宽松而有所不同。情感体制以相应的方式强化合乎规范的情感，排除与之不符的情感。事实上，与上述诸种体制所规范和强化的情感相反的情感，在当代情感话语中，都已成为应当予以抑制乃至彻底消除的情感。譬如，痛苦的情绪是不该存在的，要避免自寻烦恼；仇恨是不应该萌生的，至少是应该遗忘的；愤怒是有害的，抱怨是通往自我挫败的不二法门；等等。当代情感体制所鼓励的，是想方设法地寻求快乐，有计划地、系统性地制造快乐——而得不到快乐，一定程度上就是惩罚。古罗马哲学家塞内卡曾经教导年轻人，"真正的快乐是一件严肃的事情"。但当代人似乎更加热衷于在貌似严肃的游戏中认真地寻找快乐。问题是，试图彻底屏蔽不愉快经历的当代人，得到的其实更多的是平面化和无深度的体验，甚至可能导致情感的暖死亡。[2]

置身于日新月异的时代，感受瞬息万变。情感越是被放到聚光灯下，越是难以捉摸——因为情感本身的确认，取决于文化模式、社会规范、互动情境、心理感受和生理反应的交互作用，这也是本文一直避免为情感下定义的缘由——也就越难以安顿，越可能诱发焦虑。目前，"自媒体"的发达为世人纾解焦虑提供了便捷而多样的渠道。这种表达，其实也是自我理解和自我安顿的一种尝试，同时也是一种表演，虽然戏码或许超出了以往规范容许的范围。越发频繁的情感表达，作为情感的自我探索和对他人

---

[1] Peter N. Stearns, *American Cool：Constructing a Twentieth-Century Emotional Style*, New York：New York University Press, 1994.

[2] 参见康拉德·洛伦茨《人类文明的八大罪孽》，安徽文艺出版社，2000。

认可的渴望，确实体现了当代情感体制的效应，更是昭示了情感在当代人生活中的权重。在一定意义上，当代人已经不堪情感之重负。无论是整饰的要求，还是表演的技巧，抑或体验的能力，均非易事。于是，抑郁成为一种"公众性感受"。①

目前所谓"后真相政治"（即情绪诉求比客观事实更能主导舆论），②在一定程度上是公众性抑郁的对立过程——公众性躁狂——的效应：在当代情感体制之下，越来越多的人感受到不愉快的沉重压力，变得焦躁，他们亟须逃离这种情绪状态，任何人只要允诺可以带领他们走出这种状态，他们就会不假思索地追随而去，至于将会走向何方、结果如何，恐怕无人关心。关键是摆脱目前的不快！当然，大众性躁狂的说法也许有些严重，但分离式的感受所淤积的无根性情绪，确实越来越多地积压在公众的心头，成为可供猎取和动员的政治资源。当情绪表达或情绪宣泄成为参与政治的主要原因时，真相或事实自是变得无关紧要。

我们希望通过情感体制的探索，触摸到体现当代社会之时代精神的脉动。当然，鉴于当代情感体制及其演变的复杂，特别是情感本身的暧昧性和矛盾性，我们不能期待借助于这个分析框架即可透视出明确的趋势。但作为人类存在的色彩，情感越来越是我们准确呈现社会图景及其动态过程不可或缺的维度。

众多学科中发生的"情感转向"（affective turn），③ 不仅是一种理论取向，也是现实的一种映照。社会学在情感现象解释中，应充分发挥社会学想象力以做出自己独特的贡献。究竟是哪些力量，试图将当代人变为米尔斯所讥讽的"快乐机器人"，即认识不到决定我们的处境、我们的社会交往、我们所置身其中的社会变迁的性质以及各种矛盾和紧张的社会结构和文化根源的人？④ 我们必须回到社会的、公共的和道德的视角，方能找到理解当代情感问题之社会构成的关键。

本文有关情感体制的社会学探索，只是一个初步的尝试。情感体制究

---

① Ann Cvetkovich, *Depression: A Public Feeling*, Durham: Duke University Press, 2012.

② Alison Flood, "'Post-truth' named word of the year by Oxford Dictionaries," *The Guardian*, 16 November 2016.

③ 参见 Patricia T. Clough, Jean Halley, *The Affective Turn: Theorizing the Social*, Durham: Duke Vniversity Press, 2007。

④ C. Wright Mills, *The Sociological Imagination*, fortieth anniversary edition, New York: Oxford University Press, 2000.

竟如何在特定结构背景中形成和变化？置身于情感体制之中的个体如何可能逸出乃至反抗体制？不同社会阶层是否存在差别？这种差别具有怎样的政治后果？当代情感体制与不同文化传统之间如何共存或消长？等等，都是有待深入研究的问题。

（本文原载于《中国社会科学》2017 年第 5 期）

女性主义方法论的批判与重构

——基于弗雷泽后现代女性主义理论的视域

戴雪红*

20世纪90年代初，女性主义理论内部发生了一次研究范式上的重大转变，即向"后现代女性主义"的过渡。但是，女性主义和后现代主义之间的关系是不稳定的和令人紧张不安的，矛盾的根源是女性主义作为一种思想/文化解放运动的起源和后现代主义的解构倾向，换言之，女性主义学术逐渐被话语分析和文本解构方法取代。一些女性主义者认为后现代主义在政治性上和道德上空洞无力，其他女性主义者则看到了后现代主义反对基础主义和本质主义所表现出来的政治潜力，承认它为性别表现和权力关系提供了有价值的解释。实际上，后现代主义一方面对女性主义理论复杂性的探索有影响和贡献，另一方面通过提出新的认识论方法，如去中心化、解构和差异等，挑战和解构了女性主义。后现代女性主义理论家也一直在积极寻求化解女性主义与后现代主义之间冲突的最佳方法，并努力发展出新的批判和建构路径来解决这些争端。

女性主义批判理论家南希·弗雷泽是最早关注后现代主义理论的女性主义学者之一，并较早地把包括雅克·德里达和让-弗朗索瓦·利奥塔等后现代主义者的思想与女性主义理论联系起来。与一种极端的、激烈的和后现代主义所采取的"解构"模式不同，弗雷泽采用了比较温和的后现代主义的"重构"模式，强调当前时代和现代性之间的连续性。弗雷泽等思想家认为，"后现代话语乃是现代与后现代之间的分界话语，它允许对现

* 戴雪红，哲学博士，南京大学马克思主义学院、南京大学高研院教授。本文为国家社科基金项目"弗雷泽女性主义批判理论的逻辑谱系及其现实启示研究"（编号：15BZX017）的阶段性成果。

代理论和现代政治进行创造性的重建"。① 现代与后现代之间是"虚假的对立",实质上是批判理论和后现代主义的相对价值的争论,应尝试发展一些能够将两者结合起来的新的女性主义理论化范式。尽管女性主义与后现代主义在如何对待解构主义理论方面存在很多分歧,但在反对宏大叙事和本质主义方面却有着共同的指向,这促使弗雷泽萌发了将二者互补起来的构想,去设想后现代女性主义的未来。然而弗雷泽的做法遭到了朱迪斯·巴特勒和德鲁西拉·康奈尔等后现代女性主义者的强烈反对。

一 弗雷泽对后现代主义与女性主义的多维批判

(一) 对德里达解构主义理论的批判

解构是后现代的分析方法,它以一种特定的理论姿态出现于20世纪60年代末期的法国。它试图通过揭示话语的矛盾、悖论和暂时性,来批判和动摇话语中明确的、稳定的意义体系。对语言不确定性的强调,根本动摇了现代性的逻各斯中心主义立场。后现代主义思想家德里达是当代解构之父,解构主义多半情况下被等同于德里达。在他的著作中,解构既不是建构,也不是拆毁;解构主义本质上是一种解释性的质疑策略。德里达把二元对立作为解构主义的主要分析对象,解构挑战了前者对后者不言而喻的优势地位:男性/女性、自然/文化、自我/他者、公共/私人以及理性/情感等。但因为拒绝任何文本和语境之间的范畴差别,德里达的解构主义经常遭受"去政治化"的指控。

1980年夏,在法国的瑟里西(Cerisy)召开了名为"人的终结:雅克·德里达著作的副产品"的大会,其中的"政治研讨会"明确提出了困扰着人们的许多问题。例如,解构有政治含义吗? 一种"解构的政治"的表述是可能的和可取的吗? 在德里达的作品中,已经有一种政治暗示了吗? 如果是这样的话,它是什么,它能站得住脚吗? 从一种德里达的立场再思政治是可能的吗?② 弗雷泽在《法国的德里达派:政治化的解构抑或

---

① 〔美〕贝斯特、凯尔纳:《后现代理论:批判性的质疑》,张志斌译,中央编译出版社,1999,第236页。

② Nancy Fraser, "The French Derrideans: Politicizing Deconstruction or Deconstructing the Political?" in *New German Critique* 33, 1984, pp. 127-128.

解构中的政治?》一文中对这些问题进行了反思，认为"解构"无法让人们具体地思考正义、法律和政治问题。弗雷泽指出，出于对准超验论的回应，而不是现实政治生活中解决社会问题的经验研究的需要，德里达错误地试图采用优先于现实政治的"西方文化中政治宪法与制度的哲学方案"。① 德里达在《法律的力量：权威的神秘基础》一文中区分了思考"力量/法律、正义/暴力"之间关系的两种不同方法：一种是"批判"的方法；另一种是"解构"的方法，可以阐释暴力与法律之间"更内在更复杂的关系"，暴露出"由于权威的起源、法律的基础和地位在原则上除了它们自身之外就不可能有什么依托，故它们自身就是一种没有基础的暴力"。② 因此，德里达认为"解构"是更好的方法，它能深入暴力与法律之间关系的核心。

1991 年，弗雷泽在《法律的力量：形而上学的还是政治的?》一文中，指出德里达的解构主义实际上是属于形而上学的玄思。最重要的一点，"他的论述将我们的注意力引导到一个所谓的法律的'暴力'是构成性和不可避免的层面。这种'暴力'可以在无实质性的意义上被称为'政治'，因为它独立于任何特定的制度或社会安排，即使在原则上，它也不受改变。因此，在德里达的论述中，'法律的力量'本质上是形而上学的"。③ 但由于女性主义等新社会运动的政治话语是在为社会平等提供理论准备，因而德里达的那些超验的、模糊的和难以确定的问题都背离了女性主义最基本的批判角色。④

总之，弗雷泽对德里达的解构主义著作是否能够形成一个稳定、有效的政治立场提出了质疑。弗雷泽对解构主义的主要批判是：解构主义从根本上是非政治性的，是一种消极的/虚无主义的理论，无法参与到致力于社会变革的理论或实践工作中；过于重视解构将会导致政治虚无主义和宿命论，从而导致政治和道德的瘫痪。

---

① Nancy Fraser, "The French Derrideans: Politicizing Deconstruction or Deconstructing the Political?" in *New German Critique* 33, 1984, p. 137.
② 〔法〕雅克·德里达：《〈友爱的政治学〉及其他》（下），胡继华译，吉林人民出版社，2006，第 398~399 页。
③ Nancy Fraser, "The Force of Law: Metaphysical or Political?" in *Cardozo Law Review* 13, 1991, p. 1328.
④ 〔美〕伊丽莎白·格罗兹：《时间的旅行：女性主义、自然、权力》，胡继华、何磊译，河南大学出版社，2012，第 206 页注释①。

（二）　对利奥塔宏大叙事理论的批判

利奥塔是 20 世纪下半叶最重要的后现代思想家之一，20 世纪 80 年代以后，他成为后现代理论的代言人，并被公认是"后现代主义之父"。1979 年，利奥塔在开创性的后现代主义哲学文本《后现代状况：关于知识的报告》一书中，将后现代主义方向对准了现代性"元叙事"（亦指宏大叙事或理论）的解构。利奥塔阐述道，"我们可以把对元叙事的怀疑看作是'后现代'"。① 利奥塔认为元叙事的含义就是那种使特定的现代话语合法化的"起中心作用的原则"。利奥塔在书的开篇即指出："随着社会进入被称为后工业的年代以及文化进入被称为后现代的年代。知识改变了地位。"② 这种变化至少始于 20 世纪 50 年代末，一直持续到现在，因而，"在最近几十年中，知识成为首要生产力"。③ 乌托邦、幻想与人文主义这类曾推动社会生活的话语，已经丧失了它们的权威。利奥塔将这一趋势称为宏大叙事的衰落，宏大叙事已经失去了可信度。后现代主义被视为宏大叙事与普遍真理的掘墓者，必将开启一个尊重差异、文化多元的新时代。

利奥塔对元叙事的解构在女性主义者中引起了担忧。女性主义者指出，利奥塔等对元叙事的摒弃与为底层群体而战的社会正义事业是背道而驰的。因此，弗雷泽重点批判了利奥塔的后现代理论，认为它会使女性主义在政治上陷于无能，"很难成功地批判地把握住性别统治与屈从的问题"。④ 弗雷泽指出，后现代主义者试图发展出不依靠传统哲学基础的社会批判概念，而像罗蒂和利奥塔宣称哲学和一般性的理论不再能掌握政治和社会批判。"现代"的概念让位给"后现代"的概念，社会批判的特征也改变了："社会批判不再由哲学来定位，因此其形态和性质处于不断的变化之中；它变得更加实用，更加独特，更加注重背景和环境，也更具局部性。"⑤ 利奥塔对宏大叙事的拒斥，使他自己无法通过建构叙事来说明为什么不平等或女性受压迫的现象是不合法的，而女性解放则是正当的。对一

---

① 〔法〕让-弗朗索瓦·利奥塔尔：《后现代状况：关于知识的报告》，车槿山译，三联书店，1997，第 2 页。利奥塔即利奥塔尔，下同。

② 〔法〕让-弗朗索瓦·利奥塔尔：《后现代状况：关于知识的报告》，第 1 页。

③ 〔法〕让-弗朗索瓦·利奥塔尔：《后现代状况：关于知识的报告》，第 3 页。

④ 李银河主编《妇女：最漫长的革命——当代西方女权主义理论精选》，三联书店，1997，第 128 页。

⑤ 李银河主编《妇女：最漫长的革命——当代西方女权主义理论精选》，第 129 页。

切形式的平等概念和普遍性概念的拒斥，损害了将女性及其他人组织起来为消灭男性统治或为争取女性权利而战的计划。

由此可见，利奥塔的后现代观点直接与女性主义的政治目标相抵触，他对宏观理论的拒斥，就剥夺了人们对关于女性之从属地位与受压迫状况等普遍理论的需求。另外，利奥塔对宏观结构的放弃，导致了对性别、种族等等级压迫的批判变成了真空，"结果是，他在倒掉哲学中的玄学话语这盆洗澡水时，把大型历史叙事这个孩子也倒掉了；在倒掉狭义的马克思主义阶级理论这盆洗澡水时，把对大规模的不平等的社会理论分析这个孩子也倒掉了"。① 总之，弗雷泽指出，利奥塔的后现代主义理论宣布了宏大叙事和规范的社会结构理论的非法性，这对女性主义对资本主义的批判是非常不利的。

（三）对本质主义的批判

本质主义的女性主义主张，譬如"女性"、"第三世界女性"、"家庭"和"母职"等身份是自然的、天生的，是在一生中都固定不变的；"女性本质"的存在将所有女性团结成一个群体；女性主义的元叙事承载着一种追求真相的意愿和一种历史进步的召唤。而旨在解构整体论并揭示差异性的后现代主义则要解构这样的元叙事，认为这种叙事是压迫性的。

弗雷泽指出，女性主义政治实践的"实际的兴趣"使之免于后现代主义所犯的错误。但因为女性主义者的使命感，他们采取了一些被后现代主义者批判的理论模式，例如哲学的元叙事。这是因为女性主义者试图建立的理论往往有着实证性大于哲学性的意味，看起来较像是一种"准-元叙事"。不过，弗雷泽认为，紧迫的实际需要虽然令女性主义者容易使用"准-元叙事"，但并不意味着他们会完全被它左右。② 通过对女性主义历史发展中几个重要转折点的梳理，弗雷泽分析了女性主义者要么鼓励，要么反对"准-元叙事"理论模式的两股力量的斗争过程，以及由此产生的围绕本质主义与反本质主义的长期辩论。

20世纪60~70年代，"新左派"中的女性试图将性别议题引入"女性解放"的讨论中时，却引起了其阵营中男性的敌意。因而，激进女性主义

---

① 李银河主编《妇女：最漫长的革命——当代西方女权主义理论精选》，第135页。
② 李银河主编《妇女：最漫长的革命——当代西方女权主义理论精选》，第138页。

者舒拉米斯·费尔斯通天才地运用了性别差异的生理学基础进行反驳。但是这样的做法从后现代主义的观点来看是有问题的，她犯了本质主义的错误。女性主义人类学家米歇尔·罗萨尔多等提出了"私人领域"和"公共领域"的划分，似乎可以揭示性别歧视的多样性和普遍性。但这样跨文化的、所有社会中都存在私人领域与公共领域区分的假定和解释，"错误地将一些具有历史独特性的现象作了适用于一切社会的归因概括"。① 这表明，女性主义者还在暗自继续追寻一种"准-元叙事"的理论概念。至20世纪80年代，女性主义政治实践产生出一股新的对宏观话语的压力。"贫穷的工人阶级妇女、有色人种妇女和女同性恋者的声音终于赢得了广泛的关注，她们反对那种忽略了她们的生活和问题的女权主义理论。"② 因而，女性主义学术研究在学院开始体制化了，这表现出两个倾向：第一，学者们更关注局部性、具体问题的研究，追寻宏大社会理论的兴趣在下降。第二，女性主义理论中仍然存在忽略差异现象的问题，"本质主义的余毒尚存"。③ 仍有一些学者没有完全放弃"准-元叙事"，例如，女性主义心理学家卡罗尔·吉利根建构了一个女性的精神发展模式，强调关怀的价值属于女性，这被弗雷泽认为是召唤出本质主义的幽灵。不过，在批判本质主义的女性主义者的同时，弗雷泽也赞赏她们所做出的贡献，比如"姐妹情谊"的观念"使有关性别主义普遍性的观点带上了学术的色彩"，即便"它似乎使女人之间联系的深度及根源合法化了"。④

二 女性主义者对弗雷泽批判的回应

（一）巴特勒对本质主义的借用——从德里达的双重书写到女性主义的双重运动

琼·W. 斯科特（J. W. Scott）认为，后现代主义的贡献在于对解构作为一种方法和思维方式的强调："这一解释意味着主体处在一个不断构造的过程中，这又提供了一个说明有意识和无意识欲望的系统方法，即认为

---

① 李银河主编《妇女：最漫长的革命——当代西方女权主义理论精选》，第141页。
② 李银河主编《妇女：最漫长的革命——当代西方女权主义理论精选》，第146页。
③ 李银河主编《妇女：最漫长的革命——当代西方女权主义理论精选》，第147页。
④ 李银河主编《妇女：最漫长的革命——当代西方女权主义理论精选》，第143页。

语言是恰当的分析工具。"① 解构的总体策略是瓦解二元对立的暴力等级制，一些解构主义的女性主义者运用解构主义技巧去分析父权制话语，认为"解构对女性主义是有用的，因为它提供了方法，去解构那些加强了性、种族和阶级压迫的阶层性对立，并去激促新的、较进步的理论"。② 男性/女性的对立维持着等级制结构，暗含着相应的身体/心理、理性/感性、积极/消极、公共/私人等的两级对立。也正因如此，女性被认为是低劣的，遭到"他者化"。德里达认为，符号意指不明，始终处在"延异"的双重运动之中，这使二元对立陷入危机之中。德里达把这种二元对立称为"暴力体系"，并认为这些相互对立的东西事实上相互隐含和相互需要。德里达捍卫差异，反对同一性的霸权，试图解构男性/女性两分法。这种对对立概念的解构是德里达对女性主义思想最重要的贡献。"就女性主义的斗争而言，解构主义为女性主义提供了分析（或解构）理论的工具，一种思考世界（挑战二元思维）的新方式，并以此设想女性和男性的未来。"③

为了更加深入地理解后现代主义的"后"，德里达对海德格尔关于形而上学的双重姿态进行了重新修改——"后"不是一种断裂，而是从现代主义内部进行质疑的一个信号。在一本采访德里达的文集《多重立场》中，德里达承认其一贯的立场：解构既不是一种分析、批判，也不是一种方法，而是"一种总体策略"的解构的可能性。"既然整体是系统的，而其自身又是分裂的，那么，我们必须提出一种双重表示，一种双重书写（也就是一种自身多样性的文字）。"④ 首先，第一阶段是一个"翻转"阶段，即，诸如男/女对立双方为了"在一定时机推翻等级制，……停留在这一阶段就仍然是在被解构的系统内部进行活动"。⑤ 例如，本质主义的女性主义就是停留在了这一阶段。然而，对德里达来说，更根本的挑战是进入"第二阶段"："我们还必须指出翻转和一个新概念的突现之间的间

---

① 李银河主编《妇女：最漫长的革命——当代西方女权主义理论精选》，第164页。
② 〔英〕克莉丝·维登：《女性主义实践与后结构主义理论》，白晓红译，台北：桂冠图书股份有限公司，1994，第197页。
③ Pam Papadelos, Derridean Deconstruction and Feminism: Exploring Aporias in Feminist Theory and Practice, Thesis (Ph. D.), University of Adelaide, School of Social Sciences, 2007, p. 28.
④ 〔法〕雅克·德里达：《多重立场》，佘碧平译，三联书店，2004，第47页。
⑤ 〔法〕雅克·德里达：《多重立场》，第48页。

隔。……反抗和打乱这种对立，但是绝不构成第三个术语。"① 因而，需要的是"一种无止境分析的必要性：二元对立的等级制总是重建自身"。② 因此，德里达力图通过这种双重姿态（双重书写或者双重阅读）的思维方式以置换、调和二元对立的双方。

受德里达的双重书写观点的影响，近年来，诸如解构主义的女性主义者佳亚特里·斯皮瓦克的观点就很值得借鉴。斯皮瓦克不再停留于内部的争论，认为一种"策略本质主义"的批判——在理论上假设了所有女性都具有同一的性别经验——在其必要性上仍然是正当的。事实上，如果缺乏这一批判，就可能存在政治反思全身瘫痪的威胁。

女性主义与解构，以及对性别认同的建构的激进主义分析联系在了一起，这主要表现在后现代女性主义者巴特勒"女性主义的双重运动"的观点上。与弗雷泽不同的是，巴特勒倾向于将她的研究界定为后结构主义而非后现代主义；对巴特勒而言，后结构主义对于政治和哲学概念的解构，对女性主义政治有着潜在的重要性。巴特勒指出，一方面，由于女性主义理论基于一种本质的、前话语的或前文化的女性的概念化，这种普遍化或者本质化是一种暴力的行动，"'性别'就不只是一种规范，它还构成了生成受其支配的身体的规制"。另一方面，巴特勒提出了女性主义的"双重运动"理论，以挑战由身份分类所造成的暴力："许多'女人'拒绝接受对'女人'的描述，这不仅证实了一个部分概念所带来的暴力，而且证明了构建一个完整或全面的概念或类别的不可能性。……为了缓解和重构这种暴力，有必要认识一种双重运动：借助一个类别，从而暂时生成一种身份，同时又将此类别开放为一个永远处于政治抗争中的场域。"③ 不过，批评家指出，巴特勒的双重运动"并不意味着可以很容易地避免本质主义"，④ 因为这种"双重运动的策略源于对本质主义批判的批判——对本质主义/建构主义二元论的解构"。⑤

---

① 〔法〕雅克·德里达：《多重立场》，第48~49页。
② 〔法〕雅克·德里达：《多重立场》，第48页。
③ 〔美〕朱迪斯·巴特勒：《身体之重：论"性别"话语的界限》，李钧鹏译，上海三联书店，2011，第220页。
④ Ralph Sandland, "Seeing Double? Or, Why 'To Be or Not To Be'Is（Not）the Question for Feminist Legal Studies," in *Social & Legal Studies* 7（7），1998，p.309.
⑤ Ralph Sandland, "Seeing Double? Or, Why 'To Be or Not To Be'Is（Not）the Question for Feminist Legal Studies," in *Social & Legal Studies* 7（7），1998，p.311.

（二） 康奈尔对解构主义的辩护——解构的政治意涵

德里达以及整个后现代思潮都体现了一种去政治化的方式，学界主流将德里达的政治视为否定主义、虚无主义和无政府主义政治的典型。与这种观点相反，一些评论家认为，德里达关于友谊和马克思主义的著作，如《友爱的政治学》（1994）和《马克思的幽灵》（1993）等，就是把马克思重新政治化的尝试。解构主义支持对正义的追求，但很矛盾的是，正义却无法达到，它总是被置换。德里达对正义进行了反思："如果真的存在着所谓法律之外和法律之上的正义本身，它就是不可解构的。如果真的存在着这样的解构，它也同样如此。解构就是正义。"[①] 这一点也许蕴含了解构主义具有可能非常激进的政治意涵，即坚持正义不可解构性的关键，在于强调法律明显的可解构性。因而，所有的事件，人们都可以进行重新阐释、重新创造。

德里达的解构观对当代女性主义思想产生了很大的影响，女性主义哲学家和法学家康奈尔在《超越迁就：伦理女性主义、解构和法律》（1991）、《界限哲学》（1992）、《转型》（1993）以及《想象域：堕胎、色情作品与性骚扰》（1995）等著作中，将解构主义、后结构主义与拉康主义的分析结合在了一起，试图把后现代主义所强调的含义的不稳定性用于支持女性主义削弱性别等级的政治目标。

首先，康奈尔不认可弗雷泽挪用后现代主义方法来研究女性主义，认为那不利于女性主体性的发展。"我已经说过，把众所周知的解构与非理性等同起来是一个严重的错误。我也没有发现'后现代主义'一词对于近来的重要哲学辩论有什么作用。"[②] 康奈尔在与弗雷泽的一次辩论中指出，"我完全同意南希·弗雷泽：在批判理论和所谓的'后现代主义'之间没有简单的对立或者截然的划分"。[③] 但康奈尔进一步表述了她对后现代主义的排斥态度，认为后现代主义不同于后现代性，后现代性是一个时间划分的概念，"我关注的焦点是，搞清楚'后现代主义'据称'是'掩盖了女

---

① 〔法〕雅克·德里达：《〈友爱的政治学〉及其他》（下），第400页。
② S. Benhabib, J. Butler, D. Cornell, N. Fraser, *Feminist Contentions: A Philosophical Exchange*, Routledge, 1995, pp. 76–77.
③ S. Benhabib, J. Butler, D. Cornell, N. Fraser, *Feminist Contentions: A Philosophical Exchange*, Routledge, 1995, p. 145.

性主义理论的关键议题"。①

其次，在康奈尔的著作中呈现出典型的解构和后现代法律思想以及解构的政治-伦理维度。康奈尔认为后现代"规划"在根本上是政治的，这个完整"规划"的动力来自一种想要规定伦理关系的伦理欲望，意味着"我想通过伦理关系来意指对他者，尤其是在更广泛意义上对他者性的非暴力关系的渴求，他者性设定了保护他者的责任，反对那种否定其差异性与独特性的僭用"。② 赞同德里达的观点——把对他者的责任置于自我权利之先，康奈尔亦认为所有女性都必须担负起责任去创造她们自己的法律与政治命运。"在康奈尔看来，德里达的政治贡献乃是在于将这个世界视为一个仅仅是由语言连接的'他者'世界。……当代西方社会的他者包括女性、黑人、残障者、老人，以及所有不是男性、白人、健全者和有产者的人。……并且，它是一种参与话语的能力，这一话语提供了正义最终得以实现的途径。而正义最终只是对话的问题。"③ 在康奈尔主持的一次关于"解构主义与正义"的国际学术研讨会上，许多学者认为德里达哲学转向了伦理学。康奈尔也提出了"伦理的女性主义"方法论："伦理的女性主义的一个重要方面就是，对于一个不断斗争以从强加的、严格的性别等级和刻板的性别身份中去争取个性的人来说，它可以为我们描写和述说一种生物的丰富和多种性欲打开一个不断扩大的空间。"④

再次，康奈尔采取了一种德里达式的"双重阅读"姿态，即重复性阅读（既有的社会体制仍具有一定的重要性）和批判性阅读（对社会体制背后的暴力进行批判），并把解构重新命名为"界限哲学"，以赋予人们一种乌托邦式的可能性政治。康奈尔认为，"一旦我们接受了法律与正义之间不可跨越的分野，认识到解构在对作为正义的法律同一性的解构中既揭示又保护这种分野，那么，只有在这时，我们才能够充分理解德里达的'解构就是正义'说法的实践性意义"。⑤ 德里达"使我们从差异的意义上对超

①　S. Benhabib, J. Butler, D. Cornell, N. Fraser, *Feminist Contentions*：*A Philosophical Exchange*, Routledge, 1995, p. 145.

②　〔美〕德鲁西拉·康奈尔：《界限哲学》，麦永雄译，河南大学出版社，2010，第 99 页。

③　〔英〕伊恩·沃德：《法律批判理论导引》，李诚予、岳林译，上海三联书店，2011，第 229 页。

④　S. Benhabib, J. Butler, D. Cornell, N. Fraser, *Feminist Contentions*：*A Philosophical Exchange*, Routledge, 1995, p. 75.

⑤　〔美〕德鲁西拉·康奈尔：《界限哲学》，第 259~260 页。

越性进行思考。重复之所以'是'作为可能性，是因为语言所赋予我们的再现系统不能与它自身认同并因此真正成为一种总体性。这种可能性是一种对超越性的'敞开'，它作为一个门槛，邀请我们跨越它。作为'一种门槛科学'，解构论鼓舞我们'跨越'禁锢，或许通过这样做，可以规避法律的法律之门在我们面前最终关闭的恐惧"。① 由此看来，康奈尔的"界限哲学"的独特效果是把解构锻造为一种"超越"的哲学，他认为"解构"不是怀疑主义和虚无主义，而是一种对开放了可能性的门槛的超越。② 通过全面论述德里达思想核心中有对正义（通过法律批判的正义）的"乌托邦性"要求的观念，康奈尔坚持了女性主义双重运动的乌托邦思想，建立了女性主义与解构主义的"联盟"，"独树一帜地推动着社会理论与法律理论借鉴解构主义的理论及政治力量，并借此促进解构主义理论回应这些迫切的经验问题"。③

最后，康奈尔对女性主义和后现代主义的研究还带有浓厚的拉康精神分析的色彩，她实际上是用拉康的精神分析与德里达的解构主义的角度分析，女性并无固定先在的身份或表征，所以女性具有不断自我定义的无限可能性，可以打破历史上对女性身份的陈旧规定，从而"关键的任务是重新构想一个我们自己的关于对和错的标准"。④ 康奈尔强调女性主义精神分析的重要性，"女性主义政治自身的致力方向也不（应）是生物问题，而（应）是象征层面的问题。这就意味着，女性主义政治的目标充其量不过是生物的再现描述，而不是生物本身"。⑤ 康奈尔强调对女性主义内在的精神分析的重要性，这一点被弗雷泽认为是本质主义的。

弗雷泽对康奈尔以上的观点进行了反驳，她指出，康奈尔"基于一种拉康式/德里达式的视角，面向一种男性的、阳性逻各斯中心主义的象征秩序，这就压制了女性并掩饰自己的无根基"。⑥ 最终，弗雷泽决定将康内

---

① 〔美〕德鲁西拉·康奈尔：《界限哲学》，第 183 页。

② Ellen K. Feder, Mary C. Rawlinson, Emily Zakin, *Derrida and Feminism：Recasting the Question of Woman*, Routledge, 1997, p. 144.

③ 〔美〕伊丽莎白·格罗兹：《时间的旅行：女性主义、自然、权力》，第 90 页。

④ S. Benhabib, J. Butler, D. Cornell, N. Fraser, *Feminist Contentions：A Philosophical Exchange*, Routledge, 1995, p. 79.

⑤ 〔美〕伊丽莎白·格罗兹：《时间的旅行：女性主义、自然、权力》，第 98 页。

⑥ S. Benhabib, J. Butler, D. Cornell, N. Fraser, *Feminist Contentions：A Philosophical Exchange*, Routledge, 1995, p. 158.

尔关于性别、性和法律等方面的重要洞见剥离出来，融进更少本质主义的框架中去，这个框架就是弗雷泽所提出的新的后现代女性主义方法论。

三 弗雷泽后现代女性主义方法论的多维重构

在后现代主义与女性主义的争论交锋中，早就有一种走出解构主义的后现代主义女性主义动向。解构主义的方法尽管是必需的，但是随着这一语境的隐退，后现代核概念女性主义必须重构它自己的方法论。如何才能既吸收解构主义批判中的独特见解，又坚持标志着女性主义批判伦理主张的对抗政治改革？对弗雷泽而言，答案主要涉及后现代主义的"政治化"。与斯皮瓦克的"策略本质主义"、巴特勒的"女性主义双重运动"以及康奈尔的"解构主义的女性主义"不同，弗雷泽指出，后现代主义思想要纳入女性主义理论中，就必须补充它正缺乏的政治主张。

1988 年，弗雷泽与琳达·尼科尔森合著发表的《非哲学的社会批判：女性主义与后现代主义的相遇》一文，被称为后现代女性主义的经典之作。在此文中，弗雷泽与尼科尔森指出，尽管后现代理论自身的一些方面应受到批判，但是在其中仍能发现协调的或者有用的争论和立场。女性主义与后现代主义之间既有分歧，也存在一些共性，可以对它们进行优势互补。女性主义与后现代主义的侧重点是不一样的，前者更侧重于社会批判，后者更偏重反基础主义的哲学。"后现代主义者提供了对基要主义哲学和本质主义的精密详尽而富于说服力的批判，但他们的社会批判概念则显得苍白无力；女权主义提供了强有力的社会批判概念，但他们往往会陷入基要主义哲学和本质主义。"[1] 这两种进路都指明了彼此的缺点，"后现代主义认为女权主义理论没有能够摆脱本质主义的影响；而女权主义则认为后现代主义仍是男性中心主义的，而且在政治上过于天真"。[2] 因而，弗雷泽呼吁综合女性主义和后现代理论，认为这两种方法会相得益彰。

作为一名学者，弗雷泽不愿被归在女性主义的阵营或者后现代主义的阵营里。相反，她认为上述两者都有相应的优势和弱项，并且这些优势和弱项都可以通过将二者综合进一种"后现代主义的女性主义"方法中得以

---

[1] 李银河主编《妇女：最漫长的革命——当代西方女权主义理论精选》，第 128 页。

[2] 李银河主编《妇女：最漫长的革命——当代西方女权主义理论精选》，第 136 页。

加强或被排除掉。那么如何才有可能既吸收后现代主义批判中的独特见解，又坚持标志着女性主义批判理论主张的对抗政治改革呢？弗雷泽认为，当谈到男性统治时，后现代主义否定了她们对男权统治提出的一些主要批驳观点。"许多被后现代主义者否定的类型，对于社会批判来说显然仍是必不可少的。对于像男性统治这样无所不在又呈现出多种形态的现象，仅仅使用他们将我们围于其中的那点贫乏的批判资源是难以把握的。恰恰相反，对这一现象的有效批判，需要一整套不同的方法和批判类型。它在最低限度上需要多种有关社会组织和意识形态变迁的大型话语；有关宏观结构和体制的实证与社会理论分析；有关日常生活的微观政治学的互动分析；有关文化生产的批判的和系统的分析；具有历史和文化特殊性的性别社会学……这个名单还很长很长。"①

弗雷泽指出，后现代女性主义可以通过将后现代主义对宏观话语的怀疑同女性主义的社会批判力量结合起来以产生最好的方法。这种综合涉及以下五种方法和策略的采用：第一，开放了的话语权。后现代的批判不必抛弃对社会宏观结构的宏大的历史叙述和分析。如果拒绝一切关于全体的概念，将面临陷于以单一因素阐明社会复杂现象的理论陷阱的危险。第二，反本质主义的方法。理论必须是历史的、清晰的，适用于不同社会和不同时期的特定文化。后现代女性主义理论的概念必须避免那些赞同历史上明晰的制度性概念的，类似于"生殖"和"母性"的，可能是历史上功能主义所具有的概念。第三，非普遍主义的具有历史特殊性的理论。后现代女性主义关注的模式应是比较主义的、适用于变化和差异的，而不是适用于"总体规律的"。第四，包括边缘化声音的方法。它应当用多元和综合建构的社会认同概念取代单一的"女性"和"性别认同"的概念，它应当关注阶级、种族、民族、年龄和性倾向问题。第五，更具灵活性的实用主义立场。弗雷泽认为后现代主义女性主义理论应是一种实用主义的、容错的女性主义理论模式，它将使用复杂的类型，而摒弃对单一"女性主义方法"和"女性主义认识论"的抽象使用。②

总之，利用以上五种方法论，弗雷泽努力架构了一个具有实用主义色彩的后现代女性主义新版本，"这一理论看上去将更像是一幅用多彩的丝

---

① 李银河主编《妇女：最漫长的革命——当代西方女权主义理论精选》，第148页。
② 李银河主编《妇女：最漫长的革命——当代西方女权主义理论精选》，第149页。

线织成的织品，而不是单一颜色的织物"。① 弗雷泽的理论范式是反对用女性的统一性来证明女性主义的知识和政治，抛弃共同性别身份的说法意味着要同样放弃寻求那些超历史的关于性别以及性别不平等的理论。与很多后现代主义者不同，弗雷泽没有放弃致力于对性别理论和批判性理论知识进行普遍化概括以及对男子统治历史的综合。为了倡导普遍性社会知识而又不求助于女性统一性的观念或某些哲学基础的宣称，弗雷泽建议采用一种历史主义的、偏重政治的理论思路，设想了一种非普遍主义的，但仍然具有理论性的后现代女性主义哲学。女性主义不可能抛弃普遍化的理论或宏大叙事，因为男性至上主义是一种巨大的、有组织的社会动力。简言之，弗雷泽对后现代主义采取了策略性的立场，根据特定的实践和特定的目标选择有效的部分，这些研究具有一定的前瞻性和超越性，对于女性主义朝向更完整和更多元的路线发展做出了重要贡献。正如弗雷泽所言："这种研究将成为一个更广阔、更丰富、更复杂、多层次的女权主义大团结的理论对应物，这种团结对于女性战胜具有'无穷差异性和普遍相似性'的压制，是绝对必要的。"②

[本文原载于《福建论坛》（人文社会科学版）2017 年第 8 期]

---

① 李银河主编《妇女：最漫长的革命——当代西方女权主义理论精选》，第 149 页。
② 李银河主编《妇女：最漫长的革命——当代西方女权主义理论精选》，第 149 页。

易卜生与世界文学:《玩偶之家》在中国的传播、改编与接受研究

何成洲*

朱莉·霍立奇(Julie Holledge)等人在《全球的〈玩偶之家〉》一书的开头,问了一个据说是非常简单的问题:"是什么成就了这部易卜生最受欢迎的剧本在全球范围内的成功?"① 他们从表演研究的视角出发,给出的答案是:文化传播和改编。同样,《玩偶之家》在中国的成功也可以从这个角度加以解释。但是,如果从世界文学的视角来看,我觉得还需要特别关注《玩偶之家》,包括那些根据《玩偶之家》改编的作品,在中国的接受和影响,探讨中国不同历史时期的社会、政治与文化方面的诉求如何形塑了对于该剧的理解和阐释以及对易卜生所代表的西方文化的想象与认识。

《玩偶之家》被介绍到中国的第一个标志性事件是,1918 年出版的《新青年》杂志"易卜生专号"发表了罗家伦和胡适翻译的第一个《玩偶之家》中文译本,以及胡适的文章《易卜生主义》。在过去的整整一个世纪里,《玩偶之家》和它的主人公娜拉在中国几乎是家喻户晓,产生了不可估量的巨大影响,成为中外戏剧、文学与文化关系史上的一个典范。《玩偶之家》在中国的接受和影响研究长期以来一直是国内外学术界的重要话题,涉及话剧、现当代小说、跨文化改编、表演艺术、女性主义、新文化运动,等等。

---

* 何成洲,南京大学艺术学院教授,教育部长江学者特聘教授,2005~2006 年任南京大学高研院第一期驻院学者,2009~2013 年任高研院副院长。
① Holledge Julie, et al., *A Global Doll's House: Ibsen and Distant Visions*, Palgrave, 2016, p. 1.

从 1918 年至今,《玩偶之家》在中国的传播、改编和接受时间跨度大，涉及面广，研究资料也极为丰富。本文重点研究以下问题：百年来，娜拉在中国的传播和接受经历过哪些重大的变化？与不同时期的社会、政治与文化有什么样的关联性？对于我们思考中外戏剧与文学关系、世界文学与文化全球化有什么重要的启发性？考虑到篇幅限制，本文拟选择几个不同历史时期的代表性《玩偶之家》演出个案作为主要的分析对象，结合相关的演出评论，将百年来《玩偶之家》在中国的接受过程分成三个重要阶段，同时也代表着该剧在中国产生影响的三个主要方面。

在理论方法上，本文将主要立足于世界文学的在地化视角，根据具体社会和历史语境下的文化实践来反思和批判《玩偶之家》的接受过程。作为世界文学的一个经典作家，易卜生的全球传播离不开本土化的阐释、改编和接受。在中国，《玩偶之家》的每一次改编不只是原剧的一次跨文化穿越，而是改编者、导演、演员乃至观众共同参与的一个文化行动，是一次立足本土的戏剧事件。作为世界文学史的一个典型形象，"娜拉"正是在这一次次与本土文化的撞击和跨越中绽放出她的非凡魅力。

一 世界文学的在地化

21 世纪初以来，世界文学的讨论开始渐渐热了起来。什么是世界文学？相关的定义林林总总，人们通常的看法主要有三：第一，世界文学是指世界上用不同语言创作的文学作品总和，这种看法对应的是国别文学，比如中国文学、美国文学等。第二，世界文学是指世界上不同文化中创作和形成的文学经典之大全，这种理解基于人们对文学经典的推崇。第三，世界文学指易于被其他文化的读者欣赏和消费的文学，这种观点（这里世界文学被等同为全球化文学，英文是 Global Literature）的出发点是：随着全球化的推进和市场经济统治地位的加强，世界上不同文学和文化出现同质化的趋势。在当今世界也确实出现一种现象，即作家在文学作品创作中主动消弭独特性和差异性，加强普遍性，目的是希望能够容易被来自其他文化的读者欣赏和接受。

在比较文学和世界文学研究界，大卫·达姆罗什（David Damrosch）对世界文学的解释经常被提及和讨论。在《什么是世界文学》（*What Is World Literature*）一书中，他提出世界文学是指流传到本民族文化之外的文学作品。他说："我认为世界文学应该包含一切超越源文化而获得传播的文学作品，无论是通过翻译还是源语言（长久以来，欧洲人就是通过拉丁语阅读维吉尔）……无论何时何地，只要当一部作品可以超越其本国文化而活跃在另一个文学系统，它就能够成为世界文学而具有有效生命。"① 达姆罗什强调世界文学超越民族的界限，将不同文化和人民联系起来，这一观点有着深厚的历史渊源。世界文学最初是由歌德提出来的，他在一次谈话中说道："民族文学在现代算不了很大的一回事，世界文学的时代已经来临了。"② 歌德这样说的动机应该是对民族的狭隘性表示不满，呼唤文学的跨文化互动和交流以丰富人们的思想和情感。之后，19世纪40年代，马克思在《共产党宣言》里明确提出："资产阶级，由于开拓了世界市场，使一切国家的生产和消费都成为世界性的了……民族的片面性和局限性日益成为不可能，于是有许多民族的和地方的文学形成了一种世界的文学。"③ 这里强调的是，随着资本主义全球化的发展，不同国家文学之间的相互联系和依靠显著加强，进而形成文学的世界共同体。

达姆罗什鼓励读者大胆地接触来自世界不同文化的文学，他认为借助自己本民族文学的知识，一个读者完全可以慢慢进入一个自己不熟悉的作品世界并有所收获。他在《如何阅读世界文学》（*How to Read World Literature*）一书中说："我们（对世界文学）的理解可以通过广泛阅读来加深和完善，不过首先有必要的是在传统中获得一个据点，以此为立足点将起初平面的认识拓展为三维立体的全面认知。由此，我们才能透过镜子进入一个新的文学世界——这便是与世界文学邂逅的最初及最强烈的愉悦。"④ 由于受到不同语言的限制，当前阅读世界文学主要依靠翻译。尽管他认为应该了解和关注翻译过程中的问题，但达姆罗什仍然高度评价世界文学传播中翻译的功能："质量上乘的翻译作品经过合理的阅读可视为源作品的扩充性转化、文化交流的具体展现以及作品从源语境走向世界的生命新阶段。"⑤

达姆拉什对世界文学和翻译的乐观看法受到不少学者的质疑和批评。

---

① Damrosch David, *What Is World Literature?*, Princeton University Press, 2003, p. 4.

② 爱克曼：《歌德谈话》，朱光潜译，人民文学出版社，1978，第113页。

③ 马克思、恩格斯：《马克思恩格斯选集》第1卷，人民出版社，1995，第276页。

④ Damrosch David, *How to Read World Literature*, Wiley-Blackwell, 2008, p. 23.

⑤ Damrosch David, *How to Read World Literature*, p. 66.

埃米莉·安普特(Emily Apter)提出文学作品存在一定的"不可翻译性",并认为这不仅仅是文字层面的,语言中某些特定的表达方式也无法完全用另外一种语言来呈现。更重要的是,文学的概念、风格、历史分期等都深深扎根于具体的文化土壤,是很难被翻译的。"文学史一直饱受'欧洲年代学'的困扰,这个困扰的根源在于西方学术的批评传统和学科内含的类型学分类——'史诗'、'古典主义'、'文艺复兴'、'现实主义'、'先锋派'、'后现代'——这些分类又都是以西方文学作品为例证。"① 在《世界化世界文学》(Worlding World Literature)一文中,来自比利时的德·汉(Theo D'Haen)也反思批评了世界文学的西方中心主义,尤其是欧洲中心主义。他说:"'欧洲'文学不应该成为研究世界文学的焦点或者核心视角,而应该是与'世界'其他文学相关联的一个对象。"② 在笔者和他的最近一次访谈中,德·汉提出"全球文学"的概念,要将不同语言的文学放在同一个全球语境下进行考察,力图构建一个平等的世界文学图景。③

与德·汉相对,本文提出以在地化为中心的世界文学,这不是要与前者处于对立的立场,而是可以与前者的"世界化"观念相互补充。德·汉是用宏观的视角,通过理清不同语言文学的丰富联系和相互作用,从而将它们并置。本文是从微观的角度,考察本土的传播和挪用实践如何丰富人们对世界文学的体验和感悟,从而认识到在世界文学的传播过程中本土的创新和创造力是决定性的。世界文学在源文化的本初形态与它在目标文化里的传播不是原初与寄生的关系,而是平等的合作和同构的关系。这样一个学术观点受到了后殖民理论的启发,后殖民批判以及受其影响的族裔批评、女性主义、酷儿理论、生态批评等一直致力于针对文化霸权的批判,强调文化上的互动、交流和合作。

世界文学的活力取决于从本土出发对来自其他文化的文学作品进行创新性阐释、挪用和接受。如果没有从不同文化、不同时期的角度重新阅读、改编莎士比亚,那么还有今天的莎士比亚吗?同样,作为世界文

---

① Apter Emily, *Against World Literature: On the Politics of Untranslatability*, Verso, 2013, p. 8.

② D'haen Theo, "Worlding World Literature," *Rechercheslittéraires/Literary Research*, Vol. 32, No. 2, 2016, pp. 7-23.

③ He Chengzhou, Li Shuling, "World literature or Global Literature: An Interview with Theo D'haen," *Foreign Literature Studies*, Vol. 39, No. 4, 2017, pp. 1-10.

学的一位经典作家易卜生完全取决于不同文化对他的翻译、改编和阐释。就中国的《玩偶之家》来说，它最初在 20 世纪二三十年代制造了"娜拉热"。其中话剧改编的娜拉最引人关注，产生了一系列有深刻影响的文化事件。娜拉对中国早期女性主义的启蒙和发展起到了至关重要的作用。

二 娜拉与 20 世纪二三十年代的中国女性主义

在中国，像娜拉这样家喻户晓的外国文学人物并不多见。考察娜拉在民国时期的接受程度以及变化的轨迹，可以借鉴弗兰克·莫莱蒂（Franco Moretti）的世界文学"远程阅读"（distant reading）的观念和方法。在《世界文学的猜想》（Conjectures on World Literature）（2000）一文中，莫莱蒂认为："世界文学不是一个实体，而是一个问题，一个呼唤新的批评方法的问题。迄今为止，没有人仅仅通过阅读更多的文本就找到了这个方法。"① 为此，莫莱蒂提出了"远程阅读"的方法。借助一些文学数据库的建设，他运用数字统计的方法，回答了一些关于世界文学影响和传播的重大问题。下面拟通过对"民国文献数据库"进行关键词检索，统计娜拉和《玩偶之家》（包括其他不同的中文译名，比如《娜拉》《傀儡家庭》等）在这一时期的图书、杂志和报纸上出现的频率，比较考察娜拉在当时的总体接受状况。

表 1　娜拉在图书、杂志和报纸上出现的次数

单位：次

娜拉	书	杂志	报纸
1911~1920	0	1326	0
1921~1930	3	7	20
1931~1940	58	47	474
1941~1949	22	9	7
1911~1949	83	1389	501

① Moretti Franco, "Conjectures on World Literature," *New Left Review*, Vol. 1, No. 2, 2000, pp. 54–68.

表 2　《玩偶之家》在图书、杂志和报纸上出现的次数

单位：次

《玩偶之家》	书	杂志	报纸
1911~1920	6	3	0
1921~1930	2	9	16
1931~1940	3	2	24
1941~1949	9	1	2
1911~1949	20	15	42

通过表 1、表 2 可以看出，首先，娜拉在 1918 年《新青年》杂志被介绍进来后迅速被关注，引起广泛和热烈的讨论。其次，与 20 年代比，报纸在 30 年代逐渐成为介绍和宣传娜拉的主要阵地，这与当时报纸业的快速发展有关。而且，相对而言报纸更加普及，阅读受众面更宽，影响力也更大。再次，娜拉和《玩偶之家》在 20 世纪二三十年代受到的关注明显大于 40 年代，这是因为 1937 年日本全面侵华，文化启蒙不再是社会关注的重点。但是这些数据毕竟不能解释娜拉究竟是在何种环境下讨论的？人们的观点是否有争议？争议的焦点是什么？尤其是，娜拉对于推动中国女性主义有什么作用？这是"远程阅读"的不足之处，需要增加文本细读和文献阐释来补充和完善。

中国早期的女性主义是在与旧势力的斗争中，积极借鉴西方女性要求平等、独立和自由的思想和观念，借助不同的文学和文化媒介，通过与中国革命思想和实践的密切互动和融合，不断得到丰富和发展，最终构建起自己独立的话语体系。在这个过程中，戏剧和文学起到了至关重要的作用。20 年代的"娜拉型"话剧是从模仿《玩偶之家》开始的，胡适创作了中国的第一部话剧《终身大事》（1919）。之后有一系列话剧诞生，比如欧阳予倩的《泼妇》（1922）、郭沫若的《卓文君》（1924）和张闻天的《青春之梦》（1927）。在这些剧中，女主人公均具有娜拉的反抗精神，在抗争中毅然选择离开家庭出走。因而，这些戏剧也被称为中国的"出走剧"。当然，这些"中国娜拉"出走的动机、目的有很大的不同。在那些进步、革命的剧作家笔下，女性出走有时是为了参加革命，投身民族解放事业。

除了话剧创作对娜拉的模仿之外，《玩偶之家》的一些改编演出因为政治和社会的原因而充满了争议，在民国期间产生了很大的影响。20 世

二三十年代，《玩偶之家》是上演次数最多的外国戏剧。这段时期，影响最大的一次《玩偶之家》演出发生在 1934 年的六七月，由上海的业余剧人协会上演，万籁天导演，赵丹饰演海尔茂，蓝苹饰演娜拉。演出获得巨大成功，但也因其左派的色彩引起国民党当局的怀疑和追查。蓝苹离开上海，之后去了延安。1935 年初，南京的"磨风"剧社也演出了《玩偶之家》，扮演娜拉的是一位小学教师，名字叫王苹。她所在学校的校长知道后，认为娜拉的出走有违家庭道德和社会秩序，对王苹参加这样的演出不满，于是决定辞退她。这件事经媒体报道，引起社会各界的热烈讨论，很多知识界人士痛斥该校长的迂腐和保守，纷纷要求将其解职。王苹离开南京后，也走上革命的道路，后来成长为新中国第一代导演（代表性电影作品包括《闪闪红星》和《柳堡的故事》）。"娜拉风波"凸显了当时中国社会新旧势力的矛盾，同时也让人们进一步认识到加强介绍《玩偶之家》的价值和重要性。

在马克思主义和社会主义思想在中国的影响显著加强的背景下，对娜拉的接受和改编呈现出革命的激进色彩，以至于有人发明了"娜拉主义"一词来解释和评价娜拉在中国的接受。这个"娜拉主义"据说是茅盾发明的，他在一篇文章中说：

> 易卜生的剧本《娜拉》（《玩偶之家》）对于中国妇女运动很有关系。《娜拉》被介绍过来以前，《新青年》已经谈到妇女运动，但是《娜拉》译本随"易卜生专号"风行以后，中国社会上这才出现新的女性。妇女运动从此不再是纸面上一个名词。如果我们说："五四"时代的妇女运动不外是"娜拉主义"，也不算是怎样夸张的。[1]

"娜拉主义"的提出至少说明两点：第一，《玩偶之家》被介绍到中国以后，娜拉成为女性主义的代名词。在波谲云诡的社会大变革时代，《玩偶之家》的社会价值显然比它的艺术性得到更多的关注，尽管这与易卜生写作的本意有很大的差异。第二，娜拉的接受和改编与中国女性主义的特殊诉求有关，20 世纪二三十年代中国女性面临的根本问题是爱情与婚姻的自由、劳动和财产权。更为重要的是，在新民主主义革命遭遇危机和日本

---

[1]　茅盾：《从〈娜拉〉说起》，《珠江日报》1938 年 4 月 29 日。

帝国主义侵略下民族危亡的关头,中国妇女激发起参与革命斗争的强大动力,而且也正是在参与这个历史进程的过程中,妇女的地位得到了极大的提高。与以往易卜生与世界文学的讨论中着重"易卜生化"(类似于莎士比亚化)的讨论不同,我们发现中国特殊的社会政治和社会形态塑造了中国的娜拉,是娜拉的中国化,而这一过程在新中国成立后仍将继续。

三 娜拉与新中国成立后的社会主义批判现实主义

《玩偶之家》经常被认为是支持妇女解放运动的,娜拉的台词"我首先是一个人"一度被说成是女权主义的宣言。但是西方易卜生批评界有不少人认为,《玩偶之家》不能仅仅被看作一个女性主义戏剧。其根据之一就是易卜生自己对创作该剧意图的解释。1898 年 5 月 26 日,易卜生在答谢挪威妇女权益保护协会为他举行的 70 周岁生日宴会的祝酒词中说道:"我主要是一个诗人,而并非社会哲学家。谢谢你们的敬酒,但我不能接受自觉促进女权运动的荣誉。说实话,我甚至不清楚女权运动究竟是怎么回事。"[1] 在《易卜生的女性》一书中,琼·坦普顿(Joan Templeton)认为易卜生是一个孤独的思想者,一位关注现实问题的诗人。他理所当然会关注自己所处的社会和其中的问题,但是他的创作则是超脱具体的问题的,关乎人类生存的基本状况。"当时的易卜生不仅仅关注女性权利问题,同时也参与这场权利斗争。他作为独立的人英勇斗争着,终其一生拒绝归属于任何组织或者运动。"[2] 易卜生是怀疑论者,他对现实生活的各种现象持批判的态度。这一点倒是与鲁迅有不少类似之处。

鲁迅是最早介绍易卜生的,在留学日本发表的文章《文化偏知论》和《摩罗诗力说》中称赞他的社会批判精神。1923 年,北平女子师范学校演出了《玩偶之家》。之后,鲁迅应邀在该校做了题为《娜拉走后怎样?》的演讲,提出娜拉出走后根本没有出路,"不是堕落,就是回来……还有一条,就是饿死了"。[3] 这是因为旧社会没有给女性获得经济独立的机会和权利。同样身为左翼作家代表的茅盾对娜拉有着类似的批评:"很自然,娜拉空有反抗的热情而没有正确的政治社会思想,也是一个颇大的原因。"[4]

---

[1]　易卜生:《易卜生书信演讲集》,汪余礼、戴丹妮译,人民文学出版社,2010,第 385 页。
[2]　Templeton Joan, *Ibsen's Women*, Cambridge University Press, 1997, p. 127.
[3]　鲁迅:《鲁迅全集》第 1 卷,人民文学出版社,1973,第 145 页。
[4]　茅盾:《从〈娜拉〉说起》,《珠江日报》1938 年 4 月 29 日。

鲁迅和茅盾从阶级矛盾的视角对娜拉的阐释无疑影响了新中国成立后《玩偶之家》的批判和接受。

1956 年，中国文化部决定在北京举办纪念萧伯纳和易卜生的大会。在中国，萧伯纳一直被认为是同情和支持社会主义革命和建设的进步作家，他的戏剧被认为是揭露和批评资本主义社会问题的。20 世纪 30 年代，萧伯纳曾应邀访华，受到宋庆龄、鲁迅等人的热情接待。将萧伯纳和易卜生一起来纪念，表明当时的文化部门是将他们与欧美绝大多数的资产阶级作家区别对待的，原因是这两位作家被认为是从内部批判资本主义制度的。作为当时的文联主席，茅盾在发言中解释了为什么纪念易卜生？他说："我们纪念易卜生，因为他的作品鼓舞人类争取自由和解放，批判卑琐的、庸俗的现实，揭穿宗法制度对人类幸福美好生活的压制。"① 田汉在致辞中用马克思主义的文艺观，分析了易卜生戏剧的思想和艺术特色。他尤其称赞《人民公敌》中斯多克曼医生对资产阶级的丑恶加以无情的揭露，把他看作对抗资产阶级的斗士。对于《玩偶之家》，田汉同样赞扬了娜拉追求独立自由的反抗精神以及她对于中国青年的启迪和鼓舞作用。但是，他非常肯定地指出当下中国妇女终于实现了娜拉的理想。"三十几年来广大的中国'娜拉'们跟男子一道，再接再厉用激烈的战斗争取了今天跟男子一样的经济的、政治的权利，保障了她们的完满的自由、独立。"②

在这个情形下，排演《玩偶之家》是为了肯定易卜生作为资本主义社会批判家的地位和价值。排演得到了挪威驻华大使馆的大力协助，当然也引起挪威外交部门的高度警惕，③ 这表明在当时国内和国际形势下这个演出显然不只是一个文化事件，也成为一个有很高显示度的政治事件。为了《玩偶之家》的演出，导演吴雪专门赴挪威收集易卜生的资料，观看相关的演出，还拜访了一年前在哥本哈根成功导演了《玩偶之家》的挪威导演盖达·琳（Gerda Ring）。吴雪邀请她担任自己的艺术顾问，来北京指导演出。对于演出《玩偶之家》，官方的解释和宣传主要是强调其对资本主义社会的批判价值。在首演的前两天，《人民日报》刊发的一篇预告演出的报道中指出："作者无情地揭露了资产阶级及社会道德的堕落、家庭生活

① 参见"世界文化名人易卜生逝世五十周年纪念晚会"的日程手册，第 5 页。
② 参见"世界文化名人易卜生逝世五十周年纪念晚会"的日程手册，第 7 页。
③ 详细情况参见 Frode Helland, *Ibsen in Practice*, London：Bloomsbury, 2015, pp. 121-126。

的虚伪和思想的庸俗、卑劣,触动了反动统治的社会本质。"①

演出本身非常"西化",这反映在从人物的外形、动作到整个舞台设计的方方面面。当时观看演出的一位挪威戏剧专家格纳德·克努普(Gernard Knoop)在给北欧报纸撰写的报道中指出,除了语言之外,整个演出看上去与挪威的演出没有不同。② 对于这个西化的《玩偶之家》演出,当时挪威的导演、学者和其他人员似乎觉得是去政治化的表现。但是,挪威学者弗鲁德·海兰德(Frode Helland)却认为,这是另外一种政治化。"将演出'西化',让它主要与一个'他者'的文化关联,具体说来是西方资本主义文化,似乎是一种安全的做法。不过,这也表明舞台场面的营造有政治的成分;马克思主义或毛泽东思想的视角制造甚至需要表演中的西化特征。"③ 我同意这个看法,而且这个看上去西化的演出,目的仍然是非常本土的,走了一条非常特殊的批判现实主义的艺术道路,那就是借西方戏剧的"矛"戳中西意识形态差异的"盾"。

作为极少数通过政治审查的剧本,《玩偶之家》在新中国仍然被当作话剧创作的教材。1958年,陈瘦竹撰写了专著《〈玩偶之家〉研究》,主要分析易卜生的创作方法和艺术特点,但是仍然指出了该剧在思想性上的局限,因为"他憎恨资本主义社会制度,可是不信仰社会主义政治革命"。④ 在越来越"左"倾的政治形势下,《玩偶之家》在中国的传播受到极大的限制。除了1962年上海戏剧学院的校园演出,《玩偶之家》在整个六七十年代很少公开演出,翻译也很少。

四 娜拉与20世纪80年代以来的文化全球化

20世纪80年代以来,世界范围内的全球化进程加快,资本加速流动,网络快速发展,交通更加便捷,空间距离感越来越小。得益于西方在全球化进程中的主导地位,西方文化,尤其是美国文化,得以在全球迅速传播,并影响文化全球化等议题的争论。在《全球化与文化分析》中,汤林

---

① 许行:《"娜拉"和北京观众见面:中国青年艺术剧院定28日公演》,《人民日报》1956年7月25日。
② Helland Frode, *Ibsen in Practice*, Bloomsbury, 2015, p. 134.
③ Helland Frode, *Ibsen in Practice*, p. 136.
④ 陈瘦竹:《易卜生"玩偶之家"研究》,新文艺出版社,1958,第5页。

森指出："西方文化的统治地位与政治经济权力相结合控制了对文化全球化的讨论。"[①] 新时期以来，国内对西方的思想文化积极引进，对西方的知识体系加强学习。与此同时，国内民众对西方的霸权和干涉颇为不满，民族主义的对抗情绪也在不断增强。知识界面对一系列难题：如何推动国内开放多元的文化转变？如何应对全球化带来的文化同质化？如何继承和发展中国的传统文化？正是在这样的大背景下，吴晓江于 1998 年在北京中国实验话剧院导演了《玩偶之家》，反思全球化时代中国与西方的关系、中国应对西方文化的策略。然而，有点吊诡的是，这样的演出恰恰是利用了西方的经费支持来实现的。吴导演的《玩偶之家》以及他之前导演的《人民公敌》（1996）都得到挪威政府的资助。20 世纪晚期以来，挪威由于海上石油的巨大收入变得非常富有，政府投入大量经费，用于推动易卜生以及挪威文学和文化的海外影响。政府介入的文学传播，应该给世界文学的形成和发展机制增添一个新的关注和批评维度。

　　吴晓江导演易卜生的一个主要动机是，运用他的戏剧来反思当下中国面临的紧迫问题。他导演的《人民公敌》的主题就是，如何反思中国经济粗放式发展产生了严重的环境问题，比如大气和水污染。不仅如此，他还认为这种发展模式同时破坏了中国传统的价值观。[②] 该剧在 1997 年应邀赴奥斯陆参加挪威国家大剧院的戏剧节并演出，正是在这次奥斯陆之行期间，吴晓江遇见挪威女演员阿格奈特·郝兰德（Agnete Haaland），她正好打算赴北京陪同在那里为一家挪威机构工作的丈夫。吴晓江邀请挪威女演员合作，由她主演娜拉，1998 年《玩偶之家》的改编就是围绕这位挪威女演员打造的。这个双语的跨文化演出合作揭示了全球化时代跨文化交流中出现的问题以及背后的社会和历史缘由。

　　《玩偶之家》改编的故事情节是这样的：20 世纪 30 年代，来自挪威的娜拉嫁了一个留学欧洲的中国丈夫，婚后和他一起搬回到北京生活。但是由于文化上的差异，他们之间产生不少矛盾，尤其是娜拉认为她的中国丈夫韩尔茂不尊重自己，而她的丈夫则认为她不了解中国文化，不能够融入

---

① 约翰·汤林森：《全球化与文化分析》，尹晓煌、何成洲主编《全球化与跨国民族主义经典文论》，南京大学出版社，2014，第 256 页。

② Wu Xiaojiang, "Univeralization, Localization, and Nationalization: Directorial Approaches to Ibsen's Drama on the Chinese Stage," in *Proceedings. Ⅸ International Ibsen Conference*, edited by Paal Bjorby and Asbjorn Aarseth and Ovre Erevik. Oslo: Alheim&EideAkademiskForlag, p. 80.

当地的生活。甚至，他还指责娜拉是一个不会妥协的西方女权主义者。最后，娜拉决定带着她的孩子离开丈夫和家。挪威演员在演出中讲英语，其他中国演员主要讲中文，不过整场演出进行得颇为顺利，没有因为语言的隔阂而产生太大的交流障碍。

改编的《玩偶之家》在很多方面采取了本土化策略。原来剧本中的圣诞节变成了中国的春节，故事的场景被安排在一所北京的四合院里。《玩偶之家》演出还添加了中国传统文化元素，比如京剧和太极拳。在原剧里，娜拉为了吸引海尔茂的注意力跳土风舞，这是因为她担心丈夫去开信箱，发现柯洛克斯泰的信而知道她伪造父亲签名的真相。导演在戏中插入《霸王别姬》中虞姬的一段戏，表达娜拉焦虑的心情以及她对丈夫的忠诚。演出中穿插京剧片段，话剧与京剧在舞台上并置，为文化冲突营造了氛围。不仅如此，虞姬代表着中国传统文化中的"三从四德"，这与娜拉代表的独立和自尊形成了鲜明的对比，从而赋予演出以较大的张力。

《玩偶之家》最重要的一幕是娜拉决心出走。在吴导演的戏剧里，娜拉和韩尔茂冲突的焦点不仅仅是性别平等问题，而在很大程度上与东西方文化差异有关。韩尔茂批判娜拉不懂中国文化，她关于性别平等的观念在中国行不通，别人不能够理解。而挪威的娜拉则认为女性应该独立并得到尊重，坚持要自己去把真相弄个清楚。在一定程度上，这个改编的故事反映了跨国婚姻中的文化冲突问题，但是显然不局限于此，而是有着更大的隐喻意义。挪威的娜拉与中国丈夫之间的文化与观念上的冲突，反映全球化时代跨文化交流面临的挑战，揭示了东西方文化和社会体制之间存在巨大的差异。对于中国观众而言，需要反思以下一系列问题：中国如何面对强势的西方文化？如何看待自己的文化传统？接受西方文化是否就是全球化？

在该剧的改编和演出中，导演将故事设置在 20 世纪 30 年代北京的一座四合院内，这种时空的安排给导演和演员一定的灵活和机动性，对现实问题不一定直接批判，而是间接影射。如此一来，演出被赋予隐喻色彩，既反映了本土的社会和文化关切，同时反过来也恰恰说明具有本土特色的政治意识形态仍可能影响戏剧改编的策略和方法。演出中中英双语的运用给观众提供了一个机会，思考全球化时代语言与文化身份、权力之间的关系。挪威的女演员用英文，说明了英语作为通用语的重要性。同时，英语本身还是暗藏着一种文化资本，影响跨文化交流的开展。在吴的版本里，娜拉代表开放和进步，韩尔茂代表保守、顽固，当这些性格特点与语言纠缠在一起的时候，语言就不再纯粹是它本身了，而是附加了人们对不同文化的想象和一些刻板印象。

双语版《玩偶之家》在国内外引起广泛的关注和影响，并于2001年和2006年得到复排，吸引了中外观众前来观看。在全球化时代，易卜生在全球的传播得到进一步发展，出现了新的趋势。一方面，不同国家和地区可以利用多种资源和手段，接触和演绎易卜生；另一方面，挪威政府也积极支持易卜生的全球推广，尤其是在西方国家之外翻译和演出易卜生作品。但是，文化全球化不是简单的西方化，而在一定程度上也促进了文化的多元化，文化的交流呈多种渠道、不同流向、各种范式共存的复杂局面。近十年来，挪威演员诺赛特（Nordseth）和中国演员金星的实验舞剧《娜拉》（2010）、任鸣导演的《玩偶之家》（2014）等进一步从本土的视角为中国的百年娜拉提供了丰富的多样性和活力。

结　论

娜拉的中国化是历史的必然选择和结果。百年来，中国对易卜生《玩偶之家》的传播、改编和接受贯穿新民主主义革命时期、社会主义建设时期和改革开放后的"新时期"等不同阶段，同时也必将在当下的"新时代"续写它的华章。如果说易卜生的《玩偶之家》是永恒的和普遍性的，那么它在中国的每一次改编和对它的每一个评论都是具体的，不仅带有丰富的个体情感印记，而且体现时代的特点。然而，正是这些具有特殊性的、生动的事件，充实和拓展了《玩偶之家》的内涵。

作为世界文学的经典作品，《玩偶之家》是世界的，更是本土的。本土的聚焦是"世界文学"的出发点，也是它的立足点。从本土性出发的世界文学是包容的，显示出多彩的差异性，而产生差异性的根本也在于它在本土的"应用"。就戏剧而言，改编是应用的主要方式之一。与此同时，世界文学的在地化是在全球化这个大的语境下发生的。讨论本土化当然要联系全球化，既要讨论全球化对本土化的影响，包括积极的和消极的，又要分析本土化如何应对全球化，运用了哪些不同的策略。易卜生在中国的接受研究为当下的世界文学大讨论提供了丰富的素材和视角。

［本文原载于《戏剧》（中央戏剧学院学报）2018年第3期］

《哈姆莱特》中国接受史研究的路径
整合及其当下价值

——一个复调的接受史研究论纲

从　丛[*]

最近，《光明日报》辟一整版篇幅刊登了中国现代文学馆一位知名学者在中国科学院的演讲：《哈姆雷特：一个永恒的孤独者》。作为一个莎学学者，自然为此十分兴奋。但捧读之下，既为作者的斑斓文采所折服，为作者关于"生命的孤独者"的多维思考所触动，同时也感到深深的失望与无奈。作者是以老舍研究见长的当代中国戏剧文学史研究者，也是《莎士比亚戏剧故事集》的译者，同时也译有《观察中国》等书。如此良好的背景，在其演讲中却看不到《哈姆莱特》批评在中国近三十余年历史进展的信息。比如，作者斩钉截铁地断言："莎士比亚的伟大恰恰在于，他把老旧的哈姆雷特从具有北欧海盗或中世纪色彩的复仇英雄，变成了一个崭新的文艺复兴时代温文尔雅的、高贵的人文主义者，在他身上所体现出来的那种富于理性和启蒙的人性光辉，直到今天，还在熠熠闪烁。""《哈姆雷特》的悲剧力量恰恰在于，莎士比亚要让所有这一切的爱，都因为那个最邪恶的人形魔鬼——国王克劳迪斯，被毁灭、埋葬。"这种绝对化二元对立式解读，使我们仿佛回到了三十年前乃至五十年前。证诸目前的许多涉《哈姆莱特》文章和读物，这种恍若隔世的论述仍俯拾皆是，对于哈姆莱特形象在莎学界的演化，这些作者或者不曾了解，或者置若罔闻，难寻学术积累之痕迹，这不能不说是我国学林的一大奇观。当然，这种二元对立解读的生存权利自然不应被剥夺，但是对于哈姆莱特形象在我国莎评中的

---

* 从丛，南京大学外国语学院英语学系教授，2012年起任南京大学高研院副院长。本文系2009年度江苏省社科基金项目"《哈姆雷特》中国接受史研究"（项目编号：09WWB006）阶段性成果。本文中的《哈姆莱特》又译为《哈姆雷特》。

根本性转型可以不做任何回应和讨论而仍可在讲坛学坛畅行，显然是一种颇为值得反思的文化现象。笔者认为，我国莎学在总体上尚缺乏明确的"接受史意识"，更缺乏莎剧接受路径互动与整合的系统性、整体性研究，或许是造成这种现象的一个重要原因。

一

　　毋庸置疑，《哈姆莱特》是在世界上传播最广泛、影响最深远的文学艺术经典之一。自清末民初传入我国以来，该剧在我国文学艺术与文化史上就具有重要地位与广泛影响。该剧在我国的传播与接受的历史，既有与世界各国一样接受人类文学艺术瑰宝的共通性，也有基于我国特定文化背景与历史情境的特殊性，是研究中外文学艺术与文化交流及其作用与影响的一个非常重要的个案。因此，莎剧中国接受史研究当以系统研究《哈姆莱特》的中国接受史为重中之重。但是时至今日，国内学界在这种研究上虽有一定成绩但尚属初步，多维整合的系统性、整体性研究尤其如此。

　　鉴于戏剧文学与戏剧艺术的特殊性，一部戏剧在非同种语言之异域的跨文化传播与接受史，涉及翻译、批评（含阐释、解读）、演出（含改编性演出及影视作品）、教学等诸多方面。传播者首先是接受者，而这些特殊的接受者又同时处于与广大受众的多层面互动之中。与此同时，上述各种传播与接受方式又呈现出既相对独立又相互作用的复杂关系，这是戏剧接受史的系统研究难度较大的客观原因。就《哈姆莱特》来说，我国大陆学界在该剧的中国"批评史"研究方面比较着力，比如孟宪强著《三色堇：〈哈姆莱特〉解读》（2007）、李伟民著《中国莎士比亚批评史》（2006）等著作中对此有所总结；在"翻译史"研究方面，港台学界取得了比较突出的成绩，体现在周兆祥著《汉译〈哈姆雷特〉研究》（1981）、彭镜禧著《细说莎士比亚论文集》（2004）等著作之中；在"演出史"研究方面，有曹树钧、孙福良著《莎士比亚在中国舞台上》（1989）、李茹茹著《莎士比亚：莎剧在中国舞台上》（2003）等著作；"教学史"方面，除了一些零星的成果外，尚无系统性成果问世。而对各种传播与接受方式相互作用的研究，在上述研究成果中也有所涉及，而且一些戏剧家（如田汉、曹禺、焦菊隐、林兆华等）有一些经验之谈。近年李伟民教授"多管齐下"的全景式努力尤为值得称道，这集中体现在《光荣与梦想：莎士比亚在中国》（2002）和《中国莎士比亚研究：莎学知音思想探析与理论建设》（2012）两部著作之中。但真正的路径互动意义上的"接受史"研究的总体局面还尚未形成。究其原因，一方面与我国有关学界长期缺乏这种"接受史"研究视角相关，另一方面则是由于种种原因造成的学科、界别机械划分限制了这种跨学科、跨界别研究课题的展开。"接受史"研究视角与总体构想的引入，可以为上述诸方面互动研究的系统开展提供贯通性枢纽。这种研究的系统展开，可通过对《哈姆莱特》这部文学艺术瑰宝在我国多层面传播与接受的历史进行比较全面的考察和深入反思，为在新的历史条件下充分发挥这部经典巨制的多方面现实功能提供启发与借鉴。

二

依据笔者的初步研究，中国《哈姆莱特》接受史可大致分为如下五个历史时期：（1）19世纪末至20世纪20年代；（2）20年代至40年代；（3）50年代至60年代中期；（4）"文化大革命"十年；（5）"文化大革命"结束至今。其中台港学界的接受史分期又可相对独立。研究应以《哈姆莱特》在中国的"翻译史""批评史""演出史""教学史"研究为基础，改变将各种传播与接受方式分立研究的传统模式，着力考察该剧传入以来各个历史时期各种传播与接受方式的历史发展与相互作用。在研究的总体路径上，可主要运用历史考察与理论分析相结合的研究方法，兼采当代接受理论、历史情境分析及其他各种研究方法之长。可首先考察并确定各个历史时期的《哈姆莱特》之接受的标志性事件，继而围绕这些事件展开实证研究，揭示该历史时期《哈姆莱特》之接受的特点及发展趋向，说明其在中国文学艺术与文化发展史上的作用与影响；既通过深入分析把握各个阶段的特殊性，又在国外文学艺术之中国接受方面获得一些一般性结论。

显然，这种研究的重心，当在于各个历史时期多种传播与接受方式的互动研究，但这种互动研究以进一步深入进行各种分立研究为前提，故需要进一步深入把握学界以往各种分立研究的成果，在前人研究的基础上在史论两方面将研究推向前进。而目前研究难点在于学界以往研究比较薄弱的"演出史""教学史"方面，需要组织力量展开规模较大的实际考察与系统分析。就戏剧文学与艺术接受史而言，局限于翻译史与批评史研究是具有片面性的，"演出史"（包括舞台演出与影视作品）和"教学史"在接受史上都具有相当重要的地位，因此，需要下大气力改变在这两方面研究上的薄弱局面，从而为全面把握《哈姆莱特》接受史奠定坚实的基础。在这样的基础上，应着力阐明我国各历史时期《哈姆莱特》之接受与我国各时期特定的历史文化背景的深层关联，揭示其在我国各时期产生独特影响的历史根据，充分展示这部世界经典悲剧在具体历史情境中发挥作用的一般规律与特殊机理。不过，这种研究不应对各个时期的接受史研究平均发力，而应在考察前四个时期《哈姆莱特》接受史的基础上，把研究重心放在改革开放以来多元认知背景逐渐形成的条件下对这部名作之接受史的多层面、多角度考察方面，力求加以立体、动态、整体性把握。

除《哈姆莱特》本剧的接受史之外，同时亦应对其当代的一些衍生作品的中国接受史加以探讨，如后现代戏剧《罗森格兰兹与吉尔登司吞死了》、《哈姆莱特》剧情延伸小说《葛楚德与克劳狄斯》等，因为这些作品代表了作者在新的时代条件下对《哈姆莱特》剧的新理解，它们传入中国之后也产生了重要影响，也是研究《哈姆莱特》中国接受史所不应忽视的。

作为一部悲剧文学巨制，《哈姆莱特》在中国的接受史既有其作为大悲剧的一般作用机理，即通过揭示人类在抗争各种生存灾难与不幸的过程中所表现出的具有共通性的心理境况，使作品受众于震撼灵魂的悲剧快感中得到情感净化与心灵升华；同时，作为西方文艺复兴转型时期的一部人文主义名作，《哈姆莱特》的传播与接受又适应了我国各个历史时期的特殊需要，发挥了其独特功能。我们应在对这种在不同历史阶段、不同历史情境下的功能转变给出有说服力的实然考察的基础上，加强应然视角的深入、系统探讨，为在"以人为本"已成为时代强音的新时期历史条件下，进一步发挥这部人文主义名作及其他莎士比亚戏剧在我国的现实作用，为推动我国戏剧文学艺术的发展及其社会文化功能的发挥，提供有益的借鉴。

对于以"以人为本"为内核的广义人文主义理念，笔者概括为如下两个基本点：（1）以人（而非神、物）为核心的世界观与人生观；（2）对人的尊严与价值的普适性肯定。而《哈姆莱特》的价值绝不在于塑造了一个高大全的"人文主义者"哈姆莱特，而在于通过对一系列圆形人物的精心刻画，最为集中、最为经典地体现了这样的人文主义理念，而这种理念在我国当下特定的历史文化语境中具有极为重要与根本的弘扬价值。这是笔者长期致力于《哈姆莱特》研究系列工作①的主要思想诉求，也是提出《哈姆莱特》中国接受史研究构想的基本思想背景。

三

系统开展《哈姆莱特》中国接受史研究，不仅有如上所阐明的必要性与迫切性，也有其现实可行性。尽管这是一项长程研究构想，非少数人短期内可以完成。但在目前的信息时代，资料搜集与实证研究均有着以往不可比拟的有利条件，文化建设"大繁荣大发展"的迫切性也已成为国家意志与社会共识，关键是学界能否就这种研究达成共识，真正展开跨学科交流与合作攻关。从研究基础与研究主旨看，可在五个方面同时着力。一是展开关于接受史研究方法论及其他接受史研究实践的研讨交流活动，特别是在国际交流中增加这一独特视角，形成浓厚的研究氛围。二是各路径分立研究的深化与拓展，如利用各种条件展开演出史与教学史研究，继续鼓励批评史、翻译史的深化与争鸣，并在研究中注意与其他方面的深度关联研究。换言之，这是立足于某一路径展开互动研究，是研究之初期阶段的方便法门。三是真正展开各历史时期的互动研究，不断积累这种整体性、系统性研究的成果。特别是在汲取以往历史时期经验的基础上，着重做好近三十余年多路径互动方面实然的实证研究和应然的理论研究。四是通过研究成果逐步获得国内各方面支持，特别是各种跨学科、跨界别研究机构和各层面文化建设基金项目的大力支持，这不仅需要高校和科研单位的努力，而且需要大力争取相关文化界的通力合作。五是通过推动学术交流不断把研究成果特别是实证研究成果推向国际，从而获得国际学界的关注与支持。就国外学界而言，对《哈姆莱特》中国接受史的了解仅限于我国学者在国际学术交流中对国内成果的少量介绍，且多有被误读的现象出现。若这种研究能够系统展开并加强国际交流，将有益于国际学界对莎士比亚这部名作在中国的传

---

① 这些系列工作体现为如下公开发表的论文，如《论哈姆莱特并非人文主义者》(1989)、《论〈哈姆莱特〉中的"愚忠"形象》(1991)、《哈姆莱特国王形象新论》(1994)、《相映生辉的悲剧性格塑造：〈哈姆莱特〉与〈窦娥冤〉比较研究新探》(1997)、《再论哈姆莱特并非人文主义者》(2001)、《扬弃"哈姆莱特主义"——评孟宪强〈三色堇：《哈姆莱特》〉解读》(2009) 等。

播与影响的正确认识与深入了解，从而为中外文化交流做出贡献。

最后谈谈本文的一个辅助构想，即对《哈姆莱特》在我国青年学生中的影响展开实证研究。在近年我国教育部新颁普通中学语文课程标准中，《哈姆莱特》已被列入学生必读书目，这是西方文艺复兴时期众多人文主义名作唯一入选作品，也是国外戏剧文学经典中的唯一入选作品；与此同时，教育部高等学校中文学科教学指导委员会也把《哈姆莱特》列为"高等学校中文系本科生专业阅读书目"，有些出版社也据此将之列入"大学生必读丛书"，从而使之成为我国青年一代在新的时代条件下汲取人文主义思想资源的一条重要途径。然而，从近年来不断涌现的各类辅导读物来看，国内学界在对《哈姆莱特》的把握上还普遍存在比较严重的问题：一方面，受极端化"斗争哲学"影响的简单化的"两大阵营"解读模式仍然占据主导地位，使剧中一系列圆形艺术典型仍被作为脸谱化的扁平形象而接受；另一方面，对"一千个读者有一千个哈姆莱特"的相对主义理解亦日渐流行，从而扭曲了人们对这部人文主义戏剧名作的理解，限制了其应有作用的发挥。故在《哈姆莱特》中国接受史的系统研究的基础上，应深入考察我国中学生与大学生对《哈姆莱特》的接受现状，从而为进一步发挥这部文学艺术经典在青年一代人文素质培养中的作用提供有益的意见与建议。这也是我国莎学学者义不容辞的历史责任。

（本文原载于《艺术家》2014 年第 1 期）

先锋艺术的"雅努斯面孔"

周计武*

自先锋艺术（avant-garde art）诞生之日起，它就以形式上狂热的实验性、令人震惊的艺术效果、激进的美学锋芒与乌托邦的政治想象，不断卷入各种学术纷争的旋涡。作为现代文明危机的表征，它既表达了前所未有的断裂、危机、衰败与虚无感，也以不断探索的勇气、勇往直前的反叛精神和自我献祭的立场，为我们塑造了未来社会的幻象。对进步主义者来说，它是革命的旗帜；对保守主义者来说，它是一个危险的信号。我们把这种双重形象称为先锋艺术的"雅努斯面孔（Janus faces）"，以此来揭示其内在的双重性或矛盾性。

一 先锋的隐喻：政治与审美

先锋艺术是一个动态的、开放的范畴，在不同的语言环境中，往往具有复杂的、微妙的差异。法国与俄国倾向于从艺术的社会性和政治性层面解读先锋文化现象，意大利偏爱从美学的视角强调艺术创新的价值，德国喜欢用感伤的颓废主义来表达现代艺术的倾向。在西班牙和西班牙语拉美文化中，先锋一词使用频繁。不过，最早系统探讨先锋艺术理论的西班牙哲学家奥尔特加（José Ortegay Gasset）在《艺术的非人化》（1925）一书中却喜欢用"新艺术""抽象艺术""非人化的艺术"来表达艺术形式实验的激进性与反叛性。在英美，人们习惯用温和的"现代主义"而不是激进的"先锋"来叙述现代艺术的历史，因为后者一直被视为法国尤其是巴黎的精神风尚———种激进主义的风格和传统。

在法语中，先锋是一个阴性名词，本义指军事领域的"前卫，先遣部

---

* 周计武，南京大学艺术学院教授，2012~2013 年任南京大学高研院第八期驻院学者。

队，先头部队"，在隐喻的意义上才表示"文艺领域敢于创新的先锋派"。①
自 19 世纪 20 年代以来，"先锋"逐渐被引入文化艺术领域，以隐喻的方
式来表达极端的艺术思想和乌托邦的政治诉求。概括来说，这种隐喻的方
式主要有两种：军事的与科学的。

作为军事隐喻，"孤军深入的"先锋艺术以标新立异、令人震惊的艺
术效果，独自向僵化的社会体制和庸俗的布尔乔亚价值观宣战。这不仅意
味着独自探索，还意味着孤独地战斗、征服与冒险。在反对资产阶级的阵
阵浪潮中，激进的、愤怒的而又充满幻想的艺术家们把自己卷进浪潮中冲
向敌方的滩头堡。

所有着眼于未来的左翼政治思想都把"先锋"纳入自己的修辞之中，
如圣西门、傅立叶等乌托邦社会主义者，巴枯宁、克鲁泡特金等无政府主
义者（1878 年在瑞士出版《先锋》杂志），马、列、毛等马克思主义者。
最早把先锋一词引入艺术领域的是圣西门的信徒罗德里格斯，他在《文
学、哲学与实业观点》（1825）一文中表达了如下观点：

> 将充任你们先锋的是我们，艺术家；艺术的力量是最直接、最迅
> 捷的。我们有各种武器：当我们想要在人民中间传播新的观念时，我
> 们用大理石雕出它们或用画布绘出它们；我们通过诗歌和音乐使它们
> 通俗化；同样，我们求助于里拉（古希腊一种弦乐器——译者注）或
> 长笛，颂诗或歌谣，历史或小说；戏剧舞台向我们敞开，正是从那里
> 我们的影响热力四射、无往不胜。②

这段充满煽动性的言论，不仅强化了艺术与社会之间辩证统一的思
想，而且突出了艺术的革命性与政治性。通过诉诸人们的想象力和情感，
艺术以鲜明生动的形式，迅速传播新的观念和思想，引领社会变革的潮
流。这就要求：艺术在形式上要通俗易懂、贴近大众的生活；艺术家要走
在时代的前面，成为社会革命和政治运动的先驱。这种观念不仅赋予先锋
艺术家一种沉重的历史使命感，而且赋予他们以领导者的权威和力量。一
种自浪漫主义以来的神话——艺术作为先锋、艺术家作先知的神话——形

---

① *Le Grand Larousse*, Paris: Edition Larousse, 2014, p. 103.
② 卡林内斯库：《现代性的五副面孔》，顾爱彬、李瑞华译，商务印书馆，2002，第 111～
112 页。

成了。在这个神话中，与科学家、企业家一起，艺术家将成为新时代的精英。不过，作为社会革命的先锋队，这个精英阶层将投身于反精英主义事业，颠覆等级化的社会价值观，在艺术的视觉表征中实现平等、自由的幸福生活。用毛主席的话说，艺术要为人民服务。

孤军深入，不仅意味着生命的历险，也意味着对军令的服从。针对法国艺术界对军事隐喻的迷恋，波德莱尔轻蔑地称之为"文学的军事学派"，因为先锋艺术家既有狂热的捣毁偶像的一面，也有绝对服从纪律的一面。显然，先锋艺术的军事隐喻对艺术政治维度和社会功能的强调，暗中威胁了先锋艺术对未知领域的探索精神，存在被降格为政治喉舌的风险。在1902年发表的《怎么办》一文中，先锋艺术被列宁视为社会民主机器上的螺丝钉，要为宣传民主革命服务。成为艺术家首先要成为政治上的边缘人物，以批判的介入立场揭露社会问题。十月革命后，这种党派先锋的观念对政治与艺术的激进运动产生了广泛的影响。比如，文学界的马雅可夫斯基和LEF小组，绘画界的马列维奇和康定斯基，建筑界的形式主义和构成主义流派，电影界的爱森斯坦，戏剧界的迈耶霍尔德（Meyerhold）等。这些艺术家拥护社会革命的政治立场，却希望在"纯美学"中发现更强大和更具说服力的革命倾向。在此意义上，先锋艺术既是政治的，也是审美的。二者在反叛传统、革新形式、宣传思想等方面，既有激进主义的色彩，也有孤独奋战的悲怆。差异在于前者强调政治介入，后者突出艺术的自主性。

如果说政治先锋依赖于左翼思想和社会共和国的观念，旨在把被侮辱与被损害的人民从贫困和堕落的社会环境中解救出来，那么，审美先锋更强调艺术观念上的冒险与形式革新的实验精神，旨在通过科学的实践把人类的情感从贵族专制的社会腐败中解脱出来。

先锋的诞生在时间上和地理上同整个欧洲科学革命思想的最初发展完全合拍，这绝非偶然的现象。资本逻辑推动的技术创新是资本主义周期性上升、繁荣、衰落与危机的主要推动力量。19世纪的技术革命对资本主义社会空间的生产与重组，改变了人们的生活体验与思维方式。在这个时代的现代化景观中，出现了蒸汽机、铁路、自动化工厂和大批城市，出现了报纸、电报、电话、摄影术和跨区域资本的聚集，也出现了可怕的失业、贫富分化和风起云涌的社会运动。所有这一切帮助现代人塑造了一种由技术主导的机械-科学神话，一种科学的眼光和立场。

先锋艺术孕育了科学主义，因为它具有反艺术、反人本主义的隐喻潜力。这里的"科学不仅是一种方法，还是一种态度，即努力去除事物的神秘面纱并穿透、解剖事物的内在本质。这种态度甚至成了'为艺术而艺术'的运动基础。……科学之所以'纯粹'，某种意义上是因为人们希望自身的技艺能够'纯粹'，而科学的客观与不偏不倚，也与人们决心要避免感情用事与不公开显露个人情感有关"。① 这种冷静的情感表现强化了技艺的纯粹性与艺术的自主性。艺术重心的转变发生在 19 世纪中叶。以修拉（Georges Seurat）、西涅克（Paul Signac）为代表的新印象主义，非常强调光学原理与色彩对比原理的运用。视觉世界被视为光与颜料按照一定逻辑程序的组合。他们的作品用深思熟虑的、持续的、相当一致的"点"状颜色并列在画面上，而不是如印象派画家那样用直觉的、瞬间的、速写式的写意构成。分割着色的"点描"变成了画家的科学实验。为了使光亮的色彩活跃起来，对比法则、点彩法、纯色和光学调色法被广泛地使用。

实验的本义是越界的冲动：在未知领域的探险，尝试新的事物并以经验来检验假设。科学的实验旨在通过一次又一次的实验来检验共同体的假设，不断增加公认的知识。与之相对，艺术的实验旨在通过艺术媒介、形式与观念上的变化，打破僵化的艺术陈规和过时的美学趣味。在艺术创造上，艺术被视为游戏。它不再关心表现什么，而是如何表现；它有意避免生动的形式，不再笨拙地朝向现实，而是"反对现实……扭曲现实，砸碎其人性的一面，并将其非人化"。② 内容完全消解在形式之中，艺术日益抽象、纯粹、绝对化。这种形式革新具有"既净化又治疗的作用"，是"对我们公众言语的平淡、迟钝和乏味的必要反应，这种公众言语在量的传播上的实用目的毁坏了表现手段的质"。③ 在艺术接受上，它不是为所有人服务，而是仅仅为有天赋的少数人服务。整个社会被撕裂为两个阶层：少部分理解新艺术的人和绝大多数抱有敌意的大众。

在艺术功能上，艺术与社会的疏离，为艺术获得了必要的反思空间，有效地发挥了社会批判功能。在巴黎公社运动中，杜米埃的漫画、库尔贝的写实主义、波德莱尔的诗和福楼拜的小说，在抗议宗教神秘主义、言论

---

① 大卫·哈维：《巴黎城记：现代性之都的诞生》，黄煜文译，广西师范大学出版社，2010，第 268 页。

② José Ortega y Gasset, *The Dehumanization of Art and Other Writings on Art and Culture*, trans. by William R. Trask, Garden City: Doubleday, 1956, p. 20.

③ Renato Poggioli, *The Theory of the Avant-Garde*, trans. by Gerald Fitzgerald, Cambridge: Harvard University Press, 1968, p. 37.

审查制度和第二帝国庸俗的文化方面，曾经起到了不可估量的作用。或许，在内心深处，他们依然是激进的浪漫主义者，不过是手持解剖刀的浪漫主义者。冷静的观察与细节的刻画，揭露了可怕的社会真相，唤醒了几个世纪以来的人类尊严。

在先锋派的历史上，政治先锋与审美先锋时而携手并进，时而分道扬镳，共同推动了现代反叛的文化思潮。

二 先锋与传统：创造性的破坏

先锋艺术的神话之一就是与传统彻底地决裂。它允许我们进行思想的冒险和形式的实验，激励我们用艺术的武器获得道德的尊严和精神的力量，同时它又威胁摧毁我们所拥有的一切，摧毁我们所知道的一切。它拒绝停滞与静止，宛如脱缰的野马，以激进的反叛精神，不断地破坏、更新我们对艺术的感知与体验。这种包含悖论的努力过程实质上是一种"创造性的破坏"① 行为。不破不立，破坏是为了更有效地创造；创造是为了进一步破坏。只有不断地质疑、否定、批判过时的艺术技巧、形式、观念和体制，才能实现艺术结构的革命化。

何谓艺术的传统？作为描述性的历史概念，传统是世代相传的艺术技巧、艺术形式、艺术观念与艺术体制的总和。作为规范性的逻辑概念，传统是艺术界共同体一致认可、共同遵守的价值规范。先锋艺术的批判者坚信，传统是智慧的结晶，它把一切美好的、典范性的艺术品和艺术观念馈赠给后来者；先锋艺术的辩护者宣称，传统是沉重的包袱，它用程式化的、规范性的俗套压抑冒犯者。简言之，先锋艺术并非要挑战一切，它仅仅想挑战僵化的陈规和陈腐的传统。它不是用一种风格取代另一种风格，也不是用一种规范取代另一种规范，而是持续不断地反叛一切文化的教条、传统的标准和权威的准则。它内在地包含了蔑视主流、追求自由、不断探索的精神品格。因此，先锋艺术的本质是运动，而不是学派。"学派是相对静止的、古典的，而运动是动态的、浪漫的。学派的信徒力求达到

---

① 这个概念是经济学家约瑟夫·熊彼特（Joseph Alois Schumpeter, 1883-1950）提出的。他认为，资本主义市场的开拓及产业变革，就是不断地破坏旧结构，创造新结构，从内部实现经济结构的革命化。这个创造性破坏的过程，乃资本主义的实质。

完美的境界，但是一个运动的追随者却不停地在运动里探索。"① 在此意义上，先锋艺术与其说是与传统的决裂，不如说是为了保持传统的活力而进行的不断革新运动。

这是一场普罗米修斯式的挑战。为了给后来者"盗取天火"，它发誓要挑战一切传统的、学院式的、古典的艺术，不仅要挑战古希腊古罗马的艺术、中世纪的骑士传统、文艺复兴时期的人文主义艺术和启蒙时期的新古典主义艺术，而且要挑战浪漫主义、唯美主义与象征主义的现代艺术，乃至挑战它自身。

德国学者彼得·比格尔（Peter Bürger）认为，与过去反传统的立场不同，先锋艺术进行的不是体制内的批判，而是体制的自我批判。体制是指艺术"生产和分配的机制，也指流行于一个特定时期，决定着作品接受的关于艺术的思想，先锋派对这两者都持反对的态度"。② 它包含艺术范式和社会机制两个部分。前者主要指艺术界共同体所接受的价值观念、创作方法和艺术批评思想；后者指艺术的生产、接受机制以及一整套的程序化因素。体制内的批判是在接受、认可现存体制的框架内从事艺术的破坏行为。这种批判可能会动摇艺术界对某些艺术风格、艺术观念的共识，但无法彻底撼动整个艺术体制。浪漫主义以来的现代艺术传统，比如浪漫主义对古典主义的反叛，印象主义对学院派的反叛，就属于体制内的批判。体制的自我批判是一种整体性的批判。先锋艺术是现存体制的反叛者。它不是一种风格对另一种风格的批判，而是对艺术观念与艺术体制的彻底批判。20世纪前二十年兴起的未来主义、表现主义、达达主义和超现实主义等历史先锋派，是对唯美主义以来的整个自主性艺术体制的批判。

美学作为独立的学科与艺术作为自主性的领域是两个相伴而生的过程。从19世纪中叶开始，艺术结构的形式-内容辩证法的重心开始转向形式。艺术的技巧、手段在艺术结构中的地位越来越突出，而宗教和政治内容则慢慢萎缩。19世纪末，象征主义与唯美主义走向了极端。它以纯粹的形式为据点，抛弃了审美判断中涉及内容的思想，把艺术与美等同起来，建立了以"纯粹美""形式美"为中心的唯美主义理论。"不是艺术模仿生活，而是生活模仿艺术。"（王尔德）艺术摆脱了宗教的、政治的和伦理

---

① Renato Poggioli, *The Theory of the Avant-Garde*, p. 20.
② 比格尔：《先锋派理论》，高建平译，商务印书馆，2005，第165页。

的思想束缚，成为一个完全自主的领域。艺术与生活实践日益疏离，"体制的框架与单个作品的内容之间存在的张力趋于消失"。① 显然，艺术的自主性是以艺术丧失或部分丧失社会批判功能为代价的，因为艺术日益沦落为象牙塔内的艺术，失去了与现实生活实践和大众反叛运动的联系。艺术作为先知的神话变得可疑，艺术的社会影响力越来越微不足道。因此，先锋艺术呼吁一种政治"介入"的艺术，把艺术活动与社会生活实践重新融合起来。面对异化的资本主义现实，它不再排斥和逃避，而是直面荒诞的人生境遇，并尝试组织一种新的生活实践。在艺术技巧上，它并不宣扬某种风格，而是把手段作为手段来使用，因为它自己就是一种风格，或者是反风格。艺术品中的"单个符号主要不是指向作品整体，而是指向现实。接受者具有将单个的符号当作有关生活的实践或政治指示的重要宣言来反应的自由"。② 这是被压抑者的回归，它唤醒了一度被自主性艺术遮蔽的另类现实，重现点燃了艺术的政治激情。审美先锋再度与政治先锋携手并进，推翻所有保守的艺术陈规，享受探索新领域、创造新艺术的自由。如斯洛文尼亚学者德贝尔雅克（Aleš Debeljak）所言："它成功地把乌托邦的审美理想（美、自由、自我实现）从继承下来的现代艺术范畴的传统中解脱出来，以便充分地转化到社会实践的层面。换言之，通过激进的审美革新来实现极端的社会革命被认为是可能的。"③ 因为他们相信，"攻击艺术体制是实现生活与艺术相结合这一乌托邦的前提条件"。④

如果说反传统是先锋艺术的策略，那么创新才是它的真正目的。对过去的拒斥与新之崇拜是一枚硬币的两面。象征主义诗人兰波在 1871 年 5 月 15 日的一封信中写道："新来者……可以自由地诅咒前辈。"诗歌"让我们要求诗人有新的东西——思想和形式"。⑤ 意象派诗人埃兹拉·庞德把《论语》中的"日日新"（make it new）作为诗歌创作的指南，反对从书本、传统与陈腐的题材来思考，力避维多利亚诗歌的陈腐、感伤，主张从日常生活中撷取鲜活生动、准确客观的意象。

---

① 比格尔：《先锋派理论》，第 93 页。
② 比格尔：《先锋派理论》，第 171 页。
③ Aleš Debeljak, *Reluctant Modernity*: *The Institution of Art and Its Historical Forms*, Lanham: Rowman& Littlefield Publishers, Inc., 1998, pp. 128-129.
④ Peter Bürger, "Avant-Garde and Neo-Avant-garde: An Attempt to Answer Certain Critics of Theory of the Avant-Garde", *New Literary History*, Vol. 41, No. 4, 2010, p. 696.
⑤ 卡林内斯库：《现代性的五副面孔》，顾爱彬、李瑞华译，商务印书馆，2002，第 122 页。

一种绝对现代的新之美学逐渐取代了艺术家对永恒不变的传统信仰。在先锋艺术的长征中，"新"之光环始终在波德莱尔开辟的"现时英雄主义"和马里内蒂（Marinetti）创造的"未来英雄主义"之间闪烁。区别在于，前者试图在现代生活的瞬间、过渡与偶然中把握一种英雄的气概和永恒的美，内在地包含了对进步论信仰的批判；后者则受到决裂的修辞学和开端神话的鼓舞，卷入到以未来为导向的技术崇拜和狂热的体制否定之中。二者在不断更新的艺术风格和审美实践中都包含了一种批判的锋芒。毕竟，在激进革新的双重逻辑——破坏与创新中，否定才是最重要的因素。它不仅表现为对庸俗市侩主义和普遍审美化的抵制，而且表现为对体制化艺术的彻底摒弃。马里内蒂号召人们扫荡一切博物馆、图书馆；马雅可夫斯基（Mayakovsiky）更是要把普希金、伦勃朗从现代性的轮船上抛入海水中。

三　先锋与庸俗：俗套的发明

拒绝平庸、抵制庸俗艺术（Kitsch）是先锋艺术的另一个神话。它内在于唯美主义、象征主义等现代艺术的传统之中。先锋艺术不过是把这种否定的潜能和与之对应的震惊美学策略极端化了。

唯美主义诗人王尔德倡导一种说谎的艺术，它着眼于美丽的、不朽的、不断变化的事物，极力避免形式与题材上的现实性。一切坏的艺术都是返归生活与自然造成的，因为"我们的世纪是要多乏味有多乏味，要多平庸有多平庸。……伟大的中产阶级梦想——它们平庸，卑微，乏味"。[①]象征主义诗人波德莱尔同样为粗俗的、物质主义的中产阶级趣味的入侵感到悲哀。"在任何时代都是平庸占上风，这是无可怀疑的；然而确实而又令人痛心的是，它从未像现在这样支配一切，变得绝对地得意和讨厌。"[②]不过，在波德莱尔的视野中，19 世纪的巴黎既阴暗神秘，弥漫着腐朽、堕落与颓废的气息，又具有一种现代的美和英雄气概，女人、马车、军人、典礼、盛大节日等，都表现出过渡时代中"恶的特殊美"。在波德莱尔的诗歌中，"我们茫然地被抛入邪恶、丑陋和堕落。……必须不惜一切代价

---

① 赵澧、徐京安主编《唯美主义》，中国人民大学出版社，1988，第 139 页。
② 波德莱尔：《1846 年的沙龙》，郭宏安译，广西师范大学出版社，2002，第 345 页。

加以避免的东西是平庸、死亡以及日常丑陋的懒惰的时刻"。①

两位诗人面对物化的现实和平庸、乏味、无趣的布尔乔亚价值观，都主张通过艺术与审美的救赎，以纯艺术的生活方式来抵御功利主义的腐蚀与进攻。加拿大学者泰勒解释说：

> 如果我们把艺术作为某种更高的事物加以考虑，即作为人类恢复其完整性，至少是作为逃避堕落和支离破碎的一个方法，那么，我们可以想像一种感受性，对于这个感受性来说，任何属于自然的东西都过于懒惰、无序、晦涩、迂腐，以致不能成为艺术的根源。对自然的浪漫主义的解释似乎是一种亵渎，一种向仅仅是既定的东西、普通的东西和平庸的群众的屈服。艺术只有与之决裂，建立一个与之毫无关联的领域，才能够完成自己的使命。②

通过艺术与社会的疏离，现代艺术炸断了通往庸俗生活的桥梁，为我们呈现了另类的、崇高的、乌托邦的视觉幻象。它醉心于恶魔、震惊甚至恐怖的极端体验，试图从垂死的、俗套的机械文明中唤醒包含在历史中富有诗意的东西。

但是，拒绝平庸的现代艺术并没有成功地挑战庸俗、乏味的资产阶级秩序及其价值体系，因为美学领域与其他社会领域的分离，"极易避开其他社会实践孑然独立，从而成为一块孤立的飞地，在这个飞地内，支配性的社会秩序可以找到理想的庇护地避开其本身具有的竞争、剥削、物质占有等实际价值"。③ 面对孤立无援的政治困境，先锋艺术试图破除艺术与社会之间的隔绝状态，竭力将审美实践引入现实社会生活之中。这一革命的、乌托邦式的努力旨在抵制日益商业化的庸俗世界，向批量生产的、大众化的、商业性的庸俗艺术挑战。现在的问题是：什么是庸俗艺术的本质？先锋与庸俗之间是水火不容的吗？先锋艺术能否成功地抵制商业化的庸俗世界？

1939 年，美国艺术批评家格林伯格（Clement Greenberg）在《党派评论》上发表了影响 20 世纪先锋艺术与先锋艺术理论走向的文章《先锋派

---

① 查尔斯·泰勒：《自我的根源：现代认同的形成》，韩震等译，译林出版社，2001，第 681 页。
② 查尔斯·泰勒：《自我的根源：现代认同的形成》，第 685~686 页。
③ 伊格尔顿：《审美意识形态》，王杰译，广西师范大学出版社，2001，第 9~10 页。

与庸俗艺术》。该文认为，庸俗艺术是特意为大众的消费而生产的艺术。大众是那些拥有较低的读写能力、对严肃文化无动于衷而又渴望某种文化娱乐的人。大众之所以喜欢庸俗艺术，是因为庸俗艺术以喜闻乐见的形式表现了大众熟悉的视觉形象，可以轻松地体验一种廉价的感动。庸俗艺术在本质上具有一种虚假的同一性：

> 庸俗艺术是程式化的和机械的，是虚假的快乐体验和感官愉悦。虽然庸俗艺术依据样式而有所变化，却始终保持着同一性。它是我们时代生活中一切虚假事物的缩影。庸俗艺术宣称除了金钱之外，对消费者无所要求，甚至不浪费时间。①

第一，先锋艺术热衷形式的探索，庸俗艺术更偏爱陈腐的俗套（stereotype）。俗套特指艺术在表达媒介、表现手法上因循守旧，采用标准化的模式进行艺术的生产。它把严肃文化所贬斥和程式化的形象作为原材料，不断地从文化传统中攫取技法、策略和表现方法，在雅俗趣味的融合中，实现艺术生产的机械化。在文化工业的生产流水线上，它往往按照固定的叙事套路和视觉手段来表达习以为常的视觉经验。尽管在艺术形式上变化多样，但不过是以一种俗套取代另一种俗套罢了。第二，与不断开掘新感性的先锋艺术不同，庸俗艺术是一种审美的欺骗，一种伪艺术。它建构了虚假的谎言系统，具有取悦大众的审美力量，"一种不仅能满足最简单最广泛的流行审美怀旧感，而且能满足中产阶级模糊的美的理想的力量"。② 如阿多诺所言，"它诈取虚假的情感，从而使真情实感化为乌有。媚俗是对净化作用的拙劣模仿"。③ 为了取悦大众，庸俗艺术往往通过对高雅艺术的拙劣模仿，来缔造伪个性化（pseudo-individuation）、看似新奇的审美氛围。因此，构成庸俗艺术本质的"也许是它的无限不确定性，它的模糊的'致幻'力量，它的虚无缥缈的梦境，以及它的轻松'净化'的承诺"。④ 这是一种虚假的审美体验和感官愉悦，因为它既没有真实地呈现存

---

① 格林伯格：《先锋派与庸俗艺术》，《激进的美学锋芒》，周宪编译，中国人民大学出版社，2003，第194页。
② 卡林内斯库：《现代性的五副面孔》，第247页。
③ 阿多诺：《美学理论》，王柯平译，四川人民出版社，1998，第409页。
④ 卡林内斯库：《现代性的五副面孔》，第245页。

在的境遇，也没有唤起沉思命运的力量。在轻松一笑的娱乐或廉价浅薄的泪水中，大众得到的不过是异化现实的补偿物，一种心灵鸡汤。第三，与崇尚差异的先锋艺术相比，庸俗艺术具有令人压抑的同一性。同一性坚持非矛盾性原则，具有同化的强制力量。在接受效果上，大众的审美体验往往是模式化的、可以预期的。艺术的内在体验让位于商品的交换价值，大众不过是文化工业算计的对象而已。这不可避免地带来艺术内在张力的消失。每个作品都带有被技术驯化的痕迹，"即时快乐和欢笑的外表成为解除听者完整思想的托词，这种思想曾包含在恰当的倾听之中。沿着最少抵抗的路线，听者转变成顺从的买家"。① 在此意义上，庸俗艺术不过是一种"顺从的艺术（resigned art）" ——对社会等级秩序的服从。

先锋艺术与庸俗艺术是两种既相互疏离又彼此并存的文化现象。相比较而言，先锋艺术追求的是艺术的制作过程，是专门为艺术家生产的个性化艺术；庸俗艺术追求的是艺术的效果，是为大众消费制作的机械化艺术。二者之间的疏离不仅是一种文化现象，更是一种政治现象。从20世纪20年代末开始，先锋艺术在西方受到两面夹击，被迫在意识形态的夹缝中生存。"现代运动的认同者们由于这个概念与革命具有某种联系因而并不喜欢它。但是因为它也已经被确认为在资产阶级社会裂缝中成长起来的激进运动，新兴的苏维埃官僚集团也就绝不会支持它。"② 相反，庸俗艺术由于在取悦民众、煽动民众方面具有特殊的奇效，公开受到德国、意大利等国极权体制的支持。从法西斯主义和斯大林主义的观点看，先锋艺术的缺陷不是激进的批判性，而是太"单纯"，无法造成一种宣传效果。但庸俗艺术很容易达到这个目的，使独裁者与民众"心心相印"。先锋艺术被流放了！这或许可以部分解释先锋艺术拒绝政治、转向形式实验。

不过，先锋派与庸俗艺术在艺术生产机制上是相互吸引的。

第一，二者在表达策略上相互模仿。一方面，先锋艺术往往借助媚俗艺术的花招来达到颠覆与反讽的目的。以达达主义者杜尚为例，他常常用工业化的现成品，如《泉》，来拒绝陈腐的美学惯例，达到反艺术、反美学的目的。另一方面，媚俗艺术也常常攫取先锋艺术的技法、策略来做"美学广告"，以此营造奇异的审美氛围，为美学上的从众主义服务。

---

① Bernstein, J. M., ed., *The Culture Industry*, London and New York：Routledge, 1991, p. 32.
② 保罗·伍德：《现代主义与先锋观念》，常宁生译，《艺术探索》2008年第4期。

第二，二者遵循类似的时尚逻辑。先锋派、庸俗艺术与时尚三者的共同点在于新之崇拜。美国哈佛大学比较文学教授波焦利（Renato Poggioli）认为，"时尚的主要特征是把短期内另类的或异想天开的东西确立为新的准则或规范，并立刻予以接受，把它变为人人皆有的俗物后，再抛弃它。简言之，时尚的使命是保持一个延续不断的平庸化过程：把稀奇之物变成广泛流行的东西，当它不再稀奇之后，又用另一个稀奇之物取而代之"。[1]时尚表达了模仿与创新的双重诱惑。通过对既定模式的模仿，它把独一无二的创新变成争相效仿的普遍规则，满足了社会调适的需要。如果说先锋派的使命是创新，那么庸俗艺术旨在把创新转化成俗套。艺术的美是一种俗套与另一种俗套之间短暂的喘息。在某种形式变成陈腔滥调、庸俗之物被抛弃之前，时尚会经历令人新奇、惊异与愤慨的先锋阶段。当时尚变成流行之物、普遍的准则或俗套时，先锋的使命就终结了，它已经让位于庸俗艺术。因此，如果说先锋艺术是时尚的引领者，旨在发明俗套，那么庸俗艺术则是时尚的追随者，旨在把发明转变成普遍的准则，即俗套。在此意义上，我们有理由认为，作为先锋艺术的终结者，庸俗艺术是陈腐的、过时的先锋，是审美实践中的伪先锋。

第三，先锋艺术同样受到商业化逻辑的操控。一方面，庸俗艺术的巨大利润总是诱惑先锋派，迫使他们在市场压力下部分或完全地改变自己的策略。另一方面，先锋艺术创作、展览所需要的资金，是"由社会统治阶级中的名流精英所提供的，先锋派自以为已割断了与这个社会的联系，但它却仍以一条黄金脐带依附于这个社会，这个悖论千真万确"。[2] 因此，先锋艺术不能免俗，躲在阁楼里忍饥挨饿的天才先锋家不过是一个过时的神话。

四　先锋与颓废：反艺术

极端主义的幽灵始终飘荡在先锋艺术的上空，它在允诺智慧、想象与创造力的同时，也充满了自我否定的焦虑与自我献祭的虚无感。隐藏在先锋运动背后的心理动机是什么？先锋艺术为什么会不断遭遇自我合法化的危机？

波焦利在1962年出版的《先锋派理论》中，对先锋运动的心理学第

---

[1]　Renato Poggioli, *The Theory of the Avant-Garde*, p. 79.
[2]　格林伯格：《先锋派与庸俗艺术》，《激进的美学锋芒》，第 193 页。

一次进行了系统的社会学探讨。该书认为，先锋运动具有四个显著的心理特征，即激进（activism）、反叛（antagonism）、虚无（nihilism）和苦闷（agonism）。激进是一种极端主义的行为心理，为运动而运动，使运动本身成为"满足威力的一种工具，一味地追求激情的幻想与欢愉的刺激"。反叛是一种充满敌意的、叛逆性的行为心理，一种放荡不羁、拒绝平庸的波希米亚精神。虚无是一种无政府主义的行为心理，它"陶醉于运动的狂热之中，打倒权威，摒除障碍，盲目地摧毁它面前的一切事物"。苦闷是一种痛苦挣扎、自我毁灭的行为心理，一种为了崇高的使命宁愿自我牺牲与献祭的精神。[①] 这些心理特征使先锋艺术陷入了破坏与创新、挑战与屈从、反时尚与时尚、失败与成功等矛盾性的行为之中，不断衍生出变革语言、狂热实验、迷恋新异、反抗传统、自杀式美学等广为人知的先锋标签。在激进主义的美学批判和叛逆性的探索激情中，隐藏了一种难以言说的悲怆情怀，一种痛苦挣扎的苦闷心理。我们把这种幻灭的激情与激情的幻灭称为"颓废"（decadence）。颓废是"一种夸张的激情，一种俯身向不可能表达的敬意，一种精神失败论的充满悖论但积极向上的表现形式"。[②] 它来自现代历史的悲哀，与浪漫主义以来的反叛传统有着直接的血缘关系。在某种意义上，它既是隐藏在一切先锋运动背后的心理动机，也是先锋运动形成的一种思潮。

"颓废"会让我们想起黄昏、深秋、死亡、废墟等苍凉的审美意象，想起生命的沉沦、精神的抑郁和有机体的腐烂。从自然周期和生物的隐喻来思考它，我们会发现它暗含一种特殊的危机感。这种感受源于艺术与社会的疏离和美学实验的失败。与社会格格不入的孤独体验，另类的、边缘的身份想象，往往是艺术家引以为傲的资本。他不断发出悲叹之声，为少数知音自绝于大众，以狂热的实验反抗布尔乔亚的庸俗与乏味。但是，这一切只是病态的幻象。在孤傲的灵魂深处是失败的悲怆、苦闷的挣扎和凄惨的感受。这种深深的幻灭感折磨着艺术家，迫使他加速传统形式的衰朽，强化现有的一切颓败与衰竭的症状。"艺术被认为是一种失败和危机的经验"，它"拒绝秩序、可理解性，甚至成功"。[③] 因此，颓废不仅是自觉的，而且是欣然的自我毁灭与献祭。它"不仅是一种匿名的、集体的献

---

① Renato Poggioli, *The Theory of the Avant-Garde*, pp. 25-26.

② Renato Poggioli, *The Theory of the Avant-Garde*, p. 66.

③ 卡林内斯库：《现代性的五副面孔》，第 134 页。

祭，而且是孤独的创造性个体的自我献祭"。① 理智上的游戏态度、偶像的
破坏、不雅的恶作剧、对戏仿的推崇，这一切都暗含了否定自身的内在倾
向。先锋艺术一直在自觉自愿地死去。它"极力地将每一种艺术形式推向最
深层的危机。在此过程中，现代性和先锋派都显示出一种特殊的危机想象
力；它们联合起来成功地创造出一种复杂的对危机的感受力，这种感受力常
常是反讽和自我嘲讽的，它似乎既是它们的最终成就也是它们的报应"。②

德国美学家阿多诺把这种充满失败与危机感的先锋艺术称为"反艺
术"（anti-art）。抽象派绘画、法国新小说和席卷欧美的荒诞派戏剧都可视
为反艺术运动的组成部分。"反"有质疑、消解与重构之意。反艺术从否
定自身中寻求出路，向自身的本质提出挑战。这是一种辩证的否定立场：
通过否定自身，来否定这个异化和野蛮的世界。它奉献给社会的，不是某
种可以直接沟通的内容，而是某种间接的否定或抗议。通过表达不可表达
之物，反艺术获得了自己的批判形式，一种包含意义危机与表达危机的形
式。一方面，面对异化的现实与存在的荒诞，反艺术呈现给我们的是意义
的虚无与荒谬。作为表现苦难的语言，它是对人遭到贬低的一种悲愤的批
判。另一方面，面对难以言说的苦痛和无言的焦虑，它企图超越"所有被
社会浸染了的语言，以及那些把我们囚禁在陈腐假定中的观看和言说方
式"。③ 在卡夫卡的小说、贝克特的戏剧、勋伯格的音乐中，我们见证了歧
义的力量，一种片段的、谜语一样的诗性话语。

可见，作为先锋派的核心特征，反艺术既是对危机的回应，也是危机
向深度的发展。它"以自杀的姿态，持续地成为艺术。它的自我否定令人
惊奇地带来它的持存与胜利"。④ 由此推论，先锋艺术史就是一种自我否
定、不断深化危机的历史，一种方死方生、不断走向终结的历史。

五　结语：先锋、先锋派与先锋精神

先锋艺术是一种动态的、多元的、充满张力的现代性范畴。它内在于

---

① Renato Poggioli, *The Theory of the Avant-Garde*, p. 65.
② 卡林内斯库：《现代性的五副面孔》，第 159 页。
③ 马克·埃德蒙森：《文学对抗哲学》，王柏华译，中央编译出版社，2000，第 254 页。
④ Walter Jackson Bate, ed., *Criticism*：*The Major Texts*, New York：Harcourt, Brace, 1970, p. 664.

不断进步的现代性逻辑之中，是现代性危机的表征。正是对"新即好"的现代价值观和历史进步论的信赖，才使一种为未来奋斗的自觉而英勇的先锋神话成为可能。在骚动不安的历史进程中，先锋艺术以激进革新的双重逻辑——创新与破坏，闪烁着现代性实验的光芒。

先锋艺术观念是由先锋、先锋派和先锋精神等概念共同建构的产物。在过去一个世纪的历史中，"先锋"主要是作为一种隐喻的修辞来使用的。其军事隐喻侧重艺术的文化政治与社会批判功能，主张通过艺术的激进变革实现乌托邦的社会理想，属于政治先锋；其科学隐喻侧重艺术的历史批判与自我批判的功能，强调艺术形式的实验和美学观念的革新，属于审美先锋。20世纪30年代以前，先锋艺术运动侧重于政治先锋，以法国和俄国为中心；二战以后，先锋艺术运动侧重于审美先锋，以美国为中心。在现代艺术史中，二者相互依存，辩证统一。

"先锋派"是一种历史分期概念，特指19世纪末发源于西方，然后播散到世界各地的一种国际化的艺术流派。纽约大学戏剧教授理查德·谢克纳认为，在100多年的历史中，它至少包含历史先锋派、当代先锋派、未来先锋派、传统先锋派和跨文化先锋派五种历史形态。作为一种风格或流派，先锋派在20世纪70年代末走向"终结"，就技术、主题和艺术手法来说，已经毫无新奇可言。[①] 这种悼词并不新鲜。早在20世纪30年代，菲利普·拉夫（Philip Rahv）就在《三十年代的黄昏》一文中感叹道：先锋派是一个不停地反叛和否定反叛的角斗场，它在内容与形式上不断地革新自身；但现在这个宏伟壮丽的进程就要结束了，没有什么先锋运动可以存在下去了。[②] 事实上，先锋派是一种方死方生、向死而生的艺术，一种包含失败与危机感的反艺术。

作为规范性的逻辑概念，"先锋精神"特指隐含在先锋艺术运动中的支配性心理因素和精神品格。波焦利认为，先锋运动主要有四种行为心理：激进、反叛、虚无和苦恼。这些行为心理使先锋艺术不断陷入政治与审美、前卫与庸俗、破坏与创新等充满悖论的努力之中。当这些隐蔽的心理因素经过历史的沉淀，逐渐成为艺术界潜在的共识时，特定的精神气质

① 理查德·谢克纳：《五种先锋派，或……或不存在？》，胡开奇译，《戏剧艺术》（上海戏剧学院学报）2000年第5期；理查德·谢克纳：《先锋派的没落与衰亡》，曹路生译，《戏剧艺术》1991年第1期。

② Philip Rahv, "Twilight of the Thirties", *Partisan Review*, Ⅵ (4), 1939, pp. 3-15.

就形成了，比如决不妥协的反叛精神、格格不入的另类气质、自杀式的审美立场等。在艺术实践上，它往往以批判的姿态持续地探索艺术存在的可能性，拒绝平庸、蔑视权威、抵制媚俗，闪烁着激进的美学锋芒。"在某种意义上，我们可以说，文化史上的任何时期都有先锋存在，它总是在那个特定历史时期中，站在人们认为是现代的任何事物的前沿。"① 因此，作为一种美学风格，先锋派或许已经接近尾声。但作为一种价值规范，先锋精神依然生机勃勃。

（本文原载于《文艺研究》2015 年第 3 期，

中国人民大学复印报刊资料系列之《文艺理论》

2015 年第 6 期全文转载）

---

① 弗雷德里克·卡尔：《现代与现代主义》，中国人民大学出版社，2004，第 9 页。

视觉文化语境中的艺术
生产理论及其当代问题

李　健[*]

一　问题的提出与考察路径

众所周知，艺术生产问题缘起于马克思主义经典作家的相关论述，其理论价值也在文艺理论、美学等领域得到广泛的探讨。但立足于现代社会转型的时代语境，这一问题衍生发展的历史脉络及其蕴含的理论与实践价值，仍有相当开阔的言说空间。20世纪后半叶兴起的视觉文化，作为现代社会转型的重要表征之一，便为我们系统梳理艺术生产的理论谱系提供了有效的历史与现实依据。

一方面，西方学界关于艺术生产问题的思考，以西方马克思主义为代表的批判理论分析路径最具有逻辑线索的连续性，也一直是讨论的重点所在。其上溯马克思，经本雅明、布莱希特，到阿尔都塞、马谢雷，再到伊格尔顿、詹姆逊等人，构成一个相对完整的理论谱系。但立足于视觉文化语境，艺术生产问题的讨论仍有其他同样值得关注的路径。首先是以语言学转向为线索的符号学分析路径。除以罗兰·巴特为代表的符号学分析之外，潘诺夫斯基的图像学等，都借助相似的研究方法，涉及了艺术生产的一系列关键问题。其次是以社会体制为依据的分析路径。它一方面在艺术哲学领域，通过阿瑟·丹托、乔治·迪基等人的艺术界理论得以展开；另一方面则在社会学领域，反映在布尔迪厄、霍华德·贝尔等人对"艺术世

* 李健，文学博士，南京大学艺术学院副教授，2013~2014年任南京大学高研院第九期驻院学者。本文系国家社科基金一般项目"20世纪艺术哲学语境中的空间思想研究"（项目号：16BZX117）的阶段性成果。

界/场域"的讨论之中。最后是以文化研究为导向的跨学科分析路径。除雷蒙·威廉斯、斯图尔特·霍尔等人之外，女性主义和后殖民主义等领域的重要学者——直至后现代视野中的众多理论家的相关论述，亦可以这一维度予以考察。

基于这一相对开阔的学术视野来审视西方学界关于艺术生产问题的探讨，可以明确如下几点。第一，这一问题的提出及展开有较为明确的时代背景，而不是一个简单抽象的理论命题，因此具有"语境化"特征。第二，这一问题存在于多个学科领域，它们共同推进了学界对艺术在现代社会转型过程的生产性因素的理解，因此又具有"跨学科"色彩。第三，作为一个问题史的艺术生产理论，目前仍未得到系统的清理，但至少有三个核心概念可以帮助我们把握这一问题的现实基础：（1）视觉性，反映的是从现代到后现代社会转型过程中，艺术生产越来越在总体上转向对"视觉"因素的关注；（2）表征性，反映的是艺术生产越来越被作为一种文化表征系统为我们所把握；（3）多元性，反映的是艺术生产越来越突破原有的艺术边界，并形成一个形态丰富的多元生态。视觉文化恰恰在以上几个方面提供了至关重要的历史与现实依据，成为清理艺术生产问题发展脉络最恰如其分的言说背景之一。

另一方面，国内学界对艺术生产问题的探讨同样由来已久，其常规研究路径或是将原有的艺术创作诸问题进行艺术生产论的置换，借此展开"新瓶装旧酒"式的研究；或是在与物质生产进行比较的基础上，将其作为一个具有普泛意义的超级理论，考察所有历史时期的一切艺术现象。近年来，借助西方社会学研究的相关理论资源，从更宏观的艺术社会学角度探讨此问题的著述日益增多。在此基础上，对此问题的历史性梳理也开始出现。总体上，主要集中于马克思主义文艺理论及美学领域，而且具有历史意识、语境意识的论著并不多见。就视觉文化这一特定历史语境而言，由于文化生态的差异性，中国当代视觉文化的发展形态与西方社会并不完全吻合，国内视觉文化研究自20世纪末发端以来，前期主要以译介、引述西方相关理论资源为主，目前则正进入理论消化期，开始转入对本土视觉文化现象的深度分析阶段。艺术生产问题在此维度并没有受到普遍关注，仅散见于对各种现象解读的论述当中，或是对视觉文化体制环境的研究之中。简言之，立足于视觉文化维度对艺术生产问题进行梳理，国内学界仍处于起步阶段。艺术生产理论在中国当代社会文化语境中的学术价值、理论效用等问题，都有待深入挖潜。

概括来说，基于视觉文化语境对艺术生产理论的谱系及其当代问题进行考察，至少在如下几个方面具有较为显著的学术价值。其一，艺术生产作为现当代艺术理论中的一个重要议题，其重要性就在于它是一个具有强烈现实诉求的理论话题。立足于当代文化语境对其进行问题史的梳理，既是对当前视觉文化的整合性研究的推进，也将帮助我们在更加宏阔的理论视野下，反思艺术的生产方式、存在价值以及未来走向，从而为中国当代艺术研究提供一个极具价值的理论参照系。其二，视觉文化作为当代中国文化的重要组成部分，在文化产业中具有举足轻重的地位。在文化大发展大繁荣的国家战略背景下，艺术"生产/消费"实践活动不仅已经成为文化产业中至关重要的一环，而且越来越倚重于视觉文化为其提供的文化实践平台。其三，视觉文化在当代文化格局中，尤其在文化教育和青年亚文化中影响深远。立足于这一背景对艺术生产问题的研究，可以帮助我们更好地利用各种视觉手段来创建和谐社会与文化。在实现娱乐和教育的平衡、视觉文化和阅读文化之间的双赢，以及提升公众的视觉素养等方面，对这一问题的探讨都具有积极的现实意义。

以此为参照，本文首先对艺术生产理论的思想谱系进行提纲挈领式的梳理；其次对艺术生产的本土问题予以实践层面的扫描。从西方理论谱系和中国文化实践两个维度对艺术生产相关问题的上述考察，将为我们通过丰富的视觉文化现象，反思、提炼艺术生产的本土问题和中国经验提供宏观依据。

二 艺术生产理论的现代谱系

立足于视觉文化衍生发展的历史与现实语境，我们可以对西方现代艺术生产理论进行相对开阔的问题史描述和清理。概括来说，我们至少应该从四种不同分析路径入手，逐一梳理艺术生产问题的逻辑线索。这四种分析路径面向共同的时代语境，既有逻辑关联也有显著区分。其中，有的关于艺术生产的讨论比较显豁，有的则散见于各个学者的相关论述之中。无论如何，通过这种梳理工作，我们将有可能勾勒出西方学界探讨艺术生产问题的完整历史面貌和思想谱系。

其一，艺术作为社会生产形式：批判理论的艺术生产论。我们知道，狭义的批判理论主要是指法兰克福学派。而涵盖面更为宽泛的西方马克思主义，则可以作为广义的批判理论被我们在整体上予以把握。如前所论，就艺术生产问题来说，经本雅明、布莱希特、阿尔都塞、马谢雷、伊格尔顿、詹姆逊等一系列理论家的阐述，本身就构成一个相对完整的思想谱系。总体上，这一路径将艺术作为一种特殊的社会生产形式，以基础与上层建筑的二元结构为基本视角，给予了较为深入的探讨。

具体来看，这一路径所涉及的理论资源十分丰富，与视觉性及视觉文化的关联程度也存在显著的差异。其中本雅明作为早期代表性人物之一，在艺术生产问题上多有创见。"技术"作为其艺术生产论得以展开的内在逻辑起点，在历史语境中的具体生产及其内在价值主要便是以视觉的文化再生产方式得以呈现的。不仅如此，借助光晕与震惊、膜拜价值与展示价值、政治审美化与艺术政治化等一系列关键概念，本雅明也在很大程度上拓展了艺术生产的问题域，从而为其后的理论家在更宽泛的视觉维度上探讨这一问题提供了言说空间。[1] 此外，这一时期布莱希特的艺术生产思想尽管将对象主要限制在戏剧这一传统艺术样式上，但仍可视为对本雅明理论的某种修正性说明。此后关于艺术生产的讨论，以阿尔都塞的理论最具有代表性和拓展意义。在阿尔都塞看来，艺术既不等同于意识形态，又是一种经过意识形态过滤的独特社会生产形式。如其所言：艺术让我们看的"也就是以'看到'、'觉察到'和'感觉到'的形式（不是以认识的形式）所给予我们的，乃是它从中诞生出来、沉浸其中、作为艺术与之分离出来并且暗指着的那种意识形态"。[2] 他在对抽象派画家克勒莫尼尼进行"症候式阅读"的过程中，不仅明确指出"每一件艺术作品，都是由一种既是美学的又是意识形态的意图产生出来的"，而且特别强调穿透视觉形象的表层结构，来把握"在场"背后的"不在场"意味。[3] 阿尔都塞对艺术及其意识形态的生产性所做的突破性说明，在马谢雷直至伊格尔顿的文学生产论那里，皆获得了更多的阐释空间。尤其值得注意的是，随着时代的变化，艺术生产所面临的论域已经在传统艺术样式之外得到全面的拓

---

① 李健：《"视觉"及其生产：重读本雅明的艺术生产理论》，《天津社会科学》2013 年第 2 期。

② 〔法〕路易·阿尔都塞：《一封论艺术的信》，朱立元、李钧主编《二十世纪西方文论选》（上），高等教育出版社，2002，第 666 页。

③ 〔法〕路易·阿尔都塞：《抽象画家克勒莫尼尼》，朱立元、李钧主编《二十世纪西方文论选》，第 675 页。

展。后者不仅明确指出文学文本既不是意识形态的"表达",也不是意识形态社会阶层的"表达",而是一种特殊形态的意识形态的生产;① 而且,将这一研究路径拓展到后现代状况下由视觉主导的多元文化领域之中。在这一点上,詹姆逊更是借助"政治无意识""认知绘图"等概念,从美学维度对以电影为代表的当代视觉文化进行了细致的文本分析,从而在一个全球化语境中将后现代主义艺术"意识形态生产"的复杂性淋漓尽致地展示出来。②

其二,艺术世界的资本角力:制度环境中的艺术生产论。这一研究路径将艺术活动作为一种特定形态的社会制度中的复杂过程,从而将艺术生产转换为特殊制度环境下的权力关系问题予以探讨。概括来看,这一路径至少包括以下两种不同的理论形态:一是以丹托、迪基为代表,基于艺术哲学维度的艺术界/艺术制度理论;二是以布尔迪厄和霍华德·贝尔为代表,基于社会学维度的艺术界/艺术场域理论。

一方面,由丹托和迪基发展出的艺术界/艺术制度理论,是20世纪艺术哲学领域最具现实针对性的原创理论之一。自西方艺术以一种"激变"的方式进入现代时期以来,艺术理论的阐释效应便一再受到艺术实践的严峻挑战。尤其是20世中后期"波普艺术""装置艺术""行为艺术""观念艺术"等艺术流派的兴起,彻底打破了传统观念关于艺术尤其是视觉艺术的各种美学准则。作为对沃霍尔《布里洛盒子》的回应,丹托提出了理解艺术活动及艺术品的新思路:"为了把某种东西看做艺术,至少需要具备艺术理论的氛围以及关于艺术史的知识。"正是它们得以将这种东西从现实世界纳入一个"经过阐释的事物堆满了"的迥异世界——艺术世界之中。③ 迪基以此为起点,发展出以"惯例"为基础的艺术制度理论,作为分析艺术活动的当代理论模型。另一方面,以布迪厄和霍华德·贝尔为代表的社会学家,也从不同的学科视域得出了相似的结论。其中,贝克对艺术界所做的社会学界定,同样突出了两个重要因素:其一,艺术世界是一个由合作性的诸多人参与所构成的复杂网络;其二,在这些人的活动中,

---

① Terry Eagleton, *Criticism and Ideology*, London & New York: Verso, 2006, p. 64.

② See Fredric Jameson, *The Geopolitical Aesthetic: Cinema and Space in the World System*, Bloomington, Indiana: Indiana University Press, 1992; Fredric Jameson, *Signatures of the Visible*, New York & London: Routledge, 1992.

③ 〔美〕阿瑟·丹托:《寻常物的嬗变——一种关于艺术的哲学》,陈岸瑛译,江苏人民出版社,2012,第166~167页。

惯例性的理解或惯例本身，乃艺术活动的基本游戏规则。① 布尔迪厄则立足于"场域"概念，强调了由艺术家、艺术批评家、艺术史学家、艺术商以及艺术教研机构、博物馆、画廊等全体艺术活动者所构成的艺术场的重要性。在他看来，正是身处这一特定"场域"之中的活动者为不断争夺文化资本而展开的博弈，左右了艺术品的生产，成就了艺术品的价值，决定了艺术品的地位。在宽泛意义上说，对后一个维度的讨论，还可以将卢曼和豪泽尔等人的艺术社会学相关理论纳入其中。对于本文的议题而言，一个至关重要的理论背景在于，所有这些观念的应运而生都身处于一个以视觉文化转型为时代特征的社会语境之中。"视觉"及其背后的生产性，也因此成为深入解读这一研究路径的基本依据之一。

其三，艺术作为一种符号系统：结构主义思潮中的艺术生产论。众所周知，20 世纪西方思想界的语言学转向，深刻影响了西方人文社会科学领域的学术生态。结构主义和符号学作为这一转向所带来的最具影响力的理论方法，尤其为我们理解艺术生产问题提供了有益的考察路径。视觉文化的兴起，不仅为此提供了极为丰富的分析文本，而且参与到其理论形态的建构过程之中，并在很大程度上成为衡量其理论效应的重要现实依据之一。

在符号学研究路径中，罗兰·巴特可谓最具有代表性的人物之一。通过对各种文化现象的意义生产过程展开极具开拓性的批评实践，他不仅为我们提供了将文学艺术作为一种符号系统予以深度剖析的有效手段，而且极大地拓展了这一理论方法的研究疆域。流行服饰、时尚杂志以及大众文化其他领域中的各种视觉形象，均成为其透过符号系统考察当代文化意义生产过程的适用对象。需要指出的是，从符号学的维度对艺术生产问题予以考察，还有另一种同样值得注意的理论形态，那就是以卡西尔、苏珊·朗格为代表的哲学符号学体系。这其中，后者关于"艺术是人类情感的符号形式的创造"的论断，② 尤其可以作为结构主义的符号学有关艺术生产问题的补充性说明。此外，在艺术史学科领域，潘诺夫斯基的图像学及其后以布列逊等为代表的新艺术史研究、以 M. J. T. 米歇尔等为代表的新图像学研究也可部分地在这一框架内予以探讨。其中，潘诺夫斯基的图像学

① 周宪：《艺术世界的文化社会学分析》，《社会学研究》2003 年第 4 期。
② 〔美〕苏珊·朗格：《情感与形式》，刘大基等译，中国社会科学出版社，1986，第 51 页。

研究，尽管与符号学有所不同，其所关注的领域也主要是在美术史领域，但正如巴纳德在《理解视觉文化的方法》一书中所指出的，潘诺夫斯基"根据图像学和图像志对绘画所作的解释，同样也是运用结构理论来理解视觉文化的"。① 至于布列逊和米歇尔，尽管他们在研究对象和方法上各有所专，但在对符号学等理论方法的借鉴方面却具有显著的一致性。无论是前者的符号学艺术史研究，还是后者对大众文化现象的图像学研究，都在相似的理论维度为我们理解艺术生产问题的复杂面向，提供了有益的参考。

其四，艺术作为文化表征：文化研究导向的艺术生产论。作为一种跨学科学术实践，文化研究自 20 世纪后期在西方兴起以来，为学术界带来的影响是有目共睹的。我们知道，文化研究在严格意义上并非一种理论方法，而是一种研究策略或者学术立场。② 它一方面强调打破学科间的壁垒，另一方面在更激进的立场下拓展了自身的研究对象。就艺术生产问题而言，这一研究路径对作为表征的各种文化文本在特定社会语境中的"生成/流通/消费"及其文化"衍生物"问题的关注，是非常具有启发意义的。比如，雷蒙·威廉斯在《电视：技术与文化形式》中关于技术与社会、技术体制、电视形式的讨论③，斯图尔特·霍尔在《表征——文化表象与意指实践》中对文化表征的实践过程和运行机制的剖析，都在一个相对开阔的跨学科视野下涉及了艺术在当代社会的表现形态及其意义生产问题。霍尔更是充分利用符号学、福柯的话语理论、阿尔都塞的结构马克思主义、葛兰西的霸权理论等思想资源，对作为表征系统的文化及其意指实践进行了条分缕析的讨论。如其所言，文化作为"一个过程，一组实践"，"首先涉及一个社会或集团的成员间的意义生产和交换，即'意义的给予和获得'"。④ 这种意义的生产与交换，具体到文本层面又是以"编码/解码"的方式进行的。艺术作为一个时代"高雅文化"的代表，也不例外。除了威廉斯和霍尔等文化研究的典型代表之外，这一时期的女性主义、后殖民

---

① 〔英〕马尔科姆·巴纳德：《理解视觉文化的方法》，常宁生译，商务印书馆，2005，第220页。

② 汪民安：《文化研究与大学机器》，金元浦主编《文化研究：理论与实践》，河南大学出版社，2004，第147页。

③ See Raymond Williams, *Television: Technology and Cultural Form*, London: Routledge, 1990.

④ 〔英〕斯图尔特·霍尔：《表征——文化表象与意指实践》，徐亮、陆兴华译，商务印书馆，2003，第2页。

主义理论家，以及福柯、德勒兹、德里达和鲍德里亚等人的相关思想，亦可在此路径下予以探讨。在某种程度上，他们都可以被集结在另一个关键词之下，即后现代语境。文化研究不仅是在学术层面对这一语境的重要回应，而且在最大程度上将原本属于不同领域的理论方法聚集在一个跨学科研究平台之上。这也使得我们借助多维视角探索视觉文化转向中的艺术生产理论成为可能。

确切地说，基于文化研究的学术立场，以上不同路径的艺术生产论之间并没有不可逾越的界限。宏观来看，批判理论和艺术制度理论偏重于在带有总体性特征的社会系统中考察艺术生产的关系结构；符号学和文化研究则对文本本身的意义生产方式及其过程尤为关注。但立足于视觉文化兴起的当代语境，这些不同路径的理论方式实际上已经在日益强调跨学科性的学术氛围下，呈现出不同程度的交叉融合趋势。这也为我们透过更多元的理论视野考察越来越纷繁复杂的艺术生产实践活动增添了更多的可能性。事实上，当我们过渡到当代中国文化实践的具体语境之中时，这种跨学科理论综合视野的意义就更为显著了。至关重要的是，它将为我们审视中国当代文化实践提供更为灵活多样的理论模型，从而深刻揭示艺术生产所包含的一系列当代问题和中国经验。

三 艺术生产实践的中国经验

视觉文化在中国当代社会的兴起，不过是最近二三十年的事情。众所周知，这也是中国社会以开放的姿态不断融入国际体系并深刻转型的历史时期。依据什托姆普卡有关社会变迁的社会学考察模式，对这一时期的社会文化状况进行考察，需要在宏观、中观和微观等多个层面展开。① 以视觉文化为基本语境考察当代中国的艺术生产问题，同样需要以此为现实依据。结合上述艺术生产理论的多重研究路径，中国的艺术生产实践至少可以在具体表现形态、生产过程、制度环境乃至主体建构等多个方面提炼出若干关键性的当代主题和中国经验。

其一，在精英与大众之间：艺术生产形态的多元张力关系。中国当代

---

① 〔波〕彼得·什托姆普卡：《社会变迁的社会学》，林聚任等译，北京大学出版社，2011，第7页。

社会在文化层面的重要表征之一，便是精英与大众的二元对立结构，已经逐渐在一个视觉性主导的大众文化盛行时代，转向日益复杂的张力关系之中。视觉性作为一个关键概念，则是重建这种张力关系的重要切入点。一方面，从理论视界出发，视觉性作为一个自视觉文化研究兴起之后被重新界定的概念，不再是传统艺术史研究中以视觉形式或视觉心理为依据的形象风格分析。它在根本上关注的问题是"在特定的视觉政体中，人们是如何看或如何被看的"。① 另一方面，从生产实践出发，无论是代表精英立场的中国"当代艺术"，还是反映大众趣味的当代文化工业，都越来越倚重视觉形象符号的生产/消费来传达特定的文化意义。这一概念的题中之义因此在于，它既强调了一个有关"观看"的多重差异以及通过有序化的方式对这些差异的消除过程，② 又暗示了一个通过视觉形象的差异化生产，将精英与大众之间似乎不可逾越的鸿沟转换为符号系统"编码/解码"的功能性差异的过程。

众所周知，作为一个带有艺术史书写意味的"当代艺术"概念，在当代中国包含极为复杂的面向。若仅以 20 世纪 80 年代开始起步的先锋艺术作为其代表而论，其表现形态更是千差万别。但在大众文化借助各种视觉形象将其消费主义意识形态散布于日常生活各个角落的时代语境下，文化早已"从精英机构的围墙里走了出来，进入划分出来的新环境，即可参观的消费主义空间"。③ 在这一空间之下，一方面，当代艺术的形象符号系统的"编码/解码"过程无法脱离社会生活及其文化生产的总体性孤立运行；另一方面，大众文化的视觉形象生产则最大限度地将包括当代艺术在内的一切可供利用的资源纳入其中。就前者而言，当代艺术可谓视觉文化发展过程中最具典型意味的一个部分，深刻地反映了文化精英对中国社会生活变迁的独特体验。就后者而言，大众文化不仅具有更明确的产业性质和市场运行机制，而且借助一种极具包容性的艺术生产法则"将各种各样的电影、电视节目、照片、歌曲、通俗小说、虚构类杂志、连环漫画、无线广播节目等归到大众艺术之下"。④ 因此，尽管当代艺术与大众文化之间仍然

① 周宪：《从形象看视觉文化》，《江海学刊》2014 年第 4 期。
② Hal Foster, ed., *Vision and Visuality*, Seattle: Bay Press, 1988, p. ix.
③ 〔英〕贝拉·迪克斯：《被展示的文化：当代"可参观性"的生产》，北京大学出版社，2012，第 7~8 页。
④ 〔美〕诺埃尔·卡洛尔：《大众艺术哲学论纲》，冯悦译，商务印书馆，2010，第 240 页。

存在显著的差异性，但这种差异在一定程度上已经被转化为文化总体性之下的功能性差异。对艺术生产问题的当代阐释，既要清醒意识到前者的代表性，又要充分考虑到后者的普泛性。由两者各执一端并在实践层面逐渐形成的一个充满张力关系的艺术生产形态，更是我们需要予以关注的核心问题之一。

其二，全媒体时代：视觉技术不断渗透下的艺术生产过程。视觉文化的兴起有一个重要的时代背景，那就是媒介技术的发展。作为中国当代社会变迁的一个缩影，这一发展历程至少包括了从印刷媒介到电子媒介主导的复合型媒介，再到数字媒介、电子媒介及印刷媒介多元共生的"全媒体/跨媒体"等不同历史阶段。在某种意义上说，艺术生产问题离开这一时代背景是很难被准确把握的。事实上，以视觉文化的发展状况为依据，生产媒介、传播媒介直至消费媒介的变迁早已深刻影响到当代社会生活的各个领域，艺术生产的基本过程也不例外。

恰如伊尼斯所言："在一种传播形式主导的文化向另一种传播形式主导的文化迁移的过程中，必然要发生动荡。"[1] 这种动荡体现在社会生活的各个层面。仅从视觉文化的维度考察，"跨媒体和全媒体的发展不但改变了视觉文化的系统，而且改变了人对视觉性的感知和体验"[2]。对于形象符号的生产而言，视觉技术所带来的全媒体/跨媒体方式，不仅极大地丰富了艺术生产的媒介手段，而且在很大程度上改变了其表现方式和接受方式。简单来说，当代艺术越来越热衷于利用新的媒介技术来拓展艺术表现的途径，从而改变了艺术生产的传统过程。其中，新媒体艺术的发展便非常具有典型性。这种建立在数字技术基础之上的新型艺术表现方式，既借助各种新兴媒介手段不断为当代艺术提供更为开阔的生产空间，又与当代文化产业保持着紧密的协作关系，为大众文化的形象符号生产提供了丰富的技术支持。在一个媒介技术日新月异的全媒体时代，艺术的跨媒体生产与传播，造就了极其庞大、跨界互动的形象符号系统。作为推动艺术生产过程革新的重要动因，每一次视觉技术的新发展都带来了艺术生产、传播及其接受方式的深刻变化，这正是从视觉技术的角度思考艺术生产的核心议题所在。

---

① 〔加〕哈罗德·伊尼斯：《传播的偏向》，何道宽译，中国人民大学出版社，2003，第119页。
② 周宪：《当代视觉文化与公民的视觉建构》，《文艺研究》2012年第10期。

其三，社会化系统：分层递进的艺术生产体制及其博弈关系。由当代社会的制度系统出发，视觉文化的形成和发展有赖于各个层面的视觉体制的推进，艺术生产同样无法脱离这种具有明确现实指向的制度环境孤立地运行。事实上，制度环境作为艺术生产得以可能的重要现实依据，尤其能够体现什托姆普卡所指出的宏观、中观和微观三个不同层面的研究视野。

从宏观角度看，中国当代政治、经济体制既构成视觉文化发展的总体背景，也为艺术生产实践提供了至关重要的制度环境。中国当代艺术生产问题区别于其他文化区域的本土特征，在很大程度上需要立足于此才能被准确把握。从中观角度看，艺术生产的社会体制既包括专业艺术机构、团体、协会及其监管机制，也涉及教育、评论、策展与展馆、影院、电视台等诸多传播机构或组织。它们在实践层面构成了视觉文化语境中艺术生产、传播和接受的运转机制。在微观层面，家庭或个体的视觉生产、传播和接受机制也值得考量，它构成艺术生产体制的个人空间。尤其是随着互联网的普及、自媒体社交平台的发展等，这种以个人为基础的艺术生产空间越来越引人注目。后者作为一种"微时代"的微文化现象，在现实意义上"打破了传统大众传播方式信息单向流动的特点，打破了信息的传播者和接受者的界限，实现了信息的充分交流、互动和对话，建构了一个新型的公共空间"。① 这一空间也在一定程度上与宏观层面有关"大时代"的家国想象、中观层面有关"小时代"的消费主义立场，形成了极大的反差。中国当代艺术生产体制所蕴含的各种博弈关系，都可以借此得到深刻的说明。

其四，认同与建构：视觉主体的中国式社会化再生产。对视觉文化语境中艺术生产的讨论，还需要考察其在社会生活中的现实效应问题。这其中，个体如何借助艺术生产活动进行一种主体身份的社会化再生产和认同建构问题，尤其值得关注。从这个维度来看，艺术生产不仅包括精神产品、物质产品的生产，还包括主体意识的生产；艺术生产问题不仅关乎艺术文化活动，还关乎日常社会生活；不仅关乎客观对象描述，还关乎主体身份的建构。

就视觉文化的总体特性而言，确如米尔佐夫所揭示的那样，作为一个"不断处于竞争、辩驳和转变之中的挑战性场所，它不但是社会互动的场

---

① 陶东风：《理解微时代的微文化》，《中国图书评论》2014 年第 3 期。

所，而且也是根据阶级、性别、性和种族身份进行界定的场所"。① 媒介手段的变迁，则为此提供了更为复杂的建构环境。梅罗维茨关于电子媒介对社会行为的影响研究，便很有启发性。如其所言："群体身份、社会化、等级制度，过去依赖于特定的物质地点以及其中可获取的特殊经验，现在这些方面已经被电子媒介改变了。"② 最终，通过视觉文本的生产/消费机制及其背后蕴含的意识形态内容，身处其中的个体得以"获得一种身份，成为有自己的信念、自己的意愿、自己的喜好的主体"。③ 由此可见，视觉文化语境中的艺术生产、传播和接受事实上是一个复杂的交互主体性过程。中国当代视觉文化形象符号的编码过程，不仅是培养个体对形象符号解码能力的过程，更是塑造一种带有强烈本土印记的视觉主体的过程。据此，我们一方面需要重点考察视觉文化在塑造具有中国特征的视觉主体过程中所起到的生产性作用；另一方面还需要将其纳入全球化时代语境之中来理解其本土性。很显然，作为一个在很长时间里都处于西方强势文化的"他者"，中国当代文化及其生产活动所蕴含的主体建构问题，只有在这样一个更为开阔的时代语境下才能得到更合理的说明。

总之，立足于中国当代视觉文化产生与发展的总体语境，艺术生产至少在以上几个方面可以提炼出一系列带有显著本土意味的现实问题。在此意义上，西方艺术生产理论的现代谱系虽然为我们提供了极为丰富的研究方法和路径，但其理论效应则需要在中国经验中得到审慎的处置。更进一步说，通过探讨中国本土问题来实现一定程度的理论创新，同样是我们借助西方相关理论资源考察中国当代艺术生产问题的重要目标之一。无论是对西方艺术生产理论现代谱系的脉络式梳理，还是对中国当代艺术生产实践的问题式扫描，都可以视为达成这一目标的一项基础性工作。

（本文原载于《南京社会科学》2016 年第 6 期）

---

① 〔美〕尼古拉斯·米尔佐夫：《视觉文化导论》，倪伟译，江苏人民出版社，2006，第 4 页。

② 〔美〕约书亚·梅罗维茨：《消失的地域：电子媒介对社会行为的影响》，肖志军译，清华大学出版社，2002，第 120 页。

③ 〔英〕奥利弗·博伊德-巴雷特、克里斯·纽博尔德编《媒介研究的进路：经典文献读本》，汪凯、刘晓红译，新华出版社，2004，第 646 页。

权力、资本与缝隙空间

童　强[*]

　　边缘化、缝隙化空间是指远离社会生活中心的区域，包括各种缝隙、角落、边缘等微不足道的空间形式。它不仅在现实空间中有着特定的位置，而且一般说来，它总是对应着特定的社会阶层，契合一定的社会结构和社会运作机制。这意味着，缝隙不仅是某种独特的空间类型，而且还体现出属于这个空间区域的个体、群体、活动、话语、权益、感受力的诸多特征。它之所以成为一个讨论的焦点，在于边缘性空间以及空间边缘化似乎正演变成为我们生存的普遍空间形式。因此，缝隙空间有可能成为我们理解社会空间的重要切入点。

一　从"缝隙"到"缝隙空间"

　　首先来看缝隙是什么？缝隙是非常特殊的空间形式。严格说来，几何学中没有缝隙，它只有准确定义的图形以及图形之间的各种关系。换言之，除了点、线、面、距离、角度、平行、相交之类的概念之外，几何学并不需要界定两个图形之间狭缝的性质。它的运算过程既不会产生损耗，也不会产生边角料，更没有留下任何缝隙的可能性。但是，现实空间从来不理会几何学的精确与严格，充满着几何学无法描述、理解的各种缝隙、边角。

　　空间中两个独立的个体接近时相互间就会产生缝隙。通常情况下，缝隙并没有什么价值，而且太过平常，我们似乎很少对它进行专门的思考。人们关注的是空间之中的人与物，老子前进了一步，关注到物之中的空间，他指出了物之作为物仅仅在于它所成形的可为我们所用的空间，

---

* 童强，南京大学艺术研究院教授，2008~2009 年任南京大学高研院第四期驻院学者。

这是老子非常深刻的空间思想。《老子》第十一章说："埏埴（和软泥）以为器，当其无，有器之用。凿户牖以为室，当其无，有室之用。故有之以为利，无之以为用。"他提醒，器之中、室之中的空间正是器之为器、室之为室的用处。但老子没有说明器之外、室之外的空间具有什么样的特点。《庄子·外物》中庄子提醒说："知无用而始可与言用矣。夫地非不广且大也，人之所用容足耳。然则厕足而垫之致黄泉，人尚有用乎？"大地广阔，人之所据只是容足之地，然而把立足以外的地方都挖到黄泉，那么人所站立的这小块地方也就全然无用了。那么，器之外、室之外的空间就并非无用，不过这种有用性并非如器之内、室之内的空间那样明确。

不过，老子、庄子都没有继续讨论当器与器相遇、室与室靠近时缝隙的状况。

当两个（以上）独立个体在空间上接近时，就会产生缝隙。橱柜与书桌放好之后，它们相互之间、与墙壁之间必然会形成空隙，无论我们如何挤紧它们，空隙都不会消除。缝隙是空间建构过程中不可避免形成的副产品、边角料。我们永远无法阻止它随同各种实体、建筑体的建造一道出现。就像机器，只要运转，就有噪声一样，空间只要构建、布置，就有缝隙。一旦修建高楼，它与相邻建筑、设施之间就会形成空隙；一旦建有桥梁，就会有桥洞。缝隙成了空间建构中一种"必要的无用"现象。"必要"是指缝隙必定随着器物、建筑出现且不可消除。说它"无用"，是指它没有实际的功用，不能用作正规、正式的用途。楼房之间墙根下的垃圾、家具之间狭缝中的灰尘已说明它必不可少的无用的特征。

在社会生活领域，社会的行为主体，无论是个人、团体，还是城市、国家，都会以一种分隔开来的区域作为自身存在的空间或者活动的场所。任何行为主体，从国家主权到个体摊贩，都需要永久的或临时的、实际的或者象征性的领地。领地就是分隔开来的区域，两个分隔区域相互之间必定会形成缝隙。想要消除缝隙，只能取消分隔，而我们知道这是不可能的。

理论上讲，填充物并不能消除缝隙。如果试图填补两个区域之间的间隔，那么，不断填补、插入之后，最终总会形成某种不能再插入什么东西的缝隙。任何插入物、填充物都有自己的边界，有边界就有缝隙；插入得越多，间隙就越多。因此，只要有人、有社会实践活动，就必然会有缝隙。在社会生活的尺度中，缝隙空间同样不可消除。当然，我们可以设想一个没有缝隙的世界，当一个人在孤岛上离群索居，或许可以说他的世界没有缝隙。在一个没有社会生活、言语表述、心灵想象的纯自然的环境中，根本谈不上缝隙，纵然那里的断崖沟壑、丛林草木、深坑洞穴已经形成许多缝隙角落，但这些缝隙与我们所关心的社会空间无关。

狭缝的"必要的无用"，只是空间功能指示的缺失。因为不能说，设置缝隙就是为了收集垃圾与灰尘。器物依靠自身的形状指明了内部虚空可以盛装东西的功能，[①] 而器之外的空间处在功能指示之外，它有待新的指引。

缝隙的这种不确定性、功能指示的缺失为它们在社会生活情境之中被创造性地挪用提供了条件。室内的某些空当、拐角可以摆放花卉装饰起来；"楼梯肚"可以改造为储藏间；只要地理条件允许，桥洞就可以非正式地当作住房；楼顶废弃的水箱可以当作免费的居室；沿街的店铺可以拓展自己门口与街道之间的模糊地带，从而将货物摆放在道边。总之，在社会生活的层面上，缝隙、边角以及可以成功开辟出来的缝隙、边角被充分地挪用、利用起来，有了明确的新功能，转变为挪用者借此生存的空间，我们称之为"缝隙空间"。

在物理空间中，物体之间的缝隙无用且不可消除。在社会生活领域，特定的社会群体采用特有的方式利用、挪用本不属于自己的各种缝隙和角落，使之成为某种"缝隙空间"，以维持自身的生计。一般的"缝隙"经过被挪用而成为"缝隙空间"。缝隙作为"必要的无用"的本质就被掩盖起来，而在被不断挪用的情境下成为有用空间。

"缝隙空间"的挪用者往往是社会分层中最边缘、最底层的群体，如外地人、拾荒者、无正当职业者等。他们大多不可能获得那些正式、比较正式的职位，很难开展自主经营活动，最终成为缝隙、角落这类边缘化、缝隙化空间的占据者。

来看一个比较典型的缝隙空间的例子，下面是记者的一篇报道：

> 连日来的每个晚上，记者在新街口最繁华的地区——德基广场二

---

① 参见海德格尔《物》中有关论述，〔德〕海德格尔《演讲与论文集》，孙周兴译，三联书店，2005，第175～176页。

期工地外的广告牌外看到，一群外地拾荒者，在如此繁华地段，每天在耀眼的广告灯光下"翻晒"、整理垃圾，远远望去十分"壮观"，垃圾散发出来的臭味和如此规模的"垃圾秀"，让人不敢相信这就是南京最繁华的地段。他们为什么能旁若无人地公开扰乱环境、影响周围居民的生活？……昨晚 10：00，记者在长江路与中山路交接处德基广场的巨大广告牌下看见，近十名男女正在翻整三四十包用大麻袋装的垃圾，地上随处堆放着废纸、瓶瓶罐罐、锅碗瓢盆及各种从写字楼里弄来的废旧打印机、墨盒及各种绳索等。……"他们都是安徽怀远县某村的，现在南京的约有百十个人，分成六七拨，主要集中在大建筑工地上临时安身，因为这些地方距市中心很近，而且正好属于管理的空白。如果有人管，他们就另外换地方"。……白天他们分头在各工地和居民楼幢里翻捡垃圾，到了晚上，大家相约来到德基广场前一起分类翻晒。一位拾荒者表示：我们只选灯光亮的地方搞，我们管不着这是不是南京最繁华的地方。……为此，城管连续四次出击，……拾荒者对城管行动毫无畏惧感，还笑眯眯道：垃圾没收就没收，你们又没权扣我们人。"我们非常希望公安部门出面，把这些扰乱居民生活和卫生环境的人遣送回家。"据城管介绍，最近德基二期和三期工地在做临时停车场，外来拾荒者失去了在工地内的临时栖身地，所以干脆全面彻底地在广场上翻晒垃圾了。这不仅影响了行人及附近居民的正常生活，还严重影响了南京的城市形象。①

在这件事情中可以看出，第一，"缝隙空间"是如何开辟出来的。一群外来人员在市中心从事垃圾回收，因为没有整理的场地，于是利用市中心的广场空地，在晚间行人不多又无城管的情况下，翻整垃圾。广场空地当然不是垃圾翻晒场，但这群外来人员却成功地在异常繁华的市中心开辟出一个他们营生的"缝隙空间"，尽管时间不长，但在举报后就被取缔了，这个缝隙很快被"填补"起来。但问题是这种取缔只是暂时的，它无法从根本上取缔缝隙与挪用；只能驱逐拾荒人，而无法轻易改变他们的边缘身份。第二，"拾荒者对城管行动毫无畏惧感"，"垃圾没收就没收，你们又没权扣我们人"。缝隙人仍然是缝隙人。只要人在，他们到哪里都可以重

① 董婉愉：《新街口每晚上演"垃圾秀"》，《扬子晚报》2007 年 7 月 14 日。

新开辟新的缝隙生活。第三，市民以及媒体等都一致地表现出要把他们从中心区驱逐出去的愿望。

二 缝隙化生存

这群拾荒者具有代表性，他们的缝隙空间意味着一种独特的生存方式。

"缝隙空间"不同于普通个体的"生存空间"。尽管从构成形式上看，两者似乎没有什么区别，都包含住处、谋生的场所这两个重要的部分。但在本质上，两者却有着很大的差异。典型的个体生存空间中，住处和工作场所都比较固定，而且有着明确的法律界定和保护，具有可以估算、交易的价值。他的住房具有一定的市值，具有法律认可的所有权关系；他与服务的机构也有着正式的法律手续；他的职位有着明确的收入，有着正式的社会保险、医疗保险关系；等等。总之，他经历的是一个正式而界定清楚的空间。但是"缝隙空间"则身份暧昧，往往是挪用的、非正式的、地下的、不确定的空间。它不可能获得有关方面的、法律的正式许可，而只能以含混的占有形式出现在街头巷尾、围墙之间、高楼背后。当然现实中，住处与工作场所这两者并不一定会同时呈现缝隙性或者边缘性。如"黄牛"可能会有固定的甚至比较高级的住所，而相当数量的建筑民工却是以非正式、边缘的身份在正式的机构中从事相当正式的工作，但他们大多住在工地的临时住所内。

作为一种生存形式，"缝隙空间"总是处在空间的缝隙之中，它不是占用已有缝隙，如城乡接合部、城中村、偏僻小巷、桥梁的桥洞等，就是挪用各种正式、正规的空间，如占道经营、违章搭建等。

当然，"缝隙"并不总在缝隙之中，它们往往附丽在中心区域。中心区域本身"富含"缝隙化生存的资源。商业街的快速发展给附近背街小巷中"违章搭建"的盒饭店以及临时摊点提供了机会；大医院附近都是廉价旅馆、快餐、盒饭店、水果摊开张的好地方；市中心密集的商业写字楼，正是拾荒者捡拾"废旧打印机、墨盒及各种绳索等"颇有收益的场所；火车站、长途车站广场大多是倒卖火车票的人（俗称"黄牛"）、非法营运车辆插缝的区域。繁华的中心商业区的结构以及运作不断地生成缝隙以及缝隙人赖以生存的机会，如盒饭供应、场地清洁、废品回收、偷盗、诈骗等。外地人、无固定职业者、拾荒者总会在繁华地段中找到角落与缝隙，不断地挪用、开辟缝隙，并且以缝隙化的方式获得生存。还有一种复杂的吸附中心的情况，即正式的经营体可能会附着许多晦暗经营的缝隙空间，酒店、夜总会、洗头房等自身正规经营的局部空间不免地下化、缝隙化，以适应某些特殊的经营。

空间上的缝隙与时间的间隙相配合，构成了缝隙世界不同于通常社会空间的行为方式，其基本准则是：有监管就走，无监管就来。正如拾荒者所言，如果有人管，他们就另外换地方。他们不仅了解城市地形，更了解城市各种监管的空间分布以及作息表。夜晚广告灯下的翻晒场就是利用城市运作节奏以及监管上的间隙而制订的自己工作时间表；街头摊点充分切合了城市人流的高峰；许多灰色行动也大多利用城市节奏变化的特点。

这种时空利用的方式构成了缝隙化生存的游击特征。边缘空间的活动具有不固定、不确定的特点，灵活机动，有空子就钻，有缝隙就占，构成了他们行动策略的主要特征。如果它是一个缝隙，就占据它；如果它是严格管理的空间（这意味着没有什么空子可钻），就利用时间上的空当、监控上的疏忽从中开辟出一个缝隙来。前者的典型就是"违章搭建"；后者的代表就是"占道经营"。

在道路、建筑、围墙以及各种设施之间形成的各种不规则、零碎的地块上，包括废弃的客车、固定在岸边的破船，很容易"搭建"成各种不同的缝隙化场所。在道路边、转弯处，商贩根据监管上的缝隙，临时占道，开辟一个可以经营的摊点。准确地说，摆摊的道路边、转弯处以及地铁通道口根本就不是角落、缝隙，而是通行能力很强、行人很多（这正是摊点需要的经营条件）的场所，但摊点能够以它独有的方式——藐视所有正式空间所具有的法则、意识和美感，灵活周旋于监控之间，从正式的空间当中挤出、分离出一个狭缝，作为一小块非正式所有而事实上有所"经营"的地盘。沿街兜售的"地盘"甚至可以不停地移动，新街口夜晚垃圾翻晒场正体现出这种游击战略和灵活作风。

缝隙人的游击方式具有充分依靠地形的特点。不论他们来自哪里，他们对缝隙扎根的地方总是非常熟悉，是地地道道的本地人，他们对地形地势以及所有能够利用的东西有着本能般借用、挪用的能力。他们熟悉城市的地形，了解城市的节奏，他们会比普遍市民更仔细地观察每一扇门，每一扇窗，每一个角落。他们知道纸箱、旧报纸的位置，他们知道铜线的市价，他们知道"捡拾"手机应该在什么时候上哪路公交车。

还有一点值得注意，缝隙世界往往处于社会法律、行为规范、价值观的边缘。拾荒者表示："我们只选灯光亮的地方搞（翻整垃圾），我们管不着这是不是南京最繁华的地方。"他们对正常社会的价值取向、行为规范往往只是揶揄嘲讽般地表示"认同"，他们自有一套法则和话语，在这种法则和话语之下，在禁止摆摊的地方摆摊就成为"有理的"，切割价值不菲的照明电缆作为废品贱卖就成为"可行"的生计。

垃圾的收集与市中心的"繁华"在话语上完全不相融合。但就在商业的广告牌下，垃圾的翻整却与广告一样成为某种展示。它紧接着广告所表达的财富新生活的话语，突然插入粗俗的词汇、脏话、令人作呕的动作（但对于"垃圾秀"者而言，那仅仅是现实生活必不可少的部分，他们可能根本没有意识到自己是在作秀，是在粗鲁地插话），或者说，在城市的繁荣和期待繁荣的文本中肆意涂画令人难以卒读的反讽短语、词组。"垃圾秀"提供的空间文本难以理解，它甚至没有正常的句法。它从不按照通常的空间法则来组织自己的运行，实现自我的表达，自然就不包含正式空间或者自认为正被中心化而本质上同样属于边缘的空间认同、理解、分析的词汇和句法，正因为此，来自中心区域或自以为身处中心区域的人会把垃圾秀者视为低素质的人。但实际上他们的空间文本有自己独特的句子逻辑，有属于自身的游击修辞、词汇。它完全是异质的空间，是必须由城管或其他更知道该怎么办的部门去填补起来的孔洞、空隙，因为它影响"居民的正常生活"，使居民"怨声载道"，破坏了"城市形象"，它根本不属于这个繁华区域。但问题是，缝隙就在繁华的中心，与繁华并生。

三　趋中心性

我们都习惯注视中心，围绕中心，并且不断地趋向中心。

"中心"有着鲜明的外部特征，在城市中，中心区域有着密集的人口、巨额的投资、高大的建筑群、完善的服务设施，有着四通八达的交通、通信网络，有着频繁的政治、经济、文化活动。随着与中心之间距离的增大，外围地区则不断地减弱中心区的空间特征。事实上，边缘并没有减弱什么，只不过中心区域在不断地加强中心化。随着中心区特征的出现，外围区域在与之对照中获得自身边缘化的定位，并且逐渐形成从中心到边缘的序列意识。

从中心到边缘，包括缝隙的空间布局对应着特定的社会结构、社会分层。社会结构、社会关系深刻影响着空间向心或离心的排列分布，清楚地界定着现实的空间状况，即中心、边缘以及中间地带的具体位置和生存状态，并在很大程度上决定了不同社会群体的地理分布：集中的权力、财富以及各种社会资本、文化资本通常以机构的形式，占据着交通发达、基础配套完善的中心区域，并且拥有成本巨大、富有风格与艺术性的大型建筑，由此形成吉登斯所说的集中了大量的配置性资源和权威性资源的"权力集装器"（power containers）；①中小型组织机构则分布在次中心区域；个体经营体则散布在这些结构化、主导性空间的边缘、外层；外来务工者、拾荒者、无业游民往往生活在最边缘化、缝隙化的区域。这就是说，社会分层状况实际上已经在中心、过渡、边缘乃至缝隙等不同区域的空间特征中反映出来，并在建筑、公共设施、配套、治安、艺术风格、山水景致等诸多方面体现出它们彼此之间的差异性。正如福柯已经洞察到的，建筑本身就复制了（其中将有或多或少的权重）社会的等级。军事等级可以从军营的配置本身读出来，不同的军阶保留的帐篷和建筑物占有不同的位置。"建筑准确地再造了一个权力的金字塔。"② 在根本的层面上，权力是造成空间差异的最突出因素。对于个体来说，职业意味着把他带到与这个职业相对应的具体工作环境和生活环境当中，也就是说，在相当大的程度上决定着他的阶层。

就一般情形来说，这种简化的从中心到边缘的模式，体现出我们对整个社会状况最一般的了解，即某些阶层处于中心区域，其他的阶层居于中间地带，而边缘化的阶层，或者说社会下层则只能守在狭缝、边缘之中。这种简化的模式试图给我们某种稳定的空间图景，它一方面多少反映出现实的真实状况，但另一方面又掩盖了现实的复杂性。事实上"中心-边缘"模式是意识的建构过程。

"中心"总是享有优先定义权，而"边缘"则相对于某个"中心"来确定自身的位置。即使在定义上，边缘也处于从属、边缘的地位，因为只

---

① 〔英〕安东尼·吉登斯：《民族-国家与暴力》，胡宗泽、赵力涛译，三联书店，1998，第14页。

② 〔法〕米歇尔·福柯、保罗·雷比诺：《空间、知识、权力——福柯访谈录》，包亚明主编《后现代性与地理学的政治》，上海教育出版社，2001，第6页。

要处于这种维度当中，它就无法主动定义自身。事实上，只有身处中心区域的人才有能力命名（设计、实施）什么是中心、什么是边缘，哪些是中心、哪些是边缘。处于外围的人只能接受这些定义，并且接受这样的"现实"。个体通过对一个先在"中心"的认识，通过对从中心到边缘的现实的认同，进而明确地意识到自身所处的边缘位置。

中心不仅是一个空间设置，而且还是意识、注意力的建构。从社会活动的层面上来说，中心是备受关注、资讯密集、不断形成叙事的区域，而边缘、角落、缝隙则意味着处在社会注意力的外围，是必然被忽略的地带。"注意的本质正在于它具有选择性。我们可以把注意力集中于视野中的某些东西，但永远不可能集中于所有的东西上。一切注意都必须以不注意为背景。"① 因此，对中心的关注是以漠视边缘为前提。"中心"以它强大的叙事能力、媒体力量从边缘区域掠夺注意力，进而保证自身在整个社会意识中始终处于焦点地位。因此，群体的注意力、感受力总是具有社会维度，是权力与资本可以利用、引导、支配的有限资源。一场精心筹划的球赛不仅集中了运动场十万观众的目光，而且还通过电视直播吸引了数百上千万人的视线。我们所"看"的体育实际上是或者正在变成"少数具有巨资作赌注的精英人物所从事的竞争性很强的活动"，② 它是对公众注意力的具有高额回报与巨大风险的投资活动。权力、财富、话语制造者利用各种方式引导普遍的注意力集中在他们所期望的区域，并声称"那就是中心"；相反，缺乏关注的区域被迫形成边缘、角落、缺乏活力与交流往来的枯寂地带。中心不仅是权力、资源、社会实践、文化活动的集中区域，而且也是注意力塑造起来的中心。个体的目光如果仅仅是个人行为、欲望的表达的话，那么，群体一致的视线无论如何都是一种社会行为，它意味着某种共识，它是需要消耗大量资源，需要周密的筹划、部署、驱动才能完成的巨大工程。

但是，意识建构的"中心-边缘"模式具有虚构特征。肯定存在权力与资本的"中心"，但它肯定不在我们所看到的那个地方。与权力与财富同住在皇宫的时代不同，现代权力与资本处于更加隐匿、急速游动的状

---

① 〔英〕E. H. 贡布里希（E. H. Gombrich）：《图像与眼睛》，范景中等译，浙江摄影出版社，1988，第 7 页。

② 〔英〕齐格蒙特·鲍曼（Zygmunt Bauman）：《个体化社会》，范祥涛译，上海三联书店，2002，第 12 页。

态。皇权同样是隐藏起来的，但皇宫的外表指示着权力与财富就在里面。但现代的权力与资本却是通过透明的玻璃让你看到，它正在那里，正在那里发挥作用，但实际上权力与资本的正身都不在场，那不过是"尸"处在"尸位"上。古代权贵去世后，丧礼上一定要让继承人扮演"尸"处在"尸位"上，接受众人的献祭。权力不在"尸"的手上，但整个仪式却清楚地显示早已仪式化、习俗化的权力在发挥作用。同样，一旦你对银行、税务的做法不满，隔着透明的玻璃，冲着里面的工作人员大声怒斥时，那将丝毫没有作用。权力已经分散为无数的"尸"，制度化为各种细致并要求严格执行的条例，空间化为各种门禁、护栏和斑马线，你无法真正面对权力，也无法看到资本的流动。

权力与资本总是处于快速运动的状态。权力时时巡游于它所支配的疆域这一点非常重要，秦始皇似乎比他之前的当权者更明白其中的道理。古代天子五年巡游天下一次，可是，秦始皇却不辞劳苦，在位十一年游历天下却有五次之多。借助于先进技术，现代权力以更快的速度来回巡视它的领地，出现在任何地点。新的权力结构的特征是其顶层能够快速运动，而且有迅雷不及掩耳之势。[①] 不仅快速，而且掩盖自身的行动、位置与路径。无人知道它下一个目的地，如何到达那里，什么时候到达，将会做什么。古代天子往来于宫殿之间，掩盖行踪的"复道"在现代无疑有了不知高明多少的形式。

基于权力与资本隐匿、运动的特征，"中心-边缘"的说法就不过是一种神话罢了，因为你所看到的"中心"并不是你以为的那个"中心"，"中心"不过是"尸"的位置，资本与权力出现在你根本不能觉察、也无法预料的地方，等你意识到的时候，它早已离开。所谓商业中心，那不过是众多消费者心满意足掏钱的地方，而资本的运作根本不在那里。

不过，即使是虚构的"中心-边缘"，对现实生活也有着异常重要的作用。它给我们带来一种永恒的景象，并且将我们引入稳定的"中心-边缘"秩序之中。我们已经说明，"中心-边缘"的空间排序不仅对应着特定的社会分层、社会结构，而且也意味着同构的集体意识，稳定的空间分布就是稳定的社会秩序、强烈的共同意识。

不论中心的真实性究竟如何，它至少给我们一个可见的参照坐标、生

---

① 〔英〕齐格蒙特·鲍曼：《个体化社会》，第29页。

活的目标、意识的核心。通过"中心—边缘"的意识结构的建立，我们深感到"中心"所具有的强大支配力、辐射力，它享有崇高的地位，那里不停地发生着重大事件。而我们则是通过观测自身与权力中心、资本中心的空间距离来确定自己的位置、地位乃至幸福感，并由此获得自我的界定。能够观测似乎表明距离中心不算太远，我们是在靠近中心的位置，并且正日益趋向中心，所有的努力都会促使我们接近中心。

这里所说的"空间距离"并非比喻的用法，而是指真实的空间距离。唐代皇帝通常住在长安，但有时也会就食洛阳。皇帝如果在长安，隐士们则喜爱隐于长安附近的终南山，皇帝行幸洛阳，隐士们则每每游历到洛阳附近的嵩山。空间距离不是象征，不是某种关系的写照，而成了亲近与疏远的现实。亲近就在左右，疏远就在天边。这种话语叙事由来已久，最终使得传统时代的皇城，成为人们心目中不可替代的天地中央和热切向往的圣地："总为浮云能蔽日，长安不见使人愁。"（李白《登金陵凤凰台》）"倦客登临无限思，孤云落日是长安。"（苏轼《虔州八境图》之二）"回首夕阳红尽处，应是长安。"（张舜民《卖花声·题岳阳楼》）从诗人的视点望出去，根本看不到都城，然而正是这种诗人般想象的众"望"所归，构成我们心目中牢不可破的中心意识和内在的趋中心性。

趋中心性就是尽可能缩短我们与所向往的中心或者中心人物之间的客观距离。最明显的例子是通过与名人（看成是来自中心的代表）的合影而将这种现实的距离最大限度地（即使是瞬间性地）缩短，或者说，将这种瞬间的亲近关系放大成为永久。当个人财富的数量级提高时，我们便觉得与中心之间的距离正在缩短，或者已经处在中心区域，并由此激发想象性的"中心感"、优越感。住在皇城根儿的百姓，即使是完全边缘化的群体，也很容易地形成想象性的"中心感"。比起边远地方的任何一个人，他都是中心区域的人。除了巴黎，其他地方都是外省；除了中土，其他皆是蛮荒之地。

"中心—边缘"的神话很重要的功能就是能够不断地传递出我们正处在中心附近、正在日益靠近中心的消息。在前引的"垃圾秀"的报道中，明显可以感受到居民、报道人的"中心感"以及对缝隙的拒绝与排斥态度："我们非常希望公安部门出面，把这些扰乱居民生活和卫生环境的人遣送回家（原则上来说，最多只能禁止其在广场上晒垃圾的行为，但却无权遣送。他们有权溜达在他们想溜达的每座城市）。……这（翻晒垃圾）不仅影响了行人及附近居民的正常生活，还严重影响了南京的城市形象。"要求将这些扰乱正常生活的"缝隙"从中心区域清理出去的"正当"愿望，是建立在对自身"中心"地位强烈的认同上。不难看出，居民有一个很明确的空间图景，他们自己居住在市中心，居住在具有良好城市形象的南京，而那些扰乱了自己生活和城市卫生的人则居住在其他地方，一个显然不属于中心的遥远地方，应该把他们遣送回家。

然而事实上，这只不过是处于虚拟中心的人们从虚拟的中心感产生的想法。虚拟中心从不会现实地改变边缘者的身份，却给边缘者带来了虚幻的中心感：虚幻的中心感非常真实地造就了感觉者的中心地位。很显然，更加边缘的景象激发出所有边缘们的中心感，更深的苦难能使所有的痛苦得到安慰。另外，大型商业区所创建的中心虚幻景象吸引着大量的品牌消费、符号消费，它在带给资本以丰厚利润的同时，带给购物者地位的提升。正因此，"中心-边缘"永恒的划分、中心区的繁华、最边缘的景象成了权力和资本的法宝，它带给了除了中心与边缘最两端的群体之外的人们以最具说服力的说教。

现代权力与资本掩盖自己的空间坐标与轨迹，始终处在隐蔽、流动、渗透之中。我们以为的那个"中心"上，实际上并不是它们真正的位置；真正的权力与资本暗中流动，无处不在。我们所看到的"中心"，只不过是一个象征，一个从中心到边缘的叙事。但这个神话却提供给所有中心意识共享者一个触手可及的目标和可以参照自身位置的坐标：你就在中心区域，并且越来越靠近中央。

四　缝隙的复杂地形

中心是看不到的，但缝隙是真实的。

我们观察社会空间所习惯的"中心-边缘"模式，所谓的中心与边缘实际上都具有很大的相对性。边缘总是相对于某个中心而言，中心不同，边缘性区域则将随之变化。对于附近的乡村而言，集镇是中心；然而对于省会而言，集镇又处在相对边缘的地位上。所谓的"中心"往往只是相对于政治、经济、文化、体育等特定意义而言，市中心可能只是商业购物的中心，一个偏僻的山村则可能是旅游的热点。中心与边缘的标注是各种社会力量博弈竞争的结果，它随时都可能发生变化。

另外，中心、中间地带、边缘、缝隙都有着犬牙交错的空间关系。就一般理解而言，中心是中心，边缘是边缘，尽管我们不能明确从哪一点开始就进入中心区域，或者哪一点标志着边缘，但中心似乎不会一下子跃入边缘，边缘也不会顷刻进入中心。然而事实上既没有纯粹的中心，也没有恒定的边缘，它们总是随着各种社会活动的展开、社会关系的微妙变化而变化。中心区域掺杂着大量的角落、缝隙等异质空间，而边缘，谁也不能肯定它不会是某种意义上的中心，它不会在下一个时刻成为一个中心。孔隙能够以很小的空间形式散布各处，甚至能够出人意料地出现在最不应该出现的中心区域、核心地带。

上引的垃圾翻晒场就是缝隙空间突入中心区域的例子。从"中心-边缘"的辩证法中我们看到，拾荒者将缝隙空间一下子带到了中心。拾荒者居无定所，从无稳定的工作，他们的生存不可能占据主导性的核心区域，而只能处在边缘化的地带。但是，他们的生存法则却必定将他们直接引入所谓的中心地带。就在城市最繁华的地带，在夜晚这个城市运转的缝隙，在管理的空白点上，加上足够的场地、平整的地面（铺了地砖甚至是花岗岩石板）、强烈的广告灯光等有利的条件，形成了一个"繁华地段"的缝隙、都市的角落、中心之中的边缘。

中心与边缘并不是保持着相当大空间距离的两极，而是交织在一起的空间。在大城市中，我们看到的是相当富有者和非常穷的人。缝隙已经使平整地带龟裂，边缘已经织入繁华的中心区域。拾荒者追随着垃圾，缝隙空间伴随着中心。狭缝、旮旯、孔洞看似总是处在远离中心并不受关注的区域，但事实上它们就在中心。这种共生的状况构成社会空间异常复杂的地形。

无论从哪个方面来说，缝隙都需要加以遏制，加以解决。不过，缝隙自身的演化经历已经为权力提供了一条解决的路径。

就像晶体生长一样，缝隙很容易在空间上延伸，形成大片群落，这在城乡接合部、"城中村"中可以看得很清楚。1949年以前从农村到上海谋生的民工，多数是摇着有顶篷的小木船从运河到达上海，船就停在苏州河或黄浦江边当作住所。当小船过于破旧而不能停泊在水上时，船家就把小船推到岸边的泥地上，利用旧有的顶篷搭建起"滚地龙"。等到民工积攒一些钱后，就开始修筑草棚。这些棚户区主要沿苏州河和黄浦江呈T字形分布，集中在码头、仓库和工业区附近。但那里的产业工人绝大多数并不是棚户居民。① 这意味着棚户空间上的延伸与附近的工业并没有直接的关联。如果没有管理方面的控制，棚户必将越来越多。角落里只要有一个棚户出现，就意味着会有更多的棚户响应。大街上如果有一个地摊在叫卖，意味着第二天会有更多的地摊出现。同类的个体在空间上会尽量靠在一起，逐渐形成缝隙聚集体。销售小商品、服装、摩托车或机电配件的小店都喜欢聚集在一起，选择在同一条街上开店。这是一种新的缝隙生存方式。

当这种聚集体获得某种松散的组织形态时，缝隙就有了一种新的意义。组织化的联合体能够大大提升缝隙空间在社会、功能、空间上的地位。对于管理者而言，这是对缝隙监管、收编的有效办法。已有许多这样的例子，如南京不足 3000 米的珠江路电子一条街，据 2004 年统计，集中了 5000 家经营体，绝大部分都是民营企业，其中个体户数量为 2200 多户。虽然个体经营、小型企业占绝大多数，但它已经成为华东地区最大的电脑、电子产品集散地。②

资本也很快意识到这种缝隙化空间的意义。电子产品大多体积小巧、品种繁多，更新换代速度很快，其市场非常适合于小型个体经营体的发展。珠江路沿街最初都是这样的个体小店，随着资本的进入，新建了不少的大型 IT 商厦，但商厦内部不少仍以分租的摊位、小单元的形式构成。这些数量庞大的、密集的摊位、单元连接起来形成了规整、不规整、或大或小、蜂窝状空间缝隙的聚集体，构成一种生产、销售的市场，实现了地区电子产品集散的功能。至少在目前阶段，电子产品、小商品市场仍然适合于小型灵活的缝隙化的经营。虽然整个市场中，不断有新公司诞生，又有老商户迁出，但这只是整个缝隙结构联合体中某几个空间单元的变化，联合体本身并没有发生很大的结构性变化。这种缝隙结构的联合体虽不如正式机构那样组织严密，但从空间角度而言，它获得了某种整体性，不再是完全分散的缝隙。对于行政管理而言，这无疑被纳入有效监控的空间网络之中；对于资本而言，边缘化的缝隙给利润带来了新的景象。

但是，缝隙空间问题并没有完全得到解决。

---

① 林拓、〔日〕水内俊雄等《现代城市更新与社会空间变迁：住宅工、生态、治理》，上海古籍出版社，2007，第 6~9 页。

② 《5 年时间增长近 2 倍，珠江路电子一条街商户超五千》，龙虎网讯，http://www.longhoo.net/gb/longhoo/news2004/。

首先，缝隙在被收编、整治的同时，又被体制化、更大规模地生产出来。这不仅表现在社会主导性的空间结构日趋紧缩，正式职位日趋减少，缝隙化的可能性增大，而且表现在通过劳动力越来越专业化的分类手段使更多的劳动力因无法分拣而边缘化。

不难看到，缝隙的产生正是社会构成以及运作体制的结果。我们可以把社会看成是由不同的、彼此耦合的功能系统（如行政、金融、交通、电力等）所组成，通过货币交换，整个劳动群体在为功能系统提供生产与服务的同时，获得功能系统所提供的产品和服务，以维持自身以及赡养对象的生计。理论上讲，通过精确计算，可以控制整个功能系统运转的平衡，从而保证整个社会体系的平稳，即通过精确计算人们的生活所需和必须付出的劳动量，可以保持社会功能系统在供求方面的平衡。[①] 也就是说，每个人都可以在功能系统中找到自己的工作岗位，同时还可以获得他所需要的各种产品与服务。但这显然是不可能的。

暂且不论人的差异性以及社会关系、社会结构等诸多因素的复杂性，就是功能系统本身也不可能如模型所描述的那样均衡稳定。首先，功能系统所隶属的正式职位相当有限，而且在不断减少。社会无法刚好安排所有求职者都在功能系统的全部岗位上服务，没有迹象表明职位数与就业人数会自然趋于相等。除非这一社会过程是由一个理性主体统一加以计划管理并实现两者的平衡，但是，部分实验已经证明这种人为的平衡又带来更加严重的问题。一般情况下，就业人数总是远大于职位数，总有相当数量的个体处于正式、比较正式的职位之外，处于主导性空间的边缘。其次，国家主导性的功能系统不可能全面满足社会成员的需求。作为社会主导性结构的功能系统，解决的是社会最重要、最基本的方面，它们所提供的服务不可能满足社会成员的各种需求。这样，"人→系统"与"系统→人"即系统向人提供的职位和系统向消费者提供的产品与服务这两个环节上就都存在不平衡、不完全匹配的状况。

这种不平衡必然促使社会多重缝隙化的补充机制的形成。补充机制所占的比重非常大。我国政府机关、事业单位、国有企业职工的人数，不足

---

① 〔美〕詹姆斯·S. 科尔曼：《社会理论的基础》，邓方译，社会科学文献出版社，1999，第 47、49 页。

全国职工人数的 40%。[①] 这与非公有制企业职工人数所占的 60% 的比例基本吻合。在大多数资本主义国家，国家直接雇佣的劳动人口（国家行政机关、国有工业部门的工作人员）约占全国从事经济活动的劳动人口的 40%。[②] 在英国，正式组织机构提供的岗位在下降。20 世纪 70 年代前，英国 80% 的工作（非精确统计）属于"40/40"（每周 40 小时工时，40 年工龄）的类型，并受到工会组织、抚恤金和补偿权利的严格制度体系的保障。如今，属于这一类型的工作不到 30%，而且，这个比例还在迅速下降。有经济学家认为，全球可提供的工作总量正在减少。[③] 中国十多年前国有企业员工大量下岗以及现在更加"灵活"的用人制度等都体现了这种趋势。另一种缝隙化过程表现在主导性功能系统中正式职位的非正式化、暂时化、缝隙化。计划经济时代建筑公司的建筑工人多半都是正式员工，但现在建筑公司早已没有这种正式岗位，但这并不是说建筑公司不再从事建筑，而是说同样的工作任务已经转变为非正式的、缝隙化的岗位来完成。这就是说，有近 2/3 的劳动力都是缝隙化地分布在缝隙化的岗位上。从功能上来说，他们当然具有不可忽视的调节、补充等作用；但从空间上来说，他们处于相对边缘、缝隙化的区域。从资源配置角度来看，他们总是处于分配的末端。

其次，现代社会结构以及运作体制不仅大量制造缝隙空间，而且还生产与之相适应的缝隙化的劳动力。在市场体制的运作下，劳动者必须将自身的劳动力，或者说某种职位操作（进行外科手术的操作、公交车的驾驶、迎宾的微笑）从自身分离、抽象出来，成为某种可以计量、标价、搬运、成批打包出售的商品。这一过程带给劳动者的影响有以下几方面。

一是能够成功出售的大都是专业化、碎片化、缝隙化的能力，是整体性的，多种多样的，但职业化本质上要求的只是高度分工的职位所需要的相关知识技能、完成相关作业的能力。分工与专业化将人的某方面的技能、能力切片式地分割并单独加以提高；只有把某种技能分离出来才可能

[①] 我国公务员约有 600 万人，事业单位人数约 3000 万人，国有企业职工人数约为 4200 万人，2008 年全国工会会员人数为 2.09 亿人（包括 6600 万农民工，见王兆国《中国工会第十五次全国代表大会上的报告》），那么正式、比较正式机构中的从业人员约占 37%。

[②] 〔英〕安东尼·吉登斯：《批判的社会学导论》，郭忠华译，上海译文出版社，2007，第 54 页。

[③] 〔英〕齐格蒙特·鲍曼：《寻找政治》，洪涛等译，上海人民出版社，2006，第 10 页。

实现大幅提升，这意味着劳动者是以某种缝隙的形式插入社会超人格化的功能系统中。

二是职业生涯的碎片化、缝隙化。劳动者越来越具有不确定性，他很难保证在一个经营体中工作很长时间，他不得不经常性地从一个缝隙到另一个缝隙，从一个边缘到另一个边缘。

三是对劳动产品而言，个体劳动的意义变得微不足道。劳动者很难从产品本身确认自身劳动的价值与意义。尽管产品是劳动的结果，但就产品而言，每个人的劳动都被边缘化，都细碎到几乎可以忽略的地步。也就是说，面对产品，劳动者感受不到自身在其中的意义，尽管理智上可以说明任何劳动者的每一步工序都是相当重要的，都会影响到产品本身，但当他的劳动被切割为一个异常细小的工序时，实际上他很难直观上理解这种联系，产品完全没有个人的印记。

由此可以看到，在社会运作高度技术化的过程中，缝隙的大量产生变得越来越不可避免。一是主导性结构的收缩，使得边缘化的劳动岗位所占比例越来越大。二是就劳动产品的生产越来越专业化，步骤越来越多，个体的劳动本身也就越来越细碎，没有人会有重要价值，没有人会处在一个中心。

边缘性正在普遍化，或许本来就是普遍化的现象，只不过各种"中心"理论以及消费驱动都在努力地掩盖这一事实并带给人们虚幻的中心感。如果缝隙普遍化正在发生，那么对社会空间就需要重新评价。

（本文原载于《文化研究》第 10 辑，社会科学文献出版社，2010）

中国经济转型中的国家干预界限研究

方小敏*

一 问题提出

国家干预与市场竞争之间的紧张关系由来已久。处在计划经济向市场经济转型进程中的国家，改革的成败也是系于如何分配国家和市场力量的问题。[1]

中国在改革开放前长期实行计划经济，国有企业是主要的工业经济组织形式，国家对经济实行全盘控制、全面干预，市场没有生存的空间。1978 年实行改革开放，1992 年确立社会主义市场经济体制，1993 年修正后的《中华人民共和国宪法》第 15 条规定"国家实行社会主义市场经济"的基本经济制度，市场在资源配置中的基础性作用受到宪法的确认和保护。该条同时规定："国家加强经济立法，完善宏观调控。""国家依法禁止任何组织或者个人扰乱社会经济秩序。"这是国家对市场经济实行干预的宪法基础。

国家干预经济的路径很多，在法律层面上，国家干预经济的基本法律形式集中体现为经济法。[2] 国家对经济的干预在我国极其普遍，促成了我国以国家干预经济为规范对象的经济法的蓬勃发展。2008 年实施的《反垄断法》是规范国家力量介入微观经济活动以维护市场竞争秩序的核心法律，清楚表明了我国对公权力干预市场竞争的必要性和规范性的认识，充分体现了国家通过干预保障市场竞争、发展市场经济的意愿和能力的增

---

* 方小敏，法学博士，南京大学法学院、中德法学研究所教授，德国哥廷根大学兼职教授，2014~2015 年任南京大学高研院第十期驻院学者。

① 〔美〕斯蒂格利茨：《发展与发展政策》，纪沫等译，中国金融出版社，2009，第 264 页。

② 李昌麒：《经济法——国家干预经济的基本法律形式》，四川人民出版社，1995。

强。在此之前，对经济秩序和经济环境的法律调整主要是宏观调控法，包括直接调控法和间接调控法。前者是通过单方面发布行政命令或采取其他行政强制手段直接影响和决定生产的种类、数量和（或）价格以及投资的方向、数量和形式等，后者则是通过确定或影响工资、利率、税率、补贴等经济工具影响企业的盈利能力和消费者的收入与消费水平，间接影响企业和消费者的决策。其中传统的价格监管是典型的具有浓厚行政命令色彩的直接干预方式，带有很强的计划经济的特征。行政命令式干预主要反映行政机关的干预意愿，行政机关有很大的自由裁量权和主观任意性。这样的干预因此不具有普适性，其适用的正当性需要在个案中予以论证。与之截然不同，反垄断干预是市场经济条件下的新型干预，建立在以维护市场竞争为宗旨的反垄断法基础上，体现市场经济内在的客观要求，以维护和重建市场竞争机制为目标。反垄断干预因此具有法定性、客观性和普适性，区别于行政命令式干预的任意性、主观性和条件性。

经过三十多年的改革开放实践，中国在建设市场经济体制方面取得了举世公认的成就，社会主义市场经济法律体系也基本建成。但计划经济的影响仍然根深蒂固，政府仍然保持着很大的配置资源的权力，形成目前我国半计划半市场的体制，公权力对整体经济运行的控制和对微观经济活动的干预成为阻碍中国经济继续良性发展和扰乱市场公平竞争秩序的最大威胁。[①]

一方面是宪法和法律对国家干预经济的承认，另一方面是公权力对经济的干预延缓了市场化改革，阻碍中国经济的深入发展，受到质疑和批评。市场经济到底是否需要以经济法为龙头的国家干预？需要什么样的国家干预？处在从计划经济向市场经济转型过程中的中国，国家对经济干预的界限在哪里？厘清这些问题，对于深化改革、促进市场经济、完善经济法治是关键。

二　市场经济是否需要国家干预？

在亚当·斯密等自由主义学者看来，市场可以自发地实现资源的最优配置和社会利益的最大化，国家干预是与市场竞争相冲突的。[②] 然而，这

---

① 吴敬琏：《发展转型：成败系于改革的进展》，《读书》2011 年第 5 期。
② 〔英〕哈耶克：《自由秩序原理》，邓正来译，三联书店，1997，第 189~224 页。

一观点早已失去理论和经验支持。市场失灵不可避免，政府干预可以克服市场失灵之弊端，已经成为常识。为此竞争法应运而生。特别是在现代市场中，随着市场的普遍化、深入化、全球化的发展，经济规模异常宏大；而且虚拟经济、网络经济、跨国经济导致现代经济非常复杂。这使个体经济主体掌握信息、了解市场、决策经济的有限性被进一步放大。在现代市场中，单靠传统的竞争关系形成的自发秩序，已不可能有效保障市场的效率和秩序。要确保整体经济的有序、持续发展，还应该有一种基于自发秩序的有限的设计秩序，① 这只能通过外力的必要干预实现。

中国因为长期受计划经济的负面影响，很多人对公权力干预经济特别敏感甚至忌讳。在经济法领域集中表现在关于经济法的概念之争中。以国家干预来表明经济法内涵的"需要干预经济关系论"受到不少批评，认为经济法定位于干预论未能考虑当代国家职能演变的现状，也不符合中国现代市场经济运行的内在需要。② 不少学者刻意避免使用干预一词，而以调和、调控、管理等代替之。我国学界谈干预色变的现象源于对国家干预的片面理解，主要原因是没有区分国家纯粹基于主权性质而采取的"行政命令式干预"和基于克服市场失灵、维护和建设市场竞争的客观需要而产生的"市场导向型干预"。在目前我国半计划半市场的过渡体制下，这两种干预交织在一起，增加了人们识别现代市场经济条件下市场导向的国家干预和行政命令式的任意干预的难度。所以，在承认市场经济条件下政府干预必要性的同时，主流观点坚持认为"监管得越好，越不需要监管""最好的监管是审慎监管""最好的监管是使监管成为多余的监管"。③ 国外研究成果表明，反规制可以带来每年 GDP 0.5% 的潜在增长率。④ 为此我国经济法学界明确提出了"必要干预论""需要干预论""谨慎干预论""适度干预论"等，要求区分不良干预和良性干预。这对于经济转型期的中国尤

---

① 应飞虎：《经济法与民法视野中的干预》，《现代法学》2002 年第 4 期。

② 云昌智：《干预论的缺陷与经济法的定位》，《中外法学》1999 年第 3 期。

③ Joshua Aizenman, "On Prudent Regulation", in *Harvard International Review*, Winter 2009.

④ M. Böheim, Friesenbichler, K. S., Sieber, S., WIFO-Weißbuch：Mehr Beschäftigung durch Wachstum auf der Basis von Innovation und Qualifikation. Teilstudie 19：Wettbewerb und Regulierung, WIFO, Wien, 2006, http://www.wifo.ac.at/wwa/jsp/index.jsp? fid = 23923&id = 27458&typeid = 8&display_ mode = 2，访问日期：2011 年 11 月 5 日。

其重要。其经济学依据根植于规制经济学发展成果，[①] 而 Braithwaite 的回应性监管理论则构成其法社会学的理论基础。[②]

和成熟市场经济国家一样，中国也要克服现代市场经济发展中日益严重的市场失灵问题。作为新兴的市场经济国家，中国市场机制初建成，竞争文化刚起步。中国的市场及其主体有着一般市场和市场主体共有的追逐私利的本性，却还缺乏成熟市场的约束性机制和成熟市场主体的规范化品格。市场的自我协调、自发运作的能力差，单纯依靠市场配置资源、组织经济，其成效和作用是有限的。正如斯蒂格利茨所言，欠发达国家市场失灵更为普遍。[③] 经济转型中的中国也就更需要国家的适时干预和调整。[④] 何况，中国正处在向完善市场经济过渡的经济转型阶段，公权力不仅担负着所有市场经济国家普遍承担的保障已经存在的有效竞争秩序的职责，而且还面临对抗计划经济残余任意干预、建设市场竞争机制的任务。对传统经济体制的改革不是市场机制自然而然生成壮大的自发过程，而是依靠外力推动市场竞争深入、扩展的渐进程序。为此，在经济转型的中国，公权力对经济的干预不仅是对市场失灵的补救，也是经济改革的动力。

在经济全球化不断深入的大背景下，经济的国际竞争力越来越成为各国经济干预重点保障的对象，甚至各国反垄断法也呈现出"国内控制弱化、国际控制强化"的发展趋势。[⑤] 中国作为后发达国家参与全球竞争，单纯依靠企业在市场上的自发生长，不利于中国企业融入世界市场。在国际法律规则认可的范围内，通过适度干预促进本国企业发展、激励企业提升创新能力和竞争能力、推动中国企业进入世界市场，不仅是合法合情的，而且是促进世界市场良性竞争，协调国内、国际两个市场健康发展的客观需要。

在金融危机席卷全球的特殊经济态势下，一方面，加强全球合作、严

---

① 〔美〕斯蒂格利茨、赫特杰：《政府为什么干预经济：政府在市场经济中的角色》，郑秉文译，中国物资出版社，1998。

② Ayres & Braithwaite: *Responsive Regulation: Transcending the Deregulation Debate*, New York: Oxford University Press, 1992.

③ 〔美〕斯蒂格利茨：《发展与发展政策》，第 18 页。

④ 洪银兴：《政府干预效率的经济学分析》，《江苏行政学院学报》2003 年第 1 期。

⑤ 〔美〕肯尼斯·哈姆勒：《法律全球化：国际合并控制与美国、欧盟、拉美及中国的竞争法比较研究》，安光吉、刘益灯译，漆多俊主编《经济法论丛》第 14 卷，中国方正出版社，2008。

格金融监管、统一金融标准，已经成为摆脱市场危机、重建市场信心的全球共识，国家干预在避免经济崩溃、社会动荡，恢复市场机制正常运行中的作用被充分认识和利用。另一方面，由于竞争政策和法律对抑制通货膨胀，促进创新、增长和就业的积极作用是中长期缓慢释放的，短时间内抑制通胀、解决危机的效果有限，部分人对有效市场竞争的积极作用的信任度下降。值得庆幸的是，基于以往的经验教训，这次经济危机中西方社会对市场竞争的基本观念并没有改变。① 人们清醒认识到，忽视市场竞争的积极作用所带来的不利后果是持久深刻的，却是短期内无法觉察的。政府采用货币政策、财政政策等宏观调控手段扩大需求，干预经济，可以维持短期的经济增长，但要从根本上走出危机，使经济稳定复苏，还是要靠各国政府与市场的合作，② 进而达到全球经济供需的再平衡，即重建竞争机制发挥作用的良好市场生态环境。

概言之，现代经济、转型经济、全球经济和危机经济，中国经济所处的现实境遇客观上决定了国家干预是维护市场竞争秩序、恢复市场机制正常运作和推进市场体制改革所必要的。

三　国家干预是否有界限?

国家干预对市场竞争的破坏、对经济发展的阻碍使国家经济深受任意干预之害。任意干预主要归纳为干预过度和干预不足两类。干预过度表现为：对应当或者可以由市场机制自行解决的问题，国家权力不当介入，违背了市场经济中市场起第一性、基础性作用的基本原则。干预不足则表现为：对市场机制无法自行解决的问题、市场失灵问题，只能通过国家权力的介入制止反市场行为，维护或恢复市场竞争秩序，政府公权力如果不作为，就违背了其保障市场经济基本经济制度的国家职责。时而干预过度，时而干预不足，国家干预缺乏界限、少有约束。主要原因是国家干预客观能力的欠缺，抑或是国家干预主观愿望的不足。深层次体制因素在于尚未厘清政府和市场的关系。法律实体规则不明确、程序规则不规范是导致干

---

① Böheim, M., Zur Rolle der Wettbewerbspolitik in der Inflationsbekämpfung——Ein Überblick über kurzfristige realisierbare Maßnahmen zur Intensivierung des Wettbewerbs. In: WIFO-Monatsberichte, 9/2008, pp. 693-706.

② 〔美〕斯蒂格利茨：《发展与发展政策》，第367页以下。

预失范的法律因素。

国家干预缺乏界限、少有约束，为传统体制顽固势力任意干预、阻碍市场导向型干预制度的建设和实施提供了可能和方便。反垄断法实施四年多虽然取得了初步成效，但传统经济观念和体制约束严重阻碍竞争执法，妨碍市场机制发挥作用，集中表现为对行政垄断和国有企业垄断的反垄断干预的不足和低效。反垄断机构包括行政执法机构和司法机构常常没有能力和决心对政府部门和国有垄断企业限制竞争破坏市场的行为实施有效干预。对行政垄断执法不力的典型案件是，北京四家防伪企业状告国家质检总局行政垄断案被法院以难以令人信服的诉讼时效已过为由轻率地驳回诉讼请求。① 凭借国有企业特权阻碍反垄断干预的典型案件更是数不胜数。如在 2008 年电信行业重组过程中，国有企业网通和联通的合并、中国铁通与中国移动的合并、中国电信收购中国联通部分资产的行为，依法属于反垄断审查范围，商务部都未能顺利展开反垄断审查。② 2009 年，以中国民航信息网络股份有限公司代表的国内多家航空公司联手抬高票价，明显构成违法的价格卡特尔，国家发改委已着手进行调查，但最终不了了之。③ 2011 年 11 月，国家发改委披露就宽带接入问题对中国电信和中国联通展开反垄断调查，最后以垄断企业做出承诺匆匆收案，执法机构没有对承诺是否足以弥补垄断损害、恢复市场有效竞争进行论证和说明。④ 在这些案件中，垄断行为限制竞争破坏经济的影响明显，但反垄断执法机构无一例外采取了"不作为"策略。国家干预不足，导致市场经济法无法落实而降低法律权威。究其原因，行政权力扩张和国有企业特权是混合经济体制的固有特征，体制性制约不能突破，反映到对国家干预的法制建设中，表现为在反垄断执法机制上，难以突破政府机关在计划经济下既得利益的束缚，无法依据市场客观的规制要求设立统一、独立、权威的反垄断执法机构，导致反垄断行政执法权分散化、低层次，不利于反垄断行政机构摆脱其他政府部门和利益集团的干扰和影响，做出独立、科学、公正的干预决策。

---

① 白贵秀：《行政垄断的本质及其救济——由"中国反垄断法第一案"所引发的思考》，《政法论丛》2008 年第 6 期。
② 王毕强：《联通网通合并涉嫌违法》，《经济观察报》2009 年 4 月 30 日。
③ 王毕强、刘伟勋：《中航信涉嫌操纵机票涨价遭发改委调查》，《经济观察报》2009 年 5 月 16 日。
④ 《发改委称电信联通承诺降低上网费》，《新京报》2012 年 3 月 15 日。

　　国家干预经济的界限不明确，重管制、轻市场的传统执法理念和对市场竞争法的陌生及消极执法会严重损害国家干预经济的有效性和说服力。2011 年 3 月，联合利华（中国）有限公司、宝洁、立白、纳爱斯四大日化企业"不约而同"地向各大超市发出调价函，通知部分日化产品 4 月 1 日起涨价。在国家发改委 3 月约谈企业要求稳定物价后，联合利华公开宣布暂停调价。5 月初上海市物价局认定联合利华中国有限公司构成《价格违法行为行政处罚规定》第六条规定的"散布涨价信息，扰乱市场价格秩序"的价格违法行为，对其作出 200 万元罚款的行政处罚。5 月 24 日联合利华"顶风涨价"，国家发改委对此保持沉默。① 至此，国家发改委多次干预希望稳定物价的目的完全落空。200 万元的小额罚单对联合利华及同类行为人来说实际上是降低了违法成本，形成逆向选择的强大激励。这一经济干预失效的案例，究其原因，在于对不同类型的干预不加区分，任意适用，试图运用行政命令式干预措施强行解决市场竞争问题，以对价格的行政强制限定代替市场价格机制的约束。日化产品竞争市场上商品价格涨落是正常的事。问题不在于价格是否上涨，而在于价格如何上涨。涨价如果有合理的经济原因，政府干预阻止涨价岂不是违背市场经济规律？如果涨价行为确为串通涨价等反竞争行为，则应该依据以维护市场竞争秩序为宗旨的反垄断法进行干预，严厉处罚，最高可处年销售额 10% 的罚款，② 坚决维护市场竞争秩序。"散布涨价信息"之所以会"扰乱市场价格秩序"，是因为提前宣布涨价信息利于形成联合涨价态势，可能协力于一项垄断协议的达成，触犯反垄断法。国家发改委也认识到散布涨价信息的违法性在于对市场竞争秩序的破坏。③ 然而或许是反垄断法对垄断协议行为的构成条件以及对执法的时间选择、程序安排等法律规定都非常严格，国家发改委最终还是以行政命令式干预法——价格法为依据处理该案，导致干预目的落空。该案充分说明国家干预是有界限的。市场竞争的问题应由市场自身解决，或者由竞争导向的国家干预运用维护市场竞争秩序的法理逻辑来解决。不能正确把握干预的界限，包括确定正当的干预目标、选择适当的

---

①　《发改委回应联合利华顶风涨价称不违法不处罚》，《新京报》2011 年 5 月 27 日。

②　《中华人民共和国反垄断法》第 46 条。

③　《发改委就查处联合利华（中国）有限公司散布涨价信息扰乱市场秩序的有关问题答记者问》，国家发改委网站，2011 年 5 月 6 日，http://www.ndrc.gov.cn/xwfb/t20110506_410543.htm，访问日期：2011 年 5 月 18 日。

干预手段，就会在错误的时间做出与采取错误的干预决策和行为。

国家干预的适当性界限最终要以法律形式加以保障。政府行为负外部性在很大程度上源自对政府行为缺乏约束。在布坎南等宪政经济学家看来，政府的每一项政策都应该是在一定的决策规则约束下做出的，规则本身决定了决策的结果。[①] 因此，政府干预受制于规则约束是克服行政行为负外部性的根本举措。以法律规则界定政府干预的边界十分必要。适当干预的本质特征之一是合法性。以反垄断干预为典型的市场导向型干预是在市场经济环境下，尊重市场主体的相关决策、适应市场机制的客观需要而进行的干预，其目的是恢复市场主体可以自由公平交易的市场环境，使市场主体可以实现真正意义上的意思自治。这类干预与市场经济一脉相承，具有天然的合法性，是市场经济首要的、主导的干预方式。行政命令式干预的本质则是以政府决策代替市场竞争和私人自治，干预不以市场需要为据，而是为了实现政府追求的其他目标。政府的经济人特性，使不受客观需要约束的行政命令式干预具有很强的主观性、任意性，极易导致政府干预经济的泛滥和失当。这类经济干预由于很可能偏离市场经济的基本要求，其适用必须在个案中进行正当化的论证。当然，即使是以维护市场竞争为宗旨的反垄断干预也只有建立在法治基础上才能确保其适当性，避免干预的滥用而违背干预的初始目的。故以经济法为核心的干预法律规范是否能充分体现市场发展的客观要求，干预的实体要件是否明确，程序规范是否充分，从根本上影响国家干预的有效性及可预见性，以及当事人的自我规制和约束能力。

四　转型经济需要什么样的国家干预？

处在转型经济阶段的中国，一方面需要通过国家干预力量推进改革和发展，另一方面许多不良干预阻碍了改革和发展。在世界范围内，人们越来越清楚地认识到，在不少成功的经济发展案例中，政府发挥了重要的作用，但同时也应看到不恰当的政府干预会产生非常大的破坏性影响。[②] 为此，应当区分国家纯粹基于主权性质而采取的行政命令式干预以及基于克

---

① 〔澳〕布伦南、〔美〕布坎南：《宪政经济学》，冯克利等译，中国社会科学出版社，2004，第8页。

② Wade, R., *Governing Markets: Economic Theory and the Role of Government Intervention in the East Asian Economies*, Princeton University Press, 2004, pp. 297, 345.

服市场失灵、维护和建设市场竞争的客观需要而产生的市场导向型干预，对它们区别对待。前者缘于传统计划经济，国家主要依据其主权性质和国家机器的强制力，以维护抽象的国家利益和社会公共利益为名，对经济进行广泛介入和控制。这类干预是直接命令式的，主要反映行政机关的干预意愿，实体内容上少有合规性合理性论证要求，程序上也缺乏合法性限制和监督，行政机关有很大的自由裁量权。行政命令式干预措施的采用因此有很强的主观性、任意性，常常也不问干预的成本和收益，实际效果往往是干预效率低，甚至人为破坏经济的健康发展。后一类干预则是在市场经济条件下产生的，是为克服市场失灵、信息不对称和外部性，使市场机制运行回归正常，或者为创建有利于竞争的市场生态环境而进行的必要干预，并以此作为干预的前提和限度。决定干预成效的关键在于严格遵守市场经济条件下政府干预的基本原则。

（一）主观性服从客观性的原则

以经济法这一国家干预经济的形式为例，很多学者认为，市场失灵需要国家干预，才出现经济法。但也有学者强调，经济法是一种普遍的法律现象，只要国家存在，就存在国家对经济生活的干预、调控或管理。这两种认识对应了政治理论中关于政府存在的两种观点："需要论"和"绝对价值说"。依据"需要论"，政府的存在没有绝对的价值，只服从于满足个人和社会发展的需要。所以，市场自己运行良好，能够满足社会供需要求的时候，就不需要政府，只有当市场失灵、出现市场自身无法解决的矛盾和问题时，才需要国家介入。"需要论"强调国家干预的条件性、客观性。依据"绝对价值说"，政府天生是国家利益的象征，享有绝对主权，当然包含了对经济生活介入干预的权力，强调国家干预经济的主权性、主观性。现代民主社会"政府为民"的普适价值观念下，"需要论"受到推崇，支持了国家干预市场受市场客观需要之限制的经济法理论。[1] 确实，在普通法国家市场被视为规范的自然状态，与之相对的国家干预则原则上在任何时候都必须对其正当性和合法性进行论证。[2]

---

① 李昌麒：《寻求经济法真谛之路》，法律出版社，2003，第122页及以下。

② Masing, "Die US-amerikanische Tradition der Regulated Industries und die Herausbildung eines europäischen Regulierungsverwaltungsrechts-Constructed Markets on Networks vor verschiedenen Rechtstraditionen", in *AöR* 128（2003），S. 558-607，562f.

　　干预是国家权力基于其权威性对市场经济运行进行判断而做出的主观决定，体现出很强的主观性。相应的，经济法作为一种典型的设计规范，体现了干预者的意志，主观性较强。① 这样的观点更多关注到了经济法中的"主权秩序"，忽略了"自我决定秩序"及其对"主权秩序"的限制。② 正如德国经济法巨擘费肯杰教授所揭示的，承认和尊重经济是一个自治自发的体系，原则上应该自我维系良性运行，经济法的一般任务是维系市场对经济的这种自发调控机制，这形成了"一般经济法""基础经济法"，而为了"维系市场调控机制"以外的特殊的、具体的目的对经济进行的干预属于"特殊经济法"，是特例。③ 大多数情况下，表面上国家基于其主权性质对私权和市场经济关系的干预，实质上要受到客观市场力量的制衡。实践中干预符合市场客观的干预要求时，干预才是正当有效的。所以经济法必须明确干预决策主观性服从市场需要客观性的原则。经济法对市场的干预缘于市场失灵，所以干预范围应该严格限定在市场失灵的范围内。市场失灵到什么程度，干预权就只能运用到什么程度，否则经济法不仅不能发挥其纠正市场失灵的应有价值，反而可能会产生破坏市场机制、导致市场失灵的效果。对不存在失灵的市场进行干预，只会减弱经济人良性的自利动力，破坏市场机制的正常运行规律。④ 超出市场干预需要的干预过度和干预不足都会导致资源配置效率的降低，应当为法律明确禁止。

（二）市场基础性和干预补充性的原则

　　经济发展的历史经验表明，市场比计划具有更好的资源配置能力和效率。由此发展出了市场经济体制，明确市场竞争在资源配置中的基础性和决定性作用，市场之外的力量如国家对经济的干预只能是补充性的。体现在经济法上，承认和尊重经济是一个自治自发的体系，原则上应该自我维系和保持良性运行，明确经济法的一般任务是维系市场的自由调配机制。⑤

---

① 应飞虎：《经济法与民法视野中的干预》，《现代法学》2002 年第 4 期。
② 关于"主权秩序"和"自我决定秩序"，参见 Raiser, "Wirtschaftsverfassung als Rechtsproblem", in Festschrift für Julius von Gierke zu seinem goldenen Doktorjubiläum am 25. Oktorber 1948, Berlin: de Gruyter, 1950, S. 181.
③ 〔德〕沃尔夫冈·费肯杰：《经济法》第 1 卷，第 6、40 页。
④ 〔美〕罗纳德·哈里·科斯：《企业、市场与法律》，陈郁、盛洪译校，格致出版社、上海三联书店、上海人民出版社，2009，第 116 页。
⑤ 〔德〕沃尔夫冈·费肯杰：《经济法》第 1 卷，第 6、40 页。

而在我国，无论是宏观调控法还是市场规制法，都应以尊重市场竞争机制为基础。在经济法律实践中，应当增强市场导向型的反垄断干预的适用力度和能力建设，审慎适用行政命令式的干预措施。

补充性的干预对于经济发展不是可有可无的。产生于市场内在缺陷的市场失灵只能通过独立于市场机制的外力干预才能得以克服，市场机制才能恢复健康运行，重新发挥其在资源配置中的基础性和决定性作用。然而，外力干预归根到底是建立在尊重市场竞争这一基础关系的前提之上的。干预的目的应当是助益于原本自生自发的市场秩序的型构，使市场在恢复运行的竞争机制下重新获得资源配置的效率，而不是旨在实现其他的特定结果。① 其深层次的意义在于，通过干预使经济运行符合市场经济客观规律的要求。只有遵循规律，按照体现规律的法律进行干预，才能更好地推动经济发展。如果偏离了基础性的市场的客观需要，甚至与市场的干预需要不相符，干预行为不仅不能克服市场失灵，反而促成或加剧市场失灵，也就背离了干预行为克服市场失灵的原始目的。

（三）干预的公共利益道德界限

通过国家干预克服市场失灵，最终目的是要通过促进经济发展来改善社会福利。问题是政府的经济人特性决定了现实中的政府受到自身利益最大化的驱动，并不总以追求公共利益为目标。相反，由于明确的界限和有效的监督，政府往往"越位"和"短视"，只顾眼前利益而忽略社会长远利益，从而破坏社会稀缺资源趋向最优配置的过程，造成社会资源的浪费。政府干预追求的目标与社会公众的利益因此可能存在较大差异。何况政府面临信息不足、有限理性、复杂决策等一系列问题，这决定了政府干预的有限性。所以，"自由放任市场的不足并非在任何时候都是能够由政府的干预弥补的"。② 如果没有法律约束，特定的利益集团会设定市场障碍、创造租金，促使政府干预违背原则、远离目标。为此，必须坚持"在市场失灵的领域，如果政府干预能增进社会福利，那么就实行政府干预"，③ 明确政府干预服务于公共利益的道德界限。

---

① 应飞虎：《经济法与民法视野中的干预》，《现代法学》2002年第4期。
② 〔美〕查尔斯·沃尔沃：《市场或政府》，中国发展出版社，1994，第15页。
③ 〔美〕斯蒂格利茨：《发展与发展政策》，第369页及以下。

（四） 维护和创设竞争秩序的干预优先的原则

国家拥有一种独特的资源——国家权力。凭借此独特资源国家可以通过发放补贴、对市场新进入者实行进入限制、控制替代产品的竞争状态、强制实行固定价格等，使部分企业获得更多利润，而使其他企业处于不利地位。[①]可见仅基于国家权力进行的干预，维护的是"主权秩序"，具有强制性、主观性、片面性和非先定性。与基于国家权力进行的干预不同，市场导向的干预以维护和创设竞争秩序为目标，具有自发性、客观性、普适性和法定性的特征。竞争不是受强制而采取的措施，乃是人们自发的行动。各个主体在竞争中实现目标的机会均等，是竞争秩序自发形成的动力和保障。竞争秩序是自生自发的秩序，是"自我决定秩序"，不是人设计、发明的结果，而是人行动的结果，是一种普遍秩序。[②] 竞争秩序的客观性表现为，竞争通过优胜劣汰的过程，实现不以人的意志为转移的、也是不为人事先可以预知的具体经济安排，这种有序而客观的"发现的过程"[③] 是市场经济生活内在的、固有的客观要求。人们通过认知的过程发现竞争秩序，并用法律的形式表现出来，形成以维护竞争秩序为宗旨的竞争法和以创设竞争秩序为重要任务的垄断规制法（regulation law）。建立在竞争法和规制法基础上的国家干预体现市场经济内在的、客观的纠偏要求和发展路径，以重建或建设市场自我调节机制为目标和限度，是市场经济健康持续发展的保障。

反垄断干预的抽象性、普适性、否定性、法定性特征，决定了这类干预应当优先适用。反垄断干预的抽象性是指反垄断干预独立于个人目的，服务于一般性公益目的。个人自发遵守竞争规则通常只为追求个人经济行为效率最大化的个人目的，反垄断干预旨在维护市场竞争秩序这种公益目的，服务于或助益于人们在尽可能大的范围内追求不尽相同的个人目的，却并不旨在推进或实现某个个人的特定目的。反垄断干预的抽象性也决定了它的普适性特质。只要没有特别情形下的适用除外或豁免的例外规定，反映竞争规则要求的反垄断干预平等适用于所有无法预测的未知的人和

[①] 基于国家权力的经济干预及其倾向性，参见 G. J. Stigler, "The Theory of Economic Regulation," in *The Bell Journal of Economics and Management Science*, Vol. 2, No. 1, 1971, pp. 4-6。

[②] 〔英〕哈耶克：《法律、立法与自由》第1卷《规则和秩序》，邓正来等译，中国大百科全书出版社，2000，第55页及以下。

[③] 〔英〕哈耶克：《经济、科学与政治》，冯克利译，江苏人民出版社，2000，第123页。

事；反垄断干预同样适用于行为人当初可能尚未认识清楚其行为性质的情形；普适性进一步表现为反垄断干预范围随着人们对竞争认识的深入而不断扩大。反垄断干预并不对行为人应当为哪些特定的行为下达具体指令，不会把肯定性的义务强加给任何人，而仅仅是通过否定性规则，确立和维护诸如禁止滥用垄断地位、禁止签订垄断协议等一般性的竞争规则，个人经由自己对一般性竞争规则的判断确定本人行为的边界，才会引发肯定性的义务。[①] 由此体现反垄断干预维护自由竞争秩序，放手让市场主体自己判断和决定如何作为的基本理念，明显区别于对经济的直接干预，贴近市场经济对竞争自由的内在客观要求。反垄断干预以反垄断法为基础，具有典型的法定性，必须依据反垄断法规定的实体要件和程序规范对经济进行干预，避免了反垄断干预的任意性，确保了干预的透明度和可预测性。

除了竞争导向的反垄断干预以外，通过对市场力量的调整达到促进自然垄断行业开放竞争目的的垄断行业规制也是符合市场经济内在发展要求的干预，应当优先考虑适用。这类干预具体可以表现为：通过价格监管突破垄断行业的价格瓶颈，创建价格竞争空间；通过确立统一的资费体系如国内邮资统一，排除垄断利润，确保各类企业拥有公平的回报率；通过减少监管如降低受监管产量，来降低受监管企业通过低价排挤竞争对手进入市场的可能，让更多产量置于市场调控之下。这类干预通常与禁止支配地位滥用以及在自然垄断行业中引入竞争联系在一起。

五 结语：如何作出干预决策？

越来越多的人认识到，市场机制和政府干预两种力量合作形成"混合式的经济结构"，代表了现代国家和经济发展的趋势。[②] 然而实践中的干预与市场客观需要的干预，表现为法律上的实然经济法与应然经济法之间存在巨大差异。一方面是国家干预决策的主观属性，另一方面是市场经济对国家干预的客观要求；一方面是行政干预权力膨胀和滥用的固有属性，另一方面是公共利益目标对干预的理性约束。尤其是在向市场化转型的中

[①] 哈耶克说，否定性规则"永远不能完全决定一项特定的行动，而只能限定所允许的行动种类的范围，并且只能将采取特定行动的决定权交由行动者本人根据他的目的而作出"。邓正来：《哈耶克法律哲学的研究》，法律出版社，2002，第39页。

[②] 〔美〕斯蒂格利茨：《发展与发展政策》，第367页及以下。

国，行政权力和国有企业特权非常强大，市场力量相对弱小。"如何做出干预决策"才能使国家对经济的干预符合市场经济的客观需要，有利于市场化改革，而不是政府权力滥用的工具？哪些决策原则和决策过程，能使最终的干预决策更符合公共利益，而不致成为私人或特定集团利益的附属？中国经济转型中的国家干预除了承担一般市场经济国家克服市场失灵、维护市场竞争秩序的任务，还要担负起一系列与经济转型相适应的使命。特别是要通过市场导向的国家干预，通过树立与建立市场经济条件下"干预应当服从于市场客观需要"的新型干预理念和相应的干预模式，惩处破坏市场秩序的干预滥用，削弱利益集团对政府决策的影响力，并对政府官员的决策行为进行法律约束，建设和完善市场经济制度。具体而言，国家干预市场决策的做出至少遵守以下五个方面的要求，[①] 这五方面的要求应当充分体现在国家干预市场的经济法的制定和实施中。

第一，坚决反对政府实施限制竞争的干预，积极支持政府实施促进竞争的干预。这是市场经济平等竞争法则的基本要求。政府应该使用市场机制或与市场机理类似的激励机制对市场进行干预，尽可能避免行政命令式的干预。例如，作为对指定特定商品服务供应商的替代，政府可以使用招投标方式采购商品和服务，配置公共资源，影响市场活动和结构。

第二，坚决反对政府在干预决策过程中限制信息传播，积极支持政府提高干预决策的开放程度。封闭式的干预决策过程危害性极大。它不仅使监督政府的干预行为和督促政府矫正错误决策变得异常艰难，而且片面传播的扭曲的信息影响公众对干预决策的客观评价，使经济发展决策失去可靠的基础。所以，开放干预决策相关的信息，提高干预决策过程的透明度，有利于干预决策形成中多元利益的竞争和博弈，加强相互监督，防止政府信息创租和利益集团寻租，降低干预的不正当性和错误发生率。

第三，坚决反对政府在干预决策中实施歧视待遇，积极支持政府通过干预在国有经济领域引入有效竞争。转型阶段的社会主义市场经济中，国有经济在国民经济中占主导地位。国有经济本身并不当然与市场经济相悖。问题是处于转型阶段的中国，政府和国有大企业的界限尚未划清，国有企业的政府职能和企业职能没有真正分离。为此国家应当通过有利于促进国有企业市场化改革的良性干预，破除国有企业的特权，激励私人投

---

① 〔美〕斯蒂格利茨：《发展与发展政策》，第374页及以下。

资，实现市场经济下的公平竞争和由此带来的社会福利增长。国有企业的市场化改革不能忽视建立在自利本性基础上的市场机制的强大激励作用。所有涉及国有企业改革的国家干预要能够顺利推进并取得成效，首先依赖干预理念的转变，即明确市场干预的非政治化以及市场干预服从于市场经济需要的目标。

第四，确保干预决策的法治化、加强对干预决策的监督。干预决策法治化要求决策规则的制定民主化，决策的过程透明化，对决策的监督制度化。决策规则的制定要让更多的利益方参与进来，在兼听各方意见的基础上，由超越部门利益的机构制定决策的法律依据。从内容方面来讲，干预的原则、范围、标准、限度，干预的机构、程序、方法、手段，干预的责任等等都应当由法律明确规定，使干预有法可依。① 决策过程透明化则要求决策者依照法定程序和实体法标准做出是否干预、如何干预的决策，并应当公开决策过程，说明决策理由，让更多的人通过对决策的公共监督有效参与到干预决策中，促使政府改善决策能力，提高干预决策的有效性。加强对干预决策的监督，追究不当干预的法律责任，是干预决策过程合法性和有效性的有力保障。在中国目前的经济法框架下，司法机关对预决策的司法审查权、利害关系人对决策的私人诉权、社会大众对决策的评价和举报权，构成对国家干预积极的综合性的监督体系。关键问题是监督机制的贯彻落实。

第五，加强干预的成本收益核算，杜绝无效率和低效率的国家干预。干预的目标是社会福利的增长。只有充分考虑干预的必要性、干预成本的高低、权衡干预成本和收益情况，才能做出是否干预、如何干预的正确决策。干预本身也要符合市场经济规律。"如果预期的净收益（即指潜在利润）超过预期的成本，一项制度安排就会被创新。"② 政府超越自身能力的干预，政府在巨额成本状态下的干预，都极有可能导致干预非效率，不能带来财富增长，反而阻碍经济进步。何况干预成本远远大于可能收益的情况下仍然实施的无效干预，往往是政府及其成员作为"经济人"最大化自身利益而进行的干预的结果。

（本文原载于《南京大学学报》2013 年第 1 期）

---

① 李昌麒：《寻求经济法真谛之路》，第 126 页及以下。
② 〔美〕诺斯：《制度创新的理论：描述、类推与说明》，上海三联书店、上海人民出版社，1994，第 274 页。

科斯法律经济学本土化路径重探

吴建斌[*]

引 言

面对我国社会大变动中的各种权利冲突，法学界已经倾注了极大的研究热情，相关文献不断涌现。[①] 其中大部分出于法理学界之手，运用的也是传统法理学法哲学分析方法，有的学者引入了利益衡量论的思路，但仍然很难收到条分缕析、准确精到的效果。[②] 以苏力先生的论文为标志，科

---

* 吴建斌，南京大学法学院教授，博士生导师，2006~2007 年任南京大学高研院第二期驻院学者。

① 比较重要的论文有：关今华：《权利冲突的制约、均衡和言论自由优先配置质疑——也论〈秋菊打官司〉案、邱氏鼠药案和言论自由》，《法学研究》2000 年第 3 期；刘作翔：《权利冲突：一个应该重视的法律现象》，《法学》2002 年第 3 期；刘作翔：《权利冲突的几个理论问题》，《中国法学》2002 年第 2 期；李先波、杨建成：《论言论自由与隐私权之协调》，《中国法学》2003 年第 5 期；林来梵、张卓明：《权利冲突中的权利位阶——规范法学视角下的透析》，《浙江大学学报》（人文社会科学版）2003 年第 6 期；王克金：《权利冲突论——一个法律实证主义的分析》，《法制与社会发展》2004 年第 2 期；熊静波：《真实世界中的权利冲突》，《时代法学》2004 年第 3 期；任广浩、叶立周：《论权利冲突》，《河北法学》2004 年第 8 期；郝铁川：《权利冲突：一个不成问题的问题》，《法学》2004 年第 9 期；李常青：《权利冲突之辨析》，《现代法学》2005 年第 3 期；张平华：《冲突是伪命题吗？——与郝铁川教授商榷》，《法学论坛》2006 年第 1 期；张翔：《基本权利冲突的规范结构与解决模式》，《法商研究》2006 年第 4 期；张平华：《权利冲突辩》，《法律科学》2006 年第 6 期；熊静波：《表达自由和人格权的冲突与调和——从基本权利限制理论角度观察》，《法律科学》2007 年第 1 期；王岩云：《权利的张扬与追寻——2006 年中国权利问题研究综述》，《法制与社会发展》2007 年第 4 期；张平华：《权利位阶论——关于权利冲突化解机制的初步探讨》，《法律科学》2007 年第 6 期；徐振东：《基本权利冲突认识的几个误区——兼与张翔博士、马岭教授商榷》，《法商研究》2007 年第 6 期；等等。

② 梁慧星：《电视节目预告表的法律保护和利益衡量》，《法学研究》1995 年第 2 期；梁上上：《利益的层次结构与利益衡量的展开》，《法学研究》2002 年第 1 期。

斯法律经济学解释方法逐渐崭露头角。① 不过，国内法学界运用法律经济学或者经济分析方法对权利冲突和权利重新配置做出合理解释的例子并不多见。有的仅仅依据某个部门法律体现营利性的特征，就推定其与经济分析方法的天生契合性，② 难免失当。实际上，最早催生美国法律经济学温床的法律分支，恰恰是体现国家干预经济生活、注重维护竞争秩序的反垄断法，而非属于商法范畴的公司法。有的将法律经济学的效率观，当作可以直接裁判具体法律争议的普适性原理原则，从而得出似是而非甚至有悖常理的荒谬结论；③ 有的甚至专门论证充斥着浓厚封建等级色彩的"海瑞定理"的合理性。④ 凡此种种，不一而足，既贬损了法律经济学的声誉，又阻碍了法律经济学本土化的进程，还妨碍法制一体施行的权威性。更为重要的是，加剧了法学理论的混乱，甚至导致司法实务上的无所适从，故很有必要正本清源。

我们认为，应当在科斯法律经济学本土化进路中反思冲突权利配置的效率观，尽可能避免借用权力强行配置冲突权利，更不可突破受损合法权利应当得到救济的法治底线，而在救济方式、救济程度上可以进行成本—效益考量，法律经济学应是促进权利有效配置的便捷工具，而非推行弱肉强食逻辑的不实借口。

本文除引言之外，核心内容分为三个部分。首先，从若干典型案例引出权利冲突命题；其次，探究科斯法律经济学本土化偏差的法哲学根源，揭示我国法理学界引进法律经济学用以解释本土权利冲突时的理论误区；

---

① 苏力：《〈秋菊打官司〉案、邱氏鼠药案和言论自由》，《法学研究》1996 年第 3 期；罗培新：《公司法的合同路径与公司法规则的正当性》，《法学研究》2004 年第 2 期；罗培新：《公司法学研究的法律经济学含义——以公司表决权规则为中心》，《法学研究》2006 年第 5 期；苏力：《"海瑞定理"的经济学解读》，《中国社会科学》2006 年第 6 期；苏力：《医疗的知情同意与个人自由和责任——从肖志军拒签事件入手》，《中国法学》2008 年第 2 期；桑本谦：《疑案判决的经济学原则分析》，《中国社会科学》2008 年第 4 期；凌斌：《肥羊之争：产权界定的法学和经济学思考——兼论〈商标法〉第 9、11、31 条》，《中国法学》2008 年第 5 期；凌斌：《界权成本问题：科斯定理及其推论的澄清与反思》，《中外法学》2010 年第 1 期。
② 罗培新：《公司法的合同路径与公司法规则的正当性》，《法学研究》2004 年第 2 期；罗培新：《公司法学研究的法律经济学含义——以公司表决权规则为中心》，《法学研究》2006 年第 5 期。
③ 苏力：《〈秋菊打官司〉案、邱氏鼠药案和言论自由》，《法学研究》1996 年第 3 期。
④ 苏力：《"海瑞定理"的经济学解读》，《中国社会科学》2006 年第 6 期；桑本谦：《疑案判决的经济学原则分析》，《中国社会科学》2008 年第 4 期。

再次，追寻科斯分析实际判例的方法以及原创思想的本意，解析科斯定理和现实判决之间的关系；最后，用源自个案而超越个案的法律经济学原理，重新探析我国本土权利冲突以及权利重新配置的进路，并对全文做出小结。

一　若干典型案例简析

我国法院裁判实践虽然不如美国那样自觉运用科斯法律经济学分析方法，但并非完全采取排斥态度。相反，在很多情况下都有意无意地将其应用于个案裁判。前引苏力论文中有关"'秋菊打官司'案"中所蕴含的贾桂花肖像权与"秋菊打官司"摄制组表现权言论自由权之间的冲突权利配置，苏力称一审法官判决思路"实际上具有法律经济学分析的意味，尽管很粗糙"。① 稍后的钢琴噪音污染案，② 也是两个非物质权利发生冲突的例证。

物质权利冲突案例更是不在少数。例如，注册于江苏南京的某汽车客运公司在徐州设立分公司后，从 2002 年开始从上海大众汽车销售公司购买出租车辆对外招租，在全省率先实行"公车公营"试点。2004 年初，部分租车司机在并无有效证据的情况下，借口车辆存在质量瑕疵，甚至声称该公司出租的为翻新车辆，先后通过群体聚集、游行上访、围堵政府等极端办法，迫使有关部门压制公司接受退车或者降低租金等不合理要求，并严令公司不得采取查扣违约欠费司机车辆等自力救济措施，以免激起"群体事件"，公司被迫起诉违约司机后，法院也因顾忌所谓的群体情绪和社会影响，作出有利于"闹事"司机的判决，结果在政府协调下与公司达成和解，已经愿意继续履行合同的 100 多辆出租车司机相继加入违约行列，拒交所有租金规费，甚至不投保交强险仍照样上路营运，有的司机还将属于公司所有的车辆倒手转卖多次，出现交通事故时根本无法确定谁是责任人。更有甚者，那些最后占据车辆的司机临近报废期限又围堵政府部门，

① 苏力：《法治及其本土资源（修订版）》，中国政法大学，2004，第 215 页。
② 李舒、李自良：《如此琴声，是乐音还是噪音》，《检察日报》2001 年 6 月 13 日，转引自刘作翔《权利冲突：一个应该重视的法律现象》，《法学》2002 年第 3 期；刘作翔：《权利冲突的几个理论问题》，《中国法学》2002 年第 2 期；李友根：《论权利冲突的解决模式》，浙江大学公法与比较法研究所编《公法研究》第二辑，商务印书馆，2004，第 287 页以下。

要求保留饭碗。结果，不仅公司累计数千万元租金等无法收回，徐州出租车营运秩序也陷于混乱，成为当地社会不稳定不和谐的一大隐患，直到2013年徐州换了几任市长、书记，政府才终于下决心拘留若干闹事司机，数百车辆强制报废，解封营运证并许可公司购买新车上牌招聘新的司机投入运行，但大量的余留问题仍未解决。① 在该案中，审理法院秉承注重经济效益和社会效益兼顾的裁判原则本没有错，但因担心严格依据合同裁判违约司机承担法律责任，有可能激起"闹事"司机的异动，试图以牺牲公司合法权益为代价求得社会稳定，片面理解"和谐司法"的精神实质，最终不仅导致公司受损的合法权益无法得到救济，而且也使得整个城市出租车行业陷入无序状态，更是破坏了法制权威，影响到当地法院、政府的信誉以及投资环境。又如，2003～2007 年，南京几位知名民营企业家围绕南京浦东建设发展股份有限公司股权归属，先后引起多起讼争，其中有关许某等人诉南京市工商行政管理局及其他股东撤销有关增资登记的行政诉讼案，经过一审二审再审，时间上也横跨新旧公司法，但最终未能改判。该案原告持有异议的增资决议及其章程修正案形成过程极不规范，突出表现为未经合法召集的股东大会审议通过，而是由张姓控股股东拟就并送交各个股东签字认可，签字同意股东所代表的表决权数也只有61%，不足法定的2/3，但在签署的同日又取得了南京市人民政府同意增资的批复，② 按理即使被告仅有形式审查义务也可发现变更登记材料相互矛盾之处，并依据职权要求补充更正，不予核准变更登记，法院裁判并无困难，审理法院也可行使释明权，建议原告改为提起股东大会决议瑕疵争议诉讼。问题的关键在于原告股东在诉前即向工商登记机关提出了异议，张姓控股股东通过非正常手段诱使原告股东王某在上述面签的股东大会决议上补了签名但留有保留意见，在形式上签名股东的表决权数超过 2/3。此时，所谓的股东大会决议是否有效？原审法院采信了被告的主张，认为该公司股东大会决

---

① 吴建斌：《如何科学认识构建社会和谐的法制保障——从江苏徐州一起出租车纠纷案件谈起》，《法学杂志》2005 年第 6 期；2006 年 11 月 20 日苏建民抗（2006）184 号江苏省人民检察院《民事抗诉书》；2007 年 6 月 30 日苏建民建（2007）1 号江苏省人民检察院《检察建议书》；2007 年 12 月 3 日（2007）徐民二再终字第 26 号江苏省徐州市中级人民法院《民事判决书》。另据 2013 年 11 月 29 日修改本段时电话询问公司负责人核实的最新信息总结归纳。

② 当时股份公司的设立和增加资本依法须经省级人民政府批准，2005 年修改公司法取消了核准制，采取准则制，股份公司办理增加资本变更登记手续无须前置审批程序。

议在申请变更登记前存在的瑕疵因王某补签行为得到了弥补，变更登记现有材料符合法定要求，工商登记机关进行变更登记的行政行为并无不妥，故判决驳回原告的诉讼请求，二审、再审维持原判。控股股东最终将原始投资不足 1 亿的公司权益，通过定向增发方式转换成某上市公司的权益，不到 5 年，按照原来定向增发股价计算财富增长数十倍，而其他股东却黯然退出，获益有限。① 该案似乎暗合冲突权利优化配置思路，但合法性备受诟病。再如，北京中咨华科有限公司于 2006 年初召开股东会议，并未通知持股 1% 的离任职工股东樊女士，又冒用后者名义在增资决议上签名，引入了新的股东，导致樊女士在公司的股权比例下降。樊女士以公司行为在程序上违反了公司法的强行性规定以及公司章程为由，诉请法院确认股东会的决议无效（应为撤销之诉）。北京市海淀区法院在确认公司行为构成侵权的同时，却又以樊女士仅持有公司 1% 的股份，其是否到会及参与表决，均不会产生改变增加注册资本决议内容的结果，且公司难以回复到初始状况为由，认定该股东会决议的内容，在不违背法律禁止性规定的情形下应属有效，最后驳回了原告樊女士的全部诉讼请求。② 其判决思路也是蕴含着苏力先生所称的经济分析考量，而且作出在社会公众认知水平上明显有失公正的判决。

上述矛盾现象时有发生，迫使我们不得不思考这样的问题：究竟是科斯法律经济学本身存在解释论上的先天缺陷，尤其是无法消除效率追求与维护公平正义之间的鸿沟，还是法官逻辑思维出现重大疏漏？假如是前者，我们将难以解释系统阐述法律经济学思想的科斯代表作《企业的性质》和《社会成本问题》何以成为其 1991 年获得诺贝尔经济学奖的标志性成果，以及科斯定理历经数十年无数人试图证伪而都无功而返的现象。我们当然不能一味盲从某种理论，但法律经济学借着"经济学帝国主义"

---

① 参见 2004 年 7 月 14 日（2003）白行初字第 76 号南京市白下区人民法院《行政判决书》；2005 年 2 月 2 日（2004）宁行终字第 115 号江苏省南京市中级人民法院《行政裁定书》；2007 年 5 月 14 日（2006）宁行监字第 73 号同院《行政裁定书》。另见郝倩《富豪大战》，《报告文学》2006 年 11 月特刊；李瑞鹏《南京地产富翁暗战浦东建造亿万富豪配贴身保镖》，《第一财经日报》2006 年 12 月 22 日；《苏宁环球大股东 2.49 亿现金补偿上市公司》，《证券时报》2009 年 6 月 4 日；北京市时代九和律师事务所：《苏宁环球（000718）关于公司申请非公开发行股份购买资产的补充法律意见书之二》，http：//news. stockstar. com/info/Darticle. aspx？id＝GA，20080613，00052842＆columnid＝76＆pageno ＝1，访问日期：2009 年 7 月 7 日。

② 范静：《公司冒用股东签名海淀法院判其侵权》，《法制日报》2006 年 3 月 7 日。

的威势不断攻城略地，却也是不争的事实。因此，我们可能更需要内省，尽管上述《社会成本问题》一文成为美国或许同时是全球引用率最高的经典法学论文，① 国内法学界可能大多并未真正理解其真谛，误读误解者更是大有人在。我们有望从后文的分析中，充分领略法律解释学包括利益分析法学难以说清的问题，在冲突权利有效配置的法律经济学视野下是如何得到迎刃而解的。而在此前，也许需要首先揭示冲突权利配置的法律经济学本土化路径偏差。对于在国内人们的普遍认知上，往往留下法律经济学具有反道德的倾向，甚至成为推行强权理论工具的印象，究竟如何理解，问题出在何处，我们将顺便予以回答。

二　法律经济学本土化误区的法哲学根源

自从伯利和米恩斯提出现代公司在所有权和经营权分离后的权利冲突及配置命题、② 科斯用交易成本理论解释企业产生的原因，以及损害的相互性和权利配置的社会成本以来，③ 法律经济学介入冲突权利分析，处理种种疑难杂症，不但形成大量丰硕成果，而且确实引发了"法学研究方法的一场革命"。④ 我们略去一批经济学大师的文献不提，仅就法学界而言，法律经济学集大成者波斯纳有关法律经济分析的巨著以及反托拉斯法研究，⑤ 公司法律经济学领军人物弗兰克·伊斯特布鲁克和丹尼尔·费希尔

① 《美国当代法律学术发展概观（代译序）》，冯玉军主编《美国法学最高引证率经典论文选》，法律出版社，2008，第6~8页。
② 〔美〕阿道夫·A. 伯利、加德纳·C. 米恩斯：《现代公司与私有财产》，甘华鸣等译，商务印书馆，2005。
③ Ronald H. Coase, "The Nature of the Firm," *Economica*, Nov., 1937; Ronald H. Coase, "The Problem of Social Cost," *Journal of Law and Economics*, Oct., 1960;〔美〕罗纳德·哈里·科斯：《企业的性质》，科斯：《企业、市场与法律》，陈郁译，上海三联书店，1990;〔美〕罗纳德·哈里·科斯：《社会成本问题》，科斯：《论生产的制度结构》，盛洪、陈郁译校，上海三联书店，1994;〔美〕罗纳德·哈里·科斯：《企业、市场与法律》，盛洪等译校，格致出版社、上海三联书店、上海人民出版社，2009，第34页以下、第96页以下。
④ 钱弘道：《法学研究方法的一场革命》，《中国社会科学院院报》2002年12月17日；钱弘道：《经济分析法学》，法律出版社，2003，第1页。
⑤ 〔美〕理查德·A. 波斯纳：《法律的经济分析》，蒋兆康译，中国大百科全书出版社，1997;〔美〕理查德·A. 波斯纳：《反托拉斯法》，孙秋宁译，中国政法大学出版社，2003。

对于公司法的合同解释，① 2009 年诺贝尔经济学奖得主奥利弗·威廉姆森有关公司治理理论的研究等，② 无不闪耀智慧之光，极富启迪意义。③ 我国已经问世的一批法律经济学专著，也不乏真知灼见。不过，前述苏力教授运用科斯、波斯纳倡导的法律经济学方法，解析《秋菊打官司》案及邱氏鼠药案，从而得出为了维护更高位阶的权利（如言论自由权），而不惜牺牲下位权利（如肖像权、名誉权），尽管背离"中国传统的那种就事论事的个案'公平'"，"仍然符合法律经济学精神"的奇思妙想，④ 在国内的影响似乎更大。朱苏力先生后来的论著，如前述用类似方法论证浸透着浓厚封建等级观念的"海瑞定理"的合理性，虽对上述观点做了微调，但不仅没有澄清反而加剧了法学理论的混乱；其另文《医疗的知情同意与个人自由和责任——从肖志军拒签事件入手》，确实大大修正了原来显得有点偏颇甚至偏激的立场，⑤ 但其运用法律经济学解释本土权利冲突时所宣扬的弱肉强食的社会达尔文主义，以及合法权利可能不受保护的观点，至今仍有市场，其前述最早通过案例分析冲突权利有效配置的文献，还一直被法学界视为对个案进行法哲学研究的经典。⑥ 而且，虽然有人不时质疑苏力先生的意见，但无人能够彻底清算其中的谬误，更无人以相同的法律经

---

① 〔美〕弗兰克·伊斯特布鲁克、丹尼尔·费希尔：《公司法的经济结构》，张建伟、罗培新译，北京大学出版社，2005。

② 黄桂田：《威廉姆森：推动"两轮互动"的经济学家》，《中国经济》2009 年第 86 期。值得一提的是，威氏是同科斯一样的经济学和法学两栖学者，其创新理论在法学界的影响力甚至大于经济学界，科斯还在 1991 年诺贝尔奖演讲中，对威氏重新发现科斯理论并将其发扬光大致以特别的谢意。参见〔美〕奥利弗·威廉姆森、斯科特·马斯滕《交易成本经济学经典名篇选读》，李自杰等译，人民出版社，2008，序言第 1 页；〔美〕奥利弗·E. 威廉姆森、西德尼·G. 温特：《企业的性质——起源、演变和发展》，姚海鑫等译，商务印书馆，2007，第 227 页。

③ 其他已经译介的有：〔美〕罗伯特·考特、托马斯·尤伦：《法和经济学》，张军等译，上海三联书店、上海人民出版社，1994；〔美〕乌戈·马太：《比较法律经济学》，沈宗灵译，北京大学出版社，2005；〔美〕斯蒂文·G. 米德玛：《科斯经济学——法与经济学和新制度经济学》，罗君丽等译，上海三联书店，2007。

④ 苏力：《〈秋菊打官司〉案、邱氏鼠药案和言论自由》，《法学研究》1996 年第 3 期；苏力：《法治及其本土资源（修订版）》，第 185 页以下。

⑤ 苏力：《医疗的知情同意与个人自由和责任——从肖志军拒签事件入手》，《中国法学》2008 年第 2 期。

⑥ 李友根：《论权利冲突的解决模式》，浙江大学公法与比较法研究所编《公法研究》第二辑，商务印书馆，2004，第 287 页以下；李友根：《容忍合理损害义务的法理——基于案例的整理与学说的梳理》，《法学》2007 年第 7 期；解亘：《案例研究的反思》，《政法论坛》2008 年第 4 期。

济学语境进行系统反驳，法律经济学本土化进程中的误区仍未澄清。尤其是前引关今华的论文以及刘作翔发表于《中国法学》上的论文，系统分析了苏文在民法解释学上的错误，而对其法律经济学本土化认识的偏差则几乎只字未提。① 有鉴于此，下面我们就以苏文为例，揭示其法律经济学本土化路径偏差的法哲学根源，以便重新认识法律经济学的奥妙，并恢复其论证我国冲突权利有效配置路径的权威地位。

需要说明的是，苏力文中对邱氏鼠药案的法哲学分析似乎有点文不对题甚至完全是借题发挥，原因在于二审并未查明邱氏鼠药中是否含有违禁物质这一事实的情况下，改判认定科学家对邱氏鼠药宣传的批评言论，没有侵犯后者的名誉权，显然依据不足；而事后国家有权机关认定其中含有违禁的剧毒物质，② 也不能证明科学家先前的批评意见就具有科学依据，更无法否认科学家的言论在当时确实侵犯了邱氏的名誉权。因此，我们很难从苏文中提炼出实际的本土权利冲突效率配置观进行针对性的分析，故只能主要就"'秋菊打官司'案"展开讨论。

该案争议双方为处于相对弱势地位的贾桂花和相对强势地位的组织张艺谋大导演拍摄《秋菊打官司》的电影公司。影片所拍摄的社会场景中出现 4 秒钟左右的贾氏镜头，在据说无意侵犯后者的肖像权，但事实上伤害了后者的情况下，贾氏提出赔礼道歉、剪去镜头和 8000 元精神赔偿三项诉讼请求。一审法院以剧组行为不构成侵权为由全部予以驳回。据苏文之后的有关信息披露，上诉审中以被告补偿 3500 元换取原告撤诉而和解结案。③

按照苏力先生的观点，"如果仅仅按照原告律师的请求来界定案件的核心法律问题，并进行审理"，"都将不利于被告一方"。因此，即使在个案中被告一方赢了，"在此后的同类案件中，处于与被告类似境遇的其他一些人仍然会受到这种诉讼的威胁"。原因在于，"审理的问题未能有效地回答""当代中国社会中的权利配置问题"，案件当事人以外的"人们所关

① 关今华：《权利冲突的制约、均衡和言论自由优先配置质疑——也论〈《秋菊打官司》案、邱氏鼠药案和言论自由〉》，《法学研究》2000 年第 3 期；刘作翔：《权利冲突的几个理论问题》，《中国法学》2002 年第 2 期；熊静波：《表达自由和人格权的冲突与调和——从基本权利限制理论角度观察》，《法律科学》2007 年第 1 期。
② 苏力：《法治及其本土资源（修订版）》，第 189 页。
③ 关今华：《权利冲突的制约、均衡和言论自由优先配置质疑——也论〈《秋菊打官司》案、邱氏鼠药案和言论自由〉》，《法学研究》2000 年第 3 期。

心的实际是这些案件判决中所体现的社会中一些权利的总体配置"，① 是张艺谋大导演所拍摄电影时行使的言论自由权或表现自由权，与具有先天生理缺陷的农妇贾桂花肖像权这"两个个体之间所主张的两种权利的冲突"，而不是中央电视台"焦点访谈"报道中所认为的"个人利益服从社会利益"的问题。② 撇开文中有关权利边界不清情形的论述，苏力先生在引用科斯第一定理和科斯第二定理之后，总结道："科斯主张，在权利冲突时，法律应当按照一种能避免较为严重的损害的方式来配置权利，或者反过来说，这种权利配置能使产出最大化。我认为，这一原则也适用于邱案和贾案中的言论自由权和肖像权或名誉权的配置。"③ "无疑，我们的社会要保护公民的名誉权或肖像权，但问题是以什么为代价，以多大的代价！" "我们从来没有、也永远不可能生活在一个没有风险、没有错误的时代。既然有风险，要有代价，那么总是必须有人（而不论他是谁）来支付这些风险的代价。将这种代价通过法律转移由他人或社会来支付，或许是可以的，有时甚至是必要的。"④ "现代的、作为制度化的法律或法治，它只是也只能对社会的权利作一种大致公平的配置，它不可能保证一切损害都得到绝对公正的赔偿，它所能实现的只是制度的公正。"⑤ "为了避免更大的伤害"，"我们必须作出制度性的权利配置选择"，"在法律上将这种初始权利配置给言论者"。⑥ 进一步推论，言论自由权的重要性或者位阶高于肖像权或名誉权，而不太重要或者位阶较低的贾氏肖像权保护请求，必将限制言论自由，并降低冲突权利配置的效率。鉴于电影表现的言论自由权以及电影本身良好的社会效应，即使事实上"侵犯"了贾氏的肖像权（为便于直达问题的核心，苏力在该书第 204 页所列一般民事侵权行为法上的举证责任不予考虑，或者在经济学语境下假设为常数），损害到后者的人格尊严，这样的牺牲也是符合冲突权利配置的帕累托效应的，侵权人因而无须承担任何责任。即使"具体个案中的权利是可以变更的；但这种变更必须仅限于该案或限于同类案件具体的当事人的权利义务，而不改变或危及改变这

---

① 苏力：《法治及其本土资源（修订版）》，第 189~190 页。
② 苏力：《法治及其本土资源（修订版）》，第 191 页。
③ 苏力：《法治及其本土资源（修订版）》，第 195 页。
④ 苏力：《法治及其本土资源（修订版）》，第 211 页。
⑤ 苏力：《法治及其本土资源（修订版）》，第 213 页。
⑥ 苏力：《法治及其本土资源（修订版）》，第 203 页。

种总体的、制度化的权利配置"。① 由于法官"没有按照一般的中国传统的那种就事论事的个案'公平'来思考决断这个案件（那样，贾氏就应当胜诉），而是在实践上将这个案件同中国社会的法律制度化联系起来了，因此他们的审理结果体现了法律是普遍的原则和制度的思想"，"实际上具有法律经济学分析的意味"，"体现出了一种实践的智慧"。苏力还因此特别向审案法官"表示一位法律工作者的敬意"。②

除了苏文认为案件审理法官所作判决蕴含着朴素的法律经济学思想之外，以上几乎用苏力原文概括提炼出来的冲突权利配置效率观，可以归纳为以下几点。

第一，避免更大伤害或者产出最大化，是科斯定理体现的冲突权利配置效率观的核心，应当成为我们安排法律制度、决定讼争胜败的选择标准，具有广泛的普适性。

第二，在坚持冲突权利有效配置原则总体思路下，具体个案中当事人的权利义务是可以变更的，但这样的变更不能从根本上更改权利优化配置的基本方向。

第三，言论自由权的效用高于肖像权或名誉权，因为前者更多地反映社会公益，而后者多为私人个体权利，当两者发生权利冲突时，应当优先保护位阶或效用较高的权利，因此而牺牲的合法权利也无须予以赔偿或者补偿。既然社会必然会有风险、错误、代价，那就必须有人（而不论他是谁）来承担或者支付。将这种代价通过法律转移由他人来支付，或许是可以的，有时甚至是必要的。

第四，就文中涉案争议进行审理，或者就那种就事论事的个案"公平"来思考决断案件，"将不利于被告一方"，"贾氏就应当胜诉"，而贾氏败诉的结果，却更加符合法律经济学的冲突权利配置效率观。因此，法律经济学原理原则与法院具体案件的处理方法相互对立，无法协调。

上述第一点是苏力教授眼里的科斯法律经济学精髓，是否体现科斯的本意，值得怀疑。他据此分析社会法律制度选择、具体个案争议处理以及理解两者之间关系，混淆了通过立法初始界定社会总体冲突权利与司法裁断重新配置个体冲突权利之间的区别，以及英美国家法官立法与大陆成文

① 苏力：《法治及其本土资源（修订版）》，第204页。
② 苏力：《法治及其本土资源（修订版）》，第214～215页。

法国家法官依法裁判案件争议考量的不同，由此所得出的一系列结论，大部分都是似是而非的，有的甚至存在根本性的错误，与社会公众的普遍认知也大相径庭。我们不能完全否认存在天才的可能性，有人确实具有先知先觉的特异禀赋，形成"众人皆昏我独醒"的格局，但在理解法律经济学的本意上，这种可能性似乎不大。正如前述，作为现代法律经济学开山鼻祖科斯获得 1991 年度诺贝尔经济学奖的重要成果之一，其经典论文《社会成本问题》在法律经济学上的原创性思想，经过 50 多年的实践检验，其科学性几乎得到了全世界的公认，尽管至今尚无统一的权威解释，但一般不会从中得出有违常理的结论。因此，我们可以初步判断问题出在苏力的认识偏差上。而要揭示这种偏差的法哲学或者方法论上的根源，还有赖于对科斯经典文献的重新梳理。

三 科斯冲突权利配置效率观再认识

前述科斯经典论文《社会成本问题》可称为一部百科全书。正如鲁迅评价内容丰富的《红楼梦》那样，"单是命意，就因读者的眼光而有种种"，学界有太多的人关注"科斯定理"。笔者不是否定科斯定理的价值，而是认为我们更应当挖掘该定理所蕴含但被很多人忽视的科斯法律经济学尤其是冲突权利效率观真谛，尽管科斯的分析是从表面上并不复杂的工商企业造成有害影响问题入手的。科斯一反庇古在《福利经济学》中所倡导的责令赔偿、征收损害税（污染税、庇古税）以及排除妨碍的传统路径，从损害的相互性而非苏力"更愿意称之权利的相互性"入手，以也许是虚构的"走失的牛损坏邻地的谷物生长案"为例证，采用经济分析方法，指出在无交易成本包括冲突权利双方协商谈判成本的条件下，初始权利或者法律制度的安排与效率最大化无关，而仅仅影响冲突权利双方的资源配置格局。然后，科斯从假设的真空返回到社会的现实，通过"斯特奇斯诉布里奇曼案""库克诉福布斯案""布赖恩特诉勒菲福案""巴斯诉格里高利案"四个典型判例展开分析，揭示其中法官并不完全相同判决背后所蕴含的、在本质上具有同一性的冲突权利如何配置命题，以及经济学进路与法院传统处理方式之间的差异。

科斯认为：对经济学家来说，法院判定合法权利时给出的理由似乎常常如此奇怪。因为在他们看来，法院判决援引的诸多因素均与主题关系不大。也正因为如此，许多被经济学家视为完全相同的情形，法院处理的方式却又截然不同。在所有涉及有害影响的案例中，经济问题仅仅是如何使产值最大化。如在"巴斯诉格里高利案"中，经由原有地下室通气管道的新鲜空气有利于啤酒酿造，但排出的浑浊空气却影响了邻居的舒适。经济问题是要决定在二者之间选择哪一个：是啤酒的低成本和隔壁主人的不适，还是啤酒的高成本和邻居舒适感的增加。在决定该问题时，与其说"过去授权原则"① 切中主题，毋宁说法官的立场也至关重要。但应该记住的是，法院面临的首要问题不是由谁做什么，而是确定谁有权做什么（这是前文提及的英美判例法中法官立法的典型表现，而在大陆法国家，法官并无立法权，他们通常只能以立法机关制定的成文法为准绳裁决具体的争议，这也是两大法系法官职权的最大区别，我们在讨论冲突权利配置时，应当对此予以充分注意）。通过市场交易通常有可能修改权利的初始界定。当然，如果这种市场交易无需成本，那么，只要能够导致产值增加，权利的重新安排总会发生。② 不过，在交易成本无处不在的现实世界中，往往因成本太高而无法通过市场交易重新安排合法权利，企业组织内化市场交易成本甚至政府管制也许是不错的替代物，但并非当然更好，关键是权衡得大于失还是失大于得。③

　　需予以特别说明的是，科斯没有直接阐述在初始权利边界不清或者时

---

① 〔美〕罗纳德·哈里·科斯：《社会成本问题》，罗卫东选编《经济学基础文献选读》，陈春良译，浙江大学出版社，2007，第 194 页。这是英美普通法上的一项重要原则，认为"若可以证明某项法定权利已经存在并持续行使多年，则法律得认定此权利有合法来源。"它与大陆法系中的"保护在先权利原则"，即"当在先权利遭到在后权利的侵犯时，应当恢复在先权利的原有状态或对在先权利人进行补偿"，是一脉相承的。应予说明的是，刘守英等的译文将其表达为"失去授权的理论"颇为费解，似乎不确，参见〔美〕R. 科斯、A. 阿尔钦、D. 诺斯等《财产权利与制度变迁——产权学派与新制度学派译文集》，刘守英等译，上海三联书店、上海人民出版社，1994，第 19 页；〔美〕罗纳德·哈里·科斯：《论生产的制度结构》，盛洪等译校，上海三联书店、上海人民出版社，1994，第 157 页。而罗纳德·哈里·科斯《企业、市场与法律》，第 112 页"被遗忘的授权的原则"译文含义相近。我国不但在商标法、专利法等知识产权法律中先后引入该原则，而且在最高人民法院 2009 年 4 月 21 日法发〔2009〕23 号《关于当前经济形势下知识产权审判服务大局若干问题的意见》中又多次重申。

② 引文改写自陈春良和盛洪等译文。参见〔美〕罗纳德·哈里·科斯《社会成本问题》，科斯：《论生产的制度结构》，第 157 页；〔美〕罗纳德·哈里·科斯：《社会成本问题》，罗卫东选编《经济学基础文献选读》，第 195 页；〔美〕罗纳德·哈里·科斯：《企业、市场与法律》，盛洪等译校，第 112 页。

③ 〔美〕罗纳德·哈里·科斯：《企业、市场与法律》，盛洪等译校，第 113~117 页。

过境迁时，政府管制的正当性基础。比如，根据新的环境保护要求以及立法机关制定或者重新修改的相关环境保护法律法规，限制或者消除原先合法但在新法规制之下"变得"违法的有害影响，假如必然会给加害者带来损害，以及被责令关闭工厂、搬迁厂址、强制征收重税或者建造防治有害影响继续发生的设施增加了私人及社会成本，导致企业亏损或者因产品或者服务的价格提高而需求减少，从而影响到该企业员工就业、社区发展、买家成本相应增加等各种损失，该由谁来承担，就不能贸然决定。在全球可持续发展思潮的推动下，发达国家将大量的高污染企业转移到发展中国家，而不惜给予重金补贴或者其他财政金融支持，导致中国成为世界工厂以及全球污染重灾区，并因此在 2008 年金融危机冲击下遭受重创；中国也有一批批污染严重、能耗惊人的企业被强令关停并转，有关成本由政府负担而不是简单粗暴地对原先的加害者赶尽杀绝，其背后隐藏着同样的法律经济学原理原则。正如科斯所言："在一个重新安排法律体系确立的权利需耗费成本的世界上，法院在处理妨碍的案件中，实际上是在决策经济问题和决定各种资源如何利用。"①

让我们再次回到科斯《社会成本问题》就具体案件的探讨中。科斯用于分析权利冲突的第一个实例，即其在 1959 年发表的《联邦通讯委员会》一文提及的"斯特奇斯诉布里奇曼案"中，面对已经有数十年生产制造历史，研钵和杵的噪音几乎同时产生的被告糖果厂，与后来搬入并在居住 8 年后才紧挨噪音声源处新建诊所的原告医生之间的讼争，"法院爽快地发出了医生所要求的禁令"，责令"糖果厂停止使用机器"，而且没有考虑对其进行任何赔偿或者补偿。该案判决的逻辑思路是："严格贯彻本判决所依据的原则会给个人带来痛苦，但是，否定该原则甚至将导致更多的个人痛苦，同时对住宅土地的开发会产生不利的后果。"② 许多人将这一观点视为科斯思想，甚至与科斯定理混为一谈，这是天大的误解，前述苏力教授解读科斯定理所出现的讹误，其法哲学根源也许正在于此。

科斯虽然并未就其论文所举任何个案的是非曲直发表太多的意见，但这不仅不能视为其已经默认了案件的判决结果，或者判例中所体现的法律原则。事实恰恰相反。科斯在指出"法官们正在影响经济制度的运行"即

---

① 〔美〕罗纳德·哈里·科斯：《企业、市场与法律》，盛洪等译校，第 128 页。
② 〔美〕罗纳德·哈里·科斯：《企业、市场与法律》，盛洪等译校，第 105 页。

"解决土地如何利用问题"之后，话锋一转，马上表示："然而，这也只有在必要的市场交易成本，超过权利的任何重新安排所能得到的收益时，才是正确的……"其中所蕴含的经济学常识就是，在其他条件不变或者既存法制秩序之下，资源或者权利优化配置的路径，首先应当依凭市场的力量即自由竞争，通过企业组织甚至政府管制包括立法授权、司法裁判节省社会成本，并非当然最优，其本身是否具有正当性仍需论证。科斯感叹道："但法官们似乎没有意识到这一点。"① 在该文的第七部分"权利的法律界定和经济问题"中，科斯进一步指出：在"斯特奇斯诉布里奇曼案"中，法官显然"是考虑了不同判决的经济后果。如果他们根据这一原则处理问题，其逻辑结果将带来极大的不便，因为某人可能进入诸如伯曼德塞制革厂，或者进入其他用于特定行业的或有噪声和有难闻气味的厂区，并通过在某空地建一幢住宅以阻止这种商业和制造业"。法官回答说："决定某事是否构成妨害，并不仅仅依靠对事物本身抽象的考虑，还要考虑其环境。在贝尔格雷夫广场构成妨害的事，在伯曼德塞就不一定。在某地区由某商人或工厂主以特定和已有方式从事某特定商业和制造业，这并不构成公共妨害。法官和陪审团将有充分理由发现，并确信会发现，在该地区从事商业和制造业并不是一种私人的和可诉讼的错误。"② 不过，法官并未回答上述案件中糖果厂是否存在"私人的和可诉讼的错误"。科斯在前述有关"过去授权原则"的注解中倒是从另外一个角度做了说明，只是不为国内学者所注意而已。

　　科斯认为："为什么在食品（有的译本为'糖果'——引者注）厂一案中不适用过去授权理论，因为该制造商使用研钵已有 60 多年。回答是，直到医生在花园尽头建造诊所之前，不存在任何侵害。因此，侵害并没有持续多年。"③ 其潜台词似乎是在该案审理法官眼里，使用研钵已有 60 多年的糖果厂，在医生起诉之前事实上发出工业噪音的行为，是没有权利的合法来源的，起码不能确定有发出工业噪声的合法权利。这不仅违反事实，而且也是十分荒唐的。按照常理，其持续 60 多年生产经营的历史现

---

① 〔美〕罗纳德·哈里·科斯：《社会成本问题》，罗卫东选编《经济学基础文献选读》，第190 页；〔美〕罗纳德·哈里·科斯：《企业、市场与法律》，盛洪等译校，第 106 页。

② 〔美〕罗纳德·哈里·科斯：《企业、市场与法律》，盛洪等译校，第 119 页。

③ 〔美〕罗纳德·哈里·科斯：《社会成本问题》，罗卫东选编《经济学基础文献选读》，第194 页。

实，本身就能证明其存在的合理合法性。而这种合理合法性，也不能因为
医生后来建造诊所"感受到"有害影响而反推出其不合法性（实际上因英
国工业革命初期并无环境保护要求，故上述工厂的有害影响早已存在，只
是该案之前无人指控而已）。科斯虽然没有对该案适用法律不当表示不满，
但后文对"布赖恩特诉勒菲福案"的延伸讨论中，就被告拆旧建新的行
为，因新砌高墙及其堆放木材阻塞了邻居的烟道，导致后者一旦生火，就
因难以忍受入室烟尘所发生的权利冲突，针对地区法院认为生火行为也是
引起烟尘妨碍的原因之一，故被告对此不负责任，并推翻陪审团初步裁定
原告获得40英镑损害赔偿费的意见，科斯评述道："法官认为是生火者自
己引起烟尘的观点，只有在我们假定墙壁是既定的条件下才是正确的。法
官的判决意味着建造高墙的人有权这样做。如果烟囱里冒出的烟对木材造
成损害，那么此案就更有趣了。那时，造墙者蒙受了损失，此案就与'斯
特奇斯诉布里奇曼案'相似，且毫无疑问，生火者要对木材的损失负责，
尽管在木材所有者建高墙前不存在任何损失。"[1] 由此看来，"斯特奇斯诉
布里奇曼案"中的侵害，假如仍可被称为侵害的话，不是由糖果厂而主要
是由上述紧挨噪音声源处新建诊所的原告医生引起的，为了其"产值最大
化"以及所谓的发挥社区土地开发的潜力，不惜牺牲糖果厂的权益，不仅
本身并无正当性基础，而且也根本没有考虑禁令发出后糖果厂停产所产生
的社会成本。我们仍用经济学常识来说，法官裁决错误的根源在于，在考
量权利冲突双方成本效益影响因子时，对于糖果厂方面仅纳入其个人的损
失，而原告医生方面却加入了病人就医不便以及土地开发潜在价值的因
素，不仅存在重大缺失，而且具有明显的偏颇。

科斯似乎也预料到了选择冲突权利配置方案的复杂性，提倡"通过详
细比较不同的处置方式的实际结果如何。但倘若对处置方式的结果的考
察，是经由错误的经济学分析得到的，那么就相当不幸了"。[2] 科斯在其文
章的最后"研究方法的改变"部分，将传统经济学生产要素配置的命题转
化为权利配置的命题，并得出如下结论：显然，只有得大于失的行为才是
人们所追求的。但是，在各自独立决策的前提下讨论社会格局的选择时，
我们必须牢记，改善某些决策导致现有制度的变化，也可能会恶化其他决

① 〔美〕罗纳德·哈里·科斯：《企业、市场与法律》，盛洪等译校，第110页。
② 〔美〕罗纳德·哈里·科斯：《社会成本问题》，罗卫东选编《经济学基础文献选读》，第198页。

策。而且，我们必须考虑各种社会安排（不论是市场机制还是政府部门）的运行成本。在设计和选择社会安排时，我们应考虑总的效果。①

综上，我们也可从科斯文献本身总结归纳出以下几点结论，同时指出其与苏力所理解的科斯法律经济学的区别，并进一步揭示后者误读误解的法哲学根源。

第一，避免更大伤害或者产出最大化的冲突权利配置效率观，应当作为在解决工商企业行为的有害影响时，确认法律制度选择的正当性合理性基础。科斯并没有论证从工商企业行为的有害影响解决方案讨论中得出的一般性原理原则，是否可以在同样的约束条件下推广到社会安排的全部领域，即将冲突权利最优化配置的进路普适化，比如苏力文中涉及的精神产品领域；更没有解释如在保护弱者、全民医疗保障、中小企业扶持、三农政策推行，以及少数股东特别保护等制度的建立和完善方面，如何贯彻该原则，是改弦更张还是考量更多的复杂因素。因此，将它理解为商事领域普适性原理原则，在其他领域可能有更多的例外、更多的约束条件，或者根本不适用，似乎更符合科斯本意。至于波斯纳将法律经济学加以泛化的做法，则又另当别论。苏力与其说已经完全理解科斯定理，还不如说是受波斯纳的影响更大。但效率最大化的冲突权利配置观，只能作为分析问题的总体方向，不能盲目套用于千差万别的个案，当其被并不周延的经济分析误导时更甚。正如上述，涉及具体问题时，任何影响因子的变化，都有可能"差之毫厘失之千里"。

第二，合法权利不受侵害，在先权利应当保护，蕴含着冲突权利配置效率观中维护现有制度具有最大效率的思想。原因在于现有社会安排是多方博弈的结果，尽管可能不尽合理，但假如不予维护和遵循，势必破坏现存社会秩序，无数博弈主体需要重新谈判，公权力因制度毁损失控而退出后，冲突权利主体也只能通过逐一谈判才能形成新的均衡，这将花费巨大的社会成本。而在新的法律制度形成之前，整个社会必将陷于无序状态。在现存制度之下，只有国家法律明文规定免责事由，或者无法证明谁是侵害方，或者侵害相当轻微以至于无须赔偿或者补偿甚至受害方放弃权利时受到侵害的合法权利不予救济才是合理的、正当的；被侵害方才负有容忍

---

① 〔美〕罗纳德·哈里·科斯：《企业、市场与法律》，盛洪等译校，第147页。

合理损害义务。① 前述科斯文献的结论部分，就做过这样的忠告。苏力的观点似乎正好相反。贾桂花的肖像权无疑属于既存的合法权利，《秋菊打官司》剧组即使并非刻意通过摄制利用，在拍摄社会场景时也无意利用了，不管该镜头对剧情有何作用，《秋菊打官司》剧组在摄制和剪辑前没有征求其意见（也可能因无法向社会场景中进入电影镜头的人包括苏力所说的 300 多人——征求意见而作罢，否则势必成本高昂，难以承受），但起码应当对似乎比别的社会场景镜头更长一些的贾桂花镜头稍微留意一下，她脸上是否存在先天缺陷，本人忌讳不忌讳，公映后一经熟人发现会否受到嘲笑致使精神伤害，假如没有，就不能说《秋菊打官司》剧组没有一点儿疏忽大意的过失，判决就应当相反，也不能得出苏力式的结论。成文法国家法官应当尽可能恪守法律，其本身就蕴含着维护现行法制秩序的效率追求。

第三，冲突权利有效配置的总体进路，与个案审理时裁决逻辑，在原则上是保持一致而非相互矛盾甚至处于对立状态的。对此，前文介绍的有关科斯引用对"斯特奇斯诉布里奇曼案"判决的评述，就是对其立场的最好注解，不妨在此重复一下：假如按照法官在该案中所确立的在先权利不受保护而应无条件让位于在后权利的原则处理问题，其结果将带来极大的不便。因为某人可以进入……用于特定行业的或有噪声和难闻气味的厂区，并通过在某空地建一幢住宅以阻止这种商业和制造业。甚至在糖果厂接获法院禁令而没有能够及时停产而导致医生收入继续减少，致使后者延误开发时间造成损失时，还要赔偿损失。这样理解法律经济学的权利配置效率观，那岂不是成了强盗逻辑？因此，对于苏力所面临的悖论，即就其文中所涉案件的具体争议进行审理，或者就那种就事论事的个案"公平"来思考决断案件，因合法权利受到侵害的事实存在，法院将裁判原告胜诉；而如贾氏那样原告败诉的结果，却更加符合法律经济学的普遍原则的理解所产生的逻辑上的矛盾，并非源自科斯理论本身的天生缺陷，而是中国学者尤其是苏力先生的误读误解。就如歪嘴和尚念经一样，不能一味怪佛经不好，正确的办法只能是设法矫治歪嘴。贾氏在二审中获得 3500 元补

---

① 李友根：《容忍合理损害义务的法理——基于案例的整理与学说的梳理》，《法学》2007 年第 7 期；解亘：《案例研究的反思》，《政法论坛》2008 年第 4 期。

偿而和解撤诉，有人批评法院是非不分，[①] 恐怕有悖于社会公众的普遍认知，甚至在多年之后的 2010 年 10 月，连该部电影的导演张艺谋携《山楂树之恋》参加韩国釜山国际电影节之余做讲座时也坦承：谈起其拍摄方法时，也意识到了潜在的风险："《秋菊打官司》和《一个都不能少》用了很多偷拍的镜头，如果是现在恐怕不行。中国讲法治了，老百姓莫名其妙发现自己出现在电影里，估计会告我们。那时还不太有关于肖像权的讨论。"[②]

第四，在坚持冲突权利有效配置原则的总体思路指导下，具体个案中当事人的权利义务虽然可以变更，但除非上述权利方自愿放弃，否则只能变更权利配置的数量，或者是前述权利救济的方式和程度，而不能改变权利配置的基本格局。从个案的角度来说，假如本来应当一方当事人胜诉的权利配置结果，改变为另一方胜诉的话，将势必导致是非不分、黑白颠倒。这绝非个案酌情考量的法律经济学的应有之义，而很有可能以所谓社会和谐、维护大局、"公平正义"的名义牺牲冲突权利配置的效率，还有可能导致整个社会失去合理预期，社会公平正义最终也将荡然无存，社会效应就是如此。就制度设计的视野而言，休谈更改前述在先权利保护原则，重新选择在后权利保护原则或者其他相反的制度选择并不可取；即便是维持现存制度的总体格局，而仅仅调整其中稍欠合理的细枝末节那样不太剧烈的变革，还是国家或者其他有权机关所为，也应当慎之又慎，因为旧制度的改变总归具有正反两方面的双重甚至多重效应，新的选择是否更好难以确定。我们仍以贾案为例予以进一步说明。就贾桂花的三项诉讼请求所反映出来的冲突权利配置，贾桂花肖像权合法来源毋庸置疑，即使其心胸狭窄导致精神压抑或者其他损害，嘲讽她的熟人以及自己都有过错，或者均为造成精神不良感受的原因，也不能排除电影镜头也是原因之一，这起码构成科斯所说的共同过错行为，《秋菊打官司》剧组难辞其咎。根据上面分析，其受到的侵害毕竟不大，故剪去镜头的诉求有点过分，因为全球发行拷贝收回处理成本太大；赔礼道歉也大可不必，因为摄制组毕竟

---

① 关今华：《权利冲突的制约、均衡和言论自由优先配置质疑——也论〈《秋菊打官司》案、邱氏鼠药案和言论自由〉》，《法学研究》2000 年第 3 期。

② 范晨：《张艺谋釜山开课讲电影人生》，《当代生活报》2010 年 10 月 10 日，第 21 版；《张艺谋釜山开课讲电影人生被问谁是最爱谋女郎》，http://news.xinhuanet.com/ent/2010-10/09/c_12639033.htm，最后访问日期：2012 年 11 月 26 日。

并无主观恶意；而电影公司适当赔偿或者补偿，哪怕大大降低具体数额，则不仅是应当的，而且也完全是合适的。前述该案二审结局果然如此。和解只是依法应当改判的一种替代方式，也可以视为在法院公权力参与之下通过谈判进行市场交易，实现冲突权利的重新配置。而该案无须修剪拷贝及赔礼道歉，贾氏又能得到一定程度抚慰的结果，似乎更为妥当，也更加符合当今倡导的和谐司法理念。据此推断，冲突权利最终配置的结果，并非只能通过停止侵权恢复原状的方式救济受损权利。当然，假如改判该案被告对贾氏进行适当补偿，也同样能够达到冲突权利有效配置的总体进路与个案裁判公正一致的效果。而苏力经过逐一分析，却得出完全相反的结论。我们不说其与文中几次表示假如就案件的具体争议进行审理裁决，"都将不利于被告一方"，"贾氏就应当胜诉"结论相左该如何协调，其合理性基础也并不存在。

还有一点值得注意的是，科斯视野中的冲突权利配置的效率观，在普通法语境下似乎更容易在个案中得到具体体现。这也许与判例法传统的法院与大陆法传统的法院，在裁判同类争议的方式和效力上判然有别相关。问题的普适性意义在于，前者法院的裁决形成判例，具有先例约束力，本身就是法律制度的组成部分，在边界不清的权利界定和配置方面所发挥的功能更强，前述所谓法官立法即是此意；而后者的裁判仅对个案有效，在被吸收进成文法转化为法律制度之前，并不能形成普遍性约束力，更不能直接作为法院裁判个案的普适性原理原则，在裁判有可能改变成文法已经确立的权利配置格局时，法官的裁量权应当受到严格控制。法官即使不做法律的奴隶，也该成为守法的楷模。

最后，正如上述，我们还应当考虑到从经济学上资源优化配置思路转化而来的冲突权利配置效率观，不能忽略这样一个事实，即经济学分析设定的前提是，所有的竞争对手是天生的平等派，每个商人通过自由竞争的优胜劣汰机制实现资源的优化配置，其无须对失败者的损失负责赔偿，其合法权益理应受到法律的保护。但即便如此，也仍有竞争政策以及竞争立法的矫正机制。与此同时，由于胜出者比如大企业纳税更多，使得国家能够集中财力物力，通过财政转移辅助弱者，仍然符合改进的帕累托效率，即卡尔多—希克斯效率。因此，我们不能从有的国家成文立法具有优化权利配置的意图，有的英美国家判例规则亦然，就推论出它是一项普适性原则，而是须充分考虑约束条件；在个案中，法官更应当注重保护弱者。假如轻率地一概贯彻权利优化配置的思路，也许很快会激起民怨，片面追求的效率目标自然也无法实现。

结　语

根据上述重新梳理的科斯法律经济学进路，在正文第一部分所引我国法院判决的若干案例中，案例1的审理法院更多地注重于安抚"闹事"司机的情绪，而没有守住出租车公司合法权利应当得到维护的法治底线，最终付出了更高的社会成本。正确的做法应当是依法作出裁决，不让无理取闹者获取额外好处，而对极个别确有履约困难的司机，则说服公司作出适当让步，从而通过法院裁判的导向，让所有租车司机能够做出合理预期，公司正常经营秩序也可得以维持。案例2很难仅就争议双方的角度断定究竟支持谁的主张，冲突权利的重新配置才能更有效率，关键问题仍是严格审查张姓控股股东的做法是否符合法律或者章程规定，而不是几审法院所认为的那样：公司习惯上采取"游签"（此为不实际召开股东大会而拟出书面决议，送交分处各地股东分别签字方式的俗称）方式形成股东大会决议，即使有股东提出异议也不影响其效力；而股东大会决议签章期限届满甚至相应的工商变更登记手续完成后股东补签的行为，还能修正、弥补股东大会决议的瑕疵。另外，张姓控股股东胜诉以及其后通过定向增发将相关权益转换为某上市公司股权，导致其财富爆发式增长，对张姓控股股东也许是实现了权利优化配置，而其他股东则丧失了相应的合法权益，同时势必会质疑公司法制、公司裁判的公正性，社会成本无可估量。案例3亦然。

有鉴于此，前文所列案例中审理法院基于有意无意的法律经济学考虑，所得出的有违公平正义或者现行法律的裁判结果，确实不是因为法律经济学本身存在解释论上的缺陷，而是缘于法官对法律经济学的错误理解，是后者缺乏对冲突权利有效配置约束条件的认知。经过我们的考察，这种有关冲突权利配置效率观的认识，深受法理学界尤其是苏力教授的误导，而后者的文章《〈秋菊打官司〉案、邱氏鼠药案和言论自由》，不仅没有正确揭示问题的本质，而且以其巧妙高超的文字叙述误导了大批法律人，导致其对科斯理论的误解广为扩散。我们从近年涉及冲突权利配置纠纷的若干典型案件入手，针对法院并不一致的裁判，揭示其中的法律经济学隐喻，梳理科斯经典文献中的法律经济学真谛，指出苏力教授在倡导法律经济学本土化进程中的理论误区，最后分析具体案件中的冲突权利配置效率观，认为法律经济学原理原则对于诸多冲突权利纠纷具有普适性，关键在于如何周延考量各种影响因子。当然，法律经济学和利益法学、利益衡量论之间具有殊途同归、异曲同工之妙，但前者具有可将法律问题定量分析建模验证的优势，确实是其他法哲学方法无可比拟的。近年国内有关利益衡量论的成果，其论证的严密性以及说服力，仍远未达到与法律经济学成果相媲美的程度。① 但未经严格经济学训练的法律人必须记住的是，冲突权利优化配置应当是市场竞争的结果，政府或者法院判决强制配置或者重新配置时，不仅要慎之又慎，而且要尽可能补偿合法权利由此遭受的损害。我们应当尽可能避免借用权力强行配置冲突权利，更不可突破受损合法权利应当得到救济的法治底线，而在救济方式救济程度上可以进行仔细的利益衡量，贯彻和谐司法理念，只有这样重构科斯法律经济学本土化的路径，才能将其变为促进权利有效配置的便捷工具，而非推行弱肉强食逻辑的不实借口。

（本文原载于《中国法学》2009 年第 6 期）

---

① 梁慧星：《电视节目预告表的法律保护和利益衡量》，《法学研究》1995 年第 2 期；梁上上：《利益的层次结构与利益衡量的展开》，《法学研究》2002 年第 1 期；梁上上：《利益衡量的界碑》，《政法论坛》2006 年第 5 期；张新宝：《侵权责任法立法的利益衡量》，《中国法学》2009 年第 4 期；梁上上：《制度利益衡量的逻辑》，《中国法学》2012 年第 4 期；梁上上：《利益衡量论》，法律出版社，2013。

追求裁判的社会效果：1983～2012

宋亚辉[*]

一 现象与问题

在中国最高人民法院（以下简称"最高法院"）描绘的法治蓝图中，追求裁判的"社会效果"，坚持"法律效果与社会效果相统一"，无疑是最引人注目的中国特色之一。这样的表述频繁见诸各类司法文件，[①] 已成为各级法院必须贯彻实施的司法政策。以每年度定期发布的《最高人民法院工作报告》（以下简称"最高法院报告"）作为分析样本，自1983年首次出现"社会效果"概念至2012年最后一次出现，恰好经历三十年。数字也许只是巧合，但背后蕴含着丰富多彩的法治探索史乃至试错史。尤其值得关注的是，自2013年以来，在中共十八大确立的新的历史起点上，"社会效果"概念在最高法院报告中戛然而止，这并非报告撰写者的遗漏所致，其所传递的信息尤其值得反思。

结合现代法治发展趋势来看，中国正在建设中的法治固然是规则之治，但若僵化地理解和适用规则，法院将难以回应转型社会的复杂变化对司法裁判的灵活性需求。如何克服司法僵化及滞后性问题由此成为各国法治建设必须正视的共通性难题。带着类似的问题意识和现实主义关怀，追求"社会效果"的司法政策在中国一路高歌猛进推行了三十年之久。学界

* 宋亚辉，法学博士，南京大学法学院副教授，中德法学研究所研究员，2017～2018年任高研院第十三期短期驻院学者。

① 在北大法律信息网数据库收集的6495件司法解释及工作文件中，以"社会效果"作为"全文关键词"进行搜索，共有367份司法文件明确使用"社会效果"概念，足见其在官方司法文件中出现的频繁性。参见 http://vip.chinalawinfo.com/newlaw2002/chl/index.asp，检索日期：2017年6月26日。

对此也颇为关注，① 但与最高法院的大力倡导不同，不少学者持批判立场，认为该司法政策偏离法治目标，甚至可能走向去法治化的极端。② 面对这样的争论，理论上有必要反思：何为最高法院眼中的"社会效果"？三十年的政策实践对中国法治建设有何经验教训？

二　何为最高法院眼中的"社会效果"

（一）最高法院职能转型时期出现的新概念

准确解读"社会效果"概念及其所传递的司法政策，必须将其置于历史的隧道中，结合中国法治发展史作情境化理解。在笔者掌握的各类司法文件中，"社会效果"概念首次出现于1983年的最高法院报告。当时提出这一概念主要是强调：审判工作同时也是"政治思想工作"，不仅要"严格依法办事"，更要"走群众路线"，凡是群众工作做得好，审判的"社会效果"就好。③ 在中国的政法话语体系中，"走群众路线"和"严格依法办事"是两个分属政治与法治系统的不同话语范畴。前者是中国共产党在根据地时期就已确立的政治路线；后者是在1979年《刑法》、《刑事诉讼法》和1982年《宪法》颁布后才逐渐登上历史舞台的法治准则。最高法院将这两个代表不同时代范畴的概念相提并论，背后蕴含着重要的历史意义。时任最高法院院长江华在1983年的最高法院报告中对当时的时代背景描述如下："到目前为止，审判林彪、江青反革命集团案的历史任务已经完成。……国内政治情况已经发生了根本变化，阶级斗争已经不再是我国社会的主要矛盾，99％以上的人口都属于人民的范畴。"最高法院也在这份报告中首次使用如下论断："党和国家已经在指导思想上完成了拨乱反正的艰巨任务，工作重点已经转移到社会主义现代化经济建设上来，实现了历史性的伟大转变。"④

随着党和国家中心工作的转移，最高法院在国家权力体系中的角色与

---

① 以"社会效果"和"法律效果"作为关键词在 CNKI 论文数据库中做"主题"检索，同时符合这两个关键词的文献共 1199 篇。参见 http://acad.cnki.net/Kns55/brief/result.aspx? dbPrefix＝CJFQ，检索日期：2017 年 6 月 26 日。
② 参见陈金钊《法律人思维中的规范隐退》，《中国法学》2012 年第 1 期。
③ 参见江华《最高人民法院工作报告》，《人民日报》1983 年 6 月 26 日。
④ 参见江华《最高人民法院工作报告》，《人民日报》1983 年 6 月 26 日。

职能也开始发生变化。在以阶级斗争为纲的时代，最高法院的角色相对单一，它是人民民主专政和"阶级压迫阶级的工具"。① 在这一时期，最高法院的任务是"为政治服务"，② 中心工作始终围绕"镇压敌人、团结人民"这一阶级斗争主题展开。③ 正如谢觉哉在司法培训班上所讲："我们的法律是服从于政治的，没有离开政治而独立的法律。政治要求什么，法律就规定什么。……我们的司法工作者一定要懂政治。"④ 这意味着，一切审判工作都是政治工作，最高法院只需沿着既定政治路线开展审判工作即可，无须另立司法政策。但随着党和国家中心工作的转移，1979 年以来的社会主义市场经济建设引发诸多政治无涉的私人经济纠纷，逐步脱离阶级斗争的法院遂将工作重心从"镇压与团结"转向专业审判业务中的"定分止争"。作为中国的最高审判机关，最高法院也开始从纯粹政治性法院，转向"公共政策法院"和"司法审判法院"并举的双重角色。⑤

最高法院的角色转型对其职能定位和工作方法提出了新要求。一方面，作为公共政策法院，最高法院实际承担的职能包括维护法制统一并"为国家的中心工作服务"；⑥ 另一方面，作为司法审判法院，最高法院需实际从事并指导下级法院的审判业务。前者属于政治性或政策性职能，"为国家的中心工作服务"是其核心要旨；后者则属于专业技术职能，"严格依法办事"是其基本准则。二者分属不同的职能范畴。但对于同时扮演双重角色的中国最高法院来讲，"为国家的中心工作服务"不仅要求其政策制定和政治活动，必须围绕党和国家的中心工作展开，而且要求其专业审判业务也要"服务大局"。于是就出现了 1983 年最高法院报告对专业审

---

① 毛泽东：《论人民民主专政》，《毛泽东选集》第 4 卷，人民出版社，1991，第 1476 页。

② 侯猛：《中国最高人民法院研究》，法律出版社，2007，第 33 页。

③ 最高法院从 1950 年至 1983 年的核心工作可归纳为镇压反革命、团结人民和其他突击性政治任务，如执行特赦、参加社会主义教育运动、五反运动、审判"四人帮"、纠正"文革"冤案等。参见喻中《论中国最高人民法院实际承担的政治功能》，《清华法学》第 7 辑，清华大学出版社，2006，第 40~42 页。

④ 参见《谢觉哉同志在司法训练班上的讲话（摘要）》，《人民司法》1978 年第 3 期。

⑤ 学者总结的最高人民法院的角色包括：公共政策法院、行政管理法院、司法审判法院、上诉法院和象征正义符号的法院。在笔者看来，公共政策法院和司法审判法院是其核心角色。参见侯猛《中国最高人民法院研究》，第 33、173 页；季卫东《最高人民法院的角色及其演化》，《清华法学》第 7 辑，第 20 页；苏力《司法解释、公共政策与最高法院》，《法学》2003 年第 8 期；贺卫方《论最高法院》，《人民法院报》2002 年 8 月 23 日。

⑥ 参见侯猛《中国最高人民法院研究》，第 57~71 页；喻中《论中国最高人民法院实际承担的政治功能》，《清华法学》第 7 辑，第 43~47 页。

判业务提出的双重要求——既要"严格依法办事"又要"走群众路线"。①为整合这两方面要求，最高法院创造了"社会效果"概念，借此成功地将最高法院的双重职能对接起来，作为指导全国法院系统在工作重心转移（即从阶级斗争转向定分止争）过程中仍不能偏离政治方向。

几乎在同一时期并基于相同的逻辑，最高人民检察院也提出类似的概念，要求提高办案的"社会政治效果"，② 后来又将其分解为"政治效果"和"社会效果"两个概念。③ 但在"审判工作同时也是政治工作"的司法环境中，审判的"政治效果"与"社会效果"之间除了案件所涉议题的政治敏感度以及观察视角的差别外（前者侧重于党和国家的政治视角，后者侧重于社会公众视角），并无制度功能上的差异。2002 年前后，最高法院也开始并列使用"政治效果"与"社会效果"概念，前者侧重于要求司法审判必须遵循政治导向，后者侧重于要求司法审判符合社会政策判断，但由于社会政策问题一定程度上也是政治问题，因而最高法院习惯于在相同意义上并列使用"政治效果"与"社会效果"概念。④

（二）透过公共政策变迁探知"社会效果"含义

既然"社会效果"概念的提出是为了回应法院工作重心的转移，要求

---

① 作为印证，在笔者收集到的报刊类法律文献中，"社会效果"概念也首次出现于 1983 年，且同样是在调和法制（依法审判）和政治（群众路线）的意义上使用"社会效果"概念，这与 1983 年《最高人民法院工作报告》的逻辑完全一致。参见《认真复查纠正雷正光反革命案件，做好善后工作》，《人民司法》1983 年第 4 期；任宝云《采取措施防止矛盾激化》，《人民司法》1983 年第 4 期。

② 最高人民检察院将"不断提高办案的社会政治效果"作为办案经验在全国推广。参见《最高人民检察院关于转发二厅〈关于查处盗伐滥伐森林案件的情况和意见〉的通知〔失效〕》，〔1983〕高检二函第 13 号。

③ 参见《最高人民检察院关于检察机关反贪污贿赂工作若干问题的决定》，高检发〔1999〕第 27 号。

④ 在首次提到"政治效果"概念的司法文件中，最高法院指出："浦发银行的股东可能有几十万人之多，涉及面广、社会影响大。我们在研究决定这类纠纷是否受理的问题时，要把握好法律效果、政治效果和社会效果的统一。"参见《最高人民法院关于周正义状告浦东发展银行要求撤销增发新股议案等一类纠纷的投诉应否受理问题的复函》，〔2002〕民立他字第 2 号。这里的"社会效果"和"政治效果"均指"维稳"。其他司法文件也以相同的逻辑使用这两个概念，主题涉及经济社会稳定、反腐倡廉、外交政策等。参见《最高人民法院关于依法妥善处理历史形成的产权案件工作实施意见》，法发〔2016〕28 号；《最高人民法院关于应对国际金融危机做好当前执行工作的若干意见》，法发〔2009〕34 号；《最高人民法院关于进一步做好 2009 年人民法庭工作的通知》，法〔2009〕94 号；《曹建明副院长在听取民三庭工作汇报时的讲话》，法民三〔2006〕9 号。

其在专业审判业务中也要兼顾法治与"服务大局"的双重要求，那么，随着改革开放中国家中心工作的微调，"社会效果"的内涵是否也在发生变化？从最高法院各类司法文件来看，"社会效果"概念在司法解释、政策文件、典型案例和审判工作会议上均频繁出现，但最能集中反映司法政策变化的文件载体仍是最高法院报告。作为一项法定制度，最高法院院长须在每年全国人大会议上向立法机关汇报上一年度工作总结和未来规划，司法政策是其核心议题之一。在 1980～2017 年的 38 份报告中，"社会效果"自 1983 年首次出现至 2012 年最后一次出现，恰好经历三十年，出现次数多达 28 次，分布于 20 份报告中。①

　　正如表 1 所示，"社会效果"概念在 20 份最高法院报告中的上下文含义随着时空转移和国家公共政策调整而变化，其在不同时期、不同领域和不同社会情境中侧重于不同的内容。若从时间维度将"社会效果"的含义与同一时期党和国家的中心工作（即公共政策，下同）对比将会发现，不同时空背景下的"社会效果"与同时期的公共政策密切相关。（1）当政策上强调走群众路线时，最高法院把息诉服判、群众支持并教育群众视为"社会效果"的内涵（1983～1990）；（2）当全国再次掀起"严打"政策时，最高法院将从重从快惩处严重犯罪、以案讲法教育群众作为重点追求的"社会效果"（1991～1995）；（3）当国家推行社会主义市场经济政策并提出依法治国方略时，最高法院把维护市场经济秩序、及时有效执行、宣传法治建设作为重点追求的"社会效果"（1996～2000）；（4）当防腐倡廉成为国家进入新世纪的政策重点时，最高法院又将惩治贪污腐败、树立正（宋鱼水）反面（成克杰）典型和廉政教育作为"社会效果"的核心内容（2001～2008）；（5）在国内社会矛盾凸显和国际金融危机背景下，当"维稳""救市"成为国家的政策重点时，"社会效果"的含义又侧重于服务

---

① 作为分析样本，1980～2017 年的 38 份《最高人民法院工作报告》刊载于 1980 年 9 月 17 日、1981 年 12 月 16 日、1982 年 12 月 17 日、1983 年 6 月 26 日、1984 年 6 月 7 日、1985 年 4 月 16 日、1986 年 4 月 20 日、1987 年 4 月 16 日、1988 年 4 月 18 日、1989 年 4 月 9 日、1990 年 4 月 10 日、1991 年 4 月 13 日、1992 年 4 月 7 日、1993 年 4 月 6 日、1994 年 3 月 27 日、1995 年 3 月 24 日、1996 年 3 月 22 日、1997 年 3 月 21 日、1998 年 3 月 24 日、1999 年 3 月 21 日、2000 年 3 月 20 日、2001 年 3 月 21 日、2002 年 3 月 20 日、2003 年 3 月 23 日、2004 年 3 月 20 日、2005 年 3 月 18 日、2006 年 3 月 20 日、2007 年 3 月 22 日、2008 年 3 月 23 日、2009 年 3 月 18 日、2010 年 3 月 19 日、2011 年 3 月 20 日、2012 年 3 月 20 日、2013 年 3 月 22 日、2014 年 3 月 18 日、2015 年 3 月 21 日、2016 年 3 月 21 日、2017 年 3 月 20 日的《人民日报》。

社会稳定大局、服务经济发展大局并妥善回应社会舆论热点（2009～2012）。由此看来，最高法院眼中的"社会效果"并无固定含义，它随着党和国家公共政策的变化而变化。

表 1　最高法院报告中的"社会效果"含义

时间段	"社会效果"含义	出现年份	国家政策背景
1983～1990	当事人服判；群众支持；惩治与宽大相结合；教育群众	1983、1984、1985、1990	群众路线严打
1991～1995	从重从快惩处并震慑严重犯罪；以案讲法；教育群众	1991、1992、1994、1995	严打
1996～2000	维护市场经济秩序；及时有效地执行；宣传法制建设	1996、1997、1998、2000	市场化改革
2001～2008	惩治贪污腐败；树立正反面典型；当事人息诉服判	2001、2004、2005、2008	反腐倡廉
2009～2012	服务经济社会稳定大局；遏制恐怖犯罪；回应舆论热点	2009、2010、2011、2012	维稳、救市

（三）借由"社会效果"概念构建政策的司法转介机制

上述规律中隐藏着重要的社会学现象：最高法院眼中的"社会效果"虽然处于动态变化中，但万变不离其宗，党和国家在特定时期的公共政策决定了"社会效果"的具体内涵。这并非巧合，最高法院也曾直言不讳地指出，法院要通过执行党和国家的公共政策来追求裁判的"社会效果"，[①] 其言外之意是说，政策执行得好，裁判"社会效果"就好。司法政策的完

[①]　例如《最高人民法院关于当前形势下做好行政审判工作的若干意见（法发〔2009〕38号）》第3条：正确处理适用法律与执行政策的关系，努力实现法律效果与社会效果的有机统一。《最高人民法院关于审理涉及金融不良债权转让案件工作座谈会纪要（法发〔2009〕19号）》第1条：人民法院在审理此类案件中，要将法律条文规则的适用与中央政策精神的实现相结合……确保审判的法律效果和社会效果统一。《最高人民法院关于当前形势下做好劳动争议纠纷案件审判工作的指导意见（法发〔2009〕41号）》第3条：在审理劳动争议纠纷案件时，不仅要严格执行法律、法规，还要充分考虑国家为应对国际金融危机出台的一系列方针政策。

整逻辑由此得以全面展现：最高法院之所以创造一个极为抽象的"社会效果"概念，是因为概念越抽象其解释空间就越大，其在不同社会情境中的可塑性也越强。作为公共政策法院，最高法院只有借助这样的弹性化概念，才可有效传递其在不同时期、不同案件和不同社会情境中伺机而动的政策指示，并在必要时通过这一概念指挥地方法院在个案中加强政策权衡，确保司法裁判兼顾法治与"服务大局"的双重要求。

"社会效果"概念背后的政策转介机制由此得以呈现。最高法院创造这一抽象概念的目的，旨在构建公共政策的司法转介机制，借此将党和国家的公共政策转化为司法政策，进而输送到司法裁判中。这是最高法院履行政治职能的重要方式，也是中国司法政治理性的展现。^① 但问题是，既然"以事实为依据、以法律为准绳"已被确立为裁判准则，最高法院为何又将公共政策输送进入裁判？最高法院法官道出了其中缘由："当前之所以强调法律适用的社会效果，一个很关键的原因是当今社会经济关系的高度复杂化和极强的变动性……法律适用不再是田园诗般的静态的逻辑推演，而必须加入多样化的社会价值的考量。"^② 公共政策正是所谓"社会价值考量"的重要内容。由此看来，"社会效果"概念本质上是公共政策的司法转介机制，也是最高法院"为国家中心工作服务"的手段。借助这一转介机制，最高法院可灵活地要求下级法院在个案中加强政策权衡，提高裁判结果的妥当性，以回应转型社会对司法的灵活性需求。

三　各级法院如何追求"社会效果"

最高法院在各类司法文件中虽反复强调司法裁判的"社会效果"，但究竟如何追求"社会效果"，最高法院并未给出完整的操作方案，实践中主要靠各级法院及法官自行探索，历史上形成了以下四种经验主义做法。

---

① 参见吴英姿《司法的公共理性：超越政治理性与技艺理性》，《中国法学》2013 年第 3 期。

② 孔祥俊：《论法律效果与社会效果的统一：一项基本司法政策的法理分析》，《法律适用》2005 年第 1 期。

（一）直接援引公共政策

在 1983 年的时代背景下，各级法院追求"社会效果"的常用方法之一是直接援引公共政策。在逻辑上，既然"社会效果"概念本质上是公共政策的司法转介机制，那么，法官直接援引公共政策进行裁判也自在情理之中。尤其是在法制尚不健全的时代，若不援引国家公共政策，法院也没有其他更好的选择。实证研究显示，经济政策、农村政策、社会政策和刑事政策均频繁见诸判决书，并实质性地影响管辖权确定、合同效力判断、土地权利归属和定罪量刑的基准。①

在援引方法上，公共政策主要以两种方式出现在裁判文书中：（1）直接将政策作为裁判依据使用，即在"依据……判决如下"中援引政策。②最高法院也曾在《民法通则》颁布之前明确表示可将"民事政策"作为裁判依据。③ 1986 年颁布的《民法通则》第 6 条更是明确承认"国家政策"在法律缺失条件下的法源地位（2017 年《民法总则》将其删除）。（2）将公共政策作为裁判说理的依据，即在"本院认为"部分援引公共政策，这在司法实践中相当普遍，例如近年来最高法院的司法文件反复重申要将党中央提出的"宽严相济刑事政策"作为法院定罪量刑的裁量依据，目的旨在确保"法律效果和社会效果的高度统一"。④

（二）创制（变通）裁判规则

在法律缺失条件下，法院还通过创制裁判规则来追求"社会效果"；当面对非常态的社会情势，法院甚至还变通既有裁判规则来追求"社会效

---

① 参见李友根《司法裁判中政策运用的调查报告》，《南京大学学报》（哲学·人文科学·社会科学）2011 年第 1 期。

② 参见商丘市中级人民法院〔2009〕商民终字第 8 号民事判决书；南阳市中级人民法院〔2009〕南民二终字第 65 号民事判决书；松原市中级人民法院〔2008〕松民一终字第 245 号民事判决书。

③ 参见《最高人民法院关于贯彻执行民事政策几个问题的意见（1963）》，《最高人民法院关于贯彻执行民事政策法律的意见（1979）》和《最高人民法院关于贯彻执行民事政策法律若干问题的意见（1984）》。

④ 参见《最高人民法院关于贯彻宽严相济刑事政策的若干意见》，法发〔2010〕9 号；《最高人民法院发布三起人民法院贯彻宽严相济刑事政策典型案例》，2013 年 2 月发布；《最高人民法院关于实施修订后的〈关于常见犯罪的量刑指导意见〉的通知》，法发〔2017〕7 号。

果"。创制和变通裁判规则的载体主要是司法解释、指导性案例和内部裁判指南。但相较于司法解释和裁判指南，指导性案例（目前仅 16 批 87 件）的历史贡献远不及前者，本文主要以司法解释为例展示法院自行创制和变通裁判规则的现象。目前已颁布的数以千计的司法解释中既有规范解释型也有规范创制型司法解释，① 后者实际上已超越"解释"范畴而行立法之实，但这对于司法政策的落实功不可没，尤其是在法制不健全的年代，它缓解了地方法院无法可依状态下的燃眉之急。

需特别说明的是变通裁判规则的做法，这在 2009～2010 年的国际金融危机时期表现得尤其突出。为落实国家在金融危机时期的各类经济刺激政策，最高法院集中颁布了一揽子旨在服务经济发展大局和社会稳定大局的司法文件，其中明确提到"社会效果"概念的司法文件达到历史之最。② 这些司法文件不仅强调经济政策的司法适用，而且还创设了不少新规则，广泛涉及企业破产、劳动争议、司法执行、不良金融债权转让、行政审判等领域。就具体内容来看，其中很多条款都是在我国现行法已有规定的情况下，对既有规则的修改或变通适用。这里以最高法院 2009 年颁布的含"社会效果"概念的司法文件为例加以展示。

从表 2 所列内容来看，关于行政行为的违法性认定、不良债权转让合同之效力、宣告破产的标准、诉讼保全的适用条件与方式、强制执行的适用条件与方式等，在我国现行法中大都有明确规定。但在金融危机时期，为追求裁判"社会效果"——减少破产、挽救危机企业、避免国有资产流失、支持救市计划、维持社会稳定和经济稳定，最高法院通过临时颁布的司法文件对既有裁判规则做了变通性安排。例如，"法发〔2009〕38 号"司法解释对于"没有明确法律依据但并不与上位法和法律原则相抵触"的行政行为网开一面，这显然已突破"法无明文授权不可为"的基本原则，而且超越了行政诉讼法有关行政行为司法审查的规则。至于其理由，最高法院在分析了国际金融危机对中国经济发展和社会稳定所造成的负面影响后，开宗明义地指出：地方法院在审判业务中必须"正确处理适用法律与

---

① 截至 2013 年 3 月 6 日，最高法院颁布的现行有效的司法解释（不含工作文件）多达 3351 件。参见《全国人大常委会法制工作委员会关于司法解释集中清理工作情况的报告》，2013 年 4 月 23 日发布。

② 据笔者统计，最高法院 1983 年以来颁布了 296 份含"社会效果"的司法文件，其中 2009 年和 2010 年分别多达 23 份、28 份。统计样本来自"北大法宝"数据库（http://vip. chinalawinfo.com），统计日期：2017 年 6 月 26 日。

执行政策的关系，努力实现法律效果与社会效果的有机统一"。[①]

表 2   为追求"社会效果"而变通裁判规则

主题	司法文件	变通适用裁判规则举例
行政审判	法发〔2009〕38	第3条：在对规范性文件选择适用和对具体行政行为进行审查时……对于没有明确法律依据但并不与上位法和法律原则相抵触的应对举措，一般不应作出违法认定
债权转让	法发〔2009〕19	第6条：金融资产管理公司转让不良债权存在下列情形，人民法院应当认定无效。（一）债务人或者担保人为国家机关的；（十）受让人与参与不良债权转让的金融资产管理公司工作人员、国有企业债务人……有直系亲属关系的
企业破产	法发〔2009〕36	第3条：对于虽然已经出现破产原因或者有明显丧失清偿能力可能，但符合国家产业结构调整政策、仍具发展前景的企业，人民法院要充分发挥破产重整和破产和解程序的作用，对其进行积极有效的挽救
劳动争议	法发〔2009〕41	第11条：对暂时资金周转困难、尚有经营发展前景的负债企业，采用"活扣""活封"等诉讼保全方式，慎用冻结、划拨流动资金，不拍卖、变卖厂房设备，避免因保全措施不当影响企业的生产经营或导致企业倒闭停业
司法执行	法发〔2009〕34	第6条：对于因资金暂时短缺但仍处于正常生产经营状态、有发展前景的被执行人企业，慎用查封、扣押、冻结等执行措施和罚款、拘留等强制措施

（三）变换法解释方法

法院追求"社会效果"最常用的手段是变换运用法解释方法，这主要以个案方式加以展现。本文选择一类与经济政策密切相关的案例加以剖

[①]   参见前引第 689 页注①，法发〔2009〕38 号文件。

析——涉外贴牌生产案件。① 中国作为"世界加工厂"，贴牌加工贸易在经济结构中占据较大比重，也正是基于此，涉外贴牌生产案件的裁判在我国始终随着经济政策的波动而左右摇摆。譬如，最高法院曾多次强调注重裁判的"社会效果"，但这一政策指示在 2001 年中国刚加入 WTO 期间，被解读为加强知识产权保护力度。地方法院不约而同地严格执行当时《商标法》第 52 条第 1 项之字面含义，判决涉外贴牌生产案件侵犯第三人在中国享有的商标权。② 这在法律上无可指摘，但客观上限制了贴牌加工这一出口创汇大户，被指"社会效果"不佳。③ 随着 2009 年国际金融危机对中国贴牌加工贸易的冲击日益严重，不少工厂停业、工人返乡待业。此时，最高法院再次强调裁判的"社会效果"，并点名要求"妥善处理当前外贸贴牌加工中多发的商标侵权纠纷"。④ 同样都是强调"社会效果"，此时却传递出截然不同的含义，即服务于经济发展大局和"救市"大局。地方法院对此也心领神会，纷纷扭转涉外贴牌生产案件的判决结果——改判不侵权。⑤

至于改判理由，各地纷纷放弃此前的文义解释方法，各显神通，创造了五花八门的解释方法。如表 3 所示，广东法院协同一致地采纳限缩解释——将《商标法》第 52 条第 1 项中的商标"近似"限缩为"混淆性近似"，据此认定出口国外的贴牌产品不构成"混淆性近似"，进而不构成侵权。虽然同属不侵权判决，但上海法院却协同一致地选择"合目的性限缩"的漏洞补充方法——回归商标法立法目的，以商标侵权的"混淆标准"取代立法上的"相同或近似使用"标准。相较之下，福建法院的裁判思路更显得无章可循，2009 年后既有坚持文义解释的侵权判决，也有适用诚实信用原则做出的不侵权判决。尤其值得注意的是，最高法院 2015 年首次以终审判决的方式回应了此类案件，并采用了全新的解释方法——将"商标使用"概念限缩为"流通性使用"，认定未进入流通领域的贴牌生产行为不属于商标使用，

---

① 案件争点为：受托在中国生产并出口国外的贴牌产品，不在国内销售将不会造成国内公众混淆，此时若贴牌商标与第三人在中国注册的商标相同或近似，这是否侵犯第三人在中国享有的商标权？

② 2001 年首次引发关注的案件为深圳市中级人民法院〔2001〕深中法知产初字第 55 号民事判决书。

③ 参见周季钢《谁在帮助耐克狙击中国？》，《经济》2004 年第 11 期。

④ 参见《最高人民法院关于当前经济形势下知识产权审判服务大局若干问题的意见》，法发〔2009〕23 号。

⑤ 在笔者掌握的数十份判决中，唯一的例外是福建省高级人民法院〔2012〕闽民终字第 500 号民事判决书。

进而不侵犯他人商标权。① 这能否统一裁判基准仍有待观察。总之，类似于涉外贴牌生产案件这样，通过变换法解释方法来追求"社会效果"的案例比比皆是，② 这已成为法院追求"社会效果"常规手段。

表3　为追求"社会效果"而变换法解释方法

前后变化	解释方法		商标侵权判断标准和论证逻辑	裁判文书例示
2009年之前（侵权）	文义解释		判断标准：相同或近似使用标准 判决逻辑：依据商标法第52条第1项，不管产品是否在国内销售，相同或近似使用均构成侵权	〔2001〕深中法知初字第55号； 〔2005〕浙民三终字第284号； 〔2006〕粤高法行终字第22号； 〔2008〕甬民四初字第46号
2009年之后（不侵权）	限缩解释	广东	判断标准：混淆性近似标准。 判决逻辑：被诉出口产品不会造成国内相关公众混淆，不构成商标法第52条第1项意义上的商标近似，故不构成商标侵权	〔2011〕粤高法民三终字第467号；〔2011〕粤高法民三终字第468号
	漏洞补充	上海	判断标准：混淆标准 判决逻辑：商标法的立法目的在于防止公众混淆商品来源。涉案产品全部出口国外，不会导致国内公众混淆，不构成商标侵权	〔2009〕沪高民三知终字第65号；〔2010〕浦民三知初字第146号；〔2011〕沪一中民五知终字第130号；〔2012〕沪一中民五知终字第200号
	原则裁判	福建	判断标准：诚实信用原则 判决逻辑：被告虽构成商标"近似使用"，但原告商标注册动机不正当，违反诚实信用原则，应限制其权利，因此被告不侵权	〔2012〕闽民终字第378号
	限缩解释	最高法院	判断标准：流通性商标使用标准 判决逻辑：未进入流通的贴牌产品不构成《商标法》第48条中的"商标使用"，进而不构成商标侵权	〔2014〕民提字第38号

---

① 参见中华人民共和国最高人民法院〔2014〕民提字第38号民事判决书。

② 例如针对近年来日益敏感的房地产案件，《最高人民法院关于当前形势下进一步做好房地产纠纷案件审判工作的指导意见》（法发〔2009〕42号）第1条明确要求："尽可能维持土地使用权出让合同效力。"至于裁判方法，最高法院只字未提，实践中主要由地方法院自行探索。

（四） 策略性地运用程序

正式程序的"非正常运作"，[1] 在追求"社会效果"的实践中同样发挥着重要作用，甚至在有些时候，策略性地运用程序能获得比变通实体法更好的"社会效果"。实践情况表明：（1）法院对受案范围的自我限定，有时是为了避免更坏的"社会效果"。中国法院在权力格局中的地位决定了其不可能确保所有进入法院的纠纷都能案结事了，带着这样的预期，法院会将一些政策性或政治性较强的案件排除在外，由相应的党政机构解决。这不仅常见于行政诉讼，而且在"三峡移民""外嫁女"纠纷等民事领域也较为常见。[2]（2）若运用得当，两审终审制也可成为追求"社会效果"的重要机制，例如，对于拒绝赔偿受害人的重大交通肇事者孙伟铭而言，一审法院的死刑立即执行判决，正是其家属为争取二审宽大处理（二审改判为无期徒刑）而积极赔偿受害人的"谈判筹码"。[3]（3）曾被誉为"东方经验"的调解制度，[4] 在 1980 年代就被视为追求"社会效果"的宝贵经验在全国推广，[5] 且在三十年后的今天依然发挥着重要作用。[6]（4）法院在行政诉讼中通过争取地方党委支持建立的"行政一把手"出庭应诉制度，[7] 对于落实"社会效果"的司法政策也具有重要意义，尤其对化解社会矛盾、争取舆论支持起到了积极作用。（5）此外，还包括其他被称为"能动司法"或"法院参与社会管理创新"的举措，这在劳动争议、破产、

---

[1] 参见吴英姿《民事诉讼程序的非正常运作》，《中国法学》2007 年第 4 期。

[2] 由行政机关处理此类案件，法院保留在后续行政诉讼中的司法审查权，有助于实现更好的社会效果，参见 Xin He，"Why Did They Not Take on the Disputes? Law, Power and Politics in the Decision-making of Chinese Courts，"*International Journal of Law in Context*，203（2007），pp. 203–225。

[3] 参见王建平《死刑判决的民事赔偿"挤压功能"初论》，《社会科学研究》2010 年第 1 期。

[4] 参见中共江苏省委研究室《东方经验：人民内部矛盾的"大调解"》，《求是》2010 年第 15 期。

[5] 在司法政策确立之初的 1983 年，江苏省高级人民法院和最高人民法院就曾推广一起以调解方式化解国有企业与个体户纠纷的案件。由于涉及私营经济，这在当时属于敏感的经济和政治问题。本案调解结案的意义被表述为"通过审理，调解结案。既使国家利益不受损失，又保护了个体工商户的合法权益，维护了合同的严肃性，社会效果很好"。参见《正确审理个体工商户诉法人的经济合同纠纷》，《人民司法》1984 年第 2 期，第 27 页；《江苏省高级人民法院工作简报》1983 年第 30 期。

[6] 参见苏力《关于能动司法与大调解》，《中国法学》2010 年第 1 期。

[7] 参见贺欣《法院推动的司法创新实践及其意涵》，《法学家》2012 年第 5 期。

民间借贷案件中较为常见，有些创新举措对于案结事了并缓解社会矛盾确实发挥了积极作用，但凡事皆有度，如何避免这些创新举措对法治的破坏无疑是司法实践必须正视的问题。

四　三十年得失与自我修正

（一）践行司法政策的方法论得失

追求"社会效果"的司法政策是时代转型的产物，更是法律与政策这两种社会治理机制融合的结果。对于此种经验主义事实，任何简单的否定与赞歌都是草率的，真正有意义的工作是总结三十年经验教训，以便重新出发。首先需要反思的是方法论得失。如前所述，法院直接援引公共政策、创制（变通）裁判规则、变换法解释方法和策略性地运用程序，对于司法政策的落实均功不可没，但又不同程度地存在规范性欠缺问题，有些甚至已偏离法治轨道，必须加以反思性重构。

第一，直接援引公共政策的做法，在法治建设早期属不得已之举，但随着我国成文法体系的逐步健全，直接援引公共政策作为裁判依据的做法，终将退出历史舞台，能与法治相兼容的援引方式，只能是在法律缺失条件下，以政策作为裁判说理依据。[①] 但令人遗憾的是，近年来仍有一些法院在判决书主文部分直接援引公共政策，即"根据……及有关政策之规定，判决如下……"[②] 且不说此类判决的实体结论是否合法，仅就其表述方式来看，在"以事实为依据，以法律为准绳"的裁判准则早已深入人心的今天，将政策作为裁判依据，显然难以实现息诉服判的效果。如果说在法律缺失的时代，将政策作为裁判依据尚属约束条件下的"次优选择"的话，在法制体系基本形成的今天，仍以政策作为裁判依据显然偏离了法治轨道，也不可能取得好的"社会效果"。

第二，通过司法解释创制（变通）裁判规则也面临同样问题。首先，法院创制裁判规则所存在的僭越立法之嫌已得到较多关注，[③] 不过，这在改革开放初期缓解了无法可依状态下的燃眉之急，相较于直接援引政策，

---

① 参见张红《论国家政策作为民法法源》，《中国社会科学》2015年第12期。
② 对此类判决书的整理分析，参见李友根：《司法裁判中政策运用的调查报告》，《南京大学学报》（哲学·人文科学·社会科学）2011年第1期。第54~56页。
③ 参见袁明圣《司法解释"立法化"现象探微》，《法商研究》2003年第2期。

毕竟更接近法治，但随着法制体系的逐步健全，法院的规则创制行为必须受到限制且只能用于弥补法律空白，形式上也应以指导性案例方式加以表达。其次，变通裁判规则不仅影响形式主义法治，而且严重损害法律与司法的公信力。不仅如此，"社会效果"导向的规则变通还可能出现背离政策初衷的意外后果，例如，为保护只有一套住房的穷人利益而变通适用房屋拍卖措施的规定，① 反而让穷人雪上加霜。② 为避免企业破产、工人下岗、国有资产流失所做的变通性规定同样可能引发意外后果，例如限用保全和强制执行措施虽有助于挽救危机企业，但这意味着债权担保功能的减弱和安全预期的降低，反而加剧了市场风险。因此，变通裁判规则只能作为应对异常社会情势的临时举措，且必须充分评估，谨防意外后果。③

第三，在践行司法政策的方法论实践中，如果说直接援引公共政策和创制（变通）裁判规则的做法都略显粗放，且与现代意义上的法治存在张力的话，法院变换法解释方法，则显得更为精细化和法治化，它能在法治框架下以潜移默化的方式表达法官在个案中的政策权衡和结果判断。因此，法解释方法的变换运用应当成为政策进入裁判的常规路径。当然，这里的"法治化"也是相对而言的，因为法解释方法的"变换"运用并非法官随心所欲，而是要遵循一套相对稳定的方法论准则。从"表3"所列案例来看，广东、上海、福建和最高法院在将经济政策融入裁判时，固然形成了协同一致的判决结果，但各自所用的法解释方法却五花八门，尤其是福建省法院同一审判庭做出的前后判决在论证思路上也不一致，这有违"同案同判"的双重要求（相同的判决结果与同样的裁判理由）。而且从法学方法论来看，不管是广东、上海还是福建的做法都有问题，因为当时的《商标法》第52条第1项之文义是如此清晰确定，难谓有解释空间和法律漏洞，福建省法院适用诚实信用原则裁判更是涉嫌"向一般条款逃避"。④

第四，策略性地运用程序也面临与实体法解释适用类似的问题，此举虽然能在法治框架下兼顾法律与政策之间的关系，但凡事过犹不及，对程序规则的策略性运用必须把握必要的限度。譬如，调解程序原本是追求裁

---

① 参见《最高人民法院关于人民法院民事执行中查封、扣押、冻结财产的规定》法释〔2004〕15号第6条：对被执行人及其所抚养家属生活所必需的居住房屋，人民法院可以查封，但不得拍卖、变卖或者抵债。

② 参见应飞虎《权利倾斜性配置研究》，《中国社会科学》2006年第3期。

③ 参见宋亚辉《公共政策如何进入裁判过程》，《法商研究》2009年第6期。

④ 参见宋亚辉《经济政策对法院裁判思路的影响研究》，《法制与社会发展》2013年第5期。

判"社会效果"的重要经验，但最高法院 2009 年全面推广的"大调解"运动，在有些地方甚至被异化为"零判决"运动，[①] 这无疑是对调解程序的严重滥用。此外还包括其他被概括为"能动司法"或"法院参与社会管理创新"的各种举措，实践中如何避免越俎代庖、叠床架屋并破坏形式主义法治的危险无疑是未来的重点课题。

（二） 1999 年所做的"法律效果与社会效果相统一"之修正

法院追求"社会效果"的实践已充分暴露出方法论上的随意性，这表明学者的怀疑也并非空穴来风。[②] 最高法院也意识到此问题，其副院长江必新大法官表示："在司法实践中，有的执法司法人员在办理案件的时候，明显违反法律的规定，当你追问他的时候，他说这是因为考虑社会效果的结果。"[③] 也许正是为避免此类问题，最高法院于 1999 年首次做出政策调整，开始强调"法律效果与社会效果相统一"。[④] 2000 年的最高法院报告还特别提到全国法院系统在 1999 年开展了"坚持审判的法律效果与社会效果相统一的大讨论"。

回顾当时的历史背景，1997 年召开的中共十五大正式提出"依法治国"的基本国策，并于 1999 年写入《宪法》。在此背景下，最高法院为防止司法政策偏离"依法治国"的方向，遂创造了一个更具法治意味的"法律效果"概念，并转而强调"法律效果与社会效果相统一"，但这并未消除学者疑虑。[⑤] 这当然不完全是囿于学术偏见，因为并列使用这两个概念本身就歧义重重，似乎严格的法律推理对应"法律效果"，而政策考量对应"社会效果"。最高法院的法官还据此将裁判方法也区分为法条方法与政策方法，其中，"法条方法是按照法律的明文规定、常规的法律解释或者公认的法理，按照先后相继的严格法律推理过程，决定特定案件的裁判结果。……

[①] 参见叶肖华《零判决现象的反思与批判》，《政法论坛》2015 年第 3 期。

[②] 参见陈金钊《被社会效果所异化的法律效果及其克服》，《东方法学》2012 年第 6 期。

[③] 参见江必新《在法律之内寻求社会效果》，《中国法学》2009 年第 3 期。

[④] "法律效果"概念首次出现于 1997 年的《最高人民法院工作报告》，但当时并未明确提出"法律效果与社会效果相统一"的表述。这一概念是由时任最高法院副院长李国光大法官于 1999 年撰文提出。参见李国光《坚持办案的法律效果与社会效果相统一》，《党建研究》1999 年第 12 期，第 5 页。

[⑤] 参见王发强《不宜要求"审判的法律效果与社会效果的统一"》，《法商研究》2000 年第 6 期。

政策方法是变通法律适用的常规逻辑步骤，或者改变法律适用的正常方向，寻求特殊的法律适用效果"。① 基于同样的逻辑，该法官还将评价裁判正确与否的标准也分为逻辑标准和政策标准，其中，"逻辑标准是一种常规情况下的法律标准，适用于大多数情况；政策标准是特殊情况下的适用标准，是对于逻辑标准的变通或者对于特殊情况的应对和反应。"②

"法律效果与社会效果""法条方法与政策方法""逻辑标准与政策标准"等一系列新概念，确实令人生疑：在强调依法治国的今天，怎能将法律和政策并列作为裁判的双重标准。由此引发学者的如下批评："很多法律人为了迎合当下的某些政治修辞，顺应法律问题政治化的需求，在表述司法政策的时候攀附政治言辞，因而出现了很多从法学或法治的角度看很蹩脚的表达。"③ 这里所针对的正是"社会效果和法律效果"这对概念。该学者还断定，"现行司法政策已经否定了法律权威的绝对性"，④ 并出现"法律人思维中的规范隐退"。⑤ "社会效果和法律效果"这对概念的并列使用，还使一些学者对中国司法产生了不必要的误解。⑥ 有人据此总结出中国司法的三种模式：法律效果本位模式、社会效果本位模式、双重效果统一模式，而且还对号入座认为实践中遵循的是社会效果本位模式，而学界支持法律效果模式。⑦ 甚至还有人提出荒谬的建议：中国乡土社会的基层法官应坚持社会效果优先，而城市地区应坚持法律效果优先。⑧

引发上述一系列争议与误解的直接原因在于，最高法院创造了一对似是而非的概念——法律效果与社会效果。正是这对概念的不当使用以及一些人的过度演绎才导致一系列学术批判和误解。为了集中回应批评意见，江必新大法官撰文强调"在法律之内寻求社会效果"。⑨ 这一回应

---

① 孔祥俊：《论两个效果统一与防止机械司法》，《人民司法·应用》2008 年第 19 期。

② 孔祥俊：《论裁判的逻辑标准与政策标准》，《法律适用》2007 年第 9 期。

③ 陈金钊：《被社会效果所异化的法律效果及其克服》，《东方法学》2012 年第 6 期，第 46 页。

④ 陈金钊：《被社会效果所异化的法律效果及其克服》，《东方法学》2012 年第 6 期，第 45 页。

⑤ 陈金钊：《法律人规范中的思维隐退》，《中国法学》2012 年第 1 期，第 5 页。

⑥ 例如有学者断言："广大人民群众的司法需求往往并不直接表现为严格地以法律为标准，他们对司法活动正确与否的判断常常是以朴素的正义观和法律直觉为出发点。"参见刘彦辉《法律效果与社会效果的司法解读》，《光明日报》2010 年 11 月 26 日，第 9 版。

⑦ 参见李光宇《论司法的法律效果与社会效果冲突互动的三种模式》，《西南民族大学学报》2012 年第 1 期。

⑧ 参见唐延明：《论司法的法律效果与社会效果》，《东北财经大学学报》2009 年第 1 期。

⑨ 参见江必新：《在法律之内寻求社会效果》，《中国法学》2009 年第 3 期，第 5 页；江必新《严格依法办事：经由形式正义的实质法治观》，《法学研究》2013 年第 6 期。

切中要害，直击问题核心。在逻辑上，"法律效果与社会效果"本不该被区别对待，所谓"社会效果"本就是法律适用自然推导出的结果，也即"审判的社会效果寓于法律效果之中"。①一旦将"法律效果与社会效果"这对概念相提并论，极易引发上述误解。若避开这对概念不谈，仅从实质意义上分析理论和实务界的立场会发现，最高法院的司法政策主要针对的是那些死扣法条的机械主义司法，而学者反对该司法政策，其实真正反对的是那些放弃法条教义，走向人治或政策之治的去法治化极端。这两个极端在现代法治环境下都是不可取的。因此，双方的担忧都十分必要，但却并未针对同一问题，之所以缺乏共识，不是因为观点不同，而是根本没有展开真正意义上的论辩，双方不过是在重申各自对不同问题的立场而已。

（三）2013年之后的政策调整及其蕴意

在经历了三十年的高歌猛进之后，"社会效果"概念在2013年以来的最高法院报告中戛然而止。尤其值得注意的是，2016年最高法院报告在谈到"司法为民"时要求要注重"审判效果"。根据1983~2012年的惯例，这里通常会以"社会效果"或者"法律效果与社会效果相统一"这样的常规用语加以表达，但此时却刻意避开常规用语，以"审判效果"这个无任何感情色彩的概念加以替代。不仅如此，与"社会效果"概念同时消失的核心关键词，还包括"大调解"和"能动司法"。相较于此前的高调曝光，这些具有家族相似性的关键词在最高法院报告中的集体消失，绝非报告撰写者不慎遗漏所致。作为一项重大政治任务，历时数月写就并经反复推敲、字斟句酌形成的最高法院报告，②将一系列曾被视为最高法院工作"亮点"呈现三十年之久的关键词隐去，显然是有意为之。

最高法院何以求变？在笔者看来，经过三十年的实践，作为公共政策转介机制的"社会效果"概念已被赋予了过多的内涵，例如息诉服判、群

---

① 江国华：《审判的社会效果寓于其法律效果之中》，《湖南社会科学》2011年第4期。

② 每年1万字左右的报告是最高法院极为重视的工作，通常由院长带领专门工作组，几易其稿（2016年和2015年分别修改30稿、28稿），历时数月写就，报告中写什么、怎么写、文风、用语都经过深思熟虑并字斟句酌。参见最高人民法院工作报告起草组《回应人民群众期盼，讲好中国法治故事——〈最高人民法院工作报告〉起草过程侧记》，《中国审判》2015年第6期；高新：《让司法更加贴近人民群众，让公平正义以看得见的方式实现——〈最高人民法院工作报告〉起草纪实》，《人民法治》2016年第4期。

众支持、震慑犯罪、维护市场经济秩序、宣传法制建设、惩治贪污腐败、遏制恐怖主义、服务经济发展、维持社会稳定、回应舆论热点等。面对如此众多的政策要求，法官在追求"社会效果"的道路上也背负了太多难以承受的负担。毕竟，法院在国家权力格局中的地位决定了法官不可能在法律框架下妥善处置所有敏感案件。① 随着维稳、救市、社会舆论纷纷成为法院在个案中必须追求的"社会效果"时，面对众多约束条件，法官已很难在法律和政策之间找到恰当的平衡点。曾经为迁就舆论或息事宁人所做的判决，也许会因为损害司法公信力而沦为"社会效果"不好的典型；曾因"维稳"所做的"社会效果"良好的判决，也可能因刺激了公众的机会主义倾向而给未来埋下不稳定的种子。尤其是当"维稳"政策已深陷"维稳怪圈"时，② 将政策打包进入司法系统的"社会效果"概念，也已膨胀到了失控的边缘。也许正是为了避免"作茧自缚"，最高法院才开始主动采取降温和自控措施——在具有对外宣示效果的工作报告中回避"社会效果"概念。③

　　上述变化是否意味着最高法院主动放弃该司法政策？笔者进一步扩大分析样本发现，自 2013 年以来，"社会效果"概念在最高法院报告之外的司法文件中并未销声匿迹，而是变换场域和方式重新表达。其中，（1）表达场域从对外宣示转向对内指示；（2）表达方式从抽象概念转向以典型案例方式呈现。例如 2013 年之后仍提到"社会效果"概念的司法文件，多半都是最高法院发布的专项典型案例，④ 其中的"社会效果"概念均旨在说明上榜案例的典型性。

　　由此看来，最高法院报告回避"社会效果"概念，虽然反映出最高法院对其司法政策的反思与修正，但这并不意味着最高法院主动放弃该司法政策，只是变换场域和方式重新表达。从内容上看，最高法院 2013 年后发

---

① 参见吴英姿《司法的限度：在司法能动与司法克制之间》，《法学研究》2009 年第 5 期。

② 参见金太军等《基层政府"维稳怪圈"：现状、成因与对策》，《政治学研究》2012 年第 4 期。

③ 一个不容忽视的事实是，作为改革的分水岭，2013 年（也是最高法院换届的时间点）最高法院报告在全国人大会议上获 75.6% 的最低通过率，这一"差评"也许正是法院遭遇尴尬处境的表现。经过 2013 年以来的自我调整，最高法院报告的通过率一路回升至 2017 年的 91.83%，达到近十年的峰值。

④ 最高人民法院 2013 年 1 月 1 日至 2016 年 6 月 3 日期间共颁布了 61 份含"社会效果"概念的司法文件，其中 33 份都是专项"典型案例"。数据来自"北大法宝"数据库（http://vip.chinalawinfo.com），统计日期：2017 年 6 月 26 日。

布的专项"典型案例"主要涉及两类主题：一是政策热点（供给侧改革、社会主义核心价值观、企业破产、征收拆迁、环境保护等）；二是民生主题（残疾人权益保障、婚姻家庭纠纷、校园刑事案件等）。这与此前最高法院报告的内在逻辑高度吻合——都是通过"社会效果"概念转介特定时期的公共政策，只不过此前是以抽象概念对外宣示并对内传达，2013 年后主要以典型案例为载体更加生动地表达。

司法政策在表达场域和表达方式上的变化并非仅具形式意义，其所蕴含的政策管控态度和方式，对于未来司法政策的落实具有重要意义。（1）表达场域的自我限缩，表明最高法院开始对政策的司法转介机制保持谨慎与管控态度，这有助于缓解"社会效果"内涵过度膨胀给法官带来的沉重负担，但这只是个开端，如何进一步完善政策进入裁判的管控机制将是当下的重点课题。（2）表达方式的调整，对于司法政策的落实具有重要的方法论意义。因为案例本身承载着更丰富的信息，它不仅传达了最高法院在典型案例中的政策判断，而且还辅之以最高法院所认可的裁判方法，这对于未来裁判方法的统一将产生积极影响。

五　司法政策的未来走向

（一）司法政策的去留之辩

针对最高法院的司法政策，有学者尝试从两个角度否定其正当性，一是分权学说；[①] 二是司法的形式逻辑。[②] 但这些通过照搬西方早期纯粹形式主义立场来否定中国司法政策的做法显然是教条主义。时至今日，立法和司法权绝对分离的立场以及完全形式主义的三段论推理均已被现代司法哲

---

① 基于分权学说的否定意见认为，"社会效果是立法应当考虑的问题，而不是司法考虑的问题。……一旦法律已经确定，在司法过程中便不能进行第二次利益选择，否则办理案件过程中便存在双重标准。对于法官来说，法律就是他的上帝，只要案件在实体上和程序上正确了就行，而不应当加上一条所谓的社会效果的标准"。参见汪建成、孙远《论司法的权威与权威的司法》，《法学评论》2001 年第 4 期。

② 基于形式逻辑的否定意见认为，法律适用依赖严格的三段论推理，在推理完成之前，无人确切地知道法律实施的效果，基于推测基础上的社会效果是虚幻的。"真正的社会效果是案件裁判以后，再用科学手段认真研究的基础上才能得出结论。"参见陈金钊：《被社会效果所异化的法律效果及其克其克服》，《东方法学》2012 年第 6 期，第 46 页；陈金钊：《法律人规范中的思维隐退》，《中国法学》2012 年第 1 期，第 7 页。

学所超越。实际上，中国最高法院通过构建政策的司法转介机制来回应转型社会对司法的灵活性需求的尝试，恰恰顺应了法治发展趋势，与 20 世纪后期法律社会化运动的问题意识高度吻合——关注"法律制度的实际社会效果，而不是封闭的规范体系和概念"。①

受到法律社会化运动的影响，结果导向的裁判方法在西方法治国家也早已司空见惯。英国所谓的"后果主义论辩"，正是由法官根据其对判决结果的预测来寻找可资适用的规则，这样的法律推理也影响了控辩双方的论辩技巧。② 在实用主义传统根深蒂固的美国，当法官预测到遵循先例可能造成不当后果时，创造性地解释或发展法律将变得理所当然，"这种创造性是司法传统的一部分"。③ 甚至在霍姆斯看来，法律不过是对法官在具体案件中将如何裁判的预测，真正有影响力的是法官基于经验的结果预判，因此才有了"法律的生命在于经验"这一著名论断。即便在重视形式逻辑三段论推理的大陆法系，结果导向的裁判方法也已成为超越概念法学并改造法教义学的基本思路。④ 不只是法官，结果导向是理性人共享的思维方法。⑤ 因此，批评者试图否定中国司法政策的理由，恰恰是现代司法哲学所要超越的对象。

但不容否认的是，中西方法治语境和制度环境不同，西方法治国家经历了长期的形式主义司法实践，20 世纪后期以来强调"后果主义"或"结果导向"，目的旨在解决纯粹形式主义司法所导致的脱离社会现实之弊，这是对纯粹形式主义法治的纠偏行动，因而在方法论上，结果导向的裁判方法是以司法的形式理性作为默认前提，并在此基础上通过法解释方法和漏洞补充技术来调控裁判结果。这里隐含两点启示：一是在法律之内寻求社会效果；二是在方法论上将社会效果转化为规范化的司法技术问

---

① 张文显：《二十世纪西方法哲学思潮研究》，法律出版社，2006，第 97 页。

② 参见〔英〕麦考密克《法律推理与法律理论》，姜峰译，法律出版社，2005，第 137～146 页。

③ 〔美〕A. L. 考夫曼：《卡多佐》，张守东译，法律出版社，2001，第 217 页。

④ 诚如学者所言，"殊不知现代法教义学早已今非昔比，不再是机械的'法条主义''形式主义'，而是一个基于法治要求而坚持现有法律框架，恪守既有法律和法理，同时又通过在立法中植入概括性、兜底性条款等法律技术，容纳了广阔的价值判断的、在必要时刻可以有限度地突破成文法字面禁锢的、开放的法律体系"。参见黄卉《论法学通说（法条主义者宣言）》，《北大法律评论（第 12 卷·第 2 辑）》，北京大学出版社，2011，第374 页。

⑤ 参见苏力《法律人思维?》，《北大法律评论》2013 年第 14 卷第 2 辑，第 446～448 页。

题。至于"社会效果"概念本身，则属于抽象的价值判断。在确保形式主义法治的基础上，所谓的"社会效果"不过是严格依法裁判在实践层面的自然延伸，是依法裁判所带来的正外部性。

当下中国的问题在于，正在建设中的法治尚未经历严格形式主义法治实践和经验积累，在欠缺这一前提下追求"社会效果"，容易使人联想起人治或政策之治的窠臼。若借助"社会效果"概念无条件地将政策转介进入裁判，无疑会把中国司法引向法律虚无主义，因而强调"以法律为准绳"才是首要前提。但这毕竟只揭示出问题的一半，中国正在建设中的法治面临双重任务：（1）不仅要确立法治的形式理性和规则至上的裁判理念；（2）而且要直面当下，回应转型社会对司法裁判所提出的社会适应性和灵活性需求。中国所处的全球化时代背景和法治建设的后发优势，决定了中国无须重新回归纯粹形式主义法治的历史起点，更不必复制西方走过的道路。当今中国所需的是形式理性与社会适应性彼此兼顾的司法哲学，二者不可偏废。但遗憾的是，追求"社会效果"的司法政策对于后者重视有余，而对前者认识不足。但从法治发展规律来看，坚持司法的形式理性恰恰是裁判的前提和基础，失去这一前提的司法政策在实施中必然偏离法治轨道。也许正是因为忽视了这一前提条件，才导致最高法院的司法政策在学界引起较大争议。由此看来，最高法院的司法政策并未走到被彻底推翻的地步，如何改良与重构才是关键。就此而言，最高法院2013年以来对司法政策的自我修正在总体方向是对的，即加强自我管控，防止政策的司法转介机制被滥用。至于管控方法，无疑要回归法律教义，在法律框架下借助规范化的司法技术来回应政策判断。

（二）司法政策的规范化表达

改良司法政策首先需要解决的是概念表达的规范化。概念性误解源于"法律效果与社会效果"这对概念的不当使用——似乎在"法律效果"之外还有一个所谓的"社会效果"。有迹象显示，一些实务部门为了衬托"社会效果"概念的正当性，已逐步将"法律效果"塑造成死抠法条字眼和机械演绎的代名词。但这不仅是一种误读，而且贬损了我国正在建设中的法治。这也是学者批判司法政策具有反法治倾向的原因。但反对者之所以偏颇，是因为不该把问题归结于司法政策本身，问题的症结在于概念表述的严谨性和裁判方法的规范化。

从逻辑上来讲，裁判结果原本是法律适用所自然推导出的结果，这是个中性概念。人们对于裁判结果当然可以进行价值评判，根据不同的标准，裁判结果可能存在妥当与不妥当、合理与不合理、可接受与不可接受之别，这完全取决于人们以何种标准、谁的立场加以评判。法官当然也可以对裁判结果及其可能的社会影响进行预判。也许正是在这个意义上，最高法院要求司法裁判应当注重"社会效果"，借此要求全国法官依据最高法院的评价标准进行结果判断，尽量做出兼顾法律与政策双重要求的裁判结果。为了简洁易懂地表达这一政策指示，最高法院选择一个略带政治色彩的"社会效果"概念加以表达。概念上若将其置换为妥当效果、合理效果、抑或其他任何便于转介公共政策的弹性概念，也完全可以传达最高法院的政策初衷与内涵，说到底，这只是语言符号的选择，并非实质性问题，但为了减少前述概念性误解和不必要的争议，未来司法政策的表达应避免并列使用"法律效果和社会效果"这对歧义重重的概念，建议回归中国司法面临的双重任务本身，以"兼顾司法的形式理性与结果妥当性"加以替代。

（三）践行司法政策的方法论构建

接下来的实质性问题是，在践行司法政策过程中，如何从方法论上避免法解释适用中随意裁剪和变通法律的做法。这已成为现代司法哲学必须面对的普遍性问题。带着类似的问题意识，卢曼提出了"法律系统论"，认为法律系统必须坚守运作的自主性和封闭性；在此基础上，面对社会的复杂变化，法律系统还要通过内部运作发展出一种认知的开放性，借此对外部社会环境保持足够的敏感性和适应性。用卢曼的话说："法律系统的运作在规范上是关闭的，同时在认知（审理上）又是开放的。"[1] 规范的封闭性有助于确保司法的运作自成一体，防止道德、政策等法外因素过度介入，进而避免法律虚无主义和去法治化风险；认知的开放性又能使法官在认知层面保持开放姿态，并根据社会情势变化或个案差异适度引入法外资源来提高裁判结果的妥当性和社会适应性。这种兼顾司法的形式理性和社会适应性的法律系统被形象地称为"自创生系统"。[2] 这为落实中国最高法

---

① 〔德〕卢曼：《社会的法律》，郑伊倩，人民出版社，2009，第 38 页。
② 〔德〕贡塔·托依布纳：《法律：一个自创生系统》，张骐译，北京大学出版社，2004，第1~12 页。

院的司法政策提供了可资借鉴的思路，并暗示了两个层面的方法论准则。

1. 规范适用的封闭性

规范适用的封闭性是落实最高法院司法政策的基础和前提，也是裁判方法论之"本体"。借用法律系统论的话说，"法律只能通过系统内部的运作对外部世界的变迁进行有限度的回应，因此，法律系统的社会适应性并不意味着对传统法律教义学的突破，而必须在法律教义学工具的帮助下才能够实现"。① 当然，恪守法律教义在不同类型的案件中也存在差异。在绝大多数常规案件中，严格依法裁判往往就意味着妥当的裁判结果，因为我们有理由相信，立法者在立法过程中已对各种可能的结果及社会影响做了权衡取舍，并尽可能直观地通过法律文义加以表达，法官在常规案件中只需转述立法者的立场即可。由此做出的裁判也许仍会受到个别人的质疑，但不要忘了，对裁判结果的评价存在当下和远期之别，有时在个案中牺牲个别利益诉求，目的旨在维持法的安定性和可预见性，并从长远角度减少纠纷的总量，这正是"始终如一"依法裁判所蕴含的社会效果。②

只有在个别难办案件中，③ 法官才需要创造性地解释适用法律以寻求裁判结果的妥当性和社会可接受性。但创造性地解释适用法律绝非放弃法条教义，更不是无条件地"超越法律"；而是在既有法律框架下寻求对法的情境化理解，这是现代法教义学的发展趋势。现代法教义学不仅不排斥政策权衡和价值判断，反而致力于形成一套"价值判断的论证规则"，④ 并尝试在法的稳定性和灵活性之间觅得一条刚柔相济的裁判方法。在现代法教义学看来，法律适用过程并非机械的法条主义演绎，"而是以法律文本为依据，依照法律规范的内在逻辑和体系要求解释、应用及发展法律的做法。其功能是：在争议事实有多个可供选择的法律规则时（或缺乏相应规则时），为裁判者提供可言说、可交流、可检验的规则选择与法律论证机制"。⑤ 现代法教义学理论为落实最高法院的司法政策提供了方法论上的指

---

① 〔德〕贡塔·托依布纳：《魔阵·剥削·异化——托依布纳法律社会学文集》，泮伟江等译，清华大学出版社，2012，第10页。

② 参见苏力《"海瑞定理"的经济学解读》，《中国社会科学》2006年第6期。

③ 根据学者界定，"难办案件"指"事实清楚却没有明确的法律可以适用，或适用的结果不合情理甚或有悖天理（所谓自然法）"。参见苏力《法条主义、民意与难办案件》，《中外法学》2009年第1期。

④ 许德风：《论法教义学与价值判断》，《中外法学》2008年第2期，第166页。

⑤ 许德风：《法教义学的应用》，《中外法学》2013年第5期。

引，并为法官处理个别难办案件提供了法治化路径。

2. 司法认知的开放性

在恪守法律教义的基础上，落实最高法院的司法政策还必须在司法认知层面保持适度开放性，借此将法外资源融入法律适用过程。但在裁判方法论上，法外资源的地位退居其次，它并非裁判依据，甚至根本不会出现在裁判文书中，而仅仅属于可资"借用"的分析或推理工具，只能以潜移默化的方式影响法官的裁判思路和司法技术选择。这里的"法外资源"广泛涉及公共政策、政治导向、经济效率、社会舆论、文化因素等社科领域的各种资源和工具。之所以强调司法认知的开放性，是因为成文法无法随社会变化而随时做出修改，但政策权衡、价值判断和政治考量却具有显著的灵活性，将其融入裁判过程可有效提高司法裁判的社会适应性。就个案而言，借用法外资源可帮助法官准确预测各种裁判结果可能的意义与影响，进而为裁判方法选择和司法技术运用提供指引。

在方法论上，法外资源的运用同样有章可循。在法律系统论看来，"法律科学与社会科学的关系，不是通过'接纳'，也不是通过'断绝'来把握，而是被理解为依据一定的转换规则，也就是依据一定的法律自身的选择标准，将社会科学知识从一个社会情境'转换'到另一个社会情境"。① 这意味着，包括公共政策在内的法外资源绝不能直接作为裁判依据，法外资源进入裁判必须运行在法治轨道上，借助法律系统内部的两套转介机制加以实现。

首先是程序性转介机制。将法外资源输送进入裁判可借助程序规则的巧妙运用加以落实。例如，民事调解制度正是将中国的"和"文化与"面子"文化融入审判过程，充分利用当事人潜移默化的文化认同感，通过个性化的调解程序来表达法官在司法审判中的社会文化考量。再比如，行政诉讼被告"一把手"出庭制度充分尊重中国当前的政治构架、权力格局、科层体制和干部考核制度，通过行政机关"一把手"出庭程序来表达法官在行政案件中的政治权衡。这是中国法官借助程序性转介机制，将法外资源输送进入司法过程的范例。这些极具中国特色的制度创新，是充分尊重中国转型社会的司法环境而做出的选择。此举不仅没有走向去法治化的极

---

① 〔德〕贡塔·托依布纳：《魔阵·剥削·异化——托依布纳法律社会学文集》，泮伟江等译，第314~315页。

端，反而让法院在中国既定政治体制和权力格局中更加稳健地运行，这是中国司法之实践理性的生动诠释。

其次是实体性转介机制。将法外资源输送进入裁判更多的是通过实体法规则的解释适用来完成，即借助法律解释、漏洞补充和原则裁判技术，以润物细无声的方式来表达法官在个案中的政策判断。其运作原理是从法律文本之外的素材来探究文本的含义、弥补法律漏洞或对抽象法律原则进行价值补充，以确保裁判结果的妥当性。在方法论上，法官首先可运用法外资源对各种可能的裁判结果及其社会影响进行预判，而后再寻找适当的法解释技术或漏洞补充技术展开论证。但由于司法技术的多样性，法官在审理同类案件时，常出现类似涉外贴牌生产案件那样的"殊途同归"现象，这显然有违"同案同判"的双重含义。如何克服司法技术运用上的随意性由此成为落实最高法院司法政策的关键所在。

学界关于多元司法技术的适用条件和顺序虽然存有争议，但至少在以下方面已形成初步共识：首先，狭义上的法解释技术是以现行法有规定，但内涵不明确为前提的。在解释方法的选择上，每一种解释方法各具功能，但亦有局限性，不同解释方法之间没有一成不变的适用顺序，个案中需相互补充、共同协力才能获得合理的解释结果。但毋庸置疑，文义是法律解释的开始，也是终点，只有当文义解释有多种可能性时，才可参酌其他解释方法。① 其次，漏洞补充技术的运用必须以现行法存在漏洞为前提。理论上对于漏洞补充技术并无整齐划一的适用规则，实践中只能视个案情况而定，但必须建立在充分论证和说理基础上，尤其要详细论证法律是否存在漏洞，以及为何要选择此种漏洞补充技术，因为漏洞补充乃实质意义上的"法官造法"。再次，法律原则作为兜底性规定，其功能在于指导具体法律规则的解释方向或弥补法律规则的缺位。因此，适用原则裁判的前提是无具体规则可供适用，且通过其他漏洞补充技术无法解决。最后需要重申的是，司法技术的选择虽是因案而异的个性化问题，但毋庸置疑的是，将包括公共政策在内的法外资源输送进入裁判过程，必须借助法治轨道上的转介机制来完成，并将政策判断转化为一种可言说、可论证、可检验的司法技术问题。

---

① 参见王泽鉴《法律思维与民法实例》，中国政法大学出版社，2001，第240~241页；梁慧星：《民法解释学》，中国政法大学出版社，1995，第245页。

结　语

追求"社会效果"的司法政策是法院职能转型的产物，是法律与政策这两种社会治理机制博弈与融合的结果，同时也是结果导向思维与后果主义法律论证的中国版本。但正是这个反对法条主义、机械论司法、且在现代司法哲学中无甚新意的主张，在缺乏形式主义法治实践和经验积累的中国引发诸多争议。三十年的政策实践表明，不仅法院系统的政策表达和实践方法缺乏规范性，而且学界对该司法政策的批判也存在无的放矢和偏离重点之问题。但这些显然不能成为废弃最高法院司法政策的理据。若以实证态度关注中国司法追求"社会效果"的实践，会发现其中有诸多极具中国特色的经验可资提炼升华，尤其是法院关注中国当前社会结构、政治体制和传统文化的态度，以及在尊重既定格局前提下探索中国特色审判经验的积极尝试，对于当下中国法治与学术研究均具有重要意义。这不仅是中国法治建设的试验田，更是中国法学从"移植"走向"创造"的宝贵资源和研究素材，因而应当认真对待中国最高人民法院的司法政策。

（本文原载于《法学研究》2017 年第 5 期）

国际产能合作与重塑中国经济地理

吴福象　段　巍*

引　言

美国历史学家莫里斯（Ian Morris）在其著作《西方将主宰多久：从历史的发展模式看世界的未来》中提出，地理学是决定国家历史命运的第三种力量。这里的"地理学"并非基于物质地理视角，而是基于经济地理视角。《2009 年世界发展报告》也指出，某些地区发展势头良好，是因为它们普遍遵循了符合区域经济一体化的三大典型特征和内涵，促进了地理结构的变迁：一是提高密度，二是缩短距离，三是减少分割。[①]

当前中国经济面临化解产能过剩和破解"胡焕庸线悖论"的双重难题。一方面，中国长期以加工制造环节嵌入全球价值链，使得在"三期叠加"的特殊时期，经济增长缺乏内生动力，工业体系面临低端化发展与产能过剩的困境。另一方面，过剩产能未能转化为实际福利惠及欠发达地区，"胡焕庸线"两侧依然发展极度不平衡。[②] 理论上讲，该双重难题主要源于经济地理格局演化滞后于经济发展。因为伴随着区域经济一体化的推进，产能分布应当遵循从分散到集聚而后再分散的"钟状曲线"（Bell-Shaped Curve）演化路径。而中国在经历要素向东部沿海的集聚之后，区际福利水平开始高度失衡，偏离了"钟状曲线"先集聚后分散的路径，由此造成了产能过剩和区域不平衡的双重难题。

---

* 吴福象，南京大学经济学院产业经济学系教授，2014～2015 年任南京大学高研院第十期驻院学者。

① World Bank, "World Development Report 2009: Reshaping Economic Geography," Washington, D. C., The World Bank, 2009, p. 7.

② 胡焕庸：《中国人口之分布——附统计表与密度图》，《地理学报》第 2 期，1935 年。

许多研究围绕中国区域发展不平衡的问题展开。例如，林毅夫和刘培林指出，中西部地区产业结构是由其与比较优势相背离导致的[①]，加入WTO后可遏制差距扩大；倪鹏飞等从国际贸易视角，分析了城市化滞后于工业化的原因，认为净出口比例越高，滞后效应越强。[②] 吴福象和蔡悦基于福利经济学视角，诠释了在缓解区域差异问题上，平衡产能分布的方法可能比转移支付手段更为有效。不过，这些研究以 WTO 框架下中国东南沿海以代工嵌入全球价值链为假设，而问题是，在当前中国面临的国内外背景下，经济地理格局如何动态地与区域产能承载力相匹配？产能分布的空间结构演变如何影响区域福利水平？回答上述问题，不仅需要考虑当前中国面临的发展背景，还需要转换区域研究范式。

首先，从中国面临的发展背景来看，"一带一路"倡议使中国的中西部腹地也具备了开放条件，缩短了"丝绸之路经济带"沿线国家之间的空间距离。[③] 并且，自 2014 年起，中国对外投资额已超过流入国内的外商投资总额，表明我国的产业资本在统计意义上开始向外净流出，开启了以主导者的身份融入国际贸易体系的新时期，开始在更大的空间范围内重新布局产能。

其次，研究的框架与范式需要转换。在 Krugman 的 C-P 模型中，区域一体化会带来经济活动集聚化；而在加入土地要素后，Helpman 认为区域一体化反而会使得经济地理格局分散化。Pflüger 和 Tabuchi 以一个统一的分析框架，融合了 Krugman 和 Helpman 的观点，认为随着一体化的持续推进，经济地理演化会呈先集聚后分散的"钟状曲线"路径。其中，Krugman 关注的是"钟状曲线"右侧，Helpman 关注的则是左侧。[④] 结合

---

① 林毅夫、刘培林：《中国的经济发展战略与地区收入差距》，《经济研究》2003 年第 3 期，第 19～25、89 页

② 倪鹏飞、颜银根、张安全：《城市化滞后之谜——基于国际贸易的解释》，《中国社会科学》2014 年第 7 期。

③ 尹虹潘：《开放环境下的中国经济地理重塑——"第一自然"的再发现与"第二自然"的再创造》，《中国工业经济》2012 年第 5 期。

④ P. Krugman, "Increasing Returns and Economic Geography," *The Journal of Political Economy*, Vol. 99, No. 3, 1991, pp. 483‑499; E. Helpman, "The Size of Regions," in D. Pines, E. Sadka and I. Zilcha, eds., *Topics in Public Economics: Theoretical and Applied Analysis*, Cambridge: Cambridge University Press, 1998, pp. 33‑54; M. Pflüger and T. Tabuchi, "The Size of Regions with Land Use for Production," *Regional Science and Urban Economics*, Vol. 40, No. 6, 2010, pp. 481‑489; P. P, Combes, T. Mayer and J. F. Thisse, *Economic Geography: The Integration of Regions and Nations*, New Jersey: Princeton University Press, 2008.

中国当前的经济发展背景，重塑经济地理的研究范式，需要转换为高一体化水平、高分散力的赫尔普曼（Helpman）范式。

本文的创新之处在于，基于当前中国经济地理格局演化进入"钟状曲线"左侧这一特征事实，以新经济地理学和新福利经济学的双重视角构建了资本流动的多区域模型，[①] 并将其融入中国当前产能过剩、经济地理格局不均衡、"一带一路"倡议等现实背景。在建模方法上，在模型中引入拥挤效应变量，分析过度的产业资本投资对创新部门的挤出效应。以封闭条件下的二区域模型为分析起点，然后将模型拓展为开放条件下的两国三区域模型，通过放松资本流动性假设，揭示重塑经济地理格局的条件和机制。

一　封闭条件下的资本流动与集聚效率

（一）模型假设与分析框架

本文构建两国三区域、三部门、两要素资本可流动的本地溢出（Local Spillovers）模型。[②] 首先考虑封闭状态下单一国基本模型，分析求解本国资本不对外输出时的长期均衡过程。假设本国 H（资本输出国）包含两个区域 A 和 B。区域 A 市场规模较大，资本存量和企业数量较多；区域 B 市场规模较小，资本存量和企业数量较少。三部门分别是：（1）规模报酬不变、完全竞争的传统部门；（2）规模报酬递增、垄断竞争的现代部门；（3）提供产业资本的资本创造部门。两要素分别为劳动 L 和资本 K，K 仅用于现代部门，L 能受雇于三个部门。

劳动力在部门间可以自由流动，但在区域间不可流动，在各区域对称分布且数量均为 L。假设资本可以在区域间自由流动，但资本所有者不能跨区域移动。资本在区域间不对称分布，H 国 A、B 两个区域资本存量禀赋分别用 K_A、K_B 表示。H 国两个区域总资本为 $K_H = K_A + K_B$。记 $s_K = K_A/K_H > 1/2$，代表 H 国的资本存量分布，且 A 区域具有更高的资本存量水

① R. E. Baldwin, R. Forslid and P. Martin, *Economic Geography and Public Policy*, New Jersey: Princeton University Press, 2003, chapter 7, chapter 17.

② R. E. Baldwin, P. Martin and G. Ottaviano, "Global Income Divergence, Trade, and Industrialization: The Geography of Growth Take-offs," *Journal of Economic Growth*, Vol. 6, No. 1, 2001, pp. 5-37.

平。在 D-S 模型[①]假设中，每个现代部门厂商生产一种产品，两区域产品数量分别为 n_A、n_B，产品总量为 $n_H = n_A + n_B$。记 $s_n = n_A / n_H$ 为 A 区域企业占 H 国的比例，代表国内产能分布系数。生产一单位产品需要一单位资本作为固定成本，需要 k 单位劳动力。

在长期中，经济系统的创新部门能创造新的产业资本，用以弥补资本折旧和保持资本存量增长。创新部门是完全竞争的，仅雇佣劳动要素进行资本创造。与 Martin 和 Ottaviano[②] 的假设相同，本文也假设区域创新具有溢出效应，使 A、B 两区域具有相同的资本存量增长率 g。否则在资本流动的 LS 模型中，系统总会趋于分散均衡，使模型缺乏对现实经济状况的解释力。创新效率受集聚外部性影响，包括正负外部性，进而影响创新成本。

代表性消费者的效用函数为：

$$U_t = \int_t^\infty e^{-\rho(s-t)} \ln(C_Z^{1-\mu} C_X^\mu) \, dt \tag{1}$$

（1）式中，$\rho > 0$ 为主观贴现率。C_Z 为传统部门产品消费，C_X 为现代部门产品消费数量指标，$C_X = \left[\int_0^n c(j)^{1-1/\sigma} dj\right]^{\frac{1}{1-1/\sigma}}$。$c(j)$ 为第 j 种产品消费量，σ 为替代弹性，$\sigma > 1$。n 为产品种类，且随时间变化。由于生产一种产品需要一单位资本，因而在封闭经济中 H 国企业数等于总资本数，即 $n_H = K_H$。

消费者在 t 期的消费支出为 $E(t)$。令同质性传统产品 $p^z = 1$，由（1）式可求得现代部门产品需求函数 $c(j) = \mu E \dfrac{p(j)^{-\sigma}}{P^{1-\sigma}}$，其中 $p(j)$ 为第 j 种产品的购买价格，$P = \left[\int_0^n p(j)^{1-\sigma} dj\right]^{\frac{1}{1-\sigma}}$ 为复合价格指数。

假设传统产品无运输成本，现代产品存在"冰山"贸易成本 $\tau > 1$。根据垄断竞争市场企业利润最大化的成本加成定价原理，可得产品价格：

① A. K. Dixit and J. E. Stiglitz, "Monopolistic Competition and Optimum Product Diversity," *American Economic Review*, Vol. 67, No. 3, 1977, pp. 297-308.

② P. Martin and G. Ottaviano, "Growing Locations: Industry Location in a Model of Endogenous Growth," *European Economic Review*, Vol. 43, No. 2, 1999, pp. 281-302.

$$p_{ii} = \frac{w_i k}{1 - 1/\sigma}, p_{ij} = \frac{\tau w_i k}{1 - 1/\sigma}, i \in \{A, B\}, j \neq i \tag{2}$$

（2）式中，p_{ij} 表示企业的产品由区域 i 运往区域 j 出售的价格，w_i 表示劳动工资，标准化得 $w_A = w_B = 1$。为简便记，令 $k = 1 - 1/\sigma$，企业出厂价也可标准化为 1。此时，本地企业产品在本地售价为 1，跨区域售价为 τ。将企业定价代入价格指数表达式，可得两区域现代部门产品的价格指数与产能分布的关系式：

$$P_A^{1-\sigma} = n_H[s_n + (1 - s_n)], P_B^{1-\sigma} = n_H[s_n + (1 - s_n)] \tag{3}$$

（3）式中，$= \tau^{1-\sigma} \in (0, 1)$ 表示贸易自由度。若趋向于 1，贸易成本可以忽略；趋向于 0，贸易成本无限大。为方便表述，进一步令 $_A = s_n + (1 - s_n)$，$_B = s_n + (1 - s_n)$，同时令 $b = \mu/\sigma$。记 $s_E = E_A / E_H$，代表 A 区域的支出份额占 H 国的比例。在垄断竞争范式中出厂价高于边际成本（$p_{ii} = 1 > k = 1 - 1/\sigma$），企业利润为 $\pi_i = p_{ii} c_{ii} + p_{ij} c_{ij} - k(c_{ii} + \tau c_{ij})$，将（2）、（3）式代入利润表达式，可得企业利润与产能分布关系的表达式：

$$\pi_i = \frac{\mu}{\sigma}\left(\frac{E_i}{P_i^{1-\sigma}} + \frac{E_j}{P_j^{1-\sigma}}\right) = \frac{b}{K_H}\left(\frac{E_i}{i} + \frac{E_j}{j}\right), i \in \{A, B\}, j \neq i \tag{4}$$

单位资本的长期价值 v_i 可视为企业利润流的折现。由于资本存量以 g 速率增长，资本折旧率为 δ，于是单位资本的长期价值可以表示为：

$$v_i = \int_t^\infty e^{-\rho t} e^{-\delta t}(\pi_i e^{-gt}) \, dt = \frac{\pi_i}{\rho + \delta + g} \tag{5}$$

模型中，完全竞争的资本创造部门出清条件为资本收益等于资本创造成本。设区域 $i(i = A, B)$ 创造单位资本需要 $1/a_i$ 单位劳动，于是区域 i 单位资本的创造成本为 $F_i = 1/a_i$。借鉴 Baldwin et al. 的方法，设 a_i 表达式为：[①]

---

① Baldwin et al. (2003) 将 a_i 表达式设定为 $a_A = a_B = [s_n + (1 - s_n) - \gamma(s_n - 1/2)^2] K_H$，表示技术溢出水平。为简化讨论，本文考虑的是 " = 0" 这一特殊情况，原因是地区增长率相同时，大小对均衡解性质影响较小。

$$a_A = a_B = [s_n - \gamma (s_n - 1/2)^2] K_H \qquad (6)$$

（6）式中，s_n 为产业集聚正外部性，$-\gamma (s_n - 1/2)^2$ 为负外部性。$0 \le \gamma \le 4$ 为负外部性系数阈值，以确保资本创造成本为正，代表的是拥挤效应相对于集聚效应的大小。

（二）产能分布与集聚效率

长期中，资本可在区域间自由流动，其流动方程为：

$$s_n = (\pi_A - \pi_B) s_n (1 - s_n) \qquad (7)$$

由（7）式可知，长期中产能分布可能存在多重均衡。由 $\pi_A = \pi_B$ 可得方程的内点解；另外，还存在 $s_n = 1$ 和 $s_n = 0$ 两个角点解。角点解的存在，意味着产能分布可能处于核心—边缘状态。首先，求出内点解条件，即由 $\pi_A = \pi_B$ 可以得到支出份额与产能分布的关系式：

$$s_n = \frac{1}{2} + \frac{1 +}{1 -}(s_E - 1/2) \qquad (8)$$

将（8）式代入（4）式，可得到内点均衡时的利润表达式：

$$\pi^* = \pi_A = \pi_B = b E_H / K_H \qquad (9)$$

长期中资本价值应当与创造成本相同，即托宾 q 值为 1。故当 $s_n \in (0, 1)$ 时，$v_A = F_A$，$v_B = F_B$；当 $s_n = 1$ 时，$v_A = F_A$，$v_B < F_B$。由于资本可自由流动，两个区域资本有相同的收益率；进一步，当两地资本存量增长率相同时，资本禀赋 s_K 不发生改变，两地托宾 q 值均为 1，即 $q_A = q_A = 1$。为此，由（5）式可得到 $\pi_i = (\rho + \delta + g) F_i$。由于均衡时经济系统中的总支出等于要素总收入减去资本创造部门的投入，故有：

$$E_i = L_i + (\rho + \delta + g) F_i K_i - (g + \delta) F_i K_i = L_i + \rho F_i K_i \qquad (10)$$

综合（9）、（10）两式，可得区域 A 的支出份额：

$$s_E = \frac{1}{2} + \frac{b\rho(s_K - 1/2)}{\rho + \delta + g} \qquad (11)$$

将（11）式代入（8）式，可得封闭状态下产能分布与资本禀赋的关系式：

$$s_n^{close} = \frac{1}{2} + \frac{(1+) b\rho}{(1-)(\rho + \delta + g^{close})}(s_K - 1/2) \tag{12}$$

由（12）式知，资本所有者分布不均匀（$s_K > 1/2$），必将导致产能分布与投资分布的不均匀（$s_n > 1/2$），且区域产能比重与对应的资本存量比重呈同向关系。

消费者最优跨期消费的欧拉方程为 $\dot{E}_i / E_i = r - \rho$。综合托宾 q 值为 1 以及（6）式和（9）式，可求得资本存量的增长率表达式：

$$g^{close} = 2bL[s_n^{close} - \gamma(s_n^{close} - 1/2)^2] - \rho(1-b) - \delta \tag{13}$$

由于前文假定了企业数量等于资本数量，所以企业数量 n_H 的增长率也为 g^{close}。在均衡时，产能分布情况与资本存量增长率之间的关系，可由（12）式和（13）式共同决定。将（12）式代入（13）式，可得内点均衡存在的充要条件，即存在 $s_n^* \in (0.5, 1)$，使得 $f(s_n^*) = 0$，其中

$$f(s_n) = 2(1-) b(s_n - 1/2) [-L\gamma(s_n - 1/2)^2 + 2Ls_n + \rho] - (1+) b\rho(s_K - 1/2)$$

经计算可知：

① 由于 $f'(1/2) > 0$，$f''(1/2) > 0$，且 $f(1/2) < 0$，当 $f(1) > 0$ 时，$f(s_n) = 0$ 在区间 $(0.5, 1)$ 中仅存在一个内点均衡解，即 $\phi \leqslant \frac{(8-\gamma) L + 2\rho(3 - 2s_K)}{(8-\gamma) L + 2\rho(1 + 2s_K)}$；

② 当 $f(1) < 0$，$f'(1) < 0$，且 $max_{0.5 < s_n < 1} f(s_n) > 0$ 时，$\frac{(8-\gamma) L + 2\rho(3 - 2s_K)}{(8-\gamma) L + 2\rho(1 + 2s_K)} < < h(\gamma, s_K)$，且 $\gamma > 2 + \frac{2\rho}{3L}$，存在两个内点均衡解，其中 $h(\gamma, s_K)$ 可由 $max_{0.5 < s_n < 1} f(s_n) = 0$ 解得；[①]

③ 当 $f(1) < 0$，$f'(1) < 0$，$max_{0.5 < s_n < 1} f(s_n) < 0$ 或 $f(1) < 0$，$f'(1) > 0$ 时，均不存在内点均衡，此时有 $> h(\gamma, s_K)$、$\gamma > 2 + \frac{2\rho}{3L}$ 或 $\phi >$

---

① 限于篇幅略去计算过程。

$$\frac{(8-\gamma)L+2\rho(3-2s_K)}{(8-\gamma)L+2\rho(1+2s_K)}、\gamma<2+\frac{2\rho}{3L}。$$

进一步，由资本流动方程（7）可知，各种情况下，系统还存在核心-边缘均衡 $s_n=1$（由于 $s_K>1/2$，故 $s_n=0$ 的核心-边缘均衡不稳定）。

图1分别为用数值模拟一个内点均衡、两个内点均衡和不存在内点均衡的情形。CC 线表示（12）式中资本收益率相等，即 $\pi_A=\pi_B$，代表个人投资决策；SS 线表示的是（13）式区域创新条件。CC 线在 SS 线上方的部分，表示 $f(s_n)<0$；CC 线在 SS 线下方的区域，表示 $f(s_n)>0$。在 CC 线的右侧区域，$\pi_A<\pi_B$，$s_n<0$；在 CC 线的左侧区域，$\pi_A>\pi_B$，$s_n>0$。

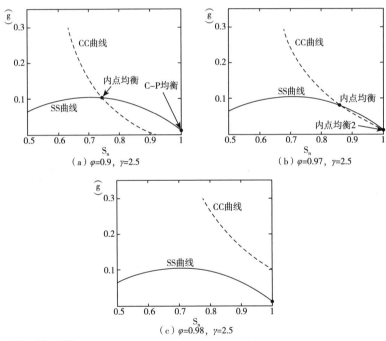

说明：其他参数设定为 $\mu=0.5$，$\sigma=5$，$\rho=0.04$，$\delta=0.1$，$s_K=0.8$，$L=2$。

图1　贸易成本、产能分布与集聚效率

图1（a）是存在唯一内点均衡时的情形。由于 CC 线右侧 $s_n<0$，左侧 $s_n>0$，在均衡点附近发生微小的偏离，系统会收敛于均衡点。此时内点均衡是稳定的，同理可知，核心-边缘均衡不稳定。图1（b）是存在两个内点均衡时的情形。表示产业集中度低的内点均衡与核心-边缘均衡都

是稳定的，而高产业集中度的内点均衡是不稳定的。图 1（c）是不存在内点均衡时的情形。表示核心-边缘均衡为唯一的均衡。因此，存在稳定内点均衡的充要条件为 $\phi < \dfrac{(8-\gamma)L + 2\rho(3-2s_K)}{(8-\gamma)L + 2\rho(1+2s_K)}$，存在稳定的核心-边缘均衡的条件为 $\phi > \dfrac{(8-\gamma)L + 2\rho(3-2s_K)}{(8-\gamma)L + 2\rho(1+2s_K)}$。

综合上述均衡分析，可得如下命题：

命题 1：在资本可流动的两区域本地溢出模型中，产能分布存在多重均衡。在较低的贸易自由度和较低的拥挤效应下，稳定的内点均衡总是存在。但在贸易自由度较高、拥挤效应增大时，维持增长趋同的内点均衡将难以维持，区域发展会演化为稳定的核心—边缘结构。

由命题 1 不难看出，虽然存在集聚的负外部性，但随着区际贸易一体化的持续推进，经济地理格局演化并未出现"钟状曲线"。原因是在自由资本模型中，资本所有者与资本空间分离，负外部性主要作用于区域中既定的资本所有者而非作用于资本本身。产能过度集聚作为短期内资本逐利抑或是低增长水平下资本避险的结果，长期内会降低区域经济增长率。因此，在封闭条件下，较高的负外部性会导致资本无效率的过度集聚。

当然，在给定的均衡路径下，均衡状态也会因为经济变量的变化而改变。比如，出现内点均衡时，由于 $\dfrac{\partial f(?)}{\partial} < 0$，$\dfrac{\partial f'(?)}{\partial} < 0$，增大会降低 $f'(1/2)$ 和 $f'(?)$ 的值，所以需要有更大的 s_n^* 才能使 $f(s_n^*) = 0$ 成立，由此可以推出 $\dfrac{\partial s_n^*}{\partial} > 0$。进一步的，由隐函数求导可知，[①] $\partial s_n^*/\partial\gamma$、$\partial s_n^*/\partial s_K$ 的符号与 $\partial s_n^*/\partial$ 相同，与 $\partial g^*/\partial\gamma$ 相反，所以有 $\partial s_n^*/\partial\gamma > 0$，$\partial s_n^*/\partial s_K > 0$，$\partial g^*/\partial\gamma < 0$。同时，$\partial g^*/\partial$ 与 $\partial g^*/\partial s_K$ 符号相同，但正负是不确定的，取决于 $1-\gamma(2s_n^* - 1)$ 的符号。随着与 γ 增大，s_n^* 也会逐渐增大，$1-\gamma(2s_n^* - 1)$ 符号会由正转为负，即 $\partial g^*/\partial$ 与 $\partial g^*/\partial s_K$ 的符号也会由正转为负。于是有如下命题：

———————————

① 具体计算过程可向作者索要。

　　命题 2：在资本可流动的两区域本地溢出模型中，区际贸易成本降低会提高均衡时的产能集聚效率，而均衡增长率则先上升后下降。拥挤效应的增大，会引起产能集聚效率下降，经济增长率降低。进一步的，集聚区的资本存量增加，产能的集聚度也会提高，而经济增长率则呈现先上升而后趋于下降的趋势。

　　由命题 2 可知，在封闭经济中，伴随着产能进一步集聚，核心区的拥挤效应会持续放大，经济增长率随之降低。单一的贸易一体化手段会加剧这种产能低效率的集聚。此外，贸易自由度与经济增长水平的关系是非线性的，此时降低区际贸易成本并非总能提升效率。为此，在区域一体化进程中，需要不断优化核心区的集聚效率，否则过高的外部性会反馈到经济系统中，从而降低长期增长率水平。同时，资本存量的集聚也存在一定的阈值效应，过高或过低的资本存量集聚度均不利于经济增长。为此，区域政策需要合理权衡和谨慎取舍，尤其是先集聚后分散的"钟状曲线"路径，包括"钟状曲线"右侧一体化程度较低的情形和"钟状曲线"左侧一体化程度较高的情形。

二　开放条件下的资本输出与产能合作

　　前文分析表明，封闭条件下的地区贸易一体化政策并不总是改善集聚效率的有效手段，优化集聚效率和提高全局福利，需要在开放的框架下操作更能符合区域一体化的内涵。在开放的经济体系中，除了 H 国 A、B 两个区域之外，还需要引入第三区域即 F 国。在此类研究中，一般会假设在地理位置上 F 国与 H 国的 A 区域更近，这样在 F 国与 B 区域贸易时，需先经过 A 区域再运至 B 区域，这或许是源自区位条件差异与改革开放后不平衡的区域开放政策。本文则假设 F 国与 H 国 A、B 两区域的贸易成本相等，这一假定主要是基于中国与"一带一路"沿线国家展开产能合作而设定的。在开放经济中，H 国 A 区域产业转移有两个方向：一是向本国 B 区域转移，二是向"一带一路"沿线 F 国或地区转移。

　　与封闭经济求解相类似，可求得开放经济中各区域的资本收益：

$$\pi_i = \frac{b\,E_W}{K_W}(s_{Ei}/\,?_{\,i} + s_{Ej}/\,?_{\,j} + s_{Em}/\,?_{\,m})\,, i \in \{A, B, F\} \qquad (14)$$

（14）式中，E_W 与 K_W 分别表示 H 国及 F 国支出总和与资本总和。记 s_{ni} = n_i / n_W 为 i 区域企业占全世界企业的比重，s_{Ei} 与 s_{Ki} 分别为总支出与资本存量所占的比重。假设 H 国内部资本存量的分布是固定的，A 区域资本存量占 H 国的比例依然为 s_K，即 $s_K = s_{KA}/(s_{KA} + s_{KB})$。参数为 $_A = s_{nA} + s_{nB} + s_{nF}$，$_B = s_{nA} + s_{nB} + s_{nF}$，$_F = s_{nA} + s_{nB} + s_{nF}$。此外，两国具有相同的利率水平。

（一）无产能合作时的两国经济

当无国际产能合作时，资本无法跨国流动，仅能在国内的区域间自由流动。假定一国资本存量等于企业数量，即 $s_{nH} = s_{KH}$，$s_{nF} = s_{KF}$。此时产能在国与国间布局，依据的主要是产业资本的创造效率。与封闭经济不同，当不存在产能合作时，两国间的创新具有显著的本地化特征，导致两国资本创造效率出现差异。设两国资本增长率分别为 g_H 和 g_F，两国通过资本折旧和资本形成来改变资本的相对份额。长期内资本价值收敛于资本创造成本，即托宾 q 值为 1，可得资本份额转移的长期方程 s_{KH} = $(g_H - g_F) s_{KH}(1 - s_{KH})$。本文研究的重点是中国对外投资的产能合作问题，不妨假定 F 国的产业基础较为薄弱，资本创造成本较高，资本创造部门趋于萎缩，即 $a_F < a_H$ 恒成立。于是，长期中 H 国资本份额不断提高，产能分布收敛于以 H 国为核心的核心-边缘均衡。将（14）式代入区际资本收益率相等条件 $\pi_A = \pi_B$，可得到：

$$s_n^{open1} = \frac{s_{Ei} - s_{Ej}}{(1-) s_{EH}}, i \in \{A,B\}, j \neq i \tag{15}$$

将（15）式代入（14）式，同样可以得到 $\pi^* = \pi_A = \pi_B = b E_H / K_H$。利用（10）式的支出加总方法，可得 s_{Ei} 的表达式，将其代入（15）式，得无产能合作的开放经济中 H 国 A 区域产能份额：

$$s_n^{open1} = \frac{1}{2} + \frac{3(1+) b\rho}{(1-) [2(\rho + \delta + g^{open1}) + b\rho]} \left(s_K - \frac{1}{2} \right) \tag{16}$$

同理，资本创造速度为：

$$g^{open1} = 3bL[s_n^{open1} - \gamma (s_n^{open1} - 1/2)^2] - \rho(1-b) - \delta \tag{17}$$

现对比（12）、（13）式构成的均衡状态。将（17）式代入（16）式

所得的关于 s_n 的方程，与将（13）式代入（12）式得到的方程相同，故可解得的 s_n 相同。而对于相同的 s_n，由（17）式与（13）式对比可以看出，在无产能合作时均衡的增长率水平 g^{open1} 将高于 g^{close}。

在 H 国对产业资本禀赋较低的 F 国实行开放时，若限制资本流动而仅进行贸易上的往来，F 国的产业份额会在资本创造与折旧中逐渐降低，而后 F 国的产业会出现空心化，进而有变为国际贸易中的"外围"国家的风险。同时，H 国经济增长率提高，主要是源于 H 国产业挤占了 F 国产业的市场，从而提高了 H 国资本的投资收益率，使长期中资本增长率得以提高。

（二）产能合作情境下的两国经济

国际产能合作的内涵包括两个方面：一是放松资本在国与国之间的流动性，使得资本可在两国三区域间自由流动；二是放松资本创造部门在国与国之间的溢出管制。所以，国际产能合作并不仅仅是对外投资，还包括 H 国将资本创造技术转让给 F 国，通过产业链整体搬迁，帮助 F 国积累并创造一定量的产业资本以实现本土工业化。为此，两国的资本创造均由 H 国的资本创造部门主导，两国将收敛于相同的资本创造速度。此时，将（14）代入资本流动性均衡条件 $\pi_A = \pi_B = \pi_F$ 中，可以得到：

$$s_{ni} = \frac{(1+)\, s_{Ei} - (1 - s_{Ei})}{1 -} \qquad (18)$$

将（18）式代入（14）式，可得到与（9）式相似的结果，即均衡时的资本收益表达式 $\pi^* = \pi_A = \pi_B = \pi_F = b\, E_W / K_W$。将其代入区域支出表达式（10），得：

$$s_{Ei} = \frac{1}{3} + \frac{b\rho}{\rho + \delta + g^{open2}}\left(s_{Ki} - \frac{1}{3}\right) \qquad (19)$$

将（19）式代入（18）式，可得产能分布与资本存量分布的关系式：

$$s_{ni} = \frac{1}{3} + \frac{(1+2)\, b\rho}{(1-)(\rho + \delta + g^{open2})}\left(s_{Ki} - \frac{1}{3}\right) \qquad (20)$$

进一步的，由（20）式可以推出 H 国内部产能分布关系式：

$$s_n^{open2} = \frac{1}{2} + \frac{3(1+2)\, b\rho\, s_{KH}}{2(1-)(\rho+\delta+g^{open2}) + 3(1+2)\, b\rho(s_{KH}-2/3)}\left(s_K - \frac{1}{2}\right) \quad (21)$$

在国际产能合作情境下，假设 $s_{nF} > 0$，即两国之间产能分布最终收敛于内点均衡。开展国际产能合作之后，东道国的经济活动从两方面渠道对母国的创新活动产生影响：一方面，F 国的资本创造活动会部分逆向溢出到 H 国；另一方面，H 国输出了部分过剩产能，降低了集聚的负外部性。[①] 基于这一逻辑，H 国内部的资本创造成本表达式（6）式可改写为：

$$a_H = \left[s_n^{open2} - s_{KH}\gamma\,(s_n^{open2} - 1/2)^2 \right](K_H + \beta K_F) \quad (22)$$

其中，$\beta > 0$ 表示 H 国与 F 国产能合作中资本创造所带来的逆向溢出效应；$s_{KH}\gamma$ 表示产能合作后的拥挤效应系数，即拥挤效应的降低幅度与输出的产能呈正相关关系。与（13）式求解方法类似，可以求得产能合作情况下资本创造速度表达式：

$$g^{open2} = 3bL\left[s_n^{open2} - s_{KH}\gamma\,(s_n^{open2} - 1/2)^2 \right](s_{KH} + \beta s_{KF}) - \rho(1-b) - \delta \quad (23)$$

联立（21）式与（23）式，即可得开放条件下的产能分布与资本增长率的均衡解。同理，可以求得存在唯一稳定内点均衡的充要条件：

$$\beta > \frac{\rho(1+2)\,[1 - 3(1-s_K)\,s_{KH}] - \rho(1-b)}{(1-)(1-\gamma\,s_{KH}/4)(1-s_{KH})\,L} - \frac{s_{KH}}{1-s_{KH}} \quad (24)$$

由（24）式内点均衡条件可以看出，当 $(1-s_K)\,s_{KH} \geq /(1+2)$ 时，始终存在唯一稳定的内点均衡解；当 $(1-s_K)\,s_{KH} < /(1+2)$ 时，（24）式右侧关于 ρ，γ，递增。于是，可以得到如下命题：

命题 3：在国际产能合作的两国三区域模型中，产能合作的溢出效应须高于某一临界值才能使本国产能分布收敛于内点均衡。贴现率降低、挤出效应减弱、贸易自由度降低，内点均衡条件容易满足。进一步的，当贸易自由度不高、本国非核心区资本占比较高时，内点均衡恒久存在。

---

① F. Lichtenberg, "Does Foreign Direct Investment Transfer Technology across Borders," *Review of Economics and Statistics*, Vol. 83, 2001, pp. 490-497.

可见，与封闭经济或是无产能合作时不同，当存在产能合作时，即使贸易自由度非常高，H 国也可以通过改变资本存量的分布来驱动本国内部产能布局分散化。这是因为，资本在国与国之间自由流动时，将有更高的收益率，从而带动资本创造部门创造出更多的新资本，进而提高经济增长水平。同时，经济增长率作为分散力，又内生作用于产能空间分布，使得产能分布更趋于分散。

比较（21）和（23）式并利用隐函数定理，可得 $\dfrac{\partial\, s_n^{open2}}{\partial} > 0$，$\dfrac{\partial\, s_n^{open2}}{\partial \gamma} > 0$，易知均衡时的产能分布、资本增长率等与封闭状况类似。与无产能合作时相比，H 国不再集聚全部的产能，而是通过资本创造的合作机制将部分产能转移到 F 国。不过，在新均衡状态下，产能分布和资本增长率的变化是不确定的。

三　国际产能合作的福利比较与经验证据

（一）产能合作对区域和人员福利的影响

假定消费者的福利水平等价于获得的效用。将消费量代入（1）式，可求得用区域 $i(i = A, B, F)$ 的间接效用表示的福利函数表达式：

$$V_i = \frac{1}{\rho}\left[\frac{\mu}{\sigma - 1}\left(\frac{g}{\rho} + ln\,?\,_i\right) + ln\left[1 + \frac{3b\rho\, s_{Ki}}{(1 - b)\,\rho + \delta + g}\right] L + C_0\right] \qquad (1)'$$

其中，$C_0 = \mu ln\mu + (1 - \mu)\,ln(1 - \mu) + \dfrac{\mu}{\sigma - 1}lnn(0)$ 为常数。令 $a = \dfrac{\mu}{\sigma - 1}$，由该式不难看出，区域福利取决于资本增长率与产能分布的情况。根据(1)′式可以计算出产能合作前后的区域福利函数矩阵（见表 1）。

表 1　合作与不合作下各区域的福利函数矩阵

	不开展产能合作	开展产能合作
区域 A	$a[\,g^{open1}/\rho + ln(\,s_{nA}^{open1} +- s_{nA}^{open1})\,]$ $+ ln\,E_A^{open1}$	$a[\,g^{open2}/\rho + ln(\,s_{nA}^{open2} +- s_{nA}^{open2})\,]$ $+ ln\,E_A^{open2}$

	不开展产能合作	开展产能合作
区域 B	$a[g^{open1}/\rho + ln(s_{nB}^{open1}+-s_{nB}^{open1})]$ $+ ln E_B^{open1}$	$a[g^{open2}/\rho + ln(s_{nB}^{open2}+-s_{nB}^{open2})]$ $+ ln E_B^{open2}$
区域 F	$a(g^{open1}/\rho + ln) + lnL$	$a[g^{open2}/\rho + ln(s_{nF}^{open2}+-s_{nF}^{open2})]$ $+ ln E_F^{open2}$

注：福利函数矩阵系根据（1）'式计算，表中省略了常数项 C_0 与系数 $1/\rho$。

表 1 中，区域的福利函数表达式由增长的福利效应（如 g^{open1}/ρ）、价格指数的福利效应 [如 $ln(s_{nA}^{open1}+-s_{nA}^{open1})$] 和财富的福利效应（如 $ln E_A^{open1}$）三项构成。在该福利函数构成中，由经济增长带来的福利效应在消费者福利中起主要作用。对比表 1 中产能合作前后的福利表达式可知，贸易一体化通过两条路径影响区域福利：一是集聚度提高，引起经济增长率变化，增长的福利效应从 g^{open1}/ρ 变为 g^{open2}/ρ，财富的福利效应从 E_i^{open1} 变为 E_i^{open2}，两个区域的福利水平发生改变；二是集聚度提高，核心区价格指数降低、外围价格指数升高，核心区从中受益。

对于可能会出现产业空心化的 F 国来讲，产能合作前，福利仅与 H 国的资本增速相关，财富的福利效应 lnL 为定值；产能合作后，F 国吸收了部分产业投资，相对福利水平还因价格指数下降而提高。因此，考虑国际产能合作前后各区域的福利变化，需要比较产能分布 s_n^{open1}、s_n^{open2} 以及 g^{open1}、g^{open2} 的大小。进一步分析可知，$\frac{\partial s_n^{open1}}{\partial \gamma} > 0$，$\frac{\partial s_n^{open2}}{\partial \gamma} > 0$，$\frac{\partial s_n^{open1}}{\partial \beta} < 0$。当 $\beta = 0$，$\gamma = 0$ 时，易知 $s_n^{open1} < s_n^{open2}$；当 $\beta = 1$，$\gamma = 4$ 时，$s_n^{open1} > s_n^{open2}$。综合 β，γ 的单调性，可得开展产能合作之后不同参数空间的四个子区间（见表 2）。

表 2　不同参数空间的产能分布与资本增长率对比

	β（较低）	β（较高）
γ（较低）	（Ⅰ）$s_n^{open1} < s_n^{open2}$，$g^{open1} < g^{open2}$	（Ⅱ）$s_n^{open1} > s_n^{open2}$，$g^{open1} > g^{open2}$
γ（较高）	（Ⅲ）$s_n^{open1} < s_n^{open2}$，$g^{open1} > g^{open2}$	（Ⅳ）$s_n^{open1} > s_n^{open2}$，$g^{open1} < g^{open2}$

表 2 显示：当参数位于区间Ⅱ和区间Ⅲ时，由于产能合作降低了资本增长率，本国的福利水平和 F 国的总福利均会降低，且在区间Ⅱ中 A 区域

福利损失更多，在区间Ⅲ中B区域福利损失更多；当参数位于区间Ⅰ与区间Ⅳ时，产能合作能提高资本增长率，本国的福利水平及F国的总福利提高。在区间Ⅰ中，A区域福利提升更多；在区间Ⅳ中，B区域福利提升更多。

最后，比较经济系统中资本所有者和普通劳动力两类消费者福利。普通劳动力的收入为固定的工资性收入，区域 i 普通劳动力的总收入为 wL_i；而资本所有者的收入主要来源于当期的资本投资收益，计算可得区域 i 资本所有者总收入为 $\rho F_i K_i$。因为增长的福利效应与财富的福利效应关于资本增长率的导数的符号是相反的，因此当产能在区际配置的效率提升时，普通劳动力能从较高的经济增长率中获得更高水平的福利提升。其中，核心区的普通劳动力的福利提升效果更为显著。相反，伴随着区际贸易成本的逐渐降低，集聚效应带来的福利改善将会逐渐减少，普通劳动力从产能集聚中获得的边际福利下降得更快。相比之下，资本所有者由于可调整其投资流向，其收入与经济增长率呈负相关关系，因而可以尽可能地减少增长率波动带来的福利损失。尤其是当增长率处于下行周期时，资本所有者福利损失较小，普通劳动力将承受更大的福利损失。综合以上福利分析结果，可得如下命题：

命题4：在国际产能合作的两国三区域模型中，当国与国之间技术溢出水平较高、本国资本拥挤效应较大时，国际产能合作能降低本国的产能集聚度，提高长期资本增长率，从而改善两国的福利水平。同时，较高的经济增长率稀释了资本所有者的财富优势，使得本国资本所有者福利改进小于普通劳动力的福利改进，缩小了两类消费者的福利差距。

由命题4可知，当 β，γ 均较大时，国际产能合作之后，H国A区域的产能会向B区域及F国转移。新的均衡状态提升了经济增长率，而较高的经济增长率形成了区域间产业资本的分散力，使新的均衡状态下产能布局更加分散。这不仅能改进各区域的福利水平，还能有助于本国资本所有者与普通劳动力的福利水平趋于收敛。同时，东道国积累了一定的资本存量以及产业投资之后，有利于实现自身的工业化和城市化。

（二） 以 "一带一路" 倡议为支点的实证分析

中国是否如命题 4 所说，在国际产能合作的对外投资后，优化了本国的经济效率？本国内部是否具有正向溢出效应？本文以 30 个省区为空间决策单元，构造了基于地理距离的空间权重矩阵。[①] 计算省际人均 GDP 和对外投资的全域 Moran's I 指数得，$lnpGDP$ 空间显著正相关，$lnofdi$ 除了 2008 年和 2009 年之外在大部分年份也为空间显著正相关，因此计量检验时必须纳入地理因素。构建的空间杜宾模型如下：

$$lnpGDP_{it} = \rho \sum_{j=1}^{n} w_{ij} \, lnpGDP_{jt} + \beta_1 \, lnofdi_{it} + \delta \sum_{j=1}^{n} w_{ij} \, lnofdi_{jt} + \sum \beta_j \, X_{jt} + \mu_i + v_t + \varepsilon_{it}$$

$$(25)$$

模型中 i、t 分别代表省份和时间；$lnpGDP_{it}$ 为被解释变量，为人均 GDP 的对数值；$lnofdi_{it}$ 为解释变量，为跨国投资的对数值；X_{jt} 为一系列控制变量；μ_i 为个体层面效应，v_t 为时间效应，ε_{it} 为随机扰动项。

指标选取与数据来源：样本为 2005~2014 年省际面板数据，源自《中国对外直接投资统计公报》、《中国区域经济统计年鉴》、EPS 数据库、国家统计局网站等。

被解释变量 $pGDP$：用人均 GDP 表示，反映对外投资的增长效应。

解释变量 $ofdi_{it}$：用投资存量占全国的比重相对数表示，以平抑投资额的年度波动，有助于稳健性检验。考虑到我国 80% 左右的对外投资是投向发展中国家，对外投资存量可作为国际产能合作的替代变量。

控制变量：①人均累积资本存量的对数（k），以控制各地资本，用永续盘存法计算累积资本存量，然后除以常住人口数得人均值；②贸易额占 GDP 比重（$trade$），控制开放带来的工业化进程差异；③城镇化率（$city$），控制城市发展水平；④外商直接投资占 GDP 比重（fdi），控制投资来源和投资的开放程度；⑤政府支出占 GDP 比重（gov），控制政府政策偏向差异的影响；⑥本科学历就业占比（hc），控制人力资本差异；⑦二、三产业就业占比（str），用以控制产业结构差异。所有变量均进行了对数化处理。

---

① 当 $i \neq j$ 时，矩阵第 i 行第 j 列的元素 W_{ij} 为 $1/d_{ij}$；当 $i=j$ 时，w_{ij} 为 0。其中 d_{ij} 为通过经纬度计算的省会之间的距离。

　　本文选取固定效应模型和空间邻近权重矩阵，① 引入了控制变量的空间交互项作为工具变量，控制了时间固定效应。回归结果见表3。

表3　国际产能合作情境下空间杜宾模型回归结果

变量	基于地理距离的权重矩阵			基于空间邻近的权重矩阵		
	直接效应	间接效应	总效应	直接效应	间接效应	总效应
$lnofdi$	0.0430 ***	-0.0941	-0.0511	0.0522 ***	0.0382 ***	0.0903 ***
	(0.00766)	(0.0622)	(0.0648)	(0.00816)	(0.0145)	(0.0185)
lnk	0.320 ***	0.0367	0.357 ***	0.323 ***	0.00987	0.333 ***
	(0.0311)	(0.0611)	(0.0693)	(0.0306)	(0.0178)	(0.0342)
$lntrade$	-0.0197	-0.00283	-0.0226	-0.0123	0.102 ***	0.0893 **
	(0.0175)	(0.00553)	(0.0206)	(0.0157)	(0.0340)	(0.0379)
$lncity$	1.037 ***	0.121	1.158 ***	0.728 ***	0.0223	0.750 ***
	(0.0997)	(0.203)	(0.235)	(0.109)	(0.0414)	(0.116)
$lnfdi$	0.00363	0.205 ***	0.209 ***	-0.00879	-0.000346	-0.00914
	(0.00727)	(0.0765)	(0.0794)	(0.00672)	(0.000695)	(0.00705)
$lngov$	-0.0260	0.523	0.497	0.0307	0.00121	0.0319
	(0.0561)	(0.343)	(0.361)	(0.0535)	(0.00381)	(0.0553)
$lnhc$	0.00346	0.000396	0.00385	-0.00588	-0.000127	-0.00601
	(0.0190)	(0.00430)	(0.0215)	(0.0182)	(0.00121)	(0.0188)
$lnstr$	-0.0790 ***	-0.00889	-0.0879 **	-0.102 ***	-0.181 ***	-0.283 ***
	(0.0253)	(0.0156)	(0.0310)	(0.0229)	(0.0504)	(0.0532)
ρ	2.312 (4.402)			0.0270 (0.0527)		
δ	-2.478 *** (1.369)			0.0384 *** (0.0173)		
σ^2	0.00236 *** (0.000193)			0.00219 *** (0.000179)		
R^2	0.709			0.965		
观测值	300					

　　注：*** 、** 和 * 分别表示在1%、5%、10%的统计水平上显著；解释变量对应括号内为 t 检验值。

　　表3显示，在基于地理距离的空间权重矩阵下，δ 在1%的显著性水平

----

　　① 主要是考虑 Hausman 检验在1%显著性水平下拒绝原假设。

下为负，表明对外投资存在空间溢出效应。ρ 值回归结果为正，但并不显著，表明在控制了多个变量之后，人均 GDP 的空间溢出效应不显著。从对外投资的结构效应来看，直接效应为正，表明对外投资优化了资本输出地的经济发展水平，弱化了当地的拥挤效应，提高了投资收益率；间接效应与总效应为负，回归结果不显著，表明对外投资的空间溢出效应是不确定的。原因是对外投资对本国经济的影响与投资的逆向溢出、本国的拥挤效应有关（见表 2）。基于空间邻近的权重矩阵的稳健性检验也显示，对外投资引致的经济增长的空间溢出效应依然显著。对外投资的结构效应方面，直接效应依然显著为正，与基于地理距离的空间权重矩阵回归结果一致；但间接效应与总效应显著为正，在空间邻近权重矩阵下，对外投资对人均 GDP 具有显著的正向溢出作用，表明对外投资在优化自身经济发展质量的同时，也使邻近省份获得了正收益。

五 结论与启示

本文基于新经济地理学和福利经济学双重视角，构建两国三区域资本流动模型，从理论层面诠释"一带一路"、国际产能合作等国家区域发展战略对重塑中国经济地理格局的影响。主要结论有以下几个方面。

第一，在高度一体化的情况下，个人投资决策倾向于将资本投向大市场地区，导致个人理性与集体理性时常相悖，加重了经济地理格局与产能分布之间的不匹配，削弱了一体化的政策效果。

第二，由区域一体化推动产业资本的跨境流动，带来的福利效应要远高于单纯的资本积累，并且普通劳动力从中获益更大。

第三，国际产能合作的基本内涵体现在，产品与资本部门的对外输出能缓解本国产能过剩的负外部性，优化本国产能布局。同时，资本跨境流动带来的增长效应，也提高了本国消费者的福利水平，缩小了两类消费者的福利差距。

本文有以下启示意义。

一是以开展国际产能合作为契机，构建以中国为龙头的区域价值链。一方面，利用资本市场纽带引导大型企业集团合理重组和布局产能，以产业园区为载体输出产能，为东道国发展集聚经济提供一揽子解决方案。另一方面，在优势领域推广中国的品牌和标准，推动行业标准的共性技术研究，形成中国制造业的技术谱系。

二是破解"胡焕庸线悖论"，重塑国内经济地理格局。遵循重塑经济地理格局的三大特征和东西双向开放战略，提高"胡焕庸线"左侧的中西部经济密度，塑造由 T 字形分布向 H 形分布的区域战略纵深。在重塑中国经济地理格局的战略实施环节，注重发展相应的区域性融资平台的功能，提升资本运作效率，使产业资本能更多、更好地配置于具有巨大潜力的中西部地区以及广阔的国际市场。

（本文原载于《中国社会科学》2017 年第 2 期）

全球价值链视角下的中国国内生产网络

方　勇[*]

引　言

许多研究使用了不同的方法来观察中国在日益全球化的世界经济中的作用。对中国在苹果全球供应链中的角色的案例研究（如 Dedrick 等，2010；Linden 等，2009）引起了广泛注意。在对 iPhone 的案例研究中，"中国仅贡献了对美 20 亿美元出口额中的 3.6%，其余部分只是对德国、日本、韩国、美国和其他国家零部件的价值转移"（Xin 和 Detert，2010）。但是，当涉及中国经济整体在全球生产网络中的作用时，中国通过向美国出口最终产品产生的总的附加值所占份额要高许多，例如 2011 年为 72%[①]。这清楚地表明，iPhone 生产的案例研究只关注具体公司及其产品的供应链，而不是中国国内价值链（DVC）在强大的产业间联系的支撑下的作用。

作为对这个问题和相关话题的回应，学者们进行了一些基于国家与国际的投入－产出（I-O）的分析。例如 Hummels 等人（2001），Kuroiwa（2006），Escaith（2008），Koopman 等人（2008，2010，2014），Uchida 和 Inomata（2009），Degain 和 Maurer（2010），Fukasaku 等人（2011），Johnson 和 Noguera（2012），Meng 等人（2011，2012），Stehrer（2012），Los 等人（2012，2015），Timmer 等人（2013，2014）。上述文献主要产生了两个重要结论，包括构建"贸易附加值"（TiVA）的概念以及将总出口

* 　方勇，南京大学商学院国际经济贸易学副教授，2008~2009 年任南京大学高研院第四期驻院学者。

① 　此结果基于作者使用世界投入产出数据的计算，参考 Dietzenbacher 等人（2013b）2017 The International Input-Output Association。

分解为附加值项目。前者明确定义了跨国附加值流动（一国的附加值如何作为最终需求被另一国吸收）；后者可以通过各种价值链路径追踪全球价值链中总出口包含的附加值。这两个结论有助于更好地理解国际分散化生产的性质和意义，以及国家在全球价值链中的地位和参与程度。正如Beverelli 等人（2016）所指出的，全球价值链应当具有其国内基础，因为国内企业和区域之间的密切联系有助于通过获得专业化来提高生产力。这使得国内产业在全球价值链中更具有竞争力。但是，以上所有研究都将中国作为一个整体对待，并没有在区域层面考虑中国国内价值链。由于中国各地区经济规模、产业结构和海外依赖性差异较大，从区域层面的角度详细了解附加值的产生和分配机制是有意义的。

较少研究使用区域间的 I-O 方法探究中国国内生产网络及相关问题。Zhang 和 Zhao（2004）通过采用中国 1997 年中国多区域的 I-O 表来研究沿海和非沿海地区的溢出效应和反馈效应，他们的研究的一个重要特征是从个别行业的层面区分区域内效应和区域外溢效应。Meng 和 Qu（2008）运用 I-O 结构分解技术分析 1987 年至 1997 年 10 年间的中国区域经济，他们使用了详细的空间分解方法来解释一个地区的溢出效应和反馈效应如何导致其他区域的经济增长。Hioki 等（2009）使用基于 I-O 的最小流动分析来确定 1987 年至 1997 年间中国区域间生产网络的结构变化，他们的实证结果证实了中国供应链的空间重组。裴等（2012）不仅关注国内供应链，也试图利用多区域 I-O 模型来解释区域收入差距与区域间溢出效应之间的关系，他们发现区域间贸易和区域收入差距可以由一个地区在全球供应链中的地位部分解释。

大多数在中国的区域层面进行的研究侧重于区域间里昂惕夫逆矩阵的技术分解。他们没有清晰地说明区域附加值如何在中国国内价值链中通过各种价值链路径产生和分配。本文使用中国 1997 年和 2007 年区域间 I-O 表，重点阐述了中国国内的区域间 TiVA 的特征与演变。这有助于了解沿海地区对货物和服务的需求在多大程度上通过不同的价值链路径在内陆地区产生附加值及其随时间的变化。此外，利用区域 TiVA 的估算能够更精确地评估国内生产网络中的区域比较优势（RCA）。最后，对中国的地区运用 KWW 分解方法（由 Koopmanet 等人提出，2014）可以很容易地说明中国国内区域在国内价值链中的地位和参与程度。所有实证结果能够大大丰富我们在区域层面上对中国经济结构以及其随时间变化的认识。

一 基于 I-O 方法的价值链衡量

(一) 国内区域间 TiVA 的计算

为了详细了解附加值在中国各个区域如何产生及分配，我们使用全球贸易附加值的概念（Johnson 和 Noguera，2012）构造国内区域间 I-O 框架。区域层面的国内贸易附加值能够简单定义为：由一个地区的最终需求引起的另一个地区的附加值。[1]

为了解释国内区域贸易附加值的概念，建立一个只有两个地区（R 和 S）并且每个地区有 n 个行业的封闭经济模型。基于传统区域间 I-O 模型，区域和行业的总附加值可以写成如下形式：

$$va = \hat{v} \cdot L \cdot fd \tag{1}$$

$$va = \begin{pmatrix} va^R \\ va^S \end{pmatrix}, \quad v = (v^R, v^S), \quad L = \begin{pmatrix} L^{RR} & L^{RS} \\ L^{SR} & L^{SS} \end{pmatrix} = \left[I - \begin{pmatrix} A^{RR} & A^{RS} \\ A^{SR} & A^{SS} \end{pmatrix} \right]^{-1},$$

$$fd = \begin{pmatrix} fd^{RR} \\ fd^{SR} \end{pmatrix} + \begin{pmatrix} fd^{RS} \\ fd^{SS} \end{pmatrix}$$

其中，va^R 为表示 R 地区的各行业附加值的 $n \times 1$ 的列向量；v^R 为表示 R 地区各行业附加值比例（附加值占总投入的比例）的 $1 \times n$ 的行向量；L 为以子矩阵 L^{RR}、L^{RS} 等表示的区域间里昂惕夫逆矩阵；A^{RS} 代表 R 地区对 S 地区的区域间投入系数的 $n \times n$ 的矩阵；fd^{RS} 代表 S 地区由 R 地区生产的货物和服务满足的最终需求的 $n \times 1$ 列向量；^表示对角矩阵。根据贸易附加值在全球化背景下的定义，R 地区流向 S 地区的附加值可以表示为（u 代表 $1 \times n$ 的求和向量)[2]：

$$TiVA^{RS} = (u, u) \cdot (\hat{v^R}, 0) \cdot \begin{pmatrix} L^{RR} & L^{RS} \\ L^{SR} & L^{SS} \end{pmatrix} \cdot \begin{pmatrix} fd^{RS} \\ fd^{SS} \end{pmatrix} \tag{2}$$

$$= v^R \cdot L^{RR} \cdot fd^{RS} + v^R \cdot L^{RS} \cdot fd^{SS}$$

---

[1] 关于 GVS 基于 I-O 的衡量可以参考 Los 等人（2015）提供的观点，如"完成的国家"和"完成的产业"来分割全球价值链并衡量国际生产分散化的演变。

[2] 本文中，进口和出口指的是国际贸易流动；流入和流出指的是国内区域间贸易。

$TiVA^{RS}$ 表示 R 地区由于 S 地区对外地（fd^{RS}）和本地（fd^{SS}）生产的产品的最终需求而产生的附加值。因此，从 S 地区（需求者）的角度看，这种类型的贸易附加值可以认为是基于需求的贸易附加值。

在产品（行业）层面，对区域 S 中产品 i 的特定最终需求在 R 地区的具体行业 j 产生了附加值，这种附加值可以定义为"个别的 TiVA 关系"：

$$TiVA^{RS}_{ij} = v^R_j (L^{RR} \cdot fd^{RS}_i + L^{RS} \cdot fd^{SS}_i) \tag{3}$$

在这个公式中，v^R_j 是一个从 R 地区产业 j 的附加值系数中分离的包含 0 的 $1 \times n$ 向量。根据上述定义，R 地区 j 部门流向 S 区域的附加值（$TiVA^{RS}_j$）可以表示为：

$$TiVA^{RS}_{\cdot j} = \sum_i TiVA^{RS}_{ij} \tag{4}$$

在区域间贸易体系的框架下，一个地区运送到伙伴地区的产品可能会包含第三个地区的零部件。因此，当考虑区域间净贸易时，由于对出口的进口投入的重复计算，传统区域间贸易模型不能提供合理的衡量标准。这也是建立 TiVA 的概念来衡量国内区域间附加值转移的原因。

（二）国内生产网络区域流出的分解

TiVA 指标显示了一个地区的最终需求能够在另一个地区产生多少附加值，但是不能清晰描述实际贸易流量与贸易中包含的附加值的关系。在 KWW 框架下，一国的总出口可以通过封闭的世界（国家间）I-O 框架的不同路径分解成不同的附加值部分。同样的，中国的国内区域流出也可以用中国地区间 I-O 框架来分解，如下所示：

$$u \cdot out^R = VT^R + VS1^R + VS^R + FVS^R$$

$$= \left\{ v^R \sum_{S \neq R}^G L^{RR} fd^{RS} + v^R \sum_{S \neq R}^G L^{RS} fd^{SS} + v^R \sum_{S \neq R}^G \sum_{T \neq R,S}^G L^{RS} fd^{ST} \right\} +$$

$$\left\{ v^R \sum_{S \neq R}^G L^{RS} fd^{SR} + v^R \sum_{S \neq R}^G L^{RS} A^{SR} (I - A^{RR})^{-1} fd^{RR} + v^R \sum_{S \neq R}^G L^{RS} A^{SR} (I - A^{RR})^{-1} out^R \right\}$$

$$+ \left\{ \sum_{T \neq R}^G \sum_{S \neq R}^G v^T L^{TR} fd^{RS} + \sum_{T \neq R}^G \sum_{S \neq R}^G v^T L^{TR} A^{RS} (I - A^{SS})^{-1} fd^{SS} + \right.$$

$$\left. \sum_{T \neq R}^G v^T L^{TR} A^{RS} \sum_{S \neq R}^G (I - A^{SS})^{-1} out^S \right\} + FVS^R \tag{5}$$

上述区域间 I-O 模型涵盖了 G（= 1，2，…，G）区域，其中 R 表示目标区域；S 表示合作伙伴区域；T 表示第三个区域（R 和 S 除外）。在上述等式中，out^R 表示 R 地区按行业流出的货物和服务。u，v^R，L^{RS}，fd^{RS}，A^{RS} 具有与在两国 I-O 模型中使用的公式所示相同的含义。

如公式（5）和图 1 所示，R 地区在国内生产网络中的总流出可以被分解为四个以附加值项目表示的部分：R 地区的附加值流出（VT^R）、R 地区中间品流出并最终返回本地的量（$VS1^R$）、流出到另一个地区（VS^R）和外国的量（FVS^R）。前三个可以进一步分解成以下部分：

$$VT^R = Part\ 1 + Part\ 2 + Part\ 3$$

Part 1：R 地区直接最终货物流出中的附加值
Part 2：R 地区被直接需求者吸收的中间品流出中的附加值
Part 3：R 地区重新运往第三个地区的中间品中的附加值

$$VS1^R = Part\ 4 + Part\ 5 + Part\ 6$$

Part 4：R 地区通过最终流入返回的中间品中的附加值
Part 5：R 地区通过中间品流入返回的中间品中的附加值
Part 6：重复计算的本地生产的中间品流出产生的附加值

$$VS^R = Part\ 7 + Part\ 8 + Part\ 9$$

Part 7：其他地区最终货物流出中的附加值
Part 8：其他地区中间产品流出中的附加值
Part 9：重复计算的其他地区生产的中间品流出中的附加值

$$FVS^R = Part\ 10$$

Part 10：国外的流出量

值得注意的是，如公式（2）所示，TiVA 定义在双边水平。当考虑所有不同交易模式国家的双边 TiVA 时，它只等于公式（5）中的 Part1 和 Part2。此外，KWW 框架建立在封闭的国家间 I-O 模型的基础上。在这个模型中，所有国家以及世界剩余部分（ROW）都是内生的。但是，由于国内区域间的交易和 ROW 都是外生的，本文使用的中国区域间 I-O 框架是一个开放的模型。这将导致 KWW 和我们使用的模型在分解处理 ROW 时产生概念上的差异（如 Part10 所示）。换句话说，外国流出量（$FVS^R = u \cdot out^R - VT^R - VS1^R - VS^R$）在 KWW 框架的定义中并不存在。

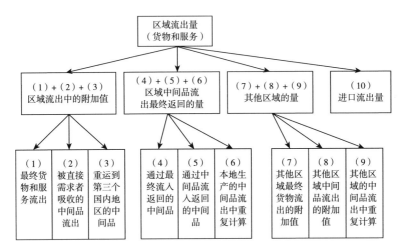

图 1　基于价值链的区域流出分解

资料来源：KWW（2014）框架。

（三）区域比较优势的替代衡量

为了估计中国国内经济在价值创造方面的 RCA，国内 TiVA 的概念可以用于度量行业层面的区域 RCA。RCA 的概念主要基于李嘉图比较优势理论。最广泛使用的 RCA 指标（Balassa，1965）如下所示：

$$RCA_i^R = \frac{EX_i^R / \sum_i EX_i^R}{\sum_R EX_i^R / \sum_R \sum_i EX_i^R} \qquad (6)$$

其中 EX_i^R 代表 R 国的产品 i 的出口，代表了一国某类货物或服务在国际贸易中的相对优势或相对劣势。但是，正如上文提到的，当进口的中间品于生产出口时，这个指标可能会失去原有的意义。由于一个地区特定行业出口到其他地区的附加值可以被 $TiVA_{?j}^{RS}$ 衡量，所以这个概念可以用于度量国内生产网络的价值创造过程中的 RCA。

$$RCA_{\cdot j}^R = \frac{TiVA_{\cdot j}^R / \sum_j TiVA_{\cdot j}^R}{\sum_R TiVA_{\cdot j}^R / \sum_R \sum_j TiVA_{\cdot j}^R} \qquad (7)$$

本文使用的基于 TiVA 的 RCA 指标主要参考了 Meng 等人（2012）的定义。[①] 基于 TiVA 的 RCA 指标可以进一步扩展到双边层面，并且在不同出口伙伴间可能会产生不同的结果。[②]

二 数据来源

本文使用的主要数据来源于中国 1997 年和 2007 年的多地区 I-O 表（CMRIO）。1997 年的 CMRIO 表是日本亚洲经济研究所（IDE-JETRO）和中国国家信息中心（SIC）在 2003 年进行的国际联合研究项目的主要产物（IDE-SDS，2003）。2007 年的 CMRIO 表由 SIC 在 2012 年独立完成（Zhang 和 Qi，2012）。

CMRIO 表使用的区域分类，将中国大陆分为了 8 个区域。这种地理分割方式被选择的原因是：（1）1997 年和 2007 年正式出版的"中国多区域 I-O 表"是以这 8 个区域的分类为基础的；（2）本文使用这 8 个区域的分类方式能够更好地反映这些地区省份经济结构和空间位置的相似性。

两张表之间的比较及其特点有以下三个方面。

（1）两张 CMRIO 表都是使用混合方法（调查+非调查）构建的。部分区域间贸易的信息来自调查，如对区域间商品流量的调查。虽然基于非调查的方法运用了不同种类的引力模型估计区域间贸易流量，但其参数和原始数据来源的校准非常相似。这使得两张表具有可比性。

（2）编制 CMRO 表的主要数据来源是所有省份的区域 I-O 表。产生的一个问题是，西藏地区缺乏 1997 年和 2007 年的原始 I-O 表。幸运的是，西藏各产业的附加值和最终需求的数据能够从公开出版的数据中获取。在

[①] 对于另一个基于 GVA 的 RCA 定义，可以参考 Timmer 等人（2013）的研究。他们着重研究了专业化模式对特定最终货物的附加值贡献。Koopman 等人（2014）提出了一个不同的基于 RCA 指标，该指标以总出口分解中获得的出口附加值为基础。

[②] 根据 Johnson 和 Noguera's（2012）给出的 TiVA 概念，考虑特定区域的双边 RCA 可以被定义为 $RCA_{\cdot j}^{RS} = \left(TiVAD_{\cdot j}^{RS} / \sum_j TiVAD_{\cdot j}^{RS} \right) / \left(\sum_R TiVAD_{\cdot j}^{RS} / \sum_R \sum_j TiVAD_{\cdot j}^{RS} \right)$。该指标有助于理解对具体区域的"出口"附加值的 RCA。例如，计算中国整体流出［按公式（7）计算］时，北京和上海在服务业产出方面具有相似的比较优势，但是与其邻近的河北省相比，北京在"出口"附加值上具有比上海对河北更强的比较优势（按上述公式计算）。这种双边 RCA 能用于衡量区域经济一体化，它产生的结果与 Wang 等人（2013）和 Meng 等人（2014）构造的基于双边出口附加值指数的 RCA 指数不同。

调整总的区域间 I-O 表的最终平衡（各部门总投入与总产出相等）时，本文将这些数据添加进西南地区的数据中来保持与官方公布的国家附加值和最终需求信息的一致性。此外，由于西藏 GRP 占全国 GDP 的比例在 1997 年仅为 0.097%，2007 年仅为 0.137%，这种对西藏的数据处理方式只会对分析结果产生极其有限的偏误。

（3）为了方便不同年份之间的比较（通过消除价格变动影响强调数量变化），用中国的 GDP 平减指数来使 2007 年的图表反映不变的价格（以 1997 年为基准年）①。

三　实证分析

（一）　中国区域经济和区域间贸易

为了综合考虑中国区域经济在 1997~2007 年的演变情况，我们计算出了各地区各行业的附加值增长率。图 2 和表 1 显示了计算结果。在国家层

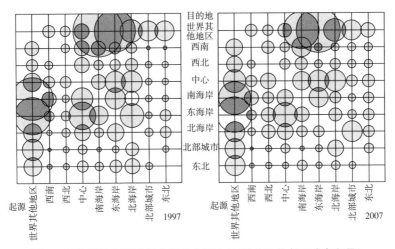

图 2　双边贸易在区域间总贸易中所占份额（不考虑区域内贸易）

---

① 本文采用中国的 GDP 平减指数（IMF 统计），以不变价格表示 2007 年的 I-O 表。本文没有根据双重通货紧缩或基于 RAS 的方法来以不变价格编制区域间 I-O 表。主要原因是这么做需要详细的区域和产业层面的价格信息，在没有统计学家支持的情况下很难获取。使用平减指数可能会由于区域间价格和变化模式的不同导致一些偏误。

表 1　产业和区域的附加值及其增长率（以 1997 年为基准的不变价格）

	农业	采矿和采石	食品和烟草	纺织服装	木制品和家具	纸浆纸张和印刷	化学	非金属矿物产品	金属制品	一般机械	运输设备	电器和电子产品	其他制造业产品	电力和供水	建筑	贸易和运输	其他服务	全行业
东北	53	171	80	48	79	31	151	8	184	185	422	130	181	235	107	160	367	155
北京和天津	-5	602	62	-23	-23	2	175	38	242	249	272	283	217	292	120	362	295	237
华北	56	262	154	173	729	104	166	175	352	176	666	203	179	304	114	211	265	186
华东	31	48	101	119	308	138	138	53	327	242	300	357	288	230	112	225	372	205
华南	30	126	118	118	321	203	187	216	382	589	321	398	160	310	55	211	355	202
中部	64	160	156	100	227	178	260	96	489	257	233	463	150	331	186	250	321	193
西北	58	544	193	8	91	130	171	80	512	162	385	53	-11	385	174	237	297	213
西南	48	155	91	74	66	96	159	35	407	196	202	135	111	423	130	176	270	144
全国	49	226	123	110	252	135	172	96	365	235	324	314	188	308	123	219	321	190

实际增长率（%）

区域增长率高于全国增长率的部门

	农业	采矿和采石	食品和烟草	纺织服装	木制品和家具	纸浆纸张和印刷	化学	非金属矿物产品	金属制品	一般机械	运输设备	电器和电子产品	其他制造业产品	电力和供水	建筑	贸易和运输	其他服务	全行业
东北	+										+						+	+
北京和天津		+									+					+		+
华北		+	+	+	+					+	+		+					+
华东				+	+	+	+				+	+	+			+		
华南				+	+	+	+	+	+	+		+		+				
中部			+						+			+		+	+			
西北	+	+							+		+			+	+			
西南		+			+			+	+					+	+			

续表

	农业	采矿和采石	食品和烟草	纺织服装	木制品和家具	纸浆纸张和印刷	化学	非金属矿物产品	金属制品	一般机械	运输设备	电器和电子产品	其他制造业产品	电力和供水	建筑	贸易和运输	其他服务	全行业
东北		+							+	+	+		+	+		+	+	
北京和天津		+							+	+	+	+	+	+		+	+	
华北		+			+				+	+	+	+		+		+	+	
华东					+				+	+	+	+	+	+		+	+	
华南					+	+		+	+	+	+	+	+			+	+	
中部					+		+		+		+			+		+	+	
西北		+							+	+	+					+	+	
西南		+					+			+							+	
全国		+			+				+	+	+	+		+		+	+	

注：表中第二部分的"+"表示区域 GDP 增长率高于全国增长率的行业；最后一部分的"+"表示行业 GDP 增长率高于全行业增长率的区域。

面上，总附加值在 10 年间增长了 190%。这意味着年均 GDP 增长率达到了两位数。但是，从区域和行业层面的附加值增长率来看，计算结果有很大变化。迅速扩张的城市聚集区北京和天津显示出最高的增长率（237%），其次是作为最大的能源基地的西北地区（213%）。另外，一些偏远内陆地区的附加值增长率相对较低，如东北（155%）和西南地区（144%）。

通过比较区域与全国平均水平（全国各行业），如表 1 第二部分所示，可以确定各部门附加值增长率的领先地区。例如，由于大多数行业的增长率高于全国平均水平，可以认为沿海地区（华东、华南）和中部地区是领先地区。此外，表 1 最下面部分显示了对区域经济增长来说最重要的行业。重工业和服务业部门在大多数地区占主要地位。这意味着地区之间有相似的经济增长模式。但是，对初级和轻工业部门来说，出现了相对明显的区域 GDP 增长的差异化趋势，如当关注表一底部的"+"时。显然，相较于其他地区的对应行业，大多数内陆地区的矿业、沿海地区的木制品以及中西部地区的化工行业都拥有高增长率。

区域和部门经济增长的活力与多样性取决于区域间生产技术和区域间生产网络（包括与海外市场的联系）的变化。图 3 显示了 1997 年和 2007 年双边贸易（总量）占区域间总贸易的份额，其中圆点的大小表示份额的大小。为了突出区域间贸易的规模，去除了区域内贸易的影响，并且将 ROW 看作一个区域。1997 年和 2007 年区域间贸易格局的相似之处是沿海地区的出口和进口占了相对较高的比例，沿海地区与中部地区的互动是国内区域间贸易最重要的部分。然而，当仔细比较 1997 年和 2007 年的成果时，出现了一些有趣的差异。2007 年华东地区取代华南地区成为进出口市场的主要地区；同时，北京和天津及其邻近的华北地区的相互作用在十年间进一步增强。内陆地区和内陆及沿海地区的交易规模也明显扩大。这使得地区之间的整体交易总的来说更加"平坦"。

（二）国内区域间 TiVA

在这部分，将公式（2）中定义的国内 TiVA 的概念运用于 1997 年和 2007 年的 CMRIO 表。首先，为了检验传统测量的总量的方法（区域间贸易）和测量净值的方法（TiVA）在区域间附加值流动上的差异，表 2 给出了两种方法对 1997 年和 2007 年的计算结果。结果显示，TiVA（表 2 上两部分）的数值比传统总体贸易的数值小。这反映了在总贸易流动中存在重

表2　区域间贸易和区域间TiVA比较（1997~2007）

	NE	NM	NC	EC	SC	CE	NW	SW	Total
1997	区域间TiVA占区域间贸易比重								
Northeast（NE）		60.35	49.82	51.96	61.28	96.52	69.22	100.05	62.20
North Municipalities（NM）	53.89		43.87	41.45	38.43	67.65	50.97	75.80	49.32
North Coast（NC）	70.01	52.19		49.17	55.12	73.05	71.41	86.09	62.09
East Coast（SC）	58.68	52.97	54.49	37.19		58.19	57.69	52.96	49.29
Central（CE）	79.42	59.57	61.38	48.47	50.85		68.33	74.94	57.92
Northwest（NW）	76.37	55.88	53.81	60.64	62.83	65.10		71.51	63.52
Southwest（SW）	90.25	80.59	78.98	59.49	46.70	79.01	69.19		62.52
Total	68.62	55.92	53.41	47.93	46.06	66.94	66.06	70.41	57.03
2007	区域间TiVA占区域间贸易比重								
Northeast（NE）		35.64	49.39	49.42	44.06	61.33	48.76	59.72	50.17
North Municipalities（NM）	42.11		45.21	46.31	42.35	61.71	45.81	68.49	48.48
North Coast（EC）	55.51	32.74	44.54		26.14	40.25	41.99	66.08	38.02
South Coast（SC）	39.19	26.08	40.65	32.23		42.64	34.81	40.48	38.43

续表

	NE	NM	NC	EC	SC	CE	NW	SW	Total
Central（CE）	67.17	50.26	39.38	41.85	34.19		44.23	72.06	42.87
Northwest（NW）	52.07	43.10	51.07	48.78	42.93	57.99		60.53	52.29
Southwest（SW）	61.38	58.59	58.70	51.56	37.40	66.22	48.63		51.47
Total	48.80	33.66	45.38	43.80	35.35	50.63	41.96	55.04	44.85
1997~2007　区域间 TiVA 增长率									
Northeast（NE）		1030.16	608.95	567.26	1130.79	1025.77	473.82	1136.74	777.73
North Municipalities（NM）	776.42		3643.44	822.11	967.33	1639.60	765.74	1974.10	1658.15
North Coast（NC）	41.38	398.95		68.11	178.64	282.53	165.17	228.40	180.10
East Coast（EC）	24.27	236.27	114.41		291.98	306.75	155.21	210.45	212.31
South Coast（SC）	461.44	846.49	625.58	231.35		731.46	683.57	933.94	598.54
Central（CE）	26.18	161.16	306.46	276.19	124.83		78.04	100.68	176.45
Northwest（NW）	383.41	645.49	1090.69	1035.94	1078.17	871.10		950.11	894.41
Southwest（SW）	458.70	742.49	770.12	370.39	365.50	593.44	453.02		476.28
Total	146.29	429.10	615.17	286.66	300.20	508.44	256.89	428.45	371.55

复计算的问题。此外，很容易看出，跨区域的区域间 TiVA 占区域间贸易的份额存在很大的差异。例如，东北地区流向中部地区的附加值占其总流出额的 96.5%，这意味着在 1997 年，只有一小部分其他地区的附加值包含在东北地区对中部地区的流出中。但是，华东向华南的附加值流出仅占其总流量的 34%。这表明这些在华东生产并运送到华南的产品包含了很大一部分其他地区生产的零部件。比较 1997 年和 2007 年的份额差异，几乎所有数字均有所下降，全国总量从 57.0% 下降到 44.9%。这说明了大部分地区都参与到国内生产网络中，并且中国国内市场一体化水平有所提高。

观察表 2 下面部分可以知道，对于所有区域来说，跨区域的 TiVA 转移增加，十年间的总增长率为 372%。这个数值远高于所有地区的 GRP 增长率（144%~237%）和国家 GDP 增长率（190%，见表 1）。显然，这意味着中国国内的地区在创造附加值的过程中大大增强了彼此的相互依存关系。为了详细研究区域间 TiVA 的结构，我们需要通过不同的价值链路径追踪中国国内生产网络中的区域附加值。重要结论在下一节中说明。

（三）国内生产网络中区域流出的分解结果

将 KWW 分解法运用于中国区域间 I-O 框架能够将区域流出（总量）分解成不同价值链路径的附加值部分。1997 年和 2007 年的分解结果和两年的变化率如表 3 所示，主要特点可概括如下。

（1）区域附加值流出〔part11 = part 1 + part 2 + part 3，类似于 Johnson 和 Noguera（2012）提出的 VAX 份额指标，在 1997 年的区域流出中占据了最重要的地位（50%~60%）〕，但是到 2007 年很快失去了部分份额（40%~50%）。这主要是由于大多数地区倾向于使用更多国外中间品投入来生产流出的货物和服务。Part 2 和 Part 10 的变化说明了这一点〔对最发达的地区，如华东和华南，它们中间品流出中的附加值被其他地区的最终需求吸收（part 2）的部分占 16%，但 2007 年外国流出量约占 45%〕。从 Part 1 及其中 1997 年和 2007 年的变化率上，我们可以发现大多数内陆地区通过向其他地区提供最终货物和服务产生更多附加值。此外，除了北京和天津地区外，在大多数地区，重新运往第三个区域的中间品的区域附加值也迅速增加。这意味着大多数地区已经深入国内生产网络。同时，这些联系也变得越来越复杂。

表3　国内价值链区域流出的分解结果

单位: part为人民币十亿元; part 1~13%为%

年份	区域	总流出 (0)	附加值流出 直接最终流出 (1)	附加值流出 被直接需求者吸收的中间品流出 (2)	附加值流出 重运到第三地区的中间品 (3)	最终返回的中间品中的附加值 通过最终流入 (4)	最终返回的中间品中的附加值 通过中间品流入 (5)	纯重复计算 本地生产的中间品流出 (6)	其他地区附加值 最终流出 (7)	其他地区附加值 中间品流出 (8)	纯重复计算 其他地区生产的中间品流出 (9)	进口流出量 流出 (10)		区域VAX比率 (11) = (1)+(2)+(3)	区域VS份额 (12) = (7)+(8)+(9)	区域量份额 (13) = (11)+(4)+(5)+(6)
	东北	88	10.2	47.8	4.2	0.5	1.4	0.3	2.1	6.7	3.8	23.0	100	62.2	12.6	64.4
	北京和天津	54	11.6	34.7	3.0	0.1	0.4	0.1	3.5	8.8	4.3	33.5	100	49.3	16.6	50.0
	华北	393	16.5	42.8	2.9	0.5	1.2	0.9	2.8	7.2	3.0	22.4	100	62.1	12.9	64.7
1997	华东	319	16.1	32.1	2.3	0.5	2.0	0.9	4.8	9.2	4.3	27.7	100	50.5	18.3	53.9
	华南	164	16.5	30.7	2.2	0.4	1.0	0.4	4.8	8.0	3.2	33.0	100	49.3	16.0	51.0
	中部	443	15.2	40.3	2.3	1.0	2.0	1.1	2.5	7.0	2.8	25.6	100	57.9	12.4	62.0
	西北	113	11.4	48.4	3.8	0.6	1.0	0.4	2.8	10.2	5.2	16.3	100	63.5	18.2	65.4
	西南	118	16.4	43.0	3.1	0.6	1.1	0.3	2.5	6.5	2.8	23.7	100	62.5	11.8	64.5
	平均		14.2	40.0	3.0	0.5	1.2	0.5	3.3	7.9	3.7	25.7	100	57.2	14.9	59.5

Part

续表

单位：人民币十亿元；part 1-13%为为% part（0）		总流出	附加值流出			最终返回的中间品中的附加值		纯重复计算	其他地区附加值		纯重复计算	进口流出量		与现有国际框架测量方法的联系		
			直接最终流出	被直接需求者吸收的中间品	重运到第三地区的中间品	通过最终流入	通过中间品流入	本地生产的中间品流出	最终流出	中间品流出	其他地区生产的中间品流出	流出		区域VAX比率	区域VS份额	区域量份额
2007	东北	741	19.1	24.7	6.3	0.4	0.4	0.3	2.9	2.6	2.5	40.5	100	50.2	8.1	51.4
	北京和天津	981	31.7	14.1	2.8	0.2	0.4	0.6	9.3	4.5	3.6	33.0	100	48.5	17.3	49.7
	华北	1288	17.6	21.9	5.2	1.9	1.4	1.1	4.3	6.2	5.8	34.5	100	44.7	16.3	49.2
	华东	982	17.0	16.6	4.5	0.5	1.2	0.6	4.7	4.3	4.2	46.4	100	38.0	13.3	40.3
	华南	1222	18.3	16.9	3.3	0.5	0.5	0.7	6.6	5.3	3.7	44.2	100	38.4	15.6	40.2
	中部	1366	14.1	24.9	3.9	2.3	1.4	1.1	3.1	5.9	4.7	38.6	100	42.9	13.7	47.7
	西北	1099	23.7	23.8	4.8	0.6	0.3	0.6	6.5	4.0	3.3	32.4	100	52.3	13.8	53.8
	西南	723	25.7	21.1	4.7	1.1	0.7	0.4	6.1	3.6	3.4	33.2	100	51.5	13.1	53.7
	平均		20.9	20.5	4.4	0.9	0.8	0.7	5.4	4.6	3.9	37.9	100	45.8	13.9	48.2

续表

单位：为人民币十亿元；part 1-13%为%	总流出	附加值流出			最终返回的中间品中的附加值		纯重复计算	其他地区附加值		纯重复计算	进口流出量	与现有国际框架测量方法的联系		
		直接最终流出	被直接需求者吸收的中间品	重运到第三地区的中间品	通过最终流入	通过中间品流入	本地生产的中间品流出	最终流出	中间品流出	其他地区生产的中间品流出	流出	区域VAX比率	区域VS份额	区域量份额
2007年相对于1997年的变化率 东北	740.6	86.7	-48.3	51.1	-21.2	-68.8	24.2	39.2	-60.8	-32.9	76.1	-19.3	-35.6	-20.3
北京和天津	1700.2	172.7	-59.4	-9.3	20.7	7.4	301.0	163.2	-49.1	-16.2	-1.3	-1.6	4.5	-0.6
华北	227.8	6.9	-48.7	81.1	293.9	14.6	22.6	52.6	-12.9	95.4	54.4	-28.0	26.1	-24.0
华东	207.5	5.8	-48.4	90.2	-11.6	-38.9	37.2	-2.1	-53.0	-1.5	67.4	-24.7	27.5	-25.3
华南	645.8	11.1	-45.0	52.0	33.6	-47.6	95.6	37.8	-34.1	16.5	34.0	-22.0	-2.4	-21.3
中部	208.2	-7.5	38.3	66.0	125.3	-27.4	-2.4	21.5	-16.3	67.8	50.9	-26.0	10.6	-23.1
西北	876.5	108.2	-50.9	28.9	5.9	-65.2	63.7	129.1	-60.3	37.1	98.1	17.7	-24.2	-17.8
西南	512.9	56.7	-51.0	49.5	83.2	-37.2	55.4	140.6	-44.3	22.0	40.1	-17.7	11.1	-16.8

注：进口流出量"流出"列各行数值均为 0。

（2）回到本地区的中间品的区域附加值（part 4 和 part 5）仅占所有地区总流出的一小部分。这与 KWW 在全球范围内取得的结果非常相似。这些部分在 1997 年和 2007 年的变化率在中国国内地区间有很大变化（part 4 说明华北和中部地区与其余地区相比增长迅速）。这不仅反映了这两个地区有相对更大的经济规模，也意味着它们处于国内生产网络的上游位置：它们通过向其他区域提供中间品产生附加值，其他区域使用这些中间品生产最终产品和服务。

（3）从目标地区（如华北）运送到合作伙伴地区（如华东）的流出同样包含了其他地区（如中部地区）的附加值。这是由于华北为了满足华东最终需求而进行的货物和服务的生产需要中部地区提供中间品投入。这一过程导致中部地区的附加值流出到华北，如表 3 中 part 7 和 part 8 所示。总的来说，part 7 和 part 8 对于大多数地区来说大约占区域流出的 10%，但是这两个部分的变化率显示出非常不同的演变过程。从 1997 年到 2007 年，除了华东外大部分地区的 Part 7 迅速增长。这说明更多地区在生产货物时，为满足合作伙伴地区的最终需求，需要更多由第三个地区提供的中间货物和服务。因此，中国国内生产网络已经变得越来越复杂。Part 8 显示出不同的变化模式。当生产的中间产品用于进一步生产其合作伙伴地区的中间品时，所有地区减少了由第三地区提供的中间品投入。这可能是由于中国大多数地区选择使用更多的外国中间投入，而不是使用国内中间品来在不同地区的后续生产过程中生产复杂的中间产品。

（4）此外，存在两个重复计数的部分（Part 6 和 part 9），这两个部分在区域流出中占据较小比例。不过，这些部分能够帮助我们衡量一个地区在国内生产网络中参与的深度和模式。例如，在某些行业中，华北和中部地区可能拥有相似的附加值流出，但由于不同地区在 DVC 中处于不同的位置，所以组成重复计数的部分可能会有很大不同。

（四）国内 TiVA 区域比较优势的演变

正如 iPhone 的例子说明的一样，生产更多产品并不能保证能够在高度垂直化分工的价值链中产生更多的附加值。从国内市场价值创造的角度考虑区域比较优势是至关重要的。因此，应该使用 TiVA 的概念来衡量区域比较优势。

表 4 显示了基于 TiVA 的国内 RCA 指标及其在 1997 年和 2007 年的变化。主要研究结果如下：（1）各区域特定行业 RCA 变化较大。沿海地区

表 4　1997~2007 年基于 TiVA 的 RCA 指标及其变化模式

1997	农业	采矿和采石	食品和烟草	纺织服装	木制品和家具	纸张和印刷	化学	非金属矿物产品	金属制品	一般机械	运输设备	电器和电子产品	其他制造业产品	电力和供水	建筑	贸易和运输	其他服务	SD	SD变化率(%)
东北	0.63	2.42	0.53	0.34	1.39	0.44	1.28	1.10	1.20	0.99	1.13	0.50	0.82	0.68	0.15	0.91	0.41	0.52	
北京和天津	0.38	0.40	0.74	0.52	0.72	1.09	1.53	0.40	1.33	0.52	2.09	1.72	0.97	0.97	1.04	1.12	1.77	0.51	
华北	1.02	1.11	1.04	0.90	0.42	1.03	1.12	1.07	0.99	1.81	0.51	0.76	0.71	0.98	1.34	0.88	0.95	0.30	
华东	0.67	0.18	0.80	1.74	1.07	1.28	1.53	0.57	1.00	1.11	1.62	2.03	1.07	0.85	0.72	1.14	1.11	0.45	
华南	1.03	0.43	1.02	2.31	0.87	1.31	0.63	0.73	0.57	0.29	1.26	1.90	1.49	1.05	1.67	1.23	1.25	0.51	
中部	1.25	1.23	1.08	0.73	1.41	0.96	0.69	1.55	0.98	0.76	0.86	0.36	1.25	1.16	0.74	0.90	0.89	0.29	
西北	1.10	1.78	0.72	0.28	0.42	0.39	0.83	0.53	1.41	0.45	0.44	0.86	0.57	1.22	0.75	1.07	0.85	0.39	
西南	1.19	0.93	1.74	0.27	1.77	0.93	0.65	0.73	1.00	0.52	1.25	0.78	0.80	0.84	1.46	1.10	1.22	0.39	
SD	0.29	0.71	0.34	0.70	0.46	0.32	0.36	0.36	0.24	0.46	0.52	0.62	0.28	0.17	0.46	0.12	0.37		

续表

	农业	采矿和采石	食品和烟草	纺织服装	木制品和家具	纸张和印刷	化学	非金属矿物产品	金属制品	一般机械	运输设备	电器和电子产品	其他制造业产品	电力和供水	建筑	贸易和运输	其他服务	SD	SD变化率（%）
东北	1.45	2.19	1.00	0.05	1.00	0.36	1.68	0.71	0.69	0.62	3.07	0.20	0.64	1.20	1.51	0.68	0.39	0.75	44
北京和天津	0.12	0.42	0.51	0.09	0.06	0.30	0.57	0.15	0.38	0.63	0.99	0.49	0.80	0.54	0.31	0.96	3.01	0.66	29
华北	1.30	0.97	1.00	0.93	2.24	0.99	1.09	2.03	1.27	0.74	0.68	0.40	0.54	0.71	0.02	0.87	1.04	0.52	72
华东	0.24	0.10	0.43	1.20	0.30	1.06	1.83	0.40	0.96	2.24	1.51	2.75	2.09	0.64	0.66	1.09	1.01	0.75	67
华南	0.32	0.28	0.19	4.35	2.12	2.98	0.66	1.01	1.03	2.61	0.40	2.70	2.18	1.16	0.21	0.92	0.66	1.17	128
中部	1.44	1.09	1.19	0.47	1.07	1.07	1.03	1.73	1.41	0.59	0.50	0.81	0.90	1.05	0.79	1.19	0.58	0.34	17
西北	1.43	2.28	1.31	0.22	0.18	0.31	0.65	0.66	0.75	0.17	0.35	0.19	0.16	1.24	2.02	1.09	0.87	0.64	63
西南	1.71	0.56	2.76	0.10	0.55	0.50	0.58	0.78	1.40	0.28	1.32	0.29	0.67	1.59	3.26	1.16	0.49	0.85	118
SD	0.61	0.78	0.74	1.35	0.79	0.83	0.47	0.60	0.34	0.86	0.84	1.03	0.69	0.33	1.03	0.16	0.79		
SD变化率（%）	111	11	116	92	73	157	31	69	41	86	64	65	144	102	124	31	115		

2007

注：SD表示标准差；▓表示第一级；▒表示第二级。

拥有更多的有高 RCA 值的部门（特别是在制造业），而内陆地区的专业化主要存在于初级产业。（2）1997—2007 年，地区的按部门排序的 RCA 发生了巨大变化。例如，1997 年，北京和天津地区在交通运输设备部门排名第一，但在 2007 年东北地区已占据首位。这主要是由于东北地区在十年间经历了机动车和汽车零部件生产的迅速发展。（3）区域和部门在价值创造方面的专业化趋势越来越明显，由区域对部门 RCA 计算得到的标准差越来越大。这说明了大多数地区在参与国内生产网络时都倾向于加强其价值创造方面的专业化特征。

结　论

自 1978 年实施改革开放以来，中国经历了巨大的经济增长。1987～1997 年，中国的实际经济规模增长了近 2.6 倍，1997～2007 年也出现了类似的增长[①]。一般认为，中国实现如此高速的经济增长的最重要的国内原因是中国国内市场化经济改革、持续的城市化、工业化和区域经济一体化。在国际上，中国在 2001 年加入 WTO 后主动参与全球价值链，为自身和全球经济带来了巨大改变。国内外这些力量的相互作用为"中国奇迹"提供了强大的引擎。

为了阐明 GVC 在中国的国内基础，本文侧重于衡量区域附加值在 DVC 中的创造和分配。本文使用中国 1997 年和 2007 年的区域间投入产出表来度量国内 TiVA 的详细结构变化以及不同地区在 DVC 中的地位和参与程度。主要结论可概括如下：（1）跨地区附加值创造的分布已经变得越来越"平坦"，这主要是由于区域间贸易随着高度垂直化分工的中间产品贸易发展而扩大。（2）区域对其他地区生产的货物和服务的最终需求在跨地区贸易附加值中具有重要作用。（3）将 KWW 分解法运用于中国国内区域间框架使我们得到如下结论：大多数国内地区通过向其他地区提供最终产品提高自身在 DVC 中的参与程度，这些地区需要更多第三方地区的中间品投入。大多数通过向其他地区提供中间品投入而进一步深入国内生产网络的国内地区需要来自世界市场的更多国外中间品投入。（4）区域间的行业

---

① 根据国际货币基金组织统计，中国 GDP 以不变价格（基于 1990 年）表示 1987 年为 1.609 万亿元，1997 年为 4.149 万亿元，2007 年为 10.691 万亿元。

基于 TiVA 的比较优势指数和行业间的区域基于 TiVA 的比较优势指数呈更明显的集中趋势。这间接反映了中国国内生产网络效率的提高。

最后，本文的研究也存在一些局限性：（1）中国经济中的加工贸易是一个十分重要的特征。Chen 等人（2001）、Koopman 等人（2008）和 Yang 等人（2015）发表了一些开创性研究，这些研究将加工贸易加入国家 I-O 框架。但是，由于数据的限制，难以获取正式发布的包括加工贸易信息的区域 I-O 或区域间 I-O 表。根据 Koopman 等人（2008）的想法，建立海关数据中的加工贸易数据与区域 I-O 表的联系在不久的将来是可行的。（2）在 TiVA 的相关研究中，所有参与国际贸易的国家都被认为具有内生性，因此总出口能够被分解，重复计数的部分也可以被测算。在本文使用的框架中，由于数据局限性，中国地区的对外出口被视为外生变量。这可能会导致一些估计偏差。如果特定国家的区域间 I-O 表能够与世界 I-O 表建立内生联系，Meng 等人（2013）、Cherubini 和 Los（2013）以及 Dietzenbacher 等人（2013a），由 Koopman 等人（2014）和 Los 等人（2015）提出的方法就能够在区域间和国际上运用。

（本文原载于《社会科学研究》2015 年第 3 期，摘登于《中国社会科学文摘》2015 年第 10 期、《社会学文摘》2015 年第 4 期，全文转载于中国人民大学复印报刊资料系列之《社会工作》2015 年第 8 期。本文原载 *Economic Systems Researeh*，Vol. 29，No. 1，March 2017）

参考文献

Balassa, B. (1965) Trade Liberalization and Revealed Comparative Advantage. *The Manchester School*, 33, 99-123.

Cherubini, L. and B. Los (2013) Regional Employment Patterns in A Globalizing World: A Tale of Four Italies. Banca d'Italia/University of Groningen, mimeo.

Dedrick, J., K. L. Kraemer and G. Linden (2010) WhoProfits from Innovation in Global Value Chains?: A Study of the iPod and Notebook PCs. *Industrial and Corporate Change*, 19 (1), 81-116.

Degain, C. and A. Maurer (2010) Globalization and Trade Flows: What You See Is Not What You Get! *WTO Staff Working Paper*.

Dietzenbacher, E., J. Guilhoto and D. Imori (2013) The Role of Brazilian Regions in the Global Value Chain. University of Groningen/University of Sao Paulo, mimeo.

Escaith, H. (2008) Measuring Trade in Value Added in the New Industrial Economy: Statistical Implications. *MPRA Paper* No. 14454.

Foster, N. , R. Stehrer and G. Vries (2012) Trade in Value Added and Factors: A Comprehensive Approach. *WIOD Working Paper*, 1-22.

Fukasaku, K. , B. Meng and N. Yamano (2011) Recent Development in Asian Economic Integration: Measuring Trade Integration and Fragmentation. *OECD STI Working Paper*, 2011/3.

Hioki, S. , G. J. D. Hewings, and N. Okamoto (2009) Identifying the Structural Changes of China's Spatial Production Linkages Using A Qualitative Input-output Analysis. *The Journal of Econometric Study of Northeast Asia*, 6 (2), 25-55.

Hummels, D. , J. Ishii and K. M. Yi (2001) The Nature and Growth of Vertical Specialization in World Trade. *Journal of International Economics*, 54 (1), 75 - 96.

IDE-SDS (2003) Multi-regional Input-Output Model for China 2000. IDE-JETRO, *Statistical Data Series*, 86.

Johnson R. C. and G. Noguera (2011) Accounting for Intermediates: Production Sharing and Trade in Value Added. *Journal of International Economics*, 86 (2), 224-236.

Kuroiwa, I. (2006) Rules of Origin and Local Content in East Asia. *IDE Discussion Paper*, 78.

Koopman, R. , Z. Wang and S. J. Wei (2008) How Much of Chinese Exports Is Really Made in China? Assessing Domestic Value-added When Processing Trade Is Pervasive. *NBER Working Paper*, 14109.

Koopman, R. , W. Powers, Z. Wang and S. J. Wei (2010) Give Credit Where Credit Is Due: Tracing Value Added in Global Production Chains. *NBER Working Paper*, 16426.

Koopman, R. , Z. Wang and S. J. Wei (2014) Tracing Value-added and Double Counting in Gross Exports. *American Economic Review*, 104 (2): 459-494.

Linden, G. , J. Dedrick, and K. L. Kraemer (2009) Innovation and Job Creation in A Global Economy: The Case of Apple's iPod. *Working Paper*, Personal Computing Industry Center, UC Irvine.

Los, B. , E. Dietzenbacher, R. Stehrer, M. P. Timmer and G. de Vries (2012) Trade Performance in Internationally Fragmented Production Networks: Concepts and Measures. *WIOD Working Paper*, 11.

Los, B. , M. P. Timmer and G. J. de Vries (2014) How Global Are Global Value Chains? A New Approach to Measure International Fragmentation. *Journal of Regional Science* (forthcoming) .

Meng, B. and C. Qu (2008) Application of the Input-output Decomposition Technique to China's Regional Economies. *Journal of Applied Regional Science*, 13, 27-46.

Meng, B. , Y. Fang and N. Yamano (2012) Measuring Global Value Chains and Regional Economic Integration: An International Input-output Approach. *IDE Discussion*

Paper, No. 362.

Meng, B., N. Yamano and C. Webb (2011) Application of Factor Decomposition Techniques to Vertical Specialisation Measurements. *Journal of Applied Input-Output Analysis*, 16.

Meng, Bo., Z. Wang and R. Koopman (2013) How Are Global Value Chains Fragmented and Extended in China's Domestic Production Networks?. *IDE Discussion Paper*, No. 424.

Pei, J., J. Oosterhaven and E. Dietzenbacher (2012) International Trade, Spillovers and Regional Income Disparity. *ARTNeT / WTO Research Workshop on Emerging Trade Issues in Asia and the Pacific: Meeting Contemporary Policy Challenges* 2012.

Stehrer, R., (2012) Trade in Value Added and Value Added in Trade. *WIIW working paper*, 81.

Timmer, M. P., B. Los, R. Stehrer and G. J. de Vries (2013) Fragmentation, Incomes and Jobs: An Analysis of European Competitiveness. *Economic Policy*, October, 615-660.

Uchida, Y. and S. Inomata (2009) Vertical Specialization in the Time of the Economic Crisis. In: Inomata, S. and Y. Uchida (eds.) *Asia Beyond the Global Economic Crisis: The Transmission Mechanism of Financial Shocks: The Transmission Mechanism of Financial Shocks*. Edward Elgar Publishing Ltd.

Xing, Y., and N., Detert (2010) How the iPhone Widens the United States Trade Deficit with the People's Republic of China. *ADBI Working Paper*, 257.

Yang, C. H., E. Dietzenbacher, J. S. Pei and X. K. Chen (2009) The Bias in Measuring Vertical Specialization. Paper presented at the 17th International Input-Output Association Conference.

Zhang, Y. X. and S. C. Qi (2012) *China's Interregional Input-Output Tables for* 2002 *and* 2007. China Statistics Press (in Chinese).

Zhang, Y. X. and K. Zhao (2004) The Spillover and Feedback Effects between Coastal and Non-coastal Regions. In Okamoto, N. and T. Ihara (eds.) *Spatial Structure and Regional Development in China: Interregional Input-Output Approach*. Palgrave Macmillan, IDE-JETRO Series.

社会企业与中国老龄服务供给

高传胜*

一 如何满足多层次老龄服务需求："未富先老" 中国的一大社会问题

通过对世界银行 WDI 数据库多年国别数据的比较分析发现，无论是与其他新兴国家相比，还是与顶级发达国家相比，中国都过早进入了老龄化社会（aging society），具有它们都不曾有过的"未富先老"的特征①。分析显示，在金砖五国（BRICS）中，无论是否考虑经济发展水平，中国都属于较早进入"老龄化社会"的国家，而且人口老龄化程度还在持续稳步提高，老龄人口增长速度也比较快。与工业六国等顶级发达国家大都进入"老龄社会"（aged society）相比，中国的人口老龄化程度虽然是比较低的，但若综合考虑经济发展阶段与水平，中国仍然属于过早进入"老龄化社会"的国家。

根据世界银行 WDI 数据，中国自 2001 年 65 岁以上人口占总人口的比例超过 7%以来，中国老龄人口比例持续稳步攀升，2013 年已经占到总人口的 8.88%，达到 1.2 亿多人。与此相对应，中国老龄人口占世界老龄人口的比例也在缓步上升，并且已经超过中国人口占世界人口的比例，2013年二者的比例分别为 21.30%、19.05%。尽管中国人均 GDP 水平还比较

---

* 高传胜，博士，南京大学政府管理学院教授，2010～2011 年任高研院第六期驻院学者。本文获得国家社会科学基金重点项目"包容性发展视角下加快我国老龄服务业分类协同发展研究"（14AGL02）、江苏省社会科学基金项目"包容性发展视角下江苏构建多层次养老保障与服务体系研究"（14SZB030）、江苏省高校优秀中青年教师和校长境外研修计划资助项目、江苏省高校哲学社会科学研究重大项目"包容性发展理论与江苏战略研究"（2011ZDAXM008）的资助。

① 高传胜：《从国际比较看中国人口结构面临的双重风险》，《学术界》2015 年第 1 期。

低，但老龄人口比例却高于上中等收入经济体（UMICs）的平均水平，2013 年高出 0.72 个百分点。综合而言，中国正面临着更为棘手的人口老龄化问题。

追求包容性发展已成为一种世界趋势。如何满足日渐增长的、数量庞大的老龄人口，特别是中低收入老人的多样化、多层次服务需求，不仅直接关乎老人及其家庭的民生保障和家庭和睦等切身现实问题，而且影响到经济社会的包容性发展等宏观战略问题。事实上，这也是很多国家共同面临的一大社会难题。毕竟，中高收入阶层通常可以通过市场化渠道来满足自身的服务需求，贫困人群和部分低收入者可以得到政府资助的服务供给，而处于中间的中低收入者往往既难以承受市场化的营利性服务供给，又不容易得到政府资助的服务供给，因此，在三类人群中，中低收入者的老龄服务问题最为突出。

二　中国老龄服务供给的现实生态与成因剖析

目前包括中国在内的绝大多数国家，老龄人主要有居家、社区和机构供养三种方式，并且都以前两种方式为主，通常占到老龄人口的 90% 以上。撇开各国具体因素不论，根本原因在于机构养老的成本较高，而且会造成老人与亲属分开居住。无疑，每种养老方式都需要相应老龄服务的支持，尽管需要外部服务供给的程度有所差别；再者，老龄人还有收入水平与需求层次的差异。因此，不断增长且日渐庞大的老龄人口，必然需要多样化、多层次的老龄服务供给。那么，中国老龄服务的供给状况究竟如何，目前面临哪些突出问题？

近些年，中国正着力于构建以居家为基础、社区为依托、机构为支撑的养老服务体系，并已取得一定成绩。但就总体而言，养老服务和产品供给不足、市场发育不健全、社会力量发挥不够，以及城乡、区域发展不平衡等问题依然十分突出。从具体服务内容上看，生活照料、医疗护理、精神慰藉、紧急救援等养老服务体系尚不健全，符合标准的日间照料中心、老年人活动中心等服务设施尚未覆盖所有城市社区，乡镇和农村社区的养老服务设施和站点还比较少，密度也很低。[①] 尽管国家和地方业已出台一

---

① 参见《国务院关于加快发展养老服务业的若干意见》（国发〔2013〕35 号）。

份又一份政策文件，但市场主体和社会力量仍未成为老龄服务的供给主力军，正因为如此，政府部门承受的压力才显得非常大。

以提供服务更为综合、全面和专业的机构养老服务为例，目前的基本状况是：①市场化、营利性养老服务产业，由于发展得还不够充分，因此提供的服务基本上是量少价高，满足的主要是中高端收入人群，中低收入者根本"住不起"；②主要面向中低收入者、具有社会性质的非营利性养老服务事业，虽然在中国已经开始发展，但总体仍显严重不足，尚未成为养老服务体系的中流砥柱，因而普通民众通常"寻不着"；③政府出资兴办的公共养老服务业，不仅床位非常有限，而且主要满足最高和最低两类人群，前者是以离退休人士为主，享受的是国家公共福利，后者是贫困老人，享受的是社会救助性质、发挥兜底保障功能的社会福利，一般的中低收入者大多都"进不去"。

事实上，对于居家、社区养老方式所需要的相关支持服务，同样存在类似的问题，即从收入水平和需求层次看，分别面向中高端需求和中低收入者的市场化、社会化两种供给途径很不顺畅，还有非常大的发展空间；同时，政府出资的公共福利型养老服务还需要构筑起城乡、区域全面覆盖的兜底性社会安全网络，并提高其社会救助与保障效率。因此，综合而言，老龄服务总体供给不足状况，需要从三类服务业发展障碍上去分别探寻根源。

（1）市场化、营利性老龄服务产业发展不充分，缺少市场细分与目标定位来满足高、中、低收入阶层的需求，主要源于政策环境缺乏应有的弹性，未能及时适应投资经营者的需求。无论从理论分析，还是从国内外的实践发展看，医疗和养老服务相结合已经成为一种客观趋势。但是，长期以来，中国医疗和养老服务行业不仅存在行政性进入壁垒，而且进入后受到的行政性管制比较多，加之土地等要素获取成本太高，所以非公资本进入难、经营风险和成本比较高，这都影响其进入积极性，实质上这也正是中国医疗、养老等服务行业发展不足，成为社会老大难问题的重要原因。因此，新一届中国领导层强力推进全面深化改革，狠抓简政放权，如果政策措施能够有效贯彻到基层，将会有助于改变这一落后状况。

（2）非营利性养老服务事业发展远远跟不上需求，同样是源于政策环境缺乏弹性，未能及时适应社会创新实践的发展。从国家高层到社会基层，很多人对非营利性组织的理解仍然停留在传统 NPO 上，但是这种传统 NPO 的最大问题是持续性发展面临挑战，其领导者将更多的精力放在寻求外部捐赠或资助而不是内部经营与管理上。因此，外部资助得不到保证，或者内部经营管理出现问题，组织都难以保持持续发展。事实上，世界上正兴起一种创新型非营利性组织形式，即传统追求利润最大化企业（PMB）与非营利组织（NPO）相交融而形成的社会企业（social business, social enterprise），它保留了传统 NPO 的社会价值取向和非营利性特征，但按照 PMB 方式运营，因而需要通过提供商品（包括服务）来获取收入、抵补成本，进而实现持续发展。虽然这方面的成功案例已经遍及世界各国，但社会企业理念尚未进入中国公共政策制定者的视野，社会企业在中国也未取得合法地位，相关法规政策都还处于空白状态。不仅社会大众尚未全面认识社会企业到底是什么、该如何创立与发展，政府部门也没确定该由谁来登记、规制与监管，以及应该适用的税费、土地及水电等政策如何，等等。

（3）政府出资建设的公共养老服务机构近几年有明显增长趋势，但由于规划设计、科层管理、配套服务等方面存在不少问题，目前入住率并不理想，因此，全国正在试点公建民营等创新运营方式。随着政府投入逐步增加，如果运营得当，公共养老服务业有望更多地面向贫困老人，进而充分发挥其兜底救助与社会保障功能。问题的关键在于政府花同样的资金如何才能更加有效地发挥作用？中国目前的惯常做法主要是政府出资建设养老机构，然后引进民营主体运营，再花钱购买服务。实质上，除此模式之外，政府还可以通过放松管制、鼓励市场主体和社会力量兴建养老机构，然后从它们那里购买养老服务。这样做的好处在于它可以促进市场化、社会化两种服务供给主体快速成长。而它们的充分发展，不仅可以通过竞争压力，迫使自身提高市场细分程度、加强目标定位，进而更好地满足更多老龄人口的现实需求，而且有助于减轻政府的负担和压力，让政府集中精力去做更需要做的事情。

三　社会企业模式有助于持续提供负担得起的老龄服务

由上可知，从服务供给视角破解中国"养老难"，必须从促进三类老龄服务业分类协同发展着力。（1）市场化、营利性服务产业发展，迫切需要政府真正简政放权、放松管制，拆除非必要的行政性进入壁垒，并根据企业运行需要,切实解决其创立与发展中遇到的行政性问题。市场化供给渠道畅通发达,有助于更加高效地调动和利用资源,并通过竞争机制促使企业加强市场细分与定位,满足更多老龄人的服务需求。(2)政府出资或资助的公共养老服务,则需要更新理念,创新运行机制与供给方式,提高资源利用绩效,克服行政主导方式可能存在的诸多问题。而促进和利用市场化、社会化供给途径,通过政府购买方式提供公共养老服务,则具有多种功效。(3)考虑到中国目前的经济发展水平和老龄人口总体收入水平不高的客观现实,当前最为迫切需要的则是引导、鼓励与促进社会企业加速发展,发挥其在老龄服务提供方面的应有作用,其主要原因在于社会企业的社会使命及其独特的运营模式与营销策略,有助于为中低收入者持续地提供负担得起的老龄服务。

(一)社会企业模式可以用来提供社会性老龄服务

从一般意义上而言,社会企业就是以解决社会问题为目标,按照传统的追求利润最大化企业(PMB)方式运营,以经营性收入抵补成本,并且盈余不能用于分红或者仅做有限分红,能够实现持续发展、实行利害相关者民主管理的新型社会组织形式。实质上,社会企业是传统营利性企业与非营利组织(NPO)相互交融的产物,因而兼具二者的部分特征,但与它们又有着根本不同,有着自己独特的综合优势,适合用来提供社会性老龄服务。

与传统NPO相比,社会企业追求社会使命与价值,保持非营利性特征,这是与NPO共通的;不同的地方主要在于运营方式和收入来源。NPO的收入主要来源于外部捐赠或资助,因而持续性一直是其面临的突出问题;社会企业的创立虽然需要外部投资,但正常运营后其收入主要来源于提供商品、服务的经营性收入,而且盈余在偿还初始投资后主要用于自身发展,不能用于分红或仅做有限分红。因此,相较于NPO,社会企业是社会性资源的可持续性运营方式。由于它主要依靠持续性经营收入,因而更有助于保证事业的永续发展。

与传统PMB相比,社会企业同样需要通过提供商品(包括服务)来获取经营性收入,抵补其成本,进而保证事业持续发展,这是共通的;但社会企业追求的主要目标、管理方式都与传统企业有着根本不同。社会企业并不像传统企业那样主要追求经济利益,而主要追求社会使命与价值,着眼于解决社会问题,因此其产品和服务的营销并不按照利润最大化原则进行，定价会相对较低，对营利性要求也没那么高。从管理方式上看，传统企业是资本支配劳动型营利性组织，追求利润最大化的资本所有者主导着企业经营管理方向；而社会企业虽然在初创时也需要资本投入，但这种投入并不以追求利润为主要目标。因而，社会企业极大地淡化了资本的支配地位，而且社会企业的经营管理通常也不是资本主导型的，而是更强调利害相关者的共同民主管理。

可见，社会企业适合于为中低收入者提供负担得起的社会性老龄服务。一方面它保留着传统 NPO 追求社会效应、保持非营利性的社会使命与特征，另一方面通过提供适合中低收入者收入水平与需求层次的社会性服务来获取营业收入，有助于事业的持续发展。[①]

（二）社会企业的营销组合适合于社会性老龄服务供给

社会企业的社会宗旨与使命会通过其营销组合策略体现出来。借鉴国际著名市场营销专家菲利普·科特勒（Philip Kotler）的"大市场营销"（Mega Marketing）模型，社会企业的社会使命与特征可以通过其产品（product）、价格（price）、分销渠道（place）、促销（promotion），以及政治权力（political power）与公共关系（public relation）即 6P 策略体现出来。

社会企业经营的产品（包括服务）通常是针对某一社会问题的，而这些问题正是传统社会三大部门未能给予充分有效解决的。从逻辑上看，社会企业兴起本身就是对市场失灵、政府失灵和志愿失灵而造成的全球社会问题日渐增多的理性回应。因而，社会企业从创立开始，便着眼于解决社会问题，它们经营的产品不仅有较强针对性，而且体现非营利性特征。

2006 年诺贝尔和平奖得主尤努斯（Muhammad Yunus）创立的格莱珉银行（Grameen Bank），是最为典型的社会企业之一，它针对的是商业性金融服务，或者难以覆盖到无抵押资产、无信用记录的穷人，或者利率太高，不利于穷人获得信贷服务来谋求生计、摆脱贫困，因而推出了无须抵押、担保，且利率低于同类商业性金融服务的包容性金融产品（inclusive finance）——小额信贷（Micro-credit），帮助了世界上无数的贫困女性及其家庭走出贫穷，成功探索了一条"授之以渔"而非"授之以鱼"的扶贫

[①]　Whitelaw, S., Hill, C., "Achieving Sustainable Social Enterprises for Older People: Evidence from A Europe Project," *Social Enterprise Journal*, Vol. 9, No. 3, pp. 269–292.

助困新路径。① 此外，格莱珉银行还与巴斯夫、英特尔、达能、威立雅以及阿迪达斯等世界著名跨国公司合资合作，推出了一系列针对孟加拉国不同贫困人群并且让他们能够买得起的功能性产品，包括可以保护睡觉人免遭蚊子传播疾病（如疟疾）折磨的蚊帐、通过信息传播技术为医护资源稀缺且诊所不足的农村提供的医疗保健服务、富含日常儿童饮食中缺乏的微量元素的酸奶、为存在严重砷污染问题的乡村供应的饮用水、为最低收入者生产的廉价鞋子，等等。②

一般而言，第一，社会企业推出的产品（包括服务），其目标对象往往非常明确，其功能具有鲜明的问题指向性，且不追求奢华，无须过度包装修饰，因而通常有着独特的卖点；第二，社会企业的主要使命是解决社会问题、追求社会价值，并保持非营利性特征，因而会充分考虑目标对象的价格承受能力，产品定价通常比同类的营利性企业都要低；第三，在分销渠道上，社会企业的产品、服务通常采取本地化供给方式，往往不像营利性企业那样，需要复杂的分销渠道与网络，因而渠道建设与管理等费用会低很多；第四，从促销上来看，具有明显社会功能的社会企业，往往不仅能够吸引媒体主动报道宣传，而且良好的社会效应还具有较强的口碑效应，因此不需要像营利性企业那样进行各种形式的促销，如广告、折扣等，所以社会企业也省去了大量的促销费用；第五，由于社会企业本身是为了解决社会问题而创立，主要追求社会效益而非经济效益，同时具有非营利性特征，因而一旦政府认识到其独特的包容性发展与社会治理功能，通常会支持、鼓励并促进其规范有序快速发展，而且运行良好的社会企业还可以成为政府采购的重要招标对象；第六，真正持续规范有效运行的社会企业，不仅能取得积极的社会效应，而且能树立良好的社会形象与建立良好的公共关系。

从产品（包括服务）设计、提供，到定价、促销以及权力、关系营销等诸多方面综合来看，相较于营利性企业，社会企业提供的产品成本确实要节省不少，这就为其提供相对低价产品预留了空间。因此可以说，由社会宗旨与非营利性特征规定的社会企业运行方式与营销组合策略，较大地

① 〔孟加拉国〕穆罕默德·尤努斯：《新的企业模式：创造没有贫困的世界》，中信出版社，2008。
② 〔孟加拉国〕穆罕默德·尤努斯、卡尔·韦伯：《企业的未来：构建社会企业的创想》，杨励轩译，中信出版社，2011。

降低了其服务提供的成本，因而非常适合为中低收入者提供所需要的并且能够负担得起的老龄服务。当然，所有这些的前提条件是政府能够及时适应社会需求，构建起法治的制度框架与有效的监管体系，保障社会企业能够宽松创立并规范有序运行。

四　老龄服务供给的社会企业方式：来自国内外的实践与探索

无论是尤努斯言下、从严格意义上讲的 social business（社会企业），还是欧美语境中、从宽泛意义上讲的 social enterprise（社会企业），社会企业在世界各地都已日渐兴起，其中包括孟加拉国、印度、中国等发展中国家，也包括英国、美国、日本等顶级发达国家。就像通过社会企业模式给贫困人口提供格莱珉银行式包容性金融服务一样，通过社会企业方式给中低收入者提供负担得起的社会性老龄服务，已经不再仅仅停留在理想层面，而是在国内外都有了活生生的社会创新实践与积极探索，尽管这些社会企业可能还不同程度地存在这样那样的问题，经营管理水平亦有待进一步提升。这里，仅仅选取美国、英国和中国的三个社会企业在老龄服务领域的实践与探索的例子。

美国是崇尚自由市场的典型国家，自由市场基因必然会渗透到社会领域，使非营利性组织也采用企业模式运营以期实现持续发展，因此出现了社会企业这一新型社会组织形式。在老龄服务领域，俄亥俄州西南部的老龄会社（Council on Aging of Southwestern Ohio，COA）就是一例。① 作为一个服务于辛辛那提地区五个县的非营利性区域老龄机构，COA 成立于 1971 年。20 世纪 80 年代中期，开始管理 PASSPORT（Pre-Admission Screening System Providing Options and Resources Today）和俄亥俄州可以获得居家医疗服务的医疗救助接受者。90 年代实现了显著性增长，原因是县财产税征收计划获得通过，为社区老人提供居家服务有了专项基金支持。这项税收可以为四个县的无法获得医疗救助的老人提供居家照顾服务，尽管这些老人几乎都有微薄的收入。COA 则通过与县里签订合同来管理这一计划。依

---

① Petrie, L., "Surviving and Thriving in the New World of Aging Services," *Generations*, Vol. 38, No. 2, pp. 40-43

靠这一征税计划和医疗救助计划，2013 财政年度 COA 服务了近 2 万人。尽管如此，COA 仍然面临越来越大的竞争压力，因而它们正在推行组织重构、员工文化重塑、新技术投资，以及采用新管理方式方法等多项战略性举措，以期提高运营灵活性，增强竞争优势，适应竞争新形势。①

英国社会性服务业从 20 世纪 70 年代的公立主导，转变为如今的私营主导。而基于社会企业模式运营的老龄服务则是重要组成部分，其中桑德兰居家护理社（Sunderland Home Care Associates，SHCA）就是一家为老年人提供居家照顾服务的社会企业。它是由当地居民及社会企业家埃莉特（Margaret Elliot）在看到人口老龄化和家庭破碎而带来的服务需求增加后，积极响应政府号召于 1994 年创立的，后来则成了桑德兰市最大的服务提供者。SHCA 由雇员拥有，所有的盈余都留在公司内部。职员既是雇员也是股东，共同参与决策。SHCA 主要提供帮助老年人、病人和残疾人的居家服务，通常包括起床、洗漱、穿衣、吃饭、清洁等服务内容。当然，它也会调查用户需要，根据用户和护理员的要求，进行匹配，开展服务，而且会定期对服务和风险进行评估。经过多年的发展，SHCA 规模逐年扩大，所提供服务的时间不断增加，产值也在上升，取得了良好的经济与社会效益。而伴随其稳定发展，SHCA 还赢得了当地政府部门越来越多的家庭照顾合同。此外，桑德兰市为那些需要家庭照顾服务者还提供了一项"直接支付计划"，其中政府不直接提供服务，居民个人可自主安排服务。② 这样，居民可以用所得到的政府补贴来支付 SHCA 的服务费用，这为 SHCA 提供了更广的市场空间。

2013 年中国养老状况调查显示，90% 的老人选择居家养老，3% ~ 5% 的老人选择社区养老，剩余的选择机构养老。由此可见，中国的居家养老服务需求潜力巨大。倡导建设"没有围墙的养老院"的金太阳老年综合服务中心（Golden Sun Elder Center），就是为此而创立的。它是福建省福州市的一家非营利性、民办养老综合服务机构。基于信息化管理和 GPS 定位系统，金太阳在全国首创 24 小时应急呼叫助老服务信息平台 968885，依托居家养老服务站点，联合电信、医院等合作单位，为居家老人提供全方位、一站式低偿服务，具体服务内容十分广泛，大到临终关怀、紧急救

① Council on Aging of Southwestern Ohio in Cincinnati，http：//www.help4seniors.org/.

② Sunderland Home Care Associates，http：//www.sunderlandhomecare.co.uk/aboutus.html.

治、法律援助，小到买菜送饭、陪同聊天、上街购物，等等。由于充分利用网络信息技术，不断拓展服务网点建设，加之管理水平的稳步提升，因而便捷式助老服务能够在短时间内（承诺是 15 分钟以内）直达老人身边。不仅如此，金太阳还具体实践了"时间存折"等社会创新理念，亦即让有一技之长的老年人或居民，到"银行"里登记自己为别人服务的项目和时间，日后可以换算成相应的积分，凭积分再换取自己需要的服务和优惠。8 年的创业历程，金太阳虽然几经风雨，但始终坚守"社会价值要大于经济价值"的理念。政府支持、市场力量和志愿服务构成金太阳的支柱，也使得这一模式有了跨区域复制扩张的生命力。目前，金太阳正在向福建省南平市、厦门市，甘肃省和天津市等地区拓展。2012 年，金太阳总收入达700 多万元，其中 30% 来自政府购买服务。因此，创办人黄晓蓉计划未来逐步减少政府购买服务比例，而以更多的企业方式实现可持续发展。①

虽然这里仅仅提供了三个国家三个养老服务类社会企业的例子，但是这已经可以说明社会企业这一社会创想着实有助于开拓老龄服务供给的新思路，特别是对那些中低收入者。结合这三个例子，并广泛参考各类社会企业的案例可以发现，作为一种创新型非营利性组织，社会企业解决社会问题将有助于减轻政府压力，因此，各个国家对社会企业都有不同形式的支持，其中包括初创时期的要素（如资本、土地等）投入支持、运行阶段的政府采购支持和税费优惠；当然，首先且尤为重要的是支持相关研究，尽早出台起相应的法规政策，规范社会企业的创立与发展，并形成有效的监管机制。除此之外，一方面要加强宣传，让全社会正确认识并充分理解社会企业，为社会企业顺序创立与规范有序发展创造宽松有利的社会环境；另一方面应建立相应的人才教育与培养体系，为社会企业发展提供人才支撑。

五　加快中国老龄服务业分类协同发展的可为方向与政策重点

"未富先老"的中国，具有不同于发达国家的"养老难"问题。破解"养老难"可以从养老保险与老龄服务两个方面同时着力。但相对而言，

---

① 福建省福州市金太阳老年综合服务中心，http://www.968885.org/；金太阳老年综合服务中心：《没有围墙的养老院》，http://www.britishcouncil.cn/programmes/society/social-entrepreneurs/case-studies/golden-sun。

老龄服务则显得更为重要，原因在于保险只是试图解决筹资问题，有了资金，如果服务供给不充分，仍然无法从根本上解决"养老难"问题。更何况，在目前的经济社会发展阶段，居民收入水平低下，不仅养老保险本身还未能实现全覆盖，而且覆盖人群的缴费与待遇水平总体上并不高。相反，如果服务体系健全、供给渠道畅通，则有助于形成营利性产业、非营利性事业和保障性公共服务业三大类老龄服务业分类协同发展的格局。老龄服务业发展充分、竞争有序，前两类则会通过市场细分与定位，来满足更多的不同收入水平人群的需求。这样，公共养老服务才能真正发挥保障作用，兜得住底。而且，前两类老龄服务业发展充分，公共服务还可以采取政府购买服务方式来高效实现。另外，老龄服务供给充分，还能反过来减轻养老保险的财政压力。遗憾的是，中国市场化的营利性老龄服务产业和社会化的非营利性老龄服务事业都还发展得不够充分，所以政府公共老龄服务业也难以兜得住底，"养老难"问题因而才会凸显出来。因此，从服务视角来破解"养老难"问题，必须从加快三类老龄服务业分类协同发展上着力。

1. 市场化营利性老龄服务产业：非禁即入，强化监管

对于市场化、营利性老龄服务产业，最优的政策选择就是顺应全面深化改革的总方向，简政放权，贯彻"法无禁止即可入"原则，真正发挥市场机制在调动与配置资源中的决定性作用。为此，需要全面清理阻碍营利性老龄服务产业发展的行政性壁垒，创造和营造宽松有利的市场环境与社会氛围。与此同时，一方面积极鼓励市场竞争，并通过良性竞争机制，促使企业通过市场细分与定位来满足不同收入人群的老龄服务需求；另一方面加强事中、后监管体系建设，按照市场主体的要求监管其行为，促使其合法规范有序运行。

2. 社会化非营利性老龄服务事业：健全法规政策，鼓励规范发展

非营利性部门是保证经济社会协调发展不可或缺的重要部门。然而，在二维的经济学视野中，非营利部门并没有应有的地位，更不用说已经在世界各地日渐兴起的社会企业了。兼具传统企业与非营利组织部分特征的社会企业，不仅保留了非营利性特征与社会使命，而且通过提供产品和服务来追求持续发展。中国有数量日渐庞大的中低收入水平的老龄人，为他们提供能够负担得起的老龄服务，非常适合采取社会企业运营方式。但是，这不仅未能得到社会民众的广泛认知，也没有被决策层充分意识到。

因此，破解中国养老难的重要努力方向，就是发挥社会企业在包括老龄服务在内的非营利性社会事业中的应有作用。

为此，当前最为迫切的是重构社会组织管理体制，抓紧研究制定社会企业方面的法规政策，一方面给予社会企业以合法地位，制定一系列有利于社会企业创立、运行和发展的规章条例办法；另一方面应加强监管，促进其规范有序快速发展，更好地发挥其社会治理与包容性发展功能。其中，可以借鉴国际经验与做法，明确社会企业适用的土地、金融、水电气等要素政策，财政、税收、保险和公积金等财税政策，以及理念宣传、政府采购、人力资源支撑政策，等等。在中国推进全面深化改革过程中，对于部分国有企业、事业单位，可以考虑按照社会企业模式进行改革，重视运营模式建设，重在发挥社会功能，同时强化监管。

3. 保障性公共老龄服务业：创新供给机制，保障高效兜底

构建社会安全网，发挥兜底保障作用，是现代文明社会政府的重要职能之一。老龄服务领域同样如此。这也正是中国政府近几年加大养老院投入与建设力度的重要原因。但是，在现代市场经济条件下，政府投资建设养老机构，并非发展保障性公共老龄服务业的必要条件。事实上，放手让市场化、社会化老龄服务业充分发展，然后通过政府采购方式来提供保障性公共老龄服务，也是一条可行、高效的路径。而且，后一种做法具有多种功效：一是可以促进前两类老龄服务业发展，提高其竞争程度，进而迫使他们通过市场细分来满足更多的不同收入群体的需求；二是有助于提高资源利用效率，规避行政科层组织自身存在的一些弊端；三是减少政府事务性工作，而将精力放在其他需要的地方；等等。因此，公共老龄服务业发展的重点是创新服务供给方式与机制，提高兜底保障的效率。

（本文原载于《社会科学研究》2015 年第 3 期）

为媒介技术决定论正名：
兼论传播思想史的新视角

胡翼青*

长期以来，"技术决定论"作为一种污名化的标签，常被用以攻击强调技术重要性的一切理论观点。比如说，当实证主义传播学对媒介环境学说展开"围剿"时，他们就轻蔑地称之为媒介决定论或技术决定论，并因此便认为其论敌变得不堪一击。表面上看，批判对技术的盲目崇拜确实很有必要，但如果因此无条件地承认人的主体性并认定不存在技术对人的反制甚至是倒逼，那就走向了问题的另一个极端，形成了一种学术话语霸权和意识形态。这在无形中堵死了从技术向面深入思考当代社会问题的可能。这种现象在传播学和传播思想史研究领域表现得特别明显。

笔者在很多年以前阅读李明伟关于媒介环境学的博士学位论文时，印象最深的便是作者关于媒介环境学不是一种技术决定论的辨析。在面对像雷蒙·威廉斯这样的有力论敌时，李明伟是这样为麦克卢汉辩护的：他认为，媒介环境学在技术的诞生与发展、技术与社会的关系、技术作用于社会的方式以及开放性的结论和多样化的未来四个方面都与真正的技术决定论有很大的不同。李明伟是这样评价媒介环境学的："他们认为主导媒介决定社会的特征，但不否认多元因素对社会历史变化的影响，也不否认人与社会在媒介面前的主观能动性。而且，他们也不认为，社会将在技术的规定下朝着一个既定的方向演进，更没有为我们描绘一个万事详备的未来。"[1]

李明伟当时应该没有完全明白雷蒙·威廉斯的立场，威廉斯之所以不认同麦克卢汉的主张，是因为麦克卢汉完全无视传播技术应用背后的权力

* 胡翼青，南京大学新闻传播学院教授、博士生导师，2014～2015 年任南京大学高研院第十期驻院学者。

① 李明伟：《知媒者生存：媒介环境学纵论》，北京大学出版社，2010，第225页。

逻辑，尽管麦克卢汉并没有义务这么做，但威廉斯的质疑无可厚非。威廉斯担心对技术的讨论掩盖了更重要的问题，即对权力逻辑的揭露。所以李明伟并不是在同一个层面上回应威廉斯，他们算是各说各话。但李明伟的根本问题并不在于此，他的问题在于他有一个预设的观点，那就是技术决定论的视角是错误的，所以媒介环境学并不是技术决定论。当然，我相信这并不是李明伟一个人的下意识观点，它基本上就是多年来学术共同体共同的下意识观点。那为什么技术决定论视角就是错的，技术决定论视角真的是如此不堪的纯粹的胡说八道吗？真的是人和社会在决定技术的发展和使用方向吗？我想，这些所谓定论是经不住追问的。在这个技术飞速发展且技术发展速度远远超过人的进化速度的时代，为技术决定论正名只是个时间问题。

一

传播学的技术决定论通常指的就是媒介技术决定论。这貌似是一个再清晰不过的界定，但这一界定是建立在对两个关键概念——"媒介"与"决定"——的限定之上的。

首先，什么是媒介或媒介技术。在媒介决定论的论调中，常见的做法是将媒介定义为一种传播介质尤其是大众传播介质，是在传播过程中介于传播者和受众之间的现代信息传递技术，是个体与群体之间交流的工具。所以，这里的媒介通常指的是一大类媒介或一种媒介，如电视媒介、网络新媒介。这类媒介常常被言说者从技术的整体中抽离出来，孤立地谈其社会影响。而且，这类媒介通常被当作具象的存在而非抽象的或意识形态化的存在。

另外，在媒介决定论看来，"决定"是一种直接的因果关系。媒介技术被看作社会进步的原因和施动方。通常因为更多人相信所谓的社会进步的思想，因此这种决定论的背后通常会有这样一种假设，即随着媒介技术的发展，人类社会将会不断进步，并最终实现幸福美满的"社会大同"。这种具有强大空想成分的推断也因此被称为"媒介乌托邦"。如果从支撑这种推断的理论起点来看，这种观念基本是一种建立在庸俗进化论（或者干脆是政治学上的社会进步理论或社会学上的社会达尔文主义）、功能主义和媒介中心主义观念基础之上的推断。而进步与否的判断则体现了这种思想强烈的倾向性和鲜明的价值立场，它不能被看作真正意义上的学术研究，而更像是一种意识形态说辞。

如果技术决定论就是"媒介乌托邦"，那么对它的否定便是合情合理的。这种推论完全是一种无稽之谈。① 文森特·莫斯可认为这种媒介技术决定论已经达到神话的地步，以至于每当出现一种新的媒介技术，就会有人宣称时间、空间与权力被彻底超越，也就是历史的终结、地理的终结以及政治的终结，人类将会真正步入乌托邦的时代。"这实际上是一个反复终结的过程。因为它所讲述的是这样一个故事：在赛博空间出现之前，终结已经多次出现——电报、电力、电话、广播和电视都有它们自己的关于时间、空间和社会关系终结的故事，以及革命性的预言。"② 莫斯可的这个论断一点也不新鲜。在新千年即将来临时，詹姆斯·凯瑞就曾这样嘲笑这种乌托邦思想：

> 所有对电子革命的歌功颂德都有一套共同的理念，这些思想均传递着这样一个印象：电子技术是人类的伟大施主。同时，这些思想都将电子技术奉为人们期待的社会变革的动力、重建人道主义社会的关键所在、回归珍贵的自然乐园的途径。他们的共同信念是：电将克服曾经妨碍实现乌托邦理想的历史力量和政治障碍。③

通过对媒介发展史的考察，莫斯可和凯瑞指出了一系列媒介乌托邦的思想。莫斯可更是花了两章的篇幅列举了一系列技术乌托邦的例证：在电报时代，人们就断言这种消灭了时间和空间的媒体会改变整个人类的生活方式；电话的发明使许多人欢呼阶级的不平等将被终结，平等的点对点传

---

① 当然，还有另一种技术决定论，这种同样夸大媒介技术后果的观点，对技术的发展对社会的影响抱有明显的悲观情绪。如果说媒介乌托邦认为媒介技术会带领人们前往天堂，那么这种思想则认为媒介会带领人们走向地狱。这些观点显然代表社会中抗拒技术变革的保守力量的立场，属于保守的修辞方式。但毫无疑问，他们与那些貌似激进的技术修辞一样，都是简单因果关系的媒介决定论思想。由于篇幅和叙述重点的缘故，在本文中不就这一问题进行深入讨论，拙作《传播学：学科危机与范式革命》（首都师范大学出版社，2004），对此有较为详细的论证，如有兴趣者可以参见该书的论述。

② 文森特·莫斯可：《数字化崇拜：迷思、权力与赛博空间》，黄典林译，北京大学出版社，2010，第108页。

③ 詹姆斯·W. 凯瑞：《作为文化的传播——"媒介与社会"论文集》，丁未译，华夏出版社，2005，第88页。

播的时代即将来临；广播的发明被认为可以带来"全面而持久的世界和平"；而电视在塑造人类和世界意识、提升教育能力方面完全是广播的超级升级版。在最近两部著作《数字化崇拜》和《云端》中，莫斯可又提到了两个当代技术神话：赛博空间和大数据。他指出，在赛博空间面前："我们坚持认为，我们所了解的历史正在终结——我们正在迈入一个新纪元。我们坚持认为距离已经死亡，地理的限制正在减弱。我们认为赛博空间正在转变政治，也许正在结变换形式的获取支持的日常动员方式，并向人们引介一个前所未有的电子民主和虚拟社区的时代。"[①] 而对云计算和大数据的迷信更是达到了无以复加的地步：

> 大数据正把我们变成新的物种。首先，大数据改变了我们的思维方式，让我们从因果关系的串联思维变成了相关关系的并联思维。其次，大数据改变了我们的生产方式，物质产品的生产退居次位，信息产品的加工将成为主要的生产活动。最后，大数据改变了我们的生活方式，我们的精神世界和物质世界都将构建在大数据之上。大数据不仅仅是一门技术，更是一种全新的商业模式，它与云计算共同构成了下一代经济的生态系统。[②]

然而事实上，莫斯可想说的是，过去和现在具有连续性，而并不总是令人休克的彻底革命。历史、地理和政治从来没有真正终结过。新技术的出现总是使原本的社会格局变得更加复杂，使人们被迫一次又一次地重新面临新的历史、空间和政治问题。情形也并不总是在进步，恶化也是技术发展过程中不可避免的伴随性后果。对于这一点，斯蒂格勒有一段非常全面的描述：

> 一方面是普遍化的机器系统所具有的巨大活力（它以每天产生的新体系回答在工业经济中占统治地位的不断革新的规律），另一方面是技术主导一切的升平景象的彻底破产。技术装置带来了数不胜数的问题：由强化交通和改进速度而引起的交通阻塞和危险性的上升；不

---

① 文森特·莫斯可：《数字化崇拜：迷思、权力与赛博空间》，第46页。

② 维克托·迈尔-舍恩伯格、肯尼恩·库克耶：《大数据时代：生活、工作与思维的大变革》，盛杨燕、周涛译，浙江人民出版社，2013，封底推荐语。

仅由于实物输送器械、而且由于信息传送网络引起的普遍的"紧急状态"；"信息内容"的贫困化、文盲、孤独、人与人之间的疏远、个体性的枯竭、区域性概念的消失；失业，机器人不仅不能使人摆脱劳动，反而把人逼向贫困或神经质的境地；由于人把决策过程委托给机器，所以人的选择和超前也因此受到威胁，这种对机器的依赖是必然——因为人已无法控制信息交流的过程……震动更大的是媒体对社会集体行为造成的强烈影响。这些媒体控制了直接传播给具有不同文化根源的广大民众的实况新闻生产，这一生产权操纵在职业人员手中，他们的行为完全根据越来越规范化的工业体制内部的纯粹商业的标准而"理性化"了。[①]

相比于复杂的现实世界，"媒介乌托邦"思想确实过于幼稚。可问题是，这种媒介决定论真的能够代表传播领域的技术决定论学说吗？顺着莫斯可的文献引用，我们就会发现，持上述观点的多不是严肃意义上的学者，而多是一些政治家、未来学家、智库研究人员、企业家、媒体从业者、技术推广者或工程师。在他们炮制的神话背后，既有着天马行空的美好政治承诺，也有着可以预期的商业利益。一言以蔽之，技术美好想象的背后，总有着强大的意识形态主张。

有意思的是，如果说还有什么思想也强调社会进步、功能主义与媒介中心主义观点，那只有美国实证主义传播学。有意思的是，这个学派早期的代表人物施拉姆曾经在自己的教材中如此轻率地为麦克卢汉贴了一个标签："麦克卢汉，正如他的老师哈罗德·伊尼斯一样，是个技术决定论者。"[②] 与施拉姆一样，把自己当作有科学精神的实证主义传播学者，动辄指责技术乌托邦的观点过于强调技术而非技术承载的内容带来的社会影响。他们始终强调技术的能动性掌握在社会群体和人手中，在技术与社会的关系层面应当是社会决定论，是人在使用技术。然而这种攻击丝毫不能改变的一个事实是，实证主义者眼中的媒介也是孤立的某类媒介，这些媒介及其承载的内容也是以因果关系的方式产生社会功能，强调内容并没有

---

① 贝尔纳·斯蒂格勒：《技术与时间：爱比米修斯的过失》，裴程译，译林出版社，2000，第 101~102 页。

② 威尔伯·旋拉姆、威廉·波特：《传播学概论》，陈亮等译，新华出版社，1984，第137 页。

改变实证主义者的媒介决定论基调：他们与媒介乌托邦其实是一类极为相似的思想。只是他们幻想其结论是经过数据证明的，他们有着丰富和差异性的细节，而不是简单的宏大叙事和巫师般的预言，但其实结果没有什么不一样。这里面最明显的例证就是施拉姆与他想当然的发展传播学。

在詹姆斯、杜威等第一代实用主义者那里，科学就被赋予了超乎寻常的重要社会意义。在美国这么一个特别强调科学技术的国度里，所有持科学主义态度从事传播学研究的人其实多多少少都有技术决定论和媒介决定论的倾向。正如德弗勒所说："我们从过去研究的轨迹中的确可以发现一种'科技决定论'：主张科技决定社会的变迁。大半美国的传播学者多少保持着决定论的观点，相信传播科技是造成美国社会变迁的主因。"① 所以，如果说学界有什么媒介决定论的范例，那就是美国实证主义传播学。

然而问题就在于，真正学术意义上的技术决定论远非实证研究学者想象得那么狭隘，也绝不是一种简单的因果关系推论。多年以来，在技术哲学层面，技术决定论思想的深度早就超越了一般传播学者的想象力。而这种建立在社会整体意义之上更高的思想格局从"媒介"与"决定"这两个概念的界定开始就与"媒介乌托邦"很不一样。

二

即使是最简单的媒介技术哲学，都不会将媒介看作某一类具体的媒介或一种功能性的社会元素，也不会把媒介当作一种具象的可以触摸的存在物。

在媒介环境学尤其是麦克卢汉看来，媒介即万物，万物即媒介，凡是可以中介某种人类传播的介质均可以看作是传播媒介。麦克卢汉这一界定并非横空出世。准确地说，他的想法早就由社会学芝加哥学派库利、帕克等人的思想奠基，经济学的制度学派更是将这种媒介观当作常识。而这一界定也并非后继无人，除了媒介环境学的各位继承者以外，德布雷已经俨然成为当代的麦克卢汉。他说："在媒介学中，médio 首先近似地指在特定技术和社会条件下，象征传递和流通手段的集合。这个集合先于并大于当

---

① Shearon A. Lowery & Melvinl De Fleur：《传播研究里程碑》，王嵩音译，台北：远流事业股份有限公司，1998，第 21 页。

代媒体领域。……一张餐桌、一个教育系统、一杯咖啡、一个教堂里的讲道台、一个图书馆的阅览室、一个油墨盒、一台打字机、一套集成电路、一间歌舞剧场、一个议会都不是为'散播信息'而造的。它们不是'媒体'，但是它们作为散播的场地和关键因素，作为感觉的介质和社交性的模具而进入媒介学的领域。没有这些各种各样的渠道，各种各样的'意识形态'就可能不会有我们所了解的社会存在。"① 因此，如果将"魔弹论"理解为一种媒介如广播或者是电视造成的后果，这毫无疑问是很难成立的。但如果将"魔弹论"看作整体媒介场域或者是整个世界媒介化的后果，那就比较容易理解。

在当代技术哲学的观点看来，媒介也并非个体或组织使用的工具，更不是没有任何自身动力的简单的物。它是一个汇集各种意义的空间，或者说它是一个展现各种关系的窗口，它以整体性的形式存在并联结着社会的每一个体，决定着人与时间、空间、其他个体与物质世界的关系，它已经成为人类生活的环境与图底，甚至连人的记忆和观念序列均由媒介技术来保障与调节。正如斯蒂格勒所说的那样，"工业革命构成的持续革新过程引发了种种新的必然性，正是为了面对这些新的必然性，信息系统建立起来并遍及全球，结果是通过我们眼见着发展合并起来的电报、电话、摄影、录音、电影、无线广播、电视和信息，世界记忆本身最终屈从于直接影响心理和群体层次的同一化与差异化——即个体化——过程的工业化。记忆的工业化正是通过模拟和数字技术才得以彻底实现。这些技术随着程序工业中所有最新生物技术的发展而日趋完善"。② 在这个意义上，我们的一切观念都基于媒介平台和受控于媒介技术平台而非相反。准确地说，没有媒介技术所建构的空间，我们什么也看不见，什么也听不见，什么也意识不到，就像没有接收超声波的能力，我们永远感知和认识不到蝙蝠能够感知和认识的世界。

首先，技术是一个整体，它与人、组织和社会制度是互相渗透、密不可分的，可以说互相以对方的存在为大理石的前提。比如，德布雷就认为，媒介技术构成了一个整体媒介域。他指出："媒介域这个字眼指的是

① 雷吉斯·德布雷：《普通媒介学教程》，陈卫星、王杨译，清华大学出版社，2014，第 4 页。
② 贝尔纳·斯蒂格勒：《技术与时间：迷失方向》，赵和平、印螺译，译林出版社，2010，第 3 页。

一个信息和人的传递和运输环境，包括与其相对应的知识加工方法和扩散方法。……每个媒介域都会产生一个特有的空间-时间组合，也就是一个不同的现实主义。"① 媒介域是弥散的，它构成人与自然和社会环境的中介，并调整着人与上述两个世界的关系，而人则身处其中。"人的位置就在这个技术整体之中，在各类物体配合运作的有机组织之中。"② 而海德格尔干脆用"座架"这个词来形容技术，这个被海德格尔生创出来的名词，其词根与笔架和山脉相通，并以此来说明今天的技术体系并不仅仅是什么"主体"使用的工具，而是自然、世界和人的构造方式，它弥散在人类的生活之中，并不能被 般人清晰地观察到。

其次，技术有自己进化的逻辑与方式，因此并不见得受到人类主体的支配。尽管技术进化与人有关，但它的发明与采纳绝不是个体可以决定的，在大工业时代尤其如此，人顶多只能算是技术的操作者。正如海德格尔所说的，那些将技术看作人实现自身目的的手段的说法，都是一种"完全正确的废话"。"这个命题并不是错误的，因为它确认了某种大实话。它是正确的，但也不过如此而已，这就是说，它还没有击中技术的本真的东西。"③ 因为，现代技术绝不仅仅是手段，更是一种关系："手段决不是单纯的手段，而总是也决定了人与事物、自然和世界处在什么样的关系中。"④ 海德格尔深刻地指出，在现代社会来临之前，人与大自然的关系是伙伴关系和崇敬关系，因为人们还没有能够通过科学技术了解大自然的秘密，人的存在与万物的存在均为自在的存在。然而现代性的进程彻底改变了这一切，人们通过对科学技术的掌握将自己改造为有优越性的"主体"与其他存在物的征服者，大自然却成了单纯的能量提供者、物质与功能。在大自然对象化或客体化的过程中，技术扮演了重要的角色，技术成为人类统治大自然最可靠的工具，世界的技术化与世界的对象化就此紧密地联结在一起。然而，也正因为如此，技术反过来规定了人类的观念和行为，并消解了人的所谓"主体地位"。因为，"在现代技术中隐藏的力量决定了人与存在着的东西的关系"。⑤ 一言以蔽之，在现代性的社会关系中，技术

① 雷吉斯·德布雷：《普通媒介学教程》，第 261~262 页。
② 贝尔纳·斯蒂格勒：《技术与时间：爱比米修斯的过失》，第 79 页。
③ 冈特·绍伊博尔德：《海德格尔分析新时代的技术》，宋祖良译，中国社会科学出版社，1993，第 13 页。
④ 冈特·绍伊博尔德：《海德格尔分析新时代的技术》，第 63 页。
⑤ 冈特·绍伊博尔德：《海德格尔分析新时代的技术》，第 19 页。

从帮助人们开发和呈现世界转变为促逼人类在其设定的关系中生活。以今天的媒介技术为例，社交媒体的媒介化生存方式已经成为一种现代人无法躲避的生活方式，完全由不得个体选择，除非个体想远离其社会关系。

再次，技术总是先于社会的个体而存在，因此虽然从表面上看人确实是技术的发明者和使用者，但他的行动一定要按照技术先置的运作方式的要求，否则就会遭遇尴尬："一个社会群体、一个执政党、一个领导人不能长期地'胡说八道'，或打算通过随便什么渠道'传递'任意信息。不管是否拥有行政控制权，国家都不再是媒体的主人，相反媒体成为国家的主人，国家要想生存，就需要它同有思考能力、有使人相信的能力的主人交涉。"① 比如今天，任何有权势的代理人，无论是希拉里还是特朗普，都无法改变而只能顺应社交媒体技术构建的民意。而海德格尔则对此事有着更为悲观的描述："人总是不能逃脱技术生产的统治形式，因为技术生产始终是行动的动机。不管人愿意或不愿意，他到处都进入了技术世界的存在的未隐蔽状态，他的行动到处由它所决定，而它本身却不是行动的对象。"② 人生来就处于技术的世界中，技术的逻辑也是其存在逻辑的一部分，所以现代技术体系以各种方式对人类生活提出要求——技术的"会集起来的强求"，并在其发展过程中不断要求人们对传统做出调整。现代人习惯以技术发展方向作为当下行动的起点，如果无法感知技术确定的发展方向，也跟不上技术发展逻辑，人们就会陷入高度的迷茫状态。由于技术发展的速度越来越快，这种迷失感越来越强烈，这恰恰就是技术促逼的结果。正如斯蒂格勒所说的那样："真正的迷失方向的痛苦……主要来源于工业革命以来技术发展的速度。这个速度仍在不断加快，严重地加剧了技术体系与社会组织之间的落差。"③ 媒介技术运作的逻辑也同样如此。比如，当代媒介技术要求传媒人顺应技术发展的方向去设定他们当下的行为方式，一旦他们无法洞察技术可能的发展方向，就会陷入高度的焦虑之中。李彦宏在世界互联网大会上宣布人工智能将是未来互联网产业的技术发展方向，可是其实他并不确切地知道哪一种人工智能是投资的方向。因此，这里折射出来的并非李彦宏的力量感，而是他对未来发展方向的无力感和焦虑感。

① 雷吉斯·德布雷：《普通媒介学教程》，第350页。
② 冈特·绍伊博尔德：《海德格尔分析新时代的技术》，第68页。
③ 贝尔纳·斯蒂格勒：《技术与时间：迷失方向》，第3页。

　　面对如此强大的媒介技术，连媒介乌托邦所说的因果关系式的"决定"都不存在了，因为人类已经无法预测和言说技术的发展方向和进化速度，更无法断言人本身可能会受到的影响。因此，对于上述技术哲学而言，人道主义技术观是一种"完全正确的废话"，技术乌托邦则是一种彻底的空话和梦话。在技术哲学看来，技术与人类的"决定"关系并非是线性的因果关系，技术与人类是一对互为存在的前提。但对于个体而言，技术环境先他而存在并限定了他的潜能，决定了他的时空观与社会存在方式。所以，这种所谓的"决定"并不是指原因或动机而是前提；并不是刺激反应的因果关系而是限制和限定；并不是支配而是去主体化和异化。当然，这种"决定"可能比"技术乌托邦"思想中的悲观主义更加悲观，因为它是伴随人存在的方式而存在的。所以摆脱和控制现代技术冲击和技术的决定性作用几乎是不可能的，除非人们放弃使用现代技术。正如海德格尔所说："技术的本质并非是人在合适的道德观方面的优势和自主就能克制得住的人的阴谋诡计。"[①]

　　因此所谓的媒介技术决定论是指人类被悬置于媒介技术营建的环境之中，其观念和行为受制于媒介化环境的限定，因媒介技术的变革而重构。如果是这样来理解传播学，那毫无疑问是发现了传播研究的另一片天地。所以，为什么不能以直面的态度来应对媒介的决定性作用？为什么要对媒介决定论进行污名化，这种污名化无疑在驳斥了"媒介乌托邦"思想之后，阻断了一个非常重要的研究思路——一种真正用传播学的方式理解世界的独特路径。需要质问的是，既然符合现实和学理，媒介决定论为什么会受到攻击？为什么一个学者就不能成为媒介决定论者？当然，这是另一个值得研究的问题，本文的首要任务主要是通过解蔽重新发现这种研究视角的重要意义。

<h2 style="text-align:center">三</h2>

　　长期以来，传播研究一直陷在主客体二元论的世界里不能自拔，在思想上机械而自闭。这一现代性色彩极强的应用学科长期以来在因果关系和功能主义的局限中，无法具备主流学科的思想格局。这个学科里流行的保

---

　　① 冈特·绍伊博尔德：《海德格尔分析新时代的技术》，第154页。

守主义说辞往往会遮蔽许多有价值的研究方向，对媒介决定论的污名化便是其中之一。在海德格尔看来，在大自然被对象化的现代性过程中，大自然的意义被物质化、齐一化、功能化，而各种科学研究包括社会科学研究也受到这种逻辑的控制。所以在社会科学的视野里，学者们分析问题的方式是落脚到功能上的。其结果是有很多有价值非功能主义的研究一旦用功能来加以衡量便显得很异端，所以它们就被称为技术决定论。

比如，马克·波斯特站在结构功能主义的立场上对法兰克福学派的文化工业理论进行解读，感觉完全无法理解这种宏大叙事对受众主动性的忽略，于是便气急败坏地称阿多诺等学者为技术决定论者："阿多诺和霍克海默……绕开了文化层面，站到技术决定论一边。在他们的分析中，工人阶级或民众群体被构型为消极被动并且毫无生机。……阿多诺和霍克海默并没有摆脱现代理论的逻各斯中心主体，因此他们就不能把电台的大众化受众看成非他律性的，故而将这一奴役归咎于技术。"① 且不说法兰克福学派的观点离技术尚远，就算它是一种决定论，也一定是权力决定论，说它是技术决定论完全是驴唇不对马嘴。由此可见，传播学通常习惯于将所有不同于功能主义、强调宏大叙事的理论全归于技术决定论的范畴，并认为这种污名可以一劳永逸地帮助他们在论战时获得心理优势。

然而，技术的发展对社会面貌的决定性改造却是一个不争的事实。在互联网技术高速发展的今天，如果不能站在技术重构关系的视角来看待新闻传播现象，则有可能完全无法解决当下学科面临的问题与危机。如果这时候还纠缠在一种理论是不是媒介决定论等这样的问题中不能自拔，就相当于拒绝与时代对话。黄旦在综合了卡斯泰尔、麦克切斯尼、延森、马克·波斯特等人关于网络社会的研究之后，提出了一种"网络化关系"的研究视角。他指出大众传播网络现在已经成为一种更大关系之网的组成部分。这张网络的特征包括以下四点：

1. 有位置但不必然有效力，网络关系始终以去中心与再中心进行着波浪式的涌动；2. 媒介与社会的界线消解，只有自组织自滋生的多重相互联结，看或被看互为交织，同时发生，线性因果不再存在，后果不可预见和不可逆；3. 真实、客观等理念将会重新遭到估量，由于

① 马克·波斯特：《第二媒介时代》，范静哗译，南京大学出版社，2001，第9~10页。

网络关系中有着各种层面的诠释群体，意义的建构将成为重点；4. 作为一个节点，衡量专业新闻传播机构的不再是独家或者什么原创性新闻，而是接入点和到达点的数量，转化数据的能力和水平。[①]

因而黄旦认为，面对这样一个被技术重构的信息网络，新闻业的生态环境正发生着巨大的变化，新闻学的研究需要被重构。他建议学界不能再用旧知识、旧思维和旧眼光去拥抱新交往方式。这种想法得到了许多学者的回应。笔者也在《重塑传播研究范式：何以可能与何以可为》一文中指出在网络化社会关系的今天传播学应当承担何种研究使命：

> 传播学应当有一种新的学科使命，但它需要方向的调整与范式的重塑。只有重新理解传播及其技术是如何嵌入人的生活，重新界定人的存在及人与社会、物的关系，讨论传播与人存在的意义，才能有真正的独一无二的传播理论，才能与哲学元理论发生关联，才有资格与其他学科尤其是人文社会科学对话。[②]

以上这些关于学科和研究的讨论均敏锐地意识到媒介技术变革给研究对象带来的决定性影响，并建议正视这种变化。而这种思路恰恰就是以往传播学避之不及的所谓的技术决定论。很难想象，如果没有这种认识论框架，今天的新闻学和传播学该如何阐释当代的新闻传播现象。而如果说新闻学和传播学的理论研究都感受到了技术决定论思想的重要性，那么在中国方兴未艾的传播思想史研究大概就更应当重视这种研究路径，因为传播思想史的使命便是在宏观社会层面和历史层面探索和研究传播媒介与社会思想之间相互建构的关系。事实上，任何一种成功的新媒介在登上历史舞台时都会对当时的社会文化、社会观念产生冲击，进而促动观念与文化的变迁。比如一份传教士报纸的进入，如何建构了当地精英阶层的世界观并因此引发相应的生活方式和思维方式的变革。正如斯蒂格勒所说："'技术体系'不断进化，同时淘汰构成社会凝聚力的'其他体系'。技术发展原本是一种破坏，而社会生成则重新适应这种技术生成……技术变革依其幅

---

① 黄旦：《重造新闻学——网络化关系的视角》，《国际新闻界》2015年第1期。
② 胡翼青：《重塑传播研究范式：何以可能与何以可为》，《现代传播》2016年第1期。

度大小总会或多或少地动摇文化的基准。"① 因此，传播思想史的历史使命便是将传播技术作为一种整体介质和生存环境，并以此为起点来讨论它如何建构公众与自然尤其是公众与社会的关系，它如何不断建构公众头脑中的观念，媒介技术系统与社会文化系统之间是如何调校彼此关系的。能够回应媒介技术变革如何重构社会观念的著述，一定是传播思想史上的经典之作，比如《印刷术的诞生》《作为变革动因的印刷机》等，尽管在证据的缜密程度上，这种研究会遭遇各种批评，但它们确实增加了传播学的想象力。

即使是与传播技术关联不是特别直接的传播学史，也完全可以增添一种技术决定论的视角。这其实是一种理解理论生成的重要认识论视角。正因为完全不同的媒介环境的作用，才有可能让当时的理论研究者观察到完全不同的社会行为，因而产生一些在当时很有创造力的理论。也许美国的媒介环境更容易让阿多诺等学者意识到文化工业的统治性，而德国的媒介环境只能让他们意识到权威人格。许多理论，如果不是因为技术环境的改变，不会一次次成为讨论的热点，如麦克卢汉理论和公共领域理论。所以，技术决定论视角也可以被看作一种广义上的知识社会学视角的组成部分来帮助理解和分析传播学术史。

但是长期以来，传播思想史研究也同样受困于技术决定论的指责，即使连詹姆斯·凯瑞这样的理论大师也不能幸免。凯瑞在《作为文化的传播》一书中有一章通过电报这一媒介专门讨论了技术与意识形态的关系。他指出：电报带来了语言性质的转变，带来了日常知识与意识结构的变化并因此成为传播的一个分水岭。② 然而，这种在今天看来已经是常识的判断立即引来了他的学术"死敌"舒德森的口诛笔伐，后者认为单就这篇文章而言，凯瑞有技术决定论倾向。事实上，很多传播思想史研究就因为担心被攻击成技术决定论研究而不敢鲜明地呈现自己的观点，于是其研究就成了缺乏想象力的档案说明。这对传播思想史研究是一种重大的伤害，如果不持有媒介技术决定论的视角，传播思想史很难将现象和问题说清楚。因此，为媒介技术决定论正名，应当是传播思想史研究者的共识。

今天，我们越来越清醒地意识到，建基于整体论哲学高度的媒介技术

---

① 贝尔纳·斯蒂格勒：《技术与时间：迷失方向》，第 2 页。

② 詹姆斯·W. 凯瑞：《作为文化的传播——"媒介与社会"论文集》，第 161~162 页。

决定论可以成为一种重要的认识论和方法论。在技术系统飞速发展的今天，技术的引领作用变得越来越明显。一方面，对技术决定论的武断否定和污名化，已经严重影响到了学界对这一认识论和方法论视角学术价值的认知；另一方面，以人为中心和主体的人文主义视角在很大程度上已经失去了对这个时代的阐释力。从人类中心角度思考人与技术的问题未必见得以人为本，而从技术的角度思考人与技术的问题也未必见得僵化和机械。这一点在传播学领域尤其突出。在这个传播技术发展已经严重失控的时代，在这个人人都在讨论人工智能的时代，正视和重估传播技术决定论理论价值的那一天终将来临。

（本文原载于《现代传播》2017 年第 1 期）

中国应急管理十年（2003~2013）：
结构变化及其理论概化

张海波　童　星[*]

　　自 2003 年"非典"至 2013 年"芦山地震"，中国应急管理经历了十年的发展。十年，不仅是一个中国式的文化与社会周期，如《论语》中有"三十而立，四十而不惑，五十而知天命"的经典表述，现在则有"70后""80后""90后"的群体标签，而且也是一个中国式的政治与政策周期，如，官员通常以五年为政治任期，十年为两个任期，也是法律许可的最长任期，由于中国的政策过程高度依赖于官员任期，十年也成为政策周期。因此，十年不仅意味着一般意义上的显著差异，更是中国政治、社会情境中政策更替或政策变革的时间窗口，当然也是进行政策观察与分析的时间窗口。就应急管理而言，以 2003 年"非典"至 2013 年"芦山地震"这十年为周期，历时性地观察中国应急管理的发展，可以帮助识别中国应急管理的结构变化，澄清中国应急管理的发展方向。

　　最近十年中，美国、日本等国的应急管理也都经历剧变，在 2001 年"9·11"事件、2005 年"卡特里娜"飓风、2011 年"3·11"大地震等重大灾难之后有了阶段性重塑与发展，既有助于辨析中国应急管理的一般规律和在中国情境下的本土特征，也为中国应急管理的重塑与发展提供了横向参照。

　　在实践层面，2013 年"芦山地震"之后，中央政府已经展现出创新救

　　* 张海波，南京大学政府管理学院副教授，南京大学社会风险与公共危机管理研究中心研究员，2011~2012 年任高研院第七期短期驻院学者；童星，南京大学政府管理学院教授，南京大学社会风险与公共危机管理研究中心主任。本文得到国家社科基金重点项目"新兴风险与公共安全体系的适应能力研究"（课题号：13AGL009）、国家社科基金重大项目"社会管理创新与社会体制改革研究"（11ZD&028）的资助。

灾机制的政策动向。① 然而在学理层面，若以十年为周期，中国应急管理这十年的总体特征是什么？中国应急管理下十年的发展方向是什么？中国应急管理下十年的发展动力又是什么？这些都是本文试图回答的问题。

如果说社会科学缘起于向自然科学致敬，那么"系统思维（system thinking）"在社会科学领域的兴起，则是 20 世纪 60 年代系统论（System Theory）、混沌理论（Chaos Theory）在自然科学领域兴起以来，社会科学向自然科学致敬的最新发展，对"系统"的理解也由机械观（mechanistic view）的无意识系统（mindless system），到生物观（biological view）的单一意识系统（uni-minded system），再到社会文化观（socialcultural view）的多意识系统（multi-minded system）。② 所谓"系统思维"，就是强调系统中核心要素的相互关系、系统与系统的相互关系，这是理解系统演进的关键。

笔者 2010 年发表的《基于中国问题的灾害管理分析框架》一文讨论了社会变迁尺度上应急管理、公共危机治理、社会风险治理之间的相互关系，③ 作为后续发展，本文则将应急管理的一般规律和中国情境结合起来，扩展了应急管理的尺度，借助中国式的政治和政策周期为时间窗口，以"系统思维"审视中国应急管理的结构要素的关系变化，进一步在理论层面阐明中国应急管理的总体特征与本土命题。

一　应急管理研究：案例方法与理论概化

理论与方法互为依托。社会科学研究概括起来只有两大逻辑：一为类型逻辑；二是总体逻辑。④ 前者依归纳方式，从现象到理论；后者循演绎方式，从理论到现象。这也是华莱士（Walter Wallace）"科学环"的两个入口。⑤ 从西方社会科学研究的范式来看，主流上采用了类型思维，依归

① 《李克强力促救灾新机制，彰显政府职能转变决心》，新华网，2013 年 11 月 6 日，http：//news.xinhuanet.com/fortune/2013-11/06/c_ 125662242.htm。

② Jamshid Gharajedaghi, *System Thinking: Managing Chaos and Complexity: A Platform for Designing Business Architecture*, 3rd edition,, M.A.: Elsevier, 2011.

③ 童星、张海波：《基于中国问题的灾害管理分析框架》，《中国社会科学》2010 年第 2 期。

④ 谢宇：《社会学研究与定量方法》，社会科学文献出版社，2006，第 9~13 页。

⑤ Walter Wallace, *The Logic of Science in Sociology*, New York: *Transaction Publishers*, 1971, p. 18.

纳逻辑，从现象到理论。本文采用西方灾害社会科学研究的主流范式，以类型逻辑和归纳方式进行理论抽象。

应急管理研究以特定的灾害事件——自然的和人为的——为研究对象，因此也称"灾害研究"或"灾害与应急管理研究"。追溯应急管理研究的学术史发现，社会科学对灾害的研究始于社会学，而美国则是经验研究和理论发展的中心。1917 年，加拿大研究者普林斯（Samuel Prince）以加拿大"哈利法克斯爆炸（Halifax Explosion）"为案例的博士学位论文被普遍认为是社会学灾害研究的开山之作。20 世纪 60 年代，曾就职于芝加哥大学社会调查中心的克兰特利（Enrico Quarantelli）将芝加哥学派的田野调查方法应用于灾害研究，从芝加哥学派集体行动（collective behavior）的研究传统出发，研究核打击下的集体行动，后扩展至自然灾害情境下的集体行动，在俄亥俄州立大学创立了世界首个灾害社会科学研究机构——灾害研究中心（Disaster Research Center，简称 DRC），迄今为止开展了超过 600 次的田野调查。20 世纪 70 年代，怀特（Gilbert White）在科罗拉多大学创建自然灾害研究中心（Natural Hazards Center，简称 NHC），也涵盖灾害的社会科学研究。NHC 的现任主任蒂尔尼（Kathleen Tierney）就是一名社会学家，曾师从克兰特利。20 世纪 80 年代，灾害研究在政治科学、公共行政领域兴起，也就有了"应急管理研究"的说法，但研究对象仍然是灾害。

虽然克兰特利主导的灾害社会学研究一开始就从组织视角出发，但根据德拉贝克（Thomas Drabek）的判断，推动灾害研究中组织理论显著发展的却是政治科学和公共行政领域的研究。[①] 1979 年，美国联邦紧急事务管理署（Federal Emergency Management Agency，简称 FEMA）的成立起到重要的促进作用。FEMA 资助政治科学和公共行政学领域的研究者成立学术共同体，借鉴灾害社会学研究的经验，发展灾害的应急管理研究。[②] 更为重要的是，FEMA 的成立标志着美国的灾害管理真正从地方上升到联邦层

---

① Thomas Drabek, Disaster in Aisle 13 Revisited, in Russell Dynes and Kathleen Tierney, *Disaster, Collective Behavior, and Social Organization*, Newark: University of Delaware Press, 1994, p. 33.

② Louise Comfort, William Waugh, Beverly Cigler, "Emergency Management Research and Practice in Public Administration: Emergence, Evolution, Expansion, and Future Direction," *Public Administration Review*, 2012, Vol. 72, Issue 4, pp. 539-547.

面，灾害嵌入了复杂的政治结构和行政体系。① 因此，对政治结构和行政体系的研究就显得至关重要，这不仅使政治科学和公共行政学领域的灾害研究可以区别于社会学的灾害研究（主要集中于群体和社区对灾害的响应），也使得它们可以互相借鉴，共同发展。当然，发展至今，灾害的社会科学研究早已超出社会学、政治科学、公共行政学等任何单一学科的范畴，成为一个重要的跨学科领域，不同学科的研究视角相互启发，研究成果彼此参照。

从一个世纪前社会学的开山研究到现在的跨学科研究，灾害的社会科学研究多采用案例方法，究其原因：一是灾害具有不可预期性，研究者无法对灾害像对其他社会现象那样进行连续观察；二是灾害具有非线性，灾害的后果不仅取决于灾害的客观属性，也取决于社会系统的响应，因此灾后初期的观察对理解灾害的社会属性至关重要。灾害的这两大特征决定了灾害研究通常只能以个案研究的形式呈现，而且最好在灾后就快速响应。例如，NHC 与美国自然科学基金合作，资助了灾后"快速响应报告"（Quick Response Report），研究了自 1986 年起对"埃克森漏油"（the Exxon Oil Spill）至 2013 年 5 月美国俄克拉荷马的"穆尔"龙卷风（The Moore Tornado）在内的数百个案例。

从案例研究的发展来看，单个的案例研究和比较案例研究各有所长。灾害研究在初期发展阶段多采用单个的案例研究，这适合对灾害现象进行深入观察。当灾害研究发展到一定阶段，就需要采用比较案例研究，进行理论概化：一是单个的案例研究虽然可以提供细节资料，但很难展现全貌；二是单个的案例研究往往高度依赖于灾害发生时特定的政治、经济、社会情境，既难以"重访"（revisit），又难与其他案例研究展开对话；三是单个的案例研究积累到一定的数量后，研究的进入门槛就会提高，在既有研究基础之上的创新突破也更为困难，这就需要对既有的研究进行概化，以避免研究的简单重复。

20 世纪 60 年代以后，社会学芝加哥学派的经验方法被批评过于"经验"而缺乏理论张力，以帕森斯（Talcott Parsons）为代表的功能主义的兴起，倡导理论概化。在这一背景下，DRC 的社会学研究者在 70 年代就开

---

① Peter May, "FEMA's Role in Emergency Management：Examining Recent Experiences," *Public Administration Review*, 1985, Vol. 45, Special Issue, pp. 40-48.

始尝试理论概化，显著的成果便是所谓的"DRC组织类型学"（DRC typology of organizations）。① 到80年代，较为严格意义上的比较研究开始出现。② 与此同时，以田野调查方法为基础的单一案例研究也凸显不足，克兰特利自90年代开始发起"什么是灾害"（What Is A Disaster?）的讨论，③ 既是灾害社会学对理论与方法反思，也是社会学方法转向在灾害社会学研究中的体现。

在这一时期，在社会学、公共行政学两个领域，在人为灾害、自然灾害两个主题上，都出现了以比较案例研究进行理论概化的代表作：一是耶鲁大学社会学教授佩罗（Charles Perrow）的《高风险技术与"正常"事故》（*Normal Accident*：*Living with High-Risk Technology*），对包括"三里岛事故"（Three Miles Island Accident）在内的多个案例进行概化，解释了"系统性事故"（system accident）的两个基本特征：交互的复杂性（interactive complexity）和紧耦合（tight coupling）。④ 二是在公共行政领域，匹兹堡大学公共行政学教授康佛（Louise Comfort）的《共担的风险：地震响应复杂系统》（*Shared Risk*：*Complex System in Seismic Response*），对11个国家的14场地震进行了比较案例分析，概化出四种应急响应系统及其特征："非适应系统"（non-adaptive system）、"涌现的适应系统"

---

① 所谓的"DRC组织类型学"主要是指克兰特利与组织理论研究者戴利斯（Russell Dynes）、社会学家斯托林斯（Robert Stallings）等对灾害响应组织类型的研究，他们认为用经典的组织理论无法解释灾害响应时的组织行为，提出了灾害响应情境下新的组织分类，将组织分为"既有的"（established）、"扩展的"（expanding）、"延伸的"（extending）、"涌现的"（emergent）四类，为灾害的田野调查提供了新的理论框架，也被认为是对经典组织理论的重要发展。

② Drabek，"Disaster in Aisle 13 Revisited," in Russell Dynes and Kathleen Tierney，*Disaster*，*Collective Behavior*，*and Social Organization*，p. 33.

③ "What is a Disaster?"的讨论的直接目的是促进不同研究、不同学科之间的对话，参见童星、张海波《基于中国问题的灾害管理分析框架》，《中国社会科学》2010年第1期。但从深层看，不同研究、不同学科之间之所以难以对话，根本原因还在于缺乏理论概化或理论缺乏张力，这也是任何研究在发展初期都面临的共同问题。这既是一个理论问题，也是一个方法问题，更是灾害研究需要不断回答的问题。参见 Enrico Quarantelli, eds.，*What Is A Disaster? Perspective on the question*，London：Routledge Press，1998；Ronald Perry，Enrico Quarantelli，eds.，*What Is A Disaster：New Answer to Old Questions*，Xlibris Cooperation，2005；Enrico Quarantelli，eds.，*What Is A Disaster：A Dozen Perspective on the Question*，New York：Routledge Press，2012。

④ Charles Perrow，*Normal Accident*：*Living with High-Risk Technology*，New York：Basic Books，1984.

（emergent adaptive system）、"运行的适应系统"（operative adaptive system）和"自动适应系统"（auto-adaptive system）。[1]

2011 年美国"9·11"事件之后，灾害社会学研究在方法上的主要创新是网络分析方法的广泛应用，从早期的社会学小群体网络、人际网络分析发展至大规模网络、组织网络，图论（Graph Theory）、计算数学（Computation Mathematics）、模拟技术（Simulation）的辅助使得灾害的社会研究不仅可以进行复杂计算，还可以将网络结构可视化（visualization），为单个的案例研究提供了新的手段，也使得原来以质性研究为主的案例研究走向质性和量化相结合的混合研究。近年来，社交媒体在应急管理中得到应用，基于社交媒体的大数据分析成为研究方法上新的议题。从总体上看，新的研究方法在单个案例研究中的应用，也为比较案例研究提供了新的可能，如卡普库（Naim Kapucu）对灾害响应中组织网络的比较案例分析，[2] 扩展了比较案例研究的应用范围，使得比较案例研究可以在更多的主题上进行理论概化，成为社会科学研究最具前景的方法之一。[3]

中国的灾害社会科学研究大规模兴起于 2003 年"非典"之后，在社会学、政治学、公共行政学等学科都出现了一定数量的单一案例研究，这为开展比较案例研究提供了间接基础。在近十年的研究中，笔者对 2003 年"非典"以后中国经历重大灾害几乎都进行过单一案例研究，包括 2011 年"甬温线动车事故"和 2013 年"芦山地震"，为本文的理论概化奠定了直接基础。本文作为一种理论努力，主要以笔者所研究过和正在研究的单一案例为基础上进行比较和归纳。限于篇幅，本文虽无法一一提供这些案例的细节，但这些案例研究或已经公开发表，或已形成工作论文即将正式发表，可作为本文的延伸材料。

---

① Louise Comfort, *Shared Risk*: *Complex System in Seismic Response*, New York: Pergamon Press, 1999, p. 67.

② Naim Kapucu, Interorganizational Coordination in Complex Environments of Disasters: the Evolution of Intergovernmental Disaster Response System, *Journal of Homeland Security and Emergency Management*, 2009, Vol. 6, Issue 1, pp. 1-19.

③ Louise Comfort, William Waugh, Beverly Cigler, "Emergency Management Research and Practice in Public Administration: Emergence, Evolution, Expansion, and Future Direction," *Public Administration Review*, 2012, Vol. 72, Issue 4, pp. 539-547.

二　应急管理的尺度与结构

由于单一案例的社会情境差异，只有采用统一的分析框架，案例比较才能保持一致性。虽然应急管理策略与行为在不同的案例情境中存在差异，但应急管理的尺度和结构却相对稳定。所谓"尺度"，是指理解应急管理的视野范围；所谓"结构"，则是指应急管理中核心要素的相互关系，这也是"系统思维"在应急管理研究中的应用。概而言之，对中国的应急管理的理解主要存在五个尺度，中国应急管理也就存在至少五种结构。

（一）应急管理与社会变迁

自 20 世纪 60 年代末期开始，组织理论出现重大转向，将环境的不确定性作为理解组织动力的关键变量。[①] 应急管理作为一种制度设计，主要功能就是应对外部环境的不确定性。从大的视野范围来看，中国社会的不确定性主要源于急遽的社会变迁，贝克曾以"压缩饼干"理论来比喻这一过程——在二三十年完成西方二三百年所经历的转型过程。[②] 中国应急管理所应对的各类突发事件在本质上只是急遽的社会变迁的风险的外显。主要包括两类风险：一是现代性的风险，也即风险社会，贝克（Ulrich Beck）、吉登斯（Anthony Giddens）等的风险社会理论对此有比较透彻的解释，现代性的风险总体上是"物极必反"，是现代科技、制度发展至极致后的自我危害；[③] 二是现代化的风险，亦即转型社会，托克维尔（Alexis de Tocclueville）、吉尔（Robert Gurr）、亨廷顿（Samuel Huntington）的研究反复说明，社会容易在旧体制松动而新体制未成型的转型阶段发生革命或产生动荡。[④] 在经验的层面上，一个广为认知和接受的论断是，人均 GDP 超过 1000 美元以后，社会

[①] Drabek, 1994, Disaster in Aisle 13 Revisited, in Russell Dynes and Kathleen Tierney, *Disaster, Collective Behavior, and Social Organization*, p. 33.

[②] 乌尔里希·贝克：《什么是全球化？全球主义的曲解——应对全球化》，常和芳译，华东师范大学出版社，2008。

[③] 乌尔里希·贝克：《风险社会》，何博闻译，译林出版社，2004；安东尼·吉登斯：《现代性的后果》，田禾译，译林出版社，2000。

[④] 托克维尔：《旧制度与大革命》，冯棠译，商务印书馆，1992；Ted Gurr, *Why Man Rebel*, Princeton University Press, 1970；亨廷顿：《变化社会中的政治秩序》，王冠华等译，上海世纪集团，2008。

既进入黄金发展期，也进入风险高发期。这个论断其实是中国风险社会和转型社会的一种综合的、简化的判断。近年来，网络社会兴起，与风险社会、转型社会交互影响、互相放大，使得中国社会变迁的风险变得更为复杂。[①] 就社会表象来看，中国社会最近十年中发生的各类突发事件，究其深层原因，都是风险社会、转型社会、网络社会单独或复合作用的后果。即便是自然灾害，在根本上也是人类环境治理及其可持续性失败的外显（manifestation），[②] 在总体上则是社会脆弱性（social vulnerability）的暴露（exposure），既与风险社会有关，也与转型社会有关。[③]

在社会变迁尺度上，应急管理的结构表现为应急管理、公共危机管理、社会风险治理的关系。突发事件根源于社会风险，社会风险导致公共危机，突发事件使得社会风险与公共危机之间潜在的因果关系显性化；[④] 因此，针对突发事件的应急管理只能控制事态，减轻突发事件的后果，但并不能在根本上减少突发事件；从根本上减少突发事件有赖于社会风险治理，需要在政治、经济、社会、文化四个维度减少社会风险的制造；[⑤] 公共危机可视为突发事件的政治后果，是对政府合法性的损害，公共危机问责和政府对政治责任的回应，能够推动应急管理过渡到社会风险治理。[⑥] 从理论上看，中国的社会风险治理应采取"三位一体"战略——"系统治理""动态治理""主动治理"；从现实路径来看，应以突发事件应急管理切入，并延伸至公共危机治理，进而推动社会风险治理。[⑦] 这是应急管理在社会变迁尺度上的理想结构。

这也是应急管理在中国情境下的结构。虽然 2001 年"9·11"事件之后，美国也一直在寻找更能适应复杂情境的应急管理制度，[⑧] 但与中国还

---

① 张海波、童星：《当前中国社会矛盾的内涵、结构与形式——一种跨学科的分析视野》，《中州学刊》2012 年第 5 期。

② Kathleen Tierney, "Disaster Governance: Social, Political, and Economic Dimensions," *The Annual Review of Environment and Resources*, 2012 (37): 341-363.

③ Susan Cutter, *Hazards, Vulnerability, and Environmental Justice*, VA: Earthscan, 2006.

④ 童星、张海波：《基于中国问题的灾害管理分析框架》，《中国社会科学》2010 年第 1 期。

⑤ 张海波：《中国转型期公共危机治理研究：理论模型与现实路径》，社会科学文献出版社，2012。

⑥ 张海波、童星：《公共危机治理与问责制》，《政治学研究》2010 年第 2 期。

⑦ 张海波：《中国转型期公共危机治理研究：理论模型与现实路径》，社会科学文献出版社，2012。

⑧ Charles Wise, "Organizing for Homeland Security after Katrina: Is Adaptive Management What's Missing?", *Public Administration Review*, 2006, Vol. 66, Issue 3, pp. 302-318.

是有显著的不同。即便将恐怖主义也视为现代性的风险，[①] 美国的应急管理也很难与社会变迁关联。在大的尺度上，美国的应急管理主要面临两类挑战，一是恐怖主义，二是全球气候变化，这与中国应急管理所处的外部环境毕竟不同。中国应急管理的外部环境更为复杂，恐怖主义的威胁日益上升，全球气候变化的挑战有增无减，而社会变迁的风险则是愈演愈烈。

（二）应急管理与治理转型

在稍小的尺度上，应急管理作为一种制度设计，是治理结构在突发事件情境下的反应，既存的治理结构潜在地决定了应急管理的结构。在一般意义上，治理结构体现为国家、市场、社会三者关系，治理结构对应急管理的潜在约束也就表现为国家、市场、社会三者在应急管理中的角色、功能和相互关系，也即应急管理中政府机构、私人部门和社会组织（包括相对于政府而言的非政府组织和相对于企业而言的非营利组织）的角色、功能和相互关系。

这是普遍存在的结构。世界各国应急管理的总体发展趋势都倡导政府机构、私人部门、社会组织共同发挥作用。2001 年 "9.11" 事件之后，美国成立国土安全部（Department of Homeland Security，简称 DHS），突出强调了 "国家" 的角色，以改善联邦制下责任分散的弊端，满足民众对固定责任的期待，[②] 一个重要的体现是 "国家应急预案"（National Response Plan，简称 NRP）替代实行多年的 "联邦应急预案"（Federal Response Plan，简称 FRP），后者强调属地原则。2005 年 "卡特里娜" 飓风之后，突出强调了 "市场" 的角色，重要的体现则是以 "国家响应框架"（National Response Framework，简称 NRF）代替 NRP，尝试以更为弹性的合作框架将私人部门纳入国家应急管理；2011 年，FEMA 又提出了 "全社区方法"（the Whole Community Approach），培育社区和公众的应急能力，[③] 则可视为对 "社会" 的突出强调。日本也是如此，2011 年 "3·11" 大地震后，

---

① 乌尔里希·贝克：《"9.11" 事件后的全球风险社会》，王武龙编译《马克思主义与现实》2004 年第 2 期。

② Charles Wise，"Organizing for Homeland Security after Katrina：Is Adaptive Management What's Missing？" *Public Administration Review*，2006，Vol. 66，Issue 3，pp. 302-318.

③ FEMA，*A Whole Community Approach to Emergency Management：Principles，Themes，and Pathway for Action*，FDOC104-008-1，December 2011.

日本反思灾害管理对策，在公众参与的基础上重新强调国家角色，加强对市场的规制，寻求政府部门、私人机构、社会组织在灾害管理中的适当比例。

中国一直是"强政府"国家，但这并不意味着应急管理不需要私人部门和社会组织的参与，主要原因有三：一是从风险起因来看，各类风险相互交汇形成系统性风险（systemic risk），[①] 最终都是公共风险；尤其是私人部门风险公共化，[②] 这也是风险社会的特征之一，在世界各国都很普遍；没有政府、市场、社会的共同参与，就没有风险共担，也就无法实现风险治理。二是市场和社会的参与意味着资源的异质性，这有利于满足灾害中不同群体的异质性需求或同一群体不同时期的差异性需求。[③] 三是即便政府力量再强大，职责覆盖范围再广，也无法满足受灾群体的所有需求，私人部门和社会组织作为"涌现的组织"（emergent organizations）来主动满足受灾群体的需求是无法避免的突生现象，[④] 这在本质上是复杂系统中结构要素以信息交互为基础的"自组织"（self-organization）参与，[⑤] 因此政府应急管理需要容纳这种"自组织"参与。事实也已经证明，即便社会力量相对弱小，2008 年"汶川地震"中，中国也曾出现了规模庞大的以社会组织为主体的"自组织"参与，介入的社会组织超过 300 家，志愿者超过 300 万名，在后方的志愿者超过 1000 万名。[⑥]

当然，这种讨论必须警惕各国治理结构的差异。例如，美国原本就是建立在自治基础上的国家，因此强调社会参与既有传统，也易推动；美国、日本的电力、电信等基础设施都不掌握在政府手中，因此政府也必须与私人部门合作，才能实现灾前的风险减缓、有效预防，灾时的顺畅协调，以及灾后的长期恢复。即便如此，这也只是国家、市场、社会的结构

---

① OECD, *Emerging Risks in the 21ˢᵗ Century*：*An Agenda for Action*，Paris：OECD Press Service，2003.

② 乌尔里希·贝克：《风险社会》，何博闻译，译林出版社，2004。

③ Kathleen Tierney, Joseph Trainor, Networks and Resilience in the World Trade Center Disaster, DRC working paper, 2003.

④ Thomas E. Drabek, David A. McEntire, "Emergent Phenomena and the Sociology of Disaster：Lessons, Trends and Opportunities from the Research Literature," *Disaster Prevention and Management*, 2003, Vol. 12, No. 2, pp. 97-112.

⑤ Louise Comfort, *Shared Risk*：*Complex System in Seismic Response*，New York：Pergamon Press，1999.

⑥ 中华人民共和国国务院：《中国的减灾行动白皮书》，2009 年 5 月。

比例不同，政府机构、私人部门、社会组织在应急管理中的多元参与是大势所趋，这也是应急管理在治理转型尺度上的理想结构。

（三） 应急管理与政府架构

应急管理在本质上是一种公共安全服务，政府作为公共服务的主要提供者必须承担首要责任。在全世界范围内，应急管理都应该是政府主导。2010 年"海地地震"后，海地政府几近瘫痪，应急响应和灾后恢复主要由联合国和数量众多的非政府组织主导，凸显了无政府状态下应急管理的混乱和低效。① 因此，在更小的尺度上，应急管理还是政府架构在突发事件情境下的反应，政府架构也潜在地决定了突发事件情境下应急管理的结构。

政府架构在纵向上表现为不同层级政府之间的关系——府际关系（intergovernmental relation）。在不同的政治体系中，府际关系表现不同，例如，在美国的联邦制下，府际关系主要体现为联邦政府、州政府、地方政府之间的关系；在中国的政治体系中，府际关系主要体现为中央、省、市、县四级政府之间的关系。在应急管理中，府际关系的重点是要区分中央和地方政府的责任。美国 1988 年《斯坦福法案》确定了应急管理中联邦、州、地方政府的责任分界，应急管理是属地责任，地方政府及相邻政府须先穷尽所能，然后才是州政府及相邻政府，联邦政府只介入"重大灾难"（major disaster）。中国 2007 年《突发事件应对法》确立了"分级响应"制度，中央、省、市、县四级政府分别负责"Ⅰ""Ⅱ""Ⅲ""Ⅳ"级突发事件的应急管理。

那么，什么结构才是应急管理最为理想的府际关系？这很难一概而论。在美国应急管理的府际关系中，联邦政府相对被动，但 2005 年"卡特里娜"飓风应急管理的失败就被批评为"主动性的失败"（failure of initiation）。② 在中国应急管理的府际关系中，中央政府相对主动，但这也并不是没有问题。从理论上看，突发事件多发生于基层，因此地方政府应急能力至关重

---

① Louise Comfort, Michael Siciliano, Aya Okada, "Resilience, Entropy, and Efficiency in Crisis Management: the January 12, 2010, Haiti Earthquake," *Risk, Hazards & Crisis in Public Policy*, 2011, Vol. 2, Issue 3, pp. 1-25.

② The United State Congress, *A Failure of Initiative: Final Report of the Selected Bipartisan Committee to Investigate the Preparation for and Response to Hurricane Katrina*, US Government Printing Office, 2006.

要，如果中央政府介入过多，地方政府就容易形成依赖，这在灾后恢复阶段会尤为明显，中央政府的介入是外部资源，在灾后会慢慢消退，灾后恢复最终还必须培育"地方自立"（local reliance），以自下而上的方式实现。[①] 因为中央政府会介入应急响应，这就容易造成地方政府不愿投资防灾减灾，自然灾害尤为明显。追溯应急管理府际关系的形成历史可以发现，美国应急管理府际关系是自下而上形成的，应急管理先是地方事务，后来才上升到联邦层面；中国应急管理府际关系则是自上而下形成的，应急管理体系从中央向地方逐级建构。因此，应急管理理想的府际关系只能相对而论，对中国现阶段而言，地方政府应该开始承担更多责任。

政府架构在横向上表现为不同政府部门之间的关系（interagency relation）。在应急管理中，部门关系主要表现为应急管理部门与政府其他部门的关系。在这方面，美国主要有两次变革：一是 1979 年 FEMA 的成立，将分散在白宫应急准备办公室、国防部民防办公室、住房与城市发展部的联邦保险管理局和联邦灾难救助管理局的应急管理职能整合，创立了综合应急管理模式（Comprehensive Emergency Management，简称 CEM），包括三大制度支撑："全危险方法"（All-Hazards Approach），所有灾害统一管理；整合的应急管理信息系统（Integrated Emergency Management Information System，简称 IEMIS），灾害管理机构信息共享；应急管理循环（Emergency Life Cycle），包括减缓（mitigation）、准备（preparedness）、响应（response）、恢复（recovery）四个阶段，对灾害进行全程管理；二是 2002 年 DHS 的成立，将 FEMA、美国移民及海关执法局、美国海岸警卫队等机构整合，创立了国土安全模式，也包括三大制度支撑：NRP、NRF、国家事故管理系统（National Incident Management System，简称 NIMS）[②]。在 2003 年"非典"之前，中国与应急管理相关的政府职能主要分散在由水利部门、地震部门、民政部门主导的减灾救灾体系，由安全生产监督管理部门主导的安监体系，由卫生部门主导的疾控体系，和由公安部门主导的治安"维稳"体系。[③] 2003 年"非典"之后，中国主要仿照美国 CEM 建立应急管理体系：

---

① Philip Berke, Jack Kartez and Dennis Wenger, "Recovery after Disaster: Achieving Sustainable Development, Mitigation, and Equity," *Disasters*, 1993, Vol. 17, No. 2, pp. 93–109.

② NIMS 是一套统一的命令术语和指挥系统，由美国消防的事故指挥系统（Incident Command System，简称 ICS）扩展而来。

③ 张海波、童星：《应急能力评估的理论框架》，《中国行政管理》2009 年第 6 期。

引入"全危险方法"，将各类灾害统一命名为突发事件，出台《突发事件应对法》，由各级人民政府统一应对突发事件；建立 IEMIES，主要在原有政府值班室基础上建立应急管理办公室，负责突发事件信息的集中与整合；建立应急管理循环，包括预防与准备、监测与预警、救援与处置、善后与恢复全过程。然而，显著不同的是，中国并未成立类似 FEMA、DHS 的专业机构，而是同时强调"分类管理"原则保留了防灾救灾、安监、疾控、治安"维稳"等分灾种管理体系。

那么，什么结构才是应急管理最为理想的部门关系？结合应急管理在治理转型尺度上的理想结构，最为理想的部门关系应该是网络结构。在理论上，网络结构被认为是最能适应外部环境变化的应急管理组织结构：一是网络具有多个结点，对外部环境变化更为敏感，能够更快探测到外部环境的变化；二是网络结构是"疏耦合（loosely Coupling）"，不仅在抵抗灾害时更有韧性（flexibility），也更容易根据组织之间的信息交互进行相互调整，从而相互适应。[1] 在应急管理中，网络结构的优势是相对官僚结构（Bureaucratic Structure）或层级结构（Hierarchical Structure）而言的，在超过半个世纪的发展中，美国应急管理就是从"紧密耦合"的组织形式到"中度耦合的科层制"（moderately coupled bureaucracies），再到"疏耦合"的网络结构。[2] 美国国土安全部成立之后层级制的短暂"复辟"被认为与美国应急管理的总体发展趋势是背道而驰的，也因此多被学界批评。[3] 2008 年，FEMA 试图将 NIMS 作为强制标准，将 NRF 所涉及的私人部门和社会组织纳入 NIMS 指挥系统，扩展应急管理合作网络。[4]

必须警觉的是，中国的政府架构是层级制的，如果没有上级部门许可，下级政府部门在常态时亦难以合作，而应急时的良好合作又必须基于

① Naim Kapucu, et al., "Interstate Partnership in Emergency Management: Emergency Management Association Assistance in Response to Catastrophic Disaster," *Public Administration Review*, 2009, Vol. 69, Issue 2, pp. 297-313.

② Naim Kapucu, et al., "Interstate Partnership in Emergency Management: Emergency Management Association Assistance in Response to Catastrophic Disaster," *Public Administration Review*, 2009, Vol. 69, Issue 2, pp. 297-313.

③ William Waugh, Gregory Streib, "Collaboration and Leadership for Effective Emergency Management," *Public* Administration Review, Vol. 66, 2006, Special Issue, pp. 131-140.

④ Donald Moynihan, "The Network Governance of Crisis Response: Case Studies of Incident Command System," *Journal of Public Administration Research and Theory*, 2009, 19 (4), pp. 895-915.

常态时的长期磨合所建立的相互信任;① 在中国高度集中的政治体制下，一旦情况紧急，部门合作虽不是问题，但这是基于权威而非信任的合作，并不是应急管理所追求的良好的合作。② 因此，在中国的政治与行政体系中，对应急管理而言，最为理想的部门关系是常态下的合作，这主要体现为 2003 年"非典"之后发展起来的应急管理体系与分灾种管理体系是否发展出在常态下的合作关系。

（四） 应急管理政策体系

再降低一个尺度，应急管理自身也是一个政策体系。在任何一个国家，应急管理都至少包括立法和执行两个过程，前者主要表现为法律形式，刚性，效力高，一旦制定便保持相对稳定，短期内不会修改；后者主要表现为应急预案等执行文件，弹性，效力相对低，易于随情势变化而调整。例如，在美国，自从 20 世纪 50 年代以来，在立法层面就先后出现了《灾害救济法》《斯坦福法案》《国土安全法》《后卡特里娜时期应急管理改革法》等重要法律，在执行层面则制定了 FRP、NRP、NRF、NIMS 等执行文件。

中国在 2003 年"非典"之后，形成了以"一案三制"（应急预案、应急体制、应急机制、应急法制）为核心的应急管理体系。其中，应急体制属于上文谈到的政府架构尺度上问题，而应急机制则属于下文谈到的运行机制尺度上的问题，因此，在政策体系尺度上，应急管理的结构主要表现为应急立法和应急预案的关系。2003 年"非典"之后，中国于 2004 年修订宪法，将"紧急状态"入宪，2007 年发布《突发事件应对法》；2006 年1 月 8 日，国务院向社会公开发布《国家突发事件总体应急预案》，并随后按照"立法滞后、预案先行""横向到边、纵向到底"两大原则建立应急预案体系。

应急立法与应急预案的合理关系是"立法先行，预案执行"。例如，FRP 是对《斯坦福法案》的执行，而 NRP 则是对《国土安全法》的执行。

---

① Louise Comfort, "Crisis Management in Hindsight: Cognition, Communication, Coordination," *Public Administration Review*, 2007, Vol. 67, pp. 189-97.

② Donald Moynihan, "The Network Governance of Crisis Response: Case Studies of Incident Command System," *Journal of Public Administration Research and Theory*, 19 (4), 2009, pp. 895-915.

中国在应急立法时，考虑到立法时间较长，而应急管理又刻不容缓，所以采取了"预案先行"的思路，这样虽然能短期见效，但使大量专项预案简化为部门预案，部门预案之间缺乏协同，也使应急预案超前发展，进行体制、机制创设，导致应急预案难以有效应用，最终造成应急预案体系的结构混乱，限制了整个应急预案体系的功能发挥。[①]

（五）应急管理运行机制

在第五个尺度上，应急管理运行机制也存在自身结构：应急管理循环中减缓、准备、响应、恢复的角色、功能与相互关系。应急管理循环是 FEMA 在 20 世纪 80 年代以自然灾害应急管理为基础发展出来的经典理论，也是 CEM 的制度支撑之一。2001 年 "9·11" 事件之后，针对恐怖主义的威胁，应急管理循环又增加了 "预防" (prevention)。预防与减缓的重要区别在于，预防主要针对潜在的恐怖主义威胁和少部分可预防的自然灾害，而减缓主要针对不可预防的自然灾害，只能通过结构性或非结构性的措施来限制灾害的影响。从理论上看，投资预防、减缓、准备的受益高于投资响应、恢复；在美国应急管理实践中，也有 "在预防上投入 1 美分，在应急上节省 1 美元" 的著名论断，因此，应急管理循环的合理结构为：预防→减缓→准备→响应→恢复→预防→……重要程度依次递减。

中国的应急管理循环为：预防与准备、预警与监测、救援与处置、善后与恢复。《突发事件应对法》规定的预防与准备制度主要包括：应急预案制度、应急避难规划、危险源登记制度、社会矛盾调解制度、安全检查制度、应急保障制度等。由此可见，中国的应急管理循环中不包括减缓，[②]如改造建筑物环境等结构性措施，以及迁离危险区域、个人和家庭灾害保险等非结构性措施。当然，这并不意味着中国没有灾害减缓制度，实际上，中国设有国家减灾委员会、国家安全生产监督管理委员会、国家疾病控制中心，分别负责推动自然灾害、事故灾难、公共卫生等风险的减缓。问题在于，在政府架构尺度上，应急管理体系与减灾、安监、疾控体系并未有效整合，因此减缓也就无法纳入应急管理循环，这也就意味着应急管

---

① 张海波：《中国应急预案体系：结构与功能》，《公共管理学报》2013 年第 2 期。

② 准确地讲，《突发事件应对法》中涉及了部分减缓机制，比如应急避难场所规划、鼓励单位和公民参加保险等，但目前还缺乏实效，尤其个人和家庭灾害保险。

理的经验、教训无法作用于减缓，减缓中经验、教训也无法作用于应急管理。相比之下，美国 FEMA、DHS 等应急管理专门机构的设立确实有利于将减缓纳入应急管理循环。早在 20 世纪 90 年代，维特（James Lee Witt）担任 FEMA 局长时期，FEMA 成为美国联邦内阁，维特在西雅图推动的"建设抗灾的社区"（Project Impact：Building Disaster Resistant Communities），吸引了 118 个社区、1000 多家商业单位参加，通过家户改造（Home Retrofit）、学校改造（school Retrofit）、危险地图（hazard mapping）三种方式推动社区减灾，在后来的"诺思里奇地震"（the Northbridge Earthquake）发挥了重要的抗灾作用，FEMA 也由饱受批评的事后角色转向灾害减缓和预防。[①]

因此，在运行机制尺度上，虽然中国也强调以预防为主，但从《突发事件应对法》的名称到应急管理实践，实际的状况却是高度重视救援与处置，预防与准备、预警与监测投入不足，善后与恢复在灾后的短期恢复能够得到重视，但长期恢复也容易被忽视。

（六）应急管理尺度与结构的相互关系

社会变迁、治理转型两个尺度上的应急管理结构为宏观结构；政府架构尺度上的应急管理结构为中观结构；政策体系、运行机制两个尺度上的应急管理结构为微观结构。这五个尺度在宏观、中观、微观三个视野范围上构成了中国应急管理的主要结构。因此，社会变迁尺度上应急管理、公共危机治理、社会风险治理虽然也涉及灾害的风险管理，但主要强调战略结构；运行机制尺度上预防与准备、预警与监测、救援与处置、善后与恢复则只是针对应急管理而言，主要强调策略结构，如图 1 所示。

这五个尺度上的结构还可以分为内部结构和外部结构，政策体系、运行机制尺度上的应急管理结构为内部结构，社会变迁、治理转型、政府架构尺度上的应急管理结构为外部结构。

这五个尺度上的应急管理结构并非并列或包含关系，因此是"尺度"，而不是"维度"，只反映理解应急管理结构视野范围的差异。

这五个尺度的结构中，既有应急管理在世界范围内的普遍结构，如国

---

① 张海波：《社区在公共安全管理中的角色整合与能力建设》，《江苏社会科学》2011 年第 6 期。

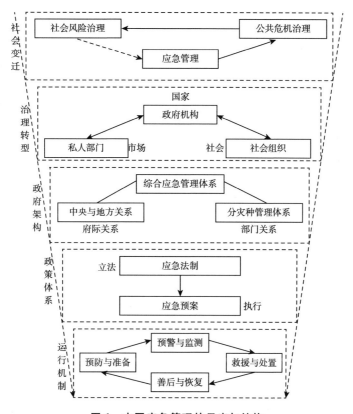

图1 中国应急管理的尺度与结构

家、市场、社会三者关系，府际关系、部门关系，立法与执行二者关系；也有应急管理在中国情境中的特殊结构，如，应急管理、公共危机治理、社会风险治理三者关系；还有应急管理一般结构在中国情境中的变形，如预防与准备、预警与监测、救援与处置、善后与恢复四对关系。

这五个尺度上的应急管理结构也存在一定关联，宏观尺度上的结构制约着中观、微观尺度上的结构，外部结构制约着内部结构。例如，在社会变迁尺度上，如果中国对社会变迁的适应只强调应急管理；则在治理转型的尺度上，应急管理则越有可能只强调政府，因为社会风险治理与公共危机治理本身就需要政府、市场、社会共同参与。

虽然中国应急管理在这五个尺度上都存在结构，但内在逻辑却并不相同：在社会变迁尺度上，应急管理需推进至公共危机治理，公共危机治理需推进至社会风险治理，社会风险治理减少应急管理，是因果关系；在治理转型尺度上，应急管理以政府机构为主体，私人部门和社会组织共同参与，国家、市场、社会是主从关系；在政府架构尺度上，应急管理体系与分灾种管理体系、中央与地方关系是纵横交叉关系；在政策体系尺度上，应急立法和应急执行是效力高低、时序先后关系；在运行机制层面上，预防与准备、预警与监测、救援与处置、善后与恢复则是次序先后关系。

三 从"非典"到"芦山地震"：案例选择

中国并未建立起突发事件统计和发布制度，但根据估算，2005 年全国各类突发事件约为 540 万起，近年中国社会总体稳定，突发事件总量虽可能会略有上升，但应不会大幅波动。这些突发事件构成了中国应急管理研究的现象基础。从灾害与应急管理的相互关系来看，越是重大的灾害越可能推动应急管理体系结构变化。

灾害推动应急管理结构变化存在两种机制：一是作为伯克兰（Thomas Birkland）所说的"焦点事件"（focusing event），触发政策议程设置，推动政策变革，即所谓的"事件相关的政策变革"（event-related policy change），这在几乎所有的重大灾害中都有体现，如中国的"非典"、美国的"9·11"事件、"卡特里娜"飓风，都在不同程度上推动了政策变革。尤其是美国"9·11"事件，其所设置的反恐议程全面地影响了美国十余年来的内政外交。在伯克兰看来，灾害能否推动政策变革主要取决于两个因素：一是媒介关注度（media attention）；二是议题显著性（ issue salience），指该议题对公众和政策制定者的重要程度。[①] 因此，巨灾（catastrophe），克兰特利将其界定为"影响区域比一般灾害更广，超出了地方政府及相邻政府的响应能力，需要区域、国际、国际或非政府组织援助的灾害"，[②] 更容易推动政策变革。二是作为金顿（John Kingdon）所说的"政策窗口"（policy window），灾害在造成巨大损失的同时，也提供了利用灾害推动政策变革的"机会窗

[①] Thomas Birkland, *Lessons of Disasters: Policy Change after Catastrophe Events*, Washington D. C.: Georgetown University Press, 2006, pp. 173-175.

[②] Enrico Quarantelli, *Catastrophes Are Different from Disasters: Some Implications for Crisis Planning and Managing Drawn from Katrina*, Social Science Research Council, 2005.

口"(window of opportunity),① 这与中国的"危机——危险之中蕴含机遇"异曲同工。

在理论上,美国学者盖得-哈克(Mohamed Gadel-Hak)、中国学者马宗晋、史培军均提出过巨灾的划分标准。② 然而,对巨灾的政策界定更能反映出巨灾与应急管理政策变革的相互关系。各国应急管理政策对巨灾的界定并不一样:根据《斯坦福法案》,美国灾害响应的最高等级为"重大灾难",需要 FEMA 认定,一旦认定为巨灾,则总统宣布"重大灾难声明",联邦可以介入救灾;中国的应急管理体系则采取突发事件分级制度,所有突发事件统一分为四级:"Ⅰ级"(特别重大)、"Ⅱ级"(重大)、"Ⅲ级"(较大)、"Ⅳ"(一般)。其中,"Ⅰ级"(特别重大)为最高级别,最有可能作为"焦点事件"与"政策窗口"推动中国应急管理的结构变化。

由于中国同时采取了突发事件分类制度,不同类型的突发事分级标准也不相同。其中,相对统一的是事故灾难类突发事件。作为 2006 年 1 月 8 日发布的《国家突发公共事件总体应急预案》的专项预案,2006 年 1 月 22 日发布的《国家安全生产事故灾难应急预案》规定的"Ⅰ级"(特别重大)突发事件判定条件包括:造成 30 人以上死亡或危及 30 人以上生命安全;100 人以上中毒,或紧急转移安置 10 万人以上;直接经济损失 1 亿元以上。国家安监总局的事故查询系统显示,2003 年"非典"之后至 2013 年"芦山地震"之前,中国共发生 77 起"Ⅰ级"(特别重大)事故灾难,其中 75 起符合判定条件中的"死亡人数超过 30 人或危及 30 人以上生命安全";其中,2005 年"吉化爆炸"造成松花江污染、哈尔滨市停水,既符合判定条件中的"危及 30 人以上生命安全"的特别重大安全生产事故,又符合《国家突发事件环境应急预案》中的"因环境污染使当地正常的经

---

① John Kingdon, *Agenda*, *Alternatives and Public Policies*, New York: Harper Collins, 1995.

② 盖德-哈克将灾害划分为五个等级:小灾(small disaster)、中灾(medium disaster)、大灾(large disaster)、巨灾(enormous disaster)、特大灾害(gargantuan disaster),其中死亡人数超过 1000 或受灾面积超过 100 平方公里的属于巨灾,死亡人数超过 10000 人或受灾面积超过 1000 平方公里的属于特大灾害。马宗晋将死亡人数 10000 人以上、直接经济损失(按 1990 年价格计算)100 亿元人民币以上的视为巨灾;史培军提出死亡人数 1000 人以上、直接经济损失 1000 亿元以上、成灾面积 10 万平方公里以上,三条标准符合两条即为巨灾。参见张海波、童星《巨灾救助的理论检视与政策适应——以"南方雪灾"与"汶川地震"为案例》,《社会科学》2012 年第 3 期。

济、社会活动受到严重影响的特别重大污染责任事故"；2009 年的"央视大火"、2010 年的"大连输油管道爆炸"直接经济损失分别为 1.6383 亿元、2.2330 亿元，符合判定条件中的"直接经济损失 1 亿元以上"。

自然灾害类突发事件则又需要具体细分。《国家地震应急预案》规定"造成 300 人以上死亡""直接经济损失超过发生地上年 GDP1%""人口较密集地区 7.0 级以上地震"为"Ⅰ级"（特别重大）突发事件。2008 年"汶川地震"符合全部标准，是典型的"Ⅰ级"（特别重大）突发事件，2013 年"雅安地震"则是"人口较密集地区 7.0 级以上地震"，也是"Ⅰ级"（特别重大）突发事件；《国家突发地质灾害应急预案》规定"造成 30 人以上死亡""直接经济损失 1000 万元以上"为"Ⅰ级"（特别重大）突发事件。2010 年"舟曲特大泥石流灾害"符合全部标准，也是典型的"Ⅰ级"（特别重大）突发事件。按照中国应急管理分级响应制度："Ⅰ级"（特别重大）突发事件可以启动行政管辖权所属省份的"Ⅰ级响应"或分类管理所对应部委的"Ⅰ级响应"；如有需要还可启动国家层面的"Ⅰ级响应"，由国家防汛抗震总指挥部、国家抗震救灾总指挥部等自然管理最高指挥机构启动"Ⅰ级响应"，如 2007 年的"淮河大洪水"、2008 年"汶川地震"、2009 年"北方旱灾"、2010 年"玉树地震"、2013 年"雅安地震"；或由国务院设立临时指挥部，如 2008 年"南方雪灾"，设立"国务院煤电油运与抢险救灾总指挥部"，2010 年"舟曲特大泥石流灾害"，设立"国务院舟曲抗洪抢险救灾总指挥部"。

突发公共卫生事件分级标准在一定程度上依赖于事态的发展。《国家突发公共卫生事件应急预案》规定：肺鼠疫、肺炭疽、传染性非典型肺炎、人感染高致病性禽流感有扩散趋势时都属于"Ⅰ级"（特别重大）突发公共卫生事件。2003 年"非典"之后，启动国家应急响应的公共卫生类突发事件仅有两例：2004 年"阜阳劣质奶粉事件"、2008 年"三鹿劣质奶粉事件"。当时尚未发布《国家食品安全事故应急预案》，但国务院根据当时的形势发展于 2004 年 4 月 22 日派驻国务院联合调查组，于 2008 年 9 月 13 日启动国家食品安全事故"Ⅰ级响应"的形式介入应急管理。2003 年"非典之后"虽然也先后发生了 H1N1、H1N5、H7N9 疫情，但都未启动国家应急响应。

社会安全类突发事件涵盖范围非常大，但作为主体的群体性事件通常只限于局部，不会引发国家层面的应急响应。而且，群体性事件主要涉及"维稳"系统，既不宜完全包括在应急系统之中，也不宜依靠应急管理来应对，而应该在更基础的层面推动社会矛盾化解，这也是笔者一贯的研究主张。① 此外，2008年"国际金融危机"对中国经济产生了严重影响，经济安全事件虽然也属于社会安全类突发事件，但国家并未建立相应的应急响应制度，也尚未在实质上将经济安全事件纳入突发事件应急管理体系。

限于篇幅，本文主要选取2003年"非典"、2008年"汶川地震"、2008年"三鹿劣质奶粉事件"，2011年"甬温线动车事故"、2013年"雅安地震"五起"Ⅰ级"（特别重大）突发事件作为典型案例进行表述。根据伯克兰"媒体关注度"和"议题显著性"两项指标，这五起案例的"媒介关注度"和"议题显著性"都非常高；其中，2003年"非典"是比较的起点，2013年"雅安地震"是比较的终点；2008年"汶川地震"、2008年"三鹿劣质奶粉事件"、2011年"甬温线动车事故"则分别代表了自然灾害、突发公共卫生事件、事故灾难三类突发事件，也几乎是这三类事件"媒体关注度"和"议题显著性"的峰值。尤其是2011年"甬温线动车事故"、2013年"芦山地震"，以"微博"（microblog）为代表的社交媒体极大地提升了公众参与，为中国应急管理的结构变化注入了新的活力。这五起案例的摘要见表1：

表1　案例摘要

案例名称	事件特征	应急管理
2003年"非典"	最早于2002年在广东佛山爆发，后蔓延至全球性传染病疫情。中国大陆地区报告病例5327例，死亡349例	卫生部成立"全国防治非典工作领导小组"，制定《突发公共卫生事件应急条例》，自4月21日起向社会公布疫情，设立小汤山医院集中收治"非典"患者

① 简单而言，"维稳"系统与应急系统在群体性事件上部分重合，应急系统只是参与群体性事件的应急处置，由政府行政系统主导，重在执行；"维稳"系统在群体性事件中负有更主要、全面的职责，由党委政法系统主导，负责决策。参见张海波《公共安全管理：整合与重构》，三联书店，2012；张海波、童星《当前中国社会矛盾的内涵、结构与形式——一种跨学科的分析视野》，《中州学刊》2012年第5期。

续表

案例名称	事件特征	应急管理
2008 年"汶川地震"	里氏 8.0 级地震，造成 69227 人死亡，374643 人受伤，17923 人失踪，四川、甘肃、陕西直接经济损失 8451 亿元	启动国家 I 级响应，设立"国务院汶川抗震救灾指挥部"，全国各地消防救援人员和特警由公安部协调进入灾区救灾，军队设立"抗震救灾指挥小组"，中国人民解放军参与救灾，大规模民间力量参与救灾，制定《汶川地震灾后恢复条例》，开展大规模对口支援
2008 年"三鹿奶粉事件"	近 30 万名患儿确诊食用含有三聚氰胺的奶粉患泌尿系统结石	国务院启动国家重大食品安全事故 I 级响应，成立由卫生部牵头、质检总局等有关部门和地方参加的"国家处理三鹿牌婴幼儿奶粉事件领导小组"，全力开展医疗救治，全面开展奶粉市场治理整顿
2011 年"甬温线动车事故"	动车追尾，3 节车厢从高架桥坠落，造成 40 人死亡，200 余人受伤	成立"事故救援和善后处置工作指挥部"，开展应急救援，成立国务院"7.23 甬温线特别重大事故调查组"，进行事故调查
2013 年"芦山地震"	里氏 7.0 级地震，造成 196 人死亡，21 人失踪，11470 人受伤，直接经济损失 422.6 亿元	启动国务院抗震救灾 I 级响应，成立国务院抗震救灾指挥部，四川省、成都军区分别成立抗震救灾指挥部，民间力量参与救灾

资料来源：中华人民共和国中央政府网站。

四　结构变化：演进与固化

以中国应急管理的尺度与结构为分析框架，以上述" I 级"（特别重大）突发事件为研究对象，观察中国应急管理在 2003 年"非典"至 2013 年"芦山地震"十年间的结构变化；尤为重要的是，这种结构变化是否正在朝向理想结构演进？如果是，什么是促成结构演进的关键变量？

(一) 纵向比较: 结构演进

纵向比较采用求异法。由于中国的应急管理强调分类管理, 不同类别的突发事件应急管理在实践中存在差异, 只有采取分类纵向比较, 在大致相同的社会情境下比较同一类型突发事件的应急管理, 才能尽量控制相同变量, 发现相异变量。当然, 这并不意味着每类突发事件的应急管理在五个尺度上的结构都有显著变化。

这些 "Ⅰ级" (特别重大) 突发事件作为 "焦点事件" 和 "政策窗口" 并不总是单独发挥作用, 有时则是多起事件持续累积才能发挥作用, 例如, 2008 年 "三鹿劣质奶粉事件" 加速了《食品安全法》的立法进程, 但这也得益于 2004 年 "阜阳劣质奶粉事件" 的推动。因此, 分类纵向比较也有利于在长时段中观察应急管理结构是否正在朝向理想结构演进, 以及发现推动结构演进的关键变量。

纵向比较 77 例 "Ⅰ级" (特别重大) 事故灾难类突发事件, 应急管理在社会变迁尺度上的结构有显著演进。2011 年 "甬温线动车事故" 的应急管理显示: 应急管理、公共危机治理、社会风险治理三者的关系趋向理想结构。作为从应急管理向公共危机治理过渡的核心环节——公共危机问责,[①]《国务院 "7.23" 甬温线特别重大交通事故调查报告》反思了中国高铁的发展理念和发展战略, 随后铁道部改制为中国铁路总公司, 高铁也开始降速, 在一定程度上推动了社会风险治理。

纵向比较七例启动国家应急响应的自然灾害类突发事件, 应急管理在三个尺度上的结构有显著演进:

(1) 在治理转型尺度上, 在 2008 年 "汶川地震" 的应急管理显示: 大量社会组织、志愿者参与灾害救援, 凸显了中国社会力量参与应急管理的潜力; 但同时, 社会组织、志愿者的参与还比较无序, 且在灾后恢复中出现了社会组织、志愿者的 "退潮", 说明中国社会力量参与应急管理尚不成熟;[②] 在 2010 年的 "玉树地震" 中, 由于受灾区域地处高原, 普通志

[①] 张海波、童星:《公共危机治理与问责制》,《政治学研究》2010 年第 2 期; 张海波:《中国转型期公共危机治理: 理论模型与现实路径》, 社会科学文献出版社, 2012, 第 272~284 页。

[②] Haibo Zhang, "What has China Learnt from Disasters? Evolution of the Emergency Management System after SARS, Southern Snowstorm, and Wenchuan Earthquake," *Journal of Comparative Policy Analysis*, Vol. 14, No. 3, 2012, pp. 234-244.

愿者参与应急救援的无序进一步凸显；在 2013 年的"雅安地震"中，普通志愿者参与救援受到约束，社会组织参与数量减少，但参与能力明显增加，出现了壹基金、中国扶贫基金会、中国青少发展基金会、中国红十字基金会等"接点组织"（hub organization），显示社会组织参与应急管理趋向有序；① 2008 年"汶川地震"中，中国大量的私人部门在应急响应阶段以捐款的方式参与应急管理，在灾后恢复的"对口支援"中发展了以产业支援、产业合作为形式的有效参与，有效地促进了灾后的可持续恢复，显示了中国的市场力量不仅以政治驱动的方式，也以利益驱动的方式参与应急管理；② 在 2013 年"芦山地震"中，腾讯、百度、新浪等互联网公司开展合作与数据共享，提供应急寻人服务，显示私人部门也开始以"自组织"形式参与应急管理。③

（2）在政府架构尺度上，2013 年"芦山地震"中，国务院虽然成立抗震救灾指挥部，但并未扮演主要角色，在应急响应组织网络中未占据主导地位；四川省人民政府，"四川省抗震救灾指挥部"，四川省民政、卫生、交通、住建、公安、武警等部门在应急响应组织网络中占据主导地位；④ 显示中央政府在自然灾害应急管理中的适度"退后"。

---

① 这项研究采用动态网络分析方法（Dynamic Network Analysis）追踪了"芦山地震"三周后应急响应组织网络的生成与演变，壹基金、中国扶贫基金会、中国青少发展基金会、中国红十字基金会四家社会组织及其各自网络成为整个应急响应网络的重要组成部分，其他小型社会组织主要与这四家社会组织合作来参与救灾。参见 Zhang Haibo，"Patterns of Interorganizational Collaboration in Natural Disaster Response in China：A Case Study on Organizational Response Network of the Ya'an Earthquake in 2013，" Disaster Management Center of University of Pittsburgh，Working Paper，2013。

② 对 2008 年"汶川地震"灾后长期恢复的研究显示，汶川地震的长期恢复并非单一的"对口支援"，也包括了基于"对口支援"的产业合作。详细论述参见 Haibo Zhang，"Multiple Participation，Horizontal Integration，and Urban-rural Intersection：How Chinese Paired-Assistance Policy Contributes to the Sustainable Recovery of the Wenchuan Earthquake，International Conference on Disaster Governance in Asia，" National University of Singapore，Conference Paper，2013。

③ Zhang Haibo，"Patterns of Interorganizational Collaboration in Natural Disaster Response in China：A Case Study on Organizational Response Network of the Ya'an Earthquake in 2013，" Disaster Management Center of University of Pittsburgh，Working Paper，2013.

④ 在动态网络分析中，加权中心度（eigenvector centrality）以应急响应网络中节点组织的网络重要程度进行加权。"芦山地震"应急响应组织网络的分析显示，加权中心度最高的十个组织全是四川省级政府机构，显示四川省人民政府及其相关部门在"芦山地震"应急响应中的核心角色。详细参见 Zhang Haibo，"Patterns of Interorganizational Collaboration in Natural Disaster Response in China：A Case Study on Organizational Response Network of the Ya'an Earthquake in 2013，" Disaster Management Center of University of Pittsburgh，Working Paper，2013.

（3）在政策体系尺度上，2003年"非典"之后，根据2005年下发省级政府的《国家突发公共事件总体应急预案》，交通部于2005年发布《国家公路交通应急预案》；2008年"南方雪灾"中，2005年发布的《国家公路交通应急预案》接受检验；2008年"汶川地震"之后，同时根据2008年"南方雪灾"的检验结果，交通部主持修订《国家公路交通应急预案》，废除2005年《国家交通应急预案》。根据2007年《突发事件应对法》，纠正应急立法与应急执行的效力、时序混乱。① 2003年"非典"之后，根据2005年《国家突发公共事件总体应急预案》，国务院于2005年主持重新修订2000年修订的《国家地震应急预案》；2008年"汶川地震"、2010年"玉树地震"后，2005年重新修订的《国家地震应急预案》接受检验，同时根据2007年《突发事件应对法》、2008年修订的《防震减灾法》，国务院于2012年8月28日修订《国家地震应急预案》，2013年"芦山地震"，新修订的《国家地震应急预案》接受检验。

纵向比较三例启动国家应急响应的公共卫生类突发事件，应急管理在政策体系尺度上的结构有显著演进。2008年"三鹿劣质奶粉事件"之后，2009年国家发布《食品安全法》，2011年10月5日修订《国家食品安全事故应急预案》，立法先行、预案执行的关系清晰明确。

（二）横向比较：结构固化

横向比较采用求同逻辑。对自然灾害、事故灾难、公共卫生三类突发事件应急管理的横向比较显示，虽然得益于某些变量驱动，应急管理在多个尺度上的结构存在显著演进，但多数情形下，中国应急管理的结构趋向固化。

（1）在社会变迁尺度上，应急管理"突飞猛进"，公共危机治理、社会风险治理发展滞后。除2011年"甬温线动车事故"外，其余76例"Ⅰ级"（特别重大）事故灾难类突发事件的应急管理虽然也都问责，但都是以对人的惩罚代替了对理念、制度、政策和结构的反思。即便是死亡人数最多的2008年"山西襄汾尾矿库溃坝"（276人死亡）、伤亡人数最多的2003年"重庆开县井喷"（死亡243人，累计门诊治疗26555人次）、影响人数最多的2005年"吉化爆炸"（松花江污染危及流域数百万人饮用水安

---

① 张海波：《中国应急预案体系：结构与功能》，《公共管理学报》2013年第2期。

全）三起事件，也未推动应急管理结构的显著变化。2008 年"汶川地震"虽然实现了较好、较快的灾后恢复，但并没有根本上改善当地的社会脆弱性，更未能在实质上触动对环境治理失败的反思。2008 年"三鹿劣质奶粉事件"的发生尤其能够说明问题，2004 年"阜阳劣质奶粉事件"发生 4 年后，同样的事件几乎以同样的形式再度发生，凸显了社会风险治理的失败。

（2）在治理转型尺度上，政府"突发猛进"，社会、市场虽有所参与，但各自孤立，缺乏合作。十年 77 起"Ⅰ级"（特别重大）事故灾难类突发事件，这些事件的频繁发生本身就证明私人部门公共责任的缺失和政府规制的失败。2004 年"阜阳劣质奶粉事件"、2008 年"三鹿劣质奶粉事件"也都是如此。在 2008 年"汶川地震"中，私人部门虽然在"对口支援"后期发展了产业合作，但这种基于利益驱动的参与必须首先基于"对口支援"的政治驱动。2013 年"芦山地震"中，虽然社会组织的参与相比"汶川地震"更为有序，但无论是社会组织的参与，还是私人部门的参与，都是"自组织"形式，尚未被政府应急管理体系有效容纳。[①]

（3）在政府架构尺度上，综合应急管理体系发展迅速，但分灾种管理体系未能随之一起发展，仍按传统方式运行，综合应急管理体系与分灾种管理体系未能整合。几乎所有的"Ⅰ级"（特别重大）事故灾难类突发事件的应急管理都按照传统安监系统的模式运转。至于自然灾害类突发事件，2008 年"南方雪灾"，国务院在发改委设立"国务院煤电油运与抢险救灾总指挥部"；2008 年"汶川地震"、2010 年"玉树地震"、2013 年"玉树地震"，国务院均启动设在地震局的抗震救灾指挥部，设在国家地震局；2007 年"淮河大洪水"、2009 年"北方旱灾"，国务院启动设在水利部的防汛抗旱总指挥部。尤为典型的是 2008 年"三鹿劣质奶粉事件"，国家设立食品安全管理委员会，继减灾救灾、安监、疾控、治安"维稳"四

---

① 对"芦山地震"应急响应的网络分析显示，政府部门、私人企业、社会组织各自形成了自己的组织网络，但这三类网络内部均高度同质，三类网络之间高度异质，即政府部门的网络中几乎只有政府部门，私人企业的网络中几乎只有私人企业，社会组织的网络几乎只有社会组织，未能形成有效合作。四川省抗争救灾指挥部直到 4 月 28 日才设立社会服务部，容纳社会组织参与救灾。参见 Zhang Haibo, "Towards Adaptive Emergency Management in Dynamic Environments in China: A Case Study on the Response System of the Ya'an Earthquake in 2013," Disaster Management Center of University of Pittsburgh, Working Paper, 2013。

大分灾种系统后,形成第五大分灾种管理系统。

(4)在政策体系尺度上,应急预案体系发展迅速,但应急立法相对滞后。受"立法滞后、预案先行""横向到边、纵向到底"思路主导,2003年"非典"至2013年"芦山地震"十年间,四类突发事件的应急预案合计超过200万件。[①] 在国家层面上,应急法律与应急预案的时滞约为两年;在省、市一级,应急法律与应急预案的时滞为4~6年。[②] 这也意味着在上述案例中,除2013年"芦山地震"外,几乎所有应急预案的功能都受到结构约束。

(5)在运行机制尺度上,救援与处置绝对优先,善后与恢复在个别情况下得到重视,预防与准备、预警与监测发展滞后。在上述所有"Ⅰ级"(特别重大)事故灾难类突发事件中,救援与处置都绝对优先。除2008年"汶川地震"、2011年"甬温线动车事故"的善后恢复引起高度重视外,其他案例的善后与恢复都依照常规。"Ⅰ级"(特别重大)事故灾难类突发的频繁发生,2004年"阜阳劣质奶粉事件"与2008年"三鹿劣质奶粉事件"的对比,2008年"汶川地震"与2013年"芦山地震"的对比,都显示预防与准备、预警与监测尚未得到足够重视。

(三)总体特征:"彗星"结构与"彗尾"效应

在社会科学的研究中,类比(analogy)是非常重要的理论概化方式,尤其适用于描述结构特征。例如,费孝通曾以"水波"类比中国社会的差序格局,法国学者图海纳(Alain Touraine)曾以"马拉松"类比法国的社会结构,中国学者李强也曾以"倒丁字形"类比中国的社会结构。本文也采用类比方式来概括描述中国应急管理结构的总体特征。

2003年"非典"至2013年"芦山地震"十年间,中国应急管理的结构变化虽然结构演进与结构固化并存,但总体上以结构固化为主,呈现"彗星"结构,如图2所示。

(1)"彗核"。相对而言。在社会变迁尺度上,应急管理超前发展;在治理转型尺度上,政府应急管理超前发展;在政府架构尺度上,综合应急管理体系超前发展;在政策体系尺度上,应急预案体系超前发

---

① 张海波:《中国应急预案体系的结构特征、功能约束与整体优化》,《中国应急管理》2011年第6期。

② 张海波:《中国应急预案体系:结构与功能》,《公共管理学报》2013年第2期。

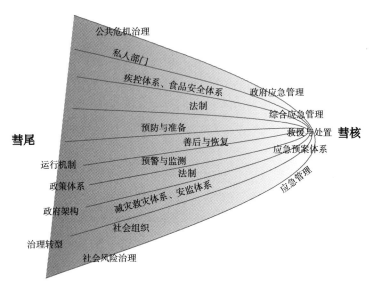

图2 中国应急管理的"彗星"结构

展；在运行机制尺度上，救援与处置超前发展。在中国应急管理的总体结构中，"彗核"是"应急管理→政府应急管理→综合应急管理→应急预案体系→救援与处置"，逐步缩小，其中救援与处置是"彗核"中最突出的部分。这些是这十年来中国应急管理理论与实践中出现频率最高的词语，也是中国应急管理结构中的"高亮"部分，但也是"彗星"结构中较小的部分。

（2）"彗尾"。相对而言，在社会变迁尺度上，公共危机治理滞后、社会风险治理滞后；在治理转型尺度上，市场、社会参与滞后；在政府架构尺度上，分灾种管理体系发展滞后；在政策体系尺度上，应急法制发展之后；在运行机制尺度上，预防与准备、预警与监测发展滞后。这些构成了"彗尾"，是中国应急管理结构中的"灰暗"部分，但也是"彗星"结构中较大的部分。

彗星具有两个显著的物理特征：一是速度反差，彗核运行速度越快，彗尾拉得越长，彗尾就越滞后于彗核；二是亮度反差，彗核越"高亮"，彗尾就越显得"灰暗"，越容易被忽视。以彗星的这两个物理特征类比中国应急管理"彗星"结构的政策效应，可统称为"彗尾"效应，形成2003年"非典"至2013年"芦山地震"十年间中国应急管理结构变化的理论命题：

(1)"速度反差"效应

命题1:应急管理发展越超前,公共危机治理、社会风险治理越可能滞后

由于应急管理的目标是迅速控制事态,应急管理越发展,越容易迅速控制事态,也就失去了推动公共危机治理、社会风险治理的动力。

命题2:政府应急管理发展越超前,私人部门、社会组织在应急管理中的参与越可能滞后

同上理,政府应急管理越发展,越容易迅速控制事态,也就越无兴趣发展与私人部门、社会组织的合作。

命题3:综合应急管理体系越超前,与分灾种管理体系的协同发展越可能滞后

同理,综合应急管理体系越发展,越容易迅速控制事态,也就失去了与分灾种体系进行合作与整合的动力。

命题4:应急预案体系发展越超前,应急法制发展就可能越滞后

同理,应急预案体系越发展,越容易迅速控制事态,应急法制的发展就越可能滞后。

命题5:救援与处置发展越超前,预防与准备、预警与监测发展越可能滞后

同理,由于救援与处置针对突发情形,事态相对紧急,救援与处置结束越发展,越容易迅速控制事态,一旦事态平息,也就失去了发展预防与准备、预警与监测的紧迫性。

（2）"亮度反差"效应

命题 6：应急管理越"高亮"，公共危机治理、社会风险治理越可能被忽视

由于行政资源有限，一旦应急管理在政策议程中优先，大量的行政资源就会优先投入应急管理，公共危机治理、社会风险治理能够获得的行政资源就越少。

命题 7：政府应急管理越"高亮"，私人部门、社会组织在应急管理中的参与越可能被忽视

与上同理，政府应急管理获得的行政资源越多，私人部门、社会组织在应急管理中能够获得的应急资源就越少。

命题 8：综合应急管理体系越"高亮"，分灾种管理体系的发展越可能被忽视

同理，综合应急管理体系获得的行政资源越多，分灾种管理体系能够获得行政资源就越少。

命题 9：应急预案体系越"高亮"，应急法制越可能被忽视

同理，应急预案体系获得的行政资源越多，应急法制能够获得应急资源就越少。

命题 10：救援与处置越"高亮"，预防与准备、预警与监测越可能被忽视

同理，救援与处置获得的行政资源越多，预防与准备、预警与监测能够获得的行政资源就越少。

（3）"自我抵消"效应

"速度发差效"应与"亮度反差"效应高度关联，互相增强，共同作用产生"自我抵消"效应。

> 命题11：应急管理发展越超前，越"高亮"，在中国的政治和社会情境中，越容易证明应急管理无效，到一定程度，应急管理的成效就越可能"自我抵消"。

由于突发事件的根本原因是社会风险，应急管理无法在根本上减少社会风险，因此，应急管理发展再超前，获得的行政资源再多，也无法减少突发事件的发生频率，应急管理最终能够解决的问题非常有限；应急管理行政投入的边际收益不断下降，随着这种情况的持续，到一定程度，应急管理的总收益也开始下降，与应急管理获得的高额的行政投入形成鲜明反差，应急管理的成效开始"自我抵消"，应急管理的发展将陷入困境。这也是中国应急管理目前面临的主要困境。

"彗星"结构与"彗尾"效应中的多数命题并不具有普遍性，而是嵌入了中国情境，在中国政治、社会结构趋于固化的大背景下，综合应急管理体系建设选择以"一案三制"的方式"独善其身"，强调应急管理的微观结构，忽视了应急管理的中观与宏观结构，强调了应急管理的内部结构，还是了应急管理的外部结构，虽然简化了问题，也能在短期内取得成效。

当然，本文并不是否定2003年"非典"之后中国应急管理体系建设的积极意义与成就，而是试图揭示中国应急管理的结构缺陷，推动中国应急管理的良性发展。本文提出的11个理论命题与笔者曾经在2010年《基于中国问题的灾害管理分析框架》（简称《分析框架》）一文中提出的8个理论命题共同构成了中国应急管理的本土发现。本文提出的"自我抵消"效应，也是对2010年《分析框架》一文中提出的"三位一体"战略——"系统治理""动态治理""主动治理"——的理论检验与进一步发展。

五　回归结构：中国应急管理结构演进的"系统思维"

既然造成中国应急管理目前发展困境的根本原因是应急管理的发展脱离结构"单兵突进"，那么化解困境的唯一路径就是让应急管理回归结构，在每个尺度上，推动核心要素协同发展，更加关注宏观、中观结构，更加重视外部结构。

2003 年"非典"至 2013 年"芦山地震"这十年间，中国应急管理的结构变化中既有结构固化，缺乏向理想结构演进的动力，意味着结构无法适应外部环境的变化，是消极的变化；也有结构演进，虽未达到理想结构，但已经朝向理想结构演进，是积极的变化。中国应急管理的结构回归首先要识别这些推动结构演进的动力。

第一，以社交媒体为代表的网络社会条件下的公众参与。为什么 2011 年"甬温线动车事故"可以实现应急管理的结构演进？主要有两点：一是"甬温线动车事故"是日常风险，具有伯克兰所说的"焦点事件"的"议题显著性"，对公众与政策制定者的重要性程度更高，也就可能有更高的公众参与；二是以"微博"为代表的社交媒体的兴起，将潜在的更高的公众参与转变为现实。在 2011 年"甬温线动车事故"中，制止掩埋车头，提高赔偿标准，调整国务院调查组人员构成，降低"高铁"运行速度，重新制定"高铁"发展规划，等等，这些不同寻常的政策调整在很大程度上都归功于"微博"上高度的公众参与。而且，相比于日常风险，以"微博"为代表的社交媒体所激发的公众参与是更为关键的变量。[①]

在中国的政治社会情境中，公众参与以"外压模式"推动政策议程设置，是促成应急管理向公共危机治理的转变的关键变量。[②] 近些年来，新技术不断推陈出新，从网络论坛（bbs）到"博客（blog）"，再到"微博"，公众参与也不断提升。以"微博"为代表的社交媒体在中国应急管理中首次"露脸"是在 2010 年"玉树地震"，但到 2011 年"甬温线动车事故"便已是深度"发酵"，发展速度几乎一日千里。可以预见，即便以"微博"为代表的社交媒体被更新的技术所替代，这也只可能意味着更有利于公众参与的平台。在中国情境下，社交媒体所推动的公众参与不仅是

① 2011 年"甬温线动车事故"与 2008 年"胶济铁路事故"的对比研究发现，同是日常风险，但 2011 年"甬温线动车事故"中以微博为代表的社交媒体深度参与，推动应急管理显著区别于 2008 年"胶济铁路事故"。参见 Zhang Haibo，"Emerging Risks, Social Media, and Crisis Management in China: A Comparative Study on the Cases of the Wenzhou High Speed Train Crash and the Jiaoji Railway Accident," Ash Center of Harvard Kennedy School, Working Paper, 2013。

② 张海波：《中国转型期公共危机治理：理论模型与现实路径》，社会科学文献出版社，2012，第 293~296 页。

技术互联所带来的互动体验,更是新技术普及化对社会结构的改造。新技术网络社会的"结构倒置"效应——传统的强势群体在网络上处于弱势,而传统的弱势群体在网络上则处于强势。[①] 公众获得了前所未有的话语权力,底层社会所潜藏的政治能量被前所未有地释放,这也是以社交媒体为代表的网络社会在中国政治和社会结构中的独特之处。

2011年"甬温线动车事故"所代表的应急管理的结构演进既有一定的偶然性,如,议题显著度高的突发事件,也有一定的必然性,如,社交媒体时代的公众参与,这意味着这种结构演进虽然难以简单复制,但一旦条件具备又可以复制,这也为中国应急管理的结构演进留下了想象空间。

第二,中国社会力量的潜在的生长与市场发展空间。为什么2008年"汶川地震"、2013年"芦山地震"可以相继实现应急管理的结构演进?这主要得益于中国改革开放三十多年来市场培育和社会生长,为私人部门、社会组织的"自组织"参与提供了基础条件。2008年"汶川地震"已经显示中国社会力量的潜在生长,也为2013年"芦山地震"中社会组织的有效参与积累了经验。在"芦山地震"中,社会组织的参与有序得多,出现了大的网络节点,不仅提供更为专业的救灾服务,也成为其他小型社会组织参与救灾的协作平台。[②] 由于长期严格的登记注册制度,中国有大量的社会组织在制度外生长,这些组织需要证明自身存在的合理性,进而获得合法性,参与自然灾害救灾与灾后恢复是这些社会组织争取合法性的途径之一。随着登记注册制度的逐步放开,服务、福利、慈善三类社会组织优先发展,将会有更多的社会组织参与应急管理。与此同时,中国的市场发展为私人部门参与应急管理提供了多种可能,互联网企业已经在2013年"芦山地震"中崭露头角。2008年"汶川地震"对口援助不仅是政府参与,后期以私人企业为主体的产业合作促进了灾区的可持续恢复,这显示了在特定的条件下,私人部门基于自身利益驱动而非政治动员参与应急管理。此外,中国的保险业在应急管理中参与程度还非常低,空间巨大。随着中国改革"顶层设计"的启动,市场也将会得到进一步培育与发

① 张海波、童星:《当前中国社会矛盾的内涵、结构与形式——一种跨学科的分析视野》,《中州学刊》2012年第5期。

② Zhang Haibo, "Patterns of Interorganizational Collaboration in Natural Disaster Response in China: A Case Study on Organizational Response Network of the Ya'an Earthquake in 2013," Disaster Management Center of University of Pittsburgh, Working Paper, 2013.

展。因此，无论是社会组织，还是私人部门，在应急管理中的参与都有极大的发展空间。这为应急管理的结构演进提供了长期动力。

第三，从灾害中学习的社会机制与文化土壤。为什么 2013 年"芦山地震"中央政府可以适度"退后"？这固然与"芦山地震"损失程度相对较轻有关，但也在很大程度上是由于地方政府应急管理能力的增强。两场地震，震中相距仅为 100 公里，2008 年"汶川地震"抗震救灾的经验在客观上促进了灾后的社会学习。一个典型的例证是，在 2013 年"芦山地震"中，本地消防、武警在应急救援中扮演了比军队更为重要的角色，这集中显示了地方应急能力的增长。[1]

当然，"芦山地震"所代表的社会学习有一定的偶然性，毕竟在几乎相同的地理区域发生两次大地震的概率是极低的。然而，目前只是基于政治动员的学习机制发挥了显著作用，一旦基于文化习得和经济外溢的社会学习机制也都能发挥作用，从灾害中进行社会学习还有巨大的发展空间。[2]中国文化素有从灾害中学习的优良传统，"多难兴邦""前事不忘，后事之师"，文化对人的行为的内化虽然缓慢，但最为根本，这也为应急管理的结构演进提供了基础动力。

第四，应急管理的自我适应。应急管理作为一种制度设计，主要用于应对环境的不确定性，因此应急管理体系本身就应该是自适应的：随外部环境的变化而自动调整。这集中体现在应急预案体系的自我更新上，应急预案体系本身自带修订机制，一旦外部环境发生显著变化，应急预案体系就应该自动更新，正是这种自动更新机制，使得 2008 年"南方雪灾""汶川地震"后相关应急预案体系与应急法律关系"正本清源"。因此，只要保持应急管理的自我适应能力，至少在政策体系尺度上，应急管理的结构优化拥有持久动力。

---

[1]　对"芦山地震"应急响应网络的研究显示，在应急救援网络中，消防部门的网络中心度（degree centrality）最高，武警次之，军队排第三，显示消防部门在应急救援网络中扮演了主要角色。Zhang Haibo, "Towards Adaptive Emergency Management in Dynamic Environments in China: A Case Study on the Response System of the Ya'an Earthquake in 2013," Disaster Management Center of University of Pittsburgh, Working Paper, 2013.

[2]　经验研究显示，在三种社会学习机制中，目前政府在建设应急管理体系中通过政治动员所发展出的学习机制发挥主要作用，而基于文化知识（文化程度更高的人更能从灾害中学习）和经济外溢（收入越高的人越可能关注安全）的社会学习机制尚未发挥作用。参见张海波《体系下延与能力增长——应急能力增长关联机制的实证研究》，《中国行政管理》2013 年第 8 期。

虽然不是所有的尺度或同一尺度所有的结构都出现了能够促进结构演进的动力，然而已经出现的结构演进一旦占据主导便可以改善结构固化。例如，治理转型尺度上的结构演进必然推动政府架构尺度上的结构演进，政府、市场、社会的参与最终形成的网络治理结构必然包括分灾种管理体系；政府架构尺度上中央与地方关系的演进必然推动运行机制尺度上的结构演进，自下而上的应急管理体系，不仅有利于增进地方政府的应急能力，促使突发事件在地方层面得到及时处理，避免突发事件的扩大与蔓延，也可以加强地方政府在突发事件预防上的责任，更能激励地方政府投资突发事件预防与准备、预警与监测。因此，中观、宏观结构比微观结构，外部结构比内部结构，更能决定应急管理的结构质量。

如果说中国改革需要"顶层设计"，那么作为中国改革局部的应急管理则需要"系统思维"，跳出"一案三制"的局限，在更大的视野中，在所有的尺度上，使应急管理回归结构。在这一过程中，政府仍要扮演主要角色，以战略性眼光、系统性思维推动中国应急管理结构的整体演进。

（本文原载于《中国社会科学》2015年第3期）

官僚制组织的两副面孔

张乾友[*]

组织是因为特定目标而组织起来的。要实现其目标，组织必须开展各种行动。要保证这些行动符合并服务于组织的目标，组织就为这些行动的实施者设定了责任，让他们通过履行其所承担的责任来助益于组织目标的实现。所以，组织既是一个行动体系，又是一个责任体系，当组织运行良好时，组织过程就表现为一个所有组织成员都负责任地开展行动或通过行动来履行责任的过程。这里的问题在于，行动需要动力，而责任可能并不提供动力，相反，在大多数时候，责任都是一种负担，是对动力的一种约束。为解决动力的问题，官僚制组织建立起了一种层级结构，通过赋予上级以相对于下级的权威与权力来强加给下级以行动的动力。所以，在官僚制组织中，组织行动总是表现为"上级让下级行动"，因而是一种关系性的行动，是发生在上下级关系之中的。传统上，这种关系被视为权威与从属者的关系，其中权威的功能是让从属者开展行动，并对他让从属者开展的行动负责，而组织目标能否实现就取决于权威的功能是否得到了恰当发挥，权威是否承担起了他的责任。近几十年来，这种关系越来越多地被视为委托者与代理者的关系，在这种关系中，作为上级的委托者在很大程度上依赖于作为下级的代理者去开展他无法亲自开展的行动，而一旦被授权为代理者，下级就获得了一种代理责任，且组织目标能否实现就取决于他是否履行了这种代理责任。代理责任的产生让上级与下级都成为责任主体，从而导致了组织中的责任冲突。而当人们从代理理论的主张出发，试图通过激励来解决这种冲突时，就改变了组织的运行机制，使官僚制组织呈现出一副全新的面孔，也使组织管理面临新的挑战。

---

* 张乾友，管理学博士，南京大学政府管理学院副教授，博士生导师，2016~2017年任南京大学高研院第十二期驻院学者。

一　官僚制组织的经典面孔

官僚制组织是一种具有层级结构和以层级节制为基本运行原则的组织——官僚制组织的另一大特征是专业分工，但这里只考虑层级结构的问题。关于它为什么以这样一种方式组织起来，我们可以做出以下假设，即人们之所以寻求组织，是为了实现某种共同的目标；而要实现这种目标，他们必须开展某种共同行动；要开展这种行动，他们又必须找到能让他们以某种方式付诸行动的动力——正是在这里，层级结构具有独特的功能，通过赋予上级以相对于下级的权威与权力，当上级出于某种目标而对下级行使权威与权力时，层级结构就强加给下级以行动的动力。当然，权威与权力并不是行动动力的唯一来源，事实上，交易就是共同行动的另一种常见的动力来源。但在某些事情上，出于某种原因，比如科斯所说的行政成本低于交易成本，人们选择将权威与权力作为共同行动的动力来源，并由此选择了以官僚制的形式将彼此组织起来。

在传统观念中，作为一种层级制组织，官僚制组织拥有自上而下的权威体系与权力体系，这两种体系的正常运行就表现为层级节制，即上级节制下级，或下级服从上级，官僚制组织就是通过层级节制的方式来加予下级以动力，来通过上级与下级的关系开展组织行动的。当然，在大多情况下，上下级的关系是相对的，在一个大型组织中，绝大多数组织成员总是相对于一些人是上级，相对于另一些人则是下级。但无论如何，在任何特定的上下级关系中，上级都是权威，下级则是从属者。作为权威，上级拥有两种不同类型的权力，即制度性权力与实践性权力。其中，制度性权力是权威的标志，它让上级可以改变其从属者的制度处境，在行动动力的问题上，就表现为可以加予后者以义务，因而，只要上级发出了某种行动指示，下级就有义务按所指示的那样行动，也就是有义务服从上级的指示。实践性权力让他可以改变从属者的实践处境，在行动动力的问题上，就表现为可以剥夺后者按照自己的意志开展行动的能力，或者说，可以将自己的意志凌驾于后者的意志之上，因而，当下级不愿履行服从的义务时，上级就可以采取强制等手段来迫使下级执行其指示。在理想状态下，组织过程表现为一个行使权威与履行义务的过程。当上级向下级发出了行动的指示，他就对后者行使了权威；当下级按所指示的采取了行动，他就对前者履行了义务；当下级为了按所指示的那样行动而向他的下级发出了新的行动指示，他就对后者行使了权威；当他的下级按所指示的采取了新的行动，他就对前者履行了义务。这一过程自上而下地不断延展，直至最初发出指令的上级所欲实现的目标通过层级链条中的某个或某些下级履行义务的行动而得以达成。在这种情况下，组织的行政成本是最低的，而当组织的运行无须借助实践性权力时，组织本身也将呈现出更强的有机性，更具有共同体的特征。但在现实中，下属对其义务的履行经常都不是那么积极，导致上级的指令无法得到有效执行，在这个时候，权威就出现了某种失效，导致上级必须行使实践性权力来迫使下级履行其义务，也使组织过程变成了一个权力过程。显然，权力的行使将耗费许多组织资源，也就是增加了组织的行政成本。同时，实践性权力的经常使用也将破坏组织成员间的有机联系，弱化组织的共同体特征。

在官僚制组织中，权威是一种制度设置，只要你是相对于另一个人的上级，你就对他拥有权威，当你对他发出行动指令时，他就有义务执行这一指令。当然，与封建社会的等级组织相比，这种不平等的关系是基于某种契约式的同意的，即通过签订劳动契约，下级做出了同意，自愿服从上级的权威。① 但权威的效力并不仅仅取决于制度，所以处于相同职位上的两个人能够对其下属行使的权威可能在事实上并不相同。但无论如何，只要上级发出了指令，下级就有执行它的义务，否则，如果下级对上级的每一项指令都进行质疑，导致上级每一次都不得不耗费许多组织资源来对他行使实践性权力，来迫使他执行该指令，将大大阻碍组织目标的实现。也就是说，权威是组织为实现其目标而做出的制度设置。而这就意味着权威的合法性取决于其指令与组织目标的契合性，只有当上级的指令是符合于并服务于组织目标的时候，他对下级行使权威的行为才是合法的，进而，当下级因为无论何种原因而拒不履行服从的义务时，他才能合法地使用权力来迫使其服从。而如果其指令有悖于组织目标，即上级试图让下级去开展有悖于组织目标的行动，那他的权威就失去了合法性，在这种情况下，下级就有正当理由不执行其指令，但这并不能解除他服从的义务，而上级也仍然可以通过权力来迫使他服从，当然，这种权力行为本身也是不合法

① David Ciepley, "Beyond Public and Private: Toward a Political Theory of the Corporation," *American Political Science Review*, Vol. 107, No. 1 (Feb., 2013), p. 149.

的。可见，上级行使权威与权力的行为可能是不合法的，但无论其是否合法，只要上级发出了指令，下级就有义务执行该指令，也就是说，下级不能对上级的行为进行合法性审查，否则层级结构就失去了通过上下级关系来开展共同行动的功能。但下级可以对上级行为的合法性做出自己的判断，当判断其非法时，他也有"良心拒绝"的自由，即选择退出组织。但只要他没这么做，他就只能服从，无论是主动还是被迫服从。在传统观念看来，由于层级关系是一种权威与从属者间的关系，由于上级可以确保下级无论如何都会服从其指令，因而只有上级才可能做出有悖于组织目标的行为，进而，也只有上级的行为才需要接受合法性审查，并通过这种审查来促使其服务于组织的目标，也就是承担责任。

于是我们就发现了一种紧张：为了获得共同行动的动力，官僚制组织赋予了上级以相对于下级的权威与权力，而在获得了这种权威与权力之后，上级就拥有了通过下级来开展有悖于组织目标的行动的能力。为了避免这种情况的发生，官僚制组织需要一种保障机制，来保证上级对其权威与权力的行使服务于组织目标的实现，这种机制就是责任。也就是说，在赋予上级以权威与权力的同时，官僚制组织也给予了他们以责任，让他们根据其权威与权力的大小承担了促进组织目标之实现的制度责任。这种责任有三个方面的含义：首先，它也是一种动力，如果说下级之所以行动是因为上级通过权威与权力的行使而强加给他某种动力的话，一个组织中总有一个或一些人不属于其他任何人的下级，那他为什么要发出指令让其他人去行动？答案就是，他的动力源于组织规定他承担着这样一种责任。其次，它是一种负担，是对权威与权力的一种限制，因而负有责任意味着上级不能随心所欲地行使其权威与权力，而必须根据他所承担之责任的要求来行使权威与权力。再次，作为一种制度责任，它如果没有得到恰当的履行，那么其承担者就必须接受制度问责，而这种问责的方式就是对上级履行责任的行为进行合法性审查。那么，组织如何进行这种审查？

如上所述，上级行为的合法性取决于其与组织目标的契合性，而至少在特定阶段内，组织的目标又是由某些上级决定的，如果是这样，那这些能够决定组织目标的上级的行为不就永远都是合法的？事实显然并不如此，所有上级都可能做出有悖于组织目标的行动。为了解决这一矛盾，为了使所有上级的行为都无法豁免于合法性审查，组织必须建立起合法性审查的客观依据，这种依据就是组织的规则。这些规则明确地——虽然并不是详尽地——规定，对于特定的某一个上级来说，哪些行为是合法的，哪些行为是不合法的，由此上级履行责任的方式就变成了去做所有被规定为合法的行为，同时不做任何被规定为非法的行为。只要这样做了，他就被认为履行了他的责任，虽然他履行责任的行为并不必然能够带来有利于组织目标的结果，但无论它们的实际结果为何，这些行为本身都被视为合法的。

以上描述是我们关于官僚制组织的传统理解。根据这种理解，官僚制组织中的上下级关系是一种权威与从属者间的关系。在这种关系中，上级拥有相对于下级的权威与权力，这让他可以发出指令让后者去采取某种行动，但他自己并不直接采取任何行动。一旦上级发出了指令，下级就有义务执行该指令，如果不执行，上级就可以行使权力来迫使他执行。在理想情况下，上级通过行使权威来加予下级按所指示的那样行动的义务，而当这一义务无法得到履行时，上级则通过行使权力来迫使下级按所指示的那样行动。无论如何，组织行动都表现为"上级让下级行动"，对于该行动，上下级之间存在某种决策与执行的分工。上级虽不直接采取行动，却决定了行动的发生，因而要为行动的后果承担责任，这种责任的依据就是组织的规则。下级是行动的实际执行者，也直接造成了行动的后果，但在执行行动时，他只是在履行——无论主动还是被迫——服从上级的义务，因而该后果并不是由他决定的，他也就无须对此负责。所以，在官僚制组织中，规则是为上级准备的，其目的是保障上级履行责任，即其行使权威与权力的行为须符合并服务于组织目标。这并不是说下级无须遵守规则，但在实践中，下级经常无法选择是否遵守规则，因为上级拥有足以让他违背规则的权威与权力，所以组织不能以违背规则为由来追究他的责任。下级只有服从的义务，并且只有当他无条件地履行了这一义务，组织才能够实现其目标，至于特定的履行义务的行为究竟是否促进了组织目标的实现，则不属于他应该考虑的事。显然，根据传统理解，组织目标的实现完全取决于上级是否恰当地履行了他的责任，所以传统的官僚责任观是一种层级责任观，① 根据这种观念，任何一项行动都由该行动所涉及位阶最高的上级全权负责，因而要保障组织目标之实现，就是要保障每一位上级都履行其层级责任。

---

① Dennis F. Thompson, "Moral Responsibility of Public Officials: The Problem of Many Hands," *The American Political Science Review*, Vol. 74, No. 4 (Dec., 1980), p. 906.

二 经典面孔的异变

关于官僚制组织中为什么只有上级才需要承担责任，我们可以找到两种解释。第一种解释认为，一个人只应对其自愿行动的后果负责，或者说，只有当一种行动是出自行动者的独立意志时，他才需要对该行动的后果负责，[①] 这可以被称为责任的意志条件。而在官僚制组织中，下级是不拥有独立意志的。他也许拥有独立的判断，甚至可以对上级表达他的判断，但只要上级发出了与他的判断相悖的指令，他就必须抛弃其判断而使自己服从于上级的意志。他也许本来就想做上级让他做的事，但如果不是上级让他去这么做，他却无法将其意图付诸行动，在这个意义上，他的意图是自愿的，但他之所以付诸行动，却并非出自自愿。所以，下级不满足责任的意志条件，因而无需对上级让他采取的行动承担责任。第二种解释认为，在双边关系中，如果一方明显依赖于另一方，那后者就有保护前者的责任。[②] 之所以如此，是因为在这种关系中，事实上只有强势一方才有能力左右弱势一方的行动，而弱势一方则不仅没有能力左右强势一方的行动，甚至没有能力左右自己的行动，因而也就没有能力对这些行动的后果承担责任。当这些行动造成了不好的后果时，如果要求弱势一方承担责任，结果可能对弱势一方造成毁灭性的损害，进而也使双边关系无法存在，所以，强势一方就负有一种保护弱者的责任，因为只有这样才能维持双边关系的健全。这是根据能力差异来决定责任分配，所以可以被称为责任的能力条件。显然，官僚制组织中的上下级关系就属于这样一种关系，在这种关系中，如果要求下级对上级让他做的事承担他并没有能力承担的责任，最终将导致上下级关系的瓦解，也就是组织的解体。换句话说，只有上级才有能力对双边关系的健全存在造成损害，因而他就必须承担维护这一关系的责任。所以，无论下级的行动造成了什么后果，都只能由该行动所涉及位阶最高的上级来承担责任。

显然，无论意志条件还是能力条件，都蕴含了一种关于下级角色的消

[①] Harry G. Frankfurt, *The Importance of What We Care About*, New York: Cambridge University Press, 2009, p. 95.

[②] Robert E. Goodin, *Protecting the Vulnerable: A Reanalysis of Our Social Responsibility*, Chicago: The University of Chicago Press, 1985, p. 39.

极假设，而支撑这一假设的又是一种关于权威与权力功能的积极假设。如韦伯在分析文官角色时所说，"采取立场，充满激情——'ira et studium'（好恶分明）——是政治家的本色，尤其是政治领袖的本色。他的行为所服膺的责任原则，同文官的原则截然不同，甚至正好相反。文官的荣誉所在，是他对于上司的命令，就像完全符合他本人的信念那样，能够忠实地加以执行。即使这个命令在他看来有误，而在他履行了文官的申辩权后上司依然坚持命令时，他仍应忠实执行。没有这种最高意义上的道德纪律和自我否定，整个机构就会分崩离析"。[①] 这意味着下级是消极的，他虽然能独立判断，却不会用这种判断去反驳上级的权力意志，他虽然可能有着与组织目标相悖的目标，却不会将这种目标带到他的行动之中，从而使组织行动背离组织目标。当下级的这种消极性能够得到保障时，每个上级对其责任的恰当履行就可以成为组织目标得以实现的充分条件。在传统观念看来，这种消极性的保障机制就是上级的权威与权力，也就是说，只要上级拥有足够的权威与权力，那么，无论下级在主观上是否愿意成为一个消极角色，上级都有能力保证他在客观上只扮演一个消极角色。问题是，上级真的拥有这种能力吗？显然，20 世纪的组织实践并不支持这一假设。

在逻辑上，要维持上下级间的制度性分工，即上级专事决策，下级专事执行，前提是上级拥有做出决策的完整知识，只有这样，他才能将下级排除在决策过程之外，使决策免受下级的影响，进而，在他通过决策来让下级去采取的行动中，下级的角色才可能是消极的。否则，如果上级不拥有做出决策的完整知识，因而不得不在某些时候求助于下级，从而让下级在事实上参与了决策过程，甚至主导了决策的结果，那下级在组织行动中的角色就不可能是消极的。这意味着，"实践权威"需要得到"理论权威"的支持，官僚制组织在制度上使上级成为实践权威，却无法保证上级同时也是理论权威，结果上级就无法垄断决策。当然，作为实践权威，他可以让下级去做任何他想让后者去做的事，但在特定的决策中，由于下级可能才是实际上的理论权威，当上级让下级去做某件事的时候，到底是上级根据自己的意志让下级去做了在他看来符合组织目标的事，还是下级通过上级利用组织资源来达成了自己的目的，则存在不确定性。这意味着，对于组织行动，上级可能并没有能力承担完整责任，进而，仅仅保证所有上级

---

① 〔德〕韦伯：《学术与政治：韦伯的两篇演说》，冯克利译，三联书店，2005，第 76 页。

都恰当地履行责任就不足以确保组织行动符合并服务于组织的目标。这正是普莱斯（Don K. Price）在分析 20 世纪中期政府专业化的结果时所指出的，"只有当专业官员已经制定出可以接受的备选方案时，政治官员才能就眼前的问题做出决策，而对最高政治权威的最有效使用则是让专业人员去处理今后五到十年必须面对的问题——或者建立一套可以提高专业队伍水平的制度，以保证他们能够这样去做。……简言之，政治责任取决于一支随时待命与训练有素的专业队伍的存在，如果后者是支离破碎与混乱无序的话，政治责任是不可能实现的"。[①] 也就是说，上级能否履行其责任，实际上依赖于下级是否对他提供了必要的专业帮助，如果是这样，那下级就不仅仅负有服从的义务了。

显然，上述情况并不只是发生在政府之中，而是所有组织都经历了的一种现象。在某种意义上，我们可以假定，官僚制组织的设计本身蕴含了实践权威与理论权威的统一，即理想的官僚制组织能够保证根据组织成员的专业知识把他们安排在最合适的职位上，结果每一个上级相对于他的下级既是实践权威也是理论权威，因而他不仅可以通过行使实践权威来让下级去做某件事，而且这一决策本身也完全是他行使理论权威的结果。只有这样官僚制组织才能在上下级之间维护决策与执行的分工，才能通过让上级负责来保障组织目标的实现。我们可以进一步假定，在官僚制组织产生之初，在社会的专业化程度相对较低的情况下，只要建立起适当的聘用程序与晋升程序，官僚制组织是可以在其内部实现实践权威与理论权威之统一的，所以这样一种组织目标的实现方式也是可行的。

随着社会专业化程度的不断提高，到 20 世纪中期，学者们发现，在所有官僚制组织中，要求每一个上级都成为相对于其下级的"哲学王"已经不再可能，甚至在很多时候上级可能只是在领导力上优于下级，而在具体的专业知识上，他可能比他的每一个下级都差。也就是说，在高度专业化的背景下，上级是制度性的实践权威，下级则可能是实际上的理论权威，结果，虽然实践决策是由上级做出的，但他进行决策的所有依据与方案则可能都是由下级提供的。甚至，当他们之间存在专业知识上的高度不对称时，下级还可能在事实上左右上级的决策。当这种情况发生的时候，如果

---

① Don K. Price, "Administrative Leadership," *Daedalus*, *Excellence and Leadership in a Democracy*, Vol. 90, No. 4, (Fall, 1961), pp. 750–763.

组织行动造成了有悖于组织目标的结果，到底谁应当对此负责？当然，上级必须对此负责，因为他是实践权威，他至少可以决定不采取该行动，从而避免出现该后果，而既然他没有这么做，他就必须承担责任。但上级又不应承担完全责任，因为根据意志条件与能力条件，该行动显然不只是体现了他的意志，而对行动的决策更是超出了他的能力。事实上，根据以上分析，下级也应当对此承担责任，但这种责任显然不同于上级所承担的责任。那么，下级应当承担的是什么责任？这种责任反映出他和上级的关系发生了何种变化？正是通过对这些问题的回答，代理理论为我们描绘出了一幅关于官僚制组织的全新图景。

代理理论认为，在官僚制组织中，上下级关系实际上是一种委托—代理关系，其中作为委托者的上级为了让作为代理者的下级向他们提供某种服务或去做某种他们无法亲自去做的事情而授予后者某些决策权威，让后者在其权威限度内为达成委托事项而自主行动。① 在这里，由于知识以及基于知识的权威的分散，下级不再负有无条件服从上级的义务，上级也无力控制下级到底基于何种因素而开展行动，结果，在委托人的目标与代理人的行动之间就出现了不确定性，或者说，在委托人与代理人之间就出现了利益冲突的可能性，这种可能性就被称作代理风险。在传统观念中，上级因其权威地位而对组织目标的实现造成了风险，所以就有责任降低直至消除这种风险，其途径就是遵守依据组织目标而被制定的组织规则。同样，在代理理论看来，下级因其行动的不确定性而对组织目标的实现造成了风险，所以也有责任降低直至消除这种风险。与权威关系中的情况不同的是，在委托—代理关系中，代理风险的根源在于委托者与代理者之间利益冲突的可能性，因而，要降低直至消除代理风险，就必须尽可能地减少直至消除委托者与代理者间的利益冲突，而这不是仅仅遵守规则就能达成的。在布坎南看来，代理风险的降低与消除，一方面取决于一种新的官僚伦理，即让代理人都认识到他们有责任降低直至消除代理风险；另一方面则取决于经济激励，即通过经济激励来实现委托者与代理者间的利益一

---

① Michael C. Jensen and William H. Meckling，"Theory of the Firm：Managerial Behavior，Agency Costs and Ownership Structure，" *Journal of Financial Economics*，Vol. 3，No. 4（October，1976），p. 308.

致。① 也就是说，在委托—代理关系中，因为代理者的行为对委托者以及整个组织造成了风险，所以代理者就有责任降低直至消除这种风险，但他承担这一责任的方式则不是牺牲其与委托者以及整个组织相冲突的利益——遵守规则就是自我牺牲的一种方式，而是去获得恰当的经济激励，因为只有在获得了恰当经济激励的前提下，他才不会为了自己的利益而牺牲委托者以及整个组织的利益。这就是代理理论对作为代理者的下级所应承担的责任提供的解释。

三　新面孔与新问题

在传统观念中，官僚伦理实际包含两个部分，一是上级的责任伦理，二是下级的中立伦理。当上级基于规则而做出了行动决策，且下级不加好恶地执行了该决策时，责任伦理与中立伦理同时得到了实现，结果就是组织目标的达成。在这里，所谓中立伦理，是指下级只有义务而没有责任，所以，当一个人既是相对于某些人的上级又是相对于另一些人的下级时，他的身上就不存在责任冲突，他与他的上下级之间也不存在责任冲突。正是这一点保证了官僚制组织内部的权责一致，使组织的权威链与责任链能够同步发挥作用。而根据代理理论的分析，首先，上级仍然需要遵循责任伦理，因为他是实践权威，且这种权威对组织目标的实现造成了风险。另一方面，中立伦理对于下级则不再有效，因为作为具有专业优势的代理者，他已不再是一个中立的执行者，而获得了对上级所承担的责任与组织的目标施加实际影响的能力，即他所拥有的专业知识就对上级以及整个组织造成了风险。在这种情况下，组织必须让他遵循更为积极的伦理原则，结果就是将责任伦理扩展到了下级，让下级去承担一种以降低直至消除代理风险为内容的代理责任。于是，不仅上级，而且下级也变成了一个责任主体。这样一来，当一个人既是相对于某些人的上级又是相对于另一些人的下级时，他就同时承担着两种责任：一种是权威责任，其内容是促进组织的目标，更具体地说，是确保其权限范围内的所有下级都采取符合并服务于组织目标的行动；另一种就是代理责任。

---

① Allen Buchanan, "Toward a Theory of the Ethics of Bureaucratic Organizations," *Business Ethics Quarterly*, Vol. 6, No. 4 (Oct., 1996), p. 436.

在形式上，代理责任与服从义务似乎并无太大区别，它们都要求下级在行动中将上级的要求置于优先位置，但二者所基于的逻辑完全不同。传统观念之所以认为下级负有服从的义务，是因为在它们看来下级根本没有选择不服从的能力，根本没有对上级造成风险的能力。而根据代理理论的分析，当上下级关系被理解为一种委托—代理关系时，下级虽仍不能明确拒绝上级的要求，却拥有阳奉阴违的能力，正是这种能力让服务义务失去了存在的基础，也正是这种能力让他必须被赋予某种责任。也就是说，传统观念预设了一种关于权威有效性的假定，根据这种假定，只要权威是充分有效的，那么下级就具有一种客观上的中立性，因为上级有能力让他保持中立。而组织专业化程度的提高破坏了这一假定，当下级通常拥有相对于上级的专业优势甚至可以被视为一种理论权威时，上级权威的有效性必然大打折扣，结果下级在客观上就不再具有中立性。当下级是中立的时候，上级是一个自主的责任主体，他对其责任的承担完全取决于他自己。这并不是说权威责任的实现相对容易，相反，如"绝对权力导致绝对腐败"的名言所表明的，要让权威履行责任其实是一件非常困难的事。但至少，当上级是一个自主的责任主体时，问责是相对容易的，因为问责对象是明确的。而当下级不再中立时，上级就变成了一个依赖性的责任主体，他能否履行权威责任在很大程度上依赖于下级是否履行了代理责任。结果，问责就变得困难了，因为官僚制组织的问责机制是严格根据层级结构进行设计的，它只能追究上级责任，而无法对下级进行问责，因为对下级问责必然意味着层级关系的瓦解，也就意味着官僚制组织本身的瓦解。结果，作为代理者的下级就在客观上处于某种问责真空之中，即官僚制组织无法通过问责机制来确保其承担责任，因而只能通过经济激励来诱使其承担责任，而这又造成了新的问题。

如艾森哈特（Kathleen M. Eisenhardt）所说，"代理理论提醒我们，不管我们喜不喜欢，组织生活的很大一部分都是基于自利的"。① 在某种意义上，传统观念并非没有看到这一点，相反，正是因为看到了这一点，它才希望通过强调下级的中立性来避免下级的自利行为对组织目标造成损害，并通过规则来约束上级的自利行为。在这么做的时候，它对组织成员的自

---

① Kathleen M. Eisenhardt, "Agency Theory: An Assessment and Review," *The Academy of Management Review*, Vol.14, No.1 (Jan., 1989), p.64.

利性持的是否定的态度，传统官僚伦理的一个基本要求就是，只要你选择成为一个组织的成员，就必须在必要的时候为了组织的目标与利益而做出牺牲。问题在于，传统官僚伦理无法做到这一点，即它无力确保组织成员在必要的时候为了组织的目标与利益而自我牺牲，所以传统组织实践总是受到官僚自利性的困扰。代理理论的区别在于它不仅看到了愈演愈烈的官僚自利性的现象，而且对这一现象予以理论上的承认，即承认了组织生活中自利动机与行为的道德合法性，并在这种承认的基础上要求基于组织成员的自利动机来保障代理责任的履行。在代理理论看来，"代理者之所以为委托者工作，仅仅是出于他们在该关系中期望获得的利益"。① 如果是这样，那么组织就不可能要求代理者为了组织而做出任何牺牲，因为这将在根本上取消他为委托者以及组织工作的动机。

事实上，根据代理理论的分析，组织的概念已经不存在了，"在代理理论中，作为社会实体的企业（以及所有其他类企业的组织与制度）几乎消失了。组织被当作某种类似游戏场的东西，而不是'社会游戏'的参与者。代理理论家也许会屈尊承认游戏场有时也加入游戏之中，甚至是以非常直接的方式，但总的来说，它是被当作一块中立的场地，个人参与者在其中或多或少且最终是独立地彼此对抗"。② 在传统观念中，无论上级还是下级，都只是官僚制组织的构成物，他们共同构成了官僚制组织，并作为组织的因素而发挥着社会功能。而在代理理论看来，组织只是委托—代理关系的一个容器，对于这一关系本身，组织则是不起作用的。在某种意义上，代理者与委托者间的关系可以被比喻为一种"拿人钱财，替人消灾"式的契约关系，在这种关系中，一旦关系双方做出了约定，代理者就获得了按约定的内容采取行动的责任，而他之所以愿意去采取行动，则是因为这样可以为他带来约定的回报。也就是说，他对回报有着期望，而这种期望就构成了他的动机，只有当他的期望足够强的时候，他的动机也才足够强，进而，他才有较大的可能性去履行代理责任。因此，在代理理论看来，责任的问题其实是动机的问题，只有当委托者能够通过激励手段激发代理者的工作动机时，他才能促使代理者去履行其代理责任。在这里，作

---

① Peter French, "Review: Agency Theory, Rational-Choice Theory, and Ethics," *Business Ethics Quarterly*, Vol. 5, No. 3 (Jul., 1995), p. 622.

② Peter French, "Review: Agency Theory, Rational-Choice Theory, and Ethics," *Business Ethics Quarterly*, Vol. 5, No. 3 (Jul., 1995), p. 622.

为官僚制组织实体标志的权威与规则都是不发挥作用的，甚至可能产生副作用。所以，作为实体的组织已经不存在了，所存在的只是以组织为容器的委托—代理关系网络，在这种网络中，没有人应当为了某种虚构的共同目标或利益而自我牺牲，相反，你之所以能够让一个人去做某件事，只是因为你给了他恰当的激励；同样，你之所以愿意为另一个人去做某件事，也只是因为他通过恰当的激励激发了你的工作动机。

当然，至少在目前，上述分析在很大程度上还停留在理论阶段，因为无论代理理论如何证明上下级关系只是一种委托—代理关系，层级结构仍是组织实践中的基本现实。一方面，从过去几十年公共部门的市场化改革造成了高昂的代理成本因而近年来逐渐出现"逆外包"的趋势的情况来看，代理关系并不具有对权威关系的替代性。事实上，单就成本而言，由于代理关系要求通过不断的经济激励来激发代理者的工作动机，这种关系的运行成本一定是不断膨胀的，所以，如果我们根据代理理论的主张来改造组织实践，结果一定是蚕食组织剩余，导致官僚制组织从一种生产型组织变成一种分配型组织。另一方面，在公司治理中，代理理论盛行的背后是"股东优先论"（shareholder primacy）的确立，即通过将企业组织——尤其上市公司——描述为一个契约关系网络而使它们失去了传统上的法律实体地位，使组织本身失去了对组织资源与剩余的控制，而将股东即委托者变成了唯一的组织剩余索取权人。这些股东并不关心组织的存续与发展，而只关心获得更高的投资回报，要达到这一目的，最直接的途径就是拉升股价，而要拉升股价，最直接的途径就是将管理层的回报与股价挂钩，即实行股权激励。这一系列策略的最终结果是将组织剩余变成了股价盈余，是用于委托者与部分代理者进行分配的资源，而不是用于组织发展的资源。结果，无论委托者还是代理者，都从完全的自利立场出发不断要求获得更高的回报，从而蚕食了组织剩余，使组织无力应对本不应对其构成威胁的经济风险，也大大缩短了组织的预期生命周期。①

更重要的是，如果我们根据代理理论的主张来改造组织实践，将摧毁社会健全存在的基础。这是因为，在层级结构的前提下，如果我们不把上下级关系看作权威与从属者的关系，而是看作委托者与代理者的关系，那

---

① Lynn A. Stout, "The Corporation As Time Machine: Intergenerational Equity, Intergenerational Efficiency, and the Corporate Form," *Seattle University Law Review*, Vol. 38 (2015), pp. 716-719.

么，作为上级到底意味着什么？显然，最直观的答案是，意味着对组织资源的更多控制，且正是由于控制了更多组织资源，上级才能为下级提供额外的激励。在此，我们可以做这样一种类比：当你提交一份完全合格的申请书请某位主管官员签字时，如果他直接签了字，那他只是在履行职责；如果他有意拖延，因而你不得不向他提供某种额外的激励来激发其签字的动机，那他就是在寻租，而你则是在行贿。同理，当上级不得不通过额外的激励来让下级去做本属其义务之事时，就也是在向后者行贿，虽然可能是与我们传统理解的行贿相反的一种逆向行贿。所以，当管理问题变成一个激励的问题时，便意味着贿赂的普遍化，[①] 而当贿赂成为常态，伦理原则也就不再有发挥作用的空间。所以，代理理论将责任问题转化为动机问题的结果，是组织管理的去伦理化。正是由于这一原因，代理理论的兴起也激发了要求企业承担社会责任的主张，因为根据代理理论组织起来的企业是不可能承担任何社会责任的。另外，当代理理论侵入公共部门，并使政府机构完全基于公务员的自利动机来建立内部控制体系时，就导致了公共服务精神的严重滑坡，甚至使具有公共服务动机的人将非营利机构而不是政府作为了工作的首选。[②] 近年来的"公共服务动机"研究试图通过证明公共服务动机的真实存在与探索如何激励这种动机的手段来解决这一问题，但这样一种以动机与激励为出发点的研究仍然是自我中心主义的，因而根本不可能解决问题。

总之，在代理理论兴起之后，我们发现官僚制组织呈现出两副面孔。官僚制组织的经典面孔是由权威—义务、责任—规则等概念共同谱绘出来的，而它之所以基于这些概念而得到构造，是为了保障组织目标的实现。另一方面，代理理论则借助委托—代理、激励—动机等概念为我们描绘了官僚制组织的另一副面孔，而且人们根据这种描述对官僚制组织进行改造，的结果就是将组织实践变成了所有组织成员合力蚕食组织剩余的活动。自人际关系学派兴起以来，如何对待组织实践中"人的因素"成为组织管理的核心议题。传统官僚制理论在这一问题上无所作为，导致组织实

---

① Alfie Kohn, "Why Incentive Plans Cannot Work," *Harvard Business Review*, Vol. 71, No. 5 (Sep. -Oct., 1993).

② Donald P. Moynihan, "The Normative Model in Decline? Public Service Motivation in the Age of Governance", in James L. Perry and Annie Hondeghem, eds., *Motivation in Public Management: The Call of Public Service*, New York: Oxford University Press, 2008, p. 255.

践总是受困于官僚自利性的问题。代理理论正视了这一问题，却给出了错误的解决方案。今天，官僚制组织仍然是支配性的组织类型，但基于代理理论的组织实践已经使这种组织的存在变得危机重重，也给社会带来了种种恶果。当代组织理论必须对如何对待组织实践中的"人的因素"的问题做出新的回答。

（本文原载于《北京行政学院学报》2016年第1期）

图书在版编目（CIP）数据

南京大学高研院学者文丛. 第一辑：上下卷／周宪，
陈勇主编. -- 北京：社会科学文献出版社，2022.10
ISBN 978-7-5228-0774-4

Ⅰ. ①南… Ⅱ. ①周… ②陈… Ⅲ. ①社会科学-文
集 Ⅳ. ①C53

中国版本图书馆 CIP 数据核字（2022）第 179346 号

南京大学高研院学者文丛（第一辑）（上下卷）

主　　编／周　宪　陈　勇

出 版 人／王利民
责任编辑／吴　超
文稿编辑／李蓉蓉　肖世伟 等
责任印制／王京美

出　　版／社会科学文献出版社·人文分社（010）59367215
　　　　　地址：北京市北三环中路甲 29 号院华龙大厦　邮编：100029
　　　　　网址：www.ssap.com.cn
发　　行／社会科学文献出版社（010）59367028
印　　装／三河市龙林印务有限公司

规　　格／开本：787mm × 1092mm　1/16
　　　　　印 张：51.25　字 数：860 千字
版　　次／2022 年 10 月第 1 版　2022 年 10 月第 1 次印刷
书　　号／ISBN 978-7-5228-0774-4
定　　价／398.00 元（上下卷）

读者服务电话：4008918866